Beck-Rechtsberater
Arbeitsrecht von A–Z

Beck–Rechtsberater:
Arbeitsrecht von A–Z

Von Günter Schaub
Vorsitzender Richter
am Bundesarbeitsgericht

13., überarbeitete Auflage
Stand: 1. Juni 1990

Deutscher
Taschenbuch
Verlag

Redaktionelle Verantwortung: Verlag C. H. Beck, München
Umschlaggestaltung: Celestino Piatti
Umschlagbild: Klaus Bäulke
Gesamtherstellung: C. H. Beck'sche Buchdruckerei, Nördlingen
ISBN 3 423 05041 1 (dtv)
ISBN 3 406 34790 8 (C. H. Beck)

Abkürzungsverzeichnis

a. a. O.	am angeführten Ort
ABl	Amtsblatt
AbgG.	Abgeordnetengesetz
ABM-AO	AO des Verwaltungsrats der BAnstArb über die Förderung von Allgemeinen Maßnahmen zur Arbeitsbeschaffung
Altersteilzeit	Gesetz zur Förderung eines gleitenden Übergangs älterer Arbeitnehmer in den Ruhestand (Altersteilzeitgesetz)
Änd	Änderung
ÄndG.	Gesetz zur Änderung
a. F.	alte Fassung
AFG	Arbeitsförderungsgesetz
AiB	Arbeitsrecht im Betrieb, Zeitschrift
AG	Arbeitgeber, auch Die Aktiengesellschaft, Zeitschrift
AktG	Aktiengesetz
AN	Arbeitnehmer
ANBA	Amtliche Nachrichten der BAnstArb
AngKSchG	Gesetz über die Fristen für die Kündigung von Angestellten
AO	Abgabenordnung, auch Anordnung
AP	Arbeitsrechtliche Praxis
APFG	Gesetz zur Förderung des Angebots an Ausbildungsplätzen in der Berufsausbildung (Ausbildungsplatzförderungsgesetz)
ArbGeb	Der Arbeitgeber, Zeitschrift
Arbeitserlaubnis-VO	Arbeitserlaubnisverordnung
AR-Blattei	Arbeitsrechts-Blattei, Fortsetzungswerk
ArbGG.	Arbeitsgerichtsgesetz
ArbNErfG	Arbeitnehmererfindungsgesetz
ArbPlSchG	Arbeitsplatzschutzgesetz
ArbStättVO	Verordnung über Arbeitsstätten – Arbeitsstättenverordnung
ArbuR	Arbeit u. Recht, Zeitschrift
ASI	Gesetz über Betriebsärzte, Sicherheitsingenieure und andere Fachkräfte für Arbeitssicherheit
AufenthG (EWG)	Gesetz über Einreise und Aufenthalt von Staats-

	angehörigen der Mitgliedstaaten der Europäischen Wirtschaftsgemeinschaft
AÜG	Gesetz zur Regelung der gewerbsmäßigen Arbeitnehmerüberlassung (Arbeitnehmerüberlassungsgesetz – AÜG)
Ausbilder EignungsVO	Ausbilder Eignungsverordnung
AuslG	Ausländergesetz
AVG	Angestelltenversicherungsgesetz
AVO	Ausführungsverordnung
AZO	Arbeitszeitordnung
BäckAZG	Gesetz über die Arbeitszeit in Bäckereien und Konditoreien
BAföG	Bundesausbildungsförderungsgesetz
BArbBl.	Bundesarbeitsblatt
BAG	Bundesarbeitsgericht
BAM.	Bundesarbeitsminister
BAnstArb	Bundesanstalt für Arbeit
BAT	Bundesangestelltentarifvertrag
BAnz	Bundesanzeiger
BB	Betriebs-Berater, Zeitschrift
BBergG	Bundesberggesetz
BBiG.	Berufsbildungsgesetz
BehindR	Behindertenrecht, Zeitschrift
BetrAVG	Gesetz zur Verbesserung der betrieblichen Altersversorgung
BetrVG	Betriebsverfassungsgesetz
BBG	Bundesbeamtengesetz
BDA	Bundesverband Deutscher Arbeitgeberverbände
BDI.	Bundesverband Deutscher Industrie
BDSG	Bundesdatenschutzgesetz
bej.	bejahend
BeratungshilfeG . .	Gesetz über die Rechtsberatung und Vertretung für Bürger mit geringem Einkommen v. 18. 6. 1980 (BGBl. I 689)
BerBiFG.	Berufsbildungsförderungsgesetz
BergPG	Gesetz über die Bergmannsprämie
BfA	Bundesversicherungsanstalt für Angestellte
BFamM	Bundesfamilienminister
BGB	Bürgerliches Gesetzbuch
BGBl.	Bundesgesetzblatt
BGH	Bundesgerichtshof
BIM	Bundesinnenminister

BiSchG.	Binnenschiffahrtsgesetz
BKGG	Bundeskindergeldgesetz
BMA	Bundesminister für Arbeit
BMI	Bundesminister des Inneren
BMTV	Bundesmanteltarifvertrag
BMV-Ä	Bundesmantelvertrag – Ärzte
BPersVG	Bundespersonalvertretungsgesetz
BPflVO	Bundespflegesatzverordnung
BR	Betriebsrat
BRD	Bundesrepublik Deutschland
BReg	Bundesregierung
BRKG	Gesetz über die Reisekostenvergütung für die Bundesbeamten, Richter im Bundesdienst und Soldaten (Bundesreisekostengesetz)
BRTV	Bundesrahmentarifvertrag
BSchG	Binnenschiffahrtsgesetz
BSG	Bundessozialgericht
BSeuchG	Bundesseuchengesetz
BSHG	Bundessozialhilfegesetz
BT-Drucks	Bundestags-Drucksache
BundesÄrzteO	Bundesärzteordnung
BundeszentralregisterG	Bundeszentralregistergesetz
BUrlG	Bundesurlaubsgesetz
BVerfG	Bundesverfassungsgcricht
BVersG	Bundesversorgungsgesetz
BVerwG	Bundesverwaltungsgericht
BVM	Bundesverteidigungsminister
BVS	Bergmannsversorgungsschein
BWahlG	Bundeswahlgesetz
CR	Computer und Recht, Zeitschrift
CGD	Christlicher Gewerkschaftsbund Deutschlands
DB	Der Betrieb, Zeitschrift
DDR	Deutsche Demokratische Republik
DEVO	VO über die Erfassung von Daten für die Träger der Sozialversicherung und für die BfA
DGB	Deutscher Gewerkschaftsbund
d. h.	das heißt
DÖV	Der Öffentliche Dienst, Zeitschrift
DÖV	Die öffentliche Verwaltung, Zeitschrift
DOK	Die Ortskrankenkasse, Zeitschrift
DRdA	Das Recht der Arbeit, Österreich. Zeitschrift
DRiZ	Deutsche Richterzeitung, Zeitschrift
DruckluftVO	Druckluftverordnung

Abkürzungen

DÜVO	VO über die Datenübermittlung auf maschinell verwendbaren Datenträgern im Bereich der Sozialversicherung und der BfA
DVBl.	Deutsches Verwaltungsblatt, Zeitschrift
DVO	Durchführungsverordnung
EG	Europäische Gemeinschaft
EGAnpassungsG .	Gesetz über die Gleichbehandlung von Männern und Frauen am Arbeitsplatz und über die Erhaltung von Ansprüchen bei Betriebsübergang vom 13. 8. 1980 (BGBl. I 1308)
EGKS-Vertrag . . .	Vertrag über die Gründung der Europäischen Gemeinschaft für Kohle und Stahl v. 18. 4. 1951 (BGBl. II 1952, 447)
EhrRiEG	Gesetz über die Entschädigung der ehrenamtlichen Richter
Eignungs- übungsG.	Gesetz über den Einfluß von Eignungsübungen der Streitkräfte auf Vertragsverhältnisse der Arbeitnehmer und Handelsvertreter sowie auf Beamtenverhältnisse
entspr.	entsprechend
EntwicklungshelferG.	Entwicklungshelfer-Gesetz
EStG	Einkommensteuergesetz
EuAbgG.	Gesetz zur Regelung der Rechtsstellung von Abgeordneten des Europa-Parlaments
EuGH	Europäischer Gerichtshof
EWG.	Europäische Wirtschaftsgemeinschaft
EWG-VO	Verordnung des EWG
EzA	Entscheidungssammlung zum Arbeitsrecht
FahrpersGSt	Gesetz über das Fahrpersonal im Straßenverkehr
FAO	Freizeitanordnung v. 22. 10. 1943 (RABl. III, 325)
FdA-AO.	Anordnung des Verwaltungsrats der Bundesanstalt für Arbeit zur Förderung der Arbeitsaufnahme
FernunterrichtsG .	Gesetz zum Schutz der Teilnehmer am Fernunterricht (Fernunterrichtsgesetz)
FlaggRG.	Flaggenrechtsgesetz
FLG.	Gesetz zur Regelung der Lohnzahlung an Feiertagen
FreizeitAO	AO über Arbeitszeitverkürzung für Frauen, Schwerbeschädigte und minderleistungsfähige Personen

G	Gesetz
GBl.	Gesetzblatt
GesSchadErsAnspr Dienst- und Arb-Unfall	Gesetz über die erweiterte Zulassung von Schadensersatzansprüchen bei Dienst- und Arbeitsunfällen v. 7. 12. 1943 (RGBl. I 674)
GewArch	Gewerbe Archiv, Zeitschrift
GewO	Gewerbeordnung
GG	Grundgesetz
GKG	Gerichtskostengesetz
GmbHG.	Gesetz, betreffend die Gesellschaften mit beschränkter Haftung
GS.	Großer Senat oder Gesetzessammlung
GSG	Gerätesicherheitsgesetz
GSOGH.	Gemeinsamer Senat der obersten Gerichtshöfe des Bundes
GVBl.	Gesetz und Verordnungsblatt
GVG	Gerichtsverfassungsgesetz
GWB	Gesetz gegen Wettbewerbsbeschränkungen
HAG	Heimarbeitsgesetz
HaftpflG.	Gesetz über die Haftpflicht der Eisenbahnen und Straßenbahnen
HATG.	Hausarbeitstagsgesetz
HeimkG.	Heimkehrergesetz
HFSt	Hauptfürsorgestelle
HGB	Handelsgesetzbuch
HHG	Häftlingshilfegesetz
h. M.	herrschende Meinung
HO	Handwerksordnung
IAO (ILO)	Internationale Arbeitsorganisation
i. d. F.	in der Fassung
i. S.	im Sinne
i. V.	in Verbindung
JArbschG	Jugendarbeitsschutzgesetz
JAV.	VO über den Lohnsteuerjahresausgleich
JUS	Juristische Schulung, Zeitschrift
JZ	Juristenzeitung
KatSG	Gesetz über den Katastrophenschutz
KAUG.	Konkursausfallgeld
KO	Konkursordnung
Kohleanpassungs-G.	Gesetz zur Anpassung und Gesundung des deutschen Steinkohlebergbaus

Abkürzungen

KRG	Kontrollratsgesetz
KSchG	Kündigungsschutzgesetz
LadSchlG	Ladenschlußgesetz
LAGE	Entscheidungen der Landesarbeitsgerichte
LAM	Landesarbeitsminister
lfd.	laufend
Lit.	Literatur
LohnFG	Gesetz über die Fortzahlung des Arbeitsentgelts im Krankheitsfalle und über Änderungen des Rechts der gesetzlichen Krankenversicherung
LSG	Landessozialgericht
LStDVO	Lohnsteuer-Durchführungsverordnung
LStR	Lohnsteuerrichtlinie
LTV	Lohntarifvertrag
Maschinen-schutzG	Gesetz über technische Arbeitsmittel
MDR	Monatszeitschrift für Deutsches Recht
MeldeAO	Meldeanordnung
MindestArbBG	Gesetz über die Festsetzung von Mindestarbeitsbedingungen
MitbestG	Gesetz über die Mitbestimmung der Arbeitnehmer
MitbestErgG	Gesetz zur Ergänzung des Gesetzes über die Mitbestimmung der Arbeitnehmer in den Aufsichtsräten und Vorständen der Unternehmen des Bergbaus und der Eisen und Stahl erzeugenden Industrie
Mont MitbestG	Gesetz über die Mitbestimmung der Arbeitnehmer in den Aufsichtsräten und Vorständen der Unternehmen des Bergbaus und der Eisen und Stahl erzeugenden Industrie
MSchG	Mutterschutzgesetz
m. sp. Änd.	mit späteren Änderungen
MTV	Manteltarifvertrag
NennkapitalG	Gesetz über steuerrechtliche Maßnahmen bei Erhöhung des Nennkapitals aus Gesellschaftsmitteln und bei Überlassung von eigenen Aktien an Arbeitnehmer
Nieders.	Niedersachsen
NJW	Neue Juristische Wochenschrift
NRW	Nordrhein-Westfalen
NZA	Neue Zeitschrift für Arbeits- und Sozialrecht
o.	oder
OLG	Oberlandesgericht

OVG	Oberverwaltungsgericht
PatG	Patentgesetz
PersF	Personalführung, Zeitschrift
Personal	Personal, Zeitschrift
PersR	Personalrat, Zeitschrift
PersV	Personalvertretung, Zeitschrift
RABl.	Reichsarbeitsblatt
RAG	Reichsarbeitsgericht
RdA	Recht der Arbeit, Zeitschrift
Rechtspfleger. . . .	Der Rechtspfleger, Zeitschrift
Rechtspr. (Rspr.) .	Rechtsprechung
RegPräs	Regierungspräsident
RehaG	Gesetz über die Angleichung der Leistungen zur Rehabilitation
RGBl.	Reichsgesetzblatt
RGZ	Entscheidungen des Reichsgerichts in Zivilsachen
RiA	Recht im Amt, Zeitschrift
RKG	Reichsknappschaftsgesetz
RöntgenVO	Röntgenverordnung
RRG	Rentenreformgesetz v. 16. 10. 1972 (BGBl. I, 1965)
RTV	Rahmentarifvertrag
RVO	Reichsversicherungsordnung
Saarl.	Saarland
SAE.	Sammlung arbeitsrechtlicher Entscheidungen
SchwbG	Schwerbehindertengesetz
SGB	Sozialgesetzbuch Buch I–X
SGG	Sozialgerichtsgesetz
SozFort.	Sozialer Fortschritt, Zeitschrift
SozPolInf.	Sozialpolitische Information
SozSich.	Soziale Sicherheit, Zeitschrift
SparPG.	Sparprämiengesetz
SprAuG	Gesetz über Sprecherausschüsse der leitenden Angestellten (Sprecherausschußgesetz – SprAuG).
Staatsvertrag	Gesetz zu dem Vertrag vom 18. Mai 1990 über die Schaffung einer Währungs-, Wirtschafts- und Sozialunion zwischen der Bundesrepublik Deutschland und der Deutschen Demokratischen Republik
st. Rspr.	ständige Rechtsprechung
StGB	Strafgesetzbuch
StrlSchVO	Strahlenschutzverordnung

Abkürzungen

StVG	Straßenverkehrsgesetz
SVG	Soldatenversorgungsgesetz
TVG	Tarifvertragsgesetz
u.	und
UStG.	Umsatzsteuergesetz (Mehrwertsteuer)
UWG.	Gesetz gegen den unlauteren Wettbewerb
VAG	Gesetz über die Beaufsichtigung des privaten Versicherungsgewerbes (Versicherungsaufsichtsgesetz)
VBL	Versorgungsanstalt des Bundes und der Länder
VermBG.	Fünftes Gesetz zur Förderung der Vermögensbildung der AN (5. VermBG)
VerwGO	Verwaltungsgerichtsordnung
vern.	verneinend
VglO	Vergleichsordnung
VO	Verordnung
VRG	Gesetz zur Erleichterung des Übergangs vom Arbeitsleben in den Ruhestand – Vorruhestandsgesetz
VVaG	Versicherungsverein auf Gegenseitigkeit
2. WKSchG	Zweites Gesetz über Kündigungsschutz für Mietverhältnisse über Wohnraum
WahlO	Wahlordnung
WährG	Erstes Gesetz zur Neuordnung des Geldwesens
WoPG	Wohnungsbau-Prämiengesetz
WPfG	Wehrpflichtgesetz
Zahlungszeitraum-AO	Zahlungszeiträume – Anordnung
ZBR	Zeitschrift für Beamtenrecht
ZDG	Gesetz über den Zivildienst der Kriegsdienstverweigerer – Zivildienstgesetz
ZfA	Zeitschrift für Arbeitsrecht
ZIP	Zeitschrift für Wirtschaftsrecht und Insolvenzpraxis
ZPO	Zivilprozeßordnung
ZTR	Zeitschrift für Tarifrecht
Zumutbarkeits-AO	Zumutbarkeits-Anordnung
ZuS EntschG	Gesetz über die Entschädigung von Zeugen und Sachverständigen

Einführung

Das Arbeitsrechtlexikon hat seit der 10. Aufl. den Titel Arbeitsrecht von A–Z erhalten. Seine Konzeption ist unverändert geblieben. Auf knappstem Raum sollen an Hand von Stichworten Arbeitgeber, Arbeitnehmer und ihre Vertreter über das gesamte Arbeitsrecht und seine Randgebiete von der Einstellung bis zur Entlassung unterrichtet werden. Es wurde mithin auch das Recht der Berufsausbildungsförderung, der Arbeitsvermittlung und Arbeitslosenversicherung sowie das Lohnpfändungsrecht angemessen berücksichtigt. Dagegen wurde das Lohnsteuerrecht aus Raumgründen gestrafft.

Bei den einzelnen Stichworten wurde die jeweils herrschende Rechtsprechung und Lehre zum Arbeitsrecht dargestellt; abweichende, insbesondere weiterführende Meinungen wurden angedeutet. Die Rspr. des BAG wurde in den aufgenommenen Stichworten nahezu lückenlos verarbeitet. Die kursiv gesetzte Rspr. der Instanzgerichte wurde weitgehendst ausgewertet. Um ein weiteres Eindringen in die Probleme zu ermöglichen, wurden auch die Aufsätze in Fachzeitschriften ausgewertet. Da das Buch an die Grenzen seines möglichen Umfanges gestoßen ist, mußte jedoch die Rechtsprechung der Instanzgerichte sowie das Fachschrifttum vor 1987 im allgemeinen ausgeschieden werden. Der Kürzung zum Opfer fielen vor allem auch Verweisungsstichworte ohne sachlichen Inhalt. Dagegen hat es sich als notwendig erwiesen, zahlreiche neue Stichworte aufzunehmen, um neueren Entwicklungen in Gesetzgebung, Tarifpolitik und Rechtsprechung Rechnung zu tragen. Die Stichworte sind alle überarbeitet und entsprechen in Lehre und Rechtsprechung dem Stand vom Juni 1990.

Das Buch enthält ca. 570 Stichworte, die der ersten Orientierung über das weitverzweigte Gebiet des Arbeitsrechtes dienen sollen, des Rechtes also, das sich mit der in abhängiger Tätigkeit geleisteten Arbeit beschäftigt. Es bezieht sich also auf das Verhältnis von Arbeitgebern und Arbeitnehmern, das normalerweise im → Arbeitsvertrag seine Grundlage hat, aber auch auf das im selben Betrieb zusammengeschlossener Mitarbeiter, auf die Verhältnisse der Arbeitnehmer- und Arbeitgeberzusammenschlüsse und ihrer Rechtsbeziehungen zueinander u. auf das Verhältnis der Arbeitsvertragsparteien und ihrer Zusammenschlüsse zum Staat.

Das → Arbeitsrecht gehört zur konkurrierenden Gesetzgebungszuständigkeit des Bundes (Art. 74 I Nr. 12 GG). Er hat die Zuständigkeit, soweit ein Bedürfnis nach bundeseinheitlicher Gesetzgebung besteht. Die Länder sind zuständig, wenn der Bund von seiner Kompetenz keinen Gebrauch macht (Art. 72 GG). Rechtsnormen des Arbeitsrechtes finden sich im GG, Bundesgesetzen und VO, Landesgesetzen u. VO. Neuerdings erlangt das Recht der EG zunehmende Bedeutung. Nur zurückhaltend ist zum Arbeitsrecht der DDR Stellung genommen, um der politischen Entwicklung nicht vorzugreifen. Neben der verwirrenden Vielfalt von staatlichen Rechtsquellen bestehen die von den → Koalitionen und Betriebspartnern durch → Tarifvertrag sowie → Betriebs- u. → Dienstvereinbarungen gesetzten Rechtsnormen. In weiten Teilen des Arbeitsrechtes ergeben sich die Rechtsgrundsätze aus der Rechtsprechung.

Die Übersicht über das vom Staat gesetzte Arbeitsrecht wird aber nicht nur durch die zahlreichen Rechtsquellen erschwert, sondern auch durch das Fehlen eines einheitlichen Arbeitsgesetzbuches. Im Laufe der geschichtlichen Entwicklung hat sich der Gesetzgeber jeweils des Arbeitsrechtes einzelner Berufs- und Wirtschaftszweige angenommen o. Teilbereiche geregelt. Eine Bereinigung und Vereinheitlichung hat er durch das 1. ArbRBerG im Jahre 1969 angestrebt. Aber schon zum 2. ArbRBerG ist es nicht gekommen. Im Jahre 1970 wurde eine Sachverständigenkommission konstituiert, die den Entwurf eines Arbeitsgesetzbuches erarbeiten sollte. Dieser Entwurf ist im Jahre 1977, ebenso wie ein Entwurf des DGB (RdA 77, 166) veröffentlicht worden. Indes ist es nicht zur Verabschiedung im Bundestag gekommen. Vielmehr sind in der Folgezeit wiederum einzelne Rechtsgebiete neu geregelt oder novelliert worden.

Das → Arbeitsrecht gehört teils dem öffentlichen, teils dem privaten Recht an. Von öffentlichem Recht wird gesprochen, wenn ein Träger der öffentlichen Gewalt in dieser seiner Eigenschaft an einem Rechtsverhältnis teilnimmt und z. B. durch unmittelbaren Zwang, Strafen und Bußen die Funktion des Rechtes gewährleistet. Im Privatrecht wird die Rechtsgestaltung der Privatautonomie, d. h. der Vertragsgestaltung überlassen. Durch das → kollektive Arbeitsrecht u. die richterliche Billigkeitskontrolle bei arbeitsvertraglichen Einheitsregeln wird erreicht, daß die Interessen der Arbeitnehmer ausreichend berücksichtigt werden.

Das Sachgebiet des Arbeitsrechts wird herkömmlich gegliedert in das Individualarbeitsrecht, das Arbeitnehmerschutzrecht oder Arbeitsschutzrecht, das kollektive Arbeitsrecht und das Arbeitsverfahrensrecht.

Das *Individualarbeitsrecht* regelt die rechtlichen Beziehungen des einzelnen → Arbeitnehmers zu seinem → Arbeitgeber, ihre beiderseitigen Pflichten und Rechte aus dem → Arbeitsvertrag. Hierzu gehören die Zahlung der → Arbeitsvergütung, von → Gratifikationen und Ruhegeldern, die → Haftung des Arbeitnehmers oder Arbeitgebers,

die → Gleichbehandlung und → Kündigung sowie die Arbeitspflicht.

Im *Arbeitnehmerschutzrecht* oder Arbeitsschutzrecht werden die
Rechtsbeziehungen zwischen dem Arbeitgeber oder dem Arbeitnehmer und dem Staat zum Schutz der Arbeitnehmer zusammengefaßt.
Hierzu rechnen namentlich der Arbeitszeitschutz (→ Arbeitszeit) und
der → Arbeitsschutz.

Das *kollektive Arbeitsrecht* befaßt sich mit den Belegschaften der →
Betriebe, den Vereinigungen der Arbeitgeber und Arbeitnehmer sowie ihren Vereinbarungen und Auseinandersetzungen. Zu ihm gehören mithin das Recht der → Betriebsverfassung, der → Koalitionen,
des → Tarifvertrages und des → Arbeitskampfes sowie der →
Schlichtung.

Arbeitsverfahrensrecht schließlich heißt die Gesamtheit der Normen,
die zur Beilegung von Streitigkeiten auf dem Gebiet des Arbeitsrechts aufgestellt sind. Unterschieden wird zwischen der → Arbeitsgerichtsbarkeit und der → Schlichtung. Während die Gerichte für
Arbeitssachen im → Urteils- oder → Beschlußverfahren Rechtsstreitigkeiten entscheiden, dient die Schlichtung der Beilegung von Arbeitsstreitigkeiten durch Abschluß → kollektivrechtlicher Vereinbarungen zur Vermeidung von → Arbeitskämpfen.

Das Recht der → *Mitbestimmung der Arbeitnehmer* in den Organen der
Kapitalgesellschaften gehört in den Bereich der Unternehmensver-
fassung, wenngleich es auch zahlreiche Berührungspunkte mit dem
Arbeitsrecht hat.

Wie kaum ein anderes Rechtsgebiet befindet sich das Arbeitsrecht in
einem ständigen Fluß und bedurfte nach dem Zweiten Weltkrieg
einer Anpassung an die Prinzipien des freiheitlichen und sozialen
Rechtsstaats. Hoffnungen an die Vereinigung mit der DDR werden
weitere Anstöße ergeben. Gesetzgebung, Rechtsprechung und Literatur haben in immer neuen Erkenntnissen an dem Interessenausgleich zwischen Schutz und Fürsorge für den einzelnen Arbeitnehmer, seiner Wertung als Persönlichkeit im Arbeitsverhältnis, seiner
Würde im Betrieb und der Belastungsfähigkeit der Wirtschaft gearbeitet. Zu den tragenden Gestaltungsprinzipien des Arbeitsrechts gehört der Schutz des Arbeitnehmers vor den mit seiner persönlich und
wirtschaftlich abhängigen Stellung verbundenen Gefahren. Er muß
gegen die ihm aus der Arbeit selbst drohenden Gefahren, gegen Miß-
griffe des Arbeitgebers, gegen die Entziehung seiner Lebensgrundla-
ge bei → Lohnpfändung und durch Verlust seines Arbeitsplatzes (→
Kündigungsschutz) geschützt werden. Andererseits bedürfen auch
die Interessen des Arbeitgebers eines Schutzes. Hierzu dienen die →
Treuepflicht des Arbeitnehmers, die Vorschriften über den → Arbeitsvertragsbruch, die Einhaltung von → Wettbewerbsverboten

Einführung

usw. Eine funktionsfähige Wirtschaft ist nur zu erhalten, wenn die →
Sozialpartner durch → kollektivrechtliche Vereinbarungen den Arbeitsfrieden sichern und zur Vermeidung von → Arbeitskämpfen
durch Abschluß von → Tarifverträgen beitragen. Auf betrieblicher
Ebene will das → Betriebsverfassungsrecht der Würde des Arbeitnehmers im Betrieb dienen und ihn an sozialen, personellen und
wirtschaftlichen Fragen beteiligen. Mit der → Vermögensbildung in
Arbeitnehmerhand werden schließlich allgemeine staatspolitische
Motive verfolgt.

Alle diese Tendenzen und Grundprinzipien finden sich in den verschiedensten Gesetzen, Verordnungen, Tarifverträgen usw.

Die wichtigsten arbeitsrechtlichen Gesetze und Verordnungen (zusammengestellt in der Loseblattausgabe „Arbeitsrecht" v. Nipperdey
u. im Bd. „Arbeitsgesetze" der Beck-Texte im dtv) sind zum:

I. *Arbeitsvertrag und Arbeitsverhältnis:* Bürgerliches Gesetzbuch
(§§ 611–630), Handelsgesetzbuch (→ Handlungsgehilfen) §§ 59–83,
Gewerbeordnung (Gewerbliche → Arbeiter, Gesellen, Gehilfen, Betriebsbeamte, Techniker, Fabrikarbeiter, §§ 105–139 aa), SeemannsG; Berufsbildungsgesetz (→ Auszubildender); AltersteilzeitG;
Gesetz über die Fristen für die Kündigung von → Angestellten; Kündigungsschutzgesetz, Gesetz über den Schutz des Arbeitsplatzes bei
Einberufung zum → Wehrdienst (Arbeitsplatzschutzgesetz), Gesetz
über die Fortzahlung des Arbeitsentgelts im Krankheitsfall (→ Krankenvergütung), Mindesturlaubsgesetz für Arbeitnehmer, Gesetz zur
Verbesserung der betrieblichen Altersversorgung usw.

II. *Tarifrecht:* Tarifvertragsgesetz

III. *Betriebsverfassungs- u. Unternehmensverfassungsrecht:* Betriebsverfassungsgesetz, Gesetz über die Mitbestimmung der Arbeitnehmer
in den Aufsichtsräten und Vorständen der Unternehmen des Bergbaus und der Eisen und Stahl erzeugenden Industrie, Mitbestimmungsergänzungsgesetz und MitbestG 1976 sowie das Bundespersonalvertretungsgesetz. In den Ländern gelten Landespersonalvertretungsgesetze.

IV. *Arbeits- und Lohnschutz:* Gewerbeordnung, Arbeitszeitordnung, Mutterschutzgesetz, Jugendarbeitsschutzgesetz und Zivilprozeßordnung.

V. *Arbeitsverfahren:* Arbeitsgerichtsgesetz und Kontrollratsgesetz
Nr. 35 und zur

VI. *Vermögensbildung:* 5. Vermögensbildungsgesetz.

Für Sondergruppen von Arbeitnehmern gelten das Heimarbeitsgesetz, das Schwerbehindertengesetz, die Gesetze über den Bergmannsversorgungsschein und das SeemannsG, das zahlreiche allge mein interessierende Rechtsfiguren enthält. Für eine Reihe von Rechtsgebieten bestehen keine detaillierten gesetzlichen Grundlagen. Die Rechtsprechung und Literatur waren daher genötigt, in jahrzehntelanger Arbeit die tragenden Rechtsgrundsätze zu erarbeiten. Dies gilt z. B. für das Recht der → Gratifikationen und des → Ruhegeldes im Individualarbeitsrecht oder das Recht des → Arbeitskampfes im kollektiven Arbeitsrecht. Auch das G. zur Verbesserung der Betrieblichen Altersversorgung regelt nur Teilbereiche des → Ruhegeldes. Häufig stellen die später vom Gesetzgeber verabschiedeten Gesetze lediglich eine Zusammenfassung der vom Reichsarbeitsgericht oder vom → Bundesarbeitsgericht erarbeiteten Rechtsgrundsätze dar. Rechtsprechung und Literatur sind daher immer wieder für die Entwicklung des Arbeitsrechts von hervorragender Bedeutung geworden. Die Rechtsprechung ist gesammelt in der amtlichen Entscheidungssammlung, der Arbeitsrechtlichen Praxis (AP), die weitgehende Verbreitung gefunden hat, sowie in der Entscheidungssammlung zum Arbeitsrecht (EzA) und den großen Fachzeitschriften.

Möge auch die 13. Aufl. des Taschenbuches dazu dienen, über die wesentlichen Grundsätze des Arbeitsrechtes zu informieren u. damit zum sozialen Frieden beitragen. Um einen möglichst großen Informationswert zu erhalten, waren trotz gelegentlich geäußerter Kritik die Abkürzungen beizubehalten. Für Anregungen, Ergänzungs- und Verbesserungswünsche werde ich verbunden sein. Den Herren des Verlags danke ich für die stete Hilfsbereitschaft; meiner Schwester für die ständige Hilfe.

Schauenburg-Hoof, im Mai 1990   Der Verfasser

A

Abfindung → Kündigungsschutzklage, → Stillegung.

Abmahnung ist der Ausdruck der Mißbilligung wegen der Verletzung arbeitsvertraglicher Pflichten durch den AN o. AG unter Androhung von Rechtsfolgen für die Zukunft (AP 3 zu § 1 KSchG 1969 Verhaltensbedingte Kündigung). Sie hat drei Bestandteile: (1) Die Umschreibung des mißbilligten Verhaltens, (2) die Aufforderung das Verhalten zu ändern u. (3) die Androhung von Rechtsfolgen (AP 3 zu § 1 KSchG 1969 Abmahnung = NZA 89, 633). Sie muß i. d. R. einer ao. → Kündigung o. einer ordentl. des AG vorausgehen. Sie ist zu unterscheiden von der Ermahnung o. Beanstandung, durch die der AN angehalten werden soll, seine individual- oder kollektivvertraglichen Pflichten einzuhalten, bei der indes für die Zukunft keine Rechtsfolgen angedroht werden, sowie der Betriebsbuße, die Strafcharakter hat. Im Unterschied zur Betriebsbuße unterliegt sie nicht der Mitbestimmung des BR nach § 87 I Nr. 1 BetrVG (AP 2 zu § 87 BetrVG 1972). Dies gilt auch bei freigestellten BR-Mitgliedern, wegen Versäumung von Arbeitszeit (AP 39, 40 zu § 37 BetrVG 1972). Mitbestimmungspflichtig wird sie, wenn sie Sanktionscharakter erlangt, insbesondere wenn der AG Formulierungen wie Verwarnung, Verweis usw. verwendet. Abmahnungsberechtigt sind nicht nur Kündigungsberechtigte, sondern alle Mitarbeiter, die verbindliche Anweisungen wegen des Ortes, der Zeit sowie der Art und Weise der arbeitsvertraglich geschuldeten Arbeitsleistung erteilen können (AP 3 zu § 1 KSchG 1969 Verhaltensbedingte Kündigung). Wegen ihrer Hinweisfunktion muß der AN zu ihrer Wirksamkeit davon Kenntnis nehmen (AP 1 zu § 1 KSchG 1969 Verhaltensbedingte Kündigung). Da sie nach dem Grundsatz der Verhältnismäßigkeit einer Kündigung vorauszugehen hat, ist sie auch im kirchlichen (AP 15 zu Art. 140 GG) o. im Tendenzbereich (AP 8 zu § 1 KSchG 1969) notwendig. Mit Ausspruch der Abmahnung verzichtet der AG auf das Kündigungsrecht (AP 3 zu § 1 KSchG 1969 Abmahnung = NZA 89, 633). Die A. als vertragliches Rügerecht unterliegt keinen Regelausschlußfristen (AP 96 zu § 611 BGB Fürsorgepflicht = NJW 86, 1777). Sie ist vor Ausspruch einer → Kündigung entbehrlich, wenn *(1)* der AN nicht damit rechnen kann, der AG werde entspr. Vertragsverletzungen dulden, *(2)* ihrer Hinweisfunktion durch Normierung von Kündigungstatbeständen in → Arbeitsordnungen u. Anschlägen am schwarzen Brett genügt ist u. *(3)* Störungen im Vertrauensbereich vorliegen. Nach Ablauf individuell zu bemessender Fristen kann die A. wirkungslos werden (AP 17 zu § 1 KSchG 1969

Abrechnungen

Verhaltensbedingte Kündigung = NZA 87, 418). Wegen ihrer Dokumentationswirkung kann der → AN die Entfernung ungerechtfertigter A. aus der → Personalakte verlangen (AP 84 zu § 611 BGB Fürsorgepflicht; AP 3 zu § 108 BertrVG 1972; BB 88, 2109 = NZA 88, 834). Vor Aufnahme einer A. in seine → Personalakten ist er zu hören (v. 16. 11. 89 – 6 AZR 64/88 – DB 90, 841). Verlangt er Entfernung der A., so können weitere Gründe nicht nachgeschoben werden *(NZA 89, 964)*. Ihn treffen keine Beweisnachteile im Kündigungsschutzprozeß, wenn er gegen sie nicht gerichtlich vorgeht (AP 18 zu § 1 KSchG 1969 Verhaltensbedingte Kündigung = NZA 87, 518). Nach erfolgloser Kündigung kann der AG den AN wegen desselben Sachverhalts noch abmahnen (AP 2 zu § 611 BGB Abmahnung = NZA 89, 272). Lit.: Eich NZA 88, 759; Falkenberg NZA 88, 489; Schaub NJW 90, 872; Ascheid Pers F 90, 296; Heinze NZA 90, 169.

Abrechnungen sind bei der regelmäßigen Lohnzahlung zwingend nur für gewerbliche AN vorgeschrieben, die in Betrieben mit i. d. R. mindestens 20 AN beschäftigt sind (§ 134 II GewO). Gewohnheitsrechtlich ist für alle AN ein Anspruch auf A. anerkannt. Aus ihr muß sich die Art der Lohnberechnung, der Betrag der verdienten → Arbeitsvergütung sowie Art und Betrag der vorgenommenen Abzüge ergeben. Bei zeitbestimmter Entlohnung ist es ausreichend, wenn die Zahl der geleisteten Stunden u. der Stundensatz angegeben werden. Bei Leistungsentlohnung ist dagegen eine genauere Art der Berechnung vorzunehmen. Die A. ist ihrer Rechtsnatur nach ein → Schuldanerkenntnis (AP 34 zu § 7 BUrlG Abgeltung = NZA 87, 557). Heimarbeiter haben Anspruch auf Aushändigung von Entgeltbüchern (§ 9 HAG). Nach § 82 II 1 BetrVG kann der AN verlangen, daß ihm die Berechnung u. Zusammensetzung seines Entgeltes erläutert wird insbesondere, wenn sie im Wege der Datenverarbeitung erfolgt. Im → öffentlichen Dienst vgl. AP 14 zu § 242 BGB Auskunftspflicht.

Abrufarbeit wird im Interesse einer bedarfsabhängigen Arbeitszeitgestaltung vereinbart. Sie ist in zwei Formen vorstellbar: *(1)* AG u. AN vereinbaren im voraus ein bestimmtes Zeitdeputat für einen Monat, eine Woche, einen Tag, das der AG nach seinem Bedarf abrufen kann; *(2)* AG u. AN vereinbaren ein Arbeitsverhältnis, wobei aber dem AG das Recht verbleibt, nicht nur die Lage, sondern auch die Dauer der Arbeitszeit zu bestimmen. Ist dem AG das Recht eingeräumt, auch die Dauer der Arbeitszeit zu bestimmen, so liegt hierin eine Umgehung des → Kündigungsschutzes (AP 6 zu § 2 KSchG 1969 = NJW 85, 2151). In § 4 BeschFG ist nur die erste Form zugelassen. Hiernach besteht Vertragsfreiheit, welches Zeitdeputat die Parteien vereinbaren (§ 4 I). Treffen sie keine Vereinbarung, so besteht eine Fiktion, daß 10 Stunden vereinbart sind, die der AG vergüten muß, ohne Rücksicht darauf, ob er sie abgerufen hat o. nicht, Der AN ist auf Abruf nur zur Arbeitsleistung verpflichtet, wenn ihm der AG die Lage seiner Arbeitszeit mind. vier Tage im voraus (Mittwoch/Montag) mitteilt (§§ 187, 193 BGB). Werden die Fristen nicht eingehalten, kann der AN arbeiten, braucht es aber nicht. Die Weigerung von Aushilfskellnerinnen o. Verkäuferinnen bleibt sanktionslos. Damit der AN durch lange Wegezeiten nicht übermäßig belastet wird, muß der AG den AN bei jedem Abruf mind. drei Std. in Anspruch nehmen, wenn die Arbeitszeit nicht bereits im Vertrage festgelegt ist (§ 4 III).

Abteilungsversammlung → Betriebsversammlung

Abgeordneter: Nach Art. 48 II 1 GG darf niemand gehindert werden, das Amt eines A. zu übernehmen. Eine → Kündigung aus Anlaß o. wegen der A.-Tätigkeit ist unwirksam (§ 2 AbgG). Zur Vorbereitung seiner Wahl hat er Anspruch auf Wahlvorbereitungsurlaub (§ 3 AbgG); ein Anspruch auf Entgeltfortzahlung wegen Arbeitsverhinderung besteht nicht. Entspr. Vorschriften gelten in den Ländern sowie für A. von Land-, Kreis- u. Ortsvertretungen (AP 1, 2 zu Art. 48 GG). Der → Kündigungsschutz von Bewerbern und A. zum europäischen Parlament ist im EuAbgG (§ 3) geregelt.

Abtretung ist der Vertrag, durch den der Abtretende (Zedent) seine gegenwärtige o. hinreichend bestimmte zukünftige (AP 3 zu § 398 BGB; BB 76, 227) Forderung auf einen Dritten (Zessionar) überträgt (§ 398 BGB). Sie ist formlos gültig. Der AG kann seinen Anspruch auf Arbeitsleistung i. Zw. nicht übertragen (§ 613 S. 2 BGB). Es sei denn, es ist ausdrücklich o. stillschweigend etwas anderes vereinbart [→ Betriebsnachfolge]. Die A. der → Arbeitsvergütung geschieht nach den allgem. Regeln der Forderungs-A. Hat ein AN zusammen mit der GehaltsA einen Auftrag erteilt, die laufenden Darlehensraten zu überweisen, so erstreckt sich dieser Auftrag nicht von vornherein auf den unpfändbaren Teil des Gehalts (AP 1 zu § 400 BGB = DB 89, 886). Tritt der AN seine Arb.Verg. mehrfach ab, so sind die nachfolgenden A. nicht unwirksam, wenn die vorhergehenden offengelegt worden sind (AP 32 zu § 138 BGB, DB 76, 919). Der AG braucht an den Zess. nur zu leisten, wenn der AN die A. schriftl. angezeigt hat (§ 410 II BGB) o. der Zess. dem AG eine Urkunde über sie aushändigt (§ 410 I BGB). Eine Kündigung o. Anmahnung des Zess. ist unwirksam, wenn eine Urkunde über die A. nicht beigefügt ist u. der AG sie aus diesem Grunde zurückweist (§ 410 I BGB). Hat der Zed. dem AG die A. angezeigt, so muß er sie gegen

Abschlagzahlung

sich gelten lassen, auch wenn sie nicht erfolgt o. nicht rechtswirksam ist (§ 409 I BGB). Dasselbe gilt, wenn der Zed. eine Urkunde über die A. ausgehändigt hat u. diese dem AG vorgelegt wurde. Solange der AG keine Kenntnis von der A. hat, muß der Zess. Rechtsgeschäfte zwischen dem Zed. u. dem AG über die Ford. (Lohnzahlungen) gegen sich gelten lassen (§ 407 I BGB). Einwendungen, die dem AG bisher gegenüber dem AN zustanden (z. B. → Verfallfristen, auch wenn sie erst gegenüber dem Zess. ablaufen), können gegenüber dem Zess. geltend gemacht werden (§ 404 BGB). Eine → Aufrechnung mit Ford. gegen den Zed. ist auch gegen Zess. möglich, es sei denn, daß der AG bei dem Erwerbe der Ford. von der A. Kenntnis hatte o. daß diese erst nach Erlangung der Kenntnis u. später als die abgetr. Ford. fällig geworden ist (§ 406 BGB; AP 26 zu § 138 BGB). Der AN kann seinen Lohnanspruch auch zu Sicherungszwecken nicht abtreten, soweit er nicht gepfändet werden kann (§§ 400 BGB, 851, 850ff. ZPO). In demselben Umfange ist eine Verpfändung unzulässig. Eine gegen § 400 BGB verstoßende A. ist nichtig (§ 134 BGB). AG u. AN können durch Vertrag vereinbaren, daß die A. ausgeschlossen ist (§ 399 BGB). Ein Verbot ist aber auch in Großunternehmen nicht zu vermuten (BGH AP 1 zu § 389 BGB). Der Ausschluß kann auch durch → Tarifvertrag u. → Betriebsvereinbarung erfolgen (AP 1, 4 zu § 399 BGB). In LandesPersVG kann eine entspr. Ermächtigung für → Dienstvereinbarungen fehlen (AP 1 zu § 75 LPVG Rheinland-Pfalz). Ein A-Verbot ist im BRTV-Bau enthalten, der regelmäßig allgemeinverbindlich ist. Das A.-Verbot kann einem Zess., der dem AN ohne Rechtspflicht lfd. entspr. Bezüge gewährt hat, nicht entgegengehalten werden (AP 8 zu § 399 BGB; 22 zu § 63 HGB; auch BGH 4, 153). Haben AG und AN vereinbart, daß Lohnabtretungen und Verpfändungen der Einwilligung des AG bedürfen, so sind Verstöße gegen diese Vereinbarung idR kein Grund, das Arbeitsverhältnis ordentlich zu kündigen *(EzA 5 zu § 1 KSchG Verhaltensbedingte Kündigung)*. Eine wirksame A., auch wenn sie zur Sicherheit erfolgt, geht einer späteren → Lohnpfändung vor (AP 6 zu § 829 ZPO).

Abschlagzahlung → Vorschuß.

Abschlußarbeiten → Arbeitszeit.

Abwerbung von Arbeitskräften ist grundsätzlich statthaft, wenn es unter Verleitung zur ordentl. → Kündigung geschieht (BGH, NJW 61, 1308; AP 1 zu § 611 BGB Abwerbung). Nur dann wird die A. sittenwidrig u. unzulässig, wenn unlautere Mittel angewandt werden o. der erstrebte Zweck nicht mit den → guten Sitten in Einklang zu bringen ist (BGH AP 13 zu § 826 BGB; AP 6 zu § 1 UWG, AP 3 zu

§ 611 BGB Abwerbung). Als besond. Umstand, der die A. sittenwidrig erscheinen läßt, ist das „planmäßige Abwerben" (RGZ 149,
114) von ArbKr. angesehen worden. Dies ist das zielbewußte, syste-
matische Abspenstigmachen von wertvollen AN durch Verleum-
dung des bisherigen AG; ruinöse Lohnzahlung; Verleitung zum →
Arbeitsvertragsbruch; Übernahme der Vertragsbruchstrafe; in Schä-
digungsabsicht gegenüber dem früheren AG; zur Erlangung von Ge-
schäfts- u. Betriebsgeheimnissen (BGH AP 6 zu § 1 UWG; *OLG AP
2, 3 zu § 1 UWG*). Ein AN verstößt noch nicht dadurch gegen seine
→ Treuepflicht u. setzt einen wichtigen Grund zur Kündigung,
wenn er beabsichtigt, sich selbständig zu machen u. vor Ende des
ArbVertr. Vorbereitungshandlungen für seinen künftigen Gewerbebetrieb trifft, z. B. durch Anmieten von Geschäftsräumen o. Anwer-
ben von ArbKr. (AP 6, 7, 8, 9 zu § 60 HGB); er darf daher seinen
Verselbständigungswillen im Betr. des AG kundgeben, darf aber
nicht versuchen, aktiv auf AN seines AG einzuwirken, ArbVertr.
mit ihm abzuschließen. Verboten ist ihm im übrigen jede Tätigkeit,
die geeignet ist, die Geschäftsinteressen seines AG zu gefährden (AP
9 zu § 60 HGB). Nach § 60 I HGB ist einem → Handlungsgehilfen
untersagt, ein Geschäft in dem Handelszweig seines Prinzipals – d. i.
jede spekulative, auf Gewinn gerichtete Teilnahme am Geschäftsver-
kehr (AP 1 zu § 61 HGB) – zu machen. Der durch die unzulässige A.
geschädigte AG kann von dem Abwerbenden Unterlassung der Beschäftigung der Abgeworbenen (BGH AP 3 zu § 611 BGB Abwerbung, *auch AP 5 zu § 826 BGB*) u. Schadensersatz verlangen, u. zwar
nach § 1 UWG, wenn die A. zu Zwecken des Wettbewerbs erfolgte
u. gegen die → guten Sitten verstieß, nach § 826 BGB, wenn die A.
eine gegen die guten Sitten verstoßende Schadenszufügung war,
nach § 823 I BGB, wenn sie ein Eingriff in den eingerichteten o.
ausgeübten Gewerbebetrieb war. Ein AG, der einen gewerbl. →
Arbeiter o. → Angestellten (§ 133e GewO) o. einen Hausgewerbe-
treibenden (§ 119b GewO) zum Vertragsbruch verleitet o. diesen
beschäftigt, obwohl er weiß, daß dieser noch einem anderen AG zur
Arbeitsleistung verpflichtet ist, haftet neben dem AN als Gesamtschuldner auf Schadensersatz, den dieser schuldet (§ 125 GewO).
Besteht begründete Besorgnis, daß ein Unternehmer von demselben
AG erneut Arbeitskräfte abzuwerben versucht, kann der gefährdete
AG mit der Unterlassungsklage gegen diesen vorgehen. Zur Sicherung seines Anspr. kann er schon vor Klageerhebung eine einstweilige Verfügung beantragen (§§ 935, 940 ZPO). Ist der Anspruch auf
§ 1 UWG gestützt, so braucht eine Gefährdung i. S. von §§ 935, 940
ZPO nicht glaubhaft gemacht zu werden (§ 25 UWG). Der Arbeits-
vertrag mit dem neuen AG ist auch bei A wirksam (AP 24 zu § 138
BGB). Unbeschadet dessen, kann der alte AG auch vom abgeworbe-

nen AN bis zum Ablauf der Kündigungsfrist Aufnahme der Beschäftigung verlangen (→ Arbeitsvertragsbruch).

Aids. I 1. Der AG ist aufgrund der → Fürsorgepflicht verpflichtet, seine beschäftigten AN gegen Ai zu schützen. Nach § 3 I Nr. 1 ArbStättV hat er die Arbeitsstätte nach den allgemeinen, anerkannten sicherheitstechnischen, arbeitsmedizinischen und hygienischen Regeln einzurichten und zu betreiben. Dagegen kommen Reihenuntersuchungen von Mitarbeitern auf eine HIV-Infektion nicht in Betracht. Weitere arbeitsschutzrechtliche Verpflichtungen können bestehen, soweit es sich um Tätigkeiten handelt, bei denen wegen potentieller Infektgefahr die Unfallverhütungsvorschriften (UVV), GefStoffV oder HygieneVO anzuwenden sind. Bei normalen Arbeitskontakten mit einem HIV-Infizierten besteht nach medizinischer Wissenschaft keine ernsthafte Besorgnis nachteiliger Folgen. In Krankenhäusern ist die UVV-Gesundheitsdienst (VBG 103) maßgebend. Bei Arbeiten im Ausland ist bislang im berufsgenossenschaftlichen GrundsatzG 35 die Untersuchung auf eine HIV-Infektion nicht als erforderliche Untersuchung aufgeführt. Im Rahmen eines Neuentwurfes soll jedoch ein HIV-Test in bestimmten Fällen als wünschenswert eingeführt werden.

2. Nach § 87 I Nr. 7 BetrVG hat der BR ein erzwingbares Mitbestimmungsrecht bei Regelungen über die Verhütung von Arbeitsunfällen und Berufskrankheiten sowie über den Gesundheitsschutz im Rahmen der gesetzlichen Vorschriften oder den UVV-Vorschriften. Zu den → Betriebsratsaufgaben gehört nur die Mitbestimmung im Rahmen des bestehenden Gesundheitsschutzes. Dagegen unterliegt nicht der erzwingbaren Mitbestimmung die zusätzliche Einführung von Schutzmaßnahmen. Nach § 88 Nr. 1 BetrVG können nur durch freiwillige Betriebsvereinbarungen zusätzliche Maßnahmen zur Verhütung von Arbeitsunfällen und Gesundheitsschädigungen ergriffen werden. Aber auch insoweit wird die Einführung von Reihenuntersuchungen als unzulässiger Eingriff in das Persönlichkeitsrecht der HIV-Infizierten angesehen.

3. Kommt ein Arbeitnehmer im Rahmen seiner Berufsausübung mit HIV-infiziertem Blut in Kontakt, kann eine Infektion eintreten. Tritt sie ein, handelt es sich um einen Arbeitsunfall (§ 539 RVO). Es besteht insoweit Versicherungsschutz. Der AG ist nach § 636 RVO von der Haftpflicht befreit (→ Arbeitsunfall). Der AN trägt aber das Risiko, daß die Infekte anerkannt werden. Nach den Richtlinien für die Erkennung, Verhütung und Bekämpfung von Krankenhausinfektionen des Bundesgesundheitsamtes ist der AN bei Verdacht unverzüglich klinisch und serologisch zu untersuchen. Die Untersuchung ist in bestimmten Abständen zu wiederholen.

II. Bei der Begründung des Arbeitsverhältnisses wird der AG idR Fragen stellen. Andererseits bedarf der AN des Schutzes seiner Persönlichkeit und der Wahrung seiner Intimsphäre.

1. Im allgemeinen darf der AG nicht danach fragen, ob der AN HIV-infiziert ist. Dies wird nach bestrittener Meinung nur dann anders sein, wenn der AN in Bereichen beschäftigt wird, bei denen die Gefahr besteht, daß sein Blut oder Körperflüssigkeit mit anderen Mitarbeitern oder Kunden in Berührung kommt (Küchenpersonal, Herstellung von Lebensmitteln usw.). Dagegen darf nach einer Aids-Erkrankung einschl. des Vorstadiums ARC gefragt werden, da die Gefahr einer Erkrankung besteht oder der Bewerber bereits arbeitsunfähig ist. Werden derartige Fragen in einen → Einstellungsfragebogen aufgenommen, hat der BR ein Mitbestimmungsrecht nach § 94 BetrVG. Ärztliche Einstellungsuntersuchungen sind nur in dem Umfang zulässig, wie auch Fragen zulässig sind.

2. Verweigert der Bewerber die Beantwortung einer zulässig gestellten Frage oder Untersuchung, so wird er idR nicht eingestellt. Beantwortet er eine unzulässig gestellte Frage falsch, so ist eine Anfechtung des Arbeitsvertrages nicht gerechtfertigt. Verweigert der AN die Beantwortung einer zulässig oder unzulässig gestellten Frage, so hat er im allgemeinen keinen Anspruch auf Einstellung. Es können allenfalls Schadensersatzansprüche bei unzulässig gestellten Fragen erwachsen (→ Vorverhandlungen).

III. Beendigung des Arbeitsverhältnisses wegen Ai ist nur in begrenztem Umfang möglich.

1. Unterliegt ein AN nicht dem allgemeinen oder besonderen → Kündigungsschutz, ist die Kündigung eines HIV-Infizierten oder Aidskranken rechtlich möglich. Die Kündigung ist nur dann ausgeschlossen, wenn sie rechtsmißbräuchlich ist (AP 46 zu § 138 BGB = NJW 90, 141).

2a) Unterliegt der AN dagegen dem Kündigungsschutz, so rechtfertigt die HIV-Infektion grundsätzlich keine ordentliche Kündigung. Etwas anderes wird nur dann gelten, wenn der AN in neuralgischen Berufen beschäftigt wird und eine Versetzung nicht möglich ist. Auch die bloße ARC bzw. Aidserkrankung rechtfertigt noch nicht die Kündigung. Etwas anderes mag nur in den neuralgischen Bereichen bestehen. Im übrigen richtet sich die Kündigung nach den Grundsätzen der Kündigung bei → Krankheit.

b) Denkbar ist, daß der AG von den übrigen Mitarbeitern unter Druck gesetzt wird, einen infizierten oder erkrankten AN zu entlassen. Eine → Druckkündigung wird im allgemeinen nur dann für zulässig gehalten, wenn sie unabweisbar ist, um schwere Schäden

Akkord

vom Unternehmen abzuwenden. Vorab wird der AG versuchen müssen, durch Aufklärung auf die Belegschaft einzuwirken.

3. Die Möglichkeit einer außerordentlichen Kündigung wird im allgemeinen verneint. Sie wird nur dann für zulässig gehalten, wenn absolute Kündigungsverbote bestehen. In diesen Fällen soll eine Kündigung nur in dem Umfang einer ordentlichen Kündigung möglich sein.

Lit.: Heilmann BB 89, 1413; Janker NZA 88, 86; Lichtenberg/ Schücking NZA 90, 41; Richardi NZA 88, 73; Weller PersF 88, 41.

Akkord. I. Beim Zeitlohn wird die → Arbeitsvergütung nach der Dauer der Zeit bestimmt, die der AN dem AG zur Arbeitsleistung zur Verfügung steht; die A.-Vergütung wird leistungsabhängig nach dem Arbeitsergebnis bemessen, ohne daß dadurch der → Arbeitsvertrag zum → Werkvertrag wird. Trotz leistungsabhängiger Entlohnung bleibt der AN allein zur Arbeitsleistung u. nicht zur Herstellung eines bestimmten Werkes (§ 631 BGB) verpflichtet. Eine A.-Entlohnung kann sinnvoll nur eingeführt werden, wenn der AN das Arbeitsergebnis durch seine Arbeitsleistung beeinflussen kann. Nach dem Bemessungsmaßstab sind der Stück-, Gewichts-, Maß-, Flächen- u. Pauschal-A. zu unterscheiden. Diese können *Geld-* o. *Zeit-A.* sein. Beim *Geld-A.* wird die Vergütung ermittelt, indem die Zahl der Arbeitsstücke (Stück-A.), das Gewicht der Arbeitsmenge (Gewichts-A.), lfde. Meter der Arbeitsleistung, (Maß-A.), Fläche der Arbeitsleistung (Flächen-A.) mit dem Geldfaktor multipliziert wird. Beim Pauschal-A. werden verschiedene Arbeitsvorgänge zusammengefaßt u. mit einem Geldfaktor multipliziert. Der Vorteil des Geld-A. besteht in der einfachen Berechnungsweise (Multiplikation von Arbeitsmenge mal Geldfaktor); sein Nachteil darin, daß jede Veränderung des Lohnabkommens eine Änderung der Geldfaktoren notwendig macht u. diese durch die Arbeitsvorbereitung bei Feststellung von Maschinenbelastungszeiten nicht verwertbar sind. Beim *Zeit-A.* wird für eine bestimmte Arbeitsleistung eine bestimmte Zeit vorgegeben *(Vorgabezeit)*. Der AN erhält diese Zeiteinheiten verrechnet, gleichgültig, wie lange er tatsächl. für die Arbeit aufgewandt hat (Arbeitsergebnis mal Zeitfaktor mal Geldfaktor). Bei der Methode der Vorgabezeitermittlung ist zu unterscheiden zwischen dem *Faust-* o. *Meister-A.,* wenn die A.-Vorgabe ohne arbeitswissenschaftl. Bewertungsmaßstab zwischen AG u. AN festgesetzt wird u. beide Vertragspartner nur eine grobe Vorstellung von der notwendigen Arbeitszeit haben; dem Schätz-A., zumeist bei kleineren Serien angewandt, wenn die Zeitermittlung auf Erfahrung und Kenntnis begründetem Schätzen der arbeitsnotwendigen Zeiten für die Teilfunktionen einer Gesamtarbeitsaufgabe beruhen, u. dem arbeitswissenschaftl. A. Dieser steht heute im Vordergrund der betriebl. Praxis. Es sind 3 Systeme zu unterscheiden: Das Zeitermittlungsverfahren nach den vom Reichsausschuß für Arbeitszeitermittlung *(Refa)* aufgestellten Grundsätzen; das *Bedaux-System* u. Methods Time Measurement (MTM). Das Refa-System geht von der Überlegung aus, daß die individuelle Arbeitsleistung des AN ermittelt werden kann, wenn als Bezugsgröße die Normalleistung festgestellt wird. *Normalleistung* ist eine Arbeitsleistung, die ein voll o. ausreichend geübter Arbeiter auf die Dauer o. im Mittel der tägl. Schichtzeit ohne Gesundheitsschädigung erbringen kann, wenn er die in der Vorgabezeit enthaltenen Zeiten für persönl. Bedürfnisse u. Erholung einhält. Das *Bedaux-System* wird von B.-Ingenieuren der B.-Gesellschaft angewandt. Die Normalleistung errechnet sich auf der Grundlage von 60 B's. 60 B's entsprechen der Arbeitszeit von 60 Minuten normaler Arbeitszeit einschl. der vorgeschriebenen Erholungszuschläge, deren Ermittlung jedoch als Geschäftsgeheimnis der B.-Gesellschaft nicht bekannt gemacht wird. Im Bedaux-System wird die Mindestleistung höher als üblich bewertet; Mehrleistungen werden dagegen nur bis 75 v. H. vergütet. Es kommt mithin zu einer degressiven Lohnkurve. Beim *MTM-Verfahren* erfolgt die Zeitvorgabe möglichst ohne Zeitaufnahme. Mit Hilfe von Filmzeitstudien wird die Arbeitsleistung in die Elementarbewegungen zerlegt (greifen, hinlegen usw.); die hierfür notwendigen Teilzeiten werden zur Gesamtzeit zusammengerechnet.

II. Die A.-Entlohnung ist zumeist durch → Tarifvertrag geregelt. Soweit eine gesetzliche o. tarifliche Regelung nicht besteht, hat der → Betriebsrat ein erzwingbares Mitbestimmungsrecht (→ Betriebsratsaufgaben). Das Mitbestimmungsrecht bezieht sich nach § 87 I Nr. 10 BetrVG auf die betriebliche Lohngestaltung, insbesondere die Aufstellung von Entlohnungsgrundsätzen u. die Einführung u. Anwendung von Entlohnungsmethoden, nach § 87 I Ziff. 11 BetrVG auf sämtliche Faktoren, von denen die Höhe des A. abhängt, also die Festsetzung der A.- u. Prämiensätze einschließlich der Geldfaktoren. Indes ist dem Betriebsrat verschlossen, Lohnpolitik zu betreiben (NJW 77, 1635). Das Mitbestimmungsrecht steht unter dem Vorrang von Gesetz und Tarifrecht (§ 87 I BetrVG). Gesetzliche Regelungen bestehen nicht. Sperrwirkung entfaltet jeder zwingende → Tarifvertrag, dagegen nicht ein nur kraft Nachwirkung geltender. Voraussetzung der Sperrwirkung des TV ist, daß der → Betrieb in den Geltungsbereich des TV fällt u. der AG der → Tarifbindung unterliegt (Einzelheiten: → Betriebsratsaufgaben). Der Betriebsrat hat zur Erzwingung von Akkordregelungen ein Initiativrecht (AP 1 zu § 87 BetrVG 1972; NJW 77, 1635; → Betriebsratsaufgaben).

Akkordrevision

III. Liegen → kollektivrechtliche Vereinbarungen nicht vor o. besteht keine → Tarifbindung der ArbVertrParteien, haben diese die A.-Bedingungen auszuhandeln. Ob der AN zur A.-Arbeit verpflichtet ist, entscheidet sich nach den getroffenen Vereinbarungen. Besteht eine A.-Leistungspflicht, so bestimmt der AG im Rahmen der bestehenden kollektivrechtl. Vereinbarungen, welche Arbeiten im A. verrichtet werden sollen. Der AG kann den AN selbst dann von der einen zur anderen A.-Arbeit umsetzen, wenn damit eine Lohnminderung verbunden ist. Lediglich der Ecklohn darf sich nicht vermindern. Dagegen kann ein A – AN nicht auf Dauer in Zeitlohn umgesetzt werden, es sei denn, daß dies vorbehalten war. Der AN kann die Übernahme von A.-Arbeit nicht ablehnen, es sei denn, daß sie kraft ArbVertr. ausgeschlossen ist o. der betr. AN kraft Gesetzes (§§ 4 III MSchG, 23 JArbSchG; 3 FPersG) o. Tarifvertrag von der A.-Arbeit ausgenommen ist. Der AN kann eine Beschäftigung mit A.-Arbeit nicht verlangen, wenn sie nicht zugesichert ist. In diesen Fällen ist der nach der → Referenzmethode zu berechnende A.-Durchschnittsverdienst auch dann zu zahlen, wenn Stundenlohnarbeiten zugewiesen worden sind.

IV. Auch dann, wenn die Vorgabezeit auf Grund arbeitswissenschaftl. Methode bestimmt worden ist, bedarf es im Falle der Änderung der Fertigungsmethoden einer Einigung zwischen BR u. AG über die Änderung der Bemessung. Nur dann, wenn ein BR nicht besteht, kann der AG die arbeitswissenschaftl. ermittelte Zeitvorgabe bei Änderungen der Fertigungsmethode einseitig ändern. Dies gilt nicht, wenn die Vorgabezeit, wie beim Faust-A., frei vereinbart wurde u. eine versteckte Lohnerhöhung enthält.

V. Da die Höhe des Akkordlohnes von der geleisteten Arbeitsmenge abhängt, trägt der AN das Lohnrisiko. Diesem wird idR durch tarifliche Verdienstsicherungsklauseln vorgebeugt. Enthält eine solche keinen Hinweis darauf, für welchen Zeitraum bestimmte Prozentsätze des Akkordrichtsatzes garantiert werden sollen, ist im Zweifel der normale Lohnabrechnungszeitraum anzuwenden. Das ist für Arbeiter idR die Arbeitsstunde (AP 23 zu § 611 BGB Akkordlohn). Dagegen ist zumeist der Akkordlohn von der Arbeitsqualität unabhängig. Anders ist es dann, wenn nur fach- und sachgerecht erstellte Arbeit vergütet werden soll.

Akkordrevision heißt die Anpassung eines durch Änderung der tatsächlichen Verhältnisse unrichtig gewordenen → Akkordes.

Akkordschere wird die Manipulation der Vorgabezeiten genannt, wenn sie zuungunsten der AN geändert o. unrichtig festgesetzt werden.

Alkohol. Die Zahl der Alkoholabhängigen ist erschreckend hoch. Soll im Betrieb ein absolutes A.-Verbot aufgestellt werden, so ist die Mitbestimmung des → Betriebsrats notwendig (→ BR-Aufgaben). Eine → Kündigung des AN ist möglich *(1)* aus personenbedingten Gründen wegen → Krankheit, also der Alkoholgenuß krankhafte Formen angenommen hat, *(2)* aus verhaltensbedingten Gründen, wenn Störungen im Arbeitsverhältnis vorkommen (→ Kündigungsschutzklage). Lit.: Fischer DÖD 88, 173; Fleck BB 87, 2029; DB 90, 274; Hagen/Vivie ZTR 88, 33; Willemsen/Brune DB 88, 2304.

Allgemeine Geschäftsbedingungen. Da das BGB, insbesondere das Schuldrecht weitgehend dispositives, also abdingbares Recht enthält, haben die Parteien die Möglichkeit, die Regelungen des Gesetzes durch eigene Vertragsbestimmungen zu ersetzen. Häufig wiederkehrende Verträge werden in AGB standardisiert. Vielfach werden hierin nur die Interessen einer Partei berücksichtigt. Der Steuerung des mangelnden Interessenausgleiches dient das AGBG v. 9. 12. 1976 (BGBl. I 3317) zul. 8. 6. 1989 geändert (BGBl. I 1026). Nach § 23 ist es auf → Arbeitsverträge nicht anzuwenden. Dies wird ausgeglichen durch das kollektive Arbeitsrecht (→ Tarifverträge; → Betriebsvereinbarungen) u. durch die richterliche Inhaltskontrolle von Arbeitsverträgen (→ Arbeitsrecht). Umstr. ist, ob es auf die Rechtsverhältnisse der → arbeitnehmerähnl. Personen anzuwenden ist.

Allgemeinverbindlicherklärung. → Tarifverträge entfalten → Tarifbindung nur *(1)* zwischen AG u. AN, die Mitglied der den TV abschließenden → Koalitionen sind (§ 3 I TVG); *(2)* für koalitionsangehörige AG über betriebliche und betriebsverfassungsrechtliche Fragen für alle ihre Betriebe (§ 3 II TVG). *(3)* Im Wege der AVE kann die Tarifwirkung der normativen Bestimmungen ganz o. teilweise (AP 88 zu § 1 TVG Tarifverträge: Bau = DB 88, 1072) auch auf → Arbeitsverträge zwischen nicht Tarifgebundenen erstreckt werden. Sie erfolgt durch den BMA im Einvernehmen mit einem aus je drei Vertretern der Spitzenorganisationen der AG u. AN bestehenden Ausschuß auf Antrag einer TV-Partei, wenn die tarifgebundenen AG nicht weniger als 50% der unter den Geltungsbereich des TV fallenden AN beschäftigen u. sie im öffentl. Interesse (DB 87, 643) geboten (§ 5 I 1 TVG) o. wenn sie zur Behebung eines soz. Notstandes erforderlich erscheint (§ 5 I 2 TVG). Für den Anspruch einer Tarifvertragspartei nach A. ist der Rechtsweg zu den Verwaltungsgerichten gegeben (BVerwG DB 89, 529). Die Ermächtigung zur AVE ist nach Inhalt, Zweck und Ausmaß hinreichend bestimmt und damit verfassungskonform (BVerfG AP 15 zu § 5 TVG), auch wenn der BMA auf ungenaues, nicht oder beschränkt beweisbares statistisches Material angewiesen ist (AP 16 zu § 4 TVG). Der BMA

Ältere Angestellte

kann den LAM für einzelne Fälle das Recht der AVE übertragen (§ 5 VI TVG). Vor der Entscheidung über den Antrag auf AVE ist den Beteiligten binnen bestimmter Frist Gelegenheit zur schriftl. Stellungnahme zu geben sowie alsdann in einer mündl. öffentl. Verhandlung Gelegenheit zur Äußerung (§ 5 II TVG). Die AVE wird wirksam mit dem hierfür in der Erklärung vorgesehenen Zeitpunkt. In begrenztem Umfang ist auch eine Rückwirkung zulässig (AP 1 zu § 4 TVG Effektivklausel), soweit hierdurch rechtsstaatliche Grundsätze nicht verletzt werden (AP 18 zu § 5 TVG). Sie endet mit seiner Aufhebung, wenn sie im öffentlichen Interesse geboten ist (§ 5 V TVG) o. mit dem Außerkrafttreten des TV. Ist ein TV teilweise geändert worden, eine sonstige, mit der Änderung nicht im Zusammenhang stehende Regelung aber unverändert geblieben, besteht insoweit die AVE fort (AP 30 zu § 4 TVG Ausschlußfristen). Beginn und Ende der AVE sind bekanntzumachen (§ 5 VII TVG); außerdem erfolgt die Eintragung in das Tarifregister. Über das Verfahren vgl. DVO zum TVG i. d. F. v. 16. 1. 1989 (BGBl I 76). Nach dem Ende der AVE entfaltet der TV zunächst noch → Tarifnachwirkung (AP 11 zu § 5 TVG). Nach h. M. hat die AVE eine Doppelnatur (AP 2 zu § 4 TVG Ausgleichskasse; AP 12, 13 zu § 5 TVG). Sie besagt, die AVE ist im Verhältnis zu sog. Außenseitern Normsetzungsakt, der – wie alle Rechtsnormen – der gerichtlichen Nachprüfung auf Entstehung und Inhalt unterliegt. Dagegen ist sie gegenüber den Tarifpartnern Verwaltungsakt (vgl. BVerwG AP 6, 7 zu § 5 TVG). Das BVerfG hat im wesentlichen die Theorie von der Doppelnatur der AVE übernommen; es begreift sie als Rechtsetzungsakt eigener Art zwischen autonomer Regelung und staatlicher Rechtsetzung, der seine eigenständige Grundlage in Art. 9 III GG findet, der nicht an Art. 80 GG gemessen werden kann (AP 15 zu § 5 TVG). Lit.: Backhaus DB 88, 115; Stahlhacke NZA 88, 344.

Ältere Angestellte sind nach dem AngKSchG v. 9. 7. 1926 (RGBl. I 399) geänd. a. 26. 4. 1985 (BGBl. I 710) unabdingbar (RAG, ARS 17, 396) durch verlängerte Kündigungsfristen geschützt, wenn sie älter als 30 J. u. bei einem AG beschäftigt sind, der idR mehr als 2 Ang. beschäftigt. Geschützt sind alle Angestellten, die nach § 1 (jetzt §§ 2, 3) AVG versicherungspflichtig sind. Hierzu können auch Geschäftsführer einer GmbH gehören, es sei denn, daß sie daran maßgeblich (75%) beteiligt sind (AP 8 zu § 2 Angestellten KündigungsG = DB 83. 1444). Die Kündigungsfrist beträgt für AG nach 5 J. Beschäftigung bei diesem AG o. seinem Rechtsvorgänger 3 Monate zum Quartalsende, nach 8, 10 u. 12 J. 4, 5 u. 6 Mon. Für den AN verbleibt es bei den gesetzl. o. vereinbarten Kündigungsfristen. Maßgebend ist die Beschäftigung nach Vollendung des 25. Lebensj.

Kürzere Unterbrechungen der Beschäftigungsdauer ohne Aufhebung des Arbeitsverhältn. (Urlaub, Krankheit usw.) sind unbeachtlich. Auch bei Aufhebung des Arbeitsverhältn. ist die Unterbrechung nicht zu berücksichtigen, wenn der ArbVertrag neu abgeschlossen wird u. von den Parteien als Fortsetzung des bisherigen Arbeitsverhältn. behandelt wird. In die Beschäftigungszeit eingerechnet werden auch Zeiten als Arbeiter oder freier Mitarbeiter (AP 7 zu § 2 Ang KSchG). Das Ang KSchG gilt auch im → Konkurs des AG (AP 2 zu § 22 KO). Geht der Betrieb auf einen → Betriebsnachfolger über, so muß dieser die bei seinem Vorgänger zurückgelegte Beschäftigungszeit gegen sich gelten lassen. Für ältere Arbeiter → Kündigung.

Änderungsvertrag ist ein Vertrag, durch den der ursprüngliche Vertrag geändert wird. Er kann ausdrücklich oder konkludent geschlossen werden. Schweigt der Arbeitnehmer zu einer ihm angebotenen Änderung, so bedeutet dies grundsätzlich die Ablehnung (AP 101 zu § 242 BGB Ruhegehalt), es sei denn, daß er hiervon unmittelbar betroffen wird (AP 4 zu § 305 BGB).

Alliierte Streitkräfte: Auf das Arbeitsverhältnis der AN bei den A.St. findet deutsches Arbeitsrecht Anwendung (Art. 56 Ia Zusatzabkommen vom 3. 8. 1959 (BGBl 1161 II 1218). AG sind die A.St. (AP 11 zu Art. 44 Truppenvertrag); die Lohnzahlung erfolgt zu Lasten des Bundes. Anspr. werden durch → Klage gegen den Bund erhoben (Art. 56 VIII ZAbk). Grundsätzlich gilt bei Kündigungen das KSchG (AP 1 zu § 46 TV AL II; AP 11 zu § 15 KSchG; AP 3 zu Art. 56 ZA – Nato-Truppenstatut). Erweist sich die Kündigung als ungerechtfertigt, so ist das ArbVerh aufzulösen und eine → Abfindung festzusetzen, wenn der AG im Prozeß oder binnen 21 Tagen nach Zustellung des Urteils erklärt, daß besonders schutzwürdige Belange der Beschäftigung entgegenstehen (Matissek NZA 88, 383). Bei der Einstellung für das zivile Gefolge der ASt hat die Betriebsvertretung keine Mitwirkungsbefugnis (AP 5 zu Art. 56 ZA – Nato-Truppenstatut).

Altersgrenze ist im Arbeitsrecht der Zeitpunkt, zu dem das Arbeitsverhältnis resolutiv befristet ist. Die Wirksamkeit von Altersgrenzen in → Tarifverträgen, → Betriebsvereinbarungen u. → Arbeitsverträgen ist umstr. (→ Befrist. Arbeitsverh.) Sie kann nicht nachträglich durch BV herabgesetzt werden (v. 7. 11. 89 – GS 3/85 –).

Altersteilzeitarbeit. I. Das G. zur Förderung von Vorruhestandsleistungen (Vorruhestandsgesetz – VRG) v. 13. 4. 84 (BGBl I 601) sollte eine vorzeitige Pensionierung der AN ermöglichen, dadurch beschäftigungspolitische Anreize schaffen und die sog. 59er-Regelung verteuern, um eine Verbesserung der Altersstruktur in den Betrieben auf Kosten der Solidargemeinschaft der Sozialversicherungspflichtigen zu verhindern. Seine Zielsetzung wurde verwirklicht, in dem die BAnstArb Zuschüsse an die AG zahlte, wenn diese aufgrund der Regelung eines Tarifvertrages, arbeitsvertraglichen Einheitsregelungen der Kirchen und öffentlich rechtlichen Religionsgemeinschaften oder einer Einzelvereinbarung Vorruhestandverträge mit den AN schloß. Das VRG ist durch das G. zur Förderung eines gleitenden Übergangs älterer AN in den Ruhestand (AltersteilzeitG – ATG) v. 20. 12. 88 (BGBl I 2343) ersetzt worden. Auch dieses G. ist befristet und wird ab 1. 1. 1993 durch Regelungen des SGB VI ersetzt. Das ATG unterscheidet sich vom VRG allein dadurch, daß der AN nicht ganz, sondern nur teilweise in den Ruhestand tritt. Mit ihm soll eine Humanisierung des Arbeitslebens angestrebt werden und der Arbeitsmarkt entlastet werden. Es ist wie das VRG ein reines Subventionsgesetz.

II. Die BAnstArb fördert den gleitenden Übergang älterer AN vom Erwerbsleben in den Ruhestand, die ihre Arbeitszeit verkürzen und damit die Einstellung eines Arbeitslosen ermöglichen, wenn folgende Voraussetzungen erfüllt sind (§ 1 ATG):

1. Der AN muß zu dem nach § 2 ATG begünstigten Personenkreis gehören. Er muß also das 58. Lebensjahr vollendet haben und nach dem 31. 12. 1988 eine Vereinbarung mit dem AG schließen, nach der die Arbeitszeit auf die Hälfte der tariflichen regelmäßigen wöchentlichen Arbeitszeit, auf mindestens jedoch 18 Std. wöchentlich reduziert wird. Die Mindestarbeitszeit soll gewährleisten, daß der AN im Falle der Arbeitslosigkeit Anspruch auf Arbeitslosengeld hat. Ferner muß der AN in den letzten fünf Jahren vor der Altersteilzeitarbeit mindestens drei Jahre lang in einer beitragspflichtigen Beschäftigung vollzeitig beschäftigt gewesen sein oder bestimmte Ersatzzeiten (§ 3 I Nr. 3 ATG) zurückgelegt haben. Diese Regelung soll Mißbräuchen vorbeugen, indem z. B. Verwandtenverträge förderungsfähig werden. Die Arbeitsvertragsparteien sind vorbehaltlich des Mitbestimmungsrechtes des BR nach § 87 I Nr. 3 BetrVG (→ Betriebsratsaufgaben) frei, wie die Arbeitszeit verteilt wird. Es ist also denkbar, daß der AN halbtags, halbwöchentlich, jede 2. Woche usw. arbeitet. Die wöchentliche Arbeitszeit darf nur im Jahresdurchschnitt die Hälfte der tariflichen regelmäßigen wöchentlichen Arbeitszeit nicht überschreiten bzw. die Kurzzeitgrenzen unterschreiten. Unschädlich sind gelegentliche Überstunden.

2. Der AG muß aufgrund eines Tarifvertrages, einer Regelung der Kirchen und der öffentlich rechtlichen Religionsgesellschaften, einer

Betriebsvereinbarung oder einer Vereinbarung mit dem AN das Arbeitsentgelt für Altersteilzeitarbeit um mindestens 20 v. H. aufstokken und für den AN Beiträge zur Höherversicherung in der gesetzlichen Rentenversicherung, mind. in Höhe des Pflichtbeitrages entrichten, der auf den Differenzbetrag zwischen 90 v. H. des Vollzeitarbeitsentgeltes und dem Entgelt für die Altersteilzeitarbeit entfällt (§ 3 I Nr. 1 ATG). Durch die Vergütungsregelung und die Höherversicherung soll gewährleistet werden, daß der AN auch weiterhin seinen Lebensunterhalt verdienen kann und eine ausreichende Altersversorgung erwirbt.

In Tarifverträgen und Betriebsvereinbarungen kann eine Verpflichtung des AG zum Abschluß von Teilzeitarbeitsverträgen enthalten sein. Jedoch muß dem Überforderungsschutz des AG Rechnung getragen sein (§ 3 I Nr. 3 ATG). Es muß die freie Entscheidung des AG beim Abschluß von Vereinbarungen über Altersteilzeitarbeit sichergestellt sein, soweit mehr als 5 v. H. der AN des Betriebes Altersteilzeitarbeit in Anspruch nehmen (vgl. § 7 ATG). Hierdurch sollen vor allem Kleinbetriebe und Betriebe mit überdurchschnittlich vielen AN vor einer finanziellen Überforderung geschützt werden. Keines Überforderungsschutzes bedarf es, wenn eine Ausgleichskasse die finanziellen Leistungen des AG ersetzt. Die Tarifvertragsparteien können den Überforderungsschutz des AG verstärken. Insoweit war beim VRG streitig, wie die Zahl zu berechnen war (AP 46, 47 zu Art. 9 GG = BB 87, 334, 615; AP 8 zu § 1 TVG Tarifverträge: Brotindustrie).

Die Aufwendungen des AG sind nur dann zuschußfähig, wenn der AG aus Anlaß des Übergangs des AN in Altersteilzeitarbeit einen beim → Arbeitsamt arbeitslos gemeldeten AN auf dem freigemachten oder auf einem in diesem Zusammenhang durch Umsetzung freigewordenen Arbeitsplatz beitragspflichtig i. S. des § 168 AFG beschäftigt. Die Neueinstellung muß aus Anlaß des Übergangs des älteren AN in die Altersteilzeitarbeit erfolgen. Zwischen der Altersteilzeit und der Neueinstellung muß ein ursächlicher und zeitlicher Zusammenhang bestehen. Endet das Arbeitsverhältnis des Neueingestellten vor Ablauf von zwei Jahren, so werden die Zuschußleistungen weiter bezahlt, wenn der Arbeitgeber innerhalb der Suchfrist von drei Monaten den Arbeitsplatz erneut besetzt. Grundsätzlich muß zwischen dem durch Altersteilzeit freigewordenen Arbeitsplatz und dem neubesetzten Arbeitsplatz Identität bestehen. Von dem Grundsatz der Arbeitsplatzidentität bestehen jedoch Ausnahmen (vgl. § 3 I Nr. 2 ATG).

3. Die BAnstArb erstattet dem AG den Aufstockungsbetrag und den Beitrag in der gesetzlichen Höherversicherung (§ 4 I ATG). So-

weit AN von der gesetzlichen Rentenversicherung befreit sind, gewährleistet § 4 II ATG, daß auch dieser Personenkreis in die Altersteilzeit einbezogen werden kann.

III. Der Anspruch auf Zuschuß erlischt oder ruht, wenn die Voraussetzungen von § 5 ATG eintreten.

1. Der Anspruch erlischt, wenn der AN das 65. Lebensjahr vollendet hat (§ 5 I Nr. 1 ATG).

2. Der Anspruch erlischt mit Beginn des Monats, für den der AN Altersruhegeld, Knappschaftsausgleichsleistungen oder ähnliche Bezüge öffentlich rechtlicher Art bezieht. Diesen Bezügen stehen vergleichbare Leistungen einer Versicherungs- oder Versorgungseinrichtung gleich. Umstr. ist insoweit die Rechtslage, wenn es sich nur um Teilrenten handelt.

3. Der Anspruch auf Zuschuß besteht nicht, solange der AG auf den freigemachten oder durch Umsetzung freigewordenen Arbeitsplatz keinen AN beschäftigt, der beim Arbeitsamt arbeitslos gemeldet war. Im Falle der Wiederbesetzung eines Arbeitsplatzes werden die Leistungen erst nach einer Suchfrist von drei Monaten eingestellt. Nach Ablauf von zwei Jahren werden die Zuschüsse weitergezahlt, auch wenn kein AN eingestellt wird (§ 5 II ATG).

4. Der Anspruch auf Leistungen ruht während der Zeit, in der der AN neben seiner Teilzeitbeschäftigung Arbeiten oder selbständige Tätigkeiten oberhalb der Geringfügigkeitsgrenze ausübt (§ 5 III ATG).

5. Nach § 5 IV ATG findet § 48 I Nr. 3 SGB X keine Anwendung. Hier ist bestimmt, daß ein Verwaltungsakt mit Wirkung vom Zeitpunkt der Änderung der Verhältnisse aufgehoben werden soll, wenn nach Antragstellung oder Erlaß des Verwaltungsaktes Einkommen oder Vermögen erzielt wird, das zum Wegfall oder der Minderung des Anspruches geführt haben würde.

IV. Das Altersteilzeitarbeitsverhältnis ist ein normales → Teilzeitarbeitsverhältnis.

1. Es enthält aus arbeitsmarktpolitischen Gründen einige Sondervergütungspflichten des AG und schafft einige Nebenverpflichtungen des AN. Es kann als normales Teilzeitarbeitsverhältnis, aber auch als → Job Sharing oder → Abrufarbeitsverhältnis geschlossen werden.

2. Während des Urlaubs oder der Erkrankung hat der AG die Altersteilzeitvergütung einschl. des Aufstockungsbetrages und die Beträge für die Höherversicherung weiterzuzahlen.

3. Der in Altersteilzeit arbeitende AN genießt den allgemeinen und besonderen → Kündigungsschutz. § 8 I ATG enthält einen flankierenden Kündigungsschutz. Die Berechtigung des AN zur Inanspruchnahme von Altersteilzeitarbeit stellt keinen die Kündigung sozial rechtfertigenden Grund dar. Ebensowenig kann sie bei der sozialen Auswahl bei der betriebsbedingten Kündigung berücksichtigt werden.

4. Das G. enthält eine Reihe von Mitwirkungspflichten von AG und AN bei der Durchführung der Teilzeitarbeit. Die Mitwirkungspflichten des AG gegenüber der BAnstArb ergeben sich aus §§ 60 ff SGB I. Insoweit bedurfte es keiner Sonderregelung. Der AN hat Änderungen der ihn betreffenden Verhältnisse, die für die Leistungen der BAnstArb an den AG von Bedeutung sind, dem AG unverzüglich mitzuteilen. Erbringt eine Ausgleichskasse oder eine gemeinsame Einrichtung statt des AG Leistungen an den AN, so besteht die Mitteilungspflicht gegenüber diesen Einrichtungen. Der AN ist der BAnstArb zur Erstattung der an den AG erbrachten Leistungen verpflichtet, wenn er vorsätzlich oder grobfahrlässig Angaben gemacht hat, die unrichtig oder unvollständig sind oder wenn er seiner Mitteilungspflicht nicht nachgekommen ist.

Lit.: Einem, ArbuR 89, 337; Pröbsting, DB 89, 678; Müller-Roden NZA 89, 839; Siegers/Müller-Roden, NZA 89, 289; Schaub BB 89, 1751.

Anfechtung ist eine einseitige, empfangsbedürftige, rechtsgestaltende → Willenserklärung, durch die eine anfechtbare WE rückwirkend beseitigt wird (§ 142 BGB). Anfechtbar ist eine WE, wenn der Wille eines Erklärenden durch Irrtum (§§ 119, 120 BGB), Drohung o. arglistige Täuschung (§ 123 BGB) beeinflußt ist. Ein zur Anfechtung berechtigender Irrtum liegt vor, wenn *(1)* der Anfechtende in der Erklärungshandlung (Versprechen, Verschreiben) o. der Äußerung des Geschäftswillens (spricht von Beendigung, meint aber Suspendierung des Arbeitsverhältnisses) einem Irrtum unterliegt (§ 119 I BGB). Ein Irrtum liegt jedoch dann nicht vor, wenn jemand ein Schriftstück ungelesen unterschreibt (AP 33 zu § 133 BGB); *(2)* ein Irrtum über verkehrswesentliche Eigenschaften, wozu auch eine zur Arbeitsleistung unfähig machende Erkrankung gehören kann (AP 3 zu § 119 BGB), gegeben ist. Eine Schwangerschaft berechtigt zur Anfechtung, wenn die AN nur für eine vorübergehende Zeit zur Aushilfe usw. eingestellt wurde (AP 24 zu § 9 MuSchG), die Schwerbehinderteneigenschaft, wenn der AN zur Leistung der vorausgesetzten Dienste nicht in der Lage ist (RAG ARS 13, 391); *(3)* der Anfechtende durch Drohung oder arglistiger Täuschung zur Abgabe der Willenserklärung veranlaßt worden ist. Drohung ist die

Anfechtung

Inaussichtstellung eines empfindlichen Übels, das vom Willen des Drohenden abhängt, arglistige Täuschung das Hervorrufen oder Aufrechterhalten eines Irrtums. Drohung kann die Ankündigung einer ao Kündigung sein (AP 1 zu § 180 BGB; AP 8, 13, 16 zu § 123 BGB), nicht aber das Ausnutzen einer seelischen Zwangslage (BGH BB 88, 1549). Eine arglistige Täuschung kann gegeben sein bei Verneinung der Schwangerschaft auf zulässige Frage, Verschweigung von Vorstrafen (AP 2, 17 zu § 123 BGB). Nicht berechtigt ist die A., bei wahrheitswidriger Gehaltsangabe auf Frage, da diese grundsätzlich unzulässig (AP 25 zu § 123 BGB = DB 84, 298). Anfechtungsberechtigt ist idR derjenige, dessen WE fehlerhaft ist. Die A. muß in den Fällen der Irrtums-A. (§§ 119, 120 BGB) unverzüglich, d. h. ohne schuldhaftes Zögern (§ 121 BGB), erfolgen, im Falle der arglistigen Täuschung o. Drohung binnen Jahresfrist seit Behebung des A.-Grundes (§ 124 I BGB). Anfechtungsgründe können nicht mehr nachgeschoben werden, wenn sie im Zeitpunkt der Anfechtung bereits verfristet waren (BGH NJW 66, 39; AP 5 zu § 119 BGB). Die Anfechtung einer einzelnen Arbeitsbedingung wegen arglistiger Täuschung ist zulässig, wenn nur der angefochtene Teil des Vertrages auf der Täuschung beruht (AP 4 zu § 60 HGB). Die Anfechtung nach §§ 119, 123 BGB kann gegen Treu u. Glauben verstoßen u. daher unwirksam sein. Ein Treueverstoß liegt vor, wenn z. B. das → Arbeitsverhältnis längere Zeit bestanden hat u. der Anfechtungsgrund für die Durchführung des Arb-Verh. keine Bedeutung mehr hat (AP 17, 32 zu § 123 BGB). Ein wirksam angefochtener, aber bereits in Vollzug gesetzter ArbVertr., der sich aus wechselseitig abgegebenen WEen zusammensetzt, ist für die Vergangenheit wie ein fehlerfreier zu behandeln (→ faktisches Arbeitsverh.). Die Anfechtung wirkt also grundsätzlich ex nunc, Ausnahme, wenn außer Vollzug gesetzt. In diesem Fall beschränkte ex tunc Wirkung auf Zeitpunkt der Außervollzugssetzung (AP 24 zu § 123 BGB = NJW 84, 446). Die Anfechtung kann mit dem Recht zur ao. Kündigung konkurrieren, wenn im Zeitpunkt der aoK der Grund noch soweit nachwirkt, daß die Fortsetzung des Arbeitsverhältnisses unzumutbar ist. Ob auf die Anfechtung Kündigungsschutzvorschriften anzuwenden sind, ist neuerdings umstr., aber zu verneinen. Wegen der aoK besteht jedoch der allgemeine → Kündigungsschutz. Ob eine aoK in eine Anfechtungserklärung umgedeutet werden kann (§ 140 BGB), muß nach den Umständen entschieden werden; dagegen ist die Umdeutung einer ord.K in eine A. ausgeschlossen, da die A. weitergeht (AP 4 zu § 9 MuSchG 1968). Im Prozeß kann der zur A. berechtigende Vortrag ausgeschlossen werden, wenn er verspätet erfolgt (AP 3 zu § 340 ZPO).

Angestellte i. S. des → Arbeitsrechts sind (im Gegensatz zu →
Arbeitern) AN, deren Tätigkeit überwiegend in nicht körperl., sondern in geistiger Arb. besteht, denen ein größeres Maß von Selbständigkeit u. Verantwortung gegenüber dem Gesamtbetrieb eingeräumt ist u. die von den beteiligten Berufskreisen als A. angesehen
werden (AP 1, 3, 5, 12 zu § 59 HGB). Die Verkehrsanschauung
dokumentiert sich vor allem in den Abgrenzungen der → Tarifverträge. Wertvolle Hinweise ergeben sich auch aus § 3 AVG u. dem
aufgrund von § 3 III AVG im Wege der RechtsVO (RGBl. I 24, 274;
BGBl. III 821-1-1) erlassenen Berufskatalog der A., der unmittelbar
nur für die Abgrenzung in der Sozialversicherung gilt, aber auch zur
Gruppeneinteilung bei der Betriebsratswahl (AP 1 zu § 5 BetrVG)
herangezogen werden kann (§ 6 BetrVG). Die in § 3 AVG aufgestellten Hauptgruppen der A. sind: A. in leitender Stellung; techn. A. in
Betrieben, Büro u. Verwaltung, Werkmeister u. andere A. in einer
ähnl. gehobenen o. höheren Stellung; BüroA. soweit sie nicht ausschließl. mit Botengängen, Reinigung, Aufräumung u. ähnl. Arbeiten beschäftigt werden, einschl. der Werkstattschreiber; → Handlungsgehilfen u. andere A. für kaufm. Dienste, auch wenn der Gegenstand des → Unternehmens kein Handelsgewerbe ist, Bühnenmitglieder u. Musiker ohne Rücksicht auf den künstler. Wert ihrer
Leistungen; A. in Berufen der Erziehung, des Unterrichts, der Fürsorge, der Kranken- u. Wohlfahrtspflege; Schiffsführer, Offiziere des
Deck- u. Maschinendienstes, Schiffsärzte usw.; Bordpersonal der
Zivilluftfahrt. Nicht zu den A. zählen die Mitglieder des Vorstandes
einer AktG. Wer kaufm. u. büromäßige Arbeit leistet sowie überwiegend leitende, beaufsichtigende o. eine vergleichbare Tätigkeit
ausübt, ist idR A. (AP 5 a. a. O.). Hierzu gehören Kassierer in Selbst-
bedienungsläden (AP 23 zu § 59 HGB), Verkaufsfahrer, Texterfasse-
rin (AP 24 zu § 59 HGB). Werden kaufm. Dienste in einem Handelsgewerbe erbracht, so heißt der AN → Handlungsgehilfe (§ 59 HGB).
Von diesem ist der techn., gewerbl. A zu unterscheiden, der mit der
Leitung o. Beaufsichtigung des Betr. o. einer Betr.-Abteilung beauftragt o. mit höheren techn. Dienstleistungen betraut ist. Die Unterscheidung nach kaufm. o. techn. A. erfolgt nach der überwiegend
ausgeübten Aufgabenstellung.

Außertarifliche Angestellte → AT-Angestellte.

Leitende A. sind nach der Verkehrsanschauung vor allem A. mit
AG-Funktionen o. besonders qualifizierte, die eine mit persönl. Verantwortung verbundene Arbeitsleistung erbringen o. nach freier
Entschließung arbeiten. Der Begriff des leitenden A. ist in den verschiedenen gesetzl. Vorschriften nicht einheitl. gebraucht; er ist daher je nach Gesetz (BetrVG, KSchG, AZO) näher zu entwickeln. Für
die leitend. A. gelten vor allem sieben gesetzl. Sonderregelungen: sie

sind von den Vorschriften über die → Arbeitszeit (§ 1 II AZO) ausgenommen, gelten nicht als AN i. S. des § 5 BetrVG, dürfen nur auf
AG-Seite als ehrenamtliche Richter bei den Arbeits- u. Sozialgerichten fungieren (§§ 22 II Nr. 2, 37 II, 43 III ArbGG, 16 IV Nr. 4
SozGG), unterliegen besonderen Vorschriften nach dem MitbestG,
ihr Arbeitsverhältnis kann bei → Kündigungsschutzklage auf nicht
zu begründenden Antrag des AG aufgehoben werden; sie können
einen → Sprecherausschuß wählen. Leitende A. i. S. des BetrVG sind
die Tatangestellten (§ 5 III Nr. 1 BetrVG), die im Innen- und Außenverhältnis zur selbständigen Einstellung u. Entlassung von AN (zu
arbeitnehmerähnlichen Personen AP 19 zu § 5 BetrVG 1972) befugt
sind (AP 28 zu § 5 BetrVG 1972 = DB 82, 1990), Generalbevollmächtigte u. Prokuristen, sofern sie nicht nur Titularprokura (AP 37
zu § 5 BetrVG 1972 = DB 88, 2003) haben (§ 5 I Nr. 2 BetrVG),
sowie die Ratangestellten (§ 5 III Nr. 3 BetrVG). Deren Abgrenzung
ist durch das SprAnG neu gefaßt worden. Hierzu haben sich bereits
zahlreiche Streitfragen ergeben. Lit.: Birk RdA 88, 211; Clausen u. a.
ArbuR 88, 293; Dänzer-Vanotti Beil 1 zu NZA 89; Hanau ArbuR 88,
261; Hromadka DB 88, 753; PersF 89, 155; BB 90, 57; Martens RdA
89, 73; G. Müller DB 89, 824; H. P. Müller DB 88, 1697; Richardi
Beil 1 zu NZA 90. Abgrenzungsgrunds. in der chem. Ind. NZA 89,
499.

Anhörung des Betriebsrats: I 1a) Nach § 102 BetrVG hat der
AG den Betriebsrat vor jeder → Kündigung, also einer ordentlichen, außerordentlichen, Änderungs- oder Teilkündigung, zu hören. Dies gilt unabhängig davon, ob das KSchG Anwendung findet
oder nicht (AP 17 – 19 zu § 102 BetrVG 1972; AP 49 zu § 102
BetrVG 1972 = BB 89, 1345) oder mit dem Arbeitnehmer ein Auslandsstatut (→ Internationales Arbeitsrecht) vereinbart ist. Für die
A. ist der AG darlegungs- und beweispflichtig (AP 2, 5). Lit.: Oetker
BB 89, 417.

   b) Die A. muß vor Ausspruch der K. erfolgen (AP 2, 7, 8, 10).
Eine schriftliche K. ist ausgesprochen, wenn das K-Schreiben den
Machtbereich des AG verlassen hat, er sie also zur Post gegeben hat
(AP 7). Im Zeitpunkt der K. muß das A-Verfahren beendet sein; der
AG kann mithin nur dann vor Ablauf der dem BR zustehenden
Äußerungsfristen (unter 3b) kündigen, wenn der BR eindeutig zu
verstehen gegeben hat, daß er eine weitere Erörterung nicht mehr
wünscht (AP 4, 8; 47 = NZA 88, 137; dazu Oetker BB 84, 1433).
Unerheblich für die Wirksamkeit der A. ist, ob der AG seinen Willen
zur K. bereits vor der A. abschließend gefaßt hat (AP 19). Ist das A-
Verfahren abgeschlossen, so braucht der AG nicht unverzüglich zu
kündigen; läßt er jedoch geraume Zeit verstreichen, dann ist eine

erneute A. notwendig, wenn sich in der Zwischenzeit der K-Sachverhalt wesentlich verändert hat (AP 14).

c) Kündigt der AG, ohne den BR zu hören, so ist die K. nichtig (§§ 102 I 2 BetrVG, 134 BGB; dazu AP 2). Eine Heilung tritt auch nicht dann ein, wenn der BR nachträglich zustimmt. Selbst in diesem Fall ist für eine alsdann erneut ausgesprochene K. die A. erforderlich (v. 11. 10. 1989 – 2 AZR 88/89 –). Rechtsmängel der A. kann der AN ohne Rücksicht auf die Klagefrist des § 4 KSchG geltend machen (AP 2).

d) AG im Sinne von § 102 BetrVG ist grundsätzlich der, der mit dem AN den Arbeitsvertrag abgeschlossen hat, oder der die Rechte aus dem Arbeitsvertrag ausübt, also auch der Konkursverwalter *(ArbuR 74, 93)* oder eine Arbeitsgemeinschaft *(DB 75, 650)*.

e) Eine A. ist nicht notwendig. α In Kleinbetrieben mit weniger als 5 AN (§ 1 BetrVG) oder vor Konstituierung eines BR (AP 36 a. a. O.). β Bei leitenden → Angestellten (§ 5 III BetrVG). Bei diesen ist der BR lediglich nach § 105 BetrVG zu informieren. Eine Verletzung der Mitteilungspflicht ist unerheblich. Wird ein AN eingestellt, dem erst die Position eines leitenden A. eingeräumt werden soll, ist die A. notwendig (AP 13 zu § 5 BetrVG 1972); sie bleibt aber entbehrlich, wenn dem leitenden A. während der Kündigungszeit Funktionen entzogen werden. Ist zweifelhaft, ob ein AN leitender A. ist, so wird der AG vorsorglich den BR informieren und hilfsweise eine A. des BR u. des → Sprecherausschusses durchführen. Aus der Mitteilung des AG an den BR muß sich eindeutig ergeben, ob er ihn nur unterrichten o. nach § 102 BetrVG zu der beabsichtigten K. auch anhören will (AP 13). Zwar ist nicht erforderlich, daß der AG wörtlich zur Stellungnahme auffordert, vielmehr genügt es, wenn der BR der Mitteilung entnehmen kann, daß damit auch ein A-Verfahren eingeleitet werden soll (AP 1 zu § 105 BetrVG 1972; AP 21 zu § 102 BetrVG 1972). Besteht Streit, ob ein AN leitender Angestellter ist, kann er sich im Kündigungsschutzprozeß selbst dann auf die fehlende A. berufen, wenn AG und BR den AN übereinstimmend als leitenden Angestellten qualifiziert haben oder wenn der AN zuvor selbst von seiner Eigenschaft als leitender Angestellter ausgegangen ist (AP 5 zu § 102 BetrVG 1972). γ In → Arbeitskämpfen (AP 44, 58, 60 zu Art. 9 GG Arbeitskampf; AP 20). Sie ist aber bereits dann wieder erforderlich, wenn die Kündigung aus Gründen erfolgt, die nicht mit dem Arbeitskampf im Zusammenhang stehen (AP 20). δ Wenn der BR selbst die Entlassung eines bestimmten AN verlangt hat (§ 104 BetrVG). ε Erhalten bleibt die A. in → Tendenzbetrieben (AP 4 zu § 118 BetrVG 1972). Indes sind die Einwendungen des BR eingeschränkt. ζ Wenn der AN für eine Auslandtätigkeit auf einer ausländischen Baustelle eingestellt war (AP 17 Internat. Privatrecht, Arbeitsrecht).

Anhörung des Betriebsrats

2a) Die A. setzt voraus, daß der AG mündlich oder schriftlich dem BR die Person des AN bezeichnet, die Art der K. (ord., ao.) und den K.-Termin u. die Kündigungsfrist (fehlerhafte Fristberechnung unschädlich; AP 42 zu § 102 BetrVG 1979; v. 29. 3. 1990 – 2 AZR 420/89 –) angibt sowie die Gründe für die K. mitteilt (AP 2). Dies gilt auch dann, wenn das KSchG noch keine Anwendung findet (AP 49 zu § 102 BetrVG 1972). Im Falle der Änderungskündigung müssen die Gründe der K. u. das Änderungsangebot mitgeteilt werden (v. 30. 11. 1989 – 2 AZR 197/89 – DB 90, 993). Zur Entgegennahme dieser Erklärungen ist nur der BR-Vorsitzende und im Falle seiner Verhinderung sein Stellvertreter berechtigt (AP 2). Ausnahmsweise kann die Erklärung auch an den Vorsitzenden (bzw. im Falle seiner Verhinderung an seinen Vertreter) eines vom BR errichteten Ausschusses für Personalsachen gerichtet werden (AP 2, 4, 32, AP 1 zu § 28 BetrVG 1972). Der Grundsatz der vertrauensvollen Zusammenarbeit erfordert die A. während der Arbeitszeit. Der BRV oder sein Stellvertreter können die Anfrage des AG aber auch außerhalb der Arbeitszeit entgegennehmen (AP 25 zu § 102 BetrVG 1979).

b) Der AG hat dem BR sämtliche für o. gegen den AN sprechenden Gründe mitzuteilen, auf die die Kündigung gestützt werden soll. Entbehrlich ist die Angabe von Gründen, auf die die K. nicht gestützt wird (AP 18, 22) oder die dem BR bereits als kündigungsrelevant bekannt sind; insoweit trägt der AG das Risiko (AP 37). Der für die K. maßgebende Sachverhalt ist näher zu umschreiben. Eine nur pauschale, schlagwort- o. stichwortartige Bezeichnung des K.-Grundes genügt idR ebensowenig wie die Mitteilung eines Werturteils, ohne Angabe der für die Bewertung maßgebenden Tatsachen (AP 17). Bei einer Kündigung wegen häufiger Kurzerkrankungen sind nicht nur die bisherigen Fehlzeiten u. die Zeit der Erkrankung mitzuteilen, sondern auch die wirtschaftlichen Belastungen u. Betriebsbeeinträchtigungen, die infolge der Fehlzeiten entstanden sind o. mit denen zu rechnen ist. Jedoch brauchen die wirtschaftlichen Belastungen nicht in demselben Umfang wie in einem Kündigungsschutzprozeß dargelegt zu werden (AP 30 zu § 102 BetrVG 1972 = DB 84, 1045). Bei Anhörung zur Kündigung wegen einer Straftat kann die Kündigung nicht später nur auf den Verdacht der Straftat gestützt werden (AP 18 zu § 626 BGB Verdacht strafbarer Handlung). Eine wirksame Anhörung des Betriebsrates zu einem vom AN angekündigten, aber noch nicht eingetretenen Verhalten ist dann nicht möglich, wenn nicht die Ankündigung selbst, sondern nur das zu erwartende Verhalten des AN vom AG als Kündigungsgrund genannt wird (AP 28 zu § 102 BetrVG 1972 = NJW 83, 2047). Hat der AG dem BR mitgeteilt, er kündige aus betriebsbedingten Gründen u. habe den AN wegen seiner Leistungsschwäche ausgewählt, so kann er die Kündigung im Prozeß nicht auf verhaltensbedingte Gründe stützen (AP 1 zu § 72 LPVG NW). Im Anhörungsverfahren wegen verhaltensbedingter Kündigung muß insbesondere mitgeteilt werden, wenn nur eine Belastungszeugin von Hörensagen vorhanden ist (AP 29 zu § 102 BetrVG 1972 = DB 84, 407). Zu den anzugebenden K.-Gründen gehören im Falle einer betriebsbedingten K. nicht nur die dringenden betrieblichen Erfordernisse, sondern auch die Umstände, die für die soziale Auswahl maßgebend sind (AP 16, 31). Eine Nachweisung der K.-Gründe gegenüber dem BR ist nicht notwendig.

c) In welchem Umfang der AG zur Rechtfertigung der Kündigung Kündigungsgründe nachschieben kann, wenn der BR nicht hinreichend gehört war, ist nach wie vor umstr. Das BAG hat insoweit ausgeführt, daß der AG solche Kündigungsgründe, die vor Ausspruch der Kündigung entstanden und ihm bekannt geworden sind, nicht im Kündigungsschutzprozeß verwerten kann, wenn nicht der BR zuvor gehört worden ist (AP 22, 23). Nachgeschoben werden können lediglich solche Gründe, die ohne wesentliche Veränderung des Kündigungssachverhaltes der Erläuterung u. Konkretisierung der dem BR mitgeteilten Kündigungsgründe dienen (AP 39). Die Kündigungsgründe, die bei Ausspruch der Kündigung bereits entstanden waren, dem AG aber erst später bekannt geworden sind, können nachgeschoben werden, wenn der AG zuvor den BR gehört hat (AP 39). Lit.: Winterstein NZA 87, 728.

d) Will der AG, der eine ao. K. beabsichtigt, sicherstellen, daß im Falle der Unwirksamkeit dieser K. die von ihm vorsorglich erklärte ord. K. nicht an der fehlenden A. des BR scheitert, dann muß er den BR deutlich darauf hinweisen, daß die geplante ao. K. hilfsweise als ord. K. gelten soll. Die A. zur ao. K. ersetzt nicht die A. zur ord. K. Eine Ausnahme von diesem Grundsatz gilt nur dann, wenn der BR der ao. K. bedingungslos zustimmt (AP 15). Die gleichen Grundsätze gelten für die Umdeutung der K. nach § 140 BGB.

3a) Der BR o., sofern ein solcher gebildet ist, der Ausschuß für Personalangelegenheiten (§§ 27 III, 28 BetrVG), hat über die Kündigung Beschluß (§ 33 BetrVG) zu fassen. Ist er während der Dauer der Äußerungsfristen auch bei Nachrücken der Ersatzmitglieder beschlußunfähig, so entscheidet der Restbetriebsrat (AP 24). Ein BR-Obmann ist nicht stets verhindert, wenn er arbeitsunfähig krank ist (AP 2 zu § 25 BetrVG 1972). Dem AG obliegt nicht, die Rechtmäßigkeit des Beschlusses zu kontrollieren. Die Wirkung von Fehlern bei der A. ist nach Verantwortungsbereichen zu unterscheiden (AP 4, 9 zu § 102 BetrVG 1972). Bei solchen im Verantwortungsbereich

Anhörung des Betriebsrats

des AG (Anhörung des BR-Vorsitzenden statt BR (AP 3), mangelhafte Mitteilung der Kündigungsgründe) sind A. u. Kündigung unwirksam; bei solchen im Bereich des BR. (Beratung im Umlaufverfahren, in Gegenwart des AG (AP 12), Fehler bei Einberufung des BR (AP 9), ist die Anhörung wirksam, es sei denn, daß die Fehler vom AG veranlaßt. Ist ein Betriebsausschuß gebildet, so ist dieser idR für die Abgabe der Stellungnahme zuständig; denn in großen Betrieben gehört eine K. zu den lfd. Geschäften. Insbesondere kann einem Betriebsausschuß die Beteiligung bei Kündigungen zur selbständigen Erledigung übertragen werden (§ 27 III 2 BetrVG). Anders ist es dagegen beim BR-Vorsitzenden, auch wenn ihm die laufenden Geschäfte übertragen sind (§ 27 IV BetrVO).

b) Hat der BR gegen eine Kündigung Bedenken, so hat er diese dem AG bei einer ordentlichen Kündigung binnen einer *Frist* von einer Woche, bei einer außerordentlichen binnen einer *Frist* von drei Tagen *schriftlich* unter *Angabe der Gründe* mitzuteilen (§ 102 II BetrVG). Hieraus folgt, daß der AG vor Ausspruch einer ordentlichen Kündigung eine Woche, einer außerordentlichen Kündigung drei Tage zur Meidung ihrer Unwirksamkeit abwarten muß, es sei denn, daß der BR eindeutig zu erkennen gibt, daß er sich nicht mehr äußern werde (oben I 1 b). Auch in Eilfällen vermag der AG grundsätzlich die Äußerungsfrist nicht abzukürzen (AP 7). Andererseits verlängert sich die Frist auch nicht ohne weiteres bei Massenentlassungen, wenngleich die Berufung auf die Frist arglistig sein kann (AP 43). Dieselbe Rechtsfolge wie bei Fristversäumnis tritt ein, wenn der BR sich nicht schriftlich äußert. Das Abwarten ist auch notwendig, wenn der BR sich überhaupt nicht äußert (AP 6).

c) Die gesetzliche, kollektivvertragl. o. einzelvertragl. Kündigungsfrist hat der AG einzuhalten. Für die Fristberechnung gelten die §§ 187 ff. BGB. Im Falle der ao. K. wird infolge der A. die Frist aus § 626 II BGB nicht verlängert. Die Äußerungsfrist für den Betriebsrat kann durch Vereinbarung verlängert werden. Äußert sich der BR innerhalb der Frist nicht, so gilt seine Zustimmung als erteilt. Dies gilt nur dann nicht, wenn der AG die Einhaltung der Frist wider Treu und Glauben verhindert (§ 162 BGB analog). Da sich in diesen Fällen die Anhörungsfrist des BR verlängert, ist die ohne A. ausgesprochene Kündigung rechtsunwirksam, so daß sich auch der AN hierauf berufen kann. Hat der AG den Betriebsrat angehört, so kann der AG die Kündigung nur binnen angemessener Frist aussprechen (oben I 1 b). Auf den Inhalt der Stellungnahme des BR kommt es nicht an.

4. Der BR soll, soweit dies erforderlich scheint, vor seiner Stellungnahme den *betroffenen AN hören* (§ 102 II 4 BetrVG). Unterläßt er

dies, so enthält dies eine Pflichtverletzung gegenüber dem AN; die Wirksamkeit der Kündigung bleibt hiervon unberührt (AP 4; AP 1 zu § 72 BPersVG). Den AG können nicht die Rechtsfolgen der Pflichtverletzungen des BR treffen; überdies wäre eine Kündigung auch dann wirksam, wenn sich der BR überhaupt verschweigt. Die A. kann regelmäßig nur dann unterbleiben, wenn die persönl. Verhältnisse des Betroffenen bekannt u. auch der Vorgang, der der Kündigung zugrunde liegt, allgemein oder dem BR bekannt ist. Die Mitglieder des BR sind verpflichtet, über die ihnen im Rahmen des A.-Verfahrens bekanntgewordenen persönl. Verhältnisse u. Angelegenheiten der AN, die ihrer Bedeutung o. ihrem Inhalt nach einer vertraulichen Behandlung bedürfen, Stillschweigen zu bewahren (§§ 102 II, 99 I BetrVG).

5. Der BR kann *jegliche Bedenken* gegen die Kündigung, ohne an den Katalog des § 102 III BetrVG gebunden zu sein, dem AG vortragen. Er kann also z. B. einwenden, daß etwa verhaltensbedingte Kündigungsgründe (§ 1 II KSchG) unter Berücksichtigung bestimmter Entschuldigungsmomente nicht gewichtig seien usw. Aus dem Gebot der vertrauensvollen Zusammenarbeit (§ 2 BetrVG) folgt, daß der AG sich mit den Einwendungen des BR auseinandersetzen muß. Ein *Widerspruchsrecht* steht dem BR jedoch nur aus den in § 102 III BetrVG aufgezählten Gründen zu. Bei der schriftlichen Darlegung seiner Widerspruchsgründe gegen die Kündigung darf sich der BR nicht auf die *Angaben des Gesetzeswortlautes* beschränken, sondern hat die tatsächlichen Grundlagen seiner Bedenken dem AG darzustellen. Dies folgt daraus, daß nur so der AG in der Lage ist, die vom BR geäußerten Bedenken bei einer Beschlußfassung zu berücksichtigen. Der AG ist an die Stellungnahme des BR nicht gebunden; die Risiken eines Kündigungsschutzprozesses sind aber ganz erheblich, wenn der BR der Kündigung widerspricht.

6. Der BR hat ein *Widerspruchsrecht* gegen die *ordentliche Kündigung,* wenn *a)* der AG bei der Auswahl des zu kündigenden AN soziale Gesichtspunkte nicht o. nicht ausreichend berücksichtigt. Es besteht mithin grundsätzl. kein Widerspruchsrecht bei verhaltensbedingter Kündigung; bei personenbedingter K. nur, soweit eine Auswahl in Betracht kommt (DB 77, 1463). Der AN hat im Rahmen des → Kündigungsschutzprozesses die Darlegungs- u. Beweislast, wenn im Falle einer betriebsbedingten Kündigung an seiner Stelle bei richtiger sozialer Auswahl ein anderer hätte gekündigt werden können. Durch das Widerspruchsrecht u. die durch den AG dem AN erteilte Abschrift des Widerspruches sollen die Kenntnisse des BR über die sozialen Verhältnisse des Betriebes im Kündigungsschutzprozeß dem AN nutzbar gemacht werden. *b)* die Kündigung gegen eine → Aus-

wahlrichtlinie verstößt (→ Personalplanung); *c)* der zu kündigende
AN an einem anderen Arbeitsplatz in einem anderen Betrieb des
Unternehmens (unzureichend an demselben: AP 7 zu § 102 BetrVG
1972 Weiterbeschäftigung) weiterbeschäftigt werden kann. Unzureichend, wenn nur Unternehmerarbeit im Drittbetrieb eingespart.
Auch insoweit soll die bessere Kenntnis des BR wegen der Versetzungsmöglichkeiten nutzbar gemacht werden; der BR hat den Arbeitsplatz, auf dem eine Beschäftigung möglich ist, genau zu bezeichnen. *d)* die Weiterbeschäftigung des AN nach zumutbarer Umschulung oder Fortbildung möglich ist; *e)* eine Weiterbeschäftigung
des AN unter geänderten Vertragsbedingungen möglich ist und er zu
der Vertragsänderung sein Einverständnis erteilt. Das Einverständnis
ist Wirksamkeitsvoraussetzung des Widerspruchs. Der AG hat daher
erst zu prüfen, ob im Falle einer personen- o. betriebsbedingten Kündigung eine Änderungskündigung in Betracht kommt. Hat der BR
eine → Versetzung vorgeschlagen, so liegt darin zugleich eine Zustimmung nach § 99 BetrVG. Soll sie jedoch in einen anderen Betrieb desselben Unternehmens erfolgen, so bedarf ihre Ausführung
auch der Zustimmung des aufnehmenden Betriebs.

7. Hat der BR der Kündigung aus den in § 102 III BetrVG aufgezählten Gründen schriftlich u. fristgemäß widersprochen, so hat der
AG eine *Abschrift des Widerspruches* dem AN zugleich mit der Kündigung zuzuleiten. Hierdurch wird eine Kündigung gegen den Wider-
spruch des BR erschwert. Der AN wird durch die Kenntnis der
Widerspruchsgründe in die Lage versetzt, die Aussichten eines Kün-
digungsschutzprozesses besser abzuschätzen u. sich im Verfahren auf
dessen Widerspruch zu berufen. Unterläßt der AG die Mitteilung des
Widerspruches, so ist die Kündigung wirksam; denn durch § 102 IV
BetrVG sollte nicht eine Form der Kündigung eingeführt werden.
Andererseits wird dem AN wegen der Versäumung der Frist zur
Erhebung der Kündigungsschutzklage (§ 4 KSchG) die *nachträgliche
Zulassung* zu gewähren sein, da der AG die sachgemäße Prüfung der
Erfolgsaussichten eines Kündigungsschutzprozesses vereitelt hat.

8. Hat der BR aus den in § 102 III Z. 2–5 BetrVG aufgezählten
Gründen form- und fristgemäß Widerspruch erhoben, so kann der
AN die *Kündigungsschutzklage* auch hierauf stützen. Das Gericht hat
im Kündigungsschutzprozeß die sachlichen Voraussetzungen des
Widerspruchs nachzuprüfen. Aber auch dann, wenn der BR nicht
widersprochen hat, ist der AN in der Lage, → Kündigungsschutzkla-
ge zu erheben u. hat das Gericht die Voraussetzung von § 1 II 1
KSchG zu prüfen. Durch die Einführung der widerspruchsbedingten
Sozialwidrigkeit der Kündigung sollte der individuelle Kündigungsschutz nicht eingeschränkt werden (AP 2 zu § 1 KSchG 1969).

9. Hat der BR einer ordentlichen Kündigung frist- u. ordnungsgemäß widersprochen u. hat der AN nach dem KSchG Klage auf Feststellung erhoben, daß das Arbeitsverhältnis durch die Kündigung nicht aufgelöst ist, so muß der AG den AN auf sein Verlangen nach Ablauf der Kündigungsfrist bis zum rechtskräftigen Abschluß des Rechtsstreites bei unveränderten Arbeitsbedingungen *weiterbeschäftigen*. Das bisherige Arbeitsverhältnis besteht mit allen Rechten und Pflichten fort. Es erwächst ein echter Beschäftigungsanspruch, der im Wege der einstweiligen Verfügung durchzusetzen ist. Der AG bleibt zur Fortzahlung der → Krankenvergütung, der → Arbeitsvergütung bei → Arbeitsverhinderung, Urlaubsgewährung usw. verpflichtet. Der AN muß den Anspruch auf Weiterbeschäftigung unverzüglich nach Vorliegen der gesetzlichen Voraussetzungen geltend machen. Beschäftigt der Arbeitgeber ihn nicht weiter, so gerät er in → Annahmeverzug mit der Rechtsfolge der Verpflichtung zur Vergütungsfortzahlung. Die Ansprüche aus Annahmeverzug entfallen nicht, wenn der AN die Weiterbeschäftigung nicht verlangt, obwohl die Voraussetzungen des Anspruchs gegeben sind. Umstr. war, inwieweit der AN unabhängig von § 102 V BetrVG einen Weiterbeschäftigungsanspruch hat. → Beschäftigungspflicht.

10. Auf Antrag des AG kann das Gericht ihn durch einstweilige Verfügung von der Verpflichtung zur Weiterbeschäftigung nach § 102 V BetrVG *entbinden*, wenn die Klage des AN keine hinreichende Aussicht auf Erfolg bietet o. mutwillig erscheint o. die Weiterbeschäftigung des AN zu einer unzumutbaren wirtschaftlichen Belastung des AG führen würde o. der Widerspruch des BR offensichtlich unbegründet war. Da nicht um die betriebsverfassungsrechtl. Stellung das einzelnen AN, sondern um einen Individualanspruch gestritten wird, ist nach jetzt h. M. eine einstw. Vfg. im Urteilsverfahren gegeben. Wartet der AG längere Zeit bis zur Entbindung, so kann ein Verfügungsgrund entfallen. Ist der AG von der Weiterbeschäftigung entbunden worden, bleiben Ansprüche aus → Annahmeverzug unberührt. Ist der AG zu Unrecht von der Weiterbeschäftigung entbunden worden, so ist fraglich, ob der AN einen Schadensersatzanspruch nach § 945 ZPO erlangt (AP 1 zu § 102 BetrVG 1972 Beschäftigungspflicht). Lit.: Busemann NZA 87, 581.

II 1. Das *Widerspruchsrecht* des BR kann noch über die unter I 6 dargestellte Rechtslage im Wege der Betriebsvereinbarung hinaus *erweitert* werden. AG u. BR können vereinbaren, daß Kündigungen der *Zustimmung* des BR bedürfen u. bei Meinungsverschiedenheiten über die Berechtigung der Nichterteilung der Zustimmung die → Einigungsstelle entscheidet. Der AG ist mithin in diesen Fällen bei Ausspruch jeglicher Kündigung an die Zustimmung des BR ge-

Anhörung des Personalrates

bunden. Erteilt der BR seine Zustimmung nicht, so kann der AG die Einigungsstelle anrufen. Eine vor Abschluß des Einigungsstellenverfahrens ausgesprochene Kündigung ist rechtsunwirksam (§ 134 BGB). Aber auch die noch nach Abschluß des Einigungsstellenverfahrens ausgesprochene Kündigung kann vom AN mit der Kündigungsschutzklage angegriffen werden o. kann dieser bei dem BR Einspruch einlegen (§ 102 VII BetrVG).

Anhörung des Personalrates → Personalvertretung.

Anlernlinge. Das Anlernverhältnis unterschied sich vom Lehrverhältnis durch seinen beschränkten Zweck. Es sollte nur eine Ausbildung auf einem engeren Fachgebiet vermitteln (AP 51 zu § 1 TVG Tarifverträge: Metallindustrie = NJW 87, 238); es war daher erheblich kürzer. Nach Abschluß der Ausbildung wurde der A. idR Spezialarbeiter. Nach Inkrafttreten des BBiG gelten auch für A. dessen Vorschriften. Dies hat den Begriff des A. u. des → Lehrlings durch den des → Auszubildenden ersetzt. Die Unterscheidung zwischen Lehrling u. A. hat kaum noch Bedeutung. Bis zum Erlaß neuer Vorschriften gelten die Berufsbildungspläne, Prüfungsanforderungen u. Prüfungsordnungen für die sog. anerkannten Anlernberufe weiter (§ 108 BBiG). Allerdings werden diese zunehmend durch neue Vorschriften ersetzt.

Annahmeverzug des Arbeitgebers. 1. Der AG gerät in Verzug, wenn α ein erfüllbares Arbeitsverhältnis vorliegt (AP 2 zu § 125 BGB), β der AN seine Arbeit angeboten hat, γ die Leistung der Dienste im Zeitpunkt des Angebotes möglich ist, δ der AG die Dienste – auch ohne sein Verschulden – nicht annimmt. Grundsätzlich hat der AN seine Leistung tatsächlich anzubieten (§ 294 BGB), d. h., er hat seine Arbeitsleistung am rechten Ort, zur rechten Zeit u. in der rechten Weise anzubieten. Ein wörtl. Angebot reicht aus (§ 295 BGB), wenn der AG zuvor zu verstehen gegeben hat, daß er nicht bereit ist, weitere Arbeitsleistungen entgegenzunehmen o. wenn zur Erbringung der Arbeitsl. eine Mitwirkungshandlung des AG erforderl. ist [z. B. muß AN zu weit entferntem Arbeitsplatz abgeholt werden] u. diese Mitwirkungshandlung nicht erfolgt (§ 295 BGB). Ein tatsächliches o. wörtliches Angebot der Arbeitsleistung ist entbehrlich, wenn für die vom AG vorzunehmende Handlung eine Zeit nach dem Kalender bestimmt ist o. wenn die Zeit für die Handlung in der Weise bestimmt ist, daß sie sich von einer Kündigung ab nach dem Kalender berechnen läßt (§ 296 BGB). Das BAG nimmt an, daß der AG einen funktionsfähigen Arbeitsplatz zur Verfügung stellen muß. Das führt dazu, daß nach einer ord. oder ao Kündigung der AN nicht besonders seine Arbeitsleistung anzubieten braucht (AP 34, 35 zu

§ 615 BGB = NJW 85, 935; 2662; AP 2 zu § 297 BGB = DB 87, 377; a. A. BGH ZIP 88, 453). Dies ist nur anders, wenn die Arbeitsleistung etwa infolge Arbeitsunfähigkeit unterbrochen war (AP 26, 31 zu § 615 BGB), jetzt einschränkend: v. 19. 4. 1990 – 2 AZR 591/89 –. Der AG gerät auch dann in AV, wenn dem AN ein Weiterbeschäftigungsanspruch (→ Anhörung des Betriebsrates) zusteht, dieser ihn aber nicht geltend macht, sondern sich mit dem Angebot begnügt. Der AN muß während des A. leistungsfähig (AP 29 zu § 615 BGB), willig (AP 30 zu § 615 BGB) u. bereit sein (AP 27, 28 zu § 615 BGB). Ein tatsächliches Angebot indiziert den ernstlichen Leistungswillen (AP 27 zu § 615 BGB). Der AV wird nicht dadurch beseitigt, daß der AN im Kündigungsschutzprozeß einen Auflösungsantrag nach §§ 9, 10 KSchG stellt (AP 22 zu § 615 BGB). Der AV bleibt unberührt, wenn der AG nur bereit ist, eine andere, als die geschuldete Leistung entgegenzunehmen (AP 4 zu § 615 BGB Böswilligkeit); er wird beseitigt bei Unzumutbarkeit (AP 42 zu § 615 BGB = DB 88, 866).

2. Der AG kann AV beseitigen, indem er den AN wieder zur Arbeit auffordert. Der AV endet aber noch dann nicht, wenn der AG nach einer unwirksamen → Kündigung vorsorglich für die Dauer eines Kündigungsrechtsstreites befristet einen neuen Arbeitsvertrag zu den bisherigen Bedingungen o. eine durch die rechtskräftige Feststellung der Wirksamkeit der Kündigung auflösend bedingte Fortsetzung des Arbeitsvertrags anbietet u. der AN dieses Angebot ablehnt. Die Ablehnung eines solchen Angebots kann jedoch ein böswilliges Unterlassen eines anderweitigen Erwerbs darstellen (3). (AP 32 zu § 615 BGB = NJW 82, 121; AP 39 zu § 615 BGB = NJW 86, 2846). Nach obsiegendem Urteil im Kündigungsschutzprozeß braucht nicht der AN seine Arbeitskraft anzubieten; vielmehr muß umgekehrt der AG den AN zur Leistung auffordern.

3. Während des Verzugs ist der AG zur Fortzahlung der vereinbarten Vergütung (Brutto; KG DB 79, 170) verpflichtet (§ 615 I BGB). Diese wird wie ein normaler Anspruch auf → Arbeitsvergütung fällig (AP 43 zu § 4 TVG Ausschlußfristen). Die Ansprüche sind im Rahmen etwa anzuwendender tariflicher → Verfallfristen geltend zu machen. Erfordert die Verfallfrist nach Ablauf weiterer Fristen die gerichtliche Geltendmachung, so liegt in der Erhebung einer Kündigungsschutzklage keine gerichtl. Geltendmachung (AP 31, 43, 60). Der AN muß sich anrechnen lassen, was er infolge des Unterbleibens der Dienstleistung aufgrund anderweitiger Dienste erwirbt o. zu erwerben böswillig unterläßt. Es ist ein Vergleich für die Gesamtdauer des A. anzustellen (AP 1 zu § 9 KSchG). Nicht anzurechnen sind Nebenverdienste, die auch sonst bezogen werden könnten (DB 75, 212). Böswillig handelt, wer untätig geblieben ist o. die Aufnah-

me einer Arb. verhindert hat, obwohl die Möglichkeit zum Tätigwerden bestand u. die Tätigkeit zumutbar war (AP 1, 2 zu § 615
BGB Böswilligkeit). Indes darf ein AN sogar noch sein bisheriges
Arbeitsverhältnis kündigen, obwohl der neue AG die Annahme der
Dienste abgelehnt hat (AP 3 zu § 615 BGB Böswilligkeit), u. U.
sogar ein Studium aufnehmen (vgl. AP 2 zu § 284 BGB). Ein AN,
der sich beim → Arbeitsamt arbeitssuchend gemeldet hat, hat im
allgemeinen alles Erforderliche getan. Wird ein AN während der
Kündigungsfrist von der Arbeit suspendiert, so muß er sich anderweitigen Verdienst anrechnen lassen, es sei denn, daß etwas anderes
vereinbart ist (AP 24, 25 zu § 615 BGB). Der AG ist darlegungs- und
beweispflichtig, daß der AN anderweitige Arbeit aufgenommen o.
diese böswillig unterlassen hat; alsdann trifft den AN die Auskunftspflicht über die Höhe seines anderweitigen Verdienstes (AP 15, 16 zu
§ 242 BGB Auskunftspflicht). Beantragt der AG die Steuerakten bei-
zuziehen, so ist der Beweisantrag unzulässig, wenn der AN das Finanzamt nicht vom Steuergeheimnis entbindet. Seine Weigerung ist
im Rahmen der Beweiswürdigung zu berücksichtigen (NJW 75,
408). Auch während des AV hat der AN Anspruch auf Urlaub (AP 4
zu § 1 BUrlG). Lit.: Bauer/Balck NZA 89, 784.

Anrechnung: Bei der LohnA rechnet der AG eigene Leistungen o.
die eines Dritten auf den Vergütungsanspruch des AN an. Sie tritt
nicht automatisch ein, sondern gibt dem AG nur ein auf Einrede zu
berücksichtigendes Leistungsverweigerungsrecht. Durch sie sollen
Doppelleistungen vermieden werden, z. B. wenn der AN während
des → Annahmeverzugs Zwischenverdienst erlangt. Die A ist nur in
den gesetzl. o. vertragl. vorgesehenen Fällen zulässig.

Anscheinsbeweis (Prima-facie-Beweis) ist der Nachweis einer An-
spruchs- o. Einwendungsvoraussetzung unter Berufung auf eine auf
Erfahrungssätzen beruhende tatsächliche Vermutung. Im Prozeß hat
grundsätzlich jede Partei die Voraussetzungen der ihr günstigen
Rechtsnorm darzulegen u. zu beweisen. Für das Vorliegen einer bestimmten Voraussetzung kann jedoch aufgrund von Erfahrungssätzen über den regelmäßigen Geschehensablauf eine tatsächliche Vermutung sprechen. Der A. wird erschüttert, wenn die Voraussetzungen des Erfahrungssatzes erschüttert werden. Alsdann lebt die volle
Beweislast wieder auf. Lit.: Schaub, Meine Rechte und Pflichten im
Arbeitsgerichtsverfahren, 4. Aufl., 1985, dtv Nr. 5205.

Anwesenheitsprämie → Prämie

Arbeiter sind AN, deren Tätigkeit überwiegend körperl. Natur ist.
Gewerbl. A. sind solche, die in einem Gewerbebetrieb zur Leistung
von Handarb. eingestellt sind. Sie heißen nach der GewO Gesellen u.

Gehilfen. Wenngleich sich durch die fortschreitende Technisierung von der Arbeit her die Unterschiede zum → Angestellten verwischen u. viele AN aus soziolog. Gründen trotz ihrer überwiegend nervlich-geistigen Beanspruchung (Programmierer, Walzwerkführer sind A.; Locherinnen trotz manueller Tätigkeit Angestellte) als A. gelten, ist die Unterscheidung u. a. für die Sozialversicherung, im Krankheits- u. Kurfalle, Fristen der → Kündigung usw. von Bedeutung. Lit.: Molitor RdA 89, 240.

Arbeitgeber sind alle natürl. o. jurist. Personen, die jemanden im Arbeitsverhältnis mit abhängiger Arbeit beschäftigen. AG sind auch die Gesellschaften des Handelsrechts (OHG, KG); bei BGB-Gesellschaften sind dagegen die Ges. AG (AP 1 zu § 705 BGB; v. 6. 7. 1989 – 6 AZR 771/87 – NJW 89, 3034). Konkursverwalter u. Testamentsvollstrecker üben die Verwaltungs- u. Verfügungsbefugnis für den AG aus. Die AG-Stellung kann aufgespalten sein (vgl. AP 1 zu § 611 BGB Hausmeister; AP 1 zu § 611 BGB Arbeitgebergruppe); dies gilt insbesondere bei den sog. Drittbeziehungen (Konzen ZfA 82, 259; Schwerdtner ZIP 82, 900). Tritt ein Gesellschafter in eine Handelsgesellschaft ein, die noch im Handelsregister eingetragen ist, aber ihre Erwerbstätigkeit eingestellt hat, so haftet der eintretende Gesellschafter nicht für früher erwachsene Verbindlichkeiten persönlich u. solidarisch (AP 9 zu § 161 HGB = NJW 88, 222).

Arbeitgeberverbände sind i. d. R. rechtsfähige Vereine mit nicht wirtschaftl. Zwecken (§ 21 BGB). Ihre *Organe* sind die *Verbandsversammlung* u. der *Vorstand,* dem ein o. mehrere *Geschäftsführer* beigegeben sind, die auf Grund Vollmacht des Vorst., der an sich zur Vertretung des Verb. berechtigt ist, o. kraft Satzung die lfdn. Geschäfte des Verb. führen u. ihn vertreten. Die Mitgliedschaft wird durch Beitritt erworben. Sie endet mit dem Austritt. Man schätzt, daß rd. 80% der AG organisiert sind. Die Rechte der Mitgl. bestehen in grundlegenden Beschlußfassungen des Verb., z. B. Urabstimmungen bei → Arbeitskämpfen, Teilnahme an arbeitsrechtl. Rechtsberatung u. Rechtsschutzeinrichtungen sowie in Unterstützungen, vor allem bei Arbeitskämpfen. Die AGV sind aktiv u. passiv parteifähig in Arbeitsgerichtsprozessen (§ 10 ArbGG), ihre Vertreter sind vor → Arbeits- u. Landesarbeitsgerichten postulationsfähig (§ 11 ArbGG). Der Aufbau der AGV vollzieht sich im allgem. von unten nach oben. Fachl. u. gemischtgewerbl. Verb. bestehen als gleichberechtigte Organisationsformen nebeneinander, wobei der Betr. in beiden gleichzeitig sein soll. Die AGV sind einmal fachl. organisiert, so daß die AG des gleichen Faches für einen bestimmten Bezirk, Ort o. Wirtschaftsbereich einen Verb. bilden. Diese Fachverb. sind auf Landesebene zusammengeschlossen u. die Landesverb. wiederum auf Bun-

Arbeitnehmer

desebene (z. B. Gesamtverb. metallindustrieller AG-Verb. e. V.).
Neben den Fachverb. bestehen gemischtgewerbl. zusammengesetzte
AGV, die für einen bestimmten Bezirk, Ort o. Wirtschaftsbereich
gebildet sind. Auch diese sind in Landesverb. zusammengeschlossen.
Alle Verb. gehören alsdann der Bundesvereinigung der Deutschen
Arbeitgeberverb. e. V. (BDA) an. Sie ist Spitzenorganisation sowohl
der fachl. Zentralverb. als auch der überfachl. Landesverb. Nicht
zum BDA gehören als wichtigste die Tarifgemeinschaft Deutscher
Länder, die Vereinigung der kommunalen Arbeitgeberverb., AGV
der Eisen- u. Stahlindustrie e. V. (haben keine Aufnahme gefunden,
weil in den Vorständen Arbeitsdirektoren vertreten sind; → Mitbestimmung), Deutscher Bühnenverein e. V. Diese sind Spitzenverb.
i. S. des TVG. Wegen der Aufgaben der AGV → Koalitionen. Die
Beiträge der AG zu den AGV werden regelmäßig nach den zu den
Berufsgenossenschaften gemeldeten Lohn- u. Gehaltssummen berechnet.

Arbeitnehmer sind die auf Grund privatrechtl. Vertrages o. eines
ihm gleichgestellten Rechtsverhältnisses im Dienst eines anderen zur
Arbeit verpflichteten Personen. Durch die persönl. Abhängigkeit
unterscheidet sich der AN vom sonstigen Dienstverpflichteten (z. B.
Rechtsanwalt, Architekt). Die persönliche Abhängigkeit dokumentiert sich α durch die Übernahme, fremdgeplanter, fremdnütziger
und von fremder Risikobereitschaft getragener Arbeit *(sachliches Ab-
hängigkeitsmerkmal),* β durch die Eingliederung in einen fremden Produktionsbereich *(arbeitsorganisatorisches Moment).* Der fremdnützige
auf Dauer angelegte Arbeitseinsatz nimmt dem AN die Möglichkeit
eigener unternehmerischer Tätigkeit und eigener Daseinsvorsorge.
Indizien für die arbeitsorganisatorische Abhängigkeit sind die persönliche und fachliche Weisungsgebundenheit, die zeitliche (AP 32
zu § 611 BGB Lehrer, Dozenten; AP 45 zu § 611 BGB Abhängigkeit
= DB 84, 2203) und örtliche Bindung, die ausgeübte Arbeitskontrolle, die eingeplante Dienstbereitschaft, die erforderliche Zusammenarbeit mit anderen Dienstpflichtigen, Unterordnung unter einen
fremden Produktionsplan usw. (Rspr. zu § 611 BGB Abhängigkeit).
Dagegen sind die formalrechtlichen Abgrenzungsmerkmale (Abführung von Lohnsteuern, Sozialversicherungsbeiträgen usw.) von un-
tergeordneter Bedeutung. Werden die Abgaben abgeführt, so spricht
dies für die AN-Eigenschaft. Werden sie nicht abgeführt, so kann
auch eine Umgehung des AN-Schutzes bezweckt sein. Ebensowenig
kommt der Bezeichnung als AN ausschlaggebende Bedeutung zu.
Haben sich die Parteien bei der Bezeichnung ihres Rechtsverhältnisses in einem beiderseitigen Irrtum befunden, so richtet sich die Ver-
tragsanpassung nach den Rechtsgrundsätzen über den Wegfall der

Geschäftsgrundlage (AP 7 zu § 242 BGB Geschäftsgrundlage = NJW 86, 2676). Nicht aufgrund eines privatrechtl. Vertrages werden Strafgefangene beschäftigt; sie sind keine AN. Keine AN sind DRK-Schwestern, wenn sie aufgrund eines Gestellungsvertrages in einem von einem Dritten betriebenen Krankenhaus arbeiten (AP 2 zu § 5 BetrVG 1972 Rotes Kreuz = NJW 86, 2906) o. Nichtseßhafte in therapeutischen Einrichtungen (Ehlers NZA 89, 832). Der rechtliche Status als AN kann im Wege der Feststellungsklage geklärt werden (AP 15, 20, 22, 26 zu § 611 BGB Abhängigkeit). Lit.: Otto RdA 84, 261; Thiele 84, 312; Hilger RdA 89, 1. Zu den AN gehören auch die zu ihrer → Berufsausbildung beschäftigten → Auszubildenden. Die AN gliedern sich in → Angestellte u. → Arbeiter.

Arbeitnehmerähnliche Personen sind solche, die – ohne AN zu sein – für andere in wirtschaftl. abhängiger Stellung (DB 73, 1756) Arbeit leisten (z. B. nicht angestellte Künstler, Musiker, → freie Mitarbeiter des Rundfunks und Fernsehens) u. nach ihrer sozialen Stellung von der Verkehrsanschauung als abhängig angesehen werden (AP 17 zu § 5 ArbGG 53). Das Bundesrecht hat sie bislang lediglich der → Arbeitsgerichtsbarkeit unterstellt (§ 5 ArbGG) u. ihnen → Urlaub eingeräumt (§§ 1, 2 BUrlG). Für die Berechnung des Urlaubsentgeltes kann u. U. auf den Durchschnittsverdienst des letzten Jahres abzustellen sein (AP 12 zu § 11 BUrlG). Nach § 12a TVG können für sie → Tarifverträge abgeschlossen werden. Hierzu → Freie Mitarbeiter. Bei langjähriger Beschäftigung als freier Mitarbeiter müssen bei Beendigung des Rechtsverhältn. bestimmte Auslauffristen (2 Wochen) beachtet werden (AP 6, 8 zu § 611 BGB Abhängigkeit). Lit.: Falkenberg AR-Blattei, Arbeitnehmerähnliche Personen.

Arbeitnehmererfindung. I. Das ArbNErfG v. 25. 7. 1957 (BGBl. I 756) zul. geänd. 15. 8. 1986 (BGBl. I 1446) bezieht sich auf alle *Erfindungen* u. *techn. Verbesserungsvorschläge* von AN; hierzu zählen leitende → Angestellte, nicht aber Pensionäre, freie Mitarbeiter u. Organvertreter jur. Pers. (§ 1). *Erfindungen* sind solche, die patent- o. gebrauchsmusterfähig sind (§ 2); *techn. Verbesserungsvorschläge* sind Vorschläge für nicht patent- o. gebrauchsmusterfähige techn. Neuerungen (§ 3).

II. Die *Erfindungen* können *gebunden* (Diensterfindungen = DE) o. *frei* sein (§ 4 I). Gebunden sind die, die aus der dem AN im → Betrieb o. in der öffentl. Verwaltung obliegenden Tätigkeit entstanden sind o. wesentl. auf Erfahrungen o. Arbeiten des Betr. o. der öffentl. Verw. beruhen (§ 4 II) (vgl. AP 1 zu § 4 ArbNErfG); die übrigen sind frei (§ 4 III). Eine DE hat der AN unverzüglich (§ 121

BGB) nach Fertigstellung (AP 2 zu § 4 ArbNErfG), unter Hinweis auf eine Erfindung dem AG gesondert schriftl. zu melden. Sind mehrere an ihr beteiligt, können sie eine gemeinsame Meldung abgeben. In ihr ist die DE zu beschreiben (§ 5 I, II). Der AG hat den Eingang der Meldung unverzügl. schriftl. zu bestätigen; er kann innerhalb von 2 Monaten deren Ergänzung verlangen (§ 5 III). Binnen einer Frist von 4 Monaten kann der AG die DE *beschränkt* o. *unbeschränkt* in Anspruch nehmen (§ 6 I). Mit Zugang der rechtswirksamen *(OLG, AP 1 zu § 6 ArbNErfG)* Erklärung unbeschränkter Inanspruchnahme gehen alle Rechte an der DE auf den AG über (§ 7 I). Mit beschränkter Inanspruchnahme erwirbt der AG nur ein nicht ausschließliches Benutzungsrecht. Wird dadurch ihre Verwertung für den AN unbillig erschwert, kann er binnen 2 Monaten vom AG die *unbeschränkte* Inanspruchnahme o. ihre Freigabe verlangen (§ 7 II). Verfügungen des AN über die DE vor Inanspruchnahme durch den AG o. Fristablauf sind diesem gegenüber unwirksam (§ 7 III). Bei einer *unbeschränkt* in Anspruch genommenen DE ist der AG verpflichtet, aber auch allein berechtigt (BGH AP 1 zu § 13 ArbNErfG) zur Erteilung eines Schutzrechts (Patent: Namensrecht bei AN § 37 PatG; Gebrauchsmuster) im Inland anzumelden (§ 13); er kann sie auch im Ausland anmelden (§ 14). Will er letzteres nicht, hat er sie insoweit tunlichst so rechtzeitig freizugeben, daß der AN die Prioritätsfristen der zwischenstaatl. Verträge auf dem Gebiet des gewerbl. Rechtsschutzes ausnutzen kann. Mit *unbeschränkter* Inanspruchnahme entsteht für den AN dem Grunde nach ein *Vergütungsanspruch* (§ 9). Seine Fälligkeit ist wegen der Schwierigkeit sachgemäßer Ermittlung bis spätestens 3 Monate nach Schutzrechterteilung hinausgeschoben (§ 12). Nach Lage des Falles kann es aber angemessen sein, diese bereits vor der Schutzrechterteilung vorläufig festzusetzen (BGH AP 2 zu § 12; AP 2 zu § 9 ArbNErfG). Bei *beschränkter* Inanspruchnahme hat der AN *Vergütungsanspruch,* sobald sie erfolgt ist u. der AG sie benutzt (§ 10). AG u. → Betriebsrat können durch Übereinkunft einen o. mehrere *Erfinderberater* bestellen (§ 21). Zur Ermittlung angemessener Vergütung nach Erfindungswert u. Anteilfaktor sind Richtlinien für den privaten Dienst v. 1. 9. 1983 (Beil zum BAnz. Nr. 156), für den öffentl. Dienst v. 1. 12. 1960 (BAnz. Nr. 237) ergangen (Gaul ZTR 87, 289; Sturm DB 89, 1869). Kommt eine Einigung über die Vergütungshöhe nicht zustande, hat der AG sie einseitig durch begründeten Bescheid festzusetzen (§ 12 III). Widerspricht der AN nicht innerhalb von 2 Monaten schriftl., wird die Festsetzung bindend (§ 12 IV). Widerspricht er, können AN u. AG die *Schiedsstelle* anrufen (§§ 28 ff.). Mit der einseitigen Festsetzung beginnt die Verjährung für den darüber hinausgehenden Anspruch (BGH NJW 81, 1615). Gegenüber einer Klage auf Zahlung der festgesetzten Verg. kann sich der AG mit dem Einwand wesentl. veränderter Umstände verteidigen (BGH DB 75, 397). Im allgemeinen werden tarifliche → Verfallfristen nicht für die Vergütung schöpferischer Tätigkeit gelten (AP 4 zu § 9 ArbNErfG). Die Vergütung verjährt bei einseitiger Festsetzung nach § 196 BGB (BGH NJW 81, 1615).

III. *Freie Erfindungen* hat der AN seinem AG unverzügl. schriftl. mitzuteilen. Dabei hat er soviel Aufklärung zu geben, daß der AG beurteilen kann, ob eine gebundene o. freie Erfindung vorliegt (§18). Bevor der AN eine freie Erfindung verwertet, hat er dem AG zumindest ein nicht-ausschließl. Benutzungsrecht zu angemessenen Bedingungen anzubieten (§ 19). Eine Erfindung wird im übrigen frei, wenn der AG sie freigibt o. nur beschränkt in Anspruch nimmt oder auf die Erfindungsmeldung nicht tätig wird o. sie auf Verlangen des AN nicht voll beansprucht (§ 8). Die Vergütung für eine freie Erfindung ist kein Arbeitseinkommen (BGH NJW 85, 1031). Lit.: Vollrath GRUR 87, 670.

IV. Für *techn. Verbesserungsvorschläge*, die dem AG eine ähnl. Vorzugsstellung gewähren wie ein gewerbl. Schutzrecht, hat der AN einen Anspruch auf angemessene Vergütung, sobald der AG sie verwertet (§ 20). Die Ausführungen zu §§ 9, 12 gelten entsprechend (oben II). Im übrigen bleibt die Regelung → Tarifverträgen u. → Betriebsvereinbarungen überlassen. Nach § 87 I Nr. 12 BetrVG hat der Betriebsrat zur Regelung des betriebl. Vorschlagrechts ein erzwingbares Mitbestimmungsrecht. Mithin steht ihm auch ein Initiativrecht zu → Betriebsratsaufgaben.

V. Die *Schiedsstelle* ist beim Patentamt in München errichtet (§ 29). Sie ist örtl. für die ganze BRD zuständig, ausgenommen, wenn der AN seinen Arbeitsplatz im Land Berlin hat o. wenn AN u. AG mit Zustimmung des anderen die Schiedsstelle bei der Außenstelle des Patentamtes in Berlin (vgl. VO v. 1. 10. 1957) anruft u. der Arbeitsplatz in den Ländern Bremen, Hamburg, Schl.-Holstein o. den OLG Bezirken Braunschweig o. Celle des Landes Niedersachsen belegen ist (§ 47 II). Sachl. ist sie für sämtl. Streitigkeiten nach dem ArbNErfG zuständig. Die Schiedsstellen sind besetzt mit einem Juristen als Vorsitzenden u. zwei Beisitzern, die vom Präs. des Patentamtes aus den Mitgliedern o. Hilfsmitgliedern des Patentamtes (für Berlin § 30 III) für den Einzelfall berufen werden (vgl. VO v. 1. 10. 1957, BGBl. I 1680, zuletzt geänd. 10. 12. 1974 (BGBl. I, 3459). Mit der Anrufung der Schiedsstelle kann Antrag auf ihre Erweiterung durch je ein Mitglied aus AG- u. AN-Kreisen gestellt werden (§ 32). Das kostenfreie Verfahren der Schiedsstelle ist nicht öffentl., zumeist schriftl. Wegen des Verfahrens s. §§ 28–36. Die Schiedsstelle soll auf eine gütl. Beilegung der Streitigkeiten hinwirken; sie macht den Parteien einen Einigungsvorschlag, der als angenommen gilt, wenn nicht binnen Monatsfrist ein Beteiligter schriftl. widerspricht.

VI. *Sondervorschriften* gelten für den → Konkurs des AG (§ 27) sowie die AN des → öffentlichen Dienstes (§§ 40–42). Erfindungsvergütungen, die der AG für eine schutzfähige Erfindung zahlt, unterliegen als sonstige Bezüge nur zur Hälfte der Lohnsteuer (Gaul BB 88, 2098). Nicht erforderlich ist, daß die Erfindung zum Patent- o. Gebrauchsmusterschutz angemeldet o. dieser ausgesprochen wird.

Arbeitnehmerkammern bestehen im Unterschied zu Österreich u. Luxemburg nur in den Ländern Saarland u. Bremen. In mehreren Bundesländern waren Gesetzentwürfe in der Diskussion. Sie sollten erreichen, daß den AN-Interessen im Rahmen von Gesetzgebung, Verwaltung u. Rechtsprechung hinreichend Rechnung getragen wird. Ihre Errichtung ist verfassungsrechtlich zulässig (BVerfG RdA 75, 260). Gesetzl. Regelungen bestehen in Bremen: WirtschaftskammerG v. 13. 12. 1982 (GBl. 361); AN-KammerG v. 3. 7. 1956 (Sa BremR 70-c-1) zul. geänd. 8. 7. 1986 (GBl. 178); dazu BVerfG NJW 86, 1093; Saarland: G v. 5. 7. 1967 (ABl 635) zul. geänd. 8. 4. 1983 (ABl 261). Organe sind Vollversammlung, Vorstand, Präs. u. Ausschüsse.

Arbeitnehmerüberlassung → Leiharbeitsverhältnis.

Arbeitsamt. Es führt als unterste Instanz der BAnstArb, im Rahmen seiner örtl. Zuständigkeit deren Aufgaben (→ Arbeitsbehörde) durch. Die ihnen übergeordneten Landesarbeitsämter sind ihre Aufsichtsbehörden. Daneben befassen diese sich mit überörtl. Aufgaben der BAnstArb.

Arbeitsbehörde des Bundes ist das Bundesministerium für Arbeit u. Sozialordnung, das die in seinen Zuständigkeitsbereich fallenden G (Art. 74 Nr. 12 GG) u. RechtsVOen vorzubereiten hat. Zu seinem Geschäftsbereich gehören das → Bundesarbeitsgericht u. das Bundessozialgericht. Unter der Aufsicht des BAM steht die BAnstArb., Nürnberg, die BAnst. für Arbeitsschutz u. Unfallforschung, Dortmund, u. das Bundesinstitut für Berufsbildung, Berlin. Die BAnstArb. ist eine Körperschaft des öffentl. Rechts u. gliedert sich in die Hauptstelle, die Landesarbeitsämter u. die → Arbeitsämter (§ 189 AFG; Satzung ANBA 80, 1009; 82, 1133). Als besondere Dienststelle besteht die Zentralstelle für Arbeitsvermittlung, die sich mit der überörtl. Arbeitsvermittl. u. Stellenausschreibung im gesamten Bundesgebiet befaßt. In allen Instanzen bestehen Verwaltungsräte u. Ausschüsse, die für ihren Bereich die Aufgaben der Selbstverwaltung wahrnehmen (§ 190 AFG). Die BAnstArb. ist zuständig für → Berufsberatung, → Arbeitsvermittlung, Förderung der berufl. Bildung (→ Berufsausbildungsbeihilfe), → Rehabilitation, → Arbeitslosenversicherung, Zahlung des → Kurzarbeiter- u. → Konkursausfallgeldes sowie die → Kindergeldzahlung. Die BAnstArb unterhält ein Institut für Arbeitsrecht und Berufsforschung in Nürnberg. *Die BAnst. für Arbeitsschutz* besteht aus dem Präsidenten, dem Kuratorium u. dem Lenkungsausschuß. Im Kuratorium wirken u. a. Vertreter der AG- u. AN-Organisationen mit. Es berät die BAnst. bei der Durchführung ihrer Aufgaben, insbesondere wirkt es bei der Aufstellung der Forschungs- und Grundsatzprogramme mit. Zu den Aufgaben der BAnst. gehört die Bekämpfung von Unfallgefahren.

Organ des BAM ist das Bundesarbeitsblatt. In den Ländern steht ein Arbeits- (u. Sozial-)minister an der Spitze der Arbeitsverwaltung. Bei ihm ressortieren die → Arbeitsgerichte u. → Landesarbeitsgerichte.

Arbeitsbereitschaft → Arbeitszeit.

Arbeitsbeschaffung. Zur Vermeidung u. Behebung von Arbeitslosigkeit kann die BAnstArb. die Schaffung von Arbeitsplätzen, namentl. für ältere Arbeitnehmer fördern. Die Förderung erfolgt durch Gewährung von Zuschüssen zu den Lohnkosten des AG u. durch Zuschuß u. Darlehnsgewährung für die Schaffung von Arbeitsplätzen. Vgl. §§ 91–99 AFG sowie ABM-AO v. i. d. F. vom 13. 12. 1984 (ANBA 85, 71) zul. geänd. 9. 3. 1990 (ANBA 601). Lit.: Berger-Delhey PersV 88, 113; Hahn BB 88, 906; Kröger PersR 88, 126.

Arbeitsbescheinigung. Zur Geltendmachung der Anspr. aus der → Arbeitslosenversicherung bedarf der AN einer A. (§§ 133, 143 AFG; §§ 60 ff. SGB I); der AG ist sowohl gegenüber dem → Arbeitsamt als auch gegenüber dem AN verpflichtet, die A. nach Formblatt auszustellen. Sie enthält Angaben über die Art der Tätigkeit, Beginn, Ende u. Lösungsgrund des Arbeitsverhältnisses sowie die gezahlte → Arbeitsvergütung u. die sonstigen Bezüge. Enthält die A. wahrheitswidrige Angaben, so kann der AG mit Bußgeldern belegt werden (§ 230 AFG) u. wird gegenüber dem → Arbeitsamt schadensersatzpflichtig (§ 145 AFG); der AG haftet für das Verschulden seiner Angestellten (BSG DB 84, 938). Für Streitigkeiten um einen Verwaltungsakt sind die Sozialgerichte zuständig (BSG ZIP 80, 348). Aber auch gegenüber dem AN kann er schadensersatzpflichtig werden. Nach § 2 I Nr. 3e ArbGG sind für bürgerliche Rechtsstreitigkeiten zwischen AN und AG über → Arbeitspapiere die → Arbeitsgerichte zuständig *(BB 83, 2186),* dagegen nicht für

Arbeitsdirektor

die Berichtigung, da es sich insoweit nicht um eine bürgerliche
Rechtsstreitigkeit handelt (vgl. AP 34 zu § 138 BGB; NJW 89, 1947
= NZA 89, 321). Lit.: Steffen BB 87, 1456.

Arbeitsdirektor → Mitbestimmung.

Arbeitsergebnis. Stellt AN infolge Verarbeitung o. Umbildung
von Halb- u. Fertigprodukten eine neue bewegl. Sache her (§ 950
BGB), so gilt der AG als Hersteller; er wird damit Eigentümer.

Arbeitserlaubnis. AN, die nicht Deutsche i. S. des Art. 116 GG
sind, bedürfen zur Aufnahme u. Ausübung einer Beschäftigung einer
Erlaubnis der BAnstArb., soweit zwischenstaatl. nichts anderes vereinbart ist (§ 19 AFG). Unberührt bleiben die Vorschriften der EWG
u. § 17 I G über die Rechtsstellung heimatloser Ausländer in der
BRD v. 25. 4. 1951 (BGBl. I 269) (→ Gastarbeiter). Zu Aus- u.
Übersiedlern: Nunez-Müller NZA 90, 130. Ausländern, die einen
Antrag auf Anerkennung als Asylberechtigte gestellt haben (Asylbe-
werber), darf die Erlaubnis für erstmalige Beschäftigung nur erteilt
werden, wenn sie sich nach Stellung dieses Antrages fünf Jahre im
Geltungsbereich des AFG aufgehalten haben. Sonderfälle, wenn sie
nicht mehr ausgewiesen werden. Die Erteilung der Erl. ist bei dem
→ Arbeitsamt zu beantragen, in dessen Bezirk der Beschäftigungsort
des AN liegt (§ 11 ArbeitserlaubnisVO v. 12. 9. 1980 (BGBl. I 1754)
zul. geänd. 6. 1. 1987 (BGBl. I 89). Die A. wird auf 2 bis 3 Jahre
befristet (§ 4) für den Bezirk eines → Arbeitsamtes (§ 3) je nach Lage
und Entwicklung des Arbeitsmarktes entweder für eine bestimmte
berufl. Tätigkeit in einem bestimmten Betrieb o. ohne diese Beschränkung erteilt (§ 1). Keine A. wird erteilt, wenn das ArbVerh.
aufgrund unerlaubter Vermittlung oder Anwerbung zustande gekommen oder die Arbeitsbedingungen ungünstiger als bei deutschen
AN sind o. der AN als Leih-AN tätig werden will (§ 6 I). Ausnahmen bestehen für Kinder u. Ehegatten (§ 1 II, § 2 II). Voraussetzung
der Erteilung einer A. ist die Aufenthaltserlaubnis (§ 5) (→ Gastarbeiter); in bestimmten Fällen, z. B. bei Verheiratung mit einem
Deutschen, 5-jährigen Tätigkeit in der BRD, ist sie zu erteilen (§ 2).
Sie kann widerrufen werden (§ 7). Keiner A. bedürfen die in § 9
genannten Personen (z. B. Fahrpersonal im Transitverkehr, Grenz-
gänger, Lehrpersonen an Hochschulen, Journalisten usw.). Sie wird
ersetzt durch die Legitimationskarte u. Zulassungsbescheinigung für
→ Gastarbeiter. Schließt der AN ohne A. einen → Arbeitsvertrag, so
ist dieser nicht nichtig, da nur die Tätigkeit erlaubnispflichtig ist (AP
2, 4 zu § 19 AFG). Läuft während der Beschäftigung die A. aus, so
bedarf es zur Beendigung der AV eines besonderen Beendigungstat-
bestandes (AP 2, 3, 4 zu § 19 AFG). Ob eine ord. o. ao. → Kündi-

gung gerechtfertigt ist, richtet sich nach den Umständen des Einzelfalles (AP 2, 4 zu § 19 AFG), insbesondere nach der Notwendigkeit der Besetzung des Arbeitsplatzes. Für die Kündigung gilt der allgemeine und besondere → Kündigungsschutz, also auch der Mutterschutz. Bei Beschäftigung ohne A. kann der AG bußgeldpflichtig werden. Zum Anspruch auf → Arbeitslosengeld BSG NJW 78, 1125.

Arbeitsgerichte entscheiden im Urteils- u. → Beschlußverfahren. Im UrtVerf. (§ 2 V ArbGG) sind sie ohne Rücksicht auf die Höhe des Streitwertes ausschl. zuständig für die in § 2 I Nr. 1–9, II ArbGG aufgezählten Rechtsstreitigkeiten. Das sind vor allem Streitigkeiten zwischen Tarifvertragsparteien o. zwischen diesen u. Dritten aus Tarifverträgen o. über den Bestand von → Tarifverträgen (Nr. 1); bürgerliche Rechtsstreitigkeiten zwischen tariffähigen Parteien o. zwischen diesen u. Dritten aus unerlaubten Handlungen (AP 33 zu § 72a ArbGG 1979 Grundsatz = DB 87, 2264), soweit es sich um Maßnahmen zum Zwecke des → Arbeitskampfes o. um Fragen der Vereinigungsfreiheit einschl. des hiermit in Zusammenhang stehenden Betätigungsrechtes der Vereinigungen handelt (Nr. 2); sämtl. bürgerl. Rechtsstreitigkeiten zwischen AN u. AG aus ArbVertr., deren Bestehen o. ihrer Eingehung u. unerlaubten Handlungen, die mit dem Arbeitsverh. in Zusammenhang stehen einschl. derjenigen über Arbeitspapiere (Nr. 3); dagegen besteht keine Zuständigkeit für Beamtenverhältnisse o. Referendarausbildungsverhältnisse (AP 12 zu § 2 ArbGG 1979 = NZA 89, 820; v. 28. 6. 1989 – 5 AZR 274/88 – NZA 90, 325); zuständig sind sie für bürgerliche Rechtsstreitigkeiten zwischen AN o. ihren Hinterbliebenen u. a) AG über Ansprüche, die mit dem Arbeitsverhältnis in rechtlichem o. unmittelbar wirtschaftlichem Zusammenhang stehen (AP 1 zu § 48 ArbGG 1979) sowie b) gemeinsamen Einrichtungen der Tarifvertragsparteien o. Sozialeinrichtungen des privaten Rechtes (AP 3 zu § 4 TVG Gemeinsame Einrichtung) über Ansprüche aus dem Arbeitsverhältnis o. Ansprüche, die damit in unmittelbarem rechtlichen oder wirtschaftlichen Zusammenhang stehen (Nr. 4); bürgerliche Rechtsstreitigkeiten zwischen AG u. vorgenannten Einrichtungen (Nr. 5); bürgerliche Rechtsstreitigkeiten über Ansprüche von AN o. ihren Hinterbliebenen auf Leistungen der Insolvenzsicherung (Nr. 6; → Ruhegeld); bürgerliche Rechtsstreitigkeiten zwischen AN aus gemeinsamer Arbeit u. im Zusammenhang mit dem Arbeitsverh. stehenden unerl. Hdlgen (BGH AP 48 zu § 2 ArbGG; Nr. 9). Ferner besteht eine Zuständigkeit der ArbG für → Entwicklungshelfer und Helfer nach dem G. zur Förderung des freiwilligen → sozialen Jahres sowie Vergütungen bei → Arbeitnehmererfindungen u. Urheberrechtsstreitigkeiten (§ 2 I Nr. 7, 8, II). Bei den A. können auch nicht unter § 2 I, II

fallende Klagen gegen AN o. AG o. Tarifvertragsparteien o. tariffä-
hige Parteien sowie von solchen gegen Dritte erhoben werden, wenn
der Anspruch mit einem bei einem A. anhängigen o. gleichzeitig
anhängig werdenden bürgerl. Rechtsstreit der in § 2 I, II bezeichneten Art in rechtl. o. unmittelb. wirtschaftl. Zusammenhang steht u.
für seine Geltendmachung nicht eine ausschließliche Zuständigkeit
eines anderen Gerichtes gegeben ist (§ 2 III; dazu AP 1 zu § 3
ArbGG). A. können nicht unter dem Gesichtspunkt des Sachzusam-
menhangs für Streitigkeiten über → Arbeitnehmererfindungen zuständig werden (§ 2 III ArbGG). Als Wahlgerichte können A. für
Rechtsstreitigkeiten zwischen jur. Personen u. ihren gesetzl. Vertretern zuständig werden (§ 2 IV ArbGG). Im Beschlußverf. sind die
Gerichte der → Arbeitsgerichtsbarkeit ausschl. zuständig für Streitigkeiten auf dem Gebiet des Betriebsverfassungs- und Mitbestim-
mungsrechts (§ 2 a ArbGG; Schaub Beck-Rechtsinformation im dtv:
Meine Rechte u. Pflichten im Arbeitsgerichtsverfahren, 4. Aufl.,
1985).

Arbeitsgerichtsbarkeit ist eine der fünf in der BRD vorgesehenen
gleichrangigen Gerichtszweige (Art. 96 GG), die dreistufig in → Arbeitsgerichte, → Landesarbeitsgerichte (beides Landesgerichte) sowie
das → Bundesarbeitsgericht gegliedert sind. Sie ist Sonderzivilge-
richtsbarkeit. Ihre Gerichte o. die ordentl. Gerichte verweisen in der
1. Instanz auf Antrag des Klägers bei fehlender sachl. Zuständigkeit
wechselweise die Rechtsstreitigkeiten durch einfachen, unanfechtba-
ren Beschluß (§ 48 ArbGG, § 281 ZPO), in der Berufungsinstanz
durch Urteil (Schaub, Meine Rechte und Pflichten im Arbeitsgerichtsverfahren, 4. Aufl. dtv Nr. 5205). ArbG u. LAG entscheiden in
der mündl. Verhandlung in der Besetzung mit dem Vorsitzenden,
der Volljurist ist (§ 18 ArbGG, § 5 DRiG), und zwei → ehrenamtli-
chen Richtern, je einem aus AN- und AG-Kreisen (§§ 16, 35
ArbGG); die Senate des BAG in der Besetzung von drei Berufsrich-
tern u. je einem AN- u. AG-Beisitzer (Ehrenamtliche Richter am
BAG; § 41 ArbGG). Die ehrenamtl. Richter werden nach dem Ge-
schäftsverteilungsplan herangezogen, von dem auch nicht im Einverständnis der Part. abgewichen werden kann (AP 11 zu § 551 ZPO
= MDR 84, 347). Außerhalb der mündl. Verhdlg. entscheiden
ArbG, LAG u. BAG allein durch ihre berufsrichterl. Mitgl. (§§ 53,
64, 72 ArbGG). Zur Wahrung der Rechtseinheit ist beim BAG ein
Großer Senat gebildet (§ 45 ArbGG). Er entscheidet nicht notwendig
aufgrund mündl. Verhandlung (GS AP 1 zu § 45 ArbGG 1979 = DB
84, 881). Vor dem ArbG ist jeder Geschäftsfähige postulationsfähig
(→ Rechtsanwalt). *Postulationsfähigkeit* ist die Fähigkeit, vor Gericht
selbst zu verhandeln u. Anträge zu stellen. Vor den LAG u. dem

BAG müssen die Parteien sich durch Rechtsanwälte als Prozeßbevollmächtigte vertreten lassen. An ihre Stelle können vor den LAG Vertreter von → Gewerkschaften o. AG-Verbänden o. von Zusammenschlüssen solcher Verbände treten (AP 8 zu § 11 ArbGG 1979 Prozeßvertreter = DB 86, 1684), wenn sie kraft Satzung o. Vollmacht zur Vertretung befugt sind u. der Zusammenschluß, die Verbände o. deren Mitglieder Partei (AP 11 = BB 90, 564) sind (§ 11 II ArbGG). Allerdings müssen die Verbände eine gewisse Mitgliederzahl aufweisen, damit eine sachgerechte Prozeßführung gewährleistet ist (AP 9 zu § 166 SGG). Nicht postulationsfähig sind Rechtsbeiständen (AP 10 zu § 11 ArbGG 1979 Prozeßvertreter = NZA 89, 151), wohl Nebentätigkeitsreferendare (22. 2. 1990 – 2 AZR 122/89 –). Für das Verfahren vor den Gerichten der A. gelten die Grundsätze der ZPO, die teilweise durch das ArbGG modifiziert sind; Schaub, Meine Rechte u. Pflichten im Arbeitsgerichtsverfahren, 4. Aufl. dtv Nr. 5205; zur Geschichte: Glombik BB 86, 1981; Hanau NZA 86, 809; Kissel DB 87, 1485; Reichold ZfA 90, 5.

Arbeitsgesetzbuch. Seit Jahrzehnten hat es immer wieder Entwürfe gegeben. Der letzte von 1977 wird nicht weiter betrieben.

Arbeitskampf. I. Dies sind kollektive Maßnahmen von AG o. AN zur Störung des Arbeitsfriedens Er ist gesetzl. nicht definiert. Er findet in einigen völkerrechtlichen Verträgen (Europäische Sozialcharta, Konvention zum Schutz der Menschenrechte u. Grundfreiheiten, Übereinkommen Nr. 87 der IAO) Erwähnung o wird vorausgesetzt. Ferner ist er in § 2 I Nr. 2 ArbGG, § 25 KSchG, § 74 II BetrVG, § 66 II BPersVG, § 116 AFG, § 11 V AÜG, § 21 VI SchwbG angesprochen. Aus allen Vorschriften ergibt sich jedoch kein System des A. (AP 43 zu Art. 9 GG Arbeitskampf; AP 33 zu § 72a ArbGG Grundsatz = DB 87, 2264). Vielfach ist gefordert worden, daß der Gesetzgeber eine A.-Ordnung schaffen müsse (Gift DRiZ 88, 201; Mager DRiZ 88, 207); teilw. wurde auch vorgeschlagen, daß die → Koalitionen → Verträge zur Regelung von → A. abschließen sollten (dazu RdA 86, 141 ff). 1988 haben einige Professoren einen Gesetzentwurf veröffentlicht (vgl. Gift ZTR 89, 64; Hammer ZTR 89, 178; Hromadka NZA 89, 379; G. Müller DB 89, 42; Raiser JZ 89, 405; Wank RdA 89, 263). Nach § 2 I Nr. 2 ArbGG sind die → Arbeitsgerichte zuständig für unerlaubte Handlungen, soweit es sich um Maßnahmen des A. o Zusammenhangsfragen handelt (BGH AP 2 zu § 2 ArbGG). Kampfmaßnahmen i. w. S. zwischen Betriebsvertretung u. AG sind nach §§ 74 BetrVG, 66 II BPersVG untersagt; während des A. ruht der Anspruch auf Arbeitslosengeld § 116 AFG; (Adomeit NJW 87, 33; Buchner RdA 86, 7; Löwisch NZA 86, 345; Ossenbühl/Richardi RdA 87, 165; Papier

Arbeitskampf

DVBl. 86, 577; Raiser NZA 84, 369; Seiter NJW 87, 1; Wiegand SozVers. 86, 114). Das KSchG gilt nicht für → Kündigungen aus Anlaß von A. (§ 25 KSchG). Schwerbehinderte haben nach Abschluß des A. einen Wiedereinstellungsanspruch (§ 21 SchwbG). Arbeitskampfmittel sind → Aussperrung, → Boykott u. → Streik.

II. In der BRD ist die → Tarifautonomie verfassungsrechtlich gewährleistet (Art. 9 GG). Das die TA konkretisierende Tarifrecht setzt voraus, daß die sozialen Gegenspieler das Verhandlungsgleichgewicht mit Hilfe von A. herstellen und wahren können (AP 43, 65–67 zu Art. 9 GG Arbeitskampf). Zulässig ist daher grundsätzl. auch die → Aussperrung (AP 65–67; auch G. Müller RdA 88, 4). A. sind rechtmäßig, wenn sie sozial-adäquat sind. Dies sind A., wenn sie *nicht* verfassungswidrig (z. B. Druckkämpfe zur Beugung des Parlaments o. der Gerichte; Franke/Geraats DB 86, 965), amtswidrig (z. B. Streik der Beamten, Fluglotsen (NJW 77, 1875; 78, 816; Säkker/Oetker AöR 87, 345), tarifvertragswidrig (AP 44 zu Art. 9 GG Arbeitskampf), tarifwidrig (z. B. Verstoß gegen Friedenspflicht), betriebsverfassungswidrig (AP 52 zu Art. 9 GG Arbeitskampf) o. deliktisch (Verstoß gegen StrafG: §§ 123, 185, 223 ff. StGB) sind u. zwischen Tarifparteien (Verbot des wilden → Streiks, AP 58 zu Art. 9 GG Arbeitskampf) um tarifl. regelbare Ziele geführt werden, alle Möglichkeiten friedl. Einigung (*ultima ratio-Theorie:* Rechtsweg, Schiedsstellen) ausgeschöpft sind (Rüthers DB 90, 113), die Kampfführung fair ist (Verbot wahrheitswidriger Kampfpropaganda) u. nicht in einem unerträglichen Mißverhältnis zu dem kampfweise erstrebten Zweck steht (Mittel-Zweck-Relation). Das BAG hat als zulässig angesehen Demonstrations-A, Sympathie-A (AP 20, 76 zu Art. 9 GG Arbeitskampf; Warn-A. (AP 51, 81 = NJW 85, 85; AP 83 = BD 85, 1679; NZA 88, 846; dazu Picker Beil 16 zu DB 89). Auch im Rahmen der neuen Beweglichkeit (befristeter A. nach einem einheitlichen Plan in verschiedenen immer wieder wechselnden Betrieben – AP 81, 83; einschränkend NZA 88, 846). Umstr. sind dagegen die Betriebsbesetzungen. (Derleder BB 87, 818; Nauditt ArbuR 87, 153; Plander ArbuR 86, 65; Lübbe-Wolff Beil 9 zu DB 88) u. Betriebsblockaden (NZA 88, 884; Ferdinand/Wolter ZTR 88, 451; Bolck ZTR 88, 281). Führt eine Gewerkschaft einen A. um Arbeits- und Wirtschaftsbedingungen, so besteht eine tatsächl. Vermutung, daß dieser rechtmäßig ist (AP 47 zu Art. 9 GG Arbeitskampf). Sonderregeln des A.-Rechts bestehen im Luft-Verkehr (Rüthers ZfA 87, 1), Medien (Buchner RdA 87, 207; Kisker RdA 87, 194; Löwisch RdA 87, 219; Reiser RdA 87, 201; Wagner NZA 87, 150). Pressebereich (Plander ZUM 85, 66). Auch während des A. müssen Notarbeiten ausgeführt werden (AP 74 zu Art. 9 GG Arbeitskampf =

NJW 82, 2835; Hirschberg RdA 86, 355). Umstr. ist, wer diese zu organisieren hat, AG, → Gewerkschaft, beide zusammen (NJW 80, 248) o. AG u. Betriebsvertretung. Nach der Satzung des DGB werden keine Notarbeiten während einer Aussperrung durchgeführt.

Die personellen Mitwirkungsrechte können während eines Streiks vom → Betriebsrat nicht ausgeübt werden, es sei denn, daß sie mit dem A. nicht im Zusammenhang stehen (AP 44 zu Art. 9 GG Arbeitskampf). In sozialen Angelegenheiten bestehen die Mitbestimmungsrechte weiter, es sei denn, daß durch sie auf die Kampfparität Einfluß genommen wird (→ Betriebsratsaufgaben; → Betriebsrisiko).

Auch während des A. wird vorläufiger Rechtsschutz (→ einstweilige Verfügung) gewährt (Grunsky RdA 86, 196; Steinbrück ArbuR 87, 161). Vielfach werden vorbeugende Schutzschriften bei Gericht eingereicht. Während des A. können Leistungsstörungen von AG u. AN in ihren Rechtsbeziehungen zu Dritten eintreten, wenn z. B. der AG seinen Liefer- u. Abnahmeverpflichtungen nicht nachkommen kann (Richardi JuS 84, 825; ZfA 85, 101; Heinze RdA 87, 225). *Sozialversicherungsrechtlich* gelten folgende Grundsätze: Die Beitragspflicht des AG zur Sozialversicherung (Kranken-, Renten-, Arbeitslosenversicherung) ruht. Die unmittelbar vom A. betroffenen AN erhalten weder → Arbeitslosen- noch Kurzarbeitergeld (vgl. § 116 AFG). In der Krankenversicherung bleibt auch ohne Entgeltzahlung die Mitgliedschaft für 1 Monat erhalten (§ 192 SGB V), bei längeren A. können sich die AN freiwillig versichern (§ 188 SGB V). Während des A. hat ein AN Anspruch auf Krankengeld (BSG AP 46 zu Art. 9 GG Arbeitskampf). In der Rentenversicherung wird das Beschäftigungsverhältnis suspendiert (BSG AP 48 zu Art. 9 GG Arbeitskampf). Nach § 1250 III RVO, § 27 III AVG werden bei pflichtvers. AN, deren Beiträge im Lohnabzugsverfahren entrichtet werden, Kalendermonate, die nur teilweise mit Beiträgen belegt sind, voll angerechnet. Renteneinbußen können erst bei längeren Arbeitskämpfen eintreten. Lfd. o. beantragte Rentenleistungen werden nicht berührt. Unfallversicherungsschutz besteht nur für Unfälle, die der AN bei der versicherten Tätigkeit erleidet. Hierzu gehört nicht das Streikposten stehen. Der Anspruch auf Sozialhilfe besteht grundsätzl. weiter. Lit.: Kummer DAngVers 90, 201. Gesamtlit.: Kissel NZA 89, 81; RdA 88, 321; Löwisch DB 88, 1013; Blanke NZA 90, 209; Dorndorf Arb u R 90, 65; Zachert Arb u R 90, 77.

Arbeitskleidung. Zu unterscheiden sind Schutzkl., die bei bestimmten Tätigkeiten über o. statt der Kl. zum Schutz gegen → Arbeitsunfälle, Witterungsunbilden o. gesundheitl. Gefahren getragen werden; Arbeitskl. i. e. S., die zur Schonung der Privatkl. getragen wird; Berufskl., die für bestimmte Berufe zweckmäßig o. üblich ist; Dienstkl., die im dienstl. Interesse zur Kenntlichmachung getragen wird. Das Recht der Bekl. ist gesetzlich kaum geregelt. Gelegentl. finden sich Regeln in → Tarifverträgen (AP 7 zu § 33 BAT) u. → Betriebsvereinbarungen. Aufgrund der → Fürsorgepflicht (§§ 618 I BGB, 62 I HGB) ist der AG verpflichtet, Schutzkl. u. Körperschutzmittel zu stellen u. diese auch in angemessenem Umfang reinigen zu lassen. Eine Beteiligung des AN an den Kosten ist unzulässig (AP 18 zu § 618 BGB = DB 83, 234). Körperschutzmittel sind Kleidungsstücke, die den AN vor Gefahren schützen sollen (Schutzbrille, Helm, Sicherheitsschuhe usw.). Gelegentlich finden sich spezielle Regelungen in den zu § 120e GewO erlassenen VOen.

Arbeitslosenversicherung (AV). 1. Anspruch auf *Arbeitslosengeld* (Alg.) hat, wer *arbeitslos* ist, der → Arbeitsvermittlung zur *Verfügung steht,* die *Anwartschaftszeit* erfüllt, sich beim Arbeitsamt arbeitslos *gemeldet* u. Alg. *beantragt* hat. Keinen Anspruch auf Alg. hat, wer das 65. Lebensjahr vollendet hat (§ 100 AFG). *Arbeitslos* ist ein AN, der vorübergehend nicht in einem Beschäftigungsverhältnis steht o. nur eine kurzzeitige Beschäftigung (bis zu 18 Wochenstunden; § 102 AFG) ausübt (§ 101 AFG). Nicht arbeitslos ist, wer eine Tätigkeit als mithelfender Familienangehöriger ausübt o. mehreren, geringfügigen Tätigkeiten als AN o. Selbständiger nachgeht (§§ 101, 102 AFG), die die Grenze des § 102 AFG übersteigt. *Der Arbeitsvermittlung steht zur Verfügung,* wer (1) eine zumutbare Beschäftigung unter den üblichen Bedingungen des allgemeinen Arbeitsmarktes ausüben kann u. darf, sowie (2) bereit ist, jede zumutbare Beschäftigung anzunehmen, die er ausüben kann und darf, sowie an zumutbaren Maßnahmen zur beruflichen Ausbildung, Fortbildung und Umschulung, zur Verbesserung der Vermittlungsaussichten sowie zur beruflichen Rehabilitation teilzunehmen und (3) das → Arbeitsamt täglich aufsuchen kann und für das AA erreichbar ist. Der Arbeitslose muß eine Arbeitszeit hinnehmen, die bei den in Betracht kommenden Beschäftigungen üblich ist. Die Verfügbarkeit ist zu verneinen, wenn der AN wegen häuslicher Bindungen, die nicht in der Betreuung aufsichtsbedürftiger Kinder oder pflegebedürftiger Personen bestehen, Beschäftigungen nur zu bestimmten Arbeitszeiten ausüben kann, (4) wegen seines Verhaltens nach der im Arbeitsleben herrschenden Auffassung für eine Beschäftigung als AN nicht in Betracht kommt (Dirne; § 103 AFG). Bei der Beurteilung der Zumutbarkeit sind die Interessen der Gesamtheit der Versicherten und des Arbeitslosen gegeneinander abzuwägen. Einzelheiten bestimmt die BAnst-Arb. ZumutbarkeitsAO v. 16. 3. 1982 (ANBA 523), AufenthaltsAO v. 3. 10. 1979 (ANBA 79, 1388 ber. 1549) geänd. 9. 3. 1990 (ANBA

600). Die *Anwartschaftszeit* hat erfüllt, wer in der Rahmenfrist von drei Jahren vor der Arbeitslosigkeit 360 Kalendertage in einem die Beitragspflicht zur AV begründenden Beschäftigungsverhältnis gestanden hat (§ 104 AFG) o. entspr. Ersatzzeiten (z. B. Wehrdienst, Lehrzeit, Auslandsbeschäftigung usw. §§ 107–109 AFG) aufzuweisen hat. Besonderheiten bei Kurzzeitbeschäftigten. Die Beitragspflicht richtet sich nach §§ 167 ff. AFG. Danach sind grundsätzlich alle AN, Wehr- u. Ersatzdienstleistende, Beschäftigte in Einrichtungen für Behinderte, Rehabilitanden, Gefangene usw. u. → Heimarbeiter beitragspflichtig (§ 168 AFG). Ausnahmen: § 169 AFG, z. B. nicht Krankenversicherungspflichtige, es sei denn, daß die fehlende Versicherungspflicht auf der Überschreitung der Jahresverdienstgrenze beruht; Schüler usw. *Der Antrag* auf Alg. ist bei dem zuständigen → Arbeitsamt (§ 129 AFG) – auf dessen Verlangen persönlich (§ 61 SGB I) – zu stellen (§ 105 AFG). Die Arbeitslosmeldung muß immer persönlich erfolgen. Zuständig ist das AA, in dessen Bezirk der Arbeitslose seinen Wohnort hat; mangels Wohnort o. bei ständigem berufsmäßig bedingten Aufenthalt an einem dritten Ort, der Aufenthaltsort (§ 129 AFG). Die *Bezugsdauer des Alg.* ist nach der Dauer der vorangegangenen Beschäftigung gestaffelt (§ 106 AFG). Das Alg. beträgt für Arbeitslose, die mindestens ein Kind haben 68 v. H., für die übrigen 63 v. H. des um die gesetzl. Abzüge, die bei AN gewöhnlich anfallen, verminderten Arbeitsentgelts im Bemessungszeitraum (§ 111 AFG). Der BAM bestimmt die Leistungssätze für jedes Jahr durch RechtsVO (AFG – LeistungsVO 1990 v. 27. 11. 1989) (BGBl. I 2064); es legt den Berechnungen für Ledige, Verheiratete usw. die entsprechenden Einkommensteuermerkmale zugrunde (§ 111 II AFG). Entscheidend für den AN ist die auf der Lohnsteuerkarte eingetragene Lohnsteuerklasse (§ 113 AFG). Bemessungszeitraum sind die letzten abgerechneten 3 Monate vor dem Ende des beitragspflichtigen Arbeitsverhältnisses (§ 112 III AFG). Der Durchschnittsverdienst wird bei Stundenlöhnern aus der regelmäßigen tarifl. Arbeitszeit, bei Monatslöhnern durch Multiplikation der vereinbarten regelm. Wochenarbeitszeit mit 13 und anschließender Division durch 3 berechnet (§ 112 I AFG). Die Außerachtlassung der Über- u. Mehrarbeitsstundenvergütung ist verfassungsrechtlich nicht zu beanstanden (BVerfG NJW 79, 1703). Auch das Alg. ist dynamisiert; d. h., es wird dem veränderten Lohn- u. Gehaltsniveau angepaßt (§ 112a AFG). Alg. wird für 6 Wochentage, jeweils nach Ablauf des Zahlungszeitraumes von zwei Wochen (Zahlungszeitraum AO v. 15. 12. 1978 (ANBA 79, 409) gezahlt (§§ 114, 122 AFG). Anderweitige Einkommen sind grundsätzlich anzurechnen (§ 115 AFG). Der Anspruch auf Alg. ruht während Arbeitskämpfen (§ 116 AFG; vgl. Bieback u. a. BB 87, 676; Heintzen DB 87, 482;

Arbeitsmängel

Otto RdA 87, 1; Schmidt-Preuß DB 86, 2488); des Bezuges von (Sozialleistungen, Altersrenten, Krankengeld) usw. (§ 118 AFG). Alg. kann zeitweise versagt werden, wenn der AN seine Arbeitsstelle gekündigt o. wegen Vertragsverletzungen entlassen worden ist u. dadurch die Arbeitslosigkeit vorsätzl. o. grobfahrlässig herbeigeführt hat, sowie wenn er eine zumutbare Arbeit nicht angenommen, sich keiner angebotenen Maßnahme beruflicher Fortbildung unterzogen o. sie abgebrochen hat o. wenn er sich trotz Aufforderung beim AA nicht meldet (§§ 119, 120, 132 AFG; MeldeAO v. 14. 12. 1972, ANBA 73, 245; 73, 367; teils verfassungswidrig BVerfG AP 31 zu Art 14 GG). Bei Störung der Ermittlungen der BAnstArb. zur Prüfung der Anspruchsvoraussetzungen kann das Alg. ganz o. teilw. versagt werden (§ 66 SGB).

Anspruch auf Arbeitslosenhilfe (Alhi) hat, wer arbeitslos ist; der Arbeitsvermittlung zur Verfügung steht; sich beim AA arbeitslos gemeldet u. Arbeitslosenhilfe beantragt hat; keinen Anspruch auf Alg. hat, weil die Anwartschaftszeit nicht erfüllt ist, bedürftig ist u. innerhalb eines Jahres vor der Arbeitslosmeldung entweder Alg. bezogen hat o. längere Zeit in entlohnter, nicht nur geringfügiger Beschäftigung gestanden o. sonstige Ersatzzeiten oder gleichgestellte Zeiten aufzuweisen hat (§ 134 AFG). In der Arbeitslosenhilfe-VO v. 7. 8. 1974 (BGBl. I 1929) zul. geänd. 20. 12. 1988 (BGBl. I 2598) sind Ersatztatbestände für die entgeltliche Tätigkeit aufgezählt. Die Alhi beträgt für Arbeitslose, die mindestens ein Kind haben, 58 v. H., sonst 56 v. H. des um die gesetzlichen Abzüge, die bei AN gewöhnlich anfallen, verminderten Arbeitsentgeltes (§ 136 AFG).

Arbeitsmängel. Erbringt der AN nur eine mit Mängeln behaftete Arbeitsleistung, so hängt es von der Ausgestaltung des ArbVertrags ab, ob sich der Verdienst automatisch mindert o. ob der Lohnanspruch in voller Höhe erwächst u. dem AG nur ein Schadensersatzanspruch entsteht. Grundsätzl. ist bei Stunden-, Wochen- o. Monatslohn die Arbeit rein zeitbestimmt; im Zeit-→ Akkord erfolgt die Lohnberechnung nach Akkordvorgabe, festgestellter Arbeitsmenge u. vereinbartem Geldfaktor; dem Stückakkord liegt i. d. R. nur die Zahl der geleisteten Arbeitsstücke zugrunde. Daraus folgt, daß der Verdienst von der Qualität der geleisteten Arbeit unabhängig ist, der AG also lediglich mit Schadensersatzansprüchen (→ Haftung des AN) unter Beachtung der Pfändungsschutzvorschriften aufrechnen kann. Indes kann dem AN tariflich das Qualitätsrisiko überbürdet sein, wenn es z. B. heißt, daß nur mangelfreie Arbeit entlohnt wird (AP 13 zu § 611 BGB Akkordlohn). A. berechtigen nicht zur tariflich geringeren Eingruppierung. Unzureichende Arbeitsleistung kann Kündigungsgrund sein.

Arbeitsmittel, die zur Durchführung der Arbeit benötigt werden, hat i. d. R. der AG dem AN zur Verfügung zu stellen. Ausnahmsweise kann auch der AN nach der Verkehrssitte zu deren Beschaffung verpflichtet sein (z. B. Friseurkamm). Nach Beendigung des Arbeitsverhältnisses hat der AN die ihm überlassenen A. wieder herauszugeben. War er nur Besitzdiener (§ 855 BGB), ist die Umwandlung des Gewahrsams in Eigenbesitz verbotene Eigenmacht, so daß dem AN auch wegen etwaiger Gegenansprüche kein → Zurückbehaltungsrecht zusteht. War dem AN dagegen ein Auto auch zur privaten Nutzung überlassen, so darf der AG nicht einfach den Besitz entziehen. Bei Streit um die Berechtigung einer fristlosen Kündigung muß der AG im Herausgabeprozeß die Berechtigung der ao. K. nachweisen, wenn er die Herausgabe vor Ablauf der ordentl. K.-Frist begehrt.

Arbeitspapiere. Zu den A. gehören die → Lohnsteuerkarte, das → Sozialversicherungs-Nachweisheft, das → Zeugnis, die → Urlaubsbescheinigung, die → Arbeitsbescheinigung, u. U. der → Sozialversicherungsausweis. Bei Beginn des Arbeitsverhältn. hat der AN dem AG diese auszuhändigen. Dieser hat sie mit der im Verkehr erforderl. Sorgfalt zu verwahren; anderenfalls haftet er auf Schadensersatz. Legt der AN die A. nicht vor, so ist der AG nach Abmahnung u. Setzung einer angemessenen Nachfrist, nach älterer, inzwischen sehr zweifelhafter Meinung zur ao. Kündigung berechtigt. Im Lebensmittelgewerbe (vgl. §§ 17, 18 BSeuchG) haben AN vor Aufnahme der Arbeit ein Gesundheitsattest vorzulegen. Der ohne Vorlage des Attestes abgeschlossene → Arbeitsvertrag ist aber wirksam (AP 1, 2 zu § 18 BSeuchG). Der AG hat gegenüber Sozialversicherungsträgern wegen der Beschäftigung gewisse Meldepflichten. Die Meldungen nach § 28a SGB IV (Einzugsstelle für die Pflichtversicherten), § 1401 RVO (Entgeltbescheinigung für die Rentenversicherung) u. den entspr. Vorschriften des AVG u. des RKG erfolgen mittels eines im SozVers NH enthaltenen Schecks. Die Einzelheiten sind in der VO über die Erfassung von Daten für die Träger der Sozialversicherung u. für die BfA – 2. DEVO v. 29. 5. 1980 (BGBl. I 593 zul. geänd. 18. 12. 1987 (BGBl. I 2815) geregelt. Betriebe, die Löhne u. Gehälter ihrer AN mit EDV-Anlagen abrechnen, können statt der Übermittlung der An- u. Abmeldungen an die zuständigen Versicherungsträger mittels Schecksatzes maschinell verwertbare Datenträger verwenden. Einzelheiten in VO über die Datenübermittlung auf maschinell verwertbaren Datenträgern im Bereich der Sozialversicherung u. die BfA – 2. DÜVO v. 29. 5. 1980 (BGBl. I 616 zul. geänd. 18. 12. 1987 (BGBl. I 2817). Bei → *Beendigung des Arbeitsverhältn.* hat der AN die A. abzuholen (*Holschuld*, § 269 II BGB).

Arbeitspausen

Sind sie noch nicht fertiggestellt, hat der AG sie auf seine Gefahr u. Kosten dem AN zu übersenden. In jedem Fall sollte eine → Zwischenbescheinigung ausgehändigt werden. Ist der AN unter → Arbeitsvertragsbruch ausgeschieden, steht dem AG eine angemessene Frist zur Ausfüllung zu. An den A. hat der AG kein → Zurückbehaltungsrecht, selbst wenn er noch nicht befriedigte Forderungen gegen den AN hat (§§ 1416 RVO, 138 AVG). Gerät der AG wegen der Rückgabe der A. in Verzug, so haftet er dem AN auf Ersatz des hieraus erwachsenen Schadens, z. B. wenn dieser keine neue Stelle gefunden hat. Nach § 2 I Nr. 3e ArbGG sind für bürgerliche Rechtsstreitigkeiten über A. die → Arbeitsgerichte zuständig. Dies gilt zumindest für deren Ausfüllung und Aushändigung. Ob auch Berichtigungsansprüche bürgerliche Rechtsstreitigkeiten sind, ist zweifelhaft (früher bejaht AP 79 zu § 611 BGB Fürsorgepflicht; vgl. auch AP 1 zu § 47 LStDVO; AP 48 zu § 256 ZPO). § 61 II ArbGG gilt nicht für den Anspruch auf Herausgabe der A. (AP 22 zu § 611 BGB), wohl für die Ausfüllung. Die Vollstreckung der Herausgabe erfolgt nach § 893 ZPO, die der Ausfüllung nach § 888 ZPO.

Arbeitspausen → Arbeitszeit.

Arbeitsrecht ist das besondere Recht der abhängigen Arbeit, d. h. der Arb., die der → Arbeitnehmer dem → Arbeitgeber im Rahmen eines Arbeitsverhältnisses gegen Entgelt leistet. I. Zum A. gehören, weil es einen Lebensbereich abschließend regelt, Ausschnitte aus fast allen Rechtsdisziplinen. Es ist privatrechtl. Natur, soweit es die Rechtsbeziehungen zwischen AG u. AN als Teilnehmer am privaten Rechtsverkehr umfaßt. Es ist öffentl.-rechtl. Natur, soweit es die Rechtsbeziehungen der AG u. AN als Mitglieder eines sozialen Lebenskreises im Verhältnis zum Staat u. a. Körperschaften des öffentl. Rechts regelt. Quellen des A. sind EG-Recht, vor allem im Arbeitsschutz, das GG (Art. 3, 9, 11, 12), Bundesgesetze als Gegenstand konkurrierender Gesetzgebung des Bundes (Art. 74 Nr. 12 GG), Landesgesetze, soweit der Bund von seiner Gesetzgebungskompetenz keinen Gebrauch gemacht hat; autonome Rechtsnormen (→ Tarifverträge, → Betriebsvereinbarungen, → Dienstvereinbarungen, → Dienstordnungen, Unfallverhütungsvorschriften der Berufsgenossenschaften); Gewohnheitsrecht und Rechtsprechung.

II. Das A. wird von der in der BRD herrschenden *Wirtschaftsverfassung* entscheidend geprägt. Die sozial-marktwirtschaftliche Ordnung stellt die eigenverantwortliche Entscheidung der Wirtschaftssubjekte in den Mittelpunkt. Für das A. gilt daher grundsätzl. das Prinzip der Vertragsfreiheit (Art. 2 GG). Dies setzt gleich starke Partner voraus. Erlangt ein Partner die Überhand, so müssen Schutzmechanismen eingreifen. Hierzu gehören *(1)* das → Arbeitsschutzrecht sowie einseitig zwingendes Gesetzesrecht, mit dem Mindestbedingungen normiert werden, von denen nur zugunsten der AN abgewichen werden darf; *(2)* das → Tarif- u. → Betriebsverfassungsrecht. Da der Gesetzgeber davon ausgeht, daß die Tarifpartner gleich stark sind, läßt er gelegentlich auch durch → Tarifverträge von zwingendem Gesetzesrecht Abweichungen zu. Insoweit spricht man von tarifdispositivem Gesetzesrecht; *(3)* das Richterrecht. Wenngleich für die Vereinbarungen zwischen AG u. AN das Prinzip der → Vertragsfreiheit gilt, ist der AN namentlich gegenüber Großunternehmen nicht in der Lage eine bestimmte Vertragsformulierung durchzusetzen. Vielmehr muß er zumeist Einheitsarbeitsverträge hinnehmen. Die Konditionen müssen einen billigen Interessenausgleich enthalten. Insoweit führt die Rspr. über § 315 BGB eine Billigkeitskontrolle durch (AP 1 zu § 242 BGB Ruhegehalt → Unterstützungskasse; AP 1, 2 zu § 315 BGB Billigkeitskontrolle; AP 6 zu § 65 HGB; AP 161 zu § 242 BGB Ruhegehalt). Lit.: Etzel NJW 89, 2993; Lyon-Caen RdA 89, 228; Söllner RdA 89, 144; Wlotzke BArbBl 89 Nr. 3 S. 5; Zöllner NJW 90, 1.

Arbeitsschutz. I. Unter *Arbeitsschutzrecht* wird die Gesamtheit der Rechtsnormen verstanden, die öffentl.-rechtl. Pflichten des AG begründen, um die dem AN von der Arbeit drohenden Gefahren zu beseitigen o. zu vermindern. Öffentl.-rechtl. ASchNormen finden sich vor allem in der GewO, AZO (→ Arbeitszeit), JArbSchG (→ Jugendarbeitsschutz), MSchG (→ Mutterschutz), HAG (→ Heimarbeiter). Die Verpflichtung zur Einhaltung der öffentl.-rechtl. ASchV besteht grundsätzl. gegenüber dem Staat; sie besteht aber auch privatrechtlich gegenüber dem AN. Dieser erlangt bei Nichteinhaltung der ASchV ein Leistungsverweigerungsrecht u. Anspruch auf Schadensersatz (§ 276 BGB), wenn er o. ihm gehörende Sachen (→ eingebrachte Sachen) durch schuldhafte Verletzung einer Schutzvorschrift beschädigt werden. Besteht im Prozeß Streit, ob der AG seinen Schutzpflichten genügt hat, z. B. ob er einen verkehrstüchtigen Kraftwagen zur Verfügung gestellt hat, so trifft AN im Falle der Zurückbehaltung der Arbeitskraft die Darlegungs- u. Beweislast. Sondervorschriften bestehen für den → Arbeitsunfall. Alle SchVen mit Ausnahme der Unfallverhütungsvorschriften der Berufsgenossenschaften sind Schutzgesetze i. S. von § 823 II BGB. Der AN kann auf die Einhaltung der ASchV nicht verzichten. Ihre Durchführung wird im Verwaltungswege, vor allem durch die *Gewerbeaufsichtsämter* (s. u. II), überwacht; ihre Verletzung stellt häufig eine Ordnungswidrigkeit o. gar Straftat dar. Auch das Arbeitsvertragsrecht enthält für den AN unverzichtbare SchV, aufgrund deren der AN unmittelb. Erfüllungsansprüche gegen den AG hat.

Arbeitsschutz

II. 1. Die *staatl. Aufsicht* wird ausgeübt durch die *Gewerbeaufsichtsbeamten* (§ 139b GewO), die für einen bestimmten Bereich zu *Gewerbeaufsichtsämtern* zusammengefaßt sind (Mittelbehörde Reg.-Präs. u. oberste die LAM), die *staatl. Gewerbeärzte* (zumeist bei der Mittelbeh.) u. die Bergämter (§ 154a GewO). Die GewAufsichtsbeamten sind für den gesamten ASch. zuständig mit Ausnahme der gesundheitl. Aufgaben u. der Bergaufsicht. Für die ärztl. Aufgaben des GewSchutzes sind die staatl. GewÄrzte, für den Bergbau die Bergämter zuständig. Letztere unterstehen dem *Oberbergamt*. Neben den GewAufsichtsbeamten ist der polizeil. Vollzugsdienst (Schutzpolizei, Kriminalpolizei) als Hilfsbeamte der GewAufsicht u. zur Ermittlung in Strafverfahren zuständig. Die Behörden der *Ordnungsverwaltung (Ordnungsämter)* haben die Durchführung bestimmter ASchVen zu überwachen. Die Aufsichtsbeamten der *Berufsgenossenschaften* (§§ 712ff. RVO) haben die Durchführung der Unfallverhütung zu überwachen u. ihre Mitglieder zu beraten. Sie haben mit dem → Betriebsrat zusammenzuwirken (vgl. § 712 IV RVO, § 89 BetrVG). Die Grundsätze der Zusammenarbeit sind in Allgemeinen Verwaltungsvorschriften v. 21. 6. 1968 (BAnz. 116 v. 27. 6. 1968) i. d. Änd. v. 28. 11. 1977 (BAnz. 225 v. 2. 12. 1977) geregelt. Lit.: Hanel Personal 89, 292.

2. Zum *autonomen Arbeitsschutz* gehört vor allem die Durchführung des Arbeitsschutzes durch a) den AG, der auf die Einhaltung zu achten hat, b) die AN, die zur Einhaltung verpflichtet sind, c) den Betriebsrat (§§ 80 I Nr. 1, 89 BetrVG), d) Sicherheitsbeauftragte (§ 712 RVO), e) Fachkräfte für Arbeitssicherheit (§ 5 ASiG), f) → Betriebsärzte (§ 2 ASiG), g) überbetriebliche Dienste von Betriebsärzten und Fachkräften für Arbeitssicherheit (§ 19 ASiG).

III. Die *Aufsichtsmaßnahmen* des staatlichen ASch bestehen *kontrollierend* in der lfden Überwachung der Betr. (§§ 139b GewO, 714 RVO), *beratend* in Verhandlungen mit dem → Betriebsrat u. dem AG (→ Betriebsratsaufgaben), *anordnend* im Erlaß von Einzelverfügungen (§ 120d GewO), *regelnd* in Bezug auf bestimmte Einzelfälle (z. B. gleichmäßige Verteilung der Arbeitszeit, § 4 S. 2 AZO) sowie *bewilligend* bei Erteilung von Ausnahmegenehmigungen (z. B. Zulassung von → Mehrarbeit). Zur Durchsetzung der ASchVen haben die Aufsichtsbehörden eine Reihe von *Zwangsmitteln,* deren Art sich nach den landesrechtl. Vorschriften über die Zwangsbefugnis der Polizei richtet. Dies sind i. d. R. die *Ersatzvornahme* (Ausführung der zu erzwingenden Maßnahme auf Kosten des Pflichtigen), die *Festsetzung von Zwangsgeld* u. die Anwendung *unmittelb. Zwanges.* Daneben kann die ganze o. teilweise *Einstellung des Betriebes* verfügt werden. Schließlich wird die Beachtung der Vorschriften durch *Kriminalstra-*

fen u. *Ordnungsgelder* gesichert. Die AG sind zur Mitteilung statisti-
scher Angaben an die Gewerbeaufsicht verpflichtet (VO v. 16. 8.
1968, BGBl. I, 981).

IV. Nach ihrem *Inhalt* gliedern sich die ASchVen in den a) Betr-
Schutz o. techn. ASch., b) Arbeitszeitschutz, c) → Entgeltschutz,
d) → Datenschutz. Nach dem Kreis der geschützten Personen ist der
allgemeine ASch. für alle AN u. der *besondere* für einzelne Berufsgruppen, (Bergleute, Seeleute, → Heimarbeiter) u. Personen (Jugendl.,
Frauen) zu unterscheiden. Die menschengerechte Arbeitsgestaltung
u. die damit weitgehend identische Humanisierung des Arbeitslebens
zielen auf eine dem ASch nahestehende Verbesserung der Arbeitsbedingungen. Lit.: Wlotzke BArbBl 89, 5; Kloepfer/Veit NZA 90,
121.

V. Der *Betriebsschutz* ist außerordentlich unübersichtlich. Der
Entw. eines ASch-Gesetzes von 1982, das den ASch modernisieren
u. der Unübersichtlichkeit entgegen wirken sollte, ist nicht verab-
schiedet worden.

1. Nach der Generalklausel in § 120a GewO ist der AG verpflichtet, Arbeitsräume, Betriebsvorrichtungen, Maschinen u. Gerätschaften so einzurichten u. zu unterhalten, u. den Betrieb so zu regeln, daß
die Arbeiter gegen Gefahren für Leben u. Gesundheit soweit geschützt sind, wie es die Natur des Betriebes gestattet (§ 120a I GewO). Im Rahmen der Gewerbehygiene hat der AG für genügend
Licht, Belüftung der Betriebsräume, Beseitigung der Abgase zu sorgen (§ 120a II GewO). Ferner hat er dafür zu sorgen, daß die AN
gegen gefährl. Berührungen mit Maschinen geschützt sind (§ 120a
III GewO). Ganz erheblicher Schutz geht insoweit auch von allgem.
Schutzvorschriften aus. Hierzu gehören G. über techn. Arbeitsmittel
(Gerätesicherheitsgesetz – GSG) v. 24. 6. 1968 (BGBl I 717) zul.
geänd. 18. 2. 1986 (BGBl I 265). Dazu sind zahlreiche Durchführungsvorschriften ergangen.

2. Zum Schutz der Sittlichkeit muß bei der Arbeit, soweit es die
Natur des Betr. zuläßt, die Trennung der Geschlechter durchgeführt
werden; es sind getrennte Ankleide- u. Waschräume sowie Bedürf-
nisanstalten zu schaffen (§ 120b GewO).

3. Nach § 120c GewO müssen Gemeinschaftsunterkünfte so beschaffen, ausgestattet und belegt sein oder so benutzt werden, daß
die Gesundheit und das sittliche Empfinden der AN nicht beeinträchtigt wird.

4. Die GewAufsichtsbeamten, gelegentlich auch die Ordnungsämter, können durch Verwaltungsakt die Ausführung derjenigen
Maßnahmen anordnen, die zur Durchführung der aufgezeigten

Arbeitsschutz

Grundsätze nach §§ 120a–c GewO erforderlich u. nach der Beschaffenheit der Anlage ausführbar erscheinen (§ 120d GewO).

5. Vor allem zum Gesundheitsschutz sind zahlreiche Spezialregelungen in RechtsVO ergangen (§ 120a GewO). Von besonderer Bedeutung DruckluftVO v. 4. 10. 1972 (BGBl. I 1909) i. d. Änd. v. 12. 4. 1976 (BGBl I 965); dazu Kaufmann DB 89, 1822; ArbeitsstättenVO v. 20. 3. 1975 (BGBl. I 729), zul. geänd. 1. 8. 1983 (BGBl. I 1057); VO über besondere Arbeitsschutzanforderungen bei Arbeiten im Freien in der Zeit v. 1. 11. bis 31. 3. v. 1. 8. 1968 (BGBl. I 901) zul. geänd. 20. 3. 1975 (BGBl. I 729) u. GefahrstoffVO v. 26. 8. 1986 (BGBl. I 1470) zul geänd. 16. 12 1987 (BGBl I 2721).

6. Der ASch wird ergänzt durch allgemeine Schutzgesetze wie das ChemiekalienG (ChemG) v. 16. 10. 1980 (BGBl I 1718) zul. geänd. 15. 9. 1986 (BGBl. I 1505), das GSG (V 1) sowie durch allgem. anerkannte Regeln der Technik.

7. Ergänzt wird der staatl. Betriebsschutz durch die Unfallverhütungsvorschriften der Berufsgenossenschaften (§§ 708ff. RVO). Diese erlassen Vorschriften über Einrichtungen, Anordnungen u. Maßnahmen, die der Unternehmer zur Verhütung von Arbeitsunfällen zu treffen hat u. das Verhalten, das der AG zur Verhütung von Unfallgefahren zu beachten hat. In Unternehmen mit mehr als 20 Beschäftigten hat der AG unter Mitwirkung des → Betriebsrats einen o. mehrere Sicherheitsbeauftragte zu bestellen (§ 719 RVO). Vgl. Coulin PersR 89, 65. Diese können jederzeit wieder abberufen werden. Zum Vergütungsanspruch BB 77, 1604. Zum Benachteiligungsverbot (AP 8 zu § 1 KSchG Verhaltensbedingte Kündigung). Vgl. auch → Betriebsärzte.

VI. Der Betriebsschutz für *Bergarbeiter* richtet sich nach dem BundesbergG v. 13. 8. 1980 (BGBl I 1311). Für Seeleute gilt die Seemannsordnung.

VII. Zur Sicherung des Arbeitsschutzes dienen zahlreiche Aushangpflichten der gesetzl. Vorschriften.

VIII. Für *kaufm. Angestellte* besteht im allgem. kein öffentl.-rechtl. Betriebsschutz. Nach § 139g GewO können jedoch die GewAufsichtsbeamten diejenigen Maßnahmen anordnen, die zur Durchführung der dem AG nach § 62 I HGB auferlegten Pflichten notwendig erscheinen. Schutzvorschriften finden sich in der ArbStättVO.

IX. Der aus dem → Arbeitsvertrag resultierende ASch. wird zusammengefaßt unter dem Begriff der → *Fürsorgepflicht* des AG. Diese hat ihre besondere Ausgestaltung in §§ 618, 619 BGB u. für kaufm. Angestellte in § 62 HGB erfahren. Hiernach hat der AG die sächl. betriebl. Einrichtungen so zu beschaffen u. zu unterhalten sowie die Arbeit so zu regeln, daß der AN gegen Gefahren für Leben u. Gesundheit geschützt ist (§§ 618 I BGB, 62 I HGB). Ist der AN in die häusl. Gemeinschaft aufgenommen, hat der AG gesunde Schlaf- u. Erholungsräume einzurichten (§§ 618 II BGB, 62 II HGB). Erfüllt der AG diese Verpflichtung nicht, so wird er nach den für unerlaubte Handlungen geltenden §§ 842–846 BGB schadensersatzpflichtig.

Arbeitssicherheit → Betriebsärzte.

Arbeitsstättenverordnung. Sie enthält bundeseinheitliche Grundsätze für die Einrichtung von Arbeitsstätten. Sie soll der Humanisierung des Arbeitslebens dienen u. den nach dem ASiG zu bestellenden → Betriebsärzten Anhaltspunkte für die Beratung des AG geben. Ferner dient sie zur Ergänzung von §§ 89 bis 91 BetrVG 1972 (→ Betriebsratsaufgaben). Die ArbStättVO wird ergänzt durch z.Z. rund 48 Arbeitsstätten – Richtlinien, die dazu beitragen sollen, die Verhältnisse an den bestehenden Arbeitsplätzen zu verbessern u. bestehende gute Arbeitsbedingungen zu sichern.

Arbeitsunfall. I. A. ist ein Unfall (körperlich schädigendes, zeitlich begrenztes Ereignis), den ein Versicherter (§§ 539, 540 RVO) bei einer der in den §§ 539, 540, 543–545 genannten Betätigungen erleidet (§ 548 I 1 RVO), es sei denn, daß sie keine unmittelbare Ursache gesetzt haben (Alkoholgenuß: BSGE 12, 242; Medikamente: BSG NZA 86, 271). Hierzu gehört auch das erstmalige Abholen des Geldes bei einem Geldinstitut, an das der AG das Entgelt des Vers. zu dessen Gunsten überweist (§ 548 I 2 RVO). Als A. gilt auch ein Unfall, der sich bei einer mit den genannten Betätigungen zusammenhängenden Verwahrung, Beförderung, Instandhaltung u. Erneuerung des Arbeitsgerätes (§ 549 RVO) o. auf dem Wege nach o. von dem Ort der genannten Betätigungen ereignet (Wegeunfall, § 550 RVO). Hierzu gehören auch Umwegunfälle, wenn sie durch Fahrgemeinschaften o. die Obhut für Kinder bedingt sind (§ 550 II RVO). Ferner gilt als A. eine der von der BReg. durch RechtsVO bezeichnete Berufskrankheit, die ein Vers. bei einer der genannten Betätigungen erleidet (§ 551 RVO, Berufskrankheiten VO v. 20. 6. 1968 (BGBl. I, 721) i. d. Änd. v. 8. 12. 1976 (BGBl. I 3329).

II. Der Unternehmer ist den in seinem → Unternehmen tätigen Vers., ihren Angehörigen u. Hinterbliebenen, auch wenn sie keinen Anspruch auf Unfallrente haben, zum Ersatz des *Personenschadens,* den ein A. verursacht hat, nur verpflichtet, wenn er ihn vorsätzlich herbeigeführt (DB 75, 2448) hat o. wenn der A. bei der Teilnahme am allgem. Verkehr eingetreten ist (AP 1 zu § 637 RVO; AP 3, 7 zu § 636 RVO; BGH NJW 76, 673). Unternehmer ist, für dessen Rechnung das Unternehmen (Einrichtung, Betrieb) geht (vgl. auch Wolber NZA 87, 147). Das sind bei Einrichtungen des Bundes (z. B. BuBa) die BRD (BGH DB 75, 842). Bei mehrseitigen Arbeitsverhältnissen (Eingliederung des AN in den Betrieb eines Dritten) ist auch dessen Haftung ausgeschlossen (§ 636 II RVO). Zum Personenschaden gehört nach h. M. auch der Anspruch auf Schmerzensgeld (AP 3, 4 zu § 636 RVO; BVerfG NJW 73, 502) o. Ersatz von Beerdigungskosten (AP 16 zu § 636 RVO = NZA 89, 795). Im Wege der Vorteilsausgleichung muß sich der Verunfallte o. sein Angehöriger anrechnen lassen, was er aus der Unfallversicherung erhält (§ 636 RVO). Derselbe Haftungsausschluß gilt für Ersatzanspr. eines Vers. u. seines Angehörigen gegen einen in demselben Betr. (AP 5 zu § 637 RVO; AP 13 = NJW 84, 885 = DB 83, 2258; AP 16 = DB 85, 2697 = NZA 85, 789) tätigen BetrAngehörigen, wenn dieser den A. durch betriebl. Tätigkeit verursacht (§ 637 I RVO). Gemeinsame Fahrt von Arbeitskollegen zur Arbeitsstelle und ein bei dieser Gelegenheit eintretender Verkehrsunfall ist zwar ein Wegeunfall, aber keine betriebliche Tätigkeit, die zum Haftungsausschluß untereinander führt (AP 3, 6 zu § 637 RVO). Ein Haftungsausschluß gilt auch dann, wenn Geschädigter u. Schädiger als AN verschiedenen Betrieben angehören, beide aber in demselben Betrieb tätig sind u. der betriebsfremde AN in den Betrieb, in dem er vorübergehend arbeitet, eingegliedert ist (AP 7, 9 zu § 637 RVO; OLG AP 11 zu § 637 RVO). Hat das → Arbeitsgericht über Ersatzanspr. gegen den Unternehmer o. einen Arbeitskollegen zu befinden, so hat es sein Verfahren auszusetzen bis zum Abschluß eines Rentenverfahrens nach der RVO o. eines sich anschließenden Sozialgerichtsverfahrens; es ist an eine in diesen Verfahren ergehende Entscheidung gebunden, ob ein A. vorliegt bzw. in welchem Umfang u. von welchem Träger der Unfallvers. Leistungen zu gewähren sind (§ 638 RVO; AP 8 zu § 636 RVO; BGH AP 1 zu § 638 RVO). Nach § 640 RVO kann die Berufsgenossenschaft gegen den Schädiger Rückgriff nehmen (BGH DB 80, 1127). Lit.: Lepa VersR 85, 8.

III. *Sachschäden* kann der AN gegen den AG (→ Aufwendungen) o. seinen Arbeitskollegen ohne Rücksicht auf die Vorschriften der RVO verfolgen. Der Arbeitskoll. haftet jedoch nicht o. nur beschränkt, wenn u. soweit ihm die Schadenshaftung nicht zugemutet werden kann, weil sein Verschulden mit Rücksicht auf die besondere Gefahr der ihm übertragenen Arbeiten nicht als schwer angelastet werden kann (→ gefahrgeneigte Arbeit). Er haftet jedoch voll, wenn er einer gesetzl. Haftpflichtversicherung angehört (AP 18, 19 zu §§ 898, 899 RVO).

IV. Hat ein AG in eigenem Namen eine *Versicherung* gegen Unfälle seines AN genommen, ohne daß dieser schriftlich zugestimmt hat, so gilt diese als Versicherung zugunsten des AN, so daß er regelmäßig die Herausgabe der Versicherungssumme verlangen kann (AP 28 zu § 2 ArbGG 1953 Zuständigkeitsprüfung, AP 2 zu § 179 VVG).

Arbeitsunfähigkeit → Krankheit.

Arbeitsunfähigkeitsbescheinigung. Alle AN sind im Falle der Erkrankung gehalten, unverzüglich (§ 121 BGB) den AG (regelmäßig bis 11 Uhr) zu informieren (für → Arbeiter: § 3 LohnFG; für Angestellte: AP 12 zu § 63 HGB; AP 2 zu § 626 BGB Krankheit). Die Informationspflicht ist eine unselbständige Nebenpflicht, die bei ihrer Verletzung zum Schadensersatz u. nach vorheriger → Abmahnung zur ordentl. → Kündigung berechtigt, wenn die Interessen des AG (Arbeitseinsatzplanung usw.) berührt werden (v. 31. 8. 89 – 2 AZR 13/89 – DB 90, 790). Bei beharrlichem Verstoß kann auch ao. Kündigung gerechtfertigt sein (AP 2 zu § 626 BGB Krankheit). Weitergehende Rechte können bestehen, wenn vertragl., tarifl. o. durch → Betriebsvereinbarung Informationspflicht geregelt (→ Haftung des AN). Gelegentlich kann ein AN, vor allem ein höherer Angestellter gehalten sein, seinen AG auf besonders dringende Arbeiten hinzuweisen. Nach § 3 LohnFG hat ein Arbeiter bis zum Ablauf des 3. Kalendertages nach Beginn der Arbeitsunfähigkeit seinem AG eine ärztliche Bescheinigung einzureichen. Für die übrigen AN besteht keine gesetzliche Regelung; indes geht das BAG (AP 31 zu § 615 BGB) von einer entsprechenden Verpflichtung aus. Vielfach ergibt sich die Vorlagepflicht aus tariflichen, betrieblichen o. arbeitsvertraglichen Regelungen. Die Verletzung der Vorlagepflicht (eine arbeitsvertragl. Nebenpflicht) kann nach h., M. zur ordentl. u. bei wiederholtem o. beharrlichem Verstoß nach vorheriger → Abmahnung zur außerordentl. → Kündigung (AP 93 zu § 626 BGB = NZA 87, 93) führen. Unterläßt der AN die Vorlage der A., so kann er gleichwohl → Krankenvergütung beanspruchen (§ 1 LohnFG; 616 BGB, 63 HGB; 133c GewO); jedoch erlangt AG zumindest gegenüber dem → Arbeiter ein Leistungsverweigerungsrecht bis zur Vorlage (§ 5 LohnFG) (*bei Vorlage alsdann Nachzahlung*, AP 1 zu § 3 LohnFG; AP 63 zu § 1 LohnFG = NJW 85, 2213 = NZA 85, 427). Im übrigen kann AG dem Gehaltsfortzahlungsanspruch dann den Einwand des Rechtsmißbrauchs entgegensetzen, wenn er zur außerordentl. Kündigung berechtigt gewesen wäre u. diese nur aus Rücksichtnahme o. Unkenntnis nicht ausgesprochen hat (AP 12 zu § 63 HGB). Der Arzt ist nach § 3 I 3 LohnFG verpflichtet, der Krankenkasse eine AU zu übersenden. Hat er sie dem AN ausgehändigt, so hat dieser sie der Krankenkasse einzureichen. Wird sie dem AG übersandt, so haftet dieser nur dann bei unterlassener Weiterleitung auf Schadensersatz, wenn er betriebsüblich deren Weiterleitung übernommen hat. Eine AU beurkundet nicht mit der Wirkung inhaltlicher Richtigkeit die → Krankheit eines AN, vielmehr hat sie nur die tatsächl., aber widerlegliche Vermutung der Richtigkeit für sich (AP 2 zu § 3 LohnFG; AP 48 zu § 1 LohnFG; Reinecke DB 89, 2069; Rühle BB 89, 2046; Clausen ArbuR 89, 2046; → Anscheinsbeweis). Der AG kann im Rechtsstreit Umstände darlegen u. beweisen, die zu ernsthaften Zweifeln an der Erkrankung Anlaß geben. Dann ist eine erschöpfende u. in sich widerspruchsfreie Würdigung aller für u. gegen die Erkrankung sprechenden Umstände im Rahmen des § 286 ZPO erforderlich (AP 2, 3 zu § 3 LohnFG). Solche Umstände sind etwa anderweitige Arbeitsleistung. Ausstellung aufgrund fernmündlicher Mitteilung ohne Untersuchung durch Arzt, Ankündigung der Krankheit während des Urlaubs. Wird eine AU entgegen § 21 BMV-Ä (DOK 78, 795) ausgestellt, so ist ihr Beweiswert gemindert. In § 21 BMV-Ä ist normiert, daß sie grundsätzlich nicht rückwirkend ausgestellt werden soll. Einer von einem ausländischen Arzt ausgestellten AU kommt im allgemeinen der gleiche Beweiswert zu wie der von einem deutschen Arzt ausgestellte (Marburger BB 88, 557). Die Bescheinigung muß jedoch erkennen lassen, daß der ausländische Arzt zwischen einer bloßen Erkrankung und einer mit Arbeitsunfähigkeit verbundenen Erkrankung unterscheidet (AP 4 zu § 3 LohnFG = DB 85, 2618 = NZA 85, 737). Kündigt der AG mit der Begründung ao, die AU sei erschlichen, so ist er darlegungs- u. beweispflichtig. Nach § 275 SGB V sind die Krankenkassen verpflichtet, eine Begutachtung der Arbeitsunfähigkeit durch medizinischen Dienst herbeizuführen, wenn es zur Sicherung des Heilerfolges, insbesondere zur Einleitung von Maßnahmen der Sozialleistungsträger für die Wiederherstellung der Arbeitsfähigkeit oder der Arbeitgeber dies unter Darlegung begründeter Zweifel an der Arbeitsunfähigkeit verlangt. Dagegen hat der AG keinen Anspruch auf Begutachtung durch einen bestimmten Arzt. Auch bei vertraglich vereinbarter Verpflichtung, sich ärztlich untersuchen zu lassen, ist die Weigerung des AN kein Grund zur außerordentlichen Kündigung, wenn dieser dafür vertretbare Gründe hatte (AP 1 zu § 7 BAT). Durch → Tarifvertrag kann bestimmt sein, daß die Arbeitsunfähigkeit durch einen bestimmten Arzt festgestellt wird. Dies ist keine Schiedsgutachterabrede, sondern die Überlassung der Feststellung einer Tatsache nach § 317 BGB. Das Gericht überprüft die Feststellung, ob das Gutachten nach den Regeln der ärztlichen Kunst erfolgt ist (AP 2 zu § 1 TVG Tarifverträge: Bundesbahn). Eine Sonderregelung besteht, wenn der Arbeiter im Ausland erkrankt (§ 3 II LohnFG).

Arbeitsvergütung. I. 1. Der Hauptpflicht des AN zur Arbeitsleistung steht die des AG zur Zahlung einer A. gegenüber (§ 611 BGB). Grundsätzlich haften Dritte für die A. nicht; dies gilt auch bei konzernmäßig verbundenen AG, es sei denn, daß insoweit ein Vertrauenstatbestand erweckt wird (EzA 1 zu § 421 BGB). Die Höhe der A. kann nach billigem Ermessen zu bestimmen sein. Bei Fehlen einer ausdrücklich oder konkludent abgeschlossenen Vergütungsvereinbarung wird sie fingiert, wenn die Dienstleistung den Umständen nach nur gegen Vergütung zu erwarten ist (§ 612 BGB). Das gleiche gilt, wenn der AN auf Dauer höherwertige Leistungen als im Vertrage vorausgesetzt (AP 31 zu § 612 BGB) oder sonstige Mehrarbeit erbringt (AP 33 zu § 612 BGB). Im Arbeitsrecht bestehen keine Taxen; die übliche A. entspricht dem Tariflohn (AP 21 zu § 611 BGB Ärzte u. Gehaltsansprüche). Bei → fehlgegangener Vergütungserwartung kann auch dann eine A. verlangt werden, wenn die Dienste in berechtigter Erwartung späterer Verg. erbracht werden, diese aber ausbleibt (AP 24, 25, 27 zu § 612 BGB).

2. Die A. der → Arbeiter heißt Lohn, die der → Angestellten Gehalt. Sie ist bar auszuzahlen (→ Bruttolohn, → Nettolohnvereinbarung). Scheck u. Wechsel kann der AN zurückweisen; allerdings erfolgt im Einverständnis mit dem AN häufig Überweisung auf ein Bankkonto. Die bargeldlose Lohnzahlung kann tariflich (AP 135 zu § 1 TVG Auslegung = NZA 85, 160) oder im Wege der erzwingbaren Mitbestimmung (→ Betriebsratsaufgaben) des Betriebsrats (§ 87 I Nr. 4 BetrVG) eingeführt werden. Nach h. M. ist der AG nur zur Zahlung der Kontoführungsgebühren verpflichtet, wenn hierfür eine besondere Rechtsgrundlage besteht (AP 1 zu § 36 BAT; AP 1, 2 zu § 87 BetrVG 1972 Auszahlung; AP 135 zu § 1 TVG Auslegung). Jedoch kann die Einigungsstelle den AG zur Übernahme der Kontoführungsgebühren verpflichten, da dies eine Annexregelung zur Auszahlung darstellt (AP 1 zu § 87 BetrVG 1972 Auszahlung). Ist tariflich die bargeldlose Lohnzahlung abschließend geregelt und damit nach § 87 BetrVG kein Raum mehr für die erzwingbare Mitbestimmung des Betriebsrats, so werden frühere Betriebsvereinbarungen über die Übernahme der Kontoführungsgebühren nicht ohne weiteres gegenstandslos (AP 3 zu § 87 BetrVG 1972 Auszahlung).

3. Gewerbl. AN dürfen anstelle der Barzahlung vom AG, seinen Angehörigen o. Beauftragten (§ 119 GewO) Waren weder verabreicht noch kreditiert werden (*Truck-Verbot,* § 115 GewO). Dem Truckverbot unterliegt auch der Kreditverkauf von Kraftfahrzeugen an den AN (AP 1 zu § 115 GewO). Zur Finanzierung (NJW 75, 1515). Unberührt bleibt der verbilligte Bezug von Waren durch den AG (§ 115 II 2 GewO). Nach einer AO des RAM v. 16. 1. 1939

Arbeitsvergütung

(RABl. I 57) sind in beschränktem Umfang Abzahlungskäufe von Hausrat zulässig. Hierzu gehören auch Farbfernsehgeräte (AP 4 zu § 115 GewO). Die Auszahlung darf ohne Genehmigung der unteren Verwaltungsbehörde nicht in Gast-, Schankwirtschaften o. Verkaufsstellen erfolgen (§ 115a GewO). AN, deren Forderungen entgegen dem Truckverbot beglichen wurden, können jederzeit erneut Zahlung begehren (§ 116 GewO). Soweit die Waren o. ihr Surrogat noch vorhanden sind, sind sie dem Träger der Krankenkasse o. Sozialhilfe herauszugeben (§ 116 GewO). Forderungen für entgegen dem Truckverbot kreditierte Waren können nicht eingeklagt werden (§ 118). Es handelt sich um eine sog. Naturalobligation. Das Truckverbot gilt nicht für *Sachbezüge;* Sach- o. Naturallohn ist jeder Lohn, der nicht als Geldlohn gewährt wird (Nahrungsmittel, Berufskleidung, Kost u. Wohnung, Landnutzung, Heizung usw.).

II. Arbeitsentgelt i. S. d. Sozialversicherung sind alle lfd. o. einmaligen Einnahmen aus einer Beschäftigung (§ 14 SGB IV). Die BReg. bestimmt zur Vereinfachung des Beitragsabzuges (§ 17 SGB IV), welche Einnahmen zum Arbeitsentgelt gehören (ArbeitsentgeltVO v. 18. 12. 1984 – BGBl. I, 1642, 1644; zul. geänd. 6. 12. 1988 (BGBl I 2208) und wie die Sachbezüge zu bewerten sind (SachbezugsVO i. d. F. v. 18. 12. 1984 (BGBl I 1642) zul. geänd. 12. 12. 1989 (BGBl I 2177). Diese Bewertung gilt auch für die Errechnung der Lohnsteuern (vgl. § 3 II LStDVO).

III. Kann der AG die Sachbez. nicht gewähren o. der AN sie unverschuldeterweise nicht entgegennehmen, so sind sie abzugelten (vgl. § 12 II BBiG) mit dem Betrage, den der AN zu ihrer Beschaffung aufwenden müßte (AP 27 zu § 612 BGB). Für die Bemessung der A. ist grundsätzl. die Dauer der Arbeitsleistung ohne Rücksicht auf → Arbeitsmängel maßgebend (→ Akkord). Von der Bemessungsgrundlage (Stunden-, Tagelohn usw.) ist der Lohnauszahlungszeitraum zu unterscheiden. Ist AV für Teillohnperioden zu zahlen, so kann in Ermangelung von Vorschriften in → Tarifverträgen o. → Betriebsvereinbarungen die Monatsvergütung durch 30 dividiert werden (AP 1 zu § 628 BGB Teilvergütung). A. sind auch → Provision, → Prämien, → Gewinnbeteiligung.

IV. In Ausnahmefällen ist die A. auch ohne Arbeitsleistung des AN zu erbringen, die dieser auch nicht später nachzuholen hat. Dies ist vor allem der Fall bei → Annahmeverzug des AG u. bei von ihm zu tragendem → Betriebsrisiko, bei vom AG zu vertretender Unmöglichkeit der Arbeitsleistung sowie bei Erkrankung des AN (→ Krankenvergütung) u. sonstiger → Arbeitsverhinderung, bei → Stellensuche, → Urlaub u. → Feiertagen.

Arbeitsverhältnis ist das aufgrund eines rechtswirksamen → Arbeitsvertrages entstehende Rechtsverhältnis. Ist der Arbeitsvertrag rechtsunwirksam, hat aber der AN die Arbeit aufgenommen, so spricht man von *faktischem Arbeitsverhältnis* (→ Arbeitsvertrag) o. vom fehlerhaften Arbeitsvertrag. Nach einer überholten Mindermeinung entsteht das A., wenn der AN aufgrund einer – nicht notwendig rechtsgeschäftlichen – Willensübereinstimmung in den → Betrieb o. Haushalt des AG eingegliedert wird. Der bloße Tatbestand, daß Arbeit tatsächlich geleistet wird u. der AG den AN tatsächlich beschäftigt, wird von der h. M. als *Beschäftigungsverhältnis* bezeichnet. Die Vorschriften des → Arbeitsschutzes gelten zugunsten des AN bereits bei Begründung eines Beschäftigungsverhältnisses.

Arbeitsverhinderung. I. Im allgemeinen Schuldrecht gilt der Grundsatz, daß der Schuldner von seiner Verpflichtung frei wird, wenn ihm die Leistung aus Gründen unmöglich wird. die weder er noch der Gläubiger zu vertreten hat (§ 275 BGB). Er verliert aber auch seinen Anspruch auf Gegenleistung (§ 323 BGB). Von dem Grundsatz „Arbeit gegen Entgelt" macht § 616 I 1 BGB eine Ausnahme. Hiernach hat der AN einen Anspruch auf Fortzahlung der Arbeitsvergütung, wenn er aus in seiner Person liegenden Gründen ohne sein Verschulden für eine nicht erhebliche Zeit an seiner Dienstleistung verhindert ist. § 616 I 1 BGB kann trotz seines sozialen Schutzcharakters durch Einzelarbeitsvertrag o. → kollektivrechtliche Vereinbarung eingeschränkt o. ausgeschlossen werden (AP 8, 21, 23 zu § 616 BGB; AP 1 zu § 26 ArbGG 1979; AP 1 zu § 29 BMT-G II = NZA 86, 784, ständig). Ein Ausschluß liegt insbes. vor, wenn ein → Tarifvertrag bestimmt, daß nur die wirklich geleistete Arbeitszeit bezahlt wird o. wenn in ihm enumerativ die Tatbestände aufgezählt werden, in denen ein Anspruch auf Fortzahlung der Arbeitsvergütung besteht. Während bei Tarifverträgen im allgemeinen davon ausgegangen werden kann, daß die Tarifpartner bei Ausschluß des Anspr. aus § 616 I 1 BGB einen sachgemäßen Interessenausgleich vorgenommen haben, ist dies bei einzelvertraglichem Ausschluß nicht immer der Fall. Nach umstr. Meinung ist die Abdingung nicht nur dann unwirksam, wenn gegen § 138 BGB verstoßen wurde (→ Sittenwidrigkeit), sondern auch, wenn sie offenbar ungerecht o. unbillig ist u. vermuten läßt, daß der Benachteiligte ihr nur unter Druck o. Unkenntnis seines gesetzl. Dispositivrechts zugestimmt hat.

II. Der Anspruch aus § 616 I 1 BGB setzt voraus, daß während der vor o. nach Dienstantritt eintretenden A. *ein Arbeitsverhältnis besteht*. Ruhen seine Hauptpflichten, z. B. nach §§ 3, 6 MSchG, § 1 I ArbPlSchG, so besteht auch kein Anspruch nach § 616 BGB. Dassel-

Arbeitsverhinderung

be gilt während des Urlaubs (AP 1 zu § 18 BAT = NJW 86, 1066). Grundsätzlich besteht auch ein Anspruch in einem → faktischen Arbeitsverhältnis bis seine Beendigung erklärt wird. Der Grund der A. *muß in der Person o. in den persönl. Verhältnissen des AN* liegen (AP 58 zu § 616 BGB). Eine A. ist gegeben, wenn dem AN die Arbeitsleistung tatsächl. unmöglich wird o. ihm wegen anderweitiger, sittlicher o. rechtlicher Pflichten unter Berücksichtigung seiner → Treuepflicht u. der Interessen des AG nicht zugemutet werden kann (AP 23), z. B. Ausübung öffentl.-rechtl., (Schulung als ehrenamtl. Richter: AP 1 zu § 26 ArbGG 1979; Tätigkeit im Beirat für Landespflege AP 60 zu § 616 BGB; Wahrnehmung eigener Gerichtstermine: AP 1 zu § 29 BMT-G II = NZA 86, 784), gewerkschaftlicher (AP 2 zu § 1 TVG Tarifverträge: Banken; AP 5 zu § 87 BetrVG 1972 Betriebsbuße = DB 83, 2695; AP 67 zu § 616 BGB) o. religiöser Pflichten, Familienereignisse wie eigene Eheschließung (Aufteilung von zwei Tagen auf standesamtl. u. kirchl. Eheschließung (AP 61 zu § 616 BGB = NJW 83, 2600), Niederkunft der Ehefrau, auch wenn in Spanien (AP 44 zu § 616 BGB; DB 75, 1179; einschränkend bei Lebensgefährtin: AP 3 zu § 52 BAT = NJW 87, 271), schwere Krankheit der Ehefrau o. Kinder (BB 77, 1651), Tod o. Begräbnis naher Familienangehöriger, goldene Hochzeit der Eltern (AP 43, 55 zu § 616 BGB), Wohnungsumzug, seuchenpolizeiliche Beschäftigungsverbote (BGH NJW 79, 422, 1400; AP 6 zu § 6 LohnFG), Arztbesuche (AP 22 zu § 1 TVG Tarifverträge: Metallindustrie = BB 84, 1046; AP 64 zu § 616 BGB = NJW 84, 2720 = DB 84, 1687; AP 83 zu § 616 BGB v. 27. 6. 1990 – 5 AZR 365/89 –), arbeitsmedizinische Untersuchungen (AP 69 zu § 1 TVG Tarifverträge: Bau = NJW 86, 2903) usw. Insbesondere besteht dann ein Anspruch, wenn ein im Haushalt des AN lebendes → Kind unter acht Jahren wegen einer Erkrankung nach ärztlichem Zeugnis der Beaufsichtigung, Betreuung o. Pflege bedarf, weil eine andere im Haushalt des AN lebende Person hierfür nicht zur Verfügung steht (Löwisch ZTR 89, 346). Insoweit gilt im allgemeinen ein Zeitraum von fünf Tagen nicht als erheblich (AP 48 zu § 616 BGB, AP 35 zu § 63 HGB). Ob der Anspruch wiederholt gegeben ist, ist umstr. Eine ärztliche Bescheinigung genügt idR. für den Nachweis, daß ein erkranktes Kind der Pflege bedarf (AP 50 zu § 616 BGB). Beide Elternteile können wählen, wer die Pflege übernimmt (AP 50 zu § 616 BGB). Besteht kein Anspruch nach § 616, kann ein Anspruch auf Krankengeld gegeben sein (§ 45 SGB V). Der Entgeltfortzahlungsanspruch wegen Erkrankung des Kindes richtet sich für Arbeiter und Angestellte ausschließlich nach § 616 BGB. Hieraus folgt, daß durch → Tarifvertrag der Anspruch näher ausgestaltet o. abgedungen werden kann (AP 49, 51 zu § 616 BGB, unter teilweiser Aufgabe von AP 35 zu § 63 HGB). Durch das Tatbestandsmerkmal „schwere Erkrankung" in den Tarifverträgen des öffentlichen Dienstes hat jedoch der Anspruch nicht eingeschränkt werden sollen (AP 1 zu § 33 MTL II). Eine persönl. A. wird auch dann noch angenommen, wenn für den einzelnen AN ein obj. Leistungshindernis besteht, Verspätung öffentl. Verkehrsmittel, wenn er davon abhängig ist. Dagegen ist sie dann nicht gegeben, wenn von dem obj. Leistungshindernis alle oder eine Vielzahl von AN betroffen werden. Dies ist z. B. dann der Fall, wenn der AN infolge Glatteises (AP 58, 59 zu § 616 BGB) o. Smog-Alarm (Dossow BB 88, 2455; Richardi NJW 87, 1231; Schumacher ZTR 87, 140) die Arbeit nicht erreichen kann. Die A. muß *unverschuldet* sein. Den AG trifft die Beweislast für ein Verschulden. Nach h. M. ist die A. verschuldet, wenn ein verständiger Mensch sie im eigenen Interesse vermieden hätte, wenn sie auf einem gröbl. Fehlverhalten des AN beruht, z. B. Aufspringen auf ein öffentl. Verkehrsmittel, seine Versäumung, Verbüßung von Freiheitsstrafen, nicht dagegen *unverschuldet* erlittene Untersuchungshaft. Die A. darf *nicht von erhebl. Dauer* sein; anderenfalls entfällt auch der Anspruch für die unerhebl. Zeit. Welche Zeit als verhältnismäßig nicht erhebl. anzusehen ist, muß unter Berücksichtigung der Umstände des Einzelfalles entschieden werden. Dabei kommt es auf die Dauer der A. im Verhältnis zur Gesamtdauer der Beschäftigung an. Faustregel: Unerhebl. Arbeitsversäumnis bei Beschäftigung bis zu 6 Mon.: 3 Tage, bis zu 12 Mon.: 1 Woche, länger als 1 J.: 2 Wochen. Der AN hat sie dem AG unverzügl. zu melden, andernfalls eine → Kündigung gerechtfertigt sein kann. S. a. Krankmeldung.

III. § 616 I 1 BGB wird ergänzt durch eine Reihe von Sondervorschriften: §§ 63 HGB, 133c GewO, 48 SeemannsG, 12 I BBiG. Sind die Voraussetzungen dieser Normen nicht gegeben, so kann immer noch ein Anspruch nach § 616 I 1 BGB bestehen. Kaufmänn., gewerbl. o. Bergbauangestellte haben Anspruch auf Fortzahlung der Arbeitsvergütung für die Dauer von 6 Wochen, wenn sie durch unverschuldetes Unglück an der Arbeitsleistung verhindert sind. *Unglück* sind alle ungünstigen Ereignisse, die Anlaß o. unmittelbare Grundursache für die A. sind, z. B.: Erkrankung, Todesfall in der Familie. Kein Unglück ist die Erfüllung staatsbürgerl. o. öffentl.-rechtl. Pflichten (lange Sitzungsdauer eines Schöffengerichts).

IV. Zu den persönl. A. gehört vor allem → Krankheit des AN; hierzu →Krankenvergütung.

V. Beruht die A. auf einem Verschulden des AG o. seiner Erfüllungsgehilfen (Gestellung schadhafter Werkzeuge, schlechte Beheizung), so steht dem AN während der gesamten Dauer der A. die Zahlung der → Arbeitsvergütung zu (§ 325 BGB). Jedoch ist die Haftung des AG bei → Arbeitsunfall eingeschränkt.

Arbeitsvermittlung

Arbeitsvermittlung ist eine Tätigkeit, die darauf gerichtet ist, Arbeitsuchende mit → Arbeitgebern o. → Heimarbeiter mit Auftraggebern zur Begründung von Arbeits- bzw. Heimarbeitsverhältnissen zusammenzuführen (§ 13 AFG). Sie obliegt allein der BAnstArb. (→ Arbeitsbehörde) (*Vermittlungsmonopol;* BVerfGE 21, 245; Säcker ZfA 89, 307; zum Fernsehen: Bosmann NZA 87, 689; Bildschirmtext: Kappus/Grimm BB 89, 489) u. wird vor allem durch die → Arbeitsämter durchgeführt. Die BAnstArb. kann auch andere Stellen mit der Vermittlung beauftragen (§ 23 AFG; AO des VerwR AviA v. 18. 5. 1978 (ANBA 839); Verzeichnis ANBA 85, 1006). Verträge über eine unzulässige A. sind nichtig; aus ihnen kann nicht auf Provisionszahlung geklagt werden (BGH BB 78, 1415; EWiR BGB § 134 2/86). Die BAnstArb. hat dahin zu wirken, daß Arbeitsuchende Arbeit u. AG die erforderlichen Arbeitskräfte erhalten. Bei der Verm. hat sie auf die besond. Verhältnisse der freien Arbeitsplätze, der Eignung der Arbeitsuchenden u. deren persönl. Verhältnisse Rücksicht zu nehmen. Zu diesem Zwecke kann sie Arbeitsuchende ärztl., mit deren Einverständnis auch psycholog. untersuchen u. begutachten lassen (§ 14 AFG). Bei Weigerung der Untersuchung können gemäß § 66 SGB I beantragte Leistungen der BAnstArb. versagt werden. Die Verm. erfolgt unparteiisch (§ 20) u. unentgeltlich (§ 21 AFG). Bei überdurchschnittl. Aufwendungen können Gebühren festgesetzt werden, die vom AG zu tragen sind (§ 21 AFG). Dies kommt vor allem bei Anwerbung von → Gastarbeitern (§ 18 AFG) in Betracht. Vgl. AO nach § 21 II AFG v. 19. 7. 1973 (ANBA 74, 477). Über die persönl. Verhältnisse der Arbeitsvertragsparteien erteilt die BAnstArb. nur Auskunft, wenn sie hiervon in amtl. Eigenschaft erfahren hat (§ 22 AFG). Ihr obliegt keine Amtspflicht, sich über die Zahlungsfähigkeit des AG zu vergewissern (LG BB 74, 1072). Die BAnstArb. soll an dem Zustandekommen von Arbeitsverh. zu tarifwidrigen Bedingungen bei → Tarifbindung der Parteien nicht mitwirken (§ 16 AFG). Ferner hat sie nach Anzeige eines Arbeitskampfes, wozu der betroffene AG verpflichtet, die Gewerkschaft berechtigt ist, eine Verm. nur vorzunehmen, wenn AG u. AN dies trotz entsp. Hinweises verlangen (§ 17 AFG). Der AG kann den Verm.-Auftrag mündl., fernmündl. o. schriftl. dem Arbeitsamt erteilen; er beschreibt dabei zweckmäßig genau den Arbeitsplatz. Das AA schlägt einen AN mittels Vermittlungskarte vor o. übersendet die Bewerbungsunterlagen. Der AG ist in der Einstellung der Bewerber frei. Aufgrund bloßer Zuweisung durch das AA ist er noch nicht verpflichtet, die → Vorstellungskosten zu tragen, jedoch zahlen diese u. U. die Arbeitsämter (§ 53 AFG i. V. m. FdA – AO i. d. F. v. 19. 5. 1989 (ANBA 997). Er hat jede Einstellung wie Entlassung von AN binnen zwei Wochen dem AA anzuzeigen; die Meldung erfolgt entweder nach den Vorschriften der DEVO oder der DUVO ($\rightarrow$ Arbeitspapiere). Auch unabhängig von der Arb. Vermittl. hat die BAnstArb AN u. AG auf Verlangen über die Lage auf dem Arbeitsmarkt, die Berufsentwicklung u. die Berufsausbildungsförderung zu beraten (Arbeitsberatung) (§ 15 AFG). $\rightarrow$ Job-Vermittlung. Als bes. Verm. Stellen sind insbes. Künstleragenturen beauftragt (Lipps NZA 89, 788).

Arbeitsvertrag. I. Der A. ist nach h. M. ein privatrechtlicher, schuldrechtlicher, gegenseitiger Austauschvertrag, durch den sich der AN zur Leistung abhängiger Arbeit u. der AG zur Zahlung einer $\rightarrow$ Arbeitsvergütung verpflichtet. Er enthält zahlreiche Nebenpflichten, die über die gegenseitigen Pflichten (Arbeit gegen Entgelt) hinausgehen. Hierzu gehören insbes. $\rightarrow$ Treue- u. $\rightarrow$ Fürsorgepflichten (Vertragstheorie). Wegen dieser Nebenpflichten wurde der A. häufig als personenrechtl. Vertrag gekennzeichnet. Das $\rightarrow$ *Arbeitsverhältnis* ist das auf dem A. beruhende Rechtsverhältnis; es ist inhaltlich weiter u. setzt einen gültigen A. voraus, anderenfalls von einem $\rightarrow$ faktischen Arbeitsverhältnis gesprochen wird. Nach einer weitgehend angeglichenen u. überholten Mindermeinung, der sog. Eingliederungstheorie, ist der A. ein gegenseitiger Austauschvertrag von Arbeit gegen Entgelt; das Arbeitsverhältnis entsteht mit der tatsächlichen Eingliederung des AN in den Betrieb u. erzeugt zu diesem Zeitpunkt ein personenrechtl. Gemeinschaftsverhältnis mit den sich daraus ergebenden $\rightarrow$ Treue- u. Fürsorgepflichten. Nach neuerer Auffassung im Schrifttum werden die sog. personenrechtl. Nebenpflichten immer mehr an die im allgem. Schuldrecht gegenseitiger Austauschverträge geltenden Obhuts-, Sorgfalts- u. Schutzpflichten angenähert. Bereits durch die Aufnahme von Vertragsverhandlungen entsteht ein vertragsähnliches Vertrauensverhältnis, bei dessen Verletzung Schadensersatzpflichten erwachsen ($\rightarrow$ Vorverhandlungen). Der A. wird nach den Regeln des BGB abgeschlossen. Auf seinen Abschluß besteht grundsätzlich kein Rechtsanspruch ($\rightarrow$ Radikale). Er unterliegt i. d. R. keinen *Formvorschriften*, kann also mündl. o. schriftl. o. durch stillschweigende Vereinbarung abgeschlossen werden. Einer gesetzlichen Schriftform bedarf er nur, wenn der $\rightarrow$ Angestellte der Krankenkassen u. Berufsgenossenschaften der $\rightarrow$ Dienstordnung unterstellt ist (§§ 354, 692 RVO) o. wenn ein $\rightarrow$ Wettbewerbsverbot mit $\rightarrow$ Handlungsgehilfen vereinbart werden soll (§ 74 I HGB). Die in den Gemeinde- u. Kreisordnungen vorgesehene Schriftform regelt die gesetzl. Vertretung; sie ist daher keine Formvorschrift (AP 7 zu § 125 BGB; AP 2 zu § 180 BGB = NJW 87, 1038; AP 24 zu § 626 BGB Ausschlußfrist = NZA 87, 635; BGH NJW 84, 606). Ein Vertrag über die $\rightarrow$ Berufsausbildung ist zwar formlos wirksam; der Ausbildende hat jedoch unverzüglich den wesentl. Inhalt des Vertrages schriftlich niederzulegen (§ 4 BBiG), anderenfalls der Vertrag mit erheblichen berufsrechtl. Mängeln behaftet ist. Formvorschriften können sich aus → Tarifverträgen o. → Betriebsvereinbarungen ergeben. Bei deren Außerachtlassung ist der A. idR. nichtig (§ 125 BGB; AP 2 zu § 4 TVG Formvorschriften). Bei → Arbeitern u. → Angestellten des → öffentl. Dienstes müssen *Nebenabreden* (irreguläre Abreden, so 3. Sen.), (außerhalb des Gegenseitigkeitsverhältnisses stehende, so 4. Sen. des BAG) (AP 7 zu § 4 BAT) schriftlich abgeschlossen werden, andernfalls sind sie nichtig; vgl. AP 1, 2, 5, 6, 7 zu § 4 BAT. Bei *einzelvertragl. vereinbarter Schriftform* (§ 127 BGB) ist jeweils durch Auslegung zu ermitteln, ob sie Voraussetzung eines gültigen A. o. lediglich Bestätigung des mündl. abgeschlossenen sein soll. Im letzteren Fall kommt der Vertragsurkunde nur Beweiswert zu. Die Berufung auf eine konstitutive gesetzliche o. tarifliche Formvorschrift kann arglistig sein (AP 2 zu § 125 BGB; DB 72, 1492). A. können *konkludent geändert* werden. Bietet der AG eine Vertragsänderung verbunden mit einer Änderungskündigung an, so kommt ein Änderungsvertrag zustande, wenn der dem KSchG unterliegende AN keine Kündigungsschutzklage erhebt. Bietet der AG nur einen verschlechternden A an, so ist zu unterscheiden: Arbeitet der AN widerspruchslos weiter und wirken sich die Änderungen sofort aus, ist ein A zu geänderten Bedingungen zustande gekommen. Anders ist es dagegen, wenn sich die Änderung erst in ferner Zukunft wie etwa bei → Ruhegeld auswirken (AP 4 zu § 305 BGB; AP 12 zu § 1 BetrAVG = DB 85, 2055; NZA 86, 64; AP 16 zu § 2 KSchG 1969 = DB 86, 2604). Dagegen ist grundsätzl. keine Vertragsänd. im Wege des → Direktionsrechts möglich (AP 1 zu § 5 TV Arb-Bundespost = NZA 89, 363). Haben die Vertragsparteien für künftige Vertragsänderungen die Schriftform vereinbart, so können sie von dieser Abrede im Wege gegenseitiger, und zwar auch formloser Vereinbarung wieder abgehen (AP 1 zu § 127 BGB). Bei schriftl. abgeschlossenen A. wird vermutet, daß der Vertragsinhalt vollständig niedergelegt ist; wer darüber hinausgehende Nebenabreden behauptet, hat sie zu beweisen. Der Inhalt des A. kann vorbehaltlich bestehender u. anzuwendender kollektivrechtlicher Vereinbarungen frei vereinbart werden. Jedoch unterliegen Formular-A. ebenso wie allgemeine Geschäftsbedingungen der gerichtl. Inhaltskontrolle (AP 161 zu § 242 BGB Ruhegehalt). → Arbeitsrecht. *Verweist* ein A. außerhalb des → öffentl. Dienstes pauschal auf die Vorschriften des BAT, so begründet das keinen Anspruch auf → Beihilfe, wenn solche Sozialleistungen beim AG nicht üblich sind (AP 2 zu § 40 BAT). Anders kann es bei → Ruhegeld sein (AP 16 zu § 1 Betr-

AVG Zusatzversorgungskassen). Der Abschluß des Arbeitsvertrages kann die Voraussetzung für die *Übertragung besonderer,* auch öffentl. rechtl. *Befugnisse* sein (z. B. Prokura, Erteilung von Sicherheitszeugnissen, Polizeigewalt). Wird die übertragene Befugnis rechtswirksam widerrufen, kann dies eine → Änderungskündigung rechtfertigen (AP 2 zu § 611 BGB Arbeitsleistung).

II. Der A. unterscheidet sich vom *Dienstvertrag* (§ 611 BGB) durch die persönl. Abhängigkeit (→ Direktionsrecht) des → Arbeitnehmers. Diese dokumentiert sich durch *(1)* die Übernahme fremdgeplanter, fremdbestimmter u. von fremder Risikobereitschaft getragener Arbeit *(sachliches Abgrenzungsmerkmal), (2)* die Eingliederung in einen fremden Produktionsbereich *(arbeitsorganisatorisches Abhängigkeitsmoment).* Der Arbeitseinsatz in fremdem Interesse nimmt dem AN die Möglichkeit zur eigenen Daseinsvorsorge. Indizien für die arbeitsorganisatorische Abhängigkeit sind persönliche und fachliche Weisungsgebundenheit, zeitliche u. örtliche Bindung, ausgeübte Arbeitskontrolle, eingeplante Dienstbereitschaft, erforderliche Zusammenarbeit mit anderen AN, Verzicht, Inhalt u. Ziel der eigenen Tätigkeit zu bestimmen, Zwangslage, einzelne Aufträge nicht ablehnen zu können (Rspr. AP zu § 611 BGB Abhängigkeit, insbesondere AP 25). Sprechen nach der Vertragsausgestaltung sowohl gewichtige Gründe für einen A. wie für einen freien Mitarbeitervertrag, so entscheidet der Parteiwille (AP 21 zu § 611 BGB Abhängigkeit). Die Vereinbarung eines freien Mitarbeiterverhältnisses darf jedoch nicht rechtsmißbräuchlich sein (AP 12 a. a. O.). Der A. unterscheidet sich vom *Werkvertrag* (§ 631 BGB), aufgrund dessen ein bestimmtes Werk, nicht dagegen Arbeitsleistung geschuldet wird; vom *Gesellschaftsvertrag* (§ 705 BGB), der gemeinschaftliche, gleichrangige u. gleichgerichtete Leistungspflichten begründet (AP 14 zu § 528 ZPO); vom *Zwangs-* u. *Fürsorgeverhältnis* durch die für Strafgefangene, Fürsorgezöglinge usw. bestehende Zwangsarbeitsverpflichtung (AP 18 zu § 5 ArbGG); von *familienrechtl. Verhältnissen* (§§ 1356, 1619 BGB), die aufgrund Ehe o. Kindschaftsbeziehungen Mitarbeitspflichten erzeugen (→ Familienmitarbeit). Weist das Rechtsverhältnis Elemente verschiedener Vertragstypen auf, z. B. Arbeitsvertrag, Miete, → Darlehen, so ist bei der Beurteilung des konkreten Streits auf die Normen des einschlägigen Vertragselementes zurückzugreifen (Kombinationsgrundsatz); eine Ausnahme gilt dann, wenn das gesamte Verhältnis beendet werden soll. Dann geben die Vertragselemente den Ausschlag, die die Auflösung des ganzen Verhältnisses sinnvoll ermöglichen (Absorptionsgrundsatz) (AP 1, 6, 10 zu § 611 BGB Gemischter Vertrag; AP 41 zu § 1 TVG Tarifverträge: Bau). Wird ein → Angestellter zum Geschäftsführer einer GmbH bestellt, ohne daß sich an den Vertragsbedingungen im übrigen etwas ändert, so ist i. Zw. anzunehmen, daß das bisherige Arbeitsverhältnis nur suspendiert und nicht beendet wird. Wird die Bestellung später widerrufen o. dann gekündigt, kann der AN → Kündigungsschutzklage erheben (AP 3 zu § 5 ArbGG 1979 = NZA 86, 792; AP 6 zu § 5 ArbGG 1979 = NZA 87, 845).

III. Die Gründe, welche die Nichtigkeit o. Anfechtbarkeit eines Vertrages nach allgem. Vorschriften zur Folge haben, gelten auch für den A. Für Nichtigkeit (§§ 105, 107, 134 BGB) u. Anfechtbarkeit des A. gelten jedoch mit Rücksicht auf die Interessen des AN einige Besonderheiten. Ist der A. nichtig o. rechtswirksam angefochten (§ 142 BGB) u. in diesen Fällen noch *nicht in Vollzug* gesetzt, also i. S. der Eingliederungstheorie noch kein Arbeitsverhältnis entstanden, so bestehen für AN u. AG keinerlei Bindungen. Jeder Vertragsteil kann sich auf die Nichtigkeit berufen. Hat der AN bereits *die Arbeit angetreten,* kann die Nichtigkeit o. Anfechtung des A. nicht mehr rückwirkend geltend gemacht werden. Für die Vergangenheit ist vielmehr ein solches → „faktisches Arbeitsverhältnis" grundsätzl. wie ein fehlerfrei zustandegekommenes zu behandeln (AP 2 zu § 125 BGB, AP 32 zu § 63 HGB, AP 18 zu § 611 BGB Faktisches Arbeitsverhältnis); es sei denn, daß es wieder außer Vollzug gesetzt worden ist (AP 24, 27 zu § 123 BGB) o. dem A. besonders schwere Mängel anhaften wie Sittenwidrigkeit (§ 138 BGB; dazu AP 34 zu § 138 BGB) o. Verstoß gegen Strafgesetze. Der AN hat mithin grundsätzl. Anspruch auf den vereinbarten o. bei → Tarifbindung den tarifl. Lohn. Beide Teile sind zur gegenseitigen Treue u. Fürsorge verpflichtet; der AG hat ggf. sogar → Krankenvergütung (AP 32 zu § 63 HGB) u. den Mutterschaftslohn zu zahlen (AP 2 zu § 12 MSchG). Vorschriften des → Arbeitsschutzes u. betriebsverfassungsrechtl. Normen finden Anwendung. Für die Zukunft können sich jedoch die Vertragspartner *ohne* → Kündigung von dem Arbeitsverhältnis lösen. Ist nur ein Teil des A. nichtig (§ 139 BGB), so wird i. d. R. ein Verstoß gegen Arbeitsschutzvorschriften vorliegen u. daher anzunehmen sein, daß im Interesse des AN die Parteien den Vertrag auch ohne den nichtigen Teil abgeschlossen hätten (RGZ 146, 118; AP 1 zu § 620 BGB Befristeter Arbeitsvertrag; DB 75, 1274, 1417). Anstelle des ungültigen Teils des A. treten alsdann die gesetzlichen, tariflichen o. üblichen Bedingungen, z. B. anstelle der verbotenen Mehrarbeit die gesetzl. Arbeitszeit. Die für gegenseitige Verträge geltenden Vorschriften der §§ 320 ff. BGB sind auf den A. unanwendbar, soweit sie mit dem Wesen des Arbeitsverhältnisses kollidieren; z. B. ist das Rücktrittsrecht nach §§ 325, 326 BGB durch die ao. → Kündigung (§ 626 BGB) ersetzt. Lit.: Papier RdA 89, 137; Richardi ZfA 88, 221; Zöllner RdA 89, 152.

Arbeitsvertragsbruch i. w. S. ist jede schuldhafte Verletzung der beiderseitigen ArbVertrPflichten, i. e. S. das schuldhafte Nichtantreten der Arbeitsstelle u. die vorzeitige Beendigung des Arbeitsverhältnisses. Das Arbeitsverhältnis kann bereits vor vertraglicher Arbeitsaufnahme gekündigt werden; wann die Kündigungsfrist zu laufen beginnt, ist durch Auslegung des → Arbeitsvertrages zu ermitteln (AP 2, 3 zu § 620 BGB). Im Falle des A. erwachsen dem AG neben dem Erfüllungsanspruch *Weigerungs-, Gestaltungs- Ersatzansprüche* u. eine Reihe von *prozessualen Rechten.*

1. *WeigerungsR:* Der AG kann nach § 320 BGB die Einrede des nicht erfüllten Vertr. erheben, d. h., er braucht für die Zeit der Nichtleistung der Dienste kein Entgelt zu zahlen. Kündigt der AN an, er werde mit einem bestimmten Zeitpunkt seine Dienste überhaupt einstellen, u. fehlt er an diesem Tage aufgrund ärztl. attestierter Arbeitsunfähigkeit, so hat er nicht schlechthin Anspr. auf → Krankenvergütung (§§ 616 BGB, 63 HGB, 133 c GewO, 1 LohnFG); denn es besteht ein → Anscheinsbeweis dafür, daß er nicht aufgrund Erkrankung, sondern aufgrund seines Beendigungswillens fehlt. Grundsätzl. muß der AG auch bei A. die → Arbeitspapiere herausgeben. Der AG hat nicht die Befugnis, die Zahlung der → Urlaubsabgeltung abzulehnen (§ 13 BUrlG; so AP 4 zu § 13 BUrlG Unabdingbarkeit).

2. *GestaltungsR:* Da der ArbVertr. durch den vorzeitigen Austritt des AN nicht automatisch beendet wird, kann der AG das Arbeitsverh. durch ao. → Kündigung beenden (§ 626 BGB) u. Schadensersatz begehren (§ 628 BGB). Diese müssen innerhalb der Frist des § 626 II BGB erhoben werden (AP 11 zu § 628 BGB = NZA 90, 106). Im Wege der Auslegung kann in der Erhebung von Schadensersatzansprüchen eine ao. Kündigung gesehen werden; dagegen nicht in der Abmeldung des AN in der Sozialversicherung, da diese dem AN nicht zugeht.

3. *Ersatzanspr.: (1)* In § 124b GewO war für bestimmte Gruppen gewerblicher AN ein pauschalierter Schadensersatz vorgesehen. Dieser ist verfassungswidrig (AP 2–4 zu § 124b GewO = NJW 85, 343 = NZA 84, 228). *(2)* Mit gewerbl. AN, die in Betr. mit mind. 20 AN beschäftigt werden, kann die Verwirkung des rückständigen Lohnes bis zur Höhe eines durchschnittl. Wochenverdienstes vereinbart werden, wenn sie das Arbeitsverh. rechtswidrig auflösen (§ 134 GewO; dazu AP 1 zu § 4 TVG Vertragsstrafe). Im letzteren Falle kann der Lohn ohne Rücksicht auf Pfändungsfreigrenzen einbehalten werden. *(3)* Mit allen Arten von AN kann vereinbart werden, daß sie für den Fall der Nichterfüllung, der nicht rechtzeitigen Erfüllung o. einer sonstigen Zuwiderhandlung gegen eine Vertragspflicht eine

Arbeitsverweigerung

→ *Vertragsstrafe* zu zahlen haben (§§ 339, 342 BGB). Das BAG hat darin bislang keine Umgehung von § 888 II ZPO gesehen (AP 9 zu § 339 BGB = NJW 85, 91 = NZA 84, 255). Tarifliche → Verfallfristen laufen für den Vertragsstrafenanspruch i. d. R. erst dann, wenn dieser sowohl erfüllbar wie fällig ist (AP 1 zu § 340 BGB). *(4)* Haben die Parteien für den Fall des A. Sondervereinbarungen nicht getroffen, kann der AG nur wegen positiver Vertragsverletzung Schadensersatz verlangen. Er hat in diesen Fällen seinen Schaden nachzuweisen. Inseratskosten für die Anwerbung eines anderen AN kann der AG nur verlangen, wenn diese sonst bei ordnungsgemäßer Einhaltung der arbeitsvertraglichen Kündigungsfrist vermeidbar gewesen wären (AP 7 zu § 276 BGB Vertragsbruch; AP 8 = NJW 84, 2846 = NZA 84, 122). Im übrigen ist der AN zum Ersatz von Mehraufwendungen in Form von Überstundenvergütungen an andere AN o. eigener Mehrarbeit (AP 7 zu § 249 BGB; Weimar NJW 89, 3246), entgangenem Gewinn (DB 72, 1299) usw. verpflichtet. Lit.: Berger-Delhey DB 89, 2171, Bengelsdorf DB 89, 2390; Kraft NZA 89, 777; Popp NZA 88, 455.

4. *Erfüllungsanspr.:* Der AG kann → Klage auf Erfüllung des Arbeitsverhältnisses erheben. Ein Urteil ist jedoch nicht vollstreckbar; bei unvertretbaren Leistungen folgt das Vollstreckungsverbot aus § 888 II ZPO, bei vertretbaren aus der Höchstpersönlichkeit (§ 613 BGB). Mit dem Antrag auf Verurteilung zur Dienstleistung kann ein Antrag auf Entschädigungsleistung nach § 61 II ArbGG (AP 67 zu § 1 TVG Tarifverträge: Bau) verbunden werden. Der AG hat in diesen Fällen darzulegen, wie hoch sein Schaden ist, so daß das Gericht nach § 287 ZPO die Schadenshöhe schätzen kann. Umstr. ist, ob der AN im Wege der → einstweiligen Verfügung zur Wiederaufnahme der Arbeit angehalten u. ob im Rahmen der einstw. Vfg. eine Verurteilung gemäß § 61 II ArbGG ausgesprochen werden kann; überwiegend verneint wird der Anspruch des AG gegen den AN, anderweitige Dienstleistungen zu unterlassen; es sei denn, daß ein besond. → Wettbewerbsverbot besteht *(DB 72, 1074).*

Arbeitsverweigerung ist die rechtswidrige Ablehnung einer übertragenen Arbeit; sie wird nach → Abmahnung die ordentliche, in schweren Fällen auch die ao. → Kündigung rechtfertigen. Die bloße Ankündigung einer A. rechtfertigt im allgemeinen die ao. Kündigung noch nicht, es sei denn, daß der AN keinerlei Verhandlungsbereitschaft mehr zeigt u. dem AG schwere Schäden drohen.

Arbeitszeit ist die Zeitspanne, während der ein AN – auch wenn er nicht arbeitet – seine Arbeitskraft dem AG zur Verfügung stellen muß; es ist die Zeit vom Beginn bis zum Ende der Arbeit ohne Ruhepausen (§ 2 I AZO).

I. Grundsätzl. beginnt u. endet die AZ mit Betreten u. Verlassen des Betriebes (Betätigen der Stechuhr). Kraft → kollektivrechtl. Vereinbarung o. → Betriebsübung bestimmt sich, ob der Weg auf dem Betriebsgelände (AP 12 zu § 15 BAT = NZA 89, 139; v. 18. 1. 90 – 6 AZR 386/89 –), das Umkleiden vor o. nach der Arbeit zur AZ zu zählen ist. Im Bergbau gilt als AZ die Schichtzeit vom Beginn der Seilfahrt bei der Einfahrt bis zum Wiederbeginn bei der Ausfahrt o. Eintritt des AN in das Stollenmundloch bis zu seinem Wiederaustritt (§ 2 II AZO). Vgl. Behder ZTR 88, 171. Zur AZ zählt *(1) Arbeitsbereitschaft.* Sie ist wache Achtsamkeit im Zustand der Entspannung (AP 8 zu § 7 AZO; AP 2 zu § 35 BAT). Es handelt sich um ein körperl. u. zugleich geistiges Bereitsein des AN zum unverzügl. Eingreifen in den Arbeitsprozeß, bei dem der Wechsel zwischen vollem Arbeitseinsatz u. bloßer Bereitschaft nicht festgelegt ist. *(2) Bereitschaftsdienst* (AP 1 zu § 18 MTL II), der je nach Tarifvertrag zumeist vergütungsmäßig der AZ gleichsteht (AP 12 zu § 17 BAT); er liegt vor, wenn der AN sich an einer vom AG bestimmten Stelle innerhalb o. außerhalb des Betr. aufzuhalten hat, um, sobald es notwendig ist, seine Arbeit aufzunehmen, ohne sich im Zustand wacher Achtsamkeit zu befinden. Arbeitet der AN während des Bereitschaftsdienstes u. muß aus diesem Grund danach die Arbeit aus arbeitszeitrechtl. Gründen ausfallen (AP 6 zu § 15 BAT; AP 7 zu § 15 BAT = DB 87, 995), so kann mangels näherer Bestimmungen auch der Lohnanspruch entfallen (AP 10 zu § 12 AZO). Zum Freizeitausgleich: AP 1 zu § 2 BAT SR 2b = DÖD 87, 183. *(3) Rufbereitschaft* ist die Verpflichtung des AN, sich an einem selbst bestimmten, aber dem AG anzugebenden Ort auf Abruf zur Arbeit bereitzuhalten (AP 1 zu § 30 MTB II = BB 87, 478). *(4) Wegezeit* ist die Zeit, die der AN benötigt, um zur Arbeit zu gelangen. Zeit, die der AN für An- u. Abfahrt zum Betr. benötigt, ist i. d. R. keine AZ, wohl aber die Zeit, die er darauf verwendet, zu einem außerhalb des Betr. gelegenen Arbeitsplatz zu gelangen (AP 1 zu § 611 BGB Wegezeit). *(5) Dienstreisezeit* ist die Zeit, die der AN benötigt, um den Leistungsort außerhalb der Gemeindegrenzen des Betriebssitzes zu erreichen. In Ermangelung vertraglicher o. kollektivvertraglicher Regelungen sind während der AZ zurückgelegte Wege voll vergütungspflichtig; außerhalb der üblichen AZ zurückgelegte Dienstreisezeiten sind vergütungspflichtig, wenn sie für den AN besondere Belastungen mit sich bringen (v. 20. 9. 89 – 4 AZR 282/89 – DB 90,

331). *(6) Nacht-AZ* ist i. d. R. die Zeit zwischen 20 Uhr u. 6 Uhr. *(7) Mehr-AZ* ist die Zeit über die gesetzl. zulässige regelmäßige AZ hinaus. *(8) Über-AZ* ist die Zeit über die übliche AZ hinaus (AP 5 zu § 7 AZO). *(9)* Eine → *gleitende AZ* ist gegeben, wenn der AN innerhalb bestimmter täglicher Gleitspannen die Arbeit beginnen u. beenden darf, sofern es nur im Rahmen eines bestimmten Ausgleichszeitraumes auf die betriebliche AZ kommt. *(10) Ruhepausen* sind die im voraus festgelegten Zeiten der AZ-Unterbrechung. Nicht zu ihnen gehören die sog. *Kurzpausen,* die der AN namentl. in teil- o. vollmechanisierten Betr. nach freiem Ermessen machen kann. Sie zählen zur vergütungspflichtigen AZ, wie auch die BetrPausen, das sind Unterbrechungen der Arbeit aus techn. Gründen. Zur → flexiblen Arbeitszeit.

II. Das *AZ-Recht* gliedert sich in die öffentl.-rechtl., kollektivrechtl. u. privatrechtl. AZ-Regelung. Eine gesetzliche Neuregelung des Arbeitszeitrechts ist geplant.

1. *Öffentl.-rechtl. AZ-Normen* legen nur die Höchstgrenzen der zulässigen AZ fest. Sie sind namentl. enthalten in AZO, GewO, JArbSchG, MSchG, LadSchlG, G über die AZ in Bäckereien u. Konditoreien, zul. geänd. am 14. 7. 1976 (BGBl. I 1801), sowie in zahlreichen VOen (die wichtigsten → dtv-Arbeitsgesetze zu § 9 AZO). Bei schuldhafter Überschreitung der öffentl.-rechtl. AZ-Schutzvorschriften macht der AG sich strafbar u. dem AN schadensersatzpflichtig (§§ 276, 823 II i. V. m. Schutznorm). Eine Vereinbarung, die zulässige AZ zu überschreiten, ist nichtig (§ 134 BGB). Ist der AN bei mehreren AG beschäftigt, darf die Gesamtdauer seiner Beschäftigung die zulässige gesetzl. AZ nicht überschreiten, anderenfalls Nichtigkeit eines → Arbeitsvertrages eintreten kann (AP 2 zu § 1 AZO). Verpflichtet sich der AN, Mehrarbeitsstunden zu leisten, kann er jederzeit seine Zustimmung ohne Gefahr einer ao. → Kündigung widerrufen, es sei denn, daß die Voraussetzungen der §§ 5 ff. AZO vorliegen. Aber auch verbotene Mehrarbeit ist vom AG zu vergüten (AP 2 zu § 2 TOA).

2. *Tarifvertragl. Bestimmungen* über die AZ können einmal die zulässige gesetzl. AZ von 8 auf 10 Std. tägl. heraufsetzen (§ 7 AZO), u. zwar ohne Rücksicht auf die → Tarifbindung der Parteien. Abgelaufene TV entfalten Nachwirkung. Sie können aber auch die zulässige gesetzl. AZ verkürzen. Insoweit gelten die Tarifnormen nur für die der → Tarifbindung unterliegenden ArbVertr-Parteien. Im Zw. ist davon auszugehen, daß mit einer tarifl. AZ-Regelung, durch die die Höchstgrenze (§ 3 AZO) verändert wird, für die der Tarifbindung unterliegenden AN auch eine Verpflichtung begründet werden soll, während der zulässigen AZ Arbeit zu leisten. I. d. R. sind die Tarif-

normen daher positiv gestaltet: Die AZ beträgt x Stunden. Im Rahmen der Arbeitszeitverkürzung ist die Streitfrage erwachsen, ob AN freiwillig auch länger arbeiten dürfen. Im allgemeinen wird man dies bejahen müssen; das → Günstigkeitsprinzip steht nicht entgegen (Löwisch DB 89, 1185; Däubler DB 89, 2534; Zöllner DB 89, 2121). → Betriebsvereinbarungen befassen sich mit der zeitl. Lage sowie Beginn u. Ende der AZ (§ 87 I Nr. 2, 3 BetrVG). Insoweit hat der → Betriebsrat ein erzwingbares Mitbestimmungsrecht (→ Betriebsratsaufgaben, → Flexible Arbeitszeit).

3. *Einzelvertragl. Abreden* über den zeitl. Umfang der Arbeitspflicht sind selten. Fehlen → kollektivrechtl. Vereinbarungen u. ist mit den einzelnen AN ausdrücklich nichts vereinbart, so muß der Umfang der Arbeitspflicht durch Auslegung des ArbVertr. unter Hinzuziehung der allgem. Auslegungsregeln (§§ 133, 157 BGB) u. der → Betriebsübung bestimmt werden. I. Zw. gilt die betriebl. Arbeitszeit als stillschweigend vereinbart. Da im → öffentlichen Dienst für die AZ der AN auf diejenige der → Beamten verwiesen wird, kann der AG diese häufig einseitig ändern (AP 11 zu § 15 BAT = NJW 89, 1564).

III. Die *regelmäßige, werktägl.* AZ darf kraft öffentl.-rechtl. Beschränkung für alle über 18 Jahre alten AN (ausgenommen der in § 1 II AZO genannte Personenkreis, z. B. Generalbevollmächtigte, leitende Angestellte, Apotheker) in allen Wirtschaftsbereichen (ausgenommen die in § 1 I AZO genannten, z. B. Landwirtschaft usw., Fischerei, See- u. Luftschiffahrt) die Dauer von 8 Std. nicht überschreiten (§ 3 I AZO). Dies gilt auch für Kraft- u. Beifahrer für den reinen Dienst am Steuer, jedoch darf die Arbeitsschicht (AZ u. Ruhepausen) bis auf 12 Std. ausgedehnt werden (50 AusfVO-AZO). Vgl. → Kraftfahrer. Arbeiterinnen dürfen nicht von 20 Uhr bis 6 Uhr u. vor Sonn- u. Feiertagen nicht nach 17 Uhr beschäftigt werden (→ Frauenarbeitsschutz). Ausnahmen für mehrschichtige Betriebe (§ 19 AZO). Für Jugendl. ist grundsätzl. Nachtarbeit verboten (§ 14 JArbSchG). Vor Berufsschultagen ist die Arbeit früher zu beenden (§ 14 JArbSchG; → Jugendarbeitsschutz). In Bäckereien u. Konditoreien besteht zwischen 22 u. 4 Uhr Nachtbackverbot. Dies wird auch dann nicht durchbrochen, wenn Fluggäste mit frischen Brötchen versorgt werden sollen *(OVG BB 83, 771)*. Die tägl. AZ der Jugendl. darf 8 Std., die Wochenarbeitszeit 40 Std. nicht übersteigen (§ 8 JArbSchG). Offene Verkaufsstellen (§ 1 LadSchlG) müssen geschlossen sein an Sonn- u. Feiertagen, montags bis freitags bis 7, in Verkaufsstellen für Bäckerwaren bis 6.30 u. ab 18.30 Uhr, sonnabends bis 7 (Bäckerwaren 6.30) u. ab 14 Uhr, jedoch am 1. Sonnabend im Monat o., wenn dieser Tag auf einen Feiertag fällt, am zweiten Sonnabend sowie an den vier aufeinanderfolgenden Sonnabenden vor dem 24. 12. ab 18 Uhr, am 24. 12. ab 14 Uhr, sofern Werktag (§ 3 LadSchlG). Abweichend von diesen Zeiten dürfen Verkaufsstellen donnerstags bis 20.30 Uhr geöffnet sein, wenn dadurch die zulässige Gesamtöffnungszeit nicht überschritten wird (§ 3 II LadSchlG). Ausnahmen hiervon bestehen für Apotheken (§ 4 LadSchlG), Zeitungs- u. Zeitschriftenkioske (Geschäftszeit: werktags 6–19 Uhr, sonn- u. feiertags 11–13 Uhr; § 5 LadSchlG) Tankstellen (ganztägige Öffnungszeit, § 6 LadSchlG); Verkaufsstellen auf Personenbahnhöfen (ganztägige Geschäftszeit, ausgenommen 24. 12.; § 8 LadSchlG); Flughäfen (§ 9 LadSchlG); Geschäfte in Kuru. Erholungsorten (§ 10 LadSchlG); ländl. Gemeinden (§ 11 LadSchlG) u. bei Verkauf bestimmter Waren (Milch, Konditorwaren; § 12 LadSchlG).

Die Sonn- u. Feiertagsruhe ist in der BRD gesetzl. geschützt (§§ 105 b–105 i GewO). Ausnahmen hiervon bestehen nach §§ 105 c, d GewO, 28 AZO zur Verhütung des Verderbens von Rohstoffen o. der Zerstörung von Produktionseinrichtungen. Lit.: Hintner CR 88, 484; Mattner NJW 88, 2207; NZA 88, 528; Schoenaich-Carolath RdA 88, 290; Zmarzlik RdA 88, 257.

IV. Nach *Beendigung der AZ* muß über 18 J. alten AN eine ununterbrochene *Ruhezeit* von mind. 11 Std., Jugendl. von mind. 12 Std. gewährt werden (§§ 12 AZO, 13 JArbSchG). Für Erwachsene darf die Ruhezeit in Gast- u. Schankwirtschaften, im Verkehrsgewerbe u. im Verkehrswesen auf 10 Std. verkürzt werden. Das Gewerbeaufsichtsamt kann bei Nachweis eines dringenden Bedürfnisses weitergehende Ausnahmen zulassen (§ 12 I AZO). Männl. AN ist bei einer AZ von mehr als 6 Std. mind. eine ½ Std. *Ruhepause* o. zweimal eine ¼ Std. Ruhepause zu gewähren (§ 12 II AZO); weibl. AN ist bei einer AZ von mehr als 4½–6 Std. mind. 20 Min., von 6–8 Std. ½ Std., bei 8–9 Std. ¾ Std. u. bei mehr als 9 Std. 1 Std. Ruhepause einzuräumen. Bei einer AZ von 8–8½ Std. darf die Ruhepause auf ½ Std. verkürzt werden, wenn die Verlängerung der AZ auf über 8 Std. dazu dient, durch andere Verteilung der AZ einen Frühschluß vor Sonn- u. Feiertagen herbeizuführen (§ 18 AZO). Jugendl. haben bei einer Beschäftigung von 4½–6 Std. AZ Anspruch auf 30 Min., bei mehr als 6 Std. auf 1 Std. Ruhepause (§ 11 JArbSchG). Für den Aufenthalt während der Ruhezeiten sind nach Möglichkeit besondere Räume zur Verfügung zu stellen (§§ 12, 18 AZO; 11 JArbSchG).

V. Die *regelmäßige werktägl. Arbeitszeit* von 8 Std. darf auf 10 Std. *erhöht* werden (§ 11 AZO), wenn

1. an einzelnen Werktagen regelmäßig verkürzt gearbeitet wird. Die ausfallende AZ kann auf die übrigen Werktage derselben sowie

der vorhergehenden o. nachfolgenden Woche verteilt werden (§ 4 I
AZO; vgl. AP 4 zu § 87 BetrVG 1972 Arbeitszeit). Insoweit ist
zumindest für männl. AN die Einführung der *4-Tage-Woche* möglich;

2. die Art des Betr. eine ungleichmäßige Verteilung der AZ erfordert; das Gewerbeaufsichtsamt entscheidet mit bindender Wirkung
auch für das Arbeitsgericht, ob ein derartiger Betr. vorliegt (§ 4
AZO). Hierfür kommen vor allem die von äußeren Einflüssen abhängigen Betriebsarten in Betracht (Ausflugsgaststätten). Die ausfallende AZ kann wie zu 1. verteilt werden;

3. durch Betriebsfeiern, Volksfeste, öffentl. Veranstaltungen o.
aus ähnl. Anlaß AZ ausfällt, o. wenn i. Verb. m. → Feiertagen die
AZ an Werktagen ausfällt, um dem AN eine längere zusammenhängende Freizeit zu gewähren. Die ausfallende AZ kann auf die Werktage von fünf zusammenhängenden, die Ausfalltage einschließenden
Wochen verteilt werden (§ 4 II AZO). Wird die AZ vor- o. nachgeholt u. ist der AN während der herausgeholten Zeit arbeitsunfähig
krank, so erlangt er keinen zusätzl. Vergütungsanspruch;

4. der AN schuldhaft die AZ versäumt hat. Der AG kann in einem
solchen Fall die verbummelte AZ gegen die vorher o. später geleistete → Mehrarbeit im Rahmen von 5 Wochen verrechnen (AP 1 zu § 4
AZO);

5. Vor- u. Abschlußarbeiten gemacht werden müssen (§ 5 AZO).
Für weibl. AN dürfen diese jedoch tägl. eine Std. nicht überschreiten
(§ 17 I AZO). Vor- u. Abschlußarbeiten sind solche zur Reinigung
u. Instandhaltung des Betr., sofern sie sich nicht während der AZ
ausführen lassen, sowie Arbeiten, von denen die Wiederaufnahme o.
Aufrechterhaltung des vollen Betr. arbeitstechn. abhängt (§ 5 AZO).

6. der AG Mehrarbeit anordnet. Dies ist jedoch nur an 30 Tagen,
in Bäckereien an 20 Tagen im Jahr zulässig (§ 6 AZO; § 10 Bäck-
AZG); regelmäßige Arbeitszeit i. S. von § 6 AZO ist die gesetzlich
zulässige Arbeitszeit des § 3 AZO bzw. die anderweitig verteilte des
§ 4 I AZO. Es wird daher kein Tag der in § 6 AZO zugelassenen 30
Mehrarbeitstage im Jahr verbraucht, solange sich die betriebliche
Arbeitszeit beim Überschreiten der tariflichen Arbeitszeit noch in
den Grenzen der §§ 3, 4 AZO hält (AP 4 zu § 87 BetrVG 1972
Arbeitszeit = NJW 82, 1116);

7. das Gewerbeaufsichtsamt bei Nachweis eines dringenden Bedürfnisses eine andere AZ zugelassen hat;

8. durch Tarifvertrag eine AZ-Verlängerung vorgenommen worden ist (§ 7 AZO).

VI. Bei *mehrschichtigen Betrieben,* die an Sonn- u. Feiertagen fortlaufend arbeiten, dürfen männl. AN innerhalb eines Zeitraumes von 3 Wochen einmal zu einer Schicht von 16 Std. Dauer herangezogen werden, um einen Schichtwechsel zu ermöglichen, sofern ihnen in diesen 3 Wochen zweimal eine ununterbrochene Ruhezeit von je 24 Std. gewährt wird (§ 10 AZO). Die AZ-Beschränkungen gelten nicht bei vorübergehenden Arbeiten in Notfällen u. in außergewöhnl. Fällen, die unabhängig vom Willen des AG eintreten u. deren Folgen nicht auf andere Weise zu beseitigen sind, insbes. bei drohendem Verderb von Lebensmitteln u. dgl. (§ 14 AZO). Hierzu zählen jedoch keine dringenden Aufträge. Dasselbe gilt, wenn nur eine verhältnismäßig *geringe Zahl von AN* beschäftigt wird u. Arbeiten erledigt werden müssen, deren Nichterledigung das Ergebnis der Arbeit gefährden o. einen unverhältnismäßigen wirtschaftl. Schaden zur Folge haben würde (§ 14 II AZO). Die Vergütung von Pausen ist regelmäßig tariflich geregelt (AP 59 zu § 1 TVG Tarifverträge: Metallindustrie = DB 88, 449).

Armenrecht. → Beratungshilfe, → Prozeßkostenhilfe, → Rechtsanwalt.

Arrest u. einstweilige Verfügung sind Eilverfahren zur Sicherung, in Ausnahmefällen auch zur vorläufigen Befriedigung von Ansprüchen. Der Arrest findet zur Sicherung der Zwangsvollstreckung in das bewegliche o. unbewegliche Vermögen wegen einer Geldforderung o. wegen eines Anspruchs statt, der in eine Geldforderung übergehen kann (§ 916 ZPO). Die einstw. Vfg. kommt in zwei Formen vor, nämlich als Sicherungsmittel sonstiger, nicht auf Geld gerichteter Ansprüche (§ 935 ZPO) o. als Sicherungsmittel eines bestehenden Zustandes. Insoweit kann die einstw. Vfg. auch auf die Befriedigung einer Geldforderung gehen. A. u. einstw. Vfg. setzen voraus einen A.-(o. Vfg.-)*Anspruch,* einen A.- (o. Vfg.-) *Grund* u. seine *Glaubhaftmachung.* A.- o. Vfg.-Grund sind die besond. Umstände, die die Einleitung des Eilverfahrens, das notwendig eine Einschränkung der Rechte des Gegners bedingt, rechtfertigt. Lit.: Schaub, Meine Rechte u. Pflichten im Arbeitsgerichtsverfahren, 4. Aufl., 1985, §§ 41 ff. Vor allem vor → Arbeitskämpfen erwirken die Tarifvertragsparteien vielfach einstweilige Vfg. Zur Wahrung der Rechte des Vfg-Gegners haben sich Schutzschriften herausgebildet, in denen dieser vorsorglich schon zu Anträgen Stellung nimmt. Ob dem Gegner darin bereits Einsicht zu gewähren ist, ist umstr. (Marly BB 89, 770).

Arzt und Arbeitsverhältnis. 1. Der Medizinstudent erlangt auf Antrag nach Ablegung der medizinischen Staatsprüfung die Approbation als Arzt (§ 3 BÄrzteO i. d. F. v. 16. 4. 1987 (BGBl. I 1248) zul geänd. 20. 12. 1988 (BGBl I 2477). i. V. m. ApprobationsO i. d. F. v. 14. 7. 1987 (BGBl I 1593) zul. geänd. 20. 12. 1988 (BGBl I 2477). Die Approbation setzt neben deutscher Staatsangehörigkeit persönliche und charakterliche Zuverlässigkeit, ein medizinisches Studium von sechs Jahren, von denen acht bis zwölf Monate auf eine praktische, nicht vergütete (AP 1 zu § 19 BBiG = NJW 81, 2534) Ausbildung in einer Krankenanstalt entfallen müssen, zweijährige Tätigkeit als Arzt im Praktikum (Berger ZTR 88, 441; Hammerschlag ZTR 90, 104) und den erfolgreichen Abschluß der Prüfung voraus. Ausnahmsweise kann die ärztl. Tätigkeit auch aufgrund Erlaubnis ausgeübt werden.

2. Zumeist wird der A. nach der Appr. unter Anleitung u. Aufsicht im Krankenhaus als Assistenz-Arzt tätig. Für die → Arbeitsverträge mit öffentl-rechtl. Krankenhausträgern findet i. d. R. der BAT mit der Sonderregelung SR 2c BAT Anwendung. Arbeitsverträge mit freigemeinnützigen Krankenhausträgern verweisen zumeist auf Richtlinien der Spitzenverbände der freien Wohlfahrtspflege (Arbeitsvertragsrichtlinien des Deutschen Caritasverbandes bzw. des Diakonischen Werkes der Evangel. Kirche in Deutschland). Diese Richtl. sind keine Tarifverträge u. gelten nur kraft vertragl. Vereinbarung. Für das ärztl. Personal gilt nicht die AZO (AP 6 zu § 17 BAT). Die Arbeitszeit, insb. der Bereitschaftsdienst ist jedoch in der SR 2c geregelt (vgl. dazu AP 6, 7 zu § 17 BAT). Die AssistenzÄ sind wegen der ärztl. Versorgung der Patienten weisungsgebunden.

3. Die Letztverantwortung trägt der *leitende o. ChefA*. Sie sind nach h. M. → Arbeitnehmer, leitende → Angestellte zumeist nur dann, wenn sie Mitglied der Krankenhausleitung sind. Ihre → Arbeitsverträge werden i. d. R. nach von den Organisationen der Krankenhausträger, insbesondere der deutschen Krankenhausgesellschaft herausgegebenen Mustern (Beck'sches Formularbuch III G 6; ArbR-Form) abgeschlossen. Zumeist wird der AV auf unbestimmte Dauer o. Lebenszeit abgeschlossen. Dem ChefA wird neben dem Grundgehalt entweder eine Pauschale, eine Beteiligung oder das sog. Liquidationsrecht eingeräumt, wenn die Patienten die gesonderten ärztlichen Leistungen wählen. Kann er das Liquidationsrecht nicht mehr ausüben, kann ihm ein Anspruch auf Anpassung seiner Bezüge zustehen (AP 12 zu § 611 BGB Arzt – Krankenhaus-Vertrag; zur Änderung des Gebührenrechts: v. 3. 5. 1989 – 5 AZR 310/88 – NJW 89, 2346). Neben der vereinbarten Vergütung kann er nicht ohne weiteres eine zusätzl. Vergütung verlangen, wenn er in erheblichem Umfang Rufbereitschaft leisten muß, weil ein Oberarzt fehlt (AP 33 zu § 612 BGB). Ist ihm das Liquidationsrecht eingeräumt, so können die nachgeordneten Ärzte aufgrund von Landesgesetzen hieran zu betei-

ligen sein. Dazu können Pools gebildet werden, die durch den Krankenhausträger verwaltet werden u. für den bei Überzahlung Rückzahlungsansprüche erwachsen (vgl. AP 29, 36, 37 zu § 611 BGB
Ärzte, Gehaltsansprüche = NJW 84, 687; 1420). Die Verträge werden vielfach durch Änderungen des Krankenhausfinanzierungsrechts
beeinflußt (Zuck NZA 88, 763). Zur Altersversorgung: Boecken
ArztR 89, 369. Ist einem OberA die Bestellung als ChefA zugesagt,
der Zeitpunkt aber offengeblieben, so kann der alte Stelleninhaber
über die Altersgrenze beschäftigt werden (AP 2 zu § 611 BGB Arzt-
Krankenhaus-Vertrag). Der Krankenhausträger, der einem Arzt mit
Liquidationsbefugnis die Anhebung der im Jahre 1969 vereinbarten
Grundvergütung anbietet, darf die Zusage davon abhängig machen,
daß der leitende Arzt seine Mitarbeiter an seinen Einkünften aus
privater Liquidation beteiligt (AP 10 zu § 611 BGB Arzt-Krankenhaus-
haus-Vertrag). Vertraglich kann dem Krankenhaus die Teilung der
Abteilung des ChefA o. die Herabsetzung der Zahl der von ihm zu
betreuenden Betten überlassen sein (AP 3 a. a. O.). In welchem Umfang Nebentätigkeiten der leitenden Ärzte oder nachgeordneten
Krankenhausärzte zu vergüten sind, richtet sich nach den getroffenen
Vereinbarungen (Neugeborenen-Erstuntersuchung: AP 9 zu § 611
BGB Arzt-Krankenhaus-Vertrag; Vornahme der Leichenschau: AP
30, 32 zu § 611 BGB Ärzte, Gehaltsansprüche; Todesbescheinigungen: AP 39; Alkoholtest: AP 46 = DB 87, 2528).

4. *Ärztliche Direktoren* werden diejenigen Ärzte genannt, die gegenüber dem Krankenhausträger die Verantwortung für den ordnungsgemäßen Ablauf des gesamten Krankenhausbetriebes in organisatorischer Hinsicht, Krankenhaushygiene u. Einhaltung seuchenpolizeilicher Meldepflichten übernehmen. Zumeist wird die Verpflichtung als Nebenpflicht einem Chefarzt übertragen.

5. Ein *Belegarzt* ist kein AN; vielmehr ist es ein A., dem vom
Krankenhausträger das Recht eingeräumt ist, seine eigenen u. ihm
überwiesenen Pat. im Krankenhaus unter Inanspruchnahme der hierfür bereitgestellten Räume u. Einrichtungen stationär zu behandeln
(BGH NJW 72, 1128). Der BelegA steht in dienstvertragl. Beziehungen zum Krankenhaus, so daß für ihn → Arbeitsgerichte nicht zuständig sind.

6. *Konsiliarärzte* sind solche, die von einem behandelnden Arzt in
der Behandlung hinzugezogen werden. *Volontärärzte (Gastärzte)*
sind solche, die zur ärztl. Versorgung im Krankenhaus nicht notwendig sind. Sie erhalten daher zumeist keine → Arbeitsvergütung
(Hammerschlag ZTR 88, 243).

AT-Angestellte sind → Angestellte, die nicht dem Geltungsbereich von → Tarifverträgen unterliegen. Sie gehören zumeist noch nicht zu den leitenden A.; ihnen sind aber andererseits bereits Leitungsaufgaben o. solche mit besonderer Verantwortung übertragen. Sofern sie keine leitenden A. sind, gilt für sie das BetrVG. Es ist umstr., inwieweit im Wege der → Betriebsvereinbarung Vergütungsgruppen geschaffen werden können (AP 3 zu § 87 BetrVG 1972 Lohngestaltung). Da sie keinen tarifl. Anspr. auf Gehaltserhöhung haben, wird versucht, Anpassungsanspr. aufgrund des – Gleichbehandlungsgrundsatzes zu begründen. Gelegentl. finden sich Tarifklauseln, wonach ihre Gehälter einen bestimmten Prozentsatz über dem höchsten Tarifgehalt liegen müssen.

Aufhebungsvertrag ist die Einigung der ArbVertrParteien, das Arbeitsverhältnis zu einem bestimmten Zeitpunkt zu beenden. Der A. kann ausdrücklich o. durch schlüssiges (konkludentes) Verhalten geschlossen werden. Hierbei ist das Gesamtverhalten der Parteien (wörtl., schriftl. Äußerungen usw.) auszulegen. Die Rechtsprechung legt einen strengen Maßstab an (DB 72, 1784). Ein A. kann gegeben sein, wenn der AN die → Kündigung annimmt dagegen noch nicht dann, wenn ein gekündigter AN darum bittet, bereits vorzeitig eine andere Arbeit aufzunehmen, sich aber die Rechte aus einer → Kündigungsschutzklage vorbehält (DB 79, 215). Formvorschriften bestehen für den A. nicht. Die Parteien sind nicht an die Einhaltung von Kündigungsfristen o. die Einholung behördl. Zustimmung gebunden (§§ 15 SchwbG, 9 MSchG). Wegen Umgehung des Kündigungsschutzes kann ein A. unwirksam sein, wenn das Arbeitsverhältnis enden soll, falls der AN die Arbeit nicht zu einem bestimmten Zeitpunkt aufnimmt (AP 3 zu § 620 BGB Bedingung = NJW 75, 1531; AP 14 = DB 88, 1024). Tarifl. kann dem AN ein Rücktrittsrecht vom A eingeräumt sein (AP 8 zu § 1 TVG Tarifverträge: Einzelhandel = NZA 86, 25). Der A. kann wegen widerrechtl. Drohung angefochten werden (§ 123 BGB), wenn er unter Drohung einer sonst erfolgenden ao. → Kündigung abgeschlossen wurde, deren Voraussetzungen aber nicht vorlagen (vgl. AP 8, 13, 16 zu § 123 BGB). Bei Zahlung von Abfindungen an → Gastarbeiter für den Fall der Rückkehr in ihre Heimat, kann eine Umgehung von § 112 BetrVG (→ Sozialplan) vorliegen (AP 19 zu § 9 KSchG 1969 = NJW 88, 159). Die A. können zu sozialversicherungsrechtl. Nachteilen für den AN führen (§§ 117, 118 AFG; → Arbeitslosenversicherung; Hirt BB 89, 297), für den AG, wenn er mit älteren AN geschlossen wird. Insoweit können Erstattungspflichten von Arbeitslosengeld und Renten erwachsen (§ 128 AFG; § 1248 II RVO, § 25 II AVG; dazu BVerfG ZIP 90, 250). Der AG wird im allgem. nicht verpflichtet

Aufrechnung

sein, den AN über die Nachteile zu belehren (AP 99 zu § 611 BGB
Fürsorgepflicht = NJW 89, 247 = NZA 88, 837). Lit.: Bauer NZA
89, 256.

Aufrechnung ist wechselseitige Tilgung zweier sich gegenüberstehender Forderungen durch Verrechnung. Sie kann erfolgen durch
einseitige, empfangsbedürftige, rechtsgestaltende u. damit bedingungsfeindliche Willenserklärung eines Schuldners, der zugleich
Gläubiger ist (§§ 387, 388 BGB), o. durch A.-Vertrag. Grundsätzlich ist die A. formlos wirksam. Bestimmt ein → Tarifvertrag, daß
eine Forderung zur Meidung des Verfalls innerhalb der → Verfallfristen schriftl. geltend zu machen ist, so soll die Schriftform einzuhalten sein. Tarifverträge können insoweit aber kein Formerfordernis
begründen. Die A. bewirkt, daß die Ford., soweit sie sich decken, als
in dem Zeitpunkt erloschen gelten, in dem sie zur A. geeignet einander gegenübergetreten sind (§ 389 BGB). Sie setzt voraus, daß zwei
Personen einander Leistungen (Gegenseitigkeit) schulden, die ihrem
Gegenstande nach gleichartig sind (regelmäßig Geldford.), wobei die
Ford., mit der aufgerechnet wird, fällig u. die Ford., gegen die aufgerechnet wird, erfüllbar sein muß (§ 387 BGB). Mit verjährten
Ford. kann noch aufgerechnet werden, sofern sich die Ford. in nicht
rechtsverjährter Zeit einander gegenüberstanden (§ 390 S. 2 BGB).
Dagegen kann mit einer rechtsverfallenen Ford. (→ Verfallfristen)
nach h. M. nicht aufgerechnet werden (AP 3, 4, 5 zu § 390 BGB).
Gegenüber dem Anspruch auf Befreiung einer Verbindlichkeit kann
der Schuldner nicht mit einem Zahlungsanspruch aufrechnen, der
ihm gegen den Gläubiger zusteht. Er kann aber durch Geltendmachung eines Zurückbehaltungsrechtes ein wirtschaftlich ähnliches
Ergebnis erreichen, wenn die Gegenforderung auf demselben rechtlichen Verhältnis beruht wie der Befreiungsanspruch (BGH NJW 83,
2438). Sind zur Sicherung der Aufrechnung wegen Schadensersatzforderungen Lohneinbehaltungen (Sicherheitssumme) vorgenommen worden, so ist diese auszuzahlen, wenn die → Verfallfrist
für die Schadensersatzforderung abgelaufen ist. Gegen eine Lohnford. kann nur insoweit aufgerechnet werden, wie ihre Pfändung
zulässig ist (§§ 394 BGB, 850 ff. ZPO). Entgegen früher h. M. (AP
42 zu § 611 BGB Urlaubsrecht) kann wegen der veränderten Rspr.
zum → Urlaub auch gegen Forderungen auf Urlaubsentgelt, → Urlaubsabgeltung u. → Urlaubsgeld aufgerechnet werden. Gegen unpfändbare Ford. kann der AG mit Ansprüchen aus vorsätzl. begangener unerlaubter Handlung (Diebstahl, Unterschlagung, Betrug,
Sachbeschädigung; AP 5, 9, 25 zu § 394 BGB) aufrechnen. Das gleiche gilt für Anspr. aus vorsätzl. Vertragsverletzung, soweit dies nach
den Umständen des Einzelfalles, insbesondere nach Abwägung des

mit § 394 S. 1 BGB gewollten Sozialschutzes u. dem Treuverstoß
der Billigkeit entspricht (AP 5, 9, 12 zu § 394 BGB). Wird im Prozeß
die A. erklärt, verliert das → Arbeitsgericht nicht seine Zuständigkeit, wenn für die Gegenforderung eine andere Gerichtsbarkeit zuständig ist (AP 2 zu § 39 ArbNErfG). Das Gericht hat zunächst die
Klageforderung und dann die Gegenforderung auf ihre Zulässigkeit
und Begründetheit zu prüfen (AP 7 zu § 322 ZPO; AP 7 zu § 70
HGB). Die Rechtshängigkeit der Gegenforderung hindert nicht deren A. (AP 7 zu § 70 HGB). Ist der AG zugleich Vermieter einer →
Werkswohnung, so geht eine Aufrechnungsvereinbarung einer
späteren Lohnpfändung vor (AP 1, 2 zu § 392 BGB). Das A.-Verbot
kann nicht durch Ausübung eines → Zurückbehaltungsrechts umgangen werden. Das Zurückbehaltungsrecht gegenüber einer unpfändbaren Ford. ist ausgeschlossen, wenn seine Ausübung der A.
gleichkommen würde (RG 85, 110; AP 11 zu § 394 BGB). Dagegen
ist wohl Lohneinbehaltung wegen Nichtrückgabe von Werkzeug zulässig.

Aufsichtsrat heißt ein Organ der AktG (§§ 95 ff. AktG). Er hat
zwei Hauptaufgaben: (*1*) Die Bestellung und Abberufung des Vorstandes (§ 112 AktG); (*2*) die laufende Überwachung der Geschäftsführung des Vorstandes (§ 111 AktG). Er besteht aus drei bis 21 Mitgliedern (§ 95 AktG); unberührt bleiben die Vorschriften der → Mitbestimmung. Der Aufsichtsrat besteht nur aus Vertretern der Aktionäre, wenn die AktG keiner → Mitbestimmung unterliegt; dagegen
aus Vertretern der Aktionäre und der AN, wenn die Mitbestimmung
eingreift. Gelegentlich werden auch in nicht mitbest. U. aufgrund
von Stimmbindungsverträgen AN-Vertreter gewählt.

Aufsichtsratsausschüsse kann der → Aufsichtsrat für einzelne Angelegenheiten einsetzen (§ 107 III AktG). Sie haben die Verhandlungen und Beschlüsse des Aufsichtsrates vorzubereiten o. die Ausführung derselben zu überwachen. Ihnen können auch Entscheidungs-
befugnisse (Ausnahme § 107 III AktG) übertragen werden.

Aufsichtsratmitglieder genießen, soweit sie AN sind, den allgemeinen → Kündigungsschutz. Im übrigen bestehen zu ihren Gunsten
keine besonderen Bestimmungen. Ein relativer Kündigungsschutz
ergibt sich für nach dem BetrVG 1952 bestellte Aufsichtsratsmitglieder aus § 76 II 5 BetrVG i. V. m. § 78 BetrVG.

Aufwendungen sind Vermögensopfer, die ein AN zum Zwecke
der Erfüllung seines Arbeitsverhältnisses o. auf Weisung des AG
erbringt u. für deren Abgeltung die gewährte → Arbeitsvergütung
nicht bestimmt u. die der AN nach dem sonstigen Inhalt seines Arb-
Vertr. in ihren belastenden Auswirkungen nicht endgültig zu tragen

verpflichtet ist. Ihnen gleichgestellt sind solche, die sich als notwendige Folge der Ausführung ergeben. Der AN kann Ersatz seiner A. fordern (§ 670 BGB), sofern diese von ihm gefordert wurden o. erforderlich waren o. der AN sie den Umständen nach für erforderlich halten durfte (AP 10 zu § 670 BGB). Erleidet der AN auf einer Dienstfahrt mit seinem eigenen Kraftfahrzeug ohne Verschulden des AG einen Unfall, so haftet der AG dem AN für den entstandenen Sachschaden, wenn α er die Benutzung des privaten Fahrzeugs verlangt hat, β der Unfall bei einer gefährlichen Arbeit eingetreten u. der Unfallschaden außergewöhnlich hoch ist (AP 5 zu § 611 BGB Gefährdungshaftung), γ die Benutzung im Risikobereich des AG, in seinem überwiegenden Interesse u. seinem wirklichen und mutmaßlichen Willen erfolgt ist (AP 6 zu § 611 BGB Gefährdungshaftung). Aufwendungen des → Wahlvorstandes o. des → Betriebsrates bzw. ihrer Mitglieder sind Kosten der Wahl bzw. der Betriebsratstätigkeit insoweit, als sie ein Geschäftsherr nach § 670 BGB dem Beauftragten zu ersetzen hätte. Hierzu können auch Unfallschäden an privaten PKW's gehören (AP 8 zu § 20 BetrVG 1972 = NJW 84, 198 → Betriebsratmitglieder). Im allgemeinen sollen Lohnzulagen nicht bei der Arbeit auftretende Schäden ausgleichen (v. 20. 4. 89 – 8 AZR 632/87 – NZA 90, 27). Besondere Regelung bestehen für Beamte, die häufig für Angestellte in Bezug genommen sind (Steiner/Schäuble ZBR 84, 320).

Ausbildender heißt die Vertragspartei des → Auszubildenden im Berufsausbildungsvertrag. Der Begriff ersetzt den des Lehrherrn; letzterer findet sich nur noch im → Handwerk.

Ausbilder heißt derjenige, der für den →Ausbildenden im Berufsausbildungsvertrag für die Ausbildung die Verantwortung trägt. Zu seiner Haftung: Barfuß BB 76, 935. Derjenige, der die einzelne Unterweisungshandlung vornimmt, wird *Ausbildungsgehilfe* genannt.

Ausbildung → Lehrling, → Berufsausbildung, → Auszubildender.

Ausbildungs-Arbeitsvertrag heißt ein → Arbeitsvertrag, in dem der AG die Verpflichtung übernimmt, den AN zu einem bestimmten Zweck aus- u. weiterzubilden (z. B. Schweißer, Flugzeugführer). Im A. kann eine ordentliche → Kündigung des AG dann unwirksam sein, wenn sie nicht im Zusammenhang mit dem Ausbildungszweck steht (AP 1 zu § 611 BGB Ausbildungsverhältnis).

Ausbildungskosten. Viele AN erstreben die Erweiterung ihrer berufl. Bildung, um als qualifizierte AN sich wirtschaftl. zu verbessern. Der AG, der einem AN ganz o. teilweise die AK zahlt, erwartet, daß der AN ihm noch eine gewisse Zeit zur Verfügung steht.

Aus diesem Grund hat die Rechtspr. Rückzahlungsvorbehalte des AG als rechtswirksam anerkannt, wenn der AN alsbald kündigt o. das Arbeitsverhältnis aus sonst von ihm zu vertretenden Gründen gelöst wird. Jedoch darf keine unzulässige Einschränkung der Freiheit der Berufswahl des AN (Art. 12 GG) erfolgen. Im allgem. hält die Rechtspr. eine dreijährige Bindung für zulässig. Nach dem Grundsatz der Verhältnismäßigkeit muß ein angemessenes Verhältnis zwischen Ausbildungs- und Bindungsdauer bestehen (AP 6 zu § 611 BGB Ausbildungsbeihilfe). Hält der AN die Bindungsfrist nicht ein, so ist er zur Rückzahlung verpflichtet, wenn diese unter Berücksichtigung aller Umstände des Einzelfalles nach Treu und Glauben dem AN zuzumuten u. vom Standpunkt eines verständigen Betrachters einem begründeten u. zu billigenden Interesse des AG entspricht (AP 2). Die Aus- o. Fortbildungskosten sind mithin nur dann zu ersetzen, wenn die Ausbildung dem AN einen wirtschaftl. Wert gebracht hat (AP 3; v. 11. 4. 1990 – 5 AZR 308/89 –). Ein solcher ist idR nicht von einem 3-wöchigen Lehrgang für einen Sparkassenangestellten zu erwarten. Zulässig ist, wenn bei → Beendigung des Arbeitsverhältnisses im 1. Jahr die vollen Ausbildungskosten zu erstatten u. sich in der Folgezeit die Rückzahlungsverpflichtungen prozentual mindern (AP 19, 25, 26, 45 zu Art. 12 GG). Entspr. gilt bei Beiträgen des AN zu Umschulungskosten bei vorzeitigem Abbruch; jedoch muß dem AN eine hinreichende, nicht mit Rückzahlungsverpflichtungen belastete Einarbeitungszeit verbleiben (AP 2 zu § 611 BGB Ausbildungsbeihilfe). Weitergehende Bindung (5 Jahre) bei Lehrer-Ausbildungsverträgen (AP 1 zu § 611 BGB Ausbildungsbeihilfe). Auch bei Wechsel des Bundeslandes (AP 9 = BB 86, 65). Dagegen rechtfertigt die Teilnahme an einem etwa halbjährigen Lehrgang für den gehobenen Sparkassendienst auf Kosten des Arbeitgebers im Rahmen der Gesamtbetrachtung keine 3 Jahre übersteigende Rückzahlungsverpflichtung (AP 6 zu § 611 BGB Ausbildungsbeihilfe; AP 8 = NZA 84, 288; AP 10 = NZA 86, 741; BGH NJW 85, 44). Übernimmt der AG die Berufsfortbildungskosten, so kann er mit einem Auszubildenden in den letzten drei Monaten der → Berufsausbildung ein → Wettbewerbsverbot vereinbaren. (§ 5 BBiG).

Ausgleichsabgabe → Schwerbehinderte

Ausgleichsquittung ist das schriftl. Bekenntnis einer Partei gegenüber der anderen, keine Ansprüche mehr aus dem Arbeitsverhältnis zu besitzen. Sie wird zumeist bei → Beendigung des Arbeitsverh. durch den AN erteilt; der AG hat auf sie jedoch keinen Rechtsanspruch. Ihrer Rechtsnatur nach ist sie ein negatives → Schuldanerkenntnis, wenn beide Parteien davon ausgehen, daß keine Anspr. mehr bestehen; ein Erlaßvertrag (§ 397 BGB), wenn eine Forderung noch besteht, aber nicht mehr erfüllt werden soll; ein → Vergleich (§ 779 BGB), wenn über das Bestehen weiterer Anspr. gestritten wird u. auch der AG ein Entgegenkommen zeigt (AP 6 zu § 4 KSchG 1969). Ein Minderj. kann eine A. abgeben, wenn er ermächtigt war, den ArbVertr. einzugehen. Ein → Gastarbeiter muß die A. gegen sich gelten lassen, wenn er den Inhalt der von ihm unterschriebenen Erklärung verstanden hat o. sie verstehen konnte, wenn er sie ungelesen unterschreibt. Eine A., in der der AN bei Beendigung des Arbeitsverhältnisses bekennt, keine Forderungen mehr zu haben, ist i. d. R. dahin auszulegen, daß er nur die Richtigkeit der Lohnabrechnung anerkennt (AP 3 zu § 9 LohnFG). Die A. umfaßt den Verzicht, eine → Kündigung mittels → Kündigungsschutzklage anzugreifen nur dann, wenn dics in der Urkunde eindeutig zum Ausdruck kommt (AP 5, 6 zu § 4 KSchG 1969). Hat er bereits Kündigungsschutzklage erhoben, so wird i. d. R. nur dann auf den Kündigungsschutz verzichtet, wenn auf die Klage in irgendeiner Weise Bezug genommen ist o. sich in sonstiger Weise ein eindeutiger Verzicht ergibt (AP 4, 5 zu § 4 KSchG 1969). Eine vergleichsweise erteilte A. umfaßt grundsätzlich nur solche Ansprüche, auf die sich der → Vergleich nach der übereinstimmenden Vorstellung der Parteien erstreckt. Nicht erfaßt werden Rechtsfolgen, die obj. außerhalb des von den Parteien vorgestellten liegen u. subj. unvorstellbar waren (AP 32 zu § 133 BGB). Dies trifft i. d. R. für das Ruhegeld-Stammrecht (AP 163 zu § 242 BGB Ruhegehalt; ständig) u. den Zeugnisanspruch (zweifelnd AP 9 zu § 630 BGB) zu. Dagegen können die einzelnen Ruhegeldraten durch A. erlassen werden. Hat der AN bei Beendigung des Arbeitsverhältnisses bescheinigt, daß ihm weitere Ansprüche aus dem Arbeitsverhältnis nicht zustehen, so wird i. Zw. nicht auf Rechte aus einem → Wettbewerbsverbot (AP 39 zu § 74 HGB) verzichtet. Streiten die Parteien über die Wirksamkeit einer ao. → Kündigung u. wird der Endzeitpunkt des AV auf einen späteren Zeitpunkt ,als in der Kündigung angegeben, festgelegt, so werden auch etwaige Ansprüche aus → Annahmeverzug beseitigt (AP 25 zu § 794 ZPO). Ein Verzicht auf tarifl. Ansprüche oder den gesetzl. → Urlaubsabgeltungsanspruch ist unwirksam (§§ 134 BGB, 4 TVG, 13 I BUrlG). → Krankenvergütungsansprüche der Arbeiter können durch A. nicht erlassen werden, (1) wenn sie im Zeitpunkt der Unterzeichnung noch nicht entstanden sind; sie entstehen zu den regelmäßigen Zahlungsterminen (AP 1, 11 zu § 6 LohnFG); (2) wenn das Arbeitsverhältnis und die Erkrankung noch andauert (AP 10 zu § 6 LohnFG). Dagegen ist ein Erlaß dann möglich, wenn die tatsächlichen Voraussetzungen der Krankenvergütung streitig waren. Wirksam ist die A. eines Angestellten, wenn die Krankenvergütungsansprüche bereits erwachsen sind. Die Rechtsfolgen einer A. können beseitigt werden, wenn der AN die → Anfechtung erklärt (§ 143 BGB). Die Anfechtung ist aber nicht schon begründet, weil er die A. ungelesen unterschrieben (AP 33 zu § 133 BGB) o. der AG ihn nicht auf sie aufmerksam gemacht hat (str.). Wurde die A. vergleichsweise erteilt, so ist sie nach § 779 BGB unwirksam, wenn der als feststehend zugrundegelegte Sachverhalt der Wirklichkeit nicht entspricht u. bei Kenntnis der Sachlage ein Streit o. eine Ungewißheit nicht entstanden wäre. Der AN kann die A. nach § 812 BGB zurückfordern, wenn er nachweist, daß er sie lediglich in der irrigen Annahme, keine Forderung mehr zu haben, unterschrieben hat, während in Wirklichkeit doch noch eine Forderung bestand. Der A. kann mit der Einrede der unzulässigen Rechtsausübung begegnet werden, wenn z. B. der AN den AG durch eine vorsätzliche unerlaubte Handlung geschädigt hat u. der AG davon bei Abgabe der A. noch keine Kenntnis hatte (BB 72, 1275).

Aushang. Der AG ist verpflichtet, zahlreiche Vorschriften im Betrieb zur Einsichtnahme auszulegen o. auszuhängen. Hierzu gehören *(1)* die AZO sowie Beginn und Ende der regelmäßigen → Arbeitszeit u. der Ruhepausen (§ 24 AZO), *(2)* das LadSchlG u. die Namen der am Sonntag Beschäftigten; *(3)* BäckAZG; *(4)* VO über Sonntagsruhe im Handelsgewerbe u. in Apotheken i. d. F. v. 28. 11. 1956 (BGBl. I 875); *(5)* Ausnahmevorschriften vom Verbot der Feiertagsarbeit (§ 105d GewO i. V. m. III. Bekanntmachung betreffend Ausnahmen von dem Verbot der Sonntagsarbeit im Gewerbebetrieb v. 5. 2. 1895 (RGBl 12); *(6)* Bekanntmachung betreffend Ausnahmen von den Bestimmungen über die Sonntagsruhe gemäß § 105e I GewO; *(7)* VO über Ausnahmen vom Verbot der Beschäftigung von Arbeitnehmern an Sonn- u. Feiertagen in der Eisen- u. Stahlindustrie i. d. F. v. 31. 7. 1968 (BGBl. I 886) geänd. 24. 4. 1986 (BGBl I 560); *(8)* in der Papierindustrie v. 20. 7. 1963 (BGBl. I 491) geänd. 24. 4. 1986 (BGBl I 560); *(9)* VO über die Arbeitszeit in Krankenpflegeanstalten i. d. F. v. 2. 3. 1974 (BGBl. I 469); *(10)* ArbeitsstättenVO; *(11)* das JArbSchG u. dessen Arbeitszeitvorschriften (§ 48 JArbSchG); *(12)* das MSchG bei mehr als 3 beschäftigten Frauen (§ 18 MSchG); *(13)* §§ 611a 611b, 612 III, 612a BGB, *(14)* die VO (§ 18) über die Beschäftigung von Frauen auf Fahrzeugen v. 2. 12. 1971 (BGBl. I 1957); *(15)* das SchwbG; *(16)* Entgeltverzeichnisse u. sonstige Arbeitsbedingungen bei Ausgabe von Heimarbeit (§ 9 HAG); *(17)* Das SeemannsG; *(18)* die Unfallverhütungsvorschriften, zuständige Berufsgenossenschaft, Ort der Geschäftsstelle der Anmeldungsfristen (§ 660 RVO); *(19)* die für den Betrieb geltenden Tarifverträge (§ 8 I TVG); *(20)* Betriebsvereinbarungen (§ 77 III BetrVG). Für den Fall der Verletzung der A.-Vorschriften ist i. d. R.

Aushilfsarbeitsverhältnis

Ordnungsgeld angedroht. Die schuldhafte Verletzung der Vorschriften kann gleichzeitig eine zum Schadensersatz verpflichtende Fürsorgeverletzung darstellen. Dagegen sind diese Normen i. d. R. keine Schutzgesetze i. S. von § 823 II BGB (zu § 8 TVG: AP 1 zu § 1 TVG Bezugnahme auf Tarifvertrag; AP 43 zu § 4 TVG Ausschlußfristen; AP 1 zu § 8 TVG 1969). Legt ein AG entgegen § 8 TVG einen einschlägigen Tarifvertrag nicht im Betr. aus, so stellt dieses Verhalten allein keine Treuwidrigkeit dar, die gegenüber der Versäumung einer → Verfallfrist den Einwand der unzulässigen Rechtsausübung rechtfertigen könnte (AP 1 zu § 1 TVG Bezugnahme auf Tarifverträge; seither ständig). Etwas anderes kann dann gelten, wenn der TV den Verfall von der Erfüllung der Aushangspflichten abhängig macht. Die Rechtspr. hat bei Verletzung der Auslegepflicht nach § 8 TVG nur dann Schadensersatzansprüche anerkannt, wenn der AN die Bekanntgabe des Tarifs verlangt, der AG dies aber abgelehnt hat.

Aushilfsarbeitsverhältnis ist ein Arbeitsverhältnis, das zur Deckung eines vorübergehenden außergewöhnlichen Kräftebedarfs eingegangen wird. Ein A. kann befristet (→Befristetes Arbeitsverhältnis) und unbefristet abgeschlossen werden. Jedoch kann jede Vereinbarung über den Aushilfszweck unwirksam sein, wenn der AG auf Dauer Kräfte braucht u. immer neue A. abschließt *(EzA 11 zu § 622 BGB n. F.)*. Die Kündigungsfrist kann verkürzt werden (→ Kündigung) u. die → Krankenvergütung kann entfallen. Geringfügige und kurzfristige Beschäftigungen sind in der Kranken-, Renten- und Arbeitslosenversicherung versicherungsfrei (§ 8 SGB IV).

Auskunft. Oft ist der AG daran interessiert, über das → Zeugnis hinaus Informationen über den neu einzustellenden AN zu erhalten. Er wird daher bei dem früheren AG eine A. einholen. Diese ist für den AN unangenehm, da er regelmäßig nur schlecht kontrollieren kann, was der frühere AG mitteilt. Grundsätzlich ist der frühere AG *gegenüber dem Dritten* nicht zur A. verpflichtet. Hiervon besteht nur dann eine Ausnahme, wenn besondere vertragliche Beziehungen zwischen dem früheren AG u. dem Dritten bestehen, etwa bei konzernmäßig verbundenen AG o. – nach einer verbreiteten Ansicht – im → öffentlichen Dienst, da die Behörden nach Art. 35 GG zur wechselseitigen Amtshilfe verpflichtet sind. Davon zu unterscheiden ist, ob der frühere AG *seinem ehemaligen AN* gegenüber verpflichtet ist, einem Dritten A. zu erteilen. Die h. M. bejaht dies, weil ansonsten der Eindruck entsteht, daß es zu Streitigkeiten im → Arbeitsverhältnis gekommen ist. Dem Inhalt nach muß die A. sorgfältig u. wahrheitsgemäß erteilt werden (AP 1 zu § 630 BGB), andernfalls wird der AG schadensersatzpflichtig. Insoweit gelten die Ausführungen für das → Zeugnis entspr. Die A. braucht aber grundsätzl. nur auf solche Punkte erstreckt zu werden, die in dem Zeugnis nicht behandelt sind. Um dem AN die Möglichkeit der *Überprüfung* der A. zu geben, hat dieser gegen seinen früheren AG einen Anspruch auf Mitteilung dessen, was dem Dritten gesagt worden ist, bzw. bei schriftlicher A. einen Anspruch auf Einsichtnahme in den Durchschlag. Der AG kann sich gegenüber seinem AN verpflichten, keine A. zu erteilen. Liegt eine derartige Abrede nicht vor, so kann der AG grundsätzlich auch gegen den Willen seines ehemaligen AN A. geben.

Ausländische Arbeitnehmer → Gastarbeiter.

Auslandsbeschäftigung. Werden deutsche AN von einem deutschen o. ausländ. AG im Ausland beschäftigt, ist das für das Arbeitsverhältnis anzuwendende Arbeitsrecht zu bestimmen. Die Rechtswahl muß ausdrücklich sein oder sich mit hinreichender Sicherheit aus den Bestimmungen des Vertrages o. aus den Umständen des Falles ergeben (Art. 27 I EGBGB). Mangels einer Rechtswahl unterliegen → Arbeitsverträge und → Arbeitsverhältnisse dem Recht des Staates, *(1)* in dem der AN in Erfüllung des Vertrages gewöhnlich seine Arbeit verrichtet, selbst wenn er vorübergehend in einen anderen Staat entsandt ist, o. *(2)* in dem sich die Niederlassung befindet, die den AN eingestellt hat, sofern dieser seine Arbeit gewöhnlich nicht in ein und demselben Staat verrichtet, es sei denn, daß sich aus der Gesamtheit der Umstände ergibt, daß der Arbeitsvertrag o. das Arbeitsverhältnis engere Verbindungen zu einem anderen Staat aufweist. Durch die Rechtswahl darf der AN nicht dem Arbeitnehmerschutz entzogen werden (Art. 30 EGBGB). In den Fällen des ausländischen Arbeitsstatuts kann i. d. R. auch ein Gerichtsstand im Ausland vereinbart werden.

Auslösungen sind zumeist pauschalierte Beträge zur Abgeltung der dem AN durch eine auswärtige Beschäftigung erwachsenden besonderen → Aufwendungen. Zu unterscheiden sind Reisekosten, d. s. die An- u. Abmarschkosten zur auswärtigen Baustelle, → Wegegelder u. Trennungsentschädigungen (T.). T. werden gezahlt, um den Mehraufwand des AN durch doppelte Haushaltsführung auszugleichen. Der Anspruch auf T. richtet sich nach § 675, 670 BGB. Ausl. u. T. sind zumeist durch → Tarifvertrag besonders geregelt. In den → Tarifverträgen des öffentl. Dienstes ist zumeist auf das BRKG und die dazu ergangenen VO verwiesen. In deren Sinn ist Dienstort die politische Gemeinde, in der die Behörde o. ständige Dienststelle, bei der der Bedienstete beschäftigt ist, ihren Sitz hat (AP 1 zu § 2 BRKG). Die Zusage von T. im öffentl. Dienst ist eine Nebenabrede, so daß sie der Schriftform zur Vermeidung ihrer Unwirksamkeit

Auslösungen

bedarf (§ 4 II BAT; dazu AP 3, 4 zu § 19 TVArb Bundespost). In der Privatwirtschaft sind vor allem der BRTV – Bau (allgemeinverbindlich) und der BMTV für die besonderen Arbeitsbedingungen der Montagearbeiter in der Eisen-, Metall- u. Elektroindustrie einschließlich des Fahrleitungs-, Freileitungs- u. Ortsnetzbaues u. des Kabelbaues von Bedeutung, die i. d. R. betriebsüblich auf die Arbeitsverhältnisse der Montagearbeiter angewandt werden. Grundsätzlich werden nur die Kosten für den günstigsten Weg zur Arbeitsstelle erstattet (AP 17 zu § 1 TVG Auslösung = DB 87, 1795). Die Anspruchsvoraussetzungen von Ausl. u. T. sind je nach → Tarifvertrag unterschiedlich geregelt. Der Anspruch auf T. entsteht idR, wenn der AN vom Hauptwohnsitz (AP 14 zu § 1 TVG Auslösung = DB 85, 2693) auf die auswärtige Arbeitsstelle *entsandt* wird, nicht dagegen, wenn er für sie von vornherein eingestellt wird. Die T. wird kalendertäglich gezahlt (AP 17 zu § 1 TVG Tarifverträge – Bau). Die Vereinbarung von Unterkunftsgeldern bei Übernachtung in Baustellenunterkünften ist zulässig (AP 1 zu § 120c GewO = BB 89, 686). Gelegentlich muß die T. auch dann gezahlt werden, wenn der AN sich zum Wochenende zu Hause aufhält, es sei denn, daß der AG die Fahrtkosten getragen hat (anders AP 4 zu § 1 TVG Auslösung). Der BMTV unterscheidet zwischen Fernauslösung und Nahauslösung; maßgebend hierfür sind die Laufzeiten der öffentlichen Verkehrsmittel (AP 9 zu § 1 TVG Auslösung). Taxen sind keine öffentlichen Verkehrsmittel (AP 21 zu § 1 TVG Auslösung). Nach dem BMTV hat der Montagestammarbeiter Anspruch auf Fernauslösung, wenn er nicht täglich nach Hause zurückkehren kann u. am Montageort eine Wohnung hat beschaffen müssen. Unerheblich ist dagegen, ob er besondere Aufwendungen für die Beibehaltung seiner bisherigen Wohnung hat (AP 3 zu § 1 TVG Auslösung; AP 22 = NZA 90, 236). Die Ausl. gehört grundsätzlich nicht zur → Arbeitsvergütung. Dies gilt vor allem für die nach den Vorschriften des BMTV gezahlten Nah- (AP 13 zu § 2 LohnFG = DB 83, 2580) und Fernauslösungen (AP 11 zu § 2 LohnFG). Etwas anderes gilt dann, wenn der Pauschalbetrag so angesetzt wird, daß er nicht zum Ersatz der Mehraufwendungen, sondern zur Verbesserung des Lebensstandards dient. In diesen Fällen ist sie auch bei der Bemessung des Urlaubsentgeltes u. der Krankenvergütung zu berücksichtigen (AP 15 zu § 2 ArbKrankhG). Die Tarifpartner können auch bestimmen, daß die A. dann zum Arbeitsentgelt zählt, wenn sie zu versteuern ist (DB 75, 311). Als zweckgebundene Leistung ist die A. (u. T.) pfändungsfrei (§ 850a Ziff. 3 ZPO). Auslösungen als Reisekosten, als Mehraufwendungen für doppelte Haushaltsführung sowie als Verpflegungszuschüsse bis zur Höhe der steuerrechtlichen Pausch- oder Höchstbeträge sind in der Sozialversicherung beitragsfrei. Zu den Pauschbeträgen im Lohnsteuerrecht vgl. § 3 Nr. 13 EStG, §§ 5 ff. LStDVO, Nr. 8 LStR.

Aussperrung ist die von einem o. mehreren AG planmäßig erfolgende Arbeitsausschließung zur Erreichung eines Zieles. Wie beim → Streik wird zwischen Angriffs- u. Abwehr-, Voll- u. Teil-, Kampf- u. Demonstrations-, arbeitsrechtl. u. politischer A. unterschieden. Die A. kann nach bisheriger Rspr. mit einer das Arbeitsverhältnis suspendierenden Wirkung erklärt werden (GS AP 1, AP 39, 43, 64, 65 zu Art. 9 GG Arbeitskampf). Verfassungsrechtlich zulässig ist (AP 50), daß besonders geschützte AN wie Betriebsratsmitglieder grundsätzlich nur suspendierend ausgesperrt werden können (AP 110 = NZA 89, 353). In jedem Falle haben alle AN im Falle lösender A. einen Anspruch auf Wiedereinstellung (AP 43). AngriffA sind A., bei denen die AG in einem Tarifgebiet den → Arbeitskampf eröffnen u. dabei ein eigenes kollektivvertragliches Regelungsziel verfolgen. Sie sind in der BRD kaum vorgekommen. Die Zulässigkeit der AbwehrA leitet das BAG aus der Tarifautonomie ab. Sie sei als komplementäres Druckmittel hinter den Tarifverhandlungen zulässig; sie könne auch durch die Hessische Landesverfassung nicht verboten werden (AP 101 = NZA 88, 775). Aus dem Grundsatz der Verhältnismäßigkeit u. dem Übermaßverbot folge jedoch eine örtliche und zeitliche Beschränkung der AbwehrA. Sie ist nur zulässig, wenn sich die angreifende Gewerkschaft auf einen Teilstreik beschränkt u. wenn die dadurch erreichte Begrenzung des Kampfrahmens das Kräfteverhältnis einseitig zugunsten der AN verschieben würde. Im Falle des Teilstreikes verlieren nach den Grundsätzen des → Betriebsrisikos alle AN ihre Vergütungsansprüche, die nicht arbeiten können. Bei Schwerpunktstreiks o. enggeführten Streiks, bei denen weniger als 25% der AN des Tarifgebietes streiken, können durch suspensive AbwehrA maximal weitere 25% der AN ausgesperrt werden, wobei die aussperrenden AG im Laufe des Arbeitskampfes ausgewechselt werden können o. die zur Verfügung stehenden Aussperrungsmöglichkeiten zunächst nicht ausgenutzt werden, dann aber im weiteren Verlauf durch eine befristete Erweiterung des Arbeitskampfes bis hin auf das ganze Tarifgebiet nachgeholt werden. Streiken mehr als 50% der AN eines Tarifgebietes, so ist die AbwehrA unzulässig, da eine Störung der Kampfparität nicht zu erwarten (AP 64–66). Unzulässig ist, nur die Tarifgebundenen auszusperren (AP 66). Während der A. ruhen die Entgeltansprüche der Ausgesperrten. Der AG kann nicht differenzieren zwischen Streikwilligen u. anderen. Für die Berechnung maßgebend sind die Verhältnisse bei dem Aussperrungsbeschluß (AP 84 = NJW 85, 2548 = NZA 85, 537). Auch arbeitsunfähig Erkrankte und → Schwerbehinderte können ausgesperrt werden (AP 107 = NZA 88, 890). Während der A. besteht kein Anspruch auf → Feiertagsbezahlung, es sei denn, daß AN sich in Urlaub befindet (AP 57, 58 zu § 1 FeiertagslohnzahlungsG = NZA 88, 889, 886).

Ausschlußfristen → Verfallfristen.

Außenseiterklauseln → Tarifausschlußklauseln

Auswahlrichtlinien gehören zur → Personalplanung. In A. werden fachliche u. persönliche Voraussetzungen für AN aufgestellt, die bei personellen Einzelmaßnahmen zu beachten sind. Sie sind nicht zu verwechseln mit mitbestimmungsfreien Anforderungsprofilen, in denen für einen bestimmten Arbeitsplatz die fachlichen, persönlichen und sonstigen Anforderungen abstrakt festgelegt werden, die ein Stelleninhaber erfüllen soll (AP 2 zu § 95 BetrVG 1972 = DB 83, 2311), mitbestimmungsfreien Stellenbeschreibungen (AP 3 = NJW 84, 1709 = DB 84, 1199) u. Führungsrichtlinien, in denen der Einsatz der einzelnen Führungsmittel, die Verantwortlichkeit der Vorgesetzten u. Mitarbeiter sowie deren Informations- u. Kommunikationspflicht geregelt sind (AP 8 zu § 87 BetrVG 1972 Ordnung des Betriebes = NJW 85, 1045 = NZA 85, 224). Nach § 95 I BetrVG hat der BR ein Mitbestimmungsrecht i. S. eines Zustimmungserfordernisses, wenn der AG für die personelle Auswahl bei Einstellungen, → Versetzungen, Umgruppierungen oder → Kündigungen Richtlinien aufstellt. Über dieses *Veto-Recht* hinaus hat der BR in → Betrieben mit mehr als 1000 AN ein *Initiativrecht*. In diesen kann er die Aufstellung von Richtlinien über die bei Personalentscheidungen zu beachtenden fachlichen u. persönlichen Voraussetzungen u. sozialen Gesichtspunkte verlangen (§ 95 II BetrVG). A. finden sich in Tarifverträgen (AP 2 zu § 1 TVG Tarifverträge: Seniorität). Durch sie kann das Mitbestimmungsrecht eingeschränkt sein. Die A. haben die Grundsätze des § 75 BetrVG (insbes. → Gleichbehandlung) zu beachten. (Unzulässig mithin, die Einstellung auf Gewerkschaftsmitglieder zu beschränken; sog. closed shop.) Kommt es zwischen AG u. BR nicht zu einer Einigung über die A., so entscheidet die → Einigungsstelle verbindlich. Verstößt der AG bei personellen Maßnahmen gegen die A., so hat der BR ein *Widerspruchsrecht* (§§ 99, 102 BetrVG). Der BR kann bei einer → Kündigung bei seiner → Anhörung widersprechen, u. der AN kann im Rahmen des → Kündigungsschutzprozesses geltend machen, die Kündigung sei wegen Verstoßes gegen die A. sozial ungerechtfertigt. Die A. sind unwirksam, wenn etwa bei einer betriebsbedingten → Kündigung für die Sozialauswahl die Auswahlgesichtspunkte unzureichend normiert werden (AP 1 zu § 95 BetrVG 1972; v. 15. 6. 89 – 2 AZR 580/88 –

NZA 90, 226). Sie müssen insoweit Lebensalter, Betriebszugehörigkeit und Unterhaltsverpflichtungen angemessen berücksichtigen. Betrieblichen Erfordernissen darf nur insoweit Rechnung getragen werden, wie sie den sozialen Gesichtspunkten entgegen stehen. In jedem Fall muß eine individuelle Überprüfung der Auswahl ermöglicht werden (AP 12 zu § 1 KSchG 1969 Betriebsbedingte Kündigung = NJW 84, 78 = DB 83, 1822; AP 13 = NJW 84, 1648 = DB 84, 563). Das Mitbestimmungsrecht des Betriebsrates gilt auch bei einzelvertraglich vorbehaltenen Versetzungen. Anträge auf Feststellung des Fehlens eines Mitbestimmungsrechtes auf Vereinbarung von A. im → Beschlußverfahren kann die nötige Bestimmtheit fehlen (AP 5 zu § 95 BetrVG 1972 = DB 84, 2413). Lit.: Schaub dtv-Rechtsinformationen, Der Betriebsrat, 5. Aufl., 1988.

Außertarifliche Angestellte →AT-Angestellte

Auszubildender heißt derjenige, der in einem →Berufsausbildungsverhältnis systematisch in einem geordneten Ausbildungsgang vom → Ausbildenden eine breit angelegte berufl. Grundausbildung und die für die Ausübung einer qualifizierten beruflichen Tätigkeit notwendigen fachl. Fertigkeiten u. Kenntnisse vermittelt erhält. (vgl. Verzeichnis der anerkannten Ausbildungsberufe u. der zuständigen Stellen v. 31. 8. 1988 Beil 223b zu BAnz 223 v. 30. 11. 1988); im Handwerk heißt der A. → Lehrling. Lit.: Hurlebaus GewArch 87, 84; Knigge AR-Blattei, Berufsausbildung I ff).

I. 1. Das Recht des Berufsausbildungsvertrages (BAV) – auch eines zweiten (AP 85 zu § 1 Tarifverträge: Bau = NZA 88, 66) – ist im BBiG geregelt. Dagegen wird die schulische Ausbildung nicht erfaßt (AP 1 zu § 1 BBiG). Zu Verträgen mit überbetrieblichen Ausbildungszentren: NJW 87, 680; GSOGH NZA 87, 663; AP 36 zu § 5 BetrVG 1972 = DB 88, 972; mit Strafvollzugsanstalten: AP 5 zu § 2 ArbGG 1979 = NJW 87, 2399). Die Vorschriften des BBiG sind zum Nachteil des A. unabdingbar. Ergänzend findet das allgemeine → Arbeitsrecht Anwendung, soweit es nicht dem Wesen des BAV entgegensteht (§ 3 BBiG). Der Abschluß eines BAV ist formlos wirksam (AP 1 zu § 15 BBiG); jedoch hat der Ausbildende unverzüglich nach Abschluß den wesentl. Inhalt schriftl. niederzulegen. Hierzu gehören Angaben über Art, sachl. u. zeitl. Gliederung sowie Ziel der Berufsausbildung (BA); deren Beginn u. Dauer; Ausbildungsmaßnahmen außerhalb der Ausbildungsstätte; tägl. Ausbildungszeit; Dauer der Probezeit u. des zu gewährenden Urlaubes; Zahlung u. Höhe der Vergütung; Voraussetzungen der Kündbarkeit. Die Niederschrift ist von dem Ausbildenden, dem A. u. dessen gesetzlichem Vertreter zu unterzeichnen. Ferner hat der Ausbildende eine unter-

Auszubildender

zeichnete Ausfertigung den Mitunterzeichnern auszuhändigen. Unterbleibt die schriftl. Niederlegung, kann dies zur Nichteintragung des Vertrages in das BA-Verzeichnis (§§ 31 ff.) u. zu Schwierigkeiten bei der Prüfungsablegung führen (§ 39). Zur Klagebefugnis bei verweigerter Eintragung OVG DB 80, 983. Zur Vertretung des A. bei Abschluß des Vertrages AP 1 zu § 181 BGB. Bereits vor Begründung des Vertrages bestehen weitgehende Aufklärungspflichten (DB 77, 1322).

2. A. darf nur einstellen, wer persönlich geeignet ist (§ 20 BBiG) und über eine geeignete Ausbildungsstätte verfügt (§ 21 BBiG). Ausbilden darf nur ein Ausbilder, der persönlich und fachlich geeignet ist (§ 20 BBiG). *Persönl.* nicht geeignet ist, wer Kinder u. Jugendliche nicht ausbilden darf o. wiederholt schwer gegen Schutzvorschriften der → Berufsausbildung verstoßen hat (§§ 20 BBiG, 21 HO; vgl. dazu § 11 Nr. 4 BundeszentralregisterG i. d. F. v. 21. 9. 1984 (BGBl. I 1229; ber. 1985, 195 m. spät. Änd.). *Fachl.* nicht geeignet ist, wer nicht die erforderl. berufl. Fertigkeiten u. erforderl. berufs- u. arbeitspädagogischen Kenntnisse hat (§§ 20 BBiG, 21 HO). Die fachl. Eignung ist i. d. R. nach Ablegung einer Meisterprüfung im → Handwerk (§ 21 HO) o. einer Prüfung in der Fachrichtung des Gewerbezweiges o. Berufs (vgl. §§ 76, 77, 80, 94 BBiG) bzw. bei Zulassung zum Beruf [Rechtsanwalt, Wirtschaftsprüfer usw.] (vgl. §§ 88, 90, 92 BBiG) gegeben. Die Meisterprüfung kann durch den erfolgreichen Abschluß eines Studiums u. praktische Tätigkeit ersetzt werden (§§ 22 HO, 76 BBiG). Darüber hinaus können durch RechtsVO besondere Eignungsvoraussetzungen bestimmt werden. Hierzu Ausbilder-EignungsVO gewerbl. Wirtschaft v. 20. 4. 1972 (BGBl. I 707) zul. geänd. 3. 10. 1984 (BGBl. I 1261); Ausb.-EignungsVO Landwirtschaft v. 5. 4. 1976 (BGBl. I 923); öffentl. Dienst v. 16. 7. 1976 (BGBl. I 1825); Hauswirtschaft v. 29. 6. 1978 (BGBl. I 976) zul. geänd. 10. 6. 1983 (BGBl. I 694). *Fehlt* die fachl. Eignung, so dürfen BAV nur geschlossen werden, wenn ein besonderer → Ausbilder, der die fachl. Eignung besitzt, beschäftigt wird. Die *Ausbildungsstätte* ist nur dann geeignet, wenn sie nach Art u. Einrichtung für eine BA geeignet ist u. keine zu große Zahl von Auszubildenden im Verhältnis zu den Ausbildern beschäftigt werden (§ 22 BBiG). Die zuständigen Stellen, das sind die öffentl.-rechtl. Gewerbe- u. Berufsorganisationen (z. B. Handwerkskammer, Industrie- u. Handelskammer, Rechtsanwaltskammer usw.) haben die persönl. u. fachl. Eignung sowie die der Ausbildungsstätte zu überwachen (§ 23). Gegebenenfalls kann die Einstellung u. Ausbildung untersagt werden (§§ 24 HO, 24 BBiG). Hatte der Einstellende nicht die subjektiven Einstellungsvoraussetzungen, so ist der BAV gleichwohl

wirksam (§ 3 IV BBiG). Jedoch kann der Auszubildende eine ao. →
Kündigung erklären o. u. U. Schadensersatz fordern.

3. In BAV können keine Entschädigungen für die BA, Vertragsstrafen, Einschränkungen von Schadensersatzansprüchen o. deren
Pauschalierung vereinbart werden. Insoweit ist der BAV nichtig (§ 5
II BBiG). Dies gilt auch dann, wenn die Eltern die Entschädigung
versprochen haben. Rechtswidrig geleistete Entschädigungen sind
zurückzuzahlen, auch wenn der Zahlende die Unwirksamkeit kennt
(AP 3 zu § 5 BBiG). Selbst ein Kaufvertrag über einen Autobus ist
nichtig, wenn er damit verknüpft wird, daß der Sohn des Käufers im
Betrieb des Verkäufers eine Ausbildungsstelle erhalten soll *(OLG
NJW 83, 2708)*. Unberührt bleibt die Möglichkeit, in den letzten drei
Monaten vor Beendigung der BA → Vertragsstrafen für den Fall des
Nichtantritts des Arbeitsverhältnisses zu vereinbaren (AP 4 = NJW
83, 1575). Grundsätzlich ist der Abschluß eines → Wettbewerbsverbotes ausgeschlossen. Dies gilt nur dann nicht, wenn sich der Auszubildende in den letzten drei Monaten des BAV verpflichtet, einen
Arbeitsvertrag unbestimmter Dauer zu begründen (AP 4) o. einen
Arbeitsvertrag bis zur Höchstdauer von 5 Jahren einzugehen, wenn
der AG die Kosten einer → Berufsfortbildung trägt u. die Kosten in
einem angemessenen Verhältnis zur Dauer des unkündbaren Arbeitsvertrages stehen (§ 5).

4. Der BAV beginnt mit der *Probezeit*. Das Probearbeitsverhältnis
dauert mindestens 1 Monat, höchstens 3 Monate (§ 13). Die Probezeit verlängert sich nicht automatisch um die Dauer einer Unterbrechung der Ausbildung, gleich aus welchem Grund diese eintritt.
Jedoch können die Parteien in solchen Fällen eine Verlängerung der
Probezeit im Ausbildungsvertrag oder während der Probezeit vereinbaren, auch wenn dabei die 3-Monatsfrist überschritten wird (AP
1 zu § 13 BBiG = NJW 82, 2628). Vor Beginn der Probezeit kann die
Kündigung möglich sein (AP 7 zu § 15 BBiG = NZA 88, 735). Auch
während der Probezeit kann die → Kündigung mit Auslauffrist erfolgen (AP 8 zu § 15 BBiG = NJW 89, 1107 = NZA 89, 268).

II. Zu den *Hauptpflichten des Ausbildenden* gehören (Natzel RdA 81,
158): 1. Die *fachl. u. persönliche Bildung* des Auszubildenden; d. h., er
hat diesem die notwendigen Fertigkeiten u. Kenntnisse zur Erreichung des Ausbildungszieles zu vermitteln, die notwendigen Bücher
(AP 3 zu § 611 BGB Ausbildungsverhältnis), Werkzeuge u. Rohstoffe zur Ausbildung u. Ablegung der Prüfungen kostenlos zur Verfügung zu stellen, zum Besuch der einschlägigen Schulen (→ Berufs-
schulen) anzuhalten u. die notwendige Zeit hierzu einzuräumen sowie dafür zu sorgen, daß der Auszubildende charakterlich gefördert
u. sittl. u. körperl. Gefahren ferngehalten werden (§§ 6, 7). Zur BA

Auszubildender

eines → Kraftfahrers gehört auch die Vermittlung einer Fahrerlaubnis der Klasse 2 (AP 5 = NZA 85, 184). Dagegen ist er nicht verpflichtet, die Berichtshefte während der Arbeitszeit führen zu lassen oder die Fahrtkosten zur Berufsschule zu tragen (AP 1 zu § 6 BBiG; zum auswärtigen Prüfungsort AP 1 zu § 34 BBiG = DB 84, 1204). Verletzt der Ausbildende seine Ausbildungspflicht, kann er schadensersatzpflichtig werden (AP 22 zu § 611 BGB Lehrverhältnis; AP 1 zu § 16 BBiG = NZA 88, 93). Der Anspruch ist bei Mitverschulden gemindert; zur Begründung des Mitverschuldens ist der pauschale Vorwurf der Faulheit unzureichend (AP 2 zu § 6 BBiG). 2. Die *Zahlung einer angemessenen Vergütung,* die entsprechend dem Lebensalter u. der fortschreitenden BA zu bemessen ist. IdR. wird sich die Angemessenheit aus Tarifverträgen ergeben. Fehlen sie, so kommt Verbandsempfehlungen indizielle Bedeutung zu. Bei Ableistung von → Mehr- u. Überstunden ist eine besondere Vergütung zu zahlen (§ 10). Die Vergütung ist auch für die Fälle der Freistellung von der Arbeit zum Zwecke des Schulbesuches u. bis zur Dauer von 6 Wochen im Krankheitsfalle o. bei sonstiger unverschuldeter Arbeitsverhinderung fortzuzahlen (§ 12) (vgl. Basedau NZA 88, 417). Etwaige Sachleistungen sind nach dem Sozialversicherungswert (→ Arbeitsvergütung) abzugelten, wenn der Auszubildende während der Vergütungsfortzahlung diese aus berechtigtem Grund nicht entgegennehmen kann (§ 12 II). Die Vergütung ist nach Monaten zu bemessen u. wird jeweils am letzten Arbeitstag fällig. Bei Zahlung für Bruchteile von Monaten ist für jeden Kalendertag $\frac{1}{30}$ der Monatsvergütung zu zahlen. 3. Mit anderen als der *Ausbildung dienenden Arbeiten* darf der Auszubildende nicht beschäftigt werden. Desgleichen dürfen seine Körperkräfte nicht überfordert werden. Unangemessene Arbeiten kann der Auszubildende ablehnen u. nach Abmahnung u. U. die ao. → Kündigung erklären.

III. Der *Auszubildende* hat sich zu bemühen, die zur Erreichung des Ausbildungszieles notwendigen Fertigkeiten u. Kenntnisse zu erwerben, die für die Ausbildungsstätte geltende Ordnung u. das → Direktionsrecht zu beachten, an den Ausbildungsmaßnahmen schulischer Art teilzunehmen, Werkzeuge u. Maschinen pfleglich zu behandeln sowie über Betriebs- u. Geschäftsgeheimnisse Stillschweigen zu bewahren (§ 9). Bei Verletzung seiner Pflichten kann eine ao. → Kündigung gerechtfertigt sein o. er schadensersatzpflichtig werden. Jedoch kann der Schadensersatzanspruch wegen Mitverschuldens des Ausbildenden gemindert sein (§ 254 BGB), wenn eine hinreichende Beaufsichtigung nicht stattgefunden hat. A. können sich an → Arbeitskämpfen beteiligen; sie dürfen jedoch nicht zur Verbesserung ihrer Arbeitsbedingungen einen → Streik führen.

IV. *Das BAV endet* 1. mit *Ablauf der Ausbildungszeit.* Auf sie können Schulzeiten angerechnet werden. Hierzu Berufsgrundbildungs-
jahr-AnrechnungsVO v. 17. 7. 1978 (BGBl. I 1061) zul. geänd.
10. 3. 88 (BGBl I 229), AnrechnungsVO Landwirtschaft v. 20. 7.
1979 (BGBl. I 1142/1155; III 800-21-6-4); öffentl. Dienst v. 20. 6.
1980 (BGBl. I 738; III 800-21-6-5); Hauswirtschaft v. 2. 7. 1980
(BGBl. I 827; III 800-21-6-6). Berufsfachschul-AnrechnungsVO v.
4. 7. 1972 (BGBl. I 1142; III 800-21-6-2). Wird auf die Berufsausbil-
dungszeit ein erfolgreicher Fachschulbesuch angerechnet, richtet sich
die Vergütung nach dem Beginn der gesamten Berufsausbildung; der
Fachschulbesuch wird also auch insoweit angerechnet (AP 5 zu § 611
BGB Ausbildungsverhältnis). Legt der A. erst nach dem Ende der
Ausbildungszeit die Abschlußprüfung ab, so hat er für die Zwischen-
zeit Anspruch auf die Vergütung, die der zugewiesenen Arbeit entspricht *(AP 1 zu § 17 BBiG).* 2. mit Bestehen der Abschlußprüfung
(AP 1 zu § 14 BBiG; AP 2 zu § 611 BGB Ausbildungsverhältnis).
Die zuständige Stelle hat auf Antrag die Ausbildungszeit abzukürzen,
wenn zu erwarten ist, daß der Auszubildende das Ausbildungsziel in
der gekürzten Zeit erreicht. Die Abkürzung führt nicht zu einer
Vorverlegung des Ausbildungsbeginns; der A. hat mithin keinen
Anspruch auf höhere Vergütung als der zurückgelegten Ausbildungszeit entspricht (AP 1 zu § 29 BBiG = NJW 83, 1629). Besteht
der Auszubildende die Abschlußprüfung innerhalb der Ausbildungszeit nicht, so verlängert sich auf *sein Verlangen* das BAV um höchstens 1 Jahr (§ 14) (Gaul BB 88, 1385; Grobe BB 88, 2243). In dieser
Zeit befindet er sich nicht im 4. Ausbildungsjahr mit der Folge einer
höheren Vergütungszahlung (AP 1 zu § 10 BBiG). Vielfach ist in den
Ausbildungsverträgen vorgesehen, daß das Ausbildungsverhältnis in
ein Arbeitsverhältnis übergeht, wenn nicht drei Monate vor dem
Ende des Ausbildungsvertrages eine Nichtverlängerungsanzeige abgegeben wird. Diese Klauseln sind zum Nachteil des A. nicht mit § 5
BBiG vereinbar (AP 1 zu § 5 BBiG); wohl bleibt AG gebunden (AP
2 zu § 5 BBiG; AP 1 zu § 22 MTV Ausbildung). 3. mit Ausspruch
einer entfristet – auch aus nicht im Zusammenhang mit der Ausbildung stehenden Gründen (DB 77, 1322) – zulässigen Kündigung
während der 3 Monate nicht übersteigenden Probezeit (§ 15 I). 4. auf
Grund außerordentlicher → Kündigung, wenn hierfür ein wichtiger
Grund bestand. Ist der A. minderjährig, so ist sie gegenüber den
gesetzlichen Vertretern zu erklären (AP 4 zu § 15 BBiG). Bei der
Beurteilung, ob ein wichtiger Grund vorliegt, ist insbesondere der
Ausbildungscharakter u. die Dauer des zurückgelegten Rechtsverhältnisses zu berücksichtigen (AP 3 zu § 15 BBiG). Ob ein öffentlicher AG dem Resozialisierungsgedanken Rechnung tragen muß, ist
zweifelhaft *(AP 5 zu § 15 BBiG).* Kein berechtigter Grund soll die

Auszubildender

unerlaubte Benutzung eines überlassenen Firmen-PKWs sein *(LAGE 2 zu § 15 BBiG)*. Politische Meinungsäußerungen rechtfertigen nur dann die Kündigung, wenn das Ausbildungsverhältnis konkret beeinträchtigt wird. Die ao. Kündigung ist ausgeschlossen, wenn dem zur Kündigung Berechtigten die Gründe länger als zwei Wochen bekannt sind. Während des Laufs eines Güteverfahrens vor einer außergerichtlichen Stelle (Industrie- u. Handelskammer usw.) ist der Ablauf der Frist gehemmt. Umstr. ist, ob ein A. bei einer Klage gegen eine ao Kündigung die Klagefrist der → Kündigungsschutzklage (§ 4 KSchG) einhalten muß. Das BAG hat dies jedenfalls für die Fälle verneint, in denen der A. ein Güteverfahren vor der zuständigen Stelle einleiten muß (v. 13. 4. 89 – 2 AZR 441/88 – NZA 90, 395). Die Verhandlung vor dem Schlichtungsausschuß ist eine unverzichtbare Prozeßvoraussetzung. Wird in der 1. Instanz das Vorschaltverfahren übersehen, so kann es noch nach Klageerhebung nachgeholt werden (AP 4 zu § 15 BBiG). Ohne Durchführung des Vorschaltverfahrens ist die Klage unzulässig. Die Vorschriften über die Auflösung des Arbeitsverhältnisses durch das Gericht (§ 13 I 3 KSchG) finden auf das BAV keine Anwendung (AP 6 zu § 13 KSchG 1969 = DB 85, 2515). Findet das KSchG keine Anwendung, findet zunächst das Vorschaltverfahren statt (AP 2 zu § 111 ArbGG). Besteht eine hinreichende Wahrscheinlichkeit, daß der A. den Kündigungsschutzprozeß gewinnt, besteht ein → Beschäftigungsanspruch bis zur Entscheidung des Arbeitsgerichtes. 5. Aufgrund außerordentlicher Kündigung des Auszubildenden, wenn er die BA aufgeben o. sich einer anderen BA unterziehen will. In diesem Falle ist jedoch eine Kündigungsfrist von 4 Wochen einzuhalten. Dagegen ist die ordentl. Kündigung ausgeschlossen. *In jedem Fall hat die Kündigung zur Meidung ihrer Unwirksamkeit schriftlich zu erfolgen* (§ 15 III); im Falle unter 4. u. 5. müssen die Kündigungsgründe angegeben werden (AP 1, 4 zu § 15 BBiG). Sie wird auch nicht durch Nachschiebung geheilt. Im Falle einer vorzeitigen Beendigung des BAV kann mit Ausnahme der Fälle zu 2. u. 5. der Vertragstreue von seinem Gegner Schadensersatz fordern, wenn dieser die vorzeitige Auflösung zu vertreten hat. Grundsätzlich besteht kein Anspruch gegen den gesetzlichen Vertreter (AP 4 zu § 549 ZPO). Der Anspruch erlischt jedoch innerhalb von drei Monaten seit Beendigung des BAV (§ 16). 6. Unabhängig von vorstehenden Gründen endet das Ausbildungsverhältnis mit Abschluß eines → Aufhebungsvertrages. Hat der A. vorzeitig das Ausbildungsverhältnis verlassen, so ist er darlegungs- und beweispflichtig, daß es durch Vertrag beendet worden ist (AP 2 zu § 111 BBiG). Unwirksam ist wegen Umgehung des Kündigungsschutzes die einzelvertragliche Vereinbarung, wonach der BAV endet, wenn das Zeugnis des A. für das nächste Berufsschulhalbjahr in einem Fach die Note mangelhaft aufweist (AP 10 zu § 620 BGB Bedingung = NJW 87, 279). Nach Beendigung des BAV hat der Ausbildende ein → *Zeugnis* zu erteilen, das auch von einem angestellten Ausbilder zu unterzeichnen ist, wenn der Ausbildende die BA nicht selbst vorgenommen hat. Das Zeugnis muß Angaben über Art, Dauer u. Zeit der BA sowie über die erworbenen Fertigkeiten u. Kenntnisse enthalten. Auf Verlangen des Auszubildenden sind auch Angaben über Führung, Leistung u. besondere fachl. Fähigkeiten aufzunehmen (§ 8). Wird der BAV über den Beendigungszeitpunkt fortgesetzt, so gilt ein Arbeitsverhältnis auf unbestimmte Zeit als begründet (§ 17). Die Verpflichtung des AG, die Nichtverlängerung drei Monate vor Beendigung der BA mitzuteilen, begründet noch keine Übernahmeverpflichtung. Jedoch kann die Entscheidung unter Berücksichtigung der bestehenden → Auswahlrichtlinien auf ihre Wirksamkeit überprüft werden (AP 2 zu § 17 BBiG = NZA 85, 329; AP 1 zu § 22 MTV Ausbildung; AP 16 zu § 4 TVG Nachwirkung; AP 2 zu § 1 TVG Ausbildungsverhältnis = NZA 87, 818).

V. Der AG hat einen BAV u. seine späteren Änderungen bei der zuständigen Stelle (d. s. die öffentl.-rechtl. Organisationen des Berufs o. Gewerbes; Verzeichnis vor I) zur Eintragung in das *BA-Verzeichnis* anzumelden (§§ 31, 33). Die Eintragung erfolgt, wenn der BAV den vorstehenden gesetzl. Vorschriften u. der Ausbildungsordnung entspricht sowie die subj. Ausbildungsvoraussetzungen des Ausbildenden vorliegen (§ 32). Die InduHK können die Verwendung ihrer Musterformulare nicht zur Eintragungsvoraussetzung machen (OVG EzA 1 zu § 19 BBiG). Ebensowenig kann die Eintragung von der Zahlung einer von der zuständigen Stelle festgesetzten Mindestvergütung abhängig gemacht werden (BVerwG NJW 81, 2209). Die Ausbildungsordnungen werden zur Vereinheitlichung der Berufsbildung erlassen (§ 25); dazu Übersicht Fundstellennachweis A zu BGBl. III – 800 – 21 – 1 – 1 ff o. Schaub Arbeitsrechts-Handbuch, 6. Aufl., § 174 II 8. Zur Abschlußprüfung wird (durch anfechtbaren Verwaltungsakt) zugelassen, wer die Ausbildungszeit bis auf zwei Monate o. bereits vollständig zurückgelegt, die vorgeschriebenen Zwischenprüfungen abgelegt u. in das BA-Verzeichnis eingetragen o. ohne Verschulden des Auszubildenden u. seines gesetzlichen Vertreters nicht eingetragen war (§ 39). Ein Verschulden kann bereits dann vorliegen, wenn sich der Auszubildende überhaupt nicht um die Eintragung gekümmert hat. In Ausnahmefällen kann eine weitergehende Zulassung erfolgen (§ 40). 2. Die *Prüfung* wird vor einem aus drei Personen bestehenden, paritätisch besetzten Prüfungsausschuß (§ 36) abgelegt (vgl. die Richtl. für Prüfungsordnungen zur Durchführung von Abschlußprüfungen vom 9. 6. 1971, BArbBl. 631, 757; für Umschulungsprüfungen BArbBl 71, 752). Sie kann im Falle des Mißlingens wiederholt werden. Über sie ist ein Zeugnis zu erteilen. Sondervorschriften, die z. T. wörtlich denen des BBiG entsprechen, bestehen für den Bereich des → Handwerks. 3. Nach Ablegung der Prüfung heißt der Prüfling im Handwerk Geselle, in der Industrie Facharbeiter, gelernter Arbeiter o. Industriehandwerker, im kaufmännischen Bereich Gehilfe. Ausländische Berufsabschlüsse u. solche der DDR können anerkannt werden (vgl. VO zur Gleichstellung französischer Prüfungszeugnisse v. 16. 6. 1977 (BGBl. I 857) m. spät. Änd.).

B

Baugewerbe. Das → Arbeitsrecht der im B. Beschäftigten wird umfassend durch → Tarifverträge geregelt, die infolge → Allgemeinverbindlicherklärung für ein Arbeitsverhältnis unabhängig von der → Tarifbindung der Parteien gelten. Ihr tariflicher Geltungsbereich ergibt sich zumeist aus ihren ersten §§. Die Zusammenstellung der dazu ergangenen Rspr. ergibt sich aus der AP zu § 1 TVG Tarifverträge: Bau.

1. Es *gelten* für gewerbliche AN der BRTV Bau v. 3. 2. 1981, zul. geänd. 27. 4. 1990, für Poliere der RTV für die Poliere und Schachtmeister v. 12. 6. 1978, für Angestellte der RTV für die technischen und kaufmännischen Angestellten v. 12. 6. 1978 alle zul. geänd. 29. 4. 1988, für Auszubildende der Tarifvertrag über die Berufsausbildung im B. v. 29. 1. 1987 i. d. F. v. 11. 6. 1987. In ihnen sind Beginn und Beendigung des Arbeitsverhältnisses und sein Inhalt geregelt.

2. Der gewerbliche AN hat bei seiner Einstellung die üblichen → Arbeitspapiere, zu denen auch die Lohnnachweiskarte für Urlaub sowie die Unterlagen über Vermögensbildung gehören, dem AG zu übergeben (§ 2 BRTV-Bau). Die Einstellungsbedingungen sind aus Gründen der Beweissicherung auf einem von den Tarifparteien vereinbarten Einstellungsbogen schriftlich festzuhalten. Arbeitszeit → Arbeitsverhinderung, Lohngruppen, Erschwerniszulagen usw. sind genau geregelt. Insbesondere → Auslösungen u. → Wegegelder bei Auswärtsbeschäftigung sind detailliert normiert (AP 39, 40 zu § 1 TVG Tarifverträge Bau). Nach § 5 Nr. 12 BRTV-Bau ist die Abtretung u. Verpfändung von Lohnansprüchen nur mit Zustimmung des AG zulässig. Der AN kann mit seiner Zustimmung zur Arbeitsleistung bei einer Arbeitsgemeinschaft freigestellt werden, an der sein

AG beteiligt ist (§ 9 BRTV-Bau). Während der Dauer der Freistellung ruht das Arbeitsverhältnis zum Stammbetrieb. Mit der Arbeitsaufnahme tritt der AN in ein Arbeitsverhältnis zur Arge. Er erlangt mithin neue → Krankenvergütungsansprüche wenn er von der Arge während der Krankheit zum Stammbetrieb zurückkehrt. Bei der Freistellung hat der Betriebsrat ein Mitwirkungsrecht nach § 99 BetrVG (→ Betriebsratsaufgaben). Nach § 12 Nr. 1 BRTV-Bau kann das Arbeitsverhältnis beiderseitig unter Einhaltung einer Frist von sechs Werktagen, nach 12monatiger Dauer von 12 Werktagen gekündigt werden. In den ersten drei Tagen der Arbeitsaufnahme kann jeweils zum Schluß des Arbeitstages gekündigt werden. Bei älteren Arbeitern ist die Kündigungsfrist verlängert. Bei Beendigung des Arbeitsverhältnisses hat der AG dem AN die → Arbeitspapiere auszuhändigen; ist dies nicht möglich, ist eine Zwischenbescheinigung auszustellen. Nach § 16 BRTV-Bau verfallen alle beiderseitigen Ansprüche aus dem Arbeitsverhältnis und solche, die mit dem Arbeitsverhältnis in Verbindung stehen, wenn sie nicht innerhalb von zwei Monaten nach der Fälligkeit gegenüber der anderen Vertragspartei schriftlich erhoben werden. Lehnt die Gegenpartei den Anspruch ab o. erklärt sie sich nicht innerhalb von zwei Wochen nach der Geltendmachung des Anspruches (AP 84 zu § 4 TVG Ausschlußfristen = DB 84, 996) so verfällt dieser, wenn er nicht innerhalb von zwei Monaten nach der Ablehnung o. dem Fristablauf gerichtlich geltend gemacht wird. Dies gilt nicht für Zahlungsansprüche des AN, die während eines Kündigungsschutzprozesses fällig werden u. von seinem Ausgang abhängen. Für diese Ansprüche beginnt die Verfallfrist von zwei Monaten nach rechtskräftiger Beendigung des Kündigungsschutzverfahrens. Die Verfallfrist umfaßt auch gesetzliche Ansprüche. Der *Urlaub* hat im B. eine besondere Ausgestaltung erfahren. Der AG hat einen Prozentsatz des lohnsteuerpflichtigen Bruttolohnes (AP 45 zu § 1 TVG Tarifverträge Bau) an die gemeinnützige Urlaubskasse für die Bauwirtschaft in Wiesbaden zu zahlen u. entspr. Eintragungen in die Lohnnachweiskarte vorzunehmen. Tritt der AN den Urlaub an, so zahlt der AG das Urlaubsentgelt aus. Es wird ihm durch die Urlaubskasse erstattet (§ 8 BRTV-Bau i. V. m. Tarifvertrag über das Sozialkassenverfahren (VTV) v. 12. 11. 1986 i. d. F. v. 6. 1. 1989 u. 22. 12. 1989.

3. Die Vergütung der AN des B. ist in besonderen Entgelttarifverträgen geregelt; die Leistungsentlohnung für gewerbliche AN richtet sich nach dem RTV für Leistungslohn v. 30. 4. 1971 zul. geänd. 12. 11. 1984. Der AG hat jeweils Abrechnungen über die Vergütung zu erteilen (AP 93 zu § 4 TVG Ausschlußfristen = NZA 86, 429).

4. Bei witterungsbedingten Arbeitsausfällen in der Zeit v. 1. 11. bis 31. 3. zahlt das → Arbeitsamt an den AN Winter- u. Schlechtwettergeld (§§ 74ff AFG) o. gewährt dem AG (vgl. BaubetriebeVO v. 28. 10. 1980 (BGBl. I 2033) zul. geänd. 24. 10. 1984 (BGBl. I 1318) produktive Winterbauförderung. Ergänzend sind der Tarifvertrag zur Förderung der Aufrechterhaltung der Arbeitsverhältnisse im B. während der Winterperiode v. 8. 12. 1987 und über das Sozialkassenverfahren im Baugewerbe (VTV) v. 12. 11. 1986 i. d. F. v. 6. 1. 1989 u. 22. 12. 1989 geschlossen. Zwischen Weihnachten u. Neujahr wird der Lohnausgleich gezahlt.

5. Im TV über eine zusätzliche Alters- u. Invalidenbeihilfe v. 28. 12. 1979 sowie im TV über eine Ergänzungsbeihilfe für langjährige Zugehörigkeit zum B. v. 28. 12. 1979 zul. geänd. 22. 12. 1989 ist eine versicherungsförmige Altersversorgung geregelt.

6. Da bei den Sozialleistungen die Lohnausgleichskassen eingeschaltet sind, bestehen eine Reihe von Verfahrenstarifverträgen. Zur Sicherung der Beitragsleistungen haben die Ausgleichskassen Auskunftsansprüche (AP 7 zu § 61 ArbGG 1979 = NZA 88, 259 = DB 87, 2662). Beitragspflicht besteht auch für geringfügig Beschäftigte (AP 100 zu § 1 TVG Tarifverträge: Bau = NZA 89, 307). Lit.: Kissel ZfA 85, 39.

BAVAZ heißt bedarfsorientierte variable → Arbeitszeit. Bei ihr wird der AN nur dann zur Arbeit bestellt, wenn ein Arbeitskräftebedarf besteht. Sie kommt bei der → Abrufarbeit vor.

Beamte sind Personen, welche zu einer jur. Person des öffentl. Rechts in einem öffentl.-rechtl. Dienst- u. Treueverhältnis stehen. Das Beamtenverhältnis wird durch öffentl.-rechtl. Vertrag unter Aushändigung einer Ernennungsurkunde auf Lebenszeit, Zeit, Probe o. Widerruf begründet. Auf das B.-Verhältnis findet → Arbeitsrecht keine Anwendung. Ein nichtiges Beamtenverhältnis kann i. d. R. nicht in ein Arbeitsverhältnis umgedeutet werden (AP 18 zu § 2 ArbGG Zuständigkeitsprüfung).

Bédaux-System → Akkord

Bedingter Arbeitsvertrag: Als suspensiv bedingter soll er erst bei Eintritt eines zukünftig ungewissen Ereignisses in Kraft treten, als resolutiv bedingter bei Eintritt eines zukünftig ungewissen Ereignisses enden. Das BAG hat vorübergehend Zweifel geäußert, ob die auflösende Bedingung nicht schlechthin wegen Verstoß gegen den AN-Schutz unwirksam ist; insoweit wendet es nunmehr wieder dieselben Grundsätze wie beim → befristeten Arbeitsverhältnis an (AP 2, 4, 7 zu § 620 BGB Bedingung). Wirksam sind auflösende Bedingungen wie Erreichen einer bestimmten Altersgrenze (AP 9, 12 zu § 620 BGB Bedingung; AP 2 zu § 620 BGB Altersgrenze = NZA 88, 617); Neubesetzung einer Planstelle (AP 7) u. Eintritt der Erwerbsunfähigkeit (AP 5 zu § 59 BAT = NZA 87, 815); Fluguntauglichkeit (AP 12 zu § 1 TVG Tarifverträge; Lufthansa = NZA 88, 67); unwirksam dagegen solche, wenn der AN nicht rechtzeitig aus dem → Urlaub zurückkehrt (AP 3, 8, 14 zu § 620 BGB Bedingung = NZA 88, 391; Stahlhacke DB 89, 2329) o. einen bestimmten Notendurchschnitt während der → Berufsausbildung nicht erreicht.

Beendigung des Arbeitsverhältnisses kann eintreten durch: *1.* Ablauf der Dienstzeit, wenn es auf bestimmte Zeit o. für einen bestimmten Zweck eingegangen ist (→ Befristetes Arbeitsverhältnis § 620 I BGB); *2.* → Aufhebungsvertrag; *3.* Tod des AN; ob durch Tod des AG, ist Tatfrage, z. B. bei Pflegerin (§ 613 BGB); *4.* Verbleiben des AN nach der Eignungsprüfung als Freiwilliger in den Streitkräften (§ 3 I EignungsübungsG v. 20. 1. 1956, BGBl. I 13 m. sp. Änd.) *5.* → Konkurs des AG bei ArbVertr. auf Geschäftsbesorgung (§§ 23 II, 27 KO); *6.* → Kündigung; *7.* → Aussperrung (umstr., → Arbeitskampf); dagegen nicht durch Teilnahme an einem erlaubten → Streik. *8.* Mit Erreichung der Altersgrenze (→ Bedingter Arbeitsvertrag); *9.* Im → öffentlichen Dienst bei Berufs- oder Erwerbsunfähigkeit (vgl. AP 4 zu § 59 BAT). Kein Beendigungsgrund ist die Möglichkeit vorgezogenes Altersruhegeld (Art. 6 § 5 II RRG) in Anspruch zu nehmen o. in → Altersteilzeitarbeit zu treten.

Befristetes – zweckbestimmtes – Arbeitsverhältnis. I. In § 620 BGB ist der befristete – zweckbestimmte – ArbVertr. neben dem unbefristeten genannt. Beide sind daher möglich (GS AP 16 zu § 620 BGB Befr. ArbVertr.). Die Befristung kann kalendermäßig, aber auch nach der Beschaffenheit o. dem Zweck der Dienstleistung (z. B. für die Kur-Hauptsaison) bestimmt sein, sofern dies eindeutig ist. Ist das Arbeitsverhältnis zweckbestimmt befr., hat der AG aufgrund der → Fürsorgepflicht den AN auf das bevorstehende Ende hinzuweisen, sobald sich der Zeitpunkt des Endes absehen läßt (AP 103, 113 zu § 620 BGB Befristeter Arbeitsvertrag = NZA 87, 238; 88, 201). Der Abschluß ist formfrei möglich. Die Einhaltung der Schriftform empfiehlt sich; für Anfangstermin o. suspensive Bedingung ist der Anspruchsteller, für Endtermin o. resolutive Bedingung der Anspruchsgegner beweisbelastet (hM). Nach Ablauf der Frist endet das Arbeitsverh., das gilt unabhängig davon, ob der allgemeine o. besondere → Kündigungsschutz besteht. Dies gilt dann nicht, wenn die Berufung auf die Befristung rechtsmißbräuchlich ist (AP 8 zu § 1 BeschFG 1985 = NJW 89, 3171 = NZA 89, 719). Eine ordentl. → Kündigung ist während der Befristung nur möglich, wenn vertragl.

Befristetes – zweckbestimmtes – Arbeitsverhältnis

vorgesehen. Dies gilt selbst dann, wenn die Befristung unwirksam (AP 47, 55 zu § 620 BGB Befristeter Arbeitsvertrag). Mit AN im → Aushilfsarbeitsverhältnis kann während der ersten drei Monate (§ 622 V BGB) eine kürzere als die gesetzl. Kündigungsfrist vereinbart werden. Gegen den befristeten Abschluß von Arbeitsverträgen hat der Betriebsrat nur dann ein Widerspruchsrecht, wenn dieser verboten ist. Der AG kann aber gezwungen sein, bei Widerspruch das Zustimmungsersetzungsverfahren einzuleiten (AP 21 zu § 99 BetrVG 1972 = NJW 86, 2967). Bei der Verlängerung eines befristeten Arbeitsverhältnisses hat der → Betriebsrat ein Mitwirkungsrecht.

II. Der Abschluß befristeter Arbeitsverträge kann *unwirksam* sein:

1. Durch *G.* ist die Wirksamkeit der Befrist. geregelt für: *(1)* → *Auszubildende*. Ihre Verträge müssen befristet sein. *(2) Wissenschaftliches Personal*. Die Grenzen der Befristung ergeben sich aus dem HRG v. 26. 1. 1976 (BGBl. I 185) i. d. F. v. 9. 4. 1987 (BGBl. I 1170); vgl. v. 31. 1. 1990 – 7 AZR 125/89 –. *(3) Ärzte in der Weiterbildung* (G. v. 15. 5. 1986 – BGBl. I 742). *(4)* → *BeschFG*.

2. Durch → *Tarifvertrag*. Die Tarifpartner können ausdrücklich die Befristung ausschließen. Ein derartiger Ausschluß ist in der SR 2 y zum BAT u. den diesen entspr. Bestimmungen enthalten (AP 1, 7 zu § 1 BeschFG = NZA 88, 358; 89, 690; Slaby ZTR 89, 142). Die Höchstdauer der Befristung kann auf fünf Jahre begrenzt sein (AP 90 zu § 620 BGB Befristeter Arbeitsvertrag = BB 85, 1729; vgl. Deutsche Welle: AP 18 zu § 1 TVG Tarifverträge Rundfunk = NZA 89, 428). Die Tarifverträge können auch eine einmalige Verlängerung der Befrist. zulassen (AP 70 zu § 1 TVG Tarifverträge: Metallindustrie = NZA 89, 891). Ein konkludenter Ausschluß ist dann gegeben, wenn die → Tarifverträge ein lückenloses System der Beendigung des Arbeitsverhältnisses u. der Kündigung enthalten (AP 1 zu § 620 BGB Befristeter Arbeitsvertrag; AP 15 zu § 620 BGB Probearbeitsverhältnis).

3. Durch *Betriebsvereinbarung*. Für → Betriebsvereinbarungen besteht nur eine Regelungssperre nach § 77 III BetrVG. Namentlich in Großunternehmen bestehen solche.

4. Durch aus dem G entwickeltes *Richterrecht*. Hiernach ist eine Befristung dann unwirksam, wenn *(1)* durch einen Mißbrauch der Gestaltungsmöglichkeit der Zweck zwingender Bestimmungen des Kündigungsrechtes vereitelt wird, den Arbeitsplatz zu erhalten u. das Kündigungsrecht zu begrenzen, *(2)* für sie nach Auffassung verständiger u. verantwortungsbewußter Vertragspartner kein sachlich gerechtfertigter Grund besteht, *(3)* die Dauer der Befristung angemessen ist. Die Dauer der Befrist. muß sich aus dem Sachgrund

ergeben (AP 120 = NZA 89, 965). Für die Beurteilung des sachlich gerechtfertigten Grundes ist maßgeblich, ob (a) aus rechtlich billigenswerten Gründen die Befristung branchenüblich ist, unzureichend ist eine faktische Üblichkeit, ausreichend Tarifüblichkeit (AP 31, 32, 35–37); (b) nach den Umständen des Einzelfalles eine Befristung angemessen ist (AP 23, 28); (c) bei Befristung für nur einen Teil der Arbeitnehmerschaft eine vernünftige, für sie durchschaubare Regelung besteht (AP 38, 43, 68). Die Angemessenheit bestimmt sich nach den Sachgründen der Befristung, der Üblichkeit im Arbeitsleben u. den Umständen des Einzelfalles (AP 38, 40, 46, 52, 54, 56). Diese Grundsätzen gelten auch für leitende → Angestellte (AP 47). Zeitpunkt der Überprüfung ist die Begründung des Arbeitsvertrages (AP 37, 39, 52); allerdings ist bei prognostischer Betrachtung die zukünftige Entwicklung des Arbeitsverhältnisses zu berücksichtigen (AP 22, 23, 39). Bei mehreren hintereinander geschalteten Arbeitsverhältnissen (Kettenarbeitsverhältnis) ist alleine die letzte zu überprüfen (AP 97 zu § 620 BGB Befristeter Arbeitsvertrag = NJW 87, 150; AP 100 = NZA 87, 58; AP 1 zu § 620 BGB Saisonarbeit = NZA 87, 627, AP 8 zu § 119 BGB = NZA 88, 734; v. 21. 3. 1990 – 7 AZR 286/89 –). U. U. kann tariflich eine mehrfache Befristung zulässig sein (AP 78 = DB 84, 2709; AP 79 = DB 84, 2710).

5. Ist die Befristung unwirksam, so kann der AN Klage auf Feststellung der Unwirksamkeit erheben (AP 48). Er braucht die Klage nicht binnen der Frist des § 4 S. 1 KSchG ab Ende der Befristung (AP 50, 54) oder Zugang der Nichtverlängerungsanzeige (AP 47) zu erheben. Allerdings kann bei Beurteilung der → Verwirkung eines Klagerechtes die Klagefrist von Bedeutung sein (AP 54). Bei Streit um die Wirksamkeit der Befristung gelten dieselben Grundsätze für den Beschäftigungsanspruch wie bei der Kündigung.

III. In der Rspr. haben sich Typologien herausgebildet, bei denen eine Befristung wirksam ist oder nicht. (1) Auf Wunsch des Arbeitnehmers ja, wenn dieser nicht in seiner Entscheidungsfreiheit beeinträchtigt ist (AP 38, 68; AP 91 = DB 85, 2566); (2) zur Erprobung ja (AP 61); jedoch darf Probezeit im allgemeinen sechs Monate nicht übersteigen (AP 71, 74 = NJW 83, 1752); (3) zur Aushilfe ja, wenn vorübergehende Aufgaben wahrgenommen werden (AP 2, 5, 17, 29, 63, 76, 77 = DB 84, 621) z. B. zur Vertretung erkrankter Mitarbeiter (AP 63), der Arbeitnehmerinnen im → Erziehungsurlaub; bis zur Beendigung eines → Berufsausbildungsverhältnisses, damit → Auszubildender übernommen werden kann (AP 83 = NZA 85, 90); nach Beendigung der Berufsausbildung aus sozialen Gründen (AP 88 zu § 620 BGB Befristeter Arbeitsvertrag = DB 85, 2151; AP 91 = DB 85, 2566; AP 96 = NZA 86, 571); (4) in gerichtlichen Vergleichen

Behinderten-Werkstatt

(AP 51, 53; AP 7 zu § 620 BGB Bedingung = NZA 84, 266; AP 80 = NZA 84, 34); (5) in bestimmten Branchen ja; hierzu gehören vor allem die Arbeitsverträge von Künstlern, Musikern (AP 15 zu § 611 BGB Bühnenengagementsvertrag), Schauspielern (AP 19), Sängern (AP 15), im Bereich der Medien (AP 35, 37, 43 zu § 620 BGB Befristeter Arbeitsvertrag. AP 42 zu § 611 BGB Abhängigkeit = DB 83, 2042; AP 43 = DB 83, 2041; (6) in unterschiedlichen Bereichen des öffentlichen Dienstes. Es sind zu unterscheiden (6.1) Befristung aus haushaltsrechtlichen Gründen. Unzureichend ist, wenn unsicher, ob Haushaltsplanmittel bereitgestellt werden, zureichend die Möglichkeit, daß der neue Haushaltsplan die für die Bezahlung von Arbeitskräften notwendigen Mittel nicht bereit stellen wird (AP 40, 46, 50, 52, 61, 64, 111 = NZA 88, 279 = DB 88, 1024; AP 112 = DB 88, 711; AP 125 = NZA 89, 544); (6.2) im Schulbereich. Zulässig nach nicht ganz einheitlicher Rspr., wenn im alleinigen Interesse des Lehrers (AP 20), wenn voll ausgebildete Lehrkräfte nicht zur Verfügung stehen (AP 42, 56, 69), wenn Lehrermangel mit Personen fachspezifischer Ausbildung überbrückt wird, bis Mangelberuf behoben (AP 56), bis zum Ende des Schuljahres mit Lehramtsbewerbern (AP 70), bei dauerhaftem Absinken der Schülerzahl (AP 64, 69); u. U. bei Lehramtsbewerbern (AP 64, 65, 76 = DB 84, 935; 77 = DB 84, 621); mit ausländischen Lehrern zur Erteilung des Unterrichts in der Heimatsprache (AP 89); (6.3) im Hochschulbereich ist die ältere Rspr. weitgehend überholt (II 1); Lehrbeauftragte stehen im allgemeinen in einem öffentlich-rechtlichen Dienstverhältnis (AP 27 zu § 611 BGB Lehrer, Dozenten); (7) Befristung für die Dauer von Arbeitsbeschaffungsmaßnahmen, ja (AP 72; AP 114 zu § 620 BGB Befristeter Arbeitsvertrag = DB 88, 1068. Berger-Delhey NZA 90, 147); zur Eingliederung junger Ausländer (AP 101 = NZA 86, 820); überbetrieblicher Bildungsmaßnahmen (AP 102 = NZA 86, 823). (8) auf das Erreichen des 65. Lebensjahres (→ Bedingter Arbeitsvertrag). Besonderheiten bei → Beendigung des Arbeitsverhältnisses bei vorgezogenem Altersruhegeld u. → Altersteilzeitarbeit. Auch einzelne Arbeitsbedingungen können befristet werden (AP 19 zu § 2 KSchG 1969 = NZA 87, 241; vgl. Wolf RdA 88, 270). Lit.: Klevemann/Ziemann DB 89, 2608; Sowka DB 88, 2457.

Behinderten-Werkstatt: Die Werkstatt für Behinderte ist eine Einrichtung zur Eingliederung Behinderter in das Arbeitsleben. Sie soll diesen, die wegen Art oder Schwere der Behinderung nicht, noch nicht oder noch nicht wieder auf dem allgemeinen Arbeitsmarkt tätig werden können, einen Arbeitsplatz oder Gelegenheit zur Ausübung einer geeigneten Tätigkeit geben (§ 54 SchwbG). Werkstätten, die eine Vergünstigung nach dem SchwbG in Anspruch nehmen, bedürfen der Anerkennung (vgl. ANBA 89, 492). Das Rechtsverhältnis der → Schwerbehinderten zur Werkstatt ist umstr. (vgl. Schaub ArbR-Hdb § 186 VII). Die Werkstatt ist eine karitative Einrichtung i. S. § 118 BetrVG (vgl. AP 16 zu § 118 BetrVG 1972; von Maydell/Eylert RdA 81, 148).

Beihilfen. AN des → öffentl. Dienstes können auf schriftl. Antrag in Krankheits-, Geburts- u. Todesfällen B. zu den notwendigen Aufwendungen im angemessenen Umfang gewährt werden. Dazu gehört auch Anstaltsunterbringung (AP 1 Nr. 5 Beihilfevorschriften = DÖD 87, 214). Diese decken i. d. R. 50–70% der notwendigen Aufwendungen. In welchem Umfang private Versicherungsansprüche angerechnet werden, ist umstr (AP 3 zu § 40 BAT = NZA 89, 509). Zusammenstellung der B.-Vorschriften bei Piller-Hermann, Just-VerwVorschr., Nr. 11. Der Beihilfeanspruch hat Vorrang vor einem Anspruch auf Sozialhilfe (AP 1 zu Nr. 1 Beihilfevorschriften). S. a. Unterstützungen. Lit.: Hoffmann ZTR 87, 80.

Beitragsbemessungsgrenze für das Jahr 1990 → sind in der Renten- u. Arbeitslosenversicherung 6300 DM im Monat (75600 DM im Jahr), in der gesetzl. Krankenvers. 4725 DM im Monat (56700 DM im Jahr). (§ 1385 I 1 RVO, § 112 AVG, i. V. m. Bek. v. 7. 12. 1989, BGBl I 2168).

Beitragssatz heißt der Satz, nach dem sich die Bemessung der Beiträge zur Sozialversicherung richtet. Er beträgt 1990 in der Rentenversicherung 18,7 v. H.; Arbeitslosenversicherung 4,3 v. H. (für AG u. AN je 2,15 v. H.) (§§ 1385 RVO, 112 I AVG, 174 AFG). In der Krankenversich. ist er je nach finanzieller Lage der Kasse unterschiedlich.

Beratungshilfe wird aufgrund des Beratungshilfegesetzes v. 18. 6. 1980 (BGBl. I 689) jedem hilfsbedürftigen Bürger in vor- und außergerichtlichen Angelegenheiten gegen eine Schutzgebühr von 20,– DM gewährt. Sie wird durch einen → Rechtsanwalt ausgeführt; sie kann auch durch das Amtsgericht gewährt werden, soweit dem Anliegen durch eine sofortige Auskunft, einen Hinweis auf andere Möglichkeiten für Hilfe o. die Aufnahme eines Vertrages o. eines Antrages entsprochen werden kann. Die B. erstreckt sich auf die Gebiete des Zivil-, Verwaltungs- u. Verfassungsrechtes. In Angelegenheiten des Straf- und Ordnungswidrigkeitenrechtes ist sie wegen der Abgrenzung zur Verteidigung auf die Beratung beschränkt. Von der B. ausgenommen sind die Gebiete des → Arbeits- und Sozialrechtes. Indes bleibt es den Ländern vorbehalten, auch diese Rechtsgebiete einzubeziehen. Die B. wird auf Antrag gewährt, wenn der Rechtssuchende die erforderlichen Mittel nach seinen persönlichen und wirtschaftlichen Verhältnissen nicht aufbringen kann, nicht andere Möglichkeiten für eine Hilfe zur Verfügung stehen, deren Inanspruchnahme dem Rechtssuchenden zuzumuten ist, die Wahrnehmung der Rechte nicht mutwillig ist. Die Anspruchsberechtigung ist an Einkommensgrenzen geknüpft (850,– DM netto; bei Unterhaltspflichten mind. 1300,– DM). Antragstellung: Amtsgericht. Dieses kann *(1)* sofort helfen, *(2)* einen Berechtigungsschein erteilen, aufgrund dessen der Rechtssuchende einen Rechtsanwalt seiner Wahl aufsuchen kann. Wendet sich der Rechtssuchende unmittelbar an einen RA., so hat er diesem seine persönlichen und wirtschaftlichen Verhältnisse glaubhaft zu machen u. zu versichern, daß ihm in derselben Angelegenheit B. weder gewährt noch durch das Amtsgericht versagt worden ist. Der RA hat einen Anspruch auf die Schutzgebühr, die jedoch im Einzelfall auch erlassen werden kann. Er erhält aus der Staatskasse eine geschäftswertunabhängige Pauschalvergütung, die sich nach dem Umfang der eingesetzten Tätigkeit richtet, und zwar 30,– DM für einen mündlichen oder schriftlichen Rat und für eine Auskunft, die nicht mit einer anderen gebührenpflichtigen Tätigkeit zusammenhängt, 80,– DM für die in § 118 BRAGO bezeichneten Tätigkeiten und 100,– DM, wenn die Tätigkeit zu einem →Vergleich führt. In Bremen und Hamburg verbleibt es bei den dort bestehenden Beratungsmöglichkeiten. Lit.: Greißinger AnwBl 86, 417.

Bereitschaftsdienst → Arbeitszeit.

Bergmann. I. Die Bergleute gehören nicht zu den gewerbl. AN i. S. der GewO, wenngleich einzelne Vorschriften entspr. Anwendung finden (§§ 105b, 154a GewO). Ihr Arbeitsverhältnis sowie das der Bergbauangestellten richtet sich nach dem BGB. Die Landesgesetze sind durch das BBergG aufgehoben; das BBergG selbst enthält im allgemeinen keine Normen für das Individualarbeitsrecht (Boldt RdA 81, 1). Da im Bergbau vor allem Großunternehmen tätig werden, richtet sich das Arbeitsvertragsrecht weitgehend nach Tarifverträgen; von besonderer Bedeutung sind die Tarifverträge für den rheinisch-westfälischen Bergbau. Es gelten z.Z. MTV für AN v. 14. 11. 1989. TV über allgemeine betriebliche Arbeitsbedingungen v. 12. 4. 1975 m. spät. Änd.; Tarifvertrag über Betriebsverfassung v. 1. 1. 1977 i. d. F. v. 1. 4. 1990. Die typische Entlohnung des B. ist das histor. gewachsene Gedinge, dessen Ursprünge bis auf das frühe Mittelalter zurückgehen. Es ist wie der → Akkord u. die › Prämie eine Form der Leistungsentlohnung. Der Gedingevertrag wird wegen der im Bergbau naturgegebenen Veränderlichkeit der Arbeitsbedingungen (wechselnde Härte der Kohle, Veränderlichkeit des Gebirgsdrucks, Wasserzufluß usw.) grundsätzlich vor Ort in freier Ver-

einbarung zwischen dem Beauftragten der Werksleitung einerseits
sowie dem Ortsältesten u. mind. einem Beauftragten der Gedingebe-
legschaft andererseits aufgrund von Erfahrungswerten u. fachmänni-
scher Beurteilung der überschaubaren Verhältnisse für die betreffen-
de Gedingekameradschaft abgeschlossen (Anl. 6.4 zum MTV). Das
Gedinge wird in einen Gedingeschein eingetragen. B. u. ehemalige
B. erhalten Hausbrandversorgung (AP 3 zu § 611 BGB Deputat =
DB 80, 502; AP 4 = DB 80, 1126; AP 5; AP 7 = DB 84, 1834; AP 58,
64 zu § 242 BGB Gleichbehandlung = DB 84, 1251, 2571; AP 9 zu
§ 611 BGB Deputat = EzA 46 zu § 611 BGB Fürsorgepflicht).

II. Die AN des Bergbaus genießen einen weitgehenden *öffentl.-
rechtl. Sozialschutz*.

1. Der Einkommenssicherung im Bergmannsberuf dient das G
über die Bergmannsprämie i. d. Änd. v. 7. 5. 1980 (BGBl. I 532)
nebst DVO i. d. F. v. 20. 12. 1977 (BGBl. I 3135). Hiernach erhalten
AN des Bergbaus (ausgenommen leitende → Angestellte), die unter
Tage beschäftigt werden, *Bergmannsprämie* für jede volle, unter Tage
verfahrene Schicht. Sie beträgt 10,– DM je Schicht (§§ 1, 2 BergPG).

2. Der *Wohnungsfürsorge* dient das G zur Förderung des Bergarbei-
terwohnungsbaues im Kohlenbergbau i. d. F. v. 4. 5. 1957 (BGBl.
I 418 m. sp. Änd.) sowie die DVO v. 31. 8. 1966 (BGBl. I 549).

3. Für die von Stillegungsmaßnahmen betroffenen Bergleute ist
ein Gesamtsozialplan – GSP – aufgestellt v. 15. 5. 1968 (BAnz. 1968
Nr. 94) zuletzt geänd. am 11. 6. 1975 (BAnz. Nr. 107). Der erste Teil
des GSP (Abfindungsgeld) ist in §§ 24–31 KohleanpassungsG.

Der 2. Teil in Richtlinien über die Gewährung von Beihilfen für
AN des Steinkohlenbergbaues, die von Maßnahmen i. S. d. Art. 56
§ 2 EGKS-Vertrag betroffen sind.

Der 3. Teil ist in § 7 KohleanpassungsG enthalten. Landesrichtli-
nien gelten in NRW. Besondere Richtlinien gelten für den Eisenerz-
bau (vgl. frühere Auflagen).

Bergmannsversorgungsschein I. Bergleute genießen wegen der
bestehenden Gefahren im Bergbau einen besonderen Schutz durch
die knappschaftliche Sozialversicherung. Sie bedürfen aber auch
dann eines Schutzes, wenn sie nach längerer bergmännischer Tätigkeit nicht mehr oder nur mit Gefahr völliger vorzeitiger Invalidität
Untertagearbeiten ausüben können. Diesem Schutz dienen Gesetze
über einen Bergmannsversorgungschein im Lande NRW (Berg-
mannsversorgungsscheingesetz – BVSG NW) i. d. F. v. 20. 12. 1983
(GVBl NW 635) nebst AusgleichsabgabenverwendungsVO – AV
BVSG (GVBl NW 648), im Saarland i. d. F. v. 16. 10. 1981 (ABl 825;
dazu Boldt RdA 82, 155) und in Niedersachsen v. 6. 1. 1949 (GVBl

Bergmannsversorgungsschein

Sb I 741) nebst DVO 13. 4. 1949. Das niedersächsische Gesetz verweist auf das SchwBeschG, jetzt SchwbG (→ Schwerbehinderte). Die G. in NRW und Saarland enthalten eigenständige Regelungen, die aber anders als früher nicht mehr in allen Punkten übereinstimmen. Wegen des BVSG-Saarland muß auf die früheren Auflagen verwiesen werden; die nachstehenden Ausführungen für NRW gelten im Saarland in vielen Fällen modifiziert.

II. Einen BVS erhalten auf Antrag Bergleute, die während ihrer Untertagebeschäftigung im Bergbau des Landes NRW die Anspruchsvoraussetzungen des § 2 BVSG NW erfüllen (§ 1 BVSG NW). Unter den Begriff Bergbau fallen auch Bergbauspezialgesellschaften und sonstige Unternehmen, soweit sie knappschaftliche Arbeiten nach der VO über knappschaftliche Arbeiten v. 11. 2. 1933 (RGBl I 66) verrichten (§ 2 III BVSG NW; vgl. AP 2 zu § 9 BVSG NRW). Der Antrag ist nicht fristgebunden und kann formlos bei der Zentralstelle für den BVS, Gelsenkirchen oder beim Knappschaftsältesten gestellt werden, u. zwar von allen Bergleuten, die nach dem 31. 12. 1970 aus dem Bergbau ausgeschieden sind. Dies gilt auch dann, wenn ein früherer Antrag wegen Fristversäumnis nach dem früheren Gesetz zurückgewiesen worden ist (§ 19 BVSG NW). Voraussetzung für die Erteilung des BVS ist, daß *(1)* Arbeitnehmer, die ohne vermindert bergmännisch berufsfähig i. S. des § 45 II RKG sind, nach mindestens 5-jähriger Untertagetätigkeit u. gleichzeitiger Zugehörigkeit zur knappschaftlichen Renten- o. Krankenversicherung nach dem 13. 7. 1948 von der Bundesknappschaft o. der zuständigen Berufsgenossenschaft o. dem Bergwerksbetrieb auf Anregung des Betriebsarztes aus vorbeugenden Gründen aufgefordert sind, für dauernd die Untertagearbeit aufzugeben oder bestimmte Arbeiten einzustellen; *(2)* Arbeitnehmer, die mindestens 5 Jahre unter Tage beschäftigt sind und während dieser Zeit der knappschaftlichen Renten- o. Krankenversicherung angehörten, nach dem 13. 7. 1948 vermindert berufsfähig i. S. v. § 45 II RKG geworden sind oder ihnen die Knappschaftsrente wegen Berufsunfähigkeit entzogen worden ist. Auf die 5jährige Wartezeit werden alle im deutschen Bergbau unter Tage verbrachten Zeiten sowie die Untertagezeiten angerechnet, die in den Mitgliedsstaaten der EWG oder den Staaten zurückgelegt sind, mit denen ein Sozialversicherungsabkommen abgeschlossen worden ist (§ 3 BVSG NW).

III. 1. Zur Beschäftigung von BVS-Inhabern verpflichtet sind alle PrivatAG mit Ausnahme der Bergwerksbetriebe (AP 26 zu § 9 BergmannsVersorgScheinG NRW = NZA 89, 302) sowie die AG der öffentlichen Hand in ihren Betrieben und Dienststellen in NRW, soweit sie über mindestens 100 Arbeitsplätze verfügen. In das Gesetz einbezogen ist mithin auch der Bund als Arbeitgeber. Die Beschäftigungspflicht wird durch die Beschäftigung von → Schwerbehinderten nicht berührt (§ 4 I 2 BVSG NW), auch wenn Schwerbehinderte über die Pflichtzahl beschäftigt werden. Wegen der gestiegenen Zahl der Schwerbehinderten sollte in jedem Fall ein ausreichendes Arbeitsplatzangebot gewährleistet sein. Andererseits können die beschäftigten BVS-Inhaber auf die Pflichtzahl der Beschäftigung von Schwerbehinderten angerechnet werden (§ 9 IV SchwbG). Arbeitsplätze sind alle Stellen, auf denen Arbeiter, Angestellte, Richter sowie Auszubildende u. andere zu ihrer beruflichen Bildung Angestellte beschäftigt werden (§ 4 III BVSG NW, § 7 SchwbG). Nach § 5 BVSG NW sind 1 v. H. BVS-Inhaber zu beschäftigen. Nach § 7 BVSG NW hat der AG das Recht der Auswahl unter denjenigen BVS-Inhabern, die bereit sind, mit ihm ein Arbeitsverhältnis einzugehen. Nicht bergbauliche AG können Probearbeitsverhältnisse bis zur Dauer von sechs Monaten abschließen. Der AG hat sich innerhalb seiner Pflichtzahl um eine sinnvolle Beschäftigung der BVS-Inhaber zu bemühen. Hierdurch soll erreicht werden, daß sie nicht nur mit niederen Arbeiten („Waschkaue") beschäftigt werden.

2. Solange AG die vorgeschriebene Zahl von BVS-Inhabern nicht beschäftigen, haben sie für jeden Pflichtplatz, der trotz Angebot von dienstfähigen und dienstbereiten Stellenbewerbern nicht mit einem BVS-Inhaber besetzt ist, eine Ausgleichsabgabe zu zahlen (§ 8 BVSG NW). Die Höhe der Ausgleichsabgabe richtet sich nach dem SchwbG. Die Zentralstelle stellt die Abgabepflicht u. Höhe fest u. betreibt ggf. die Einziehung. Auf Antrag des AG kann die Ausgleichsabgabe herabgesetzt o. erlassen werden, wenn der AG mindestens 70 v. H. der Pflichtplätze mit BVS-Inhabern besetzt hat. Die Ausgleichsabgabe darf nach § 18 BVSG NW nur zur sozialen Betreuung und zur Arbeitsförderung von noch im Erwerbsleben stehenden BVS-Inhabern verwandt werden. Einzelh. AV BVSG unter I.

IV. BVS-Inhaber haben eine Reihe von Sonderrechten.

1. Nach § 9 I BVSG NW erhalten BVS-Inhaber vom bisherigen (AP 4) BergbauAG oder seinem Rechtsnachfolger ohne Rücksicht auf seine Kohlebasis (AP 8) Hausbrandkohlen o. entsprechende Barabgeltung nach den für aktive Bergleute geltenden tariflichen oder betrieblichen Regelungen (AP 25 = DB 85, 1648). Anspruchsberechtigt sind ferner Empfänger von Anpassungsgeld (vgl. AP 11) oder der Knappschaftsausgleichsleistung. Zum Barabgeltungsanspruch nach früherem Recht vgl. AP 12 zu § 9 BVSG NRW.

2. Nach § 9 II BVSG NW soll die bisherige Werkswohnung dem BVS-Inhaber belassen werden.

Bergmannsversorgungsschein

3. a) Der BVS-Inhaber erlangt eine Reihe von Sonderrechten gegenüber dem neuen Betrieb, und zwar unabhängig davon, ob dieser einstellungspflichtig ist (§ 13 BVSG NW). Ihn trifft auch keine Informationspflicht von sich aus; lediglich bei Verneinung der Frage, Inhaber eines BVS zu sein, kann eine Anfechtung des Arbeitsvertrages gerechtfertigt sein (vgl. AP 4 zu § 9 BVSG NRW; AP 19 zu § 123 BGB). Nach § 9 III BVSG sind in jedem außerbergbaulichen Beschäftigungsbetrieb (vgl. AP 15; AP 26 zu § 9 BVSG NRW = NZA 89, 302) dem BVS-Inhaber bei der Gewährung des Urlaubs, des Tariflohnes u. sonstiger Leistungen die im Bergbau unter Tage verbrachten Beschäftigungszeiten als gleichwertige Berufsjahre o. als gleichwertige Zeiten der Betriebszugehörigkeit anzurechnen. Die Anrechnung darf sich jedoch grundsätzlich nicht mehrfach auswirken. Die Vordienstzeiten müssen nach Grund u. Höhe der Sozialleistungen berücksichtigt werden (AP 5, 6, 10, 13, 14, 15 zu § 9 BVSG NRW; zur Berücksichtigung von Kriegsdienstzeiten AP 16). Der BVS-Inhaber kann jedoch nicht verlangen, daß ihm Rechte eingeräumt werden, die bereits vor seinem Eintritt außer Kraft gesetzt worden sind (AP 13). Die Vordienstzeiten sind nicht anzurechnen auf die Zeiten tatsächlicher Beschäftigung beim → Bewährungsaufstieg im öffentlichen Dienst (AP 17, 18).

b) Besondere Schwierigkeiten erwachsen, wenn der neue Beschäftigungsbetrieb → Ruhegelder gewährt. Auch insoweit sind die Vordienstzeiten nach Grund u. Höhe anzurechnen. Die Anrechnungspflicht kann nicht dadurch ausgeschlossen werden, daß Zeiten knappschaftlicher Versicherung ausgenommen werden (AP 22 = DB 84, 2712). Nach § 9 III 2 BVSG NW ist eine Eingrenzung der Mehrfachanrechnung versucht, die aber gegen § 2 V BetrAVG verstößt. Vgl. AP 23, 24 = DB 84, 2714, 2713. Vordienstzeiten werden nicht berücksichtigt im Rahmen der Zusatzversicherung bei der VBL (AP 27 zu § 1 BergmannsVersorgScheinG NRW = NZA 89, 301).

4. Nach § 10 I BVSG darf einem BVS-Inhaber nur mit vorheriger Zustimmung der Zentralstelle gekündigt werden. Die Zustimmung ist schriftlich zu beantragen. Diese soll binnen eines Monats falls erforderlich aufgrund mündlicher Verhandlung entscheiden. Sie muß dem Antrag stattgeben, wenn ein anderer angemessener Arbeitsplatz gesichert ist. Sie soll ihm stattgeben, wenn keine unbillige Härte vorliegt. Sie ist zu erteilen, wenn Betriebe eingestellt werden. Ist der BVS-Inhaber zugleich schwerbehindert, so hat die Zentralstelle ihre Entscheidung auszusetzen. Sie soll nur aus gewichtigen Gründen anders als die Hauptfürsorgestelle entscheiden. Weitere Besonderheiten sind in §§ 11, 12 BVSG NW enthalten.

V. Die Aufhebung des Schutzes nach dem BVSG richtet sich nach § 14 BVSG NW.

Berufsausbildung → Berufsbildung.

Berufsausbildungsbeihilfen. Neben den von privater Seite gezahlten BAB u. Förderungsmaßnahmen *(Studienstiftung des Deutschen Volkes; Nachwuchsspende des Stifterverbandes der Deutschen Wissenschaft; Viktor-Gollancz-Stiftung; Begabtenförderung des Deutschen Handwerks; verschiedene Stiftungen im Rahmen des BDA u. BDI o. der →* Gewerkschaften *u. einzelner Firmen)* besteht eine verwirrende Fülle öffentl. BA-Förderung. Die wichtigsten sind:

1. Nach dem Bundesausbildungsförderungsgesetz (BAföG) i. d. F. v. 6. 6. 1983 (BGBl I 645; ber. 1680 m. spät. Änd.), ist eine einheitliche gesetzliche Regelung für die Förderung von (Ober-) Schülern *(Sekundarbereich)* und Studenten *(Tertiärbereich) geschaffen*. Das Graduiertenförderungsgesetz, das der Förderung des wissenschaftlichen, insbesondere des Hochschullehrernachwuchses diente, ist aufgehoben. Auf die Förderung nach dem BAföG besteht für eine der Neigung, Eignung u. Leistung entsprechende Ausbildung ein *Rechtsanspruch,* wenn dem Auszubildenden die für seinen Lebensunterhalt erforderlichen Mittel nicht zur Verfügung stehen (§ 1). Der Auszubildende ist in der Wahl seiner Ausbildungsstätte frei. Zur Prüfung der Eignungs- und Leistungsvoraussetzungen sind die in §§ 9, 48 genannten Leistungsnachweise zu erbringen. Eine Ausbildungsförderung wird nicht gewährt, wenn der Auszubildende selbst die erforderlichen Mittel aufbringen kann oder entsprechende Unterhaltsansprüche hat. Im letzteren Falle können jedoch Vorauszahlungen erbracht werden, wenn der Unterhaltspflichtige seinen Unterhaltspflichten nicht nachkommt (§§ 36ff.). Die Förderung ist der aufgrund anderweitig erfolgenden Förderung subsidiär (§ 2 VI). (s. u. 2–4). Welche Ausbildung *förderungsfähig* ist, ergibt sich aus §§ 2–7 BAföG. Hiernach wird grundsätzlich der Besuch aller weiterbildenden Schulen (Haupt-, Real-, Oberschulen u. Gymnasien) sowie der Berufsfachschulen, der Akademien u. Hochschulen in der BRD (§ 2) gefördert. Fernunterricht wird nur dann gefördert, wenn er auf denselben Abschluß wie nach § 2 vorbereitet und nach dem FernunterrichtsG zugelassen o. von einem öffentlichen Träger veranstaltet wird (§ 3). Aus finanziellen Gründen ist die Förderung im Sekundarbereich eingeschränkt (§ 68). Unter gewissen Voraussetzungen ist auch eine Förderung im Ausland möglich (§§ 5, 6). Die *subjektiven Förderungsvoraussetzungen* ergeben sich aus §§ 8–10 BAföG. Anspruchsberechtigt sind Deutsche (Art. 116 GG), heimatlose Ausländer, asylberechtigte Ausländer, Ausl. aus Mitgliedsstaaten der EG u. sonstige unter besond. Voraussetzungen.

Berufsausbildungsbeihilfen

Der *Umfang der Förderung* ergibt sich aus §§ 11 ff. Grundsätzlich soll der Gesamtbedarf im Rahmen von Pauschsätzen, u. zwar auch während der Semesterferien, gefördert werden. Als monatl. Bedarf gelten für Schüler an Abendhauptschulen und Abendrealschulen 540 DM, für Schüler an allgemeinbildenden Schulen und Abendschulen zwischen 540 und 650 DM, für Studenten 485 bis 525 DM. Die *Anrechnung* von Vermögen u. anderweitigen Einkünften ist in Abschnitt IV u. V geregelt. Die Förderung wird als Zuschuß u. als Darlehen geleistet. *Verwaltungsmäßig* wird die Förderung im Auftrage des Bundes durch die Länder ausgeführt. Zuständig sind in den Stadt- u. Landkreisen die Ämter für Ausbildungsförderung. Örtlich sind im Sekundarbereich die Ämter des Wohnortes, im Tertiärbereich die des Ausbildungsortes zuständig. Zum BAföG sind zahlreiche DurchfVO ergangen (vgl. Nipperdey, Arbeitsgesetze zu Nr. 416).

2. Die BAnstArb. (→ Arbeitsbehörde) ist zuständig für die berufliche Bildung (§§ 33 ff. AFG). Als Förderungsmaßnahmen kommen solche der *individuellen* und solche der *institutionellen* Förderung in Betracht. Auf die individuellen Förderungsmaßnahmen besteht ein Rechtsanspruch; jedoch sind die Maßnahmen gegenüber denjenigen anderer öffentlich-rechtlicher Stellen mit Ausnahme der nach dem BSHG nachrangig (§§ 37, 38 AFG). *Individuelle Förderungsmaßnahmen* dürfen nur gewährt werden, wenn der Antragsteller (ASt.) eine beitragspflichtige Beschäftigung aufnehmen will, er geeignet u. die Förderung unter Berücksichtigung der Arbeitsmarktlage u. seiner Neigung zweckmäßig ist (§ 36 AFG).

3. Die *individuelle Förderung* erfolgt durch Förderung der a) *beruflichen Ausbildung;* AO AusbildungsF i. d. F. v. 28. 2. 1989 (ANBA 911). Die BAnstArb. gewährt Jugendlichen und Erwachsenen Zuschüsse und Darlehen für eine Ausbildung in Betrieben und überbetrieblichen Einrichtungen sowie Grundausbildungs- und Förderungslehrgängen u. anderen nicht den Schulgesetzen der Länder unterliegenden berufsvorbereitenden Maßnahmen, wenn der ASt. o. seine Unterhaltsverpflichteten die Mittel nicht selbst aufbringen können (§ 40 AFG); b) *beruflichen Fortbildung;* AO Fortb. u. U. i. d. F. v. 9. 3. 1990 (ANBA 606). Die BAnstArb. fördert i. d. R. bis zu zwei Jahren die Teilnahme an Maßnahmen, die das Ziel haben, berufl. Kenntnisse und Fertigkeiten festzustellen, zu erhalten, zu erweitern, der techn. Entwicklung anzupassen o. einen berufl. Aufstieg zu ermöglichen (§ 41 AFG). Förderungsberechtigte sind nur Personen mit einer gewissen Berufserfahrung (§ 42 AFG). Die Förderung besteht in der Gewährung von Unterhaltsgeld bei bestehenden Unterhaltspflichten 73 v. H., sonst 65 v. H. des um die gesetzlichen Abzüge, die

Berufsausbildungsbeihilfen

gewöhnlich anfallen, verminderten Arbeitsentgeltes (§ 44 AFG; Rückforderungsmöglichkeit bei schuldhaftem Abbruch der Ausbildung) (§ 44 AFG); Kostentragung für Lehr- und Lernmittel (§ 45 AFG); c) *berufl. Umschulung* AO Fortb. u. U. i. d. F. v. 9. 3. 1990 (ΑΝΒΑ 473). Diese Maßnahme wird an Arbeitsuchende wie Arbeitslose gewährt, um der Arbeitslosigkeit vorzubeugen und die Mobilität zu sichern (§§ 47ff. AFG). Die Tätigkeit einer Hausfrau gilt als Beruf (BSG NJW 75, 325). d) Wegen der Förderung Behinderter vgl. AO Reha v. 6. 7. 1988 (ANBA 1125); e) der Arbeitsaufnahme nach §§ 53–55 AFG i. V. m. der AO FdA i. d. F. v. 19. 5. 1989 (ANBA 997). f) der Arbeitsaufnahme älterer AN nach der AO nach § 99 AFG i. d. F. v. 9. 3. 1990 (ANBA 601).

4. *Institutionelle Förderungsmaßnahmen* sind die Gewährung von Darlehen und Zuschüssen für den Aufbau die Erweiterung und Ausstattung von Einrichtungen einschließlich überbetriebl. Lehrwerkstätten, die der berufl. Aus- und Fortbildung o. Umschulung dienen (§ 50 AFG; AO inst. Fö. v. 31. 10. 1969 (ANBA 70, 81). In Ausnahmefällen können die Förderungsmittel auch für deren Unterhaltung gewährt werden. Der Einrichtungsträger muß sich jeweils angemessen an den Kosten beteiligten.

5. Kriegsbeschädigten u. deren Hinterbliebenen ist nach § 26, 27 BVersG jede Hilfe zu gewähren, die der Erlangung, Wiedererlangung o. Besserung der berufl. Leistungsfähigkeit dient. Vgl. VO zur Kriegsopferfürsorge i. d. F. v. 16. 1. 1979 (BGBl. I 80).

6. → Weitere Förderungsmaßnahmen bestehen für einzelne Berufe: a) In der Land- u. Forstwirtschaft wird der Besuch von Fachschulen u. von fachl. Lehrgängen, von landwirtschaftl. u. hauswirtschaftl. Aufbauschulen u. Berufsfachschulen gefördert. Der Antrag ist bei der zuständigen Landwirtschaftsschule o. dem Landwirtschaftsamt einzureichen. b) Das SVG i. d. F. v. 5. 3. 1987 (BGBl. I 843) zul. geänd. 20. 12. 1988 (BGBl. I 2477) sieht eine Förderung für *Soldaten auf Zeit* vor, die eine Ausbildung u. Weiterbildung für das spätere Berufsleben umfaßt. Das BVM vergibt schließlich Studienbeih. an Nachwuchskräfte der Bundeswehr. Für die Verfolgung von Rückzahlungsansprüchen ist der ordentl. Rechtsweg nicht gegeben (NJW 72, 763). c) *Oberpost- u. Bundesbahndirektion* gewähren Stipendien zur Gewinnung von Nachwuchs für den gehobenen techn. Dienst.

7. Die berufl. Eingliederung behinderter Personen (sog. → *Rehabilitation)* ist in internat. Verträgen, in der BRD in §§ 1236–1244 RVO, 13–21a AVG, 56–62 AFG, 35–43a RKG, 36–47 BSHG sowie im Gesetz über die Angleichung der Leistungen zur Rehabilitation (RehaG) v. 7. 8. 1974 (BGBl. I 1881 m. spät. Änd.) geregelt. Vgl. oben unter 2.

Berufsausbildungsverhältnis

Berufsausbildungsverhältnis heißt das aufgrund des Berufsausbildungsvertrages entstehende Rechtsverhältnis, in dem dem → Auszubildenden vom → Ausbildenden eine breit angelegte berufl.
Grundbildung und die für die Ausübung einer qualifizierten berufl.
Tätigkeit notwendigen fachl. Fertigkeiten und Kenntnisse in einem
geordneten Ausbildungsgang vermittelt werden (§ 1 II BBiG). Unter diesem Begriff wird das Rechtsverhältnis der → Anlernlinge u. →
Lehrlinge zusammengefaßt. Für einen anerkannten Ausbildungsberuf darf nur nach der Ausbildungsordnung (§ 25 BBiG) ausgebildet
werden (§ 28 I BBiG). Jugendl. dürfen in anderen als anerkannten
Ausbildungsberufen nicht ausgebildet werden (§ 28 II BBiG, aber
§ 27 HO). Ein Verstoß gegen den *Ausschließlichkeitsgrundsatz* führt
zur Nichtigkeit; Verzeichnis der Ausb. Berufe BGBl. III 800-21-1-
1 ff. u. 7110-6-1 ff; Schaub, ArbR-Hdb., § 174. Auf sämtl. BAVerh.
ist → Arbeitsrecht anwendbar, soweit sich aus Wesen u. Zweck der
Ausbildungsverträge nichts anderes ergibt (§ 3 BBiG). Das BAVerh.
unterscheidet sich vom → Arbeitsverhältnis durch den Ausbildungszweck. Für → Volontäre u. → Praktikanten gilt dann das BBiG,
wenn ein Ausbildungs- u. nicht ein → Arbeitsverhältnis vereinbart
wurde (§ 19 BBiG); jedoch sind die Vorschriften über die Schriftform, das → Probearbeitsverhältnis u. Schadensersatz bei ao. →
Kündigung modifiziert.

Berufsberatung ist die Erteilung von Rat u. Auskunft in Fragen
der Berufswahl einschließlich des Berufswechsels (§ 25 AFG; vgl.
dazu auch RundErl. v. 28. 2. 1980 (ANBA 80, 185). Sie obliegt der
BAnstArb. (→ Arbeitsbehörde) u. erfolgt unentgeltl. durch die →
Arbeitsämter durch Berufsaufklärung, Unterrichtung über die Förderung der berufl. Bildung im Einzelfall u. die Vermittlung in berufl. Ausbildungsstellen. Die BAnstArb. hat Jugendliche u. Erwachsene in allen Fragen der Berufswahl, des Fortkommens u. der Schul-
bildung zu beraten. Sie hat dabei Lage u. Entwicklung des Arbeitsmarktes, der Berufe u. die persönl., körperl. u. geistige Eignung zu
berücksichtigen (§§ 26, 27 AFG). Sie kann die Bewerber mit ihrem
Einverständnis ärztl. u. psychologisch untersuchen lassen (§ 27
AFG). Zur BB gehört die Vermittl. in berufl. Ausbildungsstellen
(§ 29 AFG).

Berufsbildung (BB), mit Ausnahme des → öffentl. Dienstes u. der
Ausbildung auf Kauffahrteischiffen sowie in → Heil- u. Heilhilfsberufen geregelt im BBiG v. 14. 8. 1969 (BGBl. I 1112), zul. geänd.
14. 5. 1986 (BGBl. I 1161), gliedert sich in → Berufsausbildung
(BA), → Berufsfortbildung (BF) u. → Berufsumschulung (BU) (§ 1
BBiG). Im → Handwerk sind die berufsrechtl. Vorschriften teilw.
modifiziert. Die BA soll eine breit angelegte berufl. Grundbildung u.

die für die Ausübung einer qualifizierten berufl. Tätigkeit notwendigen fachl. Fertigkeiten u. Kenntnisse in einem geordneten Ausbildungsgang vermitteln; mit der BF sollen die berufl. Fertigkeiten u. Kenntnisse erweitert u. der technischen Entwicklung angepaßt sowie ein Berufsaufstieg ermöglicht werden; die BU soll zu einer anderen berufl. Tätigkeit befähigen. Die BB wird durchgeführt in Betrieben der Wirtschaft o. vergleichbaren Einrichtungen (öffentl. Dienst), in berufsbildenden Schulen u. sonstigen Berufsbildungseinrichtungen (§ 1 BBiG). Über die BB u. die → Berufsausbildungsbeihilfen unterrichten die → Arbeitsämter im Wege der → Berufsberatung. Neben der BAnstArb. (→ Arbeitsbehörde) ist das Bundesinstitut für Berufsbildung (§ 6 BerBiFG) als Körperschaft des öffentl. Rechts errichtet. Seine Organe sind der Hauptausschuß u. der Generalsekretär (§ 7 BerBiFG). Dem Hauptaussch. gehören je 11 Beauftragte der AG, der AN u. der Länder sowie fünf des Bundes an. Die Beauftr. des Bundes haben 11 Stimmen, die sie nur einheitl. abgeben können. Der Hauptaussch. beschließt über die Angelegenh. des BI (§ 8 BerBiFG). Als ständiger Unterausch. besteht ein Länderausch. Ihm obliegt insbes. die Abstimmung der Ausbildungsord. mit den Rahmenlehrplänen der Länder (§ 9 BerBiFG). Der Generalsekretär vertritt das BI gerichtl. u. außergerichtl. (§ 10 BerBiFG). Er kann zur fachl. Beratung bei der Durchführung einzelner Aufgaben Fachausschüsse einsetzen (§ 11 BerBiFG). Die Aufgaben des BI sind in § 6 II BerBiFG umschrieben. Hierzu gehören auf Weisung des zuständ. BM zu erledigende Aufgaben, wie an der Vorbereitung von Ausbildungsord., dem Berufsbildungsrecht u. der Durchführung der Berufsbildungsstatistik mitzuwirken u. nach allgem. Verwaltungsvorschriften zu erledigende Aufgaben, wie Planung, Errichtung u. Weiterentwickl. überbetriebl. Berufsbildungsstätten, selbständig zu erledigende Aufgaben, wie die Beratung der BReg. in grundsätzl. Fragen der Berufsbildung o. das Verzeichnis der anerkannten Ausbildungsberufe zu führen (→ Berufsausbildungsverhältnis).

Berufsbildungsabgabe. Sie ist im Berufsbildungsförderungsgesetz – BerBiFG v. 22. 12. 1981 (BGBl. I 1692) nicht mehr vorgesehen.

Berufsbildungsförderung ist geregelt im Berufsbildungsförderungsgesetz – BerBiFG v. 23. 12. 1981 (BGBl. I 1692), zul. geänd. 4. 12. 1986 (BGBl. I 2190). Es enthält die Berufsbildungsplanung u. die Rechtsgrundlagen für das Bundesinstitut für → Berufsbildung.

Berufsfachschule. Durch den Besuch einer B. kann die Ausbildungszeit verkürzt werden. Vgl. → Auszubildender.

Berufsfortbildung

Berufsfortbildung. Die → Berufsbildung soll in Zukunft stufenweise erfolgen (§ 26 BBiG). Demgemäß können über die folgenden Ausbildungsstufen weitere Prüfungen abgelegt werden (§ 46). Eine Zusammenstellung der VO ergibt sich aus BGBl. III 800-21-7-1 ff.

Berufsfreiheit ist ein Grundrecht, das allen Deutschen zusteht (Art. 12 I GG). Hiernach haben sie das Recht, Beruf, Arbeitsplatz und Ausbildungsstätte frei zu wählen. Die Berufsausübung kann durch Gesetz geregelt werden. Beruf ist eine auf Dauer angelegte, Arbeitskraft und Arbeitszeit überwiegend in Anspruch nehmende Tätigkeit, die im allgemeinen zur Gewinnung des Lebensunterhalts dient. Nach BVerfG 7, 377 kann nicht scharf zwischen Berufswahl und Berufsausübung unterschieden werden. Nach der von ihm vertretenen Stufentheorie darf die Berufswahl nur eingeschränkt werden, wenn es zum Schutz besonders wichtiger Gemeinschaftsgüter zwingend erforderlich ist. Insbesondere sind danach subjektive Zulassungsvoraussetzungen statthaft, soweit sie zu dem angestrebten Ziel in einem angemessenen Verhältnis stehen. Objektive Zulassungsvoraussetzungen, auf die der Bewerber keinen Einfluß nehmen kann, sind grundsätzlich nur zulässig, soweit sie zum Schutz überragender Gemeinschaftsgüter dienen. Dagegen kann in die Berufsausübung schon eher eingegriffen werden (Schaub, Ich mache mich selbständig, 3. Aufl., 1989; Waltermann DVBl 89, 699).

Berufskleidung → Arbeitskleidung.

Berufsschule. Nach dem Ende der Grundschulpflicht, gelegentlich auch nach dem Besuch weiterführender Schulen, beginnt die Berufsschulpflicht. Ihr Beginn, Dauer u. Ende ist in Land-Ges. geregelt (Übers. bei Nipperdey, ArbeitsR Nr. 427 ff.). Danach erfolgt die → Berufsausbildung durch die B. u. durch den Betrieb, wobei naturgemäß die B. vor allem die theoretische Ausbildung übernimmt. Neben der Vermittlung fachl. Kenntnisse soll die B. die Allgemeinbildung der Jugendl. ergänzen. Der AG hat während der → Arbeitszeit den Jugendl. u. den über 18 Jahre alten Berufsschulpflichtigen, sowie den aufgrund eines Berufsausbildungsvertrages Beschäftigten unter Fortzahlung der Vergütung die erforderliche Zeit zum Besuch der B. zur Verfügung zu stellen (§ 9, 10 JArbSchG; § 7, 12 BBiG). Er darf den Jugendlichen nicht beschäftigen, 1. vor einem vor 9 Uhr beginnenden Unterricht, 2. an Berufsschultagen mit einer Unterrichtszeit einschließlich der Pausen von mind. 5 Stunden, 3. in Berufsschulwochen mit einem planmäßigen Unterricht von mind. 25 Stunden an mind. 5 Tagen; zusätzliche betriebliche Ausbildungsveranstaltungen sind bis zu 2 Stunden wöchentlich zulässig. Die Unterrichtszeit in der B. einschl. der Pausen wird auf die Arbeitszeit angerechnet; B-

Tage mit 5 Stunden Unterrichtszeit mit 8 Stunden, B-Wochen mit 25 Stunden mit 40 Stunden, im übrigen mit der Unterrichtszeit einschl. der Pausen (§ 9 II JArbSchG; § 12 BBiG). Ist die tägliche Arbeitszeit auf weniger als 8 Std. verkürzt, so wird sie auch noch auf den Folgetag angerechnet. Findet die Berufsschule sonnabends statt und hat der Auszubildende während der ganzen Woche gearbeitet, hat er Anspruch auf Mehrarbeitsvergütung *(AP 2 zu § 13 Jug-ArbSchG).* Dagegen besteht kein Anspruch des Auszubildenden, auch das Berichtsheft während der Arbeitszeit führen zu dürfen (AP 1 zu § 6 BBiG). Eine Kürzung der → Arbeitsvergütung (Ausbildungsvergütung) aus Anlaß des B.-Besuches ist unzulässig (§ 9 III JArbSchG). Kein Vergütungsanspruch besteht dann, wenn im Betrieb die Arbeit, etwa aus Anlaß eines Volksfestes, ausfällt (AP 3 zu § 13 JugArbSchG). Nach mehreren LandesGen haben die AG die Berufsschulpflichtigen zur B. anzumelden, nach allen haben sie für den regelmäßigen Besuch zu sorgen. Ein Fahrtkostenerstattungsanspruch gegen den AG besteht nicht (AP 1 zu § 6 BBiG). Nach einigen LandesGen haben die AG auch den Berufsschulberechtigten den Besuch der B. zu gestatten. Lit.: Berger-Delhey/Platz DB 88, 1898.

Berufung ist das Rechtsmittel gegen → Urteile des → Arbeitsgerichts. Im Interesse der Verfahrensbeschleunigung ist jedoch neues Sachvorbringen eingeschränkt. Die B. ist nur statthaft, a) in nicht vermögensrechtlichen Streitigkeiten, ohne Rücksicht auf den Streitwert (§ 64 I 1 ArbGG); b) in vermögensrechtlichen, wenn sie in dem Urteil des Arbeitsgerichtes zugelassen worden ist (§ 64 II ArbGG); eine Zulassung liegt aber noch nicht darin, daß in der Rechtsmittelbelehrung auf sie hingewiesen ist (AP 4 zu § 64 ArbGG 1979); c) in vermögensrechtlichen Streitigkeiten, wenn der Wert des Beschwerdegegenstandes 800,– DM übersteigt (§ 64 II ArbGG). Unzulässig ist sie gegen 2. → Versäumnisurteile, weil § 64 ArbGG eine abschließende Regelung enthält (AP 13 zu § 64 ArbGG 1979 = NJW 89, 2644 = NZA 89, 693). Vermögensrechtlich sind Streitigkeiten, wenn der zivilprozessuale Anspruch ohne Rücksicht auf das Grundverhältnis auf Geld oder geldwerte Gegenstände gerichtet ist oder wenn er auf einem vermögensrechtlichen Rechtsverhältnis beruht und der zivilprozessuale Anspruch auf eine Leistung, Feststellung oder Gestaltung gerichtet ist, die nicht in Geld oder Geldes Wert besteht. Vermögensrechtlich sind → Kündigungsschutzklagen (AP 1 zu § 64 ArbGG 1979), Klagen gegen → Abmahnung (AP 3 zu § 64 ArbGG 1979), Versetzungen (AP 14 zu § 64 ArbGG 1979 = NZA 90, 202). Die Fälle, in denen das ArbG die Berufung zuzulassen hat, sind in § 64 III ArbGG aufgezählt. In den Fällen der Nichtzulassung ist ein

Berufung

Rechtsbehelf zur Erzwingung der Zulassung nicht gegeben. Der Beschwerdewert wird durch zwei Faktoren bestimmt, nämlich einmal der Beschwer, d. h. aus dem Zurückbleiben der angefochtenen Entscheidung hinter dem in der vorherigen Instanz gestellten Antrag, und zum anderen aus dem Berufungsantrag, aus dem sich ergibt, inwieweit die angefochtene Entscheidung abgeändert werden soll. Bei der Beurteilung des Beschwerdewertes kommt es mithin auf den Zeitpunkt der Einlegung und der Ankündigung des Antrages an (vgl. Schaub in dtv, Meine Rechte und Pflichten im Arbeitsgerichtsverfahren). Dabei ist das Berufungsgericht jedoch an die Streitwertfestsetzung des Arbeitsgerichtes gebunden (AP 6 zu § 64 ArbGG 1979 = DB 83, 2044). Die Berufungsfrist beträgt einen Monat seit Zustellung des in vollständiger Form abgefaßten Urteils (§ 66 I 1 ArbGG, § 516 ZPO). Ist das Urteil nicht vollständig u. nicht mit Rechtsmittelbelehrung zugestellt worden, so beginnt nur die Jahresfrist des § 9 V ArbGG (AP 3 zu § 9 ArbGG 1979 = NJW 85, 1976; AP 1 zu § 317 ZPO = NJW 86, 1008). Berufung u. Berufungsbegründung gehen zu, sobald sie auch in einen gemeinsamen Einlaufkasten mehrerer Gerichte gelegt sind (AP 36 zu § 519 ZPO = NJW 86, 2728; anders bei unrichtiger Adressicrung: AP 57 zu § 518 ZPO = NZA 89, 227). Die Berufungsbegründungsfrist beträgt einen Monat seit Einlegung der Berufung (§ 66 I 1 ArbGG, § 519 II 1 ZPO). Zur Anschlußberufung und Begründung: AP 55 zu §§ 22, 23 BAT 1975; AP 6 zu § 522a ZPO. Der Berufungsbeklagte muß innerhalb eines Monats nach Zustellung der Berufungsbegründung diese beantworten; hierauf wird er hingewiesen (§ 66 I 3 ArbGG). Die Frist zur Berufungsbegründung und Berufungsbeantwortung kann vom Vorsitzenden einmal um einen weiteren Monat verlängert werden. Die Rechtsmittelbegründungsfrist kann auch nach ihrem Ablauf wirksam verlängert werden, sofern der Verlängerungsantrag vor Fristablauf bei Gericht eingegangen ist; die Verlängerung muß dann spätestens innerhalb eines Monats nach Ablauf der ursprünglichen Begründungsfrist erfolgen (GS AP 1 zu § 66 ArbGG 1979). Die Berufungsschrift muß enthalten a) die genaue Bezeichnung von Berufungskläger und Berufungsbeklagtem (AP 53 zu § 518 ZPO = NJW 87, 1356); b) die Bezeichnung des anzufechtenden Urteils (AP 45 zu § 518 ZPO); c) die Erklärung, daß gegen das Urteil Berufung eingelegt wird, d) die Unterschrift eines postulationsfähigen Vertreters; d. h. nur ein Rechtsanwalt oder der Vertreter einer Koalition können für eine Partei Berufung einlegen (AP 54 = NJW 87, 3279). Formfehler können noch innerhalb der Berufungsfrist behoben werden (AP 44, 47 zu § 518 ZPO). Eine telegrafische Berufungsschrift muß wenigstens aus dem Zusammenhang erkennen lassen, welcher Rechtsanwalt für den Text verantwortlich ist und die Aufgabe des

Telegramms veranlaßt hat (AP 48 zu § 518 ZPO = DB 84, 1688). Die Berufungsbegründung kann auch durch Telekopie erfolgen (AP 54 zu § 1 LohnFG = NJW 84, 199; AP 2 zu § 94 ArbGG 1979 = NJW 86, 1178; AP 10 zu § 130 ZPO = NJW 89, 1822 = NZA 89, 525; Wolf NJW 89, 2592). Die Unterschrift unter einem bestimmenden Schriftsatz muß ein individuelles Schriftbild mit charakteristischen Merkmalen aufweisen und sich als ein die Identität des Unterzeichnenden ausreichende Kennzeichnung des Namens darstellen (AP 46 zu § 518 ZPO). Bei Personen, die durch Eheschließung einen Doppelnamen erlangt haben, ist es ausreichend, wenn der 1. Name voll ausgeschrieben ist u. der 2. abgekürzt wird (AP 6 zu § 130 ZPO = NZA 89, 227).

Beschäftigungsanspruch. I. Das in vielen Landesverfassungen normierte Recht auf Arbeit richtet sich gegen den Staat. Davon zu unterscheiden ist der gegen den AG gerichtete privatrechtliche B. (AP 8 zu § 611 BGB Beschäftigungspflicht).

II. 1. Kein B. besteht vor rechtswirksamer Begründung des Arbeitsvertrages (AP 9 = DB 84, 622). Während des Arbeitsverhältnisses hat der AN einen B.; dieser ergibt sich als Achtung vor der Würde des AN (AP 2 = NJW 56, 359). Grundsätzlich hat der AN auch einen B. nach Ausspruch einer → Kündigung vor Ablauf der Kündigungsfrist. Eine → Suspendierung des AN ist nur wirksam, wenn überwiegende u. schutzwürdige Interessen des AG vorhanden sind (AP 4 = NJW 77, 215; vgl. Leßmann RdA 88, 149).

2. Nach *Ausspruch einer Kündigung* ist zwischen dem besonderen u. allgemeinen B. zu unterscheiden. a) Hat der → Betriebsrat einer ordentlichen → Kündigung frist- u. ordnungsgemäß widersprochen (AP 2 zu § 102 BetrVG 1972 Weiterbeschäftigungspflicht), u. hat der AN → Kündigungsschutzklage erhoben, so muß der AG auf Verlangen des AN diesen nach Ablauf der Kündigungsfrist bis zum rechtskräftigen Abschluß des Rechtsstreits weiterbeschäftigen. Auf Antrag des AG kann das → Arbeitsgericht ihn durch → einstweilige Verfügung im Urteilsverfahren von der Verpflichtung zur Weiterbeschäftigung entbinden, wenn *(1)* die Klage keine hinreichende Aussicht auf Erfolg bietet, *(2)* die Weiterbeschäftigung zu einer unzumutbaren wirtschaftlichen Belastung des AG führen würde, *(3)* der Widerspruch des BR offensichtlich unbegründet war (§ 102 V BetrVG). Ob auf die Entbindung § 945 ZPO anzuwenden ist, ist zweifelhaft (AP 2). Der besondere B. kann im Wege der → einstweiligen Verfügung durchgesetzt werden. Ist der AN weiterbeschäftigt worden, so bestand ein von der Abweisung der Klage abhängiges resolutiv → bedingtes Arbeitsverhältnis. In ihm schuldet der AG → Arbeitsvergütung u. die sozialen Nebenleistungen (→ Krankenvergütung, → Urlaub usw.).

b) Den *allgemeinen B.* hat das BAG zunächst abgelehnt (AP 5 zu § 611 BGB Beschäftigungspflicht). Der GS hat entschieden, daß der gekündigte AN einen arbeitsvertraglichen Anspruch auf vertragsgemäße Beschäftigung über den Ablauf der Kündigungsfrist o. bei einer fristlosen Kündigung über deren Zugang hinaus bis zum rechtskräftigen Abschluß des Kündigungsprozesses hat, wenn die Kündigung unwirksam ist u. überwiegende schutzwerte Interessen des AG einer solchen Beschäftigung nicht entgegenstehen. Sofern nicht die Kündigung offensichtlich unwirksam ist, überwiegt das Interesse des AG an der Nichtbeschäftigung des AN. Dies ändert sich dann, wenn der AN in der 1. Instanz den Prozeß gewinnt. Alsdann überwiegen die Interessen des AN an der Beschäftigung. Verliert der AN in der 2. Instanz, überwiegen wiederum die Interessen des AG (AP 14 = NJW 85, 2968; zul. Künzel BB 89, 1261; Künzel ua DB 89, 2433). Der allgemeine B. kann im Wege kumulativer Klagehäufung geltend gemacht werden; er ist nicht auszusetzen (Grunsky NZA 87, 295). Dagegen kommt seine Durchsetzung im Wege → einstweiliger Verfügung nur ganz ausnahmsweise in Betracht (Baur ZTR 89, 375, 419). Sind vorsorglich mehrere Kündigungen hintereinander ausgesprochen worden u. hat das Arbeitsgericht die Wirksamkeit der 1. Kündigung verneint, kommt es wegen des B. nach den späteren Kündigungen darauf an, ob sie zu einer Unsicherheit in der Beurteilung der Rechtslage führen (AP 17 = DB 86, 176). Zum B. bei Änderungskündigung: v. 18. 1. 1990 – 2 AZR 183/89 –.

c) Die Grundsätze über den B. bei Kündigung gelten entspr. bei → befristeten Arbeitsverhältnissen (AP 19 = NJW 87, 680).

d) Wird ein AN aufgrund des allgemeinen B. weiterbeschäftigt, so ist zwischen der einvernehmlichen Weiterbeschäftigung u. der erzwungenen zu unterscheiden. Im Falle einvernehmlicher Weiterbeschäftigung ist entweder das alte Arbeitsverhältnis resolutiv bedingt o. es wird ein besonderes Interimsarbeitsverhältnis geschlossen, so daß für den AN alle Ansprüche auf → Arbeitsvergütung o. soziale Nebenleistungen (→ Krankenvergütung, → Urlaub usw.) erwachsen (AP 66 zu § 1 LohnFG = NJW 86, 2133; AP 22 zu § 611 BGB Beschäftigungspflicht = NZA 87, 376 = DB 87, 1154 v. 1. 3. 1990 – 6 AZR 649/88). Bei erzwungener Weiterbeschäftigung u. späterer Klageabweisung besteht nach Ansicht des BAG nur ein Anspruch aus ungerechtfertigter Bereicherung (AP 1 zu § 611 BGB Weiterbeschäftigung = DB 87, 1045; Walker DB 88, 1596).

3. Die *Vollstreckung* des B. erfolgt nach § 888 ZPO. Die vorläufige Vollstreckbarkeit kann nach §§ 62 ArbGG, 707, 719 ZPO beseitigt werden. Die Weiterbeschäftigung allein ist kein dem AG nicht ersetzbarer Nachteil (Süß NZA 88, 719).

4. In der *Rechtsschutzversicherung* ist der B. mit abgesichert. Lit.: Ahlenstiel VersR 88, 222; Stephan NZA 89, 254.

Beschäftigungsförderungsgesetz (BeschFG) v. 26. 4. 1985 (BGBl. I 710) i. d. Verlängerung v. 22. 12. 1989 (BGBl I 2206).

I. Es soll der bestehenden Arbeitslosigkeit entgegenwirken. Es enthält in Abschn. I Regelungen über die erleichterte Zulassung → befristeter Arbeitsverträge, in Abschn. II Vorschriften über die → Teilzeitbeschäftigung, → Abrufarbeit u. → Job-Sharing-Arbeitsverhältnisse.

II. 1. Das BeschFG *gilt* für den befristeten Abschluß von → Arbeitsverträgen in der Zeit v. 1. 5. 1985 bis 31. 12. 1995. Es gilt betrieblich für alle AG des privaten u. des öffentlichen Rechtes unabhängig von der Betriebsgröße (vgl. § 2 II Nr. 2 BeschFG) sowie persönlich für alle AN ohne Rücksicht auf einen allgemeinen o. besonderen → Kündigungsschutz. Die Verfassungsmäßigkeit war umstr., aber nach überwiegender Meinung kaum zu beanstanden.

2. Nach § 1 I 1 Nr. 1 BeschFG ist die einmalige Befristung des Arbeitsvertrages wirksam, wenn der AN *neu eingestellt* wird. Eine *Neueinstellung* ist gegeben, wenn ein AN eingestellt wird, er arbeitslos ist o. bei einem anderen AG beschäftigt war. War der AN schon bei dem bisherigen AG beschäftigt, so ist eine Neueinstellung nur gegeben, wenn kein enger sachlicher Zusammenhang zwischen den Arbeitsverhältnissen besteht (AP 6 zu § 1 BeschFG 1985 = NZA 89, 21; v. 27. 4. 88 – 593/87 – NZA 88, 771; v. 6. 12. 1989 – 7 AZR 441/ 89 –). Ein enger sachlicher Zusammenhang ist gegeben, wenn zu einem vorhergehenden befristeten o. unbefristeten beendeten Arbeitsvertrag mit demselben AG ein Zeitraum von weniger als vier Monaten liegt (§ 1 I 2 BeschFG). Zweck der Regelung ist, den Abschluß von Kettenarbeitsverträgen mit kurzfristigen Unterbrechungen auszuschließen. Die Befristung ist unabhängig davon wirksam, ob auf das BeschFG Bezug genommen wird (AP 6 zu § 1 BeschFG 1985 = NJW 89, 1756 = NZA 89, 459).

3. Nach § 1 I 1 Nr. 2 BeschFG ist die einmalige Befristung wirksam, wenn der AN im unmittelbaren Anschluß an die → *Berufsausbildung* nur vorübergehend weiterbeschäftigt werden kann, weil kein Arbeitsplatz für einen unbefristet einzustellenden AN zur Verfügung steht.

a) Eine befristete Einstellungsmöglichkeit besteht nach dem klaren Wortlaut des Gesetzes nur für → *Auszubildende,* nicht aber für Umschüler u. in → Berufsfortbildung Beschäftigte. Das → Berufsausbildungsverhältnis endet grundsätzlich mit dem vorzeitigen Bestehen der Abschlußprüfung durch den → Auszubildenden. Wird dieser vor

Beschäftigungsverhältnis

Bestehen der Prüfung weiterbeschäftigt, so entsteht grundsätzlich nach § 17 BBiG ein → Dauerarbeitsverhältnis. Ob dies einer Befristung entgegensteht, ist zweifelhaft, aber zu verneinen.

b) Ein *unmittelbarer Anschluß* an die Berufsausbildung ist nur dann gegeben, wenn der AN für den Tag nach dem Ende der Ausbildungszeit befristet eingestellt wird. Zweifelhaft ist, wann der Vertrag geschlossen werden kann. Nach § 5 I 1 BBiG ist eine Vereinbarung, die den → Auszubildenden für die Zeit nach Beendigung des Berufsausbildungsverhältnisses in der Ausübung seiner beruflichen Tätigkeit beschränkt, nichtig. Nach richtiger Ansicht wird der Arbeitsvertrag über eine befristete Weiterbeschäftigung in den letzten drei Monaten vor Beendigung der Berufsausbildung abgeschlossen werden können.

c) Zeitverträge sind nur möglich, wenn im Zeitpunkt der Beendigung der Ausbildung kein Arbeitsplatz für einen unbefristet einzustellenden AN zur Verfügung steht. Aus dem Zweck des Gesetzes folgt, daß nur solche Arbeitsplätze gemeint sein können, die ein AN unmittelbar nach Beendigung der Ausbildung sinnvoller Weise besetzen kann. Zur Umstrukturierung des Betriebes ist der AG nicht verpflichtet. Hat der AG nur einen Arbeitsplatz, so kann er frei wählen, welchen Auszubildenden er einstellt. Er hat nach Recht und Billigkeit zu verfahren. Jedoch haben Mitglieder der Betriebsverfassungsorgane den Vorrang.

4. Grundsätzlich darf die Befristung nach dem BeschFG die *Dauer* von 18 Monaten nicht übersteigen. Innerhalb dieser Befristung ist der befristete Abschluß von → Probearbeitsverhältnissen möglich. In Ausnahmefällen kann die Befristung zwei Jahre betragen (§ 1 II BeschFG). Eine Verlängerung des befristeten Arbeitsverhältnisses ist nicht möglich. Der befristete Abschluß kann durch Tarifverträge ausgeschlossen sein; dies ist der Fall bei der SR 2y zum BAT (AP 1 zu § 1 BeschFG 1985 = DB 87, 2106 = NZA 88, 358; AP 12 zu § 1 BeschFG 1985) u. den diesen entspr. Bestimmungen (AP 7 = NZA 89, 690; für EinzelhandelsTV: *BB 89, 558;* vgl. Slaby ZTR 89, 142). Bei der Befristungsabrede handelt es sich nicht um eine formbedürftige Nebenabrede i. S. d. BAT: AP 126 zu § 620 BGB Befr. Arbeitsvertrag = BB 89, 1347).

5. Der AN hat einen Anspruch auf Weiterbeschäftigung, wenn der AG ein entspr. Vertrauen erweckt hat (AP 8 zu § 1 BeschFG 1985 = NZA 89, 719).

Beschäftigungsverhältnis heißt das tatsächliche Verhältnis, in dem der AN Dienste o. Arbeit leistet, wenn ein rechtswirksamer → Arbeitsvertrag nicht zustande gekommen ist. Auch im B. sind die

Vorschriften des → Arbeitsschutzes zu beachten. Das Sozialversicherungsrecht knüpft vielfach bereits an das B. an.

Beschlußverfahren. I. *Gegenstand* des BV sind privatrechtl. Streitigkeiten aus dem BetrVG, dem SprecherausschußG ferner dem MitbestG, dem BetrVG 1952, soweit über die Wahl und Abwahl von Vertretern der Arbeitnehmer in den Aufsichtsrat zu entscheiden ist, sowie Streitigkeiten über die Tariffähigkeit u. Tarifzuständigkeit (→ Tarifvertrag) einer Vereinigung (§ 2a ArbGG). Eine Ausnahme von der Zuständigkeit in Betriebsverfassungsstreitigkeiten besteht nur für das sog. Arbeitsstrafverfahren, für das die ordentl. Gerichte zuständig sind (vgl. § 2a ArbGG, §§ 119–121 BetrVG). Urteils- und Beschlußverf. schließen sich wechselseitig aus (AP 1 zu § 8 ArbGG 53). Über das BV entscheidet die Kammer des → Arbeitsgerichts (§ 80 II ArbGG). Eine alleinige Entscheidungskompetenz besitzt der Vorsitzende nur bei der Bestellung des Vorsitzenden einer Einigungsstelle o. der Bestimmung der Zahl ihrer Mitglieder (§ 76 BetrVG, § 98 ArbGG). Örtlich zuständig ist jeweils das → Arbeitsgericht am Sitz des → Betriebes (AP 1 zu § 82 ArbGG 1979 = DB 87, 339).

Das Verfahren wird auf Antrag (AP 1 zu § 20 BetrVG 1972) *eingeleitet* (§ 81 I ArbGG). Die Formulierung des Prozeßantrages bereitet häufig Schwierigkeiten (Matthes DB 84, 453). Ist unter den Betriebspartnern streitig, ob der Betriebsrat in einer bestimmten Angelegenheit überhaupt ein Mitbestimmungsrecht hat o. ob eine bestimmte Detailregelung vom Mitbestimmungsrecht des Betriebsrates gedeckt ist, so kann dieser Streit zur gerichtlichen Entscheidung gestellt werden; der Antrag muß dahin lauten, daß das Bestehen oder Nichtbestehen eines Mitbestimmungsrechtes in der konkret zu bezeichnenden Angelegenheit festgestellt wird, u./o. festgestellt wird, daß eine bestimmte Detailregelung vom Mitbestimmungsrecht des Betriebsrates gedeckt bzw. nicht gedeckt wird (AP 2 zu § 81 ArbGG 1979 = DB 84, 408). Antragsteller ist jeder, der ein Recht gegen den Antragsgegner behauptet. Ob sein Anspruch besteht, ist eine Frage der Begründetheit (AP 7 zu § 83 ArbGG; AP 2 zu § 83 ArbGG 1979). AN-Verbände sind nur antragsberechtigt, wenn sie → Gewerkschaften im arbeitsrechtlichen Sinne sind u. als → Koalition auch im → Betriebe Bedeutung haben, insbes. Druck ausüben können (AP 2 zu § 97 ArbGG 1953; vgl Matthießen DB 88, 285). Beteiligte sind (§ 83 I 1 ArbGG): AG, Betriebsrat u. die nach materiellem Betriebsverfassungsrecht zuständigen Stellen; d. s. alle, die in ihren Rechten unmittelbar betroffen sind (AP 6 zu § 47 BetrVG 1972 = DB 87, 1642 = NZA 88, 27; AP 6 zu § 81 ArbGG 1979 = NZA 88, 26), also nicht Gewerkschaften bei Schulungsveranstaltungen (AP 20 zu § 37

Beschlußverfahren

BetrVG 72) o. bei Streitigkeiten um → Betriebsvereinbarungen (AP 9 zu § 81 ArbGG 1979 = NZA 89, 229; Grunsky DB 90, 526). Nicht beteiligt sind der AN, es sei denn, daß es um seine Stellung als Mitglied der Belegschaft geht (AP 2 zu § 81 BetrVG; EzA 1 zu § 83 ArbGG 1979); die Einigungsstelle (AP 3 zu § 87 BetrVG 1972 Lohngestaltung), vorgeschlagene Wahlvorstandsmitglieder (AP 10 zu § 118 BetrVG 1972); → Betriebsratsmitglieder, die zu einem Personalgespräch hinzugezogen sind (AP 2 zu § 82 BetrVG 1972 = DB 84, 2098). Werden in einem B. im Wege objektiver Antragshäufung mehrere Anträge gestellt, so ist wegen eines jeden Antrages zu prüfen, welche Personen und Stellen Beteiligte sind; soweit sie nur wegen eines Antrages Beteiligte sind, können sie über andere Anträge kein Rechtsmittel einlegen (AP 12 zu § 81 ArbGG 1479 = NZA 89, 606). Im BV ist eine obj. u. sbj. Antragsänderung möglich; wechselt während eines BV die Zuständigkeit eines Organs für betriebsverfassungsrechtl. Angelegenheiten, so wird das neu zuständige Organ Beteiligter (AP 10 zu § 81 ArbGG 1979 = NZA 89, 396). Zwischenfeststellungsanträge sind zulässig (AP 63 zu § 99 BetrVG 1972 = NZA 89, 863).

III. Im BV gilt die *Instruktionsmaxime,* d. h. der Sachverhalt ist von Amts wegen zu erforschen (AP 10 zu § 76 BetrVG, AP 14 zu § 18 BetrVG). Indes sind die Tatsachen darzulegen, aus denen der Anspruch abgeleitet wird (AP 6 zu § 83 ArbGG 1953; AP 1, 3 zu § 20 BetrVG 1972). Das Gericht braucht keine Überlegungen anzustellen, worauf der Anspruch tatsächlich gestützt werden könnte. Ferner darf das Gericht über die Anträge der Beteiligten, insbes. des Antragstellers nicht hinausgehen. Vielmehr haben es die Beteiligten allein in der Hand, durch ihre Anträge den Rahmen des BV abzustecken, über den das Gericht nicht hinausgehen darf (AP 2 zu § 2 BetrVG 1972). Der Antrag kann zurückgenommen werden, alsdann ist das BV durch den Vorsitzenden der Kammer einzustellen (§ 81 II ArbGG). Im übrigen gelten dieselben Grundsätze wie für das Urteilsverfahren, soweit sich nicht aus §§ 81, 83 ArbGG etwas anderes ergibt. Insbesondere muß für die Entscheidung ein Rechtsschutzinteresse bestehen (Matthes DB 84, 453); anderenfalls ist es für erledigt zu erklären (AP 2 zu § 81 ArbGG 53, AP 2 zu § 2 TVG Tarifzuständigkeit). Ein Rechtsschutzinteresse fehlt für einen Antrag, mit dem ausschließlich die Feststellung begehrt wird, eine bestimmte bereits abgeschlossene Maßnahme sei unwirksam, wenn diese Maßnahme für die Verfahrensbeteiligten im Zeitpunkt der Entscheidung keine Rechtswirkungen mehr hat. Jedoch ist es gegeben, wenn durch substantiierten Tatsachenvortrag geltend gemacht wird, daß die mit dem B. beanstandete Maßnahme wiederholt werde (AP 5 zu § 83 ArbGG 1979;

AP 31 zu § 5 BetrVG 1972 = NJW 86, 2785); es soll fehlen, wenn
eine → Einigungsstelle eine Streitfrage geregelt u. diese Regelung im
→ Betrieb durchgeführt wird, wenn der AG die Feststellung begehrt, daß der → Betriebsrat kein Mitbestimmungsrecht habe (AP 7
zu § 81 ArbGG 1979 = NZA 88, 249 = DB 88, 334). Im BV sind die
Beteiligten ohne vorherige → Güteverhandlung vor der Kammer zu
hören. Diese kann einem Beteiligten die schriftl. Äußerung gestatten
(§ 83 I ArbGG). Bleibt ein Beteiligter unentschuldigt aus, so ist der
Pflicht zur Anhörung genügt (§ 83 IV ArbGG). Das Gericht hat alle
Beteiligten von Amts wegen zu ermitteln (AP 18 zu § 76 BetrVG).
Die Beweisaufnahme erfolgt vor der Kammer (§§ 83 III, 58 ArbGG).
Zur Aufklärung des Sachverhaltes können Urkunden eingesehen,
Auskünfte eingeholt, Zeugen u. Sachverständige vernommen u. der
Augenschein eingenommen werden (§ 83 II ArbGG). Ob → Be-
triebsratsmitglieder als Zeugen vernommen werden können, ist
umstr., aber wohl zu bejahen (§ 83 II ArbGG). Aufgrund des Ergeb-
nisses der Beweisaufnahme beschließt die Kammer nach freier Überzeugung (§ 84 S 1 ArbGG). Der entscheidende Teil des Beschlusses
(Tenor) ist schriftl. abzufassen u. zu verkünden. Einer Kostenentscheidung bedarf es wegen § 12 ArbGG nicht (AP 2 zu § 81 ArbGG;
AP 2 zu § 40 BetrVG); dagegen ist Festsetzung eines Verfahrens-
streitwertes auf Antrag zulässig. Der Beschluß kann in Rechtskraft
erwachsen. Dies hindert jedoch eine neue Sachentscheidung nicht,
wenn wesentl. tatsächl. o. gesetzl. Veränderungen stattgefunden haben (AP 2 zu § 80 ArbGG 1979). Von der Rechtskraft zu unterscheiden ist die Bindungswirkung (AP 15 zu § 113 BetrVG 1972 = NZA
88, 287). Die Beteiligten können zur Verfahrensbeendigung einen →
Vergleich zur Niederschrift des Gerichts o. des Vorsitzenden schließen, wenn sie über den Gegenstand des Vergleichs verfügen können,
o. die Sache für erledigt erklären. Im Fall der Erledigungserklärung
ist es vom Vorsitzenden einzustellen. Hat nur der Antragsteller das
Verfahren für erledigt erklärt (AP 26 zu § 80 BetrVG 1972 = NZA
87, 28), können die übrigen Beteiligten zur fristgebundenen Erklärung aufgefordert werden. Bei Verschweigung gilt dies als Zustimmung (§ 83 ArbGG). Aus rechtskräftigen Beschlüssen oder gerichtl.
Vergleichen, durch die einem Beteiligten eine Verpflichtung auferlegt
legt wird, findet die → Zwangsvollstreckung statt (§ 85 ArbGG).
Vgl. Rudolf NZA 88, 420. Gegen die das BV beendenden Beschlüsse
der → Arbeitsgerichte findet die Beschwerde an das Landesarbeitsgericht statt. Von dieser Beschwerde zu unterscheiden ist die → Beschwerde gegen Entscheidungen, die während der Verhandlungen
ergehen. Auf die Beschwerde finden die Vorschriften über die →
Berufung entspr. Anwendung (§ 87 II ArbGG). Beschwerdefrist u.
Begründungsfrist betragen je einen Monat (§§ 87 II, 66 ArbGG;

Beschwerde

Ausnahme § 98 II 2 ArbGG). Eine Anschlußbeschwerde ist zulässig (AP 3 zu § 87 ArbGG 1979 = NZA 88, 217). Die Beschwerdeschrift, die denselben Voraussetzungen wie eine → Berufung genügen muß (AP 53 zu § 518 ZPO) u. die Beschwerdebegründung müssen nach richtiger Ansicht von einem → Rechtsanwalt o. einem Verbandsvertreter unterzeichnet u. wie eine → Berufung begründet (AP 7 zu § 89 ArbGG 53) sein (§ 89 I ArbGG). Sie wird den Beteiligten zur Äußerung zugestellt (§ 90 ArbGG). Die Äußerung erfolgt durch Einreichung eines Schriftsatzes o. zur Niederschrift der Geschäftsstelle des ArbG (§ 90 ArbGG). In der mdl. Verhandlung besteht kein Vertretungszwang. Das LAG entscheidet durch Beschluß (§ 90 ArbGG). Bei fehlender Sachverhaltsfeststellung kann der Beschluß aufgehoben werden (AP 2 zu § 92 ArbGG 1979 = DB 85, 1488). Die Beschwerde kann jederzeit in der für ihre Einlegung vorgeschriebenen Form zurückgenommen werden. In der mündl. Verhandlung wird sie auch durch einen nicht Postulationsfähigen zurückgenommen werden können. Gegen die das Verfahren beendenden Beschlüsse der LAG gibt es die Rechtsbeschwerde an das → Bundesarbeitsgericht, die nur auf die Verletzung von Rechtsnormen gestützt werden kann. Zulässig ist diese jedoch nur dann, wenn das LAG sie ausdrückl. zugelassen hat o. sie durch das BAG aufgrund einer → Nichtzulassungsbeschwerde zugelassen worden ist (§ 92 a ArbGG). Die Rechtsbeschwerde an das BAG, die der → Revision entspricht, muß binnen einer Notfrist von einem Monat nach Zustellung des Beschlusses eingelegt (§§ 92, 74 ArbGG) u. von einem Rechtsanwalt unterzeichnet sein (§ 94 ArbGG). Sie muß spätestens binnen eines weiteren Monats begründet werden (§ 92 II, 73 ArbGG). Sie muß sich mit den Erwägungen des LAG befassen u. erkennen lassen, was davon unrichtig sein soll (AP 1 zu § 94 ArbGG 1979 = DB 85, 240). Sie kann jederzeit in der für die Einlegung bestimmten Form zurückgenommen werden (§ 94 III ArbGG). Vor dem BAG ist eine mdl. Verhandlung nicht zwingend vorgeschrieben (§§ 95, 83 ArbGG; BB 76, 1516).

IV. Nach § 85 III ArbGG sind auch im B. → einstweilige Verfügungen zulässig. Die Entsch. ergeht aber auch dann, wenn eine mündl. Verhandlung nicht anberaumt wird, grundsätzlich durch die Kammer des ArbG. Die erforderl. Zustellungen erfolgen von Amts wegen; ein Schadensersatzanspruch nach § 945 ZPO ist ausgeschlossen. Lit.: Schaub, Meine Rechte und Pflichten im Arbeitsgerichtsverfahren, dtv 4. Aufl. 1985.

Beschwerde ist ein Rechtsmittel gegen – vor allem außerhalb der mündl. Verhandlung ergehende – Entscheidungen der → Arbeitsgerichte u. ihrer Vorsitzenden an das → Landesarbeitsgericht. Sie ist entweder einfache, unbefristete B. o. befristete, sofortige Beschwerde, wenn das Gesetz zur Einlegung eine Notfrist normiert hat. Auf die B. finden die Vorschriften der §§ 567 ff. ZPO über das B.-Verfahren bei den Amtsgerichten entspr. Anwendung (§ 78 ArbGG); weitere B. mit Ausnahme der Verwerfung des Einspruchs gegen → Versäumnisurteil unstatthaft (§ 78 II ArbGG). Beide B.-Arten begründen eine neue Tatsacheninstanz. Sie werden eingelegt beim ArbG, die sofortige binnen i. d. R. 2 Wochen seit Zustellung o. Verkündung des Beschlusses (§ 577 ZPO). Bei der einfachen B. kann das Gericht nach Überprüfung seine Entscheidung abändern (§ 571 ZPO); anderenfalls legt es die Sache dem LAG vor. Von der B. ist diejenige im → *Beschlußverfahren* zu unterscheiden; diese richtet sich als besonders ausgestaltetes Rechtsmittel gegen die aufgrund mündl. Verhandlung ergehenden Beschlüsse des ArbG. Die *Erinnerung* ist zum Unterschied von der B. ein Rechtsbehelf, der zur Nachprüfung einer Entscheidung im gleichen Rechtszug führt; sie ist zumeist zugelassen gegen Entscheidungen des beauftragten o. ersuchten Richters, des Urkundsbeamten u. des Rechtspflegers (§§ 576, 104, 766 ZPO, 11, 21 RPflG). Die *Gegenvorstellung* hingegen ist ein gesetzl. nicht geregelter formloser Rechtsbehelf, durch den das Gericht veranlaßt werden soll, seine Entscheidung erneut zu überprüfen; ebenso die *Dienstaufsichtsbeschwerde,* durch die der Dienstvorgesetzte des Gerichts o. Beamten angehalten werden soll, dessen dienstl. Verhalten zu überprüfen.

Betrieb ist die organisatorische Einheit, innerhalb derer ein AG einzeln o. in Gemeinschaft mit seinen Mitarbeitern mit Hilfe von sächlichen u. immateriellen Mitteln bestimmte arbeitstechnische Zwecke (unerheblich Produktion, Vertrieb, Verwaltung) fortgesetzt verfolgt (AP 9 zu § 111 BetrVG 1972 = NJW 82, 69; AP 3 zu § 4 BetrVG 1972 = DB 83, 1498; AP 4 zu § 64 BetrVG 1972 = DB 83, 2039). *(1)* Ein AG kann mehrere Betriebe haben (vgl. AP 3 zu § 4 BetrVG 1972 = DB 83, 1498). *(2)* Ein einheitlicher Betrieb kann vorliegen, wenn der AG den gleichen arbeitstechnischen Erfolg in mehreren selbständigen Betrieben verfolgt, von denen nur einer die Voraussetzungen von § 1 BetrVG erfüllt. Unter diesen Voraussetzungen bilden die nicht betriebsratsfähigen Betriebe mit den betriebsratsfähigen einen einheitlichen Betrieb (AP 28 zu § 99 BetrVG 1972). *(3)* Umstr. ist dagegen, ob mehrere rechtlich selbständige Unternehmen einen gemeinsamen Betrieb haben können. Dies hat das BAG bejaht, wenn *(a)* eine einheitliche Leitung u. Organisation des Betriebes vorhanden ist (AP 10 zu § 1 KSchG 1969; AP 25 zu § 80 BetrVG 1972 = NZA 87, 134 = DB 86, 1784; AP 6 zu § 1 BetrVG 1972 = NZA 87, 707; AP 30 zu § 15 KSchG 1969 = NZA 88, 32; AP

Betriebliche Einigung

9 zu § 1 BetrVG 1972 = NZA 89, 190), *(b)* eine → Betriebsaufspaltung stattgefunden hat. Vgl. Kamphausen Beil. 4 zu NZA 88. Der BR kann auf AG-Seite je nach dem Umfang seiner Mitbestimmungsrechte verschiedene Verhandlungspartner haben. An den Begriff des B. knüpfen zahlreiche Rechtsvorschriften an, z. B. ist der Sitz des B. Ort der Arbeitsleistung; von der Dauer der B.-Zugehörigkeit hängt die → Kündigungsschutzklage ab; die Art des B. ist für die berufl. Gliederung der AN, der Berufsverbände *(Industrieverbandsprinzip)* ausschlaggebend. Der Begriff des B. ist gegenüber dem wirtschaftlich bestimmten des → Unternehmens der engere.

Betriebliche Einigung werden die Absprachen zwischen → Betriebsrat u. AG über betriebliche Fragen genannt. Sie zerfallen in die → Betriebsvereinbarungen u. die Regelungsabreden o. Betriebsabsprachen. Regelungsabreden unterscheiden sich von der Betriebsvereinbarung dadurch, daß sie keine unmittelbare u. zwingende Wirkung für das Arbeitsverhältnis entfalten, sondern zur Begründung individueller Ansprüche der AN eines Ausführungsgeschäftes durch den AG bedürfen.

Betriebsänderung ist jede Änderung der betrieblichen Organisation, der Struktur, des Tätigkeitsbereiches, der Arbeitsweise der Fertigung, des Standortes des → Betriebes. Der Unternehmer hat in → Betrieben mit i. d. R. mehr als 20 wahlberechtigten AN den → Betriebsrat über geplante B., die wesentliche Nachteile für die Belegschaft o. erhebliche Teile der Belegschaft zur Folge haben können, rechtzeitig u. umfassend zu unterrichten u. mit dem BR zu beraten (§ 111 S. 1 BetrVG). Die Abhängigkeit von einer Mindestbelegschaft ist nicht verfassungswidrig (v. 17. 10. 89 – 1 ABR 80/88 – DB 90, 694). Das Mitwirkungsrecht wird nur bei wesentlichen Nachteilen ausgelöst. Als solche kommen in Betracht: Erschwerung der Arbeit, Minderung des Arbeitsverdienstes, längere Anmarschwege, höhere Fahrtkosten usw. Die in § 111 S. 2 BetrVG enthaltene Aufstellung bezeichnet solche Betriebsänderungen, bei denen ein wesentlicher Nachteil für die Belegschaft vermutet wird (AP 6, 9 zu § 72 BetrVG). Hierzu gehören a) Einschränkung u. → Stillegung (AP 8 zu § 13 KSchG) des ganzen Betriebes o. wesentlicher Betriebsteile, b) Verlegung des ganzen Betriebes o. wesentlicher Betriebsteile (AP 11 zu § 111 BetrVG 1972), c) Zusammenschluß mit anderen Betrieben, d) grundlegende Änderungen der Betriebsorganisation, des Betriebszwecks o. der Betriebsanlagen (AP 10 = BB 82, 1985; AP 15 = NZA 86, 804), e) Einführung neuer Arbeitsmethoden u. Fertigungsverfahren. Eine Stillegung setzt die Auflösung der zwischen AG u. AN bestehenden Betriebs- u. Produktionsgemeinschaft voraus (AP 18). Betriebseinschränkung ist eine erhebliche, ungewöhnliche u. nicht nur vorübergehende Herabsetzung der Leistungsfähigkeit des Betriebes. Dies kann sowohl auf der Herabsetzung der technischen Produktionskapazität, als auch einem erheblichen Personalabbau beruhen (§ 112a BetrVG). Keine Betriebsänderung ist gegeben bei einem rechtsgeschäftlichen Übergang eines Betriebes o. Betriebsteils auf einen → Betriebsnachfolger (AP 6, 8 zu § 111 BetrVG 1972) o. der → Betriebsaufspaltung in je eine rechtlich selbständige Besitz- u. Produktionsgesellschaft wobei die Produktionsgesellschaft die Betriebsmittel von der Besitzgesellschaft pachtet u. die Arbeitnehmer übernimmt, (AP 9 zu § 111 BetrVG 1972). Die Beratung der geplanten BÄ hat so frühzeitig wie möglich zu erfolgen, also bereits vor der Entscheidung über die Durchführung der Maßnahme (AP 10 zu § 72 BetrVG, AP 2 zu § 113 BetrVG 1972). Zu den umstrittensten Fragen gehört, ob der Betriebsrat einen Unterlassungsanspruch gegen den AG hat, wenn dieser die Betriebsänderung vor seiner Beteiligung bereits durchführt (bejahend *DB 82, 1522; 83, 239; NJW 84, 324; verneinend* AP 2 zu § 23 BetrVG 1972 = NJW 84, 196; AP 11 zu § 87 BetrVG 1972 Arbeitszeit = DB 84, 1479; vgl. Betriebsratsausschluß). Führt der AG eine B. durch, ohne einen → Interessenausgleich mit dem → Betriebsrat versucht zu haben, erlangen die AN Ansprüche nach § 113 BetrVG (AP 2 zu § 113 BetrVG 1972; AP 11 = DB 85, 1293; jedoch Ausnahme AP 4 a. a. O.). Gleichwohl kann noch ein → Sozialplan erzwungen werden. Die Abfindung nach § 113 BetrVG wird alsdann auf die Sozialplanansprüche angerechnet (GS AP 6 zu § 112 BetrVG 1972). Die Vorschriften über BÄ, Sozialplan u. Nachteilsausgleich gelten auch im Konkurs. Ansprüche auf Abfindungen sind nach dem SozplKonkG zu behandeln → Sozialplan. Tarifliche Verfallfristen gelten auch für Abfindungsansprüche (AP 3 zu § 113 BetrVG 1972). Lit.: Leinemann ZIP 89, 552.

Betriebsärzte u. Fachkräfte für Arbeitssicherheit sollen nach dem G v. 12. 12. 1973 (BGBl. I 1885) i. d. Änd. v. 12. 4. 1976 (BGBl. I 965) den AG beim → Arbeitsschutz u. bei der Unfallverhütung unterstützen. Durch sie soll erreicht werden, daß 1. die dem Arbeitsschutz u. der Unfallverhütung dienenden Vorschriften den besonderen Betriebsverhältnissen entsprechend angewandt werden, 2. gesicherte arbeitsmedizinische u. sicherheitstechnische Erkenntnisse zur Verbesserung des Arbeitsschutzes u. der Unfallverhütung verwirklicht werden können, 3. die dem Arbeitsschutz u. der Unfallverhütung dienenden Maßnahmen einen möglichst hohen Wirkungsgrad erreichen. Die B. können vom AG eingestellt werden; es kann aber auch ein frei praktizierender Arzt bestellt werden. Der → Betriebsrat hat ein erzwingbares Mitbestimmungsrecht, in welcher Form der AG seine Verpflichtungen aus dem ASI nachkommt (AP 1 zu § 87

Betriebsaufspaltung

BetrVG 1972 Arbeitssicherheit = DB 79, 1995). Verletzt ein AG bei
der Abberufung des B. die Mitbestimmungsrechte des BR, so ist
dessen Kündigung zumindest dann unwirksam, wenn sie aus Gründen der betriebsärztlichen Tätigkeit erfolgt (AP 1 zu § 9 ASiG =
NZA 89, 60). Ob der B. zu den leitenden Angestellten (§ 5 III
BetrVG) gehört, ist umstr. Betriebsärzte sind zu bestellen, wenn dies
im Hinblick auf *a)* die Betriebsart u. die damit für die AN verbundenen Unfall- u. Gesundheitsgefahren, *b)* die Zahl der beschäftigten
AN u. die Zusammensetzung der Arbeitnehmerschaft u. *c)* die Betriebsorganisation, insbesondere im Hinblick auf die Zahl u. die Art
der für den Arbeitsschutz u. die Unfallverhütung verantwortlichen
Personen, erforderlich ist (vgl. Die Unfallverhütungsvorschrift über
Betriebsärzte (VBG 123). Läßt sich ein AN zur Einstellung von einem B. untersuchen, so wird dieser insoweit von der ärztl. Schweigepflicht entbunden sein, wie das Ergebnis für die Einstellung von
Bedeutung ist (Däubler BB 89, 282). Im übrigen obliegt dem B.
prophylaktische Gesundheitsvorsorge. Eine Vorstellung beim B. zur
Überprüfung der Arbeitsfähigkeit kann nicht verlangt werden. Bei
fehlerhafter Diagnose haftet der Betriebsarzt dem AN mangels vertraglicher Beziehungen nicht; Ausnahme bei unerlaubter Handlung.
Dagegen wird der AG für den Betriebsarzt einzustehen haben (Bud-
de BB 86, 276).

Betriebsaufspaltung. I. *Unternehmensaufspaltungen* werden zumeist aus steuerrechtlichen u. haftungsrechtlichen Gründen vorgenommen. Es wird eine bisher einheitliche Gesellschaft in eine Ver-
mögensgesellschaft u. eine vermögenslose Produktionsgesellschaft
(GmbH & CoKG) aufgeteilt, die im Wege der → Betriebsnachfolge
das Personal übernimmt und das Anlagevermögen von der Vermö-
gensgesellschaft pachtet. Lit.: Salje NZA 88, 449; Schaub NZA 89, 5;
Simon ZfA 87, 311; Weimar ZIP 88, 1525; Peter DB 90, 414.

II. Bei der U.-Aufspaltung braucht nicht notwendig eine Betriebsaufspaltung vorliegen. Vielmehr kann ein bisher einheitlicher → Be-
trieb erhalten bleiben. Grundsätzlich braucht bei der bloßen B. kein
Sozialplan abgeschlossen werden (AP 9 zu § 111 BetrVG 1972 =
NJW 82, 69). Etwas anderes gilt, wenn im Rahmen der B. eine
Diversifikation mit grundlegenden → Betriebsänderungen vor-
kommt, z. B. Verselbständigung einzelner Sparten, der Zentralver-
waltung usw. (AP 4 zu § 23 KSchG = DB 84, 1684; AP 10 zu § 1
KSchG 1969; AP 19 zu § 111 BetrVG 1972 = NZA 87, 671). Lit.:
Jaeger BB 88, 1036; Sowka DB 88, 1318. Der BGH sieht in der
Verzahnung von Besitz- und Produktionsgesellschaften durch Ge-
brauchsüberlassungsverträge kapitalersetzende Einlagen die dem ge-
sellschaftsrechtlichen Kapitalschutz nach § 32a GmbHG unterliegen

(BGH NJW 90, 516 = ZIP 89, 1542). Auch im Arbeitsrecht macht sich ein konzernrechtsähnlicher Arbeitnehmerschutz bemerkbar. Werden im Rahmen einer Betriebsaufspaltung die Produktionsbetriebe auf eine rechtlich verselbständigte Produktionsgesellschaft übertragen, so gehen die Arbeitsverhältnisse auf diese über. Diese tritt in die Versorgungsanwartschaften ein. Es kann aber die Mithaft des Veräußerers in Betracht kommen (AP 70 zu § 613a BGB = NZA 88, 501). Der Betriebsrat des veräußernden Betriebes verliert für den abgespaltenen seine Zuständigkeit (AP 77 zu § 613a BGB = DB 89, 1194 = NZA 89, 433).

Betriebsbesetzung ist eine Form des → Arbeitskampfes. Sie wird im allgemeinen als rechtswidrig angesehen (Rudolphi RdA 87, 160; Ronellenfitsch Beil 6 zu DB 87; Friedrich DÖV 88, 194).

Betriebsbuße → Betriebsstrafen.

Betriebsfeier (Neumann AR-Blattei, D, Betriebsfeier I) sind Veranstaltungen zur Förderung der betrieblichen Verbundenheit.

Betriebsnachfolge. I. Die B. kann sich durch *Gesamt-* o. *Einzelrechtsnachfolge* vollziehen. Eine GRN liegt vor, wenn der Rechtsnachfolger, ohne daß es einzelner Übertragungsakte bedarf, unmittelbar in die gesamte Rechtsposition des Rechtsvorgängers einrückt (Erbfall, Fusion von Kapitalgesellschaften u. deren Umwandlung usw.). Diese Fälle sind im Gesetz enumerativ aufgezählt. Eine ERN ist gegeben, wenn ein → Betrieb o. Betriebsteil durch Rechtsgeschäft auf einen neuen Inhaber übertragen wird u. die zum Betriebsvermögen gehörenden materiellen oder immateriellen Rechte nicht automatisch, sondern durch besondere Übertragungsakte übergehen (§ 613a I 1 BGB). In welchem Umfang § 613a BGB gilt, wenn ein Betrieb (Seeschiff) ins Ausland veräußert wird, ist noch nicht abschließend geklärt *(AP 25 zu § 613a BGB).*

II. 1. Das BGB enthielt zunächst keine Regelung der ERN. Es kannte grundsätzlich nur die Übertragung einzelner Forderungen (§ 398 BGB; → Abtretung) und die Übernahme einzelner Verpflichtungen (§ 414 BGB). Das neuere zivilrechtliche Schrifttum hielt eine gewillkürte Auswechslung des Partners eines Schuldverhältnisses für zulässig. Das BAG hat sich dieser Auffassung angeschlossen und die Übertragung eines Arbeitsverhältnisses durch dreiseitiges Rechtsgeschäft zugelassen (AP 31 zu § 74 HGB). Erforderlich ist die Übertragung eines Arbeitsverhältnisses vom 1. auf den 2. AG als Ganzes. Hierbei muß abgesehen vom Parteiwechsel das Arbeitsverhältnis unverändert bleiben und der AN der Übertragung zustimmen. Rechtsgeschäftliche Konstruktionen des Betriebsinhaberwechsels sind auch nach Einführung von § 613a BGB noch von Bedeutung. Indes dür-

Betriebsnachfolge

fen sie den mit § 613a BGB bezweckten Sozialschutz nicht zum Nachteil des AN abbedingen.

2. § 613a BGB ist durch das BetrVG 1972 in das Gesetz eingeführt und durch das EG AnpassungsG v. 13. 8. 1980 (BGBl. I 1308) geändert worden. Er verfolgt drei Ziele: a) Den AN ihre Arbeitsplätze zu erhalten und dem Betriebsnachfolger die eingearbeiteten Arbeitskräfte zu bewahren; b) die Kontinuität des Betriebsrates aufrecht zu erhalten; c) Das Haftungssystem zwischen altem und neuem AG zu regeln (AP 18 zu § 613a BGB).

III. *Voraussetzung der Betriebsnachfolge* ist, daß ein Betrieb o. Betriebsteil kraft Gesetzes auf den Erwerber übergeht. Lit.: Rath DB 89, 1722; Schmalenberg Beil. 3 zu NZA 89.

1. *Gegenstand des Rechtsgeschäftes* ist ein → Betrieb o. Betriebsteil.

a) Der Begriff eines → Betriebes stimmt nicht genau mit dem allgemein rechtlichen überein. Zum allgemeinen Begriff gehören die → AN. Dagegen gehen diese im Rahmen der ERN als Rechtsfolge auf den Erwerber über. Betrieb ist mithin eine organisatorische Einheit mit einer eigenen arbeitstechnischen Zwecksetzung. Dies kann auch ein fremdgenutztes Miethaus sein, in dem ein Hausmeister beschäftigt wird (AP 69 zu § 613a BGB = DB 88, 712). Nicht erforderlich ist, daß alle Wirtschaftsgüter übergehen o. einzelne ausgetauscht werden (AP 53 zu § 613a BGB = DB 87, 99 = NZA 87, 123). Unwesentliche Bestandteile des Betriebsvermögens bleiben außer Betracht (AP 2, 11, 42 = DB 85, 2409 = NJW 86, 451). Zu unterscheiden ist zwischen Produktions- u. Handels- bzw. Dienstleistungsunternehmen. In *Produktionsbetrieben* ist notwendig, daß solche Produktionsmittel übergehen, daß eine sinnvolle Produktion noch möglich ist. Unzureichend ist, wenn nur Büromaterial o. Maschinen für die Hauswerkstatt übergehen (AP 42 = NJW 86, 451; AP 53 = DB 87, 99 = NZA 87, 123; AP 23 zu § 7 BetrAVG = NJW 86, 450). Zureichend ist, wenn der technische Produktionsapparat übernommen wird, auch wenn der Firmennamen nicht mit übergeht o. gewerbliche Schutzrechte nicht übernommen werden (AP 43 = DB 85, 2409 = NJW 86, 451). Bei *Handels- u. Dienstleistungsunternehmen* ist weniger auf die Übernahme materieller Betriebsgüter abzustellen, sondern in welchem Umfang in die Kundenbeziehungen, Lieferquellen eingetreten wird u. das bisherige Warensortiment weitergeführt wird (AP 58 zu § 613a BGB = DB 87, 992 = NZA 87, 382; AP 63 zu § 613a BGB = NZA 87, 589). Ein Betriebsübergang ist angenommen worden, wenn ein Bezirksvertreter seinen Handelsvertretervertrag kündigt u. der Unternehmer die Vertretung fortsetzt (AP 72 = DB 88, 2155 = NZA 88, 838), nicht dagegen bei Kündigung eines Bewachungsvertrages u. Übergang der Bewachungsaufgaben auf einen anderen (AP 76 = NZA 89, 799). Eine ERN erfolgt auch, wenn sie fiduziarisch vorgenommen wird (AP 38 = DB 85, 1135 = NJW 85, 1574; AP 7 zu § 1 BetrAVG Betriebsveräußerung = NZA 89, 425).

b) Eine ERN ist gegeben, wenn nur ein Betriebsteil o. eine Betriebsabteilung übergeht. Je nachdem, ob der Betrieb o. nur ein Betriebsteil übergeht, gehen alle o. die hierauf bezogenen Arbeitsverhältnisse über (AP 14 zu § 613a BGB = DB 79, 702; BGH NJW 81, 1364).

c) Keine B. findet im Falle der vorherigen → Betriebsstillegung statt. Dies ist die auf einem ernstlichen u. endgültigen Beschluß des Betriebsinhabers beruhende Auflösung der Betriebs- u. Produktionsgemeinschaft auf Dauer (AP 39 = NJW 86, 91; AP 59 = NZA 87, 419; AP 67 = NZA 88, 170; AP 18 zu § 111 BetrVG 1972 = NZA 87, 523; v. 20. 4. 1989 – 2 AZR 431/88 – NZA 90, 32).

2. Dem Betriebsübergang muß ein Rechtsgeschäft zugrunde liegen (AP 13 zu § 613a BGB). a) Indes ist § 613a BGB Auffangtatbestand für alle Betriebsübergänge, die sich nicht kraft Gesamtrechtsnachfolge vollziehen. Das Rechtsgeschäft braucht mithin nicht zwischen den letzten Betriebsinhaber u. dem neuen Betriebsinhaber stattgefunden haben, wenngleich dies den Regelfall darstellt (AP 24 = NJW 81, 2212; AP 36 = DB 84, 1306; AP 43 = NJW 86, 448; AP 53 zu § 613a BGB = NZA 87, 123). Möglich ist auch eine ERN, wenn ein verpachteter Betrieb vom 1. auf den 2. Pächter übergeht o. der Erwerber von mehreren Sicherungsnehmern (AP 43 = NJW 86, 448) die Betriebsmittel erwirbt. Rechtsgeschäft kann die Besitzeinweisung in die Betriebsmittel sein (AP 6 zu § 1 BetrAVG Betriebsveräußerung = NZA 89, 679). Für das Vorliegen des Rechtsgeschäftes ist der AN darlegungs- und beweispflichtig; für es spricht aber der Anscheinsbeweis, wenn ein Betrieb übergeht (AP 41 = NJW 86, 454).

b) Als Rechtsgeschäft kommen in Betracht Betriebsveräußerung, Verpachtung oder die Bestellung eines Nießbrauches. Betriebsveräußerung ist die Rechtsübertragung an den zum Betrieb gehörenden sächlichen und immateriellen Gegenständen. Sie kann auf Kauf, Schenkung, Vermächtnis o. einer Sicherungsabrede (AP 38 = NJW 85, 1574) beruhen. Unerheblich ist, ob der zugrundeliegende schuldrechtliche Vertrag wirksam ist (AP 44 = NJW 86, 453). Während Gegenstand des schuldrechtlichen Rechtsgeschäftes der Betrieb als solcher ist, bedarf es zum Verfügungsgeschäft der Übertragung der einzelnen Gegenstände. § 613a I 1 gilt auch für eine Betriebsveräußerung im → Konkurs. Der Erwerber muß in die Arbeitsverhältnisse eintreten, der → Betriebsrat bleibt im Amt (II 2); jedoch gilt wegen der haftungsrechtlichen Seite eine teleologische Reduktion; d. h., die AN müssen sich wegen der Rückstände der → Arbeitsvergütung wegen der Gleichbehandlung aller Gläubiger am Konkursverfahren beteiligen (AP 57 zu § 613a BGB = NZA 87, 458). Jedoch werden sie auch insoweit weitgehend abgesichert. Wegen rückständiger Vergütungsansprüche kann → Konkursausfallgeld bezogen werden (AP 71 = NJW 88, 3035 = NZA 88, 655). Anspruch auf → Ruhegeld bereits ausgeschiedener AN u. unverfallbare Versorgungsanwartschaften werden durch den → PSV abgesichert. Wird dagegen der Betrieb bereits vor Konkurseröffnung veräußert, so muß der Erwerber auch für die bereits erwachsenen Ruhegelder u. Anwartschaften haften (AP 5 zu § 1 BetrAVG Betriebsveräußerung = NZA 88, 198; AP 6 zu § 1 BetrAVG Betriebsveräußerung = NZA 89, 679). Wird nach Konkurseröffung ein Betrieb veräußert, so tritt der Erwerber in alle Masseforderungen (AP 56 zu § 613a BGB = DB 87, 745) sowie in alle verfallbaren Versorgungsanwartschaften (AP 4 zu § 1 BetrAVG Betriebsveräußerung = DB 86, 1779) ein. Anders ist dagegen die Rechtslage, wenn das Konkursverfahren mangels Masse abgelehnt wurde; alsdann haftet der Erwerber für alle Forderungen (AP 38 = NJW 85, 1574). Lit.: Oberhofer ArbuR 89, 293. Anzuwenden ist § 613a im Vergleichsverfahren (AP 26; v. 4. 7. 1989 – 3 AZR 756/87 – NZA 90, 188), in Zwangsverwaltung u. Zwangsversteigerung, wenn der Betrieb fortgeführt wird (AP 19; 36 = DB 84, 1306).

3. Der Übergang ist vollzogen, wenn der Erwerber in der Lage ist, den arbeitstechnischen (Teil) Zweck weiter zu verfolgen, also wenn er in die betriebliche Organisation eintritt (AP 5 zu § 1 BetrAVG Betriebsveräußerung = NZA 88, 198; AP 6 zu § 1 BetrAVG Betriebsveräußerung = NZA 89, 679).

4. Die Arbeitsverhältnisse gehen als Rechtsfolge des Betriebsübergangs auf den Erwerber über.

a) Unerheblich ist, ob es sich um Arbeitsverhältnisse von → Arbeitern, → Angestellten o. → leitenden Angestellten (AP 11) handelt, der Betrieb betriebsratspflichtig ist, zu → Tendenzbetrieben gehört. Dagegen tritt der Erwerber nicht in die Versorgungsansprüche o. unverfallbaren Versorgungsanwartschaften bereits ausgeschiedener AN ein (AP 6, 12, 15; AP 61 zu § 613a BGB = NZA 87, 559). Etwas anderes kann gelten, wenn er die Firma des Veräußerers übernimmt (AP 1 zu § 26 HGB = NZA 88, 246). Dasselbe gilt für rückständige → Provisionen ausgeschiedener AN (AP 60 zu § 613a BGB = NZA 87, 597). Ob der Erwerber in → Wettbewerbsverbote ausgeschiedener eintritt, ist zweifelhaft, aber zu bejahen (AP 18 zu § 74 HGB; AP 1 zu § 74a HGB). Lit.: Gaul NZA 89, 697; Nägele BB 89, 1480.

b) Dagegen tritt der Erwerber nicht in die Dienstverhältnisse von Organmitgliedern o. in die Rechtsverhältnisse arbeitnehmerähnlicher Personen, insbesondere von Heimarbeitern (AP 23 zu § 613a BGB) ein.

c) Der Übergang von Arbeitsverhältnissen kann nicht durch Umgehungsgeschäfte verhindert werden. Eine → Kündigung aus Anlaß des Betriebsübergangs ist unwirksam (§ 613a IV BGB). Aus Anlaß des Betriebsübergangs ist sie ausgesprochen, wenn er der äußere Anlaß ist (AP 33 = DB 83, 2690). Hierfür ist auf die Verhältnisse bei Ausspruch der Kündigung abzustellen (AP 74 = BB 89, 75 = NZA 89, 265). Damit ist keine Kündigung aus Anlaß des Betriebsübergangs gegeben, wenn eine Stillegung geplant, aber später der Betrieb veräußert wird. Andererseits ist sie gegeben, wenn sich die Betriebsveräußerung zerschlägt (AP 75 zu § 613a BGB = NZA 89, 461). Für die Kündigung aus Anlaß des Betriebsübergangs trägt der AN die Darlegungs- u. Beweislast (AP 47 zu § 613a BGB = NJW 86, 2008). § 613a IV BGB enthält ein eigenständiges Kündigungsverbot, das unabhängig von der Anwendung des KSchG gilt (AP 40 = NJW 86, 87). Unwirksam ist auch eine Kündigung der AN selbst, wenn sie angeregt worden ist u. der Erwerber mit allen o. einzelnen die Fortsetzung des Arbeitsverhältnisses in Aussicht stellt (AP 5 zu § 1 BetrAVG Betriebsveräußerung = NZA 88, 198; AP 6 zu § 1 BetrAVG Betriebsveräußerung = NZA 89, 679). Da § 613a IV BGB einen eigenen Unwirksamkeitsgrund enthält, braucht die Klagefrist der → Kündigungsschutzklage nicht eingehalten werden. Das Klagerecht kann verwirken (AP 5 zu § 242 BGB Prozeßverwirkung = NZA 89, 16).

IV. Der Erwerber tritt in die Rechte und Pflichten aus dem Arbeitsverhältnis ein; umgekehrt erlischt mit dem Übergang das Arbeitsverhältnis zum bisherigen Betriebsinhaber.

1. Zum Übergang des Arbeitsverhältnisses ist weder die Zustimmung des Betriebsveräußerers noch die des Erwerbers notwendig. Der AN kann jedoch bis zum Betriebsübergang dem Übergang seines Arbeitsverhältnisses widersprechen (AP 1, 10, 21, 37 = DB 84, 1403; AP 55 zu § 613a BGB = DB 87, 942; Pottmeyer ZfA 89, 239; NZA 88, 521; Gaul ZfA 90, 87). Wird der Betriebsübergang nicht rechtzeitig angekündigt, kann der AN den Widerspruch noch nachholen. Er bleibt alsdann AN des bisherigen Betriebsinhabers, riskiert aber u. U. eine Kündigung. Ein Widerspruch ist nicht mehr möglich, wenn er bereits mit dem Erwerber die Fortsetzung des Arbeitsverhältnisses vereinbart hat (AP 37 = DB 84, 1403).

2. Der Erwerber tritt in die bestehenden Arbeitsverhältnisse ein. Er muß sie in dem Zustand übernehmen, in dem sie sich bei dem früheren Betriebsinhaber befunden haben (AP 4 zu § 613a BGB). Er

erlangt mithin ausstehende Forderungen, wie umgekehrt wird er Schuldner bestehender Forderungen, insbesondere der Versorgungsansprüche und Anwartschaften der noch aktiven Belegschaft (AP 12, 15 zu § 613a BGB). Zu besonderen Rechtsfragen bei → Betriebsunterstützungskassen AP 7, 15 a. a. O. Er muß dieselben Löhne einschl. aller Nebenleistungen an die Belegschaft weiterzahlen; Urlaub gewähren (AP 33 zu § 613a BGB; Leinemann/Lipke DB 88, 1217). Zurückgelegte Dienstzeiten muß er anrechnen. Dies gilt auch für Ansprüche auf betriebl. Altersversorgung (AP 35 zu § 613a BGB = DB 84, 301). Erworbene gewerbl. Schutzrechte muß er anerkennen (Gaul GRUR 87, 590; 90, 163). Gegenüber den übernommenen AN muß er den Gleichbehandlungsgrundsatz wahren. Besitzt der Erwerber schon einen Betrieb, so kann seine Stammbelegschaft nicht die Anpassung an die Arbeitsbedingungen der übernommenen verlangen und umgekehrt (AP 41 zu § 242 BGB Gleichbehandlung; AP 16 zu § 613a BGB; Kemper BB 90, 785).

3. a) Der bisherige Betriebsinhaber haftet allein und zeitlich unbeschränkt für rückständige Forderungen aus den im Zeitpunkt des Übergangs bereits beendeten Arbeitsverhältnissen (→ Ruhegeld, Ruhegeldanwartschaften usw.). Der Betriebserwerber vermag die Ruhegelder nur zu übernehmen, wenn der PSV zustimmt (AP 4 zu § 4 BetrAVG = NZA 88, 21). Lit.: Hillebrecht Beil 4 zu NZA 89. b) Er haftet zeitlich beschränkt als Gesamtschuldner neben dem neuen Betriebsinhaber (AP 4; AP 56 zu § 613a BGB = DB 87, 745) für solche Ansprüche, die vor dem Betriebsübergang entstanden und fällig geworden sind. c) Er haftet zeitlich beschränkt auf ein Jahr (§ 613a II 1 BGB) neben dem neuen Betriebsinhaber als Gesamtschuldner für solche Ansprüche, die vor dem Betriebsübergang entstanden sind, aber erst innerhalb eines Jahres nach dem Betriebsübergang fällig werden. d) Er haftet überhaupt nicht, wenn der Anspruch nach Betriebsübergang entstanden und fällig geworden ist oder wenn die Ansprüche zwar vor Betriebsübergang entstanden, aber erst nach Ablauf eines Jahres fällig geworden sind. Der neue Betriebsinhaber haftet nicht für die unter 3a genannten Ansprüche. Eine Vereinbarung, wonach der Veräußerer eines Betriebes gegenüber der Belegschaft alleiniger Schuldner aller Versorgungsansprüche bleibt, verstößt gegen § 613a BGB i. V. m. § 4 BetrAVG und ist auch dann nichtig, wenn der versorgungsberechtigte AN zustimmt (AP 27 zu § 613a BGB). Neben einer Haftung nach § 613a BGB kann eine Haftung nach § 419 BGB und §§ 25 ff. HGB in Betracht kommen (AP 1 zu § 26 HGB = DB 88, 123).

V. Geht ein Betrieb oder Betriebteil durch Rechtsgeschäft auf einen Betriebsnachfolger über, so bestehen zwei Regelungsmodelle, was aus den für den Betrieb geltenden Tarifverträgen und Betriebsvereinbarungen wird.

1. Denkbar ist, daß der Betriebserwerber in die Tarifverträge und Betriebsvereinbarungen eintritt. Dies ist für Tarifverträge dann anzunehmen, wenn sowohl der Arbeitgeber wie der Betriebsnachfolger Mitglied in demselben Arbeitgeberverband sind. Im übrigen wird aber der Eintritt des Betriebsnachfolgers in den Tarifvertrag weitgehend abgelehnt, da ein Eingriff in seine → Koalitionsfreiheit befürchtet wird. Dagegen wird vielfach sein Eintritt in Betriebsvereinbarungen stattfinden, wenn ein Betrieb oder Betriebsteil übergeht. Insoweit ist noch vieles umstr.

2. a) Durch die EG-Anpassungsnovelle ist eine individualrechtliche Lösung eingeführt. Nach § 613a II 2 werden die Rechtsnormen eines Tarifvertrages oder einer Betriebsvereinbarung, die die Rechte und Pflichten aus dem Arbeitsverhältnis regeln, in den Inhalt des Arbeitsverhältnisses zwischen dem neuen Inhaber und dem AN transponiert und dürfen nicht vor Ablauf eines Jahres nach dem Zeitpunkt des Überganges zum Nachteil des AN geändert werden (AP 46 zu § 613a BGB = NJW 87, 863). → Tarifverträge u. → Betriebsvereinbarungen haben einen normativen u. einen schuldrechtlichen Teil. Transponiert werden nur die normativen Bestimmungen. Nicht transponiert werden also die schuldrechtlichen Bestimmungen und die → Regelungsabreden, da sie auch sonst nur durch individualrechtliche Gestaltungsmittel für das Arbeitsverhältnis wirksam werden. Von den normativen Bestimmungen werden nach dem Wortlaut des Gesetzes nur die sog. Inhaltsnormen transponiert. Ob auch Abschluß-, Solidar- u. betriebsverfassungsrechtliche Normen in das Arbeitsverhältnis übergehen, ist umstr. Das Kollektivrecht geht nur in bestehende Arbeitsverhältnisse ein. Dagegen werden nach dem Betriebsübergang neu begründete Arbeitsverhältnisse nicht erfaßt. Für neu eingestellte Arbeitnehmer kann allenfalls das in die Arbeitsverhältnisse eingegangene Kollektivrecht aufgrund des → Gleichbehandlungsgrundsatzes wirksam werden. Da das Kollektivrecht mit dem Übergang in das Arbeitsverhältnis seine unmittelbare u. zwingende Wirkung verliert, darf es vor Ablauf eines Jahres nach § 613a I 2 BGB nicht geändert werden.

b) Der Übergang des Kollektivrechts in das Arbeitsverhältnis findet dann nicht statt, wenn die Rechte und Pflichten aus dem Arbeitsverhältnis zwischen dem neuen Inhaber und dem AN durch Rechtsnormen eines anderen Tarifvertrages o. Betriebsvereinbarung geregelt werden (§ 613a I 3 BGB). Dies gilt auch dann, wenn die → Tarifbindung an den neuen → Tarifvertrag erst Monate nach dem Betriebsübergang entsteht (AP 49 zu § 613a BGB = NJW 87, 94).

c) Schließlich können vor Ablauf der Frist nach § 613a I 2 BGB die Rechte und Pflichten geändert werden, wenn der Tarifvertrag o. die Betriebsvereinbarung nicht mehr gilt o. bei fehlender beiderseitiger Tarifgebundenheit im Geltungsbereich eines anderen Tarifvertrages dessen Anwendung zwischen dem neuen Inhaber u. dem AN vereinbart wird.

VI. Allgemeine Lit.: Zum Kollektivrecht: Gaul ZTR 89, 432; 90, 13.

Betriebsrat. I. Der aus der → Betriebsratswahl hervorgegangene BR ist kraft Gesetzes Vertreter der Arbeitnehmerschaft des → Betriebes ohne eigene Vermögensrechte (DB 75, 2451); er nimmt die → BR-Aufgaben in eigenem Namen wahr, ohne an Weisungen der → Betriebsversammlung o. eines Belegschaftsmitgliedes gebunden zu sein. Er hat unter Beachtung der geltenden → Tarifverträge vertrauensvoll u. im Zusammenwirken mit den im Betrieb vertretenen → Gewerkschaften u. → Arbeitgeberverbänden zum Wohl der AN u. des Betriebes zusammenzuarbeiten (§ 2 I BetrVG; AP 3 zu § 23 BetrVG; AP 1 zu § 74 BetrVG 1972). Der Grundsatz der vertrauensvollen Zusammenarbeit umfaßt auch die Friedenspflicht zwischen AG u. BR, aufgrund derer im Interesse der Sicherung eines geordneten Arbeitsablaufes → Arbeitskämpfe, die ausschließlich den Tarifpartnern vorbehalten sind, verboten sind (§ 74 II BetrVG; AP 52 zu Art. 9 GG Arbeitskampf). Außerdem ist jede parteipolitische Betätigung untersagt (vgl. BVerfG DB 76, 1435; AP 1 zu § 42 BetrVG 1972; AP 1 zu § 1 KSchG 1969 Verhaltensbedingte Kündigung; AP 1 zu § 74 BetrVG 1972; vgl. Derleder ArbuR 88, 17). Der AG ist bei Verstößen des Betriebsrats gegen die Friedenspflicht berechtigt, die Unterlassung solcher Handlungen zu begehren. Die Geltendmachung des Unterlassungsanspruches im → Beschlußverfahren erfordert, daß der Antrag auf einzelne, tatbestandlich umschriebene Handlungen als Verfahrensgegenstand bezogen ist (AP 3 zu § 74 BetrVG 1972). Zur Wahrnehmung der den Gewerkschaften im BetrVG übertragenen Aufgaben u. Befugnisse ist deren Beauftragten nach Unterrichtung des AG o. seines Vertreters Zugang zum Betrieb zu gewähren (AP 2 zu § 2 BetrVG 1972; NJW 81, 1829; OLG DB 78, 592). Das Zutrittsrecht ist nur ausgeschlossen, soweit ihm unumgängliche Notwendigkeiten des Betriebsablaufes, zwingende Sicherheitsvorschriften o. der Schutz von Betriebsgeheimnissen entgegenstehen (§ 2 II). Daneben kann ein → Zugangsrecht zur Erfüllung der koalitionsspezifischen Aufgaben bestehen (AP 26 zu Art. 9 GG).

II. 1. Der BR hat, um arbeitsfähig zu werden u. nach außen ein *Vertretungsorgan* zu haben, aus seiner Mitte den Vorsitzenden u. seinen Stellvertreter zu wählen (§ 26 I BetrVG). Besteht der BR aus

Vertretern der Arbeiter- u. Angestelltengruppe (→ Betriebsratswahl), so sollen der Vorsitzende u. sein Stellvertreter zur Meidung
der Anfechtbarkeit der Wahl nicht derselben Gruppe angehören (AP
2 zu § 26 BetrVG 1972). Hiervon kann nur aus sachl. Gründen abgewichen werden. Dieser ist gegeben, wenn der einzige Angestellten-
vertreter nicht zur Wahl vorgeschlagen wird u. sich auch nicht vorschlägt (AP 7 zu § 26 BetrVG 1972 = NZA 88, 65). Ein solcher ist
noch nicht das Zahlenverhältnis von 13:2. Wird von § 27 I 2 BetrVG
abgewichen, so ist die Wahl nach § 19 BetrVG entspr. anfechtbar.
Auch die → Gewerkschaft ist anfechtungsberechtigt (AP 2 zu § 26
BetrVG 1972). Im Interesse der Verstärkung des Gruppenschutzes ist
in den Fällen, in denen jede Gruppe durch mehr als ⅓ der BR-
Mitglieder vertreten ist, vorgesehen, daß jede Gruppe aus ihrer Mitte
ein Mitglied für den Vorsitz vorschlägt; kann diese sich infolge einer
Pattsituation nicht auf einen Vertreter einigen, so ist durch Los zu
entscheiden (AP 5 zu § 26 BetrVG 1972 = DB 87, 1995). Der gesamte BR wählt alsdann aus den beiden Vorgeschlagenen den Vorsitzenden u. Stellvertreter des BR (AP 1 zu § 26 BetrVG 1972). Der Vorsitzende des BR o., im Falle seiner Verhinderung, sein Stellvertreter
vertritt den BR im Rahmen der von ihm gefaßten Beschlüsse (AP 11
zu § 112 BetrVG 1972 = NJW 82, 69). Andererseits sind diese Personen entsprechend zur Entgegennahme von Erklärungen für den BR
befugt (§ 26 III BetrVG). Die Erkrankung des Betriebsobmannes
führt nicht notwendig auch zu seiner Verhinderung (AP 2 zu § 25
BetrVG 1972 = DB 85, 1028). Der BR-Vorsitzende ist nicht a priori
von Schichtarbeit zu befreien *(DB 75, 311)*.

2. Hat ein BR 9 oder mehr Mitglieder, so bildet er einen *Betriebsausschuß*. Der BA besteht aus dem Vorsitzenden des BR, seinem
Stellvertreter u. bei Betriebsräten mit 9–15 aus 3, 19–23 aus 5, 27–35
aus 7 u. 37 o. mehr Mitgliedern aus 9 Ausschußmitgliedern. Zur
Verstärkung des Gruppenschutzes sieht das BetrVG 72 eine Vertretung der Gruppen im BA entsprechend dem Verhältnis ihrer Vertretung im BR vor; u. U. wählt sogar jede Gruppe die Ausschußmitglieder (AP 1 zu § 27 BetrVG 1972). Im übrigen besteht jedoch kein
Gruppenschutz für Minderheiten. Aus praktischen Gründen ist vorgesehen, daß der BA u. in nicht ausschußpflichtigen Betrieben der
BR-Vorsitzende o. sonstige Mitglieder des BR die laufenden Geschäfte führt. Das sind die einzelnen Verwaltungshandlungen wie
Vorbereitung der → Betriebsversammlungen, der BR-Sitzungen,
Durchführung der Sprechstunden usw. Dem BA (dagegen nicht
dem BR-Vorsitzenden) kann die Erledigung weiterer Aufgaben
übertragen werden, also z. B. die → Anhörung bei Kündigung usw.
Ausgenommen sind jedoch der Abschluß von → Betriebsvereinba-

rungen. Die Übertragung bedarf der Schriftform. Soweit ein BA gebildet ist, kann der BR weitere Ausschüsse bilden u. ihm bestimmte Aufgaben zur eigenen Erledigung, z. B. die Verwaltung von Sozialeinrichtungen, Wahrnehmung der Mitwirkungsbefugnisse bei personellen Einzelmaßnahmen (AP 4 zu § 102 BetrVG 1972; AP 1 zu § 28 BetrVG), Wahrnehmung der Rechte bei der Festsetzung der → Akkorde o. die Überwachung der Sicherungseinrichtungen usw., übertragen. Die Vorschriften über die Bildung des BA und dessen Beauftragten gelten entsprechend. Die neue Vorschrift dient der Intensivierung der BR-Arbeit.

III. 1. Die *Sitzungen* des BR werden vom Vorsitzenden unter Festsetzung der Tagesordnung anberaumt, bei deren Mitteilung einberufen und geleitet (§ 29 II BetrVG). Zur Sitzung sind auch die Vertretung der → Schwerbehinderten sowie die → Jugend- u. Auszubildendenvertreter zu laden, soweit sie ein Recht an der Teilnahme der BR-Sitzung haben. Ist ein Mitglied des BR o. der → Jugend- und Auszubildendenvertretung verhindert, an der Sitzung teilzunehmen, so hat es den Vorsitzenden unverzüglich zu benachrichtigen. Dieser hat alsdann ein Ersatzmitglied zu laden (§ 29 II BetrVG). Der Vorsitzende hat eine Sitzung einzuberufen u. einen Gegenstand, dessen Beratung beantragt ist, auf die Tagesordnung zu setzen, wenn dies ¼ der BR-Mitglieder, der AG o. ¼ der Vertreter einer Gruppe, die mindestens zwei BR-Mitglieder stellt, es beantragen. Der AG nimmt an den auf sein Verlangen einberufenen Sitzungen o. an den Sitzungen, zu denen er eingeladen wurde, teil. Er kann einen Vertreter seines AG-Verbandes zuziehen (§ 29 IV BetrVG). Umgekehrt kann auf Antrag von ¼ der BR-Mitglieder o. der Mehrheit einer Gruppe des BR ein Vertreter der im Betrieb vertretenen Gewerkschaften zu den Sitzungen eingeladen werden. In diesen Fällen sind der Zeitpunkt der Sitzung u. die Tagesordnung der Gewerkschaft rechtzeitig mitzuteilen, damit der Beauftragte sich auf seine beratende Aufgabe einstellen kann (§ 31 BetrVG). In der Geschäftsordnung kann geregelt werden, daß sie an allen Sitzungen ein Teilnahmerecht haben (AP 1 zu § 31 BetrVG 1972). Ferner kann an allen BR-Sitzungen die Schwerbehindertenvertretung beratend teilnehmen (§ 32 BetrVG). Die Sitzungen finden i. d. R. während der Arbeitszeit statt, dabei hat der BR jedoch auf die betrieblichen Notwendigkeiten Rücksicht zu nehmen. Der AG ist vorher zu verständigen. Die Sitzungen sind nicht öffentlich (§ 30 BetrVG).

2. Die *Beschlüsse* des BR werden, soweit im BetrVG für einzelne Beschlußfassungen keine qualifizierte Mehrheit vorgeschrieben ist, mit der einfachen Stimmenmehrheit der anwesenden BR-Mitglieder gefaßt. Bei Stimmengleichheit ist der Antrag abgelehnt (§ 33

BetrVG). Ist der BR beschlußunfähig, weil keine hinreichende Anzahl von Ersatzmitgliedern hinzugezogen werden konnte, kann der
Rest-BR anstehende Aufgaben wahrnehmen (AP 24 zu § 102
BetrVG 1972). Ob Beschlüsse im Umlaufverfahren zulässig sind, ist
zweifelhaft, aber zu verneinen. Der BR ist nur im Rahmen der ihm
zugewiesenen Aufgaben beschlußfähig, wenn mindestens die Hälfte
seiner Mitglieder nicht nur anwesend, sondern auch an der Beschlußfassung teilnimmt. Die Stimmen der Jugendvertreter werden mitgezählt, wenn diese an der Beschlußfassung berechtigt teilnehmen. Bei
schwerwiegenden Mängeln können BR-Beschlüsse nichtig sein (AP
17 zu § 103 BetrVG 1972 = NJW 85, 1976). Dies gilt z. B. auch dann,
wenn der Ladung keine Tagesordnung beigefügt war, es sei denn,
daß hierauf durch einstimmigen Beschluß verzichtet wird (AP 2 zu
§ 29 BetrVG 1972 = NZA 89, 223). Nichtige Beschlüsse haben
grundsätzlich keine Rechtswirkung; das bedeutet für Maßnahmen
des AG, *(1) die* nur der Mitwirkung des BR unterliegen, daß sie
wirksam bleiben; *(2)* die der erzwingbaren Mitbestimmung unterliegen, daß sie unwirksam sind, wie wenn der BR überhaupt nicht
beteiligt gewesen sei. Jedoch kann hier ein Vertrauensschutz des AG
eingreifen (AP 12 zu § 103 BetrVG 1972).

3. Erachtet die Mehrheit der Vertretung einer Gruppe o. der →
Jugend- u. Auszubildendenvertretung o. die Vertretung der →
Schwerbehinderten einen Beschluß des BR als eine erhebliche Beeinträchtigung wichtiger Interessen der durch sie vertretenen AN, so ist
auf ihren Antrag einmal der Beschluß auf die Dauer von einer Woche
auszusetzen, damit in dieser Zeit eine Verständigung, gegebenenfalls
mit Hilfe der im Betrieb vertretenen → Gewerkschaft, versucht werden kann. Nach Ablauf der Frist ist über die Angelegenheit erneut zu
beschließen (§ 35 BetrVG). Die Wochenfrist wird nur für das Innenverhältnis des Betriebsrats von Bedeutung sein. Beschließt der BR,
einer personellen Einzelmaßnahme (§§ 99 ff. BetrVG) nicht zu widersprechen, u. beantragt deswegen eine Minderheit den Beschluß
auszusetzen, so läuft die Wochenfrist (§§ 99 III, 102 II BetrVG) ab.

4. Die *Durchführung* der gemeinsam mit dem AG gefaßten Beschlüsse obliegt dem AG (§ 77 I BetrVG). Der BR darf nicht durch
einseitige Handlungen in die Leitung des Betriebes eingreifen.

5. Über jede Verhandlung des BR ist eine *Niederschrift* aufzunehmen. Die Niederschrift muß enthalten a) den Wortlaut des Beschlusses, b) die Stimmenmehrheit, mit der er gefaßt worden ist, c) die
Unterschrift des Vorsitzenden u. eines weiteren BR-Mitgliedes, d)
als Anlage die Anwesenheitsliste, in die sich jeder Teilnehmer an der
BR-Sitzung eigenhändig einzutragen hat. Hat ein AG o. ein Beauftragter einer Gewerkschaft an der Sitzung teilgenommen, so ist ihm

Betriebsräteversammlungen

der entsprechende Teil der Niederschrift in Abschrift auszuhändigen. AG u. Gewerkschaftsvertreter können Einwendungen gegen die Niederschrift erheben. Unverzüglich erhobene Einwendungen sind der Niederschrift beizufügen (§ 34 BetrVG). Jedes BR-Mitglied kann in die Niederschrift Einsicht nehmen; das Einsichtsrecht umfaßt nicht die Befugnis, Fotokopien zu fertigen (AP 1 zu § 34 BetrVG 1972).

6. Der BR kann sich eine *Geschäftsordnung* geben (§ 36 BetrVG).

7. Unabhängig von der Betriebsgröße kann der BR *Sprechstunden* während der Arbeitszeit einrichten. Zeit u. Ort sind mit dem AG zu vereinbaren (§ 39 BetrVG). Kommt eine Einigung nicht zustande, so entscheidet im Interesse einer schnellen und betriebsnahen Regelung die → Einigungsstelle. An den Sprechstunden kann ein Mitglied der Jugend- u. Auszubildendenvertretung teilnehmen, sofern diese keine eigenen Sprechstunden abhält. Auf Wunsch des BR kann ein Gewerkschaftssekretär hinzugezogen werden. Den einzelnen AN darf durch die Inanspruchnahme des Betriebsrates kein Verdienstausfall erwachsen.

8. Der *BR informiert* über seine Arbeit auf der → Betriebsversammlung. Der AG hat ihm auch Anschlagbretter zur Verfügung zu stellen. Ferner kann er Fragebogen (DB 77, 914) herausgeben. Informationsblätter kann er herausgeben, wenn nach den konkreten Verhältnissen des einzelnen Betriebes die Unterrichtung vor der nächsten Betriebsversammlung erforderlich ist und andere Informationsmittel unzulänglich sind (AP 15 zu § 40 BetrVG 1972; AP 4 zu § 50 BetrVG 1972).

IV. Die *Amtszeit* des BR beträgt vier Jahre seit Bekanntgabe des Wahlergebnisses o., sofern zu diesem Zeitpunkt noch ein BR besteht, mit Ablauf von dessen Amtszeit (§ 21 BetrVG). Sie endet grundsätzlich spätestens am 31. 5. des Jahres, in dem die regelmäßigen BR-Wahlen stattfinden (vgl. § 21 BetrVG). Der BR ist neu zu wählen, wenn er zurückgetreten, aufgelöst (→ Betriebsratsausschluß) o. nach Hinziehung der Ersatzmitglieder (§§ 23, 24 BetrVG) unter die vorgeschriebene Zahl gesunken o. die Nichtwählbarkeit festgestellt worden ist. Die Amtszeit eines außerhalb des regelmäßigen Wahlzeitraumes gewählten BR endet mit der Bekanntgabe des Wahlergebnisses des neu gewählten BR (AP 1 zu § 21 BetrVG 1972).

Betriebsräteversammlungen dienen dem Zweck, allen, auch nicht dem → Gesamtbetriebsrat angehörenden Betriebsratsmitgliedern aus erster Hand Informationen über die Tätigkeit des GBR sowie die Lage und Entwicklung des Unternehmens zu geben. Die

BRV ist mindestens einmal im Jahr durch den GBR einzuberufen. Ihr gehören an: die Vorsitzenden u. stellvertretenden Vorsitzenden der Betriebsräte sowie die weiteren Mitglieder der Betriebsausschüsse. Der Betriebsrat kann aus seiner Mitte andere Mitglieder entsenden, sofern die Zahl der Mitglieder der BRV nicht überschritten wird. In der BRV hat: a) der GBR einen Tätigkeitsbericht, b) der Unternehmer einen Bericht über das Personal- u. Sozialwesen u. über die wirtschaftl. Lage u. Entwicklung des Unternehmens, soweit dadurch nicht Betriebs- o. Geschäftsgeheimnisse gefährdet werden, zu erstatten. Die BRV wird von dem Vorsitzenden des GBR geleitet; sie ist nicht öffentlich. Der AG ist zur BRV einzuladen und berechtigt, dort zu sprechen. An BRV dürfen Vertreter der im Betrieb vertretenen → Gewerkschaften beratend teilnehmen; nimmt der AG teil, so ist er berechtigt einen Vertreter seines → Arbeitgeberverbandes hinzuzuziehen. Der Themenkreis, der von der BRV behandelt werden darf, ist wie bei der → Betriebsversammlung beschränkt (§ 53 BetrVG).

Betriebsratsaufgaben. I. Die *Befugnisse* des BR gliedern sich in Mitbestimmungsrechte, Mitwirkungsrechte u. Informations- u. Anhörungsrechte. Besteht ein *Mitbestimmungsrecht* des BR, so hat dieser ein Initiativrecht, daß die Mitbestimmungsgegenstände einer Regelung zugeführt werden. Dies gilt selbst dann, wenn er nur die bisherige betriebliche Praxis zum Gegenstand einer Regelung machen will (v. 8. 8. 89 – 1 ABR 62/88 – NZA 90, 322). Im Falle der Leistungsentlohnung ist dem BR lediglich verschlossen, Lohnpolitik zu treiben (AP 1 zu § 87 BetrVG 1972 Provision). Kein Initiativrecht soll dem Betriebsrat bei der Einführung von Kontrolleinrichtungen zustehen (v. 28. 11. 89 – 1 ABR 97/88 – NZA 90, 406). Maßnahmen des AG bedürfen, um rechtswirksam zu sein, der Zustimmung des BR (AP 2 zu § 87 BetrVG 1972 Kurzarbeit; AP 6 zu § 87 BetrVG 1972 Altersversorgung). Dies gilt grundsätzlich auch in Eilfällen; unentschieden ist, ob der AG in Notfällen einseitige Anordnungen erlassen kann (AP 2 zu § 87 BetrVG 1972 Kurzarbeit). Kommt es zu keiner Einigung zwischen AG u. BR, entscheidet die → Einigungsstelle. Hat der AG einseitig eine mitbestimmungspflichtige Maßnahme durchgeführt, so bleibt er für die Vergangenheit an die getroffenen Maßnahmen und Zusagen gebunden (AP 54 zu §§ 22, 23 BAT; AP 3, 4 zu § 56 BetrVG Entlohnung). Ihm ist es also versagt, sich auf die betriebsverfassungsrechtliche Pflichtwidrigkeit zu berufen; er muß mithin angeordnete Überstunden vergüten usw. (aber AP 6 zu § 87 BetrVG 1972 Altersversorgung). Unterliegt eine Maßnahme des AG nur dem *Mitwirkungsrecht*, so ist dem BR vor Durchführung der Maßnahme Gelegenheit zur Stellungnahme zu geben. Gegebenenfalls hat er ein Widerspruchsrecht. Bei dem *Informations- u. Anhörungsrecht* hat der AG den BR zu unterrichten u. ihm in den im Gesetz vorgesehenen Fällen die Unterlagen vorzulegen u. ihn gegebenenfalls anzuhören. Hat der Arbeitgeber eine Maßnahme ohne Anhörung des BR durchgeführt, so ist sie unwirksam (§ 102 BetrVG; → Anhörung des BR). Die Beteiligungsrechte können durch → Tarifvertrag erweitert und verstärkt werden (AP 23 zu § 77 BetrVG 1972 = NZA 87, 779; AP 53 zu § 99 BetrVG 1972 = NZA 88, 699; Meier-Krenz DB 88, 2149; Richardi NZA 88, 673).

II. Der BR hat 1. allgemeine Aufgaben, 2. Mitbestimmungsrechte in sozialen Angelegenheiten, 3. Beteiligungsrechte bei der Gestaltung von Arbeitsplatz, Arbeitsablauf u. Arbeitsumgebung, 4. Mitwirkungs- u. Mitbestimmungsrechte in personellen Maßnahmen, 5. Beteiligungsrechte in wirtschaftlichen Angelegenheiten. Eine mißbräuchliche Ausnutzung der Beteiligungsrechte wird nur in ganz seltenen Ausnahmefällen vorkommen.

III. *Allgemeine Aufgaben:* Der BR hat bei seiner gesamten Tätigkeit den → Gleichbehandlungsgrundsatz zu beachten u. im Interesse einer verstärkten Berücksichtigung der Persönlichkeitsrechte im Arbeitsleben, die freie Entfaltung der Persönlichkeit der im Betrieb beschäftigten AN zu schützen u. zu fördern (§ 75 BetrVG). Der → Gleichbehandlungsgrundsatz gebietet, darüber zu wachen, daß alle im Betrieb tätigen Personen nach Recht u. Billigkeit behandelt werden u. jede unterschiedliche Behandlung von Personen wegen ihrer Abstammung, Religion, Nationalität, Herkunft, politischer o. gewerkschaftl. Betätigung, ihres Geschlechtes (AP 110, 111, 117 zu Art. 3 GG; AP 39, 53 zu § 242 BGB Gleichbehandlung; AP 1 zu § 1 BetrAVG Gleichbehandlung; EuGH NJW 76, 2068 = NZA 86, 599; AP 3 zu Art. 119 EWG-Vertrag = NJW 84, 2056; AP 11 = DB 87, 994) o. ihres Alters unterbleibt (AP 2 zu § 80 BetrVG). Im übrigen hat der BR in allen betriebsratspflichtigen Betrieben folgende allgemeine Aufgaben:

1. Darüber zu wachen, daß die zugunsten der AN geltenden Gesetze, VO, Unfallverhütungsvorschriften, Tarifverträge (AP 1 zu § 80 BetrVG 1972) u. Betriebsvereinbarungen durchgeführt werden (§ 80 I Z. 1 BetrVG). Das Überwachungsrecht bleibt auch dann beim Betriebsrat, wenn der → Gesamtbetriebsrat eine Betriebsvereinbarung über die mitbestimmungspflichtige Angelegenheit schließt (AP 5 zu § 92 ArbGG 1979 = NZA 89, 393). Zu den einzuhaltenden G. gehören sämtliche, die zugunsten der AN wirken; hierzu gehört auch das BDSG, soweit seine Bestimmungen auf den Betrieb Anwendung finden *(EzA 64 zu § 37 BetrVG 1972)*. Er hat zur Bekämpfung von Unfall- u. Gesundheitsgefahren mit den Gewerbe-

aufsichtsbeamten u. Berufsgenossenschaften u. sonstigen Behörden – insbesondere → Betriebsärzten – zusammenzuarbeiten (vgl. § 89 BetrVG, § 719 RVO sowie die Grundsätze für die Zusammenarbeit v. 28. 11. 1977 (BAnz. Nr. 255 v. 2. 12. 1977); dagegen gehört nicht hierhin die Überwachung des Lohnsteuerabzugs (AP 5 zu § 80 BetrVG 1972); Zur Durchführung der Überwachung kann der Betriebsrat Arbeitsplätze besichtigen. Das gilt auch in Bewachungsunternehmen, die auf fremden Betriebsgeländen arbeiten (AP 36 zu § 80 BetrVG 1972 = NZA 89, 934). In Streitfällen müssen im Verfahren die allgemeinen Verfahrensvoraussetzungen (bestimmter Antrag, Substantiierung usw.) gewahrt bleiben (AP 28 zu § 80 BetrVG 1972 = NZA 87, 674).

2. Maßnahmen beim AG zu beantragen, die dem Betrieb u. der Belegschaft dienen (§ 80 I Z. 2 BetrVG).

3. Anregungen, Beschwerden u. Eingaben von AN u. der → Jugend- u. Auszubildendenvertretung entgegenzunehmen u., falls sie berechtigt erscheinen, durch Verhandlung mit dem AG auf eine Erledigung hinzuwirken. Der AN bzw. die Jugend- u. Auszubildendenvertretung sind über den Stand u. das Ergebnis der Verhandlung mündlich o. schriftlich zu unterrichten (§ 80 I Z. 3; auch §§ 84, 85 BetrVG).

4. Die Eingliederung von → Schwerbehinderten o. sonstiger schutzbedürftiger Personen, z.B. Schwangerer, Inhaber von → Bergmanns-Versorgungsscheinen, Rehabilitanden usw. zu fördern (§ 80 I Z. 4 BetrVG); dies gilt insbesondere auch für die berufliche Förderungspflicht (AP 1–4, 6 zu § 12 SchwBeschG).

5. Die Wahl der → Jugend- u. Auszubildendenvertretung durch Bestellung eines Wahlvorstandes vorzubereiten u. durchzuführen u. mit der Jugend- u. Auszubildendenvertretung zur Förderung der Belange der jugendlichen AN zusammenzuarbeiten. Hierzu kann er Vorschläge u. Stellungnahmen der Jugend- u. Auszubildendenvertretung anfordern (§ 80 I Z. 5 BetrVG).

6. Die Beschäftigung älterer AN im Betriebe zu fördern, da diese erfahrungsgemäß nur schwer einen Arbeitsplatz finden (§ 80 I Z. 6). Bei Benachteiligung durch den AG bei Einstellungen kann der BR der Einstellung anderer AN widersprechen.

7. Die Eingliederung von → Gastarbeitern in den Betrieb u. das Verständnis zwischen Deutschen u. Gastarbeitern zu fördern (§ 80 I Z. 7). Insoweit hat er auf die Einhaltung des Gleichbehandlungsgrundsatzes (§ 75 BetrVG) zu achten, die sprachl. Ausbildung zu fördern u. zum Abbau der Vorurteile beizutragen.

Zur Durchführung seiner Aufgaben hat ihn der AG rechtzeitig u.

umfassend zu unterrichten, auf Verlangen die notwendigen Unterlagen zur Verfügung zu stellen, u. zwar ohne daß ein bestimmter Verdacht des Verstoßes gegen eine Schutzvorschrift besteht (AP 1, 3 zu § 80 BetrVG 1972). Ausreichend ist, daß er feststellen will, ob ihm überhaupt ein Mitbestimmungsrecht zusteht (AP 31 = NZA 88, 620). Soweit sich für den Betriebsrat erst Aufgaben stellen, wenn der AG tätig wird, hat er auch erst ab diesem Zeitpunkt Auskunftsrechte (AP 37 zu § 80 BetrVG 1972 = NZA 89, 929). Werden im Betrieb Fremdfirmen beschäftigt, so kann er verlangen, daß ihm die Verträge zur Einsicht vorgelegt werden, aufgrunddessen deren AN im Betrieb beschäftigt werden (v. 31. 1. 89 – 1 ABR 72/87 – NZA 89, 932). Er kann aber nicht erst die Beschaffung von Material verlangen, z. B. durch die Installation von Lärmmeßgeräten (AP 25 zu § 80 BetrVG 1972 = NJW 87, 134). Die allgemeine Unterrichtungspflicht wird schließlich dahin konkretisiert, daß der → Betriebsausschuß o. ein anderer Ausschuß des Betriebsrats, Einblick in die Listen über Bruttolohn einschl. übertariflicher Zulagen (AP 7, 12, 16 zu § 80 BetrVG 1972), individuell ausgehandelter Vergütungsbestandteile (AP 27 zu § 80 BetrVG 1972 = NJW 87, 385), Prämien (AP 18 zu § 80 BetrVG 1972 = NJW 83, 2463) u. Gehälter nehmen kann, auch wenn im Betrieb kein Tarifvertrag besteht (AP 13 zu § 80 BetrVG 1972). Er kann sich Notizen machen (einschränkend: AP 17 aaO), aber nicht die Aushändigung von Fotokopien verlangen (AP 9 zu § 80 BetrVG 1972). Erreicht der Betriebsrat nicht die Größe, um einen Ausschuß zu bilden, so steht das Einsichtsrecht dem Betriebsratsvorsitzenden zu (AP 2, 3, 4 zu § 80 BetrVG 1972). Dieselben Rechtsgrundsätze gelten bei außertarifl. Angestellten (AP 15 zu § 80 BetrVG 1972; zu Sonderfragen bei → Ruhegeldern: AP 14; anders früher AP 3, 6, 7, 8 zu § 80 BetrVG 1972). Zum Einsichtsrecht in Tendenzbetrieben: AP 1, 12 zu § 118 BetrVG 1972. Bei Streit um das Einsichtsrecht in die Lohnlisten sind die AN, die mit der Einsicht nicht einverstanden sind, nicht Beteiligte des Beschlußverfahrens zwischen AG und BR *(EzA 31 zu § 83 ArbGG)*. Kein Einsichtsrecht hat der BR grundsätzlich in einzelne Arbeitsverträge und Personalakten. Lohn- u. Gehaltslisten sind Teil der betriebswirtschaftlichen Kalkulation u. daher Geschäftsgeheimnisse; sie unterliegen der Verschwiegenheitspflicht (AP 2 zu § 79 BetrVG 1972 = NZA 88, 63). Um eine sachgemäße Wahrnehmung der allgemeinen Aufgaben zu ermöglichen, kann der BR etwa bei Unfallverhütungsmaßnahmen, nach Vereinbarung mit dem AG Sachverständige hinzuziehen. Für einen ohne Vereinbarung hinzugezogenen SV braucht dieser die Kosten nicht zu bezahlen (AP 11 zu § 80 BetrVG 1972). Kommt es mit dem AG nicht zu einer Vereinbarung, so entscheidet das → Arbeitsgericht im → Beschlußverfahren, ob die Hinzuziehung notwendig ist. Jedoch kann der BR nicht schlechthin betriebliche Sachverständige ablehnen (AP 30 zu § 80 BetrVG 1972 = NZA 88, 208; AP 35 = NZA 89, 936; Lit.: Kort CR 88, 490; Matthiessen CR 88, 478; Linnenkohl RDV 88, 189; Pflüger NZA 88, 45). Zur Kommunikation zwischen BR und Belegschaft ist dieser nicht auf die Sprechstunde o. → Betriebsversammlung beschränkt. Er kann Fragebogenaktionen durchführen (AP 10 zu § 80 BetrVG 1972) u. auch Informationsblätter herausgeben, soweit dies notwendig ist, um dem Informationsbedürfnis der Belegschaft vor der nächsten Betriebsversammlung Rechnung zu tragen (→ Betriebsrat).

IV. Die Mitwirkungs- u. Mitbestimmungsrechte des BR bei der *Gestaltung von Arbeitsplatz, Arbeitsablauf u. Arbeitsumgebung* sind 1972 in das BetrVG eingefügt (§§ 90 ff. BetrVG).

1. Dem BR hat bereits im Planungsstadium ein umfassendes *Unterrichtungs- u. Beratungsrecht* bei a) Neu-, Um- u. Erweiterungsbauten von Fabrikations-, Verwaltungs- u. sonstigen betrieblichen Räumen, b) technischen Anlagen; c) Arbeitsverfahren u. Arbeitsabläufen, d) Arbeitsplätzen. Hierdurch soll sichergestellt werden, daß bei den unternehmerischen Entscheidungen die Belange der AN hinsichtlich der Auswirkungen auf die Art der Arbeit u. die Anforderungen hinreichend berücksichtigt werden. Tragender Gesichtspunkt soll bei allen Maßnahmen die gesicherte Erkenntnis der Arbeitswissenschaft (Arbeitsmedizin, -physiologie, -psychologie usw.) sein. Aus dem Arbeitsschutzzweck ist zu folgern, daß der BR kein Mitwirkungsrecht hat, wenn der AG Arbeitsaufgaben (Buchhaltung) auf eine Unternehmerfirma übertragen will.

2. Läßt der AG bei der Gestaltung des Arbeitsplatzes u. des Arbeitsablaufes usw. gesicherte arbeitswissenschaftliche Erkenntnisse außer Acht, so hat der BR ein notfalls über die → Einigungsstelle erzwingbares Mitbestimmungsrecht. Er kann also angemessene Maßnahmen zur Abwendung, Milderung o. zum Ausgleich der Belastung der AN verlangen. Die zu verlangenden Maßnahmen reichen von der Änderung der durchgeführten Arbeitsplatzgestaltung bis zu Ausgleichsmaßnahmen (z. B. häufigere Pausen bei zu schnellem Arbeitstakt), sofern eine Änderung technisch o. wirtschaftlich nicht vertretbar ist. Umstr. ist, ob der BR im Wege des → einstweiligen Verfügungsverfahren im → Beschlußverfahren einen Unterlassungsanspruch auf Untersagung der Maßnahmen hat (→ Betriebsratsausschluß).

V. 1. Im Bereich der *sozialen Mitbestimmung* ist die sog. *erzwingbare* und die *freiwillige Mitbestimmung* zu unterscheiden. Das Mitbestimmungsrecht bezieht sich grundsätzl. auf generelle Regelungen durch

Betriebsratsaufgaben

→ Betriebsvereinbarung und auch auf allgemeine Maßnahmen des Direktionsrechts in Form von → Regelungsabreden, durch die die AN des Betriebs oder eine Gruppe von AN betroffen werden. In den in § 87 BetrVG genannten Fällen der erzwingbaren Mitbestimmung, entscheidet die → Einigungsstelle verbindlich, wenn eine Einigung zwischen AG u. BR nicht zustande kommt. Einseitige Maßnahmen sind auch in Eilfällen – von Ausnahmen in Notfällen abgesehen – rechtswidrig (AP 1, 2 zu § 87 BetrVG 1972 Kurzarbeit; AP 6 zu § 87 BetrVG 1972 Arbeitszeit). Wird die Einigungsstelle nicht angerufen, so kann u. U. das Gericht gemäß §§ 317, 319 BGB entscheiden (vgl. AP 4 zu § 38 MTB II). Dagegen kann in den der freiwilligen Mitbestimmung unterliegenden Fällen (§ 88 BetrVG) eine → Betriebsvereinbarung nur abgeschlossen werden, wenn der AG zu ihrem Abschluß bereit ist. Ist aber eine freiwillige Betriebsvereinbarung abgeschlossen worden, z. B. über die Errichtung einer Sozialeinrichtung, so hat der BR über deren Ordnungsgrundsätze wiederum ein erzwingbares Mitbestimmungsrecht. Im Bereich der erzwingbaren sozialen Mitbestimmung hat der Betriebsrat wegen der Parität von BR und AG ein Initiativrecht (AP 1 zu § 87 BetrVG 1972; AP 1 zu § 87 BetrVG 1972 Vorschlagswesen; AP 8 zu § 87 BetrVG 1972 Arbeitszeit). Das erzwingbare MBR steht unter dem Vorbehalt von Gesetz und Tarifvertrag. G. ist jede zwingende Rechtsnorm (AP 1 zu § 87 BetrVG 1972 Werkmietwohnung), also zB. VO, autonomes Satzungsrecht öffentlich rechtlicher Körperschaften (AP 53 zu § 611 BGB DO-Angestellte), bindende Verwaltungsakte (AP 14 zu § 87 BetrVG 1972 Ordnung des Betriebs = NZA 88, 811), nicht aber gesetzesvertretendes Richterrecht oder dispositives Recht (AP 1 zu § 87 BetrVG 1972 Werkmietwohnung; AP 1 zu § 87 BetrVG 1972 Provision). Es ist ausgeschlossen, wenn nach dem → tariflichen Geltungsbereich ein → Tarifvertrag für den → Betrieb besteht und der AG der → Tarifbindung unterliegt. Der Tarifvertrag muß die mitbestimmungspflichtige Angelegenheit abschließend und zwingend regeln u. das einseitige Bestimmungsrecht des AG beseitigen (AP 18 zu § 87 BetrVG 1972 Tarifvorrang = NZA 89, 887; v. 4. 7. 89 – 1 ABR 40/88 – NZA 90, 29). Das Mitbestimmungsrecht wird nicht verdrängt, wenn der Tarifvertrag keine abschließende Regelung getroffen hat (AP 1 zu § 87 BetrVG 1972 Kurzarbeit; AP 2 zu § 87 BetrVG 1972; AP 3, 12, 14 zu § 87 BetrVG 1972 Lohngestaltung; AP 1 zu § 87 BetrVG 1972 Tarifvorrang; AP 5 zu § 87 BetrVG 1972 Arbeitszeit). Kein MBR besteht wegen der Höhe übertariflicher Zulagen zum Tariflohn (AP 3 zu § 87 BetrVG 1972 Tarifvorrang = DB 84, 1351); anders bei der Verteilung auf die AN (AP 4 zu § 87 BetrVG 1972 Lohngestaltung; AP 15 = NZA 84, 47; AP 26 = NZA 87, 386; AP 33 = NZA 88, 478). Der Gesetzes- und Tarifvorbehalt verhin-

dert die Erzwingbarkeit der Mitbestimmung. Nach der sog. Zwei-
schrankentheorie war die erzwingbare Mitbestimmung ausgeschlos-
sen, wenn ein Tarifvertrag zwingend auf die Arbeitsverhältnisse ein-
wirkte; daneben gilt die allgemeine Vorschrift des § 77 III BetrVG.
Diese ist vom BAG aufgegeben; neben dem Tarifvorrang aus § 87 I
BetrVG ist § 77 III BetrVG nicht mehr anwendbar (AP 21 zu § 77
BetrVG 1972 – NZA 87, 639; AP 6 zu § 87 BetrVG 1972 Auszahlung
= NZA 88, 405). Das führt dazu, daß das MBR des BR bereits dann
wieder auflebt, wenn keine zwingenden gesetzlichen oder tariflichen
Regelungen mehr bestehen. Nach § 77 III BetrVG können Arbeits-
entgelte u. sonstige Arbeitsbedingungen, die durch Tarifvertrag ge-
regelt sind o. üblicherweise geregelt werden, nicht Gegenstand einer
→ Betriebsvereinbarung sein. Danach werden Betriebsvereinbarungen auch durch nachwirkende Tarifverträge u. üblicherweise abgeschlossene Tarifverträge ausgeschlossen. Dies gilt unabhängig davon, ob sie günstiger o. ungünstiger sind. Ungünstigere werden
schon aufgrund der Rangfolge der Rechtsnormen ausgeschlossen.
Zu den umstrittensten Fragen gehört, ob der BR Maßnahmen des
AG mit dem Unterlassungsanspruch verhindern kann, bevor er sein
MBR ausgeübt hat (→ Betriebsratsausschluß). Lit.: Heinze NZA 89,
41; PersF 88, 24.

2. Der BR hat, soweit eine gesetzliche o. tarifliche Regelung nicht
besteht o. unvollständig ist, ein Mitbestimmungsrecht in folgenden
Fällen:

a) Fragen der Ordnung des Betriebes u. des Verhaltens der AN im
Betrieb. Zur Ordnung gehören allgemeingültige für die AN o.
Gruppen von ihnen verbindliche Verhaltensregeln zur Sicherung des
ungestörten Arbeitsablaufes u. des reibungslosen Zusammenlebens
im → Betrieb. Zu den Normen über das Verhalten gehören alle
Vorschriften, die das Verhalten des AN selbst, zwischen AG o. seinen Arbeitskollegen regeln (AP 2 zu § 87 BetrVG 1972 Arbeitssicherheit). Dies gilt auch in den Fällen der arbeitsnotwendigen Maßnahmen. Nicht mitbestimmungspflichtig sind Maßnahmen, die der
Arbeitsablaufsteuerung dienen (AP 8 zu § 87 BetrVG 1972 Ordnung
des Betriebes) o. an bestehende Individualpflichten anknüpfen, z. B.
Tätigkeitsberichte von Außendienstmitarbeitern (AP 3 zu § 87
BetrVG 1972 Ordnung des Betriebes). Einzelfälle: Mitbestimmungspflichtig sind Bußordnungen u. Verhängung von Bußen im Einzelfall (AP 1, 2, 4 zu § 87 BetrVG 1972 Betriebsbuße), außer → Abmah-
nungen (AP 39, 40 zu § 37 BetrVG 1972); Formulare zur Kontrolle
von Arztbesuchen *(DB 81, 1677);* Anordnung zur Teilnahme an
polizeilichen Untersuchungen im Betrieb (AP 5 zu § 87 BetrVG 1972
Ordnung des Betriebes); Abschluß von Arbeitsordnungen mit et-

waigen Normen für die Benutzung von Kleider- u. Waschanlagen (AP 3 zu § 56 BetrVG Ordnung des Betriebes), Dienstkleidungsordnung (AP 15 zu § 87 BetrVG 1972 Ordnung des Betriebs = NZA 90, 320), der Sicherung der → eingebrachten Sachen, z. B. von Fahrzeugen der AN, Tragen von Schutzkleidung und Arbeitskleidung; → Rauchverbote; → Torkontrollen, ausgenommen elektronische Zugangskontrolle bei der bloßen Türöffnung (AP 7 zu § 87 BetrVG 1972 Ordnung des Betriebes = NJW 84, 2431) o. im → Arbeitskampf (AP 13 zu § 87 BetrVG 1972 Ordnung des Betriebes = DB 87, 791), Einführung von Stechuhren, Umstellung der Anwesenheitsliste auf EDV (ArbuR 78, 778); Regeln über das Radiohören im Betrieb (AP 10 zu § 87 BetrVG 1972 Ordnung des Betriebes = NJW 86, 1952 = NZA 86, 435). Kein MBR besteht für die Regelung des Ausgangs von BRM (AP 45 zu § 37 BetrVG 1972), Eintragung von Arbeitsvorgängen in Arbeitsbögen zwecks Auswertung durch EDV (DB 81, 1144; AP 3 zu § 87 BetrVG 1972 Ordnung des Betriebes), Ausfüllen von Tageszetteln durch Redakteure (AP 2 zu § 87 BetrVG 1972 Ordnung des Betriebes; AP 1 zu § 87 BetrVG 1972, Tarifvorrang); Erlaß von Dienstreiseordnungen (AP 6 zu § 87 BetrVG 1972 Lohngestaltung); Reservierung von Parkplätzen für leitende Angestellte *(DB 79, 115),* Stellenbeschreibungen. Übersendung von Fahrtenschreiberbildern an den Rechnungshof (AP 23 zu § 75 BPersVG = NZA 88, 621).

b) Beginn u. Ende der täglichen → Arbeitszeit einschließlich der Pausen sowie Verteilung der Arbeitszeit auf die einzelnen Wochentage; umstr. ist, ob sich das MBR auch auf die Dauer der täglichen Arbeitszeit bezieht (verneinend AP 2 zu § 87 BetrVG 1972 Arbeitszeit; AP 22 zu § 87 BetrVG 1972 = NJW 87, 388). Mitbestimmungspflichtig sind Einführung oder Abbau von Schichtarbeit (AP 2 zu § 87 BetrVG 1972 Kurzarbeit) sowie die Versetzung der Schichtarbeiter von der einen in die andere Schicht (v. 27. 6. 89 – 1 ABR 33/88 – NZA 90, 35). Aufstellen von Schicht (AP 20 zu § 87 BetrVG 1972 Arbeitszeit = NJW 87, 248) u. Dienstplänen (AP 1 zu § 16 BMT-G II), Ausgestaltung von rollierenden Freizeitsystemen (v. 31. 1. 89 – ABR 69/87 – NZA 89, 646; AP 38 zu § 87 BetrVG 1972 Arbeitszeit = NZA 89, 979). Regelung von Rufbereitschaft (AP 9 zu § 87 BetrVG 1972 Arbeitszeit), Einführung (AP 29, 78 § 87 BetrVG 1972 Arbeitszeit = NZA 89, 184) u. Festlegung von zeitlichen Rahmen für → Abrufarbeit, zeitliche Lage von Theaterproben (AP 5 zu § 87 BetrVG 1972 Arbeitszeit; Benclowitz ZUM 89, 440); Einführung von → gleitender Arbeitszeit; Arbeitszeitregelungen in Ladengeschäften, selbst wenn Einfluß auf Ladenöffnungszeit (AP 8 zu § 87 BetrVG 1972 Arbeitszeit; BVerfG NJW 86, 1601). Mitbestimmungspflichtig sind Beginn, Ende u. Dauer der Pausen (AP 3 zu § 87 BetrVG 1972 Arbeitssicherheit). Im Rahmen der → Flexiblen Arbeitszeit haben die Betriebspartner auch durch → Betriebsvereinbarung über die Dauer der Arbeitszeit mitzubestimmen (AP 23 zu § 77 BetrVG 1972 = NZA 87, 779). Umstr. ist, in welchem Umfang dem Betriebsrat ein Unterlassungsanspruch bei Einführung von Über- und Mehrarbeitsstunden zusteht, bevor er sein Mitbestimmungsrecht ausgeübt hat (→ Betriebsratsausschluß). Goos NZA 88, 870; Klevemann DB 88, 334; Küttner/Schmidt DB 88, 704; Meinhold BB 88, 623.

c) Vorübergehende Verkürzung o. Verlängerung der betriebsüblichen Arbeitszeit (AP 2 zu § 87 BetrVG 1972 Arbeitszeit). Das MBR bezieht sich darauf, ob (AP 3 zu § 87 BetrVG 1972 Kurzarbeit = NZA 86, 224, 432; AP 8 zu § 81 ArbGG 1979 = NZA 88, 517), in welchem Umfang, von wem und in welcher Weise Überstunden oder Kurzarbeit geleistet werden. Mitbestimmungspflichtig ist die Einführung von Kurzarbeit, auch wenn Tarifverträge aus der Zeit vor 1972 die einseitige Einführung zulassen (AP 1, 2 zu § 87 BetrVG 1972 Kurzarbeit) sowie die Anordnung von Überstunden (AP 18 zu § 87 BetrVG 1972 Arbeitszeit = NJW 86, 840; AP 21 zu § 87 BetrVG 1972 Arbeitszeit = NJW 87, 207; AP 8 zu § 81 ArbGG 1979 = NZA 88, 517) sowie die Festlegung von Höchstgrenzen für Vertretungsstunden in Privatschulen (AP 36 zu § 87 BetrVG 1972 Arbeitszeit = NZA 90, 235). Das MBR besteht nur, wenn von der Anordnung der Überstunden o. der Einführung von Kurzarbeit eine Gruppe von AN betroffen wird (AP 3, 9 zu § 87 BetrVG 1972 Arbeitszeit); zu Störfällen (AP 6, 7, 9 aaO). Besteht kein BR, kann der AG einseitig Kurzarbeit einführen (AP 3 zu § 9 TVAL II). Keine Mitbestimmungsrechte bestehen, wenn regelmäßig geleistete Überstunden fortfallen (AP 1 zu § 87 BetrVG 1972 Arbeitszeit), → Kurzarbeit vorzeitig abgebaut werden kann (AP 2 zu § 87 BetrVG 1972 Arbeitszeit); in einem direkt vom →Streik betroffenen Betrieb Überstunden angeordnet werden (AP 63 zu Art. 9 GG Arbeitskampf). Umstr. ist, ob die Einführung von Kurzarbeit in mittelbar vom Streik betroffenen Betrieben mitbestimmungspflichtig ist. Dies ist zu verneinen für die Einführung, nicht dagegen für die Verteilung der Arbeitszeit (AP 70, 71 zu Art. 9 GG Arbeitskampf). Lieb NZA 90, 377.

d) Zeit, Ort und Art der Auszahlung von Arbeitsentgelten, insbesondere die Einführung der bargeldlosen Lohnzahlung u. deren Kostentragung (AP 1, 2 zu § 87 BetrVG 1972 Auszahlung; DB 83, 996; AP 5 zu § 36 BAT = PersV 84, 118; AP 1 zu § 26a BMT-G II; AP 6 zu § 87 BetrVG 1972 Auszahlung = NZA 88, 322; BVerwG AP 88 zu § 611 BGB Fürsorgepflicht), zeitliche Umstellung der Provisionszahlung. Das MBR entfällt, wenn Tarifverträge bestehen; bereits bestehende Betriebsvereinbarungen werden dagegen nicht automatisch unwirksam (AP 9 zu § 87 BetrVG 1972 Auszahlung = NZA 89, 564). Lit.: Altvater PersR 87, 70.

e) Aufstellung allgemeiner Grundsätze für die Urlaubserteilung u. Festlegung des Urlaubsplanes sowie der Festsetzung für einzelne AN, wenn zwischen dem AG u. dem einzelnen AN kein Einverständnis erzielt werden kann. Mitbestimmungspflichtig ist auch die Einführung von → Betriebsferien für mehrere Jahre (AP 2 zu § 87 BetrVG 1972 Urlaub). Mitbestimmungspflichtig sind Formularverträge über die Gewährung unbezahlten → Sonderurlaubs an → Gastarbeiter (AP 1 zu § 87 BetrVG 1972 Urlaub). Bei der Festsetzung allgemeiner Grundsätze für die Urlaubserteilung kann z. B. die Rangfolge für Verheiratete, Ledige usw. während der Ferienmonate geregelt werden. Gegebenenfalls kann auch der → Gesamtbetriebsrat zuständig sein (vgl. AP 1 zu § 56 BetrVG Urlaubsplan). Gleichwohl kann der AG noch steuernd auf die Urlaubswünsche der AN einwirken *(DB 77, 2191)*.

f) Einführung u. Anwendung von technischen Einrichtungen, die dazu bestimmt oder geeignet sind, das Verhalten o. die Leistung der AN zu überwachen (AP 1, 2, 3, 4 zu § 87 BetrVG 1972 Überwachung). Zur Überwachung gehört, daß bestimmte Daten über einen AN gesammelt u. mit anderen Daten verglichen werden (Ankunftszeit mit Arbeitsbeginn im Betrieb). Keine Überwachung ist gegeben, wenn ein AN mit seinem Code Bildschirmgeräte an- und abstellt, die von allen AN benutzt werden (AP 7 zu § 87 BetrVG 1972 Überwachung = NJW 84, 1475). Ausnahmen bei kleinen Gruppen, wenn davon Leistungsdruck ausgeht (AP 13 = NJW 86, 2069). Die Überwachung muß sich auf Verhalten und Leistung beziehen; Verhalten ist jedes Tun o. Unterlassen im betrieblichen o. außerbetrieblichen Bereich, das für das Arbeitsverhältnis erheblich werden kann; Leistung ist die vom AN in Erfüllung seiner Verpflichtung erbrachte Arbeit (AP 12 zu § 87 BetrVG 1972 Überwachung = NJW 86, 152; AP 13 = DB 86, 1178; AP 14 = DB 86, 1469). Keine Überwachung ist die maschinelle Erfassung anderer Daten (Name, Anschrift, Geburtsdatum, Steuerklasse usw.). Kein MBR ist gegeben, wenn lediglich Lauf o. Ausnutzung einer Maschine kontrolliert wird, ohne daß davon Rückschlüsse auf AN möglich. Das MBR setzt eine technische Einrichtung voraus; ausreichend, wenn die Daten technisch gewonnen werden o. technisch ausgewertet werden (AP 9 = NJW 85, 450; AP 11 = NJW 86, 152; AP 12 = NJW 86, 152; Kilian BB 85, 403). Nicht mitbestimmungspflichtig ist Überwachung durch Werkschutz, Vorgesetzte usw. (AP 2, 3 zu § 87 BetrVG 1972 Ordnung des

Betriebes, DB 81, 1144), Kontrollzettel bei Arztbesuch. Keine technische Einrichtung sind Uhr, Lupe. Zu technischen Einrichtungen gehören z. B. Stechuhren, Zeitstempler, Produktographen (DB 74, 2233), Multimoment-Filmkameras (AP 1, 4 zu § 87 BetrVG Überwachung), Fahrtenschreiber (AP 3), Produktografen (AP 2), Geräte zur automatischen Erfassung von Telefondaten (AP 15 = DB 86, 2080; AP 3 zu § 23 BDSG = NZA 87, 515), automatische Sicherungssysteme, die Zu- und Abgang vom Arbeitsplatz festhalten, dagegen nicht automatische Türöffner (AP 7 zu § 87 BetrVG 1972 Ordnung des Betriebes = NJW 84, 2431), Bildschirmgeräte, die mit einem Rechner verbunden sind u. die Tätigkeit der sie Bedienenden festhalten (AP 7, 12), verdeckte Kameras (AP 15 zu § 611 BGB Persönlichkeitsrecht = NZA 88, 92), Personalinformationssysteme (AP 9 = NJW 85, 450; AP 11 = NJW 86, 152; AP 12 = NJW 86, 152), die Leistungen und Verhalten festhalten usw. Das MBR besteht, da derartige Kontrolleinrichtungen stark in den Persönlichkeitsbereich des AN eingreifen. Nicht hierhin gehören mangels technischer Einrichtungen Tagesberichte von Provisionsvertretern. Dem BR soll kein Initiativrecht zustehen für Einführung und Abschaffung von Kontrolleinrichtungen (v. 28. 11. 89 – 1 ABR 97/88 – NZA 90, 406). Lit.: Gola ArbuR 88, 105; Hromadka PersF 88, 193; Matthes RDV 88, 63; Schneider PersR 88, 87; Tonner BB 88, 1813.

g) Regelungen über die Verhütung von Arbeitsunfällen u. Berufskrankheiten sowie den Gesundheitsschutz, soweit der AG im Rahmen der gesetzlichen Vorschriften o. der Unfallverhütungsvorschriften Maßnahmen zu ergreifen hat. Mitbestimmungspflichtig ist, in welcher Form der AG seinen Verpflichtungen aus dem ASI hinsichtlich der betriebsärztlichen Versorgung nachkommt (AP 1 zu § 87 BetrVG Arbeitssicherheit).

h) Form, Ausgestaltung u. Verwaltung von Sozialeinrichtungen. S. sind alle uneigennützigen Einrichtungen des AG (AP 5 zu § 87 BetrVG 1972 Lohngestaltung) zur Verbesserung der sozialen Lage der Belegschaftsmitglieder und ihrer Familien. Diese können auch Leistungen mit Entgeltcharakter erbringen (AP 1 zu § 87 BetrVG 1972 Altersversorgung). Die S. muß für einen Betrieb, Unternehmen o. Konzern errichtet sein. Wird eine S. durch mehrere nicht konzernverbundene Unternehmen gegründet, so kann das MBR nicht bei der S., sondern nur bei den einzelnen Mitgliedern ausgeübt werden; der BR erlangt mithin Einfluß auf die Abstimmung in den Organen (AP 13 zu § 87 BetrVG 1972 Altersversorgung = DB 86, 1343). Das Mitbestimmungsrecht wird nicht berührt, wenn bei einer Sozialeinrichtung einzelne Gastmitglieder aufgenommen werden (AP 1 zu § 87 BetrVG 1972 Sozialeinrichtung). Mitbestimmungs-

Betriebsratsaufgaben

pflichtig ist die Form (also Gründung als e. V., GmbH, → Betriebsunterstützungskasse, → Pensionskasse usw.), Ausgestaltung und
Verwaltung. Die Verwaltung kann ein- oder zweistufig geführt werden. Eine einstufige Verwaltung ist gegeben, wenn die Organe der
Sozialeinrichtung paritätisch besetzt werden und die Verwaltungs-
maßnahmen durch die Organe durchgeführt werden; eine zweistufige Verwaltung ist gegeben, wenn AG und BR die einzelnen Maßnahmen beschließen und diese alsdann durch den AG durchgeführt
werden (AP 5 zu § 87 BetrVG 1972 Altersversorgung). Nicht mitbestimmungspflichtig ist, ob der AG überhaupt eine Sozialeinrichtung
errichtet. Insoweit hat der BR nur ein freiwilliges Mitbestimmungsrecht. S. sind vor allem Kantinen (bei Alleinverwaltung durch BR
AP 7 zu § 87 BetrVG 1972 Sozialeinrichtung = NZA 87, 100) u.
deren Nutzung (AP 9 zu § 87 BetrVG 1972 Sozialeinrichtung = DB
88, 404 = NZA 88, 104), als S. geführter bestehender Bestand von
Werksmietwohnungen, Kinderhorte, → Betriebsunterstützungskassen (AP 5 zu § 87 BetrVG 1972 Altersversorgung), Pensionskassen,
Werksverkehr mit Bussen, soweit eigenständige Organisation (AP
16 zu § 75 BPersVG = DB 86, 230) usw. Keine S. sind Betriebskran-
kenkassen sowie Ruhegelddirektzusagen, Gruppenlebensversiche-
rungen, Ruhegeldgesamtzusagen (AP 1–4 zu § 87 BetrVG 1972 Altersversorgung). Insoweit konnte nur ein Mitbestimmungsrecht
nach § 87 I Nr. 10 BetrVG bestehen. Auch bei Bestehen des Mitbestimmungsrechtes kann der BR nicht über den Dotierungsrahmen
mitbestimmen.

i) Zuweisung – auch bei leitenden Angestellten, wenn aus einheit-
lichem Bestand (AP 2 zu § 87 BetrVG 1972 Werksmietwohnungen)
–, Festlegung von allgemeinen Nutzungsbedingungen (Mietzins!) u.
Kündigung von Wohnräumen, die dem AN vom AG o. von einem
Dritten (AP 4 zu § 87 BetrVG 1972 Werksmietwohnungen) nur mit
Rücksicht auf das Bestehen des Arbeitsverhältnisses vermietet wer-
den (→ Werkwohnungen) (AP 1, 2 zu § 87 BetrVG Werks-
mietwohnungen). Ebenso bei Festsetzung der Nutzungsentschädi-
gung bei Übernachtungsheimen für Montagearbeiter (AP 3 zu § 87
BetrVG 1972 Werksmietwohnungen). Nicht zu den Nutzungsbedin-
gungen gehört die Einstellung von Heizgas, wenn der AG nur die
Wohnräume zur Verfügung gestellt hat (AP 5 zu § 87 BetrVG 1972
Werkmietwohnung = DB 86, 704).

j) Fragen der betrieblichen Lohngestaltung, insbesondere die Aufstellung von Entlohnungsgrundsätzen u. die Einführung u. Anwendung von neuen Entlohnungsmethoden sowie deren Änderung. Betriebl. Lohngestaltung sind alle im Rahmen der Gesetze o. Tarife für
den → Betrieb, die Betriebsgruppe, Abteilungen o. Schichten gege-

benen Vergütungsregelungen (AP 1 zu § 87 BetrVG 1972 Provision;
AP 2, 3, 7 zu § 87 BetrVG 1972 Lohngestaltung; AP 15 = DB 84,
1353; AP 22 = NZA 87, 30), Entlohnungsgrundsätze sind das System, nach dem die Vergütung berechnet wird (z. B. Stundenlohn,
→ Akkord usw.). Mitbestimmungspflichtig ist mithin die allgemeine Einführung von Zeitlohn statt Akkordlohn *(NZA 89, 404)*. Ent-
lohnungsmethode ist die Methode der Bewertung der Arbeitsleistung (→ Akkord) (AP 1 zu § 87 BetrVG 1972 Provision). Dem BR
soll ein umfassendes Mitbestimmungsrecht in allen Fragen der betrieblichen Lohngestaltung eingeräumt werden, soweit es sich um
die Festlegung u. allgemeine Regelungen handelt. Sieht ein → Tarifvertrag nur Zeitlohn vor, so sind → Betriebsvereinbarungen über
eine Leistungsentlohnung nur insoweit zulässig, als zusätzliche Leistungen vereinbart werden sollen (BB 75, 420). Mitbestimmungspflichtig kann die Provisionsgewährung (AP 4 zu § 87 BetrVG 1972
Provision = NJW 85, 399), das Verhältnis von Lohn u. Provisionen
(AP 37 zu § 87 BetrVG 1972 Lohngestaltung = NZA 89, 479), die
Zuordnung der Artikel bei Vereinbarung verschiedener Gruppen
von Abschlußprovisionen (AP 6 zu § 87 BetrVG 1972 Provision =
NZA 89, 109), eine Betriebsergebnisbeteiligung oder eine Tantieme
sein, Richtlinien über die Gewährung zinsgünstiger Darlehen (AP 5
zu § 87 BetrVG 1972 Lohngestaltung), Kindergartenbeiträge (AP 10
zu § 76 BetrVG 1972), Regeln über den Bezug verbilligter Flugschei-
ne (AP 18 zu § 87 BetrVG 1972 Lohngestaltung = DB 86, 384; AP 22
= DB 86, 2340), Anrechnung von Tariflohnerhöhungen auf übertarifliche Zulagen (AP 31 = NZA 88, 322; v. 13. 2. 1990 – 1 AZR 171/
87; 1 ABR 35/87 –), Regelung von Auslandszulagen (AP 41 zu § 87
BetrVG 1972 Lohngestaltung = DB 90, 1090), Verteilung von Es-
sensmarkenzuschüssen, nicht aber die Höhe der Zuschüsse (AP 21 zu
§ 75 BPersVG = NZA 87, 788 = DB 87, 2315), Direkt- und Gesamtzusagen von Ruhegeldern, Gruppenlebensversicherungsvertrā-
gen (AP 1–4, 6 zu § 87 BetrVG 1972 Altersversorgung); Einführung
von Prämiensystemen (AP 2, 9 zu § 87 BetrVG 1972 Lohngestaltung), Einführung und Widerruf von Zulagen für eine Gruppe von
AN (AP 4, 12 aaO); Einführung von Lohn- und Gehaltsgruppen für
→ AT-Angestellte (AP 3, 7 zu § 87 BetrVG 1972 Lohngestaltung;
Muster RdA 81, 181; Hromadka PersF 88, 38). Mitbestimmungsfrei
ist dagegen die Festlegung der diesen Gruppen zu zahlenden Beträge
oder die Differenz zwischen der höchsten Tarifgruppe und der AT-
Gruppe (AP 3 zu § 87 BetrVG 1972 Lohngestaltung). Dasselbe gilt,
wenn aufgrund des Absenkungserlasses im öffentlichen Dienst die
Gehälter gesenkt werden, sofern der AG als Zuwendungsempfänger
ausnahmslos die Tarifverträge des öffentlichen Dienstes anwendet
(AP 35 = NZA 89, 857). Ein Mitbestimmungsrecht besteht bei Ein-

führung und Kürzung übertariflicher Lohnbestandteile sowie übertariflicher Zulagen, die als schlichte Erhöhung des tariflichen Arbeitsentgeltes gezahlt werden (AP 5 zu § 87 BetrVG 1972 Tarifvorrang = NZA 86, 364; AP 26 zu § 87 BetrVG 1972 Lohngestaltung = NZA 87, 386). Dasselbe gilt bei der Verteilung der übertariflichen Zulagen (AP 26 zu § 87 BetrVG 1972 Lohngestaltung = NZA 87, 386 = DB 87, 1096; AP 33 = NZA 88, 478). Erstellung von Richtbeispielen zu einem Eingruppierungstarifvertrag (AP 14 zu § 87 BetrVG 1972 Lohngestaltung = DB 83, 2040). Lit.: Lieb ZfA 88, 413.

k) Festsetzung der → Akkord u. → Prämiensätze u. vergleichbarer leistungsbezogener Entgelte. Das Mitbestimmungsrecht bezieht sich auf die Festlegung aller Bezugsgrößen, die für die Ermittlung u. Berechnung von leistungsbezogenen Entgelten von Bedeutung sind, also beim → Akkord auf den Geld- (AP 2 zu § 87 BetrVG 1972 Prämie) u. Zeitfaktor einschl. der Ermittlung der Vorgabezeit (AP 21 zu § 77 BetrVG 1972 = NZA 87, 639 = DB 87, 1435; AP 6 zu § 87 BetrVG 1972 Akkord = NZA 88, 320), Art der Vergütung von Wartestunden (AP 8 = NZA 89, 648), beim Prämienlohn auf Prämienart, Prämienkurve u. Geldfaktor (AP 2, 3 zu § 87 BetrVG 1972 Prämie; AP 8 zu § 87 BetrVG 1972 Prämie = DB 87, 1198). Zu den vergleichbaren leistungsbezogenen Entgelten gehören alle, bei denen eine Leistung des AN gemessen u. mit einer Bezugsleistung verglichen wird u. bei der sich die Vergütung in irgendeiner Weise nach dem Verhältnis der Leistung des AN zur Bezugsleistung bemißt (AP 2 zu § 87 BetrVG 1972 Provision = DB 81, 2031; AP 4; AP 2 zu § 87 BetrVG 1972 Prämie; AP 3 zu § 87 BetrVG 1972 Leistungslohn = DB 86, 544). Hierzu können Leistungslohnzulagen gehören; in Abweichung von früherer Rspr. sollen dazu keine Abschlußprovisionen gehören (AP 2, 4 zu § 87 BetrVG 1972 Provision; AP 14 zu § 2 KSchG 1969 = DB 86, 2442). Soweit eine tarifliche Regelung besteht ist nach dem allgemeinen Vorbehalt das Mitbestimmungsrecht ausgeschlossen. Kein Mitbestimmungsrecht besteht, wenn der AG lediglich Zeitmessungen vornimmt, um notwendige technische Änderungen der Arbeitsvorgänge zu ermitteln (AP 3 zu § 87 BetrVG 1972 Ordnung des Betriebes = DB 82, 1116).

l) Grundsätze für das betriebliche Vorschlagswesen (AP 1, 2 zu § 87 BetrVG 1972 Vorschlagswesen).

m) Festlegung des Termins, zu dem die einmalige Anlage von vermögenswirksamer Leistungen verlangt werden kann (§ 11 III 5. VermBG).

n) Einrichtung u. Ausgestaltung von Bildschirmarbeitsplätzen. Der Umfang des MBR ist umstr.; das BAG verbleibt bei der Grundsatzentscheidung (AP 7 zu § 87 BetrVG 1972 Überwachung = NJW

84, 1475; zul. Böikat SozSich 87, 331; PersR 88, 36). S. NZA 90, 265.

3. Auf freiwilliger Basis kann der AG mit dem BR → *Betriebsvereinbarungen* abschließen über

a) zusätzliche Maßnahmen zur Verhütung von Betriebsunfällen und Gesundheitsbeschädigungen (§ 88 Z. 1 BetrVG). Hierhin gehört die Errichtung einer Unfallstation, die gesundheitliche Überwachung bei der Ausübung besonders gefährlicher Arbeiten, die Schaffung von Feuerschutzeinrichtungen usw.

b) Die Errichtung von Sozialeinrichtungen, deren Wirkungsbereich auf den → Betrieb, das → Unternehmen o. den → Konzern beschränkt ist (§ 88 Z. 2 BetrVG).

c) Maßnahmen zur Förderung der → Vermögensbildung. Hierdurch soll die staatspolitische Bedeutung der Vermögensbildung der AN unterstrichen u. zum anderen klargestellt werden, daß auch andere Formen der Vermögensbildung als sie das 5. VermBG vorsieht, im Betrieb vereinbart werden können (§ 88 Z. 3 BetrVG).

d) Bestellung von Erfinderberatern (§ 21 ArbNErfG) → Arbeitnehmererfindung.

VI. Die Mitwirkung u. Mitbestimmung in *personellen Maßnahmen* zerfällt in die Beteiligung bei 1. der Personalwirtschaft, 2. der Förderung der Berufsbildung u. 3. personellen Einzelmaßnahmen.

1. Zur *Personalwirtschaft* gehört die Beteiligung des BR bei der → Personalplanung, der Aufstellung von → Auswahlrichtlinien u. der Formulierung von → Einstellungs- u. → Personalfragebogen.

2. Im Interesse der beruflichen Ausbildung, Fortbildung u. Umschulung u. zur laufenden Anpassung der AN an die sich ständig ändernden beruflichen Anforderungen haben AG und BR in Zusammenarbeit mit den für die Berufsbildung zuständigen Stellen die berufliche Bildung der AN zu fördern (§ 96 I 1 BetrVG). Insoweit hat der BR drei Aufgaben. Lit.: Hunold DB 89, 1334; Kaiser BB 88, 2468; Kraushaar ArbuR 89, 173.

a) Er hat mit dem AG darauf zu achten, daß den AN im Rahmen der betrieblichen Möglichkeiten die Teilnahme an betrieblichen o. außerbetrieblichen Berufsbildungsmaßnahmen ermöglicht wird (§ 96 BetrVG). *b)* Er hat ein Beratungsrecht über die Errichtung, Ausstattung u. Einführung betrieblicher u. für die Teilnahme an außerbetrieblichen Berufsbildungsmaßnahmen (§ 97 BetrVG). *c)* Er hat ein Mitbestimmungsrecht bei der Durchführung betrieblicher Berufsbildungsmaßnahmen u. Prüfungen (AP 2 zu § 98 BetrVG 1972 = NZA 86, 535), soweit nicht gesetzl. o. tarifl. Regelungen vorgehen. Insoweit sind mitbestimmungspflichtig die Entsendung zu Lehrgängen, auch wenn der entsandte AN bei Arbeitskampfmaßnahmen eingesetzt werden soll (AP 5 zu § 98 BetrVG 1972 = NZA 88, 549). Mitbestimmungspflichtig sind Versetzungs- und Durchlaufpläne, Regeln für Führung u. Überwachung von Berichtsheften sowie betriebl. Beurteilungen; dagegen kein MBR bei Einzelmaßnahmen. Er hat insbesondere ein Widerspruchs- u. Abberufungsrecht hinsichtlich der mit der Durchführung der betrieblichen Berufsbildung beauftragten Personen (§ 98 BetrVG) u. kann Vorschläge für die Teilnahme an betrieblichen Bildungsmaßnahmen machen (AP 4 zu § 98 BetrVG 1972 = DB 88, 760).

3. Die Beteiligungsrechte des BR bei *personellen Einzelmaßnahmen* zerfallen in die Rechte bei *a)* Einstellungen, Eingruppierungen, Umgruppierungen u. Versetzungen, *b)* bei → Kündigungen u. *c)* bei Entfernung betriebsstörender AN. Sie können während des → Streiks nicht ausgeübt werden (AP 44 zu Art. 9 GG Arbeitskampf). Lit.: Dannhäuser NZA 89, 617; Matthes DB 89, 1285.

a) In → Betrieben mit i. d. R. mehr als 20 wahlberechtigten AN hat der AG den Betriebsrat vor jeder *Einstellung, Eingruppierung, Umgruppierung u. Versetzung* – auch bei Leiharbeitnehmern (AP 2, 6 zu § 99 BetrVG 1972; anders bei Strafgefangenen *DB 76, 1824*) – zu unterrichten u. ihm die erforderlichen Auskünfte u. Unterlagen über die Person der Beteiligten zu geben (§ 99 BetrVG). Der AG muß über Art und Dauer der vorgesehenen Beschäftigung und die beabsichtigte Eingruppierung Auskunft geben. Dagegen braucht er über den sonstigen Inhalt des Arbeitsvertrages nicht zu unterrichten u. diesen auch nicht vorzulegen (AP 57 = NZA 89, 355); dies gilt auch für die Höhe der Arbeitsvergütung (v. 3. 10. 89 – 1 ABR 73/88 – DB 90, 995). Beteiligte sind auch diejenigen AN, die der AG nicht berücksichtigen will (AP 18 zu § 118 BetrVG 1972; AP 1, 29 zu § 99 BetrVG 1972 = NJW 86, 1709 = NZA 86, 335). Die Unterrichtung muß so rechtzeitig erfolgen, daß der BR noch Gelegenheit zur Prüfung und Stellungnahme hat. Einstellung ist die tatsächliche oder rechtliche Eingliederung in den Betrieb zur Verrichtung weisungsgebundener Arbeit (AP 68 zu § 99 BetrVG 1972 = NZA 90, 229), vgl. auch bei gemeinschaftlicher Führung von Unternehmen (Dialysezentrum: v. 18. 4. 89 – 1 ABR 97/87 – NZA 89, 804). Auf das Rechtsverhältnis, in dem die eingegliederten Personen stehen, kommt es nicht an (AP 35 = NZA 86, 689). Einstellung ist auch die Weiterbeschäftigung, wenn das Arbeitsverhältnis auf das 65. Lebensjahr befristet war (AP 9, 54 = NZA 89, 225) o. die Einstellung zur Ausbildung (v. 3. 10. 89 – 1 ABR 68/88 – NZA 90, 366), ohne die die Tätigkeit nicht zu verrichten ist. Keine Einstellung ist die → Be-

triebsnachfolge (AP 3), die Übernahme eines Auszubildenden nach
dem Ende des Ausbildungsverhältnisses (umstr.). Ein- o. Umgruppierung ist die Einordnung eines AN in ein tarifliches o. einseitig
vom AG geschaffenes Vergütungssystem (AP 32 = NZA 86, 536;
auch v. 3. 10. 89 – 1 ABR 66/88 – BB 90, 851; v. 20. 3. 90 – 1 ABR
20/89 –). Der BR kann die Zustimmung zur Umgruppierung nicht
mit der Begründung verweigern, eine einen Tarifvertrag ergänzende
Betriebsvereinbarung sei noch nicht zustande gekommen (AP 22 =
BB 86, 1016). Die Versetzung ist die Zuweisung eines anderen Arbeitsbereiches, die voraussichtlich die Dauer von einem Monat überschreitet (§ 95 III BetrVG). Eine solche kann gegeben sein bei der
Abordnung von AN eines Einzelhandelsunternehmens zur Filialeröffnung (AP 56 = NZA 89, 402). Bei dauerhafter Versetzung von
BR-Mitgliedern hat das BAG erwogen, ob nicht sogar ein Verfahren
nach § 103 BetrVG 1972 erforderlich ist (v. 21. 9. 89 – 1 ABR 32/89 –
NZA 90, 314). Die Abordnung von AN einer Filiale zu einer anderen
desselben Unternehmens ist für diese eine Einstellung (AP 40 = DB
87, 747). Der BR kann seine Zustimmung zu diesen Maßnahmen
innerhalb einer Frist von einer Woche seit Unterrichtung durch den
AG aus den im Gesetz enumerativ aufgezählten Gründen verweigern. Bei unzureichender Unterrichtung läuft die Frist nicht (AP 34
= NJW 86, 2273 = NZA 86, 490). Jedoch muß der BR innerhalb der
Wochenfrist ergänzende Angaben verlangen (AP 64 zu § 99 BetrVG
1972 = NZA 89, 639). Nach Ablauf der Frist können andere Gründe
grundsätzl. nicht nachgeschoben werden (AP 20 = DB 84, 2304; AP
36 = DB 86, 1783 = NZA 86, 755). Eine Ausnahme gilt jedoch
dann, wenn der BR bereits auf eine unvollständige Unterrichtung die
Zustimmung zur Einstellung verweigert hat. In diesem Fall kann der
AG im Beschlußverfahren noch die fehlende Unterrichtung nachholen. Der BR hat jedoch auch dann das Recht, Verweigerungsgründe
nachzuschieben (AP 62 = NZA 89, 518). Verweigert er die Zustimmung ist die Maßnahme gleichwohl individualrechtlich wirksam
(AP 5 zu § 101 BetrVG 1972). Die Frist kann durch Tarifvertrag (AP
23 zu § 99 BetrVG 1972 = NZA 86, 366) von AG u. BR verlängert
werden (AP 18 = DB 83, 2638). Der Katalog der Verweigerungsgründe ist gegenüber dem bisherigen Recht wesentlich erweitert
(vgl. § 99 II BetrVG). Umstr. ist, ob die unzureichende Vorlage der
Personalunterlagen zum Widerspruch nach § 99 I Nr. 1 BetrVG berechtigt (AP 1). Einer vorgesehenen Umgruppierung kann mit der
Begründung widersprochen werden, der AG wende eine unzutreffende Vergütungsordnung an (AP 42 = NZA 87, 489; AP 34 = NJW
86, 2273 = NZA 86, 490). Hat der BR nur Einwendungen gegen die
vorgesehene Befristung des Arbeitsvertrages (AP 8) oder Eingruppierung, so kann er nicht der Einstellung widersprechen (AP 4). Vgl.

Wenning – Morgenthalter BB 89, 1050. Jedoch kann der AG gezwungen sein, das Zustimmungsersetzungsverfahren einzuleiten. Widersprechen kann er der Übernahme eines Leih-AN, es handele sich um eine Überlassung von mehr als sechs Monaten (AP 60 = NZA 89, 358) o. wenn der AG nicht die Einstellungsmöglichkeiten eines → Schwerbehinderten geprüft hat (v. 14. 11. 89 – 1 ABR 88/88 – DB 90, 636). Unter mehreren Stellenbewerbern kann der AG frei entscheiden (AP 7). Etwas anderes gilt nur, wenn die Bevorzugung interner Stellenbewerber durch Einstellungsrichtlinien vorgeschrieben ist. Umstr. ist, ob eine Ersatzeinstellung während des Kündigungsschutzprozesses ein Nachteil i. S. von § 99 II Nr. 3 BetrVG ist (Schmidt ArbuR 86, 97). Nachteil im Sinne von § 99 I Nr. 4 BetrVG ist nur der Verlust einer Rechtsposition oder einer rechtserheblichen Anwartschaft. Kein Nachteil ist der Verlust einer Beförderungschance (AP 1 zu § 100 BetrVG 1972; AP 1 zu § 101 BetrVG 1972; AP 10 zu § 99 BetrVG 1972). Die Nichtberücksichtigung bei einer Versetzung ist nur dann ein Nachteil, wenn der nichtberücksichtigte AN einen Anspruch auf die Stelle hatte (v. 13. 6. 89 – 1 ABR 11/88 – NZA 89, 937). Widerspricht der Betriebsrat nicht, so gilt seine Zustimmung als erteilt. Das gilt auch, wenn er ohne Angabe von Gründen (AP 11) o. nur formelhaft, etwa unter Wiederholung des Gesetzestextes, widerspricht (AP 3 zu § 101 BetrVG 1972). Als ausreichende Begründung gilt, wenn die vom Betriebsrat für die Verweigerung seiner Zustimmung vorgetragene Begründung es als nicht unmöglich erscheinen läßt, daß einer der Zustimmungsverweigerungsgründe vorliegt (v. 26. 1. 1988 – 1 AZR 531/86 – NZA 88, 476). Widerspricht er, so darf der AG grundsätzlich die Maßnahme nicht durchführen. Er kann jedoch beim → Arbeitsgericht die Ersetzung der Zustimmung beantragen (AP 1 zu § 100 BetrVG 1972). Ihm obliegt es dann, die vom BR erhobenen Einwendungen zu widerlegen. Ergibt sich im Laufe des Ersetzungsverfahrens, daß die Zustimmung des BR mangels rechtzeitiger o. berechtigter Zustimmungsverweigerungsgründe als erteilt gilt, so hat das Gericht ohne besonderen Antrag zu erkennen, daß die Zustimmung als erteilt gilt (AP 57 zu § 99 BetrVG 1972 = NZA 89, 355). Hat der BR die Zustimmung verweigert, so kann der AG die Maßnahme vorläufig durchführen, wenn dies aus sachlichen Gründen dringend erforderlich ist (AP 1 zu § 100 BetrVG 1972). Lit.: Lahusen NZA 89, 869. Zur Beurteilung, ob die Maßnahme dringend geboten ist, kommt es allein auf den Zeitpunkt ihrer Durchführung an (DB 79, 311). Hiervon hat der AG den BR unverzüglich zu unterrichten. Bestreitet der BR, daß die vorläufige Durchführung dringend erforderlich ist, so hat er dies dem AG unverzüglich mitzuteilen. Die vorläufige Maßnahme darf alsdann nur aufrechterhalten werden, wenn der AG innerhalb von drei Tagen beim Arbeitsgericht die Ersetzung der Zustimmung beantragt (AP 1 zu § 100 BetrVG 1972). Das Verfahren über die vorläufige Maßnahme ist einzustellen, wenn bereits das Ersetzungsverfahren rechtskräftig ist (AP 4 zu § 100 BetrVG 1972 = NZA 89, 183). Das ArbG hebt die vorläufige Maßnahme nur auf, wenn sie offensichtlich rechtswidrig ist (AP 1 zu § 100 BetrVG 1972). Der betroffene AN ist vom AG bei vorläufigen Maßnahmen zu unterrichten (§ 100 BetrVG). Wird die Zustimmung vom → ArbG nicht ersetzt, muß die personelle Maßnahme rückgängig gemacht (AP 1 zu Art. 72 ZA-Nato-Truppenstatut = BB 85, 658) werden; zur Bedingung der Ersetzung v. Friesen BB 84, 677. Ein → Beschlußverfahren über die Ersetzung der Zustimmung des BR zur Eingruppierung hat keine präjudizielle Wirkung für den Eingruppierungsstreit des AN (AP 24 zu § 59 HGB). Die Einhaltung der Mitbestimmungsrechte des BR wird durch ein Zwangsverfahren (auch einstweilige Verfügung) u. die Möglichkeit der Verhängung von Geldstrafen gesichert (§ 101 BetrVG). Neben dem Zwangsverfahren nach § 101 BetrVG findet auch das Verfahren nach § 23 III BetrVG Anwendung (AP 7 zu § 23 BetrVG 1972 = NZA 87, 786; AP 4 zu § 101 BetrVG 1972). Erledigt sich die personelle Maßnahme im Laufe des Verfahrens u. ist sie auch nicht wiederholbar, so entfällt das Rechtsschutzinteresse am Beschlußverfahren (AP 2 zu § 101 BetrVG 1972). Bei leitenden → Angestellten und zu deren Beförderung (DB 77, 1142) ist der Betriebsrat lediglich über die getroffene Maßnahme zu unterrichten; bei Verletzung der Informationspflicht kann der BR nicht Rückgängigmachung der Maßnahme verlangen.

b) *Wegen der Mitwirkung bei Kündigungen* → Anhörung des Betriebsrates.

c) Hat ein AN durch *gesetzwidriges Verhalten* o. durch grobe Verstöße gegen den Gleichbehandlungsgrundsatz (§ 75 I BetrVG) den Betriebsfrieden wiederholt ernstlich gestört, so kann der BR seine Entlassung o. Versetzung verlangen u. dem AG notfalls durch das → Arbeitsgericht aufgeben lassen (§ 104 BetrVG).

VII. *Bei wirtschaftlichen Angelegenheiten* hat der BR bei 1. Betrieben mit i. d. R. mehr als 20 wahlberechtigten AN im Falle von → Betriebsänderungen ein Mitwirkungs- u. Mitbestimmungsrecht. 2. Betrieben mit i. d. R. mehr als 100 wahlberechtigten AN über den →Wirtschaftsausschuß Beteiligungsrechte. → Werkshandel.

Betriebsratsausschluß. I. Auf Antrag von ¼ der wahlberechtigten AN (→ Betriebsratswahl), des AG o. einer im Betr. vertretenen → Gewerkschaft kann das → Arbeitsgericht den Ausschluß eines Mitgl. aus dem BR o. die Auflösung des BR wegen grober Vernachlässigung o. grober Verletzung seiner gesetzl. Befugnisse u. Pflichten beschließen. Diese muß handgreiflich u. offensichtlich schwerwiegend, schuldhaft begangen sein (AP 1, 8 zu § 23 BetrVG), z. B. Entgegennahme von Belohnungen für BR-Tätigkeit *(BB 79, 732)*, Verletzung der Schweigepflicht, Weitergabe von Gehaltslisten an Gewerkschaften zur Prüfung der Beitragsehrlichkeit (AP 3 zu § 23), gehässige Diffamierung von BR-Mitgl., Behandlung parteipolit. Fragen in → Betriebsversammlungen (AP 1 zu § 44; BVerfG DB 76, 1485), Druckwerbung für Gewerkschaften (BVerfG AP 2, 7 zu § 26 PersVG); zulässig dagegen allgem. Werbung, wenn klargestellt, daß sie nicht in BR-Eigenschaft erfolgt (AP 10 zu Art. 9 GG; aber § 74 III BetrVG). Bei offensichtlichen, die Ausschließung rechtfertigenden Gründen kann im Wege einstw. Verfügung ein Verbot der Amtsausübung in Betracht kommen *(EzA 2 zu § 23 BetrVG 1972)*. Der grobe Verstoß gegen Amtspflichten rechtfertigt nur dann eine ao. → Kündigung des BRM, wenn darin zugleich ein grober Verstoß gegen ArbVertrPflichten liegt (AP 2 zu § 23). Zur ao. Kündigung ist die Zustimmung des Betriebsrates notwendig. Verweigert dieser die Zustimmung, so kann mit dem Hauptantrag auf Ausschluß aus dem BR der Hilfsantrag auf Zustimmung zur Kündigung verbunden werden (AP 1 zu § 74 BetrVG 1972). Das BR-Mitgl. verliert durch seinen Ausschluß nicht die passive Wahlfähigkeit; es kann nicht ausgeschlossen werden, wenn Amtspfl.-Verletzung im vorhergehenden BR begangen wurde; nach Ablauf der Amtszeit erledigt sich ein Ausschlußverfahren (AP 9 zu § 23 BetrVG). Der Streitwert eines Beschlußverfahrens, das den Ausschluß eines BRM zum Gegenstand hat, ist i. d. R. nach § 12 VII zu bemessen *(DB 80, 1176)*. Der AG kann vor Erhebung von Ausschließungs- u. Auflösungsanträgen konkrete Anträge auf Einhaltung betriebsverfassungsrechtlicher Pflichten stellen (AP 3 zu § 74 BetrVG 1972).

II. 1. Der AG kann als Inhaber des → Betriebes nicht ausgeschlossen werden. Das BetrVG 72 sieht in § 23 III vor, daß dem AG auf Antrag des → Betriebsrats o. einer im Betrieb vertretenen → Gewerkschaft durch das → Arbeitsgericht bei groben Verstößen aufgegeben werden kann, eine Handlung zu unterlassen, die Vornahme einer Handlung zu dulden oder eine Handlung vorzunehmen. Ein grober Verstoß ist noch nicht dann gegeben, wenn er in einer schwierigen, ungeklärten Rechtsfrage eine dem BR ungünstige Meinung vertritt (AP 4 zu § 40 BetrVG 1972), wohl aber dann, wenn das BAG die Streitfrage bereits rechtskräftig entschieden hat (v. 8. 8. 89 – 1 ABR 59/88 –). Der Anspruch ist bereits bei objektiver Pflichtwidrigkeit des AG gegeben; auf sein Verschulden kommt es nicht an (AP 5 zu § 23 BetrVG 1972 = NJW 86, 400 = NZA 85, 783). Das

Verfahren erfordert einen hinreichend bestimmten Verfahrensantrag (AP 7 zu § 23 BetrVG 1972 = NZA 87, 786). Handelt der AG dem Spruch des ArbG zuwider, verwehrt er z. B. den Zutritt von → Betriebsratsmitgliedern zum Betrieb, so ist in einem dem Zwangsvollstreckungsrecht nachgebildeten Verfahren die Verhängung von Zwangsgeld und Ordnungsgeld bis zu 20000 DM vorgesehen. Eine Verhängung im Wege einstw. Vfg. kommt nicht in Betracht *(EzA 5 zu § 23 BetrVG 1972)*. Neben dem Zwangsverfahren findet auch das Verfahren nach § 101 BetrVG Anwendung (AP 7 zu § 23 BetrVG 1972 = NZA 87, 786).

2. Da der BR nur bei groben Verstößen des AG gegen Betriebsverfassungsrechte einen Unterlassungsanspruch hat, hat das BAG hieraus abgeleitet, daß dem BR kein allgemeiner Unterlassungsanspruch gegenüber Maßnahmen zusteht, bevor er seine MBR ausgeschöpft hat (AP 2 zu § 23 BetrVG 1972 = DB 83, 1926; AP 19 zu § 80 BetrVG 1972 = DB 83, 1986; AP 3 zu § 2 BetrVG 1972 = DB 84, 836). Die Rspr. der Instanzgerichte ist sehr kontrovers (Salje DB 88, 989; Pahle NZA 90, 51).

Betriebsratskosten → Betriebsratsmitglieder.

Betriebsratsmitglieder genießen einen besonderen Schutz, um eine sachgemäße Arbeit des → Betriebsrats und die Gewinnung qualifizierter BRM zu gewährleisten.

1. BRM führen ihr Amt ehrenamtlich (§ 37 I BetrVG). Sie genießen persönliche und sachliche Unabhängigkeit, d. h., sie dürfen um ihrer Tätigkeit willen weder begünstigt noch benachteiligt werden (§ 78 BetrVG) u. dürfen in ihrer Tätigkeit nicht gestört o. behindert werden. Denselben Schutz genießen Mitglieder des → Gesamtbetriebsrats, → Konzernbetriebsrats, der → Jugend- u. Auszubildendenvertretung, → Gesamtjugend- u. Auszubildendenvertretung, des → Wirtschaftsausschusses, der → Bordvertretung der Seebetriebsrats, der → Einigungsstelle o. einer tariflichen Schlichtungsstelle sowie einer betrieblichen Beschwerdestelle.

2. BRM haben weitgehend einen Anspruch auf *Freistellung von der Arbeit* unter Fortzahlung des Bruttoarbeitsentgeltes. Es ist diejenige Vergütung fortzuzahlen, die das BRM verdient hätte, wenn es keine Betriebsratsaufgaben wahrgenommen hätte. Hierzu können auch freiwillig gezahlte Zulagen an freigestellte BRM gehören (AP 43 zu § 37 BetrVG 1972). Im → Baugewerbe hat ein BRM während der Schlechtwetterzeit auch dann nur Anspruch auf Schlechtwettergeld, wenn er BR-Tätigkeit verrichtet (AP 55 zu 37 BetrVG 1972 = NZA 87, 528). Der Fortzahlungsanspruch ist brutto zu berechnen; infolge der Freistellung nicht mehr zu beanspruchende Steuervergünstigun-

Betriebsratsmitglieder

gen brauchen nicht ausgeglichen werden (AP 37; 50 = NZA 86, 263; a. A. AP 12). Der steuerpflichtige Teil der Nahauslösung gehört zur Bruttovergütung (AP 64 = NZA 89, 112). Sind einem BRM nach dem Vergleichsmannprinzip Überstunden, Nachtarbeitszuschläge usw. zu vergüten, so sind diese steuerpflichtig (BFH DB 74, 1991). Für die Beurteilung des Lohnanspruches bedarf es im Prozeß eines Tatsachenvortrages, aus dem auf die Erforderlichkeit der Betriebsratstätigkeit geschlossen werden kann. Dazu gehört eine stichwortartige Beschreibung des Gegenstandes der Tätigkeit nach Art, Ort u. Zeit, nicht dagegen eine nähere Darlegung ihres Inhalts, die dem AG etwa eine Kontrolle der Betriebsratstätigkeit ermöglichen könnte (AP 36). Zu unterscheiden sind:

a) die *Arbeitsfreistellung aus konkretem Anlaß* (§ 37 II BetrVG). Hiernach sind BRM von der Arbeit zu befreien, wenn u. soweit es nach Umfang u. Art des Betriebes zur ordnungsgemäßen Durchführung ihrer Aufgaben (AP 3 zu § 37 BetrVG) erforderlich ist. Beansprucht ein BRM einen unverhältnismäßig großen zeitlichen Aufwand für seine BR-Tätigkeit, so kann der AG eine Beschreibung des Gegenstandes seiner Tätigkeit nach Art, Ort und Zeit verlangen (AP 36). Ein Rückmeldeverfahren kann auch nicht mit Zustimmung des BR eingeführt werden. Im übrigen ist nicht notwendig, daß der AG der Arbeitsversäumnis zustimmt, sondern nur, daß sich das BRM abmeldet u. dabei die Gründe in groben Zügen angibt *(vgl.* AP 4 zu § 37 BetrVG; DB 76, 1820). Einer Angabe von Gründen bedarf es dann nicht, wenn es sich um die Regelung von Angelegenheiten handelt, die nur den BR o. die Belegschaft betreffen, ohne die Belange des AG zu berühren (AP 4 zu § 37 BetrVG). Die Arbeitsversäumnis ist gerechtfertigt, wenn die Voraussetzungen des Befreiungsanspruches objektiv gegeben sind. Dabei ist die Notwendigkeit der Arbeitsversäumnis danach zu beurteilen, ob ein vernünftiger Dritter bei Abwägung der Interessen des Betriebes, des Betriebsrats u. der Belegschaft sie für geboten halten würde (AP 4, 7). Die Erforderlichkeit kann nicht nach den Richtwerten des § 38 BetrVG beurteilt werden (AP 34). Ebensowenig kann ein BRM darauf verwiesen werden, die Aufgaben könnten durch ein freigestelltes BRM verrichtet werden (AP 1 zu § 42 LPVG Rheinland-Pfalz = RiA 86, 182 = PersR 86, 159). Der gute Glaube des BRM wird nicht geschützt. Nimmt das BRM während der Freistellung Aufgaben wahr, die es nicht für erforderlich halten kann, kann der AG eine → Abmahnung erklären (AP 39, 40). Zu den die Freistellung bedingenden → Betriebsratsaufgaben gehören die dem Betriebsrat zugewiesenen sowie alle, die damit in innerem Zusammenhang stehen. Hierzu kann gehören die Teilnahme an einem Arbeitsmarktgespräch beim Arbeitsamt (AP

42), nicht dagegen an einer Gerichtsverhandlung nach ordnungsmäßiger → Anhörung (AP 44 = NJW 83, 2720; v. 31. 5. 89 – 7 AZR 277/88 – NZA 90, 313). Hat das BRM die BR-Aufgaben *aus betriebsbedingten* (unzureichend: betriebs*rats*bedingten) *Gründen* (AP 14 zu § 37 BetrVG 1972) außerhalb der Arbeitszeit während seiner Freizeit durchführen müssen, so hat es vor Ablauf eines Monats einen im Urteilsverfahren geltend zu machenden (AP 12) Anspruch auf entsprechende Arbeitsbefreiung ohne Freizeitzuschlag (DB 77, 2101) während der Arbeitszeit (AP 52 zu § 37 BetrVG 1972 = DB 86, 1026). Entsprechendes gilt für die Teilnahme an einer BR-Sitzung während des Urlaubs o. der vertraglichen Arbeitszeit (v. 7. 6. 89 – 7 AZR 500/88 – BB 90, 993). Außerhalb der Arbeitszeit ist die Tätigkeit nur ausgeführt, wenn sie außerhalb der vertraglichen Arbeitszeit erfolgt (v. 15. 2. 89 – 7 AZR 193/88 – BB 90, 777). Führt ein Lehrer außerhalb der Schulstunden und der Zeit für Verwaltungsaufgaben Betriebsratstätigkeiten aus, so ist davon auszugehen, daß er sie während der Freizeit ausführt (AP 62 = NZA 88, 437). Hiermit soll gewährleistet sein, daß das BRM nicht seine Freizeit für betriebliche Aufgaben zu verwenden braucht. Ist die Freizeitgewährung aus betriebsbedingten Gründen nicht möglich, so ist die aufgewendete Zeit wie → Mehrarbeit zu vergüten (AP 52 = DB 86, 1026). Ein → Teilzeitbeschäftigter hat bis zur regulären → Arbeitszeit nur Anspruch auf Grundvergütung (AP 48 = NZA 85, 600). Lit.: Bengelsdorf NZA 89, 905; Rath BB 89, 2326. Nicht ausgleichspflichtig sind durch Teilnahme an Betriebsratssitzungen während der Freizeit verbrauchte Wegezeiten. Hat das BRM in Ausführung seiner Amtstätigkeit den AG wegen Verstoßes gegen die → Betriebsverfassung angezeigt u. wird es nach Übernahme des Verfahrens durch die Staatsanwaltschaft als Zeuge vernommen, so besteht für die durch die Vernehmung bedingte Freistellung nur Anspruch auf Zeugenentschädigung.

b) Die *vollständige Arbeitsfreistellung.* In Betrieben mit mehr als 300 Beschäftigten (vgl. § 38 BetrVG) sind eine o. mehrere BRM ständig von der Arbeit freizustellen. Über die Freizustellenden beschließt der BR nach Beratung mit dem AG (wegen des Gruppenschutzes vgl. § 38 II BetrVG; bei Pattsituation Stichentscheid durch Los: AP 7 zu § 38 BetrVG 1972 = NZA 87, 750). Hält der AG den Freistellungsbeschluß wegen der Auswahl des Freigestellten nicht für gerechtfertigt, so kann er innerhalb einer Frist von 2 Wochen die → Einigungsstelle anrufen. Deren Spruch ersetzt die Einigung zwischen BR u. AG. Ruft der AG die Einigungsstelle nicht an, so wird der Beschluß des BR wirksam. Auch in Betrieben mit weniger als 300 AN kann eine vollständige o. teilweise Freistellung in Betracht kommen, wenn es erforderlich ist (AP 10 zu § 37 BetrVG 1972; DB 79, 1515; v. 26. 7. 89 – 7 ABR 64/88 –). U. U. kann während des Urlaubs o. der Erkrankung des freigestellten BRM ein anderes freigestellt werden müssen (AP 2 zu § 37 BetrVG 1972; AP 1 zu § 38 BetrVG 1972). Über die Erforderlichkeit der Freistellung entscheidet das → Arbeitsgericht im → Beschlußverfahren (AP 3 zu § 38 BetrVG 1972). Sinkt die Zahl der Beschäftigten, ist der Freistellungsbeschluß zu ändern. Im allgem. hat ein freigestelltes BRM keinen Anspruch nach § 37 III BetrVG (AP 14 zu § 37 BetrVG 1972). Die Aufhebung der Freistellung unterliegt auf Antrag des BRM der Rechtskontrolle durch das Gericht. Das freigestellte BRM hat Anspruch auf die ohne Freistellung erzielte Vergütung einschl. der Zuschläge für sonst geleistete Mehrarbeit (AP 43). Die Vergütung ist Brutto fortzuzahlen (AP 50 = NZA 86, 263). Ist der Arbeitsplatz eines vollständig von der Arbeit freigestellten BRM weggefallen, so hat es Anspruch auf die Vergütung, die ein vergleichbarer AN erzielt und dessen Arbeit es verrichten würde (EzA 54 zu § 37 BetrVG).

c) Ob der BR unabhängig von → Tarifvertrag u. → Betriebsvereinbarung die Zahl der Freizustellenden durch Beschluß erhöhen kann, war umstr. Nach jetzt vorherrschender Ansicht hat unter den Voraussetzungen von § 37 II BetrVG der BR einen im Beschlußverfahren zu verfolgenden Anspruch (AP 2, 3 zu § 38 BetrVG 1972). Auch im Wege der Geschäftsordnung kann der BR nicht die Zahl der Freizustellenden ändern (AP 5 zu § 38 BetrVG 1972).

d) Freistellung für Schulungs- u. Bildungsveranstaltungen, soweit diese Kenntnisse vermitteln, die für die Arbeit des BR erforderlich sind (§ 37 VI 1 BetrVG). Erforderlich ist die Schulung nur dann, wenn sie Kenntnisse vermittelt, die unter Berücksichtigung der konkreten Situation im → Betrieb u. Betriebsrat benötigt werden, damit die BRM ihre derzeitigen o. demnächst anfallenden Aufgaben erfüllen können (AP 4, 5, 7 zu § 37 BetrVG 1972; AP 9 zu § 89 BetrVG; AP 2 zu § 40 BetrVG 1972 vgl. BVerfG DB 78, 843). Diese Voraussetzungen müssen auch bei nach § 38 BetrVG freigestellten BRM erfüllt sein (DB 78, 237). Der BR hat sich bei der Beschlußfassung über folgende Fragen zu vergewissern: aa) Schulung in Fragen, die zur BR-Tätigkeit gehören; bb) aktueller betriebsbezogener Anlaß der Schulung; cc) Schulungsbedürftigkeit des BR u. der einzelnen BRM (umstr. bei Ersatzmitgliedern: bejaht bei voraussehbarem Nachrücken AP 53 zu § 37 BetrVG 1972 = NZA 86, 803), also insbes. Besuch früherer Schulungsveranstaltungen; Dauer der BR-Tätigkeit; dd) Schulung in Spezialfragen bei Spezialtätigkeit; ee) Themenplan der Schulung. *Schulungsnotwendigkeit* besteht bei Inkrafttreten neuer Gesetze o. →Tarifverträge (AP 1, 4 zu § 37 BetrVG, dagegen nicht für Gesetzentwürfe (AP 63 = DB 88, 1453); Wandel der Rspr. (AP 10 zu § 37 BetrVG). Im allgem. ist davon auszugehen, daß das BRM bereits bei der Wahl gewisse Kenntnisse hat u. sich in der Folgezeit durch Eigenlektüre weiterbildet (AP 4 zu § 65 BetrVG 1972). Gleichwohl besteht Schulungsbedürftigkeit bei neu gewählten BRM (AP 18, 35 zu § 37 BetrVG 1972; AP 58 zu § 37 BetrVG 1972 = DB 87, 891). Anders kurz vor Ende der Amtszeit (v. 7. 6. 89 – 7 ABR 26/88 – NZA 90, 149). Schulung in Spezialfragen nur bei besonderen Aufgaben (Leistungsentlohnung AP 4, 9; menschengerechte Gestaltung (AP 30); Bilanzwesen (AP 5); Datenschutz *(EzA 64 zu § 37 BetrVG 1972);* Arbeitssicherheit (AP 54 zu § 37 BetrVG 1972 = NZA 87, 63); → Personalinformationssystem *(BB 83, 1215),* für Ausschußmitglieder *(EzA 72 zu § 37 BetrVG 1972);* dagegen nicht Lohnsteuerrecht (AP 5 zu § 80 BetrVG 1972), Ziele gewerkschaftlicher Bildung (AP 20 zu § 37 BetrVG 1972). Bei Beurteilung der Schulungsnotwendigkeit hat BR einen Beurteilungsspielraum (AP 5). Bei nur teilw. Notwendigkeit der Schulung besteht Anspruch, wenn im Rahmen der Gesamtschulung der überwiegende Teil notwendig ist (AP 24; EzA 49 zu § 37 BetrVG 1972). Eine *Schulungsbedürftigkeit* ist verneint worden, wenn der Betriebsrat entspr. Kenntnisse bereits hatte (AP 26), für einen langjährigen Betriebsratsvorsitzenden über Stellung und Aufgaben des Betriebsratsvorsitzenden, für Ersatzmitglieder (AP 2 zu § 65 BetrVG 1972, DB 79, 507), Mitglieder des Wirtschaftsausschusses, wenn nicht als BRM geschult (AP 5 zu § 37 BetrVG 1972); sie ist aber bejaht worden, wenn mehrere BRM sukzessiv an Schulungsveranstaltungen teilnehmen (AP 9 zu § 89 ArbGG 1953, AP 35 zu § 37 BetrVG 1972). Träger der Schulung können → Gewerkschaften, → Arbeitskammern, → Arbeitgeberverbände u. private Organisationen sein. Bei konkurrierenden Veranstaltungen hat das BRM die Auswahl. Dem BR obliegt die Festlegung der zeitl. Lage der Teilnahme. Er hat hierbei die betriebliche Notwendigkeit zu berücksichtigen (§ 37 VI 2 BetrVG). Aus dem Grundsatz der Verhältnismäßigkeit folgt, daß nicht alle BRM teilnehmen dürfen, sondern diese sich wechselseitig zu unterrichten haben, wenn dies ausreicht (AP 1 zu § 20 BetrVG 72). Über die zulässige *Dauer* der Schulung enthält das BetrVG keine Vorschrift. Das Gebot der Verhältnismäßigkeit verpflichtet den BR, den AG nur mit Kosten zu belasten, die er der Sache nach für verhältnismäßig und deshalb für den AG zumutbar halten darf (AP 26 zu § 37 BetrVG 1972). Es sind Größe und Leistungsfähigkeit des Betriebes, Schulungszweck, Dauer der Veranstaltung, Themen und örtliche Lage gegeneinander abzuwägen. Es werden daher auch Schulungsveranstaltungen von 5 Tagen (AP 9 zu § 89 ArbGG 1953; AP 5 zu § 37 BetrVG 1972), 1 Woche *(DB 73, 780; 625; 831),* für BR-Vorsitzen-

den (AP 26 zu § 37 BetrVG 1972) u. Mitglieder von Akkordkom-
missionen 2 Wochen anerkannt. Entscheidend ist die Erforderlichkeit. Der BR hat dem AG Teilnahme u. zeitl. Lage rechtzeitig bekanntzugeben. Der AG darf nicht vor vollendete Tatsachen gestellt
werden (§ 37 VI 3 BetrVG; AP 27 zu § 37 BetrVG 1972). Hält der
AG die betriebl. Notwendigkeit für nicht ausreichend berücksichtigt, kann er die → Einigungsstelle anrufen, dagegen das → Arbeitsgericht, wenn er die Notwendigkeit der Schulung in Abrede stellt;
das ArbG entscheidet im Beschlußverfahren. Der BR ist auch bei
freigestellten BRM darlegungs- u. beweispflichtig für die Notwendigkeit der Schulung. Der Spruch der Einigungsstelle ersetzt die
Einigung zwischen AG u. BR, unterliegt aber der Kontrolle im →
Beschlußverfahren (§ 76 BetrVG; DB 74, 1534). Vor dem Spruch
der Einigungsstelle ist die Teilnahme grundsätzlich unzulässig (AP
27 zu § 37 BetrVG 1972). Bei eilbedürftigen Fällen kann eine einstw.
Verfügung nach § 85 II ArbGG ergehen. Für die zulässige Teilnahme
erlangt der AN einen im Urteilsverfahren (AP 16) durchzusetzenden
Anspruch auf Vergütungsfortzahlung, dagegen keinen auf Freizeitausgleich bzw. Überstundenvergütung, wenn die Schulung in die
Freizeit andauert (AP 3, 31). Hat der BR über die Entsendung eines
BRM Beschluß gefaßt u. der AG gegen die Entsendung keine Einwendungen erhoben, so kann er später im Rechtsstreit über die Vergütungsfortzahlung nicht mehr den Einwand erheben, daß die Schulung nicht erforderlich gewesen sei. Dem AN ist die Vergütung zu
zahlen, die er erzielt hätte, wenn die Schulung nicht stattgefunden
hätte; im Falle des Schlechtwetters bei Bauarbeiten also nur →
Schlechtwettergeld (AP 3, 11). Der AG trägt die notwendigen sächl.
Kosten der Schulung (AP 2, 5 zu § 40 BetrVG). Übernachtungskosten brauchen nicht erstattet werden, wenn BRM heimfahren kann.
Zu den sächl. Kosten gehören Fahrt-, Verpflegungskosten, dagegen
nicht Kosten der persönl. Lebensführung (Getränke) (AP 12 zu § 40
BetrVG 1972). Eine Pauschalierung nach der allgemein gehandhab-
ten betrieblichen Spesenregelung (DB 75, 452), hilfsweise den Lohn-
steuersätzen ist zulässig (AP 8 zu § 37 BetrVG 1972), soweit der AN
die Spesen beeinflussen kann (AP 24 zu § 40 BetrVG 1972 = DB 84,
2200). Der AN hat sich ersparte häusliche Aufwendungen anrechnen
zu lassen. Der Erstattungsanspruch unterliegt keinen → Verfallfristen (DB 73, 672), wohl dagegen der Verwirkung (DB 79, 800).
Kursusgebühren sind (im Beschlußverfahren) erstattungsfähig, dagegen nicht Vorhalte(General)unkosten der Gewerkschaft (AP 11 zu
§ 40 BetrVG 1972). Erstattungsfähig können auch Referentenkosten
sein, selbst wenn es sich um Referenten der Gewerkschaft handelt
(EzA 44 zu § 40 BetrVG 1972). Angemessen z. Z. 48,– DM tägl. bei
Aufnahme im Heim.

e) Bildungsurlaub können alle BRM dagegen nicht ErsatzBRM während ihrer regelmäßigen Amtszeit bis zur Dauer von 3 Wochen u., sofern sie erstmals dem BR angehören u. nicht zuvor Jugend- u. Auszubildendenvertreter waren, bis zu 4 Wochen zur Teilnahme an Schulungsveranstaltungen beanspruchen, die von der zuständigen obersten → Arbeitsbehörde des Landes nach Beratung mit den Spitzenorganisationen der Koalitionen (AP 19 zu § 37 BetrVG 1972) als geeignet anerkannt sind (§ 37 VII BetrVG). Der volle BU kann auch dann verlangt werden, wenn nur noch eine Restamtszeit zur Verfügung steht (v. 19. 4. 89 – 7 AZR 128/88 – NZA 90, 317). Die Schulungsveranstaltungen nach § 37 VII brauchen nicht erforderliche Kenntnisse zu vermitteln; sie müssen lediglich für den BR geeignet sein (AP 5, 23 zu § 37, BetrVG 1972). Indes kann eine als geeignet anerkannte Veranstaltung im Einzelfall nach § 37 VI BetrVG erforderlich sein (AP 5, 21 zu § 37 BetrVG 1972; AP 46 = DB 84, 1785). Ein auf Vergütungsfortzahlung in Anspruch genommener AG kann im Verfahren mit seinem AN nicht einwenden, die Veranstaltung sei nicht geeignet gewesen (AP 41). Die Entscheidung der obersten Arbeitsbehörde kann vor dem Arbeitsgericht am Sitz des Veranstaltungsträgers angefochten werden (AP 7; v. 30. 8. 89 – 7 ABR 65/87 BB 90, 1134). Der AG ist insoweit jedoch nicht antragsbefugt (AP 38). Auch während des BU hat das BRM Anspruch auf Vergütungsfortzahlung entspr. dem → Lohnausfallprinzip. Nach h. M. braucht der AG nicht die sächl. Kosten zu tragen (AP 6).

f) Entgeltfortzahlungsansprüche sind vor dem Arbeitsgericht im Urteils-, dagegen Kostenersatzansprüche im → Beschlußverfahren geltend zu machen (AP 1 zu § 37 BetrVG 72; AP 28 zu § 40 BetrVG 1972 = NZA 89, 641).

3. Da die BRM häufig ihre berufliche Arbeit versäumen, sucht das Gesetz eine Art *Beförderungsausgleich* sicherzustellen. Nach § 37 IV, V BetrVG dürfen BRM bis ein Jahr nach ihrer Amtstätigkeit in wirtschaftlicher u. beruflicher Hinsicht gegenüber vergleichbaren AN mit betriebsüblicher, beruflicher Entwicklung keine Nachteile erleiden, d. h., das Entgelt der BRM darf nicht geringer bemessen werden als für AN mit betriebsüblicher beruflicher Entwicklung u. ihnen dürfen keine geringerwertigen Beschäftigungen zugewiesen werden als solchen AN (AP 28 zu § 37 BetrVG 1972). Auch nicht freigestellte BRM, die bei einer Beförderung übergangen worden sind, können das Entgelt aus der Beförderungstätigkeit verlangen, wenn nur sie bei betriebsüblicher beruflicher Entwicklung befördert worden wären (AP 61 = NZA 88, 403). Ein Anspruch auf Mehrarbeitsvergütung besteht nur, wenn Mehrarbeit geleistet worden wäre (AP 3 zu § 46 BPersVG = DB 85, 1699).

Betriebsratsmitglieder

4. Zur Wahrung ihrer Unparteilichkeit genießen die Mitglieder sämtlicher Betriebsverfassungsorgane einen *besonderen Kündigungsschutz*. Die ordentliche Kündigung eines Mitgliedes eines Betriebsrates (auch wenn nicht wählbar; AP 15 zu § 15 KSchG 1969 = DB 84, 302), einer Jugend- u. Auszubildendenvertretung, einer Bordvertretung, eines Seebetriebsrates ist bis zum Ablauf eines Jahres nach der Amtszeit unzulässig. Dies gilt auch für die Massenänderungskündigung (AP 10 zu § 15 KSchG 1969; AP 28 = NZA 87, 807). Verweigert das BRM jedoch die Zustimmung zur → Änderungskündigung, so kann u. U. eine betriebsbedingte außerordentliche Kündigung gerechtfertigt sein (AP 19 = DB 86, 2605 = NZA 87, 102). Dabei kommt es nicht auf die Amtszeit des Organs, sondern des einzelnen Mitglieds an, so daß die Nachwirkung auch dann eintritt, wenn das Amt niedergelegt worden ist (AP 6). Unzulässig ist ferner die ordentliche Kündigung eines Wahlvorstandes o. eines Wahlbewerbers innerhalb bestimmter Fristen. Der Kündigungsschutz der Wahlbewerber beginnt mit Aufstellung eines Wahlvorschlags nach § 14 BetrVG 1972 (AP 1 zu § 620 BGB Arbeitnehmervertreter im Aufsichtsrat). Aufgestellt ist der Wahlvorschlag, wenn er die erforderliche Zahl von Unterschriften trägt (AP 1 zu § 15 KSchG 1969 Wahlbewerber; AP 9 zu § 15 KSchG 1969). Der Kündigungsschutz bleibt auch bei Amtsniederlegung erhalten (AP 23 = DB 87, 792 = NZA 87, 279). Ersatzmitglieder der Betriebsverfassungsvertreter genießen während der Gesamtdauer der Vertretung und einer angemessenen Vorbereitungszeit Kündigungsschutz (AP 3, 5). Nach Beendigung der Vertretung steht ihnen der nachwirkende Kündigungsschutz zu (AP 3, 7), auch wenn das zu vertretende BRM sich zu Unrecht krank gemeldet hat (AP 26 = DB 87, 1641). Die außerordentliche Kündigung der Mitglieder der Betriebsverfassungsorgane bleibt zulässig, sofern ein wichtiger Grund vorliegt. Ein wichtiger Grund ist dann gegeben, wenn dem AG nicht zugemutet werden kann, das Arbeitsverhältnis bis zum Ablauf der ordentlichen Kündigungsfrist fortzusetzen. Bei der Bemessung der Kündigungsfrist ist noch auf die verfassungswidrige Regelung des § 622 II BGB abzustellen (AP 96 zu § 626 BGB = NZA 87, 808). Wichtiger Grund kann die Bereitschaft zur Falschaussage sein (AP 95 zu § 626 BGB = NZA 87, 392). Jedoch ist sie an die vorherige (AP 1, 2, 5, 11 zu § 103 BetrVG 72) Zustimmung des Betriebsrates gebunden (§ 103 BetrVG). Der BR muß zur Beratung der Zustimmung unverzüglich zusammentreten. Das betroffene BRM ist an der Beschlußfassung nicht beteiligt (AP 6, 13 zu § 103; AP 17 = NJW 85, 1976). Nimmt das betroffene BRM gleichwohl teil, so ist der Beschluß nichtig. Unschädlich ist, wenn es bei Hinzuziehung eines Ersatzmitgliedes lediglich angehört wird. Da die Zustimmung des BR Wirksamkeitsvoraussetzung der Kündigung

ist, kann ein nichtiger BR-Beschluß keine ausreichende Zustimmung abgeben. Nach den Grundsätzen des Vertrauensschutzes darf der AG grundsätzlich auf die Wirksamkeit des Beschlusses vertrauen. Das gilt jedoch dann nicht, wenn er die Tatsachen kennt o. kennen muß, aus denen die Unwirksamkeit folgt. Es besteht jedoch keine Erkundigungspflicht (AP 17 zu § 103 BetrVG 1972 = NJW 85, 1976). Verweigert der BR die Zustimmung, so kann diese durch das → Arbeitsgericht ersetzt werden. Unzulässig ist eine vorsorgliche Einleitung für den Fall, daß der BR die Zustimmung nicht erteilt (AP 18 zu § 103 BetrVG = DB 86, 1883 = NZA 86, 719); sie vermag die Ausschlußfrist des § 626 II BGB nicht zu wahren. An dem → Beschlußverfahren ist das BRM beteiligt und wohl auch selbständig beschwerdeberechtigt. Im Ersetzungsverfahren kann sich der AG auch bei nachträgl. eingetretenen bzw. bekannt gewordenen Umständen nur auf sie berufen, wenn sie zuvor vom BR behandelt worden sind (AP 1, 4, 7 zu § 103 BetrVG 1972). Dies soll auch gelten, wenn sämtl. Mitglieder des BR gekündigt werden sollen (AP 6 zu § 103 BetrVG 1972). Im Rechtsbeschwerdeverfahren ist die Nachprüfung darauf beschränkt, ob das LAG den Rechtsbegriff des wichtigen Grundes verkannt hat (AP 7 zu § 103 BetrVG 1972). Trotz des Bestehens des Amtsermittlungsgrundsatzes im → Beschlußverfahren hat das Gericht nur solche Gründe zu berücksichtigen, auf die sich der AG berufen hat (EzA 16 zu § 103 BetrVG). Ist ein BR nicht vorhanden, ist unmittelbar das Ersetzungsverfahren einzuleiten (AP 2, 13 zu § 15 KSchG 1969). Die Entscheidung muß innerhalb der Frist von § 626 II BGB eingeholt werden (AP 1, 2, 10 zu § 103 BetrVG 1972). Ungeklärt ist die Rechtslage, wenn Aussetzung des Betriebsratsbeschlusses beantragt. Ersetzt ist die Zustimmung, wenn der Beschluß formell rechtskräftig ist (AP 8, 12 zu § 103 BetrVG 1978). Auch nach Einleitung des Zustimmungsersetzungsverfahrens kann der BR noch der ao. Kündigung zustimmen. Dadurch erledigt sich das → Beschlußverfahren. Der AG muß zur Meidung der Folgen aus § 626 II BGB unverzüglich kündigen (AP 14 zu § 103 BetrVG 1972). Verfahrenskosten des beteiligten BRM hat der AG nicht zu tragen (AP 16 zu § 40 BetrVG 1972). Das BRM hat auch nach Ersetzung noch ein Rechtsschutzinteresse an der → Kündigungsschutzklage, indes entfaltet der Beschluß wegen des wichtigen Grundes Bindungswirkung (AP 3 zu § 103 BetrVG 1972). Solange eine ao. Kündigung nicht rechtswirksam ausgesprochen ist, hat das BRM zur Wahrnehmung seiner Aufgaben ein Zutrittsrecht zum Betrieb, es sei denn, daß der BR der Kündigung zugestimmt hatte. Beschäftigt der AG das BRM während des Ersetzungsverfahrens nicht, so gerät er in Annahmeverzug, es sei denn, daß Beschäftigung unzumutbar. Es hat mithin Anspruch auf Vergütungsfortzahlung

Betriebsratsmitglieder

aus → Annahmeverzug; die Erhebung von Ansprüchen kann arglistig sein (DB 77, 1190). Zur Kündigung bei Betriebsstillegung vgl. § 15 KSchG; AP 8, 11 zu § 15 KSchG 1969; AP 16 = DB 84, 1248).

5. Die Mitglieder der Betriebsverfassungsorgane haben über die Dauer ihrer Amtstätigkeit hinaus eine besondere *Geheimhaltungspflicht* über Betriebs- o. Geschäftsgeheimnisse, die ihnen wegen ihrer Zugehörigkeit zum Betriebsverfassungsorgan bekannt geworden sind u. vom AG ausdrücklich als geheimhaltungsbedürftig bezeichnet worden sind. Die Geheimhaltungspflicht gilt nicht gegenüber anderen Betriebsverfassungsorganen (§ 79 BetrVG). Betriebs- u. Geschäftsgeheimnisse sind insbesondere Patente, Lizenzen, → Arbeitnehmererfindungen, Fertigungsmethoden, Materialzusammensetzungen, Kundenlisten, betriebliche Lohnlisten (AP 2 zu § 79 BetrVG 1972 = NZA 88, 63) usw. Grobe Verletzungen der Schweigepflicht berechtigen den AG, den → Betriebsausschluß zu beantragen, gegebenenfalls außerordentlich zu kündigen, wenn darin zugleich eine Arbeitsvertragsverletzung liegt, sowie Schadensersatz nach § 823 II BGB i. V. m. § 79 BetrVG zu begehren.

6. BR u. BR-Mitgliedern ist jede *parteipolitische Betätigung* im Betrieb untersagt (§ 74 II BetrVG; AP 1 zu § 42 BetrVG 1972; AP 1 zu § 1 KSchG 1969 Verhaltensbedingte Kündigung; AP 1 zu § 74 BetrVG 1972; BVerfG EzA 1 zu § 74 BetrVG 1972; → Betriebsrat). Jedoch ist Mitgliedern der Betriebsverfassungsorgane unbenommen, für ihre Gewerkschaft weiterhin tätig zu werden. Sie dürfen nur nicht unter Ausnutzung ihres Amtes tätig werden o. durch die gewerkschaftliche Tätigkeit ihre Pflichten der Unparteilichkeit gegenüber allen AN verletzen. Die frühere Rechtspr. ist teilweise überholt.

7. Der AG hat dem BR u. dem BRM die für die Geschäftsführung entstehenden *tatsächlichen Kosten u. Auslagen* zu erstatten (keine versteckten Zuwendungen § 78 BetrVG). Jedoch wird eine Pauschalierung für zulässig gehalten (NJW 56, 158). Über die Erstattung ist im Beschlußverfahren zu entscheiden (AP 8 zu § 39 BetrVG). Die Forderungen unterliegen nicht tariflichen → Verfallfristen (AP 3 zu § 40 BetrVG 72) o. der Verjährung; sie sind wohl verwirkbar (AP 39 zu § 242 BGB Verwirkung). Für Sitzungen, Sprechstunden u. laufende Geschäftsführung hat der AG die erforderlichen Räume, sachlichen Mittel und Büropersonal zur Verfügung zu stellen (Schreibzeug, Geschäftspapier, Fachbücher, Zeitschriften einschl. „Arbeitsrecht im Betrieb" (AP 20 zu § 40 BetrVG 1972 = DB 83, 997; Gesetze, u. U. Computer (Krichel NZA 89, 668) usw., dagegen nicht das Handelsblatt (v. 29. 11. 89 – 7 ABR 42/89 – DB 90, 1093); § 40 BetrVG. Dazu kann auch Dolmetscher gehören. Zu den Betriebsratskosten können auch solche der Rechtsverfolgung gehören. Er-

stattungsfähig sind die Kosten eines im Verfahren hinzugezogenen Rechtsanwalts, wenn zur zweckentsprechenden Rechtsverfolgung notwendig (AP 1, 7 zu § 39 BetrVG; AP 6 zu § 20 BetrVG 1972; AP 14 zu § 40 BetrVG 1972; einschränkend bei Massenverfahren *AP 21 zu § 40 BetrVG 1972*). Der BR ist nicht verpflichtet, sich durch einen Vertreter der Gewerkschaft vertreten zu lassen (AP 14, 18 zu § 40 BetrVG 1972). Im Konkurs ist der BR an das Verfahrensrecht der KO gebunden. Die dem Rechtsanwalt des BR aus früheren Verfahren zustehenden Gebühren sind nicht aus der Konkursmasse zu zahlen und sind nicht bevorrechtigt (AP 6 zu § 59 KO). Die Beauftragung eines Rechtsanwaltes außerhalb des Beschlußverfahrens beinhaltet die Hinzuziehung eines Sachverständigen, die nur nach entspr. Vereinbarung zulässig ist (EzA 9 zu § 80 BetrVG). Ein einzelnes BRM hat nur Anspruch auf Erstattung seiner Anwaltskosten, wenn um seine Stellung im Rahmen der Betriebsverfassung gestritten wird (AP 1 zu § 13 BetrVG 1972), Ausschluß aus dem Betriebsrat (v. 19. 4. 89 – 7 ABR 6/88 – DB 90, 740), dagegen nicht im Verfahren auf Zustimmungsersetzung nach § 103 BetrVG (AP 16 zu § 40 BetrVG 1972), Verfolgung von Lohnansprüchen (AP 19 zu § 40 BetrVG 1972). Lit.: Gerauer Beil. 4 zu NZA 88; Klar NZA 89, 422. Erstattungspflichtig sind auch unfallbedingte Sachschäden, wenn sie bei der Betriebsratstätigkeit erlitten wurden und der AG die Benutzung von privaten Gegenständen veranlaßt hat (AP 8 zu § 20 BetrVG 1972 = DB 83, 1366). Erstattungspflichtig sind weiter die Kosten von Informationsblättern des BR für die Belegschaft, wenn ein Informationsbedürfnis vor der nächsten Betriebsversammlung besteht (AP 15 zu § 40 BetrVG 1972); anders dagegen für Gesamtbetriebsrat (AP 4 zu § 50 BetrVG 1972). Erstattungspflichtig sind weiter notwendige Reisekosten (AP 8 zu § 39 BetrVG, AP 28 zu § 40 BetrVG 1972 = NZA 89, 641), regelmäßig aber nicht solche 1. Klasse (AP 9 zu § 40 BetrVG 1972). Nicht erstattungspflichtig sind die Mitgliedskosten im Mieterbund (EzA 15 zu § 40 BetrVG 1972).

Betriebsratswahl. I. 1. Ein BR ist durch Wahl der AN in allen → Betrieben zu bilden, die i. d. R. mindestens 5 Wahlberechtigte beschäftigen, von denen 3 wählbar sind (§ 1 BetrVG). Die Zahl der leitenden → Angestellten wird nicht mitgezählt, u. U. aber Aushilfsangestellte (AP 1 zu § 8 BetrVG 1972). Soweit in einem BR-pflichtigen Betrieb kein BR besteht, wird in einer → Betriebsversammlung von der Mehrheit der anwesenden AN ein *Wahlvorstand* gewählt. Zu dieser Betriebsversammlung können 3 wahlberechtigte AN, eine im Betrieb vertretene Gewerkschaft (DB 76, 682) o. der AG *(DB 80, 1222)* einladen. Die Wahl des Wahlvorstandes ist nichtig, wenn die Betriebsversammlung im Betrieb nicht hinreichend bekannt gemacht worden ist (AP 18 zu § 15 KSchG 1969 = DB 86, 1883 = NZA 86, 753). Findet keine Betriebsversammlung statt o. wählt sie keinen Wahlvorstand, so bestellt ihn das → Arbeitsgericht auf Antrag von 3 wahlberechtigten AN o. einer im Betrieb vertretenen Gewerkschaft. Bis zur Rechtskraft des Beschlusses kann die Betr-Vers. die Bestellung nachholen (AP 1 zu § 17 BetrVG 1972). Besteht in einem Betrieb bereits ein BR, so bestellt dieser 10 Wochen vor Ablauf seiner Amtszeit einen Wahlvorstand. Besteht 8 Wochen vor Ablauf der Amtsperiode kein BR, so bestellt ihn das → Arbeitsgericht auf Antrag von mindestens 3 Wahlberechtigten o. einer im Betrieb vertretenen Gewerkschaft. Der Wahlvorstand besteht grundsätzlich aus 3 Mitgliedern. Werden im Betrieb → Arbeiter u. → Angestellte beschäftigt, so müssen beide Gruppen im Wahlvorstand vertreten sein (AP 1 zu § 16 BetrVG 1972 = NZA 89, 360). Wenn es zur ordnungsgemäßen Durchführung der Wahl erforderlich ist (z. B. in Groß- o. Schichtbetrieben mit mehreren Wahllokalen), kann die Zahl der Wahlvorstandsmitglieder erhöht werden; er muß in jedem Fall aus einer ungeraden Zahl von Mitgliedern bestehen. Jede im → Betrieb vertretene → Gewerkschaft kann zusätzlich einen dem Betrieb angehörenden Beauftragten als nicht stimmberechtigtes Mitglied in den Wahlvorstand entsenden, sofern ihm nicht ein stimmberechtigtes Wahlvorstandsmitglied angehört (§ 16 I BetrVG). Das Arbeitsgericht kann für Betriebe mit i. d. R. mehr als 20 wahlberechtigten AN auch Mitglieder einer im Betrieb vertretenen Gewerkschaft, die nicht AN des Betriebes sind, zu Mitgliedern des Wahlvorstandes bestellen, wenn dies zur ordnungsgemäßen Durchführung der Wahl erforderlich ist (DB 75, 260). Ein Mitglied des Wahlvorstands kann zugleich Kandidat für die Betriebsratswahl sein (AP 1 zu § 8 BetrVG 1972; DB 78, 449). Auch Wahlvorstandsmitglieder können Anspruch auf Ersatz gewerkschaftlicher Schulungskosten haben (AP 1, 3 zu § 20 BetrVG 1972; AP 10 = DB 84, 2358; → Betriebsratsmitglieder). Sie haben Anspruch auf Lohnfortzahlung, wenn sie infolge ihrer Amtstätigkeit Arbeitszeit versäumen. Hierzu gehört auch die Vergütung von Überstunden, die sie sonst geleistet hätten (AP 1 zu § 24 BPersVG = NZA 89, 315). Der Anspruch ist im Urteilsverfahren geltend zu machen (AP 2, 5 zu § 20 BetrVG 1972). Für die Notwendigkeit der Arbeitsversäumnis sind sie darlegungs- u. beweispflichtig (AP 4, 5 a. a. O.). Sie genießen anders als die Bewerber zum Wahlvorstand einen besonderen, gestaffelten Kündigungsschutz (NJW 75, 232). Ist ein Betriebsrat nicht vorhanden, ist zu ihrer Kündigung sofort die Zustimmung des ArbG einzuholen (AP 2 zu § 15 KSchG 1969). Die Ersetzung wird wirksam mit der Rechtskraft. Tritt zuvor der Betriebsrat zusammen, ist u. U. das Verfahren erledigt und dessen Zustimmung einzuholen oder dieser anzuhören (AP

Betriebsratswahl

4 zu § 15 KSchG 1969). Der W. kann sich nicht selbst auflösen; wohl können einzelne Mitglieder vom Amt zurücktreten. Sein Amt endet mit der Einberufung der konstituierenden Sitzung des BR; danach kann er kein Rechtsmittel im Beschlußverfahren mehr einlegen (AP 1 zu § 18 BetrVG 1972).

2. *Wahlberechtigt* sind alle AN, die das 18. Lebensjahr vollendet haben (§ 7 BetrVG). Hierzu können auch Teilzeitbeschäftigte (AP 2 zu § 19 BetrVG 1972), Wehr- und Ersatzdienstleistende (AP 2 zu § 19 BetrVG 1972) gehören. *Wählbar* sind alle Wahlberechtigten, die 6 Monate dem Betrieb angehören (tatsächl. Beziehung notwendig – AP 2 zu § 8 BetrVG 1972) o. als Heimarbeiter in der Hauptsache für den Betrieb gearbeitet haben. Nicht wahlberechtigt oder wählbar zum Betriebsrat des Stammbetriebes ist ein ständig in das Ausland entsandter AN (AP 16 zu Internat. Privatrecht – Arbeitsrecht). Auf die Betriebszugehörigkeit werden Zeiten angerechnet, in denen der AN unmittelbar vorher einem anderen Betrieb desselben → Unternehmens o. → Konzerns (Richardi NZA 87, 145) angehört hat. Besteht der Betrieb noch keine 6 Monate, so sind alle AN wählbar, die bei Einleitung der BRW beschäftigt sind u. die übrigen Wahlvoraussetzungen erfüllen. Nicht wählbar ist, wer infolge Richterspruches die Wählbarkeit o. die Fähigkeit öffentliche Ämter zu bekleiden, nicht besitzt. Da die passive Wahlfähigkeit nicht mehr an die Wahlberechtigung zum Deutschen Bundestag anknüpft, sind auch → Gastarbeiter wahlfähig. Wahlkandidaten sind berechtigt, für sich zu werben (AP 69 zu § 626 BGB). Wird ihnen dies zu Unrecht verwehrt, hat der AG u. U. Prozeßkosten zu ersetzen.

II. 1. Die Zahl der regelmäßig beschäftigten Betriebsangehörigen (leitende → Angestellte bleiben unberücksichtigt; AP 1 zu § 8 BetrVG 1972; zum Zuordnungsverfahren: § 18a BetrVG 1972) ist für die *Zahl der* → Betriebsratsmitglieder entscheidend (§ 9 BetrVG). In Grenzfällen hat der Wahlvorstand bei der Berechnung von AN, namentlich bei Teilzeit- und Aushilfskräften einen Beurteilungsspielraum (AP 1 zu § 8 BetrVG 1972). Für kleine Betriebe (5 bis 50 wahlberechtigte AN) ist die Zahl der Wahlberechtigten ausschlaggebend; in großen Betrieben (von 51 wahlberechtigten AN aufwärts) die Zahl der AN schlechthin maßgebend. Für die Feststellung der Zahl der Wahlberechtigten ist der Tag des Erlasses des Wahlausschreibens entscheidend (vgl. § 5 WahlO). Unberücksichtigt bleiben Leiharbeitnehmer u. sonstige Unternehmerarbeiter (AP 1 zu § 9 BetrVG 1972 = NZA 89, 724).

2. Im Interesse des *Minderheitenschutzes* müssen Arbeiter u. Angestellte entsprechend ihrem zahlenmäßigen Verhältnis im BR vertreten sein, wenn dieser aus mindestens 3 Mitgliedern besteht. Die Min-

derheitsgruppe erhält je nach ihrer Stärke eine bestimmte Mindest-
zahl von Vertretern (§ 10 BetrVG). Davon kann nur abgesehen werden, wenn a) der Minderheitsgruppe nicht mehr als 5 AN angehören
u. diese nicht mehr als $\frac{1}{20}$ der AN des Betriebes darstellen o. b) wenn
dies beide Gruppen vor der Wahl in getrennten u. geheimen Abstimmungen beschließen (§ 12 BetrVG). Der BR soll unter Berücksichtigung der Geschlechter sich möglichst aus AN aller Betriebsabteilungen, Nebenbetrieben u. Beschäftigungsarten zusammensetzen (§ 15
BetrVG). Lit.: Heither Beil 1 zu NZA 90.

III. 1. Die *regelmäßigen Betriebsratswahlen* finden alle 4 Jahre in der
Zeit vom 1. 3. bis 31. 5. statt (§ 21 BetrVG). Die erstmalige Betriebsratswahl im 4-Jahres-Rhythmus findet im Jahre 1990 statt. Dieser Rhythmus wurde eingeführt, um den Gewerkschaften die organisatorischen Vorbereitungen für die Wahl zu erleichtern. Sie ist zugleich mit den Wahlen zum Sprecherausschuß G einzuleiten. Abweichend vom 4-Jahres-Rhythmus ist ein BR zu wählen: a) bei wesentlicher Änderung der Zahl der beschäftigten AN, b) wenn die Gesamtzahl der BRM auch nach Hinzutreten der Ersatzmitglieder unter die
vorgeschriebene Zahl gesunken ist, c) der BR mit Mehrheit seinen
Rücktritt beschlossen hat, d) die Betriebsratswahl angefochten ist, e)
der BR aufgelöst o. f) im Betrieb kein BR besteht. Hat eine außerordentliche BRW stattgefunden, so ist der BR bei der nächsten ordentlichen BRW neu zu wählen, es sei denn, daß er noch nicht 1 Jahr im
Amt ist (§ 21 BetrVG). Die Amtszeit eines außerhalb des regelmäßigen Wahlzeitraumes gewählten Betriebsrates endet mit der Bekanntgabe des Wahlergebnisses des neu gewählten Betriebsrates (AP 1 zu
§ 21 BetrVG 1972 = DB 84, 833).

2. Der BR wird in *geheimer u. unmittelbarer Wahl* gewählt (§ 14
BetrVG). Eine Vernehmung über die Stimmabgabe als Zeuge ist
unzulässig (BVerwG NJW 76, 259). Besteht der BR aus mehr als
einer Person, so wählen Arbeiter u. Angestellte ihre Vertreter in
getrennten Wahlgängen (Gruppenwahl im Interesse des Minderheitenschutzes), es sei denn, daß beide Gruppen in getrennten, geheimen – auch schriftlichen (AP 7 zu § 19 BetrVG 1972) – Abstimmungen die Gemeinschaftswahl beschließen. Die Wahl erfolgt nach den
Grundsätzen der Verhältniswahl; wird nur ein Wahlvorschlag eingereicht, so gelten die Grundsätze der Mehrheitswahl. Letzteres gilt
auch für Betriebe, deren BR nur aus einer Person besteht o. für
Gruppen, denen nur ein Vertreter im BR zusteht.

IV. 1. Das *Wahlverfahren* ist in der WahlO v. 16. 1. 1972 (BGBl. I
49) zul. geänd. 28. 9. 89 (BGBl I 1793) geregelt. Die Leitung obliegt
dem *Wahlvorstand,* der wahlberechtigte AN als Wahlhelfer zu seiner
Unterstützung bei der Durchführung der Stimmabgabe u. bei der

Stimmenzählung hinzuziehen kann (§ 1 WahlO). Der Wahlvorstand hat eine *Liste der Wahlberechtigten* (Wählerliste) getrennt nach den Gruppen der Arbeiter u. Angestellten aufzustellen. Die Wahlberechtigten sollen mit Familiennamen, Vornamen, Geburtsdatum u. innerhalb der Gruppen in alphabetischer Reihenfolge aufgeführt werden. Der AG hat dem Wahlvorstand alle erforderlichen Auskünfte zu geben (§ 21 I, II WahlO). Das *aktive u. passive Wahlrecht* steht nur den AN zu, die in die Wählerliste eingetragen sind (§ 2 III WahlO). Die Wählerliste u. die WahlO sind vom Tage der Einleitung der Wahl im Betrieb auszulegen. Gegen die Richtigkeit der Wählerliste können binnen 2 Wochen seit Erlaß des *Wahlausschreibens* Einsprüche eingelegt werden (§ 4 WahlO). Zur Einflußnahme des AG auf die Wählerliste *BB 72, 494, 796; DB 72, 1392.* Spätestens 6 Wochen vor dem 1. Tag der Stimmabgabe erläßt der Wahlvorstand ein Wahlausschreiben, das vom Vorsitzenden u. mindestens einem weiteren Mitglied des Wahlvorstandes zu unterschreiben ist. In Betrieben mit einem starken Anteil von → Gastarbeitern kann dies auch in einer Fremdsprache zu veröffentlichen sein. Es muß den in § 3 II WahlO näher bezeichneten Inhalt haben. Damit ist die BRW eingeleitet. Sind bei Gruppenwahl für eine Gruppe mehrere Vertreter o. bei Gemeinschaftswahl mehrere Betriebsratsmitglieder zu wählen, so erfolgt die Wahl aufgrund von *Vorschlagslisten.* Diese sind von den wahlberechtigten AN vor Ablauf von 2 Wochen seit Erlaß des Wahlausschreibens beim Wahlvorstand einzureichen (§ 6 WahlO). Zulässig ist, wenn das Fristende zur Einreichung der Vorschlagslisten auf das Ende der Arbeitszeit der ganz überwiegenden Mehrzahl der AN festgelegt wird (AP 11 zu § 18 BetrVG). Wird Gemeinschaftswahl beschlossen, kann eine Nachfrist gewährt werden (§ 6 II WahlO).

2. *Wahlvorschläge* können von den wahlberechtigten AN u. den im Betrieb vertretenen → Gewerkschaften gemacht werden. Jeder Wahlvorschlag der Belegschaft muß bei Gruppenwahl von ⅟₂₀ der wahlberechtigten Gruppenangehörigen, mindestens von 3, ausreichend in jedem Fall von 50 unterzeichnet sein; weitere Besonderheiten § 14 VI BetrVG. Bei Gemeinschaftswahl ist eine Unterzeichnung durch ⅟₂₀ der AN, mindestens durch 3, ausreichend von 50 AN, notwendig.

3. In jedem Wahlvorschlag sind die einzelnen Bewerber in erkennbarer Reihenfolge unter fortlaufender Nummer u. unter Angabe von Familienname, Vorname, Geburtsdatum, Art der Beschäftigung im Betrieb u. Arbeitnehmergruppe aufzuführen. Die schriftliche Zustimmung der Bewerber zur Aufnahme in die Liste ist beizufügen (§ 6 IV WahlO). Ist niemand als Listenvertreter bezeichnet, wird derjenige, der an erster Stelle den Wahlvorschlag unterzeichnet hat, als

Listenvertreter angesehen. Dieser ist Adressat für die Mitteilungen von Beanstandungen durch den Wahlvorstand (§ 6 V WahlO). Ein Bewerber kann nur auf einer Vorschlagsliste vorgeschlagen werden (§ 6 VIII WahlO). Eine *Listenverbindung* ist unzulässig (§ 6 VII WahlO). Eine ohne Einverständnis der Unterzeichner vorgenommene Streichung einzelner Kandidaten ist eine unzulässige Änderung des Wahlvorschlags (AP 1 zu § 14 BetrVG 1972). Die Unterschrift eines Wahlberechtigten zählt nur auf einer Vorschlagsliste. Hat ein Wahlberechtigter mehrere Vorschlagslisten unterschrieben, so hat er auf Aufforderung des Wahlvorstandes binnen einer ihm gesetzten angemessenen Frist, spätestens jedoch vor Ablauf von 3 Arbeitstagen zu erklären, welche Unterschrift er aufrechterhält. Unterbleibt die Erklärung, so wird sie nur auf der zuerst eingereichten Liste gezählt, bei gleichzeitig eingereichten entscheidet das Los. Der Wahlvorstand hat möglichst binnen einer Frist von 2 Tagen die Vorschlagslisten zu prüfen u. bei Ungültigkeit o. Beanstandung einer Liste den Listenvertreter unter *Angabe der Gründe schriftlich* zu unterrichten (§ 7 II WahlO). Ungültig sind Vorschlagslisten aus den in § 8 WahlO aufgezählten Gründen. Die als gültig anerkannten sind gemäß § 10 WahlO zu veröffentlichen. Sind mehrere Vorschlagslisten eingereicht worden, wird diesen durch Los eine Ordnungsnummer zugeteilt. Der Wähler kann seine Stimme nur für eine als gültig anerkannte Vorschlagsliste abgeben. Die *Stimmabgabe* erfolgt durch Abgabe von Stimmzetteln in den hierfür bestimmten Umschlägen (§ 11 WahlO). Wegen der Form-Einzelheiten § 11 WahlO. Ist nur eine gültige Vorschlagsliste eingereicht, so kann der Wähler seine Stimme nur für solche Bewerber abgeben, die in der Vorschlagsliste aufgeführt sind (§ 21 WahlO). Unverzüglich nach Abschluß der Wahl hat der Wahlvorstand öffentlich die Auszählung der Stimmen vorzunehmen (§ 13 WahlO) u. das Wahlergebnis u. die Sitzverteilung festzustellen (§§ 13, 15 WahlO). Über die Wahl ist eine Niederschrift zu fertigen (§ 17 WahlO), die den im Betrieb vertretenen Gewerkschaften zu übersenden ist. Die Gewählten sind schriftlich zu benachrichtigen (§ 18 WahlO), durch Aushang bekanntzugeben (§ 19 WahlO) u. vor Ablauf einer Woche nach dem Wahltag zur konstituierenden Sitzung des BR zusammenzurufen (§ 29 BetrVG). Wegen *schriftlicher Stimmabgabe* bei Abwesenheit eines AN § 26 ff. WahlO; wegen *Wahlvorschlägen der Gewerkschaft* vgl. § 29 WahlO. Bereits die Entscheidung des Wahlvorstandes wie seine Wahl selbst (AP 1 zu § 5 BetrVG 1972) können mit dem Beschlußverfahren angegriffen werden (AP 1 zu § 14 BetrVG 1972). Einstweilige Verfügungen sind möglich (Held DB 85, 1691; Winterfeld Beil 1 zu NZA 90). Eine vorübergehende Aussetzung der Betriebsratswahl kommt nur bei wirklich schwerwiegenden Mängeln in Betracht. Ob sich der Wahlvorstand durch einen Rechtsanwalt o. einen Gewerkschaftssekretär vertreten läßt, steht in seinem Ermessen *(NZA 86, 578)*. Lit.: Dänzer-Vanotti ArbuR 89, 204; Faecks/Mierk NZA 88, 193; Heinze NZA 88, 568.

4. Die Wahl des Betriebsrates darf von niemandem behindert werden. Insbesondere darf kein AN in der Ausübung des aktiven o. passiven Wahlrechts beschränkt werden (§ 20 I BetrVG). Die Kosten der Betriebsratswahl trägt in erforderlichem Umfang der AG. Der Wahlvorstand kann nicht beschließen, in die Vorschlagslisten Lichtbilder der Kandidaten aufzunehmen (AP 13 zu § 20 BetrVG 1972 = NZA 88, 439).

V. Die Wahl kann binnen einer Frist von 2 Wochen seit Bekanntgabe des Wahlergebnisses durch 3 wahlberechtigte AN (AP 27 zu § 76 BetrVG [1952] = DB 85, 1799 = NZA 85, 786; AP 13 zu § 19 BetrVG 1972 = DB 87, 232 = NZA 87, 120, Wegfall des Rechtsschutzinteresses, wenn alle ausscheiden: AP 17 = BB 89, 1984), eine im Betrieb vertretene Gewerkschaft o. den AG beim → Arbeitsgericht *angefochten* werden, wenn über wesentliche Vorschriften über das Wahlrecht, die Wählbarkeit o. das Wahlverfahren verstoßen worden ist u. eine Berichtigung nicht erfolgt ist, es sei denn, daß durch den Verstoß das Wahlergebnis nicht geändert o. beeinflußt worden sein kann (§ 19 BetrVG; AP 1 zu § 14 BetrVG 1972). Die Wahlanfechtung kann beim LAG erfolgen, wenn bereits zuvor die Handlungen des Wahlvorstands angegriffen waren (AP 9 zu § 19 Betr VG 1972 = BB 83, 1223). Im Verfahren sind die im Betrieb vertretenen Gewerkschaften nur zu beteiligen, wenn sie von ihrem Anfechtungsrecht Gebrauch machen (AP 12 zu § 19 BetrVG 1972 = DB 86, 864 = NZA 86, 368), Beteiligungs- u. beschwerdebefugt ist in jedem Fall der AG (AP 13 zu § 19 BetrVG 1972 = DB 87, 232 = NZA 87, 120). Diese können nach Ablauf der Ausschlußfrist des § 19 II BetrVG nicht als Antragsteller dem Verfahren beitreten o. an Stelle eines der drei Wahlberechtigten das Verfahren fortsetzen (AP 10 zu § 19 BetrVG 1972 = DB 83, 2142). An der Wahlanfechtung der → Jugend- u. Auszubildendenvertretung ist auch der BR beteiligt (AP 1 zu § 63 BetrVG 1972 = DB 86, 2552 = NZA 87, 105). Eine Wahlanfechtung ist als berechtigt anerkannt worden, wenn der Wahlvorstand von einer zu großen Anzahl der zu wählenden BRM ausgegangen ist (AP 5 zu § 19 BetrVG 1972), bei unrichtiger Bemessung der Betriebsgröße, unrichtiger Verteilung der Gruppenstärke, Briefwahlunterlagen in Gegenwart des Wahlkandidaten ausgefüllt wurden. Ist nur die Wahl einer Gruppe anfechtbar, kann eine Teilanfechtung erfolgen (AP 2 zu § 8 BetrVG 1972). Wird geltend gemacht, daß Betriebsteile als selbständige Betriebe aufgefaßt worden seien, muß die Wahl aller Betriebsräte angefochten werden (AP 15 zu

Betriebsrisiko

§ 19 BetrVG 1972 = NZA 89, 731). Das Beschlußverfahren wird nicht erledigt, wenn zwischenzeitlich eine neue Betriebsratswahl stattgefunden hat (AP 3 zu § 18 BetrVG 1972). Unabhängig von der Frist kann die Nichtigkeit der BRW (AP 4, 6, 8 zu § 19 BetrVG 1972) o. Nichtwählbarkeit eines BR-Mitglieds festgestellt werden (AP 1 zu § 24 BetrVG 1972). Die Nichtigkeit tritt nur bei ganz groben Verstößen ein. Die Verkennung des Betriebsbegriffes führt noch nicht dazu (AP 3 zu § 1 BetrVG = DB 85, 711 = NZA 85, 293). Lit.: Schlömp-Röder ArbuR 89, 159.

Betriebsrisiko. I. Der → ArbVertrag ist ein gegenseitiger Vertrag. Wird in einem ggs. Vertr. dem Schuldner die Leistung unmöglich, ohne daß die Parteien hieran ein Verschulden trifft, so wird der Schuldner von der Leistung frei (§ 275 BGB); er verliert gleichzeitig aber seinen Gegenanspruch (§ 323 BGB). Bis zum Jahre 1923 hat man auch im → Arbeitsrecht diese Vorschriften uneingeschränkt angewandt. Seither hat sich die Auffassung durchgesetzt, daß die auf individualist. Grundlage beruhenden BGB-Vorschriften zu unangemessenen Ergebnissen führen; so wurde die B.-Lehre entwickelt. Zum Problemkreis des B. gehören nicht die Fälle, in denen die eine o. andere Partei ein Verschulden an der Leistungsstörung trifft (AP 2 zu § 324 BGB), u. Fälle des Wirtschaftsrisikos, in denen die Arbeit techn. möglich ist, sich jedoch wirtschaftl. nicht lohnt (AP 13 zu § 615 BGB Betriebsrisiko). Die von Rspr. u. Lehre entwickelten Grundsätze des B. gelten nicht, wenn sie durch → Tarifvertrag, → Betriebsvereinbarung o. ArbVertr. abbedungen sind (AP 16 zu § 615 BGB Betriebsrisiko). Eine abweichende Regelung muß jedoch mit hinreichender Deutlichkeit zum Ausdruck gebracht werden (AP 5 aaO). Die tarifübliche Klausel „bezahlt wird nur die tatsächliche Arbeitszeit" bezieht sich i. Zw. nur auf den Ausschluß des § 616 BGB (→ Arbeitsverhinderung).

II. Ausgangspunkt der B.-Lehre ist RGZ 106, 272, nach der AG u. AN in einer Arbeits- u. Betr.-Gemeinschaft stehen. Innerhalb dieser Gemeinschaft müssen beide Teile auch ohne Verschulden die in ihren Gefahrenbereich fallenden Ereignisse vertreten *(Sphärentheorie)*. Das RAG hat die Sph.-Theorie übernommen u. verfeinert u. zwischen Betr.-Störungen, die die Leitung des Betr. betreffen, u. denen, die seinen Bestand gefährden, unterschieden. Im ersteren Fall muß der AG → Arbeitsvergütung fortzahlen. Im zweiten verliert der AN ganz o. teilweise den Vergütungsanspruch (RAG ARS 3, 116). Das BAG hat diese Rechtspr. zunächst fortgesetzt. Nach seiner älteren Rspr. gelten folgende Grundsätze: α Es ist zu unterscheiden zwischen dem Betriebs- und Wirtschaftsrisiko. Zum Betriebsrisiko gehören alle Fälle, in denen der AG ohne sein Verschulden einen funktionsfä-

Betriebsrisiko

higen Betrieb infolge fehlender Energie, Rohstoffe, Maschinen, Mitarbeiter usw. nicht zur Verfügung stellen und die AN nicht arbeiten können. Zum Wirtschaftsrisiko gehören dagegen solche Fälle, in denen die Arbeitsleistung technisch möglich, wirtschaftlich aber sinnlos ist. Das Wirtschaftsrisiko hat grundsätzlich der AG zu tragen (AP 13 zu § 615 BGB Betriebsrisiko; AP 2 zu § 615 BGB Kurzarbeit). Das Betriebsrisiko hat ebenfalls grundsätzlich der AG zu tragen. Er muß also die Vergütung weiterzahlen, wenn eine Ölheizung infolge eines plötzlichen Kälteeinbruches ausfällt (AP 31 zu § 615 BGB Betriebsrisiko = DB 83, 1496). Ausnahmsweise ist es jedoch vom AN zu tragen, wenn es durch einen organisierten oder spontanen Streik verursacht ist. Unerheblich ist, ob im eigenen oder fremden Betrieb gestreikt wird (AP 2 zu § 615 BGB Betriebsrisiko; DB 80, 1266). Das Betriebsrisiko ist ausnahmsweise von den AN zu tragen, wenn die Betriebsstillegung den Betrieb so schwer trifft, daß die Zahlung der vollen Löhne die Existenz des Betriebes gefährdet (AP 2, 5, 15, 28 zu § 615 BGB Betriebsrisiko). β Von dieser Rspr. ist es in neuerer Zeit zunehmend abgerückt (AP 45 zu Art. 9 GG Arbeitskampf, AP 29, 30 zu § 615 BGB Betriebsrisiko). γ In den Entscheidungen vom 22. 12. 1980 (AP 70, 71 zu Art. 9 GG Arbeitskampf) hat es vertreten: Das Betriebs- und das Wirtschaftsrisiko trägt grundsätzlich der Arbeitgeber. Das gilt nicht uneingeschränkt bei Störungen, die auf einem Streik in einem anderen Betrieb beruhen und die Fortsetzung des Betriebes ganz oder teilweise unmöglich oder wirtschaftlich unzumutbar machen. Können diese Fernwirkungen eines Streiks das Kräfteverhältnis der kampfführenden Parteien beeinflussen, so tragen beide Seiten das Arbeitskampfrisiko. Das bedeutet für die betroffenen Arbeitnehmer, daß sie für die Dauer der Störung keine Beschäftigungs- und Vergütungsansprüche haben. Ein solcher Fall ist z. B. dann anzunehmen, wenn die für den mittelbar betroffenen Betrieb zuständigen Verbände mit den unmittelbar kampfführenden Verbänden identisch oder doch organisatorisch eng verbunden sind. Dabei ist unerheblich, ob die Betriebsstörung auf einem rechtmäßigen Streik oder auf einer rechtmäßigen Abwehraussperrung beruht. Die Rechtsgrundsätze des Arbeitskampfrisikos führen nicht ohne weiteres zu einer betrieblichen Arbeitszeitregelung. Vielmehr bleibt innerhalb dieser Grundsätze normalerweise ein nicht unerheblicher Regelungsspielraum in bezug auf die Modalitäten, die der Mitbestimmung des Betriebsrats unterliegen (§ 87 I Nr. 2, 3 BetrVG). Hingegen sind die Voraussetzungen und der Umfang der Arbeitszeitverkürzung durch das Recht vorgegeben und nicht von der Zustimmung des Betriebsrats abhängig. Das Mitbestimmungsrecht des Betriebsrats entfällt wegen der Neutralitätspflicht (§ 74 Abs. 2 BetrVG) dann, wenn Teile der von dem Betriebsrat vertretenen Be-

Betriebsstillegung

legschaft selbst streiken oder ausgesperrt werden. Soweit der AN
während der Betr.-Störung den Anspruch behält, muß er sich nach
§ 615 Satz 2 BGB entspr. anrechnen lassen, was er durch Arbeitsausfall erspart o. zu erwerben böswillig unterläßt. In der *Sozialversiche-*
rung gelten folgende Rechtsgrundsätze: *(1)* Die unmittelbar am →
Arbeitskampf Beteiligten erhalten kein → Arbeitslosen- o. Kurzarbeitergeld. In mittelbar von Arbeitskämpfen betroffenen Betrieben
kann → Kurzarbeitergeld gezahlt werden (§§ 63 ff AFG); also durch
die Förderung der Kampfpartei auch die Arbeitsbedingungen der
Nichtkämpfenden beeinflußt werden; *(2)* in der Krankenversicherung bleibt die Versicherung längstens für einen Monat bestehen, im
Falle des rechtmäßigen → Arbeitskampfes bis zu dessen Beendigung
(§ 192 SGB V); *(3)* in der Rentenversicherung entfällt die Versicherungspflicht für unmittelbar am Arbeitskampf Beteiligte; bei mittelbar Beteiligten, die Kurzarbeitergeld beziehen, bleibt sie bestehen;
(4) Unfallversicherungsschutz besteht nur für Unfälle, die der AN
bei der versicherten Tätigkeit erleidet (§ 548 RVO). Dazu gehört
nicht das Streikpostenstehen. Lit.: Lieb NZA 90, 289.

III. Auch bei längeren Betr.-Störungen enden Arbeitsverhältnisse
nicht automatisch; vielmehr ist selbst bei Wegfall der Geschäftsgrundlage gleichwohl noch eine → Kündigung notwendig; hiervon
hat die Rechtspr. lediglich ganz ausnahmsweise abgesehen, vor allem
im Zusammenhang mit Kriegsereignissen, wenn die Kündigung
nicht zugehen konnte. Auch das Recht zur ao. Kündigung wird
i. d. R. verneint (AP 28 zu § 615 BGB Betriebsrisiko). Bei Abwägung im Rahmen des wichtigen Grundes ist zugunsten des AN zu
berücksichtigen, daß der AG das B. zu tragen hat. Sie ist erst recht
beim Wirtschaftsrisiko ausgeschlossen; dagegen ist ord. Kündigung
i. d. R. betriebsbedingt (§ 1 II KSchG).

Betriebsstillegung ist die Auflösung der zwischen AG u. AN
bestehenden Betriebs- u. Produktionsgemeinschaft, die ihre Veran-
lassung u. Ausdruck darin finden, daß der Unternehmer die bisherige wirtschaftliche Betätigung in der ernstlichen Absicht einstellt, die
Weiterverfolgung des bisherigen Betriebszwecks dauernd o. für eine
unbestimmte, nicht unerhebliche Zeit einzustellen (AP 4 zu § 22 KO
= NJW 83, 1341; AP 39 zu § 613a BGB = DB 85, 1399; AP 41 zu § 1
KSchG 1969 Betriebsbedingte Kündigung = NZA 87, 700). Sie kann
zu einer betriebsbedingten Kündigung führen. Sie schließt eine →
Betriebsnachfolge aus. Jedoch ist noch nicht dann von einer B. auszugehen, wenn der AG diesen vorübergehend einstellt, dann aber
verkauft. Auch bei Eigenkündigung der AN kann eine vom AG
geplante B. gegeben sein (AP 17 zu § 113 BetrVG 1972 = NZA 89,
31; AP 27 zu § 111 BetrVG 1972 = NZA 90, 280).

Betriebsstrafen. Zur Ahndung von Dienstverfehlungen kann nur im Wege der → Betriebsvereinbarung eine Betriebsbuß- o. -strafordnung geschaffen werden (§ 87 Z. 1 BetrVG; AP 1 zu § 56 BetrVG Betriebsbuße; AP 1, 2 zu § 87 BetrVG 1972 Betriebsbuße). Aufgrund einer wirksam geschaffenen u. bekannt gemachten BußO, welche die zur Verhängung von Bußen berechtigenden Tatbestände enthält, ist die Auferlegung einer B. mit Zustimmung des BR zulässig, sofern dabei ein rechtsstaatliches, ordnungsgemäßes Verfahren eingehalten wird (AP 1 zu § 56 BetrVG Betriebsbuße; AP 1, 2 zu § 87 BetrVG 1972 Betriebsbuße; AP 84 zu § 611 BGB Fürsorgepflicht; v. 17. 10. 89 – 1 ABR 100/88 – BB 90, 705). Die Bußordnung kann nicht die Entlassung aus dem Betrieb vorsehen (AP 4 zu § 87 BetrVG 1972 Betriebsbuße). Über die Verhängung von Betriebsbußen besteht eine Verschwiegenheitspflicht für AG und Betriebsrat (ArbuR 80, 158). Von der B. ist die → Abmahnung zu unterscheiden. Lit.: Leßmann DB 89, 1769.

Betriebsübung. Eine B. erhält ihre bindende Wirkung nach h. M. aus einer stillschweigenden Vereinbarung zwischen den ArbVertrParteien (§§ 241, 305 BGB). Sie setzt eine ständige, tatsächliche Üb. innerhalb eines Betr. sowie ein Verhalten des AG voraus, das bei den AN den Eindruck vermittelt, der AG wolle sich für die Zukunft an sein Verhalten binden (AP 2, 7, 8, 9, 10 zu § 242 BGB Betriebliche Übung; AP 1 zu § 3 TV Arb Bundespost; AP 15 = DB 84, 1252; AP 56 zu § 611 BGB Dienstordnungs-Angestellte). Im → öffentlichen Dienst besteht jedoch eine Vermutung dahin, daß der AG grundsätzlich nur zur Erfüllung bestehender gesetzlicher o. tariflicher Pflichten leisten will. Im allgemeinen können daher irrtüml. erbrachte Leistungen wieder eingestellt werden (AP 16 zu § 242 BGB Betriebliche Übung = DB 85, 183; AP 12 zu § 4 BAT = ArbuR 86, 315; AP 19 zu § 242 BGB Betriebliche Übung = NJW 86, 2596 = NZA 86, 604). Das gilt auch für an Lehrer erbrachte Leistungen aufgrund von Richtlinien (AP 3 zu §§ 22, 23 BAT Zulagen = DB 89, 1296) o. für AN in Regiebetrieben (AP 33 zu § 242 BGB Betriebl. Übung = NZA 89, 55). Damit erwächst grundsätzl. keine B. auf übertarifl. Leistungen (AP 5 zu § 1 TVG Tarifverträge: Bundesbahn). Darüber hinaus wird die Entstehung von Ansprüchen aufgrund B. verhindert, weil die meisten Tarifverträge vorsehen, daß Nebenabreden der Schriftform bedürfen (→ Arbeitsvertrag). Diese wird aber nicht eingehalten (AP 29 zu § 242 BGB Betriebliche Übung = NZA 87, 778 = DB 87, 1996). Das Angebot des AG muß vom AN angenommen werden. Soweit es sich um eine dem AN günstige Üb. handelt, kann man ohne weiteres von einer stillschweigenden Annahme ausgehen (§ 151 BGB). Das gleiche gilt bei einer nachteiligen B., wenn sie dem

Betriebsübung

AN bei Abschluß des ArbVertr. bekannt war o. hätte bekannt sein
müssen u. er die Arbeit aufnimmt o. fortsetzt. Kennt der AN sie
nicht u. brauchte er sie auch nicht zu kennen, so liegt ihre Annahme
nicht im bloßen Stillschweigen. Vielmehr müssen besondere Umstände hinzutreten, aus denen sich auf einen Unterwerfungswillen
schließen läßt (Fortsetzung der Arbeit nach Rundschreiben des AG).
Ein ausdrücklicher o. stillschweigender Vorbehalt des AG für die
Zukunft verhindert das Entstehen einer B. Da durch sie der Arb-
Vertr. gestaltet wird, können ihr Inhalt u. Grenzen – anders als bei
der → Betriebsvereinbarung – nicht im → Beschlußverfahren, sondern allein auf Klage des einzelnen AN geklärt werden. Aufgrund B.
können namentlich Einzelansprüche erwachsen, wie → Gratifikationen, → Ruhegelder (AP 1 zu § 1 BetrAVG Betriebl. Übung = NJW
86, 95; AP 2 zu § 1 BetrAVG Betriebl. Übung = DB 86, 2189 =
NZA 86, 786); Ansprüche auf Rentenanpassungen (AP 20 zu § 16
BetrAVG = DB 87, 2046); Ansprüche auf Gehaltserhöhung (einschränkend AP 22 zu § 242 BGB Betriebliche Übung = DB 86, 1627
= NZA 86, 521; AP 21 = NJW 86, 2593 = NZA 86, 605); Bereit-
schaftsdienstvergütungen (AP 27 zu § 242 BGB Betriebliche Übung
= EzA 20 zu § 242 BGB Betriebliche Übung); Honoraransprüche bei
den Medien *(OLG EzA 5 zu § 242 BGB Betriebliche Übung)*. Sie ist
ferner für die Auslegung der ausdrücklich o. stillschweigend getroffenen Vereinbarungen maßgebend. Im allgem. gilt es als selbstver-
ständlich, daß der in einen Betr. eintretende AN sich dem üblichen
Betr.-Ablauf unterwirft, ohne daß AG ihn hierüber detailliert unterrichtet (AP 2 zu § 611 BGB Lohnanspruch). Schließlich hat sie Bedeutung für die Vertragsergänzung, vor allem für die Ausfüllung der
→ Treue- u. → Fürsorgepflicht, die der Konkretisierung aufgrund
der besonderen Verhältnisse des Einzelfalles bedürfen. Sie ist von
dem Grundsatz der → Gleichbehandlung zu unterscheiden. Aufgrund B. erwächst ein Anspruch, weil für die AN aus dem Verhalten
des AG ein Vertrauenstatbestand erwächst, er wolle leisten. Aufgrund des Gleichbehandlungsgrundsatzes erwachsen Ansprüche,
weil einzelne AN nicht aus unsachlichen Gründen anders als die
übrigen behandelt werden dürfen. Heftig umstr. ist, wie die B. wieder beseitigt werden kann. Dabei ist zu unterscheiden zwischen der
B. als solcher u. den daraus resultierenden Ansprüchen. Letztere
werden beseitigt durch → Abänderungsvertrag, Änderungskündigung (→ Kündigung; AP 8 zu § 242 BGB Betriebliche Übung),
wobei aber die → Kündigungsschutzvorschriften zu beachten sind.
Nach älterer M. konnten sie auch nach den Grundsätzen des →Ord-
nungsprinzips durch Gesetz, → Tarifvertrag (AP 1 zu § 242 BGB
Betriebliche Übung) u. → Betriebsvereinbarung (AP 142 zu § 242
BGB Ruhegehalt) beseitigt werden. Diese Ansicht hat das BAG auf-

gegeben (→ Betriebsvereinbarung). Die Üb. als solche wird durch kollektivrechtl. Vereinbarung (AP 1 zu § 242 BGB Betriebliche Übung), aber auch durch einseitigen Widerruf des AG beseitigt. Dieser kann für die Zukunft das Vertrauen der AN zerstören, er wolle sich weiterhin binden (AP 32, 33 zu § 242 BGB Betriebliche Übung = NZA 89, 57).

Betriebsunterstützungskassen können als rechtsfähige Einrichtung (§ 1 IV BetrAVG; z. B. e. V.; GmbH; Stiftung) zur Sicherung des Daseins der AN geschaffen werden. Der Betriebsrat hat auf ihre Errichtung keinen Anspruch; der AG kann sich jedoch durch eine freiwillige → Betriebsvereinbarung verpflichten (§ 88 BetrVG). Ihre Verwaltung gehört dann wiederum zu den →Betriebsratsaufgaben (AP 16 zu § 87 BetrVG 1972 Altersversorgung = NZA 89, 219; § 87 I Nr. 8 BetrVG). Bei GruppenUKassen haben die BR der einzelnen Trägerunternehmen mitzubestimmen (AP 13 zu § 87 BetrVG 1972 Altersversorgung NZA 86, 357, 574, v. 9. 5. 89 – 3 AZR 439/88 – NZA 89, 889). Die Aufgaben richten sich nach dem Leistungsplan. Diese sind idR die Auszahlung einmaliger o. lfder Unterstützungen im Rahmen der vorhandenen Mittel an AN, ehemalige AN o. deren Hinterbliebene bei Bedürftigkeit, Not o. besonderen Anlässen. Die Einrichtungen sind steuerbegünstigt (vgl. Schaub u. a., Altersvorsorge, 3. Aufl.). Es sind drei Rechtsbeziehungen zu unterscheiden: Grundlage der Leistungen durch eine BU ist das Arbeitsverhältnis zwischen AG und AN. Hat der AG Leistungen durch eine BU zugesagt, so kann sich der AN grundsätzlich nur an die BU halten (AP 127 zu § 242 BGB Ruhegehalt). Der AG hat selbst für deren Leistungen einzustehen, wenn sie die Voraussetzungen nach dem Leistungsplan leugnet oder sich auf die Vermögenslosigkeit beruft (AP 2, 3, 9 zu § 242 BGB Ruhegehalt-Unterstützungskasse; AP 2 zu § 242 BGB Ruhegehalt-VBL). Im Verhältnis AN/Unterstützungskasse ist anders als bei den der Versicherungsaufsicht unterliegenden → Pensionskassen der Rechtsanspruch ausgeschlossen. Nach der Rspr. des BAG berechtigt der in Satzungen u. Leistungsplänen von BU enthaltene Ausschluß u. der Vorbehalt der Freiwilligkeit den AG nicht, die Gegenleistung für die erbrachte Betriebstreue grundlos zu verweigern o. zu kürzen. Diese Klauseln begründen nur ein sachlich gebundenes Widerrufsrecht (AP 6, 7, 9 zu § 242 BGB Ruhegehalt-Unterstützungskassen; AP 4 zu § 1 BetrAVG Unterstützungskasse = DB 86, 228 = NZA 86, 57). Eine BU darf ihre Leistungen nicht deshalb kürzen, weil sie von einem Träger der Sozialhilfe für aufgebrachte Pflegeleistungen beansprucht wird (AP 11). In diese Rspr. hat das BVerfG (BB 84, 341) eingegriffen, wenn der AG in wirtschaftliche Schwierigkeiten gerät. Es hat ausgeführt, daß ein unverhältnismäßiger Eingriff in die Vertragsfreiheit vorliegt, wenn ein Widerruf richterrechtl. unverfallbarer Versorgungsanwartschaften nur unter den strengen Voraussetzungen des BetrAVG möglich ist. Das BAG hat darauf unterschieden: (1) Versorgungsleistungen, die durch eine BU erbracht werden, können aus einem triftigen Grund gekürzt werden, wenn der begünstigte AN schon vor Inkrafttreten des BetrAVG mit einer unverfallbaren Versorgungsanwartschaft aus den Diensten des AG geschieden ist (AP 3 zu § 1 BetrAVG Unterstützungskasse = DB 84, 2461); (2) ist dagegen der AN erst nach dem Inkrafttreten des BetrAVG bei seinem AG ausgeschieden, so ist der bereits nach § 2 BetrAVG erdiente Teil nicht widerrufbar. Dagegen sind geldabhängige Zuwächse bei dynamisierten Versorgungszusagen nur aus triftigem Grund widerrufbar. Sie sind jedoch nicht insolvenzgeschützt. Eingriffe in die von der Dienstzeit abhängigen Steigerungsraten können aus weniger gewichtigen Gründen widerrufen werden (AP 4 zu § 1 BetrAVG Unterstützungskasse = DB 86, 228 = NZA 86, 57; AP 15 zu § 7 BetrAVG Widerruf = NZA 89, 682; v. 18. 4. 89 – 3 AZR 299/87 = NZA 89, 845; v. 9. 5. 89 – 1 AZR 348/88 – DB 89, 2618). Regelmäßig kein sachlicher Grund sind die Einführung der Unverfallbarkeit o. Änderungen der Sozialversicherungsrente; gegeben ist er dagegen wegen der Einführung einer vorgezogenen Altersgrenze u. des gesetzlichen Insolvenzschutzes (AP 8 zu § 1 BetrAVG Unterstützungskasse = DB 86, 1526 = NZA 86, 357, 746). Die Aufnahme der Versorgung durch die BUK kann grundsätzl. davon abhängig gemacht werden, daß das Arbeitsverhältnis 10 Jahre zum Trägerunternehmen bestanden hat (AP 5 zu § 242 BGB Ruhegehalt – Unterstützungskassen). Die BUK hat keinen Rechtsanspruch auf Zuwendungen gegen den AG. Sie darf ihre Leistungen an die AN aber nicht kürzen, bevor sie nicht auf den AG eingewirkt hat, für ausreichende Dotierung zu sorgen (AP 6 zu § 242 BGB Ruhegehalt – Unterstützungskassen). Dieser soll auch für Kosten aus verlorenen Prozessen der BU einstehen *(BB 83, 1923)*. Im Falle der → Betriebsnachfolge geht die BUK nicht automatisch auf den Betriebsnachfolger über. Jedoch kann sie der Erwerber übernehmen (AP 20 zu § 1 Betr AVG Unterstützungskasse = NZA 89, 681). Jedoch kann der Betriebsnachfolger auf die Ruhegeldanwartschaften haftbar werden (AP 12, 15 zu § 613a BGB; Schaub NZA 87, 1; ders. AR-Blattei, Betriebliche Altersversorgung III).

Betriebsurlaub o. Betriebsferien heißt die gleichzeitige Erteilung des Urlaubs an einen Teil o. die gesamte Belegschaft. Die Erteilung des BU steht im Ermessen des AG; indes hat er auch dabei die Interessen der AN zu berücksichtigen. Besteht ein → Betriebsrat, so ist die Einführung von BU nach § 87 I Nr. 5 BetrVG mitbestimmungspflichtig (→ Betriebsratsaufgaben). Unzulässig ist die Erteilung von BU im Vorgriff auf das kommende Jahr (AP 3 zu § 9 BUrlG; AP 3 zu § 1 BUrlG); bedenklich schlechthin zur Winterzeit o. immer außerhalb der Saison. Haben AN zu Beginn des BU noch keinen vollen U-Anspruch, so muß ihnen zur Vermeidung des → Annahmeverzuges die Möglichkeit gegeben werden zu arbeiten o. es muß bereits → Urlaub erteilt werden. Unzulässig ist während des BU teilweise Url. zu erteilen, wenn dadurch gegen das Gebot der einheitl. Url.-Gewährung (§ 7 BUrlG) verstoßen wird; indes kann bei noch nicht erfülltem U.-Anspruch die Lohnzahlung während des BU abbedungen werden (AP 2 zu § 7 BUrlG Betriebsferien), sofern die Interessen hinreichend gegeneinander abgewogen sind (AP 3 zu § 7 BUrlG Betriebsferien). Ist der AN während des BU krank o. unterliegt er etwa den Schutzfristen nach dem MSchG, hat er Anspruch auf U-Erteilung zu anderer Zeit. Gelegentlich wird die Auffassung vertreten, im Wege der → Betriebsvereinbarung könne die Arbeitspflicht beseitigt werden u. für AN, die keinen U-Anspruch haben, damit eine unentgeltliche Beurlaubung erfolgen. Da der Betriebsrat aber nur ein Mitbestimmungsrecht bei der Festlegung des U-Zeitpunktes hat, fehlt es für diese Ansicht an einer Rechtsgrundlage.

Betriebsvereinbarung. Die B. gehört zu den → betrieblichen Einigungen. Sie ist privatrechtliche, → kollektivrechtliche Vereinbarung auf betriebl. Ebene, durch die AG u. → Betriebsrat (→ Gesamt- → Konzernbetriebsrat) die betriebl. Arbeitsbedingungen bzw. diejenigen des → Unternehmens (Konzerns) im Rahmen der funktionellen Zuständigkeit des BR (GBR, KZBR) gestalten; sie enthält, wie der → Tarifvertrag, einen *schuldrechtlichen Teil,* durch den die Rechtsbeziehungen zwischen AG u. BR geregelt werden, u. einen *normativen Teil,* also Rechtsnormen, die den Inhalt der betriebl. Arbeitsverhältnisse ordnen. Sie setzt voraus: eine sich nach bürgerl. Recht beurteilende wirksame Vereinbarung (jedoch keine Rückwirkung der → Anfechtung; AP 1 zu § 615 BGB Kurzarbeit) zwischen AG u. BR bzw. GBR, KZBR, wobei sich der AG durch seine Vertreter u. der BR nur bei Unterzeichnung durch seinen Vorsitzenden (AP 1 a. a. O.) vertreten lassen kann, ihre schriftl. Niederlegung (§ 77 II BetrVG), anderenfalls kann es äußerstenfalls zur → Betriebsübung kommen (v. 23. 8. 89 – 5 AZR 391/88 – DB 90, 184) u. einen zulässigen Inhalt. Indes bewirkt die Erfüllung einer nichtigen BV nicht ohne weiteres eine betriebliche Übung (AP 2 zu § 77 BetrVG 1972). Die Einhaltung der Schriftform ist nicht notwendig, wenn die BV auf einem schriftlich abgefaßten Spruch der → Einigungsstelle beruht. Nach ihrem Inhalt zulässig ist die BV über alle Fragen der

erzwingbaren Mitbestimmung o. der freiwilligen betriebl. Regelung
(→ Betriebsratsaufgaben), soweit nicht im Einzelfall eine gesetzl. o.
tarifl. Regelung vorgeht (Strasser RdA 89, 258). Eine unter Überschreitung der funktionellen Zuständigkeit des BR abgeschlossene
BV ist unwirksam. Der AG kann in der BV auf ihm individualvertraglich zustehende Rechte verzichten (→ Abrufarbeit: AP 2 zu § 77
BetrVG 1972 Auslegung = NZA 88, 253; Überwachung des Alko-
holverbots: AP 24 zu § 77 BetrVG 1972 = NZA 88, 255). BV sind
wie Gesetze auszulegen (AP 1 zu § 77 BetrVG 1972). Sie unterliegen
der gerichtl. Billigkeitskontrolle (AP 17 zu § 77 BetrVG 1972 =
NZA 87, 168). Die BV soll vom AG im Betr. ausgelegt werden
(§ 77 II BetrVG; Ordnungsvorschrift). Von ihren Wirkungen werden alle AN des Betr. u. die später eingestellten erfaßt; dazu gehören
auch die Leiharbeiter (→ Leiharbeitsverhältnis), soweit ihre Arbeitsbedingungen durch den entleihenden AG bestimmt werden. Nicht
erfaßt werden leitende → Angestellte (§ 5 II, III BetrVG; → Betriebsverfassung), Ausgeschiedene (also keine Stundungsvereinbarung der
Vergütungsansprüche im Insolvenzfall) sowie Ruheständler (AP 1 zu
§ 57 BetrVG, AP 46, 47, 142 zu § 242 BGB Ruhegehalt; AP 1 zu § 1
BetrAVG Betriebsvereinbarung = NZA 89, 522). Räumlich erfaßt
die BV alle Arbeitsverhältnisse des Betr., für den AG u. BR zuständig sind. Der zeitliche Geltungsbereich hängt von der Vereinbarung
zwischen AG u. BR ab; sie kann befristet abgeschlossen, aber auch
durch Aufhebungsvertr. o. Kündigung beseitigt werden. Soweit
nichts anderes vereinbart ist, können sie mit einer Frist von 3 Monaten gekündigt werden (§ 77 V BetrVG). Man unterscheidet *erzwingbare* u. *freiwillige* BV; von erzwingbaren spricht man dann, wenn der
BR bei Weigerung des AG die →Einigungsstelle anrufen kann u.
deren Spruch die BV ersetzt. Freiw. sind die übrigen. Gegenüber
Gesetz u. Tarifvertrag ist die BV die schwächere Rechtsquelle. Sie
kann vom Gesetz nur abweichen, wenn dies nachgiebiges (dispositives) Recht enthält; vom Tarifvertrag, wenn sie günstiger ist. → Arbeitsvergütungen u. Arbeitsbedingungen dürfen auch dann nicht
durch sie geregelt werden, wenn ein Tarifvertrag üblich ist, es sei
denn, daß dieser ausdrücklich eine Regelung zuläßt (§ 77 III BetrVG;
vgl. AP 33 zu § 1 TVG Tarifverträge: Metallindustrie = DB 86, 595).
Im Bereich der erzwingbaren sozialen Mitbestimmung kann der BR
ein Mitbestimmungsrecht nicht durchsetzen, wenn eine gesetzliche o.
tarifliche Regelung besteht (§ 87 BetrVG); dagegen lebt das Mitbestimmungsrecht dann wieder auf, wenn der → Tarifvertrag nur kraft
Nachwirkung gilt o. außer Kraft getreten ist. Für die erzwingbare
soziale Mitbestimmung gilt die Regelungsschranke des § 77 III
BetrVG nicht (AP 21 zu § 77 BetrVG 1972 = NZA 87, 639; AP 6 zu
§ 87 BetrVG 1972 Auszahlung = DB 88, 813). Die BV erfaßt die

einzelnen Arbeitsverhältnisse wie ein Gesetz; ihre Vorschriften gelten unmittelbar u. zwingend (→ Tarifvertrag). Sie gestalten es daher ohne Rücksicht auf den Willen der Vertragsparteien u. sind zum Nachteil der AN nicht abdingbar. Dagegen kann einzelvertraglich eine günstigere Regelung getroffen werden. Eine spätere BV löst eine frühere ab, auch wenn sie für den AN ungünstiger ist. Insoweit unterliegt sie der Billigkeitskontrolle (AP 9 zu § 1 BetrAVG Ablösung = NZA 87, 855; v. 22. 5. 1990 – 3 AZR 128/89 –). Eine BV kann dagegen nicht durch eine → Regelungsabrede ersetzt werden (AP 14 zu § 77 BetrVG 1972 = NZA 86, 401). Eine spätere BV vermag auch eine Gesamtzusage, arbeitsvertragliche Einheitsregelung o. → Betriebsübung abzulösen. Jedoch ist zu unterscheiden: *(1)* Umstrukturierende BV, die den Dotierungsrahmen des AG unverändert lassen, sondern lediglich die Mittel anders verteilen wollen, sind wirksam, wenn sie Recht und Billigkeit entsprechen (kollektiver Günstigkeitsvergleich). Das BAG nimmt an, daß die AN jederzeit mit kollektiven Änderungen rechnen müssen. *(2)* Ablösende, ungünstigere BV unter Kürzung des Dotierungsrahmens sind nur wirksam, wenn der AG wegen eines Widerrufsvorbehaltes o. wegen Wegfalls der Geschäftsgrundlage die Kürzung o. Streichung der Sozialleistungen verlangen kann (AP 17 zu § 77 BetrVG 1972 = NZA 87, 168; Däubler ArbuR 87, 349; Hanau RdA 89, 207; Herrmann ZfA 89, 577; Joost RdA 89, 7; Leinemann BB 89, 1905; Richardi NZA 90, 331; Schumann DB 88, 2510).

Keine Änderung ist bei einzelvertraglichen Ansprüchen möglich (v. 21. 9. 89 – 1 AZR 454/88 – NZA 90, 351). Werden den AN durch die BV Rechte eingeräumt, so ist ähnlich wie beim → Tarifvertrag ein Verzicht nur mit Zustimmung des → Betriebsrats zulässig. Die → Verwirkung der Rechte ist ausgeschlossen. Die Vereinbarung von → Verfallfristen o. die Abkürzung von → Verjährungsfristen für die Geltendmachung von Rechten ist nur in einer BV o. einem Tarifvertrag zulässig. B. können, soweit nichts anderes vereinbart ist, mit einer Frist von drei Monaten gekündigt werden (§ 77 V BetrVG). Zu betriebsratslosen B: Gaul NZA 86, 628. Eine B., die als Ergänzung zu einem → Tarifvertrag abgeschlossen wird, ist grundsätzlich in ihrer Laufzeit auf die Dauer des Tarifvertrages sowie ggf. dessen Nachwirkungszeitraum begrenzt (AP 7 zu § 77 BetrVG 1972 = DB 84, 1302). Nach Ablauf einer BV gelten ihre Regelungen in Fällen, in denen sie durch einen Spruch der → Einigungsstelle ersetzt werden können, bis sie durch eine andere Abmachung ersetzt werden (§ 77 VI BetrVG; vgl. → Tarifnachwirkung). Die Nachwirkung einer einen Tarifvertrag ergänzenden Betriebsvereinbarung kann ausgeschlossen werden (AP 9 zu § 77 BetrVG 1972 = DB 84, 1477). Keine Nachwirkung besteht bei sog. freiwilligen BV (v. 9. 2. 89 – 8 AZR 310/87 – NZA 89, 765; v. 18. 4. 89 – 3 AZR 688/87 –; v. 26. 4.

90 – 6 AZR 278/88). Dies gilt auch für BV, durch die → Ruhegelder geregelt werden. Jedoch besteht für die aus der BV erwachsenden Besitzstände ein besonderer Bestandsschutz (v. 18. 4. 89 – 3 AZR 688/87 – NZA 90, 67; vgl. Blomeyer DB 90, 173; Schaub BB 90, 289). Eröffnet ein Tarifvertrag den Betriebspartnern die Möglichkeit, durch freiwillige Betriebsvereinbarung statt des tariflichen Systems der Lohnfindung die analytische Arbeitsbewertung einzuführen, so gilt wiederum die tarifliche Regelung, wenn die B. gekündigt u. die Kündigungsfrist abgelaufen ist (AP 5 zu § 77 BetrVG). Streitigkeiten über Bestehen o. Nichtbestehen sowie Durchführung der BV entscheidet das → Arbeitsgericht im → Beschlußverfahren; aufgrund des Anspruches zur Durchführung der BV folgt nicht das Recht des BR, die Erfüllung der Ansprüche der einzelnen AN zu verlangen (v. 17. 10. 89 – 1 ABR 75/88 – DB 90, 486). Auslegung der normativen o. obligator. Bestimmungen erfolgt mit Wirkung für das einzelne Rechtsverhältnis im Urteilsverfahren. Handelt es sich dagegen um den Abschluß einer erzwingbaren BV, liegt eine vor der → Einigungsstelle auszutragende Regelungsstreitigkeit vor.

Betriebsverfassung. I. Das BetrVG v. 15. 1. 1972 (BGBl. I 13) zul. geänd. 18. 12. 1989 (BGBl. I 2261, 2381) u. die zu seiner Durchführung ergangenen VOen regeln die B.; das sind die Normen, nach denen sich im Betrieb das Zusammenwirken von AG u. AN, diese vertreten durch ihre Organe, vollzieht. Es gilt räumlich im ganzen Bundesgebiet u. im Land Berlin (§ 131), auch wenn es sich um Konzerntöchter ausl. Unternehmen o. Stationierungsstreitkräfte handelt (DB 78, 451; AP 1 zu Art. 72 ZA-Nato-Truppenstatut) oder ein Schiff bereedert wird, das nach dem FlaggRG die Deutsche Bundesflagge führt (NJW 79, 1791). Nach dem Staatsvertrag gilt es auch in der → DDR. Es gilt nicht für selbständige Auslandsbetriebe o. für AN, die für eine Auslandstätigkeit eingestellt sind (AP 17 zu Internat. Privatrecht, Arbeitsrecht). Das BetrVG kann auch für unselbständige Auslandsbaustellen gelten. Alle landesrechtl. Vorschriften waren bereits durch das BetrVG 52 außer Kraft getreten. Betriebl. werden alle Betr. der *Privatwirtschaft* erfaßt. Besonderheiten gelten für Betriebe der Seeschiffahrt (§§ 114–116 BetrVG) u. der Luftfahrt (§ 117 BetrVG; AP 1 zu § 117 BetrVG 1972, AP 4 zu § 117 BetrVG 1972; Grabherr NZA 88, 532). Von seiner Geltung ausgenommen sind Religionsgemeinschaften u. ihre karitativen u. diakonischen Einrichtungen unbeschadet ihrer Rechtsform (AP 10 zu § 118 BetrVG 1972). Eingeschränkt ist seine Geltung in → Tendenzunternehmen (§ 118 BetrVG). Persönl. gilt es für alle AN, das sind → Arbeiter u. → Angestellte sowie die zu ihrer → Berufsausbildung Beschäftigten (§ 5; AP 25, 26 zu § 5 BetrVG 1972; AP 38 zu § 118

BetrVG 1972 = NZA 89, 429). AN i. S. des BetrVG sind nicht die
Organvertreter einer jur. Person; die Gesellschafter einer Personen-
gesellschaft, soweit sie durch Gesetz, Satzung o. Gesellschaftsvertrag
zur Vertretung der Personengesamtheit o. zur Geschäftsführung berufen sind; die leitenden → Angestellten; Personen, deren Beschäftigung nicht in erster Linie ihrem Erwerb dient, sondern vorwiegend
durch Beweggründe caritativer o. religiöser Art bestimmt ist (z. B.
Nonnen); Personen, deren Beschäftigung nicht in erster Linie dem
Erwerb dient u. die vorwiegend zu ihrer Heilung, Wiedereingewöh-
nung, sittl. Besserung o. Erziehung beschäftigt werden (z. B. Strafgefangene; vgl. v. 25. 10. 89 – 7 ABR 1/88 –); Verwandte u. Ver-
schwägerte 1. Grades, die in häusl. Gemeinschaft mit dem AG leben
(§ 5).

II. Betriebsverfassungsrechtl. Organe sind: → Betriebsversammlung, → Betriebsrat, → Betriebsratsausschüsse, → Gesamtbetriebsrat, → Konzernbetriebsrat, → Betriebsräteversammlung, → Jugend-
u. Auszubildendenvertretung, → Gesamt- u. Konzernjugend- u.
Auszubildendenvertretung, → Einigungsstelle.

III. Die organisatorischen Vorschriften der Betriebsverfassung
sind grundsätzlich zwingend. Das BetrVG räumt den Tarifpartnern
jedoch das Recht ein, unter bestimmten Voraussetzungen u. in be-
stimmtem Umfang von der im Gesetz vorgesehenen Organisation
abzuweichen. Um sicherzustellen, daß abweichende Regelungen
nicht dem Grundgedanken der gesetzl. Betriebsverfassung widersprechen, ist ihre Wirksamkeit an die Zustimmung staatl. Stellen
geknüpft (LAM o. BAM je nach Geltungsbereich des Tarifes). Das
Gesetz gibt die Möglichkeit abweichender Regelung a) zur Schaffung
zusätzlicher betriebsverfassungsrechtl. Vertretungen (z. B. Arbeits-
gruppensprecher als Unterbau des → Betriebsrats), b) wegen der
Eigenart des Betriebs (z. B. Baustellendelegierte), c) bei der Zuordnung von Betriebsteilen u. Nebenbetrieben. Die Rechte des BR können durch → Tarifvertrag erweitert werden (→ Betriebsratsaufgaben). Lit.: Buchner Beil. 1 zu NZA 89; Dreier PersF 89, 150; Engels/
Natter Beil. 8 zu BB 89; Röder Beil. 4 zu NZA 89.

Betriebsverfassungsverletzung durch AG → Betriebsratsausschluß.

Betriebsversammlung. Die B. besteht aus sämtlichen AN einschließlich der Außendienst-AN des Betr. Sie wird vom Vorsitzenden des → Betriebsrats geleitet, dem auch das Hausrecht zusteht. Sie
ist nicht öffentlich (§ 42 BetrVG). Sie wird auch nicht dadurch öffentlich, wenn einem betriebsfremden Referenten gestattet wird,
über ein sozialpolitisches Thema zu referieren (AP 1 zu § 42 BetrVG

Betriebsversammlung

1972) oder ein betriebsfremdes Gesamtbetriebsratsmitglied teilnimmt (AP 2 zu § 42 BetrVG 1972). Kann wegen der Eigenart des
Betr. keine Vollversammlung stattfinden, so sind Teilversammlungen durchzuführen. AN organisatorisch o. räuml. abgegrenzter Betriebsteile sind vom Betriebsrat zu Abteilungsversammlungen zu-
sammenzufassen, wenn dies für die Erörterung der besonderen Belange der AN erforderlich ist. Betriebs-, Teil- u. Abteilungsversammlungen können für vorübergehend ins Ausland entsandte AN
nicht im Ausland abgehalten werden (AP 3 zu § 42 BetrVG). Der BR
hat die *ordentl. BV* in jedem Kalenderviertelj. einzuberufen *(DB 89,
2284)*. Dies kann während eines → Arbeitskampfes geschehen (AP 6
zu § 44 BetrVG 1972 = NZA 87, 714). U. U. sind die B. als Abteilungsversammlungen durchzuführen. Der AG ist hierzu unter Mitteilung der Tagesordnung zu laden. Er kann sich vertreten lassen. Er
kann auch hier das Wort ergreifen u. einen Vertreter seines → AG-
Verbandes hinzuziehen (§ 46 BetrVG), dem auf Verlangen des AG
an seiner Stelle das Wort zu erteilen ist (AP 3 zu § 43 BetrVG 1972).
Zur Hinzuziehung von → Rechtsanwälten: Bauer NJW 88, 1130.
Mindestens einmal in jedem Kalenderjahr hat der AG über das Perso-
nal- u. Sozialwesen des Betriebes u. über die wirtschaftl. Lage u.
Entwicklung des Betriebes zu berichten (§ 43 II BetrVG). In den
Versammlungen hat der BR einen Tätigkeitsbericht zu erstatten
(§ 43 I). *Die außerordentl. BV* kann vom BR einberufen werden. Sie
ist ferner auf Wunsch des AG o. mind. ¼ der wahlberechtigten AN
einzuberufen (§ 43 III). Von der auf Wunsch des AG stattfindenden
BV ist dieser rechtzeitig zu benachrichtigen (§ 43 III). Der AG kann
auch an ihr teilnehmen u. seine Verbandsvertreter hinzuziehen
(§ 46). Unabhängig von der BV kann der AG aber auch Mitarbeiter-
versammlungen durchführen; hierdurch dürfen jedoch die BV nicht
unterlaufen werden (AP 5 zu § 42 BetrVG 1972 = NZA 90, 113).
Die ordentl. o. auf Wunsch des AG stattfindende ao. BV findet unter
Fortzahlung der → Arbeitsvergütung während der → Arbeitszeit
statt (§ 44 I 2). Außerhalb der Arbeitszeit ist sie nur dann anzusetzen,
soweit die Eigenart des Betriebes eine solche Regelung zwingend
erfordert. Unter der Eigenart ist vor allem die organisatorisch technische Besonderheit des konkreten Einzelbetriebes zu verstehen (AP
3 zu § 44 BetrVG 1972). Außer Betracht bleiben wirtschaftliche Zu-
mutbarkeitserwägungen. Gleichwohl hat der BR bei der Festsetzung
auf die Interessen des AG Rücksicht zu nehmen. In Mehrschichtbe-
trieben wird die BV vor allem in der Mittagszeit stattfinden. In
Betrieben mit vielen Teilzeitbeschäftigten während der Teilzeit; widerspricht der AG einer Verlegung außerhalb der Teilzeit, kann dies
bis zum Verlust der Vergütungsansprüche führen (AP 7 zu § 44
BetrVG 1972 = DB 88, 810). Die Vergütungsfortzahlung ist unab-

hängig davon, ob den AN ein Vergütungsausfall entsteht. § 44 I 1, 2 BetrVG enthält für die Teilnahme an BV eine eigene Anspruchsgrundlage (AP 4 = NZA 87, 853). Ihre Höhe richtet sich nach dem → Lohnausfallprinzip; Leistungslöhner erhalten den Akkorddurchschnittsverdienst; vermögenswirksame Leistungen sind weiterzuzahlen. Nach bedenklicher Ansicht sollen auch Auslösungen, Schmutzzulagen, die sich nach der tatsächlichen Arbeitsleistung richten, fortzuzahlen sein *(BB 79, 784)*. Dauert die BV über die ordentliche Arbeitszeit, besteht grundsätzlich kein Vergütungsanspruch. Finden die BV außerhalb der → Arbeitszeit statt, so hat der AG den teilnehmenden AN die Zeit einschließlich der erforderlichen Wegezeit (allerdings ohne Über- u. Mehrarbeits- sowie Sonntagszuschläge (AP 1, 2) zu vergüten u. die Fahrtkosten zu erstatten. Da § 44 I 1, 2 BetrVG eine eigenständige Vergütungsregelung für die Teilnahme an der BV enthält, hat ein AN auch Anspruch, wenn er während des Urlaubs (AP 5 = NZA 87, 712), des Arbeitskampfes (AP 4 = NZA 87, 853; AP 6 = NZA 87, 714) o. des Erziehungsurlaubes (v. 31. 5. 89 – 7 AZR 574/88 – DB 90, 793) an einer BV teilnimmt. Die übrigen ao. BV finden außerhalb der Arbeitszeit statt. Hiervon kann nur im Einvernehmen mit dem AG abgewichen werden. Eine Minderung des Arbeitsentgelts ist aber dann unzulässig (§ 44 II BetrVG). Die BV kann dem BR Anträge unterbreiten u. zu seinen Beschlüssen Stellung nehmen (§ 45); sie hat diesem gegenüber jedoch kein Weisungsrecht. Der Themenkreis der Vers. ist wesentlich erweitert. Es können sämtl. Angelegenheiten einschließlich tarifpolitischer, sozialpolitischer u. wirtschaftlicher Art behandelt werden, die den Betrieb o. seine AN unmittelbar betreffen (AP 1 zu § 44 BetrVG; *Grundsatz der Betriebsbezogenheit*). Sozialpolitische Fragen dürfen auch dann auf einer BV behandelt werden, wenn sie nicht ausschließlich den Betrieb, sondern eine ganze Branche oder größeren Wirtschaftszweig betreffen (AP 2 zu § 45 BetrVG). U. U. können hierzu auch Spitzenpolitiker Stellung nehmen, soweit es nicht Teil des politischen Wahlkampfes ist (AP 1 zu § 42 BetrVG 1972). In der BV haben die AN das Recht, sich kritisch zu Betriebsmißständen zu äußern (AP 4 zu § 1 KSchG Verhaltensbedingte Kündigung). Das Themenrecht ist insoweit eingeschränkt, daß nicht zu betriebl. → Arbeitskämpfen (AP 51 zu Art. 9 GG Arbeitskampf) aufgefordert o. der betriebl. Arbeitsablauf o. der Frieden des Betriebes beeinträchtigt wird (§ 74 II BetrVG). Die Behandlung allgem. politischer Fragen ist unzulässig. Die Abgrenzung ist im Einzelfall schwierig. Das BetrVG geht von dem guten Willen aller Beteiligten aus. Es ist Pflicht der die Versammlung leitenden BR-Mitglieder, für die Beachtung dieser Grundsätze zu sorgen (AP 1 zu § 44). Handeln sie dieser Verpflichtung zuwider u. entsteht daraus eine Gefährdung des Betr.-Friedens,

Beurteilungsgrundsätze

kann durch Beschluß des → Arbeitsgerichtes ein → Betriebsratsausschluß erfolgen (AP 1 zu § 44). Werden unzulässige Fragen behandelt, kann der AG den Lohn für den entspr. Zeitraum kürzen (umstr.). Die Aufzeichnung von Äußerungen in BV mittels Tonaufnahmegeräten verstößt gegen den Grundsatz der vertrauensvollen Zusammenarbeit. Wird der Verlauf der BV auf Tonband aufgezeichnet, so ist der Versammlungsleiter verpflichtet, die Teilnehmer hierauf ausdrücklich hinzuweisen. Ein Protokoll darf indes auch der AG führen *(DB 79, 316)*. An allen BV u. Abteilungsversammlungen können Beauftragte der im Betr. vertretenen → Gewerkschaften teilnehmen (§ 46). Ihnen ist die Tagesordnung u. der Zeitpunkt rechtzeitig mitzuteilen (§ 46 II BetrVG). Der AG kann die Teilnahme nicht unter Berufung auf sein Hausrecht verbieten (AP 1 zu § 45). Er kann die Teilnahme eines bestimmten Gewerksch.-Vertreters nur dann untersagen, wenn durch die Entsendung gerade dieses Vertreters Störungen im Bereiche des Betr. ernstlich zu befürchten sind (AP 2 zu § 45).

Beurteilungsgrundsätze sind Regelungen, die die Bewertung des Verhaltens o. der Leistung der AN verobjektivieren u. nach einheitlichen, für die Beurteilung erheblichen Kriterien ausrichten sollen. Mit ihnen soll ein einheitliches Vorgehen bei der Beurteilung u. ein Bewerten nach einheitlichen Maßstäben ermöglicht u. so erreicht werden, daß die Beurteilungsergebnisse miteinander vergleichbar sind (AP 8 zu § 87 BetrVG 1972 Ordnung des Betriebes = NJW 85, 1045). Sie sind zu unterscheiden von Funktionsbeschreibungen, mit denen für Gruppen von Stelleninhabern mit vergleichbaren Tätigkeiten deren Funktionen festgelegt u. nur in deren Tätigkeiten beschrieben werden (AP 21 zu § 87 BetrVG 1972 Lohngestaltung = NZA 86, 531). BU bedürfen der Zustimmung des → BR (94 I BetrVG 1972).

Bewährungsaufstieg heißt die Einreihung der Angestellten des → öffentl. Dienstes in eine höhere Vergütungsgruppe, wenn diese in der bisherigen Vergütungsgruppe eine bestimmte Zeit (Bewährungsfrist) zurückgelegt haben. Zeiten, in denen das Arbeitsverhältnis ruht, werden nicht mitgezählt (AP 10 zu § 50 BAT). Dasselbe gilt für Beamtendienstzeiten (AP 13 zu § 23a BAT), Vertretungszeiten (AP 8 zu § 21 MTB II) o. Krankheitszeiten, wenn der AN nach der Erkrankung die Tätigkeit nicht mehr ausüben kann (AP 1 zu § 20 BMT – G). Beim Fallgruppenbewährungsaufstieg wird in keinem Fall auf die Bewährungszeit die vorübergehend nach § 24 BAT ausgeübte Tätigkeit mitgerechnet (AP 6 zu § 24 BAT; auch AP 63 zu §§ 22, 23 BAT 1975). Sind die → Tarifverträge des öffentlichen Dienstes nach ihrem → Geltungsbereich nicht anzuwenden, können sie auch wegen des Bewährungsaufstiegs einzelvertraglich in Bezug genommen werden (AP 5 zu § 3 BAT).

Bildschirmarbeitsplätze → Betriebsratsaufgaben V 2.

Bildungsurlaub heißt die Arbeitsfreistellung unter Fortzahlung der Arbeitsvergütung zum Besuch staats- o. berufsfortbildender Veranstaltungen. Die BRD hat das Übereinkommen Nr. 140 der IAO vom 24. 6. 1974 ratifiziert, wonach alle Mitgliedstaaten zur Normierung des B. verpflichtet sind (BGBl. II 1526). Ein allgemeiner Anspruch auf BU besteht in Berlin (G v. 16. 7. 1970 GVBl. 1440 i. d. Änd. v. 31. 1. 1975 (GVBl. 656) u. v. 17. 12. 1976 (GVBl. 2820); Bremen (G v. 18. 12. 1974 (GBl. 348); zul. geänd. 21. 5. 1985 (GBl. 97) dazu VO über Anerkennung von Bildungsveranstaltungen v. 25. 3. 1975 (Brem GBl. 175) zul. geänd. 4. 6. 1984 (GBl. 173, 178); Hamburg (G v. 21. 1. 1974, GVBl. 6); Hessen (G v. 16. 10. 1984 GVBl. I 261) dazu AP 1 zu § 8 BildungsurlaubsG Hessen; Niedersachsen (G i. d. F. v. 7. 1. 1985 GVBl. 1); NRW v. 6. 11. 1984 (GV. NW. 678); die Verfassungsmäßigkeit ist inzwischen bejaht: BVerfG DB 88, 709; vgl. v. 23. 2. 89 – 8 AZR 185/86; 8 AZR 133/87 – NZA 89, 751, 753; v. 3. 8. 89 – 8 AZR 249/87 – DB 90, 227; 8 AZR 335/87 – DB 90, 229). Lit.: Klevemann BB 89, 209; Friauf Beil. 2 zu DB 89). Im allgem. besteht ein Anspruch von 2 Wochen. Ein bundeseinheitl. BildUrlG ist noch nicht erlassen (vgl. dazu Begr. des Entw. eines Gesetzes zu dem Abkommen der IAO Nr. 140 v. 24. 6. 1974 (BT-Drucks. 7/4566). Der → BR hat bei der Festlegung des BU ein Mitbestimmungsrecht (§ 87 I Nr. 5 BetrVG).

Boykott liegt vor, wenn ein Boykottierer einen bestimmten Personenkreis, die Boykottanten, auffordert, die Beziehungen zu einem Dritten ganz o. teilweise abzubrechen. Nur dann kann von einem → Arbeitskampf die Rede sein, wenn sich die sozialen Gegenspieler als Kampfparteien gegenüberstehen. Während → Streik u. → Aussperrung bestehende Arbeitsverhältnisse der Kämpfenden zum Ruhen o. zur Auflösung bringen sollen, soll der B. den Abschluß von ArbVerträgen verhindern o. die Auflösung von ArbVerträgen mit Nichtkämpfenden erreichen. Ein Transparent mit der Aufschrift „Dieser Betrieb wird bestreikt" ist als Aufforderung an Dritte, hier nicht in Arbeit zu treten, u. damit als B.-Aufforderung zu verstehen. Der Streikposten kann gleichzeitig B.-Posten sein, wenn er Dritte zum Nichtabschluß eines ArbVertrages auffordert (aber AP 34 zu Art. 9 GG Arbeitskampf). Der B. ist im ArbKampf grundsätzl. erlaubt (AP 6 zu § 1 TVG Form); er ist aber unzulässig, wenn Zweck u. Mittel gegen das Gesetz o. gegen die → guten Sitten verstoßen o. wenn die ultima-ratio-Regel verletzt wird. Er ist widerrechtl., wenn durch ihn das Recht am eingerichteten u. ausgeübten Gewerbebetrieb verletzt wird (RAG ARS 2, 222).

Bruttolohn. Die vom AG geschuldete → Arbeitsvergütung, ist
i. d. R. B., sofern nicht ausdrücklich etwas anderes vereinbart ist.
Einigen sich die Parteien lediglich auf einen bestimmten Betrag, so
kann der AG hiervon die → Lohnsteuern u. Soziallasten abziehen.
Der AG ist öffentlich-rechtlich verpflichtet, die nach den Vorschriften des Steuer- u. Sozialversicherungsrechtes vom AN geschuldeten
Beiträge an die zuständigen Stellen abzuführen (AP 15, 19 zu § 670
BGB). Der AN kann im Prozeß auf Bruttobeträge klagen; nach
anderer Meinung muß er sogar auf Bruttobeträge klagen, da die
steuerrechtlichen Verhältnisse bei Auszahlung unbekannt sind. Ohne
Vereinbarung einer Nettoentlohnung können die Gerichte nicht darüber entscheiden, ob bestimmte Vergütungsbestandteile steuerpflichtig sind (AP 14 zu § 1 TVG Tarifverträge: Bau). Bruttolohnur-
teile sind vollstreckbar, u. zwar wird der Bruttobetrag beigetrieben.
Legt der AG Quittungen vor, daß er die öffentl. Abzüge vorgenommen hat, wird insoweit die Vollstreckung nach § 775 ZPO eingestellt (BGH AP 13 zu § 611 BGB Lohnanspruch.).

Bundesarbeitsgericht. Das BAG ist ausschließlich drittinstanzli-
ches Gericht der → Arbeitsgerichtsbarkeit. Es entscheidet über die
mit der → Revision angefochtenen → Urteile o. mit der im → Beschlußverfahren gegebenen Rechtsbeschwerde gegen Beschlüsse der
LAG. In Ausnahmefällen entscheidet das BAG über sog. Sprungre-
visionen o. Sprungrechtsbeschwerden gegen Urt. u. Beschlüsse der
ArbGerichte (§ 76 ArbGG). Hat das LAG die Revision oder Rechtsbeschwerde nicht zugelassen, kann die → Nichtzulassungsbeschwerde gegeben sein (§§ 72a, 92a ArbGG). Ferner ist das BAG zuständig
für die Bescheidung von sofortigen → Beschwerden, wenn das LAG
die Berufung gegen ein Urt. des ArbG. verworfen und die sofortige
Beschwerde zugelassen hat (Revisionsbeschwerde, § 77 ArbGG). Ist
die Revisionsbeschwerde nicht zugelassen, kann sie nicht durch →
Nichtzulassungsbeschwerde erzwungen werden (AP 1, 2 zu § 77
ArbGG 1979). Eine Beschwerde an das BAG ist gegeben, wenn das
LAG den Einspruch gegen ein → Versäumnisurteil als unzulässig
verworfen hat u. gegen ein entspr. Urteil die Revision zulässig wäre;
entspr. gilt für die weitere Beschwerde (§§ 78 II ArbGG, 568a
ZPO). Beim BAG besteht ein Großer Senat, der aus dem Präsidenten, dem dienstältesten Vorsitzenden Richter, 4 Bundesrichtern u. je
2 ehrenamtl. Richtern aus Kreisen der AN u. AG besteht. Der Gr.
Sen. entscheidet, wenn in einer Rechtsfrage ein Senat von der Entscheidung eines anderen Senats o. des Gr. Sen. abweichen will, oder
wenn ein Senat in einer Frage grundsätzl. Bedeutung die Entscheidung des Gr. Sen. zur Fortbildung des Rechts o. der Sicherung einer
einheitl. Rechtspr. herbeiführt. Die Zuständigkeit endet, wenn eine

Partei Ansprüche anerkennt o. auf sie verzichtet (AP 86b zu § 611 BGB Haftung des Arbeitnehmers = NZA 88, 259).

Bundesinstitut für Berufsbildung → Berufsbildung.

D

Darlehen → Vorschuß.

Datenschutz: I. In der betrieblichen Praxis werden administrative und dispositive Informationssysteme unterschieden. Administrative → Personalinformationssysteme dienen dazu, die rechtlichen und betrieblichen Erfordernisse der Lohn- und Gehaltsabrechnung, der Einstellung und Versetzung von AN sowie ihre Beförderung und → Kündigung zu bewältigen (→ Personalinformationssystem). Dispositive Personalformationssysteme dienen vor allem der Personalplanung, in dem Personal- und Arbeitsplatzprofile geschaffen und miteinander verglichen werden. Der Schutz des AN vor der Personaldatenverarbeitung (PDV) des AG wird gewährleistet *(1)* individualrechtlich durch den → Arbeitsvertrag u. das Deliktsrecht, *(2)* datenschutzrechtlich durch das BDSG, *(3)* verfassungsrechtlich durch das Grundrecht auf informationelle Selbstbestimmung u. *(4)* das Mitbestimmungsrecht des → BR aufgrund des BetrVG. Lit.: Buchner ZfA 88, 449; Heither BB 88, 1049; Riegel ZTR 88, 157.

II. Das Persönlichkeitsrecht ist ein Recht auf Achtung, auf Nichtverletzung der Person in ihren unmittelbaren Äußerungen, ihrer sozialen Geltung u. ihrem ihr unmittelbar zugehörigen Daseinsbereich. Unterlassungsansprüche ergeben sich aus § 1004 BGB entspr., Schadensersatzansprüche aus unerlaubter Handlung (§ 823 BGB) sowie in beiden Fällen aus Vertrag. → Einstellungsfragebogen erfolglos gebliebener Bewerber sind zu vernichten (AP 7 zu § 611 BGB Persönlichkeitsrecht = NJW 84, 2910 = NZA 84, 321).

III. 1. Das BDSG enthält keine Vorschriften für die Datenerhebung. Nach §§ 22ff BDSG ist die Datenverarbeitung nicht öffentlicher Stellen, also auch des AG nur zulässig, wenn ein gesetzlicher Erlaubnistatbestand vorliegt. Datenverarbeitung ist die Speicherung, Übermittlung o. Veränderung personenbezogener Daten. Nach § 23 BDSG ist die Datenverarbeitung nur erlaubt, *(1)* im Rahmen der Zweckbestimmung eines Arbeitsverhältnisses, *(2)* im Rahmen der Zweckbestimmung eines vertragsähnlichen Vertrauensverhältnisses (→ Vorverhandlungen) *(3)* zur Wahrung berechtigter Interessen der speichernden Stelle, sofern keine Anhaltspunkte bestehen, daß schutzwürdige Belange des Betroffenen beeinträchtigt werden (AP 2 zu § 23 BDSG = NJW 87, 2459 = NZA 87, 415); *(4)* Daten aus allgemein zugänglichen Quellen. Brand CR 88, 360; Ehmann RDV 88, 169.

2. Nach § 4 BDSG kann jeder, also auch der betroffene AN Auskunft über die zu seiner Person gespeicherten Daten verlangen, Berichtigung der Daten, wenn sie unrichtig sind, Sperrung, wenn sich weder Richtigkeit noch Unrichtigkeit feststellen lassen und Löschung, wenn die Speicherung unzulässig war. Umstr. ist, in welchem Umfang der AG den Datenschutz gegenüber dem BR gewährleisten muß (Gola DuD 87, 440). Zum Datenschutz im Konzern: Wohlgemuth ArbuR 87, 264.

IV. Nach dem Grundrecht auf informationelle Selbstbestimmung kann grundsätzlich jeder selbst entscheiden, wann u. innerhalb welcher Grenzen persönliche Lebenssachverhalte offenbart werden (BVerfG NJW 84, 419). Es wird im allgemeinen nur den Intimbereich der Persönlichkeit schützen. Lit.: Heußner ArbuR 85, 309; Linnenkohl u. a. BB 88, 57; Teske CR 88, 670; zur EG: Simitis RDV 90, 3.

V. Dem BR können Mitwirkungsrechte erwachsen: *(1)* Der BR ist zu unterrichten (§ 80 I BetrVG; AP 29 zu § 80 BetrVG 1972 = NZA 87, 747) u. mit ihm ist zu beraten die Einführung von Personalinformationssystemen, weil es sich insoweit um technische Anlagen handelt (§ 90 BetrVG); *(2)* der BR hat ein Mitbestimmungsrecht bei der Aufstellung von Personalfragebogen (§ 94 BetrVG). Dies gilt auch, wenn sie in Datenbanken eingegeben werden sollen. *(3)* Der BR hat ein Mitbestimmungsrecht bei Auswahlrichtlinien, insbesondere, wenn sie zur Grundlage von Leistungslöhnen dienen sollen (§ 99 I BetrVG). *(4)* Der BR hat ein Mitbestimmungsrecht nach § 87 I Nr. 6 BetrVG, wenn die Datenverarbeitung zur Überwachung der AN dienen kann. *(5)* Dagegen soll kein Mitbestimmungsrecht bestehen, wenn ein AN zum Datenschutzbeauftragten (§ 28 BDSG) bestellt werden soll. Lit.: Boewer RDV 88, 13; Latendorf CR 88, 662; Linnenkohl RDV 90, 61; BB 90, 992; Ramrath RDV 89, 163; Simitis RDV 89, 49; Steinmüller CR 89, 606; Wellmann PersR 88, 86.

VI. In welchem Umfang der Betriebsrat Personaldaten verarbeiten darf, ist umstr. (Battis/Bleckmann CR 89, 532).

Dauerstellung. Ein → Arbeitsvertrag kann für eine bestimmte Mindestdauer abgeschlossen werden. Gelegentlich wird dem AN im Rahmen der Vertragsverhandlungen eine D. zugesagt. Im Wege der Auslegung ist zu ermitteln, ob nur ein normales, unbefristetes Arbeitsverhältnis eingegangen werden soll o. ob dem AN eine echte D. zugesagt ist. Bei dieser kann sofort der → Kündigungsschutz einsetzen sollen (AP 81 zu § 1 KSchG; AP 1 zu § 1 KSchG 1969) o. die

→ Kündigung durch schlüssiges Verhalten für eine bestimmte Zeit ausgeschlossen sein (AP 3 zu § 66 HGB).

DDR. Rechtsgrundlage für das Arbeitsrecht der DDR ist deren Arbeitsgesetzbuch vom 16. 6. 1977 (GBl DDR I 185) zul. geänd. 22. 6. 1990 (GBl DDR I 371). Übersicht: Nägele Beil. 3 zu BB 90; Neifer-Dichmann DB 90, 581. Für Arbeitsverhältnisse von AN, die auf dem Gebiet der DDR wohnen u. arbeiten, gilt das Arbeitsrecht der DDR, auch wenn es sich um Gemeinschaftsgründungen mit Unternehmen aus der BRD handelt (VO v. 25. 1. 1990 GBl. DDR I 15). Nach Verabschiedung des Staatsvertrages sollen die Normen des → Arbeitskampfes, des → Tarifvertrages, der → Betriebsverfassung, des allgemeinen → Kündigungsschutzes u. das LohnFG gelten. Soweit die DDR-Gesetze sozialer Marktwirtschaft widersprechen, treten sie außer Kraft.

DGB → Gewerkschaft.

Deputat → Arbeitsvergütung.

Dienstordnungen. Die öffentl.-rechtl. Krankenkassen, Berufsgenossenschaften u. Seekassen sind (verfassungsrechtl. unbedenklich, AP 14 zu § 611 BGB DO-Angestellte) berechtigt, für ihre nichtbeamteten Angestellten DOen zu erlassen (§§ 351 ff., 690 ff. 978, 1147 RVO) u. damit obj. u. autonomes Recht zu setzen (AP 11 a. a. O.). Die AN erhalten durch diese DO weitgehend eine beamtenähnl. Rechten- u. Pflichtenstellung zugewiesen, ohne daß sie dadurch öffentl.-rechtl. Bedienstete i. S. des Beamtenrechts werden (AP 7 zu § 2 ArbGG, AP 9 zu § 611 DO-Angestellte; BSG AP 15 zu § 2 ArbGG). Vielmehr bleibt ihr Rechtsverhältnis ein privatrechtl. → Arbeitsvertrag. Ihnen können keine Fahrtkosten eingeräumt werden, wenn entspr. Ansprüche nicht für Beamte bestehen (AP 50 zu § 611 BGB Dienstordnungs-Angestellte); dasselbe gilt für Jubiläumszuwendungen (AP 51). Grundsätzlich können die Arbeitsverhältnisse auch durch → Tarifvertrag geregelt werden. Verweist jedoch die DO auf Beamtenrecht, geht dies etwaigen tariflichen Regelungen vor (AP 49; AP 59 = NZA 85, 90). Dies gilt insbesondere bei Gehaltsaufbesserungen (AP 54). Bei Kapitalabfindungen an geschiedene Ehefrauen erhält der DO-Angestellte keinen erhöhten Ortszuschlag (AP 64 = ZTR 87, 308). DO-Angestellte beim Verband der Krankenkassen haben keinen Anspruch auf eine Verbandszulage (AP 65 = NZA 88, 801). Auf die Verhängung der Dienststrafe „Entlassung" ist § 626 II BGB nicht entspr. anzuwenden (AP 32). Eine aufgrund § 699 RVO erlassene DO, die die disziplinarrechtlichen Folgen von Dienstpflichtverletzungen u. das bei ihrer Festsetzung zu beachtende Verfahren regelt, unterliegt nicht der Mitbestimmung des → Personalrats (AP 53, 61 = RiA 86, 180). Dasselbe gilt, wenn ein noch zur Probe beschäftigter DO-Angestellter, der Mitglied des Personalrats ist, entlassen wird (AP 27 zu § 15 KSchG 1969 = NZA 87, 636). Für Rechtsstreitigkeiten sind die → Arbeitsgerichte zuständig. Lit.: Säkker ZfA 87, 95.

Dienstreise → Auslösung.

Dienstvereinbarung ist das der → Betriebsvereinbarung entspr. Rechtsinstitut im → Personalvertretungsrecht. Sie ist, wie jene → kollektivrechtl. Vereinbarung; die Ausführungen zur BV gelten sinngemäß. Jedoch wird zur DV überwiegend die M. vertreten, daß nicht die Belegschaft vertreten durch den Personalrat, sondern der Personalrat mit dem Dienststellenleiter die DV abschließt. Sie ist nur zulässig, soweit sie das BPersVG selbst ausdrücklich vorsieht (§ 73 BPersVG). Sie ist schriftl. niederzulegen u. vom Personalratsvorsitzenden in Vertretung des PR u. dem Dienststellenleiter zu unterzeichnen u. bekanntzumachen (§ 73 BPersVG). Die Bekanntmachung ist jedoch nicht konstitutiv. Formnichtige DVen können als Verwaltungsanordnungen wirksam sein, da Zustimmung des PR gegeben ist. Vorgesehen sind DVen nur für die in § 75 ff. BPersVG geregelten Fragen. Sie entfalten für das Arbeitsverhältnis unmittelbare u. unabdingbare Wirkung; anders als der BV wird ihnen allgemein Nachwirkung beigelegt (AP 1 zu § 70 LPVG NW). Sie endet mit Ablauf der Frist, für die sie abgeschlossen wurde, Erfüllung ihres Zweckes, Fortfall der Dienststelle, Aufhebung durch die Parteien, Abschluß einer neuen, die anstelle der alten tritt, auch wenn diese für die AN günstiger war, u. durch Kündigung, für die eine Frist nur bei Vereinbarung einzuhalten ist, es sei denn, daß bei vereinbarter Frist ein wichtiger Grund vorliegt. Streit über eine durch DV zu regelnde Angelegenheit wird entweder durch eine Einigung zwischen übergeordneter Dienststelle u. deren PR (§ 69 BPersVG) o. durch die Einigungsstelle des Personalvertretungsrechts u. U. bindend entschieden (§ 69 BPersVG). Rechtsstreitigkeiten über Bestehen o. Nichtbestehen einer DV werden von den Verwaltungsgerichten im Beschlußverfahren entschieden (§ 83 BPersVG).

Dienstverschaffungsvertrag ist ein nur auf die Beschaffung einer Arbeitskraft, i. d. R. gegen Entgelt, gerichteter Vertrag (also nicht wie der Dienst- o. → ArbVertr. auf die Leistung von Arbeiten gegen Entgelt). Eine bloße → Arbeitsvermittlung o. der Abschluß eines Dienstvertr. durch einen Vertreter des Dienstberechtigten erfüllen die Voraussetzungen eines D. nicht. Er kommt vor allem bei der Vermietung eines bemannten Fahrzeuges, beim → Gruppenarbeitsverhältnis u. bei Schwesterngestellungsverträgen vor. Der zur Beschaffung Verpflichtete haftet dem Dienstberechtigten nur für die ordnungsmäßige Vermittlung, für Verschulden bei der Auswahl des zu beschaffenden AN, nicht aber für dessen Verschulden bei der Ausführung der Arbeit (BGH BB 71, 521). Der beschaffte Dienstpflichtige kann in ein unmittelbares Dienst- o. Arbeitsverhältnis zum Dienstberechtigten treten, zumind. wird jedoch bei Leistung abhängiger Arbeiten ein → mittelbares Arbeitsverhältnis begründet.

Differenzierungsklauseln → Tarifausschlußklauseln.

Direktionsrecht wird die Weisungsbefugnis des AG genannt, die ihm die rechtl. Grundlage bietet, die im Rahmen der vertragl. umschriebenen Verwendung des AN konkret noch nicht festgelegten Leistungspflichten nach Art, Ort u. Zeit im einzelnen nach billigem Ermessen zu bestimmen (§ 315 BGB), soweit damit die gesetzl.. o. kollektivrechtl. gezogenen Grenzen der Arbeitspflicht nicht überschritten werden (AP 26 zu § 611 BGB Direktionsrecht). Der AG darf dem AN keine Arbeit zuweisen, die ihn in vermeidbare Gewissenskonflikte bringen (AP 27 = NJW 86, 85; v. 24. 5. 89 – 2 AZR 285/88 – NJW 90, 203; zu Klassenfahrten bei Lehrern: AP 48 zu § 611 BGB Lehrer, Dozenten). In welchem Umfang der Arbeitszeitrahmen geändert werden kann, richtet sich nach den vertraglichen und kollektivrechtlichen Vereinbarungen (AP 11 zu § 4 BAT = NZA 85, 811; AP 4 zu § 9 TVAL II = DB 86, 132; v. 25. 10. 89 – 2 AZR 633/88 –). Es kann nachträgl. eingeschränkt worden sein, wenn sich die vertragl. Leistungspflicht näher auf eine bestimmte Arbeit konkretisiert hat. Dies ist i. d. R. der Fall, wenn der AN eine bestimmte Arbeit längere Zeit verrichtet hat u. besondere Umstände hinzutreten, aus denen sich ergibt, daß er nur noch diese Arbeit verrichten soll (Beförderung zum Vorarbeiter, Spezialausbildung). Das allgem. DR des AG umfaßt nicht die Befugnis zur Versetzung des AN auf einen Arbeitsplatz mit geringerer Entlohnung (AP 2 zu § 611 BGB Direktionsrecht; AP 7 zu § 1 TVG Tarifverträge Bundesbahn = NZA 86, 166) o. erheblich geringere Zulagen, die den Lebensstandard des AN entscheidend prägen (Konow NZA 87, 117). Auch die Übertragung geringwertiger Arbeit kann rechtsmißbräuchlich sein (AP 9 zu § 24 BAT = RiA 86, 12). Sofern keine Konkretisierung eingetreten ist, kann AN i. d. R. auf alle Arbeitsplätze seiner Vergütungsgruppe versetzt werden (AP 24 zu § 611 BGB Direktionsrecht; AP 10 zu § 24 BAT). Allerdings darf dieser nicht wesentl. anders sein (AP 172 zu § 242 BGB Ruhegehalt). Die Deutsche Bundesbahn soll berechtigt sein, ihre Fahrer auch auf Linien einer privaten Verkehrsgesellschaft einzusetzen (AP 2 zu § 613 BGB). Die vertragliche Erweiterung des DR unterliegt Rechtsbedenken, da hierdurch der Inhaltsschutz des Arbeitsverhältnisses umgangen wird (AP 6 zu § 2

Divergenzbeschwerde

KSchG 1969 = NJW 85, 2151 = NZA 85, 321). Die Anwesenheit des AN im Betr. bedingt die Erstreckung des DR auf sein Verhalten im Betr., nicht dagegen auf das außerhalb des Betr. Hierzu gehören Anweisungen über die Benutzung der Räume u. Einrichtungen des Betr., über Behandlung von Maschinen u. Werkzeugen, über das Verhalten gegenüber anderen AN, Meldepflichten beim Verlassen des Betr. usw. Der → Betriebsrat hat bei Ausübung des DR teilweise ein Mitbestimmungsrecht. Eine andere als nach dem Arb-Vertr. geschuldete Arbeit kann dem AN im Wege des DR nicht auferlegt werden; vielmehr bedarf es hierzu eines → Abänderungsvertrages o. einer Änderungskündigung (→ Kündigung). Zu vorübergehend erforderlichen Arbeiten, für die keine besonderen Arbeitskräfte eingestellt werden (Inventur, Urlaub u. Krankheitsvertretungen), können auch AN, die zu anderen Arbeiten eingestellt wurden, herangezogen werden. Im öffentlichen Dienst kann vorübergehend eine höherwertige Tätigkeit übertragen werden (AP 2 zu § 46 BPersVG; AP 5 zu § 24 BAT). Ferner können auch Notstände nach Lage des Einzelfalles den Einsatz der AN zu bisher nicht einschlägigen Arbeiten rechtfertigen. Ein Notfall liegt jedoch nur dann vor, wenn die vom AG getroffene Anordnung auf einer Zwangslage beruht, die in keiner anderen zumutbaren Weise beseitigt werden kann. Ein bloßer Auftragsverlust, die Bezahlung von Standgeldern usw. ist kein Notfall. Lit.: Richter DB 89, 2378, 2430; Ruppert PersV 88, 60.

Divergenzbeschwerde: Entscheidungen der Landesarbeitsgerichte können im Urteilsverfahren mit der → Revision und im → Beschlußverfahren mit der Rechtsbeschwerde angefochten werden, wenn das LAG sie zugelassen hat (§§ 72, 92 ArbGG) oder aufgrund → Nichtzulassungsbeschwerde durch das → BAG zugelassen worden sind. Die Zulassung muß verkündet werden (AP 23 zu § 72a ArbGG 1979 Divergenz = NZA 89, 695). Eine Form der Nichtzulassungsbeschwerde ist die sog. D. Die Nichtzulassungsbeschwerde wegen Divergenz ist nur dann in der gesetzlichen Form begründet, wenn der Beschwerdeführer im einzelnen darlegt, welche divergierenden abstrakten Rechtssätze das anzufechtende oder das angezogene Urteil aufgestellt haben und daß jedenfalls das anzufechtende Urteil auf dem abweichenden Rechtsgrundsatz beruht (AP 1, 2 zu § 72a ArbGG 1979). Wegen der Einzelh. Schaub Formb. § 108 III.

Doppelarbeitsverhältnisse sind gegeben, wenn der AN mehrere → Arbeitsverhältnisse gleichzeitig eingeht. Halten sie sich im Rahmen der gesetzlichen Höchstarbeitszeit, so sind sie rechtswirksam auch dann, wenn der AN wegen sich überschneidender Dienstzeiten sie nicht alle erfüllen kann (AP 1 zu § 611 BGB Doppelarbeitsverhältnis, AP 2 zu § 1 AZO). Jedoch kann eine zum Schadensersatz

verpflichtende Handlung des AN vorliegen (→ Arbeitsvertragsbruch, → Haftung des AN).

Dreischichtenbetrieb → Feiertag.

Drittfinanzierte Arbeitsverträge sind dann gegeben, wenn der
AG die vollen AG-Pflichten gegenüber dem AN übernimmt, aber
die finanziellen Belastungen ausschließlich o. überwiegend von einem Dritten getragen werden. Sie finden sich vor allem im Hoch-
schul- u. Forschungsbereich, wenn eine Förderungsinstitution die
Personalkosten trägt. Hat ein Hochschullehrer in eigenem Namen
drittf. AV abgeschlossen, so werden hierdurch nicht zugleich vertragl. Beziehungen zur Hochschule begründet (AP 1 zu § 25 HRG =
NZA 89, 342). Hat ein Hochschullehrer seinem drittmittelfinanzier-
ten wissenschaftlichen Assistenten die Zusatzversorgung bei der
VBL zugesagt u. führt die VBL die Versicherung nicht durch, so
haftet er persönlich (AP 10 zu § 242 BGB Ruhegehalt-VBL). In welchem Umfang → befristete Arbeitsverhältnisse abgeschlossen werden können, ist im HRG geregelt. Drittmittelfinanzierte wissen-
schaftliche Assisstenten eines Hochschullehrers sind zum Personalrat
der Hochschule nicht wahlberechtigt (BVerwG AP 1 zu § 4 LPVG
Hamburg).

Drittschuldnerklage. I. Hat der Gläubiger im Wege der → Lohnpfändung sich Ansprüche eines AN auf Arbeitsentgelt pfänden u. zur
Einziehung überweisen lassen, so kann er vor den → Arbeitsgerichten gegen den Drittschuldner → Klage auf Zahlung – nach h. M.
nicht auf Auskunft – erheben, wenn dieser seinen Verpflichtungen
nicht nachkommt (§§ 829, 835, 836, 803 804 ZPO, 1273, 1279, 1282,
1228, 611 BGB). Zur Schlüssigkeit der Klage gehören Darlegungen
über den Bestand eines Vollstreckungstitels gegen den AN (Schuldner), den Erlaß eines Pfändungs- u. Überweisungsbeschlusses u. seine Zustellung, der Bestand einer Forderung des Sch. gegen den
Drittschuldner (AG). Dieser kann gegenüber dem Zahlungsverlan-
gen des Gläubigers alle Einwendungen erheben, die ihm zur Zeit der
Pfändung gegen die gepfändete Forderung zustehen (§§ 1275, 412,
404 BGB), o. mit eigenen Forderungen aufrechnen (§§ 1275, 412,
406 BGB) sowie (umstr.) die Unwirksamkeit der Pfändung o. Überweisung rügen, auch wenn der Weg nach § 766 ZPO gangbar wäre
(verneinend, außer bei Nichtigkeit: AP 9 zu § 829 ZPO = NJW 89,
2148). Letzteren Einwand braucht er bei formaler Fehlerfreiheit des
Überweisungsbeschlusses nicht zu erheben, selbst wenn er sonst mit
Rechtsmängeln behaftet ist (Verstoß gegen Pfändungsschutzvorschriften); dieser gilt zugunsten des DrSch. solange als rechtsbeständig, bis er aufgehoben wird u. die Aufhebung zu seiner Kenntnis

gelangt (§ 836 II ZPO). Gleichwohl ist der Gutglaubensschutz unvollständig. Er versagt gegenüber konkurrierenden Gläubigern, die
gleichfalls gepfändet haben. Dagegen sind dem DrSch. Einwendungen gegen die zu vollstreckende Forderung versagt (AP 2 zu § 829
ZPO). Auch aufgrund der → Fürsorgepflicht ist er nicht gehalten,
die Sittenwidrigkeit eines Ratenkreditvertrages zu prüfen (AP 8 zu
§ 829 ZPO = NJW 89, 1053 = NZA 89, 339). Zur Erhebung einer
Vollstreckungsgegenklage (§ 767 ZPO) ist allein der Sch. befugt.
Neben der Klage gegen den DrSch. hat Gl. dem Sch. den Streit zu
verkünden (§ 841 ZPO). Unterbleibt die Streitverkündung, kann
sich der Gl. schadensersatzpflichtig machen.

II. Haben Sch. u. DrSch. einen ArbVertr. nicht begründet, z. B.
um eine Vollstreckung zu hintertreiben, so wird gemäß § 850h II
ZPO eine angemessene Vergütung zugunsten des Gl. fingiert, wenn
der Sch. einem Dritten in einem ständigen Verhältnis Arbeiten o.
Dienste leistet, diese nach Art u. Umfang üblicherweise vergütet
werden u. die Arbeitsleistung unentgeltlich o. gegen eine unverhältnismäßig geringe Vergütung erfolgt (BGH AP 12 zu § 850h ZPO).
Dagegen besteht kein Anspruch, u. zwar auch nicht wegen sitten-
widriger Schädigung (§ 826 BGB), wenn ein Ehegatte den anderen
nicht beschäftigt, ihm aber vollen Unterhalt gewährt (AP 14 zu
§ 850h ZPO). Das ständige Verhältnis, in dem Arbeiten o. Dienste
geleistet werden, kann ein familienrechtl. sein. Es ist umstr., ob die
Vergütungsfiktion nur eingreift, wenn außergewöhnliche, das familienrechtl. Band überschreitende Dienstleistungen (→ Familienmitarbeit; *AP 9 zu § 850h ZPO)* erbracht werden, o. ob das familienrechtl. Innenverhältnis bei der Beurteilung der Vergütungspflichtig-
keit außer Acht zu lassen ist *(AP 16, 11, 6 zu § 850h ZPO).* Bei der
Bemessung der Vergütung ist auf alle Umstände des Einzelfalles (Art
der geleisteten Arbeiten, verwandtschaftl. Beziehungen, wirtschaftl.
Leistungsfähigkeit des DrSch. usw.) Rücksicht zu nehmen
(§ 850h II 2 ZPO, AP 10, 12 zu § 850h ZPO). Da lediglich zugunsten des Gl. eine Forderung fingiert wird, kann der DrSch. nicht
einwenden, er rechne mit ihm gegen den Sch. zustehenden
Forderungen auf. § 850h II ZPO gilt nur für Vollstreckungsgläu-
biger; er gilt nicht, sofern der Gläubiger ledigl. Rechte aus einer →
Abtretung herleitet *(AP 13 zu § 850 ZPO).* Für Drittschuldnerklagen
nach § 850h II ZPO sind auch bei familienhaften Beschäftigungsver-
hältnissen die ArbG zuständig (BGH AP 15 zu § 850h ZPO).

Druckkündigung wird eine K. genannt, die der AG unter dem
Einfluß eines Dritten (Belegschaft, Behörde, Kunden) ausspricht.
Der AG darf nicht jedem Druck nachgeben. Vielmehr ist er aufgrund
der → Fürsorgepflicht gehalten, erkennbar unangemessenen u. unge-

rechtfertigten Forderungen einen zumutbaren Widerstand entgegen-
zusetzen (AP 1, 10 zu § 626 BGB Druckkündigung; AP 33 zu § 1
KSchG 1969 Betriebsbedingte Kündigung = NJW 87, 211 = NZA
87, 21). Andererseits ist aber auch der AN gehalten, in einer Drucksi-
tuation durch entspr. Verhalten unzumutbare Nachteile für den AG
zu vermeiden (AP 3). Der AG kann sich auf einen Druck nicht
berufen, wenn er die Situation selbst herbeigeführt hat (AP 8) o.
etwaige vom AN gesetzte Kündigungsgründe verfristet sind (AP
10). Bei einem unzulässigen Druck auf den AG können für den AN
Schadensersatzansprüche gegen den Dritten erwachsen *(AP 52
Nr. 224)*. Lit.: Blaese DB 88, 178.

Durchsuchung → Torkontrolle.

E

Effektivklausel. Wird bei → Tariflohnerhöhungen im neuen →
Tarifvertrag die Klausel aufgenommen, daß bisher bestehende, günstigere Arbeitsbedingungen durch das Inkrafttreten der neuen Regelung nicht berührt werden, so wird damit nur das jedem TV inne-
wohnende *Günstigkeitsprinzip* angesprochen (§ 4 III TVG), daß die
aufgrund ArbVertrags o. → Betriebsvereinbarung bestehenden günstigeren Arbeitsbedingungen fortgelten sollen, ohne daß die bisherigen, insbes. die gezahlte → Arbeitsvergütung zum unabdingbar erhobenen Tariflohn erhoben wird. Das gleiche gilt bei einer Klausel:
„Bereits bestehende bessere Arbeitsbedingungen sollen o. dürfen aus
Anlaß des neuen TV nicht verschlechtert werden." In beiden Fällen
wird die bisher gezahlte Arbeitsvergütung ganz o. teilweise durch
die Tariflohnerhöhung aufgesogen. Von Tariflohnerhöhungen unberührt bleiben dagegen Sonderzuwendungen wie Leistungszulage
→ Prämien usw (→ Tariflohnerhöhung u. Zuschläge). In vielen Fällen knüpfen die TV bei Lohnerhöhungen an den bestehenden Effek-
tivlohn an, indem sie normieren, jeder AN erhält die Differenz zwischen dem alten u. dem neuen Tariflohn zu seinem heutigen Effek-
tivlohn. Zu unterscheiden sind begrenzte u. allgem. E. Bei der Begrenzten E. soll verhindert werden, daß der übertarifl. Spitzenbetrag
durch die Tariflohnerhöhung aufgesogen wird; er soll jedoch nicht
zum Tariflohn werden. Die allgem. E. (auch Effektivgarantieklausel)
will auch die bisher gezahlten übertarifl. Lohnbestandteile zu tarifl.
Mindestlöhnen machen. Das BAG hält beide Arten für unwirksam
(AP 7 zu § 4 TVG Effektivklausel). Dies gilt auch bei Lohnerhöhungen, die den Verdienstausfall bei Herabsetzung der Arbeitszeit auf
38,5 h in der Woche ausgleichen sollen (AP 15 = NZA 88, 29).

Umgekehrt können E. nicht bestimmen, daß tarifl. Lohnerhöhungen mit übertarifl. Lohnbestandteilen verrechnet werden (AP 8).

Eheähnliches Verhältnis. Ein zwischen Arbeitsvertragsparteien bestehendes eä. V. schließt die Wirksamkeit des Vertrags nicht aus (AP 15 zu § 612 BGB). Hat der eine Partner mehrere Jahre Arbeitsleistungen ohne Barvergütung in der erkennbaren Erwartung o. Vereinbarung erbracht, er werde als Erbe eingesetzt, so hat er bei Fehlgehen dieser Erwartung einen Anspruch auf Vergütung seiner Arbeitsleistungen gem. § 612 BGB (→ fehlgegangene Vergütungserwartung), für dessen Geltendmachung das → Arbeitsgericht zuständig ist (BGH AP 15 zu § 850h ZPO). Die → Verjährung solcher Ansprüche beginnt erst mit dem Tode des AG (AP 2 zu § 146 KO, AP 15, 20, 22, 23, 26 zu § 612 BGB). Ein Vergütungsanspr. erwächst gleichfalls, wenn die Parteien sich über den Geldwert der Arbeitsleistungen einig sind u. das eä. V. aufgelöst wird.

Ehrenamtliche Richter werden besonderen Vorschlagslisten entnommen (§§ 20 I 2, 37 II, 43 I 2 ArbGG) u. für die Dauer von vier J. von der obersten Landesbehörde für ArbG u. LAG, vom BAM für das BAG (→ Arbeitsbehörden) zur ehrenamtl. Tätigkeit berufen (§§ 20 I 1, 37 II, 43 I 1 ArbGG). Zu E. R. aus Kreisen der AG können nur AG o. ihnen gleichgestellte Personen (§ 22 II ArbGG), z. B. Vorstandsmitglieder jur. Pers., leitende → Angestellte mit Einstellungs- u. Entlassungsbefugnis; aus Kreisen der AN nur AN, Arbeitslose o. den AN gleichgestellte Personen (§ 23 II ArbGG), z. B. Gewerkschaftssekretäre berufen werden. Das Amt eines E. R. kann nur bekleiden, wer im Besitz der bürgerl. Ehrenrechte u. des Wahlrechts zum Deutschen Bundestag ist, die Fähigkeit zur Bekleidung öffentl. Ämter hat u. nicht in der Verfügung über sein Vermögen beschränkt ist (§ 21 II ArbGG). E. R. am Arbeitsgericht müssen das 25., am Landesarbeitsgericht das 30., am Bundesarbeitsgericht das 35. Lebensj. vollendet haben (§§ 21, 37, 43 ArbGG). Die E. R. der oberen Inst. sollen bereits längere Zeit R. gewesen sein. Vorübergehend aufgetretene Bedenken gegen die Verfassungsmäßigkeit des Berufungsverfahrens der E.R. hat das BAG nicht geteilt (AP 1 zu § 43 ArbGG 1979 = NJW 86, 954; AP 13 zu § 83 ArbGG 1979 = NZA 86, 400). Das Amt eines E. R. kann nur aus den im Gesetz aufgezählten Gründen abgelehnt o. niedergelegt werden (§§ 24, 37 II, 43 III ArbGG). Erfüllen die E. R. ihre Amtspflichten nicht o. nicht ordnungsgemäß (z. B. wiederholte Verspätung an Sitzungstagen), so können sie durch eine im voraus bestimmte Kammer das LAG (Sen. des BAG) mit Ordnungsgeldern belegt werden (§§ 28, 37, 43 III ArbGG); dagegen sind sie in ihrer Rspr. unabhängig. Ob E. R. bei Wahrnehmung ihres Amtes einen Anspruch auf Vergütungszahlung wegen → Arbeitsverhinderung haben, ist umstr. In jedem Fall kann ein solcher Anspruch abgedungen werden. Sie erhalten eine Entschädigung nach dem EhrRiEG für Zeitversäumnis, Fahrtkosten u. Fußwegstrecken u. Aufwand (§ 1 EhrRiEG). Die Entsch. für Zeitversäumnis beträgt 6 DM, bei Nachweis höheren Ausfalls grundsätzl. höchstens 24 DM. je Stunde; lediglich bei häufiger Heranziehung kann die Entschädigung nach billigem Ermessen erhöht werden (sechsmal in 30 Tagen bis zu 50 DM usw). Bis zu 200 km Anmarsch können grundsätzl. PKW-Kilometerkosten (0,45 DM) liquidiert werden, sonst Fahrtkosten 1. Klasse. An Aufwandsentsch. werden an am Sitzungsort ansässige bei Sitzungen über 5 Stunden 6 DM gezahlt. Auswärtige erhalten Tagegeld nach dem BRKG (§ 4 EhrRiEG). Nach § 26 ArbGG ist der AG verpflichtet einen bei ihm beschäftigen AN, der E. R. an einem → Arbeitsgericht ist, zu gewerkschaftlichen Schulungsveranstaltungen für E. R. freizustellen (AP 1 zu § 26 ArbGG 1979). E. R. können nicht ständig als Prozeßbevollmächtigte bei dem Gericht auftreten, an das sie berufen sind (vgl. AP 4–8 zu § 43 ArbGG 1953). Lit.: Berger-Delhey RdA 88, 15; ders. DRiZ 88, 121.

Ehrenämter. Bei staatsbürgerl. E. hat der AN einen Anspruch auf Arbeitsfreistellung, vielfach bei Vergütungsfortzahlung (→ Abgeordneter). Anders ist es bei sonstigen E.

Eignungsübung → Wehrdienst.

Eignungsuntersuchungen werden vielfach mit AN vor Begründung des → Arbeitsverhältnisses angestellt. Soweit lediglich die manuelle Geschicklichkeit geprüft werden soll, sind sie arbeitsrechtl. zulässig. Bedenklich sind dagegen graphologische Gutachten, psychologische Eignungstests o. gentechnische Untersuchungen, da sie in den Intimbereich der Persönlichkeit eingreifen. Im allgemeinen wird die Einholung eines graphol. Gutachtens, namentl. bei leitenden Angestellten, für zulässig gehalten, wenn von ihnen z. B. ein handgeschriebener Lebenslauf verlangt u. vorgelegt wird. Die Einholung sei allgemein üblich, so daß der AN konkludent eingewilligt habe. Anders sei es bei Vorlage sonstiger schriftl. Unterlagen (*NJW 76, 310).* Gutachten zur Schriftvergleichung nach §§ 441, 442 ZPO sind nicht geeignet das Persönlichkeitsrecht zu verletzen. Die Verwendung derartiger Gutachten kann nur verhindert werden, wenn der Sachverständige wegen Befangenheit abgelehnt wird (AP 1 zu § 441 ZPO). Umstr. ist, welchen Umfang die Begutachtung haben darf. Nach richtiger Ansicht darf keine allgemeine Persönlichkeitsanalyse verlangt werden, sondern nur die Frage gestellt werden, ob der AN für eine bestimmte Tätigkeit geeignet ist. Psycholog. Eignungstests dürfen nur angestellt werden, wenn der AN über den Zweck des Tests belehrt u. seine Einwilligung erteilt hat. In jedem Fall sind die Gutachten verschlossen zu halten. Ist mit Einwilligung des Probanden eine psychol. Eignungsuntersuchung vorgenommen worden, so darf sie, etwa im Kündigungsrechtsstreit eines Kraftfahrers, auch verwandt werden. Lit.: Zeller BB 87, 2439.

Eingebrachte Sachen. Den AG trifft allgemein, also über die vereinzelten gesetzl. Sonderbestimmungen hinaus aufgrund der → Fürsorgepflicht eine gesetzl. Obhuts- u. Verwahrungspflicht für die vom AN zur Arbeit mitgebrachten sog. e. S. Diese Pflicht erstreckt sich auf die 1. *persönlich unentbehrlichen,* 2. *unmittelbar arbeitsdienlichen,* aber nicht notwendigen sowie 3. *mittelbar arbeitsdienlichen S.* des AN; nicht dagegen auf solche S., die mit dem Arbeitsverhältnis in keinerlei Zusammenhang stehen, z. B. Fotoapparate, wertvoller Schmuck, es sei denn, daß dem AN deren Einbringung ausdrücklich o. betriebsüblich (Juwelierverkäuferin) gestattet ist. *Persönl. unentbehrl. S.* des AN sind alle, die er benötigt, um die Arbeitsstelle zu erreichen u. sich zur Arbeitsleistung fähig zu halten, z. B. Straßen- u. Arbeitskleidung (AP 75 zu § 611 BGB Fürsorgepflicht), Fahrkarten, angemessener Geldbetrag, Uhr usw. *Unmittelb. arbeitsdienl.,* aber nicht notwendige S. sind solche, die nach ihrer Zweckbestimmung mit dem Arbeitsverhältnis im engen Zusammenhang stehen (Tabellen, Fachbücher, Werkzeug usw.). *Mittelb. arbeitsdienl. S.* sind diejenigen, deren Verwendung im Arbeitsverhältnis zweckmäßig ist, vor allem die privateigenen Verkehrsmittel (Fahrräder, Kraftfahrzeuge). Für die persönl. unentbehrl. S. des AN hat der AG geeignete Verwahrungsmöglichkeiten zu schaffen, da er damit rechnen muß, daß der AN sie zum Betr. mitbringt. Er hat also ggf. einen Schrank, in Großbetr. eine gesicherte Kleiderablage, Spinde usw. zur Verfügung zu stellen (zur Versicherung: AP 1 zu § 611 BGB Parkplatz). Für unmittelb. arbeitsdienl. Sachen hat er regelmäßig in gleicher Weise zu sorgen, wenn diese vom AN zu stellen sind (AP 2 zu § 324 BGB (Werkzeug), in anderen Fällen nur dann, wenn er von deren Einbringung Kenntnis hatte, zumind. damit rechnen mußte. Für mittelb. arbeitsdienl. S. hat der AG zu sorgen, wenn ihm dies nach → Treu u. Glauben billigerweise zuzumuten ist. Grundsätzl. wird eine Unterbringungsmöglichkeit für Fahrräder geschaffen werden müssen (Fahrradständer); benutzen die AN üblicherweise PKW, wird der AG auch Parkplatz zur Verfügung stellen müssen, wenn er dadurch nicht übermäßig u. unverhältnismäßig belastet wird (AP 7 zu § 618 BGB). Diesen hat er auch dann verkehrssicher zu halten, wenn eine Pflicht zur Bereitstellung nicht bestand (AP 58 zu § 611 BGB Fürsorgepflicht). Über den Umfang der vorzunehmenden Sicherungen entscheiden

die Umstände des Einzelfalles (AP 1 zu § 611 BGB Parkplatz). Im
allgem. wird er für ausreichende Beleuchtung, Erfüllung der Streu-
pflicht (NJW 66, 202), ausreichende Weite der Abstellfläche (AP 4 zu
§ 611 BGB Parkplatz) u. Sicherung gegen vorbeifließenden Verkehr
(AP 26 zu § 611 BGB Fürsorgepflicht) sorgen müssen. Sofern der
AG seiner → Fürsorgepflicht für e. S. vorsätzlich o. fahrlässig nicht
nachkommt, hat er dem AN den daraus entstehenden Schaden zu
ersetzen (§§ 276, 249 BGB [zu Immissionsschäden: AP 4 zu § 611
BGB Gefährdungshaftung). Hat dieser ihm zumutb. eigene Sicherungen unterlassen, z. B. sein Fahrrad nicht an den Ständer angeschlossen, so mindert sich die Haftung wegen mitwirkenden Verschuldens (§ 254 BGB). Keine Schadensersatzpfl. besteht für solche
Schäden, vor denen man sich auch im allgemeinen Straßenverkehr
nicht schützen kann, also Schädigungen durch Dritte auf Parkplatz,
auch wenn Gebühr für Überlassung der Stellplätze (AP 4 zu § 611
BGB Parkplatz) entrichtet wird. Ein Haftungsausschluß des AG ist
zwar nicht grundsätzl. verboten, aber für Vorsatz nach § 276 II BGB
u. für grobe Fahrlässigkeit wegen Verstoßes gegen die Fürsorgepflicht (AP 26 zu § 611 BGB Fürsorgepflicht) unwirksam. Insbesond. ist der Haftungsausschluß durch vertragl. Einheitsregelung
unwirksam, wenn der AG seine Fahrzeuge nicht haftpflichtversi-
chern braucht (v. 28. 9. 89 – 8 AZR 120/88 – DB 90, 690). Auch eine
→ Betriebsvereinbarung kann nicht nur eine Regelung zum Inhalt
haben, die in einem Haftungsausschluß zugunsten des AG besteht
(AP 26 a. a. O.). Eine einseitige Freizeichnung durch einen Aushang
im Betr. ist nicht möglich, auch wenn der Aushang vom Betriebsratsvorsitzenden mit unterzeichnet ist. Verbotswidrig abgestellte
Kfz. kann der AG u. U. auf Kosten des AN abschleppen lassen *(DB
77, 1754, EzA 12 zu § 249 BGB)*.

Eingruppierung ist die Einreihung der AN in eine bestimmte Vergütungsgruppe. Grundsätzlich erfolgt die E. in Lohngruppen unmittelbar und automatisch nach der vom AN ausgeübten Tätigkeit (AP
46 zu § 256 ZPO; AP 54 zu §§ 22, 23 BAT 1975). Bei der E. hat der
→ Betriebsrat auch dann ein Mitbestimmungsrecht, wenn infolge
Tarifänderung die gesamte Belegschaft neu eingruppiert werden
muß (AP 2, 4 zu § 63 BetrVG; zu besonderen Zulagen: AP 37 zu § 99
BetrVG 1972 = NZA 86, 31). Dies gilt auch dann, wenn der →
Tarifvertrag nur wegen einzelvertraglicher Inbezugnahme gilt (AP 6
zu § 61 BetrVG). Die E. eines AN in eine tarifliche Vergütungsgruppe durch den AG ist jedoch Rechtsanwendung u. kein Akt rechtlicher Gestaltung. Das MBR des BR zu einer solchen E. nach § 99 I
BetrVG ist deshalb kein Mitgestaltungsrecht, sondern ein Mitbeur-
teilungsrecht. Hat der AG eine E. ohne die Zustimmung des BR

vorgenommen, so muß sie für die Zukunft aufgehoben werden. Nur
für die Vergangenheit hat der AN Anspruch auf höhere Vergütung
(AP 7 zu § 75 BPersVG). Der BR kann im Mitbestimmungssiche-
rungsverfahren nach § 101 BetrVG nicht die Aufhebung der E., sondern die nachträgliche Einholung seiner Zustimmung u. bei Verweigerung die Durchführung des arbeitsgerichtlichen Zustimmungsersetzungsverfahren verlangen (AP 6 zu § 101 BetrVG 1972 = DB 83,
2313; AP 27 zu § 118 BetrVG 1972 = DB 84, 995). Nicht mitbestimmungspflichtig ist die Zahlungseinstellung, wenn dem AN ohne tarifl. o. einzelvertragl. Verpflichtung eine höhere Vergütung gezahlt
wurde (AP 2 zu §§ 22, 23 BAT Datenverarbeitung). Die → Tarifverträge können die Eingruppierungsmerkmale bestimmen. Werden
allgemein gefaßten Tätigkeitsmerkmalen konkrete Beispiele beigefügt, sind die Erfordernisse der Vergütungsmerkmale regelmäßig
dann erfüllt, wenn der AN eine den Beispielen entsprechende Tätigkeit auszuüben hat (AP 134 zu § 1 TVG Auslegung = DB 84, 1551;
AP 2 zu § 1 TVG Tarifverträge: Großhandel = BB 85, 54; AP 19 zu
§ 1 TVG Tarifverträge Druckindustrie; AP 6 zu § 1 TVG Tarifverträge: Druckindustrie; AP 19 = DB 88, 1120). Möglich ist, daß eine
tarifliche Vergütung an die Tätigkeit des Handwerksmeisters (AP
59, 87 zu §§ 22, 23 BAT 1975) o. die Ableistung bestimmter Prüfungen anknüpft (AP 3 zu § 1 TVG Tarifverträge: Einzelhandel = BB
85, 658). Richtet sich die E. im allgemeinen nach arbeitsvertraglichen
Einheitsrichtlinien (Erlassen), so kann der AN eine höhere Vergütungsgruppe als die vereinbarte nur dann verlangen, wenn zugleich
vereinbart ist, daß die Vergütung sich nach der rechtlich zutreffenden
Vergütungsgruppe der in Bezug genommenen AVR richtet (AP 1 zu
§ 12 AVR; AP 12 zu §§ 22, 23 BAT Lehrer = DÖD 85, 222; AP 13
zu §§ 22, 23 BAT Lehrer = RiA 86, 9). Bei Eingruppierungsklagen
können dann keine Verzugszinsen verlangt werden, wenn es an einem Verschulden des AG wegen der fehlerhaften Eingruppierung
fehlt (BAG NJW 82, 2279). Menken PersV 85, 498; Neumann NZA
86, 729.

Einigungsstelle. Zur Beilegung von Meinungsverschiedenheiten
zwischen AG u. → Betriebsrat (→ Gesamt-, → Konzernbetriebsrat)
ist im Bedarfsfalle eine E. zu bilden, die aus einem notfalls vom →
Arbeitsgericht im → Beschlußverfahren (§ 98 ArbGG) durch den
Vorsitzenden allein zu bestellenden unparteiischen Vorsitzenden u.
einer gleichen Zahl von Beisitzern besteht, die vom AG u. BR benannt werden (§ 76 BetrVG). Die Benennung ist nicht auf bestimmte
Personenkreise beschränkt (AP 12 zu § 76 BetrVG 1972 = DB 83,
2583). Bei der Bestellung eines Vorsitzenden der Einigungsstelle ist
das ArbG nicht an Vorschläge der Beteiligten gebunden. Es kann

dritte Personen bestellen; indes ist die sachliche Befähigung des Vorsitzenden durch das Beschwerdegericht überprüfbar, Schönfeld DB 88, 1996. Der Vorsitzende der E. kann wegen Befangenheit abgelehnt, nicht aber abberufen werden *(EzA 30 zu § 76 BetrVG 1972)*. Nach § 98 I 2 ArbGG kann der Vorsitzende einen Antrag auf Bestellung eines Vorsitzenden oder die Bestimmung der Zahl der Beisitzer nur dann zurückweisen, wenn die Einigungsstelle offensichtlich unzuständig ist. Soll ein Streit über die Zuständigkeit ausgetragen werden, ist das → Beschlußverfahren anhängig zu machen. Das Bestellungsverfahren ist gleichwohl nicht auszusetzen (§ 148 ZPO; AP 11 zu § 76 BetrVG 1972). Ist ein Beschlußverfahren über die Zuständigkeit der E. anhängig gemacht, so kann dies auch vor Entscheidung der E. durchgeführt werden; seine Aussetzung bis zur Entscheidung der E. ist unzulässig (AP 10, 11 zu § 76 BetrVG 1972). Ergibt das Beschlußverfahren die Zuständigkeit der E., so kann das Bestellungsverfahren auch bei rechtskräftiger Abweisung wiederholt werden (AP 3 zu § 98 ArbGG 1979 = DB 89, 1928). Durch → Betriebsvereinbarung kann eine ständige E. errichtet werden. Davon zu unterscheiden sind Schiedsstellen (AP 1 zu § 88 BetrVG 1972). Die E. entscheidet in betriebl. Regelungsstreitigkeiten über Zweckmäßigkeitsfragen, während das ArbG allein Rechtsfragen entscheidet (AP 3 zu § 56 BetrVG Akkord). Die E. faßt ihre Beschlüsse nach mündl. Verhandlung mit Stimmenmehrheit. Die Einzelregelungen können mit wechselnden Mehrheiten beschlossen werden (AP 34 zu § 87 BetrVG 1972 Arbeitszeit = NJW 89, 2771 = NZA 89, 807). Im Verfahren können sich die Beteiligten durch einen Bevollmächtigten vertreten lassen; die Kosten des Bevollmächtigten des BR hat der AG zu tragen, wenn der BR eine Bevollmächtigung nach verständigem Ermessen für erforderlich halten darf (AP 9 zu § 76 BetrVG 1972; v. 21. 6. 89 – 7 ABR 78/87 – DB 89, 2436). Bei der Beschlußfassung hat sich der Vorsitzende zunächst der Stimme zu enthalten Kommt es nicht zu einer Stimmenmehrheit, stimmt nach weiterer Beratung der Vorsitzende mit (Schönfeld Beil. 4 zu NZA 88). Die Beschlüsse sind schriftl. niederzulegen u. → AG u. → Betriebsrat zuzuleiten. Eine Begründung ist zweckmäßig, aber nicht Wirksamkeitsvoraussetzung (NJW 80, 1542). Durch → Betriebsvereinbarung kann das Verfahren weitergehend geregelt werden. Der Spruch der E. ist verbindlich, wenn dem → Betriebsrat ein erzwingbares Mitbestimmungsrecht zustand. Um zu verhindern, daß ein Beteiligter das E.-Verfahren hintertreibt, kann bei rechtzeitiger Einladung der Vorsitzende mit den erschienenen E.-Mitgliedern entscheiden. Die E. hat ihre Entscheidungen unter angemessener Berücksichtigung der Belange des Betriebes u. der betroffenen AN nach billigem Ermessen zu fassen (§ 315 BGB). Hat die E. billiges Ermessen (NJW 80, 1542; v. 17. 10.

Einigungsstelle

89 – 1 ABR 31/87 – DB 90, 589) verletzt, so kann der AG o. BR binnen
einer Ausschlußfrist von 2 Wochen seit Zuleitung des Beschlusses die
Entscheidung des → Arbeitsgerichtes herbeiführen (AP 26 zu § 76
BetrVG 1972 = NZA 89, 26). Nicht notwendig ist, daß der Antrag
auch innerhalb der Frist begründet wird; zweifelhaft aber, ob später
vorgebrachte Gründe noch berücksichtigt werden (AP 16 = NZA 85,
715; AP 26 = NZA 89, 26). Am → Beschlußverfahren ist die E.
grundsätzlich nicht beteiligt (AP 7 zu § 111 BetrVG 1978). Andere
Mängel können auch noch nach Ablauf der Frist zur Entscheidung des
ArbG gestellt werden. Ergibt die gerichtliche Überprüfung des Spru-
ches, daß er rechtswidrig ist, so ist seine Unwirksamkeit festzustellen
(NJW 80, 1542). Hat die Einigungsstelle einen Spruch über einen
Sozialplan gefaßt und ist dieser Spruch angefochten, so sind aus dem
Sozialplan erwachsene Rechtsstreitigkeiten auszusetzen (EzA 6 zu
§ 148 ZPO). Hat der Betriebsrat kein erzwingbares Mitbestimmungsrecht, so entscheidet die E. nur auf Antrag o. im Einverständnis
der Parteien. Ihr Spruch ist nur verbindlich, wenn die Beteiligten sich
im voraus unterwerfen o. ihn nachträglich annehmen. Die Kosten der
Einigungsstelle trägt der AG (§ 76 a I BetrVG). Der Vorsitzende hat
Anspruch auf angemessene Vergütung (§ 76 a III BetrVG). Die Höhe
der Vergütung richtet sich nach § 76 a IV, V BetrVG. Bislang ist eine
entspr. RechtsVO nicht ergangen. Für die Gebührenhöhe kann bis
dahin von der BRAGO ausgegangen werden (AP 5 zu § 76 BetrVG
1972). Regelmäßig werden 2 $^{13}\!/_{10}$ Gebühren berechnet nach dem
Streitwert liquidiert. Die Mehrwertsteuer soll nur dann gesondert in
Rechnung gestellt werden, wenn dies vereinbart worden ist (AP 19 =
DB 87, 441). Die Ansprüche sind Masseansprüche, wenn das Einigungsstellenverfahren vor der Konkurseröffnung begonnen und danach durch Spruch beendet worden ist (AP 7), dagegen Konkursforderungen, wenn der Sozialplan vor Eröffnung des Konkurses bereits
aufgestellt ist (AP 14 zu § 59 KO = DB 84, 303). Keinen Vergütungsanspruch haben dem Betrieb angehörende Beisitzer (§ 76 a II
BetrVG). Außerbetriebliche Beisitzer haben einen unmittelbaren Vergütungsanspruch gegen den AG (§ 76 a III BetrVG). Der Betriebsrat
ist berechtigt, eine Vergütungszusage zu erteilen, wenn er anders
keine geeigneten Personen finden kann (vgl. AP 3, 6, 13 = DB 84, 934;
AP 15 = DB 84, 2307; AP 30 = NZA 89, 515; v. 21. 6. 89 – 7 ABR 92/
87 –). Will der AG sie nicht gelten lassen, muß er unverzüglich
widersprechen (AP 2 zu § 76 BetrVG 1972). Gewerkschaftssekretäre
liquidieren i. d. R. $^7\!/_{10}$ der Gebühren des Vorsitzenden (AP 8 zu § 76
BetrVG 1972). Lit.: Bauer/Röder DB 89, 224; Bengelsdorf NZA 89,
489; Löwisch DB 89, 223. Durch → Tarifvertrag kann bei → Tarifbindung des AG bestimmt werden, daß anstelle der E. eine tarifl. Schlichtungsstelle tritt (§ 76 VIII BetrVG).

Einstellung der Zwangsvollstreckung kann bei dem Gericht beantragt werden, das über den Einspruch gegen ein → Versäumnisurteil o. die → Berufung zu entscheiden hat. Die Entscheidung ergeht ohne mündliche Verhandlung durch den Vorsitzenden der Kammer. Begründet ist ein Antrag nur dann, wenn glaubhaft gemacht wird, daß die Vollstreckung einen nicht zu ersetzenden Nachteil bringen würde (§§ 62 I 3 ArbGG; 719 I ZPO). Regelmäßig kommt eine E. nur dann in Betracht, wenn sich die Vollstreckungsfolgen nicht mehr beseitigen lassen o. es zu irreparablen Schäden kommt (wirtschaftl. Zusammenbruch des Bekl.; Unmöglichkeit der Wiedererlangung der beigetriebenen Summe). Die Einstellung der Zwangsvollstreckung kann nicht von einer Sicherheitsleistung abhängig gemacht werden (AP 1 zu § 719 ZPO). → dtv Schaub, Meine Rechte und Pflichten im Arbeitsgerichtsverfahren, 4. Aufl., 1985.

Einstellungsfragebogen. Ein E. wird dem AN häufig vor Begründung des → Arbeitsvertrages vorgelegt. Er unterliegt der Mitbestimmung des → Betriebsrates. Kommt eine Einigung zwischen BR u. AG nicht zustande, so entscheidet die → Einigungsstelle verbindlich. Der Spruch der Einigungsstelle ersetzt die Einigung (§ 94 BetrVG). In die E. dürfen nur solche Fragen aufgenommen werden, an deren Beantwortung der AG unter Berücksichtigung der zu leistenden Arbeit ein berechtigtes Interesse hat. Ein solches ist anerkannt worden wegen Schwerbehinderteneigenschaft u. Schwangerschaft, wenn sich nur Frauen um eine Stelle bewerben (AP 31 zu § 123 BGB = NZA 86, 739). Mit Rücksicht auf § 611a BGB ist die Frage nach der Schwangerschaft überhaupt zweifelhaft. Dagegen darf nur nach *chron.* Erkrankung o. solchen gefragt werden, durch die die verlangte Arbeitsleistung nicht erbracht werden kann (z.B. Sehnenscheidenentzündung bei Stenotypistin). Unzulässig ist, nach der letzten Periode, Einnahme antikonzeptioneller Mittel usw. zu fragen. Die Frage an einen Stellenbewerber nach der bei dem früheren AG bezogenen Vergütung ist jedenfalls dann unzulässig, wenn die bisherige Vergütung für die erstrebte Stelle keine Aussagekraft u. der Bewerber sie auch nicht von sich aus als Mindestvergütung für die neue Stelle gefordert hat (AP 25 zu § 123 BGB = DB 84, 298). Zu genetischen Analysen beim AN: Wiese RdA 86, 120. Beantwortet der AN eine zulässig gestellte Frage falsch, so kann die → Anfechtung eines Arbeitsvertrages nach § 123 BGB begründet sein (AP 26 zu § 123 BGB). Unbegründet ist sie dagegen bei unzulässigen Fragen (→ Vorverhandlungen).

Einstweilige Verfügung → Arrest.

Einzelhandel

Einzelhandel ist der Verkauf von Waren an Endverbraucher. Die
Tarifverträge für den E. sind vielfach infolge → Allgemeinverbindlicherklärung ohne → Tarifbindung der Parteien anwendbar. Dem
AN ist vielfach das Recht eingeräumt, → Aufhebungsverträge zu
widerrufen (AP 7 zu § 1 TVG Tarifverträge: Einzelhandel = NZA
86, 28).

Entlassung → Kündigung.

Entwicklungshelfer sind solche Personen, die in fremden Konti-
nenten zur Förderung wirtschaftlicher, kultureller und sozialer Belange in diesen Ländern tätig werden. E. im Rechtssinne sind nur die
in § 1 Entwicklungshelfer-Ges. (EhfG) vom 18. 6. 1969 (BGBl.
I 549) zul. geänd. 27. 6. 1987 (BGBl I 1542) definierten Personen. Sie
werden aufgrund eines schriftl. abzuschließenden E-Dienstvertrages
tätig. Ihr Vertrag ist kein Arbeitsvertrag (EzA 10 zu § 611 BGB
Arbeitnehmerbegriff); indes gelten eine Reihe arbeitsrechtlicher
Grundsätze entspr. Sie erhalten keine eigentliche Arbeitsvergütung,
sondern Unterhaltsgeld (§ 4 EhfG). Für ihre Rechtsstreitigkeiten mit
dem Träger sind jedoch die → ArbG zuständig (§ 2 I Nr. 7 ArbGG).
Lit.: Liemen RdA 85, 85.

Erfindung → Arbeitnehmererfindung.

Erfüllungsort. Nach § 269 BGB ist E. einer Leistung der Wohn-
o. Betriebsort des Schuldners, sofern nichts anderes bestimmt ist.
Aus der Natur des Arbeitsverhältnisses ergibt sich, daß bei der Bestimmung des E. nicht auf die jeweils streitige Leistungspflicht der
Vertragspartner, sondern allein auf das Arbeitsverhältnis als solches
abzustellen ist. Für alle sich aus diesem ergebenden Leistungen muß
ein einheitlicher E. im Schwerpunkt des Arbeitsverhältnisses angenommen werden. Dieser ist der Beschäftigungsort o. im öffentl.
Dienst die Beschäftigungsdienststelle. Bei einem für einen größeren
Bezirk eingestellten Reisenden dessen Wohnsitz (AP 1 zu Art. 5
Brüsseler Übereinkommen = DB 87, 1742).

Erledigung der Hauptsache ist die Folge eines nach Rechtshängigkeit einer → Klage eingetretenen Ereignisses, das einer bisher
zulässigen u. begründeten Klage die Zulässigkeit o. Begründetheit
nimmt (§ 91 a ZPO). Im Falle der Erl. wird durch den Beschluß nach
§ 91 a ZPO über die Kosten entschieden. Nach bestrittener Meinung
soll dieser auch ohne mündliche Verhandlung zulässig sein (vgl.
Schaub, dtv, Meine Rechte und Pflichten im Arbeitsgerichtsverfahren). Es wird die Hälfte der Verfahrensgebühren erhoben (Nr. 2117
Anl. 1 zu § 12 ArbGG).

Erstattungsanspruch des Arbeitsamtes. I. Der Anspruch auf
Arbeitslosengeld (Alg.) (→ Arbeitslosenversicherung) ruht für die
Zeit, für die der Arbeitslose noch Arbeitsentgelt erhält o. zu beanspruchen hat (§ 117 I AFG). Der Anspruch ruht mithin immer
dann, wenn ein aufgrund Kündigung markierter Beendigungstatbe-
stand durch einen im Kündigungsschutzprozeß abgeschlossenen
Vergleich hinausgeschoben wird (AP 3 zu § 117 AFG = DB 83,
2091). Er ruht ferner, wenn der Arbeitslose wegen Beendigung des
Arbeitsverhältnisses eine → Urlaubsabgeltung erhalten o. zu beanspruchen hat für die Zeit des abgegoltenen Urlaubs (AP 25 zu § 7
BUrlG Abgeltung = NJW 87, 151 = NZA 86, 396). Der Ruhens-
zeitraum beginnt mit dem Ende des die Urlaubsabgeltung begründenden Arbeitsverhältnisses (§ 117 Ia AFG). Hat der Arbeitslose
wegen der Beendigung des ArbVerh. eine Abfindung, Entschädigung o. ähnl. Leistung erhalten o. zu beanspruchen u. ist das Arb-
Verh. ohne Einhaltung einer der ordentl. Kündigungsfrist des AG
entspr. Frist beendet worden, so ruht der Anspruch auf Alg. von
dem Ende des ArbVerh. bis zu dem Tage, an dem das ArbVerh. bei
Einhaltung der Kündigungsfrist geendet hätte. Angerechnet werden
mithin nur Abfindungen, Ansprüche nach § 628 BGB, Ausgleichs-
beträge in Höhe der Differenz zwischen → Arbeitslosengeld und
Nettovergütung usw. nach vorzeitiger Beendigung des ArbVerh.
Anrechnungsfrei sind solche Leistungen, auf die der AN unabhängig von der Beendigung des ArbVerh. einen Rechtsanspruch hat
(z. B. rückständiges Arbeitsentgelt, Gratifikationen, Überstundenabgeltung, Abfindungen der betriebl. Altersversorgung). Erfaßt
werden auch Abfindungen, wenn in Raten gezahlt; u. U. anders,
wenn sie nur zur Aufstockung des Gehalts bei Verdienstminderung
bei → Stillegung dienen. Abgestellt wird auf die Kündigungsfrist
des AG (§ 622 BGB; § 1 AngKSchG), da der Arbeitsentgeltanteil
erfaßt werden soll. Sie rechnet von der Kündigung vor Beendigung
des ArbVerh. o. der Vereinbarung über die Aufhebung des Arb-
Verh. Ist die ordentl. Kündigung durch AG ausgeschlossen, so gilt
bei zeitlich unbegrenztem Ausschluß (z. B. älteren Angestellten
§ 53 III BAT) eine Kündigungsfrist von 18 Monaten. Kann nur bei
Zahlung einer Abfindung, Entschädigung o. sonstigen Leistungen
gekündigt werden, so wird eine solche von 12 Monaten zugrunde-
gelegt. Bei zeitlich begrenztem Ausschluß (§ 9 MuSchG; § 15
KSchG → Betriebsratsmitglieder), die ohne den Ausschluß maßgebend gewesen wäre (§ 117 II 3 AFG). Der Anspr. ruht aber längstens ein Jahr (§ 117 III 1 AFG). Das bedeutet aber nicht, daß die
Kündigungsfrist doch nur 1 J. beträgt. Die Ruhenszeiten können
sich weiter verkürzen. Nach § 117 III 2 AFG wird die Abfindung
nur bis 70 v. H. angerechnet, weitere Verringerung für je 5 Beschäf-

tigungsjahre u. je 5 Lebensjahre nach Vollendung des 35. Lbj.; nach § 117 III 2 Nr. 2 AFG endet Anrechnung, wenn ArbVerh. aufgrund anderen Auflösungstatbestandes endet u. nach § 117 III 2 Nr. 3 AFG im Falle berechtigter ao. K. des AG. Soweit der Arbeitslose während der Ruhenszeiträume das Arbeits- o. Urlaubsentgelt nicht erhält, hat er einen Anspruch auf vorläufige Zahlung von Alg (§ 117 IV AFG). In Höhe des gewährten Alg gehen die Ansprüche auf die BAnstArb über (§ 115 SGB X). Sie hat im →Konkurs kein Quotenvorrecht gegenüber dem AN (AP 17 zu § 59 KO = NJW 86, 1632 = NZA 86, 361). Der Übergang wird i. d. R. dem AG u. auch im Streitfall dem → Arbeitsgericht mitgeteilt (→ Abtretung).

II. Aufgrund der sog. 59er-Regelung (→ Vorruhestandsgesetz) sind vor allem ältere AN entlassen worden, die nach einjähriger Arbeitslosigkeit in den Ruhestand treten. Diese Regelung war sozialpolitisch umstr., weil auf Kosten der Sozialgemeinschaft die Unternehmen ihren Personalbestand verjüngerte u. abbaute. Nach § 128 AFG hat der AG, bei dem der Arbeitslose innerhalb der letzten vier Jahre vor dem Tag der Arbeitslosigkeit, durch den die Rahmenfrist der → Arbeitslosenversicherung bestimmt wird, mind. 720 Tage in einer die Beitragspflicht begründenden Beschäftigung gestanden hat, der BAnstArb vierteljährl. das Alg zu erstatten. Von der Erstattungspflicht gibt es Ausnahmen. Die Regelung ist teilw. verfassungswidrig (BVerfG NZA 90, 161 = NJW 90, 1230). Entspr. Erstattungspflichten für den AG bestehen in der gesetzlichen Rentenversicherung (§ 1248 II RVO, § 25 II AVG). Müller-Roden NZA 90, 334.

III. Schließlich trifft den AG eine Erstattungspflicht wegen des Alg bei → Wettbewerbsverboten. Lit.: Beise DB 87, 1251.

Erziehungsgeld. Nach dem BErzGG i. d. F. v. 25. 7. 1989 (BGBl I 1550) kann beanspruchen, *(1)* wer seinen Wohnsitz o. seinen gewöhnlichen Aufenthalt im Geltungsbereich des BErzGG hat, *(2)* mit einem Kind, für das ihm die Personensorge zusteht, in seinem Haushalt lebt, *(3)* dieses Kind selbst betreut u. erzieht u. *(4)* keine o. keine volle Erwerbstätigkeit ausübt (§ 1 BErzGG). Die Bestimmung des Wohnsitzes richtet sich nach § 30 SGB I. Der Anspruchsteller muß das Kind selbst betreuen o. erziehen. Die Betreuung umfaßt alle Verrichtungen, die sich bei der Pflege o. Versorgung eines Kleinkindes ergeben. Betreuung und Erziehung werden nicht dadurch unterbrochen, daß der Antragsteller vorübergehend krank wird o. in Urlaub fährt; anders dagegen, wenn sie auf Dauer eingestellt wird. Nach § 1 V BErzGG bleibt der Anspruch unberührt, wenn der ASt aus einem wichtigen Grund die Betreuung und Erziehung des Kindes nicht sofort aufnehmen kann o. sie unterbrechen muß (Krankheit des

Kindes u. des Ast). Während des Bezuges von E. darf nur eine Erwerbstätigkeit ausgeübt werden, die auf weniger als 19 h wöchentlich der Natur der Sache nach beschränkt zu sein pflegt o. im voraus durch einen → Arbeitsvertrag beschränkt ist. Für die Betreuung u. Erziehung eines Kindes wird nur einem Elternteil E. gewährt. Erfüllen beide Ehegatten die Anspruchsvoraussetzungen, so wird demjenigen E. gewährt, den sie zum Berechtigten bestimmen. Jeder kann für einen bestimmten Zeitraum zum Anspruchsberechtigten bestimmt werden. Wird die Bestimmung nicht bis zum Ablauf des 3. Lebensmonats des Kindes getroffen o. wird keine Einigung erzielt, ist die Ehefrau die Berechtigte (§ 3 II BErzGG).

Erziehungsurlaub. 1. Anspruchsberechtigt sind → AN (§ 15 BErzGG), die zu ihrer → Berufsausbildung Beschäftigten (§ 20 I BErzGG), → Heimarbeiter u. die ihnen Gleichgestellten, soweit sie am Stück mitarbeiten (§ 20 II BErzGG). Ein Anspruch besteht nur, wenn ein Anspruch auf → Erziehungsgeld besteht. Der AN muß den EU spätestens vier Wochen vor dem Zeitpunkt, von dem ab er ihn in Anspruch nehmen will, von dem AG verlangen u. gleichzeitig erklären, bis zu welchem Lebensmonat des Kindes er ihn beanspruchen will (§ 16 I 1 BErzGG). EU kann mithin für eine beschränkte Zeit verlangt werden. Kann der EU aus einem vom AN nicht zu vertretenden Grund nicht rechtzeitig verlangt werden, so kann der Anspruch binnen einer Woche seit Wegfall des Verhinderungsgrundes nachgeholt werden. Hat der AN die Versäumung der Frist zu vertreten, so beginnt der Anspruch auf EU eben später (§ 16 BErzGG). Ein Anspruch auf EU besteht nicht, solange *(1)* die Mutter als Wöchnerin bis zum Ablauf von acht Wochen, bei Früh- u. Mehrlingsgeburten 12 Wochen nicht beschäftigt werden darf, o. *(2)* der mit dem Erziehungsgeld Berechtigte in einem Haushalt lebende Ehegatte nicht erwerbstätig ist. Das gilt dann nicht, wenn der Ehegatte arbeitslos ist o. sich in Ausbildung befindet (§ 15 II BErzGG). Ist der Ehegatte nicht erwerbstätig, kann dieser die Betreuung des Kindes übernehmen. Erwerbstätigkeit ist jede Tätigkeit, die zum Erwerb zählt, also gegen Bezahlung mit Geld, Sachwerten o. anderen Gegenleistungen erfolgt. Unerheblich ist, ob die Erwerbstätigkeit als AN, Dienstnehmer, selbständiger Gewerbetreibender o. in anderer Form erfolgt. Der EU wird grundsätzlich für die Dauer des Bezugszeitraumes des Erziehungsgeldes gewährt (§ 15 I BErzGG). Das ist regelmäßig vom Tag der Geburt bis zur Vollendung des 12. Lebensmonats. Bei späteren Geburten Verlängerung: Nach 30. 6. 89 15; nach 30. 6. 90 18 Monate. Der Bescheid über die Gewährung von Erziehungsgeld ist auch für den EU maßgebend (AP 1 zu § 15 BErzGG = NZA 89, 13).

Erziehungsurlaub

2. Während des EU sind die Hauptpflichten aus dem Arbeitsverhältnis suspendiert; der AN schuldet keine Arbeitsleistung u. der AG kein → Arbeitsentgelt. Das Arbeitsverhältnis ruht (AP 1 zu § 15 BErzGG = NZA 89, 13; v. 10. 5. 89 – 6 AZR 660/87 – NZA 89, 759; v. 7. 12. 89 – 6 AZR 322/88 – DB 90, 842). Nach § 1 I Nr. 4, § 2 BErzGG ist Teilzeitarbeit während des Bezuges von Erziehungsgeld in beschränktem Umfang zulässig. Die Teilzeitarbeit darf jedoch während EU nicht bei einem anderen AG ausgeübt werden (§ 15 V BErzGG). Ob der AG während des EU → Gratifikationen, Sonderzuwendungen usw. zahlen muß, hängt von der geschlossenen Zuwendungsvereinbarung ab. Sollen die Leistungen für die Arbeitsleistung erbracht werden, sind sie suspendiert; sollen sie die Betriebstreue abgelten, sind sie weiterzuzahlen (v. 10. 5. 89 – 6 AZR 660/87 = NZA 89, 759; v. 7. 12. 89 – 6 AZR 322/88 – DB 90, 842). Dasselbe gilt für vermögenswirksame Leistungen. → Krankenvergütung ist nur dann zu zahlen, wenn der AN Teilzeitarbeit verrichtet. Der Anspruch auf → Urlaub ist demjenigen nachgebildet, der für Soldaten während des → Wehrdienstes besteht. Der Resturlaub wird auf das nächste Jahr übertragen (v. 24. 10. 89 – 8 AZR 253/88 – DB 90, 991).

3. a) Der AG darf das Arbeitsverhältnis während des EU nicht kündigen. Die für den Arbeitsschutz zuständige oberste Landesbehörde o. die von ihr bestimmte Stelle kann in besonderen Fällen ausnahmsweise die Kündigung für zulässig erklären (§ 18 I BErzGG). Für die Zulässigkeit der Kündigung sind allgemeine Verwaltungsvorschriften zum Kündigungsschutz bei EU des BErzGG v. 2. 1. 1986 (BAnz S. 4) ergangen, die zwar keine Rechtsnormqualität haben, aber die Verwaltungsbehörden binden. Besondere Fälle sind vor allem die → Betriebsstillegung o. Verlegung; dies ist ein unbestimmter Rechtsbegriff. Ob bei Vorliegen eines besonderen Falles die Verwaltungsbehörde die Zustimmung erteilt, steht in ihrem pflichtgemäßen Ermessen. → Kündigungsschutz gilt entspr., wenn der AN während des EU bei seinem AG Teilzeitarbeit leistet, ohne EU in Anspruch zu nehmen, bei seinem AG Teilzeitarbeit leistet u. Anspruch auf Erziehungsgeld hat o. nur deshalb nicht hat, weil das Einkommen die Einkommensgrenze übersteigt. Vielfach wird der AG in den letzten Fällen gar nichts von dem Bestehen des Kündigungsschutzes wissen. Der AN wird daher nach Ausspruch einer Kündigung sich unverzüglich auf den Kündigungsschutz berufen müssen.

b) Der EU-Berechtigte kann das → Arbeitsverhältnis unter einer Einhaltung einer → Kündigungsfrist von einem Monat zum Ende des EU kündigen, soweit nicht eine kürzere gesetzliche o. vereinbarte Kündigungsfrist besteht (§ 19 BErzGG).

c) Stellt ein AG einen AN für die Dauer *(1)* eines Beschäftigungsverbotes nach dem MuSchG, *(2)* des EU, *(3)* für Teile hiervon o. *(4)* der Einarbeitung hierzu ein, so besteht ein sachlicher Grund für ein → befristetes Arbeitsverhältnis. Die Dauer der Befristung muß kalendermäßig bestimmt sein; unzureichend ist für die Dauer des EU, sonst kommt ein → Dauerarbeitsverhältnis zustande. Im befristeten Arbeitsverhältnis ist grundsätzlich eine ordentliche → Kündigung ausgeschlossen, es sei denn, daß sie vorbehalten worden ist. Ist sie vorbehalten, so gilt für sie der allgemeine u. besondere → Kündigungsschutz. Lediglich in § 21 IV BErzGG ist dem AG ein außerordentliches Kündigungsrecht mit einer Kündigungsfrist von drei Wochen vorbehalten, wenn der EU ohne Zustimmung des AG vorzeitig beendet werden kann. Für diese Kündigung ist der allgemeine → Kündigungsschutz abbedungen (§ 21 V BErzGG), nicht aber der besondere, zB. nach dem MuSchG.

Europäischer Gerichtshof ist die für die EG zuständige Instanz zur Entscheidung von Klagen gegen Mitglieder wegen Verletzung von EG-Recht sowie gegen Akte der EG. Der EuGH entscheidet auch über die Auslegung von Gemeinschaftsrecht. Bei Kollision von nationalem u. EG-Recht besteht eine Vorlagepflicht an den EuGH (AP 1, 2 zu Art. 177 EWG-Vertrag), Ausnahme bei Arrest u. einstw. Verfügung (EuGH NJW 77, 1585).

Europäischer Sozialfonds (Art. 123 EWG-Vertrag) heißt eine Einrichtung der EG durch die die berufliche Verwendbarkeit u. die örtliche sowie berufliche Freizügigkeit der Arbeitskräfte gefördert werden soll. Dazu EWG-VO Nr. 2396/71 des Rates zur Durchführung des Beschlusses des Rates v. 1. 2. 1971 über die Reform des Europäischen Sozialfonds (ABl. Nr. L 249/54 v. 10. 11. 1971 i. d. ÄndVO Nr. 2893/77 v. 20. 12. 1977 (ABl. Nr. L 337/1).

Europäisches Arbeitsrecht. I. 1. Bereits im Okt. 1972 hatte der Pariser EG-Gipfel beschlossen, daß aus der Wirtschaftsunion auch eine Sozialunion werden müsse. Arbeits- und sozialrechtliche Regelungen haben zunächst nur einen begrenzten Raum eingenommen. Im Jahre 1985 hatte die Kommission ein „Weißbuch Binnenmarkt" vorgelegt, das 280 Maßnahmen enthält, den Binnenmarkt zu fördern. Unter Bezugnahme auf dieses Weißbuch wurde der EWG-Vertrag durch die einheitliche europäische Akte vom 17./28. 2. 1986 (BGBl. II 1104) in Kraft seit 1. 7. 1987 geändert. Die EEA hat drei neue Ansätze mit Bezug zum Arbeitsrecht und Arbeitsschutz eingeführt (2–5).

2. Nach Art. 100a EWG-Vertrag können mit qualifizierter Mehrheit Richtlinien ergehen, die Hersteller, Importeure und Händler verpflichten, bei Arbeitsgeräten sicherheitstechnische Normen ein-

zuhalten und Zulassungsprüfungen vorzunehmen. Der Arbeitsschutz wird mithin bereits dahin verwirklicht, daß die Geräte sicherheitstechnischen Voraussetzungen genügen müssen. Die Richtlinien
bedürfen der Umsetzung in Deutsches Recht; nach Art. 100a II
EWG-Vertrag werden durch die Bestimmungen die Rechte und Interessen der AN nicht berührt. Es herrscht aber weitgehend Übereinstimmung, daß die Produkte sicherheitstechnischen Bestimmungen genügen müssen, auch wenn sie zum Schutz der AN dienen.

3. Nach Art. 100a EWG-Vertrag können Binnenmarktrichtlinien
auf dem Gebiet der gefährlichen Arbeitsstoffe ergehen. Auch insoweit sind zahlreiche Richtlinien erlassen, die durch die auf das Che-
mikaliengesetz gestützte → GefahrstoffVO umgesetzt werden.

4. Nach Art. 118a EWG-Vertrag können mit qualifizierter Mehrheit Richtlinien mit arbeitsschutzrechtlichem Inhalt erlassen werden.
Hierzu gehören Richtlinien über die Arbeitsschutzpflichten von AG
und AN, über die Organisation des Arbeitsschutzes in den Betrieben
sowie die Benutzung von Maschinen, Geräten u. persönlichen
Schutzausrüstungen. Bis zum Erlaß der EEA sind mehrere Richtlinien
ergangen, die detaillierte technische Regelungen enthielten. Nach
Erlaß der EEA werden nur noch die Grundlagen in Richtlinien geregelt. Die Einzelgrundsätze werden in europäischen Normen niedergelegt, die von Cen u. Cenelec, den europäischen Zusammenschlüsen
der nationalen Normeninstitute erarbeitet werden. Diese Richtlinien
müssen in nationales Recht umgesetzt werden. Dies geschieht im
Zusammenhang mit Regelungen des Gerätesicherheitsgesetzes.

5. Nach Art. 118a EWG-Vertrag ist eine Rahmenrichtlinie zum
Arbeitsschutz v. 12. 6. 89 erlassen, die durch weitere Einzelrichtli-
nien näher ausgestaltet werden soll. Die Richtlinien enthalten Min-
destvorschriften; die Mitgliedstaaten können verschärfte Bestimmungen einführen (§ 118a III EWG-Vertrag).

II. Auch das materielle Arbeitsrecht wird durch den EG-Binnen-
markt beeinflußt.

1. Nach Art. 48 EWG-Vertrag ist die Freizügigkeit der AN herzustellen. Insoweit ist die VO Nr. 1612/68 über die Freizügigkeit der
AN innerhalb der Gemeinschaft v. 15. 10. 68 (ABl. Nr. L 257/2 ber.
Nr. L 295/12) m. spät. Änd. ergangen. Lit.: Ried, ZTR 88, 69; Ke-
telsen DAngVers 90, 226.

2. Auf der Grundlage von Art. 100. 235 sind Richtlinien zur
Gleichbehandlung von Männern und Frauen ergangen. Diese haben
zur Änderung der §§ 611ff BGB geführt (→ Frauenarbeitsschutz).

3. Ebenfalls auf der Grundlage von Art. 100, 235 ist die Richtlinie
Nr. 77/187/EWG des Rates v. 14. 2. 77 zur Angleichung der Rechts-

vorschriften der Mitgliedstaaten über die Wahrung von Ansprüchen der AN beim Übergang von Unternehmen, Betrieben u. Betriebsteilen (ABl. Nr. L 61 S. 26) erlassen. Sie hat zur Anpassung von § 613a BGB geführt (→ Betriebsnachfolge).

4. Weitere Richtlinien von 1975 u. 1980 bedingten die Änderung der Vorschriften über die → Massenentlassung; dagegen bedurfte es keiner Anpassung des BetrAVG, da dies bereits den Mindestvoraussetzungen bei Insolvenz des AG genügte (→ Ruhegeld).

5. Nach der Änderung des EWG-Vertrages durch die EEA stehen für arbeitsrechtliche Regelungen zur Verfügung: *(1)* Art. 118 Zusammenarbeit in sozialen Fragen, *(2)* Art. 118a Verbesserung der Arbeitsumwelt, *(3)* Art. 118b Dialog zwischen den Sozialpartnern. Dies ist keine geeignete Rechtsgrundlage für den europäischen Tarifvertrag, *(4)* Art. 119 Lohngleichheit (→ Frauenarbeitsschutz). Lit.: Birk NZA 89, 329; Koll DB 89, 1234; Leinemann ZIP 89, 1224; Veit ZTR 90, 56; Wlotzke NZA 90, 417; Zachert ArbuR 89, 161.

Europäisches Zentrum für die Förderung der Berufsbildung ist ein von der Kommission der EWG unabhängiges Organ, das der Koordinierung der Bildungspolitik der Mitgliedstaaten (EWG-VO Nr. 337/75 RdA 75, 251) dient.

F

Fahrlässigkeit ist eine Verschuldensform, die Außerachtlassung der im Verkehr erforderl. Sorgfalt (§ 276 I 2 BGB). Es wird auf ein obj. abstraktes Maß, dagegen nicht auf die Person abgestellt. Zu unterscheiden sind Arten (bewußte: Täter hat mit Erfolgsaussicht gerechnet, aber fahrl. auf Nichteintritt gehofft; unbewußte: Erfolgsmöglichkeit fahrl. nicht erkannt) sowie Grade der F. (leichte, mittlere, grobe F.). Bei grober F. (Vernachlässigung einer jedem einleuchtenden Sorgfalt) werden im → Arbeitsrecht auch subj. Momente berücksichtigt. → Haftung des AN.

Faktisches Arbeitsverhältnis. Von einem f.A. spricht man, wenn der → Arbeitsvertrag von vornherein rechtsunwirksam o. rückwirkend im Wege der → Anfechtung (§ 142 BGB) beseitigt worden ist, aber der AN die Arbeit bereits aufgenommen hat. Das Rechtsinstitut ist von Lehre u. Rechtspr. in Anlehnung an das Gesellschaftsrecht entwickelt worden, weil bei nichtigen Dauerschuldverhältnissen, also bei Rechtsverhältnissen, deren Leistungspflichten sich nicht in einem einmaligen Leistungsaustausch erschöpfen, als unbillig u. unzureichend empfunden wurde, sie nach dem Recht der ungerechtfertigten Bereicherung (vgl. §§ 812ff. BGB) abzuwickeln. In neuerer Zeit wird vielfach von einem fehlgegangenen Rechtsverhältnis gesprochen. Nach seinen Rechtsgrundsätzen ist der nichtige o. angefochtene ArbVertr. für die Vergangenheit als voll wirksam zu behandeln; der AN hat also Anspruch auf → Arbeits- u. Krankenvergütung, Bezahlung auch verbotener Mehrarbeit (AP 2 zu § 2 TOA), Einhaltung der Vorschriften des → Arbeitsschutzes, → Mutterschutzes (AP 3 zu § 12 MSchG) usw. Dagegen ist für die Zukunft eine jederzeitige Lösung des nichtigen Arbeitsverhältnisses möglich *(EzA 3 zu § 397 BGB);* auch die Anfechtung des in Vollzug gesetzten ArbVertr. entfaltet nur für die Zukunft Wirkung u. kommt daher einer ao. → Kündigung gleich (AP 1 zu § 611 BGB Faktisches Arbeitsverhältnis). Sie hat jedoch neben dieser eine selbständige Bedeutung, z. B. gelten nicht die Vorschriften des → Kündigungsschutzes. Eine Rückwirkung der Anfechtung ist dagegen dann gegeben, wenn das Arbeitsverhältnis wieder außer Vollzug gesetzt worden ist (AP 27 zu § 123 BGB = NJW 85, 646 = NZA 85, 58). Hat der AN den Abschluß des ArbVertr. durch arglistige Täuschung erwirkt, so kann nach → Anfechtung der AG gegenüber den Vergütungsansprüchen mit Schadensersatzansprüchen aufrechnen. Die Grundsätze des f. A. sind nur dann nicht anwendbar, wenn der ArbVertr. einen besonders schweren Nichtigkeitsmangel aufweist, z. B. Verstoß gegen die → guten Sitten (§ 138 BGB); gegen Strafgesetze (Einstellung zur Durchführung von Einbrüchen, Vorführung des Geschlechtsverkehrs [AP 34 zu § 138 BGB] usw.). Indes kann u. U. die Berufung einer Partei auf die Sittenwidrigkeit ausgeschlossen sein (Stripteasetänzerin: AP 18 zu § 611 BGB Faktisches Arbeitsverhältnis).

Familienmitarbeit. Wird Arbeit aufgrund familienrechtl. Verpflichtung geleistet, ist grundsätzl. → Arbeitsrecht nicht anwendbar; das JArbSchG ist nur bei geringfügiger, familienrechtl. Hilfeleistung unanwendbar (§ 1 II JArbSchG). Nach § 1356 BGB regeln die Ehegatten die Haushaltsführung im gegenseitigen Einvernehmen. Bei der Wahl zur Ausübung einer Erwerbstätigkeit haben sie auf die Belange des anderen Ehegatten u. der Familie die gebotene Rücksicht zu nehmen. Nach § 1619 BGB haben auch volljährige Kinder in einer ihren Kräften u. ihrer Lebensstellung entspr. Weise den Eltern in ihrem Hauswesen u. Geschäft Arbeit zu leisten, so lange sie dem elterl. Hausstand angehören u. von den Eltern erzogen o. unterhalten werden. Zwischen Eheleuten o. Eltern u. Kindern kann jedoch auch ein Arbeitsverh. über die kraft Gesetzes geschuldeten u. darüber hinausgehenden Leistungen begründet werden. Ob es begründet wird, richtet sich nach dem Willen der Beteiligten. Fehlt eine ausdrückl.

Vereinbarung, so spricht für ein Arbeitsverh. Zahlung des ortsübl. o. tarifl. Lohnes, Entrichtung von → Lohnsteuern u. Sozialversicherungsbeiträgen, Ersatz einer fremden Arbeitskraft, Eingliederung in den Betr., erhebliche familienrechtl. Beschäftigung überschreitende Arbeitsleistung (AP 14 zu § 528 ZPO, BFH, AP 1 zu § 611 BGB Arbeitsverh. zwischen Eltern u. Kindern; BSG, AP 2, 3, 4 a. a. O.). Eine bloße familienrechtl. Mitarbeit ist gegeben, wenn dies der Verkehrsüblichkeit entspricht (im → Handwerk, Ehefrau als Metzgereiverkäuferin usw.). Das als Drittschuldner in Anspruch genommene Familienmitglied kann sich bei Anwendung von § 850h II ZPO nicht auf die familienrechtl. Mitarbeitspflichten berufen (umstr.); diese ist nur im Innenverhältnis von Bedeutung (AP 6 zu § 850h ZPO; → Drittschuldnerklage). Ein *versicherungspflichtiges Beschäftigungsverhältnis* ist dann gegeben, wenn *a)* das Familienmitglied in den Betrieb des AG eingegliedert, *b)* i. d. R. ein angemessenes Arbeitsentgelt gezahlt, *c)* → Lohnsteuer entrichtet u. *d)* das Entgelt als Betriebsausgabe verbucht wird.

Fehlgegangene Vergütungserwartung. Vielfach erbringen sich Personen in → eheähnlichen, verwandtschaftlichen o. ähnl. Verhältnissen wechselseitig Arbeitsleistungen, ohne daß ein → Arbeitsentgelt vereinbart wurde. Ein Vergütungs- o. Nachzahlungsanspruch hat das BAG im Wege der Rechtsfortbildung zu § 612 BGB bejaht, wenn a) eine Erwartung besteht, daß durch eine in Zukunft erfolgende Übergabe eines Vermögens o. Vermögensbestandteils die in der Vergangenheit geleisteten Dienste abgegolten werden, b) für die geleisteten Dienste entweder keine o. doch nur deutlich unterwertige Bezahlung erfolgt ist u. c) ein unmittelbarer Zusammenhang zwischen der unterwertigen o. fehlenden Zahlung u. der Erwartung besteht (AP 24 zu § 612 BGB). Je nach den Umständen des Einzelfalles kann ein Anspruch auch bei Verlobten erwachsen. Soll die Vergütung im Wege der Erbeinsetzung erfolgen, beginnt die → Verjährung mit dem Tode, es sei denn, daß zuvor schon eindeutig die Vergütungserwartung zerstört ist (NJW 78, 444). Soll die Vergütung durch Hofübergabe erfolgen, so hat der AN kein Wahlrecht, stattdessen eine Barvergütung zu verlangen, wenn die Hofübergabe nur unwesentlich von der vorausgesetzten Vergütung abweicht (AP 32 zu § 612 BGB).

Feiertage. I. An Sonn- u. Feiertagen fällt die Arbeit i. d. R. aus (§ 105a GewO). Lit.: Gehrmann GewArch 89, 317; Mayer DÖV 88, 409; Schatzschneider NJW 89, 681; Zmarzlik DB 89, 526. Welche Tage F. sind, bestimmt sich nach LandesG (s. Übersicht in dtv-ArbGG). Der Kalender-F. kann in Dreischichtenbetrieben betriebl. um jeweils 6 Std. nach vorn o. hinten verschoben werden (AP 26, 29

Feiertage

zu § 1 FeiertagslohnzahlungsG für das Produktivgewerbe; einschränkend: AP 40 = DB 83, 2579 für das Handelsgewerbe). Fällt in einem Dreischichtenbetrieb der F. auf eine Freischicht, so kann der AN keinen zusätzl. freien Tag o. F.-Verg. verlangen (AP 8 zu § 1 FeiertagslohnzahlungsG Berlin; vgl. AP 2 zu § 27 MTB II; AP 1 zu § 35 BAT; AP 2 zu § 15 BMT-G). Nach § 1 I FeiertagslohnzahlungsG hat der AG dem AN die → Arbeitsvergütung zu zahlen, die der AN verdient hätte, wenn die Arbeit nicht infolge des Feiertages, der auch auf einen Sonntag fallen kann, ausgefallen wäre. Bei Akkord- o. Provisionsvergütung ist der Durchschnittsverdienst zu zahlen (AP 11, 27, 28, 39 zu § 1 FeiertagslohnzahlungsG). Entsprechendes gilt, wenn die Arbeit je nach wechselndem Bedarf geleistet wird (AP 39 = DB 83, 2784) o. der AN Mehrarbeit geleistet hätte (AP 47 = NZA 86, 397). Bei → flexibler Arbeitszeit haben AN Anspruch in Höhe der tatsächlich ausfallenden Arbeitszeit (AP 52, 54, 53 = NZA 88, 663, 538). Fällt ein gesetzl. F. in den Krankheitszeitraum, so hat der AN für den F. Anspruch auf → Krankenvergütung (AP 35; v. 19. 4. 89 – 5 AZR 248/88 –). Zur F.-Vergütung kann auch die Nahauslösung gehören (AP 50 = NZA 87, 315), wenn sie Lohncharakter hat. Arbeitet eine Akkordkolonne an allen Werktagen u. ist für den AG nicht erkennbar, wie der Verdienst verteilt wird, so hat am F. jedes Kolonnenmitglied seinen Kopfanteil nach der Sollzahl der Kolonne zu verlangen, auch wenn sonst nur weniger AN arbeiten (AP 43 = DB 84, 1885). Ist Kurzarbeit eingeführt u. bezieht der AN an anderen Tagen → Kurzarbeitergeld, so gilt die ausfallende Arbeitszeit als aufgrund der F. ausgefallen; der AG muß dann nur die Vergütung in Höhe des Kurzarbeitergeldes weiterzahlen (AP 33; zu den Abgaben: AP 44 = NZA 85, 62). Während der → Schlechtwetterzeit besteht Anspruch in Höhe des sonst gezahlten Verdienstes (AP 49 = NZA 86, 789). Wird in einem Betrieb an einem Wochenfeiertag eingeschränkt gearbeitet, so hängt der Anspruch davon ab, welche AN wegen des Feiertages nicht arbeiten. Eine dienstplanmäßige Freistellung schließt den Anspruch aus (AP 41 = DB 84, 1251). Eine Pauschalierung der F.-Vergütung ist zulässig; jedoch muß der Zuschlag erkennen lassen, daß er geeignet ist, den gesetzl. Anspruch zu erfüllen (AP 31). Der Anspruch auf F.-Bezahlung ist ausgeschlossen, wenn der AN am letzten Tag vor o. am 1. Arbeitstag nach dem F. unentschuldigt der Arbeit fernbleibt; versäumt er nur einen Teil der Arbeitszeit, so entfällt der Anspruch, wenn er nicht wenigstens die Hälfte der für den Arbeitstag maßgebenden Arbeitszeit geleistet hat. Dabei braucht die Fehlzeit nicht im unmittelb. Zusammenhang mit dem F. zu stehen (AP 23). Ist die Arbeitszeit zwischen Weihnachten u. Neujahr vorgeleistet o. ist überhaupt nicht gearbeitet worden, so entfällt der Anspruch auf Bezahlung der Weihnachts- u. des Neujahrsf., wenn der AN am 2. 1. fehlt (AP 17, 37). Wird für die Dauer von Betriebsferien zwischen Weihnachten und Neujahr unbezahlter Sonderurlaub gewährt, so bleibt hiervon der Anspruch auf Feiertagsbezahlung unberührt (AP 36). Tritt der AN dagegen nach einem → Urlaub die Arbeit nicht rechtzeitig an, so bleibt davon der Anspruch unberührt. Wird die infolge des F. ausfallende Arbeitszeit vor- o. nachgearbeitet, so wird dadurch die F.-Bezahlung nicht berührt; die Vor- u. Nacharbeit ist jedoch i. d. R. keine Mehrarbeit (AP 20, AP 48 = DB 85, 2694). Die F.-Vergütung wird von tariflichen → Verfallfristen nicht erfaßt, wenn nur tarifliche Ansprüche verfallen sollen (AP 51 = DB 87, 1155). Lit.: Klischan DB 87, 331.

II. Wird am F. gearbeitet, so erhält der AN nicht nur seinen vollen Lohn, sondern darüber hinaus einen besonderen Zuschlag. Ein solcher ist jedoch nicht gesetzl. vorgeschrieben. Maßgebend sind die tarifl. o. betriebl. Regelungen. Fehlen → kollektivrechtl. Vereinbarungen, so besteht für die Zuschl.-Regelung Vertragsfreiheit; mangels ausdrückl. Vereinbarung sind die orts- u. branchenübl. Zuschläge als vereinbart anzusehen.

Fernsehen → Rundfunk

Finderrechte. Findet der AN im Rahmen seines Arbeitsverhältnisses eine Sache, so stehen die Finderrechte – Finderlohn usw. – dem AG zu (BGH 8, 130; *EzA 1 zu § 965 BGB;* teilw. a. A. BGH AP 1 zu § 984 BGB = NJW 88, 1204).

Firmentarifvertrag heißt ein → Tarifvertrag, der auf Arbeitgeberseite nur von einem einzelnen AG abgeschlossen wird (Krichel NZA 86, 731).

Flexibilisierung der Arbeitszeit. I. Hierunter werden verschiedene Formen der → Arbeitszeit verstanden, wie die → Abrufarbeit, die kapazitätsorientierte Arbeitszeit, das → Job Sharing, die Verkürzung der Lebensarbeitszeit u. die verschiedenen Formen der Verkürzung der betrieblichen Arbeitszeit. Die flexible betriebliche Arbeitszeit beruht auf einem Schlichtungsspruch vom 28. 6. 1984 (RdA 84, 362 = NZA 84, 79), der im Rahmen der Auseinandersetzung der AG um die Erhaltung der 40-Stundenwoche u. der Gewerkschaften um die Einführung der 35-Std.-Woche erging.

II. 1. Das Grundprinzip des Schlichtungsspruches besteht *(1)* in der Einführung einer durchschnittlichen tariflichen Wochenarbeitszeit von 38,5 Std. Die Arbeitszeit im Betrieb wird im Rahmen dieses Arbeitszeitvolumens durch → Betriebsvereinbarungen geregelt (Buchner RdA 90, 1; v. Hoyningen-Huene ZfA 88, 293; Linnenkohl BB 88, 1459; Weyand ArbuR 89, 193). Dabei können für Teile des

Fließarbeit

Betriebes, einzelne AN o. Gruppen von AN unterschiedliche Wochenarbeitszeiten zwischen 37 u. 40 Std. festgelegt werden. *(2) Unterschiedliche* Arbeitszeiten in den Betriebsabteilungen. Produktive Abteilungen können länger arbeiten; unproduktive arbeiten nur kürzer usw. *(3)* Kontrolle der unterschiedlichen Arbeitszeiten. Lit.: Linnenkohl BB 89, 2472; Zmarzlik BB 88, 2377; Zöllner ZfA 88, 265.

2. Gegen die f. AZ sind zahlreiche Rechtsbedenken erhoben worden, die jedoch vom BAG nicht geteilt werden (AP 23 zu § 77 BetrVG 1972 = NJW 87, 510 = NZA 87, 779).

III. Die Einführung der f. AZ führt zu zahlreichen Rechtsfragen im Einzelfall.

1. Nach dem jeweiligen Wortlaut des Tarifvertrages muß entschieden werden, ob die Arbeitszeit allgemein auf 38,5 Std. gesenkt worden ist. Alsdann können für die länger Arbeitenden Ansprüche auf Zuschläge (→ Überstunden) erwachsen.

2. Ist der AN an der Arbeitsleistung verhindert (→ Arbeitsverhinderung, → Krankheit, → Urlaub) erlangt er Anspruch auf die Vergütung, die er erhalten hätte, wenn der Verhinderungsgrund nicht eingetreten wäre. Ihm ist mithin diejenige Vergütung fortzuzahlen, die seiner Arbeitszeit entspricht. Bei der Berechnung der → Krankenvergütung im Freischichtenmodell wird nach vielen Tarifverträgen die Zahl der bei Arbeitsunfähigkeit zu vergütenden Stunden ermittelt aus den im Bezugszeitraum geleisteten Arbeitsstunden (AP 54 zu § 1 FeiertagslohnzahlungsG = NZA 88, 663; AP 80 zu § 1 LohnFG = NZA 89, 350; AP 16 zu § 2 LohnFG = BB 89, 1620). Zur Feiertagsvergütung im Freischichtenmodell: AP 52–54 zu § 1 Feiertagslohnzahlungs G = NZA 88, 663, 538; AP 71 zu § 1 TVG Tarifverträge Metallindustrie). Lit.: Bengelsdorf DB 88, 1161; Veit NZA 90, 249.

3. Ein AN kann unter Wahrung der Rechte des → Betriebsrates von einer Gruppe der AN in eine andere mit anderer Arbeitszeit versetzt werden, ohne daß es hierfür einer Änderungskündigung bedarf. Die f. AZ gilt auch für → AT-Angestellte, deren AZ sich nach der betrieblichen AZ richtet (AP 1 zu § 1 TVG Tarifverträge: Stahlindustrie = NZA 88, 289 = DB 88, 657).

Fließarbeit ist eine örtlich fortschreitende, zeitlich bestimmte, lückenlose Folge von Arbeitsvorgängen, wobei nicht notwendig ein laufendes Band zur Beförderung der Werkstücke von Arbeitsvorgang zu Arbeitsvorgang vorhanden sein muß. Die Beschäftigung von Schwangeren (§ 4 III 2 MSchG; → Mutterschutz) u. Jugendlichen mit Fl. ist unzulässig (§ 23 JArbSchG; → Jugendarbeitsschutz).

Fortsetzungskrankheit → Krankenvergütung.

Franchise ist ein besonderes Vertriebssystem. Es besteht im wesentl. darin, daß ein selbständiger Unternehmer ein Erzeugnis o. eine Service-Leistung o. beides zusammen unter Verwendung eines gemeinsamen Namens, Symbols, Warenzeichens u. eine Ausstattung entwickelt hat u. seinen F.-Nehmern, die ihrerseits selbständige Unternehmen bleiben, den Vertrieb des Produkts u./o. der Service-Leistung überträgt (EzA 11 zu § 60 HGB). Soll ein AN F.-Nehmer werden, treffen den F.-Geber besondere Aufklärungspflichten, anderenfalls es schadensersatzpflichtig wird (AP 1 zu § 84 HGB = DB 80, 2039). Lit.: Matthiessen ZIP 88, 1089; Bander NJW 89, 78; Buschbeck-Bülow BB 89, 352; Weltrich DB 88, 806; Skaupy BB 90, 134.

Frauenarbeitsschutz. Die wesentlichen Bestimmungen über den F. enthalten:

1. Das EG-Anpassungsgesetz vom 13. 8. 1980 (BGBl. I 1308), hat infolge des → Europäischen Arbeitsrechts (Steindorff RdA 88, 129; Colneric BB 88, 968) eine Reihe von Vorschriften in das BGB eingefügt. Nach § 611a I 1 BGB darf ein AG keinen AN bei einer Vereinbarung oder einer Maßnahme, insbesondere bei der Begründung eines Arbeitsverhältnisses oder bei einem berufl. Aufstieg, bei einer Weisung oder Kündigung wegen seines Geschlechts benachteiligen. Eine unterschiedl. Behandlung wegen des Geschlechts ist nur zulässig, soweit sie aus der Art der auszuführenden Tätigkeit folgt o. ein bestimmtes Geschlecht dafür Voraussetzung ist. Da ein AN die unsachl. Differenzierung nur schlecht beweisen kann, enthält § 611a I 3 BGB eine Beweislastumkehr, daß der AN nur Tatsachen glaubhaft zu machen braucht, die eine geschlechtsspezifische Benachteiligung wahrscheinlich machen. Alsdann trifft den AG die Beweislast für die nicht geschlechtsbezogenen Gründe. Aus geschlechtsbezogenen Gründen ist eine Benachteiligung auch nicht wegen bestehender arbeitsrechtl. Schutzbestimmungen zulässig. Ist aus geschlechtsbezogenen Gründen ein Arbeitsverhältnis nicht begründet worden, ist der AG schadensersatzpflichtig. Der Anspruch verjährt in zwei Jahren. Der EuGH hat die bestehende gesetzl. Regelung wegen Verstoßes gegen EG-Recht für unwirksam erklärt (DB 84, 1042), weil sie nur zum Ersatz des Vertrauensschadens führt. Das sind aber regelmäßig die Bewerbungskosten. Die Zurückweisung eines AN wegen des Geschlechts enthält aber die Verletzung seines Persönlichkeitsrechtes. Insoweit ist eine Entschädigung zu zahlen; diese hat grundsätzlich der Arbeitsvergütung für einen Monat zu entspr. (v. 14. 3. 89 – 8 AZR 447/87 –; 8 AZR 351/86; Eisemann ArbuR 88, 225). Die Ausschreibung von Arbeitsplätzen soll nicht allein nur für Männer oder nur für Frauen erfolgen (§ 611b BGB). In § 612 III BGB ist der auch schon bisher geltende (AP 6, 7 zu Art. 3 GG, EuGH NJW 76, 2068;

78, 2445; 80, 2014) Grundsatz der Lohngleichheit für Männer und
Frauen eingeführt. Für gleiche oder gleichwertige Arbeit darf nicht
wegen des Geschlechts des Arbeitnehmers eine geringere Vergütung
vereinbart werden. Vergütung ist jede Gegenleistung des AG für die
Leistung der Arbeit, also auch das betriebl. → Ruhegeld. Untersagt
ist aber auch Frauenarbeit in ihrer Wertigkeit geringer einzustufen,
als die von Männern. Der Begriff der geringeren körperl. Belastung
ist nach der Veränderung der Verkehrsanschauung zu bestimmen; es
kommt insoweit nicht mehr nur auf die körperl. Belastung an, sondern auch auf die nervlich energetische (AP 63 zu § 1 TVG Tarifverträge: Metallindustrie = NZA 88, 626). Lit.: Raasch KJ 90, 62; Slu-
pik/Holpner RdA 90, 24; ZTR 90, 111.

Auch eine Differenzierung von Zulagen ist unwirksam (AP 117 zu
Art. 3 GG; AP 53 zu § 242 BGB Gleichbehandlung). Ergeben sich
bei einer einheitlichen betrieblichen Regelung Anhaltspunkte dafür,
daß weiblichen AN für die Arbeit ein geringerer Lohn gezahlt wird
als männlichen AN, so muß der AG darlegen und beweisen, daß die
von Männern geleistete Arbeit anders zu bewerten ist.

Verboten ist die mittelbare Frauendiskriminierung. Gelegentlich
wird bei → Teilzeitbeschäftigung kein → Ruhegeld zugesagt. Vor
allem Frauen arbeiten jedoch in Teilzeitbeschäftigung. Das BAG hat
zunächst Bedenken geäußert, ob bei dem Ausschluß der Teilzeitbeschäftigten eine mittelbare Frauendiskriminierung vorliegt u. insoweit den EuGH angerufen (AP 1 zu § 1 BetrAVG Gleichbehandlung
= NJW 82, 2013; AP 3 zu Art. 119 EWG – Vertrag). Nach dessen
Entscheidung hat es entschieden, daß eine mittelbare Frauendiskriminierung dann vorliegt, wenn *(1)* eine Regelung gegeben ist, durch
die eine bestimmte Gruppe von AN ausgeschlossen wird, *(2)* durch
diese Regelung wesentlich mehr Personen des einen als des anderen
Geschlechtes betroffen werden, *(3)* die nachteilige Wirkung mit dem
Geschlecht o. der Geschlechtsrolle zu erklären ist. Liegt hiernach eine
mittelbare Diskriminierung vor, so ist sie gleichwohl gerechtfertigt,
wenn das gewählte Mittel *(1)* einem wirklichen Bedürfnis des AG
entspricht, *(2)* zur Erreichung des Zieles geeignet u. *(3)* nach den
Grundsätzen der Verhältnismäßigkeit erforderlich ist (AP 11 zu
Art. 119 EWG-Vertrag = DB 87, 994 = NZA 87, 445; v. 14. 3. 1989
– 3 AZR 490/87 – NJW 89, 68; v. 23. 1. 1990 – 3 AZR 58/88 –;
EuGH DB 86, 1525 = NZA 86, 599). Keine mittelbare Frauendiskriminierung sieht das BAG in sog. hierarchischen Altersversorgungen,
bei denen nur AN in Beförderungsstufen, in die Frauen normalerweise nicht gelangen, Ruhegelder erhalten (AP 4 zu § 1 BetrAVG
Gleichberechtigung). Namentlich im Bereich des öffentlichen Dienstes sind unterhälftig tätige Teilzeitbeschäftigte von der Zusatzversorgung ausgeschlossen. Insoweit besteht Streit, ob dies dem Lohn-

gleichheitsgebot entspricht (v. 14. 3. 1989 – 3 AZR 361/85 –; v. 29. 8. 1989 – 3 AZR 370/88 – NZA 90, 37; Kiefer ZTR 89, 91). Umstr. ist ferner, ob unterschiedliche Altersgrenzen möglich sind (vgl. BSG AP 1 zu § 25 AVG; BVerfG BB 86, 1018; EuGH NJW 82, 2726; 86, 2182). Lit.: Hanau/Preis ZfA 88, 177.

2. MSchG i. d. F. v. 18. 4. 1968 (BGBl. I 315) m. spät. Änd.; → Mutterschutz,

3. Die in einigen Ländern geltenden Hausarbeitstagsgesetze, die zwar von Ländern erlassen, aber zum Bundesrecht geworden sind, sowie die Freizeitanordnung v. 22. 10. 1943 (RABl. III 325); →Hausarbeitstag. Sie werden weitgehend verfassungswidrig sein.

4. Arbeitszeitordnung v. 30. 4. 1938 (RGBl. I 447) m. sp. Änd.; → Arbeitszeit. Ein Arbeitszeitgesetz ist in Vorbereitung.
Überblick: a) Fr. dürfen höchstens mit 1 Std. Vor- u. Nacharbeiten (§ 5 I AZO) über die im Betr. zulässige Arbeitszeit beschäftigt werden (§ 17 I AZO). b) Sie dürfen auch in Ausnahmefällen nicht länger als 10 Std., an Tagen vor Sonn- u. → Feiertagen nicht länger als 8 Std. beschäftigt werden (§ 17 II). Ausnahmen für bestimmte Dienstleistungsberufe. c) Den Fr. müssen bei mehr als 4½ Std. Arbeitszeit eine o. mehrere vorausbestimmte Ruhepausen von mehr als 15 Min. gewährt werden, u. zw. bei 4½–6 Std. 20 Min. bei 6–8 Std. 30 Min., 8–9 Std. Arbeitszeit ¾ Std. u. bei mehr als 9 Std. 1 Std. Bei mehr als 8–8½ Std. dürfen die Ruhepausen auf ½ Std. verkürzt werden, wenn die Verlängerung der Arbeitszeit über 8 Std. dazu dient, durch andere Verteilung der Arbeitszeit einen Frühschluß vor Sonn- u. Feiertagen herbeizuführen. d) Arbeiterinnen dürfen nicht in der Nachtzeit von 20–6 Uhr u. an Tagen vor Sonn- u. Feiertagen nicht nach 17 Uhr beschäftigt werden. Ausnahmen für mehrschichtige Betr. u. für bestimmte Dienstleistungsberufe. Kraft behördl. Genehmigung können von einigen Vorschriften Ausnahmen bewilligt werden (§§ 20, 21 AZO). e) Fr., die Kinder unter 14 Jahren im gemeinsamen Haushalt ohne ausreichende Hilfe betreuen müssen, sind auf ihr Verlangen von Mehrarbeit, Nachtarbeit, Sonn- u. Feiertagsarbeit freizustellen (§ 3 FAO).

5. Nach § 21 GastG v. 5. 5. 1970 (BGBl. I 1298) m. spät. Änd. können die LReg. zur Aufrechterhaltung der Sittlichkeit o. zum Schutz der Gäste durch RechtsVO Vorschriften über die Zulassung, das Verhalten und die Art der Tätigkeit sowie, soweit tarifvertragl. Regelungen nicht bestehen, die Art der Entlohnung der in Gaststättenbetrieben Beschäftigten erlassen. Die VO brauchen sich mithin nicht mehr nur auf weibl. AN zu beziehen. In den Ländern sind entspr. VO ergangen (vgl. Schlegelberger, Das Recht der Gegenwart, 21. Aufl., 1990).

6. Die Beschäftigung von weibl. AN im Personen- u. Güterverkehr ist eingeschränkt durch VO über die Beschäftigung von Frauen auf Fahrzeugen v. 2. 12. 1971 (BGBl. I 1957). Der AG darf eine AN, die erstmals als Fahrerin tätig werden will, nur beschäftigen, wenn diese innerhalb der letzten 6 Monate vor Beschäftigungsbeginn ärztlich untersucht worden ist u. gegen ihre Beschäftigung ärztliche Bedenken nicht bestehen. Vor Ablauf von 18 Monaten hat eine Nachuntersuchung stattzufinden. Der AG hat das Attest über die Untersuchung aufzubewahren u. die Zweitschrift der Frau auszuhändigen, die diese mitzuführen hat. Die Kosten der Untersuchung trägt der AG.

7. Weibl. AN dürfen nicht in Bergwerken, Salinen, Aufbereitungsanstalten u. unterirdisch betriebenen Brüchen u. Gruben unter Tage, nicht bei der Förderung mit Ausnahme der Aufbereitung (Separation, Wäscherei), nicht bei dem Transport u. der Verladung beschäftigt werden (§ 16 I AZO). Beschäftigungsverbote bestehen weiter für Kokereien u. für die Beförderung von Roh- u. Werkstoffen bei Bauten aller Art sowie in Steinbrüchen Keramikbetrieben u. Ziegeleien.

8. Zur Förderung der Frauen werden zahlreiche Frauenförderpläne diskutiert (Bayer BetrR 89, 93; Degen PersR 89, 146; Kempen ZTR 88, 287; Stober ZBR 89, 289; Weber DB 88, 45.

Freie Mitarbeiter sind Personen, die nicht im Rahmen eines festen, dauernden Beschäftigungsverhältnisses, sondern aufgrund einzelner, meist nicht unmittelbar aufeinander folgender Aufträge tätig werden, deren Übernahme freigestellt ist, auf die andererseits kein Rechtsanspruch besteht. Sie sind zumeist → arbeitnehmerähnliche Personen. Zu den sog. fr. M. von Rundfunk u. Fernsehen (vgl. AP 9–43 zu § 611 BGB Abhängigkeit). Nach § 12a TVG können für f. M. → Tarifverträge abgeschlossen werden. Zur sozialversicherungsrechtl. Stellung: v. Hoyningen-Huene BB 87, 1730.

Friedenspflicht → Tarifvertrag.

Fund → Finderrechte.

Fürsorgepflicht. Der → Arbeitsvertrag ist nach h. M. ein gegenseitiger Austauschvertrag, bei dem Arbeit gegen Entgelt geschuldet wird, in dem aber die wechselseitigen Nebenpflichten vielfach gesteigert sind. Er wurde deshalb gelegentlich als personenrechtliches Gemeinschaftsverhältnis bezeichnet. Die Nebenpflichten des AN werden → Treuepflichten, die des AG F. genannt. Diese begründen keine selbständigen sozialen Ansprüche zu seinen Gunsten (z. B. auf → Gratifikationen o. → Ruhegeld), sondern gestalten wie → Treu u

Glauben (§ 242 BGB) die geschuldete Leistung näher aus. Sie dürfen nicht überspannt werden u. hindern den AG nicht, seine Interessen mit gesetzl. zulässigen Mitteln wahrzunehmen, etwa Betr.-Rationalisierungen vorzunehmen, auch wenn dadurch → Kündigungen notwendig werden, o. → Kurzarbeit einzuführen, auch wenn damit Verdienstschmälerungen verbunden sind. In ausgeprägten Fällen hat sie ihren gesetzl. Niederschlag gefunden. So ist der AG nach der *allgem. Fürsorgepflicht* gehalten, für Leben u. Gesundheit des AN zu sorgen. Nach §§ 617, 618 BGB, 62 HGB, 120a GewO ist er verpflichtet, Räume, Vorrichtungen u. Gerätschaften, die er zur Verrichtung der Dienste zu beschaffen hat, so einzurichten u. zu unterhalten, daß der AN gegen Gefahren für Leben u. Gesundheit soweit geschützt ist, wie die Natur des Betr. u. der Arbeit es gestatten. Ferner hat er die Arbeitsleistungen so zu regeln, daß der AN in gleichem Umfang geschützt ist (→ Arbeitsschutz). Er hat die dem AN nach den UVV vorgeschriebenen Sicherheitseinrichtungen zur Verfügung zu stellen (AP 19 zu § 618 BGB = DB 86, 283); dazu gehören zB. Sicherheitsschuhe. Ist Arbeitskleidung zur Verfügung gestellt, muß der AG sie auch reinigen lassen. Der AG hat das Persönlichkeitsrecht des AN zu wahren; der AG hat damit auch akademische Grade seines AN zu respektieren (AP 5 zu § 611 BGB Persönlichkeitsrecht = NJW 85, 222). In Fragen der sozialen Ordnung hat der → Betriebsrat ein erzwingbares Mitbestimmungsrecht (§ 87 BetrVG → Betriebsratsaufgaben). Ist der AN in die häusl. Gemeinschaft aufgenommen, so hat der AG in Ansehung der Wohn- u. Schlafräume, der Verpflegung sowie der Arbeits- u. Erholungszeiten diejenigen Einrichtungen u. Anordnungen zu treffen, die mit Rücksicht auf die Gesundheit, Sittlichkeit u. Religion des AN erforderlich sind (§§ 618 II BGB, 62 II HGB). Soweit der AG selbst o. durch einen Dritten seinen gewerblichen AN Gemeinschaftsunterkünfte überläßt, hat er dafür zu sorgen, daß sie so beschaffen, ausgestattet, belegt u. benutzt werden, daß die Gesundheit u. das sittliche Empfinden der AN nicht beeinträchtigt wird (§ 120c GewO). Bei dauernden Dienstverhältnissen hat er im Falle der Erkrankung für die Dauer von 6 Wochen für Verpflegung u. ärztl. Behandlung zu sorgen (§ 617 I BGB). Dies gilt jedoch dann nicht, wenn der AN die Erkrankung selbst vorsätzlich o. grob fahrlässig herbeigeführt hat o. wenn für die Verpflegung u. ärztl. Behandlung durch öffentl. o. private Versicherung o. durch eine Einrichtung der öffentl. Krankenpflege Vorsorge getroffen ist (§ 617 BGB). Für → Arbeitsunfälle gelten weitgehend Sonderregelungen. Der AG hat für das *Eigentum* des AN zu sorgen (→ eingebrachte Sachen) u. öffentl.-rechtl. Arbeitnehmerschutzbestimmungen einzuhalten (→ Arbeitsschutz). Diese begründen zwar primär Verpflichtungen des AG gegenüber dem

Fürsorgepflicht

Staat, sind aber auch ihr Ausfluß u. ihre Konkretisierung. Aufgrund der F. ist der AG zur Beachtung der *sozialversicherungsrechtl. Vorschriften,* Abführung der Beiträge u. zur korrekten Zahlung der → Arbeitsvergütung verpflichtet u. hat im Zw. eine genaue → *Abrechnung* zu erteilen. Wird der Lohn unrichtig berechnet u. kommt es zu Überzahlungen, kann der AG bei Erhebung von Rückzahlungsansprüchen schadensersatzpflichtig werden, wenn der AN das Geld bereits ausgegeben hat. Der Schaden besteht jedoch nicht schon in der Rückzahlungsverpflichtung, sondern muß darüber hinausgehen. Gelegentlich wird aus der F. der → Beschäftigungsanspruch des AN und die Haftungsbeschränkung bei → gefahrgeneigter Arbeit abgeleitet, zumeist wird die → Haftung des AN jedoch aus dem Betriebsrisikogedanken eingeschränkt. Aus der F. ergeben sich Hinweispflichten auf besondere Versorgungsmöglichkeiten im → Betrieb. Der AG muß über alle zusätzlichen Versorgungseinrichtungen des Betriebes unterrichten; dagegen trifft ihn keine Informationspflicht, welche Versorgung am zweckmäßigsten ist. Informiert er insoweit, so muß dies richtig, umfassend u. vollständig sein. Auch bei Beendigung des Arbeitsverhältnisses durch den AN braucht er nicht auf besondere erwachsende Nachteile hinzuweisen; etwas anderes gilt nur dann, wenn er die Beendigung des Arbeitsverhältnisses aus betrieblichen Gründen veranlaßt (AP 5, 6 zu § 611 BGB Öffentlicher Dienst; AP 76 zu § 611 BGB Fürsorgepflicht; AP 6 zu § 1 BetrAVG Zusatzversorgungskasse = NZA 85, 712; AP 5 = NZA 85, 712; AP 12 = NZA 86, 360; AP 23 = NZA 89, 512; v. 23. 5. 89 – 3 AZR 257/88 –). Sie entfaltet ferner Rechtspflichten für den AG vor Begründung des Arbeitsverhältnisses (→ *Vorverhandlungen*). So hat der AG den Bewerber auf besondere Anforderungen hinzuweisen; auch bei u. nach Beendigung des Arbeitsverhältnisses ergeben sich aus ihr Rechte des AN. U. U. kann sogar eine ao. Kündigung des Arbeitgebers zum Schadensersatz führen, wenn der AN das Arbeitsverhältnis schon rechtswirksam beendet hatte (AP 80, 82 zu § 611 BGB Fürsorgepflicht). Jedoch ist, soweit eine → Kündigung mit der → Kündigungsschutzklage angefochten werden kann, ein Rückgriff auf sie ausgeschlossen. Nach → Beendigung des Arbeitsverhältnisses hat der AG über den AN auf Verlangen an dritte AG → Auskunft zu erteilen. Wenngleich die Auskunft wie ein → Zeugnis wahr sein muß, gilt aber im übrigen der allgemeine Grundsatz, daß der AG alles zu vermeiden hat, durch das der AN geschädigt werden könnte (AP 6, 80 zu § 611 BGB Fürsorgepflicht; AP 6 zu § 839 BGB). Schließlich trifft den AG die Pflicht, einen Kunden namhaft zu machen, der wahrheitswidrig den AN eines Diebstahls bezichtigt hat. Auch der → Urlaub wurde aus dem Fürsorgegedanken (AP 16 zu § 618 BGB) abgeleitet. Bei Verletzung der F. wird der AG schadensersatzpflichtig.

G

Gastarbeiter. I. Grundlage für die Beschäftigung ausländ. Arbeitskräfte bilden sowohl *supranationale* als auch *bilaterale* Abkommen zwischen der BRD u. einzelnen europäischen Staaten. *Supranationale Abkommen* ergeben sich vor allem aus dem → Europäischen Arbeitsrecht. Besondere Regelungen gelten für Griechenland, Spanien, Portugal u. die Türkei (EuGH vom 30. 9. 1987 – RIW 88, 150). AN aus dem Bereich der EG ist nach § 2 AufenthG EWG die Einreise gestattet u. nach § 3 desselben Gesetzes eine Aufenthaltserlaubnis zu erteilen. (2) Große Bedeutung hatten bilaterale Vereinbarungen. Da wegen der bestehenden Arbeitslosigkeit die Anwerbung ausgesetzt ist, wird insoweit auf frühere Auflagen verwiesen. Kraft des ihr zustehenden Vermittlungsmonopols (§§ 14, 23 AFG) hat die BAnstArb. die Anwerbung u. Vermittlung der G. in den Heimatländern durch Anwerbekommissionen durchgeführt. (3) Soweit AN aufgrund eigener Initiative in die BRD kommen, gelingt es ihnen im allgemeinen nur dann Arbeit aufzunehmen, wenn sie aus den EG-Mitgliedstaaten stammen.

II. Ausländer müssen zur Arbeitsaufnahme in der BRD grundsätzl. einen gültigen Paß o. Paßersatz (§ 3 AuslG v. 28. 4. 1965, BGBl. I 353 m. sp. Änd.), eine Aufenthaltserlaubnis (§ 2 AuslG) o. Aufenthaltsberechtigung (§ 8 AuslG) u. eine Arbeitserlaubnis (§ 19 AFG) aufweisen. Ausl. ist jeder, der nicht Deutscher i. S. d. Art. 116 I GG ist.

1. Ausl., die in die BRD o. nach Westberlin einreisen, sich darin aufhalten o. ausreisen, müssen sich grundsätzl. durch einen Paß ausweisen (§ 3 I AuslG). Eine Ausnahme besteht für Angehörige der EG-Mitgliedstaaten u. deren Familienangehörige. Bei ihnen genügt der Personalausweis. Weitere Ausnahmen kann der BMI zulassen vgl. § 3 I AuslG, §§ 3, 4 DVO-AuslG i. d. F. v. 29. 6. 1976 (BGBl. I 717) m. spät. Änd.

2. Jeder Ausl., der sich im Gebiet der BRD o. Westberlin aufhält, bedarf einer Aufenthaltserl. (§ 2 AuslG). Sie kann vor o. nach der Einreise erteilt werden (§ 5 AuslG). Zuständig ist die Ausl. Behörde des gewöhnl. Aufenthaltsortes (zumeist bei der inneren Verwaltung auf Kreisebene eingerichtet). Sie ist vor der Einreise als Einreisesichtvermerk zu beantragen, wenn der Ausl. einer Erwerbstätigkeit nachgehen will. Die Aufenthaltsberechtigung ist eine stärkere Form der Aufenthaltserl., die solchen Ausl. erteilt wird, die sich in das wirtschaftl. u. soziale Leben der BRD eingefügt haben. Eine Ausnahmeregelung besteht für Angehörige der EG-Mitgliedstaaten (§ 3 AufentG/EWG, i. d. F. v. 31. 1. 1980 (BGBl. I 117) m. spät. Änd.

3. Schließlich bedürfen Ausl. einer von den → Arbeitsämtern auszustellenden → Arbeitserlaubnis (§ 19 AFG). Eine Ausnahme besteht für AN aus den Mitgliedstaaten der EG.

III. Für den Inhalt des ArbVertr. o. die Rechte u. Pflichten aus dem Arbeitsverhältnis gelten keine rechtl. Besonderheiten. Schließt ein G. ohne notwendige → Arbeitserlaubnis einen ArbVertr., so ist dieser rechtswirksam, da nur die Beschäftigung verhindert werden soll (AP 2 zu § 19 AFG). Für die Vergangenheit hat er Anspruch auf Vergütung für die geleistete Arbeit. Für die Zukunft sind dagegen Ansprüche aus → Annahmeverzug wegen § 297 BGB ausgeschlossen. Es ist zu beachten, daß dem AG gegenüber dem G. gesteigerte → Fürsorgepflichten obliegen können, z. B. ist dieser eingehend über Unfallverhütungsvorschriften zu belehren. Der → Betriebsrat soll die Eingliederung ausländischer AN im Betrieb u. das Verständnis zwischen ihnen u. deutschen AN fördern (§ 80 I Nr. 7 BetrVG, → Betriebsratsaufgaben). Außerdem können wegen der bestehenden Sprachschwierigkeiten die G. ArbVertr. o. Folgevertr. unter den Voraussetzungen von § 119 BGB leicht anfechten. Eine Übersetzung von Arbeitsverträgen ist dann notwendig, wenn der AG einen deutschen AN besonders auf seine vertragliche Gestaltung hinweisen müßte. Wird dem G., der die Deutsche Sprache kaum verstehen, aber nicht lesen kann, ein ausführliches Kündigungsschreiben übergeben, so ist der Zugang erst nach Ablauf einer angemessenen Zeitspanne vollzogen, die nach Treu und Glauben zu bemessen ist *(NJW 79, 2488)*. G. dürfen wegen ihrer Staatsangehörigkeit weder durch → Arbeitsverträge noch durch → Tarifverträge u. → Betriebsvereinbarungen (EuGH NJW 75, 1093) benachteiligt werden; insbesondere dürfen sie bei Einberufung zum → Wehrdienst in einem Land der EG nicht schlechter als deutsche Wehrpflichtige gestellt werden (EuGH AP 2 zu Art. 177 EWG-Vertrag, AP 3 a. a. O.); anders bei AN aus nicht der EG angehörenden Staaten *(NJW 74, 2198)*. Indes können türkische AN, die den verkürzten Wehrdienst von zwei Monaten in der Türkei antreten müssen, ein → Zurückbehaltungsrecht an ihrer Arbeitsleistung haben. Sie können daher im allgemeinen nicht gekündigt werden, wenn sie den Wehrdienst wahrnehmen; sie erhalten allerdings auch kein Entgelt (AP 23 zu § 123 BGB; AP 9 zu § 1 KSchG 1969 Personenbedingte Kündigung = NJW 89, 1694 = NZA 89, 464). Jedoch kann der AG für diese Zeit nicht den → Urlaub kürzen (AP 22 zu § 13 BUrlG = NZA 87, 13 = NJW 87, 602). Bei Niederkunft der Ehefrau kann der G. selbst dann Anspruch auf Vergütung wegen → Arbeitsverhinderung haben, wenn diese sich im Ausland befindet (AP 44 zu § 616 BGB). Betriebsverfassungsrechtl. steht den G. das aktive u. passive Wahlrecht zu (§§ 7, 8 BetrVG), das gleiche gilt für die Personalratswahlen (§§ 13, 14 BPersVG) (→ Personalvertretung). Ob ein G. sich durch seine Botschaftsvertreter vor den → Arbeitsgerichten vertreten lassen kann, ist umstr. (bejahend: *BB 69, 838; 70, 758, BB 76, 1243; 77, 2288;* verneinend: *BB 70, 534; auch AP 33 zu § 11 ArbGG*).

Gefahrgeneigte Arbeit. Im Rahmen der → Haftung des AN wurde der Begriff der gefahr- o. schadensgeneigten Arbeit zur Haftungseinschränkung des AN entwickelt. Die allgemeine BGB-Regelung wurde als unbillig empfunden, wonach der Schuldner für jede kleine Unachtsamkeit vollen Schadensersatz leisten soll. Von g. A. spricht man dann, wenn die von dem AN – auch in einem → Leiharbeitsverhältnis (BGH BB 73, 1170) – zu leistende Arbeit infolge ihrer Eigenart eine besonders hohe Wahrscheinlichkeit mit sich bringt, daß dem AN gelegentlich einmal ein Versehen unterläuft, auch wenn er im allgemeinen die erforderliche Sorgfalt anwendet (AP 4 zu §§ 898, 899 RVO; AP 78 zu § 611 BGB Haftung des AN). Entgegen der A. des BAG ist eine g. A. auch dann gegeben, wenn die Gefahr besteht, daß der durch ein Versehen verursachte Schaden sehr groß ist u. außer Verhältnis zu dem Arbeitseinkommen des AN steht (aber AP 78 zu § 611 BGB Gefahrgeneigte Arbeit). Für die Voraussetzungen der g. A. ist der AN darlegungs- u. beweispflichtig. Typische g. A.en sind die Tätigkeiten des → Kraftfahrers (AP 23, 42 zu § 611 BGB Haftung des AN), Maschinenmeisters, Hauswartes, Straßenbahnführers, Kranfahrers bei Hochbauten, Lokomotivführers, der AN mit eilig zu fassenden, weitreichenden Entschlüssen (AP 50) o. der stark überlasteten (AP 53), bei unverschuldeter Annahme einer betrieblichen Notlage (AP 78); ggf. bei Baustellenüberwachung (AP 80); nicht dagegen des Filialleiters o. Kraftfahrers für Nebenarbeiten bei Prüfung von Begleitpapieren, insbesondere bei Verlust einer Geldtasche usw. Es sind jeweils die Umstände des Einzelfalles zu würdigen (AP 22, 26, 42, 56 a. a. O.). Im Rahmen des innerbetriebl. Schadensausgleiches bei g. A. hat das BAG zunächst vertreten, der AN müsse den ganzen Schaden ersetzen, wenn ihm Vorsatz o. grobe Fahrlässigkeit zur Last falle; bei einfacher Fahrlässigkeit sei der Schaden in angemessenem Umfang zwischen AG u. AN zu verteilen, bei geringer Fahrlässigkeit trage der AG den Schaden allein (AP 4 zu §§ 898, 899 RVO; AP 8, 14 zu § 611 BGB Haftung des AN; st. Rspr.). Seit 1983 hat es dagegen vertreten, daß ein Schaden, den ein AN in Ausübung g. A. weder vorsätzlich noch grobfahrlässig verursacht habe, zum Betriebsrisiko des AG gehöre u. daher von ihm allein zu tragen sei (AP 82 = NJW 83, 1693; AP 84 = NJW 84, 2488). Eine Vorlage der Rechtsfrage an den GS des BAG ist wegen Erledigung der Klage nicht beschieden worden (AP 86 bis 86 b = NJW 86,

954). Inzwischen ist das BAG wieder zu der früheren Rspr. zurückgekehrt (AP 92, 93 = NZA 88, 579, 584; v. 12. 10. 89 – 8 AZR 741/87 – NZA 90, 95; Schwerdtner DB 88, 1799). Der AG hat den Grad des Verschuldens im Prozeß darzulegen u. zu beweisen. Hierfür können dem AG nach den Grundsätzen des → Anscheinsbeweises Beweiserleichterungen zukommen. Indes gelten diese Regeln nicht bei der Abgrenzung von einfacher u. grober Fahrlässigkeit (AP 72). Hat bei g. A. ein Mitverschulden des AG mitgewirkt, so ist zunächst das Betriebsrisiko des AG u. die Schuld des AN gegeneinander abzuwägen. Alsdann ist aufgrund des Mitverschuldens eine weitere Quotelung vorzunehmen (AP 61). Die Regeln des Schadensausgleichs gelten dann nicht, wenn der AN schädigende Handlungen unter Überschreitung seiner Arbeitspflichten begangen hat (Schwarzfahrt) o. wenn für die Entstehung des Schadens ein nicht im Zusammenhang mit der Verrichtung der g. A. stehender Umstand ursächl. ist (AP 62). Hat der AN im Rahmen der g. A. Dritte geschädigt, so haften AN u. AG im Außenverhältnis zum Dritten als Gesamtschuldner (BGH NJW 89, 3273); der AG hat im Innenverhältnis den AN jedoch insoweit von der Haftung freizustellen o. ihm Ersatz zu leisten, wie ihn nach den Regeln des Schadensausgleichs der Schaden trifft. Erleidet der AN bei Verrichtung einer g. A. selbst einen Schaden, so können ihm Ersatzansprüche gegen den AG zustehen (→ Aufwendungen; → Arbeitsunfall). Die Grundsätze über die Haftungsbeschränkung bei g. A. können einzelvertraglich nur dann abbedungen werden, wenn dem AN ein besonderer Risikoausgleich gezahlt wird.

GefahrstoffVO vom 26. 8. 1986 (BGBl. I 1470) i. d. Änd. v. 16. 12. 1987 (BGBl I 2721). Sie enthält über das Inverkehrbringen von gefährlichen Stoffen u. Zubereitungen u. über den Umgang mit Gefahrstoffen einschl. ihrer Aufbewahrung, Verlagerung u. Vernichtung Vorschriften. Sie dient dem → Arbeitsschutz u. dem allgemeinen Gesundheits- u. Verbraucherschutz. Lit.: Kaufmann DB 86, 2229; Klein/Streffer DB 87, 2307; Morich NZA 87, 266; Wimmer NVwZ 88, 130.

Gehalt → Arbeitsentgelt.

Gehaltsfortzahlung im Krankheitsfall → Krankenvergütung.

Geheimhaltungspflicht → Treuepflicht.

Gehilfenverhältnis. Ein G. liegt vor, wenn sich ein AN bei der Erfüllung seiner vertragl. Arbeitsleistung mit Wissen o. Duldung des AG der Hilfe dritter Personen bedient (z. B. Kapellmeister mit eigener Musikkapelle). Stellt der Haupt-AN den Gehilfen im Namen des AG ein, so entsteht ein unmittelbares Arbeitsverhältnis zwischen diesem u. dem Gehilfen. Dies ist häufig stillschweigend gewollt (AP 2, 3 zu § 611 BGB Mittelbares Arbeitsverhältnis), vor allem, wenn ein → Tarifvertrag den Abschluß eines ArbVertr. zwischen AG u. Gehilfe postuliert (z. B. für Musiker). Erfolgt die Einstellung im Namen des Haupt-AN, so besteht nur zwischen AG u. Haupt-AN sowie zwischen diesem u. dem Gehilfen ein Arbeitsverh.; neben dem Arbeitsverh. zwischen AG u. Haupt-AN besteht ein → Dienstverschaffungsvertrag. Der Gehilfe steht zum AG allein in einem → mittelbaren Arbeitsverh. Hiervon zu unterscheiden ist das → drittfinanzierte Arbeitsverhältnis.

Gemeinsamer Senat der obersten Gerichtshöfe des Bundes.
Er wurde aufgrund G. zur Wahrung der Einheitlichkeit der Rspr. der obersten Gerichtshöfe (oGH) des Bundes (RsprEinhG) v. 19. 6. 1968 (BGBl. I 661) geschaffen. Er entscheidet, wenn ein oGH in einer Rechtsfrage von der Entscheidung eines anderen oGH o. des G. S. abweichen will (§ 2). Er besteht grundsätzlich aus den Präs. der oGH, den Vors. der beteiligten Senate u. je einem weiteren Richter der beteiligten Senate (§ 3). Der G. S. kann nur von einem oGH angerufen werden. Beteiligt sind mithin der anrufende Sen. u. der Sen., von dessen Entsch. abgewichen werden soll.

Gerätesicherheitsgesetz v. 24. 6. 1968 (BGBl. I 717) zul. geänd. 18. 2. 1986 (BGBl. I 265) dient dem → Arbeitsschutz u. dem Verbraucherschutz. Es gilt für Hersteller und Importeure von techn. Gerät.

Gerichtskosten. In den Verfahren vor den → Arbeitsgerichten ist zwischen gerichtl. u. außergerichtl. Kosten zu unterscheiden. Die gerichtl. K. zerfallen in die gerichtl. *Auslagen* u. die *Gerichtsgebühren*. Im ersten Rechtszug wird eine einmalige Gebühr nach dem Wert des Streitgegenstandes erhoben. Sie bestimmt sich nach einer Tabelle zu § 12 II ArbGG, ist aber leicht zu errechnen, da sie für jede angefangenen 100 DM 3 DM, höchstens jedoch 500 DM beträgt. Grundsätzl. hat die im Rechtsstreit unterliegende Partei die K. zu tragen (§ 91 ZPO). Nach § 12a I ArbGG besteht im Urteilsverfahren des ersten Rechtszugs kein Anspruch der obsiegenden Partei auf Entschädigung wegen Zeitversäumnis (Verdienstausfall) u. auf Erstattung der K. für die Zuziehung eines Prozeßbevollmächtigten o. Beistandes o. eines sonstigen rechtskundigen Beraters vor Erhebung der Klage (AP 14 zu § 61 ArbGG 1953 Kosten). Dies gilt nicht, wenn der Drittschuldner nach § 840 ZPO keine Erklärungen abgegeben u. damit eine unbegründete Klage des Gläubigers veranlaßt hat (→ Drittschuldnerklage; v. 16. 5. 1990 – 4 AZR 56/90 –; a. A. AP 3, 10, 13 zu § 61 ArbGG 53). Vor Abschluß eines Mandatsverhältnisses müssen

Gerichtskosten

Rechtsanwälte und sonstige Personen, die Honorare liquidieren wollen, auf den Ausschluß der Kostenerstattung hinweisen (§ 12a I 2 ArbGG). Obsiegt der Kläger nach Verweisung des Rechtsstreits vom ordentl. Gericht an das ArbG, so hat er die dem Bekl. erwachsenen Mehrkosten zu ersetzen. Unterliegt er, so hat er die Kosten ohnehin zu tragen. Mehrkosten sind nach h. M. alle Anwaltskosten *(AP 17–19 zu § 276 ZPO)* u. nicht nur die rechnerischen Mehrkosten *(NJW 64, 2129)*. Nach h. Rechtspr. kann die obsiegende Partei die Erstattung von Anwaltsk. einschließl. seiner Auslagen beanspruchen, wenn bei eigener Prozeßführung mind. gleich hohe K. erwachsen wären (Fahrgelder). Dies gilt dann nicht, wenn die Klage vor dem Termin zurückgenommen wird, da alsdann der Partei keine Kosten für die Terminswahrnehmung erspart werden. Werden im 2. Rechtszug die Kosten verhältnismäßig geteilt u. ist die eine Partei durch einen Rechtsanwalt u. die andere durch einen Verbandsvertreter vertreten, so ist die durch einen Verbandsvertreter vertretene Partei so zu stellen, als ob sie durch einen RA. vertreten wäre. Kostenerstattungsansprüche stehen ihr jedoch nur zu, wenn ihr tatsächlich Kosten erwachsen sind (§ 12a II ArbGG). In die Kostenausgleichung werden mithin fiktiv RA.-Kosten eingesetzt (EzA 1 zu § 12a ArbGG 1979). Damit soll erreicht werden, daß die durch einen Verbandsvertreter vertretene Partei nicht noch Kostenerstattung leisten muß, obwohl sie überwiegend obsiegt hat. Die Gerichtsgeb. *des* Rechtszuges (niemals die gerichtl. Auslagen) kommen in Wegfall, wenn der Rechtsstreit im ersten o. in einem höheren Rechtszug durch einen vor dem Gericht abgeschlossenen o. ihm mitgeteilten (Wortlaut) → Vergleich beendet wird. Ferner entfällt die Gerichtsgeb., wenn der Rechtsstreit im ersten Rechtszug auch nach → streitiger Verhandlung aufgrund Anerkenntnisses o. einer Klagerücknahme endet (Nr. 2112, 2113, 2121 Gebührenverzeichnis). Kosten für einen vom Gericht hinzugezogenen Dolmetscher und Übersetzer werden nicht erhoben, wenn eine Ausländer Partei und die Gegenseitigkeit verbürgt oder ein Staatenloser Partei ist (§ 12 V a ArbGG). Die Gerichtsk. werden erst fällig, wenn das Verfahren in dem Rechtszug beendet o. das Ruhen des Verfahrens angeordnet wird o. das Verfahren 6 Monate von den Parteien nicht betrieben worden ist (§ 12 IV ArbGG). K.-Vorschüsse werden nicht erhoben; dies gilt für die Zwangsvollstreckung auch dann, wenn die Vollstreckung durch das Amtsgericht oder den Gerichtsvollzieher erfolgt (§ 12 IV ArbGG). Die Zweitschuldnerhaftung bleibt jedoch im Zwangsvollstreckungsverfahren unberührt. Einer armen Partei kann → Beratungs- und → Prozeßkostenhilfe bewilligt werden. Bei *unrichtiger Sachbehandlung* können G nach § 8 GKG niedergeschlagen werden. Eine unrichtige Sachbehandlung ist nur bei eindeutigem Verstoß gegen gesetzl. Normen gegeben o. bei einem offen zutage liegenden Fehler (BGH LM 2 zu § 7 GKG; AP 5 zu § 7 GKG 1957; fehlerhafte Rechtsmittelbelehrung; Beschl. AP 1 zu § 8 GKG 1975 = DB 87, 1204). Aufgrund von Verwaltungsanweisungen kann vom Gebühreneinzug abgesehen werden.

Gerichtsstand heißt der Ort, an dem eine Person verklagt werden kann. Zu unterscheiden sind der allgemeine G., der sich nach dem Wohn- o. Firmensitz bestimmt (§§ 12, 13, 17 ZPO), u. der besondere (§§ 20 ff. ZPO). Gerichtsstandsvereinbarungen sind grundsätzlich unzulässig (§ 38 ZPO).

Gesamtbetriebsrat. I. Ein G. ist zu *errichten,* wenn in einem → Unternehmen (AP 1 zu § 47 BetrVG 1972; AP 7 = DB 88, 759) mehrere → Betriebsräte bestehen (§ 47 BetrVG). Kein GBR ist zu bilden wenn die Betriebe mehreren Unternehmen gehören (v. 29. 11. 89 – 7 ABR 64/87). In Unternehmen werden für die AN wichtige Entscheidungen vielfach nicht auf betrieblicher Ebene, sondern durch die Unternehmensleitung getroffen. Ihr soll ein für das gesamte Unternehmen zuständiges Vertretungsorgan der AN gegenübertreten. Seine Zuständigkeit erstreckt sich nicht auf solche Betriebe, in denen ein BR nicht gewählt worden ist (AP 5 zu § 50 BetrVG 1972 = NJW 84, 2966 = DB 84, 129). Der G. ist den einzelnen BR nicht übergeordnet (§ 50 BetrVG). In den G. entsendet jeder BR grundsätzlich zwei Mitglieder, die nicht derselben Gruppe angehören dürfen. Die Gruppenvertreter sind u. U. von den BR-Mitgliedern ihrer Gruppe zu wählen. Durch → Tarifvertrag o. → Betriebsvereinbarung kann die Mitgliederzahl abweichend geregelt werden. Eine → Betriebsvereinbarung über die Zahl der G.-Mitglieder ist abzuschließen, wenn dem G. aufgrund der gesetzlichen Regelung mehr als 40 Mitglieder angehören würden. Zunächst ist der G. mit der gesetzlichen Mitgliederzahl zu wählen, der alsdann die Betriebsvereinbarung abschließt (AP 3 zu § 47 BetrVG 1972). In ihr ist zu bestimmen, daß mehrere BR eines Unternehmens, die regional o. durch gleichartige Interessen miteinander verbunden sind, gemeinsame Mitglieder in den G. entsenden. Das Gesetz will durch diese Regelung verhindern, daß ein zu großes Organ arbeits- bzw. beschlußunfähig wird. Jedes Mitglied des G. hat grundsätzlich so viele Stimmen, wie es Wahlberechtigte seiner Gruppe o. seines Betriebes bzw. seiner Betriebe vertritt. Ein Mitglied des G. kann auf Antrag von ¼ der wahlberechtigten AN, des AG, des G. o. einer im Betrieb vertretenen → Gewerkschaft vom → Arbeitsgericht wegen grober Verletzung seiner gesetzlichen Pflichten ausgeschlossen werden (§ 48 BetrVG → Betriebsratsausschluß). Die Mitgliedschaft endet ferner aus den in § 49 aufgezählten Gründen, insbesondere durch Abberufung durch den G.

Gesamtjugend- u. Auszubildendenvertretungen

II. 1. Der G. ist *zuständig a)* für die Behandlung von Angelegenheiten, die das Gesamtunternehmen oder mehrere Betriebe betreffen u. nicht durch die einzelnen BR innerhalb ihrer Betriebe geregelt werden können (AP 1 zu § 50 BetrVG 1972). Dies gilt insbesondere für die Altersversorgung (vgl. AP 1 zu § 56 BetrVG Urlaubsplan, AP 1 zu § 69 BetrVG, AP 142 zu § 242 BGB Ruhegehalt; AP 3 zu § 50 BetrVG 1972; AP 1 zu § 1 BetrAVG Unterstützungskasse); Richtlinien für die unternehmenseinheitliche Gewährung von Darlehen (AP 2 zu § 50 BetrVG 1972); Stillegung aller Betriebe eines Unternehmens (AP 11 zu § 112 BetrVG 1972); *b)* für Angelegenheiten, deren Behandlung ihm durch einen BR mit der Mehrheit seiner Stimmen übertragen worden ist. Zur Beteiligungsfähigkeit in Beschlußverfahren: AP 9 zu § 83 ArbGG 1979 = DB 84, 2148.

2. Wegen der *Geschäftsführung* des G. ist im wesentlichen auf die für den BR geltenden Vorschriften verwiesen. Der G. braucht nicht notwendig am Ort der Hauptniederlassung zu tagen (AP 1 zu § 51 BetrVG 1972). Der G-Vorsitzende ist berechtigt, Erklärungen und Zustellungen in Empfang zu nehmen. Bedient er sich wegen der Zustellung der Posteingangsstelle des AG, gilt der dort beschäftigte AN als mit der Postempfangnahme betraut (AP 2 zu § 47 BetrVG 1972). Auch für den G. ist die Bildung von Ausschüssen vorgesehen. Er ist grundsätzlich nicht berechtigt, Informationsblätter herauszugeben (AP 4 zu § 50 BetrVG 1972). An den Sitzungen des G. kann die Gesamtschwerbehindertenvertretung beratend teilnehmen.

Gesamtjugend- u. Auszubildendenvertretungen sind zwingend für solche Unternehmen vorgeschrieben, in denen mehrere → Jugend- u. Auszubildendenvertretungen bestehen (§ 72 BetrVG). In G. entsendet grundsätzlich jede J-AV ein Mitglied. Durch → Tarifvertrag o. → Betriebsvereinbarung kann die Mitgliederzahl abweichend geregelt werden. Die G. ist zuständig für Angelegenheiten, die das Gesamtunternehmen o. mehrere Betriebe betreffen u. nicht durch die einzelnen J-AV geregelt werden können, sowie in den ihnen durch die J-AV übertragenen Aufgaben (→ Gesamtbetriebsrat). Für die Entsendung zu Schulungsveranstaltungen ist im allgem. der Betriebsrat zuständig (AP 1 zu § 73 BetrVG 1972).

Geschäftsgrundlage sind die bei Abschluß des Vertrages zutage getretenen, dem and. Teil erkennbar gewordenen u. von ihm nicht beanstandeten Vorstellungen der einen Partei o. die gemeins. Vorstellungen beider Parteien von dem Vorhandensein o. dem künftigen Eintritt bestimmter Umstände, sofern der Geschäftswille der Parteien auf diesen Umständen aufbaut. Fehlt o. ändert sich die G., so hat eine Anpassung an die Verhältnisse zu erfolgen.

Gesellen → Arbeiter.

Gesellschaft mit beschränkter Haftung ist die Rechtsform einer Kapitalgesellschaft, die namentlich bei beschränkter Gesellschafterzahl gewählt wird. Sie entsteht erst mit Eintragung in das Handelsregister. Werden bereits zuvor → Arbeitsverträge geschlossen, kann es zu Verträgen mit der Vorgründungsgesellschaft, der Gründungsgesellschaft o. der GmbH kommen (AP 2 zu § 11 GmbH). Einzelheiten: Schaub, dtv, Ich mache mich selbständig, 3. Aufl., 1989.

Gewerbeaufsicht → Arbeitsschutz.

Gewerkschaften. Die G. sind i. d. R. aus historischen Gründen nicht rechtsfähige Vereine (§ 54 BGB). Ihre Verfassung ergibt sich aus ihren Satzungen. Ihre *Organe* sind die Mitgliederversammlung (bei größeren Verbänden eine von den Mitgl. gewählte Delegiertenversammlung) u. der Vorstand. Bei vielen G. besteht noch ein besonderer Ausschuß, der die Tätigkeit des Vorst. zu überwachen u. Entscheidungen von grundsätzl. Bedeutung zu treffen hat. Neben den eigentlichen Organen besteht meist eine unabhängige Revisionskommission zur Überwachung der Kassenführung. Das Vermögen der G. ist zumeist – mangels Rechtsfähigkeit – auf Treuhänder übertragen, die fiduziarische Eigentümer sind. Das Vermögen der Treuhandgesellschaften wird i. d. R. in Form einer GmbH betrieben. Es ist in der Wirtschaft angelegt. Der DGB hat zahlreiche Unternehmen verkauft. Im Gegensatz zu den → Arbeitgeberverbänden sind die G. in der Hauptsache zentral von oben nach unten organisiert. Sie haben eine bezirkl. u. örtl. Untergliederung. Der Zentralverband hat also unmittelbar die einzelnen AN zu Mitgliedern. Die G. des DGB sind nach dem Industrieverbandssystem gegliedert, d. h., die AN eines Betr. gehören ohne Rücksicht auf ihre fachl. Ausbildung u. Tätigkeit einer G. an; dadurch wird eine → Tarifkonkurrenz weitgehend ausgeschlossen u. eine Unterscheidung nach → Arbeitern, → Angestellten u. → Beamten überflüssig (ÖTV).

1. Dem DGB gehören z. Zt. 16 Einzelgewerkschaften an. Die 1985 gegründete IG Medien ist zur IG Medien Druck und Papier, Publizistik und Kunst zusammengeschlossen worden. Organe des DGB sind der Bundeskongreß, der Bundesausschuß, der Bundesvorstand u. die Revisionskommission. Er hat einen eigenen Mittel- u. Unterbau, z. B. zur Rechtsberatung der Mitgl. der IG. Ihm gehörten Ende 1989 7 861 120 Mitglieder an. Die Deutsche Angestellten-G. ist die nach Berufsgruppen gegliederte Einheitsorganisation der Angestellten, Hamburg (Satzung beschlossen auf dem 11. Bundeskongreß). Ihre Organe sind der Bundeskongreß, der Bundesvorstand,

der Beirat sowie die Revisoren. Sie ist horizontal in verschiedene Fachgruppen mit eigenen Organen u. Vorständen, vertikal in eigene Landesgruppen u. Ortsverbände der Fachgruppen gegliedert. Diese sind tariffähig; dagegen wird im Rahmen von Rechtsstreitigkeiten die DAG durch die Gewerkschaftsspitze vertreten. Der Christliche Gewerkschaftsbund (CGB) ist die Spitzenorganisation der christlichen Gewerkschaften. Seine Organe sind der Bundeskongreß, der Hauptausschuß u. der Bundesvorstand. Der CGB ist horizontal in drei Gesamtverbände gegliedert. Das BAG hat entschieden, daß die CG-Holz (v. 16. 1. 90 – 1 ABR 93/88 –), die CG Bergbau, Chemie, Energie (v. 16. 1. 90 – 1 ABR 10/89) nicht tariffähig sind.

2. Die *Mitgliedschaft* in der G. beginnt u. endet mit Ein- u. Austritt. Ob ein Aufnahmezwang besteht, ist umstr. Eine halbjährige Kündigungsfrist für den Austritt ist im allgemeinen zu lang (BGH NJW 81, 340). Die Hauptpflicht der Mitglieder besteht in der Zahlung von Beiträgen, die am Sitz der G. eingeklagt werden können. Minderj. bedürfen zum Eintritt in die G. nach h. (umstr.) M. nicht der Zustimmung ihrer gesetzl. Vertreter, weil sie sonst die Arbeitsbedingungen nicht hinreichend beeinflussen können. Den Mitgl. obliegt eine Förderungspflicht ihrer G.; sie können daher schadensersatzpflichtig werden, wenn sie eine konkurrierende Organisation gründen (BGH BB 77, 1449; NJW 78, 1370) o. ausgeschlossen werden (BGH NJW 81, 2178; Wendeling-Schroeder ZGR 90, 107). Ihre Rechte bestehen in der Teilnahme an grundlegenden Beschlußfassungen (Urabstimmungen bei → Streik), an Rechtsberatung u. Rechtsschutz in arbeits- u. sozialrechtl. Fragen (kein Haftungsausschluß bei fehlerhafter Beratung: OLG AP 1 zu § 11 ArbGG 1979 Prozeßvertreter; umfassende Beratungspflicht: BGH NJW 81, 1553; ZIP 84, 460); sowie an Unterstützungen (bei Streik, Maßregelungen, Erwerbslosigkeit, Invalidität, Sterbefällen usw.). Werden von einer G. im Rahmen des von ihr gewährten Rechtsschutzes die einem Mitglied entstandenen Kosten übernommen, so sind diese gewerkschaftlichen Unterstützungsleistungen nicht auf den Freistellungsbzw. Erstattungsanspruch des AN gegen des AG anzurechnen (AP 5 zu § 249 BGB Vorteilsausgleichung = DB 83, 2781). Weiter haben die G. zumeist Bildungseinrichtungen geschaffen. Die G. sind in Prozessen vor Arbeitsgerichten (§ 10 ArbGG) und ordentlichen Gerichten (BGH AP 1 zu § 50 ZPO) aktiv u. passiv parteifähig. Zumeist nicht aktiv parteifähig sind ihre Bezirksorganisationen (BGH, DB 72, 928) u. Verwaltungsstellen. Ihre Vertreter sind vor → Arbeits- u. → Landesarbeitsgerichten postulationsfähig (§ 11 ArbGG; vgl. aber BSG AP 9 zu § 166 LGG). Wegen ihrer Aufgaben → Koalitionen.

3. Die G. haben das Recht, im → Betrieb durch ihre Mitglieder
während der Pausen Werbe- u. Informationsmaterial an die AN verteilen zu lassen (AP 10, 26 zu Art. 9 GG; auch BVerfG AP 16, 17 zu
Art. 9 GG). Das Aufhängen von Plakaten im Betrieb gehört zum
Kernbereich koalitionsmäßiger Betätigung (AP 38 zu Art. 9 GG =
DB 84, 462). Dagegen sind sie nicht berechtigt, das Werbematerial
während der Arbeitszeit zu verbreiten (AP 35 zu Art. 9 GG), ihre
periodischen Zeitungen über den Betrieb zu vertreiben (AP 29 zu
Art. 9 GG; AP 45 = NZA 87, 164) oder ihre Mitglieder Embleme
am Schutzhelm tragen zu lassen (AP 30 zu Art. 9 GG; dazu BVerfG
AP 30a zu Art. 9 GG). Ferner sind sie nicht befugt, durch betriebsfremde Gewerkschaftsbeauftragte Werbematerial in kirchlichen Einrichtungen zu verteilen, wenn sie dort durch Betriebsangehörige vertreten sind (AP 10 zu Art. 140 GG; BVerfG AP 9 zu Art. 140 GG).

Gewerkschaftliche Vertrauensleute sind Gewerkschaftsmitglieder, die insbes. für die Wahrung u. Vertretung der Interessen der
Gewerkschaft u. ihrer Mitgl. in den → Betrieben zuständig sind. Die
Einräumung eines tariflichen Sonderschutzes (zB. Kündigungsschutz) ist zulässig. Zulässig ist, eine betriebl. Organisation der gewerkschaftlichen Vertrauensleute zu schaffen und ihnen zur Wahrnehmung ihrer Aufgaben durch Tarifvertrag eine bezahlte Freizeit zu
sichern (AP 5 zu § 87 BetrVG 1972 Betriebsbuße = DB 83, 2695; AP
7 zu § 1 TVG Tarifverträge: Banken; AP 67 zu § 616 BGB = AuR
86, 28). Die Gewerkschaften haben keinen Anspruch darauf, daß die
Wahl der V. im Betrieb durchgeführt wird (AP 28 zu Art. 9 GG).
Zum Schutz der G. Vl. besteht bei der Dt. Bundespost ein → Tarifvertrag.

Gewinnbeteiligungen, Tantiemen sind zusätzl. → Arbeitsvergütungen. I. Sie werden zumeist einzelvertragl. mit Organvertretern
u. Aufsichtsratsmitgliedern jur. Personen (§§ 76, 95 AktG, 35
GmbHG) u. leitenden → Angestellten vereinbart. Bei juristischen
Personen u. Personenhandelsgesellschaften kann die Gewinnentnah-
me zu besonderen Haftungsfragen führen. Ein Kommanditist ent-
nimmt dem Gesellschaftsvermögen nicht schon dadurch Gewinnanteile, daß er als Geschäftsführer der Komplementärin eine angemessene Vergütung bezieht. Die G. geben dem AN kein Recht, auf die
unternehmerischen Entscheidungen Einfluß zu nehmen (AP 1 zu
§ 611 BGB Tantieme). Ihre Höhe bestimmt sich mangels näherer
Vereinbarung nach Orts- o. Betriebsüblichkeit (§ 612 BGB) o. nach
billigem Ermessen des AG (§ 315 BGB). Die Berechnung erfolgt
prozentual von dem nach kaufmänn. Grundsätzen ermittelten Rein-
gewinn [ohne Abzug eines Unternehmerlohnes AP 14 zu § 611 BGB
Lohnanspruch], gelegentlich auch vom Rohgewinn o. Umsatz. Bei

Gleichbehandlung der Arbeitnehmer

Ausscheiden während des Geschäftsjahres ist mangels eindeutiger gegenteiliger Bestimmung die Jahresbilanz Abrechnungsgrundlage; der Anspruch mindert sich jedoch im Verhältnis der Arbeitszeit zum ganzen Geschäftsj. (AP 9 zu § 59 HGB). Arbeitsunterbrechungen können sich je nach Abrechnungsschlüssel mindernd auf die Gb. auswirken. Vereinbarungen, daß T. bei → Kündigung durch den AN entfallen soll, sind nicht grundsätzl. sittenwidrig (vgl. AP 4 zu § 87a HGB). Der Anspruch wird fällig mit der *ordnungsgemäßen* Bilanzierung. Der Gb.-Vertrag schließt regelmäßig die Nebenverpflichtung des AG ein, dem AN die erforderliche Aufklärung über Bestehen u. Umfang seines Rechtes zu erteilen, sofern der AN sich diese Angaben entschuldbarer Weise nicht selbst verschaffen kann (AP 2 zu § 242 BGB Auskunftspflicht).

II. Im 5. VermBG ist anders als in früheren VermBG keine Ergebnisbeteiligung mehr vorgesehen.

Gleichbehandlung der Arbeitnehmer.

I. Der *Gleichheitssatz* des Art. 3 I GG weist den Gesetzgeber u. die Tarifpartner als Träger autonomer Rechtsquellen an, Gleiches gleich, aber auch Ungleiches seiner Eigenart nach verschieden, aber doch in verhältnismäßiger Gleichheit zu behandeln (AP 13 zu Art. 3 GG). Der Gleichberechtigungssatz verbietet eine Differenzierung nach den Geschlechtern (Hofmann JuS 88, 249; Jaeger NZA 90, 1); zu Tarifverträgen: Sachs RdA 89, 25 → Frauenarbeitsschutz. Von ihm zu unterscheiden ist der *Gleichbehandlungsgrundsatz*. Dies ist ein privatrechtl. (AP 31, 34 zu § 242 BGB Gleichbehandlung), abdingbarer (umstr.) Grds., der die willkürliche Schlechterstellung einzelner AN aus sachfremden Gründen gegenüber anderen, in vergleichbarer Lage befindlichen AN verbietet; es ist das Verbot der willkürlichen Herausnahme einzelner AN aus einer bestimmten Ordnung. Aber auch die vom AG selbst gebildeten Gruppen müssen sachgemäß sein. Der GlGr wirkt anspruchsbegründend, wenn der Ausschluß bestimmter AN von der Leistungsgewährung unwirksam ist; er wirkt aber auch anspruchsausgestaltend, wenn z. B. die Anrechnung anderweitiger Leistungen auf vom AG gewährte Sozialleistungen gegen den GlGr verstößt. Der GlGr setzt voraus (1) eine Gruppenbildung; diese kann in der Reihe o. durch Stichtagsregelungen in der Zeit (AP 165, 176, 187 zu § 242 BGB Ruhegehalt; bei Hausbrandversorgung: AP 64 zu § 242 BGB Gleichbehandlung = DB 84, 2571) erfolgen; (2) daß zwischen AN u. AG ein Rechtsverhältnis besteht (Arbeits- o. Ruhestandsverhältnis) u. daß die zu vergleichenden AN im gleichen → Betrieb beschäftigt werden. Dagegen ist eine ungleiche Behandlung der AN verschiedener Betr. eines → Konzerns o. → Unternehmens (AP 13 zu § 242 BGB Gleichbehandlung; AP 117 zu § 1 TVG Auslegung)

oder verschiedene Dienststellen im → öffentlichen Dienst (AP 43 zu
§ 242 BGB Gleichbehandlung) grundsätzlich möglich. AG braucht
daher im Falle der → Betriebsnachfolge Sozialleistungen des übernommenen Betriebes nicht auf den Stand des Stammbetriebes anzu-
heben (AP 41). (3) Dritte Voraussetzung des Eingreifens des GlGr ist
eine unsachgemäße Differenzierung. Sie ist unsachgemäß, wenn sie
aus den in Art. 3 GG o. § 75 BetrVG aufgezählten Gründen erfolgt.
Eine Differenzierung ist mithin im allgemeinen nicht zwischen Männern und Frauen (§§ 611a BGB, 612 III BGB; AP 117 zu Art. 3 GG;
AP 53 zu § 242 BGB Gleichbehandlung; AP 1 zu § 1 Betr AVG
Gleichbehandlung) möglich. Eine Differenzierung ist aber auch dann
unwirksam, wenn sie gegen die Billigkeit verstößt. Der Grundsatz
der G. wirkt nur zugunsten eines AN.

II. Der GlGr entfaltet auf den verschiedenen Rechtsgebieten Wirkungen: (1) Auf dem Gebiet der *Entlohnung* kann der AG vorbehalt-
lich der → Tarifbindung unterschiedl. Arbeitsvergütungen mit AN
vereinbaren (AP 2 zu § 21 MTL II = NZA 85, 126). Bei Fehlen der
→ Tarifbindung kann der Nichtorganisierte nach h. M. nicht aufgrund des GlGs. den gleichen Lohn wie der Organisierte begehren.
Nach dem Grundgedanken des modernen Tarifrechts können die
Vorteile tarifl. Arbeitsbedingungen für Nichtorganisierte nur durch
→ Allgemeinverbindlichkeitserklärung wirksam gemacht werden.
Der GlGr wirkt vor allem bei Vergütungserhöhungen; einzelne AN
können nicht ausgenommen werden, wenn die → Arbeitsvergütung
im allgemeinen wegen der Teuerung angehoben wird (AP 15, 32, 36,
42, 51 zu § 242 BGB Gleichbehandlung; AP 76 = NZA 87, 156). Bei
Anhebung der Löhne u. Gehälter der AT-Angestellten kann eine
bestimmte Gruppe dieser Angestellten nicht schlechthin von Gehaltsaufbesserungen ausgenommen werden (AP 42). Das Gericht
muß bei unterschiedlichen Erhöhungen notfalls unter Berücksichtigung des Preisindexes nach § 287 ZPO schätzen (EzA 2 zu § 242
BGB Gleichbehandlung; AP 76 = NZA 87, 156), inwieweit darin
eine allgemeine Teuerungszulage enthalten ist. Ferner kann ein Anspruch bestehen, einen AG unterschiedslos alle AN höhergrup-
piert (AP 38). (2) Der GlGr. findet Anwendung auf dem Gebiet der
Lohnzulagen, → Gratifikationen und Sonderzuwendungen (AP 1 zu
§ 611 BGB Deputat; DB 75, 551). Unzulässig ist zu unterscheiden
zwischen Männern und Frauen (AP 39 zu § 242 BGB Gleichbehandlung); Ehegattenzulagen (AP 136 zu Art. 3 GG = NJW 86, 1006 =
NZA 86, 321), Arbeitern und Angestellten (AP 44 , AP 66, 67, 68 =
NJW 85, 168 = NZA 84, 327, 326, 323); Voll- u. Teilzeitbeschäftigten § 2 BeschFG). Bei der Gewährung von → Ruhegeld ist eine
Unterscheidung zwischen Arbeitern u. Angestellten wohl seit der

Rentenreform 1972 nicht mehr möglich. Zulässig dagegen zwischen aktiven, gekündigten o. bereits ausgeschiedenen AN (AP 80 zu § 611 BGB Gratifikation = DB 74, 1341; aber AP 40 zu § 242 BGB Gleichbehandlung); zwischen AN des Spitzenverbandes u. der angeschlossenen Verbände (AP 43); unzulässig dagegen nach dem Verhalten der AN am Fälligkeitstag (AP 79 zu § 611 BGB Gratifikation = DB 74, 973) o. der Arbeitsfähigkeit bei Gehaltserhöhungen (AP 51 zu § 242 BGB Gleichbehandlung). (3) → Leitende Angestellte werden von Sozialplänen nicht erfaßt; indes können die Betriebspartner sie ebenfalls berücksichtigen; vorübergehend hat das BAG angenommen, daß der AG verpflichtet ist, ihnen Zuwendungen zu machen, wenn er dies bei allen AN tut (AP 22 zu § 5 BetrVG 1972). Diese Rspr. ist inzwischen aufgegeben (AP 32 zu § 112 BetrVG 1972 = NJW 86, 94 = NZA 85, 713). (4) Bei Ausübung des → *Direktionsrechts* muß der AG den GlGs. beachten, etwa bei Heranziehung zu Mehr- u. Überstunden, bei Aufrechterhaltung der Ordnung im Betr. (Rauchverbot, Torkontrolle) o. bei → Versetzungen (zur unterschiedlichen Arbeitszeit bei Lehrkräften: AP 9 zu § 15 BAT = RiA 87, 181). (5) Dagegen kommt es bei → *Kündigungen* nach h. Rspr. auf die besonderen Umstände des Einzelfalles an, so daß der GlGs. sowohl bei ordentl. wie bei ao. → Kündigung entfällt (AP 41 zu Art. 9 GG Arbeitskampf). Überdies steht es dem AG frei, welchem AN er Arbeitsverfehlungen verzeihen will, es sei denn, daß sich hieraus ein Indiz herleiten läßt, daß der AG Dienstverfehlungen allgemein nicht als schwerwiegend empfunden hat. Der AG kann jedoch nicht wegen des GlGr ein Arbeitsverhältnis kündigen, um z. B. Sozialleistungen herabzusetzen (AP 3 zu § 2 KSchG 1969). (6) Wiedereinstellungen können nicht aufgrund des GlGr erzwungen werden (allgemein zu Vorstellungsmodalitäten: AP 6 zu § 1 TVG Tarifverträge Seniorität = DB 87, 693). Aus diesem Grund vereinbaren nach einem → Arbeitskampf die Tarifpartner, daß die beteiligten AN wieder eingestellt werden. Bei dieser Klausel handelt es sich um ein Abschlußgebot (→ Tarifvertrag).

Gleitende Arbeitszeit (→ Arbeitszeit). Es sind zwei Grundtypen zu unterscheiden. Bei der einfachen gl. A. ist dem AN nur die Möglichkeit eingeräumt, früher o. später zu beginnen u. nach Ablauf der tägl. Arbeitszeit die Arbeit entspr. früher o. später zu beenden. Bei der qualifizierten gl. A. muß der AN nur während bestimmter Stammarbeitszeiten arbeiten u. kann Zeitguthaben o. Zeitverluste innerhalb bestimmter Ausgleichszeiträume ausgleichen. Wegen des → Jugend- u. Mutterschutzes ist die Einführung der gl. A. mit Zeitausgleich für diesen Personenkreis i. d. R. nur schwer möglich. Bei der Einführung der gl. AZ hat der Betriebsrat ein erzwingbares Mitbestimmungsrecht (→ Betriebsratsaufgaben). Ist durch Betriebsvereinbarung gl. A. eingeführt, können Schulungen der Mitarbeiter nicht in die Gleitzeit gelegt werden (AP 33 zu § 87 BetrVG 1972 Arbeitszeit = DB 89, 1978).

Graphologische Gutachten dürfen nur mit Einwilligung des Bewerbers bzw. AN eingeholt werden. Nach h. M. soll eine Einwilligung aber bereits dann konkludent erteilt sein, wenn der AN einen handschriftlichen Lebenslauf o. dgl. vorlegt, da er alsdann damit rechnen müsse, daß ein gr. G. eingeholt werde (AP 24 zu § 123 BGB). In jedem Fall darf das G. nicht weiter, als für das → Arbeitsverhältnis erheblich, erstreckt werden *(NJW 75, 1908)*. Eine allgemeine Charakterstudie ist unzulässig (→ Eignungsuntersuchung). Ein zu Unrecht eingeholtes gr. G. kann zu → Schmerzensgeldansprüchen führen.

Gratifikationen sind Sonderzuwendungen, die der AG aus bestimmten Anlässen (Weihnachten, → Urlaub, Geschäfts- u. Dienstjubiläen) neben der → Arbeitsvergütung gewährt. I. Die Gr. sind keine Schenkung (§ 516 BGB) u. können formfrei zugesagt werden, sie sind i. d. R. Anerkennung für geleistete Dienste u. Anreiz für weitere Dienstleistung. Sind die Gr. fest in das Gehaltsgefüge, etwa wie ein 13. Gehalt (AP 71 zu § 611 BGB Gratifikation), eingebaut, oder soll die Gr. nur in der Vergangenheit geleistete Dienste abgelten, so ist sie auch dann entspr. der zurückgelegten Dienstzeit zu zahlen, wenn der AN im Laufe des Jahres ausscheidet (AP 100, 115). Ob die Gr. nur vergangenheitsbezogen oder vergangenheits- und zukunftsbezogen ist, muß nach ihrem Wortlaut und Zweck entschieden werden. Die Zielsetzung, auch zukünftige Leistungen anzureizen, ergibt sich vor allem, wenn der AN am Ende des Bezugszeitraumes in einem ungekündigten Arbeitsverhältnis steht oder auch nach Beendigung des Bezugszeitraumes bis zu einem bestimmten Zeitpunkt des folgenden Jahres noch dem Betrieb angehören muß (AP 100). Angewandt werden Gr.-Grundsätze auch auf *Abschlußgr.,* mit denen der AG den AN am Gewinn des Unternehmens o. → Betriebes, Betriebsabt. beteiligt (AP 81; AP 16 zu § 620 BGB Probearbeitsverhältnis). Auf die Zahlung einer Gr. besteht weder kraft Gesetzes, Gewohnheitsrecht noch der → Fürsorgepflicht des AG ein Rechtsanspruch. Für sie muß stets eine besondere Rechtsgrundlage vorhanden sein. Diese kann in einem → Tarifvertrag, → Betriebsvereinbarung, → Betriebsübung, → Arbeitsvertrag o. dem → Gleichbehandlungsgrundsatz gegeben sein. Sie kann jedoch auch freiwillig, ohne Anerkennung einer Rechtspflicht gezahlt werden.

Gratifikationen

II. 1.1. Besteht *tarifl. Anspr.* auf Gr.-Zahlung, so steht er allen AN gegen den AG im Falle der → Tarifbindung zu, nicht-tarifgebundenen AN jedoch nur im Falle der → Allgemeinverbindlicherklärung des Tarifvertrages o. wenn dieser im Wege des Einzelvertrags zum Inhalt des Arbeitsverhältnisses gemacht worden ist. Der Anspr. kommt in Wegfall, wenn der TV endet. Er entfaltet jedoch zunächst → Tarifnachwirkung. Kraft TV wird häufig die Zahlung eines 13. Gehaltes vereinbart; dies ist keine Gr., wenn es in das Gehaltsgefüge eingebaut worden ist. Bei ganzjähriger Arbeitsunfähigkeit ist im Wege der Auslegung des TV zu ermitteln, ob Gr.-Anspr. besteht (AP 89, 92, 93, 94, 96, 102, 103, 104; v. 7. 9. 89 – 6 AZR 637/88 – DB 90, 942). Im Zw. wird mit einer tariflichen Sonderzahlung überwiegend oder unter anderem im Bezugszeitraum geleistete Arbeit zusätzlich vergütet. Der Anspruch entfällt daher, wenn der AN im Bezugszeitraum nicht nennenswert gearbeitet hat. Eine Zeitspanne von mindestens zwei Wochen kann im allgemeinen nicht als unerheblich angesehen werden (AP 104). Bestimmt ein Tarifvertrag wie der ZuwendungsTV im → öffentlichen Dienst, daß der AN zur Rückzahlung verpflichtet ist, wenn er bis zum 31. 3. des Folgejahres auf eigenen Wunsch ausscheidet, so ist er zur Rückzahlung verpflichtet, wenn er am 31. 3., auch infolge auf seinen Wunsch befristeten Arbeitsverhältnisses ausscheidet (AP 54, 101). Sieht der TV vor, daß eine Rückzahlung nicht erfolgt, wenn der AG den Stellenwechsel billigt, so kann diese Billigung auch noch nach dem Ausscheiden eingeholt werden (AP 94, 117). Tritt er unmittelbar in ein Arbeitsverhältnis zu einem AG des öffentl. Dienstes, so bleibt der Anspruch gleichfalls erhalten (AP 122 zu § 611 BGB Gratifikation = NZA 85, 432; v. 30. 11. 89 – 6 AZR 255/88 – NZA 90, 369). 1.2. Rechtsgrundlage der Gr.-Zahlung kann eine nach § 88 BetrVG freiwillig abgeschlossene, nach § 77 BetrVG kündbare *Betriebsvereinbarung* sein. Im Wege der Auslegung ist zu ermitteln, ob diese einen jährl. o. nur einen einmaligen Anspr. begründet. 1.3. Vielfach sind Rechtsgrundlage → *Gesamtzusagen,* arbeitsvertragliche Einheitsregelungen usw. Sie sind individualvertragliche Vertragsgestaltungen. Nach kontroverser Diskussion hat das BAG entschieden, daß sie einen kollektiven Bezug aufweisen u. damit einer Änderungen durch → Betriebsvereinbarung zugänglich sind (AP 25 zu § 77 BetrVG 1972 = NZA 88, 509). 1.4. Aufgrund → *Betriebsübung* entsteht ein Zahlungsanspr., wenn der AG dreimal hintereinander vorbehaltlos eine Gr. zahlt (AP 3). Dieser Zahlungsanspr. kann nur beseitigt werden, wenn der AG mit dem → Betriebsrat eine entspr. → Betriebsvereinbarung abschließt (umstr. → Ordnungsprinzip), o. wenn AN bei Zahlung einen Vorbehalt des AG, daß hinfort nur noch freiw. Zahlung geleistet wird, unterschreiben. 1.5. Ein aufgrund *Einzelvertrags* begründeter G.-Anspr. kann nur durch → Abänderungsvertrag o. im Wege der → Änderungskündigung beseitigt werden. Ist das Bestehen eines Arbeitsverhältnisses an einem bestimmten Stichtag Anspruchsvoraussetzung, so ist die Kündigung zum Abschluß des Stichtages unschädlich (AP 118 = DB 84, 464). 1.6. Bei aufgrund des → Gleichbehandlungsgrundsatzes entstehenden Ansprüchen mag eine erleichterte Änderungsmöglichkeit bestehen (→ Gleichbehandlungsgrundsatz). Der → *Gleichbehandlungsgrds.* wird dann anspruchsbegründend, wenn der AG allgemein Gr. zahlt, jedoch einzelne AN o. Gruppen ausnimmt. Der Gleichbehandlungsgrds. ist auch dann zu beachten, wenn der Anspruch auf Gr. ausgeschlossen war (AP 97). Ein Ausschluß wird als gerechtfertigt anerkannt bei → Kündigung des Arbeitsverhältnisses (AP 4, 8, 16) [auch nach § 10 MSchG, AP 67], häufigen unberechtigten Fehlzeiten des AN, geringer Dauer der Betr.-Zugehörigkeit usw. Dagegen ist ein Ausschluß willkürlich aus Gründen des Geschlechts, der Herkunft, der Gewerkschafts- o. Betriebsratszugehörigkeit o. weil der Ehepartner eine Gr. erhält. Unzulässig ist ein Ausschluß bei betriebsbedingter Kündigung des AG (AP 84, 86, 98 a. a. O.; einschränkend: AP 123 = NJW 86, 1063 = NZA 86, 225). Wird die Gr. auch Pensionären gezahlt, so kann der AG die Zusage widerrufen, wenn dies in billigem Ermessen steht (wirtschaftl. Schwierigkeiten; AP 26).

2. Besteht ein Rechtsanspruch, so richtet sich die Höhe nach der ausdrücklich o. stillschweigend hierüber getroffenen Vereinbarung. Richtet sie sich nach der Dauer der Betriebszugehörigkeit, so ist i. Zw. die Zeit der Berufsausbildung mitzurechnen (AP 126 zu § 1 TVG Auslegung). Bei Umwandlung eines Vollzeitarbeitsverhältnisses in eine → Teilzeitbeschäftigung ist die Gr. nach dem im Stichtag maßgebl. Entgelt zu bemessen (AP 87). Zum Einfluß von Mutterschaftsurlaub (AP 113, 114; AP 7 zu § 8a MuSchG 1968 = DB 87, 795; jetzt → Erziehungsurlaub). Die Höhe kann sich aus bisheriger Übung ergeben. Fehlen solche Anhaltspunkte, so hat der AG die Gr. nach billigem Ermessen (§ 315 BGB) festzusetzen. Ob die Gr. bei Einführung von → Kurzarbeit gekürzt werden kann, muß nach der Rechtsgrundlage beurteilt werden (AP 105). Die Rechtsverpflichtung zur Zahlung einer Gr. ist in besonders hohem Maße von der Pflicht zur gegenseitigen → Treue- u. → Fürsorgepflicht überlagert. Der AG kann sie daher kürzen, wenn ihm die Zahlung in voller Höhe unzumutbar ist (AP 7 zu § 322 ZPO). Dies ist z. B. der Fall, wenn der AG sonst in finanzielle Schwierigkeiten geraten würde u. durch Kürzung die Arbeitsplätze erhalten bleiben (AP 51). Dagegen bleibt der Anspruch bestehen, wenn der AG in → Konkurs gerät u. Arbeitsplätze verlorengehen (AP 5). Der Betriebsrat hat bei der Festsetzung des Dotierungsrah-

mens der Gr. kein Mitbestimmungsrecht. Im übrigen hat er nach
§ 87 I Nr. 10 BetrVG bei der Verteilung, also dem Leistungsplan ein
erzwingbares Mitbestimmungsrecht. Dies gilt insbesondere, wenn
der AG bereits bestehende Auszahlungsmodalitäten ändern will.
Vgl. AP 1–4 zu § 87 BetrVG 1972 Altersversorgung.

III. Wird die Gr. freiwillig, ohne Anerkennung einer Rechtspflicht, ohne Übernahme einer Verpflichtung für die Zukunft (AP 69
zu Art. 3 GG; AP 86 zu § 611 BGB Gratifikation) gezahlt, so steht
die Zahlung im Ermessen des AG. Jedoch ist auch hier der Gleichbehandlungsgrundsatz zu beachten (AP 97). Der AG kann entschuldig-
te Fehlzeiten gratifikationsmindernd berücksichtigen (AP 58; umstr.
→ Prämie). Hat der AG für ein bestimmtes Jahr die Zahlung einer
Gr. in Aussicht gestellt, so besteht nur für dieses J. ein Zahlungsanspr. (AP 21, 34).

3. Häufig werden Gr.-Zahlungen mit einem *Rückzahlungsvorbehalt*
verbunden, wenn der AN innerhalb der nächsten Zeit aus dem Arbeitsverhältnis ausscheidet. Der Rückzahlungsvorbehalt muß eindeutig sein; unzureichend, wenn Zahlung allein unter der Bedingung
wirtschaftlicher Solvenz steht (AP 83). Zulässig soll auch ein Rückzahlungsvorbehalt sein, wenn die AN das Arbeitsverhältnis nach
§ 10 MuSchG kündigt (AP 67). Unzulässig wird ein Rückzahlungsvorbehalt auf die Beendigung des Ausbildungsverhältnisses sein (§ 5
BBiG). Auch im Falle eines Rückzahlungsvorbehaltes erwächst dann
kein Rückzahlungsanspruch, wenn der AG kündigt, ohne daß ihm
der AN hierfür einen Anlaß gegeben hat (vgl. AP 72, 73, 84, 86, 98)
o. die Kündigung unwirksam war, die Part. aber schließlich einen
Aufhebungsvertrag schließen. Diesen Grundsätzen entgegenstehende tarifliche Regelungen sind unwirksam (AP 98). Die Bindung darf
nicht übermäßig lang sein. Bei einer Weihnachtsgr., die ein Monatsgehalt (AP 82, 106) erreicht, kann Kündigung bis nach dem 31. 3.
des Folgejahres ausgeschlossen werden; erreicht sie keine zwei Mo-
natsgehälter kann im allgemeinen keine Bindung über den 30. 6.
erfolgen (AP 99; BVerfG AP 99a). Bei Gr. bis zur Höhe eines Mo-
natsgehaltes ist ein über den 31. 3. des Folgej. hinausgehender Rückzahlungsvorbehalt wirkungslos; Rückzahlungsvorbehalt bis zum Betrage von 200 DM ist überhaupt wirkungslos (AP 22, 23, 110). Erhält
der AN kein volles Monatsgehalt, weil er erst im Laufe des Jahres
eingetreten ist, so ist bei der Beurteilung der Bindungswirkung auf
den tatsächlich ausgezahlten Betrag abzustellen (AP 70). Werden ein
Monatsgeh. übersteigende Gr. gezahlt, so kann eine anteilige Rück-
zahlungsvereinb. je nach Dauer des Arb. Verh. vereinbart werden
(AP 89). Entspr. Fristen gelten für Urlaubsgr. (AP 78), Abschluß-
vergütungen u. Maigelder. Die Fristen rechnen i. d. R. ab Auszah-

lung (AP 64) u. können nicht verlängert werden, selbst wenn der AG nur eine Bindung entspr. den Kündigungsfristen erreicht (AP 66). Weitergehende Rückzahlungsklauseln können in → Tarifverträgen (AP 54, 57), nicht jedoch in → Betriebsvereinbarungen getroffen werden (AP 63). Zur Konkurrenz von Rückzahlungsklauseln in TV u. BV vgl. AP 68. Ohne ausdrücklichen o. stillschweigenden Rückzahlungsvorbehalt ist nach h. M. bei vorzeitigem Ausscheiden Rückzahlungsanspr. nicht gegeben (AP 1). Sind zu lange Rückzahlungsfristen vereinbart worden, so sind diese nichtig. I. Zw. ist anzunehmen, daß nicht die Gr.-Zusage überhaupt, sondern nur die zu lange Bindung nichtig ist (AP 69 zu Art. 3 GG; AP 25 zu § 611 BGB Gratifikation). Hält der AN die rechtl. zulässigen Bindungsfristen nicht ein, muß er die Gr. zurückzahlen, ohne daß ihm ein Sockelbetrag von 200 DM verbleibt (AP 36). Werden die Gr. zurückgezahlt, kann Erstattung der zuviel entrichteten Sozialversicherungsbeiträge verlangt werden (BSG AP 59). Wird die Gr. vom Restlohn abgezogen, so stellt sie negatives Einkommen dar; d. h. nur der verbleibende Lohn ist steuerpflichtig.

IV. Nach § 850a Ziff. 4 ZPO ist die Gr. bis zur Höhe der Hälfte des monatl. Bruttoeinkommens, höchstens aber bis zum Betrage von 470 DM unpfändbar; weitergehende Pfändungsmöglichkeit besteht für Unterhaltsansprüche (§ 850d I ZPO). Die Pfändbarkeit kann nicht durch Vereinbarung der Unabtretbarkeit ausgeschlossen werden (→ Abtretung).

V. Gelegentl. wird eine Betriebsbindung durch sog. *Auszahlungsvorbehalte* zu erreichen versucht. Bei ihnen werden Gr. für einen bestimmten Zeitraum in der Vergangenheit gezahlt, die Auszahlung aber davon abhängig gemacht, daß der AN auch noch in der Zukunft in einem ungekündigten Arbeitsverhältnis steht. Sie sind unwirksam, soweit eine übermäßige Bindung bezweckt wird. Die Rspr. zu den Rückzahlungsvorbehalten gilt entspr.

Großer Senat → Bundesarbeitsgericht.

Großhandel heißt der Handel von Zwischenhändlern mit Wiederverkäufern, sowie die Lieferung von Fertigwaren o. Maschinen an Produzenten (AP 131 zu § 1 TVG Auslegung = DB 84, 55). Die Arbeitsverhältnisse im Großhandel unterliegen häufig allgemeinverbindlichen → Tarifverträgen.

Gruppenarbeitsverhältnis. Ein G. liegt vor, wenn mehrere AN zu einer Arbeitsgruppe zusammengefaßt sind. Zu unterscheiden sind drei Grundtypen: *Betriebs-* u. *Eigengruppe* sowie das → *Gehilfenverhältnis*. Bei der Betr.- u. Eigengr. stehen die AN gleichberechtigt nebeneinander; im Gehilfenverh. besteht eine Subordination der AN

Gruppenarbeitsverhältnis

untereinander, wenn z. B. ein AN zur Erfüllung einer Dienstpflicht sich eines Gehilfen bedient (→ mittelbares Arbeitsverhältnis). Eine *Betr.-Gruppe* entsteht, wenn eine Mehrheit von AN, die jeweils einzeln u. unabhängig voneinander ihren ArbVertrag mit dem AG abgeschlossen haben, durch diesen aus arbeitsorganisatorischen Gründen zwecks Erreichung eines höheren Arbeitserfolges zusammengefaßt werden. Die grundsätzliche Bildung u. Zusammensetzung der Betr.-Gruppe mit bestimmten AN liegt allein im → Direktionsrecht des AG. Ob dieser auch ohne Zustimmung der AN, vorbehaltlich der Mitbestimmung des → Betriebsrates, eine Gr.-Entlohnung einführen kann, ist umstr. Nach richtiger Auffassung umfaßt das Direktionsrecht des AG nur die Konkretisierung der Arbeitspflicht, nicht dagegen die Lohnfestsetzung, es sei denn, daß dies einzel- o. tarifvertraglich dem AG vorbehalten ist. Infolge Zusammenschlusses der AN zur Betr.-Gruppe entsteht zwischen ihnen eine tatsächliche Gemeinschaft. Jedes Gr.-Mitgl. steht in einem unmittelbaren Arbeitsverhältnis zum AG u. hat einen eigenen Entgeltanspruch (AP 2 zu § 611 BGB Akkordkolonne). Zahlt der AG die → Arbeitsvergütung an den von ihm gestellten Gr.-Führer o. an einen von der Gr. gewählten Gr.-Sprecher, so wird er von der Lohnzahlungsverpflichtung nur dann frei, wenn der Gr.-Vertreter zum Geldempfang bevollmächtigt war. Jedes Gr.-Mitgl. kann einzeln kündigen o. gekündigt werden. Arbeitet die Betr.-Gruppe gegen Gr.-Entlohnung (→ Akkord, → Prämie), so kann der AG schadensersatzpflichtig werden, wenn er für ein ausgefallenes Gr.-Mitgl. nicht rechtzeitig Ersatz schafft o. ein in der Leistung unterdurchschnittliches Gr.-Mitgl. der Gr. zuweist u. sich hierdurch die Gr.-Entlohnung mindert (§§ 615, 276 BGB). Erwachsen dem AG daraus Schäden, daß einzelne Gr.-Mitgl. ihren Leistungsverpflichtungen nicht rechtzeitig o. mangelhaft nachkommen, so kann er die schlecht Leistenden schadensersatzpflichtig machen. War Gr.-Entlohnung vereinbart, so haftet jedes Gr.-Mitglied darauf, daß die anderen sachgemäß arbeiten. Hieraus folgt, daß der AG die Schlechtleistung der Gr. darlegen u. beweisen muß. Dann ist es Sache des einzelnen AN, darzulegen u. zu beweisen, daß er weder selbst schlecht geleistet noch seine Einwirkungspflicht verletzt hat und daß ihn auch sonst kein Verschulden trifft (AP 4 zu § 611 BGB Akkordkolonne). Ob bei Schlechtleistung der Gr., also bei → Arbeitsmängeln, der Lohnanspruch in voller Höhe o. nur verkürzt erwächst, hängt davon ab, ob vereinbart ist, daß eine Entlohnung nur für mängelfreie Arbeit erfolgen soll o. nicht. Unter *Eigengr.* wird eine Mehrheit von AN verstanden, die sich zu gemeinsamer Arbeitsleistung aus eigener Initiative zusammengeschlossen hat u. als Gr. ihre Dienstleistung dem AG anbietet (AP 2 zu § 611 BGB Akkordkolonne). Der AG hat grundsätzl. kei-

nen Einfluß auf Bildung u. Zusammensetzung der Eigengr.; eine →
Kündigung ist nur von u. gegenüber der Gr. zulässig (AP 1 zu § 611
BGB Gruppenarbeitsverhältnis). Zwischen den Gr.-Mitgl. kann eine
Gesellschaft bürgerl. Rechtes als Innen- o. Außengesellschaft (§ 705
BGB), ein rechtsfähiger o. nichtrechtsfähiger Verein, eine GmbH o.
eine Genossenschaft bestehen. Welche Rechtsform besteht, richtet
sich nach der Auslegung des Gr.-Vertrages. Die Eigengr. kann nur
als Gr. Rechtsbeziehungen zum AG begründen, sie kann aber auch
daneben ArbVerträge zwischen den einzelnen Gr.-Mitgl. u. dem AG
o. schließlich nur Rechtsbeziehungen zwischen den Gr.-Mitgl. u.
dem AG schaffen. Liegen nur Rechtsbeziehungen zwischen Eigengr.
u. AG vor, so können diese als Werk-, Dienst- o. → Dienstverschaffungsvertrag ausgestaltet sein. Bei Ausgestaltung als Dienst- u.
Werkvertrag findet → Arbeitsrecht überhaupt keine Anwendung;
bei Ausgestaltung als Dienstverschaffungsvertrag wird zumeist ein
→ mittelbares Arbeitsverhältnis zwischen den Gr.-Mitgl. u. dem AG
bestehen. Bei ausschließlichen Rechtsbeziehungen zwischen Eigengr. u. AG steht allein dem Gr.-Sprecher das → Direktionsrecht zu.
Die Gr.-Mitgl. müssen sich jedoch in die allgemeinen Ordnungsvor-
schriften des Betr. einfügen. Der Entgeltanspruch steht allein der Gr.
zu, Ausnahmen können sich jedoch bei → mittelb. Arbeitsverhältnis
ergeben. Im Falle von Leistungsstörungen (Verzug, Unmöglichkeit,
Schlechterfüllung) kann sich der AG in Ermangelung von Rechtsbeziehungen zu den einzelnen Gr.-Mitgl. nur an die Gr. als Ganzes
halten. Liegen dagegen zwischen Eigengr., wie auch zwischen den
einzelnen Gr.-Mitgl. u. dem AG Rechtsbeziehungen vor, so hat der
AG das Direktionsrecht. Im Falle von Leistungsstörungen kann er
sich an die Gr. halten, wie auch an das einzelne, störende Gr.-Mitgl.
In den meisten Fällen werden die einzelnen Gr.-Mitgl. für die Leistungsstörungen ihrer Arbeitskollegen eintreten müssen. Je nach
Vereinbarung ist das Entgelt der Gr., die Gesamthandseigentümerin
wird, o. den einzelnen Gr.-Mitgl. auszuzahlen. Wird die Gr. Gesamthandseigentümerin des Entgeltes, so erlangt das einzelne Gr.-
Mitgl. einen Auseinandersetzungsanspruch. Bestehen dagegen ausschließlich Rechtsbeziehungen zwischen den Mitgl. der Eigengr. u.
dem AG, so steht nur dem einzelnen Gr.-Mitgl. der Entgeltanspruch
zu (vgl. bei Gruppenpauschbetrag → Feiertage); der AG hat in vollem Umfang das Direktionsrecht; etwaige Leistungsstörungen sind
ausschließl. zwischen den Beteiligten abzuwickeln.

Günstigkeitsprinzip → Tarifvertrag.

Güteverhandlung ist die mündl. Verhdlg. vor dem Vorsitzenden
des → Arbeitsgerichts zum Zwecke der gütl. Einigung der Part. (§ 54
I 1 ArbGG). Zu diesem Zwecke hat er das gesamte Streitverhältnis

Güteverhandlung

mit den Parteien unter freier Würdigung aller Umstände zu erörtern u. ggfs. präsente Beweismittel zu verwerten; eidl. Zeugenvernehmungen sind dagegen ausgeschlossen (§ 54 I ArbGG). Die G. schließt mit dem Abschluß eines → Vergleiches o. der Ansetzung eines Termins zur → streitigen Verhandlung durch verkündeten Beschluß, zu dem alsdann keine besondere Ladung mehr ergeht (§ 218 ZPO). Der Vorsitzende hat die streitige Verhandlung so vorzubereiten, daß sie möglichst in einem Termin zu Ende geführt werden kann (§ 56 I 1 ArbGG). Zu diesem Zweck soll er, soweit es sachdienlich ist, von den in § 56 I 2 ArbGG genannten prozeßleitenden Verfügungen Gebrauch machen. Insbesondere kann er die Parteien zur Ergänzung oder Erläuterung ihrer vorbereitenden Schriftsätze binnen bestimmter Frist auffordern, die Vorlage von Urkunden anordnen, das persönliche Erscheinen der Parteien anordnen und Zeugen, auf die sich eine Partei bezogen hat, laden. Das Gericht hat die klärungsbedürftigen Punkte genau zu bezeichnen (AP 1 zu § 56 ArbGG 1979). Angriffs- und Verteidigungsmittel, die erst nach Fristablauf vorgebracht werden, sind nur zuzulassen, wenn nach der freien Überzeugung des Gerichtes ihre Zulassung die Erledigung des Rechtsstreits nicht verzögern würde oder wenn die Partei die Verspätung genügend entschuldigt. Eine Verzögerung tritt ein, wenn eine Vertagung notwendig wird o. wenn das Gericht eine beabsichtigte Entscheidung zurückstellen muß. Maßstab für die Beurteilung der Verzögerung ist die prozessuale Situation bei rechtzeitigem und verspätetem Vorbringen (vgl. Schaub, dtv – Meine Rechte und Pflichten im Arbeitsgerichtsverfahren, 4. Aufl., 1985). Das Verschulden der Partei wird vermutet; sie muß sich also entlasten. Verfahren, die das Bestehen, das Nichtbestehen o. die Kündigung eines Arbeitsverhältnisses zum Gegenstand haben, sind besonders zu beschleunigen. Die G. soll innerhalb von zwei Wochen nach Klageerhebung stattfinden. Ist die G. erfolglos, fordert der Vorsitzende den Beklagten binnen einer Frist, die mindestens zwei Wochen betragen muß, auf, im einzelnen unter Beweisantritt schriftlich auf die Klage zu erwidern, sofern der Beklagte noch nicht o. nicht ausreichend Stellung genommen hat. Dem Kläger kann eine weitere Gegenäußerungspflicht gesetzt werden. Verspätetes Vorbringen ist nur zuzulassen, wenn nach der freien Überzeugung des Gerichtes ihre Zulassung die Erledigung des Rechtsstreits nicht verzögert o. wenn die Partei die Verspätung genügend entschuldigt (§ 61a ArbGG). Die Parteien sind über die Folgen der Fristversäumnis zu belehren (§§ 56 II 2, 61a VI ArbGG). Der Vorsitzende kann bereits vor streitiger Verhandlung einen Beweisbeschluß erlassen, soweit er anordnet, 1. eine Beweisaufnahme durch den ersuchten Richter, 2. die Einholung schriftlicher Auskünfte von Zeugen nach § 377 III, IV ZPO; 3. die Einholung amtlicher Auskünfte (§ 55 IV ArbGG). Wird der Rechtsstreit im G. nicht erledigt u. findet die streitige Verhandlung nicht sofort statt, ist deren Termin sofort zu verkünden (§ 57 I ArbGG). In Ausnahmefällen kann der Vorsitzende auch allein entscheiden (§ 55 I ArbGG). Dies kann sein bei Zurücknahme der Klage, Verzicht o. Anerkenntnis des Klageanspruches, Säumnis einer o. beider Parteien sowie über die Einstellung der Zwangsvollstreckung. Der Vorsitzende ist sowohl bei echtem wie unechtem → Versäumnisurteil zur Alleinentscheidung befugt. Ferner entscheidet er allein, wenn dies die Parteien übereinstimmend beantragen (§ 55 III ArbGG). Der Antrag ist in die Sitzungsniederschrift aufzunehmen (vgl. Schaub dtv, Meine Rechte und Pflichten im Arbeitsgerichtsverfahren, 4. Aufl. 1985; zum Rechtsanwaltsgebührenrecht: Hecker/Baldus AnwBl. 85, 230).

Gute Sitten. Rechtsgeschäfte, also → Arbeitsverträge, die gegen die g. S. verstoßen, sind nichtig (§ 138 I BGB). Ein Verstoß gegen die g. S. ist die Nichterfüllung der Mindestforderungen, die die heute geübte Rechtsanschauung für das Handeln der Rechtsgenossen aufstellt. Sie dokumentiert sich in dem Anstandsgefühl aller billig u. gerecht Denkenden. Ein Sittenverstoß ist gegeben, wenn obj. die Gesamtgestaltung des Rechtsgeschäftes (Inhalt, Beweggründe der Beteiligten, verfolgte Zwecke) gegen das Anstandsgefühl aller billig u. gerecht Denkenden verstößt u. subj. dem Handelnden die Tatumstände, aus denen sich die Sittenwidrigkeit ergibt, bekannt sind o. er sich ihrer Kenntnis böswillig o. grob fahrlässig verschließt.

H

Haftung des Arbeitgebers. Gegenüber dem AN kann sich eine H. d. AG aus der Verletzung 1. *vorvertraglicher,* 2. *vertraglicher,* 3. *nachvertraglicher Pflichten,* 4. *unerlaubter Handlung* u. 5. *Gefährdungshaftung* ergeben.

1. Aus dem Eintritt in Vertragsverhandlungen entsteht, auch wenn es zum Abschluß eines ArbVertr. nicht kommt, ein vertragsähnl. Vertrauensverhältnis, das gegenseitige Sorgfaltspflichten u. für den AG Mitteilungs-, Aufklärungs- u. Obhutpflichten begründet, bei deren Verletzung er zum Schadensersatz wegen Verschuldens bei Vertragsschluß (culpa in contrahendo § 276 BGB) verpflichtet ist. So hat der AG im Rahmen von → Vorverhandlungen z. B. auf die Anforderungen des Arbeitsplatzes hinzuweisen, auf Verlangen eingesandte → Zeugnisse sorgfältig zu verwahren u. über die ihm bekanntgewordenen persönl. Verhältn., insbes. Gesundheitszeugnisse,

der Bewerber zu schweigen. Er hat aber u. U. auch über seine eigene
Solvenz u. Möglichkeiten der kurzfristigen Beendigung des Arb.
Verh. aufzuklären (AP 1 zu § 13 GmbHG). Bei Verletzung vorver-
tragl. Pflichten ist der AG zum Ersatz des Vertrauensschadens (→
Haftung des AN) verpflichtet. Hat er aus Gründen des Geschlechtes
ein AV nicht begründet, so erwachsen weitergehende Schadenser-
satzpflichten (→ Frauenarbeitsschutz). Hat der AN zu einer Vorstel-
lung eine dritte Person mitbringen müssen, so kann sich aus dem
Gesichtspunkt eines Vertrages mit Schutzwirkung zugunsten des
Dritten auch für diesen ein Schadensersatzanspruch ergeben (BGH
NJW 76, 712).

2. Der AG hat den AN, den er in seinen Betr. o. Gefahrenbereich
eingegliedert hat, gegen a) Personenschäden, b) Schäden an seinem
Eigentum zu schützen u. c) die sonstigen ArbVertr.-Pflichten einzuhalten.

a) Zur Abwendung von Personenschäden ist er verpflichtet, Arbeitsräume, Betriebsvorrichtungen, Maschinen u. Gerätschaften so
einzurichten u. zu unterhalten u. den Betr. so zu regeln, daß der AN
gegen Gefahren von Leben u. Gesundheit usw. geschützt ist, soweit
es die Natur des Betr. gestattet (§§ 618 BGB; 120a GewO, 62 HGB).
Ist der AN in die häusl. Gemeinschaft aufgenommen, hat der AG in
Ansehung der Wohn- u. Schlafräume, der Verpflegung sowie der
Arbeits- u. Erholungszeiten diejenigen Einrichtungen u. Anordnungen zu treffen, die mit Rücksicht auf die Gesundheit erforderlich
sind. Bei vom AG zur Verfügung gestellten Wohnheimen müssen
die in § 120c GewO aufgestellten Mindestanforderungen erfüllt sein.
Im übrigen sind ohne Rücksicht auf die Zahlung von Mietzins die
mietrechtl. Vorschriften anzuwenden. Der AG hat ferner dafür zu
sorgen, daß von den dem AN zur Bearbeitung übergebenen Sachen
Dritter keine vermeidbaren Gefahren ausgehen. Insoweit treffen ihn
Kontroll-, Aufklärungs- u. Informationspflichten.

b) Das Arbeitsverhältnis macht es notwendig, daß der AN eigene
Sachen zur Arbeit mitbringt. Auch für → eingebrachte Sachen des
AN obliegen dem AG Schutz- u. Verwahrungspflichten. Insbesondere haftet er aber, wenn der AN eigene Sachen im Betätigungsbereich des AG verwendet (→ Aufwendungen). Der Schadensersatzanspruch umfaßt insoweit auch den merkantilen Minderwert AP 15 zu
§ 611 BGB Musiker = NJW 88, 932).

c) Neben den Pflichten des → Arbeitsschutzes sind die übrigen
Vertr.-Pflichten einzuhalten. Insoweit können sich für den AG Aufklärungspflichten, insbesondere über die betriebliche Altersversorgung, ergeben (→ Fürsorgepflicht). Aus der Fürsorgepflicht kann
sich ergeben, daß der AG den AN von der Haftung freistellen muß,

wenn er ihn als → Kraftfahrer einsetzt, obwohl er weiß, daß dieser
keine Fahrerlaubnis besitzt (AP 94 zu § 611 BGB Haftung des Arbeitnehmers = NJW 89, 854 = NZA 89, 181). Verursacht der AN
außerhalb der Grenzen der BRD einen Verkehrsunfall, kann der AG
gehalten sein, dem AN die Kaution zu ersetzen, die dieser hat verfallen lassen, um einer unzumutbaren Strafverfolgung zu entgehen (AP
7 zu § 611 BGB Gefährdungshaftung = NJW 89, 316 = NZA 89,
54).

d) Der AG hat eine Reihe öffentl. rechtl. Schutzverpflichtungen
zugunsten des AN. So hat er die → Sozialversicherungsbeiträge u. →
Lohnsteuern abzuführen. Erwächst dem AN aus der fehlerhaften
Abführung von Soz. Vers. Beitr. ein Schaden, ist er zum Ersatz
verpflichtet. Ungerechtfertigte Steuernachforderungen hat er abzu-
wehren; umgekehrt kann er Erstattung berechtigter Lohnst.-Nachf.
vom AN verlangen. Insbesondere ist der AG zur Unfallmeldung bei
→ Arbeitsunfällen gehalten.

Zu a–c): Macht der AN Schadensersatzansprüche aus der Verletzung der → Fürsorgepflicht geltend, so ist er für sie darlegungs- u.
beweispflichtig. Erhebt er dagegen die Einrede des nicht erfüllten
Vertrages (§ 320 BGB), so obliegt dem AG die Beweislast, daß er
seinen Fürsorgepflichten genügt hat.

3. Auch nach *Beendigung des ArbVertr.* ergeben sich für den AG
eine Reihe von Pflichten nachfolgender Fürsorge. So ist er z. B. verpflichtet, → Zeugnis u. → Arbeitspapiere herauszugeben, → Auskunft an Dritte zu erteilen usw. Verletzt der AG rechtswidrig u.
schuldhaft die ihm obliegenden Pflichten, ist er zum Ersatz des daraus erwachsenden Schadens verpflichtet. Zu vertreten hat er Vorsatz
u. Fahrlässigkeit (§ 276 BGB). Er hat für diejenigen Personen einzustehen, deren er sich zur Erfüllung seiner Pflichten bedient (§ 278
BGB). Im Streitfall hat der AN Pflichtverletzung, Verschulden,
Schaden u. ursächlichen Zusammenhang nachzuweisen.

4. Mit den Ansprüchen aus Vertrag konkurrieren diejenigen aus
unerlaubter Handlung (§§ 823, 824, 826, 831 BGB). Die Vorschriften
des → Arbeitsschutzes sind i. d. R. Schutzgesetze zugunsten des AN.

5. Ohne Verschulden haftet der AG i. d. R. nicht. Ausnahmen
können sich aus einzelnen Gesetzen, wie z. B. StVG, HaftpflG ergeben, o. wenn der Sachschaden bei einer gefährlichen Arbeit eingetreten und außergewöhnlich ist (AP 2 zu § 611 BGB Gefährdungshaftung), der AG vom AN den Einsatz eigener Sachen verlangt hat (AP
5 zu § 611 BGB Gefährdungshaftung) o. der AN eigene Sachen im
Betätigungsbereich des Arbeitgebers eingesetzt hat (AP 6 zu § 611
BGB Gefährdungshaftung). → Aufwendungen.

Haftung des Arbeitnehmers

II. Die Haftung des AG kann eingeschränkt sein o. entfallen bei 1. Mitverschulden des AN u. 2. → Arbeitsunfall.

III. Für die *Steuerpflichtigkeit von Schadensersatzleistungen* des AG gilt: *(1)* Sie gehören nicht zum Arbeitslohn, soweit der AG hierzu gesetzlich verpflichtet ist. *(2)* Sie gehören dann zum Arbeitslohn, wenn sie wegen Verletzung der arbeitsvertraglichen Pflichten erbracht werden (BFH BStBl. II 75, 520). *(3)* Schadensersatzleistungen wegen Körperverletzungen u. Unfällen gehören zum Lohn, soweit sie Einkünfte aus Arbeit abgelten sollen. Jedoch unterliegen sie Begünstigungen nach § 34 EStG. Sie sind steuerfrei, sofern sie nur Schmerzensgeld o. Sachschäden abgelten (BdF BStBl. I 78, 353). Werden in einem Vergleich verschiedene Schadensersatzleistungen des AG zusammengefaßt, so ist notfalls der steuerpflichtige Anteil zu schätzen (BFH BStBl. II 82, 496).

Haftung des Arbeitnehmers gegenüber dem AG kann sich aus schuldhafter Verletzung 1. *vorvertragl. Pflichten,* 2. *arbeitsvertragl. Haupt- u. Nebenpflichten,* 3. *unerlaubter Handlung* ergeben.

1. Aus der *Aufnahme von ArbVertr.-Verhandlungen* ergibt sich nach dem Grundsatz von → Treu u. Glauben bereits eine Pflicht zur gegenseitigen Rücksichtnahme u. Fürsorge, aus deren Verletzung Schadensersatzansprüche erwachsen; diese sind jedoch i. d. R. nicht auf das Erfüllungsinteresse, sondern auf den Vertrauensschaden gerichtet. Dieser wird ermittelt durch Vergleich der Jetztlage mit der Lage, die vorhanden wäre, wenn der rechtsgeschäftl. Abschluß o. die rechtsgeschäftl. Anbahnung gar nicht eingetreten wären. Ansprüche aus → Vorverhandlungen o. culpa in contrahendo erwachsen z. B., wenn der AN dem AG wahrheitswidrig vorspiegelt, er sei in der Lage bestimmte Arbeiten zu verrichten, wenn er im Rahmen von → Vorstellungen erfahrene Betriebsgeheimnisse weitergibt o. wenn der AG erhebliche Aufwendungen macht u. der AN nicht Willens o. in der Lage ist, die Arbeit aufzunehmen (AP 8 zu § 276 BGB Vertragsbruch = NJW 84, 2846; AP 10 = NJW 85, 509).

2. Die *Verletzung arbeitsvertragl. Pfl.* kann in Nichtleistung, verspäteter Leistung o. durch Schlechterfüllung bestehen.

a) Die Anwendung von §§ 323ff. BGB auf das Arbeitsverhältnis bei Verletzung arbeitsvertraglicher Hauptpflichten war umstr. In älterer Zeit ist deren Anwendung geleugnet worden, weil sie auf das Arbeitsverhältnis nicht paßten (BGH NJW 53, 1465). Im wesentlichen werden heute folgende Grundsätze vertreten: aa) Erbringt der AG nicht die geschuldete Vergütung, so hat der AN nach § 614 BGB für eine Lohnperiode vorzuleisten. Indes steht ihm dann die Einrede des nichterfüllten Vertrages zu (§ 320 BGB). Ein → Zurückbehaltungsrecht besteht auch dann, wenn der AG die Vorschriften des Arbeitsschutzes o. der vertraglichen Fürsorgepflicht nicht einhält. In beiden Fällen gerät der AG in → Annahmeverzug (§ 615 BGB), so daß er die Vergütung fortzahlen muß. Geringfügige Lohndifferenzen und minimale Beeinträchtigungen arbeitsvertraglicher Pflichten berechtigen jedoch noch nicht zur Dienstleistungsverweigerung. bb) § 323 BGB führt zu dem Grundsatz ohne Arbeit keinen Lohn. Hiervon bestehen im Arbeitsrecht zahlreiche Ausnahmen, wonach der AG auch dann zur Vergütungsfortzahlung verpflichtet bleibt, wenn der AN nicht leistet. Zu diesen Sondervorschriften gehören solche über → Krankenvergütung, → Betriebsrisiko, → Urlaub, Freistellungsregelungen im BetrVG und BPersVG. cc) Führt der AG die Unmöglichkeit der Leistung des AN schuldhaft herbei, bleibt er nach § 324 I BGB zur Vergütungsfortzahlung verpflichtet. Was der AN durch anderweitige Verwendung seiner Arbeitskraft erhält, muß er sich nach § 324 I 1 BGB anrechnen lassen. dd) §§ 325, 326 BGB sind nicht anwendbar, soweit einem der Vertragsteile ein Rücktrittsrecht eingeräumt ist. Insoweit ist dieses durch die Kündigung nach §§ 621, 622, 626 BGB ersetzt. Leistet der AN die versprochenen Dienste nicht, so kann Verzug o. Unmöglichkeit vorliegen. Verzug ist gegeben, wenn die Dienste nachgeholt werden können. Im allgemeinen hat die Arbeitsleistung Fixschuldcharakter (§ 361 BGB), d. h., der AN kann die Arbeitsleistung nicht nachholen. Wenn ein AN an einem bestimmten Tag nicht arbeitet, liegt ein Fall der Teilunmöglichkeit vor (§ 325 I 3, 323 BGB). Der AG braucht für die versäumte Zeit keine Vergütung zu zahlen. Stattdessen kann er, wenn ihm ein bezifferbarer Schaden erwachsen ist, nach § 325 I 2 BGB Schadensersatz wegen Nichterfüllung geltend machen. Hat der AG wegen der Nichtleistung gekündigt, kann er Schadensersatzansprüche nach § 628 II BGB haben (Weiß JuS 85, 593). Macht der AN geltend, daß er die Nichtleistung der Arbeit nicht zu vertreten habe, so ist er hierfür darlegungs- und beweispflichtig.

b) Von der Nichtleistung o. verspäteten Leistung der Arbeit ist die *Schlechtleistung* im Arbeitsverhältnis zu unterscheiden (Schaub PersF 90, 291). Der AN ist in diesem Falle seiner Verpflichtung zur Arbeitsleistung nachgekommen, hat sie aber nicht so erfüllt, wie es dem Vertrag entspricht. Die Art der Schlechtleistung kann sehr verschieden sein (schlechte Ausführung der Arbeit, Beschädigung von Maschinen u. Gerätschaften, zu langsames Arbeiten, ungenügendes Wahrnehmen der Interessen des AG), also jede den AG irgendwie schädigende Handlung. Neben dem Arbeitsverhältnis können weitere vertragsrechtl. Beziehungen bestehen, wenn deren Verletzung gleichfalls zum Schadensersatz verpflichtet, z. B. der AG dem AN

Haftung des Arbeitnehmers

einen Firmenwagen zur privaten Nutzung überläßt *(EzA 35 zu § 611 BGB Arbeitnehmerhaftung)*. Dieser Schadenersatzanspruch unterliegt nicht den Verjährungsvorschriften von §§ 558, 606 BGB (AP 85 zu § 611 BGB Haftung des Arbeitnehmers = NJW 85, 759). Zur Feststellung der Schlechtleistung können Schiedsgutachterverträge geschlossen werden. Der AN wird schadensersatzpflichtig, *(1)* wenn der AN durch ein Tun o. Unterlassen gegen seine vertragl. Pflichten verstößt, *(2)* aus der Vertragsverletzung ein Schaden erwachsen ist, *(3)* zwischen Pflichtverletzung u. Schaden die haftungsbegründende Kausalität gegeben ist, *(4)* der AN die Pflichtverletzung zu vertreten hat, *(5)* ein weitergehender Schaden erwachsen ist u. *(6)* insoweit die haftungsausfüllende Kausalität gegeben ist. Im Prozeß ist der AG für die Voraussetzungen *(1) – (4)* nach § 286 ZPO darlegungs- u. beweispflichtig (vgl. AP 87 zu § 611 BGB Haftung des Arbeitnehmers = DB 85, 2565); für die Voraussetzungen nach *(5)* u. *(6)* nach § 287 ZPO. Der Schadensersatzanspruch ist darauf gerichtet, daß der AN den AG so zu stellen hat, wie dieser gestanden hätte, wenn das schädigende Ereignis nicht eingetreten wäre. Es besteht also zunächst in der kostenfreien Beseitigung der Mängel (§ 249 BGB). Ist dies nicht möglich, ist die Entschädigung in Geld zu leisten. Schaden ist auch der entgangene Verdienst (§ 252 BGB). Die für die Instandsetzung eines unfallgeschädigten Kraftfahrzeugs dem AG berechnete Mehrwertsteuer ist, soweit der AG nach § 15 I 1 UStG zum Vorsteuerabzug berechtigt ist, nicht zu ersetzen (NJW 72, 1460). Umstr. ist, ob der → Kraftfahrer bei einem Verkehrsunfall auch für den Verlust von Schadensfreiheitsrabatten haftet; dies ist sowohl bei Kasko- wie bei Haftpflichtschaden zu bejahen (AP 81 zu § 611 BGB Haftung des Arbeitnehmers). c. In der Rspr. des BAG wurde bis 1983 angenommen, daß der AN im Falle der Schlechtleistung sowohl Vorsatz wie Fahrlässigkeit zu vertreten hat (§ 276 BGB). Lediglich in den Fällen der → Gefahrgeneigten Arbeit bestand eine Haftungsmilderung des AN. Im Jahre 1983 sind einige Urteile ergangen, aus denen sich entnehmen ließ, daß eine Haftung des AN nur noch bei Vorsatz u. grober Fahrlässigkeit in Betracht komme, weil wegen des vom AG gesetzten Betriebsrisikos dem AN eine Haftung nicht mehr zumutbar war (AP 82 zu § 611 BGB Haftung des Arbeitnehmers = NJW 83, 1693; AP 84 = NJW 84, 2488). Wegen der aufgetretenen Divergenzen ist alsdann der GrS des BAG zur Entscheidung angerufen worden (AP 86 = NJW 86, 954). Zu einer Entscheidung ist es nicht gekommen, da sich die Parteien des Ausgangsverfahrens außergerichtlich geeinigt haben. Durch Urteile von 1987 ist das BAG für die Fälle der → Gefahrgeneigten Arbeit wieder zu der Rspr. vor 1983 zurückgekehrt. Hiernach haftet der AN bei leichter Fahrlässigkeit überhaupt nicht, bei mittlerem Verschulden wird der Schaden gequotelt und bei schwerem Verschulden, also im allgemeinen bei Vorsatz und grober Fahrlässigkeit haftet der AN allein. Bei versicherbaren Kaskoschäden ist das Fehlen einer Versicherung bei der Schadensquotelung zu berücksichtigen (AP 93 = NJW 88, 2816 = NZA 88, 579; AP 92 = NJW 88, 2820 = NZA 88, 584; dazu Arens BB 88, 1596; Denck ArbuR 88, 325; v. Hoyningen-Huene BB 89, 1889; Wacke RdA 87, 321; Walker NZA 88, 753). Im Jahre 1989 hat das BAG wieder Überlegungen von 1983 aufgenommen. Es hat in einer Entscheidung wiederum den GS angerufen, ob die Haftung des AN allgemein nach dem Quotierungsschema begrenzt werden kann (v. 12. 10. 89 – 8 AZR 741/87 – DB 90, 47). Zugleich hat es klargestellt, daß in den Fällen → Gefahrgeneigter Arbeit in Ausnahmefällen auch eine Schadensquotelung bei grober Fahrlässigkeit möglich ist (v. 12. 10. 89 – 8 AZR 276/88 – NJW 90, 468). Für die Annahme einer groben Fahrlässigkeit sind auch subjektiv vorwerfbare Verhaltensweisen erforderlich (AP 42, 59; AP 2 zu § 840 BGB = BB 89, 1347). Umstr. ist, ob auf die Fälle der Schlechterfüllung §§ 282, 285 entspr. anzuwenden sind. Nach h. M. trägt der AG grundsätzlich die Darlegungs- u. Beweislast für ein Verschulden des AN (AP 5 zu § 282 BGB; BGH AP 6 aaO). Dem AG können jedoch Beweiserleichterungen zugute kommen, *(1)* in den Fällen des → Anscheinsbeweises, insbesondere bei Verkehrsunfällen u. der → Mankohaftung, *(2)* wenn der AN näher zum Gefahrenbereich steht. Mit seiner Forderung kann der AG in den Grenzen der Pfändungs-Freigrenzen gegen die Lohnford. die → Aufrechnung erklären.

3. Mit den vertragl. Haftungsbestimmungen können diejenigen aus *unerlaubter Handlung* konkurrieren. Als solche kommen vor allem in Betracht §§ 823, 824, 826 BGB; 17, 18 UWG (vorsätzl. o. fahrl. Verletzung von Leben, Gesundheit, Freiheit, Einkommen, Schutzgesetzen, Kreditgefährdung, sittenwidrige Schädigung, Verrat von Geschäftsgeheimnissen usw.). Begeht der AN gegenüber dem Geschäftspartner des AG einen Betrugsversuch, so haftet er für die durch einen Geschäftsabbruch drohenden Schäden, indes muß der AG Tatsachen dafür darlegen, warum u. U. schon eine einmalige Verfehlung eines AN diese Gefahr heraufbeschwört (AP 79 zu § 611 BGB Haftung des AN).

Hat der AN in Ausübung seiner Tätigkeit einen Dritten geschädigt, so haften AN und AG dem Dritten als Gesamtschuldner. Dies kommt vor allem vor, wenn die Betriebsmittel dem Dritten gehören (Sicherungsübereignung oder Leasing). Die Grundsätze der Haftungsbeschränkung des AN gelten nicht gegenüber dem Dritten. Jedoch hat der AN gegen den AG einen Anspruch auf Freistellung von der Haftung in dem Umfang, in dem bei Schädigung des AG er von der Haftung freigestellt wäre. Dieser Freistellungsanspruch ist dann wertlos, wenn der AG insolvent geworden ist (BGH NJW 89, 3273; dazu Denck NZA 88, 265; BB 89, 1192; JZ 90, 175).

II. 1. Die *Haftung des AN kann ausgeschlossen o. gemildert* sein bei Mitverschulden des AG u. bei → gefahrgeneigter Arbeit, wobei die Grundsätze des innerbetriebl. Schadensausgleiches auch für delikt. Anspr. gelten (AP 16 zu § 611 BGB Haftung des AN; AP 5 zu § 282 BGB). Der AG muß sich ein Mitverschulden seiner Organe (§ 31 BGB; vgl. aber AP 75 a. a. O.) u. Erfüllungsgehilfen (§ 278 BGB) zurechnen lassen. Hat der AG zur Abdeckung von Verkehrsunfallschäden eine Kaskoversicherung nicht abgeschlossen, so kann dies bei der Schadensquotelung berücksichtigt werden. Liegt im Falle gefahrgeneigter Arbeit auch ein Mitverschulden des AG vor, so ist zunächst der zu ersetzende Schaden nach den Grundsätzen der → gefahrgeneigten Arbeit zu quoteln u. alsdann eine weitere Quotelung nach § 254 BGB vorzunehmen (AP 61). Hat der AG neben Ansprüchen gegen AN auch solche gegen Dritte, kann die Fürsorgepflicht AG gebieten, zunächst den Dritten in Anspruch zu nehmen (AP 40 aaO). Schadensersatzansprüche können tariflichen → Verfallfristen unterliegen.

Handelsvertreter ist, wer als selbständiger Gewerbetreibender damit betraut ist, für einen Unternehmer Geschäfte zu vermitteln o. in dessen Namen abzuschließen (§ 84 I 1 HGB). Selbständig ist, wer im wesentlichen frei seine Tätigkeit gestalten u. seine → Arbeitszeit bestimmen kann (§ 84 I 2 HGB). Für die Abgrenzung des HV vom → Angestellten ist nicht die Bezeichnung, sondern die tatsächl. Ausgestaltung des Vertragsverhältnisses maßgebend (→ Arbeitnehmer); eigene Arbeitseinteilung, eigene Buchführung, eigene Geschäftsräume, Tragung der Geschäftsrisiken u. der Unkosten, steuerl. selbständiges Gebaren des Dienstverpflichteten bilden Merkmale der selbständigen Tätigkeit; dagegen sind Abführung von Lohnsteuern, Sozialversicherungsbeiträgen, Weisungsgebundenheit für Art und Durchführung der Dienste Merkmale des Angest. (AP 2 zu § 92 HGB). Als selbständiger, wenn auch nicht wirtschaftlich unabhängiger Kaufmann gehört der HV nicht zu den AN. Die Kündigung richtet sich nach §§ 89ff. HGB. Umstr. ist, ob im Falle der außerordentlichen Kündigung § 626 II BGB anzuwenden ist. Bei Beendigung des Arbeitsverhältnisses können Ausgleichsansprüche erwachsen (Matthies DB 86, 2063). Er steht grundsätzl. außerhalb des → Arbeitsrechts u. der → Arbeitsgerichtsbarkeit. Für Einfirmenvertreter können Mindestarbeitsbedingungen festgesetzt werden (§ 92a HGB). Eine HV gilt wegen wirtschaftl. Abhängigkeit nur dann als AN, wenn er zu dem Personenkreis nach § 92a HGB (Einfirmenver-

treter) gehört u. während der letzten 6 Monate des Vertragsverhältnisses durchschnittl. nicht mehr als 2000 DM an Vergütung bezogen
hat (§ 5 III ArbGG; AP 1 zu § 92 HGB). Im Wege der RechtsVO
kann die Vergütungsgrenze den jeweiligen Lohn- und Preisverhält-
nissen angepaßt werden. Als → arbeitnehmerähnl. P. können HV
Ansprüche nach dem BUrlG haben. Dagegen können für sie keine
Tarifverträge abgeschlossen werden (§ 12a TVG). → Freie Mitarbeiter. Lit.: Kuther NJW 90, 304.

Handlungsgehilfe ist, wer in einem Handelsgewerbe zur Leistung
kaufmänn. Dienste gegen Entgelt angestellt ist (§ 59 HGB). Seine
Arbeit unterscheidet sich von der eines gewerbl. → Arbeitnehmers
dadurch, daß die gedankliche, geistige Arbeit die mechanische, mit
der Hand geleistete überwiegt. Setzt sich die Tätigkeit aus derjenigen
eines H. u. der eines gewerbl. AN zusammen (Verkaufsfahrer,
Kioskverkäuferin), so wird ihr Wesen durch diejenige Tätigkeitsart
bestimmt, die der Gesamttätigkeit nach ihrer für den Zweck des
Betr. wesentlichen Erscheinungsform das Gepräge gibt. Bei der Abgrenzung ist jeweils die Verkehrsauffassung zu berücksichtigen (AP
1, 3 zu § 59 HGB).

Handlungsreisende werden diejenigen → Handlungsgehilfen genannt, die im Außendienst beschäftigt werden u. deren → Arbeitsentgelt regelmäßig teilweise aus → Provision besteht.

Handwerk. I. Für die Beschäftigung in Hw.-Betrieben gelten im
allgemeinen keine arbeitsrechtl. Besonderheiten. Die HO modifiziert
vor allem die berufsrechtl. Vorschriften des BBiG für die zu ihrer →
Berufsausbildung (→ Lehrling) beschäftigten Personen. Zur Berufsausbildung berechtigt ist danach nur, wer die Meisterprüfung bestanden hat u. gewisse, ihnen gleichgestellte Personen (§§ 21, 22
HO). Für den Bereich des Hw. überwacht die Handwerkskammer
die Berufsausbildung u. führt das Berufsausbildungsverzeichnis
(§§ 28, 41 HO). Zum Zwecke einer geordneten u. einheitlichen Berufsausbildung ergehen im Wege der VO Ausbildungsordnungen.
Das Prüfungswesen ist in §§ 31 ff.: HO geregelt. Nach Ablauf der
Lehrzeit legt der Lehrling vor einem mit aus 3 Personen bestehenden
Prüfungsausschuß, dem ein AG, ein AN u. ein Berufsschullehrer
angehören, die Gesellenprüfung ab. Nach mehrjähriger Tätigkeit als
Geselle kann die Meisterprüfung vor einem aus 5 Personen bestehenden Meisterprüfungsausschuß abgelegt werden (§§ 45 ff. HO).
Durch die Prüfung ist festzustellen, ob der Prüfling befähigt ist,
einen Hw.-Betr. selbst. zu führen u. Lehrlinge ordnungsgemäß aus-
zubilden, insbesond., ob er die in seinem Hw. gebräuchlichen Arbeiten meisterhaft verrichten kann u. die notwendigen Fachkenntnisse

sowie die erforderlichen betriebswirtschaftlichen, kaufmännischen, rechtlichen u. berufserzieherischen Kenntnisse besitzt (§ 46 II). Über die Zulassungsvoraussetzungen § 49 HO: Schaub, dtv, Ich mache mich selbständig, 3. Aufl., 1989. Die in der Meisterprüfung zu stellenden Anforderungen sind im einzelnen in zahlreichen VO (vgl. Fundstellennachweis A zum BGBl. III 7110 – 3 – 1 ff.) sowie in der VO über gemeinsame Anforderungen in der Meisterprüfung im Handwerk v. 12. 12. 1972 (BGBl. I 2381) geregelt. Die Bezeichnung Meister i. V. m. einem o. einer anderen Bezeichnung, die auf eine Tätigkeit in einem Hw. o. mehreren Hw. hinweist, darf nur führen, wer für dieses o. für diese Hw. die Meisterprüfung bestanden hat (§ 51 HO). Über die Anerkennung von anderen als Meisterprüfungen o. der MP verwandter Handwerker: VO über die Anerkennung von Prüfungen bei der Eintragung in die Handwerksrolle u. bei der Ablegung der Meisterprüfung v. 2. 11. 1982 (BGBl. III 7110–4–9) u. VO über die Anerkennungen von Prüfungen bei Ablegung des Teiles IV der Meisterprüfung im Handwerk vom 26. 6. 1981 (BGBl. III 7110–4–4); Abgrenzung H/Industrie: Gaul DB 88, 651).

II. Selbständige Handwerker des gleichen Hw. o. solche Handwerker, die sich fachl. o. wirtschaftl. nahestehen, können sich zur Förderung ihrer gemeinsamen gewerbl. Interessen innerhalb eines bestimmten Bezirks zu einer Hw.-Innung zusammenschließen (§ 52 I HO). Diese ist eine Körperschaft des öffentl. Rechts. Sie kann → Tarifverträge abschließen (BVerfG AP 24 zu § 2 TVG), soweit u. solange solche Verträge nicht durch den Innungsverband für den Bereich der Hw.-Innung abgeschlossen sind.

Hausarbeitstag. Nach der als Bundesrecht fortgeltenden Freizeitanordnung v. 22. 10. 1943 (RArbBl. III 325) haben Frauen mit eigenem Hausstand, die wöchentl. 48 Std. beschäftigt werden, unter bestimmten Voraussetzungen Anspruch auf *unbezahlte* Freizeit. In einigen Bundesländern sind besondere Gesetze über den H. erlassen worden, die heute als partielles Bundesrecht der FAO vorgehen, mit deren Aufhebung aber zu rechnen ist, so daß auf die früheren Auflagen verwiesen wird. Das BVerfG hat erkannt, daß das HATG teilweise gegen Art. 3 II GG verstößt. Hierdurch ist eine gesetzliche Neuregelung erforderlich geworden, weswegen des BAG anhängige Rechtsstreitigkeiten zumeist bis zur Neuregelung aussetzt (AP 29 zu § 1 HausarbTagsG NRW). Ausnahme (AP 1 zu § 1 HausArbTagsG Hamburg; verheiratete Frauen: AP 9 zu § 611 BGB Ausbildungsverhältnis).

Hausgehilfen sind Personen, die aufgrund eines → Arbeitsvertrages häusliche Dienste, das sind hauswirtschaftliche (Köchin, Diener)

u. persönliche (Kindermädchen, Chauffeur, Hauslehrer) für den Haushalt zu leisten haben u. in die häusl. Gemeinschaft aufgenommen sind. Die Aufnahme in die Hausgemeinschaft setzt nur voraus, daß der AN mit der Familie des AG zusammen lebt, ohne einen eigenen Haushalt zu führen; Unterbringung außerhalb des Hauses ist unerheblich. Keine H. sind die nicht in die häusl. Gem. aufgenommenen Aufwarte- u. Waschfrauen, deren Vertragsrecht sich nach § 611 BGB regelt. Auch auf das ArbVertrRecht der H. sind vor allem die §§ 611 ff. BGB sowie einige VO über die Ausbildung zur Hauswirtschafterin im städtischen und ländlichen Bereich v. 14. 8. 1980 (BGB I 1435) nebst Berufsgrundbildungs-AnrechnungsVO-Hauswirtschaft v. 2. 7. 1980 (BGBl. I 827) sowie die Ausbildungs-EignungsVO vom 29. 6. 1978 (BGBl. I 976) alle m. spät. Änd. anwendbar, dagegen nicht diejenigen Gesetze, die die H. ausdrücklich ausnehmen o. die an den Betrieb anknüpfen; denn der Haushalt ist kein → Betrieb. Damit sind u. a. unanwendbar die GewO, KSchG, BetrVG. Anwendbar dagegen TVG, MSchG, JArbSchG, FeiertagslohnzahlungsG, BUrlG usw.

Heil- u. Heilhilfsberufe haben wegen ihrer Eigenart besondere Ausbildungsregelungen erfahren. Die Ausbildung der Krankenschwester/Pfleger, Kinderkrankenschwester/Pfleger, Krankenpflegerhelfer(in) ist im Gesetz über die Berufe in der Krankenpflege (Krankenpflegegesetz – KrPflG) vom 4. 6. 1985 (BGBl. I 893) zul. geänd. 22. 5. 1986 (BGBl. I 833) geregelt. Die Ausbildung dauert unabhängig von der staatlichen Prüfung drei Jahre. Voraussetzung der Ausbildung zur Krankenschwester/Pfleger ist die Vollendung des 17. Lebensjahres, gesundheitliche Eignung sowie Realschulabschluß o. Hauptschulabschluß u. 2jähriger Besuch einer Pflegerschule sowie die Erlaubnis zum/zur Krankenpflegerhelfer(in). Die Ausbildung besteht aus theoretischem u. praktischem Unterricht u. einer praktischen Ausbildung. Sie erfolgt in staatlich anerkannten Krankenpflegeschulen u. Krankenhäusern (Ausbildungs- u. PrüfungsVO vom 16. 10. 1985 (BGBl. I 1973). Daneben ist das BBiG auf das Ausbildungsverhältnis nicht anzuwenden (§ 26 KrPflG). Weitere gesetzliche Regelungen sind enthalten im HeilpraktikerG v. 17. 2. 1939 (RGBl. I 251); geänd. am 2. 3. 1974 (BGBl. I 469) sowie 1. DVO v. 18. 2. 1939 (RGBl. I 259) zuletzt geänd. am 18. 4. 1975 (BGBl. I 967); HebammenG v. 4. 6. 1985 (BGBl. I 902) zul. geänd. 22. 5. 1986 (BGBl. I 833), Ausbildungs- u. PrüfungsO (APrO) für Hebammen idF vom 16. 3. 1987 (BGBl. I 929); MTA-G v. 8. 9. 1971 (BGBl. I 1515) zul. geänd. 18. 2. 1986 (BGBl. I 265); MTA-APrO v. 20. 6. 1972 (BGBl. I 929); G. über die Ausübung der Berufe des Masseurs, des Masseurs u. med. Bademeisters u. Krankengymnasten, zul. ge-

Heimarbeiter

änd. 9. 12. 1986 (BGBl. I 2343); APrO v. 7. 12. 1960 (BGBl. I 880 ber. 1961, 218) zul. geänd. 19. 11. 1982 (BGBl. I 1561) u. v. 7. 12. 1960 (BGBl. I 885), i. d. Änd. v. 25. 6. 1971 (BGBl. I 847); G. über den Beruf des pharmazeutisch-technischen Assistenten (jetzt Apothekenanwärter) v. 18. 2. 1986 (BGBl. I 265) – APrO v. 12. 8. 1969, BGBl. I 1200), G. über den Beruf des Diätassistenten v. 17. 7. 1973 (BGBl. I 853) zul. geänd. 18. 2. 1986 (BGBl. I 265) – APrO v. 12. 2. 1974, BGBl. I 163). G. über den Beruf des Beschäftigungs- u. Arbeitstherapeuten v. 25. 5. 1976 (BGBl. I 1246 zul. geänd. 18. 2. 1986 (BGBl. I 265); APrO v. 23. 3. 1977 (BGBl. I 509). G. über den Beruf des Logopäden v. 7. 5. 1980 (BGBl. I 529), LogAPrO v. 1. 10. 1980 (BGBl. I 1892).

Heimarbeiter (H.), **Hausgewerbetreibende** (HG) u. ihnen **Gleichgestellte** (Gl.) genießen besonderen Schutz nach dem HeimarbeitsG v. 14. 3. 1951 (BGBl. I 191) zul. geänd. 13. 7. 88 (BGBl. I 1034) nebst 1. DVO i. d. F. v. 27. 1. 1976 (BGBl. I 221).

I. *Heimarbeiter* ist, wer in selbstgewählter Arbeitsstätte (eigener Wohnung o. Betriebsstätte) allein o. mit seinen Familienangehörigen (§ 2 V) im Auftrag von Gewerbetreibenden o. *Zwischenmeistern* erwerbsmäßig (AP 10 zu § 2 HAG = NZA 89, 141) arbeitet, jedoch die Verwertung der aus eigenen o. vom Auftraggeber angelieferten Roh- u. Hilfsstoffen gefertigten Arbeitsergebnisse dem unmittelbar o. mittelbar Auftraggebenden überläßt (§ 2 I HAG). H. ist mithin auch derjenige, der wie ein Adressenschreiber nicht gewerbl. sondern nur erwerbsmäßig arbeitet o. möglicherweise auch → Telearbeit verrichtet. *Hausgewerbetreibender* ist, wer in eigener Arbeitsstätte mit nicht mehr als 2 fremden Hilfskräften o. H. (§ 2 VI) im Auftrag von Gewerbetreibenden o. Zwischenmeistern Waren herstellt, verarbeitet o. verpackt, wobei er selbst wesentlich am Stück mitarbeitet, jedoch die Verwertung der aus eigenen o. vom Auftraggeber angelieferten Roh- u. Hilfsstoffen gefertigten Arbeitsergebnisse dem Auftraggeber überläßt (§ 2 II). Die Eigenschaft als HG wird nicht dadurch aufgehoben, daß er vorübergehend für den Absatzmarkt arbeitet (§ 2 II 2). H. u. HG sind keine → Arbeitnehmer, da sie nicht in einen fremden Betrieb eingegliedert sind u. nicht dem → Direktionsrecht des Auftraggebers unterliegen. Gleichwohl sind sie → arbeitnehmerähnliche Personen. Der H. betreibt kein eigenes Gewerbe i. S. der gewerberechtl. Bestimmungen. Er ist lohnsteuer- u. arbeitslosenversicherungspflichtig (§ 168 IV AFG). Der HG betreibt ein eigenes Gewerbe u. wird als selbständiger Gewerbetreibender zu steuerl. Lasten herangezogen (vgl. § 11 III GewStG i. d. F. v. 14. 5. 1984 (BGBl. I 657) m. spät. Änd.). Beide unterliegen der Rentenversicherungspflicht (§ 1227 I RVO). Ihnen können, wenn dies wegen ihrer Schutzwürdigkeit gerechtfertigt erscheint, gleichgestellt werden *a)* Personen, die i. d. R. allein o. mit ihren Familienangehörigen in selbstgewählter Betriebsstätte eine sich in regelmäßigen Arbeitsvorgängen wiederholende Arbeit im Auftrag eines anderen gegen Entgelt ausüben, ohne daß ihre Tätigkeit als gewerbl. angesehen o. daß der Auftraggeber ein Gewerbetreibender o. Zwischenmeister ist (§ 1 IIa); *b)* HG., die mit mehr als 2 fremden Hilfskräften o. H. arbeiten (§ 1 IIb); *c)* andere, im Lohnauftrag arbeitende Gewerbetreibende, die infolge ihrer wirtschaftl. Abhängigkeit eine ähnliche Stellung wie HG. einnehmen (§ 1 IIc); zu Mischbetrieben (AP 3 zu § 1 HAG = NZA 86, 832); *d)* Zwischenmeister (§ 1 IId), das ist, wer, ohne AN zu sein, die ihm von Gewerbetreibenden übertragene Arbeit (etwa nach dem Zuschneiden) an H. oder HG. weitergibt (§ 2 III). Für die Feststellung der Schutzbedürftigkeit ist das Ausmaß der wirtschaftl. Abhängigkeit maßgebend. Bei dessen Beurteilung sind alle Umstände des Einzelfalls, insbes. die Zahl der fremden Hilfskräfte, Abhängigkeit von einem o. mehreren Auftraggebern, Zugang zum Absatzmarkt, Umsatz, Höhe u. Art der Eigeninvestitionen zu berücksichtigen. Ob OHG u. KG gleichgestellt werden können ist fraglich. Jedenfalls muß es deutlich gesagt werden (AP 5 zu § 1 HAG = NZA 88, 613). Die *Gleichstellung* erfolgt mit Zustimmung der zuständigen → Arbeitsbehörde durch widerrufliche Entscheidung des zuständigen *Heimarbeitsausschusses* nach Anhörung der Beteiligten, notfalls durch die Arbeitsbehörde selbst (§ 1 V) u. ist zu veröffentlichen, es sei denn, daß nur einzelne Personen gleichgestellt werden (§ 1 IV). Zuständige Arbeitsbehörde sind die LAM o., sofern Angelegenheit den Zuständigkeitsbereich mehrerer Länder berührt, die von diesem im Einvernehmen mit dem BAM vereinbarten Stellen o. der BAM (§ 3). Die zuständige Arbeitsbehörde errichtet Heimarbeitsausschüsse, die aus je 3 Beisitzern aus Kreisen der beteiligten Auftraggeber u. der Beschäftigten u. einem unparteiischen Vorsitzenden (zur Abberufung: AP 1 zu § 4 HAG = NZA 88, 463) bestehen (§ 4). Die Beisitzer werden auf Vorschlag der → Koalitionen berufen (§ 5). Die Gleichstellung erstreckt sich, wenn im Einzelfall nichts anderes bestimmt ist, auf die *Allgem. Schutzvorschriften* (unten II 1) u. die Vorschriften über die *Entgeltregelung,* den *Entgeltschutz* u. die *Auskunftspflicht über Entgelte* (§ 1 III). Die gegen das Gleichstellungsverfahren erhobenen verfassungsmäßigen Bedenken wurden vom BVerfG nicht geteilt (NJW 73, 1320).

II. Wer Heimarbeit (HA) ausgibt, hat zahlreiche Schutzvorschriften zu beachten. Der Auftraggeber hat sich selbst zu vergewissern, ob die mit Lohnaufträgen beschäftigten Personen unter den Anwendungsbereich des HAG fallen; indes haben Gleichgestellte bei Entgegennahme von HA auf Befragen des Auftraggebers ihre Gleichstellung bekanntzugeben (§ 1 VI). In Ausnahmefällen kann auch ohne Befragung die Verschweigung der Gleichstellung arglistig sein (AP 12 zu § 19 HAG = NZA 88, 805).

1. *Allgem. Schutzpflichten* gegenüber H., HG u. Gleichgestellten sind: *a)* Anzeige bei erstmaliger Ausgabe von HA an den LAM o. die von diesem bezeichnete Stelle (§ 7); *b)* Führung von Listen über die mit HA Beschäftigten o. Zwischenmeister, deren sich der Auftraggeber zur Weitergabe bedient, deren Aushängung u. halbjährl. Übersendung an den LAM o. die von diesem bezeichneten Stellen, die ihrerseits auf Verlangen je eine Abschrift an die entspr. → Koalitionen weiterleiten (§ 6); *c)* Unterrichtung über die Art u. Weise der zu verrichtenden Arbeit u. die von ihr ausgehenden Unfallgefahren (§ 7a); *d)* Aushängung von Entgeltverzeichnissen u. sonst. Arbeitsbedingungen (§ 8); will ein Auftraggeber die Entgelte neu regeln, so kann er sich auf ein neues Entgeltverzeichnis erst berufen, wenn er es nach § 8 offen gelegt hat (AP 1 zu § 8 HAG); *e)* Aushändigung von Entgeltbelegen (Entgeltbüchern o. mit Zustimmung der zuständigen Arbeitsbeh. von Entgeltzetteln usw.). Die in HA Beschäftigten haben diese aufzubewahren u. sie auf Verlangen den Aufsichtsbeh. vorzulegen (§ 9).

2. *Arbeitszeitschutz:* *a)* Bei der Ausgabe von HA ist unnötige Zeitversäumnis bei Ausgabe o. Abnahme zu vermeiden (§ 10); *b)* Die Arbeitsmenge soll gleichmäßig unter Berücksichtigung der Leistungsfähigkeit der HA-Betriebe verteilt werden; u. U. besondere Festlegungen (§ 11).

3. *Gefahrenschutz:* Wer HA ausgibt, für die zur Durchführung des Gefahrenschutzes besondere Vorschriften gelten, hat dem Gewerbeaufsichtsamt u. der Polizei (Ordnungsamt) Namen u. Arbeitsstätte der von ihm in HA Beschäftigten anzugeben (§ 15).

4. *Kündigungsschutz:* Das Beschäftigungsverhältnis eines H. kann beiderseits an jedem Tag für den Folgetag gekündigt werden, nach einer Beschäftigung von 4 Wochen nur mit einer Frist von zwei Wochen. In Anlehnung an die Kündigungsfristen bei Arbeitern sind H., die überwiegend von einem Auftraggeber o. Zwischenmeister beschäftigt worden sind, nach 5, 10, 20 Jahren nur mit 1, 2 Monaten zum Monatsschluß bzw. 3 Monaten zum Ende eines Kalendervierteljahres kündbar. Beschäftigungszeiten vor Vollendung des 35. Lebensj. bleiben unberücksichtigt (§ 29). Diese Regelung ist verfassungsgemäß (AP 2 zu § 29 HAG = NJW 87, 275 = NZA 87, 1358). Gesetzesänd. geplant. Während der Kündigungszeit hat der H. auch bei Ausgabe geringerer Arbeitsmenge Anspruch auf Fortzahlung des durchschnittl. Arbeitsentgeltes der 24 Wochen vor der Kündigung. Um ei-

ner Austrocknung des Beschäftigungsverhältnisses durch geringere Zuweisung von Arbeit ohne Kündigung zu begegnen, sieht § 29 V 6 vor, daß der Auftraggeber o. Zwischenmeister bereits dann den Durchschnittsverdienst weiterzahlen muß, wenn die durchschnittl. Arbeitsmenge um ¼ vermindert wird (vgl. AP 1 zu § 29 HAG = DB 84, 1354). Dagegen gilt der allgemeine Kündigungsschutz nach dem KSchG nicht (→ Kündigungsschutzklage). Das Heimarbeitsverhältnis geht nicht auf einen Betriebsnachfolger des Heimarbeit Ausgebenden über (AP 23 zu § 613a BGB). Besonders geschützt sind H., die Aufgaben im Rahmen der Betriebsverfassung übernommen haben sowie Schwangere und Wöchnerinnen (§ 9 IV MuSchG).

5. Zur Abgeltung des → Urlaubs u. der → Krankenvergütung sind den in HA Beschäftigten u. einem Teil der Gl. (oben I a–c) besondere Zuschläge zu zahlen (§§ 12 BUrlG, § 8 LohnFG; für Jugendl. § 19 JArbSchG).

6. Zur Ablösung der → Feiertage sind an H., HG u. Gl. Zuschläge zu entrichten (§ 3 FLG). Sie haben indes keinen Anspruch auf Vergütung für solche Feiertage, die auf einen Sonntag fallen, es sei denn, daß die Arbeit auf einen Sonntag fällt und diese arbeitszeitrechtlich zulässig wäre (DB 79, 2500).

Auf die Zuschläge nach 5. u. 6. kann weder während noch nach dem Ende des Beschäftigungsverhältnisses wirksam verzichtet werden (AP 1, 2 zu § 25 HAG). Jedoch ist eine Pauschalabgeltung möglich (AP 1 zu § 1 HAG).

7. Auch HA u. Gl haben Anspruch auf → Erziehungsurlaub (§ 20 II BErzGG). Vgl. Otten NZA 87, 478.

III. 1. Die *Arbeitsstätten* der in HA Tätigen einschließl. der Maschinen müssen so beschaffen, eingerichtet u. unterhalten werden u. die HA ist so auszuführen, daß keine Gefahren für Leben, Gesundheit o. Sittlichkeit der Beschäftigten u. ihrer Mitarbeiter o. für die öffentl. Gesundheit entstehen. Hierzu können im einzelnen RechtsVOen ergehen (§§ 12 I, 13, 14).

2. Die in HA Beschäftigten haben gegenüber ihren jugendl. Kindern u. Angehörigen den → Jugendarbeitsschutz zu beachten.

3. Werden von HG o. Gl. fremde Hilfskräfte beschäftigt, so gelten die Vorschriften des → Arbeitsschutzes u. die übrigen Verpflichtungen des AG gegenüber seinen AN. Von allgemeinverbindlichen → Tarifverträgen für die Bekleidungsindustrie werden auch die → Arbeitsverträge zwischen dem Lohngewerbetreibenden und ihren AN erfaßt (AP 13 zu § 4 TVG Geltungsbereich).

IV. 1. Die → *Arbeitsvergütung* der H., HG u. der ihnen Gl. kann frei vereinbart werden, soweit nicht → Tarifverträge o. bindende

Heimarbeiter

Festsetzungen bestehen. Als TV gelten auch schriftl. Vereinbarungen zwischen → Gewerkschaften einerseits u. Auftraggebern o. deren Vereinigungen andererseits über Inhalt, Abschluß o. Beendigung von Vertragsverhältnissen der in HA Beschäftigten o. Gl. mit ihren Auftraggebern (§ 17). Bestehen für den Zuständigkeitsbereich eines Heimarbeitsausschusses keine Koalitionspartner o. umfassen sie nur eine Minderheit, so kann dieser nach Anhörung der Beteiligten mit Zustimmung der zuständigen Arbeitsbehörde Vertragsbedingungen mit bindender Wirkung festsetzen, wenn unzulängliche Entgelte gezahlt werden o. die sonstigen Vertragsbedingungen unzulänglich sind (§ 19). Die Zuständigkeit von Heimarbeitsausschüssen u. der Geltungsbereich der bindenden Festsetzung richtet sich nach dem Gewerbezweig, dem der Auftraggeber angehört (AP 10 zu § 19 HAG). Die bindende Festsetzung hat die Wirkung eines TV nach → Allgemeinverbindlicherklärung u. wird wie ein Tarifvertrag ausgelegt (AP 9 zu § 19 HAG). Ihre Verfassungsmäßigkeit ist inzwischen bejaht (BVerfG NJW 73, 1320). Schreibt eine bindende Festsetzung ein bestimmtes Mindeststundenentgelt vor, so haben die Beschäftigten Anspruch auf den Stundensatz für jede Stunde der Vorgabezeit, die sie nach dem maßgeblichen Entgeltverzeichnis geleistet haben. Vergütet der Auftraggeber einen geringeren Betrag, so kann er nicht geltend machen, er habe die geringere Vergütung durch eine höhere Vorgabezeit kompensiert (AP 1 zu § 8 HAG). Für gleichgestellte Zwischenmeister können Entgeltregelungen getroffen werden (§ 21). Sind die Entgelte der HG o. Gl. durch bindende Festsetzung geregelt, so können durch besondere Entgeltausschüsse auch für deren fremde Hilfskräfte Mindestarbeitsbedingungen erlassen werden (§ 22).

2. Die LAM haben für eine wirksame Überwachung der Entgelte u. Arbeitsbedingungen durch *Entgeltprüfer* zu sorgen. Diese haben die Einhaltung der allgemeinen Schutzvorschriften, die ordnungsmäßige Zahlung der Entgelte u. sonstigen Arbeitsvertragsbedingungen zu überwachen sowie auf Antrag bei der Errechnung der Stückentgelte Berechnungshilfe zu leisten (§ 23 II). Hat ein Auftraggeber o. Zwischenmeister ein zu geringes Entgelt gezahlt o. sonstige Vertragsbedingungen nicht eingehalten, kann der LAM o. die von ihm bezeichnete Stelle ihn zur Einhaltung auffordern (§ 24). Notfalls kann das Land zugunsten des H., HG o. der Gl. die Ansprüche gerichtlich geltend machen (§ 25). Die gerichtliche Geltendmachung erstreckt sich auch auf Auskunftsansprüche (AP 4 zu § 25 HAG = DB 85, 1031). Zum Umfang der Prozeßstandschaft (AP 11 zu § 19 HAG = DB 84, 2047). Die gleiche Rechtslage gilt zugunsten der fremden Hilfskräfte, wenn der HG. o. Gl. diesen ein geringeres als in Mindestarbeitsbedingungen festgelegtes Entgelt gezahlt hat. Das

Entgelt, das den in HA Beschäftigten u. Gl. gezahlt wird, ist nur nach Maßgabe der besonderen Pfändungsschutzbestimmungen für Arbeitsvergütung pfändbar (§ 27).

3. Auftraggeber, Zwischenmeister, die in HA Beschäftigen u. fremde Hilfskräfte haben den mit der Entgeltfestsetzung o. Entgeltprüfung beauftragten Stellen auf Verlangen Auskunft über alle die Entgelte betreffenden Fragen zu erteilen u. die einschlägigen Belege vorzulegen (§ 28).

V. Die Einhaltung des HAG ist in vielen Fällen durch Straf- u. Bußgelder gesichert (§§ 31 ff.). Vgl. BVerfG DB 76, 727.

Hochschule. Mit wissenschaftl. Personal von Hochschulen können nach § 57a HRG → befristete Arbeitsverhältnisse geschlossen werden. Im übrigen steht das Lehrpersonal zumeist in einem öffentlich-rechtlichen Dienstverhältnis (AP 42 zu § 611 BGB Lehrer, Dozenten = NZA 85, 250; AP 43 = NZA 85, 250). Plander ZTR 88, 365.

I

Indexlöhne kommen in zweierlei Formen vor: als Preis- sowie als Produktivitäts-I., je nachdem, ob der Lohnsatz an den Preisindex o. den Produktivitätszuwachs geknüpft wird. Sie finden sich bislang noch nicht in Deutschland. Teilw. sind sie im Ausland schon verbreitet. Gegen sie werden vor allem währungspolitische Einwendungen erhoben.

Inhaltskontrolle. Wegen der Ungleichgewichtigkeit der Machtposition zwischen AG u. AN im Arbeitsverhältnis kontrollieren die → Arbeitsgerichte die Wirksamkeit der Gesamtzusagen u. arbeitsvertraglichen Einheitsregelungen nach § 315 BGB daraufhin, ob der AG einseitig ihn begünstigende Vertragsbedingungen durchgesetzt hat. Vgl. AP 161 zu § 242 BGB Ruhegehalt, → Betriebsvereinbarungen.

Interessenausgleich heißt die Einigung zwischen AG u. → Betriebsrat über die Durchführung von → Betriebsänderungen. Zu den umstrittensten Fragen gehört, ob der Betriebsrat eine Betriebsänderung im Wege der → einstweiligen Verfügung verhindern kann, bevor ein Interessenausgleich mit dem AG abgeschlossen ist (→ Betriebsratsausschluß). Legt der AG einen Betrieb still, bevor ein I. versucht worden ist, erwachsen Ansprüche auf Nachteilsausgleich (AP 11 zu § 113 BetrVG 1972 = DB 85, 1293). Dies gilt auch, wenn der AG einen → Sozialplan nicht erzwingen kann (AP 18 zu § 113 BetrVG 1972 = NZA 89, 278). Lit.: Federlin ZfA 88, 99; Löwisch RdA 89, 216.

Internationale Arbeitsorganisation

Internationale Arbeitsorganisation: Die Ziele der IAO sind in der Präambel ihrer Verfassung (Bek. v. 21. 11. 1975 (BGBl. II 2206) enthalten. Sie will allgemeine, gerechte u. menschenwürdige Arbeitsbedingungen schaffen u. durch Ausgleich des sozialen Gefälles dem Weltfrieden dienen. Sie ist eine Sonderorganisation mit eigener Rechtspersönlichkeit. Mitglieder der IAO sind die Staaten, die ihr bereits am 1. 11. 1945 angehörten, die Mitglieder der UNO und alle Staaten, die durch qualifizierte Mehrheit aufgenommen worden sind. Die Organe der IAO sind die allgemeine Konferenz der Mitglieder, der Verwaltungsrat u. das Internationale Arbeitsamt in Genf, das unter der Lenkung des Verwaltungsrats von einem Generaldirektor geleitet wird. Das IAA hat Mitteilungen über alle Fragen, die für die internationale Regelung der Arbeit u. Arbeitsverhältnisse der AN von Bedeutung sind, zu sammeln, weiterzuleiten u. insbesondere die Fragen zu bearbeiten, die der Konferenz zum Abschluß internationaler Übereinkommen unterbreitet werden sollen. Die IAO erfüllt ihre Aufgaben durch internationale Übereinkommen u. Empfehlungen. Die Übereinkommen sind Vorschläge, die in den Mitgliedstaaten erst nach ihrer Ratifizierung in Kraft treten. Eine Zusammenstellung der Übereinkommen u. Empfehlungen AR-Blattei, D, Internationales Arbeitsrecht II. Die Zusammenarbeit mit dem Wirtschafts- und Sozialrat der UNO vollzieht sich nach der Vereinbarung zwischen den Vereinten Nationen u. der IAO.

Internationales Arbeitsrecht ist die Zusammenfassung *a)* des von mehreren Staaten vereinbarten Arbeitsrechts, das in ihren Gebieten gleichmäßig gilt, u. *b)* der Inbegriff der arbeitsrechtl. Kollisionsnormen (KN). Im Rahmen der KN muß bestimmt werden, welches → Arbeitsrecht auf → Arbeitsverhältnisse mit Auslandsbeziehung anzuwenden ist (Festlegung des Arbeitsstatus) u. welches Gericht für die Streitigkeit zuständig ist (Internationale Zuständigkeit). Bei Sachverhalten mit einer Verbindung zum Recht eines ausländischen Staates bestimmen Art. 3ff EGBGB, welches Recht anzuwenden ist. Nach Art. 27 EGBGB können die Arbeitsvertragsparteien wählen, welches Recht sie anwenden wollen. Die Rechtswahl muß ausdrücklich sein oder sich mit hinreichender Sicherheit aus den Bestimmungen des Vertrages oder den Umständen des Falles ergeben. Haben die Parteien eine Rechtswahl nicht getroffen, so unterliegen Arbeitsverträge o. Arbeitsverhältnisse dem Recht des Staates, *(1)* in dem der AN in Erfüllung des Vertrages gewöhnlich eine Arbeit verrichtet, selbst wenn er vorübergehend in einen anderen Staat entsandt ist *(2)* in dem sich die Niederlassung befindet, die den AN eingestellt hat, sofern dieser seine Arbeit gewöhnlich nicht in ein und demselben Staat verrichtet. Dies gilt nur dann nicht, wenn sich aus den Gesamtumständen ergibt, daß der Arbeitsvertrag oder das Arbeitsverhältnis engere Verbindungen (v. 24. 8. 1989 – 2 AZR 3/89 –) zu einem anderen Staat aufweist (Art. 30 EGBGB). Die Rechtswahl ist eingeschränkt *(1)* nach Art. 6 bei Verstoß gegen den Ordre public, *(2)* nach Art. 30 I EGBGB bei Verstoß gegen den Arbeitnehmerschutz. *(3)* nach Art. 34 EGBGB bei Anwendung zwingenden Deutschen Rechtes (Lit.: Birk RdA 89, 201; Däubler DB 88, 1850; ArbuR 90, 1; Hönsch NZA 88, 113; Kraushaar BB 89, 2121; Lorenz RdA 89, 220). Die internationale Zuständigkeit ist von Amts wegen zu prüfen (DB 75, 1896; BGH AP 9 zu § 38 ZPO Internat. Zuständigkeit). Nach dem Europäischen Übereinkommen v. 7. 6. 1968 betreffend Auskünfte über ausl. Recht (BGBl. 1974 II 937) u. deren Ausführungsgesetz v. 5. 7. 1974 (BGBl. I 1433) können Gerichte seit dem 19. 3. 1975 über die Übermittlungsstellen (Justizminister der Länder u. des Bundes) die beigetretenen ausl. Staaten um Auskunft über das Recht ersuchen (Wolf NJW 75, 1583). Vgl. → Auslandsbeschäftigung. Lit.: Hickl Beil 1 zu NZA 87; Kronke DB 84, 404.

J

Jeweiligkeitsklauseln heißen Bestimmungen in → Betriebsvereinbarungen, arbeitsvertraglichen Einheitsregelungen u. Arbeitsverträgen, mit denen erreicht werden soll, daß sich das Rechtsverhältnis nach den jeweils geltenden Bestimmungen richtet. Sie müssen klar u. eindeutig gefaßt sein; als besondere Form des Widerrufsvorbehalts decken sie nur solche Änderungen, die sich im Rahmen des Angemessenen (§ 315 BGB) halten.

Job-Sharing-Arbeitsverhältnisse sind eine Unterart der → Arbeitsverhältnisse in → Teilzeitbeschäftigung.

I. J.-Sh. bedeutet die Aufteilung einer o. mehrerer Arbeitsplätze auf eine Zahl von AN, die größer als die Zahl der Arbeitsplätze ist (Arbeitsplatzteilung; § 5 I BeschFG). J.-Sh. kommt in zwei Formen vor: (1) Als zeitliche Aufteilung auf mehrere AN, wobei die Anforderungsprofile gleich sind. (2) Als funktionale Aufteilung, wobei ein AN nur bestimmte Funktionen übernimmt, während die anderen von den übrigen, meist geringer qualifizierten übernommen werden. Die Arbeitsplatzteilung ist sozialpolitisch umstr.

II. 1. Das J.-Sh.-Verhältnis ist ein Arbeitsverhältnis. Die einzelnen J.-Sh. sind mithin → AN. Sie sind nach → Arbeitsort, → Arbeitszeit und Einbindung in den Betrieb weisungsgebunden. Indes sind sie wegen der Arbeitszeitgestaltung freier gestellt.

Job-Sharing-Arbeitsverhältnisse

2. Zwischen den J.-Sh. bestehen im allgemeinen keine Rechtsbeziehungen. Sie stehen in einer tatsächlichen Rechtsgemeinschaft, die durch den AG begründet wird. Er kann wie in einem → Gruppenarbeitsverhältnis die AN zusammenfassen. Denkbar ist jedoch, daß sie sich als Eigengruppe bewerben.

3. Im J.-Sh.-Arbeitsverhältnis soll der Arbeitsplatz beständig besetzt sein. Gleichwohl sind die J.-Sh. nicht als Gesamtschuldner zur Arbeitsleistung verpflichtet; bei einem Gesamtschuldverhältnis kann der AG nach seinem Belieben von dem einen oder anderen die gesamte Leistung fordern. Beim J.-Sh. ist dagegen nur einer verpflichtet, die Gesamtleistung zu erbringen, wenn die anderen Teilnehmer nicht arbeiten wollen. Das Direktionsrecht steht dem AG zu. Lediglich im Hinblick auf die Arbeitszeit ist den einzelnen J.-Sh. die Möglichkeit eingeräumt, diese nach ihrem Belieben zu verteilen. Ist ein J.-Sh. an der Arbeitsleistung verhindert, sind die anderen Teilnehmer nur aufgrund einer besonderen, für den Vertretungsfall geschlossenen Vereinbarung zur Vertretung verpflichtet. Hiervon abweichend kann die Verpflichtung von vornherein für den Fall eines dringenden betrieblichen Erfordernisses vereinbart werden (§ 5 I BeschFG).

4. Die Arbeitsvergütung richtet sich nach der vertraglich geschuldeten Arbeit. Sie ist entspr. der zurückgelegten Arbeitszeit zu quoteln. Insoweit bestehen gegenüber der → Teilzeitbeschäftigung keine Besonderheiten. → Urlaub kann entspr. der geleisteten Arbeit verlangt werden. Die Urlaubserteilung steht im Direktionsrecht des AG. → Pausen sind entspr. der zurückgelegten Arbeitszeit zu gewähren. → Kurzarbeit kann sich je nach Verteilung der → Arbeitszeit unterschiedlich auswirken. Leistungsstörungen der J.-Sh. wirken sich wie im Gruppenarbeitsverhältnis aus.

5. Jeder J.-Sh. kann kündigen, gekündigt werden (vorbehaltlich der Eigengruppe). Im Falle einer Arbeitsplatzteilung ist die Kündigung des Arbeitsverhältnisses eines AN durch den AG wegen des Ausscheidens eines AN aus der Arbeitsplatzteilung unwirksam. Unberührt bleibt das Recht zur → Änderungskündigung u. aus anderen Gründen (§ 5 II BeschFG). Lit.: Franke DB 85, 1635).

6. Für die Mitwirkungsrechte des BR gelten keine Besonderheiten (→ Betriebsratsaufgaben).

7. Die Grundsätze des J.-Sh.-Arbeitsverhältnisses gelten entspr., wenn sich Gruppen von AN in festgelegten Zeitabschnitten auf den Arbeitsplätzen abwechseln.

III. Der AG ist zum Lohnsteuerabzug verpflichtet (§ 38 I EStG). In der → Arbeitslosenversicherung besteht Beitragsfreiheit bei einer kurzfristigen (§ 102 I 1 AFG) Beschäftigung. Im übrigen gelten für die

Sozialversicherung dieselben Grundsätze wie bei der Teilzeitbeschäftigung. Nach § 192 I 1 SGB V bleibt die Mitgliedschaft in der Krankenversicherung erhalten, solange das Beschäftigungsverhältnis ohne Entgeltzahlung fortbesteht, längstens für einen Monat, im Falle eines rechtmäßigen Arbeitskampfes bis zu dessen Beendigung. Der J-Sch. darf mithin nicht länger als einen Monat aussetzen (vgl. DB 90, 888).

Job-Vermittlung heißt die Zeitpersonalvermittlung für Angestelltenberufe des → Arbeitsamtes. Sie betreut Kräfte für Büro, Verwaltung, Verkauf u. Gesundheitsdienste, auch technische, soziale u. erzieherische Berufe, dazu Studenten aus den entspr. Fachbereichen. Die J.-V. bietet insbes. auch Fortbildungsmaßnahmen an.

Jugendarbeitsschutz. Er ist im wesentlichen im JArbSchG v. 12. 4. 1976 (BGBl. I 965) zul. geänd. 24. 4. 1986 (BGBl. I 560) geregelt.

I. 1. *Das JArbSchG gilt* ohne Rücksicht auf die Wirksamkeit des Arbeits- o. Dienstvertrages für jede Form der Beschäftigung von Jugendlichen und zwar in der betrieblichen → Berufsausbildung (ausgenommen also der Schulunterricht), als AN o. → Heimarbeiter, bei der Beschäftigung mit sonstigen Dienstleistungen, die der Arbeitsleistung von AN o. Heimarbeitern ähnlich sind sowie in einem der Berufsausbildung ähnlichen Ausbildungsverhältnis. Zur Berufsausbildung gehört insbes. auch die Ausbildung in einem Berufsausbildungsverhältnis (→ Auszubildender), das mit dem Ziel einer späteren Verwendung als Beamter begründet wird (§ 83 BBiG), die betriebliche Ausbildung in → Heil- u. Heilhilfsberufen (§ 107 I BBiG). Sondervorschriften gelten für die Beschäftigung von Jugendlichen auf Kauffahrteischiffen (§ 61 → Seearbeitsrecht), die Beschäftigung im Vollzug einer Freiheitsentziehung (§ 62), um unter Berücksichtigung der besonderen Verhältnisse vor allem des Strafvollzuges, gleichwohl das Leben den allgemeinen Lebensverhältnissen anzupassen, sowie in Beamtenverhältnissen (§§ 65, 66).

Vom JArbSchG ausgenommen sind lediglich geringfügige Hilfeleistungen soweit sie gelegentlich aus Gefälligkeit, aufgrund familienrechtlicher Vorschriften, in Einrichtungen der Jugendhilfe sowie in Einrichtungen zur Eingliederung Behinderter erbracht werden. Ferner gilt es nicht bei der Beschäftigung durch Personensorgeberechtigte im Familienhaushalt; hierunter sind in der Landwirtschaft Haus und Hof zu verstehen.

2. *Kinder* sind entspr. den heutigen Anschauungen Personen, die das 14. Lebensjahr noch nicht vollendet, *Jugendliche* dagegen solche, die das 14., aber noch nicht das 18. Lebensjahr vollendet haben. Soweit ein besonderer Schutz für über 18jährige notwendig ist, ist die-

ser besonderen Verordnungen etwa nach § 120 e GewO vorbehalten. Im Wege der Fiktion gelten auch solche Jugendl. noch als Kinder, die der *Vollzeitschulpflicht* unterliegen. Der Begriff der Vollzeitschulpflicht ist aus § 2 II des Abkommens zwischen den Ländern der BRD zur Vereinheitlichung auf dem Gebiet des Schulwesens (Hamburger Abkommen) vom 28. 10. 1964 entnommen; sie beträgt heute 9 Schuljahre, in NRW u. Berlin 10 Jahre. Aus dem Beschäftigungsverbot von § 5 I in Verbindung mit der Fiktion aus § 2 III ergibt sich mithin, daß die Beschäftigung aller Kinder u. Jugendl., die noch der Vollzeitschulpflicht unterliegen, verboten ist. Ausnahmen nach § 5 I–IV JArbSchG.

3. → *Arbeitgeber* ist, wer ein Kind o. Jugendl. beschäftigt (§ 3).

4. *Tagesarbeitszeit* ist die Zeit vom Beginn bis zum Ende der täglichen Beschäftigung ohne die Ruhepausen (§ 4 I). Arbeitszeit ist mithin nicht nur die Zeit, in der gearbeitet wird, sondern auch die Zeit des Wartens auf Arbeit am Arbeitsplatz, Ausbildungszeit oder Bereitschaftsdienst. *Schichtzeit* ist die tägliche → Arbeitszeit unter Hinzurechnung der auch mehrstündigen (BayObLG AP 1 zu § 4 JArbSchG) Pausen (§ 4 II). Die tägliche Schichtzeit darf 10 Stunden, im Bergbau unter Tage 8 u. im Gaststättengewerbe, in der Landwirtschaft, in der Tierhaltung, auf Bau- und Montagestellen 11 Stunden nicht übersteigen (§ 12). Die Schichtzeit selbst stimmt mit dem Begriff in § 2 II AZO (→ Arbeitszeit) überein, um getrennte Ausfahrten für Erwachsene u. Jugendl. im Bergbau zu vermeiden.

Für die Berechnung der *Wochenarbeitszeit* wird anders als bei Erwachsenen auf den Zeitraum von Montag bis zum darauffolgenden Sonntag abgestellt (§ 4 IV). Fällt im Laufe der Woche infolge eines gesetzl. Feiertages die Arbeit aus, so wird die anfallende Arbeitszeit mitgerechnet. Es können bereits dann vergütungspflichtige → Mehrarbeitsstunden anfallen, obwohl die effektive Arbeitszeit noch keine 40 Stunden in der Woche erreicht hat. Wird ein Kind oder Jugendlicher von mehreren AG beschäftigt (4 V), so werden die Arbeitstage sowie Arbeits- und Schichtzeiten zusammengerechnet (AP 2 zu § 1 AZO).

II. 1. Die *Beschäftigung von Kindern* ist (verfassungsrechtl. zulässig (AP 1 zu § 7 JArbSchG) allgemein verboten, und zwar auch dann, wenn sie zur Aufbesserung des Taschengeldes arbeiten (AP 2 zu § 7 JArbSchG). Die Beschäftigung zum Zwecke der Erziehung ist in den Schutzbereich des JArbSchG einbezogen u. die Ausnahmen vom Beschäftigungsverbot sind für verwandte Kinder u. in der Landwirtschaft beseitigt. Werden gleichwohl Kinder beschäftigt, so stehen sie bei → Arbeitsunfällen unter Versicherungsschutz. Im übrigen gilt im Schadensfall die Einschränkung der Haftung entspr. den vom BAG

erarbeiteten Rechtsgrundsätzen (AP 3 zu § 7 JArbSchG). Werden
wegen des Verstoßes gegen die Beschäftigungsverbote Bußgeldver-
fahren eingeleitet, so gehen die ordentlichen Gerichte davon aus, daß
der AG nur dann von sich aus aufklären muß, ob eine Person noch
ein Kind ist, wenn er konkrete Anhaltspunkte dafür hat (AP 1 zu § 5
JugArbSchG). Vom Beschäftigungsverbot bestehen allein noch vier
Gruppen von Ausnahmen. Lit.: Düwell ArbuR 89, 233.

2. *Ohne Altersgrenze* können Kinder zum Zwecke der Beschäftigung in Arbeitstherapie, im Rahmen des Betriebspraktikums während der Vollzeitschulpflicht und in Erfüllung einer richterlichen
Weisung (§ 5 II JArbSchG; §§ 10, 23 JGG) beschäftigt werden. Die
Ausnahmen dienen dem Interesse der Kinder, etwa sie zu heilen, o.
ihnen die Orientierung für das zukünftige Berufsleben zu erleichtern.
Ist eine Beschäftigung von Kindern zulässig, so darf sie nur mit
leichten, für sie geeigneten Tätigkeiten bis zu 7 Stunden täglich = 35
Stunden wöchentlich erfolgen. Dagegen gelten keine besonderen Be-
grenzungen gegenüber dem Berufsausbildungsverhältnis. Im übri-
gen findet auf die Beschäftigung von Kindern §§ 9–46 entsprechende
Anwendung.

3. Das Beschäftigungsverbot gilt nicht für die *Beschäftigung von
Kindern über 13 J.* durch Personensorgeberechtigte in der Landwirtschaft bis zu 3 St. täglich, mit Einwilligung des Personensorgeberechtigten bei der Ernte bis zu 3 St. täglich, mit Austragen von
Zeitungen u. Zeitschriften sowie mit Handreichungen beim Sport
jeweils bis zu 2 St. täglich (§ 5 III). Die Ausnahme erfolgt in Anlehnung an Art. 7 des Übereinkommens Nr. 138 der JAO u. Art. 7 I, III
der Europäischen Sozialcharta. Die Beschäftigung darf nur erfolgen,
soweit sie leicht u. für Kinder geeignet ist. Sie ist ausgeschlossen,
wenn sie mit Unfallgefahren (Fahren auf dem Mähdrescher) verbunden ist. Die Kinder dürfen nicht zwischen 18–8 Uhr, nicht vor u.
während des Schulunterrichts beschäftigt werden. Ferner darf das
Fortkommen nicht beeinträchtigt werden.

4. Ausnahmen vom Beschäftigungsverbot bestehen *kraft aufsichts-
behördlicher Ausnahme* gem. § 6 bei Theaterveranstaltungen u. Musikaufführungen, aber auch bei Werbeveranstaltungen, sofern die Kinder gestaltend mitwirken.

5. Ausnahmen bestehen für Jugendl. während der Schulferien (§ 5
IV).

III. 1. Nach § 7 I ist die *Beschäftigung Jugendl. unter 15 Jahren* verboten. Sind sie noch nicht 15 Jahre alt u. unterliegen sie bei vorzeitiger
Einschulung nicht mehr der Schulpflicht, so dürfen sie im → Berufsausbildungsverhältnis u. außerhalb eines Berufsausbildungsverhält-

nisses mit leichten und für sie geeigneten Tätigkeiten (oben II 2) bis zu 7 St. tägl. u. 35 St. wöchentl. beschäftigt werden.

2. Die *Arbeitszeit* der Jugendl. darf 8 St. tägl. o. 40 St. wöchentl. nicht überschreiten (§ 8 I). In der Landwirtschaft dürfen Jugendl. über 16 Jahre während der Erntezeit nicht mehr als 9 St. tägl. und 85 Stunden in der Doppelwoche beschäftigt werden (§ 8 III). Die Verlängerung der Arbeitszeit beruht auf der Erwägung, daß während der Erntezeit auf die Hilfe der Jugendl. nicht verzichtet werden kann u. durch Verkürzung der Arbeitszeit in den übrigen Jahreszeiten ein Ausgleich zu erzielen ist. Um den Jugendlichen im Zusammenhang mit → Feiertagen eine längere zusammenhängende Freizeit zu ermöglichen, wurde § 8 II eingeführt. Wird in Verbindung mit Feiertagen an Werktagen nicht gearbeitet, um den Arbeitnehmern eine längere zusammenhängende Freizeit zu gewähren, kann die ausgefallene Arbeitszeit auf die Werktage von 5 zusammenhängenden, die Ausfalltage einschließenden Wochen dergestalt verteilt werden, daß die Wochenarbeitszeit im Durchschnitt dieser 5 Wochen 40 St. nicht überschreitet. Die tägl. Arbeitszeit darf hierbei 8½ St. nicht überschreiten. Nach § 8 IIa kann die Arbeitszeit auf 8½ St. verlängert werden, wenn an einzelnen Wochentagen verkürzt gearbeitet wird. Lit.: Zmarzlik DB 88, 442.

3. Nach § 9 I 1, der an § 7 S. 1 BBiG angepaßt wurde, sind Jugendl. u. noch berufsschulpflichtige ältere Personen zur *Teilnahme am Berufsschulunterricht* freizustellen. Ein Beschäftigungsverbot besteht für einen vor 9 Uhr beginnenden Unterricht, an Berufsschultagen mit mehr als 5 Unterrichtsstunden von mind. je 45 Min., einmal in der Woche u. in Berufsschulwochen mit einem planmäßigen Blockunterricht von mindestens 25 Std. an mindestens 5 Tagen. Beim Blockunterricht sind zusätzl. betriebl. Ausbildungsveranstaltungen bis zu 2 Std. wöchentl. zulässig. Das JArbSchG trägt dem sog. Blockunterricht Rechnung, indem bei an Stelle des bisherigen eintägigen Unterrichts jährl. einmal eine zusammenhängende Berufsschulzeit von etwa 10 Wochen tritt. In § 9 II wird geregelt, inwieweit die Berufsschulzeit auf die Arbeitszeit angerechnet wird; 5 Std. Unterricht einschl. der Pausen zählt als 8 stdg. Arbeitszeit u. zwar auch dann, wenn sie auf einen arbeitsfreien Sonnabend fällt (AP 2 zu § 13 JArbSchG). Ist die Arbeitszeit auf weniger als 8 h täglich verkürzt, kann eine Anrechnung auch noch am Folgetag erfolgen. Der wöchentl. Blockunterricht von mindestens 25 Std. entspricht der 40 Stundenwoche. Genau wie bisher darf infolge des Besuches der Berufsschule eine Entgeltminderung nicht eintreten. Nach wie vor besteht keine Zahlungspflicht, wenn durch den Berufsschulbesuch ein Entgeltausfall nicht eintritt (AP 1 zu § 13 JArbSchG). Lit.: Natzel DB 87, 1734.

Jugendarbeitsschutz

4. Nach § 10 hat der AG den Jugendl. für die *Teilnahme an Prüfungen und Ausbildungsmaßnahmen,* die aufgrund öffentl. rechtl. o. vertragl. Bestimmungen außerhalb der Arbeitsstätte durchzuführen sind, sowie am Arbeitstag vor der schriftl. Abschlußprüfung ohne Entgeltausfall freizustellen. Die Verpflichtung entspricht der aus § 7 BBiG, hat aber darüberhinausgehende Bedeutung für den öffentlichen Dienst. Ferner wird darüberhinausgehend die Anrechnung der ausfallenden Arbeitszeit auf die Arbeitszeit geregelt.

5. Den Jugendl. müssen bei einer Arbeitszeit von mehr als 4½ Std. eine o. mehrere im voraus feststehende (§ 11) *Ruhepausen* gewährt werden. Diese müssen mind. betragen bei mehr als 4½ bis 6 Std. 30 Min., bei mehr als 6 Std. Arbeitszeit 60 Min. Länger als 4½ Std. hintereinander dürfen Jugendl. nicht ohne Ruhepausen beschäftigt werden. Als solche gelten nur Arbeitsunterbrechungen von 15 Min.

6. Nach *Beendigung der tägl. Arbeit* ist Jugendl. mind. 12 Std. ununterbrochene *Freizeit* zu gewähren (§ 13).

7. Nach § 14 I dürfen Jugendl. nur in der Zeit von 6 bis 20 Uhr beschäftigt werden; sie genießen mithin einen besonderen Schutz der *Nachtruhe.* Um den besonderen Bedürfnissen einzelner Gewerbezweige Rechnung zu tragen, dürfen älter als 16 J. alte Jugendl. in Ausbildungsverhältnissen wie in normalen Arbeitsverhältnissen im Gaststättengewerbe u. Schaustellergewerbe bis 22 Uhr, in mehrschichtigen Betrieben bis 23.00 Uhr, in der Landwirtschaft ab 5.00 o. bis 21.00 Uhr, in Bäckerein u. Konditoreien ab 5 Uhr (Jugendliche über 17 ab 4.00 Uhr) beschäftigt werden.

In jedem Fall ist eine Beschäftigung nach 20 Uhr dann verboten, wenn am Folgetag der Berufsschulunterricht vor 9 Uhr beginnt. Schließl. finden sich eine Reihe von Ausnahmen kraft aufsichtsbehördl. Genehmigung. Ferner können nach § 21b im Wege der RechtsVO bei Bedarf weitere Ausnahmen vom Verbot der Beschäftigung zur Nachtzeit geschaffen werden.

8. Jugendliche dürfen nur an *5 Tagen in der Woche* beschäftigt werden (§ 15). Nach §§ 16 I, 17 I dürfen Jugendliche an *Samstagen u. Sonntagen* nicht beschäftigt werden. Zulässig ist die Beschäftigung von Jugendlichen an Samstagen o. Sonntagen nur (§§ 16 II, 17 II), soweit dies in den im JArbSchG aufgezählten Wirtschaftsbereichen notwendig ist; in diesen Fällen haben die Jugendlichen jedoch Anspruch auf Arbeitsfreistellung an einem anderen Tag in der Woche, der auch ein betriebl. Ruhetag sein kann (§§ 16 III, 17 III). Eine Ausnahme hiervon besteht wiederum für solche Betriebe, in denen der Jugendl. auch samstags beschäftigt werden kann. Kann er an diesem Tage keine 8 Stunden beschäftigt werden, so kann die nicht

verbrauchte Arbeitszeit auf den Ersatzruhetag gelegt werden
(§ 16 IV). Die Einzelheiten zur *Feiertagruhe* sind in § 18 zusammengefaßt.

9. Der AG hat Jugendl. für jedes Kalenderjahr bezahlten → *Urlaub*
zu gewähren. Dieser beträgt für zu Beginn des Kalenderjahres noch
nicht 16 Jahre alte 30; noch nicht 17 Jahre alte 27 und im übrigen 25
Werktage. Im Bergbau unter Tage beschäftigte Jugendl. erhalten
einen weiteren Zuschlag von 3 Tagen je Altersgruppe. Der Urlaub
ist grundsätzlich während der Berufsschulferien zu erteilen u. wird
durch jeden Berufsschulunterricht, gleichgültig wie lange dieser dauert, unterbrochen. Im übrigen wird auf das BUrlG (→ Urlaub) verwiesen.

10. Gewisse Sonderregelungen sind kraft Gesetzes für die Binnen-
schiffahrt vorgesehen (§ 20). Im übrigen kann in Notfällen, also bei
plötzlich eintretenden unvorhersehbaren Ereignissen, denen durch
die Beschäftigung Erwachsener nicht Rechnung getragen werden
kann, von den vorstehenden Vorschriften mit Ausnahme der Freistellung zum Berufsschulunterricht u. der Prüfungen sowie des Urlaubs abgewichen werden. Weitere Ausnahmen können im Wege der
RechtsVO (§ 21b) u. des Tarifvertrages (§ 21a) geschaffen werden.

IV. Dem *Arbeitsschutz* der Jugendl. dienen zahlreiche *Beschäftigungsverbote*.

1. Nach § 22 I ist die Beschäftigung von Jugendl. mit im
JArbSchG aufgezählten *gefährlichen Arbeiten* verboten. Die Beschäftigungsverbote können durch RechtsVO gem. § 26 weiter konkretisiert werden, sie gelten indes auch ohne deren Erlaß (vgl. § 9 DruckluftVO; VO über das Verbot der Beschäftigung von Personen unter
18 Jahren mit sittlich gefährdenden Tätigkeiten; VO über die Beschäftigung von Frauen auf Fahrzeugen; § 26 GefStoffV). Unzulässig
ist die Beschäftigung von Jugendl. mit Arbeiten, die ihre Leistungsfähigkeit übersteigt (§ 22 Nr. 1), bei denen sie sittlichen Gefahren
ausgesetzt sind (Nr. 2) (vgl. Art. 7 Nr. 10 Europäische Sozialcharta),
die mit besonderen Unfallgefahren verbunden sind, die der Jugendl.
etwa wegen eines Spieltriebes nicht erkennt (Nr. 3), mit Arbeiten,
unter besonderer Einwirkung der Umwelt (Hitze, Kälte, Lärm). Es
handelt sich jeweils um individuelle Beschäftigungsverbote, die eine
Prüfung im Einzelfall erforderlich machen. Eine Ausnahme vom
Beschäftigungsverbot der Nr. 3–5 besteht für die Beschäftigung von
Jugendl. über 16 Jahre, soweit dies zur Erreichung ihres Ausbil-
dungszieles notwendig ist u. ihr Schutz durch die Aufsicht eines
Fachkundigen gewährleistet ist. Dieser braucht nicht notwendig ein
Arzt oder eine Fachkraft für Arbeitssicherheit zu sein. Indes muß bei
Jugendlichen, die in einem Betrieb beschäftigt werden, für den ein →

Betriebsarzt o. eine Fachkraft- für Arbeitssicherheit verpflichtet ist, ihre betriebsärztliche oder sicherheitstechnische Betreuung gewährleistet sein.

2. Grundsätzlich dürfen Jugendl. nicht beschäftigt werden *a)* mit *Akkordarbeit* o. jeglichen Arbeiten, bei denen durch ein *gesteigertes Arbeitstempo* ein höheres Entgelt erzielt werden kann; es soll vermieden werden, daß der Jugendl. durch den Lohnanreiz seine Kräfte überschätzt; *b)* in einer Arbeitsgruppe mit erwachsenen Arbeitnehmern, die Arbeiten nach *a* verrichten. Hier soll dem von der Gruppe ausgehenden Leistungsdruck vorgebeugt werden; *c)* mit allen Arbeiten, bei denen das Arbeitstempo nicht nur gelegentlich vorgeschrieben, vorgegeben o. auf andere Weise erzwungen wird. Eine Ausnahme der Beschäftigung Jugendl. in Leistungsgruppen besteht dann, wenn dies zur Erreichung des Ausbildungszieles notwendig o. wenn sie eine Berufsausbildung für die vorgegebene Beschäftigung abgeschlossen haben u. jeweils durch die Aufsicht eines Fachkundigen ausreichender Schutz gewährleistet ist. Grundsätzlich besteht ein *Beschäftigungsverbot für Jugendliche unter Tage*. Ausnahmen müssen naturgemäß im Interesse der Ausbildung des Jugendlichen sein. Das Verbot enspricht dem Übereinkommen Nr. 123 der → Internationalen Arbeitsorganisation über das Mindestalter für die Zulassung zu Untertagearbeiten in Bergwerken, ergänzt durch die Empfehlung Nr. 124 betreffend das Mindestalter für die Zulassung zu Untertagearbeiten in Bergwerken.

3. Nach § 25 ist die *Beschäftigung Jugendl. durch solche Personen verboten, die zu Freiheitsstrafen verurteilt* worden sind o. im Gesetz bezeichnete Delikte begangen haben.

4. Auf dem Gebiet des → Arbeitsschutzes kann der Gesetzgeber nicht alle Entwicklungen voraussehen. Nach § 26 ist daher der BMA mit Zustimmung des Bundesrats ermächtigt, zum Schutze der Jugendlichen gegen Gefahren für Leben und Gesundheit sowie zur Vermeidung einer Beeinträchtigung der körperlichen oder seelischgeistigen Entwicklung RechtsVO zu erlassen, in denen der Begriff der für Jugendl. geeigneten leichten Arbeiten näher umschrieben o. über die Beschäftigungsverbote von §§ 22–25 hinaus weitere geschaffen werden (vgl. IV 1).

V. Der *menschengerechten Gestaltung* des Arbeitsplatzes dienen Vorschriften für die Einrichtung von Werkzeugen u. Maschinen usw. (§ 28 I), eine besondere VO-Ermächtigung für den BAM (§ 28 II, III) sowie eine Unterrichtspflicht über Unfall- und Gesundheitsgefahren (§ 29). Eine besondere Fürsorgepflicht besteht bei Aufnahme in die häusliche Gemeinschaft. Die an die Unterkünfte zu stellenden Anforderungen sind in Anlehnung an § 120 c GewO konkretisiert. Verboten ist die Züchtigung sowie die Abgabe von Tabak und alkoholischen Getränken (§ 31).

VI. Dem Gesundheitsschutz dient die *ärztliche Überwachung* der Jugendl.

1. Nach § 32 I darf ein Jugendl., der in das Berufsleben eintritt, nicht beschäftigt werden, wenn er nicht innerhalb der *letzten 14 Monate von einem Arzt untersucht* worden ist u. hierüber eine Bescheinigung bei seinem AG vorlegt. Die erste Untersuchung braucht nur einmal vorgenommen zu werden; sie gilt mithin auch beim Wechsel des Arbeitsplatzes. Sie ist überhaupt nicht erforderlich für eine geringfügige o. eine nicht länger als 2 Monate dauernde Beschäftigung mit leichten Arbeiten, von denen keine gesundheitlichen Nachteile für den Jugendlichen zu befürchten sind (§ 32 II). Eine geringfügige Beschäftigung liegt vor, wenn sie den Jugendlichen unter Berücksichtigung seines Alters und seines Entwicklungsstandes nicht nennenswert beansprucht (BayObLG AP 1 zu § 32 JugArbSchG).

Neun Monate nach Aufnahme der ersten Beschäftigung hat der AG den AN nachdrücklich auf den Zeitpunkt hinzuweisen, bis zu dem der Jugendl. ihm die Bescheinigung über die erste Nachuntersuchung vorzulegen hat u. zur Nachuntersuchung aufzufordern. Ein Jahr nach Aufnahme der ersten Beschäftigung hat der AG sich alsdann die Bescheinigung des Arztes über die erste Nachuntersuchung vorlegen zu lassen. Legt der Jugendl. die Bescheinigung nicht vor, so hat ihn der AG binnen Monatsfrist schriftl. unter Hinweis auf das Beschäftigungsverbot aufzufordern, die Bescheinigung einzureichen. Eine Durchschrift des Schreibens ist den Personensorgeberechtigten u. dem Betriebs- o. Personalrat zuzusenden. Nach Ablauf von 14 Monaten darf der Jugendl. nicht mehr beschäftigt werden, wenn er die Bescheinigung nicht vorlegt (§ 33). Versäumt der Jugendliche die Nachuntersuchung u. ist er rechtzeitig hierauf hingewiesen worden, verliert er den Anspruch auf Vergütung, da er den → Annahmeverzug des AG nicht begründen kann.

2. Nach Ablauf jeden weiteren Jahres kann sich der Jugendl. erneut *nachuntersuchen* lassen; sog. weitere Nachuntersuchung. Der AG soll ihn auf diese Möglichkeiten hinweisen und auf die Vorlage einer Bescheinigung drängen.

VII. Die *Einhaltung* des Gesetzes ist durch Aushang u. Strafandrohungen geregelt.

VIII. Im BetrVG ist eine besondere Vertretung der Jugendlichen durch → Jugend- u. Auszubildendenvertretungen vorgesehen.

Jugend- u. Auszubildendenversammlungen kann die → Jugend- u. Auszubildendenvertretung vor o. nach jeder Betriebsversammlung im Einvernehmen (also mit Zustimmung) des → Betriebsrates einberufen. Indes soll sie grundsätzlich am gleichen Tage wie die Versammlung stattfinden (AP 1 zu § 23 BetrVG 1972). Das Einverständnis ist notwendig, wann, ob u. wie die J. stattfinden soll. Die Leitung der J. obliegt der Jugend- u. Auszubildendenvertretung und dem Betriebsrat (§ 71 BetrVG).

Jugend- u. Auszubildendenvertretung I. 1. Eine J. ist zu wählen in allen → Betrieben, in denen i. d. R. mindestens 5 AN beschäftigt werden, die das 18. Lebensjahr noch nicht vollendet haben oder die zu ihrer Berufsausbildung beschäftigt sind u. das 25. Lebensjahr noch nicht vollendet haben (§ 60 BetrVG). Wahlberechtigt sind alle Jugendlichen u. zur Berufsausbildung Beschäftigten des Betriebes, wählbar alle AN bis zum vollendeten 25. Lebensjahr. Nicht wahlfähig sind Mitglieder des BR (§ 61 II BetrVG). Ein Mitglied der J., das im Laufe der Amtszeit das 25. Lebensjahr vollendet, bleibt bis zum Ende der Amtszeit im Amt (§ 64 III BetrVG).

2. Die J. *besteht* in Betrieben mit i. d. R. 5–20 jugendlichen AN u. Azubis aus einem, 21 bis 50 aus drei, 51 bis 200 aus fünf, 201 bis 300 aus sieben und mehr als 300 aus neun Jugend- u. Auszubildendenvertretern (§ 62 I BetrVG). Stichtag ist der Erlaß des Wahlausschreibens (AP 1 zu § 64 BetrVG 1972 = DB 85, 1534). Die J. soll sich möglichst aus Vertretern der verschiedenen Beschäftigungsarten der im Betrieb Vertretenen zusammensetzen. Dabei sollen die Geschlechter in angemessenem Verhältnis vertreten sein (§ 62 III BetrVG). Die J. wird in geheimer, unmittelbarer u. gemeinsamer Wahl nach den Grundsätzen der Mehrheitswahl gewählt. Der Wahlvorstand wird durch den → Betriebsrat bestellt, der unverzüglich die Wahl einzuleiten hat. Bestellt der BR keinen Wahlvorstand, so kann er auf Antrag auch der jugendlichen AN durch das → Arbeitsgericht bestellt werden (§ 63 BetrVG).

3. Die *regelmäßige Amtszeit* beträgt zwei Jahre beginnend mit der Bekanntgabe des Wahlergebnisses o., wenn zu diesem Zeitpunkt noch eine J. besteht, mit Ablauf von deren Amtszeit. Die regelmäßigen Wahlen finden alle zwei Jahre in der Zeit vom 1. 10. bis 30. 11. statt. Wie auch beim BR sollen die Gewerkschaften wegen der organisatorischen Vorbereitungen durch Zusammenfassung der Termine entlastet werden. Demgemäß endet auch die Amtszeit einer J. spätestens am 30. 11. eines Jahres, in dem die regelmäßigen Wahlen stattfinden (vgl. § 64 II BetrVG). Die Amtszeit eines J. endet vorzeitig, wenn er zugleich Ersatzbetriebsratsmitglied ist und zu einer Sitzung des → Betriebsrates hinzugezogen wird und hieran teilnimmt (AP 6 zu § 78 a BetrVG 1972). Lit.: Brill ArbuR 88, 334; Engels/Natter DB

88, 229; BB 88, 1453; Lorenzen PersV 88, 465; Schwab NZA 88, 687.

4. Die *Geschäftsführung* der J. ist weitgehend in Anlehnung an die des Betriebsrates geregelt.

II. 1. Das Gesetz regelt in Anlehnung an die Betriebsratsaufgaben auch diejenigen der J. Damit diese ihre *Aufgaben* sachgemäß durchführen kann, hat der BR die J. rechtzeitig und umfassend zu unterrichten u. ihr auf Verlangen die erforderlichen Unterlagen zur Verfügung zu stellen. Dagegen kann die J. allein keine gegenüber dem AG wirksamen Beschlüsse fassen (AP 1 zu § 65 BetrVG 1972) oder Anträge im Beschlußverfahren stellen (AP 1 zu § 21 BetrVG 1972). Der J. obliegt (§ 70 BetrVG):

a) Maßnahmen, die den jugendlichen AN u. Azubis (J. u. A.) dienen, beim BR (nicht dem AG) zu beantragen. Voraussetzung ist indes die Zuständigkeit des BR. Beispiele: Arbeitszeit, bes. Sozialeinrichtungen, Urlaubsregelungen, Ausbildungsfragen usw.

b) Darüber zu wachen, daß die zugunsten der J. u. A. geltenden Gesetze, VOen, Unfallverhütungsvorschriften, Tarifverträge u. Betriebsvereinbarungen durchgeführt werden. Damit sind nicht nur die typischen „Jugendarbeitsschutzgesetze" gemeint, sondern sämtliche Vorschriften, die auch dem Schutz der J. u. A. dienen. Das Überwachungsrecht bezieht sich darauf, daß die Schutznormen ausgeführt werden. Stellt sie Mißstände fest, hat sie beim BR auf Abhilfe zu dringen. Sie kann von sich aus ohne tatsächliche Verdachtsmomente J. u. A. an ihrem Arbeitsplatz besuchen (AP 1 zu § 70 BetrVG 1972), um sich von der Einhaltung der Normen zu überzeugen. Indes wird sie nicht zu einem dem AG übergeordneten Kontrollorgan. Sie ist nicht zuständig, die Rechte der J. u. A. gegenüber dem AG durchzusetzen.

c) Anregungen J. u. A., insbesondere in Fragen der Berufsbildung, entgegenzunehmen u., falls sie berechtigt erscheinen, beim Betriebsrat auf eine Erledigung hinzuwirken. Die einzelnen betroffenen J. u. A. sind über den Stand und das Ergebnis der Bemühungen zu informieren.

2. Ganz erheblich sind die *Rechte* der J. erweitert. Sie kann:

a) Nach Verständigung (also auch ohne Zustimmung) des BR Sitzungen abhalten. Für die Sitzungen gilt § 29 BetrVG, der die Einberufung der Sitzung des BR regelt, entsprechend (§ 65 II BetrVG).

b) Zu allen BR-Sitzungen einen Vertreter entsenden. Werden Angelegenheiten behandelt, die besonders J. u. A. betreffen, so hat die gesamte J. ein Teilnahmerecht. Sie werden besonders betroffen, wenn die Angelegenheit für die J. u. A. von spezieller Bedeutung ist (qualitative Beurteilung). Umstr. ist, ob der BR die J. ausschließen kann, wenn etwa das Verhältnis zur J. zur Diskussion steht.

c) Das Stimmrecht im BR ausüben, soweit die zu fassenden Beschlüsse überwiegend J. u. A. betreffen. Überwiegend werden J. u. A. betroffen, wenn quantitativ mehr J. u. A. als andere AN von den Beschlüssen erfaßt werden. Dies bedingt, daß in Betrieben, in denen überwiegend J. u. A. beschäftigt werden, der BR überstimmt werden kann. Nach der Vorstellung des Gesetzes soll die J. sich vor allem auf dem Gebiet der → Berufsausbildung betätigen. (§ 67 II BetrVG).

d) Beim BR beantragen, Angelegenheiten, die besonders J. u. A. betreffen, auf die nächste Tagesordnung zu setzen (§ 67 III).

e) An Besprechungen des BR mit dem AG teilnehmen, wenn Angelegenheiten behandelt werden, die besonders J. u. A. betreffen (§ 68 BetrVG).

f) In Betrieben mit mehr als 50 J. u. A. Sprechstunden während der Arbeitszeit einrichten. Zeit u. Ort der Sprechstunden sind mit dem AG u. dem BR zu vereinbaren. Notfalls entscheidet die → Einigungsstelle. An den Sprechstunden kann der BR-Vorsitzende o. ein beauftragtes Mitglied teilnehmen (§ 69 BetrVG).

g) Die Aussetzung eines BR-Beschlusses beantragen, wenn die Mehrheit der J. erachtet, daß durch ihn wichtige Interessen der J. u. A. erheblich beeinträchtigt werden (→ Betriebsrat).

III. Die Jugend- u. Auszubildendenvertreter, der Wahlvorstand u. die Wahlbewerber genießen genau wie die → Betriebsratsmitglieder einen entsprechenden *Kündigungsschutz* (§ 15 KSchG; AP 1 zu § 15 KSchG 1969). Nach § 14 BBiG endet das Ausbildungsverhältnis → Auszubildender mit Ablauf der Ausbildungszeit bzw. mit dem Bestehen der Prüfung. Um zu verhindern, daß sich der AG unbequemer J. entledigt, ist § 78a BetrVG eingeführt worden. Geschützt sind J. in staatlich anerkannten (§ 25 BBiG), aber auch sonstigen Ausbildungsverhältnissen (AP 7 zu § 78a BetrVG 1972 = DB 84, 1786). Der Schutz beginnt, wenn nach der Stimmenauszählung feststeht, daß der J. eine für seine Wahl ausreichende Stimmenzahl erhalten hat (AP 11 a. a. O. = DB 84, 936). Schutz genießen auch Ersatzmitglieder der J., wenn sie ein ordentliches Mitglied vertreten (AP 8 zu § 78a BetrVG 1972; AP 2 zu § 9 BPersVG = EzA Nr. 16 zu § 78a BetrVG 1972; AP 3 a. a. O. = NZA 86, 836) oder solche J., die vor Ablauf der Amtsperiode aus der J. ausgeschieden sind, sofern nicht die Voraussetzungen nach § 65 I i. V. m. § 24 I Nr. 5, 6 BetrVG gegeben sind (NJW 80, 1541). Nach § 78a I BetrVG hat der AG spätestens 3 Mon. vor Beendigung des Berufsausbildungsverhältnisses dem J. mitzuteilen, wenn er nicht beabsichtigt, ein Arbeitsverhältnis zu begründen. Unterläßt der AG die Mitteilung, so führt dies allein zu Schadensersatzansprüchen, dagegen nicht zur Begründung eines Arbeitsverhältnisses (arg. § 78a V BetrVG; AP 7 zu § 78a BetrVG 1972). Umgekehrt kann der J. (§ 78a II; dagegen nicht der Bewerber zur J. *DB 76, 2023) innerhalb* der letzten 3 Mon. vor Beendigung des Ausbildungsverhältnisses (§ 14 BBiG) vom AG schriftlich Weiterbeschäftigung verlangen. Maßgebend für die Berechnung der Frist ist die Bekanntgabe des Prüfungsergebnisses (AP 15 zu § 78a BetrVG 1972 = DB 86, 700). Ein außerhalb dieser Frist gestelltes Verlangen ist gemäß § 5 BBiG nichtig (AP 1, 2 zu § 5 BBiG; AP 7 zu § 78a BetrVG 1972); da der Auszubildende erst unmittelbar vor Beendigung des Ausbildungsverhältnisses eine Bindung eingehen soll. Stellt der J. das Verlangen auf Weiterbeschäftigung, so gilt zwischen ihm und dem AG ein Arbeitsverhältnis als auf unbestimmte Zeit begründet (AP 18 zu § 78a BetrVG 1972 = DB 88, 2414 = NZA 89, 439). Auf dies sind § 37 IV, V BetrVG entsprechend anzuwenden → Betriebsratsmitglieder. Der AG kann spätestens bis zum Ablauf von zwei Wochen beim → Arbeitsgericht Feststellung beantragen, daß ein Arbeitsverhältnis nicht begründet o. das begründete wieder aufgelöst wird, wenn Tatsachen vorliegen, aufgrund derer dem AG unter Berücksichtigung aller Umstände die Weiterbeschäftigung nicht zugemutet werden kann, Matthes NZA 89, 916. Es war umstr., ob nur ein wichtiger Grund (§ 626 I BGB) das Entbindungsverlangen rechtfertigt o. auch sonstige betriebliche o. persönliche Gründe. Nach richtiger A. werden auch sonstige Gründe zur Entbindung ausreichen, da ein wichtiger Grund bereits eine ao. Kündigung rechtfertigt (AP 5 zu § 78a BetrVG 1972). Ausreichend also Nichtbestehen der Wiederholungsprüfung, dringende betriebliche Erfordernisse, Fehlen eines Arbeitsplatzes (AP 5 zu § 78a BetrVG 1972). Der AG ist nicht verpflichtet, durch organisatorische Maßnahmen einen Arbeitsplatz zu schaffen (AP 9 zu § 78a BetrVG 1972). § 626 II BGB ist nicht anzuwenden. Das Weiterbeschäftigungsverlangen (AP 12 a. a. O. = DB 84, 1101) ist im → Urteilsverfahren, das Entbindungsverlangen im → Beschlußverfahren auszutragen. Gegenteilige frühere Rspr. ist überholt (AP 13 a. a. O. = NJW 84, 2599; a. A. AP 2; 3 a. a. O.). Der AG ist nicht gehalten, vom Feststellungsantrag nach § 78a IV Nr. 1 BetrVG zum Auflösungsantrag nach § 78a IV Nr. 2 BetrVG überzugehen, wenn der Auszubildende die Abschlußprüfung abgelegt hat (AP 9 zu § 78a BetrVG 1972). Zum Weiterbeschäftigungsverlangen bei Geltung des BPersVG: AP 4 zu § 9 BPersVG = NZA 87, 820; Nebendahl PersV 89, 512.

Nicht vorgesehen ist *Freistellung* der J. von der Arbeit, da namentlich bei J. in Ausbildungsverhältnissen ihre Ausbildung beeinträchtigt werden könnte. Allerdings können sie einen Anspruch auf Freistellung zu Bildungsveranstaltungen haben (→ Betriebsratsmitglieder), wenn dies zur Ausübung der Rechte in der J. erforderlich ist (AP 1, 5 zu § 65 BetrVG 1972). Bei teilweiser Erforderlichkeit kommt es darauf an, wo das Schwergewicht der Veranstaltung liegt u. ob ein Teilbesuch sinnvoll ist (AP 4 zu § 65 BetrVG 1972). Über die Teilnahme ist ein Beschluß des BR notwendig (AP 3 zu § 65 BetrVG 1972). Die J. ist stimmberechtigt (AP 1 zu § 65 BetrVG 1972). Keine Schulungsnotwendigkeit besteht für Ersatzmitglieder (AP 2 zu § 65 BetrVG 1972). Ein minderjähriger J. kann Rechte selbständig geltend machen. Er ist insoweit prozeß-(verfahrens-)fähig *(BB 73, 1028)*.

Juris. Ein juristisches Informationssystem, in dem Rechtsquellen, Rspr. und Schrifttum zu einzelnen Fragen gesammelt werden. Jeder der entspr. techn. Einrichtungen hat, kann sich anschließen lassen (Gall Beil. zu BB 90; Schlagböhmer JZ 90, 262). Vielfach wird darüber nachgedacht, inwieweit die Datenverarbeitung bei der juristischen Arbeit eingesetzt werden kann (Albrecht CR 88, 343; Bauer CR 88, 1046; Endrös NJW 89, 2587).

K

Kapazitätsorientierte variable Arbeitszeit (Kapovaz) Sie kommt bei → Abrufarbeit vor, wenn der AN nur bei einem entspr. Bedarf des AG zur Arbeit zu erscheinen hat.

Karenzzeit o. *Wartezeit* heißt die Zeitspanne, die der AN im → Arbeitsvertrag zurückgelegt haben muß, ehe er bestimmte Ansprüche geltend machen (z. B. beim → Urlaub) o. sich auf bestimmte Schutzgesetze (z. B. → Kündigungsschutz) berufen kann.

Katastrophenschutz: AN dürfen aus ihrer Verpflichtung zum Dienst im K. und aus diesem Dienst keine Nachteile im Arbeitsverhältnis sowie in der Sozial- u. → Arbeitslosenversicherung erwachsen (§ 9 II KatSG).

Kausalzusammenhang zwischen einem schädigenden Ereignis und dem eingetretenen Schaden ist nach der für den Bereich des Zivil- u. → Arbeitsrechts entwickelten *Adäquanztheorie* nicht gegeben, wenn das Ereignis seiner allgem. Natur nach für die Entstehung des eingetretenen Schadens gleichgültig ist u. ihn nur infolge einer ganz außergewöhnlichen Verkettung der Umstände herbeigeführt hat (h. L.). In Schadensersatzprozessen unterscheidet man die haftungsbegründende u. die haftungsausfüllende Kausalität. Haftungs-

Kaution

begr. K. muß zwischen Pflichtverletzung (schädigende Handlung) u. Verletzung des Rechtsguts, haftungsausfüllende K. muß für den weiteren Schadensverlauf bestehen (NJW 73, 1413). Bei Schadensersatzklagen ist der Kläger für den K. darlegungs- u. beweispflichtig. Der haftungsbegründende K. ist nach § 286, der haftungsausfüllende K. nach § 287 ZPO nachzuweisen. Besteht das schädigende Ereignis in einem Unterlassen (fehlende Aufklärung), ist indes derjenige beweispflichtig, der behauptet, auch bei rechtzeitiger Aufklärung wäre der Schaden eingetreten (BGH NJW 73, 1688).

Kaution ist eine vom AN dem AG aufgrund besonderer Abrede gestellte Geldsumme, um etwaige für den AG während des → Arbeitsverhältnisses entstehende Forderungen abzusichern. Gegen sie kann regelmäßig nur für den Zweck die → Aufrechnung erklärt werden, für den sie gestellt ist; also eine Mankokaution nicht für Schäden wegen → Arbeitsvertragsbruch. Nach Beendigung des Arbeitsverhältnisses ist sie zurückzuzahlen. Die K. wird meist auf einem Sparbuch angelegt.

Kettenarbeitsvertrag. Ein K. ist gegeben, wenn mehrere → befristete Arbeitsverträge so aneinandergereiht werden, daß mit Fristablauf eines ArbVertr. jeweils ein neuer befristeter Vertr. beginnt. Mehrfach befristete ArbVertr. sind nicht in jedem Fall unzulässig. Bei Auseinandersetzungen ist zu prüfen, ob die letzte Befristung wirksam war.

Kinder des Arbeitnehmers. Ist ein AN im Falle der Erkrankung seiner K. an der Arbeitsleistung verhindert, so kann ein Anspruch auf vorübergehende Arbeitsbefreiung (→ Arbeitsverhinderung) u. auf Zahlung von → Krankengeld bestehen. Erleiden K. auf dem Weg o. im Zusammenhang mit dem Besuch von Kindergärten, Schulen o. Hochschulen einen Unfall, so sind sie ähnlich wie ein AN beim → Arbeitsunfall versichert. Die Versicherungsleistungen bestehen in Heilbehandlung, Berufshilfe (berufl. Rehabilitation) usw., Rentengewährung.

Kinderarbeit → Jugendarbeitsschutz.

Kindergeld erhalten nach dem BKGG i. d. F. v. 21. 1. 1986 (BGBl. I 222) Personen, die in seinem Geltungsbereich ihren Wohnsitz o. gewöhnlichen Aufenthalt haben o. die von einem AG im Geltungsbereich des BKGG vorübergehend zur Arbeitsleistung in das Ausland abgeordnet sind o. bestimmte im Ausland beschäftigte öffentliche Bedienstete für jedes eheliche, ehelich erklärte, an Kindesstatt angenommene, nichteheliche Kind, ferner für jedes im Haushalt aufgenommene Stiefkind o. Pflegekind sowie für überwiegend unterhaltene Enkel u. Geschwister. Berücksichtigt werden Kinder nur, wenn sie noch nicht das 16. Lebensjahr vollendet haben, es sei denn, daß sie sich in Ausbildung befinden; alsdann Berücksichtigung bis zum 27. Lebensjahr. Sie werden bis zum 21. Lebensjahr berücksichtigt, wenn sie beim → Arbeitsamt als Bewerber für eine Ausbildungsstelle o. als Arbeitslose registriert sind. Kinder bleiben dann unberücksichtigt, wenn sie aus einem Ausbildungsverhältnis Bezüge v. 750.– DM erzielen. Anspruchsberechtigt sind auch Angehörige der EG-Mitgliedstaaten (Art. 73 der VO (EWG) Nr. 1408/71 v. 14. 6. 1971 (ABl. Nr. L 149/2 ber. 1973 L 128/22) m. spät. Änd.) sowie sonstige → Gastarbeiter. Grundsätzl. unberücksichtigt bleiben Kinder, die weder ihren Wohnsitz noch ihren gewöhnlichen Aufenthalt im Gebiet des BKGG haben (§ 2 V BKGG). Ausnahmeregelungen ergeben sich aus § 2 VI BKGG u. zwischenstaatlichen Verträgen. Das K. ist eine öffentliche Sozialleistung. Es beträgt zwischen 50,– u. 240,– DM. Es wird von der BAnstArb ausgezahlt. Für Rechtsstreitigkeiten nach dem BKGG sind die Sozialgerichte zuständig. Bis zu seiner Einordnung in das SGB gilt das BKGG als Teil des SGB.

Kinder-Krankengeld, → Arbeitsverhinderung. I.

Kirche: 1. Nach Art. 140 GG i. V. m. Art. 137 WRV ordnet jede Religionsgesellschaft ihre Angelegenheiten im Rahmen der für alle geltenden Gesetze selbst. Das → Arbeitsrecht gilt nicht für solche Personen, die in einem so engen Verhältnis zur Kirche stehen, daß sie einen Stand der Kirche bilden (Mönche, Nonnen) sowie für die Kirchenbeamten. Für sie ist der Rechtsweg zu den ArbG nicht gegeben (v. 7. 2. 1990 – 5 AZR 84/89 –). Im übrigen gilt grundsätzl. das staatl. Arbeitsrecht. Ausnahmen gelten nur für solche Vorschriften, durch die die Kirche anders und stärker als sonstige AG betroffen wird (BVerfG AP 1, 5 zu Art. 140 GG; BVerfG NJW 86, 367 = DB 85, 2103). Der → Arbeitskampf ist nach h. M. im kirchl. Bereich unzulässig. Dagegen steht den kirchl. Mitarbeitern Koalitionsfreiheit zu. Jedoch kann die Kirche nicht zum Abschluß von → Tarifverträgen gezwungen werden.

2. Wegen der Regelungen der Arbeitsbedingungen wurden die sog. drei Wege vertreten. Nach dem 1. Weg gilt der Grundsatz, daß die Einzelarbeitsverträge in einer einheitlichen Form abgeschlossen werden, die ihrerseits durch Kirchengesetze bestimmt sind. Nach dem 2. Weg werden die Arbeitsbedingungen durch kollektivrechtliche Vereinbarung geregelt. Wenngleich die Kirche nicht zum Abschluß von → Tarifverträgen gezwungen werden kann, kann sie solche abschließen. Hierzu hat sich nur eine ev. Landeskirche bereit erklärt. Nach dem sog. 3. Weg entspricht die einseitige Festlegung

der Arbeitsbedingungen nicht mehr den heutigen Verhältnissen. Zur Herbeiführung einer einheitlichen Vertragsordnung haben die Kirchen anstelle des Tarifsystems auf der Basis des Leitbildes einer christlichen Dienstgemeinschaft ein eigenständiges Beteiligungsmodell mit arbeitsrechtlichen Kommissionen entwickelt (vgl. Richtlinie des Rates der EKD für ein Kirchengesetz über das Verfahren zur Regelung der Arbeitsverhältnisse der Mitarbeiter im kirchlichen Dienst, Arbeitsrechts-Regelungsgesetz-ARRG v. 9. 10. 1976 ABl-EKD 398 sowie Arbeitsvertragsrecht in der Kirche und die Beteiligung der Mitarbeiter an der Schaffung u. Fortentwicklung arbeitsvertraglicher Regelungen (KODA), Arbeitshilfen 16 u. 16a v. 1. 5. 1980 (Grethlein Beil. 1 zu NZA 86; Pahlke NJW 86, 350; Richardi ZfA 84, 109; Beil. 1 zu NZA 86; Sander Beil. 1 zu NZA 86; Zeuner ZfA 85, 127). In den K. u. ihren Einrichtungen gelten Mitarbeitervertretungsgesetze u. Mitarbeitervertretungsordnungen. Das Individualarbeitsrecht ist in Arbeitsvertragsrichtlinien geregelt, die zumeist dem BAT nachgebildet sind. Für die Bediensteten der Inneren Mission und des Diakonischen Werkes gelten Arbeitsvertragsrichtlinien i. d. F. v. 1. 1. 1990. Vergleichbare Richtlinien gelten für die Bediensteten der Caritas (Stand: 27. 3. 1990). Diese haben nicht die Rechtsnatur eines Tarifvertrages. Sie bedürfen der vertraglichen Inbezugnahme. Es ist umstr., ob sie von tarifdispositivem Recht abweichen können. Nach richtiger Auffassung ist im Laufe der Zeit eine offene Regelungslücke erwachsen, die im Wege richterlicher Rechtsfortbildung dahin zu schließen ist, daß eine Abweichung wirksam ist. Verneinend für das Verfahrensrecht (AP 9 zu § 72a ArbGG 1979 Grundsatz AP 36 zu § 72a ArbGG 1979 Grundsatz = NJW 89, 549 = NZA 88, 842). Für Formvorschriften: AP 1 zu § 7 AVR Caritasverband = NZA 88, 425; unentschieden: AP 1 zu § 20a AVG = DB 87, 1594. In neuen Gesetzen sind sog. Kirchenklauseln vorgesehen (Jurina Beil. 1 zu NZA 86). Nach § 118 II BetrVG gilt das BetrVG nicht für die Kirche und ihre Einrichtungen (AP 10 zu § 118 BetrVG 1972; AP 3 zu § 130 BetrVG 1972 = DB 87, 2658; AP 36 zu § 118 BetrVG 1972 = NJW 88, 3283; BVerfG DB 77, 2379). An seiner Stelle gelten Mitarbeitervertretungsordnungen. Die staatlichen Gerichte sind nicht befugt darüber zu entscheiden, welche Wählbarkeitsvoraussetzungen die Kirchen aufstellen (AP 25 zu Art. 140 GG = NJW 86, 2591). Für Rechtsstreitigkeiten aus dem Mitarbeitervertretungsrecht ist der Rechtsweg zu den Arbeitsgerichten nicht gegeben (v. 25. 4. 89 – 1 ABR 88/87 – NJW 89, 2284).

3. Auf die AN der Kirche ist grundsätzlich das *KSchG* anzuwenden (AP 2 zu Art. 140 GG). Indes ist eine Kündigung dann sozial gerechtfertigt, wenn sich der AN zur Tendenz der Kirche in Gegensatz setzt (AP 2 zu Art. 140 GG). Als gerechtfertigt wurde eine Kündigung

angesehen, wenn eine Kindergärtnerin in einem kath. Kindergarten
o. Lehrerin einer Missionsschule einen nicht laisierten kath. Priester
o. einen geschiedenen Mann heiratet (AP 2, 3, 7 zu Art. 140 GG; AP
20 = NJW 85, 1855), eine Fachlehrerin für Gymnastik und Textilge-
staltung bei ihrer Anstellung an einer kath. Privatschule den Kir-
chenaustritt verschweigt (AP 4 zu Art. 140 GG), ein Assistenzarzt
aus der Kirche austritt (AP 21 zu Art. 140 GG = NJW 85, 2151), ein
in der Konfliktberatung eingesetzter AN des diakonischen Werkes
sich homosexuell betätigt (AP 15 zu Art. 140 GG = NJW 84, 1917),
ein an einem kath. Krankenhaus angestellter Arzt sich öffentlich für
den Schwangerschaftsabbruch ausspricht (AP 14 zu Art. 140 GG =
DB 83, 2778). Jedoch stehen nicht alle AN in einer solchen Nähe zu
spezifisch kirchlichen Aufgaben, daß sie sich voll mit den Lehren der
Kirche identifizieren müssen u. deshalb die Glaubwürdigkeit der
Kirche berührt wird, wenn sie sich in ihrer privaten Lebensführung
nicht an die tragenden Grundsätze der kirchlichen Glaubens- und
Sittenlehre halten (AP 7 zu Art. 140 GG; AP 14 zu Art. 140 GG =
DB 83, 2778). So ist eine Kündigung als ungerechtfertigt angesehen
worden, wenn ein Buchhalter in einem Jugendheim aus der Kirche
austritt (AP 16 zu Art. 140 GG = NJW 84, 2596). Demgegenüber hat
das BVerfG (NJW 86, 367 = DB 85, 2103) entschieden, daß sich nach
den von den verfaßten Kirchen gesetzten Maßstäben richtet, welche
kirchlichen Grundverpflichtungen als Gegenstand des Arbeitsverhältnisses bedeutsam sein können. In Streitfällen haben die Arbeitsgerichte die vorgegebenen kirchlichen Maßstäbe für die Bewertung vertraglicher Loyalitätspflichten zugrundezulegen, soweit die Verfassung das
Recht der Kirche anerkennt, hierüber selbst zu befinden. Ihnen bleibt
danach grundsätzlich überlassen, verbindlich zu bestimmen, was die
Glaubwürdigkeit der Kirche u. ihre Verkündigung erfordert, was
spezifisch kirchliche Aufgaben sind, was Nähe zu ihnen bedeutet,
welches die wesentlichen Grundsätze der Glaubens- u. Sittenlehre
sind u. was als ggf. schwerer Verstoß gegen diese anzusehen ist (Lit.:
Dütz Beil. 1 zu NZA 86; Rüthers NJW 86, 356; Spengler NZA 87,
833). Zu kirchlichen Anstalten haben anstaltsfremde Gewerkschaftsvertreter kein Zutrittsrecht (BVerfG AP 9 zu Art. 140 GG) zum
Zwecke der Werbung (AP 10 zu Art. 140 GG). Vor einem kirchlichen
Verwaltungsgericht können solche Rechtsanwälte ausgeschlossen
sein, die keiner Kirche angehören (BVerwG AP 8 zu Art. 140 GG).

Kirchensteuer kann gemäß Art. 137 VI WRV, der nach Art. 140
GG weitergilt, aufgrund der bürgerl. Steuerlisten nach Maßgabe der
landesrechtl. Bestimmungen erhoben werden. Die Verpflichtung des
AG zu ihrer Abführung ist verfassungsrechtl. unbedenklich (BVerfG
NJW 77, 1282).

Klage

Klage ist das bei Gericht gestellte Gesuch um Rechtsschutz. Die Kl.-Erhebung in arbeitsrechtl. Streitigkeiten erfolgt durch Einreichung einer Kl.-Schrift beim → Arbeitsgericht (§ 253 ZPO) o. zur Niederschrift des Urkundsbeamten der Geschäftsstelle (§ 496 ZPO) u. Zustellung dieses Schriftsatzes. Die Kl.-Schrift soll in mind. doppelter Ausfertigung eingereicht werden. Sie hat nach §§ 46 II ArbGG, 253 ZPO unter genauer Angabe der Parteien nach Stand, Name u. Anschrift das angegangene Gericht zu bezeichnen sowie einen bestimmten Antrag u. seine Begründung zu enthalten; sie ist zu unterschreiben (zur Heilung des Unterschriftsmangels: AP 14 zu § 4 KSchG 1969 = NJW 86, 3224 = NZA 86, 761). Unklarheiten in der Parteibezeichnung können im begrenzten Umfang berichtigt werden (AP 2 zu § 268 ZPO). Der Antrag kann auf Leistung (*Verurteilung des Gegners zu einem Tun o. Unterlassen; Geldforderungen sind genau zu beziffern; Ausnahmen: Lepke BB 90, 273; bei Teilbeträgen muß eine Aufteilung erfolgen* (AP 90 zu § 611 BGB Haftung des AN = NZA 88, 200 = NZA 88, 200); *unzulässig, bestimmter Antrag unter Abzug eines nicht der Höhe nach angegebenen Arbeitslosengeldes* AP 14 zu § 613a BGB), auf Feststellung *(eines Rechtsverhältnisses, der Echtheit o. Unechtheit einer Urkunde – § 256 ZPO)* u. in den gesetzl. vorgesehenen Fällen auf Gestaltung *(Auflösung des Arbeitsverhältnisses gegen Zahlung einer Abfindung – §§ 9, 10 KSchG)* gerichtet sein. Bruttozahlungsklagen sind zulässig; Nettozahlungsklagen sollen nach neuerem Schrifttum nur bei Nettolohnvereinbarung zulässig sein (Berkowsky/Drews DB 85, 2099). Enthält die Klageschrift keine Begründung, so ist die Kl. insoweit unzulässig. Dies gilt auch für erst in der mündlichen Verhandlung gestellte Anträge (AP 1 zu § 261 ZPO). Bei Abfassung der Kl.-Schrift kann die Hilfe der Rechtsantragstelle eines jeden Gerichts in Anspruch genommen werden. Nach Einreichung der Kl.-Schrift bestimmt der Vorsitzende Termin zur → Güteverhandlung u. läßt die Parteien unter Wahrung der Einlassungs- u. Ladungsfrist laden. In Rechtsstreitigkeiten über das Bestehen, das Nichtbestehen oder die Kündigung eines Arbeitsverhältnisses soll die → Güteverhandlung innerhalb von zwei Wochen nach Klageerhebung stattfinden. Bei Klageerhebung ergeht allgemein noch keine Aufforderung an den Beklagten, sich auf die Klage schriftlich zu äußern (§ 47 II ArbGG). Wegen der Sonderregelung im ArbGG finden die Vorschriften über den frühen ersten Termin (§§ 272, 275 ZPO) o. das schriftl. Vorverfahren (§§ 272, 276 ZPO) keine Anwendung (§ 46 II 2 ArbGG). Die Klageschrift muß mindestens eine Woche vor dem Termin zugestellt werden (§ 47 I 1 ArbGG). Bei Zustellung im Ausland setzt der Vorsitzende die Einlassungsfrist fest (§ 274 ZPO). Auf das Verfahren vor den ArbG findet die ZPO mit einigen Modifizierungen Anwendung (§ 46 II 2 ArbGG). Das Verfahren ist tunlichst zu beschleunigen (§ 9 ArbGG). Zu diesem Zweck kann der Vorsitzende den Parteien bestimmte, fristgebundene Auflagen erteilen, nach deren Ablauf weiteres Parteivorbringen ausgeschlossen werden kann (§§ 56, 61a ArbGG). Die gütliche Beilegung des Rechtsstreites soll während des ganzen Verfahrens angestrebt werden (§ 57 II ArbGG). Schaub, dtv Meine Rechte und Pflichten im Arbeitsgerichtsverfahren 4. Aufl., 1985.

Koalition. I. Nach Art. 9 III GG ist für jedermann, also für Deutsche, Ausländer u. für alle Berufsgruppen, das Recht gewährleistet, zur Wahrung u. Förderung der Arbeits- u. Wirtschaftsbedingungen Vereinigungen zu bilden. Dieser Verfassungsgrundsatz ist Ausdruck einer allgem. Rechtsüberzeugung (vgl. Art. 23 I der UN-Erklärung der Menschenrechte v. 10. 12. 1948, Art. 11 der Europäischen Konvention zum Schutze der Menschenrechte u. Grundfreiheiten v. 4. 11. 1950, Art. 5 der Europäischen Sozial-Charta v. 18. 10. 1961, Übereinkommen Nr. 87 der IAO [ILO] v. 9. 7. 1948). Die K.-F. gilt nach Abschluß des Staatsvertrages auch in der DDR. K. (Tarifverband) ist jede freie, privatrechtl., korporative, gegnerfreie, kirchl. unabhängige durchsetzungsfähige (AP 6 zu § 118 BetrVG 1972), zahlenmäßig nicht unerhebliche (AP 25, 30 zu § 2 TVG, AP 2 zu § 97 ArbGG; AP 24 zu Art. 9 GG; AP 34 zu § 2 TVG = DB 85, 2056; AP 36 a.a.O. = NZA 87, 492; BVerfG NJW 82, 815) Vereinigung von AN o. AG auf – vor allem von der Gegenseite – unabhängiger, überbetrieblicher demokratischer Grundlage zur Wahrnehmung kollektiver AN- o. AG-Interessen, insbes. durch Abschluß von → Tarifverträgen, äußerstenfalls durch → Arbeitskämpfe (Hagemeier ArbuR 88, 193). Die *Koalitionsfreiheit* hat vier Inhalte. Art. 9 III GG schützt als Individualgrundrecht für jedermann das Recht, zur Wahrung u. Förderung der Arbeits- u. Wirtschaftsbedingungen Vereinigungen zu bilden. Sie gewährt dem Einzelnen das Recht, sich am Koalitionsleben zu beteiligen o. ihm fernzubleiben (BVerfG AP 16 zu Art. 9 GG; AP 49 = NJW 87, 2893); damit dürften → Tarifausschlußklauseln unzulässig sein (AP 13 zu Art. 9 GG). Sie sichert aber auch den Bestand der Koalition (z. B. BVerfG AP 1, 16 zu Art. 9 GG) u. deren Recht zur spezifisch koalitionsmäßigen Betätigung. Insoweit handelt es sich um eine Institutsgarantie, so daß das Betätigungsrecht durch sachgemäßes Gesetz eingeschränkt werden kann (AP 16 a.a.O.); eine allgemein-politische Betätigung der → Gewerkschaften wird nur im Rahmen der Handlungsfreiheit (Art. 2 I GG) geschützt sein. Abreden (Verträge) o. Maßnahmen, die das positive o. negative K.-Recht (Neumann RdA 89, 243) einschränken o. zu behindern suchen, sind nichtig (§ 134 BGB). Rechtswidrig sind vor allem → Kündigungen, Strafverset-

zungen, Zuweisung minderwertiger Arbeit aus Anlaß des Gewerk-
schaftsbeitritts o. -austritts. Aufgrund der institutionellen Garantie
der K. haben diese auch das Recht, im Betr. zu werben (AP 7, 10, 26,
30, 35 zu Art. 9 GG); in kirchl. Einrichtungen: BVerfG AP 10 zu
Art. 140 GG; zur Verbreitung von Zeitungen (AP 29 zu Art. 9 GG),
zu Aufklebern auf Schutzhelmen (AP 30, 30a zu Art. 9 GG). Sie
können sich gegen Beschränkungen wehren, die den Mitgliedern
ihrer Organisation auferlegt werden (AP 49 zu Art. 9 GG = NJW 87,
2893). Die K. haben keinen gesetzlichen Anspruch gegenüber dem
AG, die Wahlen der gewerkschaftlichen Vertrauensleute im Betrieb
durchführen zu lassen (AP 28 zu Art. 9 GG). Stellt ein AG einer
Gewerkschaft sog. schwarze Bretter zur Verfügung, so darf er ihm
unliebsame Anschläge nicht einfach entfernen. Zum Anspruch auf
Verbandsbeitritt vgl. AP 1 zu § 27 GWB; NJW 75, 771; BGH BB 85,
397; zum Anspruch auf Tarifverhandlungen: AP 1 zu § 1 TVG Ver-
handlungspflicht; AP 52 zu Art. 9 GG = NZA 89, 601; zur Kündigungsfrist bei Austritt (BGH AP 33 zu Art. 9 GG). Zum Ehrenschutz
der K. untereinander BGH AP 6 zu Art. 5 I GG Meinungsfreiheit.

II. Der *Aufgabenkreis* der K. läßt sich nicht fest umschreiben; sie
sind zu einem integrierenden Bestandteil der Wirtschafts- u. Sozial-
politik der BRD geworden u. treten mit zahlreichen Forderungen u.
Anregungen, sogar im kulturellen Bereich (Festspiele in Reckling-
hausen), an die Öffentlichkeit. Kraft Gesetzes sind ihnen *drei Aufga-
benkreise* übertragen: *a)* Sie nehmen *selbständig* außerhalb staatl. Verwaltung *Aufgaben* wahr, wie Abschluß von → Tarifverträgen,
Durchführung von → Arbeitskämpfen u. Schlichtung, Mitwirkung
in betriebsverfassungsrechtl. Fragen (→ Betriebsratswahl), → Mitbestimmung in wirtschaftl. Angelegenheiten, Verlängerung u. Verkürzung der → Arbeitszeit usw. *b)* Daneben haben sie *Anhörungs- u.
Antragsrechte* gegenüber Gesetzgebung, Verwaltung u. Rechtspr. Sie
können die → Allgemeinverbindlicherklärung von Tarifverträgen
beantragen; zahlreiche Durchführungsvorschriften zu Gesetzen arbeitsrechtl. o. verwandten Inhalts können nur nach ihrer Anhörung
o. der ihrer Spitzenorganisation erlassen werden; sie sind bei der
Durchführung organisator. Maßnahmen der → Arbeits- u. →
Landesarbeitsgerichte sowie bei der Berufung ihrer Vorsitzenden zu
hören; schließlich wirken sie im → Betriebsverfassungsrecht mit.
c) Darüber hinaus haben sie zahlreiche *Benennungs- u. Entsendungsrechte* gegenüber staatl. Gerichtsbarkeit u. Verwaltung. In den ArbG
aller Instanzen wirken ehrenamtl. Richter mit; die Vertreter der AN
u. der AG in den Organen der BAnstArb setzen sich zu je ⅓ aus
Vertretern der AN, der AG und der öffentl. Körperschaften zusammen. Ferner bestehen Entsendungsrechte auf arbeitsrechtl. Gebiet

zum Tarifausschuß zwecks Mitwirkung bei der → Allgemeinverbindlichkeitserklärung, zum Hauptausschuß u. Fachausschuß für die
Festsetzung von → Mindestarbeitsbedingungen, zu den beratenden
Ausschüssen u. Beschwerdeausschüssen in Schwerbehindertenangelegenheiten (→ Schwerbehinderte), zu den Heimarbeitsausschüssen
u. Entgeltausschüssen (→ Heimarbeiter), zu den Ausschüssen bei
den Landes- u. Arbeitsämtern zur Prüfung der Erforderlichkeit einer
→ Massenentlassung, zu den Prüfungsausschüssen im Rahmen der
→ Berufsbildung u. zu den Ausschüssen des Bundesinstituts für Berufsbildung; auf sozialversicherungsrechtl. Gebiet zu den Organen
der Soz.-Vers. u. den Spruchkörpern der Sozialgerichte. Auf wirt-
schaftsrechtl. Gebiet haben schließl. die → Gewerkschaften neben
den Unternehmensvereinigungen Repräsentationsrechte in zahlreichen Verwaltungsräten (Einfuhr- u. Vorratsstelle für Getreide- u.
Futtermittel, für Zucker, Fette usw.).

Kollektivrechtliche Vereinbarung ist der Oberbegriff für →
Tarifverträge, → Betriebsvereinbarungen u. → Dienstvereinbarungen.

Konkurs ist das gerichtl. Verfahren zur Aufteilung des der →
Zwangsvollstreckung unterliegenden, zur Begleichung aller Schulden aber nicht ausreichenden Vermögens des Schuldners unter seine
sämtlichen Gläubiger. Ist der → Arbeitsvertrag bei Eröffnung des
K.-Verf. über das Vermögen des AG noch nicht in Vollzug gesetzt,
so hat der K.-Verwalter ein Wahlrecht, anstelle des Gemeinschuldners den Vertrag zu erfüllen u. Erfüllung zu verlangen o. die Erfüllung zu verweigern, also ao. zu kündigen (§ 17 KO). Der AN kann
in diesen Fällen nur ordentlich kündigen. Während seiner Kündigungszeit wird sein Vergütungsanspruch Masseschuld. Ein in dem
Haushalt, Wirtschaftsbetrieb o. Erwerbsgeschäft des Gemeinschuldners bereits angetretenes Arbeitsverhältnis endet nicht automatisch.
Dies gilt auch für den Alleingesellschafter und Geschäftsführer einer
GmbH oder GmbH & Co KG (BGH NJW 80, 595). Es kann von
jedem Teil gekündigt werden. Die Kündigungsfrist ist, falls nicht
kraft ArbVertr., o. → Betriebsvereinbarung eine kürzere vereinbart
ist, die gesetzliche (AP 2 zu § 22 KO). Das ist auch die aufgrund eines
→ Tarifvertrages (AP 6 zu § 22 KO = NJW 85, 1238). Eine vereinbarte Schriftform ist auch vom Konkursverwalter zu beachten (AP 3
zu § 22 KO). Die Eröffnung des K.-Verf. ist jedoch kein wichtiger
Grund zur → Kündigung (AP 1 zu § 22 KO,). Kündigt der K.-
Verw. vorzeitig, so erlangt der AN eine Schadensersatzforderung
nach §§ 22 II, 26 KO. Diese ist K.-Forderung. Der K.-Verw. hat bei
Ausspruch der Kündigung die übrigen → Kündigungsschutzvorschriften zu beachten. Zur betriebsbedingten Kündigung vgl. Hille-

brecht ZIP 85, 257. Bei einer etappenweisen → Stillegung hat er
jeweils die Grundsätze der sozialen Auswahl zu wahren (AP 4 zu § 22
KO).

Wird der ArbVertr. nach Eröffnung des K.-Verf. fortgesetzt, so
werden sämtliche nach Eröffnung fällig werdende Vergütungsansprüche gegen den K.-Verw. als Partei kraft Amtes geltend zu
machende Masseforderungen (§ 59 Nr. 2 KO), die vor den K.-
Forderungen zu befriedigen sind. Lohnforderungen, die im Konkurs
der Gesellschaft Masseschulden sind, sind auch im Konkurs des persönlich haftenden Gesellschafters als Masseschulden zu befriedigen
(AP 12 zu § 59 KO). Auch die Urlaubsvergütung für einen nach K.-
Eröffnung gewährten → Urlaub ist Masseforderung, selbst wenn der
K.-Verw. gem. § 23 KO gekündigt u. den Url. in den Lauf der
Kündigungsfrist gelegt hat. Reicht die Kündigungsfrist nicht aus, so
ist eine darüber hinausgehende → Urlaubsabgeltung gleichfalls Masseforderung (AP 10 zu § 59 KO). Honoraransprüche des Vorsitzenden einer → Einigungsstelle sind insgesamt Masseforderung, wenn
das Einigungsstellenverfahren vor der Konkurseröffnung begonnen,
aber erst nach diesem Zeitpunkt durch einen Spruch abgeschlossen
wurde (AP 5 zu § 76 BetrVG 1972). Im übrigen sind sie Konkursforderungen. Die Rechtsfolge gilt auch für Prozeßkosten (AP 4 zu § 60
KO = NZA 87, 634).

Die bei K.-Eröffnung o. Ableben des Gemeinschuldners für die
letzten 6 Mon. (v. 4. 4. 90 – 5 AZR 288/89 –) rückständigen
Forderungen auf → Arbeitsvergütung, → Karenzentschädigung aus
→ Wettbewerbsverboten, → Urlaubsentgelte u. U.-Gelder (DB 77,
1799), → Ruhegelder (AP 20 zu § 59 KO = NZA 87, 450) u. →
Vergütung der → Handelsvertreter, die unter § 92a HGB fallen u.
denen während der letzten 6 Mon. des Vertragsverhältnisses o. der
kürzeren Vertragsdauer im Durchschnitt nicht mehr als 2000 DM
monatl. an Vergütung einschl. → Provision u. Ersatz für regelmäßige Geschäftsaufwendungen zugestanden haben o. noch zustehen,
sind *Masseschulden* (§ 59 I 3 KO). Die weiter zurückliegenden sind
K.-Forderungen. Diese werden gem. § 61 KO in einer bestimmten
Reihenfolge befriedigt. Nach § 61 Nr. 1 KO gehören die für das
letzte Jahr vor der Eröffnung des Verf. o. dem Ableben des Gemeinschuldners rückständigen Vergütungsansprüche zum 1. Rang. Dasselbe gilt für Schadensersatzansprüche des AN nach § 628 II BGB,
wenn der AG keine Vergütung gezalt hat u. der AN deswegen
kündigt (AP 11 zu § 59 KO). Maßgebend ist, daß die Forderungen
für das letzte Jahr zustehen, nicht wann sie fällig geworden sind (AP
19 zu § 61 KO = NZA 86, 363). In denselben Rang gehören die
Ansprüche auf Beiträge der Sozialversicherungsträger u. der BAnst-
Arb. Nach § 61 Nr. 6 KO werden Ansprüche aus einem Sozialplan

befriedigt (AP 23 zu § 112 BetrVG 1972 = DB 84, 1043; vgl. →
Sozialplan), bei Konkurseröffnung geschuldete Abfindungen (→
Kündigungsschutzklage) nach §§ 9, 10 KSchG o. vertraglich geschuldete Abgangsentschädigungen (AP 11 zu § 61 KO). Der Anspruch auf Beteiligung am Jahresgewinn ist weder Masseschuld noch
bevorrechtigte Konkursforderung, wenn das Jahr, für das die Gewinnbeteiligung zu zahlen ist, vor Beginn der letzten 6 (12) Monate
vor Eröffnung des Konkursverfahrens geendet hat (AP 9 zu § 59
KO). Ist das Arbeitsverhältnis vor der K.-Eröffnung beendet o. endet es mit ihr, so sind Urlaubsabgeltungsansprüche Masseforderungen (AP 10 zu § 59 KO). Zukünftige Ruhegeldforderungen werden
nach § 69 KO kapitalisiert (vgl. → Ruhegelder). Die Forderungen
eines → Heimarbeiters o. eines gleichgestellten Zwischenmeisters
sind je nach Fälligkeit entweder Masse- o. K.-Forderungen. Dagegen
haben die der Organvertreter jur. Personen kein K.-Vorrecht. Während des Konkursverfahrens hat der Konkursverwalter die Vorschriften des BetrVG zu beachten.

Masseforderungen werden gegen den K.-Verwalter notfalls durch
→ Klage durchgesetzt. Steht bereits im Erkenntnisverfahren fest,
daß die Konkursmasse unzulänglich ist, so darf der Konkursverwalter nur in Höhe der Quote verurteilt werden. Besteht bereits im
Erkenntnisverfahren der Verdacht, daß die Masse unzulänglich ist,
darf kein Leistungsurteil mehr ergehen. Vielmehr kann ein Festtel-
lungsurteil ergehen u. im übrigen ist wegen der Höhe der Rechtsstreit auszusetzen. Der Konkursverwalter trägt die Darlegungs- und
Beweislast, daß die Masse unzulänglich ist. Ist bereits ein Leistungsurteil ergangen, so kann der Konkursverwalter nach § 767 ZPO
Vollstreckungsgegenklage erheben (AP 1 zu § 60 KO). Ist die Mas-
seunzulänglichkeit festgestellt u. geht der Konkursverwalter neue
Verbindlichkeiten ein, so genießen diese keinen Massenvorrang (AP
7 zu § 60 KO = NZA 90, 187).

Dagegen sind K.-Forderungen bei dem Amtsgericht (K.-Gericht)
schriftl. o. zu Protokoll der Geschäftsstelle zur K.-Tabelle anzumelden. Die Anmeldung hat die Angabe des Betrages u. des Grundes der
Forderung sowie das beanspruchte Vorrecht zu enthalten (§ 139
KO). Forderungen auf Arbeitsvergütung sind als Bruttoforderung
anzumelden. Wird die Anmeldung versäumt, bleibt die Forderung
unberücksichtigt. Wird im Prüfungstermin ein Widerspruch weder
vom Verw. noch von einem K.-Gläubiger erhoben, gilt die
Forderung als festgestellt (§ 144 I KO). Wird sie vom Gemeinschuldner bestritten, so kann ein Rechtsstreit, welcher über die Forderung
zur Zeit der K.-Eröffnung anhängig war u. durch diese unterbrochen
worden ist (§ 240 ZPO), gegen den Gemeinschuldner aufgenommen
werden. Wird die Forderung vom K.-Verw. o. einem Gläubiger

bestritten, so kann der AN beim → Arbeitsgericht → Klage auf Feststellung erheben, daß der Widerspruch ungerechtfertigt ist. Zur Frage der Zuständigkeit: BGH NJW 71, 1271; NJW 73, 468; BSG AP 7 zu § 61 KO; BGH AP 8 zu § 61 KO. Stehen dem Betriebsrat noch Forderungen gegen den AG zu, so ist er gleichfalls an das Verfahrensrecht der KO gebunden.

Es bestehen Planungen die KO durch eine Insolvenzordnung abzulösen: Hanau ZIP 89, 422; Schaub ZIP 89, 205; Uhlenbruck BB 89, 433; Wagner NZA 88, 723; Zeuner RdA 89, 270.

Konkursausfallgeld können alle AN (AP 5 zu § 141b AFG) einschl. der → Auszubildenden u. → Heimarbeiter verlangen, die bei Eröffnung des Konkursverfahrens über das Vermögen des AG für die letzten, der Eröffnung des Konkursverfahrens vorausgehenden drei Monate (BSG AP 2 zu § 141b AFG) des Arbeitsverhältnisses (BSG ZIP 82, 976) noch Ansprüche auf Arbeitsentgelt einschl. des Urlaubsentgelts (BSG AP 1, 3 zu § 141b AFG; ZIP 81, 635) haben. Die Zahlung von KAUG löst keine Erstattungsansprüche des Konkursverwalters gegen die Lohnausgleichskasse des Baugewerbes aus (AP 5 zu § 4 TVG Ausgleichskasse = NJW 85, 1725). Zum Arbeitsentgelt gehören keine Ansprüche auf Provision für vor Konkurseröffnung abgeschlossene, aber nicht mehr ausgeführte Geschäfte (BSG ZIP 81, 637). Nicht gesichert sind Abfindungen aus → Sozialplänen u. dem KSchG o. Ansprüche, die der AN durch eine nach der KO anfechtbare Rechtshandlung erworben hat (§ 141c AFG). Der Konkurseröffnung (AP 4 zu § 141b AFG) gleichgestellt ist die Abweisung des Antrages auf KE mangels Masse (BSG AP 1 zu § 141e AFG; ZIP 80, 126; 82, 469) o. die vollständige Einstellung der Betriebstätigkeit (BSG ZIP 81, 748; 1112; 82, 718), wenn eine KE offensichtl. mangels Masse nicht in Betracht kommt. Das KAUG entspricht der Nettoarbeitsvergütung für die letzten 3 Mon. (§ 141d AFG). Wegen der Lohnsteuer steht dem AN kein Anspruch gegen den Gemeinschuldner zu (AP 15 zu § 611 BGB Lohnanspruch = NJW 86, 1066). Die BAnstArb entrichtet auch die Pflichtbeiträge zur Sozialversicherung (§ 141n AFG). Der Konkursverwalter muß sie ggf. erstatten (BSG ZIP 80, 201). Sie entscheidet gegenüber der Einzugsstelle durch Verwaltungsakt; ist aber an deren Bejahung der Versicherungspflicht gebunden (BSG AP 1 zu § 141n AFG). Vor Antragstellung ist das K. nicht pfändbar o. übertragbar, danach wie Arbeitsvergütung (Denck KTS 89, 263). Es kann binnen einer Ausschlußfrist von 2 Mon. seit rechtskräftiger Eröffnung des Konkursverfahrens o. seit Kenntnis von Abweisung des K. Eröffnungsantrages (BSG AP 1 zu § 141e AFG) wegen Eintritts der Zahlungsunfähigkeit bei jedem → Arbeitsamt beantragt werden (§ 141e AFG). Für

die Auszahlung zuständig ist das Arbeitsamt, in dessen Bereich die
Lohnabrechnungsstelle des AG liegt (§ 141e II AFG). Mit der Stellung des Antrages auf KAUG gehen die Ansprüche des AN gegen
AG auf BAnstArb über (AP 1 zu § 141m AFG; BSG ZIP 80, 126).
Erfüllt der Konkursverwalter nachträglich auf die BAnstArb übergegangene Lohnansprüche, so hat er die Bruttolohnforderungen um
die Lohnsteuerbeträge zu kürzen (AP 11 zu § 117 AFG = NZA 90,
59). Macht die BAnstArb auf sie übergegangene Ansprüche von AN
geltend, denen sie nach Ablehnung eines Konkursantrages mangels
Masse KAUG gezahlt hat, so kann sich der AG auf einen Ablauf
einer tariflichen → Verfallfrist nicht berufen, soweit er die rückständigen Entgeltansprüche in einer nach § 141h AFG ausgefüllten Ver-
dienstbescheinigung anerkannt hat (EzA 40 zu § 4 TVG Ausschlußfristen). Der Konkursverwalter haftet für schuldhaft durch seine Erfüllungsgehilfen fehlerhaft ausgestellte Verdienstbescheinigungen
(BSG ZIP 82, 1336).

Konzern heißt ein Rechtsgebilde, wenn *a)* ein herrschendes und ein
o. mehrere abhängige → Unternehmen unter der einheitlichen Leitung eines herrschenden Unternehmens zusammengefaßt sind;
b) wenn Unternehmen, zwischen denen ein Beherrschungsvertrag
(§ 291 AktG) besteht o. von denen das eine in das andere eingegliedert ist (§ 319 AktG), unter einheitlicher Leitung zusammengefaßt
sind; *c)* wenn rechtlich selbständige Unternehmen unter einheitlicher
Leitung zusammengefaßt sind (§ 18 AktG). Rechtlich möglich ist
auch, daß ein Unternehmen von mehreren anderen Unternehmen
rechtlich abhängig ist. Das setzt aber voraus, daß die anderen Unternehmen die Möglichkeit gemeinsamer Herrschaftsausübung vereinbart haben (AP 1 zu § 55 BetrVG 1972 = DB 87, 1691). → Mitbestimmung.

Lit.: Zum Arbeitsrecht im K.: Abbrent BB 88, 756; Haase Beil. 3
zu NZA 88; Konzen RdA 84, 65; Loritz ZfA 85, 497; Schäfer Beil. 1
zu NZA 88.

Konzernbetriebsräte. Da nicht in allen → Konzernen ein Bedürfnis für einen K. besteht, ist seine *Errichtung* von einer Entscheidung
einer qualifizierten Mehrheit der → Gesamtbetriebsräte der Konzernunternehmen abhängig (§ 54 BetrVG). Ein KBR kann auch bei einem Tochterunternehmen eines mehrstufigen, vertikal gegliederten
Konzerns gebildet werden, wenn diesem ein betriebsverfassungsrechtlich relevanter Spielraum für die bei ihm u. für die von ihm
abhängigen Unternehmen zu treffenden Entscheidungen verbleibt
(AP 1 zu § 54 BetrVG). Besteht in einem KonzernU nur ein Betriebsrat, so nimmt dieser, möglicherweise die Gruppe der Arbeiter

u. Angestellten nach § 27 BetrVG (AP 2 zu § 54 BetrVG 1972) die Aufgaben des Gesamtbetriebsrats wahr. In den K. entsendet jeder Betriebsrat, wenn ihm *Vertreter* beider Gruppen (→ Betriebsratswahl) angehören, zwei seiner Mitglieder, wenn ihm Vertreter nur einer Gruppe angehört, eines seiner Mitglieder. Werden zwei Mitglieder entsandt, so dürfen sie nicht der gleichen Gruppe angehören. Die in den K. entsandten Mitglieder werden vom Gesamtbetriebsrat bestimmt; dies gilt dann nicht, wenn die Gruppen im Gesamtbetriebsrat in bestimmter Stärke vertreten sind (AP 2 zu § 54 BetrVG 1972). In diesen Fällen bestimmt jede Gruppe für sich das K.-Mitglied (§ 55 I BetrVG). Für jedes K.-Mitglied ist ein Ersatzmitglied zu bestellen. Das K.-Mitglied hat im K. so viele *Stimmen,* wie die Mitglieder seiner Gruppe im Gesamtbetriebsrat insgesamt Stimmen haben, oder, sofern es allein entsandt wurde, wie die Mitglieder des Gesamtbetriebsrates, von dem er entsandt wurde, insgesamt im Gesamtbetriebsrat Stimmen haben (§ 55 III BetrVG). Durch → Tarifvertrag oder → Betriebsvereinbarung kann die Mitgliederzahl des K. abweichend geregelt werden. Ein Mitglied des K. kann wegen grober *Pflichtverletzung* auf Antrag vom Arbeitsgericht aus dem K. ausgeschlossen werden (§ 56 BetrVG). Die Mitgliedschaft endet ferner, wenn die Mitgliedschaft zum Gesamtbetriebsrat erlischt, durch Amtsniederlegung o. durch Abberufung durch den Gesamtbetriebsrat. Der K. ist *zuständig a)* für die Behandlung von Angelegenheiten, die den Konzern o. mehrere Konzernunternehmen betreffen u. nicht durch die einzelnen Gesamtbetriebsräte geregelt werden können, *b)* für Angelegenheiten, die ihm vom → Gesamtbetriebsrat übertragen worden sind. Die Zuständigkeitsregelung ist der des → Gesamtbetriebsrates nachgebildet. Wegen der *Geschäftsführung* wird auf entsprechende Vorschriften des Gesamtbetriebsrates verwiesen. Weiter ist die Möglichkeit der Bildung von *Ausschüssen* vorgesehen. Einen → Wirtschaftsausschuß kann der K. nicht bilden.

Kraftfahrer. I. Ein K. ist gewerblicher Arbeiter, wenn er in einem Gewerbebetrieb angestellt ist u. überwiegend ein Kfz zu führen, zu reinigen u. kleinere Reparaturen vorzunehmen hat (vgl. AP 2 zu § 21 MTL II = NZA 85, 126); alsdann finden die Vorschriften der GewO Anwendung. Ist er dagegen nicht in einem Gewerbebetrieb angestellt (Privatchauffeur), ist das BGB anwendbar. Er ist dagegen → Angestellter, wenn er als Verkaufsfahrer überwiegend mit der Kundenwerbung, Verkauf, Ausschreiben spezifizierter Rechnungen, Geld kassieren usw. beschäftigt wird. Der unselbständige Fahrschullehrer ist Angestellter, weil seine Arbeit durch die Lehrtätigkeit bestimmt wird. Auf K. als kaufmänn. Angestellte sind §§ 59ff. HGB, als techn. Angestellte §§ 133c ff. GewO anwendbar. Im Falle der →

Tarifbindung u. deren → Allgemeinverbindlicherklärung finden im Interesse der Tarifeinheit die → Tarifverträge des entspr. Wirtschaftszweiges Anwendung. Die Ausbildung zum BerufsK. ist als Ausbildungsberuf i. S. v. § 75 BBiG anerkannt. Zu unterscheiden sind der BerufsK. im Güterverkehr und im Personenverkehr (Berufskraftfahrer-Ausbildungsordnung v. 26. 10. 1973, BGBl. I 1518). Der Erwerb der Fahrerlaubnis der Klasse II gehört zur betrieblichen Fachausbildung; die Kosten sind daher vom Ausbildenden zu tragen (AP 5 zu § 5 BBiG = DB 85, 51). Zu den Hauptpflichten des Kf. gehört die unbedingte Einhaltung der Verkehrsvorschriften (AP 19 zu § 611 BGB Haftung des Arbeitnehmers). Ihm kann daher i. d. R. ao. gekündigt werden bei Trunkenheit (AP 20 zu § 75 BPersVG = NZA 87, 250), Entziehung des Führerscheins, Schwarzfahrt u. schwerwiegenden Verletzungen der Verkehrsvorschriften, es sei denn, daß eine Weiterbeschäftigung im Betrieb nach Umsetzung möglich ist (AP 51 zu § 626 BGB; NJW 79, 332). Die → Haftung des Arbeitnehmers ist gemildert bei → gefahrgeneigter Arbeit. Ob den AG eine Rechtspflicht trifft, zugunsten des K. eine Kaskoversicherung (Verkehrsunfälle!) abzuschließen, ist umstr.; aber vom BAG verneint (→ Haftung des AN). Ist eine solche abgeschlossen, so geht ein etwaiger Schadensersatzanspruch nach Änderung der allgem. Versicherungsbedingungen nur noch bei vorsätzl. o. grob fahrlässig verschuldeten Unfällen auf die Versicherung über (vgl. noch AP 2 zu § 67 VVG). Der AG kann gehalten sein, zugunsten seines K. eine Versicherung abzuschließen, durch die seine eigenen Körperschäden abgedeckt werden, wenn er sich ständig durch K. fahren läßt (BGH AP 52 zu § 611 BGB Haftung des AN; vgl. Deutschländer VersR 89, 340; Eberlein BB 89, 621). War der Kraftwagen nicht haftpflichtversichert, so kann die Versicherung, die im Außenverhältnis den Schaden hat abdecken müssen, auch bei dem K. Regreß nehmen (BGH DB 71, 775). Der K. haftet auch für Verlust des Schadensfreiheitsrabattes bei der Haftpflichtversicherung (BGH 44, 387; AP 81 zu § 611 BGB Haftung des AN). Zur Haftpflicht des K. bei schadhaftem Wagen AP 63 a. a. O.

II. Das Recht der Kraftfahrer wird namentlich beeinflußt durch → Europäisches Recht (VO (EWG) Nr. 3820/85 des Rates über die Harmonisierung bestimmter Sozialvorschriften im Straßenverkehr vom 20. 12. 1985 (ABl. EG Nr. L 370/1; ber. ABl. EG Nr. L 206/36) u. das FahrpersG i. d. F. v. 19. 2. 1987 (BGBl. I 640). Die EWG-VO gilt räumlich für Fahrtstrecken im Bereich der EWG ausgenommen Beförderung in Drittländer, insoweit AETR i. d. F. vom 31. 7. 1985 (BGBl. II 889; Art. 2 EWG-VO), sachlich für alle Kraftfahrzeuge, Zugmaschinen, Anhänger u. Sattelanhänger im Straßenverkehr

Krankengeld

(Art. 1 Nr. 1,2), persönlich für alle Fahrer, Beifahrer u. Schaffner. Nach ihrem sachl. Geltungsbereich sind Ausnahmen vorgesehen: für Fahrzeuge, die nur dazu geeignet u. bestimmt sind höchstens 9 Pers. zu befördern; deren zulässiges Gesamtgewicht einschließl. der Anhänger u. Sattelanhänger 3,5 to nicht übersteigt; Fahrzeuge im Linienverkehr, wenn die Linienlänge 50 km nicht übersteigt; Dienstfahrzeuge der öffentl. Hand sowie Zugmaschinen, deren zulässige Höchstgeschwindigkeit 30 km/h nicht übersteigt (Art. 4 EWG-VO). Nur für die genannten Ausnahmen gilt noch die AVO zur AZO v. 12. 12. 1938 (RGBl. I 1799) m. spät. Änd. sowie § 15a StVZO i. d. F. v. 15. 11. 1974 (BGBl. I 3193 ber. 1975 I 848). Die Vorschriften gelten ferner, wenn sie gegenüber der EWG-VO die strengeren Vorschriften enthalten.

III. Nach der EWG-VO besteht *(1)* ein Mindestalter für die im Güterverkehr eingesetzten Fahrer von 21 Jahren (Art. 5), *(2)* eine Beschränkung der Lenkzeiten (max. 9 h, zweimal wöchentlich 10 h, (Art. 6), *(3)* eine Regelung von Unterbrechungen u. Ruhezeiten (45 Min. Pause nach 4½ h Lenkzeit, (Art. 7), *(4)* eine Regelung der Ruhezeit von mind. 11 h je 24 h (Art. 8), *(5)* Verbot der Leistungsentlohnung (Art. 10).

IV. Der *Überwachung* der Lenk-, Ruhe- u. Schichtzeiten dient ein persönl. Kontrollbuch, das dem Fahrer, Beifahrer o. Schaffner vom AG auszuhändigen ist (FPersV vom 22. 8. 1969 (BGBl. I 1307 ber. 1791) zul. geänd. 9. 12. 1986 (BGBl. I 2344).

V. Für Frauen ist die VO über die Beschäftigung von Frauen auf Fahrzeugen v. 2. 12. 1971 (BGBl. I 1957) zu beachten. → Frauenarbeitsschutz.

Krankengeld. Die Versicherten der gesetzlichen Krankenkassen (§ 5 SGB V) haben Anspruch auf Leistungen *(1)* zur Förderung der Gesundheit, *(2)* zur Verhütung von Krankheiten, *(3)* zur Früherkennung von Krankheiten, *(4)* zur Behandlung einer Krankheit, *(5)* bei Schwerpflegebedürftigkeit. Zur Krankenbehandlung gehört die ärztliche und zahnärztliche Behandlung sowie die Versorgung mit medizinischen Hilfsmitteln im weitesten Sinne (§ 27 SGB V). Zur Krankenbehandlung gehört auch die Zahlung von K. Versicherte haben Anspruch auf K., wenn die Krankheit sie arbeitsunfähig macht o. sie auf Kosten der Krankenkasse stationär in einem Krankenhaus, einer Vorsorge- o. Rehabilitationseinrichtung behandelt werden (§ 44 SGB V). Ferner besteht Anspruch auf K. bei Erkrankung eines noch nicht acht Jahre alten Kindes, wenn seine Betreuung erforderlich ist (§ 45 SGB V, → Arbeitsverhinderung). Der Anspruch auf K. ruht solange der Versicherte → Arbeitsvergütung erhält (§ 49 SGB V). Der Anspruch auf K. erlischt, wenn Renten aus der gesetzlichen Rentenversicherung bezogen werden. Erfüllt der AG den Anspruch auf Arbeitsvergütung nicht, so geht dieser in Höhe des gezahlten K. auf die Krankenkasse über (§ 115 SGB V). Der übergegangenen Forderung kann der Einwand entgegengesetzt werden (§§ 412, 404 BGB), → Verfallfristen seien abgelaufen (AP 52 zu § 4 TVG Ausschlußfristen).

Krankenschwester → Heil- und Heilhilfsberufe.

Krankenvergütung. I. *1.* Nach den Grundsätzen des gegenseitigen Vertrages würden alle AN im Krankheitsfalle den Anspruch auf → Arbeitsvergütung (AV) verlieren. Ausnahmen bestanden nach dem BGB bereits bei → Arbeitsverhinderung. Heute ist für alle Gruppen von AN der VA im Krankheitsfalle anerkannt, u. zwar in § 63 HGB für → Handlungsgehilfen, § 133c GewO für gewerbliche → Angestellte, §§ 48, 78 SeemannsG für Seeoffiziere, § 20 BSchG für Binnenschiffer, § 616 II BGB für sonstige Angestellte, § 12 BBiG für die zu ihrer Berufsausbildung Beschäftigten, § 1 I LohnFG für → Arbeiter, § 48 I SeemannsG für Schiffsleute. Ist der Entgeltanspruch ein tarifl. Anspruch, so ist auch VA in Krankheitsfalle ein tarifl. Anspruch (AP 12 zu § 6 LohnFG). Nach den einzelnen gesetzlichen Bestimmungen bestehen Unterschiede, ob diese verfassungsgemäß sind, ist zweifelhaft (Becker DB 87, 1090). *Keinen VA* haben Arbeiter, deren AVh, ohne ein → Probearbeitsverhältnis zu sein, für eine bestimmte, höchstens auf 4 Wochen bemessene Zeit begründet wird (zweifelhaft, ob verfassungsgemäß (AP 72 zu § 1 LohnFG = DB 87, 2572) (→ Befristeter Arbeitsvertrag), sowie Arbeiter in einem AVh, in dem die regelmäßige → Arbeitszeit wöchentl. 10 o. monatl. 45 Stden (im letzten Jahr gleichförmig 45 Stunden: AP 59 = NJW 85, 1360) nicht übersteigt (zweifelhaft, ob verfassungsgemäß (AP 72 = DB 87, 2572) (Raumpflegerinnen!), sowie Arbeiterinnen, die nach § 200 RVO o. § 13 II MSchG Anspruch auf Mutterschaftsgeld (→ Mutterschutz) haben. Für die Befristung muß zur Wirksamkeit ein sachlicher Grund bestehen. Andernfalls erwächst VA (AP 65 zu § 1 LohnFG = NZA 86, 470; AP 75 = NZA 88, 464). Dauert das AVh länger als 4 Wochen (stillschw. Verlängerung), so erwächst der VA seit der Verlängerung. Ein Anspruch auf Vergütungsfortzahlung besteht bei legitimem Abbruch der Schwangerschaft (AP 84 zu § 1 LohnFG`= NJW 89, 2347 = NZA 89, 713; dazu BVerfG NZA 90, 39). *Arbeitsunfähigkeit* besteht, wenn der AN die vertraglich geschuldete Arbeit nicht verrichten kann (AP 42, 52 zu § 616 BGB; objektive Betrachtungsweise: AP 86 zu § 1 LohnFG = NZA 90, 140 = BB 90, 140). Sie ist auch dann gegeben, wenn erst die zur Behebung der Krankheit notwendige Krankenpflege den AN an der Arbeitsleistung verhindert, z. B. bei empfohlener Operation (AP 12, 40 zu § 1 LohnFG; AP 62 =

Krankenvergütung

NJW 85, 2214), bei Behebung angeborener Leiden (AP 40 zu § 1 LohnFG), o. der AN völlig erwerbsunfähig wird (AP 2 zu § 6 LohnFG; AP 1 zu § 78 SeemannsG). Erfüllt ein teilweise arbeitsunfähig erkrankter AN seine Arbeitspflicht mit Zustimmung seines AG nur zum Teil, dann hat er Anspr. auf die um das Entgelt verminderte K. (AP 42 zu § 616 BGB). Keine Arbeitsunfähigkeit besteht bei Schönheitsoperationen o. bei Organspenden (AP 68 zu § 1 LohnFG = NJW 87, 1508). Ein VA besteht nur, wenn die Erkrankung o. Arbeitsunfähigkeit die *alleinige Ursache* der Arbeitsverhinderung ist. Erkrankt ein AN während eines → Sonderurlaubs, hat er grundsätzlich keinen Anspruch (AP 53 zu § 1 LohnFG = DB 83, 2526). Bei vereinbarten Freischichten zwischen Weihnachten u. Neujahr (AP 58 zu § 1 LohnFG = DB 84, 2099). Zur Arbeitszeitverlegung: AP 17 zu § 2 LohnFG = NZA 89, 688; AP 79 zu § 1 LohnFG. Zur künstlichen Befruchtung: Müller – Roden NZA 89, 128.

2. Der VA erwächst grundsätzlich für die Dauer von 6 Wochen mit vereinbartem Beginn eines jeden (AP 11 zu § 1 LohnFG; AP 51 zu § 1 LohnFG = DB 83, 1445; v. 6. 9. 89 – 5 AZR 621/88 – NZA 90, 142 = DB 90, 124) AVh nach Eintritt der Erkrankung. Kein VA besteht, wenn der AN bereits bei Begründung des AV arbeitsunfähig ist (AP 87 zu § 1 LohnFG = NZA 90, 141). Für → Angestellte u. die zu ihrer → Berufsausbildung Beschäftigten (→ Auszubildende) ist nach h. M. eine Realisierung des AVh durch Aufnahme der Beschäftigung nicht erforderlich (AP 14 zu § 1 LohnFG). Vergütungsfortzahlung kann jedoch erst vom Tage des vereinbarten Dienstantritts für den dann noch nicht abgelaufenen 6-Wochenzeitraum verlangt werden (AP 23 zu § 1 LohnFG). Belanglos ist der Zeitpunkt der Mitteilung o. die Vorlage eines ärztlichen Attestes (AP 12 zu § 63 HGB). Dagegen erwächst bei Arbeitern der Anspruch erst dann, wenn dieser bei Erkrankung zumindest den Weg zur Arbeit angetreten hatte (AP 14, 23 zu § 1 LohnFG). Dagegen setzt die K. noch nicht ein, wenn der AN bei der Anreise an den Beschäftigungsort einen Unfall erleidet (AP 23 zu § 1 LohnFG). Endet bei einem Gehaltsfortzahlungsanspruch für Angestellte die 6-Wochenfrist an einem Tage während des laufenden Monats, so ist der anteilige Gehaltsanspruch in der Weise zu berechnen, daß das Monatsgehalt durch die in diesem Monat anfallenden Arbeitstage geteilt wird u. der sich danach ergebende Betrag mit der Anzahl der krankheitsbedingt ausgefallenen Arbeitstage multipliziert wird (AP 40 zu § 63 HGB = NJW 86, 2906 = NZA 86, 231) Erkrankt der AN während der Schicht, so hat er für den Rest der Schicht VA; dieser endet mit Ablauf des 42. Tages der Arbeitsunfähigkeit (AP 3 zu § 1 LohnFG). Erkrankt der AN vor der Schicht, so wird der erste Fehltag bei der Berechnung des 6-Wochen-Zeitraums

mitgezählt (AP 6 zu § 1 LohnFG). Erkrankt der AN während der
Zeit, in der das Arbeitsverhältnis ruht, beginnt der VA mit dem
Zeitpunkt, in dem das Arbeitsverhältnis wieder voll wirksam wird
(Grundwehrdienst: AP 27 zu § 63 HGB; AP 1 zu § 1 ArbPlSchG; AP
46 zu § 1 ArbKrankhG; Mutterschutzfristen: AP 20 zu § 63 HGB;
Sonderurlaub: AP 4 zu § 133c GewO; AP 15, 36 zu § 1 LohnFG; AP
4 zu § 37 BAT). Die Frist wird durch Schlechtwetterzeiten nicht
verlängert (AP 5 zu § 1 LohnFG). Tritt während der Erkrankung
eine neue Krankheit auf, dann kann nach dem Grundsatz der Einheit
des Verhinderungsfalles der AN die 6-Wochenfrist nur einmal aus-
schöpfen (AP 48 zu § 1 LohnFG). Dagegen liegen zwei Verhinde-
rungsfälle vor, wenn er zwischen den Erkrankungen arbeitsfähig
war; dies gilt auch dann, wenn er nicht gearbeitet hat. Wird einem
AN Arbeitsunfähigkeit bescheinigt, so gilt dies i. d. R. bis Schicht-
ende des letzten Krankheitstages (AP 48; 55 zu § 1 LohnFG = DB 83,
2783; v. 12. 7. 89 – 5 AZR 377/78 – DB 90, 178). Im allgemeinen ist
ein AN wieder arbeitsfähig, wenn er mit Zustimmung des Arztes die
Arbeit wieder aufnimmt. Es handelt sich aber um einen untauglichen
Arbeitsversuch, der keine neue 6-Wochenfrist in Lauf setzt, wenn er
nur unter Schmerzen seine Arbeit verrichten kann u. aus diesem
Grunde die ärztliche Behandlung fortgesetzt werden muß (AP 54 zu
§ 1 LohnFG = DB 83, 2203, 2260). Besonderheiten für die Fristberechnung gelten im öffentl. Dienst (AP 5 zu § 37 BAT = DB 84,
2308). Im Falle eines → Arbeitskampfes entfällt der Anspruch auf K.
während des Arbeitskampfes. Der Fristablauf wird nicht gehemmt
(AP 29 zu § 1 LohnFG).

3. Der Anspruch auf K. ist ausgeschlossen, wenn der AN seine
Erkrankung verschuldet hat. Ein Verschulden ist dann gegeben,
wenn ein grober Verstoß gegen das von einem verständigen Menschen im eigenen Interesse zu erwartende Verhalten vorliegt, dessen
Folgen auf den AG abzuwälzen, unbillig wäre (AP 5, 28 zu § 63
HGB; AP 8, 18, 25, 26 zu § 1 LohnFG). Die an den AN zu stellenden
Sorgfaltspflichten sind nur gering; nur ein besonders leichtfertiges,
grobfahrlässiges Verhalten schließt den VA aus. *Allgemeine Erkrankungen:* Regelmäßig kein Verschulden bei Erkältungs- und Infek-
tionskrankheiten, Übernahme die Kräfte übersteigender Arbeiten,
anders bei unkontrollierter Einnahme von Appetitzüglern. Unverschuldet im allgemeinen → Aids. *Arbeitsunfall:* Verschuldet bei gro-
bem Verstoß gegen Unfallverhütungsvorschriften oder Anordnungen des AG (Umgang mit Kreissäge: AP 38 zu § 1 ArbKrankhG,
Alkoholgenuß; AP 71 zu § 1 LohnFG = NJW 87, 2253; AP 77 =
NJW 88, 2323 = NZA 88, 537). *Nebentätigkeiten:* Grundsätzlich unverschuldet: AP 38, 49 zu § 1 LohnFG, anders bei Schwarzarbeit.

Krankenvergütung

Schlägerei und Rauferei: Regelmäßig verschuldet. *Selbstmordversuch:* Unverschuldet NJW 79, 2326; *Sportunfall:* Verschuldet, wenn die Verletzung Folge der Teilnahme an einer besonders gefährlichen Sportart ist o. wenn der AN seine Kräfte überschätzt (AP 1, 5 zu § 63 HGB; AP 18, 42 zu § 1 LohnFG; ungefährlich: Drachenfliegen (AP 45 zu § 1 LohnFG); *Suchterkrankungen;* nach älterer Rspr. war Alkoholabhängigkeit schuldhaft (AP 26, 31 zu § 1 LohnFG); nach neuerer M. gibt es keinen Erfahrungssatz, wonach AN eine krankhafte Alkoholabhängigkeit verschuldet hat. Maßgebend ist Beurteilung im Einzelfall. Jedoch muß AN, der VA erhebt, an der Aufklärung aller für die Entstehung des VA erheblichen Umständen mitwirken (AP 52 = DB 83, 2420). Hat der AN eine Entziehungskur gemacht u. wird er nach einigen Monaten rückfällig, kann dies verschuldet sein (AP 75 zu § 616 BGB = NJW 88, 1546 = NZA 88, 197; Fleck/Körkel DB 90, 274; Künzl BB 89, 62); *Verkehrsunfall:* Verschuldet bei grober Verletzung der Verkehrsvorschriften (AP 28 zu § 63 HGB; AP 8 zu § 1 LohnFG). Hängt sehr vom Einzelfall ab. Nicht Tragen des Sicherheitsgurtes ist schuldhaft; dies führt zum Verlust des VA, wenn Verletzungen auf nicht Tragen zurückzuführen sind (AP 46 zu § 1 LohnFG). Ausgeschlossen kann der VA auch bei einer sog. *Fortsetzungskrankheit* sein. Hierunter versteht man die wiederholte Erkrankung an demselben Grundleiden in demselben Arbeitsverhältnis (AP 10, 11). Sie ist zu unterscheiden von der wiederholten Erkrankung, bei der jeweils erneut ein VA erwächst. Zum Anspruch auf Krankengeld BSG BB 79, 426. Nach der im wesentl. von § 1 LohnFG zusammengefaßten Rechtspr. verliert der AN den VA für die 6 Wochen (AP 28) übersteigende Zeit, wenn er innerhalb von 12 – gerechnet von der 1. Erkrankung (AP 33 zu § 1 LohnFG; AP 56 = DB 84, 351; AP 73 = NZA 88, 365) – Monaten (vgl. aber für Angestellte AP 33, 34 zu § 63 HGB) mehrmals an einer Fortsetzungskrankheit (EzA 52 zu § 1 LohnFG) erkrankt. Dies gilt jedoch dann nicht, wenn er seit der letzten Erkrankung 6 Monate arbeitsfähig war (AP 50 zu § 1 LohnFG; AP 60 = NJW 85, 1359). Diese Frist kann tariflich abgekürzt werden (AP 73 = NZA 88, 365). Die 6-Monatsfrist gilt auch dann, wenn die Leistungsfähigkeit gemindert war o. während dieses Zeitraumes eine andere Krankheit vorgelegen hat (AP 50). Insbesondere können auf Alkoholmißbrauch beruhende Erkrankungen eine Fortsetzungserkrankung darstellen (DB 72, 1636). Das gleiche gilt bei außergewöhnlichen Schwangerschaftsbeschwerden (AP 61 = NJW 85, 1419). Der AG kann sich bei Arzt und Krankenkasse nach dem Bestehen einer Fortsetzungskrankheit erkundigen. Der AN ist hierbei mitwirkungspflichtig (AP 67 = NJW 86, 2902 = NZA 86, 743). Erbringt der AG zu Unrecht Leistungen, kann er diese zurückfordern. Den AG trifft jedoch für das Bestehen einer Fortsetzungserkrankung die Beweislast (AP 42 zu § 63 HGB = NJW 86, 1567 = NZA 86, 289). Besonderheiten im → öffentlichen Dienst (AP 7 zu § 37 BAT = DB 86, 283, 284; v. 21. 3. 1990 – 5 AZR 383/89 – AP 8 zu § 37 BAT).

4. Der *Höhe* nach ist für die Bezugsdauer des VA die → Arbeitsvergütung fortzuzahlen, die der AN erhalten hätte, wenn er gearbeitet hätte. Bei einem Angestellten ist die Höhe der Vergütung auch nicht durch einen Tarifvertrag einzuschränken (AP 1 zu § 20a AVR = DB 87, 1594). Die Lohnfortzahlung ist zu den üblichen Zahlungsterminen zu zahlen (AP 11 zu § 6 LohnFG). Zu ihr gehören auch Zuschläge für Über- und Mehrarbeitsstunden (AP 18, 20, 21, 28 zu § 2 ArbKrankhG; AP 4, 8 zu § 2 LohnFG). Sind die Überstunden vor der Erkrankung regelmäßig geleistet worden, so ist dies ein Indiz dafür, daß sie auch im Lohnfortzahlungszeitraum geleistet worden wären (v. 3. 5. 89 – 5 AZR 249/88 – BB 89, 1978; AP 78 zu § 1 LohnFG = DB 88, 1858). Überstunden können jedoch auch dann Teil der regelmäßigen Arbeitszeit sein, wenn sie nach der Erkrankung für eine gewisse Zeit angeordnet werden. Zurückliegende Bummelschichten sind grundsätzlich nicht zu berücksichtigen, es sei denn, daß davon auszugehen ist, daß der AN auch während der Krankheit gefehlt hätte. Der AN ist für seine Arbeitsbereitschaft darlegungs- und beweispflichtig (AP 64 zu § 1 LohnFG = NJW 86, 2905). Bei → Akkord o. Prämienzahlung ist der erzielbare Verdienst fortzuzahlen (→ Lohnausfallprinzip). Ausnahmsweise kann dieser aus einer Bezugsperiode berechnet werden (AP 10 zu § 2 LohnFG). Ein AN, dessen Vergütung sich aus einem monatlichen Grundgehalt u. Provisionen zusammensetzt, kann die Fortzahlung des Grundgehaltes u. daneben die Zahlung der Provisionen verlangen, die er in dieser Zeit ohne krankheitsbedingte Arbeitsverhinderung wahrscheinlich verdient hätte (AP 39 zu § 63 HGB = NJW 85, 2906 = NZA 86, 290; Inkassoprämien; AP 7 zu § 2 LohnFG). Fortzuzahlen sind einmalig gezahlte Anwesenheitsprämien (AP 12 zu § 611 BGB Anwesenheitsprämie); nicht weiterzuzahlen sind Aufwandsentschädigungen, soweit der entspr. Aufwand während der Krankheit nicht erwächst (anders bei Wegegeldern (AP 10 zu § 611 BGB Anwesenheitsprämie), sowie Auslösungen. Fern- und Nahauslösungen nach dem BMT für die besonderen Arbeitsbedingungen der Montagearbeiter in der Eisen-, Metall- u. Elektroindustrie gehören nicht zum fortzuzahlenden Entgelt (AP 11, 12, 13 zu § 2 LohnFG). Etwas anderes gilt für Nahauslösungen, wenn sie versteuert werden müssen (AP 14 zu § 2 LohnFG = DB 85, 2619). Der VA kann bei Einführung von → Kurzarbeit gemindert sein (AP 6 zu § 2 LohnFG). Die zu zahlende Lohnfortzahlung ist vorbehaltlich günstigerer Abreden brutto zu zahlen. Dies gilt

auch dann, wenn einzelne fortzuzahlende Zuschläge nunmehr der Versteuerung unterworfen sind (AP 9 zu § 2 LohnFG). Fällt in die Vergütungsfortzahlungsperiode ein Feiertag, so berechnet sich für diesen Tag die Vergütung nach dem FeiertagslohnzahlungsG.

5. Kommt der → Arbeiter seinen Nebenpflichten im Zusammenhang mit der → Krankmeldung nicht nach, erlangt der AG ein Leistungsverweigerungsrecht (§ 5 LohnFG). Auch im Wege des → Tarifvertrages kann die Verpflichtung des AG zur Zahlung von K. nicht von der Vorlage einer → Arbeitsunfähigkeitsbescheinigung abhängig gemacht werden (AP 38 zu § 63 HGB = NJW 85, 1420).

6. Der VA endet grundsätzlich mit → Beendigung des AVh. Eine Vereinbarung über die Auflösung des AVh im Falle verspäteter Rückkehr aus dem Urlaub ist ohne Rücksicht auf die Gründe unwirksam (AP 3 zu § 620 BGB Bedingung). Der VA bleibt bestehen, wenn der AG das AVh aus Anlaß der Krankheit gekündigt hat (AP 1, 2, 5 zu § 6 LohnFG.) o. dem AN einen wichtigen Grund zur → Kündigung gibt (§ 616 II 3, 4 BGB, § 63 HGB, § 133c I GewO, § 6 LohnFG). Eine Kündigung ist aus Anlaß der Arbeitsunfähigkeit ausgesprochen, wenn die Arbeitsunfähigkeit sich als ein die Kündigung wesentlich mitbestimmende Ursache darstellt. Dies setzt voraus, daß der AG die Erkrankung kennt (AP 5 zu § 6 LohnFG; bei differenzierter Organisation im Betrieb: BB 77, 295). Der AG kann sich nicht darauf berufen, er habe die Arbeitsunfähigkeit nicht gekannt, wenn er die Nachweisfrist (§ 3 I 1 LohnFG) nicht abwartet und vor Ablauf der drei Tage kündigt (AP 5, 13, 18 zu § 6 LohnFG). Entspr. Grundsätze gelten bei einem vom AG veranlaßten Aufhebungsvertrag (AP 10, 15 zu § 6 LohnFG). Kommt der AG seinen Verpflichtungen nicht nach u. zahlt die Krankenkasse (AP 11 zu § 6 LohnFG), so geht der LohnFZ-Anspruch in Höhe des gezahlten Krankengeldes auf die Krankenkasse über (§ 115 SGB X); entspr. gilt für das Verletztengeld (§ 561 RVO); ihr kann der Ablauf einer tarifl. → Verfallfrist entgegenhalten werden (AP 52, 53, 55 zu § 4 TVG Ausschlußfristen). Andererseits gilt auch für den übergegangenen Anspruch das Aufrechnungsverbot der §§ 394 BGB, 850c ZPO (AP 1 zu § 115 SGB X = DB 85, 499). Hat der AG den AN zu Unrecht entlassen, ohne daß sich der AN wehrt, so kann die Krankenkasse die Unwirksamkeit der Kündigung geltend machen (AP 7 zu § 6 LohnFG). Eine → Kündigungschutzklage kann sie dagegen nicht erheben; indes wird zumeist eine Kündigung aus Anlaß der Arbeitsunfähigkeit vorliegen (AP 11 zu § 6 LohnFG), so daß sie Ansprüche nach § 6 LohnFG hat (AP 9 zu § 6 LohnFG). Grundsätzlich wird der AN durch einen Aufhebungsvertrag einen übergegangenen VA nicht rückwirkend vernichten können (a. A. AP 10, 14 zu § 6 LohnFG). Im Wege der

Ausgleichsquittung können noch nicht entstandene VA des Arbeiters nicht erlassen werden (AP 10, 11 zu § 6 LohnFG).

II. Beruht die Erkrankung des Arbeiters auf dem Verschulden eines Dritten (z. B. Verkehrsunfall) u. erwachsen Schadensersatzansprüche wegen Verdienstausfalles gegen diesen, so geht kraft Gesetzes die Schadensersatzforderung in Höhe der gewährten Lohnfortzahlung auf den AG über u. zwar auch dann, wenn den AN ein Mitverschulden trifft (OLG NJW 76, 1850). Der Forderungsübergang ist jedoch ausgeschlossen, wenn Dritter ein Familienangehöriger (BGH NJW 80, 1468) ist u. dieser mit dem Arbeiter in häuslicher Gemeinschaft lebt (BGH AP 7, 12 zu § 1542 RVO; AP 2 zu § 4 LohnFG). Die K. ist keine anderweitige Ersatzmöglichkeit i. S. v. § 839 I 2 BGB (BGH AP 1 zu § 4 LohnFG). Der Arbeiter hat dem AG die notwendigen Aufklärungen zu geben (§ 4 LohnFG). Er braucht indes nur zumutbare Nachforschungen, etwa bei Fahrerflucht des Schädigers anzustellen. Die übrigen AN müssen den Schadensersatzanspruch in entspr. Anwendung von § 255 BGB in Höhe des VA an den AG abtreten o. ihn geltend machen, beitreiben u. sich anrechnen lassen (BGH 7, 49; NJW 54, 1153; DB 71, 825). Zu dem zu ersetzenden Schaden gehören auch etwaige Gratifikationen (OLG AP 2 zu § 87a HGB), Beiträge des AG zu Pensionskassen *(DB 72, 724),* Zusatzversorgungskassen des Baugewerbes *(BB 77, 143).* Beitragspflichten des AG zur Berufsgenossenschaft (BGH NJW 76, 326) gehen nicht über. Der Forderungsübergang kann jedoch nicht zum Nachteil des AN geltend gemacht werden. Schließt der AN mit dem Haftpflichtversicherer des Dritten einen Vergleich über den VA, so muß sich der AN das zurechnen lassen (AP 2 zu § 5 LohnFG = NJW 89, 1302 = NZA 89, 306).

III. Im Wege des Kostenausgleichs erstatten die Träger der gesetzl. Krankenversicherung AG, die i. d. R. nicht mehr als 20 AN ausschließlich der zu ihrer → Berufsausbildung angestellten beschäftigen, die Lohnfortzahlung an Arbeiter sowie bestimmte Leistungen nach dem MuSchG bis zur Höhe von 80% (§§ 10ff. LohnFG). Die Mittel werden durch ein verfassungsmäßiges (NJW 74, 2104) Umlageverfahren aufgebracht. Der Anspruch verjährt in vier Jahren (§ 13 LohnFG). Für Rechtsstreitigkeiten nach §§ 10ff. LohnFG sind die Sozialgerichte zuständig (BSG BB 73, 1031).

IV. Hat AG die Erkrankung schuldhaft verursacht (Ausnahme: → Arbeitsunfall), so haftet er auf K gemäß § 324 BGB.
Lit.: Olderog BB 89, 1684.

Krankenversicherungszuschuß. Einen Beitragszuschuß zur Krankenversicherung können verlangen *(1)* freiwillig in der gesetzlichen Krankenversicherung versicherte Beschäftigte, die nur wegen Überschreitens der Jahresarbeitsentgeltgrenze versicherungsfrei sind, *(2)* Beschäftigte, die nur wegen Überschreitens der Jahresarbeitsentgeltgrenze versicherungsfrei sind o. von der Versicherungspflicht befreit u. bei einem privaten Krankenversicherungsunternehmen o. als landwirtschaftlicher Unternehmer versichert sind. Der Beitragszuschluß beträgt die Hälfte der Beiträge, die bei gesetzlicher Versicherung zu zahlen wären bzw. die Hälfte der aufgewandten Beiträge. Der Anspruch ist sozialversicherungsrechtl. Natur u. daher vor den Sozialgerichten einzuklagen (GemSOGH AP 3 zu § 405 RVO). Der Anspruch entfällt, wenn auch kein Anspruch auf → Arbeitsvergütung besteht.

Lit.: Wendt BB 88, 828; Zetl ZTR 88, 198.

Krankheit 1. K. i. S. des Sozialversicherungsrechts u. des → Arbeitsrechts ist ein regelwidriger Körper- o. Geisteszustand, der in der Notwendigkeit der Krankenpflege o. in der Arbeitsunfähigkeit wahrnehmbar zutage tritt. Eine die Krankenvergütung auslösende Arbeitsunfähigkeit kann auch dann gegeben sein, wenn erst die zur Behebung der Krankheit notwendige Krankenpflege den AN an der Arbeitsleistung verhindert (z. B. empfohlene Operation, BB 72, 921) o. der AN völlig erwerbsunfähig wird (AP 1 zu § 78 SeemannsG; AP 2 zu § 6 LohnFG). o. medizinische Hilfsmittel (Zahnprothese) gefertigt werden müssen. Im Falle der K. besteht für den AN Anspruch auf → Krankenvergütung. Den AN trifft die Pflicht zur → Krankmeldung.

2. Eine → Kündigung ist auch während der Erkrankung zulässig. Bei den dem KSchG unterfallenden AN (→ Kündigungsschutzklage) kann sie jedoch sozial ungerechtfertigt sein. Für die Kündigung wegen K. werden typologisch drei Grundtatbestände unterschieden: *(1)* Langfristige Erkrankung in der Vergangenheit; *(2)* wiederholte Erkrankung in der Vergangenheit; *(3)* Abnahme der Leistungsfähigkeit des AN.

3. Sozial gerechtfertigt ist eine Kündigung wegen langanhaltender K., wenn a) der AN in der Vergangenheit langfristig erkrankt war, b) nicht abzusehen ist, wann er wieder genesen wird, c) betriebliche Belange die Beendigung des Arbeitsverhältnisses erfordern. Grundsätzlich muß der AG versuchen, die K. durch Umverteilung der Arbeit o. Einstellung von Ersatzkräften zu vermeiden. Die Zeit, die der AG abwarten muß, ist nach dem Grundsatz der Verhältnismäßigkeit zu bemessen. Je länger der AN beschäftigt ist, umso länger muß der AG abwarten (AP 6 zu § 1 KSchG Krankheit). Um die Zukunftsprognose anstellen zu können, muß sich der AG im allgemeinen nach dem Krankheitsverlauf erkundigen. Unterläßt er es, so

ist das jedoch nicht schlechthin ein Unwirksamkeitsgrund der Kündigung (AP 4, 6). Im allgemeinen genügt der AG seiner Darlegungslast zur Prognose, wenn er vorträgt, wegen der bisherigen Erkrankungen sei auch mit einer weiteren K. zu rechnen. Alsdann ist es Aufgabe des AN, seinerseits Tatsachen vorzutragen, warum dieser Schluß nicht gerechtfertigt ist (AP 4). Zum Beweise seiner Prognose kann sich der AG auf seinen Betriebsarzt berufen *(AP 9)*. Gerade die Dauer der K. u. die Ungewißheit der Genesung müssen zu dem betrieblichen Erfordernis der Kündigung führen (AP 6, 7). Überhaupt ist eine umfassende Abwägung der Interessen des AN u. des AG erforderlich. Maßgebender Beurteilungszeitpunkt ist der Zugang der Kündigungserklärung (AP 16 zu § 1 KSchG 1969 Krankheit = NJW 85, 2783). Lit.: Stein ArbuR 87, 388.

4. Sozial gerechtfertigt ist eine Kündigung wegen häufiger K., wenn a) der AN in der Vergangenheit wiederholt auch kurzfristig erkrankt war, b) auch in Zukunft mit weiteren Erkrankungen zu rechnen ist, c) betriebliche Gründe für eine Kündigung des Arbeitsverhältnisses sprechen, d) eine Umsetzung zur Vermeidung weiterer Erkrankungen nicht möglich ist. In der Praxis der Instanzgerichte sind die K-Zeiten, bei denen eine Kündigung in Betracht kommt, außerordentlich unterschiedlich. Das BAG stellt auf den Einzelfall ab, so daß sich Urteile finden, bei denen schon 14% Fehlzeit im Durchschnitt der letzten drei Jahre als kündigungsgeeignet angesehen wurden. Es bedarf daher einer umfassenden Abwägung der Interessen (AP 2). Dabei ist zu berücksichtigen, wie lange das Arbeitsverhältnis zunächst störungsfrei gelaufen ist (v. 6. 9. 89 – 2 AZR 224/89 – DB 90, 943). Der AG ist darlegungspflichtig für die Prognose. Insoweit gelten die Ausführung zu 3) sinngemäß. Jedoch kann auch die tatsächliche Entwicklung für die Berechtigung der Prognose in die Überlegungen einbezogen werden (AP 11 = DB 84, 832). Nicht zu berücksichtigen sind nach Zugang der Kündigung eingetretene Umstände (v. 6. 9. 89 – 2 AZR 118/89 – DB 90, 431; vgl. zur Beweislastverteilung: v. 6. 9. 89 – 2 AZR 19/89 – DB 90, 429). Kündigt der AG wegen Trunksucht, so richtet sich die Beurteilung der Kündigung grundsätzlich nach den Grundsätzen der Kündigung wegen Krankheit. Ist der AN im Zeitpunkt des Zugangs der Kündigung nicht zur Enthaltsamkeit bereit, so ist mit einem Wiederholungsfall zu rechnen (AP 18 = NZA 87, 811; v. 6. 9. 89 – 2 AZR 118/89 – DB 90, 431). Vgl. → Aids. Zu den betrieblichen Gründen gehören vor allem wesentliche Störungen im Arbeitsablauf, Produktionsausfall, Verlust von Kundenaufträgen, nicht beschaffbares Ersatzpersonal. Im Rahmen der betrieblichen Gründe ist auch eine außergewöhnlich hohe Belastung durch Lohnfortzahlungskosten zu berücksichtigen (AP 10 = DB 83, 2524; AP 12

Krankmeldung

= DB 84, 831; AP 14 = NJW 84, 2655; AP 17 zu § 1 KSchG 1969 Krankheit = NJW 86, 2392 = NZA 86, 359; v. 16. 2. 89 – 2 AZR 299/88 – NJW 89, 3299 = NZA 89, 923). Sieht ein Tarifvertrag bei sechs Wochen übersteigenden Krankheitszeiten Zuschüsse des AG zum → Krankengeld vor, so kann hieraus nicht gefolgert werden, daß hierdurch auch das Kündigungsrecht eingeschränkt werden sollte (v. 6. 9. 89 – 2 AZR 224/89 – DB 90, 943). Die Möglichkeit der Beschäftigung von Aushilfskräften ist jedoch wegen der Ungewißheit von Art und Länge der Erkrankung eingeschränkt (AP 10 = DB 83, 2524; AP 17 zu § 1 KSchG 1969 Krankheit = NJW 86, 2392 = NZA 86, 359). Seiner Darlegungslast zu betrieblichen Belangen genügt der AG nicht bereits dann, wenn er eine außergewöhnliche Krankheitsquote behauptet (AP 10 = DB 83, 2524; AP 12 = DB 84, 831). Zugunsten des AN ist in der Interessenabwägung zu berücksichtigen ob die Erkrankung auf betrieblichen Belangen beruht (v. 6. 9. 89 – 2 AZR 118/89 – DB 90, 431). Zur Umsetzungsmöglichkeit genügt der AG zunächst seiner Darlegungslast, wenn er behauptet, daß eine anderweitige Beschäftigung nicht möglich o. nicht zumutbar ist. Alsdann muß der AN darlegen, wie er sich seine weitere Beschäftigung denkt (AP 1). Lit.: Boewer PersF 90, 302.

5. Wird während der Arbeitsunfähigkeit eine Nebenbeschäftigung ausgeübt, so soll nur dann eine Kündigung gerechtfertigt sein, wenn hierdurch Wettbewerbsinteressen des AG beeinträchtigt werden (AP 5). Besucht der AN Veranstaltungen, bei denen er ähnlichen Belastungen wie bei der Arbeit ausgesetzt ist, so ist die Kündigung gerechtfertigt. Gerechtfertigt kann sie auch sein, wenn der AN ankündigt, er werde wegen Krankheit fehlen o. er sich die → Arbeitsunfähigkeitsbescheinigung erschleicht. Gerechtfertigt ist eine Kündigung, wenn der AN droht, er werde bei Zuweisung bestimmter Arbeiten krankfeiern. Ungerechtfertigt jedoch, wenn er tatsächlich krank ist. Wirksam ist ein → Prozeßvergleich, bei dem das Arbeitsverhältnis endet, wenn der AN im Folgejahr mehr als zu einem bestimmten %-Satz fehlt. Zur Kündigung wegen Urlaubserkrankung. Kannte der AG die Gefahr wiederholter K. bei Einstellung, so soll er sich hierauf nicht berufen können (AP 2 zu § 1 KSchG 1969 Krankheit). Auf den → Urlaub werden Krankheitstage nicht angerechnet (§ 9 BUrlG).

Lit.: Boewer NZA 88, 678; Tschöpe DB 87, 1042; Weber NZA 89, 51.

Krankmeldung. Ist ein AN erkrankt u. kann er deshalb seiner Arbeitsverpflichtung nicht nachkommen, gebietet die → Treupflicht, dem AG die Verhinderung unverzüglich, d. h. ohne schuldhaftes Zögern (§ 121 BGB), mitzuteilen (v. 27. 6. 1990 – 5 AZR 314/89). Eine

Frist bis zum 1. Tag 11.00 Uhr wird als zulässig angesehen. Für →
Arbeiter ergibt sich diese Verpflichtung aus § 3 LohnFG. Im → Arbeitsvertrag, in einer → Betriebsvereinbarung o. im → Tarifvertrag
kann festgelegt werden, binnen welcher Frist die K. zu erfolgen hat.
Nach § 3 LohnFG haben Arbeiter binnen drei Kalendertagen nach
Krankheitsbeginn eine → Arbeitsunfähigkeitsbescheinigung vorzulegen. Dauert die Erkrankung länger als in der 1. Bescheinigung angegeben, so gilt nach richtiger Ansicht die Frist entspr. Für Angestellte
besteht keine gesetzliche Regelung, indes scheint das BAG eine analoge Anwendung anzunehmen (AP 31 zu § 615 BGB). Zumeist bestehen aber insoweit kollektiv- o. einzelvertragliche Regelungen. Hatte
der AN besondere Aufgaben wahrzunehmen, die auch während der
Erkrankung verrichtet werden müssen, kann ihn eine besondere Hinweispflicht treffen, andernfalls eine ao. Kündigung gerechtfertigt sein
kann (AP 1 zu § 626 BGB Krankheit). Die Verletzung der Benachrichtigungspfl. kann nach vorheriger → Abmahnung eine → Kündigung
rechtfertigen. Die Überschreitung der Meldefrist rechtfertigt sie
nicht, wenn der AN hierfür besondere Gründe hatte. Ein einmaliger
Verstoß genügt weder für eine ordentliche noch ao. Kündigung. Die
Nicht-Vorlage einer → Arbeitsunfähigkeitsbescheinigung rechtfertigt nur dann eine Kündigung, wenn hierdurch betriebliche Interessen
verletzt werden. Solange der → Arbeiter sich nicht krankmeldet o.
eine Krankheit nicht nachweist, ist der AG zur Verweigerung der
Lohnfortzahlung berechtigt (§ 5 LohnFG). Reicht der AN ein Attest
nach, so entfällt die Einrede (AP 1 zu § 3 LohnFG). Der AG kann eine
vertrauensärztliche Untersuchung anregen (Marburger BB 87, 1310).

Kritische Äußerungen darf der AN insbesondere auf → Betriebsversammlungen gegenüber seinem AG abgeben. Ein AN, der für die
Sicherheit von betriebl. Einrichtungen verantwortlich ist, darf Bedenken in der gehörigen Form ohne Risiko einer → Kündigung
gegenüber allen zuständigen Stellen erheben (AP 8 zu § 1 KSchG
Verhaltensbedingte Kündigung).

Kündigung ist eine einseitige, empfangsbedürftige, rechtsgestaltende, bedingungsfeindliche, unwiderrufliche Willenserklärung, die
den Endtermin des Arbeitsverhältnisses bestimmen soll. Erfolgt sie
bereits vor vereinbarter Arbeitsaufnahme, so ist nach den Umständen des Einzelfalles zu entscheiden, ob die K.-Frist vor vereinbartem
Vertragsbeginn läuft u. sie bereits vorher wirksam wird (AP 2, 3 zu
§ 620 BGB; AP 4 = NJW 87, 148 = NZA 86, 671). Ein Kündigungsausschluß vor Vertragsbeginn ist zulässig. Bei vereinbarter Probezeit
wird im allgem. die K.-Frist sofort zu laufen beginnen (Berger-Delhey DB 89, 380; Caesar NZA 89, 251).

Kündigung

I. Die K. bedarf keiner gesetzl. Form (Ausnahme: Schriftform nach § 62 SeemannsG; → Auszubildende § 15 BBiG), sie kann daher auch mdl. erklärt werden. Eine vertragl. vereinbarte Form ist zu wahren, andernfalls ist sie i. Zw. nichtig (§ 125 S. 2 BGB). Nichtbeachtung der tarifvertraglich vorgeschriebenen Form begründet bei → Tarifbindung der Parteien deren Nichtigkeit (§ 125 S. 1 BGB; vgl. AP 1 zu § 54 BMT-G II). In Gemeindeordnungen vorgesehene Formvorschriften sind keine Formvorschriften im Rechtssinne, sondern gesetzliche Vertretungsregelungen (AP 6 zu § 174 BGB = NJW 89, 549 = NZA 89, 143). Haben die Parteien eine Kündigung durch Einschreiben vereinbart, ist im Zweifel nur anzunehmen, daß der Kündigungszugang gesichert werden soll, dagegen dem Einschreiben keine konstitutive Bedeutung zukommt (AP 8 zu § 125 BGB). Die K. muß den Willen des Kündigenden, das Arbeitsverhältnis zu beenden, eindeutig erkennen lassen; jedoch ist der Gebrauch des Wortes K. nicht notwendig (AP 1 zu § 620 BGB Künd.-Erklärung). Sie darf nicht unter einer Bedingung erklärt werden, jedoch sind Bedingungen, die allein vom Willen des Gekündigten (vgl. unten IV) abhängen, zulässig (AP 1 zu § 626 BGB Bedingung). Die K. wird rechtswirksam mit dem Zugang beim K.-Empfänger. Bei K. unter Anwesenden muß der Kündigungsadressat sie i. d. R. verstehen. Eine K. unter Abwesenden geht zu, wenn sie so in den Machtbereich des Adressaten gelangt ist, daß er unter regelmäßigen Verhältnissen von ihr Kenntnis nehmen kann (AP 7, 8 zu § 130 BGB). Ein Brief geht mit Einlage zur verkehrsüblichen Zeit in den Postkasten zu (AP 12 = NJW 84, 1651 = DB 84, 1202), ein Einschreibebrief noch nicht mit Hinterlegung des Einschreibezettels (AP 4, 7), sondern erst mit der Abholung des Briefes. Dagegen geht sie im Augenblick der Zustellung zu, wenn sie durch Vermittlung des Gerichtsvollziehers (nicht Postbeamten) präsentiert und später zur Post niedergelegt worden ist (BGH NJW 77, 194). Ein an die Heimatanschrift des Gekündigten gerichtetes Kündigungsschreiben geht diesem auch dann zu, wenn er sich in → Urlaub (AP 16 = NJW 89, 606) o. in Untersuchungshaft (AP 17 = NJW 89, 2213 = NZA 89, 625) befindet. Zulässig ist auch die Aushändigung der K. an Familienangehörige und Zimmervermieter (AP 7 zu § 130 BGB), an Buchhalter des AG (AP 8). Zweifelhaft ist, ob Vereinbarungen wirksam sind, wonach die Kündigung am Tage nach der Aufgabe zur Post als zugegangen gilt (vgl. AP 9). Hat der K.-Adressat den Zugang vereitelt, so muß er sich so behandeln lassen (AP 5, 10), als ob sie zugegangen wäre. Eine Zugangsvereitelung liegt aber noch nicht dann vor, wenn der AG eine Anschriftenänderung nur aus einer übersandten → Arbeitsunfähigkeitsbescheinigung erkennen kann (AP 10), wohl u. U. wenn der AN eine K. zu erwarten hat und in Urlaub geht, ohne

Anschrift zu hinterlassen (AP 5) o. eine niedergelegte Einschreibesendung nicht von der Post abholt (AP 9 zu § 18 SchwbG = NJW 87, 1508 = NZA 86, 640). Im Regelfall braucht der AN jedoch nicht unaufgefordert seine Urlaubsanschrift anzugeben (AP 11). Die K. kann nicht zurückgenommen werden; dies soll auch dann gelten, wenn die K. unwirksam war o. der AN → Kündigungsschutzklage erhoben hat (AP 6, 9 zu § 9 KSchG 1969). Jedenfalls liegt in der Erhebung der Kündigungsschutzklage kein antizipiertes Einverständnis zur Rücknahme. Durch sie entfällt nicht das Rechtsschutzinteresse u. wird der AN nicht gehindert, die Auflösung des Arbeitsverhältnisses nach §§ 9, 10 KSchG zu verlangen. Die K. braucht nicht begründet zu werden (AP 55, 56 zu § 1 KSchG) *(Ausnahme → Auszubildender)*, es sei denn, daß bei Tarifbindung der Parteien der → Tarifvertrag o. eine Betriebsvereinbarung eine Begründung vorschreibt (AP 1 zu § 54 BMT-G II). Nach § 626 II BGB sind dem außerordentlich Gekündigten jedoch auf Verlangen die Gründe mitzuteilen. Die Nichtbegründung einer ao. K. kann zur Schadensersatzpflicht führen (AP 50 zu § 626 BGB). Eine Anhörung des AN ist vor Ausspruch einer K. grundsätzlich nicht notwendig (NJW 77, 1413). Ausnahmen können sich vor allem bei ao. K. u. der → Verdachtskündigung ergeben (BB 72, 1094). Die Vorschriften über die → Anhörung des Betriebsrats sind zu beachten. Die K. kann auf sofortige Beendigung (fristlos o. ao.; s. unter III) o. auf Beendigung nach Ablauf einer bestimmten Frist (fristgemäße o. ordentl. K.; s. unter II) gerichtet sein. Die K. kann durch einen Vertreter des AG erklärt werden. Im allgemeinen muß dieser bei Ausspruch der K. seine Bevollmächtigung auf entsprechende Rüge nachweisen (§ 174 BGB). Einer Nachweisung bedarf es dann nicht, wenn sie durch einen Vertreter erfolgt, dem üblicherweise das K.-Recht übertragen ist, also durch den Personalleiter (AP 1 zu § 174 BGB), nicht dagegen bei Personalsachbearbeiter (AP 2 zu § 174 BGB; v. 29. 6. 89 – 2 AZR 482/88 – DB 90, 635; zum Vereinsvorstand: v. 18. 1. 90 – 2 AZR 358/89 – BB 90, 1130). Die einem Rechtsanwalt erteilte Prozeßvollmacht umfaßt zumeist nicht die Bevollmächtigung zu einer weiteren Kündigung o. zu deren Entgegennahme (vgl. AP 3 zu § 174 BGB; BGH NJW 80, 990). Indes kann eine ao K. durch Vertreter des AG ausgeschlossen werden (AP 8 zu § 626 BGB Ausschlußfristen). In zahlreichen GO ist die Befugnis zur Kündigung durch den Gemeinde/ Stadtdirektor eingeschränkt (AP 24 zu § 626 BGB Ausschlußfrist = NZA 87, 635; AP 6 zu § 174 BGB = NJW 89, 549 = NZA 89, 143).

II. 1. Die *ordentl*. K. kommt zumeist nur in den auf unbestimmte Zeit eingegangenen Arbeitsverhältnissen in Betracht, dagegen ist sie in → befristeten Arbeitsverhältnissen i. d. R. ausgeschlossen. Das

Kündigung

Recht zur o. K. kann tariflich ausgeschlossen werden (AP 83 zu § 626 BGB = NJW 85, 1851 = NZA 85, 426; AP 86 = NJW 85, 2606 = NZA 85, 559). Lassen die Parteien die Kündbarkeit im Vertrage ungeregelt, kann die Vertragslücke nicht ohne weiteres mit den gesetzlichen Kündigungsfristen (KFr) geschlossen werden. Vielmehr kann eine andere Regelung gewollt sein (AP 1 zu § 154 BGB). Zur Fortführung des AV nach § 625 BGB: AP 5 zu § 625 BGB = BB 89, 1126. Die Kündigungsfristen (KFr.) sind für alle → Arbeitnehmer mit Ausnahme der → älteren Angestellten u. der unter den Geltungsbereich des SeemannsG fallenden AN im BGB geregelt. KFr. ist die Zeitspanne, die zwischen dem Zugang der K. u. der Beendigung des Arbeitsverhältnisses liegen muß. Die K. muß auch dann am letzten Tag der KFr. zugehen, wenn der AN in den nächsten Tag hinein arbeiten muß (AP 6 zu § 130 BGB). Fällt der letzte Tag, an dem noch gekündigt werden kann, auf einen Sonnabend, Sonntag o. staatl. anerkannten → Feiertag, so ist unzureichend, wenn die K. erst am nächsten Wochentag zugeht (AP 1 zu § 193 BGB; AP 9 zu § 130 BGB).

2. → *Angestellte* können nach § 622 I BGB nur unter Einhaltung einer KFr. von 6 Wochen zum Quartalschluß gekündigt werden. Eine Verschiebung des Kündigungstermins ist nicht möglich, auch wenn eine längere als 6wöchentliche Frist eingehalten wird (AP 20 zu § 622 BGB = NZA 86, 229). Einzelvertraglich kann eine Abkürzung der KFr. vereinbart werden; jedoch darf die KFr. 1 Monat zum Monatsschluß nicht unterschreiten (Ausnahmen: unten 4,5). Für Geschäftsführer einer GmbH gilt in entspr. Anwendung von § 622 I BGB die Kündigungsfrist von 6 Wochen zum Quartalsschluß (BGH ZIP 81, 367; Timm ZIP 87, 69; Grunsky ZIP 88, 76).

3. Nach § 622 I BGB ist das AngKSchG v. 9. 7. 1926 (RGBl. I 399) für → ältere Angestellte zu beachten, bei denen eine Verlängerung der KFr. eintritt. Dies können auch Geschäftsführer einer GmbH sein (AP 2 zu § 1 AngestelltenkündigungsG = NZA 86, 794).

4. *Arbeiter* können nach § 622 II BGB unter Einhaltung einer KFr. von 2 Wochen gekündigt werden. Jedoch tritt ähnl. wie beim AngKSchG → für langjährig beschäftigte Arbeiter eine Verlängerung der KFr. ein. Nach § 622 II verlängert sie sich nach Bestand eines Arbeitsverhältnisses in demselben → Betrieb o. → Unternehmen von 5/10/20 Jahren auf 1/2/3 Monate zum Monatsschluß Quartalschluß. Bei Berechnung der Beschäftigungsdauer bleiben Zeiten vor Vollendung des 35. Lebensjahres des Arbeiters unberücksichtigt. Das BVerfG NJW 83, 617 hat entschieden, daß es gegen Art. 3 GG verstößt, wenn Beschäftigungszeiten bei Angestellten vor Vollendung des 25., bei Arbeitern vor Vollendung des 35. Lebensjahres unberücksichtigt bleiben. Insoweit ist die unterschiedliche gesetz-

liche Regelung verfassungswidrig. Am 30. 5. 1990 hat es entschieden, daß auch die unterschiedliche Fristenregelung verfassungswidrig ist. Der Gesetzgeber hat die Altersgrenze einheitlich auf das 25. Lebensj. festgesetzt (G v. 26. 6. 1990 – BGBl. I 1206). Wegen der KFr. hat er eine gesetzl. Regelung bis zum 1. 7. 1993 zu schaffen. Erweist sich die Kündigung als ungerechtfertigt, ist einer Klage des AN stattzugeben; ist sie dagegen gerechtfertigt, wird die Klage im Wege des Teilurteils abgewiesen, aber wegen der Dauer der Kündigungsfrist der Rechtsstreit bis zur Entscheidung des Gesetzgebers ausgesetzt. Zweckmäßig geht ein AG daher sowohl für Angestellte wie für Arbeiter von der KFr. für Angestellte aus (AP 21 zu § 622 BGB = NJW 86, 1512 = NZA 86, 255; AP 22 = NZA 86, 423). Ebenso wie bei → älteren Angestellten verlängert sich die KFr. nur für den AG (AP 11 zu § 622 BGB). Lit.: Bertram/Schulte NZA 89, 249.

5. Da die zum Nachteil der AN unabdingbaren KFr. für bestimmte Wirtschaftszweige (z. B. Bauwirtschaft) zu starr sein können, gestattet das Gesetz den Tarifpartnern im Wege des → Tarifvertrages die gesetzl. KFr. abzukürzen (§ 622 III BGB). Bereits früher abgeschlossene Tarifverträge bleiben wegen der allgem. KFr. (AP 10 zu § 622 BGB) in Kraft (Art. 6 II 1. ArbRechtsBerG). Von einem Tarifvertrag werden nur solche AN erfaßt, die der → Tarifbindung unterliegen, es sei denn, daß seine → Allgemeinverbindlichkeitserklärung erfolgt ist. Im Interesse einer einheitlichen Gestaltung der Arbeitsbedingungen können auch nicht tarifgebundene Parteien einzelvertraglich die KFr. des für den Wirtschaftszweig – *auch nur kraft Nachwirkung* – geltenden Tarifvertrags in Bezug nehmen (§ 622 III 2 BGB). Hat der AG die – unwirksame – Vereinbarung – verkürzter KFr. veranlaßt, so kann AN ihm die Einrede der Arglist entgegensetzen, wenn er später auf Einhaltung der gesetzlichen KFr. besteht.

6. Für AN, die zur vorübergehenden Aushilfe eingestellt worden sind (z. B. Verkäuferinnen, Fahrer), können abweichend von den gesetzl. MindestKFr. auch kürzere Fristen u. andere Termine (AP 23 = NJW 87, 60) vereinbart werden. Dies gilt jedoch dann nicht, wenn das Aushilfsarbeitsverhältnis über die Dauer von drei Monaten fortbesteht. In allen Fällen dürfen die vereinbarten KFr. für den AN nicht länger sein als für den AG (§ 626 V BGB). Unzulässig ist für den Fall der K. durch den AN den Verfall von → Kautionen o. → Vertragsstrafen zu vereinbaren (AP 9, 12 zu § 622 BGB). Bestimmt der Kündigende bei Abgabe der K. eine zu kurze KFr., so wird sie i. Zw. zum nächstzulässigen Zeitpunkt wirksam. Eine K. ist unwirksam, wenn sie rechtsmißbräuchlich ist. Das kann z. B. der Fall sein, wenn der AG sich gegen eine K. des AN gewandt hat, aber kurz danach selbst kündigt (DB 72, 1680). Gegenüber Mitglie-

Kündigung

dern von Organen der → Betriebsverfassung u. des Personalrats ist die ordentl. K. ausgeschlossen (§§ 15 KSchG, 103 BetrVG, 114 BPersVG).

III. 1. Die *außerordentliche K.* ist sowohl bei Arbeitsverhältnissen auf bestimmte Zeit als auch auf unbestimmte Zeit möglich als ultima ratio (AP 70 zu § 626 BGB). Sie ist nur wirksam, wenn die Voraussetzungen von § 626 I BGB vorliegen. Der Ausschluß der ao. K. ist unwirksam, indes kann vereinbart werden, daß nur der AG selbst ao kündigen kann (AP 8 zu § 626 BGB Ausschlußfrist). Die Erklärung einer ao K. aus wichtigem Grund muß für den Erklärungsempfänger zweifelsfrei den Willen des Erklärenden erkennen lassen, von der sich aus § 626 I BGB ergebenden besonderen Kündigungsbefugnis Gebrauch zu machen (AP 2 zu § 620 BGB Kündigungserklärung). Sie wird idR. als fristlose ausgesprochen; sie kann aber auch entfristet, d. h., mit verkürzter Frist erklärt werden. In diesen Fällen muß eindeutig klargestellt werden, daß eine ao. K. mit Auslaufzeit gewollt ist (AP 31 zu § 626 BGB). Ob eine ordentl. o. ao. K. ausgesprochen ist, ist Tatfrage. Eine Umdeutung einer ord. K. in eine ao. (DB 75, 214) o. in eine Anfechtung (AP 4 zu § 9 MSchG 1968) ist ausgeschlossen. Wohl kann eine ao. K. in eine o. K. umgedeutet werden. Voraussetzung ist aber, daß die o. K. nicht mit Rechtsmängeln behaftet ist. So kann die ao. K. eines → Schwerbehinderten nicht in o. K. umgedeutet werden, wenn nur Zustimmung zur ao. K. bei Hauptfürsorgestelle beantragt. Insbesondere muß die → Anhörung des Betriebsrats erfolgt sein. Hat BR einer ao. K. zugestimmt, so kann eine Umdeutung in o. K. erfolgen (AP 15 zu § 102 BetrVG 1972). Hat er dagegen widersprochen, so ist eine Umdeutung nur möglich, wenn vorsorglich auch zur o. K. gehört (AP 10 zu § 102 BetrVG 1972). Die Umdeutung muß bis zum → Urteil in den Tatsacheninstanzen geltend gemacht werden (AP 3 zu § 13 KSchG 1969; AP 10 zu § 626 BGB Druckkündigung). Scheitert die Umdeutung einer ao. K. in eine ordentl. aus formellen Gründen u. hat sich das Gericht deswegen nicht mit den Kündigungsgründen befaßt, so können diese vom AG noch bei einer später ausgesprochenen K. herangezogen werden (AP 11 zu § 626 BGB; AP 10 zu § 9 KSchG 1969 = DB 84, 883). Lit.: Hager BB 89, 693; Molkenbur/Krasshöfer-Pidde RdA 89, 337; Schmidt NZA 89, 661.

2. *Kündigungsgrund:* Nach § 626 I BGB können alle Dienstverhältnisse (Arbeitsverhältnisse) aus wichtigem Grund ohne Einhaltung einer KFr. gekündigt werden. Ein wichtiger Grund ist dann gegeben, wenn Tatsachen vorliegen, aufgrund deren dem Kündigenden unter Berücksichtigung aller Umstände des Einzelfalles u. unter Abwägung der Interessen beider Vertragteile die Fortsetzung des

Dienstverhältnisses bis zum Ablauf der KFr. o. bis zu der vereinbarten → Beendigung des Dienstverhältnisses nicht zugemutet werden kann. Die früheren gesetzlichen Regelungen sind Anhaltspunkte für den wichtigen Grund (AP 87 zu § 626 BGB = NJW 86, 342 = NZA 85, 661). Hierfür ist der Kündigende darlegungs- und beweispflichtig; dies gilt insbesondere auch für die Widerlegung vom Kündigungsadressaten behaupteter Rechtfertigungsgründe, die einen wichtigen Grund ausschließen (AP 3 zu § 1 KSchG 1969, AP 76 zu § 626 BGB = DB 84, 884). Das BAG unterscheidet Störungen in verschiedenen Bereichen des Arbeitsverhältnisses, nämlich im Leistungsbereich (z. B. Schlechtleistung) [ao. K. nur nach vorheriger, nicht mitbestimmungspflichtiger → Abmahnung zulässig], im Bereich der betriebl. Verbundenheit aller Mitarbeiter (z. B. Verstöße gegen die Betriebsordnung u. den Betriebsfrieden), im persönl. Vertrauensbereich der Vertragspartner u. Unternehmensbereich. Die Falljurisprudenz ist kaum übersehbar (Schaub ArbR-Hdb. § 125). Wiederholte Unpünktlichkeit ist dann ein wichtiger Grund, wenn sie den Grad einer beharrlichen Arbeitsverweigerung erreicht (AP 99 zu § 626 BGB = NJW 89, 546 = NZA 89, 261). Sofern die ao. K. auf die kommunistische Einstellung o. Betätigung eines AN gestützt werden soll, muß konkret das besondere Sicherungsbedürfnis des AG verletzt o. der dringende u. unabweisbare Verdacht einer strafb. Hdlg. gegeben sein u. einer der vorgenannten Leistungsbereiche beeinträchtigt o. verletzt sein (AP 58 zu § 626 BGB). Bei vorsätzlichen Vermögensdelikten zum Nachteil des AG sind die Unterhaltspflichten des AN im Rahmen der Interessenabwägung nur dann zugunsten des AN zu berücksichtigen, wenn sie die schlechte Vermögenslage des AN bedingen (AP 101 zu § 626 BGB = NJW 89, 1884 = NZA 89, 755). Der AG kann im Rahmen des → Kündigungsschutzprozesses auch solche Kündigungsgründe nachschieben, die er dem AN nach § 626 II 3 BGB nicht mitgeteilt hat (AP 65 zu § 626 BGB; DB 80, 1350). Jedoch kann eine Nachschiebung im Prozeß ausgeschlossen sein, wenn die für den Vortrag gesetzten Fristen verstrichen sind (§ 61a ArbGG). Zur Nachschiebung u. → Anhörung des → Betriebsrats (AP 15 zu § 102 BetrVG 1972). Die einzel- o. kollektivvertragl. Vereinbarung erweiterter Tatbestände, bei denen eine ao. Kündigung gerechtfertigt sein soll, ist sowohl für AN (AP 67 zu § 626 BGB) als auch für Vertreter juristischer Personen (AP 15 zu § 622 BGB) unwirksam. Eine Veröffentlichung der Namen fristlos entlassener AN ist zumindest ohne Zustimmung des BR nicht möglich, da sie eine →Betriebsstrafe darstellt (AP 13 zu § 847 BGB). Für den AN ist kein Grund zur ao. Kündigung ein besonders günstiges Stellenangebot (AP 59 zu § 626 BGB) o. → Krankheit, wenn der AG ihn noch mit leichter Büroarbeit, zu der der AN in der Lage ist, beschäftigen kann (AP 1 zu § 626 BGB Krankheit). Durch eine aoK des AN wird auch ein AG in seinem Ansehen betroffen, so daß dieser eine Klage auf Feststellung der Unwirksamkeit erheben kann (AP 9 zu § 256 ZPO 1977 = NZA 86, 714).

3. *Verwirkung, Fristablauf, Verzicht.* a) Nach § 626 II BGB muß eine ao. K. (auch im Falle tarifl. Regelung, BB 73, 1170) innerhalb von zwei Wochen zugehen (AP 12 zu § 626 BGB Ausschlußfrist). Die Frist kann weder durch → Tarifvertrag noch → Betriebsvereinbarung verlängert werden (AP 13). Dagegen ist dem AG unbenommen, auch noch nach Ablauf der Kündigungsfrist Kündigungsgründe nachzuschieben (AP 65 zu § 626 BGB; BGH DB 79, 117). Die Frist beginnt mit dem Zeitpunkt, in dem der Kündigungsberechtigte von den für die K. maßgebenden Tatsachen sichere (AP 61 zu § 626 BGB; AP 2, 6 zu § 626 BGB Ausschlußfristen) Kenntnis erlangt. Bei Gesamtvertretung einer juristischen Person beginnt sie, wenn nur ein Mitglied Kenntnis erlangt (AP 1 zu § 28 BGB = NZA 85, 250). Grundsätzlich unzureichend ist die Kenntnis Dritter, es sei denn, daß sich der Kündigungsberechtigte dessen Kenntnis zurechnen lassen muß (AP 1, 3, 11 zu § 626 BGB Ausschlußfristen; Besonderheiten bei Behördenaufbau des öffentl. Dienstes: AP 13; NZA 84, 228). Hat der Aufsichtsrat das Kündigungsrecht, hat dieser eine kurzfristige Überlegungszeit, wenn er informiert worden ist; er muß aber alsdann wieder zusammentreten (BGH NJW 81, 166). Bei eigenmächtigem Urlaubsantritt beginnt die Ausschlußfrist mit der Rückkehr des AN aus dem Urlaub (AP 14). Für die Einhaltung der Frist ist der Kündigende darlegungs- u. beweispflichtig: AP 3, 4, 7. Wird die K. auf einen fortdauernden Zustand gestützt, so beginnt die Fr. mit der Beendigung des Zustandes. Wird die ao. auf mehrere Dienstverfehlungen gestützt, so sind frühere verfristet, es sei denn, daß sie in einem inneren Zusammenhang stehen (AP 7). Der AG darf auch die zur Entlastung des AN sprechenden Argumente ermitteln (DB 76, 249), indes ist der Fristablauf nicht mehr gehemmt, wenn alle Umstände aufgeklärt sind (NJW 76, 797; AP 27 zu § 626 BGB Ausschlußfrist = NJW 89, 733 = NZA 89, 105). Das Gesetz will damit lange Unsicherheitszeiten vermeiden. Bei strafbaren Handlungen wird der Abschluß des Strafverfahrens zumeist abgewartet werden können (AP 9 zu § 626 BGB Ausschlußfrist). Versäumt der AG die Frist des § 626 II BGB, so kann die K. fiktiv wirksam werden, wenn der AN nicht rechtzeitig Kündigungsschutzklage erhebt (AP 3). Die Frist des § 626 II BGB ist verfassungsgemäß (AP 61 zu § 626 BGB). Der Berufung auf den Fristablauf kann mit der Einrede der Arglist begegnet werden (BGH NJW 75, 1698). b) Innerhalb der Zweiwochenfrist kommt eine → Verwirkung der ao. K. nicht in Betracht

(AP 20 zu § 626 BGB Ausschlußfrist = NZA 87, 366). c) Auf das
Recht zur ao. K. kann nach Eintritt des K.-Grundes verzichtet werden. Ein Verzicht ist i. d. R. anzunehmen, wenn der K.-Berechtigte
in Kenntnis des wichtigen Grundes eine ordentl. K. ausspricht o.
sonst den ao. K.-Grund verzeiht. a–c) Durch Zeitablauf, Verwirkung, Verzicht o. Verzeihung ausgeschlossene K.-Gründe können
ergänzend zur Würdigung neuer Gründe für eine K. herangezogen
werden (AP 11 zu § 626 BGB). Lit.: Berger-Delhey/Lütke ZTR 90,
47; Gerauer BB 88, 2032; Kapischke BB 89, 1061.

4. Eine unwirksame ao. K. kann eine zum Schadenersatz verpflichtende Vertragsverletzung sein (AP 2 zu § 9 KSchG 1969; DB 74,
2406). Ferner kann eine Fürsorgepflichtverletzung vorliegen, wenn
ein AN fristlos entlassen wird, nachdem er die Beendigung des Arbeitsverhältnisses angestrebt hat (AP 82 zu § 611 BGB Fürsorgepflicht). Ein Schadensersatzanspruch nach § 628 II BGB wegen Auflö-
sungsverschulden setzt voraus, daß die Zweiwochenfrist des § 626 II 1
BGB (III 3) eingehalten ist (v. 22. 6. 89 – 8 AZR 164/88 – DB 90, 433).
Haben beide Vertragsteile eines Dauerschuldverhältnisses schuldhaft
die Vertragsgrundlage zerrüttet, so kann die Würdigung aller Umstände ergeben, daß der Vertragsteil, der die Zerrüttung überwiegend
verschuldet hat, nicht wegen Unzumutbarkeit der Fortsetzung des
Vertrages kündigen kann. Ist bei beiderseitiger Zerrüttung die fristlose Kündigung eines Dauerschuldverhältnisses wirksam, dann hat der
andere Teil, der am Vertrag festhält, wegen des ihm durch die Kündigung entstandenen Schadens keinen Ersatzanspruch (BGH NJW 81,
1264). Wird ein ArbVerh. ao. gekündigt, so hat der AN grundsätzl.
Anspruch auf anteilmäßige Vergütung (§ 628 I 1 BGB). Diese fällt nur
dann nach § 628 I 2 BGB weg, wenn die bisherigen Leistungen gerade
wegen der Beendigung der Tätigkeit für den AG nicht mehr von
Interesse sind (AP 2 zu § 628 BGB Teilvergütung = DB 84, 2705).

IV. *Änderungskündigung.* Einigen sich die Vertragspartner nicht auf
eine von einem Teil gewünschte Vertragsumgestaltung, kann dieser
sie durch Änderungs-K. durchsetzen. U. U. kann die Ablehnung
einer Vertragsänderung sogar einen wichtigen Grund darstellen (AP
6 zu § 1 KSchG Verhaltensbedingte Kündigung; AP 71 zu § 626
BGB). Die Berufung des AG auf den → Gleichbehandlungsgrundsatz stellt für sich allein kein dringendes betriebliches Erfordernis zur
Vereinheitlichung der Arbeitsbedingungen dar (AP 3 zu § 2 KSchG
1969). Sie kann bedingt erklärt werden für den Fall, daß der Vertragspartner sich auf das neue Angebot nicht einläßt. Sie kann aber
auch unbedingt erklärt werden u. anschließend das neue Arbeitsverhältnis angeboten werden. Die Änderungs-K. ist eine echte K. Es
sind daher, von der ao. Änderungs-K. abgesehen, die K.-Fristen

einzuhalten; ggf. ist der Betriebsrat anzuhören. Die ÄnderungsK ist unwirksam, wenn im Zeitpunkt des Zugangs ein Kündigungsverbot besteht (AP 2 zu § 2 KSchG 1969). Der AN kann unter dem Vorbehalt, daß die Ä.-K. nicht sozial ungerechtfertigt, das Vertragsangebot annehmen. Alsdann kann er im Wege der → Kündigungsschutzklage lediglich die Feststellung begehren, daß die Änderung der Arbeitsbedingungen sozial ungerechtfertigt ist; im Falle seines Obsiegens gilt alsdann das Arbeitsverhältnis mit dem bisherigen Inhalt, im Falle seines Unterliegens mit dem neuen. Er kann sich jedoch auch generell gegen die Ä.-K. wenden; alsdann endet sein Arbeitsverhältnis im Unterliegensfall. Eine ao. Ä.-K. ist nur begründet, wenn die alsbaldige Änderung der Arbeitsvertragsbedingungen unabweisbar notwendig u. die neuen Bedingungen für den AN zumutbar sind (AP 1 zu § 626 BGB Änderungskündigung; AP 71 zu § 626 BGB). Eine ordentliche verhaltensbedingte Ä.K. ist nur dann gerechtfertigt, wenn eine konkrete Störung des Arbeitsverhältnisses vorliegt (v. 20. 7. 89 – 2 AZR 114/87 – NJW 90, 597). Bei einer betriebsbedingten Ä.-K. unterliegt die Unternehmensentscheidung nur der Mißbrauchskontrolle. Ob die Organisationsänd. unabweisbar ist, wird nachgeprüft (v. 18. 1. 1990 – 2 AZR 183/89 –). Arbeitet der AN auf eine aoÄ-K weiter o. auf eine oÄ-K über die Klagefrist der → Kündigungsschutzklage weiter, so ergibt im allgemeinen die Auslegung seines Verhaltens, daß er die Ä.-K. hinnimmt. Auf die aoÄ-K ist § 2 KSchG entspr. anwendbar (AP 16 zu § 2 KSchG 1969 = NZA 87, 94; AP 20 = NZA 88, 737). Zu Besonderheiten im öffentl. Dienst: AP 1 zu § 60 MTB II. Lit.: Löwisch NZA 88, 633.

V. *Teilkündigung.* Eine TeilK ist grundsätzlich unwirksam, da dem AN nicht ein anderer Inhalt des fortbestehenden Arbeitsverhältnisses aufgezwungen werden kann. Eine Ausnahme von der Unwirksamkeit wurde dann gemacht, wenn sich der AG die TeilK einzelner Arbeitsbedingungen vorbehalten hat (AP 2 zu § 242 BGB Betriebliche Übung; AP 1 zu § 620 BGB Teilkündigung). In neuerer Zeit wird weiter differenziert: (1) Bei einzelnen Arbeitsvertragsbedingungen, die im Gegenseitigkeitsverhältnis stehen, ist eine vorbehaltene TeilK wegen Umgehung des Kündigungsschutzes von Änderungskündigungen unwirksam. (2) Wegen anderer Vertragsbedingungen handelt es sich um einen vorbehaltenen Widerruf, der nach § 315 BGB der Billigkeitskontrolle genügen muß (AP 5 zu § 620 BGB Teilkündigung = DB 83, 1368).

VI. Eine *vorsorgliche K.* ist eine unbedingte K. Bei ihr behält sich der Kündigende lediglich intern vor, daß er sie rückgängig machen will, wenn sie sich infolge Änderung der Verhältnisse als nicht notwendig erweisen sollte.

Kündigungsschutz. Der AG hat bei der → Kündigung neben den Kündigungsfristen, die bei → älteren Angestellten durch das AngKSchG verlängert sind, folgende Kündigungsbeschränkungen zu beachten: *1.* Kündigungsschutzgesetz; → Kündigungsschutzklage); *2.* → Treu und Glauben (§ 242 BGB); *3.* SchwerbehindertenG (→ Schwerbehinderte); *4.* MutterschutzG, § 9; → Mutterschutz; *5.* BErzGG §§ 18, 21 → Erziehungsurlaub; *6.* HeimkehrerG, § 8; *7.* EignungsübungsG, § 2; → Wehrdienst; *8.* ArbeitsplatzschutzG, § 2; → Wehrdienst; *9.* 1. G über den Zivilschutz, § 9; Gesetz über den Katastrophenschutz, § 9; *10.* Landesgesetz zum Schutz politisch Verfolgter (Württemberg-Baden: Verfolgten-Schutz-G v. 8. 10. 1947, RegBl. S. 101; *11.* Ländergesetze über → Bergmannsversorgungsscheine (NRW, Saarland, Niedersachsen; *12.* Sonderschutzvorschriften für → Massenentlassung (§ 17 KSchG), Mitglieder von → Betriebsverfassungsorganen (§ 15 KSchG), Personalratsmitglieder; *13.* → Anhörung des Betriebsrats (§ 102 BetrVG) u. des Personalrats (§ 79 BPersVG).

Kündigungsschutzklage (KSchKl.). I. 1. Der AN, der dem Bestandsschutz des KSchG i. d. F. v. 25. 8. 1969 (BGBl. I 1317) zul. geänd. 13. 7. 1988 (BGBl. I 1037) unterliegt, kann eine ihm erklärte ordentl., außerordentl. o. Änderungs- → Kündigung (K.) mittels der KSchKl. angreifen. Sie ist darauf zu richten, daß das Arbeitsverhältnis durch die K. nicht aufgelöst (§ 4 KSchG) o. die Änderung der Arbeitsbedingungen sozial ungerechtfertigt ist (§ 4 KSchG). Vgl. Popp BB 88, 1180. Die → Klage muß den Voraussetzungen von § 253 ZPO genügen, also insbesondere eine Unterschrift enthalten (AP 60 zu Art. 9 GG Arbeitskampf). Es werden jedoch keine übermäßigen Formvorschriften gestellt (AP 7 zu § 4 KSchG 1969). Sie muß auch in befristeten Arbeitsverhältnissen (NJW 72, 1878) innerhalb einer Frist von 3 Wochen (Ausnahme § 4 S. 4) seit Zugang der K. beim → Arbeitsgericht (zur Klageerweiterung in 2. Instanz: DB 71, 1363) erhoben werden. Haften der Klage Mängel an, daß ihre Zustellung nicht „demnächst" erfolgen kann, so wahrt sie die Frist nicht. I. d. R. wird von einer Zeitspanne von zwei Wochen als noch demnächst auszugehen sein (AP 2 zu § 4 KSchG 1969). Unzureichend ist die Erhebung einer Leistungsklage; indes kann der AN bei einer fristgerecht erhobenen Leistungsklage noch den Feststellungsantrag stellen, worauf ihn das ArbG hinzuweisen hat (DB 73, 2100; § 6 KSchG). Wird eine mündl. ausgesprochene Kündigung schriftl. bestätigt, so läuft die Frist ab Zugang der mündl. K. (AP 39 zu § 3 KSchG). Wird die Klagefrist versäumt, so wird die K. fiktiv wirksam (§ 7 KSchG); d. h. das Gericht ist nicht mehr befugt, die Rechtfertigung der K. nachzuprüfen. Die Klage ist als unbegründet abzu-

Kündigungsschutzklage

weisen. Erklärt der AG mehrere K., so ist jede einzelne gesondert anzugreifen. Die K. kann jedoch mit einer Feststellungsklage verbunden werden, daß das Arbeitsverhältnis fortbesteht; in diesen Fällen gilt nicht die punktuelle Streitgegenstandstheorie, sondern es wird insgesamt der Fortbestand des AV überprüft (AP 19 zu § 4 KSchG 1969 = NJW 88, 2691 = NZA 88, 651; Habscheid RdA 89, 88; Schaub NZA 90, 85). Da der AN zur Meidung der Wirksamkeit der K. Feststellungsklage erheben muß, kann das Rechtsschutzinteresse nur in Ausnahmefällen fehlen (AP 8 zu § 4 KSchG 1969).

2. Ausnahmsweise kann wegen der Versäumung der Klagefrist die *nachträgliche Zulassung* der → Klage verlangt werden, wenn der AN trotz Anwendung aller ihm nach Lage der Umstände zuzumutenden Sorgfalt verhindert war, die Klagefrist einzuhalten. Dies ist glaubhaft zu machen. Unkenntnis der Frist rechtfertigt nicht die nachträgliche Zulassung (anders, wenn bei geeigneter Stelle erkundigt: *EzA 16 zu § 5 KSchG*; bei Ausländern *EzA 9 aaO.*; *DB 82, 2706*), eine schwere Erkrankung dann, wenn sie die rechtzeitige Klageerhebung unzumutbar macht *(EzA 4, 11 zu § 5 KSchG)*. Umstr. ist, ob der AN sich ein Verschulden seines Prozeßbevollmächtigten entgegenhalten lassen muß (verneinend: *NJW 81, 1230*; *AnwBl 84, 158*; *EzA 17 zu § 5 KSchG*; bejahend: *BB 81, 915*; *EzA 7, 15 zu § 5 KSchG* u. h. M.). Nachdem § 85 ZPO allgemein das Verschulden eines Prozeßbevollmächtigten einer Partei zurechnet, wird dies auch für den KSch gelten, da die Klage eine Prozeßhandlung ist *(AP 2 zu § 5 KSchG 1969)*. Neben dem Antrag auf nachträgliche Zulassung der Klage ist diese selbst einzureichen. Der Antrag ist aber nur innerhalb von zwei Wochen nach Behebung des Hindernisses zulässig, das der Wahrung der Frist entgegenstand (§ 5 KSchG). Über den Antrag ist durch Beschluß zu entscheiden (bei Säumnis einer Partei: Reinecke NZA 85, 243), andernfalls kann eine Zurückverweisung durch das LAG in Betracht kommen *(EzA 2 zu § 5 KSchG)*. Wird in gesetzwidriger Weise über die nachträgliche Zulassung o. gleichzeitig über die KSchKl. durch Urteil entschieden, so kann hiergegen sowohl die Berufung als auch die sofortige Beschwerde eingelegt werden. Das LAG hat die Berufung, soweit sie sich gegen die Entscheidung nach § 5 KSchG richtet, als sofortige Beschwerde zu behandeln (AP 2 zu § 72 ArbGG 1979). Der Beschluß über die nachträgliche Zulassung ist in entspr. Anwendung von § 318 ZPO für das nachfolgende Kündigungsschutzverfahren bindend (AP 4 zu § 5 KSchG 1969 = DB 83, 2778). Im Verfahren über die nachträgliche Zulassung wird jedoch nur über die Verspätung und das Verschulden an der Verspätung entschieden (AP 6 = NJW 84, 2488). Ist beim ArbG zunächst übersehen worden, daß die Klagefrist verstrichen war, stellt sich dies aber später vor o. bei Einle-

gung der Berufung heraus, so muß noch beim ArbG die nachträgliche Zulassung beantragt werden. Hat ein AN innerhalb der Dreiwochenfrist die Unwirksamkeit der K. aus anderen Gründen geltend gemacht, so kann er die Klage auch auf die mangelnde Sozialrechtfertigung einer K. erweitern (vgl. AP 38 zu § 3 KSchG; AP 1 zu § 6 KSchG 1969 = NJW 83, 2719).

3. Liegen die unter II dargestellten Voraussetzungen des KSchG nicht vor o. sollen andere der K. anhaftende Mängel als mangelnde Sozialrechtfertigung o. rechtfertigender Grund zur ao. K. geltend gemacht werden, so kann eine *Kündigungsgegenklage* als Feststellungsklage (§ 256 ZPO) unbefristet erhoben werden (§ 13 KSchG; AP 5, 7 zu § 11 KSchG; AP 65 zu § 626 BGB; AP 4 zu § 119 BGB), jedoch kann das Klagerecht bei unangemessener Überlegungsfrist verwirkt werden. Will der AG ein → befristetes Arbeitsverhältnis nicht verlängern und hat er dies angekündigt, so kann eine Feststellungsklage auf Fortbestand des Arbeitsverhältnisses erhoben werden. Insoweit läuft keine Klagefrist ab Beendigung des Arbeitsverhältnisses (AP 47, 49, 54 zu § 620 BGB Befristeter Arbeitsvertrag). In allen Rechtsstreitigkeiten, in denen um den Bestand des Arbeitsverhältnisses gestritten wird, ist das Verfahren besonders zu beschleunigen (§ 61a ArbGG). Der beklagten Partei sind zur Prozeßförderung besondere Auflagen binnen bestimmter Fristen zu machen, nach deren Ablauf ein weiterer Vortrag ausgeschlossen ist.

4. Der AG kann nach Ausspruch der Kündigung, aber bereits vor Ablauf der 3-Wochenfrist auf den Kündigungsschutz verzichten. Dies kann auch in einer Ausgleichsquittung geschehen, sofern eindeutig auf das Recht zur Erhebung einer Kündigungsschutzklage Bezug genommen ist (AP 5, 6 zu § 4 KSchG 1969).

II. Das KSchG gilt grundsätzl. für alle AN, also Vollzeit-, Teilzeit- u. Nebentätigkeit (AP 37 zu § 1 KSchG 1969 Betriebsbedingte Kündigung = NZA 87, 629), deren Arbeitsverhältnis in demselben → Betrieb o. → Unternehmen ohne Unterbrechung länger als 6 Monate bestanden hat. Das KSchG gilt auch dann nicht, wenn der AG kurz vor Ablauf der gesetzlichen Probezeit kündigt. Eine Ausnahme gilt nur bei Verstößen gegen Treu und Glauben. Auf die tatsächl. Beschäftigung kommt es nicht an. Dagegen ist die rechtl. Beendigung dann unschädlich, wenn die Arbeitsverhältnisse in einem inneren Zusammenhang stehen und der AN auf dem gleichen Arbeitsplatz weiter beschäftigt wird (AP 1, 2, 3 zu § 1 KSchG 1969 Wartezeit; v. 10. 5. 89 – 7 AZR 450/88 – DB 90, 280). Der AG ist für die Unterbrechung darlegungs- und beweispflichtig (v. 16. 3. 89 – 2 AZR 407/89 – NJW 89, 3034 = NZA 89, 884). Ist dem AN eine Dauerstellung zugesagt, so kann damit die Anwendung des KSchG mit Beginn des Arbeitsver-

Kündigungsschutzklage

hältnisses gewollt sein (NJW 67, 1152; AP 19 zu § 102 BetrVG 1972). Aber auch sonst ist die Abkürzung der Wartezeit möglich, z. B. wenn das Arbeitsverhältnis befristet war o. Vordienstzeiten angerechnet werden müssen (AP 5 zu § 1 KSchG 1969 Wartezeit = DB 87 2575; v. 28. 2. 90 – 2 AZR 425/89 –). Das KSchG gilt nicht: 1. für *arbeitgeberähnliche Personen*, da deren Arbeitsverhältnis regelmäßig vom besonderen Vertrauen des AG getragen wird (§ 14 KSchG). Hierzu gehören Vorstände u. Geschäftsführer von Kapitalgesellschaften sowie die kraft Gesetzes, Satzung o. Gesellschaftsvertrages zur Vertretung von Personalgesellschaften berechtigten Personen (§ 14 KSchG; AP 1 zu § 14 KSchG 1969). Dagegen sind die sog. leitenden → Angestellten, die zur selbständigen Einstellung u. Entlassung von AN befugt sind, in den KSch einbezogen worden. Ihre Arbeitsverhältnisse werden jedoch selbst bei sozial ungerechtfertigter K. auf nicht zu begründenden Antrag des AG gegen Zahlung einer Abfindung vom → Arbeitsgericht aufgelöst (§ 14 II KSchG); 2. *für AN in Kleinbetr.*, in denen idR. 5 o. weniger AN ausschließlich der zu ihrer Berufsausbildung Beschäftigten (§ 23 I KSchG) beschäftigt werden (Einschränkung verfassungsgemäß: v. 19. 4. 1990 – 2 AZR 487/89 –) u. in Haushaltungen (zu Einzelhandelsfilialbetrieben, AP 1 zu § 23 KSchG 1969). Bei der Ermittlung der Zahl der Beschäftigten sind nur AN zu berücksichtigen, deren regelmäßige Arbeitszeit wöchentlich 10 Stunden o. monatlich 45 Stunden übersteigt. Dies gilt nicht für solche AN, die bei unbeschränkt mitgezählten Teilzeitbeschäftigten bereits am 1. 5. 1985 Kündigungsschutz hatten (Kraushaar DB 88, 2202; ArbuR 88, 137; Bock DB 88, 2204; Hönsch DB 88, 1650). Werden von mehreren in einem Gebäude untergebrachten Unternehmen im Rahmen einer gemeinsamen Arbeitsorganisation unter einer einheitlichen Leitungsmacht arbeitstechnische Zwecke fortgesetzt verfolgt, so liegt ein gemeinsamer Betrieb vor, was der AN darzulegen hat (AP 4 zu § 23 KSchG 1969 = DB 84, 1684; AP 10 zu § 1 KSchG 1969 = NZA 86, 600). Zu den zu ihrer → Berufsbildung Beschäftigten können auch Umschüler gehören, wenn sie im Rahmen eines mehrjährigen Vertragsverhältnisses in einem anerkannten Ausbildungsberuf ausgebildet werden (AP 3 zu § 23 KSchG 1969 = DB 84, 355). 3. für K. u. Entlassungen, die lediglich als *Maßnahmen in wirtschaftl. Kämpfen* zwischen AG u. AN vorgenommen werden (§ 25 KSchG) (→ Arbeitskampf).

   III. 1. Eine K. ist sozialwidrig u. mithin rechtsunwirksam, wenn sie nicht durch Gründe in der Person des AN o. durch Gründe in seinem Verhalten o. durch dringende betriebl. Erfordernisse bedingt ist, die einer Weiterbeschäftigung im Betr. entgegenstehen. Sie ist ferner sozialwidrig, wenn sie gegen eine → Auswahlrichtlinie verstößt o. der AN an einem anderen Arbeitsplatz desselben → Betriebes o. → Unternehmens weiterbeschäftigt werden kann u. ein zuständiges Organ der → Betriebsverfassung der → Kündigung widersprochen hat (→ Anhörung des Betriebsrates). Sozialwidrig kann die Kündigung auch sein, wenn der → Betriebsrat den form- u. fristgemäßen Widerspruch versäumt hat. Das → Arbeitsgericht kann Verstöße gegen die Widerspruchsrechte des BR im Rahmen der Betriebsbedingtheit der Kündigung berücksichtigen (AP 2 zu § 1 KSchG 1969). In Betrieben u. Verwaltungen des → öffentlichen Rechts ist sie sozialwidrig, wenn die Kündigung gegen eine Richtlinie über die personelle Auswahl verstößt o. der AN an einem anderen Arbeitsplatz in derselben Dienststelle o. in einer anderen Dienststelle desselben Verwaltungszweiges an demselben Dienstort einschl. seines Einzugsgebiets weiterbeschäftigt werden kann u. die zuständige → Personalvertretung aus einem dieser Gründe fristgerecht gegen die Kündigung Einwendungen erhoben hat (AP 16 zu § 1 KSchG 1969 Betriebsbedingte Kündigung = DB 84, 2704), es sei denn, daß die → Stufenvertretung diese Einwendungen nicht aufrechterhalten hat. Der betriebsverfassungs- u. personalvertretungsrechtl. Kündigungsschutz gilt entspr., wenn die Weiterbeschäftigung nach zumutbaren Umschulungs- u. Fortbildungsmaßnahmen o. zu geänderten, vom AN zugestandenen Vertragsbedingungen möglich ist u. der → Betriebsrat o. die → Personalvertretung widersprochen hat (§ 1 II KSchG). Der AG hat die K. rechtfertigenden Gründe im Prozeß darzulegen und zu beweisen.

2. Zu *Gründen in der Person* des AN zählen: mangelnde körperliche o. geistige Eignung; Ungeschicklichkeit; mangelnde Ausbildung; mangelnde Fähigkeit, die erforderlichen Kenntnisse zu erwerben; in Ausnahmefällen → Krankheit des AN. Zur Krankheit gehört auch die Trunksucht (AP 18 zu § 1 KSchG 1969 Krankheit = NZA 87, 811). Ein weitergehendes Kündigungsrecht kann bei Gewährung einer Rente auf Zeit bestehen. Kein Kündigungsgr. ist die Erreichung des 65. Lebensjahres (AP 1 zu § 1 KSchG Personenbedingte Kündigung) o. die Möglichkeit, von der flexiblen Altersgrenze (Art 6 § 5 I RRG) o. von der → Altersteilzeitarbeit Gebrauch zu machen (§ 8 ATG). Dies ist auch nicht bei der sozialen Auswahl nach § 1 III 1 KSchG zu berücksichtigen.

3. Zu den *verhaltensbedingten Gründen gehören* alle Umstände, die einen ruhig und verständig urteilenden AG auch bei Abwägung der Interessen des AN am Bestande seines Arbeitsverhältnisses zur K. veranlassen würden; parteipolitische Betätigung: AP 1 zu § 1 KSchG 1969 Verhaltensbedingte Kündigung; tendenzwidrige Betätigung in der Gewerkschaft (AP 2 aaO.); vielfache Lohnpfändungen (AP 4

a. a. O.); wiederholte Unpünktlichkeit, Beleidigungen, Schlechtarbeit, Verstöße gegen die Gehorsams-, Verschwiegenheitspflicht usw. Außerdienstliches Verhalten berechtigt nur dann zur Kündigung, wenn hierdurch Interessen des AG und des Betriebes unmittelbar berührt werden (vgl. AP 13 zu § 1 KSchG 1969 Verhaltensbedingte Kündigung = NJW 85, 1852). Eine weitergehende Berücksichtigung außerdienstlichen Verhaltens kann für → Tendenzbetriebe, die → Kirche notwendig sein. Bei Fehlzeiten muß der AG darlegen, daß der AN rechtswidrig gefehlt hat. Dem AN obliegt es jedoch, substantiiert Rechtfertigungsgründe zu benennen, die vom AG zu widerlegen sind (AP 3 zu § 1 KSchG 1969; BB 76, 1517). Wegen des sog. ultima ratio Prinzips darf im allgemeinen aber erst nach vorheriger → Abmahnung (AP 3 a. a. O.), Ausscheidung aller Versetzungsmöglichkeiten (AP 5 zu § 1 KSchG 1969 Verhaltensbedingte Kündigung) ausreichender Änderungskündigung (→ Kündigung) gekündigt werden. Lit.: Preis DB 90, 630; 685.

4. Gerechtfertigt ist eine Kündigung aus *dringenden betrieblichen Erfordernissen*. Sie ist gerechtfertigt, wenn *(1)* eine Unternehmerentscheidung vorliegt, mit der einem veränderten Arbeitsbedarf Rechnung getragen wird. Unternehmerentscheidung ist das Konzept, zur Anpassung des Personals an den Arbeitsbedarf. Die Zweckmäßigkeit der Entscheidung ist grundsätzlich nicht überprüfbar, es sei denn, daß sie offenbar unsachlich, ungeeignet o. willkürlich ist (AP 6, 8 zu § 1 KSchG Betriebsbedingte Kündigung; AP 11 zu § 1 KSchG = DB 86, 2236; AP 14 zu § 2 KSchG 1969 = NZA 86, 824; AP 42 zu § 1 KSchG 1969 Betriebsbedingte Kündigung = NZA 87, 776); *(2)* betriebliche Gründe zur Kündigung bestehen. Das können innerbetriebliche o. außerbetriebliche Umstände sein. Innerbetriebliche sind regelmäßig Rationalisierungsmaßnahmen, Um- o. Einstellung der Produktion; außerbetriebliche sind Auftragsmangel, Umsatzrückgang (v. 15. 6. 89 – 2 AZR 600/88 – NZA 90, 65 = DB 89, 2384), Gewinnverfall, Unrentabilität (v. 11. 10. 89 – 2 AZR 61/89 – AP 47 zu § 1 KSchG 1969 Betriebsbedingte Kündigung) usw. Den AG trifft im Kündigungsschutzprozeß die substantiierte Darlegungs- u. Beweislast, für die inner- o. außerbetrieblichen Ursachen (AP 6 zu § 1 KSchG Betriebsbedingte Kündigung; AP 11 zu § 1 KSchG 1969 = DB 86, 2236); *(3)* der Arbeitsplatz weggefallen ist. Es ist nicht notwendig, daß der konkrete Arbeitsplatz weggefallen ist, ausreichend ist, daß ein Arbeitsplatz entbehrlich ist (AP 24 zu § 1 KSchG 1969 Betriebsbedingte Kündigung = DB 86, 232; dazu Ascheid DB 87, 1144); *(4)* dringende betriebliche Erfordernisse vorliegen. Hierdurch wird das ultima ratio Prinzip zum Tatbestandsmerkmal erhoben. Ein dringendes Erfordernis ist nur dann gegeben, wenn es unvermeidbar ist. Vermeidbar ist

es, wenn *(4.1)* der AN versetzt werden kann (AP 21 zu § 1 KSchG 1969 Betriebsbedingte Kündigung = NZA 85, 489); *(4.2)* der AN weitergebildet werden kann; *(4.3)* einem Interesse des AG durch eine → Änderungskündigung genügt wird (AP 8 zu § 2 KSchG 1969 = NJW 85, 1797); *(4.4)* dagegen sind Maßnahmen der Arbeitsstrekkung als unternehmerische Entscheidung der gerichtlichen Kontrolle entzogen. Die Frage der Versetzungsmöglichkeit ist unternehmensbezogen, dagegen im → öffentlichen Dienst eingeschränkt wegen unterschiedlichen Wortlauts des Gesetzes; *(5)* die Interessenabwägung zugunsten des AG ausfüllt; da nach der Rspr. aber kaum noch Raum für eine Interessenabwägung bleibt, ist dieses Tatbestandsmerkmal leergelaufen. Reuter NZA 89, 241; Mayer-Maly ZfA 88, 209. Zur Darlegungs- und Beweislast: Falkenberg DB 84, 1984.

5. Ist ein AN aus betriebsbedingten Gründen gekündigt worden, so ist die K. trotzdem sozial ungerechtfertigt, wenn der AG bei der Auswahl *soziale Gesichtspunkte* (Lebensalter, Dauer der Beschäftigung, Kinderzahl usw.) nicht hinreichend berücksichtigt hat. Horizontal sind nur AN desselben Betriebes (AP 4 zu § 1 KSchG 1969 Konzern = NZA 87, 125; AP 15 zu § 1 KSchG 1969 Soziale Auswahl = NZA 87, 775); vertikal, solche auf vergleichbaren Arbeitsplätzen zur Sozialauswahl heranzuziehen (AP 9 zu § 1 KSchG 1969 Soziale Auswahl = NJW 86, 2336 = NZA 86, 260). Dies gilt auch bei Massenkündigungen (AP 7 = NJW 86, 274 = NZA 86, 64). Auf Verlangen des AN hat der AG die Gründe der getroffenen sozialen Auswahl, deren Gewichtung und die Namen der in die soziale Auswahl einbezogenen AN anzugeben (AP 12 zu § 1 KSchG 1969 Betriebsbedingte Kündigung, = DB 83, 830; AP 4 zu § 1 KSchG 1969 Soziale Auswahl = DB 84, 2303; AP 17 = NZA 89, 264). Der AN kann dann seinerseits darlegen und beweisen, daß die mitgeteilten Gründe rechtsfehlerhaft (AP 7 zu § 1 KSchG 1969 Betriebsbedingte Kündigung) o. nicht zutreffen *(EzA 16, 17 zu § 1 KSchG Betriebsbedingte Kündigung)*. Er muß sozial Stärkere namentlich benennen (AP 10 zu § 1 KSchG 1969 Soziale Auswahl). Bei einer Massenkündigung kann sich jeder AN auf einen sozialen Auswahlfehler berufen (AP 6 zu § 1 KSchG 1969 Soziale Auswahl = NJW 85, 2046). Die Beweislast ist für den AN infolge der Neugestaltung der → Anhörung des Betriebsrates wesentlich erleichtert. Im Rahmen der Sozialauswahl sind andere als soziale Gründe nicht zu berücksichtigen. Es spricht eine tatsächliche Vermutung dafür, daß Kündigung sozialwidrig ist, wenn bei der Sozialauswahl ausschließlich betriebliche Belange berücksichtigt wurden (AP 18 zu § 1 KSchG Betriebsbedingte Kündigung = DB 85, 974). Erkrankungen des AN können nur dann berücksichtigt werden, wenn sie schon für sich die Kündigung rechtfertigen (AP 7 zu § 1

Kündigungsschutzklage

KSchG 1969 Krankheit; AP 12 zu § 1 KSchG 1969 Betriebsbedingte Kündigung). Die Gründe für die Sozialauswahl können im allgemeinen nicht anhand einer Punktetabelle gewichtet werden. Jedoch gewinnt der AG einen Beurteilungsspielraum, wenn die Gewichtung in einer → Auswahlrichtlinie festgelegt ist, sofern sie den Mindestvoraussetzungen genügt (AP 12 zu § 1 KSchG 1969 Betriebsbedingte Kündigung = DB 83, 830; v. 15. 6. 1989 – 2 AZR 580/88 – DB 90, 380). Soziale Gründe können hintangesetzt werden, wenn der sozial Stärkere aus überwiegenden betriebl. Gründen im Betr. weiterbeschäftigt werden muß (hervorragender Spezialist usw.). Stimmt der BR einer betriebsbedingten K. zu, so erwächst eine tatsächl. Vermutung, daß K.-Gründe bestehen u. soziale Auswahl zutreffend *(AP 23 zu § 1 KSchG Betriebsbedingte Kündigung)*.

6. *Mischtatbestände.* Wird eine Kündigung mit mehreren Kündigungssachverhalten begründet, die verschiedenen Tatbestandsmerkmalen des § 1 II KSchG unterfallen, dann richtet sich der Prüfungsmaßstab in erster Linie danach, aus welchem der im KSchG genannten Bereiche die Störung kommt, die sich auf das Arbeitsverhältnis nachteilig auswirkt (AP 12 zu § 1 KSchG 1969 = NJW 87, 516). Lit.: Rüthers/Henssler ZfA 88, 31.

IV. Stellt das Arbeitsgericht fest, daß die K. sozial ungerechtfertigt ist, so besteht es fort; bei einer entspr. Feststellung im Falle der ÄnderungsK. gilt das Arbeitsverhältnis zu den alten Bedingungen weiter. Es steht damit zugleich rechtskräftig fest, daß bis zum Zeitpunkt der Kündigung ein Arbeitsverhältnis bestanden hat (EzA 11 zu § 4 KSchG n. F.). Der AG hat den AN weiterzubeschäftigen u., wenn er sich in → Annahmeverzug befand, dem AN den Verdienstausfall zu ersetzen (§§ 615 BGB, 11 KSchG). Ansprüche aus Annahmeverzug können bereits vor Rechtskraft des Kündigungsschutzprozesses geltend gemacht werden. Während des Laufes des KSch.-Prozesses hat der AN u. U. einen → Beschäftigungsanspruch. Dieser kann für den Fall gestellt werden, daß die K. Erfolg hat (AP 4 zu § 611 BGB Weiterbeschäftigung = NZA 88, 741; 89, 207). War Streitgegenstand des Prozesses eine außerordentl. K., so kann der AG im Lohnfortzahlungsprozeß nicht mehr einwenden, diese habe in eine ordentl. umgedeutet werden müssen (AP 2 zu § 615 BGB Böswilligkeit; AP 12 zu § 11 KSchG). Etwas anderes kann dann gelten, wenn der Schluß der mündlichen Verhandlung vor Ablauf der Kündigungsfrist lag. Was sich der Arbeitnehmer auf den Zwischenverdienst anrechnen lassen muß, ist abschließend in § 11 KSchG bestimmt. Dazu gehört im Unterschied zu § 615 S. 2 BGB (→ Annahmeverzug) nicht das Ersparte. Hat der AN zwischenzeitlich eine andere Stelle angetreten, so kann er bis zum Ablauf einer

Woche nach Rechtskraft des Urteils gegenüber dem alten AG die Fortsetzung des Arbeitsverhältnisses verweigern (AP 1 zu § 12 KSchG 1969). Die Nichtfortsetzungserklärung kann auch in einer Kündigungserklärung zu sehen sein *(AP 2 zu § 12 KSchG 1969)*. Die Frist wird durch Abgabe der Erklärung zur Post gewahrt. Das Arbeitsverhältnis erlischt mit Zugang der Erklärung (§ 12 KSchG).

V. Ist das Arbeitsverhältnis auf die K. des AG nicht aufgelöst worden, so kann auf Antrag des AN (Ausnahmen → Auszubildende: AP 6 zu § 13 KSchG 1969 = DB 85, 2515), wenn ihm die Fortsetzung des Arbeitsverh. nicht zuzumuten ist (§ 9 KSchG; dazu AP 8 zu § 9 KSchG 1969), o. im Falle einer ordentl. K. auf Antrag des AG (AP 5 zu § 9 KSchG 1969), wenn eine den Betr.-Zwecken dienliche weitere Zusammenarbeit nicht zu erwarten ist, das Gericht das Arbeitsverhältnis zum Ende der K.-Frist im → Urteil auflösen u. den AG zur Zahlung einer angemessenen Abfindung verurteilen (§§ 9, 13 KSchG). Die h. M. geht im Falle der aoK davon aus, daß zum Zeitpunkt des Zuganges aufgelöst werden muß. Das BAG hat aufgetretene Bedenken gegen die Verfassungsmäßigkeit von §§ 9, 10 KSchG verneint (AP 12 zu § 9 KSchG 1969 = NJW 85, 991). Das Verhalten dritter Personen ist als Auflösungsgrund des AG nur dann geeignet, wenn der AN dieses veranlaßt hat (AP 18 zu § 9 KSchG 1969 = NZA 88, 16). Ist eine ordentliche Kündigung aus anderen Gründen als mangelnde Sozialrechtfertigung unwirksam, kann der AG keinen Antrag stellen (AP 4 zu § 9 KSchG 1969). Ob eine weitere Zusammenarbeit noch sachdienlich ist, muß nach dem Zeitpunkt des Urteils beurteilt werden (AP 3 zu § 9 KSchG 1969). Der Antrag des AG ist unbegründet, wenn der AN unterdes dem besonderen → Kündigungsschutz von Mitgliedern der Betriebsverfassungsorgane unterliegt (AP 1 zu § 9 KSchG 1969). Die Abfindung schließt weitere Schadensersatzanspr. wegen Verlusts des Arbeitsplatzes aus (AP 24 zu § 7 KSchG; AP 2 zu § 9 KSchG 1969). Bei der Bemessung der Abfindung hat das Gericht alle Umstände des Falles zu berücksichtigen. Sie kann bis zu 12, bei AN, die das 55. Lebensjahr vollendet u. mehr als 15 Jahre beschäftigt waren, bis zu 15, bei solchen, die mindestens 20 Jahre beschäftigt waren, bis zu 18 Monatsverdiensten bemessen werden. Die Abfindungserhöhung gilt nicht, wenn der AN das nach den Sozialversicherungsgesetzen maßgebende Ruhestandsalter in dem Auflösungszeitpunkt erreicht hat. Sie wird fällig mit Auflösung des Arbeitsverhältnisses *(vgl. DB 84, 568)*. Eine Verzinsung erfolgt erst seit Rechtskraft des Urteils (AP 2 zu § 8 KSchG). Abfindungsurteile sind vorläufig vollstreckbar (AP 4 zu § 62 ArbGG 1979 = DB 88, 659). Der AN hat bei teilweiser Abweisung eines von ihm bezifferten Abfindungsbetrages anteilige Kosten zu tragen (AP 3 zu § 10 KSchG

1969 = NZA 87, 139). Eine vergleichsweise zugesagte Abfindung
kommt bei Tod des AN vor Auflösungszeitpunkt nicht ohne weiteres in Wegfall (AP 19 zu § 771 ZPO). Die Abfindung ist wegen einer
vom AG veranlaßten o. gerichtlich ausgesprochenen Auflösung innerhalb bestimmter Grenzen lohnsteuer- und sozialversicherungsfrei
(§ 3 EStG). Die Auflösung ist vom AG veranlaßt, wenn dieser die
entscheidende Ursache für die Auflösung gesetzt hat (BFH BStBl. II
80, 205). Der formale Auflösungstatbestand ist unerheblich. Nicht
veranlaßt ist die Auflösung durch Befristung (BFH BStBl. II 80,
393). Steuerfrei sind nur solche Abfindungen, die wegen der Auflösung des Arbeitsverhältnisses gezahlt werden (BStBl. II 80, 205).
Rückständige, bereits verdiente Löhne, Urlaubsgelder usw. sind
mithin steuerpflichtig, auch wenn sie als Abfindungen bezeichnet
werden. Für die Beurteilung, ob die Rückstände bereits verdient
sind, wird auf den vereinbarten Auflösungszeitpunkt abgestellt.
Steuerfrei sind mithin Löhne usw., wenn das Arbeitsverhältnis nur
zum 30. 9. kündbar war, aber bereits zum 30. 4. aufgelöst wird u. die
Löhne als Abfindung gezahlt werden (BFH BStBl. II 80, 205). Eine
steuerpflichtige Abfindung kann nach §§ 24 Nr. 1 a, 34 I, II EStG
steuerbegünstigt sein (BFH BStBl. II 79, 176). Die Abfindung wird
u. U. von einem → Erstattungsanspruch des → Arbeitsamtes wegen
Unterstützungsgewährung erfaßt (§ 117 AFG). Im → Konkurs genießt der Abfindungsanspruch keinen besonderen Vorrang (AP 14 zu
§ 61 KO = NJW 85, 1724). Der Abfindungsanspruch verjährt in
zwei Jahren *(a. A. 30 Jahre: EzA 12 zu § 9 KSchG n. F.)*. Ob die
Abfindung der Beitragspflicht zur gesetzlichen Sozialversicherung
unterliegt, war umstr. Das BAG u. BSG haben dies verneint (AP 6
zu § 10 KSchG 1969 = NJW 89, 1381 = NZA 89, 271 = BB 90,
1350). Lit.: Preis DB 88, 1387, 1444; Reinecke NZA 89, 577.

Künstler: Die Arbeitsverträge für die künstlerische Betätigung sind
nicht einheitlich.

I. *Bühnenkünstler:* 1. Die Arbeitsverträge der BK richten sich nach
dem BGB sowie regelmäßig nach Tarifverträgen, die durch den Deutschen Bühnenverein (DGB) bzw. Vereinigung Deutscher Opern-
chöre und Bühnentänzer (DAG) mit der entsprechenden AG-Vereini-
gung abgeschlossen worden sind. Das Tarifrecht erfaßt mit sog.
Normalverträgen Solisten (NV Solo), Opernchorsänger (NV Chor),
Balettänzer (NV Tanz) u. Bühnentechniker mit künstlerischer Tätigkeit (BTT). Daneben kommt Bühnenbräuchen erhebliche Bedeutung
zu. Keine Anwendung findet die GewO. 2. Die BK sind regelmäßig
AN; dies gilt auch , wenn sie aufgrund Spielzeitvertrag (Saisonvertrag
für eine oder mehrere Spielzeiten), Gastspielvertrag (für vorübergehende Zeit) o. Stückdauervertrag tätig werden. In jedem Fall verfügt

der Theaterunternehmer über ihre Arbeitskraft nach Art, Zeit und Ort. Unter BK nach NV-Solo sind Bühnenmitglieder zu verstehen, die innerhalb einer Kunstgattung (Oper, Operette, Schauspiel, Musical) als Einzeldarsteller auftreten. Daneben werden die mit ihnen künstlerisch zusammenwirkenden Personen erfaßt (Kapellmeister, Spielleiter, Dramaturgen, Singchordirektor, Tanzmeister, Repetitoren, Inspizienten, Souffleure sowie Personen ähnlicher Stellung). AG ist grundsätzlich der Unternehmer, der das Theater betreibt. Einschränkungen gelten für sog. Wanderbühnen. Die Arbeitsverträge sollen grundsätzlich schriftlich abgeschlossen werden. Im Vertrag sind Art (Kunstgattung und Kunstfach), Ort und Zeit der Leistung anzugeben. Ein Gastvertrag liegt nur dann vor, wenn die konkrete Aufgabe bereits im Vertrag festgelegt ist o. doch einvernehmlich festgelegt werden soll. Der BK hat Anspruch auf angemessene Beschäftigung u. einen unverzichtbaren Anspruch auf eine feste Gage. Ist er verpflichtet auf Aufführungen mitzuwirken, die von den Medien ausgestrahlt werden, besteht i. d. R. ein Anspruch auf Zusatzvergütung (AP 4 zu § 43 UrhG). Wird er nicht angemessen beschäftigt, so besteht ein Schadensersatzanspruch (AP 23 zu § 611 Bühnenengagementsvertrag). Besondere Bestimmungen bestehen für die Ausübung einer künstlerischen Nebenbeschäftigung. Da die Bühnenarbeitsverträge vielfach befristet sind, gebietet es der Schutz des BK, diesem das Auslaufen des Vertrages rechtzeitig mitzuteilen (AP 27 = NZA 87, 94; v. 15. 3. 89 – 7 AZR 316/88 –). Da die nicht Verlängerungsanzeige keine → Kündigung darstellt, ist eine → Anhörung des Betriebsrates entbehrlich (AP 32 zu § 118 BetrVG 1972 = DB 87, 847). Die Nichtverlängerungsmitteilung setzt eine vorherige Beurteilung der Fähigkeiten und eine Anhörung des BK voraus (AP 19 zu § 611 BGB Bühnenengagementsvertrag). Nach dem NV Chor sind Opernchorsängerinnen auch zu Gesellschaftstanzleistungen verpflichtet (AP 24 = NJW 87, 1446). Zur Unterbringung: v. 26. 4. 1990 – 6 AZR 589/88 –. Für die Rechtsstreitigkeiten der BK sind nach den Tarifverträgen regelmäßig die Bühnenschiedsgerichte zuständig. Gegen einen Schiedsspruch 1. o. 2. Instanz ist die arbeitsgerichtliche Aufhebungsklage (Frist!) nach § 110 ArbGG zum Arbeitsgericht (§ 38 BSchGO) zulässig (Lit.: Maurer/Riepenhausen ARBlattei, Künstlerische Tätigkeit II Bühnenkünstler).

II. Rechtsquellen des *Filmarbeitsrechts* sind die normalen arbeitsrechtlichen Rechtsquellen insbesondere das BGB sowie der Tarifvertrag für Film- und Fernsehschaffende und der Ergänzungstarifvertrag über Grundgagen zum Tarifvertrag für Film- und Fernsehschaffende. Dieser ist abgeschlossen zwischen der IG-Kunst (DGB) und drei Arbeitgeberverbänden (Bundesverband Deutscher Fernsehproduzenten, Arbeitsgemeinschaft neuer Deutscher Spielfilmproduzenten, Verband Deutscher Spielfilmproduzenten).

III. *Musiker* sind diejenigen, die sich schöpferisch (komponierend) o. nachschaffend (reproduzierend) im Bereich der Musik beruflich betätigen. Das Arbeitsrecht der reproduzierenden Musiker bestimmt sich nach dem BGB sowie, soweit die Dienstleistungen der Musiker kein höheres Kunstinteresse aufweisen, nach §§ 133a–133f GewO. Von besonderer Bedeutung ist der Tarifvertrag für die Musiker in Kulturorchestern vom 1. Juli 1971 (TVK) idF. ab 11. 6. 1981.

IV. Das Arbeitsrecht der *Artisten* wird bestimmt durch §§ 611ff BGB sowie durch einen Tarifvertrag vom 1. 9. 1978 abgeschlossen zwischen dem Internationalen Variete-Theater und Circus-Direktoren-Verband, Düsseldorf bzw. dem Verband Deutscher Theater und verwandter Unternehmen (Direktorenverband), München einerseits und dem JAL Berufsverband Show u. Unterhaltung in der IG-Kunst (DGB). Er gilt für Unterhaltungskünstler, das sind alle Personen, die zur Auf- o. Vorführung einer Darbietung o. zur Unterhaltung des Publikums in anderer Form verpflichtet sind. Der Engagementsvertrag soll möglichst schriftlich auf einem einheitlichen Formular abgeschlossen sein u. die Anschrift der Vertragsteile, Beginn, Dauer, Art des Engagementsvertrages u. Art der Darbietung, außergewöhnlichen Platzbedarf, Höhe der Gage u. Anzahl u. Dauer der Auftritte enthalten. Konventionalstrafen dürfen nur bis zur Höhe einer Gage vereinbart werden. Für die Rechtsstreitigkeiten sind die Arbeitsgerichte Düsseldorf und München zuständig.

Kur. I. Nach ständiger Rspr. hat ein → Angestellter für die Dauer von 6 Wochen Anspruch auf → Gehaltsfortzahlung, wenn ihm von einem Träger der Sozialversicherung o. einem sonstigen öffentl.-rechtl. o, privaten Sozialleistungsträger (private Krankenversicherung bei befreiten Sozialversicherungspflichtigen) eine K. o. ein Heilverfahren bewilligt wurde, dies auch dann, wenn er nicht arbeitsunfähig krank ist (§§ 616 BGB, 63 HGB, 133c GewO; AP 6, 21–23 zu § 63 HGB, 25, 26 zu § 133c GewO). Hat ein Sozialversicherungsträger die K. bewilligt, so ist die medizinische Notwendigkeit nicht mehr besonders zu prüfen (AP 2 zu § 7 LohnFG), es sei denn, daß ernsthafte Zweifel bestehen (AP 3 zu § 7 LohnFG). Ein Arbeiter hat nach § 7 LohnFG Anspruch auf → Krankenvergütung, wenn ein Träger der Sozialversicherung, eine Verwaltungsbehörde der Kriegsopferversorgung o. ein sonstiger Sozialleistungsträger eine Vorbeugungs-, Heil- o. Genesungskur bewilligt. Der Anspruch besteht auch dann, wenn er nicht arbeitsunfähig ist (AP 2 zu § 7 LohnFG). Eine Vorbeugungskur setzt voraus, daß der Träger der Sozialversicherung die Kur verantwortlich gestaltet; keine Kur liegt vor, wenn der AN sie in urlaubsmäßigem Zuschnitt verbringen kann (AP 4 zu § 7 LohnFG). Bei sonstiger K.bewilligung besteht kein Anspruch. Dasselbe gilt für die sich an die K. anschließende Schonzeit (§ 7 IV LohnFG). Der Arbeiter ist verpflichtet, dem AG unverzüglich eine Bescheinigung über die K.bewilligung, aus der sich Dauer u. Kostentragung ergeben, vorzulegen (AP 1 zu § 7 LohnFG). Entspr. wird kraft → Treuepflicht auch für den Angestellten gelten. Wird die K. im Anschluß an eine → Krankheit gewährt, so kann eine Fortsetzungserkrankung vorliegen (→ Krankenvergütung). Der Sozialversicherungsträger ist nicht verpflichtet, dafür zu sorgen, daß die K. innerhalb von sechs Monaten durchgeführt wird und damit ein Wegfall der Krankenvergütung bewirkt (*AP 6 zu § 7 LohnFG*). Zur Berechnung der 12monatigen Rahmenfrist: *AP 5 zu § 7 LohnFG*. Für den → öffentl. Dienst besteht eine Sonderregelung in § 50 BAT (Berger ZTR 87, 69).

II. Kuren u. Schonzeiten dürfen auf den → Urlaub nicht angerechnet werden, soweit der AN arbeitsunfähig ist. Darüber hinaus bestimmt § 10 BUrlG, daß auch dann eine Anrechnung ausgeschlossen ist, soweit der AN einen Anspruch auf → Krankenvergütung hat. Die Anrechnung von Schonzeiten ist bei → Arbeitern u. → Angestellten unterschiedlich geregelt. Während *Arbeiter* für die Dauer der Schonzeit nur dann Anspruch auf → Krankenvergütung haben, wenn sie arbeitsunfähig krank (auch wegen anderer Krankheit *BB 82, 1175*) sind (§ 7 IV LohnFG), hat das BAG seine frühere Rspr. für *Angestellte* bestätigt, wonach sie auch dann Krankenvergütung beanspruchen können, wenn sie im Anschluß an das Heilverfahren nicht krank sind (AP 10 zu § 10 BUrlG Schonzeit).

Kurzarbeit ist die vorübergehende Minderung der → Arbeitszeit. Sie wird i. d. R. durch Auftragsmangel o. durch techn. Umstände, wie Umbauten, veranlaßt, so daß der AG entweder Entlassungen vornehmen o. verkürzt arbeiten lassen muß. Unabhängig von K.-Gründen kann auch aus sonstigen Gründen gekündigt werden (AP 10 zu § 1 KSchG 1969 Betriebsbedingte Kündigung). Bei einer drohenden → Massenentlassung kann während der gesetzl. o. vom Landesarbeitsamt verfügten Sperrfrist mit dessen Genehmigung K. eingeführt werden. Zu einer Kürzung der → Arbeitsvergütung ist der AG jedoch erst ab dem Zeitpunkt berechtigt, in dem das Arbeitsverhältnis nach den allgemeinen gesetzlichen o. vereinbarten Bestimmungen enden würde (§ 19 KSchG). Vielfach finden sich in → Tarifverträgen Bestimmungen, die den AG berechtigen, unter gewissen Voraussetzungen nach Einhaltung einer Ankündigungsfrist K. einzuführen. Gelegentlich wird jedoch nur die lohnrechtliche Seite der K. geregelt (AP 18 zu § 611 BGB Bergbau). In keinem Fall kann durch Tarifvertrag die

Kurzarbeitergeld

Mitbestimmung des → Betriebsrats ausgeschaltet werden (AP 1 zu § 87 BetrVG 1972 Kurzarbeit). Auf die Einhaltung der Ankündigungsfrist kann weder der BR noch der einzelne AN wirksam verzichten; wird bereits vor Ablauf der Frist verkürzt gearbeitet, hat der AN vollen Vergütungsanspruch. Fehlt eine Kurzarbeitsklausel im Tarifvertrag, so kann diese im Wege der → Betriebsvereinbarung auch für Schwangere (AP 3 zu § 615 BGB Kurzarbeit) eingeführt werden. Der BR wird sogar ein Initiativrecht zur Einführung von Kurzarbeit haben, um Entlassungen zu vermeiden. Ist die Einführung nicht durch → Betriebsvereinbarung möglich, so muß der AG mit jedem einzelnen AN einen → Abänderungsvertrag schließen o. eine Änderungskündigung (→ Kündigung) aussprechen. Tarifl. Vorschriften über die Dauer der Arbeitszeit haben i. d. R. nicht die Bedeutung, K. auszuschließen, sondern lediglich bestimmte Höchstarbeitszeiten festzulegen (→ Kurzarbeitergeld). [*Beachte § 8 AFG (Meldepflichten)*]. Der Betriebsrat kann ein Mitbestimmungsrecht haben (§ 87 I Nr. 2, 3 BetrVG), wenn die K. in mittelbar von → Arbeitskämpfen betroffenen Betrieben verursacht ist (AP 70, 71 zu Art. 9 GG Arbeitskampf). Bei arbeitskampfbedingter Kurzarbeit ist der AG zur Zahlung der Vergütung an → Feiertagen auch dann verpflichtet, wenn er ohne den Feiertag an diesem Tage nach den Grundsätzen über die Verteilung des Arbeitskampfrisikos zur Verweigerung der Lohnzahlung berechtigt wäre (AP 38 zu § 1 FeiertagslohnzahlungsG).

Kurzarbeitergeld kann grundsätzl. in allen → Betrieben (BSG AP 1 zu § 63 AFG) u. Betriebsabteilungen auf Antrag (BSG NZA 90, 415) gewährt werden, in denen regelmäßig mindestens ein AN beschäftigt ist (§ 63 AFG). Ausgenommen sind nur die Betriebe, die keine regelmäßige Arbeitszeit haben, sowie solche des Schaustellergewerbes, Theater-, Lichtspiel- u. Konzertunternehmen. Das K. wird bis zur Höchstdauer von ½ Jahr gewährt. Indes kann durch RechtsVO die Bezugsfrist bis auf 2 Jahre verlängert werden (§ 67 II AFG). Weitere Ausnahme in Stahlindustrie. Vgl. VO v. 2. 3. 1989 (BGBl. I 352). K. wird nur gewährt, wenn der Arbeitsausfall unvermeidbar ist u. auf wirtschaftl. Ursachen einschließl. betriebl. Strukturveränderung (vorübergehende Stillegung) o. einem unabwendbaren Ereignis beruht, dem Arbeitsamt angezeigt worden ist u. der Ausfall in einem zusammenhängenden Zeitraum von mind. vier Wochen für mind. ⅓ der in dem Betrieb tatsächlich beschäftigten AN jeweils mehr als 10 v. H. der Arbeitszeit (§ 69 AFG) ausfällt (§ 64 I AFG). K wird nicht gewährt, wenn der Arbeitsausfall branchenüblich, betriebsüblich, saisonbedingt o. betriebsorganisationsbedingt ist (§ 64 III AFG). Anspruchsberechtigt sind grundsätzl. nur solche AN, die zur → Arbeitslosenversicherung beitragspflichtig sind u. das Arbeitsverhältnis ungekündigt fortsetzen o. aus zwingenden Gründen aufnehmen u. infolge des Arbeitsausfalles ein vermindertes o. kein Arbeitsentgelt erhalten (§ 65 AFG). Gekündigten AN kann bis zur Aufnahme anderer angemessener Arbeit K. gewährt werden. K. wird für jeden Verdienstausfall gezahlt. Das K. wird aus einer Tabelle abgelesen (VO v. 30. 11. 1988 (BGBl. I 2166); die Tabelle stellt ab auf das Arbeitsentgelt, das der AN ohne den Arbeitsausfall in der Arbeitsstunde erzielt hätte, u. auf die Zahl der Arbeitsstunden, die der AN am Ausfalltage innerhalb der Arbeitszeit (§ 69 AFG) geleistet hätte (§ 68 AFG). → Arbeitslosengeld. Gelegentlich ist der AG aufgrund von → Tarifverträgen verpflichtet, einen Zuschuß zum K. zu zahlen (AP 1 zu § 1 TVG Tarifverträge: Chemie = DB 85, 978, 1947).

L

Ladenschluß. Das LadenschlußG v. 28. 11. 1956 (BGBl. I 875) zuletzt geänd. am 10. 7. 1989 (BGBl. I 1382) enthält Normen des → Arbeitsschutzes u. schreibt für Verkaufsstellen, d. h. Ladengeschäfte aller Art, Tankstellen, Kioske usw., in denen von einer festen Stelle Waren zum Verkauf an jedermann feilgehalten werden, bestimmte Schlußzeiten vor. Das LadenschlußG war wegen der Einführung des Dienstleistungsabends stark umstr. Lit.: Altvater PersR 89, 286; Anzinger/Koberski NZA 89, 737; Löwisch NZA 89, 959; Zmarzlik DB 88, 119; 89, 1671. → Tarifverträge, die durch die Regelung der → Arbeitszeit den Dienstleistungsabend ausschließen sind zulässig (v. 27. 6. 89 – 1 AZR 404/88 – NZA 89, 969 = DB 89, 2228). Zu den Protokollnotizen: Weber NZA 89, 746. Lit.: Zmarzlik AR-Blattei, Ladenschluß I.

Landarbeiter. Für die in → Betrieben der Land- u. Forstwirtschaft einschl. ihrer Nebenbetr. beschäftigten AN gelten die Vorschriften des BGB. Die vorl. Landarbeitsordnung ist durch das 1. ArbRechts-BereinigungsG aufgehoben worden. Es bestehen im allgem. keine Besonderheiten mehr zum übrigen Arbeitsrecht.

Landesarbeitsgerichte sind die ausschließlich zweitinstanzlichen Gerichte der → Arbeitsgerichtsbarkeit. Sie entscheiden über die → Berufungen gegen → Urteile u. die Beschwerden gegen Beschlüsse im → Beschlußverfahren der → Arbeitsgerichte (§ 87 ArbGG). Außerdem sind die LAG Beschwerdegerichte gegen Beschlüsse u. Verfügungen der ArbG u. ihrer Vorsitzenden. Für das Berufungsverfahren gelten, soweit das ArbGG keine besonderen Vorschriften enthält, die der ZPO entspr. (§ 64 VI ArbGG). Die Berufungsfrist und die Frist für die Berufungsbegründung betragen je einen Monat (§ 66 I

Lebensversicherungen

ArbGG). Sie müssen von einem Verbandsvertreter oder einem →
Rechtsanwalt eingelegt u. begründet werden; auch in der mündlichen Verhandlung müssen sich die Parteien vertreten lassen. Die
Konzentrationsmaxime für neuen Tatsachenvortrag ist verschärft
(§ 67 ArbGG) u. eine Zurückverweisung wegen eines Mangels im
Verfahren des ArbG unzulässig (§ 68 ArbGG). Schaub im dtv, Meine Rechte und Pflichten im Arbeitsgerichtsverfahren, 4. Aufl. 1985.

Lebensversicherungen werden i. d. R. als Gruppenversicherungen
in der betrieblichen Altersversorgung eingesetzt (Schmidt/Störmer
NZA 87, 617). Die Gruppenversicherung unterscheidet sich von der
Einzelversicherung durch ein vereinfachtes Aufnahmeverfahren; für
die Beitragsberechnung werden wegen des durch die Gegenauslese
verringerten Risikos spezielle Gruppenversicherungstarife mit ermäßigten Beitragssätzen berechnet u. häufig werden bei unterjährlicher
Zahlungsweise das Aufgeld gesenkt sowie Aufnahmegebühren u.
Nebenkosten nicht erhoben. Bei der L. sind zu unterscheiden *a*) der
Versicherungsnehmer, *b*) der Versicherte, *c*) der Bezugsberechtigte,
d) der Versicherer. Bei Firmen-Gruppenversicherungen ist der Versicherungsnehmer der AG, Versicherter u. Bezugsberechtigter der AN
bzw. seine Hinterbliebenen u. Versicherer ein Unternehmen der Versicherungswirtschaft. Vor Eintritt des Versicherungsfalles erschöpft
sich die Verpflichtung des AG in der pünktlichen Beitragsentrichtung. Der AG kann bereits bei Erteilung der Versorgungszusage dem
AN ein unbeschränkbares Anwartschaftsrecht auf die Lebensversicherung zuwenden (§ 328 BGB), er kann sich jedoch auch vorbehalten, die Bezugsberechtigung zu widerrufen (BGH NJW 90, 256). Er
hat hierbei billiges Ermessen einzuhalten. Nach Ablauf bestimmter
Fristen wird die Lebensversicherung unverfallbar (§ 1 BetrAVG; →
Ruhegeld). (Zur Berücksichtigung der Überschußanteile: AP 3 zu § 1
BetrAVG Lebensversicherung = DB 87, 743). Widerruft der AG nach
Eintritt der Unverfallbarkeit die L., so wird er schadensersatzpflichtig
(AP 4 zu § 1 BetrAVG Lebensversicherung = NZA 88, 159). Hat der
AG die Lebensversicherung etwa zur Beschaffung von Betriebskrediten beliehen, so besteht eine Insolvenzsicherung (§ 7 BetrAVG; →
Ruhegeld). Lit.: Blomeyer DB 88, 962; BetrAV 89, 29; RdA 90, 65;
Höfer/Küpper BB 90, 849; Kamps BetrAV 89, 57; Metz DB 88, 1267.
Zum Mitbestimmungsrecht des → Betriebsrats vgl. → Betriebsratsaufgaben; → Ruhegeld. Vgl. Schaub u. a. Beck-Rechtsinformation im
dtv- → Vorsorge für das Alter. 3. Aufl. 1989.

Lehrling. Der Begriff des L. findet sich im die Berufsausbildungsverträge regelnden BBiG nicht mehr. Er ist durch den des → Auszubildenden ersetzt worden, der jedoch einen weiteren Bedeutungsumfang hat. Zu den Auszubildenden gehören auch die → Anlernlinge

früheren Rechts. Lediglich die HO verwendet zur Bezeichnung der
für einen Beruf vorzubereitenden Person noch das Wort L.; in Klammern wird jeweils „Auszubildender" hinzugesetzt. Daraus folgt, daß
auch die HO den Begriff des L. nunmehr i. S. des Auszubildenden
verwendet.

Leiharbeitsverhältnis. I. Ein L. liegt vor, wenn ein AG seinen
AN für vorübergehende Zeit an einen anderen Unternehmer derart
abgibt, daß unter Fortbestand des Vertragsverhältnisses der AN für
den Betr. des Entleihers nach dessen Weisungen zu arbeiten hat.
Vom *echten* L. wird dann gesprochen, wenn der AN mit seiner Zustimmung vorübergehend einem Dritten ausgeliehen wird; vom
unechten, wenn der AN von vornherein zum Zwecke der Arbeitsleistung bei Dritten eingestellt wird. Zur Regelung des unechten L. ist
das Arbeitnehmerüberlassungsgesetz – AÜG vom 7. 8. 1972 (BGBl.
I 1393) zul. geänd. 20. 12. 1988 (BGBl. I 2330) ergangen. Keine
Arbeitnehmerüberlassung ist gegeben bei Abordnung eines AN zu
Arbeitsgemeinschaften des AG (vgl. § 1 I 2 AÜG; Weisemann BB
89, 907). Es ist nicht anzuwenden zwischen AG desselben Wirtschaftszweiges zur Vermeidung von Kurzarbeit o. Entlassungen,
wenn ein für Entleiher u. Verleiher geltender Tarifvertrag dies vorsieht sowie zwischen Konzernunternehmen (§ 1 III AÜG). Der Konzern braucht nicht dem AktG zu unterliegen (AP 8 zu § 1 AÜG =
NZA 89, 18). Lit.: Martens DB 85, 2144. Von der Arbeitnehmerüberlassung zu unterscheiden sind Arbeitsverhältnisse der Montagearbeiter, die für ihren AG aufgrund eines Dienst- oder Werkvertrages ihres AG mit dem Dritten (AP 2 zu § 1 AÜG; AP 5 zu § 10 AÜG
= DB 83, 2420; BayObLG AP 3 zu § 1 AÜG; BB 83, 1161) in dessen
Betrieb arbeiten, die Beschäftigung von Wachmännern im bewachten Betrieb (v. 28. 11. 1989 – 1 ABR 90/88 – DB 90, 1139), Maschinen-Gestellungsverträge (AP 41 zu § 1 TVG Tarifverträge: Bau) sowie die → Arbeitsvermittlung. Eine unzulässige Arb.-Vermittl. ist
dann gegeben, wenn echte arbeitsvertragliche Beziehungen zwischen
Verleiher u. AN nicht begründet werden (BSG BB 70, 1398;
BayObLG AP 4 zu § 1 AÜG) o. die Überlassung an Dritte den
Zeitraum von sechs Monaten übersteigt. In diesen Fällen entsteht ein
Arbeitsverhältnis zum Entleiher (NZA 89, 812). Da der Anspruch
auf Arbeitsleistung i. Zw. nicht übertragbar ist, ist das Verleihen des
AN nur mit seiner Zustimmung möglich (§ 613 S. 2 BGB). Gewerbsmäßige Arbeitnehmerüberlassung in Betrieben des Baugewerbes ist unzulässig (§ 12a AFG). Dies ist verfassungsrechtlich zulässig
(BVerfG BB 88, 561). Ferner wird bestraft, wer ausländische AN
ohne die erforderliche → Arbeitserlaubnis überläßt (§§ 15, 15a
AÜG).

Leiharbeitsverhältnis

Zu Abgrenzungen von verwandten Verträgen: v. Hoyningen-Huene BB 85, 1669; Becker DB 88, 2561; Schaub Beil 3 zu NZA 85.

II. Zur Regelung unechter L. ist das AÜG erlassen worden.

1. AG, die Dritten (Entleihern) AN (LeihAN) gewerbsmäßig (AP 2 zu § 1 AÜG; BB 82, 2187) zur Arbeitsleistung überlassen wollen, bedürfen neben der Gewerbeerlaubnis einer weiteren Erlaubnis (§ 1 AÜG). Die *Erlaubnis* wird auf schriftlichen Antrag von der BAnstArb (LAA) erteilt (§§ 2 I, 17 AÜG). Sie wird grundsätzlich auf 1 Jahr befristet. Nur dann, wenn der AG drei aufeinanderfolgende Jahre erlaubt tätig war, kann sie unbefristet erteilt werden (§ 2 IV, V AÜG). War sie befristet erteilt, so ist spätestens drei Monate vor Ablauf des Jahres ihre Verlängerung zu beantragen. Sie gilt als verlängert, wenn sie nicht bis zum Ablauf des Jahres verweigert wird (§ 2 IV AÜG). Die Erlaubnis kann unter Auflagen und Bedingungen erteilt werden, um die Einhaltung des AÜG sicherzustellen (§ 2 II AÜG). Für die Bearbeitung von Anträgen auf Erteilung und Verlängerung der Erlaubnis werden Kosten erhoben (§ 2a AÜG). Überläßt ein AG ohne die erforderliche Erlaubnis seine AN Dritten, so ist er weitgehend auskunftspflichtig über solche Tatsachen, die diese zur Rechtfertigung ihrer Ansprüche gegen den Dritten benötigen (AP 7 zu § 10 AÜG = DB 84, 2044).

2. Die Erlaubnis kann aus den in § 3 AÜG aufgezählten Gründen versagt werden. *Versagungsgründe* sind insbes. mangelnde Zuverlässigkeit; Verstöße gegen Sozialversicherungs- u. Lohnsteuerrecht; befristeter Abschluß von L.: unbefristeter Abschluß von L. u. deren Kündigung u. Neueinstellung vor Ablauf von drei Monaten; Befristung des L. auf die erstmalige Überlassung usw.

3. Entspr. der Lehre vom Verwaltungsakt unterscheidet das AÜG zwischen der *Rücknahme* u. dem *Widerruf* der Erlaubnis. Sie kann zurückgenommen werden, wenn sie rechtswidrig war (§ 4 AÜG). Im Falle der Rücknahme kann die Erlaubnisbehörde schadensersatzpflichtig werden. Schadensersatzansprüche sind jedoch ausgeschlossen, wenn der AG die Erlaubnis erschlichen hat o. ihre Rechtswidrigkeit kannte o. grob fahrlässig nicht kannte. Der Widerruf der Erlaubnis ist zulässig, wenn er vorbehalten war, der AG eine Auflage nicht erfüllt, die Erlaubnisbehörde aufgrund nachträglich eingetretener Tatsachen o. infolge Veränderung der Rechtslage berechtigt wäre, die Erlaubnis zu versagen (§ 5 AÜG). Im Falle des Widerrufs erlangt der AG keine Schadensersatzansprüche.

4. Der Verleiher hat im Interesse seiner Überwachung Verlegung, Schließung o. Errichtung von Betrieben, Betriebsteilen o. Nebenbetrieben vorher *anzuzeigen*. Er hat der Erlaubnisbehörde Auskünfte zu

erteilen u. den Zutritt von Beamten der Erlaubnisbehörde zu seinem Grundstück u. seinen Geschäftsräumen zu gestatten. Durchsuchungen können nur durch einen Richter am Amtsgericht angeordnet werden (§ 7 AÜG). Zur Beobachtung des Arbeitsmarktes obliegen ihm statistische Mitteilungen an die Erlaubnisbehörde (§ 8 AÜG).

III. Beim L. sind *drei Rechtsbeziehungen* zu unterscheiden, nämlich zwischen Verleiher u. Entleiher, Verleiher u. LeihAN, Entleiher u. LeihAN.

1. Der Vertrag auf Überlassung von AN zwischen dem *Verleiher u. dem Entleiher* bedarf der Schriftform. In der Urkunde hat der Verleiher zu erklären, ob er die erforderliche Erlaubnis besitzt (§ 12 I AÜG). Ein ohne Beachtung der Schriftform o. ohne erforderliche Erlaubnis abgeschlossener Vertrag ist nichtig (§ 9 AÜG, § 125 BGB). GGf. können gegen den Entleiher Ansprüche aus ungerechtfertigter Bereicherung bestehen, wenn der Verleiher die Arbeitnehmer entlohnt hat und der Entleiher insoweit Aufwendungen erspart (BGH NJW 80, 452). Wird die Erlaubnis zur Arbeitnehmerüberlassung nicht verlängert, zurückgenommen o. widerrufen, so hat der Verleiher den Entleiher unverzüglich (§ 121 BGB) zu unterrichten (§ 12 II AÜG). Abreden zwischen Verleiher u. Entleiher, wonach dieser sich verpflichtet, nach Beendigung des Leiharbeitsverhältnisses den LeihAN nicht einzustellen, sind unwirksam (§ 9 Nr. 4 AÜG). Der Verleiher kann dem Entl. verpflichtet sein, die charakterl. Fähigkeiten des LeihAN zu überprüfen (BGH NJW 75, 1695). Im Verhältnis zu Dritten kann der LeihAN Verrichtungsgehilfe (§ 831 BGB) des Verleihers sein (AP 2 zu § 831 BGB = NZA 89, 340). Vielfach versuchen Verleiher, das AÜG durch den Abschluß von Werkverträgen mit dem Entleiher zu umgehen, obwohl sie weder die sachl. noch personellen Voraussetzungen für die Erbringung von Werkleistungen haben (AP 2 zu § 1 AÜG). Der → Betriebsrat des Entleihers kann Einsicht in den Vertrag verlangen, aufgrund dessen die LeihAN beschäftigt werden (AP 33 zu § 80 BetrVG 1972 = DB 89, 978).

2. Der *Verleiher* ist verpflichtet, den wesentlichen Inhalt des Arbeitsverhältnisses mit dem *LeihAN* in eine von ihm zu unterzeichnende Urkunde o. einen schriftlichen Arbeitsvertrag aufzunehmen, die Urkunde dem LeihAN auszuhändigen u. eine Durchschrift drei Jahre aufzubewahren (§ 11 AÜG). Der Vertrag ist indes auch ohne Einhaltung der Schriftform wirksam. Jedoch kann der AG schadensersatzpflichtig werden u. für den AN nach Abmahnung ein Recht zur ao. → Kündigung erwachsen. In die Urkunde sind aufzunehmen: 1. Firma und Anschrift des Verleihers, die Erlaubnisbehörde sowie Ort u. Datum der Erteilung der Erlaubnis nach § 1; 2. Vor- u. Familiennamen, Wohnort u. Wohnung, Tag u. Ort der Geburt des Leih-

Leiharbeitsverhältnis

AN; 3. Art der von dem LeihAN zu leistenden Tätigkeit u. etwaige Pflicht zur auswärtigen Leistung: 4. Beginn u. Dauer des Arbeitsverhältnisses, Gründe für eine Befristung; 5. Fristen für die Kündigung des Arbeitsverhältnisses; 6. Höhe des Arbeitsentgelts u. Zahlungsweise; 7. Leistungen bei Krankheit, Urlaub u. vorübergehender Nichtbeschäftigung; 8. Zeitpunkt u. Ort der Begründung des Arbeitsverhältnisses. Der Verleiher ist ferner verpflichtet, dem LeihAN ein Merkblatt der BAnstArb. über den wesentlichen Inhalt des AÜG auszuhändigen; bei ausländischen AN muß dies in deren Muttersprache verfaßt sein. Die Kosten trägt der Verleiher (§ 11 II AÜG). Über besondere Mitteilungspflichten des Verleihers (§ 11 III AÜG).

Im Interesse des Schutzes des LeihAN sind eine Reihe von Vertragsbedingungen zwischen LeihAN u. Verleiher rechtsunwirksam. a) Es können keine → Aushilfsarbeitsverhältnisse mit verkürzten Kündigungsfristen (§ 622 IV BGB) vereinbart werden (§ 11 IV AÜG). Das Recht des LeihAN auf Vergütung bei → Annahmeverzug (§ 615 BGB) kann nicht ausgeschlossen werden. Hierdurch soll sichergestellt werden, daß der Verleiher auch dann zur Lohnfortzahlung verpflichtet ist, wenn er vorübergehend keine Arbeit hat. b) Befristungen des Leiharbeitsverhältnisses sind unwirksam, es sei denn, daß für den Abschluß des → befristeten Arbeitsvertrages ein sachlicher Grund aus der Person des LeihAN besteht (§ 9 AÜG). c) Verbote, nach Beendigung des Leiharbeitsverhältnisses ein Arbeitsverhältnis mit dem Entleiher zu begründen, sind unwirksam (§ 9 AÜG). d) Das Gesetz will verhindern, daß ein Verleiher sich den Verpflichtungen eines Arbeitgebers dadurch entzieht, daß er ein Arbeitsverhältnis begründet, aber alsbald wieder kündigt, wenn er z. B. den AN ausgeliehen hat (AP 1 zu § 9 AÜG = DB 88, 54). Es bestimmt daher, daß → Kündigungen dann unwirksam sind, wenn der Verleiher den LeihAN innerhalb von drei Monaten wieder einstellt (§ 9 AÜG). In diesem Fall ist der Verleiher ohne Arbeitsangebot zur Vergütungsfortzahlung verpflichtet (§ 10 IV AÜG). Der LeihAN muß sich etwaigen Zwischenverdienst anrechnen lassen.

Schließt ein Verleiher ohne die erforderliche Erlaubnis (oben II 1) einen Vertrag mit einem LeihAN, so ist dieser unwirksam (§ 9 Nr. 1 AÜG). Er haftet alsdann dem LeihAN auf Schadenersatz (§ 10 II AÜG). Darüber hinaus bestimmt aber § 10 I AÜG, daß zwischen dem Entleiher u. dem LeihAN zu dem Zeitpunkt, der für den Beginn der Tätigkeit vorgesehen ist, ein Arbeitsverhältnis als zustande gekommen gilt (NJW 77, 1413). Dasselbe gilt, wenn die Unwirksamkeit des Arbeitsvertrages erst später, etwa wegen Ablaufs, Rücknahme, Widerrufs der Erlaubnis eintritt o. die Überlassung länger als 6 Monate erfolgt (NZA 89, 812). Zahlt der Verleiher trotz bestehender Unwirksamkeit des Vertrages die Vergütung, so ist er auch gehalten, die hierauf entfallenden Beiträge zur Sozialversicherung zu zahlen (§ 10 III AÜG). Zur Lohnsteuer vgl. § 42d EStG. Lohnforderungen aus einem fingierten Arbeitsverhältnis werden i. S. der tariflichen Verfallfristen des § 16 BRTV-Bau erst fällig, wenn der Entleiher seine Schuldnerstellung eingeräumt hat (AP 6 zu § 10 AÜG = DB 84, 54). War die Beschäftigung nur befristet, so gilt auch der fingierte Arbeitsvertrag als befristet. Den Parteien ist unbenommen, den fingierten Arbeitsvertrag durch Abschluß eines neuen abzulösen (AP 1 zu § 10 AÜG).

3. Zwischen Entleiher u. LeihAN kommt grundsätzlich ein Arbeitsvertrag nicht zustande (Ausnahme bei Fehlen der Erlaubnis (oben III 2 a. E.). Gleichwohl hat der Entleiher nach § 28a IV SGB IV Beginn u. Ende der Überlassung der zuständigen Stelle zu melden (vgl. 2. DEVO). Nach § 28e SGB IV haftet der Entleiher auf die Abführung der Sozialversicherungsbeiträge als selbstschuldnerischer Bürge. Zahlt der Entleiher die Beiträge, so werden sie von der Einzugsstelle in die – Versicherungskarte eingetragen. Der LeihAN unterliegt dem → Direktionsrecht des Entleihers. Sie sind bei der Wahl des → Betriebsrats im gleichen Betrieb weder wahlberechtigt noch wahlfähig (§ 14 AÜG). Dies gilt auch in echten LeihAV (AP 2 zu § 14 AÜG = NZA 89, 728). Sie können sich allein auf einige betriebsverfassungsrechtliche Grundrechte berufen. Das Arbeitsverhältnis kann nur von und gegenüber dem Verleiher gekündigt werden, jedoch hat AN ao. Kündigungsrecht, wenn Entleiher die Fürsorgepflicht verletzt. Der AN kann von dem Entleiher nicht die Fortsetzung des Verhältnisses verlangen, wenn das Verhältnis zwischen Entl. u. Verleiher endet (AP 1 zu § 611 BGB Leiharbeitsverhältnis). Gegenüber Schadensersatzansprüchen des Entl. kann sich der AN auf Grundsätze der → gefahrgeneigten Arbeit berufen (BGH NJW 73, 2020). Will der Entleiher den LeihAN in seinen Betrieb eingliedern, hat der Betriebsrat ein Mitbestimmungsrecht nach § 99 BetrVG (→ Betriebsratsaufgaben) (AP 2 zu § 99 BetrVG 1972; AP 3 zu § 117 BetrVG 1972 = DB 86, 331). Der AG hat den Arbeitnehmerüberlassungsvertrag mit dem Verleiher, dagegen nicht dessen Arbeitsverträge mit den LeihAN dem Betriebrat vorzulegen (AP 6 zu § 99 BetrVG 1972).

Lohn → Arbeitsvergütung.

Lohnabzüge. Zu unterscheiden sind gesetzl. u. vertragl. vereinbarte L. Zu den gesetzl. gehören → Lohnsteuern, → Kirchensteuern u. → Sozialversicherungsbeiträge. Zu deren Einbehaltung ist der AG kraft Gesetzes verpflichtet.

Lohnausfallprinzip

Lohnausfallprinzip. Hat ein AG ohne Arbeitsleistung die → Arbeitsvergütung fortzuzahlen, so wird zur Berechnung der ArbVerg. in den G. unterschiedlich das L. o. die → Referenzmethode verwandt. Das L. besagt, daß der AG die Verg. zu zahlen hat, die der AN erzielt hätte, wenn er weitergearbeitet hätte. Zur Ermittlung der Verg. ist auf einen vergleichbaren AN derselben Arbeitsgruppe o. des Betriebes abzustellen. Das L. liegt z. B. der → Krankenvergütung o. der Vergütungsfortzahlung beim → Annahmeverzug des AG zugrunde.

Lohneinbehaltungsabrede ist eine Vereinbarung zwischen AN u. AG, aufgrund deren der AG den Lohn am Fälligkeitstage nicht auszuzahlen, sondern zu bestimmten Zwecken (etwa zur Auffüllung einer → Kaution, vermögenswirksamen Anlage usw.) zu verwenden hat. Grundsätzl. ist eine Einbehaltung nur bis zur Höhe der Pfändungsfreigrenzen zulässig, soweit der Lohn zugunsten des AG verwandt wird (→Arbeitsvertragsbruch).

Lohnfortzahlung → Krankenvergütung.

Lohnpfändung. I. Erfüllt ein AN die von ihm eingegangenen Zahlungsverpflichtungen nicht, so kann sein Gläubiger (Gl.) dessen Forderung auf → Arbeitsvergütung gegen den AG pfänden und sich nach Wahl an Zahlungs Statt o. zur Einziehung überweisen lassen (§§ 829, 835 ZPO). In der Praxis erfolgt wegen der möglichen Insolvenz des AG nur die Überweisung zur Einziehung. Der gepfändete AN wird Schuldner (Sch.) u. der AG Drittschuldner (DSch.) genannt.

II. *Antrag auf L.* 1. Die L. setzt einen *Pfändungsantrag* voraus, der i. d. R. auf einem Formblatt gestellt wird. Der Antrag ist schriftl. o. zu Protokoll der Urkundsbeamten der Geschäftstelle (§ 496 ZPO) an das zuständige Vollstreckungsgericht zu richten. Zuständig ist das Amtsgericht, in dessen Bezirk der AN seinen allgem. Gerichtsstand (Wohnsitz) hat o. in dem der AN einer dauernden Erwerbstätigkeit nachgeht (§§ 828, 13, 23 ZPO). Der Pfänd.-Antr. muß enthalten: *a)* Die genaue Bezeichnung des Gl. u. Sch. nach Berufsstand, Vor- und Zuname sowie Anschrift. Fehler in der Bezeichnung des Sch. können zur Unwirksamkeit des Pfändungs- u. Überweisungsbeschlusses (Pf.- u. ÜBeschl.) führen, z. B. bei Namensverwechslung (AP 4 zu § 850 ZPO). Dem DSch. kann nicht zugemutet werden, Ermittlungen anzustellen. *b)* Die genaue Bezeichnung der Forderung, wegen der gepfändet werden soll. Bei Pfdg. wegen Unterhaltsford. erlangt der Gl. eine Vorzugsstellung (§ 850d ZPO). Dem Pfänd.-Antrag sind der mit der Vollstreckungsklausel (§ 724 ZPO) versehene zu vollstreckende Titel (§§ 704, 794 ZPO) u. dessen Zustellungsnachweis (§ 750 ZPO) beizufügen. Das Vollstr.-Ger. gibt die Unterlagen nach Erlaß des Pf.- u. ÜBeschl. zurück. *c)* Die genaue Bezeichnung des DSch. nach Vor- u. Zuname, Anschrift usw. Seine unrichtige Bezeichnung ist dann unschädlich, wenn der wahre Sachverhalt offenkundig ist u. der Schuldner u. die Forderung zweifelsfrei bezeichnet sind (AP 7 zu § 850 ZPO). *d)* Die Bezeichnung der zu pfändenden Forderung. Dies kann eine gegenwärtige o. zukünftige Lohnford. sein (§ 832 ZPO); sie muß jedenfalls hinreichend bestimmt sein (BGH AP 4 zu § 829 ZPO). Die zukünftige F bleibt auch erfaßt, wenn das Arbeitsverhältnis inhaltlich geändert wird. Die rechtl. fehlerhafte Qualifizierung ist unschädlich, z.B. wird durch ein das Arbeitseinkommen pfändender Pf.- u. Ü-Beschl. auch die Werklohnforderung des freien Mitarbeiters erfaßt (AP 8 zu § 850 ZPO). *e)* Angaben über den Familienstand des Sch., soweit sie bekannt sind. Der Gl. braucht hierüber zwar keine Nachforschungen anzustellen; ihre Angabe empfiehlt sich jedoch, da sonst der Sch. bei dem Vollstr.-Ger. Erinnerung einlegen kann (§ 766 ZPO) u. hierdurch ein vermeidbarer Zeitverlust eintritt. *f)* Sofern bekannt ist, empfiehlt es sich, Angaben über die Höhe des Einkommens des Sch. zu machen. Bei Pfdg. wegen Unterhaltsforderung kann alsbald der pfändungsfreie Betrag festgesetzt werden (§ 850d); bei Einkommen aus mehreren Quellen (Sozialversicherungs-Renten, Ruhegehälter usw.) kann gegebenenfalls Zusammenrechnung erfolgen (§ 850e Nr. 2, 2a ZPO); bei Leistungen aus dem SGB, wenn dies der Billigkeit entspricht. *g)* Zugleich mit der Pfändg. wird zweckmäßig die Überweisung beantragt; denn erst mit dieser erlangt der Gl. einen Zahlungsanspruch gegen den DSch., den er mit der → Drittschuldnerklage verfolgen kann. *h)* Das Ersuchen an die Geschäftstelle, die Zustellung des Pf.- u. ÜBeschl. an den DSch. u. den Sch. zu vermitteln. Ein abweichender Antrag empfiehlt sich nur dann, wenn die Zustellung noch nicht sofort erfolgen soll. *i)* Der Pfdgs.-Antrag wird ferner zweckmäßig darauf gerichtet, dem DSch. die Pflichten aus § 840 ZPO auferlegen zu lassen. Diese gehen dahin, sich darüber zu erklären, ob u. inwieweit er die Forderung als begründet anerkenne und Zahlungen zu leisten bereit sei; ob u. welche Ansprüche andere Personen an die Forderung machen; ob u. wegen welcher Ansprüche die Forderung bereits für andere Gl. gepfändet sei.

2. *Vorpfändung.* Wäre der Erlaß des Pf.- u. ÜBeschl. verspätet, weil der Sch. die Forderung zuvor eingezogen hätte, kann der Gl. eine Vorpfändung durchführen (§ 845 ZPO). Sie ist eine Pfändungsankündigung, die zulässig ist, sobald der Gl. einen vollstreckbaren Schuldtitel (nicht nötig vollstreckbare Ausfertigung) besitzt. Sie wird dadurch bewirkt, daß der Gl. in dreifacher Ausfertigung durch

Lohnpfändung

den Gerichtsvollzieher am Betriebssitz des DSch. diesem die Pf.-
Ank. zustellen läßt. Sie enthält die genaue Bezeichnung (Namen u.
Anschrift) von Gl., Sch. u. DSch., Bezeichnung der Forderungen u.
des Titels (Urteil über Hauptforderung, Zinsen, Kosten) wegen der
Pfdg. bevorsteht, das Verbot an den DSch., an den Sch. zu zahlen, u.
an den Sch., sich der Verfügung über die Forderung, insbesondere
der Einziehung zu enthalten, sowie den Hinweis, daß die Vorpfdg.
die Wirkung eines dingl. Arrestes hat. Der Gerichtsvollzieher hat die
Aufforderungen zu fertigen, wenn er hierfür ausdrücklich beauftragt
worden ist. Er stellt die Vorpfdg. zunächst dem DSch. u. alsdann
dem Sch. zu. Wird die Lohnforderung alsdann binnen drei Wochen
gepfändet, hat die Vorpfdg. die Wirkung eines dingl. Arrestes. Das
führt dazu, daß der DSch. nicht mehr durch Zahlung an den Sch. frei
wurde u. zwischenzeitl. ausgebrachte Pfdgen dem vorpfändenden
Gl. im Range nachgehen (§ 804 ZPO).

III. Das *Gericht* erläßt ohne vorherige Anhörung des Sch. (§ 834
ZPO) den Pf.- u. ÜBeschl., es sei denn, daß der Antrag nicht ordnungsgemäß gestellt wird o. die zu pfändende Forderung offensichtlich nicht besteht. Bei entspr. Ersuchen vermittelt die Geschäftsstelle
die Zustellung. Eine Ausfertigung des Beschlusses stellt der Gerichtsvollzieher dem DSch. zu. Die Zustellung kann auch im Wege
der Ersatzzustellung (§§ 181 ff. ZPO) erfolgen, z.B. an Gewerbege-
hilfen im Geschäftslokal des DSch. (§ 183 ZPO). Dies kann wegen
der Interessenkollision nicht der Schuldner sein (AP 1 zu § 185 ZPO;
AP 7 zu § 829 ZPO). Über die Zustellung fertigt der Gerichtsvollzieher eine Urkunde, die i.d.R. mit einer weiteren Ausfertigung verbunden und alsdann dem Gl. übersandt wird. Zwar ist auch eine
Zustellung durch die Post möglich (billiger); sie ist aber unzweckmäßig, weil nur durch den Gerichtsvollzieher die Fragen nach § 840
ZPO (II 1 i, V) gestellt werden können. Mit Zustellung an den DSch.
ist die Pfdg. u. Überweisung bewirkt (§§ 829 III, 835 III ZPO).
Zugleich stellt der Gerichtsvollzieher den Beschluß mit einer Abschrift der Zustellungsurkunde dem Sch. zu (§§ 829 II, 835 III ZPO).
Die Bewirkung der Pfdg. u. Überweisung hat 4 Rechtsfolgen: a) Der
DSch. darf, soweit die Pfdg. reicht, nicht mehr an den Sch. zahlen.
b) Der Gl. kann über die gepfändete und überwiesene Forderung
verfügen, sie also einziehen, abtreten usw. Auf ihn gehen auch sämtl.
Vorrechte über (AP 9 zu § 850d ZPO). c) Der AN kann über die
gepfändete Forderung nicht mehr verfügen. Eine Verfügung ist gegenüber dem Gl. unwirksam. d) Die Frist von zwei Wochen, binnen
der sich der DSch. nach § 840 ZPO zu erklären hat, beginnt zu
laufen. Schließt der PfdgGl. mit dem AN u. Drittschuldner eine
Stundungsvereinbarung, so ist diese gegenüber einem nachrangigen

Gl. unbeachtlich. Dieser kann Zahlung verlangen, wenn die Forderung ohne StV hätte getilgt sein können (AP 4, 5 zu § 829 ZPO).

IV. *Der AN hat eine Doppelstellung*. Er ist Gl. der Lohnforderung u. Sch. des Gl., der in seinen Lohn vollstreckt. 1. *In seinem Verhältnis zum AG* ist er befugt, das Arbeitsverhältnis entspr. den vertragl. Abmachungen mit seinem AG zu beenden. Der Pf.- u. ÜBeschl. wird alsdann wirkungslos. Dasselbe gilt, wenn AN von einer Arbeitsgemeinschaft mehrerer Bauunternehmen zu einem Partner der Arbeitsgem. versetzt wird, wenn Pf.- u. ÜBeschl. nur der Arbeitsgem. zugestellt war (*AP 3 zu § 823 ZPO*). Begründet er ein neues Arbeitsverh. mit seinem AG, muß grundsätzlich ein neuer Pf.- u. ÜBeschl. ausgebracht werden. Dies gilt nur dann nicht, wenn die mehreren Arbeitsverh. nach der Verkehrsanschauung als einheitl. aufgefaßt werden (AP 1, 2 zu § 832 ZPO). Jedoch ist es unzweckmäßig, durch mehrfachen Stellenwechsel die L. zu hintertreiben, da jede Pfdg. vom AN zu ersetzende Kosten verursacht u. nur die Schuldenlast vergrößert. Die Pfdg. erfaßt immer nur den Nettolohn; der AG bleibt also verpflichtet, → Lohnsteuern u. → Sozialversicherungsbeiträge (§ 850e ZPO) von der gesamten Arbeitsvergütung abzuführen. Unpfändbar sind auch die Sachbezüge, da die Pfdg. den Inhalt der Leistung verändern würde (§§ 399 BGB, 851 ZPO) und sie für den Empfänger zweckgebunden sind. Allerdings ist der Wert der Naturalbezüge mit der für die Sozialversicherung festgesetzten Höhe (→ Arbeitsvergütung; umstr.) bei der Berechnung der Pfdgs.-Freigrenze zu berücksichtigen. Verwandelt sich der Anspruch auf Naturalleistung in einen Geldanspruch, so wird er von der Lohnpfändung im Rahmen der → Pfändungsschutzvorschriften ergriffen. 2. *Im Verhältnis zum Gl.* muß sich der AN zwei Fragen vorlegen, nämlich, ob u. was er diesem schuldet sowie weiter, in welchem Umfang sein Lohn gepfändet werden kann. a) *Ob er Sch. ist,* ist in einem anderen Verfahren, das mit einem der in §§ 704, 794 ZPO genannten Titel endete, bereits festgestellt. Wird die L. aufgrund eines Urteils betrieben, so ist die Verteidigung gegen die festgestellte Forderung i.d.R. aussichtslos. Dem AN stehen lediglich folgende Möglichkeiten offen. aa) Erfolgte die L. bereits aufgrund eines vorläufig vollstreckbaren, aber noch nicht rechtskräftigen Urteils, so kann er bei späterer Aufhebung des Urteils nach § 717 ZPO Schadensersatz vom Gl. verlangen. bb) Betreibt der Gl. aufgrund eines rechtskräftigen Urteils die Vollstreckung, so ist der AN i.d.R. mit allen Einwendungen ausgeschlossen, die er im Vorverfahren hätte geltend machen können. Dies gilt nur dann nicht, wenn er die Rechtsmittelfrist versäumt und die Voraussetzungen der → Wiedereinsetzung in den vorigen Stand vorliegen u. das Urteil schließlich aufgehoben wird o. wenn die Voraussetzungen einer Nichtigkeits- (§§ 578, 579 ZPO) bzw. Restitutionsklage (§§ 578, 580 ZPO) vorliegen u. das Urteil aufgehoben wird. Bis zur Aufhebung des Urteils o. vorläufigen Einstellung der Zwangsvollstreckung wird jedoch die Vollstreckung durchgeführt. cc) Ist der AN rechtskräftig zu künftig fällig werdenden, wiederkehrenden Leistungen verurteilt worden (Unterhaltsleistung), so kann er bei wesentlicher Veränderung der Verhältnisse nach Erlaß des Urteils eine Abänderungsklage nach § 323 ZPO erheben. dd) Sind Einwendungen gegen die festgestellte Forderung nach Erlaß des Urteils erwachsen (teilweise Abzahlung, Erlaß der Schuld usw.), so kann eine Vollstreckungsgegenklage (§ 767 ZPO) bei dem Prozeßgericht des 1. Rechtszuges, von dem das Urteil erlassen ist, erhoben werden. b) Will der AN sich gegen die *Art und Weise* der Zwangsvollstreckung wenden, so muß er dagegen beim Vollstreckungsgericht Erinnerung (§ 766 ZPO) einlegen. Mit diesem Rechtsbehelf kann gerügt werden, der Pf.- u. ÜBeschl. habe nicht erlassen werden dürfen; die Familienverhältnisse hätten sich geändert, daher sei der im Pf.-u. ÜBeschl. festgesetzte Pfändungsfreibetrag höher, vor allem aber die → Pfändungsschutzbestimmungen seien nicht eingehalten. Zahlr. L. können den AG nach vorheriger Abmahnung zur ordentl. → Kündigung des Arb. Verh. berechtigen (umstr.). Dies jedenfalls dann, wenn sie im Einzelfall einen solchen Arbeitsaufwand des AG verursachen, daß dies zu wesentlichen Störungen im Ablauf der betrieblichen Organisation führt (AP 4 zu § 1 KSchG Verhaltensbedingte Kündigung).

V. *Der AG hat gleichfalls eine Doppelstellung.* Er ist Lohnschuldner eines AN u. DSch. des Gl. 1. a) Nach Zustellung des Pf. u. ÜBeschl. erwächst für den AG zumeist die kostenlose (AP 4 zu § 840 ZPO = NJW 85, 1181) Verpflichtung nach § 840 ZPO, die ihm vom Gl. gestellten Fragen (oben II 1 i) zu beantworten (Vorpfändung oben II 2 nicht ausreichend). Die Antwort auf die Frage, ob u. inwieweit er die Forderung als begründet anerkenne u. Zahlung zu leisten bereit sei, enthält eine Wissenserklärung. Dagegen ist sie kein selbständiges oder deklaratorisches → Schuldanerkenntnis (BGH NJW 78, 44). Der DSch. kann sie daher widerrufen, trägt dann aber die Beweislast u. wird u. U. nach § 840 ZPO schadensersatzpflichtig. Die Antwort auf die Fragen, ob noch andere Personen Anspruch auf die Lohnforderung erheben o. ob diese vorgepfändet ist, ist eine Tatsachenmitteilung. Die Auskunftspflicht ist nach h. M. auf die Beantwortung der Fragen begrenzt; daher z. B. keine erneute Mitteilung bei Veränderung der Umstände o. Aufschlüsselung nach Brutto- o. Nettoverdienst (BGH NJW 83, 687). Erfüllt der AG die Auskunftspflicht nicht, nicht vollständig o. unrichtig, so kann der Gl. nicht auf Auskunft (BGH NJW 77, 1199; ZIP 84, 295), wohl aber unmittelbar auf Zahlung klagen. Der AG wird jedoch u. U. nach § 840 II ZPO schadensersatzpflichtig. Der Anspruch setzt Verschulden voraus (AP 2 zu § 840 ZPO). Zum Schadensersatz gehört auch der Anwaltskostenersatz (v. 16. 5. 90 – 4 AZR 56/90 –; unter Aufgabe von AP 3, 10, 13, 14 zu § 61 ArbGG Kosten; ebenso BGH AP 2, 3 zu § 840 ZPO). b) Ist dem AG ein Pf.- u. ÜBeschl. zugegangen, so muß er diesem nach den Grundsätzen des Zwangsvollstreckungsrechts auch dann nachkommen, wenn dieser Mängel aufweist. Nach 836 II ZPO gilt der ÜBeschl. zugunsten des DSch. dem Sch. gegenüber so lange als rechtsbeständig, bis er aufgehoben wird u. die Aufhebung zur Kenntnis des DSch. gelangt ist. Erkennt der AG, daß dem Pf.- u. ÜBeschl. Mängel anhaften, so wird er selbst Erinnerung (§ 766 ZPO) einlegen (AP 4 zu § 850d ZPO) o. seinen AN entsprechend unterrichten (unter 2). Er kann Mängel auch im Rahmen der → Drittschuldnerklage geltend machen (AP 3 zu § 829 ZPO, a. A. NJW 76, 851). Nach Zustellung des Pf.- u. ÜBeschl. darf der AG nicht mehr an den AN zahlen, soweit die Lohnforderung gepfändet ist, anderenfalls er doppelt zahlen muß. Behält ein Kellner die ihm zustehenden Bedienungsprozente ein, so muß der AG deren Herausgabe zur Befriedigung des DSch. verlangen (AP 4 zu § 611 BGB Kellner). Er hat selbst unter Berücksichtigung der → Pfändungsschutzbestimmungen die gepfändete Forderung zu berechnen sowie weiterhin die Forderung nebst Zinsen und Kosten an den Gl. abzuführen. Sofern der AN behauptet, er habe noch Zahlungen auf die Forderung, wegen der gepfändet wurde, geleistet, nimmt der AG zweckmäßig Verbindung mit dem Gl. auf. Sofern eine zufriedenstellende Aufklärung nicht zu erreichen ist, kann das gepfändete Geld beim Amtsgericht (Hinterlegungsstelle) hinterlegt werden (§ 372 BGB). Den gepfändeten Lohnbetrag hat der AG dem Gl. an seinen Wohn- o. Geschäftssitz auf Kosten des AN zu überweisen. Die Bearbeitungskosten trägt gleichfalls der AN; da diese jedoch technisch nicht ausgewiesen werden können, muß der AN i. d. R. nur dann bezahlen, wenn sie in einer → Betriebsvereinbarung pauschaliert u. dem AN in Rechnung gestellt werden. c) Die Klage, mit der der Gl. die Zahlungsansprüche aus dem Pf.- u. ÜBeschl. verfolgt, heißt → Drittschuldnerklage. 2. a) Dem AG obliegt aus dem Arbeitsverhältnis die → Fürsorgepflicht. Er hat zwar die Lohnpfändungsbestimmungen einzuhalten, darf aber auftretende Zweifelsfragen nicht schlechthin zum Nachteil seiner AN entscheiden. Schon zur Hebung der Arbeitsmoral und weiterer gedeihlicher Zusammenarbeit wird er daher den AN über etwaige Mängel des Pf.- u. ÜBeschl. unterrichten (z. B. fehlerhafte Berechnung des Pfändungsfreibetrages usw.) anderenfalls er u. U. schadensersatzpflichtig werden kann. b) Der Pf.- u. ÜBeschl. erfaßt die Lohnforderung, Provisionen (AP 3 zu § 850 ZPO), Urlaubsgeld (AP 5 zu § 850 ZPO), zumeist → Urlaubsabgeltungen (Gaul NZA 87, 473) → Krankenvergütungen und Abfindungen nach dem KSchG (→ Kündigungsschutzklage) (AP 1 zu § 850 ZPO) in ihrer jeweiligen Höhe, bis die zugrunde liegende Forderung des Gl. getilgt ist. Erhält der AN ein → Ruhegeld, so ist die Rente der Sozialversicherung u. das Ruhegehalt zusammenzurechnen u. der Pfändungsbetrag ausschließlich aus dem Ruhegehalt zu entnehmen (vgl. II 1f). Hatte der AN seine Forderung zur Sicherung von gegen ihn gerichtete Forderungen von Banken abgetreten, so schlägt die Lohnpfändung ins Leere; sie bleibt nach h. M. auch unwirksam, wenn demnächst eine Rückabtretung erfolgt (BGH LM 14 zu § 313 BGB). c) Hat der AG aus dem Arbeitsverhältnis Forderungen gegen den AN, so kann er die → Aufrechnung auch gegenüber dem Gl. erklären (vgl. BGH NJW 80, 584). Nach §§ 804 ZPO, 1279, 1275, 406 BGB ist die Aufrechnung gegenüber dem Gl. jedoch ausgeschlossen, wenn er bei dem Erwerb seiner Forderung von der Pfändung Kenntnis hatte oder seine Forderung erst nach der Erlangung der Kenntnis und später als die abgetretene Forderung fällig geworden ist (vgl. → Vorschüsse, Darlehen, Abschlagszahlungen). Ist der AG zugleich Vermieter einer → Werkswohnung, so wird zweckmäßig von vornherein vereinbart, daß die allmonatliche Miete vom Lohn einzubehalten ist (AP 1 zu § 392 BGB).

Lohnsicherung wird vom Gesetzgeber normiert, damit der AN in die Lage versetzt wird, seinen Lebensunterhalt selbst zu verdienen u. gewährleistet ist, daß eine Mindestvergütung auch dem Zugriff der Gläubiger entzogen bleibt. Die wichtigsten Vorschriften der L. sind der → Lohnpfändungsschutz, → Aufrechnung, → Zurückbehaltungsrecht, → Truckverbot, → Arbeitsvergütung.

Lohnsteuer. Der AG ist verpflichtet, die L., eine besondere Form der Einkommensteuer, einzubehalten u. an das Finanzamt abzuführen. Dies ist verfassungsrechtlich zulässig (vgl. Hahn NJW 88, 20). Werden bei einem freien Mitarbeiter keine LSt. abgezogen, kann für Dienstberechtigten zur Meidung von Schadensersatzanspr. Verpflichtung bestehen, auf Einkommensteuerpflicht hinzuweisen (AP 2 zu § 611 BGB Nettolohn). Das Recht der L. ist im EStG i. d. F. v. 27. 2. 1987 (BGBl. I 657) zul. geänd. 22. 2. 1990 (BGBl. I 266), der EStDVO i. d. F. v. 24. 7. 1986 (BGBl. I 1239) zul. geänd. 18. 12. 1989 (BGBl. I 2212) u. der LStDV i. d. F. v. 10. 10. 1989 (BGBl. I 1848) enthalten. Ferner sind die LStR 1990 (BStBl. I 89 Sondernummer 3/89) zu beachten. Unterläßt er rechtswidrig u. schuldhaft die Einbehaltung, so kann er sich wegen Steuerhinterziehung strafbar machen (BGH NJW 70, 2034). Trotz dieser Einziehungspflicht des AG bleibt der AN der eigentliche Steuerschuldner (§ 38 II EStG). Für eine Vereinbarung, durch die es der AG übernimmt, die Steuerschuld für den AN zu tragen, ist der AN darlegungs- u. beweispflichtig (AP 15, 19 zu § 670 BGB). Der AG, der vom Finanzamt wegen zu Unrecht nicht einbehaltener L. seines AN in Anspruch genommen wird, kann von diesem volle Erstattung der für diesen bezahlten L. verlangen (AP 1, 2, 4, 5, 8, 9, 20, 21 zu § 670 BGB); anders wenn der AN sich mit Erfolg gegen die Nachforderung gewehrt hätte. In diesem Fall kann der AG keine Erstattung verlangen, wenn er verabsäumt hat, den AN rechtzeitig zu informieren. Jedoch kann der Erstattungsanspruch infolge Ablaufs tarifl. → Verfallfristen untergegangen sein (AP 17, 20, 21). Die tarifliche Verfallfrist beginnt, wenn der AG damit rechnen muß, daß er vom Finanzamt in Anspruch genommen wird (AP 21); nach weitergehender Meinung, wenn das Finanzamt den AG auf Erstattung in Anspruch genommen u. die Lohnsteuer von diesem gezahlt worden ist (→ Verfallfristen). Hat der AG schuldhaft die L. unrichtig berechnet, wird er schadensersatzpflichtig; Schaden ist jedoch nicht schon die Abführung der L. zu einem späteren Zeitpunkt. Erläßt der AG die nachzuzahlende L., so liegt darin i. d. R. die Zuwendung von Arbeitslohn (BFH AP 1 zu § 38 EStG). Werden dem AN zu Unrecht überhöhte Lohnsteuern vom AG abgezogen, kann er sich hiergegen sowohl zivilrechtlich als auch beim Finanzamt wehren. Dem Lohnsteuerabzug unterliegen alle Einnahmen des AN (§ 2 LStDVO). Hierzu können auch Schadensersatzleistungen wegen Verletzung arbeitsvertraglicher Pflichten durch den AG gehören (BFH NJW 75, 1911).

Lohnsteuerermäßigungsverfahren. I. Es dient zur Feststellung eines Freibetrages auf der →Lohnsteuerkarte, der vor der Anwendung der Lohnsteuertabelle vom steuerpflichtigen Einkommen abgezogen wird (§ 39a EStG). Eingetragen werden die in § 39a EStG aufgezählten Freibeträge. Lit.: Drensack Beil. 21 zu DB 88; 2 zu DB 90.

Lohnsteuer-Jahresausgleich (§§ 42–42c EStG) ist ein Verfahren, durch das die für die einzelnen Lohnzahlungszeiträume (Wochen, Monate) versteuerten Löhne für das Kalenderjahr zusammengefaßt werden. Soweit der AG den LStJA nach § 42b EStG durchführt, ermittelt er die auf den Jahresarbeitslohn entfallende Jahreslohnsteuer aus der Jahreslohnsteuertabelle. Wird er vom Finanzamt durchgeführt, ermittelt es als Jahreslohnsteuer die Einkommensteuer, die der AN schuldet, wenn er ausschließlich die beim Jahresarbeitslohn ergebenden Einkünfte erzielt hat. Ergibt sich im Lohnsteuerjahresausgleich, daß der AN zuviel Steuern entrichtet hat, werden diese erstattet. AG sind zur Durchführung des Lohnsteuerjahresausgleichs verpflichtet, wenn sie am 31. 12. mindestens 10 AN beschäftigen; ein Antrag des AN ist nicht erforderlich. Voraussetzung des LStJA durch den AG ist, daß ihm die Lohnsteuerkarte des AN und bei Vorbeschäftigung bei einem anderen AG während des Kalenderjahres die Lohnsteuerbescheinigung vorliegt und der AG für den AN noch keinen Lohnzettel (§ 41b EStG) ausgefüllt hat. Der AG darf den LStJA nicht durchführen, wenn der AN es beantragt o. wenn der AN für das Ausgleichsjahr o. einen Teil des Ausgleichsjahres nach den Steuerklassen III, IV, V o. VI zu besteuern war o. wenn der AN im Ausgleichsjahr → Kurzarbeitergeld o. → Schlechtwettergeld bezogen hat o. nach einer allgemeinen o. besonderen Lohnsteuertabelle besteuert wurde o. ausländische Einkünfte bezogen hat. Unabhängig von der Durchführung des LStJA durch den AG kann der AN diesen beim Finanzamt bis zum Ablauf des auf das Ausgleichsjahr folgenden zweiten Kalenderjahres auf dem vorgeschriebenen Vordruck beantragen. Der Antrag muß vom AN u. seinem Ehegatten unterschrieben sein. Falls der AN nach § 46 EStG zur Einkommensteuer zu veranlagen ist, führt das Finanzamt i. d. R. die Veranlagung von Amts wegen durch. Der Antrag auf LStJA wird als Einkommensteuererklärung behandelt. Der Erstattungsanspruch auf LStJAG unterliegt der Pfändung. Der Gläubiger kann beim Finanzamt einen Antrag auf LStJA stellen (BFH DB 73, 1925). Aufgrund des Pfändungs- u. Überweisungsbeschlusses kann der Gläubiger vom Schuldner die Herausgabe der → Lohnsteuerkarte verlangen (BB 74, 1442). Führt das Finanzamt den LStJA durch, so kann nach § 46 VI AO die Pfändung erst nach Entstehung des Anspruches, also am 1. 1. des Folgejahres erfolgen. Zulässig ist jedoch einen → Pfändungs- und Überweisungsbeschluß zu erlassen, der erst im Folgejahr zugestellt wird.

Lohnsteuerkarte. I. Grundlage des *Lohnsteuerabzuges* ist die von den Gemeindebehörden auszustellende LK (§ 39 EStG). Sie wird grundsätzlich von der Gemeinde ausgestellt, in der der AN am 20. 9. des Vorjahres gemeldet o. bei mehreren Wohnungen seine Hauptwohnung hatte. In die LK werden der Familienstand, sowie Steuerklasse u. Zahl der Kinderfreibeträge eingetragen. Ändern sich die tatsächlichen Verhältnisse, so ist für eine Änderung der LK entweder die Gemeinde o. das Finanzamt zuständig (vgl. dazu § 39 V–VI EStG). Für die nachträgliche Ausstellung der LK o. deren Ersatz, wenn sie verlorengegangen, unbrauchbar o. zerstört wurde, gelten die vorstehenden Ausführungen sinngemäß (§ 39 I EStG).

II. Der AN hat die LK dem AG bei Beginn des *Arbeitsverhältnisses* zu übergeben. Legt er sie nicht vor o. verzögert er schuldhaft deren

Rückgabe, wenn sie ihm ausgehändigt worden ist, so ist die Lohnsteuer nach Steuerklasse VI zu berechnen (§ 39c EStG). Bei Beendigung des Arbeitsverhältnisses o. am Ende eines Kalenderjahres hat der AG das von ihm geführte Lohnkonto abzuschließen u. aufgrund deren Eintragungen in die LK die Dauer des Arbeitsverhältnisses während des Kalenderjahres sowie Art u. Höhe des gezahlten Arbeitslohnes u. die einbehaltene Lohnsteuer einzutragen. Kann er dies wegen maschineller Datenverarbeitung nicht sogleich, so ist dem AN eine → Zwischenbescheinigung auszuhändigen (§ 41b EStG) u. die LK binnen 8 Wochen auszuhändigen. Vor den → Arbeitsgerichten kann nicht allein auf Eintragung eines angeblich größeren Verdienstes geklagt werden (AP 1 zu § 47 LStDVO). → Arbeitspapiere.

Lohnüberzahlungen hat der AN aufgrund der dem Arbeitsvertrag immanenten → Treuepflicht zu erstatten (AP 5 zu § 394 BGB). Richtiger wird es sein, den Anspruch aus § 812 BGB abzuleiten. Auf die Abwicklung der Rückzahlungsverpflichtung wendet die Rspr. §§ 812ff. BGB an. Hieraus folgt, ein im Hinblick auf die Lohnüberzahlung gutgläubiger AN kann sich auf den Wegfall der Bereicherung (§ 818 III BGB) berufen, ein bösgläubiger nicht. Bei AN mit mittlerem u. unterem Einkommen soll eine Vermutung für die Entreicherung sprechen *(DB 89, 1826)*. Eine willkürliche Überzahlung kann überhaupt nicht zurückgefordert werden (AP 5 zu § 394 BGB). Die Vereinbarung zur Rückzahlung der L. beinhaltet den Ausschluß der Einrede der Entreicherung (AP 2 zu § 611 BGB Lohnrückzahlung; anders AP 5 zu § 812 BGB = NZA 87, 380). Die Verjährungsfrist beträgt 30 Jahre (AP 5 zu § 195 BGB). Der Rückzahlungsanspruch kann indes kürzeren → Verfallfristen unterliegen. Gegenüber dem Anspruch auf Lohnrückzahlung kann mit Schadensersatzansprüchen wegen fehlerhafter Lohnberechnung aufgerechnet werden. Schaden ist aber noch nicht die Verpflichtung zur Lohnrückzahlung (AP 5 zu § 670 BGB; AP 2 zu § 611 BGB Lohnrückzahlung). Lit.: Möller ZTR 89, 306. Bei L. bedarf es der zivil-, steuer- u. sozialversicherungsrechtlichen Rückabwicklung (dazu Groß ZIP 87, 5).

Lohnverpfändung heißt die Bestellung eines Pfandrechts an der Forderung auf Arbeitsvergütung. Für sie gelten §§ 1279ff. BGB.

Lohnverwirkung heißt die Vereinbarung, daß rückständige Lohnansprüche im Falle des → Arbeitsvertragsbruchs verwirken (§ 134 GewO). Davon zu unterscheiden ist die → Verwirkung.

Lohnwucher heißt der Fall, daß sich der AN eine übermäßige → Arbeitsvergütung versprechen läßt.

Lohnzuschläge

Lohnzuschläge sind häufig in Prozenten des Grundlohnes berechnete Zulagen. Sie dienen zur Abgeltung besonderer Arbeitserschwernisse, z. B. bei Feiertags-, Mehr- u. Nachtarbeit (→ Feiertage, → Arbeitszeit, → Mehrarbeitsvergütung) o. zur Prämiierung besonderer Arbeitsleistung, z. B. Ortszuschläge (Jörgens ZTR 87, 269; vgl. AP 5 zu § 29 BAT = NZA 88, 547), wie als Sozialzulage zur Berücksichtigung des Familienstandes. Namentlich bei Gewährung von Sozialzulagen darf nicht gegen den Gleichberechtigungssatz verstoßen werden, z. B. Antragspflicht für verheiratete ANin, dagegen nicht für verheirateten AN (§§ 611a, 612 III BGB). Allerdings Differenzierung zulässig, wer überwiegend Haushalt bei sog. Doppelverdienern unterhält (NJW 77, 1742). Die LZ sind idR. in den → Tarifverträgen im einzelnen geregelt. Außertarifliche LZ werden zum Inhalt des Arbeitsvertrages. Für den Anspruch auf einen besonderen Leistungszuschlag ist der AN darlegungs- und beweispflichtig (AP 3 zu § 1 TVG Tarifverträge: Bundesbahn). Hat sich der AG jederzeitigen Widerruf einer Leistungszulage vorbehalten, so kann er diese i. Zw. nur nach billigem Ermessen widerrufen (AP 5, 6 zu § 611 BGB Lohnzuschläge; AP 12 zu § 315 BGB; AP 3 zu § 36 BAT; AP 5 zu § 87a HGB; AP 4 zu § 305 BGB Billigkeitskontrolle = NZA 88, 95). Ist ein Widerruf nicht vorbehalten, so kann der Anspruch nur durch → Änderungskündigung beseitigt werden (AP 7 zu § 611 BGB Lohnzuschläge). Ein Widerruf ist auch bei Nachlassen der Leistungskraft nicht wegen Wegfalls der Geschäftsgrundlage möglich (AP 7 zu § 611 BGB Lohnzuschläge). Hat ein AG aufgrund einer unwirksamen → Betriebsvereinbarung einem Teil seiner AN eine Zulage zum Lohn ausgezahlt, so können die nicht berücksichtigten AN nicht aufgrund des → Gleichbehandlungsgrundsatzes die Zulage verlangen. Entscheidet sich der AG in Kenntnis der Unwirksamkeit der Betriebsvereinbarung zur Weitergewährung der Zulage, so ist er bei der Abgrenzung der Begünstigten an den Gleichbehandlungsgrundsatz gebunden. Sozialzulagen dürfen auch bei → Teilzeitbeschäftigung i. d. R. nicht gekürzt werden (AP 1 zu § 1 TVG Teilzeitbeschäftigung). Es ist zulässig, daß die Tarifverträge nur die Verpflichtung zur Zahlung eines Kinderzuschlags begründen, dessen Höhe aber in das Ermessen des Arbeitgebers stellen (DB 78, 212). Der Betriebs- u. Personalrat haben kein Mitbestimmungsrecht, wenn der AG die Zuschüsse zu Essensmarken verringert (AP 21 zu § 75 BPersVG = NZA 87, 788). Rechtsgrundlos gezahlte Zulagen dürfen zumeist im → öffentlichen Dienst ohne weiteres eingestellt werden (AP 17 zu § 75 BPersVG = RiA 87, 55). Im übrigen ist die Mitbestimmung bei → übertariflichen Zulagen noch sehr umstr. (v. 13. 2. 90 – 1 AZR 171/87 – DB 90, 483, 1241; 1 ABR 35/87 – DB 90, 483, 1238). Wegen der Anrechnung bei Tariflohnerhöhung → Effektivklauseln.

M

Mahnverfahren ist ein gerichtl. Verfahren, in dem der Gläubiger Ansprüche geltend machen kann. Seine Einleitung empfiehlt sich nur, wenn Einwendungen des Schuldners nicht zu erwarten sind, da anderenfalls das M. in das normale → Klageverfahren übergeht. Das M. ist zulässig für Ansprüche auf Zahlung einer bestimmten, nicht von einer Gegenleistung abhängigen Geldsumme in inländischer Währung (§ 688 ZPO). Das Gesuch um Erlaß eines Mahnbescheids (MB) muß enthalten: a) Die Bezeichnung der Parteien nach Namen, Stand o. Gewerbe u. Wohnort sowie der gesetzl. Vertreter u. Prozeßbevollmächtigten, b) die Bezeichnung des Gerichts, c) die Bezeichnung des Anspruchs unter bestimmter Angabe der verlangten Leistung, d) die Erklärung, daß der Anspruch nicht von einer Gegenleistung abhängt o. daß die Gegenleistung erbracht ist (§ 690 ZPO). Für den Mahnantrag sind amtl. Vordrucke zu verwenden (§ 46a ArbGG, VO v. 15. 12. 1977 BGBl. I 2625). Entspricht der Antrag nicht den vorstehenden Voraussetzungen, so wird er zurückgewiesen (§ 691 ZPO). Kann er nur wegen eines Teils des Anspr. nicht erlassen werden, ist der Antragsteller zuvor zu hören. Anderenfalls wird er vom zuständigen → Arbeitsgericht erlassen. Funktionell ist der Rechtspfleger zuständig (§ 20 Nr. 1 RPflG). Stellt sich im Laufe des Verfahrens heraus, daß der Prozeßgegner in einem anderen Bezirk wohnt, kann der Rechtspfleger das Verfahren bindend verweisen (AP 28 zu § 36 ZPO). Gegen den MB kann der Schuldner binnen der in ihm bestimmten Frist, längstens jedoch bis zum Erlaß des Vollstreckungsbescheids, *Widerspruch* einlegen (§ 692 ZPO). Für den Widerspruch sollen die amtl. Vordrucke verwandt werden. Wird Widerspruch eingelegt, geht das M. in das Klageverfahren über u. es wird → Gütetermin anberaumt. Wird kein Widerspruch eingelegt, wird auf Antrag des Gläubigers, der nicht vor Ablauf der Widerspruchsfrist gestellt werden kann, der Vollstreckungsbescheid (VB) erlassen (§ 699 ZPO). Nach seinem Erlaß kann das → Arbeitsgericht das Mahnverfahren nicht mehr an ein anderes Gericht verweisen, wenn es feststellt, daß der Prozeßgegner inzwischen in einen anderen Bezirk verzogen ist (AP 29 zu § 36 ZPO). Der VB steht einem → Versäumnisurteil gleich. Gegen den VB findet binnen einer Frist von einer Woche seit seiner Zustellung der Einspruch statt. Wird kein Einspruch eingelegt, so ist aus dem VB die Zwangsvollstreckung zulässig; wird Einspruch eingelegt, so setzt das Gericht Termin zur → streitigen Verhandlung an. Erscheint in diesem Termin der Schuldner nicht, so ergeht 2. → Versäumnisurteil. Die Berufung gegen ein 2. VU, das den zulässigen Einspruch des Schuldners gegen den Vollstreckungsbescheid verwirft, kann auf die verfahrensrechtliche Unzulässigkeit des Vollstreckungsbescheides gestützt werden, wenn der Rechtspfleger ihn trotz rechtzeitigem Widerspruch erlassen hat (AP 5 zu § 345 ZPO).

Mandantenschutzklauseln sind Vereinbarungen zwischen den Angehörigen freier Berufe und ihren wissenschaftl. Mitarbeitern, nach denen diese nach ihrem Ausscheiden keinen Wettbewerb treiben dürfen. Es sind zwei Arten zu unterscheiden. Begrenzte M. o. Abwerbungsverbote verbieten es dem Angestellten lediglich, sich aktiv um Mandanten seines AG zu bemühen, diese an sich zu ziehen u. abzuwerben, wenn er sich selbständig macht. Sie sind entschädigungslos zulässig u. werden bei ihrer Verletzung standesrechtlich geahndet (AP 25 zu § 611 BGB Konkurrenzklausel). Allgemeine M. verbieten dem AN nach Beendigung des Arbeitsverhältnisses in einem anderen Arbeitsverhältnis o. als Selbständiger Mandanten seines früheren AG zu betreuen. Für allgemeine M. gelten die Vorschriften über → Wettbewerbsverbote (§§ 74 ff. HGB) entsprechend (AP 25, 26 zu § 611 BGB Konkurrenzklausel). Allgemeine M. sind mithin unverbindlich, wenn sie nur für den Fall gelten sollen, daß der AN ordentlich kündigt o. den AN verpflichten, einen Teil seiner Honorareinnahmen an den AG abzuführen (AP 31 zu § 611 BGB Konkurrenzklausel = NZA 85, 568). Sie treten auch dann nicht außer Kraft, wenn der AN in den Ruhestand tritt (AP 30 zu § 611 BGB Konkurrenzklausel = NZA 86, 809). Die einem Freiberufler obliegenden Verschwiegenheitspflichten hindern ihn nicht, Auskunft darüber zu erteilen, mit welchen ehemaligen Mandanten er vertragswidrig Beratungsverträge abgeschlossen hat (AP 35 zu § 611 BGB Konkurrenzklausel = NZA 89, 467).

Mankohaftung. Als Manko bezeichnet man im → Arbeitsrecht den Schaden, den ein AG dadurch erleidet, daß ein seinem AN anvertrauter Warenbestand o. eine von ihm geführte Kasse eine Fehlmenge (Fehlbetrag) aufweist. Die M. des AN kann beruhen auf einer *besonderen Mankovereinbarung* zwischen AG u. AN, kraft deren sich der AN verpflichtet, dem AG ein erwachsenes Manko zu ersetzen, o. auf den *allgem. Haftungsbestimmungen.* Wegen der auch im ArbRecht bestehenden Vertragsfreiheit (§§ 241, 305 BGB) ist eine Mankoabrede zulässig. Je nach Vertragsgestaltung ist der AG für Abrede, Schaden u. haftungsbegründende Kausalität darlegungs- u. beweispflichtig (AP 77 zu § 611 BGB Haftung des AN). Die Mankoabrede kann wegen Verstoßes gegen die → guten Sitten rechtsunwirksam sein, wenn dem AN nicht die Möglichkeit gegeben wird, Mankoschäden wirksam zu bekämpfen (Kontrolle des Warenumschlages, des Wa-

renbestandes u. des übrigen Personals) (AP 67 zu § 626 BGB) o. wenn
ihm das besondere Risiko auferlegt wird, ohne daß ihm dadurch auch
entspr. wirtschaftliche Vorteile eingeräumt werden (AP 4, 53, 54 zu
§ 611 BGB Haftung des Arbeitnehmers) o. wenn er angehalten wird,
Kunden zu übervorteilen, indem Verpackungsmaterial auf das Wa-
rengewicht angerechnet wird (AP 20) bzw. nachfolgende Überschüs-
se auf ein Manko angerechnet werden. Eine Mankoabrede kann
schließlich wegen Verstoßes gegen → Treu und Glauben u. die →
Fürsorgepflicht unwirksam sein, wenn der AN sonst übermäßig benachteiligt wird. In allen Fällen der M. ist zu prüfen, ob der AG seiner
Schadensminderungspflicht nachgekommen ist (AP 64). *Fehlt* eine
besondere Mankoabrede, so ist bei der → Haftung des AN nach
h. M. zu unterscheiden zwischen AN, denen ein *selbständiges,* auf
Überlegung u. Entschluß beruhendes Tätigwerden wirtschaftl. Art
übertragen ist, u. *unselbständigen AN.* Bei der Haftung des selbständigen AN weist nach h. M. der ArbVertr. einen Doppeltypus auf, so
daß neben den arbeitsvertragl. Vorschriften (§§ 611ff. BGB) die
über Verwahrung (§§ 688ff. BGB) u. Auftrag (§§ 675, 663, 665–
670, 672–674 BGB) herangezogen werden müssen. Danach hat der
AG darzulegen u. zu beweisen, daß er dem AN bestimmte Waren
zur eigenen Verwaltung übertragen hat. Der AN ist bei Abrechnung
zu deren Herausgabe bzw. ihres wirtschaftl. Surrogates verpflichtet
(§ 667 BGB). Ist er hierzu nicht in der Lage, ist ihm also die Leistung
unmöglich (§ 280 BGB), so hat er sich zu entlasten, also darzulegen
u. zu beweisen, daß ihn an der Entstehung des Mankos kein Verschulden trifft (§ 282 BGB; AP 3, 4, 20, 32, 49, 54). Zu Kassierern
AP 49, 67; AP 3 zu § 56 ZPO; AP 1 zu § 11a TVAng Bundespost; zu
Beamten: BVerwG; AP 4 zu § 78 BBG; NJW 78, 1540. Bei den
unselbständigen AN wird die Heranziehung der Auftrags- u. Verwah-
rungsvorschriften abgelehnt; die Haftungsgrundlage wird allein im
ArbVertr. gesehen. Danach hat der AN auch bei Entstehung eines
Mankos seine Arbeitsleistung zwar erbracht, aber mangelhaft erbracht, so daß er allein nach den Rechtsgrundsätzen über die positive
Vertragsverletzung zur Verantwortung gezogen werden kann. Der
AG hat in diesen Fällen nicht nur die Entstehung des Mankos, sondern auch das Verschulden des AN hieran nachzuweisen. Der Ausgang des Manko-Prozesses hängt i. d. R. von der Beweislastverteil-
lung ab. Eine Mindermeinung will zwischen selbständigen u. unselbständigen AN nicht unterscheiden, sondern immer die Vorschriften der posit. Vertragsverletzung heranziehen. Bei einem Wa-
renmanko haftet der AN nur auf den Einkaufspreis. Die Erhebung
von M.-Anspr. kann gegen Treu u. Glauben verstoßen, wenn der
AG längere Zeit abwartet u. bei Ausscheiden des AN diesem im
Zeugnis die Ehrlichkeit bescheinigt (DB 72, 931).

Massenentlassung

Massenentlassung liegt vor, wenn der AG in → Betrieben mit
i. d. R. 21–59 AN mehr als 5 AN, mit 60–499 AN 10 v. H. o. aber
mehr als 25 AN, mit mind. 500 AN mindestens 30 AN innerhalb
von 30 Kal.-Tagen auf einmal o. ratenweise aufgrund ordentl. Kündigung *entläßt* (§ 17 KSchG). Bei der Ermittlung der Beschäftigten-
zahl ist auf den Zeitpunkt der Entlassung (Beendigung des ArbVertr)
abzustellen (AP 5 zu § 17 KSchG 1969 = NZA 87, 587, v. 8. 6. 89 – 2
AZR 624/88 – DB 90, 183). Mitgezählt werden auch die Entl. aufgrund einer Änderungsk. (AP 9 zu § 15 KSchG a. F.). Dagegen ist
eine ao. Kündigung nicht zu beachten. Eine Eigenkünd. des AN ist
nur zu berücksichtigen, wenn sie vom AG veranlaßt wird (AP 1 zu
§ 17 KSchG 1969). Beabsichtigt der AG eine M. vorzunehmen, so
hat er den → Betriebsrat rechtzeitig zu unterrichten u. die in § 17 II
KSchG aufgezählten Angaben zu machen. AG u. BR haben über die
Vermeidung der M. zu beraten. Eine Abschrift der Mitteilung ist
dem → Arbeitsamt zuzuleiten. Die M. ist nur wirksam, wenn der
AG dem für den Betrieb zuständigen → Arbeitsamt schriftlich von
der Entl. Mitteilung macht. Keine Anzeigepfl. besteht für Kleinbetr., für öffentl. Unternehmen mit hoheitl. Aufgaben (§ 23 II
KSchG) u. für Saisonbetriebe (§ 22 KSchG). Der Anzeige an das
ArbAmt ist die Stellungnahme des BR beizufügen. Fehlt sie, so ist
glaubhaft zu machen, daß der BR 2 Wochen vorher unterrichtet
worden ist. Der Inhalt der Anzeige ergibt sich aus § 17 III KSchG.
Wird die Anzeige bei M. nicht erstattet, so wird die Unwirksamkeit
der K. nur berücksichtigt, wenn sich der AN hierauf beruft (AP 1 zu
§ 15 KSchG 51). Entl., die nach § 17 KSchG anzuzeigen sind, werden vor Ablauf eines Monats nach Eingang der Anzeige beim ArbAmt nur mit Zustimmung des Landesarbeitsamtes wirksam (§ 18 I
KSchG). Das LAA kann die Frist auf 2 Monate verlängern (§ 18 II
KSchG), wenn dies aus arbeitsmarktpol. Gründen notwendig. Wird
die Genehmigung verweigert, so sind bereits erfolgte Entl. unwirksam. Die BAnstArb hat ihre Entscheidung unter Berücksichtigung
der Zwecksetzung des M.-Schutzes zu treffen (vgl. LSG NJW 77,
1255). Nach Ablauf der Sperrfrist sind dagegen die Entl. unbeschränkt wirksam, wenn die einzelnen Kündigungen auch im übrigen nach Frist u. Grund berechtigt waren u. nicht gegen sonstige →
Kündigungsschutzbestimmungen verstoßen. Die Entsch. des LAA
trifft nach Anhörung des AG u. des BR ein Ausschuß, der sich aus
dem Präsidenten oder einem von ihm beauftragten Angehörigen
des LAA als Vorsitzenden, je zwei Vertretern der AN, der AG, u.
der öffentl. Körpersch. zusammensetzt, die vom Verwaltungsaus-
schuß des LAA (→ Arbeitsbehörde) benannt werden. Der Ausschuß kann seine Kompetenz für Betr. mit i. d. R. weniger als 500
AN auf den Ausschuß des örtl. zuständigen ArbAmtes übertragen

(§ 20 KSchG). Sollen mehr als 500 AN aus Betr., die zum Geschäftsbereich des BM für Verkehr o. zum Bereich des Post- u. Fernmeldewesens gehören, entlassen werden, entscheidet ein Ausschuß bei der Hauptstelle der BAnstArb. Ist der AG nicht in der Lage, während der Sperrfrist die AN voll zu beschäftigen, so kann er mit Genehmigung des LAA gemäß § 19 KSchG → Kurzarbeit einführen (vgl. auch § 8 AFG).

Massenkündigungen als Mittel des →Arbeitskampfes sind umstr. (Brox/Dudenbostel DB 79, 1841; 1893; Seiter JZ 79, 657, Herschel RdA 84, 214).

Maßregelungsverbot heißen Klauseln in → Tarifverträgen,nach denen Beschäftigte aus Anlaß der Teilnahme an → Arbeitskämpfen keine Nachteile erleiden dürfen. Ob M. auch bei rechtswidrigen o. strafbaren Hdlgen bei Teilnahme am AK eingreifen, ist umstr. *(bej. EzA 18 zu Art. 9 GG Arbeitskampf)*. Es stellt eine unzulässige Maßregelung dar, wenn der AG nachträglich für Tage der → Aussperrung Lohn zahlt und zwischen Arbeits- und Streikwilligen unterscheidet (AP 66 zu Art. 9 GG Arbeitskampf; AP 88 = NZA 88, 61).

Mehrarbeitsvergütung. Der AN, der im Prozeß von seinem AG die Bezahlung von Über- o. Mehrarbeitsstunden (→ Arbeitszeit) fordert, muß beim Bestreiten der Über- bzw. Mehrarbeit im einzelnen darlegen u. beweisen, an welchen Tagen u. zu welchen Tageszeiten er über die übliche Arbeitszeit hinaus tätig geworden ist, ob die Stunden vom AG angeordnet o. zur Erledigung der ihm obliegenden Arbeiten notwendig o. vom AG gebilligt o. geduldet worden sind (AP 7 zu § 253 ZPO). Auch tarifl. o. gesetzl. verbotene Mehr-(Über-)Arbeit ist zu vergüten (AP 2 zu § 2 TOA; AP 1 zu § 90 SeemannsG). Nicht zu vergüten ist Mehr-(Über-)Arbeit, die sich aus der Nachholung schuldhaft versäumter Arbeit ergibt (AP 1 zu § 4 AZO). I. d. R. ist für die Mehrarbeit ein besonderer Zuschlag zu zahlen, der aus der Grundvergütung einschl. aller Zuschläge zu berechnen ist (DB 72, 1781). Denkbar sind auch andere Vergütungen, zB. Provisionen (AP 1 zu § 1 TVG Tarifverträge: Brotindustrie = BB 88, 632). Wird in der 5-Tage-Woche an einem Sonnabend die durch einen Feiertag ausgefallene Arbeitszeit nachgeholt, so ist je nach geltendem → Tarifvertrag zu entscheiden, ob die nachgeholte Arbeitszeit zuschlagspflichtige Überarbeit ist (vgl. AP 8, 9 zu § 611 BGB Mehrarbeitsvergütung; AP 22 zu § 1 FeiertagslohnzG). Eine arbeitsvertragl. Vereinbarung, nach der Mehrarbeit durch Freizeit abgegolten werden soll, wird nach h. M. für zulässig gehalten; jedoch muß die zum Ausgleich gewährte Freizeit in angemessenem Maße

höher sein als die geleisteten Mehrarbeitsstunden (AP 8, 13 zu § 17
BAT). Die Vereinbarung einer Pauschalvergütung für die gesetzl.
(u. unzulässige *BB 68, 424)* Arbeitszeit u. Mehrarbeit ist grundsätzlich zulässig (AP 1 zu § 15 AZO; AP 5 zu § 611 BGB Mehrarbeitsvergütung; AP 5 zu § 17 BAT). Aus einer übertariflichen o. über-
durchschnittlichen Bezahlung allein kann noch nicht gefolgert werden, daß damit auch eine etwaige Mehrarbeit abgegolten sein soll.
Bei Pauschalierung anfallender Mehrarbeit bedarf es keiner quoten-
mäßigen Aufteilung der eigentlichen Arbeitsvergütung u. der Vergütung für Mehrarbeit, wenn aus der vertragl. Vereinbarung eindeutig zu entnehmen ist, daß die vereinbarte Gegenleistung auch die
Mehrarbeit abgelten soll (AP 5 zu § 611 BGB Mehrarbeitsvergütung). Die Pauschalierung muß jedoch ein angemessenes Äquivalent
enthalten, anderenfalls sie unwirksam ist (vgl. aber AP 12 zu § 15
AZO). Leitende → Angestellte haben i. d. R. keinen Anspruch auf
Überst.-Verg., da sie keine feste Arbeitszeit haben u. ihr Gehalt die
Gesamtarbeitsleistung vergütet, es sei denn, daß es auf bestimmte
Arbeitszeit zugeschnitten ist (AP 1 zu § 611 BGB Leitende Angestell-
te; AP 1 zu § 1 AZO). Eine ao. Kündigung ist nicht gerechtfertigt,
wenn AN sich weigert, unzulässige Mehrarbeit zu leisten; verlangt
der AG ständig die Ableistung unzulässiger Mehrarbeit, so kann ao.
Kündigung des AN gerechtfertigt sein (AP 62 zu § 626 BGB). Lit.:
Dikomey DB 88, 1949.

Der AN kann auch dann M. verlangen, wenn er über den Arbeitsvertrag hinaus andere u. zusätzliche Arbeitsleistungen erbringt. Ist
eine zusätzl. Vergütung nicht vereinbart, gilt sie nach § 612 BGB als
geschuldet. Der leitende Arzt einer Fachabteilung kann vom Krankenhausträger neben der vereinbarten Vergütung nicht ohne weiteres nach § 612 Abs. 1 BGB eine zusätzliche Vergütung beanspruchen, wenn er in erheblichem Umfang Rufbereitschaft leistet (AP 33
zu § 612 BGB).

Meinungsfreiheit → Treuepflicht.

Menschengerechte Arbeitsplatzgestaltung → Betriebsratsaufgaben IV.

Mietvertrag → Werkswohnung.

Minderjährige sind solche Personen, die noch nicht das 18. Lebensjahr vollendet haben (§ 2 BGB). Sie bedürfen zur Eingehung
eines → Arbeitsvertrages der Zustimmung ihres gesetzl. Vertreters,
da ihnen der Vertrag nicht nur rechtl. Vorteil bringt (§ 107 BGB).
Fehlt es hieran, so entsteht ein → faktisches Arbeitsverhältnis. Eine
Zustimmung zum Vertragsschluß ist jedoch dann nicht erforderlich,

wenn der gesetzl. Vertreter den Mj. ermächtigt hat, in Dienst o. Arbeit zu treten. Die Ermächtigung kann konkludent erteilt u. widerrufen werden; die Erteilung ist aber nicht darin zu sehen, daß sich die Eltern gegenüber dem Mj. nicht durchsetzen können (AP 6 zu § 113 BGB). Im Erteilungsfall ist der Mj. für die Eingehung o. Aufhebung eines Dienst- o. Arbeitsverhältnisses der gestatteten Art (z. B. als Hausgehilfin, → Arbeiter, → Angestellter, nicht dagegen als → Auszubildender) o. der Erfüllung der sich aus einem solchen Verhältnis ergebenden Verpflichtungen unbeschränkt geschäftsfähig (§ 113 BGB), d. h., er kann wie ein Vollj. kündigen, gekündigt werden u. die Arbeitsvergütung in Empfang nehmen. Nach richtiger Ansicht kann er auch einer → Koalition beitreten, da er nur so die Arbeitsbedingungen hinreichend bestimmen kann. → Wettbewerbsverbote mit minderjährigen Handlungsgehilfen sind nichtig, auch wenn die gesetzlichen Vertreter dem Abschluß zustimmen (§ 74a HGB). Bei Erteilung einer Ermächtigung werden sie jedoch insoweit geschäftsfähig (AP 1 zu § 90a HGB). Die Ermächtigung kann jederzeit eingeschränkt o. zurückgenommen werden. Die Ermächtigung deckt nicht den Abschluß solcher Verträge, zu deren Eingehung auch der gesetzl. Vertreter der Zustimmung des Vormundschaftsgerichts bedarf (§§ 113 I 2, 1643, 1821, 1822 BGB). Ist der gesetzl. Vertreter ein Vormund, so kann die Ermächtigung, wenn sie von diesem verweigert wird, auf Antrag des Mj. durch das Vormundschaftsgericht ersetzt werden. Ist der Mj. nicht ermächtigt, in Dienst o. Arbeit zu treten, so muß eine Kündigung von u. gegenüber dem gesetzl. Vertreter ausgesprochen werden; indes braucht insoweit eine schriftl. K. nicht an den gesetzl. Vertreter adressiert werden. Zweckmäßig wird an den Mj. gesetzl. vertreten durch . . . . . adressiert. Bei Adressierung an den M. kann nicht mit dem Zugang an ihn angenommen werden, daß sie auch dem gesetzlichen Vertreter zugegangen ist. Ist ein Mj. zum → Jugend- u. Auszubildendenvertreter gewählt worden, so ist er für deren Belange prozeßfähig.

Minderleistungsfähigkeit im Rechtssinne ist gegeben, wenn der AN auf dem ihm zugewiesenen, seiner Ausbildung entsprechenden Arbeitsplatz nicht nur vorübergehend schuldlos eine qualitativ u. quantitativ unzureichende Arbeitsleistung erbringt. Die M. beruht zumeist auf körperl. o. geistigen Mängeln. Während sich bei leistungsabhängiger Entlohnung (→ Akkord, Prämie, Provision) der Verdienst automatisch mindert, findet bei zeitbestimmter → Arbeitsvergütung grundsätzlich eine Minderung des Entgelts nicht statt. Bei Akkord verhindern zumeist Lohnsicherungsklauseln ein völliges Absinken des Entgelts. Unterliegt das → Arbeitsverhältnis des Minderleistungsfähigen infolge → Tarifbindung o. → Allge-

Mindestarbeitsbedingungen

meinverbindlicherklärung des → Tarifvertrages (TV) einem TV, so ist eine Minderung der zeitbestimmten Arbeitsvergütung – auch durch → Betriebsvereinbarung – nur möglich, wenn der TV eine Minderleistungsklausel enthält. Regelmäßig ist vorgesehen, daß die Minderung der Arbeitsvergütung der Zustimmung des → Betriebsrats bedarf (AP 11 zu § 611 BGB Akkordlohn). Ist ein Tarifvertrag nicht anwendbar, so kann durch → Arbeitsvertrag eine geringere Entlohnung vereinbart werden. Die Bestimmung muß billigem Ermessen entsprechen (§ 315 BGB). Abschläge bei Frauenlöhnen (→ Frauenarbeitsschutz) sind unzulässig. In Rationalisierungsschutzabkommen ist häufig vorgesehen, daß vor Kündigung der AG dem Minderleistungsfähigen einen anderen, seinen Kräften entspr. Arbeitsplatz o. auch eine Lohnminderung anbieten muß.

Mindestarbeitsbedingungen können zur Regelung von Entgelten u. sonstigen Arbeitsbedingungen nur festgesetzt werden, wenn → Gewerkschaften o. → Arbeitgeberverbände für den Wirtschaftszweig o. die Beschäftigungsart nicht bestehen o. nur eine Minderheit der AN o. der AG umfassen u. die Festsetzung von MAB zur Befriedigung der sozialen und wirtschaftlichen Bedürfnisse der AN erforderlich erscheint u. eine Regelung durch → Allgemeinverbindlicherklärung eines → Tarifvertrages nicht erfolgen kann (§ 1 II MindArbbG v. 11. 1. 1952, BGBl. I 17). Der BAM errichtet einen *Hauptausschuß* für MAB (§ 2) u. bestimmt im Einvernehmen mit diesem die Wirtschaftszweige o. Beschäftigungsarten, für die MAB zu erlassen o. aufzuheben sind (§ 3). Für die Wirtschaftszweige u. Beschäftigungsarten, für die MAB festgesetzt werden sollen, errichtet der BAM *Fachausschüsse* (§§ 4, 5). Diese beschließen für ihren Bereich die MAB. Bislang sind MAB noch nicht erlassen worden.

Mitarbeiterbeteiligung heißen Modelle, die AN am Unternehmen zu beteiligen. Lit.: Hesse DB 84, 2603; Loritz DB 85, 531.

Mitbestimmung: I. 1. Die M. ist in *4 gesetzl. Regelungen* enthalten, u. zwar dem MitbestG v. 4. 5. 1976 (BGBl. I 1153), dem Gesetz über die Mitbestimmung der AN in den Aufsichtsräten u. Vorständen der Unternehmen des Bergbaus u. der Eisen- u. Stahl erzeugenden Industrie vom 21. 5. 1951 (BGBl. I 347), zul. geänd. 19. 12. 1985 (BGBl. I 2355), dem Gesetz zur Ergänzung des Gesetzes über die Mitbestimmung der AN in den Aufsichtsräten u. Vorständen der Unternehmen des Bergbaus u. der Eisen- u. Stahl erzeugenden Industrie v. 7. 8. 1956 (BGBl. I 707), zul. geänd. 20. 12. 1988 (BGBl. I 2312) u. dem BetrVG 1952. Das MitbestG 76 entspricht der Verfassung (BVerfG DB 79, 593).

2. Das MitbestG 1976 *gilt* für Unternehmen mit eigener Rechtspersönlichkeit, die i. d. R. mehr als 2000 AN beschäftigen. Hierunter fallen AktG, KGaA, GmbH, bergrechtliche Gewerkschaften mit eigener Rechtspersönlichkeit, eGmbH sowie GmbH u. Co KG wie AktG u. Co KG. Es gilt ferner für die herrschenden Unternehmen von Konzernen und Teilkonzernen, die in der genannten Rechtsform betrieben werden, wenn die Konzernunternehmen, i. d. R. mehr als 2000 AN beschäftigen. Ausgenommen vom MitbestG sind Tendenzunternehmen i. S. v. § 118 BetrVG (→ Tendenzbetriebe). Tendenzunternehmen sind solche, die unmittelbar u. überwiegend politischen, koalitionspolitischen, konfessionellen, karitativen, erzieherischen, wissenschaftlichen o. künstlerischen Bestimmungen o. Zwecken der Berichterstattung o. der Meinungsäußerung dienen. Ferner sind ausgenommen solche Unternehmen, die dem Montan MitbestG o. dem MitbestErgG unterfallen. Unternehmen, die nicht die Größenordnung erreichen, für die das MitbestG 1976 gilt, unterliegen weiter §§ 76 ff. BetrVG 1952.

II. 1. Das *MitbestG 1976* modifiziert in seinem Kern die Zusammensetzung des Aufsichtsrates u. z. T. auch des Vorstandes abweichend vom geltenden Gesellschafts- u. Unternehmensrecht u. überträgt eine Reihe von zwingenden Vorschriften des AktG über den Aufsichtsrat auf die übrigen Gesellschaftsformen. Es ist auf das bisherige Gesellschafts- u. Unternehmensrecht aufgestockt. Hieraus ergibt sich, daß die Kompetenzen der Anteilseignerversammlung im Hinblick auf die Grundfragen des Unternehmens wie Änderung des Unternehmensgegenstandes, Auflösung des Unternehmens, Sitzverlegung, Maßnahmen der Kapitalbeschaffung u. -herabsetzung, Fusion mit anderen Unternehmen, Umwandlung des Unternehmens u. Satzungsänderungen usw. unberührt bleiben. Im Aufsichtsrat selbst ist die volle Parität nicht hergestellt. Ferner sind die Befugnisse der → Gewerkschaften gegenüber dem MitbestG 1956 zurückgedrängt u. das Wahlverfahren betont demokratisch ausgestaltet. Im einzelnen gilt folgendes:

2. Die *Aufsichtsräte* nach dem MitbestG 1976 werden mit der gleichen Zahl von Aufsichtsratmitgliedern der Anteilseigner u. der AN besetzt, u. zwar im Unternehmen bis zu 10000 AN im Verhältnis 6:6, in Unternehmen mit 10000 bis 20000 AN im Verhältnis 8:8 u. in solchen mit mehr als 20000 AN im Verhältnis 10:10. In Unternehmen der unteren Größeklassen kann bestimmt werden, daß der Aufsichtsrat aus 16 bzw. 20 Mitgliedern besteht (§§ 6, 7). Die im Unternehmen vertretenen Gewerkschaften haben in Unternehmen bis zu 20000 AN 2 und in größeren 3 Sitze im Aufsichtsrat. Die übrigen 4, 6 bzw. 7 Sitze müssen mit AN des Unternehmens besetzt werden, u. zwar sind sie auf die → Arbeiter, → Angestellten u. leitenden Angestellten (§ 5 III

Mitbestimmung

BetrVG 1972; Kimpfler DB 86, 1071) entspr. ihrem Anteil an der
Gesamtbelegschaft verteilt (§ 7 II, 15 II). Prokuristen des Unternehmens dürfen dann nicht Mitglied des Aufsichtsrates sein, wenn sie
dem Vorstand unmittelbar unterstellt sind und im Innenverhältnis
zur Ausübung der Prokura für den gesamten Geschäftsbereich aller
Vorstandsmitglieder ermächtigt sind (§ 105 I AktG, § 6 II). Da die
AN von Konzerntochtergesellschaften als AN des herrschenden Unternehmens gelten, ist bei ihrer Wahl unerheblich, ob sie in einem
herrschenden o. Tochterunternehmen beschäftigt sind.

3. Die Aufsichtsratmitglieder der AN werden entweder in *Urwahl
o. durch Wahlmänner* gewählt. In Unternehmen bis zu 8000 AN ist die
Urwahl, in den anderen die Wahlmännerwahl die Regel. Indes kann
die Belegschaft beschließen, daß statt der Urwahl die Wahlmännerwahl u. umgekehrt durchgeführt wird (§ 9).
Bei der *Urwahl* wählen → Arbeiter u. → Angestellte die auf
sie entfallenden unternehmensangehörigen Aufsichtsratmitglieder
(§§ 18, 15 III, 10 I). Die leitenden Angestellten nehmen an den Wahlen innerhalb der Angestelltengruppe teil. Arbeiter u. Angestellte
können in getrennten, geheimen Abstimmungen beschließen, daß
gemeinsame Wahl stattfinden soll (§§ 18, 15 III, 10 II). Vertreter der
Gewerkschaften werden immer in gemeinsamer Wahl gewählt.
Wahlvorschläge werden jeweils von den einzelnen Gruppen für ihre
Gruppe gemacht (§§ 18, 15). Hierdurch ist sichergestellt, daß die
Interessen der leitenden Angestellten hinreichend gewahrt werden,
da auch sie einen Wahlvorschlag aus ihren Reihen machen, der indes
von allen Angestellten gewählt wird. Die Wahl der Aufsichtsratmitglieder erfolgt nach den Grundsätzen der Verhältniswahl jeweils in 4
Wahlgängen. Im Falle der Gruppenwahl werden die Arbeiter durch
die Arbeitergruppe, die nicht leitenden Angestellten sowie die leitenden Angestellten von den Angestellten beider Kategorien und die
Gewerkschaftsvertreter von sämtlichen AN gewählt. Bei Gemeinschaftswahl sind in jedem Wahlgang sämtliche wahlberechtigte AN
wahlberechtigt.
Im Falle der *Wahlmännerwahl* werden die Zahl der Wahlmänner
aufgrund einer Schlüsselzahl gewählt. Die Wahlmännerplätze werden auf die Arbeiter, Angestellten und leitenden Angestellten entsprechend ihrem Zahlenverhältnis unter Berücksichtigung eines
Minderheitenschutzes verteilt. Die Wahlmänner der Arbeiter werden
von den Arbeitern, die der Angestellten von den Angestellten nach
den Grundsätzen der Verhältniswahl gewählt. Die Gruppen können
jedoch in getrennten Abstimmungen die gemeinsame Wahl der
Wahlmänner beschließen. Die Wahlmänner werden aus jeder einzelnen Gruppe heraus vorgeschlagen.

Die Wahlmänner jeder Gruppe wählen ihrerseits dann ihre Aufsichtsratsmitglieder der AN, wobei die leitenden Angestellten in der Gruppe der Angestellten wählen. Die Wahlmänner können die gemeinsame Wahl beschließen. Im übrigen gelten die gleichen Regeln wie bei der Urwahl.

Die Einzelheiten des Wahlverfahrens sind in drei RechtsVO v. 23. 6. 1977 (BGBl. I 861, 893, 934) u. zwar 1. WO MitbestG 1976: Wahlberechtigt AN *eines* → Betriebes; 2. WO MitbestG: Wahlberechtigt AN mehrerer Betriebe zum Aufsichtsrat eines → Unternehmens; 3. WO MitbestG: Wahlberechtigt AN aus mehreren Unternehmen geregelt.

4. Der *Aufsichtsratsvorsitzende u. sein Stellvertreter* werden mit $\frac{2}{3}$ Mehrheit gewählt. Wird dieses Quorum nicht erreicht, so wählen die Anteilseignervertreter den Vorsitzenden u. die AN-Vertreter den Stellvertreter. Muß im Aufsichtsrat wegen Stimmengleichheit eine Abstimmung wiederholt werden, erhält der Aufsichtsratsvorsitzende einen Stichentscheid. Zu den Rechten und Pflichten der Aufsichtsratsmitglieder: Kort AG 87, 193.

5. Die *Mitglieder des Vorstandes* werden vom Aufsichtsrat mit $\frac{2}{3}$ Mehrheit bestellt. Wird das erforderliche Quorum nicht erreicht, hat der Vermittlungsausschuß einen Bestellungsvorschlag zu machen. Der Vermittlungsausschuß ist unmittelbar nach der Wahl des Aufsichtsratsvorsitzenden u. seines Stellvertreters als permanenter Ausschuß zu bilden. Ihm gehören der Aufsichtsratvorsitzende, sein Stellvertreter u. je ein weiterer Vertreter der Anteilseigner u. der AN an. Über den Vorschlag des Vermittlungsausschusses hat der Aufsichtsrat mit der Mehrheit der Stimmen seiner Mitglieder zu beschließen. Wird wiederum keine Mehrheit erreicht, so hat bei der erneuten Abstimmung der Aufsichtsratvorsitzende den Stichentscheid.

6. Als gleichberechtigtes Mitglied des Vorstandes ist ein *Arbeitsdirektor* zu bestellen. Seine Bestellung wie Abberufung erfolgt nach den gleichen Regeln wie bei den übrigen Vorstandsmitgliedern. Der Arbeitsdirektor ist in den Vorstand als gleichberechtigtes Organ eingebunden. Indes liegt in der Natur der Sache, daß er vom Vertrauen der AN-Seite getragen sein muß.

III. Soweit sich die *M. nach dem BetrVG 1952* richtet, bestehen die Aufsichtsräte einer Aktiengesellschaft o. Kommanditgesellschaft auf Aktien zu einem Drittel aus AN-Vertretern (§ 76 I BetrVG 52). Dieselbe Beteiligung der AN ist vorgesehen in Aufsichtsräten der mehr als 500 AN beschäftigenden GmbH, bergrechtl. Gewerkschaften mit eigener Rechtspersönlichkeit, Versicherungsvereinen auf Gegenseitigkeit u. Erwerbs- u. Wirtschaftsgenossenschaften (§ 77 BetrVG 52). Zur Herabsetzung: v. 3. 10. 89 – 1 ABR 12/88 – DB 90, 1142.

Mitbestimmung

Zu Schweigepflichten von AN-Vertretern im Aufsichtsrat: AP 1 zu § 626 BGB AN-Vertreter im Aufsichtsrat. Ausgenommen von der M. sind AktG u. KGaA, die Familiengesellschaften sind u. weniger als 500 AN beschäftigen (eine Familiengesellschaft liegt vor, wenn Aktienbesitzer o. Komplementär eine einzelne natürliche Person ist o. die Gesellschafter untereinander i. S. von § 15 I Nr. 2–8, II AO verwandt o. verschwägert sind; § 76 VI BetrVG 52). Ferner sind ausgenommen die sog. → Tendenzbetriebe (vgl. AP 4, 5–10 zu § 81 BetrVG, AP 1–8 zu § 118 BetrVG 1972) sowie Religionsgemeinschaften u. ihre karitativen u. erzieherischen Einrichtungen (§ 81 BetrVG 52). Die AN-Vertreter werden in allgemeiner, geheimer, gleicher u. unmittelbarer Wahl von allen zur → Betriebsratswahl wahlberechtigten AN für die Zeit gewählt, die im Gesetz o. in der Satzung für die von der Hauptversammlung zu wählenden Aufsichtsratsmitglieder bestimmt ist. Ist ein AN-Vertreter zu wählen, so muß er im → Unternehmen beschäftigt sein; sind zwei o. mehrere AN zu wählen, so müssen unter diesen mind. 2 aus Unternehmen, darunter ein → Arbeiter u. ein → Angestellter sein. Werden im Unternehmen mehr als die Hälfte Frauen beschäftigt, so muß mind. eine von ihnen AN-Vertreter im Aufsichtsrat sein (§ 76 II BetrVG 52). Der BR u. die AN können Wahlvorschläge machen. Das Wahlverfahren ist in §§ 31 ff. WahlO v. 18. 3. 1953 (BGBl. I 58) i. d. Änd. v. 7. 2. 1962 (BGBl. I 64) zum BetrVG geregelt. Soll die Wahl der AN-Vertreter für den Aufsichtsrat eines herrschenden Konzernunternehmens erfolgen, nehmen auch die AN der Betr. der übrigen Konzerntöchter teil. Seine umstr. Rspr., daß unter den zu wählenden AN-Vertretern mind. 1 Vertreter aus dem herrschenden Unternehmen u. 1 aus den Konzerntöchtern stammen muß (AP 22, 23 zu § 76 BetrVG) hat das BAG aufgegeben (AP 24 zu § 76 BetrVG 1952). Die Wahl erfolgt nach den gleichen Grundsätzen; es ist jedoch auch eine Wahlmännerwahl zulässig, wenngleich die entspr. WahlO durch die BReg. noch nicht erlassen wurde (AP 16 zu § 76 BetrVG). Die jeweilige Wahl der AN-Vertreter kann auch vom Gesamtbetriebsrat des Unternehmens angefochten werden (AP 25 zu § 76 BetrVG 1952).

IV. Erfolgt die M. nach dem MontanMitbestG (oben I 2) so gelten folgende Grundsätze. Ihm unterfallen AktienGes., GmbH o. bergrechtl. Gewerkschaften mit eigener Rechtspersönlichkeit, sofern sie mehr als 1000 AN beschäftigen;

(1) wenn der überwiegende Zweck in der Förderung von Stein- u. Braunkohle o. Eisenerzen sowie in der Aufbereitung, Verkokung, Verschwelung o. Brikettierung dieser Grundstoffe liegt u. ihre Betr. unter der Aufsicht der Bergbehörden stehen;

(2) wenn Unternehmen der eisen- u. stahlerzeugenden Industrie,

im alliierten Entflechtungsgesetz v. 16. 5. 1950 namentlich aufgeführt sind u. als Einheitsgesellschaften o. in anderer Form weiterbe-
trieben werden;

(3) wenn bestimmte Walzwerkserzeugnisse hergestellt werden u.
die Unternehmen früher dem MitbestG 1951 unterfielen;

(4) wenn sie deren Konzernunternehmen sind;

(5) wenn sie als Montanunternehmen erst nach der Entflechtung
gegründet wurden, aber dieselben Merkmale wie diese aufweisen
(BGH NJW 83, 1617).

(6) wenn ein Unternehmen zwar nicht mehr die Voraussetzungen
der MontanMitbest. erfüllt, aber noch keine sechs Jahre vergangen
sind.

Die Aufsichtsräte dieser Gesellschaften bestehen aus 11 Mitgliedern, davon je 5 Vertretern der Anteilseigner u. der AN sowie 1
weiteren Mitglied (§ 4). Bei Gesellschaften mit einem Nennkapital
von mehr als 20 Mio. DM kann durch Satzung der Aufsichtsrat auf
15, bei solchen mit mehr als 50 Mio. DM auf 21 Mitglieder unter
Berücksichtigung des Beteiligungsverhältnisses der AN erweitert
werden (§ 9). Als gleichberechtigtes Mitglied des zur gesetzl. Vertretung berufenen Organs (Vorstand, Geschäftsführung) wird ein Arbeitsdirektor bestellt. Seine Bestellung u. Abberufung kann nicht
gegen die Stimmen der Mehrheit der gewählten Aufsichtsratsmitglieder erfolgen (§ 13 I). Der Arbeitsdirektor hat seine Aufgaben
(Personalangelegenheiten) im engsten Einvernehmen mit dem Ge-
samtorgan auszuüben (§ 13 II).

V. Das MontanMitbestG wird ergänzt durch das MontanMitbest-
ErgG. Ihm unterfallen AktienGes., GmbH u. selbständige bergrechtl. Gewerkschaften, die nicht unter das MitbestG fallen, aber
aufgrund Organschaftsvertrag ein o. mehrere andere Unternehmen
beherrschen, in denen das MitbestG gilt o. fortbesteht. Hier besteht
der Aufsichtsrat aus 15 Mitgliedern, davon je 7 Vertretern der Anteilseigner u. der AN sowie 1 weiteren Mitglied. Von den AN-
Vertretern müssen sich 5 AN von Konzernunternehmen, u. 2 Vertreter von Gewerkschaften befinden (§ 6 I). Die AN-Vertreter werden im Wahlmännerverfahren gewählt. Dieses ist in der WahlO zum
MitbestErgG v. 23. 1. 1989 (BGBl. I 147) geregelt. Weiterhin ist ein
Arbeitsdirektor zu bestellen. Lit.: Wißmann DB 89, 426.

VI. Zur Erweiterung der M. wurden privatautonome Regelungen
(Stimmbindungsverträge) erörtert. Bei Stimmbindungsverträgen
verpflichtet sich die Anteilseignerseite, bis zur Grenze der paritäti-
schen M. Vertreter der AN, die von diesen gewählt werden, in den
→ Aufsichtsrat zu wählen. Dies ist zulässig (VG NJW 74, 378; OLG
NJW 77, 1153). Sie haben vor allem noch Bedeutung, soweit sich die

Mittelbares Arbeitsverhältnis

M. nach dem BetrVG 1952 richtet (oben I 2, III). Ferner ist umstr., ob die Mitbestimmung durch → Tarifvertrag o. → Betriebsvereinbarung eingeführt werden kann (Beuthien ZfA 84, 1).

VII. In dem Entw. einer VO des Rats der EG über das Statut einer → Europäischen Aktiengesellschaft ist auch eine M.-Regelung enthalten.

Mittelbares Arbeitsverhältnis liegt vor, wenn jemand von einem Mittelsmann, der seinerseits AN eines Dritten ist, beschäftigt wird u. die Arbeit mit Wissen des Dritten unmittelbar für diesen geleistet wird, ohne daß ein unmittelbarer ArbVertrag zwischen dem Dritten u. dem Gehilfen zustande kommt (AP 2, 3 zu § 611 BGB Mittelbares Arbeitsverhältnis). Die starke wirtschaftl. o. künstlerische Abhängigkeit des Mittelsmanns allein kann den AN nicht auch zum AN des Dritten machen (AP 19 zu § 611 BGB Abhängigkeit). Die Konstruktion des mittelbaren Arbeitsverhältnisses kann rechtsmißbräuchlich sein, wenn der Mittelsmann keine unternehmerischen Entscheidungen treffen kann, z. B. Schulhausmeister (AP 5 zu § 611 BGB Mittelbares Arbeitsverhältnis). Zu Musikerverträgen: AP 9 zu Internationales Privatrecht, Arbeitsrecht. Aus den Grundsätzen des mittelbaren ArbVertrages folgt die allgemeine → Fürsorgepflicht des Dritten; dieser muß die notwendigen Maßnahmen zum Schutz von Leben u. Gesundheit der mittelbaren AN treffen (§ 618 BGB), hat dafür zu sorgen, daß der Gehilfe seine (enger AP 3 a. a. O.) u. die Pflichten aus dem öffentl. Arbeitsschutzrecht erfüllt. Im Sozialversicherungsrecht gilt der Grundsatz, daß die Pflichten dem mittelb. AG obliegen, da es an die tatsächliche Beschäftigung anknüpft.

Multinationale Unternehmen → Tarifverträge VII.

Mutterschutz. I. Das Kernstück des → Frauenarbeitsschutzrechts ist das MSchG i. d. F. v. 18. 4. 1968 (BGBl. I 315); zul. geänd. am 30. 6. 1989 (BGBl. I 1297), das durch zahlreiche Übereinkommen u. Empfehlungen der IAO beeinflußt ist. Es gilt grundsätzlich für alle Frauen, die in einem Arbeitsverhältnis stehen (BVerwG NJW 71, 1328), sowie für → Heimarbeiterinnen u. ihnen Gleichgestellte, die am Stück mitarbeiten. Nicht dem MSchG unterfallen: *a)* selbständige Gewerbetreibende, *b)* arbeitgeberähnliche Personen (Organmitglieder jur. Personen), *c)* → arbeitnehmerähnliche Personen, *d)* Frauen, die aufgrund familienrechtl. Verpflichtung → Familienmitarbeit leisten *(anders, wenn sie daneben im Arbeitsverhältnis stehen)*, *e)* Frauen, die aus karitativen o. religiösen Gründen arbeiten, *f)* unfreiwillige Pflichtarbeiterinnen, *g)* Beamtinnen usw. Für Beamtinnen gilt die VO über den M. für Beamtinnen v. 20. 12. 1983 (BGBl. I 1495) zul. geänd. 17. 12. 1985 (BGBl. I 2322) u. dieser entspr. VO der Länder.

h) Frauen im Sanitätsdienst der Bundeswehr (hierzu VO v. 29. 1.
1986 (BGBl. I 239). Lit.: Schleicher BB 85, 340. Werdende Mütter
sollen dem AG ihre Schwangerschaft u. den mutmaßlichen Tag der
Entbindung mitteilen, sobald ihnen ihr Zustand bekannt ist (§ 5).
Auf Verlangen des AG haben sie auf dessen Kosten das Zeugnis eines
Arztes o. einer Hebamme vorzulegen. Der AG muß die Mitteilung
auch dann gegen sich gelten lassen, wenn er o. sein Vertreter von ihr
keine Kenntnis genommen o. sie nicht (zur Schwerhörigkeit: *DB 80,
1127)* o. falsch verstanden hat, z. B. wegen eines Fachausdruckes
(Hyperemesis gravid = Erbrechen während der Schwangerschaft;
Gravidität = Schwangerschaft; AP 9 zu § 9 MSchG). Für die Berechnung der Schutzfristen ist das Zeugnis maßgebend. Irrt sich die Me-
dizinalperson, so verkürzt o. verlängert sich die Schutzfrist. Der AG
hat die Aufsichtsbehörde unverzüglich von der Mitteilung der werdenden Mutter zu benachrichtigen; dagegen darf er sie an Dritte
nicht unbefugt weitergeben, wohl aber → dem Betriebsrat (§ 80
BetrVG; AP 1 zu § 58 BetrVG [*sehr bestr.*]). Das MSchG enthält
einen besonderen *Gefahren-, Arbeitsplatz-* u. *Entgeltschutz* (II– IV).

II. Dem *Gefahrenschutz* dient die Anpassung des Arbeitsplatzes an
die *arbeitsphysiologischen Erfordernisse* werdender u. stillender Mütter
(1), *Beschäftigungsverbote* zu bestimmten *Zeiten* (2), mit bestimmten
Beschäftigungsarten (3) u. in bestimmten *Entlohnungsformen* (4).

1. Wer eine werdende o. stillende Mutter beschäftigt, hat bei der
Einrichtung u. Unterhaltung des Arbeitsplatzes einschl. der Maschinen, Werkzeuge u. Geräte u. bei der Regelung der Beschäftigung die
erforderlichen Vorkehrungen u. Maßnahmen zum Schutz ihres Le-
bens u. der Gesundheit zu treffen. Bei stehender o. gehender Beschäftigung ist für Sitzgelegenheiten zu sorgen, bei sitzender Beschäftigung für kurze Arbeitsunterbrechungen. Der BAM kann im
Wege der RechtsVO anordnen, daß ein Liegeraum eingerichtet o.
sonstige Schutzmaßnahmen getroffen werden. Die Aufsichtsbehörde
kann darüber hinaus in Einzelfällen bes. Anordnungen zum Schutz
erlassen (§ 2). Lit.: Streckel PersR 86, 27.

2. Vor der Entbindung dürfen Frauen nicht beschäftigt werden,
soweit nach ärztl. Zeugnis Leben u. Gesundheit von Mutter o. Kind
bei Weiterbeschäftigung gefährdet würden (§ 3 I). In den letzten 6
Wochen vor der Entbindung ist eine Beschäftigung überhaupt unzulässig, es sei denn, daß sich die Frau ausdrücklich zur Arbeitsleistung
bereit erklärt. Diese Erklärung kann jederzeit widerrufen werden
(§ 3 II). Nach der Entbindung beträgt die Schutzfrist einheitlich 8
Wochen, bei Früh- u. Mehrlingsgeburten 12 Wochen (§ 6 I). Ferner
dürfen Frauen, die nach ärztl. Zeugnis in den ersten Monaten nach
der Entbindung nicht voll leistungsfähig sind, nicht zu einer ihrer

Leistungsfähigkeit übersteigenden Arbeit herangezogen werden.
Werdende u. stillende Mütter dürfen nicht mit Mehrarbeit, nicht in
der Nacht zwischen 20.00 u. 6.00 Uhr u. nicht an Sonn- u. → Feiertagen *(insoweit Ausnahmen für Frauen in Haushalten bei hauswirtschaftl.
Arb.)* beschäftigt werden (§ 8 I). Mehrarbeit ist jede Arbeit, die von
den im Haushalt mit hauswirtschaftl. Arbeiten u. den in der Landwirtschaft Beschäftigten über 9 Std. tägl. o. 102 Std. in der Doppelwoche, von Frauen unter 18 J. über 8 Std. tägl. o. 80 Std. in der
Doppelwoche, von sonstigen Frauen über 8½ Std. tägl. o. 90 Std. in
der Doppelwoche geleistet wird (§ 8 II). In Gast- u. Schankwirtschaften u. im übrigen Beherbergungsgewerbe dürfen Frauen in den
ersten 4 Mon. der Schwangerschaft u. stillende Mütter bis 22.00 Uhr
beschäftigt werden, in der Landwirtschaft mit dem Melken von Vieh
ab 5.00 Uhr (§ 8 III). Im Verkehrswesen, in Gast- u. Schankwirtschaften u. im übrigen Beherbergungsgewerbe, in Krankenpflege- u.
in Badeanstalten, bei Musikaufführungen, Theatervorstellungen u.
anderen Schaustellungen, Darbietungen o. Lustbarkeiten dürfen
werdende u. stillende Mütter an Sonn- u. Feiertagen beschäftigt werden, wenn ihnen in jeder Woche einmal eine ununterbrochene Ruhezeit von mind. 24 Std. im Anschluß an eine Nachtruhe gewährt wird
(§ 8 IV). Werden Schwangere zur ausschließlichen, gegen Beschäftigungsverbote verstoßenden Arbeitsleistung eingestellt, kann der Arbeitsvertrag nach § 134 BGB unwirksam sein (AP 1 zu § 8 MuSchG
1968 – NJW 89, 929 = NZA 89, 178). Die Aufsichtsbehörde kann in
begründeten Einzelfällen weitere Ausnahmen zulassen (§ 8 VI). Sondervorschriften auch für in Heimarbeit Beschäftigte (§ 8 V). Schließlich ist stillenden Müttern die erforderliche Stillzeit einzuräumen
(§ 7). Bei der Beanspruchung von Stillzeiten hat die AN auch betriebliche Belange zu berücksichtigen (AP 1 zu § 7 MuSchG 1968 =
NZA 86, 131).

3. Werdende u. stillende Mütter dürfen nicht mit schweren körperl. Arbeiten u. nicht mit Arbeiten beschäftigt werden, bei denen
sie schädl. Immissionen (Staub, Gase, Dämpfe, Hitze, Kälte, Nässe,
Erschütterungen, Lärm usw.) ausgesetzt o. die in § 4 II aufgezählt
sind. Der BAM ist ermächtigt, durch RechtsVO Arbeiten zu bestimmen, die unter die Beschäftigungsverbote fallen o. weitere zu erlassen. Hierzu § 9 DruckluftVO; § 26 V – VII GefStoffVO sowie die
VO über die Beschäftigung von Frauen auf Fahrzeugen vom 2. 12.
1971 (BGBl. I 1957).

4. Werdende u. stillende Mütter dürfen nicht mit Arbeiten im →
Akkord u. sonstigen Arbeiten, bei denen durch ein gesteigertes Arbeitstempo ein höheres Entgelt erzielt werden kann (z. B. → Prämie), beschäftigt werden. Verboten sind nur solche Entlohnungsfor

men, bei denen die Entgelthöhe vom Umfang der Arbeitsmenge abhängt. Eine Tätigkeit mit einer nach dem Umsatz bemessenen Provision ist mithin grundsätzlich zulässig (AP 9 zu § 11 MuSchG 1968 = DB 84, 52). Die Aufsichtsbehörde kann Ausnahmen bewilligen, wenn die Art der Arbeit u. das Arbeitstempo eine Beeinträchtigung der Gesundheit von Mutter u. Kind nicht befürchten lassen. Sie kann in Einzelfällen bestimmen, ob vorgesehene Arbeiten unter die in 3. u. 4. geschilderten Beschäftigungsverbote fallen (Feststellungswirkung auch für das → Arbeitsgericht).

III. Der *Kündigungsschutz* soll die Schwangere u. die Wöchnerin vor den wirtschaftl. Nachteilen u. seelischen Belastungen schützen, die der Verlust des Arbeitsplatzes mit sich bringt. Der AG hat nach früher h. M. das Recht, eine Stellenbewerberin in angemessener Form nach dem Bestehen einer Schwangerschaft zu fragen. Das BAG sieht darin eine Frauendiskriminierung, es sei denn, daß sich um eine Stelle nur Frauen bewerben (AP 31 zu § 123 BGB = NJW 87, 397). Gibt die Bewerberin auf eine zulässige Frage bewußt eine wahrheitswidrige Auskunft, ist die → Anfechtung des ArbVertr. wegen arglistiger Täuschung (§ 123 BGB) gerechtfertigt (AP 15 zu § 123 BGB), AG kann auch nach h. M. nicht die Vorlage eines Attestes verlangen, daß die AN nicht schwanger sei. Die AN ist nicht verpflichtet, eine auf ungewisse Anhaltspunkte gestützte Vermutung zu offenbaren (AP 15 zu § 123 BGB). Dagegen ist eine Anfechtung wegen Schwangerschaft nach § 119 II BGB nur dann möglich, wenn AN für einen Arbeitsplatz eingestellt ist, an dem ersichtlich eine Schwangere nicht beschäftigt werden kann, z. B. als Mannequin (vgl. AP 1 zu § 8 MuSchG 1968 = NJW 89, 929 = NZA 89, 178). Wird eine unter M. fallende AN ordentlich gekündigt, obwohl eine → Anfechtung begründet gewesen wäre, so ist eine Konversion der Kündigung in eine Anfechtung ausgeschlossen (AP 4 zu § 9 MuSchG 1968). Die → Kündigung gegenüber einer Frau während der Schwangerschaft u. bis zum Ablauf von 4 Mon. nach der Entbindung ist unzulässig, wenn dem AG zur Zeit der K. die Schwangerschaft o. Entbindung bekannt war o. innerhalb von 2 Wochen nach Zugang der K. mitgeteilt wird. Für den Beginn der Schwangerschaft ist das Zeugnis eines Arztes o. einer Hebamme maßgebend (AP 14 zu § 9 MuSchG 1968 = NJW 85, 1420; AP 15 = NJW 86, 2905). Der Kündigungsschutz verlängert sich, wenn die Frau → Erziehungsurlaub in Anspruch nimmt. Die Zweiwochenfrist, innerhalb derer die Frau ihrem AG die Schwangerschaft mitteilen kann, ist verfassungsgemäß, wenn sie sie schuldhaft versäumt (BVerfG AP 1 zu § 9 MuSchG 68), dagegen verfassungswidrig, wenn sie diese schuldlos infolge eigener Unkenntnis der Schwangerschaft versäumt und die

Mutterschutz

Mitteilung unverzüglich nachholt (BVerfG NJW 80, 824; NJW 81, 1313). Eine schuldhafte Versäumung der 2-Wochenfrist des § 9 I liegt nur dann vor, wenn sie auf einen gröblichen Verstoß gegen das von einem verständigen Menschen in eigenem Interesse billigerweise zu erwartendes Verhalten zurückzuführen ist (AP 12 zu § 9 MuSchG 1968 = DB 84, 1044). Die Frau braucht weder für Hindernisse bei der Übermittlung der Mitteilung, an denen sie kein Verschulden trifft, noch für ein zur Verzögerung der Mitteilung führendes Verschulden eines von ihr beauftragten geeigneten Bevollmächtigten einzustehen (AP 13 zu § 9 MuSchG 1968 = DB 84, 1203). Insoweit ist die Frau darlegungs- und beweispflichtig, daß sie ohne Verschulden die Mitteilungsfrist versäumt hat (AP 9 zu § 9 MuSchG 1968; AP 16 = NJW 88, 2970 = NZA 88, 799). Der Kündigungsschutz endet mit einer Fehl-, jedoch nicht bei Totgeburt (AP 2 zu § 9 MSchG 68). Versäumt die Frau die Frist, wird die Kündigung nach der Rspr. des BAG wirksam (teilw. überholt AP 29 zu § 9 MSchG), ohne daß es die Möglichkeit der → Wiedereinsetzung in den vorigen Stand gibt. Kündigt der AG entgegen dem K.-Verbot, so kann er in →Annahmeverzug mit der Folge der Vergütungsfortzahlung geraten. Er ist nur dann der Zahlungsverpflichtung enthoben, wenn dem AG nicht zumutbar war, die Arbeitsleistung anzunehmen (AP 5 zu § 9 MuSchG). Das K.-Verbot gilt nicht gegenüber Frauen nach Ablauf des 5. Monats der Schwangerschaft (AP 27 zu § 9 MuSchG), die von dem AG im Familienhaushalt mit hauswirtschaftlicher, erzieherischer o. pflegerischer Arbeit in einer ihre Arbeitskraft voll in Anspruch nehmenden Weise beschäftigt werden (Hausgehilfinnen, Tagesmädchen, Haushälterinnen, Kindermädchen, Erzieherinnen usw.). Es gilt ferner nicht, wenn die für den Arbeitsschutz zuständige oberste Landesbehörde o. die von ihr bestimmte Stelle in besonderen Ausnahmefällen die K. für zulässig erklärt hat. Ein besonderer Fall kann z. B. die Betriebsstillegung (BVerwG AP 5 zu § 9 MuSchG 1968) o. Existenzgefährdung des AG *(OVG NJW 83, 1748)* sein. Eine vor Zustimmung ausgesprochene K. ist unwirksam (AP 28 zu § 9 MSchG). Dagegen kann während des K.-Schutzzeitraums der Arb.-Vertr. im Wege eines → Aufhebungsvertrages o. durch K. der Schwangeren beendet werden. Irrt sich die Schwangere über die mutterschutz-rechtlichen Folgen des Aufhebungsvertrages, so berechtigt dies nicht zur Anfechtung (AP 4 zu § 9 MSchG; AP 22 zu § 123 BGB = DB 83, 1663). Teilt der AG entgegen § 9 II die Eigenkündigung der Aufsichtsbehörde nicht mit, so bleibt hiervon die Wirksamkeit der Kündigung unberührt (AP 10 zu § 9 MuSchG 1968). Ferner endet er mit Fristablauf, wenn ein → befristeter Arb-Vertr. abgeschlossen war (AP 16 zu § 620 BGB Befristeter Arbeitsvertrag). War ein befristetes → Probearbeitsverhältnis abgeschlos-

sen, darf AG den Abschluß eines endgültigen ArbVertr. nicht nur
mit Rücksicht auf die Schwangerschaft ablehnen (AP 26). Teilt eine
Frau nach der ihr erklärten K. mit, eine Schwangerschaft sei wahrscheinlich o. werde vermutet, so wahrt auch diese Erklärung die
Zweiwochenfrist (AP 23 zu § 9 MSchG). Der AG kann dann die
Vorlage eines ärztl. Attestes binnen angemessener Frist verlangen
(AP 30 zu § 9 MSchG). Die Verletzung der Nachweispflicht wirkt
sich nicht unmittelbar auf den Kündigungsschutz aus; sie kann aber
dazu führen, die Berufung auf ihn als unzulässige Rechtsausübung
erscheinen zu lassen o. vorübergehend den → Annahmeverzug des
AG zu beseitigen o. Schadensersatzansprüche für den AG entstehen
lassen (AP 3 zu § 9 MSchG 1968). Die Mitteilung ist an den Dienst-
vorgesetzten zu richten (AP 26 zu § 9 MSchG); das ist derjenige, der
für die Personalangelegenheiten der Frau zuständig ist, nicht dagegen
etwa ein Vorarbeiter. Sie kann zurückgenommen werden. Während
der Schwangerschaft, der Schutzfrist o. während des → Erziehungs-
urlaubs kann eine Frau das Arbeitsverhältnis ao. zum Ende der
Schutzfrist kündigen. Diese Kündigung kann bei entspr. Bindung
den Anspruch des AG auf Rückzahlung einer → Gratifikation auslö-
sen (DB 69, 1752). Im übrigen richtet sich nach dem jeweiligen
Wortlaut des Tarifvertrages, ob u. in welchem Umfang ein AN
Ansprüche auf Jahressonderleistungen hat, wenn das Arbeitsverhältnis infolge Mutterschaft u. → Erziehungsurlaub unterbrochen war
(AP 113, 114, 116 zu § 611 BGB Gratifikation; AP 1 zu § 8a
MuSchG 1968 = DB 83, 1367). Wird die Frau innerhalb eines Jahres
nach der Entbindung wieder in ihren Betr. eingestellt, so gilt, soweit
Rechte aus dem Arbeitsverhältnis von der Dauer der Betr. o. Berufs-
zugehörigkeit usw. abhängen, das Arbeitsverhältnis als nicht unterbrochen. Das gilt jedoch dann nicht, wenn die Frau zwischenzeitl.
bei einem anderen AG beschäftigt war.

IV. Von den gegen den AG gerichteten Ansprüchen unter 1. u. 8.
abgesehen, richten sich die *Entgeltleistungsansprüche* gegen die Krankenkasse.

1. Nach § 11 erhalten die dem MSchG unterfallenden Frauen, soweit sie kein Mutterschaftsgeld nach den Vorschriften der RVO beziehen können, vom AG den Durchschnittsverdienst der letzten 13
Wochen o. der letzten 3 Monate vor Schwangerschaftsbeginn (→
Referenzmethode, AP 8 zu § 11 MSchG 1968), wenn sie wegen eines
Beschäftigungsverbotes nach §§ 3 I *(Aussetzen aufgrund ärztl. Zeugnisses, weil die Schwangere ohne Gesundheitsgefährdung Arbeit nicht verrichten kann; dagegen kein Anspruch, wenn sie nur den Arbeitsweg nicht
zurücklegen kann, AP 4 zu § 11 MSchG 68), 4 (Verbot bestimmter Beschäftigungsarten), 6 II, III (Aussetzen aufgrund ärztl. Zeugnisse o. Verbot*

bestimmter Beschäftigungsarten nach Entbindung), 8 I, III, V *(Verbot von Mehr-, Nacht- u. Sonntagsarbeit)* teilweise o. völlig mit der Arbeit aussetzen müssen (AP 1 zu § 11 MSchG; zu Fragen der Verfassungsmäßigkeit BVerfG in NJW 74, 1461). Dies gilt auch, wenn wegen dieser Verbote die Beschäftigung o. die Entlohnungsart wechselt [über die Grenzen der Umsetzungsbefugnis des AG; AP 2, 5, 6 zu § 11 MSchG 1968]. Leistet eine Frau in dem Berechnungszeitraum vor der Schwangerschaft Mehrarbeit, Nacht- oder Sonntagsdienst, so ist die Vergütung der Berechnung des Mutterschutzlohnes auch dann zugrunde zu legen, wenn sie erst später mit Lohnzahlungen außerhalb des 3-Monatszeitraumes abgerechnet und ausgezahlt wird (AP 8 zu § 11 MuSchG 1968; AP 10 = DB 85, 765). Hat das Arbeitsverhältnis erst nach Schwangerschaftsbeginn begonnen, so ist von dem Verdienst der ersten Zeiten auszugehen; hat es erst kürzere Zeit gedauert, so ist vom Durchschnittsverdienst auszugehen. Verrichtet die AN in Unkenntnis ihrer Schwangerschaft Akkordarbeit, so darf ihr hieraus bei der Berechnung des Mutterschutzlohnes kein Nachteil erwachsen (AP 7 zu § 11 MSchG 68). Verdienstlose Zeiten bleiben außer Ansatz (AP 1 zu § 11 MSchG 1968). Bei Verdiensterhöhungen nicht nur vorübergehender Natur, die während o. nach Ablauf des Berechnungszeitraums eintreten, ist von dem höheren Verdienst auszugehen. Verdienstkürzungen infolge → Kurzarbeit (auch AP 3 zu § 615 BGB Kurzarbeit), Arbeitsausfällen o. unverschuldeter Arbeitsversäumnis bleiben bei der Berechnung außer Ansatz. Diese Vorschriften finden keine Anwendung auf Frauen, die nicht dauernd von demselben AG im Familienhaushalt mit hauswirtschaftl. Arb. in einer ihre Arbeitskraft voll in Anspruch nehmenden Weise beschäftigt werden.

2. Im Familienhaushalt beschäftigte Frauen, deren Arbeitsverhältnis vom AG nach § 9 nach Ablauf des 5. Mon. der Schwangerschaft gekündigt worden ist, erhalten vom Zeitpunkt der Auflösung des Arbeitsverhältnisses bis zur Gewährung des Mutterschaftsgeldes eine Sonderunterstützung zu Lasten des Bundes in Höhe der durchschnittl. kalendertägl. → Arbeitsvergütung entspr. dem zu 1. dargelegten Zeitraum, zumindest. 3,50 DM. Einmalig gezahltes Arbeitsentgelt sowie Tage, an denen infolge von → Kurzarbeit, Arbeitsausfällen o. unverschuldeter Arbeitsversäumnis kein o. ein vermindertes Arbeitsentgelt gezahlt wurde, bleiben außer Betracht. Die Sonderunterstützung wird durch die Krankenkasse gezahlt, wenn die im Familienhaushalt beschäftigte Frau versichert ist; war sie nicht in der gesetzl. Krankenkasse versichert, wird sie von der AOK o., sofern eine AOK nicht besteht, von der Landkrankenkasse (Landwirtschaftlicher KK) gezahlt (§ 12).

3. Frauen, die in der gesetzl. Krankenversicherung freiwillig o. pflichtversichert sind, erhalten während der Schutzfristen der §§ 3 II, 6 I vor u. nach der Entbindung sowie den Entbindungstag von der Krankenkasse Mutterschaftsgeld nach den Vorschriften der RVO über das Mutterschaftsgeld (§ 13 I). Erfolgt die Entbindung früher als nach dem Zeugnis des Arztes anzunehmen war, wird die Schutzfrist nach der tatsächlichen Entbindung berechnet (AP 7 zu § 14 MuSchG 1968 = NJW 88, 1108). Nach § 200 RVO ist Voraussetzung, daß die Versicherte in der Zeit zwischen dem 10. u. 4. Monat einschließl. dieser Monate vor der Entbindung für mind. 12 Wochen in versicherungspflichtiger Beschäftigung o. in einem Arbeitsverhältnis gestanden hat. Die Berechnung regelt sich nach § 200 II, III RVO.

4. Frauen, die nicht in der gesetzl. Krankenversicherung versichert sind, erhalten gemäß § 13 II während der Schutzfristen vor u. nach der Entbindung gemäß §§ 3 II, 6 I sowie den Entbindungstag Mutterschaftsgeld zu Lasten des Bundes, wenn sie bei Beginn der Schutzfristen nach § 3 II in einem Arbeitsverhältnis stehen o. in Heimarbeit beschäftigt sind o. ihr Arbeitsverhältnis während ihrer Schwangerschaft vom AG zulässig aufgelöst worden ist. Das Mutterschaftsgeld, das höchstens 400 DM beträgt, wird vom Bundesversicherungsamt gezahlt (§ 13 II 2 MuSchG). Nicht anspruchsberechtigt sind jedoch Frauen, wenn sie nicht in Arbeit standen (BSG NJW 84, 631).

5. Nach § 200b RVO erhalten sonstige Versicherte, die keinen Anspruch auf Mutterschaftsgeld nach § 200 RVO haben, bei der Entbindung als Mutterschaftsgeld einen einmaligen Betrag von 150 DM.

6. Nach §§ 15 MSchG, 195 RVO erhalten Frauen, die in der gesetzl. Krankenversicherung versichert sind, auch die sonstigen Leistungen der Mutterschaftshilfe nach der RVO. Zu den sonstigen Leistungen der Mutterschaftshilfe gehören ärztl. Betreuung u. Hebammenhilfe, Versorgung mit Arznei-, Verbands- u. Heilmitteln, stationäre Entbindung, häusliche Pflege, Haushaltshilfe, Mutterschafts- u. Entbindungsgeld. Für die Leistungen gelten die Vorschriften der Krankenversicherung des SGB V entspr.

7. *a)* Frauen, die Anspruch auf Mutterschaftsgeld nach § 200 I, II 1–4, III RVO o. entspr. Vorschriften haben (vgl. 3, 4), erhalten Mutterschaftsgeld bis zur Höhe von 25.– DM. Daraus ergibt sich die Notwendigkeit, den Lebensstandard der Frauen, deren durchschnittl. kalendertägl. Arbeitsverdienst 25 DM übersteigt, durch eine zusätzl. Leistung zu sichern. Dazu dient der vom AG zu zahlende *Zuschuß zum Mutterschaftsgeld.* Diese Regelung ist nicht verfassungswidrig (BVerfG NJW 74, 1461). Nach § 14 MSchG erhalten Frauen,

Nachtarbeit

die Anspruch auf ein kalendertägl. Mutterschaftsgeld haben (Fall 3, 4), von ihrem AG einen Zuschuß in Höhe des Unterschiedsbetrages zwischen dem Mutterschaftsgeld u. dem um die gesetzl. Abzüge verminderten durchschnittl. kalendertägl. Arbeitsentgelt. Das durchschnittl. kalendertägl. Arbeitsentgelt ist aus den letzten 3 abgerechneten Kalendermonaten, bei wöchentl. Abrechnung aus den letzten 13 abgerechneten Wochen vor Beginn der Schutzfrist nach § 3 II zu berechnen. Bei mehrfacher Beschäftigung hat die Frau einen Anspruch gegen jeden AG (AP 6 zu § 14 MuSchG 1968 = NZA 87, 851). Einmalige Zuwendungen o. Verdienstkürzungen infolge → Kurzarbeit, Arbeitsausfällen o. unverschuldeter Arbeitsversäumnis bleiben außer Betracht. Berücksichtigt werden jedoch vertragliche Verdienstkürzungen (AP 3 zu § 14 MuSchG 1968 = NZA 87, 97). Gesetzl. Abzüge können auch dann noch vorliegen, wenn die Frau selbst die Beiträge, etwa zur Zusatzversorgung, abführen muß (AP 8 zu § 14 MuSchG 1968 = DB 88, 1805). Der Weihnachtsfreibetrag ist bei der Ermittlung der gesetzl. Abzüge zu berücksichtigen (v. 7. 3. 90 – 5 AZR 130/89 – BB 90, 1207). Vermögenswirksame Leistungen brauchen je nach Rechtsgrundlage nicht gezahlt werden (AP 2 zu § 14 MuSchG 1968 = DB 84, 2714). Eine Frau handelt rechtsmißbräuchlich, wenn sie durch Änderung von steuerrechtlichen Merkmalen die Höhe ihres Nettoverdienstes beeinflußt (AP 5 zu § 14 MuSchG 1968 = NZA 87, 703). Ist danach eine Berechnung nicht möglich, ist das durchschnittl. kalendertägl. Arbeitsentgelt einer gleichartig Beschäftigten zugrunde zu legen.

b) Ist das Arbeitsverhältnis der Frauen während der Schwangerschaft o. während der Schutzfrist des § 6 I vom AG zulässig gelöst worden, so erhalten sie zu Lasten des Bundes den Zuschuß von dem für die Zahlung des Mutterschaftsgeldes zuständigen Träger der gesetzl. Krankenversicherung (Zetl PersV 82, 362).

Der Anspruch auf Zuschuß entfällt bei rechtmäßiger Aussperrung (AP 4 zu § 14 MuSchG 1968 = NZA 87, 494).

N

Nachtarbeit → Arbeitszeit.

Nachteilsausgleich. Im Falle einer → Betriebsänderung in Betrieben mit i. d. R. mehr als 20 zum Betriebsrat wahlberechtigten AN, hat der AG diesen über die geplante Betriebsänderung rechtzeitig zu unterrichten (§ 111 BetrVG). Ferner ist über einen → Interessenausgleich zu verhandeln u. ein → Sozialplan abzuschließen. Wird ein

Interessenausgleich nicht abgeschlossen o. weicht der Unternehmer von diesem ab, so erwachsen nach § 113 BetrVG Ansprüche auf N (AP 13 zu § 113 BetrVG 1972 = NJW 86, 2454). Solche erwachsen dagegen nicht, wenn für den betroffenen Betrieb überhaupt kein Betriebsrat besteht; dies gilt selbst dann, wenn im Unternehmen ein Gesamtbetriebsrat errichtet ist (AP 5 zu § 50 BetrVG 1972 = NJW 84, 2966). Die Ford. auf N., die während des → Konkurses entsteht (v. 3. 4. 1990 – 1 AZR 150/89 – BB 90, 1208), ist eine Masseforderung (AP 13 zu § 113 BetrVG 1972). Die nachträgl. Vereinbarung einer Sozialplanforderung beseitigt nicht den Anspruch auf N.; sie ist aber anzurechnen (v. 13. 6. 89 – 1 ABR 819/87 – NZA 89, 894).

Nachwirkung → Tarifvertragsnachwirkung; → Betriebsvereinbarung.

Naturallohn → Arbeitsvergütung.

Nebenbeschäftigung des AN ist grundsätzlich zulässig, soweit sie nicht zur Verletzung zwingender AN-Schutzvorschriften (z. B. Überschreitung der Höchstarbeitszeit) führt u. die vertragl. Arbeitspflicht nicht in unzulässiger Weise beeinträchtigt wird. Sie kann nach dem Inhalt des → ArbVertrages, eines → Tarifvertrages o. einer → Betriebsvereinbarung verboten sein. Eine vertragl. Beschränkung der N. ist jedoch nur insoweit zulässig, wie durch die N. vertragl. Leistungen des AN beeinträchtigt werden können (AP 60, 68 zu § 626 BGB). Im öffentl. Dienst bedarf die AN zur Ausübung einer N. einer besonderen Einwilligung seines AG (vgl. Knüppel DöD 85, 96). Bei N. im → öffentlichen Dienst erwachsen häufig Abführungspflichten (v. 16. 11. 89 – 6 AZR 168/89 – BB 90, 711). Geht der AN auch während seiner → Krankheit u. Arbeitsunfähigkeit im Hauptarbeitsverhältnis einer N. nach, so soll nach der bedenklichen Rspr. des BAG eine Kündigung nur gerechtfertigt sein, wenn durch die N. der Krankheitsverlauf beeinträchtigt wird. Übernimmt der AN bei seinem AG freiwillig mehr Arbeit, als er nach dem Inhalt des ArbVertr. zu leisten verpflichtet ist (Chauffeur schneidet Rasen), so ist bei Fehlen einer vertragl. Abmachung in entspr. Anwendung von § 612 I BGB eine Vergütung zu zahlen. Auf N. sollen die Grundsätze über die Unzulässigkeit → befristeter Arbeitsverträge keine Anwendung finden. Lit. für öffentl. Dienst: Keymer ZTR 88, 193; zur Sozialversicherung; v. Einem BB 89, 1614; Brötzmann NZA 88, 602.

Nettovergütung heißt die dem AN auszuzahlende Vergütung, nachdem die → Lohnsteuern u. Beiträge zur → Sozialversicherung vom → Bruttolohn abgezogen worden sind. Die Parteien und ebenso die Tarifpartner (AP 2 zu § 1 TVG Tarifverträge: Metallindustrie)

Nichtzulassungsbeschwerde

können von vornherein eine N. vereinbaren. Alsdann hat der AG auch die auf den AN entfallenden öffentl.-rechtl. Abgaben zu tragen. Diese werden in der Weise berechnet, daß zur vereinb. N. der dazugehörige Bruttolohn gesucht wird. Haben die Part. ohne nähere Erläuterung die Zahlung einer bestimmten N. vereinbart, so ist i. Zw. davon auszugehen, daß die die Höhe der Abzüge beeinflussenden persönl. Verhältnisse des AN mit Grundlage für die Bemessung der N. waren (AP 1 zu § 611 BGB Nettolohn). Ob auch auf eine Nettovergütung geklagt werden kann, ist umstr., aber wohl zu bejahen. Von der N.-Vereinbarung ist die → Pauschalbesteuerung zu unterscheiden. Beim Pauschsteuerverfahren (§ 40ff. EStG) übernimmt der AG gegenüber dem Finanzamt die Steuerschuld. Damit ist im Innenverhältnis (AG/AN) aber noch nichts darüber ausgesagt, wer die Steuern endgültig zu tragen hat (AP 10 zu § 38 EStG). Demgegenüber vertritt das BSG die Auffassung, daß nur mittelbar der AN begünstigt werde, so daß keine Versicherung des Entlastungsbetrages (DB 76, 60) → Lohnsteuern.

Nichtzulassungsbeschwerde: Urteile der → Landesarbeitsgerichte o. deren abschließende Beschlüsse im → Beschlußverfahren können nur dann mit der Revision bzw. im Beschlußverfahren mit der Rechtsbeschwerde angegriffen werden, wenn sie das LAG zugelassen hat (§§ 72 I, 92 I ArbGG) o. wenn sie das → BAG auf N. zuläßt. Die N. kann bei dem BAG binnen einer Notfrist von einem Monat nach Zustellung des in vollständiger Form abgefaßten Urteils bzw. Beschlusses eingelegt werden. Der Beschwerdeschrift soll eine Ausfertigung oder beglaubigte Abschrift des Urteils bzw. Beschlusses beigefügt werden, gegen das Revision oder Rechtsbeschwerde eingelegt werden soll. Die Beschwerde ist innerhalb einer Notfrist von zwei Monaten nach Zustellung des in vollständiger Form abgefaßten Urteils bzw. Beschlusses zu begründen (§§ 72a, 92a ArbGG). Für Einlegung und Begründung gelten die Formvorschriften des Revisionsverfahrens entspr. Sie kann daher nur durch einen Rechtsanwalt eingelegt werden. Die N. kommt in zwei Formen vor: Als *Grundsatzbeschwerde* ist sie nur dann zulässig, wenn a) im Urteilsverfahren die Rechtssache grundsätzliche Bedeutung hat und Streitigkeiten betrifft zwischen Tarifvertragsparteien aus Tarifverträgen o. über Bestehen o. Nichtbestehen von → Tarifverträgen, über die Auslegung eines Tarifvertrages, dessen Geltungsbereich sich über den Bezirk des LAG hinaus erstreckt o. zwischen tariffähigen Parteien o. zwischen diesen u. Dritten aus unerlaubten Handlungen soweit es sich um Maßnahmen zum Zwecke des Arbeitskampfes o. um Fragen der Vereinigungsfreiheit einschl. des hiermit im Zusammenhang stehenden Betätigungsrechtes der Koalitionen handelt; nicht gestützt werden kann sie auf Eingruppierungsrichtlinien (AP 30 zu § 72a ArbGG 1979 Grundsatz); b) im *Beschlußverfahren* die Rechtssache grundsätzliche Bedeutung hat u. Streitigkeiten über die Tariffähigkeit u. Tarifzuständigkeit einer Vereinigung betrifft (AP 4 zu § 92a ArbGG 1979 = DB 85, 136). c) Als *Divergenzbeschwerde* ist sie zulässig, wenn die Entscheidung des LAG von einer Entscheidung des gemeinsamen Senates der obersten Gerichtshöfe des Bundes, von einer Entscheidung des BAG o., solange eine Entscheidung des BAG in der Rechtsfrage nicht ergangen ist, von einer Entscheidung einer anderen Kammer desselben LAG o. eines anderen LAG abweicht u. auf dieser Entscheidung beruht. An die N. werden strenge Anforderungen gestellt (AP 1–3 zu § 72a ArbGG 1979). Die N. ist nicht entspr. anzuwenden, wenn das LAG eine Berufung als unzulässig verworfen u. keine Beschwerde zugelassen hat (AP 1, 2 zu § 77 ArbGG 1979). Es werden Gebühren erhoben *(EzA 1, 2 zu § 114 BRAGO)*. Lit.: Zusammenfassung Schaub, Arbeitsrechtliche Formularsammlung u. Arbeitsgerichtsverfahren, 5. Aufl. 1990.

Niederkunft → Mutterschutz.

Normalleistung → Akkord.

Notstandsgesetzgebung heißt der Inbegriff der Normen, die sich mit den Fällen des Notstandes beschäftigen.

O

Offenbarungspflicht → Vorverhandlung.

Öffentlicher Dienst. I. Das → Arbeitsverhältnis der → Arbeiter u. → Angestellten in den öffentl. Verwaltungen u. Betrieben beruht auf einem privatrechtlichen → Arbeitsvertrag, auf den grundsätzlich die Vorschriften der §§ 611 ff. BGB u. des übrigen → Arbeitsrechts anwendbar sind. Keine Anwendung findet Arbeitsrecht auf die Dienstverhältnisse der Beamten. Auf → Auszubildende im öffentl. Dienst ist das BBiG anwendbar; dies gilt nicht für Beamtenanwärter (§ 2 BBiG). Zum Einstellungsanspruch: AP 2 ff zu Art. 33 II GG. Die Besonderheit der Arbeit, die Tätigkeit für die dem Haushaltsrecht unterliegenden öffentl. Dienstherren, Arbeiten im öffentl. Interesse, Zusammenarbeit mit → Beamten haben weitgehend zu Anpassungen an die beamtenrechtl. Bestimmungen geführt. Es sind demnach für Beamte erlassene G. u. VO. für öffentl. Bedienstete häufig entspr. anwendb. (G. über Umzugskosten, Trennungsentschädigung, Beihilfevorschriften usw.). Vor allem gelten auch die Personalvertretungsgesetze des Bundes u. der Länder. Die Altersversorgung ist zusätzlich durch die Versicherung bei der Versorgungsanstalt des Bundes u. der Länder in Karlsruhe gesichert. Die → Tarifverträge im öffentl. Dienst BAT (für Angestellte) v. 23. 2. 1961, MTL II für Arbeiter der Länder, MTB II für Arbeiter des Bundes beide v. 27. 2. 1964, BMTV für Arbeiter gemeindl. Verwaltungen u. Betriebe v. 31. 1. 1962; alle mit zahlr. Änd. usw. haben zu einer besonderen Ausgestaltung der Arbeitsverhältnisse geführt. Die Frage, ob ein AN im öffentl. Dienst o. in der Privatwirtschaft beschäftigt wird, entscheidet sich, anknüpfend an § 130 BetrVG, § 1 BPersVG, nach der Rechtsform der Verwaltung o. des Betr. Ist danach Inhaber der Verwaltung o. des Betr. eine Körperschaft des öffentl. Rechts, so findet das PersVG Anwendung u. es handelt sich um öffentl. Dienst; ist dagegen eine jur. Person des Privatrechts (AktGes., GmbH usw.) AG u. Träger des Betr., so findet das BetrVG Anwendung u. es liegt kein öffentl. Dienst vor (AP 3 zu § 63 BetrVG; AP 1 zu § 130 BetrVG 1972). Aber selbst in diesen Fällen werden häufig kraft → Tarifvertrages o. → Betriebsvereinbarung Teile des öffentl. Dienstrechts in Bezug genommen. Das → Direktionsrecht des AG ist wie im allgem. Arbeitsrecht dahin begrenzt, daß, sofern sich die Arbeitspflicht nicht auf eine bestimmte Tätigkeit konkretisiert hat (AP 10 zu § 615 BGB, AP 17 zu § 611 BGB Direktionsrecht), dem AN nur eine Tätigkeit im Rahmen seiner Vergütungsgruppe übertragen werden darf, die ihm billigerweise zugemutet werden kann (AP 6 zu § 75 BPersVG). Andererseits ist der AN zur Leistung dieser Arbeit verpflichtet; sonst kann eine ao. → Kündigung gerechtfertigt sein (DB 73, 1904). Dem AN kann auch vorübergehend eine höherwertige Tätigkeit übertragen werden (AP 8 zu § 24 BAT). Die → Haftung des AN gegenüber dem öffentlichen Dienstherrn ist regelmäßig besonders ausgestaltet (Battis RdA 86, 216; Alwes ZTR 88, 249).

II. Bei Streitigkeiten über die *Eingruppierung* von AN kann auf Feststellung geklagt werden, daß der AN aus einer bestimmten Vergütungsgruppe (nicht Fallgruppe der VergG, AP 2 zu § 4 BAT) entlohnt werden muß (AP 56, 59, 69, 70, 83, 84, 91 zu §§ 22, 23 BAT), da die Feststellungsklage i. d. R. den Gesamtstreit bereinigt und öffentliche AG auch einem Feststellungsurteil nachkommen. Unzulässig ist dagegen, wenn nur über ein Anspruchselement (AP 4 zu § 23 BAT) o. die Eingruppierung in eine andere Fallgruppe der VergGr. entschieden werden soll (AP 53 zu §§ 22, 23 BAT) o. bei übertariflicher Entlohnung die Feststellung der tariflichen Mindestentlohnung begehrt wird, wenn nicht mit einer Änderung des bestehenden Zustandes zu rechnen ist (AP 46 zu § 256 ZPO).

Der Anspruch auf Bezahlung nach einer höheren Vergütungsgruppe kann begründet sein, wenn die Parteien kraft Organisationszugehörigkeit an einen Tarifvertrag gebunden sind o. den Arbeitsvertrag ihm unterstellt haben und die Voraussetzungen der höheren Vergütungsgruppe gegeben sind. Dagegen ist ein Ministerialerlaß zur Klagebegründung nicht geeignet (AP 2 zu §§ 22, 23 BAT Lehrer; AP 13 zu § 322 ZPO), es sei denn, daß er mit dem AN vereinbart worden ist (AP 4, 5 zu §§ 22, 23 BAT Lehrer; AP 24 = BB 88, 1676; AP 48 zu §§ 22, 23 BAT 1975). Mit AN kann die Geltung des jeweiligen Erlasses vereinbart werden (AP 7 zu §§ 22, 23 BAT Lehrer). Lit.: Scheuring ZTR 87, 200. Der AN muß bei Anspruch auf höhere Vergütung zumindest 50 v. H. Arbeitsvorgänge erfüllen (Protokollerklärung zu § 22 II BAT), die die Voraussetzungen der höheren Vergütungsgruppe erfüllen. Die VergGr. des BAT bauen aufeinander auf. Das Gericht hat daher zunächst die Tätigkeit mit der Ausgangsfallgruppe zu vergleichen und jeweils die Qualifikationsmerkmale festzustellen (AP 90 zu §§ 22, 23 BAT 1975). Nur so ist gewährleistet, daß die Parteien nicht zu geringe o. zu hohe Anforderungen stellen (weitere Einzelheiten: Clemens ZTR 87, 74; Fromm ZTR 89, 211, 251; Jesse ZTR 87, 193; Kanz ZTR 89, 219; Neumann ZTR 87, 41; Schliemann ZTR 90, 135; Sonntag PersV 84, 403.

Ordnungsprinzip. → Tarifvertrag u. → Betriebsvereinbarung erfassen im Rahmen ihres Geltungsbereiches Arbeitsverträge wie ein Gesetz. Sie schaffen damit eine einheitliche Ordnung. Wird eine derartige kollektiv-vertragliche Regelung durch eine spätere ranggleiche abgelöst, so tritt nach dem Grundsatz des OP diese an die Stelle der früheren, gleichgültig, ob sie für den AN günstiger ist o. nicht. Das ist unstreitig. Indes kann durch TV oder BV nicht in bereits erwachsene Rechte und unverfallbare Anwartschaften eingegriffen werden. Umstr. ist, ob eine nachfolgende höherrangige Regelung (Tarifvertrag) auch eine rangniedere vorhergehende Regelung (Betriebsvereinbarung) des gleichen Geltungsbereiches dann ablöst, wenn diese für den AN ungünstiger ist. Soweit für → Tarifverträge eine Regelungszuständigkeit vor → Betriebsvereinbarungen besteht, gehen auch ungünstigere den günstigeren Betriebsvereinbarungen vor. Umstr. ist vor allem, inwieweit arbeitsvertragliche Einheitsregelungen durch einen schlechteren Tarifvertrag o. eine schlechtere → Betriebsvereinbarung abgelöst werden kann. Das BAG GS hat im eingeschränkten Umfang eine Ablösung bejaht; dazu → Betriebsvereinbarung.

Organisationsklauseln → Tarifausschlußklauseln.

P

Parkplatz → Eingebrachte Sachen.

Pauschalbesteuerung. 1. Der AG kann *steuerrechtlich* die Lohnsteuer mit besonderen Pauschsteuersätzen, die von Fall zu Fall festgesetzt werden, o. mit festen Pauschsteuersätzen berechnen. Voraussetzung ist, daß der AG die pauschale Lohnsteuer übernimmt. Der pauschal versteuerte Arbeitslohn und die Lohnsteuer bleiben beim → Lohnsteuerjahresausgleich des AN außer Betracht. Die P. ist steuerrechtlich zulässig:

a) Bei Pauschalierung in besonderen Fällen (§ 40 EStG), wenn der AG in einer größeren Anzahl von Fällen sonstige Bezüge übernimmt o. die Lohnsteuer wegen fehlerhafter Besteuerung in einer größeren Anzahl von Fällen nachzuentrichten ist;

b) bei Pauschalierung für Teilzeitbeschäftigte (§ 40a EStG);

c) bei Pauschalierung der Lohnsteuer für bestimmte Zukunftssicherungsleistungen (§ 40b EStG).

2. Arbeitsrechtlich kann im Innenverhältnis zwischen AG u. AN vereinbart werden, daß der AN die Pauschalsteuer zu tragen hat. Dies gilt jedenfalls für Teilzeitbeschäftigte (AP 1 zu § 40a EStG; AP 2 = NJW 88, 1165 = NZA 88, 157). Lit.: Grassl Personal 89, 200).

Pensionskasse ist eine rechtsfähige Versorgungseinrichtung, die dem AN o. seinen Hinterbliebenen einen Rechtsanspruch auf Leistung (→ Ruhegeld) einräumt (§ 1 III BetrAVG). Sie sind Versicherungsvereine auf Gegenseitigkeit, die unter der Versicherungsaufsicht des Staates stehen. Die begünstigten AN sind Mitglieder des Versicherungsvereins u. können, anders als bei → Betriebsunterstützungskassen, zu Beiträgen herangezogen werden. U. U. kann der AG verpflichtet sein, seine AN zur P. anzumelden (AP 4, 5 zu § 242 BGB Ruhegehalt – Pensionskasse; AP 7 zu § 282 BGB). Richtet sich das Ruhegeld nach der jeweiligen Satzung, so unterliegen spätere Satzungsänderungen der gerichtl. Billigkeitskontrolle (AP 1, 6 zu § 242 BGB Ruhegehalt-Zusatzversorgung). Vgl. Schaub/Schusinski/Ströer, Beck-Rechtsberater im dtv, 5207, Erfolgreiche Altersvorsorge, 3. Aufl. 1989.

Pensions-Sicherungs-Verein. Versicherungsverein auf Gegenseitigkeit ist der Träger der Insolvenzsicherung betrieblicher → Ruhegelder (Satzung i. d. F. 20. 6. 1979 ZIP 80, 59) Einzelheiten Beck-Rechtsberater im dtv, 5207, Erfolgreiche Altersvorsorge, 3. Aufl. 1989.

Persönlichkeitsrecht. I. Im BGB ist ein allgemeines P. nicht anerkannt. Die Persönlichkeit ist immer nur gegen einzelne Angriffe geschützt, z. B. der Name (§ 12 BGB), die körperliche Unversehrtheit (§ 823 I BGB) usw. Der BGH hat vor allem in dem Schachtbrief-, Herrenreiter- u. Ginseng Urteil (BGH NJW 54, 1404; 58, 827; 61, 2059) ein allgemeines P. entwickelt. Diese Rspr. ist vom BVerfG seit der Soraya-Entscheidung (NJW 73, 1221) gebilligt worden. Das P. ist ein einheitliches, umfassendes subjektives Recht auf Achtung und Entfaltung der Persönlichkeit. Das BAG sieht in der bisherigen Rspr. das P. in der unantastbaren Gestaltung des privaten Lebensbereiches. Insoweit ist das P. punktuell geschützt worden. Mißbilligt worden ist, wenn der AG einen akademischen Grad nicht verwendet (AP 5 zu § 611 BGB Persönlichkeitsrecht = NJW 85, 222 = NZA 84, 225), → Einstellungsfragebogen dauerhaft aufbewahrt (AP 7 = NJW 84, 2910 = NZA 84, 321), der AG einem Dritten die → Personalakten zugänglich macht (AP 8 = NJW 86, 341 = NZA 85, 811), der AG einen AN einem dauernden Überwachungsdruck durch Video-Kameras aussetzt (AP 15 = NZA 88, 53).

II. Das P. ist kollektiv- und individualvertraglich geschützt *(1)* es hat Vorrang vor dem Tarifvertragsrecht, *(2)* es genießt nach § 75 II BetrVG, § 67 II BPers VG Vorrang vor dem Betriebsverfassungsrecht, *(3)* es hat aber auch Vorrang vor Individualvertragsrecht.

III. Aus dem P. entstehen als Quellrecht eine Reihe von Ansprüchen:

1. Unterlassungsansprüche: Es kann Beseitigung der Verletzung und Unterlassung bei Wiederholungsgefahr auch schon bei erstmaliger unmittelbar drohender Gefahr verlangt werden. Ein Widerruf kann nur bei Tatsachenbehauptungen, nicht aber bei Werturteilen verlangt werden (AP 13 zu § 847 BGB = NJW 79, 2532; 80, 358).

2. Schadensersatzansprüche, wenn die Verletzung des P. schwer ist u. das Verschulden erheblich ist.

3. Schmerzensgeldansprüche (§ 847 BGB). Abweichende frühere Rspr. ist überholt (AP 13 zu § 847 BGB). Bei der Diskriminierung von Frauen hat das BAG angenommen, daß der Anspruch grundsätzlich in Höhe einer Monatsvergütung besteht (AP 6 zu § 611a BGB = NJW 89, 65 = NZA 90, 21).

Personalakten. Führt der AG über seinen AN Personalakten mit Dienstleistungs- o. Befähigungsberichten usw., so muß er diese Berichte so erstellen, daß sie unter Abwägung der beiderseitigen Interessen ein obj. Bild von der Person u. den Leistungen des AN ergeben. Im öffentl. Dienst sind Regelbeurteilungen in Abständen von drei Jahren zulässig (AP 1 zu § 13 BAT). AN hat Anspruch, daß sie sowohl hinsichtl. der tatsächlichen Angaben zutreffend u. hinsichtl.

der Bewertung von Fähigkeiten u. Leistungen nach pflichtgemäßem
Ermessen des AG erstellt werden. Auf Verlangen muß AG seine
Beurteilung begründen (AP 3 zu § 75 BPersVG). Der AN hat sowohl im → öffentl. Dienst als auch in der Privatwirtschaft ein Recht
auf Einsichtnahme (§ 83 BetrVG, AP 78 zu § 611 BGB Fürsorgepflicht) u. zwar selbst in solche Unterlagen, die bei der Bewerbung
erwachsen sind (BVerwG NJW 76, 204). Umstr., aber zu bejahen
ist, daß auch die Werksarztakten zu den PA gehören. Er kann bei der
Einsichtnahme ein Mitglied des → Betriebsrates hinzuziehen. Dieses
hat über den Inhalt Stillschweigen zu bewahren, sofern es nicht
durch den AN von Schweigepflicht entbunden wird (§ 83 I BetrVG).
Sind die zu der PA verbrachten Berichte nicht sachgemäß verfaßt, so
kann der AN Berichtigung des Berichts o. Entfernung aus der PA.
verlangen (AP 6 zu § 611 BGB Fürsorgepflicht; AP 9 zu § 611 BGB
Öffentlicher Dienst); er hat jedoch darzulegen u. zu beweisen, in
welchen Punkten der Bericht unrichtig ist (AP 6 zu § 611 BGB Fürsorgepflicht). In gleicher Weise kann die Entfernung verlangt werden, wenn der AG den AN wegen eines angeblich vertragswidrigen
Verhaltens abgemahnt und hierüber einen Vermerk zu dessen PA
genommen hat u. der Vorwurf ungerechtfertigt ist (AP 2 zu § 87
BetrVG 1972 Betriebsbuße; AP 93 zu § 611 BGB Fürsorgepflicht =
NJW 86, 1065). Der AN erleidet aber keine Beweisnachteile, wenn
er den Berichtigungsanspruch nicht gerichtlich durchsetzt. Auch die
Entfernung einer berechtigten → Abmahnung kann verlangt werden, wenn sie für die weitere Beurteilung überflüssig geworden ist
(AP 100 = NJW 88, 1702 = NZA 88, 654). Der Streit um die
Entfernung eines Vermerks aus der PA ist vermögensrechtlicher Na-
tur (Streitwert: ½ Monatsgehalt) (vgl. *EzA 9 zu § 64 ArbGG 1979*).
Inwieweit der AG Abschriften aus staatsanwaltlichen Ermittlungs-
verfahren zu den PA nehmen darf, ist umstr.; der öffentl. AG darf
aufgrund der MiStra übersandte Strafurteile nur zu PA nehmen,
wenn sie dienstlichen Bezug haben (AP 83 zu § 611 BGB Fürsorge-
pflicht). Z. T. wird vertreten, daß der AG den AN benachteiligende
Vermerke nur aufnehmen dürfe, wenn er hieran ein berechtigtes
Interesse hat *(AP 85 zu § 611 BGB Fürsorgepflicht)*. Erklärungen des
AN zur PA sind dieser auf Verlangen beizufügen (§ 83 II BetrVG).
Über den AN eingeholte ärztl. Gutachten sind ihr beizufügen; indes
muß auf die Vertraulichkeit Rücksicht genommen werden (AP 14 zu
§ 611 BGB Persönlichkeitsrecht = NJW 88, 791 = NZA 88, 53).
Überhaupt dürfen PA Dritten nicht zugänglich gemacht werden; bei
Verletzung dieses Grundsatzes ist wegen Verstoß gegen das Persön-
lichkeitsrecht ein Schmerzensgeldanspruch gegeben (AP 8 zu § 611
BGB Persönlichkeitsrecht = NJW 86, 341). Einsicht nehmen darf
aber ein Mitarbeiter der Revisionsabteilung einer AG, wenn er die

Ausgaben der AG überprüfen muß (v. 4. 4. 90 – 5 AZR 299/89 – BB 90, 1208). Will ein AN einen Schaden daraus ableiten, daß er wegen eines vom AG verschuldeten unrichtigen Vermerks in seinen PA nicht befördert worden ist, muß er beweisen, daß er ohne diesen Vermerk befördert worden wäre (AP 18 zu § 249 BGB).

Lit.: Conze DB 89, 778.

Personalfragebogen → Einstellungsfragebogen.

Personalinformationssysteme werden sowohl im → öffentlichen Dienst wie von Großunternehmen der Privatwirtschaft aufgebaut, um zu rationalisieren, Personalverwaltung u. → Personalplanung zu verbessern u. den wachsenden Auskunftspflichten gegenüber der öffentlichen Hand zu genügen (→ Datenschutz). Administrative P. dienen dazu, die rechtlichen und betrieblichen Erfordernisse der Lohn- u. Gehaltsabrechnung, der Einstellung u. Versetzung von AN sowie ihre Beförderung u. → Kündigung zu bewältigen. Dispositive Informationssysteme dienen vor allem der Personalplanung. Dem Geheimhaltungsinteresse dient vor allem das Datenschutzgesetz. Umstr. sind insbesondere die Mitwirkungsbefugnisse des → Betriebsrates, da bei dispositiven Systemen auch weitgehend Kontrollen durchgeführt werden können, z. B. bei der Erstellung von Krankenläufen (AP 14 zu § 87 BetrVG 1972 Überwachung = NJW 86, 2724; dazu Gola RDV 86, 198). Lit.: Wohlgemuth PersR 88, 118.

Personalplanung sind alle Vorhaben, die sich in personellen Einzelmaßnahmen niederschlagen können. Der BR hat *Informations- u. Vorschlagsrechte*. Der AG hat den BR über die P., insbesondere den gegenwärtigen u. zukünftigen Personalbedarf u. die sich daraus ergebenden Maßnahmen rechtzeitig u. umfassend an Hand von Unterlagen (AP 2 zu § 92 BetrVG 1972) zu unterrichten (§ 92 BetrVG). Das G. will eine Mitwirkung des BR an den personellen Grundsatzentscheidungen sicherstellen u. damit eine Objektivierung u. bessere Durchschaubarkeit sowohl der allgemeinen Personalwirtschaft als auch der Einzelentscheidungen erreichen. Für die Einführung der P. besitzt der BR ein Vorschlagsrecht (§ 92 I BetrVG). Zur Förderung des innerbetrieblichen Arbeitsmarktes u. Aktivierung der im → Betrieb vorhandenen Möglichkeiten kann der BR verlangen, daß freie Arbeitsplätze zunächst im Betrieb ausgeschrieben werden. Hierdurch soll verhindert werden, daß trotz eines qualifizierten Nachwuchses die Stellen mit Außenstehenden besetzt werden. Weiter sind ihm Befugnisse bei der Aufstellung von → Auswahlrichtlinien u. → Personalfragebogen zugewachsen (§§ 93–95 BetrVG) Schaub dtv – Informationen: Betriebsrat, 5. Aufl. 1988.

Personalvertretung. I. Das Bundespersonalvertretungsgesetz
(BPersVG) vom 15. 3. 1974 (BGBl. I, 693), zul. geänd. 10. 7. 1989
(BGBl. I 1380, ber. 1473), findet *Anwendung* in den Verwaltungen
des Bundes u. der bundesunmittelbaren Körperschaften, Anstalten
u. Stiftungen des öffentlichen Rechtes sowie in den Gerichten des
Bundes (§ 1). Mit einigen Modifizierungen ist es auch anwendbar im
Bundesgrenzschutz (§ 85), beim Bundesnachrichtendienst (§ 86),
beim Bundesamt für Verfassungsschutz (§ 87), den bundesunmittelbaren Körperschaften u. Anstalten des öffentlichen Rechts im Bereich der Sozialversicherung u. für die Bundesanstalt für Arbeit
(§ 88), bei der Deutschen Bundesbank (§ 89), der Bundespost
(§ 89a), der Ständigen Vertretung der BRD bei der DDR (§ 90), bei
den Dienststellen des Bundes im Ausland (§ 91), im Geschäftsbereich
des Bundesministers der Verteidigung (§ 92) sowie bei den alliierten
Streitkräften (AP 12 zu § 75 BPersVG = DB 85, 2208). Für den
Bereich der Bundeswehr vgl. § 70 SoldatenG. Für die Dienstverhältnisse der Landes- u. Gemeindebediensteten sowie der unter Landes-
aufsicht stehenden juristischen Personen des öffentlichen Rechtes
enthält das BPersVG in §§ 94–106 Rahmenvorschriften. Für die juristischen Personen des Privatrechtes, insbesondere die Regiebetriebe,
die von der öffentlichen Hand unterhalten werden, findet dagegen
das BetrVG Anwendung (§ 130 BetrVG). Entscheidend für die Abgrenzung des sachlichen Geltungsbereiches des BPersVG und des
BetrVG ist mithin allein die Rechtsform des Dienstherrn (AP 1 zu
§ 130 BetrVG 1972). Das BPersVG ist im Rahmen des Gesetzge-
bungsverfahrens bewußt dem BetrVG angeglichen worden. Es kann
sich daher empfehlen, zum Folgenden auch die entspr. Kapitel zum
BetrVG zu vergleichen.

II. 1. Ein *Personalrat (PR) ist in allen Dienststellen zu wählen* (§ 12),
die i. d. R. mindestens 5 wahlberechtigte Beschäftigte, von denen 3
wählbar sind, haben. Dienststellen mit weniger als 5 Beschäftigten
werden von der übergeordneten Dienststelle im Einvernehmen mit
der Stufenvertretung (unter V 2) einer benachbarten Dienststelle zugeteilt (§ 12 II). Dienststellen sind die einzelnen Behörden, Verwaltungsstellen u. Betriebe der in § 1 (oben I) bezeichneten Verwaltungen und Gerichte (BVerwG ZBR 87, 54). Die einer Behörde der
Mittelstufe unmittelbar nachgeordneten Behörden bilden mit den
nachgeordneten Stellen eine Dienststelle. Dies gilt nur dann nicht,
wenn auch die weiter nachgeordnete Stelle im Verwaltungsaufbau
nach Aufgabenbereich und Organisation selbständig ist (§ 6).

2. *Wahlberechtigt* sind alle Beschäftigten, die am Wahltage das 18
Lebensjahr vollendet haben, es sei denn, daß sie infolge Richterspruches das Recht verloren haben, in öffentlichen Angelegenheiten zu

wählen o. zu stimmen. Wahlberechtigt sind auch ausländische AN
(→ Gastarbeiter). Nicht wahlberechtigt sind solche Beschäftigte, die
am Wahltage länger als 6 Monate unter Wegfall der Bezüge beur-
laubt sind o. länger als 3 Monate abgeordnet waren, da davon ausgegangen wird, daß sie die Beziehung zu ihrer Dienststelle verloren
haben. Andererseits sind solche Beschäftigte, die zu einer anderen
Dienststelle abgeordnet sind, in der neuen Behörde nach Ablauf von
3 Monaten wahlberechtigt. Zu diesem Zeitpunkt erlischt das Wahlrecht in der alten Dienststelle. Dies gilt nicht für freigestellte Mitglieder der Stufenvertretung o. des Gesamtpersonalrats sowie dann
nicht, wenn zu erwarten ist, daß die Beschäftigten binnen weiterer 6
Monate in die alte Dienststelle zurückkehren. Beamte im Vorbereitungsdienst o. Beschäftigte in entsprechender Ausbildung sind nur in
ihrer Stammbehörde wahlberechtigt, da sie auch bei längerer Abordnung starken Bindungen an die Stammbehörde unterliegen (§ 13).
Vgl. BayVGH ZBR 83, 277; OVG NRW PersV 85, 123. Nicht
wahlberechtigt sind durch → Drittmittel finanzierte Bedienstete
(AP 1 zu § 4 LPVG Hamburg; *OVG PersV 83, 199*).

3. *Wahlfähig* sind alle Wahlberechtigten, die am Wahltage a) seit 6
Monaten dem Geschäftsbereich ihrer obersten Dienstbehörde angehören u. b) seit einem Jahr in öffentlichen Verwaltungen o. von
diesen geführten Betrieben beschäftigt sind. *Nicht wählbar* sind alle,
a) denen infolge Richterspruches die Fähigkeit, Rechte aus öffentlichen Wahlen zu erlangen, verloren haben; b) nur geringfügig Beschäftigte u. c) der Dienststellenleiter sowie die zur selbständigen
Entscheidung in Personalangelegenheiten der Dienststelle befugten
Personen (§ 14). Damit sind auch ausländische AN, selbst wenn sie
nicht aus Mitgliedstaaten der EG kommen, wahlfähig.

4. Die *Zahl der Mitglieder des PR* ist entsprechend der Zahl der
Wahlberechtigten (oben II, 2) bzw. der Beschäftigten insgesamt gestaffelt. Der PR besteht bei 5 bis 20 Wahlberechtigten aus 1, 21
Wahlberechtigten bis 50 Beschäftigten aus 3, 51 bis 150 Beschäftigten aus 5, 151 bis 300 Beschäftigten 7, 301 bis 600 aus 9, 601 bis
1000 aus 11 Mitgliedern. In noch größeren Dienststellen erhöht sich
die Zahl um je 2 bei 1001 bis 5000 Beschäftigten u. alsdann um je 2
für je 2000 weitere Beschäftigte (§ 16). Da in den Verwaltungen
Beamte, Angestellte u. Arbeiter beschäftigt werden, muß grundsätzlich jede Gruppe im PR entsprechend ihrer Stärke vertreten
sein, sofern sie aus mehr als drei Mitgliedern besteht. Infolge der
Gruppenverteilung kann sich der aus drei Mitgliedern bestehende
PR auf 4 Mitglieder vergrößern, wenn eine Gruppe mindestens soviel Beschäftigte zählt wie die beiden anderen Gruppen zusammen-
genommen (§§ 17, 18).

Personalvertretung

5. Zur *Einleitung der Wahl* hat der PR spätestens 8 Wochen vor Ablauf der Amtszeit einen aus drei Wahlberechtigten bestehenden Wahlvorstand und einen als Vorsitzenden zu bestellen. Gehören der Dienststelle mehrere Gruppen an, so muß jede im Wahlvorstand vertreten sein (§ 20). Besteht in der Dienststelle bis 6 Wochen vor der Wahl kein Wahlvorstand, so hat der Dienststellenleiter auf Antrag von 3 Wahlberechtigten o. einer in der Dienststelle vertretenen Gewerkschaft eine Personalversammlung zu seiner Wahl einzuberufen. Bestand in der Dienststelle überhaupt noch kein PR, so hat der Dienststellenleiter die Personalversammlung auch ohne Antrag zusammenzurufen. Wählt diese keinen Wahlvorstand, so hat er ihn auf Antrag zu ernennen (§§ 20–22). Der Wahlvorstand hat die Wahl unverzüglich einzuleiten (§ 23).

6. Der PR wird in *geheimer, unmittelbarer Wahl* gewählt (§ 19). Ist mehr als ein Mitglied des PR zu wählen, so findet Gruppenwahl statt, es sei denn, daß die Wahlberechtigten jeder Gruppe vor der Neuwahl in getrennten, geheimen Abstimmungen gemeinsame Wahl mit Mehrheit aller Wahlberechtigten jeder Gruppe beschließen. Die Wahl erfolgt aufgrund von Wahlvorschlägen, die die Wahlberechtigten u. die in der Dienststelle vertretenen → Gewerkschaften machen. Jeder Wahlvorschlag der Beschäftigten muß von mindestens $\frac{1}{20}$ der wahlberechtigten Gruppenangehörigen, mindestens aber von 3 unterzeichnet sein. In jedem Fall ausreichend ist die Unterzeichnung durch 50 wahlberechtigte Gruppenangehörige (§ 19). Die weiteren technischen Einzelheiten sind in der Wahlordnung (BPersVWO) v. 23. 9. 1974 (BGBl. I 2337) zul. geänd. 20. 7. 1988 (BGBl. I 1073) geregelt. Lit.: Bacher/Sabottig PersR 87, 227; Riedmaier PersV 89, 97.

7. Die *Durchführung der Wahl* darf nicht behindert werden (§ 24). Bei etwaigen Wahlmängeln kann die PR-Wahl binnen 12 Arbeitstagen, vom Tage der Bekanntgabe des Wahlergebnisses an gerechnet, vor dem Verwaltungsgericht angefochten werden (§ 25). Anfechtungsberechtigt sind 3 Wahlberechtigte (BVerwG 65, 33; 67, 145; PersV 86, 26), jede in der Dienststelle vertretene Gewerkschaft o. der Leiter der Dienststelle (§ 25).

III. 1. Die *regelmäßige Amtszeit* des PR beträgt 4 Jahre (§ 26). Im Interesse der Entlastung der Gewerkschaften finden die PR-Wahlen wie → Betriebsratswahlen regelmäßig alle 4 Jahre in der Zeit vom 1. 3. bis 31. 5. statt. Der PR ist neu zu wählen, wenn sich die Zahl der regelmäßig Beschäftigten erheblich ändert (OVG RiA 83, 158; BVerwG 65, 153) o. der PR aus den in § 27 aufgezählten Gründen beschlußunfähig geworden ist. Bei grober Vernachlässigung ihrer Pflichten können die Mitglieder des PR abberufen werden (§ 28). Die Mitgliedschaft im PR endet ferner aus den in § 29 aufgezählten Gründen.

2. Der PR bildet zur *Führung der laufenden Geschäfte* einen aus 3 o., sofern ihm mindestens 11 Mitglieder angehören, aus 5 Personen bestehenden *Vorstand,* in dem jede Gruppe vertreten sein muß (§§ 32, 33). Einer von ihnen ist zum Vorsitzenden u. einer zum Stellvertreter zu bestimmen, die grundsätzlich nicht derselben Gruppe angehören dürfen (§ 32 II). Lit.: Kneis PersV 84, 481.

3. Der PR-Vorsitzende hat den *PR zu Sitzungen* einzuberufen. Er setzt die Tagesordnung fest, hat die Verhandlung zu leiten u. die Mitglieder unter Mitteilung der Tagesordnung rechtzeitig einzuladen (§ 34 II). Die Ladung gilt auch für die Schwerbehindertenvertretung u. die Mitglieder der → Jugend- u. Auszubildendenvertretung (unter V 3) sowie die Vertreter der nicht ständig Beschäftigten. Unter den in § 34 III aufgezählten Voraussetzungen hat er eine Sitzung einzuberufen u. einen bestimmten Punkt auf die Tagesordnung zu setzen. Die Sitzungen sind nicht öffentlich u. finden unter Berücksichtigung der dienstlichen Belange während der Arbeitszeit statt (§ 35). Der Dienststellenleiter kann an den Sitzungen teilnehmen, die auf seinen Antrag einberufen worden sind o. zu denen er eingeladen ist. Die Hinzuziehung von Vertretern der Arbeitgebervereinigungen ist im Zuge der Beratungen des Gesetzentwurfes gestrichen worden. Umgekehrt kann der PR beschließen, daß ein Vertreter der im PR vertretenen Gewerkschaften hinzugezogen wird, der jedoch nur beratende Stimme hat (§ 36). → Gewerkschaft i. S. des BPersVG sind auch auf überbetriebl. Grundlage errichtete Berufsorganisationen der Beamten, die auf freiwilligem Zusammenschluß ihrer Mitglieder beruhen, von ihrem Wechsel sowie vom Staat o. sonstigen Einrichtungen unabhängig sind, insbesondere nicht finanziell unterstützt werden, u. nach ihrem Zweck sich für die Wahrung der Rechte gegenüber dem Dienstherrn einsetzen (BVerwGE 15, 168). An allen Sitzungen kann ein Vertreter der Jugend- u. Auszubildendenvertretung sowie die Schwerbehindertenvertretung beratend teilnehmen (§ 40). Wenn von den Beschlüssen des PR besonders jugendliche Vertreter betroffen werden (qualitative Betrachtungsweise), kann die ganze Jugendvertretung teilnehmen. Sie ist auch abstimmungsberechtigt, wenn von dem Beschluß in der Mehrzahl (quantitativ) Jugendliche erfaßt werden (§ 40 I).

4. Die *Beschlüsse des PR* werden mit einfacher Stimmenmehrheit der anwesenden Mitglieder gefaßt. Der PR ist beschlußfähig, wenn mehr als die Hälfte seiner Mitglieder anwesend sind (§ 37 II). Grundsätzlich werden alle Angelegenheiten gemeinsam beraten und beschlossen (§ 38 I). In Angelegenheiten, die nur eine o. zwei Gruppen betreffen, stimmen jedoch nur die Vertreter der betroffenen Gruppen ab (§ 38 II). Besonderheiten können sich dann ergeben, wenn auch

die Jugend- u. Auszubildendenvertreter mitstimmen und diese verschiedenen Gruppen angehören. Über die Verhandlung des PR ist eine Niederschrift aufzunehmen (§ 41). Werden durch die Beschlüsse die Interessen einer Gruppe o. der Jugendlichen o. Schwerbehinderten beeinträchtigt, so hat die Mehrheit der Vertreter einer Gruppe, die Jugend- u. Auszubildendenvertretung o. die Schwerbehindertenvertretung das Recht, die Beschlüsse des PR zu beanstanden (§ 39). Die Beschlüsse werden alsdann suspendiert.

5. Der PR kann ohne Rücksicht auf die Größe der Dienststelle *Sprechstunden* während der Arbeitszeit abhalten; nur für deren räumliche u. zeitliche Lage während der Arbeitszeit bedarf es des Einvernehmens des Dienststellenleiters (§ 43).

6. Die *Kosten des PR* trägt die Dienststelle. Sie hat im erforderlichen Umfang Räume, Geschäftsbedarf, Bücher (BVerwG AP 1 zu § 44 BPersVG; Dannhäuser PersV 89, 369) u. Bürohilfskräfte *(Hess. VGH PersV 82, 161)* zur Verfügung zu stellen u. geeignete Plätze für Bekanntmachungen u. Anschläge einzurichten. Für zur Erfüllung ihrer Aufgaben notwendige Dienstreisen z. B. zu Gerichtsterminen (BVerwG PersV 83, 316) erhalten die PR-Mitglieder Reisekostenvergütungen nach den für Beamte der Besoldungsgruppe A 15 geltenden Bestimmungen (vgl. Bundesreisekostengesetz – BRKG i. d. F. v. 13. 11. 1973 – BGBl. I 1621) m. spät. Änd., Dienstreisen von mehr als 6–8 Stunden $3/10$, mehr als 8–12 Stunden $5/10$ des vollen Tageldes, mehr als 12 Stunden volles Tagegeld von 28 DM u. Übernachtungsgeld 33 DM (vgl. dazu §§ 9, 10 BRKG).

IV. 1. Die Mitglieder des PR führen ihr *Amt unentgeltlich.* Sie erhalten ihre (Brutto-)*Arbeitsvergütung* weiter, wenn sie zur ordnungsgemäßen Durchführung ihrer PR-Aufgaben Arbeitszeit versäumen (AP 1 zu § 46 BPersVG). Werden sie über die regelmäßige Arbeitszeit hinaus beansprucht, ist ihnen entsprechende Dienstbefreiung zu erteilen (§ 46 II). Ein Anspruch auf Überstundenbezahlung besteht im allgemeinen nicht (AP 6 zu § 46 BPersVG = DB 87, 282). Kein Anspruch besteht, wenn sie Reisezeiten zum Bezirkspersonalrat außerhalb der Arbeitszeit aufwenden (AP 8 zu § 46 BPersVG = PersR 87, 86) o. während des Urlaubs an einer Personalratssitzung teilnehmen (VG ZBR 87, 55). Soweit es nach Umfang und Art der Dienststelle zur ordnungsgemäßen Durchführung der Aufgaben erforderlich ist, sind sie ganz vom Dienst freizustellen (§ 46 III; dazu BVerwG PersV 81, 366; ZBR 83, 212). Dagegen werden mehrere teilweise Freistellungen nicht in Betracht kommen (OVG PersV 85, 376). Unter den Freizustellenden sind zunächst der Vorsitzende u. die übrigen Vorstandsmitglieder, alsdann die verschiedenen Gruppenangehörigen angemessen zu berücksichtigen.

Wie nach dem BetrVG ist auch nach dem BPersVG bei bestimmten Beschäftigungszahlen vorgesehen, daß ein oder mehrere Mitglieder freizustellen sind (§ 46 IV). Infolge der Freistellung darf eine Beeinträchtigung des berufl. Werdeganges nicht eintreten. Sie sind also im Rahmen von Beförderungen angemessen zu berücksichtigen (§ 8). Sie sind aber bei einer Bewerberauswahl nicht deswegen zu berücksichtigen, weil sie früher als andere Bewerber abkömmlich sind (AP 5 zu § 46 BPersVG = RiA 86, 182). Die Freigestellten erhalten eine monatliche Aufwandsentschädigung, die von der BReg. im Wege der RechtsVO v. 18. 7. 1974 (BGBl. I 1499) auf 50 DM monatlich festgelegt worden ist.

2. Zur Teilnahme an *Schulungs- u. Bildungsveranstaltungen,* soweit diese Kenntnisse vermitteln, die für die Tätigkeit im PR erforderlich sind, sind PR-Mitglieder unter Fortzahlung der Vergütung vom Dienst freizustellen (§ 46 VI). Zur Kostenerstattung RdSchr. BMdJ v. 1. 8. 1974 (GBMl. 456) i. d. Änd. v. 8. 6. 1976 (GBMl. 283). Daneben besteht ein Anspruch auf Bildungsurlaub für solche Schulungsveranstaltungen, die von der Bundeszentrale für politische Bildung als geeignet anerkannt sind (§ 46 VII). Weiterhin können die PR-Mitglieder wie alle Bediensteten des → öffentlichen Dienstes ihren normalen Bildungsurlaub beanspruchen. (Vgl. SondUrlVO i. d. F. v. 13. 11. 1980 (BGBl. I 2074). Lit.: Richter, PersR 88, 96, 121.

3. PR-Mitglieder dürfen in ihrer Tätigkeit *nicht behindert o. wegen ihrer Tätigkeit nicht benachteiligt o. begünstigt* werden (§ 8). Zum Benachteiligungsverbot bei Jugend- u. Auszubildendenvertretern vgl. AP 1 zu § 107 BPersVG. Erleiden Beamte in Wahrnehmung der Aufgaben u. Befugnisse nach dem BPersVG einen Dienstunfall, so sind die Vorschriften über den Dienstunfall (§§ 134ff. BBG) entsprechend anzuwenden (§ 11). PR-Mitglieder dürfen gegen ihren Willen nur versetzt o. abgeordnet werden, wenn dies unter Berücksichtigung der Mitgliedschaft im PR aus dienstlichen Gründen unvermeidbar ist. Versetzung u. Abordnung bedürfen der Zustimmung des PR (§ 47 II). Zur Anerkennung von Privatfahrzeugen für dienstliche Zwecke: BVerwGE 67, 135.

4. Die aufgrund eines Arbeitsvertrages beschäftigten PR-Mitglieder unterliegen einem *besonderen Kündigungsschutz.* Eine *ordentliche Kündigung* ist grundsätzlich unzulässig (Ausnahme im Fall der Stillegung, § 15 III KSchG). Eine *außerordentliche Kündigung* ist nur mit Zustimmung des PR möglich. Verschweigt dieser sich auf einen Antrag des Dienststellenleiters länger als 3 Tage, so gilt die Zustimmung als verweigert. Die Zustimmung kann alsdann auf seinen Antrag vom Verwaltungsgericht ersetzt werden, wenn die ao. Kündigung unter Berücksichtigung aller Umstände gerechtfertigt ist. An

dem Verfahren vor dem Verwaltungsgericht ist der Betroffene beteiligt (§ 47 I). Der nachwirkende Kündigungsschutz greift nicht für → Dienstordnungsangestellte ein, wenn sie wegen mangelnder Bewährung entlassen werden (AP 27 zu § 15 KSchG 1969 = NZA 87, 636). Zu Versetzungen von Personalratsmitgliedern aus dem Ausland: OVG NRW PersV 86, 332; BVerwG PersV 86, 331.

5. *PR-Mitglieder* dürfen auch im Rahmen ihrer Dienststelle *für ihre Gewerkschaft tätig werden*. Das Gesetz stellt im Anschluß an BVerfG in AP 16 zu Art. 9 GG heraus, daß sie sich dabei so zu verhalten haben, daß das Vertrauen der Belegschaftsmitglieder in die Objektivität u. Neutralität ihrer Amtsführung nicht beeinträchtigt wird (§ 67 II). Eine parteipolitische Betätigung verstößt dagegen gegen die Friedenspflicht (OVG PersV 61, 112). Lit.: Plander PersR 89, 59.

V. 1. Die *Personalversammlung* (PV) besteht aus den Beschäftigten der Dienststelle (§ 48). Wenn nach den dienstlichen Verhältnissen eine Vollversammlung nicht stattfinden kann, können auch Teilversammlungen abgehalten werden (§ 48 II; BVerwG 42, 175). Die PV muß mindestens einmal im Jahr zusammentreten, um einen Tätigkeitsbericht des PR entgegenzunehmen. Der PR kann mehrere PV einberufen. Er ist zur Einberufung verpflichtet, wenn der Dienststellenleiter oder ¼ der Wahlberechtigten es beantragen; in Ausnahmefällen auch auf Antrag der Gewerkschaft (§ 49 II). Die Jahresversammlung o. die auf Wunsch des Dienststellenleiters einberufene PV findet während der Arbeitszeit unter Fortzahlung der Arbeitsvergütung statt *(OVG RiA 83, 78)*. Bei Lehrern ist sie grundsätzlich während der unterrichtsfreien Zeit abzuhalten (BVerwG ZBR 85, 26). Wird sie aus dienstlichen Gründen außerhalb der Arbeitszeit abgehalten, so ist den Teilnehmern entsprechende Freizeit zu gewähren (§ 50). Besonders angefallene Fahrtkosten werden entsprechend den Vorschriften des BRKG erstattet. Andere Versammlungen werden außerhalb der Arbeitszeit abgehalten. Allerdings können sie im Einverständnis des Dienststellenleiters auch während der Arbeitszeit stattfinden. Alsdann tritt eine Minderung der Arbeitsvergütung nicht ein (§ 50 II; vgl. aber für die Länder: AP 1 zu § 47 LPVG NW). Die PV kann dem PR Anträge unterbreiten; im übrigen darf sie alle Angelegenheiten behandeln, die die Dienststelle o. ihre Beschäftigten unmittelbar betreffen (vgl. § 51; BVerwG 14, 206). An der PV teilnahmeberechtigt sind der Dienststellenleiter sowie ein beauftragtes Mitglied der Stufenvertretung o. des GesamtPR sowie ein Beauftragter der Dienststelle, bei der die Stufenvertretung besteht (§ 52). Der PR kann zur Unterrichtung der Belegschaft besonders sachkundige Personen hinzuziehen (BVerwG PersV 85, 205). Ist der Dienststellenleiter eingeladen o. die PV auf seinen Wunsch einberufen worden, so hat er an der PV teilzunehmen. Teilnahmeberechtigt sind ferner Beauftragte aller in der Dienststelle vertretenen Gewerkschaften *(Bay VGH PersV 64, 278)* u. ein Beauftragter der Arbeitgebervereinigung, der die Dienststelle angehört. Sie haben jedoch nur beratende Stimme (§ 52 I). Für die Teilnehmer der PV gelten die Rechte aus § 8 entsprechend.

2. Da der öffentliche Dienst i. d. R. mehrstufig in Unter-, Mittel- u. oberste Dienstbehörde aufgebaut ist, sind in mehrstufigen Verwaltungen entsprechende *Stufenvertretungen* vorgesehen, u. zwar bei der Mittelbehörde ein *Bezirkspersonalrat* u. bei der obersten Dienstbehörde ein *Hauptpersonalrat*. Die Mitglieder der BezirksPR u. des HauptPR werden von allen wahlberechtigten AN der Mittelstufe bzw. des Geschäftsbereiches der obersten Dienstbehörde gewählt (Einzelheiten vgl. §§ 53–56).

3. In allen Dienststellen, in denen Personalvertretungen gebildet sind u. in denen mindestens 5 Beschäftigte arbeiten, die das 18. Lebensjahr noch nicht vollendet haben o. die sich in einer berufl. Ausbildung befinden u. das 25. Lj. noch nicht vollendet haben, werden → *Jugend- u. Auszubildendenvertretungen* gewählt (§ 57). Wahlberechtigt sind alle jugendlichen Beschäftigten u. Auszubildenden (vgl. OVG PersV 74, 150). Die Zahl der Mitglieder der Jugend- u. Auszubildendenvertretung ist entsprechend der Zahl der beschäftigten Jugendlichen gestaffelt. Die regelmäßige Amtszeit beträgt 2 Jahre. Die Jugend- u. Auszubildendenvertreter werden regelmäßig zwischen dem 1. 3. u. dem 31. 5. gewählt. Die Jugend- u. Auszubildendenvertretung hat das Recht, Sitzungen des PR zu erzwingen, kann im PR mitberaten u. mitbestimmen, wenn besonders jugendliche AN betroffen werden bzw. von einem Beschluß überwiegend jugendliche AN betroffen werden sowie Beschlüsse des PR zu beanstanden. Ferner hat die Jugendvertretung das Recht, die in § 61 aufgezählten Maßnahmen zu beantragen o. anzuregen. Die Jugendvertretung hat einmal in jedem Jahr eine → *Jugend- u. Auszubildendenversammlung* durchzuführen (§ 63). Bei mehrstufigen Verwaltungen werden *Stufenvertretungen* errichtet. Da Ausbildungsverhältnisse befristet abgeschlossen werden (→ Auszubildender), kann auch das Arbeitsverhältnis der Mitglieder der Jugend- u. Auszubildendenvertretung enden, wenn sich der AG weigert, nach Ablauf des Ausbildungsvertrags einen Arbeitsvertrag abzuschließen. Um insoweit Mißbräuchen zu begegnen, hat das Mitglied der Jugend- u. Auszubildendenvertretung einen Weiterbeschäftigungsanspruch, von dem sich der AG nur durch Anrufung des Verwaltungsgerichtes befreien kann (§ 9). Dies gilt auch für erst kürzlich gewählte Vertreter (Hess VGH ZBR 83, 364).

4. Sind in einer Verwaltung *nichtständig Beschäftigte* tätig, so können diese besondere Vertreter wählen (§ 65). Diese nehmen an den Sitzungen des PR mit beratender Stimme teil (§ 40 II).

VI. 1. Der PR hat *Beratungs-, Initiativ- (BVerwG PersV 85, 434; 477), Überwachungs-, Mitwirkungs- u. Mitbestimmungsrechte.* Sämtliche Rechte stehen unter dem Obersatz, daß Dienststellenleiter u. PR im Rahmen der Gesetze u. Tarifverträge im Zusammenwirken mit den in der Dienststelle vertretenen → Koalitionen vertrauensvoll zusammenarbeiten (§ 2 I). Zur Förderung der Zusammenarbeit sind Dienststellenleiter u. PR verpflichtet, einmal im Monat zusammenzutreten u. über streitige Fragen mit dem ernsten Willen der Verständigung zu verhandeln (§ 66 I). Die Sitzungen brauchen nicht ausdrücklich einberufen zu werden; vielmehr reicht ein formloses Gespräch (BVerwG PersV 85, 71). Teilnahmeberechtigt sind nur die im G. aufgezählten Beteiligten, es sei denn, daß Übereinstimmung für die Hinzuziehung sonstiger Personen (AP 1 zu § 66 BPersVG = NZA 89, 72) besteht. Beide Partner haben alles zu unterlassen, was geeignet ist, die Arbeit u. den Frieden der Dienststelle zu untergraben (§ 66 II).

2. Zu den *Überwachungsaufgaben* gehört insbesondere die Wahrung des → Gleichbehandlungsgrundsatzes. Dienststelle u. PR haben darüber zu wachen, daß alle Beschäftigten nach Recht u. Billigkeit behandelt werden u. jede unterschiedliche Behandlung wegen Geschlecht, Abstammung, Religion, Nationalität, Herkunft, politischer o. gewerkschaftlicher Betätigung o. Einstellung unterbleibt (§ 67 I). Zu den allgemeinen Aufgaben gehört: Maßnahmen zu beantragen, die der Dienststelle u. ihren Angehörigen dienen; Überwachung der Einhaltung von Gesetzen, Verordnungen usw.; Entgegennahme der Anregungen u. Beschwerden von AN; Förderung der Eingliederung von Schwerbehinderten u. → Gastarbeitern; Zusammenarbeit mit der Jugend- u. Auszubildendenvertretung (§ 68). Zur Wahrung ihrer Aufgaben ist der PR rechtzeitig u. umfassend zu unterrichten (§ 68 II). Ferner gehören hierhin Maßnahmen zur Bekämpfung von Unfall- u. Gesundheitsgefahren (§ 81).

3. Soweit eine Maßnahme der *Mitbestimmung* des PR unterliegt, kann sie nur mit seiner Zustimmung getroffen werden. Der Dienststellenleiter hat bei mitbestimmungspflichtigen Maßnahmen den PR zu unterrichten u. seine Zustimmung zu beantragen. Der PR kann die Begründung der Maßnahme verlangen. Er hat sich innerhalb von 10 Tagen zu der beabsichtigten Maßnahme zu äußern. In dringenden Fällen kann der Dienststellenleiter die Äußerungsfrist auf 3 Arbeitstage verkürzen. Sie gilt als gebilligt, wenn nicht der PR innerhalb der Frist die Zustimmung unter Angabe der Gründe schriftlich verwei-

gert. Beruft er sich dabei auf Tatsachen, die für einen Beschäftigten ungünstig sind, so hat dieser ein Recht zur Stellungnahme. Einigen sich Dienststellenleiter u. PR nicht, so können sie binnen 6 Arbeitstagen die Angelegenheit der übergeordneten Dienststelle, bei der eine Stufenvertretung besteht (oben V 2), vorlegen. Legt der Dienststellenleiter die Maßnahme der übergeordneten Dienststelle vor, so hat er den PR schriftlich unter Angabe der Gründe zu informieren. Kommt es auch zwischen der obersten Dienststelle u. der bei ihr bestehenden Vertretung nicht zur Einigung, so entscheidet die *Einigungsstelle,* die aus je 3 Beisitzern der AN- u. AG-Seite u. einem unparteiischen Vorsitzenden besteht. Die Einigungsstelle entscheidet grundsätzlich verbindlich. In den Fällen der §§ 69 IV, 76, 85 I Nr. 7 (betr. Personalangelegenheiten der Beamten) erteilt sie nur Empfehlungen, da insoweit nicht in die Rechte der parlamentarisch kontrollierten Regierung eingegriffen werden kann. Die Tätigkeit des Vors. ist ehrenamtl.

Dem PR steht ein Mitbestimmungsrecht in personellen u. sozialen Angelegenheiten zu. Zu den mitbestimmungspflichtigen Personalangelegenheiten gehören Anstellung (Hindlinger PersR 88, 259; bei Befristung: Scheuring ZTR 88, 204), Übertragung einer höher o. niedriger zu bewertenden Tätigkeit (AP 13 zu § 75 BetrVG = PersR 85, 127), Höhergruppierung, Rückgruppierung (vgl. DB 78, 1135; Dietz ZTR 89, 10), Versetzung, Abordnung, Weiterbeschäftigung über die Altersgrenze, Bestimmungen über den dienstlichen Wohnsitz, Versagen oder Widerruf von Genehmigungen für die Ausübung von Nebentätigkeiten (§§ 75, 76, 77). Auf Verlangen des PR ist einem Gewerkschaftsvertreter Zutritt zur Dienststelle zu gewähren, wenn dieser an einer Arbeitsplatzbesichtigung wegen der Eingruppierung teilnehmen soll (AP 1 zu § 2 LPVGNW = BB 89, 1126). Eine Klage auf Anstellung in den öffentlichen Dienst darf nicht mit der Begründung abgewiesen werden, daß die erforderliche Zustimmung des Personalrats nicht beantragt worden ist. Klagt ein Bewerber auf Einstellung, kann die Behörde vorsorglich die Zustimmung des Personalrats beantragen. Verweigert dieser zu Recht die Zustimmung, schließt dies einen Anspruch auf Anstellung aus (AP 9 zu Art. 33 II GG). Lit.: Haas ZTR 88, 10.

Der PR hat ein Mitbestimmungsrecht in sozialen Angelegenheiten bei Gewährung von Unterstützungen, Vorschüssen, Darlehen u. entsprechenden sozialen Zuwendungen sowie bei Zuweisung u. Kündigung von Wohnungen, über die die Dienststelle verfügt, sowie die allgemeine Festsetzung der Nutzungsbedingungen. In den Fällen der Gewährung von Unterstützungen, Vorschüssen u. Darlehen besteht das Mitbestimmungsrecht indes nur dann, wenn der Antragsteller die Einschaltung des PR beantragt (§ 75 II). Hierdurch soll gewährleistet sein, daß nicht in den Intimbereich des Antragstellers durch den PR eingegriffen wird.

Im übrigen hat der PR in sozialen Angelegenheiten ein Mitbestimmungsrecht, soweit gesetzliche und tarifliche Regelungen nicht bestehen. Hierzu zählen insbesondere die Festlegung der Arbeitszeit (Pieper PersR 87, 4), Art u. Auszahlung der Dienstbezüge, Aufstellung des Urlaubsplanes, Fragen der Lohngestaltung, Errichtung u. Auflösung von Sozialeinrichtungen, Auswahl der Teilnehmer zu Berufsausbildungs- u. Fortbildungsveranstaltungen, Ausgestaltung von Personalfragebogen (AP 11 zu § 75 BPersVG = NJW 84, 824), Beurteilungsrichtlinien, Bestellung von Vertrauens- u. Betriebsärzten, Maßnahmen zur Verhütung von Dienst- u. Arbeitsunfällen sowie über Grundsätze zur Bewertung von Verbesserungsvorschlägen, Sozialplänen, technischen Einrichtungen zur Überwachung (zu Bildschirmarbeitsplätzen: Schmidt ZTR 89, 55) (§§ 75 III, 76 II).

4. Soweit der PR ein *Mitwirkungsrecht* hat, haben Dienststellenleiter u. PR die Maßnahme mit dem ernsthaften Willen zur Verständigung zu behandeln (§ 72). Von der Erörterung kann nur abgesehen werden, wenn der PR es wünscht (AP 1 zu § 72 BPersVG). Äußert sich der PR nicht binnen 10 Tagen o. hält er seine Einwendungen nicht aufrecht, so gilt die Maßnahme als gebilligt. Widerspricht er, so hat er dem Dienststellenleiter die Gründe mitzuteilen. Will dieser den Einwendungen nicht stattgeben, so hat er dies dem PR schriftlich mitzuteilen. Der PR kann alsdann binnen 3 Tagen die Entscheidung der nächsthöheren Dienststelle einholen (§ 72 IV).

Die Mitwirkungstatbestände sind in §§ 78, 79 aufgezählt. Hierzu gehören soziale u. personelle Angelegenheiten, die Vorbereitung von Verwaltungsanordnungen, Auflösung, Einschränkung, Verlegung o. Zusammenlegung von Dienststellen o. wesentlichen Teilen von ihnen, Einleitung von förmlichen Disziplinarverfahren gegen Beamte, Entlassung von Beamten auf Probe o. Widerruf, vorzeitige Versetzung der Beamten in den Ruhestand (§ 78). In einigen Fällen besteht das Mitwirkungsrecht nur dann, wenn der betroffene Beschäftigte es beantragt; auch hier soll wiederum ein Eindringen in die Intimsphäre verhindert werden (§ 78 II).

5. Im Falle der ordentl. *Kündigung von AN* (bei Beamten vgl. § 78) hat der PR ein Mitwirkungsrecht. Eine ohne Mitwirkung des PR o. des zuständigen (AP 1 zu Art. 77 LPVG Bayern) PR ausgesprochene Kündigung ist unwirksam (§ 79 IV). Im übrigen ist die Mitwirkung des PR der → Anhörung des BetrR nachgebildet. Der Dienststellenleiter (vgl. AP 1 zu § 66 LPVG NW = BB 83, 2257) hat dem PR die Person des zu kündigenden AN sowie den Kündigungstermin u. die Kündigungsgründe unter näherer Umschreibung des zugrundelie-

genden Sachverhalts mitzuteilen (vgl. AP 1 zu § 72 LPVG NW; AP 1 zu § 77 LPVG Baden-Württemberg). Eine schlagwortartige Umschreibung der Kündigungsgründe ist unzureichend. Mitzuteilen sind auch Stellungnahmen des AN nach → Abmahnung (v. 31. 8. 89 – 2 AZR 453/88 – BB 90, 142). Der PR kann gegen eine ordentliche Kündigung jegliche Einwände erheben (AP 1 zu § 79 BPersVG = DB 84, 2306). Er hat jedoch ein besonderes Einwendungsrecht aus den in § 79 I aufgezählten Fällen. Dies ist dann gegeben, wenn bei der Auswahl soziale Gesichtspunkte nicht ausreichend berücksichtigt wurden, die Kündigung gegen eine personelle Auswahlrichtlinie verstößt, der AN versetzt werden kann, die Weiterbeschäftigung nach zumutbaren Umschulungs- und Fortbildungsmaßnahmen möglich ist, eine Weiterbeschäftigung unter geänderten Vertragsbedingungen möglich ist. Erhebt der PR Einwendungen u. will der AG gleichwohl kündigen, so hat er die Stellungnahme des PR der Kündigung beizufügen. Der PR hat die Möglichkeit, bei Meinungsverschiedenheiten mit dem Dienststellenleiter die übergeordnete Dienststelle, bei der eine Stufenvertretung besteht, anzurufen (oben V 2). Hieraus ergibt sich, daß die Pflicht zur Beifügung der Stellungnahme des PR dann entfällt, wenn der PR die Stufenvertretung angerufen hat u. dort die Einwendungen gegen die Kündigung nicht aufrechterhalten worden sind. Hat der PR gegen die Kündigung Einwendungen geltend gemacht u. der AN Kündigungsschutzklage erhoben, so ist der AG verpflichtet, den AN bis zur rechtskräftigen Entscheidung über die Kündigung weiterzubeschäftigen. Auf Antrag des AG kann er durch das Arbeitsgericht von der Weiterbeschäftigung enthoben werden (§ 79 II). Zur ao. Kündigung s. § 79 III. Zur Mitwirkung bei den in § 14 III genannten Angestellten: AP 2 zu § 77 BPersVG = PersR 88, 76.

Vor der fristlosen Entlassung, ao. Kündigung u. vor Beendigung des Arbeitsverhältnisses eines Arbeiters während der Probezeit ist der PR anzuhören. Hat der PR Bedenken, so hat er sie unter Angabe der Gründe dem Dienststellenleiter unverzüglich, spätestens innerhalb von 3 Arbeitstagen, schriftlich mitzuteilen. Erhebt der PR Einwendungen, so ist gleichwohl der Dienststellenleiter nicht gehindert zu kündigen. Eine Anrufung der Stufenvertretung kommt insoweit nicht in Betracht. Eine ohne Mitwirkung des Personalrates ausgesprochene Kündigung ist unwirksam (vgl. AP 1 zu § 74 LPVG NRW; zur → Änderungskündigung: AP 2 zu § 72 LPVG NW = NZA 89, 364).

Übersichtslit.: Schinkel NZA 88, 825; Vohs PersR 89, 214.

Pfändungsschutzvorschriften (PfSchV) wird die Summe der Vorschriften genannt, die dazu dienen sollen, eine Kahlpfändung zu

Pfändungsschutzvorschriften

vermeiden. Im → Arbeitsrecht haben besondere Bedeutung die PfSchV bei der → Lohnpfändung. 1. *Objekt der Lohnpfändungssicherung* ist die Forderung auf in Geld zahlbarer → Arbeitsvergütung (§ 850 I ZPO); Arbeitseinkommen i. S. v. § 850 I ZPO sind ohne Rücksicht auf die Bemessung u. Berechnungsart (§ 850 IV ZPO) in Geld zahlbaren Bezüge aus dem Arbeitsverhältnis (Voll-, Teilzeit-, Nebenarbverh.), die als Gegenleistung für die Arbeitsleistung erbracht werden, also Gehälter, Zeit- u. Akkordlöhne, Provisionen (AP 3 zu § 850 ZPO), Gewinnanteile, Prämien, → Gratifikationen, → Ruhegelder usw. Ferner zählen hierzu → Ansprüche auf → Krankenvergütung u. bei → Annahmeverzug, nicht jedoch Schadensersatzansprüche o. Abfindungen nach §§ 9, 10 KSchG (→ Kündigungsschutzklage; AP 1 zu § 850 ZPO, NJW 80, 800) oder §§ 112, 113 BetrVG (OLG NJW 79, 2520). Zum Anspruch bei Gefangenen BVerfG NJW 82, 1583. Dem Arbeitseinkommen gleichgestellt sind Karenzentschädigungen bei → Wettbewerbsverboten o. Renten, die aufgrund von Versicherungsverträgen gewährt werden, wenn diese Verträge zur Versorgung des Versicherungsnehmers o. seiner unterhaltsberechtigten Angehörigen eingegangen sind (§ 850 III ZPO). Nicht nach § 850 ZPO geschützt sind Ansprüche auf Naturalbezüge; diese sind i. d. R. nach § 851 ZPO, § 399 BGB unpfändbar, da deren Leistung an einen anderen als den AN zur Veränderung ihres Inhalts führen würde. 2. *Grenzen des Pfändungsschutzes:* Es sind drei Gruppen von pfändungsgeschützten Vergütungsansprüchen zu unterscheiden: *a) Absolut unpfändbar* sind die in § 850a ZPO genannten Bezüge. Hierzu zählen u. a. die Hälfte der für die Leistung von Mehrarbeitsstunden (Grundverg. u. Zuschläge) gezahlten Teile des Arbeitseinkommens; Aufwandsentschädigungen, Auslösungen (AP 4 zu § 850d ZPO), Kilometergelder, übliche Tage- u. Übernachtungsgelder (AP 4 zu § 850a ZPO) usw., die für die Dauer des Urlaubes über die Urlaubsvergütung hinaus gewährten Urlaubsgelder [*die Urlaubsvergütung war nach h. Rspr. unpfändbar (→ Urlaub); dies ist nach der neuen Url.-Rspr. nicht mehr vertretbar; schon bisl. konnte das Url.Entg. vom Pf. u. ÜBeschl. erfaßt sein, AP 5 zu § 850 ZPO*], sowie Zuwendungen aus Anlaß eines besonderen Betriebsereignisses, sofern sie den Rahmen des Üblichen nicht übersteigen; Weihnachtsgratifikationen bis zur Hälfte des Monatseinkommens, höchstens jedoch bis 470 DM usw. *b) Bedingt pfändbare Bezüge* sind die in § 850b ZPO genannten. Hierzu zählen u. a. Unterhaltsrenten, Bezüge aus Witwen-, Waisen- u. Hilfs- u. Krankenkassen, die ausschließlich o. zu einem wesentl. Teil zu Unterstützungszwecken gewährt werden usw. Bezüge aus der Sozialversicherung sind nach §§ 54, 55, SGB I geschützt. Ansprüche auf einmalige Geldleistungen können nur gepfändet werden, soweit dies nach den Umständen des Falles, insbesondere nach den Einkommens- u. Vermögensverhältnissen des Leistungsberechtigten, der Art des beizutreibenden Anspruches sowie der Höhe und der Zweckbestimmung der Geldleistung, der Billigkeit entspricht (§ 54 II SGB I). Ansprüche auf laufende Geldleistungen können wie Arbeitseinkommen gepfändet werden wegen gesetzlicher Unterhaltsansprüche u. wegen der anderen Ansprüche nur, wenn die Voraussetzungen der Pfändungen von Einmalleistungen vorliegen u. der Leistungsberechtigte dadurch nicht hilfsbedürftig i. S. des BSHG wird. Zur Kontenpfändung § 55 SGB I (Schreiber NJW 77, 279; Mayer BB 77, 655). Der Gläubiger hat die Voraussetzungen der Pfändbarkeit der Sozialversicherungsleistungen darzulegen; bevor der Antrag zurückgewiesen wird, ist der Schuldner zu hören. Die bedingt pfändbar. Bezüge können wie Arbeitseinkommen gepfändet werden, wenn die Vollstreckung in das sonstige bewegl. Vermögen des Schuldners zu einer vollständigen Befriedigung nicht führt o. geführt hat u. nach den Umständen des Falles (Art der Forderung u. der Höhe der Bezüge) die Pfändung der Billigkeit entspricht (§ 850b II ZPO). Das Vollstreckungsgericht (Amtsgericht) hat hierüber zu befinden. *c) Relativ pfändbare Bezüge* sind das Arbeitseinkommen im übrigen. Dies ist für einen Schuldner ohne Unterhaltspflichten unpfändbar bis 754 DM monatl., 174 DM wöchentl., 34,80 DM täglich; für einen Schuldner mit Unterhaltspflichtigen erhöht sich die Unpfändbarkeit für die 1. Person, der Unterhalt zu gewähren ist, um 338 DM monatl., 78 DM wöchentl., 15,60 DM tägl. u. für jede weitere Person um 234 DM monatl., 54 DM wöchentl., 10,80 DM tägl. bis zum Maximalbetrag von 2028 DM monatl., 468 DM wöchentl., 93,60 DM tägl. Übersteigt das Arbeitseinkommen diese Beträge, bleibt aber unter 3302 DM monatl., 762 DM wöchentl., 152,40 DM tägl., ist die Unpfändbarkeit aus einer dem Gesetz beigefügten Anlage zu entnehmen (→ dtv-ZPO). Der darüber hinausgehende Einkommensbetrag ist schlechthin pfändbar (§ 850c III ZPO). Es sind nur die kraft Gesetzes unterhaltsberechtigten Personen zu berücksichtigen (AP 8 zu § 850c ZPO = DB 87, 794). Bei der Feststellung der dem Schuldner obliegenden Unterhaltspflichten wird sich der Drittschuldner bis zur anderweitigen Darlegung auf die Eintragungen auf der → Lohnsteuerkarte verlassen können. Nicht unterhaltsberechtigt ist die Lebensgefährtin *(LG NJW 84, 374)*. Der AG kann eine Ehefrau mit eigenem Einkommen bei den Unterhaltsberechtigten dann mitzählen, wenn ihre Einnahmen nicht zur Vermögensbildung ausreichen, sondern lediglich einen Beitrag zum Familieneinkommen darstellen (AP 3 zu § 850c ZPO; a. A. AP 4 = DB 83, 1263). Jedoch kann das Vollstreckungsgericht (Amtsgericht) auf Antrag des Gläubigers nach billigem Ermessen bestimmen, daß eine unterhaltsberechtigte Person mit eigenen Einkünften bei der Berechnung des unpfändbaren Teils ganz o. teilweise unberücksichtigt bleibt (§ 850c III ZPO). Ein derartiger Beschluß wirkt nur zugunsten des ihn erwirkenden Gläubigers (AP 6 = DB 84, 2466). Endet das Arbeitsverhältnis im Laufe des Monats (Woche), so ist bei der Berechnung des pfändungsfreien Betrages vom bisherigen Lohnzahlungszeitraum auszugehen u. fiktiv aus der bisherigen Arbeitsvergütung der Monats-(Wochen-)Verdienst zu errechnen; alsdann ist der pfändungsfreie Betrag zu bestimmen u. anteilmäßig auf die gearbeiteten Tage zu verteilen. 3. *Bei der Berechnung der pfändungsfreien* Beträge sind zunächst vom Bruttoarbeitseinkommen die Steuern u. Sozialabgaben (auch die für freiwillige Weiterversicherung o. private Krankenversicherung) sowie die absolut u. bedingt unpfändbaren Bezüge abzuziehen. Außer Betracht bleiben nicht vom AG eingehaltene Steuern, die der AN z. B. ins Ausland abführen muß (AP 1 zu § 850e ZPO = NJW 86, 2208). Dem so ermittelten Nettoeinkommen sind die Naturalbezüge mit ihrem Sachbezugswert (§ 17 SGB IV, SachbezV i. d. F. v. 18. 12. 1984 (BGBl. I 1642, 1643) zul. geänd. 12. 12. 1989 (BGBl. I 2177) hinzuzurechnen. Alsdann sind die Pfändungsfreigrenzen zu ermitteln. Bei Bezügen aus mehreren Quellen erfolgt Zusammenrechnung durch das Amtsgericht (§ 850e ZPO). Zusammengerechnet werden auch Bezüge aus der Sozialversicherung (→ Lohnpfändung) u. Arbeitseinkommen, soweit dies nach den Umständen des Falles, insbes. nach den Einkommens- u. Vermögensverhältnissen, der Art des beizutreibenden Anspruchs sowie der Höhe u. Zweckbestimmung der Geldleistung der Billigkeit entspricht (§ 850e Nr. 2a ZPO). 4. *Eine vollständige Verschiebung* der Freigrenze und die Pfändbarkeit von Mehrarbeitsvergütung, Urlaubsgeld u. → Gratifikationen tritt ein, wenn die Lohnpfändung für privilegierte Unterhaltsgläubiger i. S. v. § 850d ZPO erfolgt. Hierzu gehören Verwandte, Ehegatten, frühere Ehegatten, unehel. Kinder, die Mutter eines unehelichen Kindes. In diesen Fällen ist dem Schuldner nur so viel zu belassen, wie er für seinen notwendigen Unterhalt u. zur Erfüllung seiner lfden. gesetzl. Unterhaltspflichten bedarf. Für die einzelnen bevorrechtigten Gläubiger gilt ein Rangverhältnis (§ 850d III ZPO). Trifft eine Pfändung nach § 850d ZPO mit der Pfändung eines nicht bevorrechtigten Gläubigers zusammen, so ist nach § 850e Nr. 4 ZPO zu verfahren. 5. Ist die Arbeitsvergütung des AN auf ein *Bankkonto* überwiesen, so kann durch den Gläubiger das Bankkonto gepfändet u. zur Einziehung überwiesen werden. Nach § 835 III 2 ZPO darf ein Geldinstitut (zum Bankenschutz Rutke ZIP 84, 538) gepfändetes *Guthaben* (nach dem Wortlaut also nicht nur Arbeitsvergütung) einer natürlichen Person dem Gläubiger erst 2 Wochen nach der Zustellung des PfüÜ-Beschl. leisten o. hinterlegen. Der AN kann unterdes nach § 850k

ZPO vorgehen. a) Der AN kann, wenn wiederkehrende Einkünfte nach § 850 bis § 850b ZPO auf dem Konto gepfändet worden sind, bei dem Vollstreckungsgericht beantragen, daß die Pfändung insoweit aufgehoben wird, wie das Guthaben dem der Pfändung nicht unterworfene Teil der Einkünfte für die Zeit von der Pfändung bis zu dem nächsten Zahlungstermin (Soll-Gutschriftstag, da Schuldner bis zum nächsten Geldeingang über Wasser gehalten werden soll), entspricht. b) Der AN kann nach § 850k II ZPO beantragen, daß die Pfändung des Guthabens für den Teil vorab aufgehoben wird, dessen er bis zum nächsten Zahlungstermin dringend bedarf, um seinen notwendigen Unterhalt zu bestreiten und seine laufenden gesetzlichen Unterhaltspflichten gegenüber den dem Gläubiger vorgehenden Berechtigten zu erfüllen o. die dem Gläubiger gleichstehenden Unterhaltsberechtigten gleichmäßig zu befriedigen. Der vorab freigegebene Teil darf den Betrag nicht übersteigen, der dem Schuldner voraussichtlich nach § 850k I ZPO belassen wird. Der Schuldner hat die Voraussetzungen glaubhaft zu machen; da schnell entschieden werden muß, kann ohne Anhörung des Gläubigers entschieden werden. c) Der Schuldner kann schließlich nach § 850k III, 732 II ZPO einstweilige Einstellung der Zwangsvollstreckung beantragen. 6. Ist die Arbeitsvergütung dem AN bereits ausgezahlt, so wird er nach § 811 Nr. 8 ZPO geschützt. Der Gerichtsvollzieher hat ihm einen Geldbetrag zu belassen, der dem der Pfändung nicht unterworfene Teil der Einkünfte für die Zeit von der Pfändung bis zu dem nächsten Zahlungstermin entspricht.

Politische Anschauungen eines AN dürfen nicht zu seiner Benachteiligung führen; eine → Kündigung ist nichtig (Art. 3 III GG, § 134 BGB), wenn sie allein wegen der Zugehörigkeit zu einer Partei erfolgt (AP 2 zu § 134 BGB; AP 11 zu § 1 KSchG 1969 Verhaltensbedingte Kündigung = NJW 85, 507); etwas anderes gilt bei verfassungsfeindlichen Parteien (AP 23 zu Art. 33 II GG = NJW 87, 1100). → Meinungsäußerung.

Prämie ist eine zusätzliche Vergütung, die der AG zahlt, um eine besonders befriedigende Erfüllung der dienstlichen Obliegenheiten o. längere Betriebstreue zu belohnen. Für diese *individuellen* P. bestehen i. d. R. keine besonderen Ordnungsgrundsätze. Ihre Gewährung steht weitgehend im Ermessen des AG, der jedoch den → Gleichbehandlungsgrundsatz (AP 20 zu § 611 BGB Gratifikation), z. B. bei Dienstjubiläen, Jahresabschluß usw. zu beachten hat. Zahlt der AG freiwillig u. unter Widerrufsvorbehalt eine P., wenn der AN in bestimmten Zeiträumen nicht gefehlt hat, so kann er die *Anwesenheitsprämie* dann nicht kürzen, wenn der AN aus berechtigtem Grund gefehlt hat (AP 1, 2 zu § 611 BGB Anwesenheitsprämie) und der AN

Prämie

für die Fehlzeit einen unabdingbaren Vergütungsfortzahlungsanspruch hat (AP 11 zu § 611 BGB Anwesenheitsprämie). In gleicher Weise ist die Prämie zu berücksichtigen, wenn der Vergütungsfortzahlungsanspruch nach der Referenzmethode berechnet wird. Auch eine einmalig gezahlte Anwesenheitsprämie kann bei der Berechnung der → Krankenvergütung nicht unberücksichtigt bleiben (AP 12; a. A. noch AP 9). Indes dürfen Fehlzeiten für die keine → Krankenvergütung mehr verlangt werden kann, bei einmaligen Sonderzahlungen berücksichtigt werden (AP 14 = DB 84, 2410). Dasselbe gilt bei laufend gezahlten Wege- u. Fahrgeldern ohne Rücksicht auf die Entstehung eines Aufwandes (AP 10, 11 a. a. O.). Ist die Prämie für die Arbeitsleistung eines Kalenderjahres mit einer Rückzahlungsklausel versehen, ist eine Bindung über drei Monate nur zulässig, wenn die Prämie tatsächlich einen Monatsbezug erreicht (AP 106 zu § 611 BGB Gratifikation).

Neben diesen individuellen P. stehen die *Prämienlohnsysteme,* die wie der → Akkord eine besondere Form der Leistungsvergütung darstellen. Diese werden vor allem eingeführt, wenn infolge starker Mechanisierung der Arbeitsvorgänge der AN auf die Arbeitsmenge keinen o. nur geringen Einfluß nehmen kann. Mittels PLS kann aber nicht nur wie beim Akkord die Arbeitsmenge (Mengenp.), sondern auch die Arbeitsqualität (Gütep.), die Rohstofferparnis (Ersparnisp.), die Einhaltung von Terminen (Terminp.), die Arbeitssorgfalt (Sorgfaltsp.) usw. prämiiert werden. Die P.-Staffelung kann linear (je geringer der Ausschuß, um so höher die P.), progressiv (steigende P.-Höhe bei unterdurchschnittlichem Ausschuß) u. degressiv (geringere P.-Höhe bei Gefahr von Maschinenüberlastung) erfolgen. Die P. kann zusätzlich neben einem Grundlohn gezahlt werden [wird der Prämienlohn als übertarifl. Lohn gezahlt, kann die Auszahlung der P. davon abhängig gemacht werden, daß AN sich noch in ungekündigtem Arbeitsverhältnis befindet; (AP 33 zu § 242 BGB Gleichbehandlung)]; die Arbeitsvergütung kann jedoch auch vollständig P.-Lohn sein. Namentlich im ersteren Falle erhält der AN immer den Grundlohn u. kann zusätzliche P. entspr. dem PLS verdienen. Der P.-Lohn kann auf den einzelnen AN zugeschnitten sein, er kann aber auch als Gruppenp. gezahlt werden, z. B. an einer Walzenstraße.

P.-Entlohnung kann durch → Tarifvertrag eingeführt werden. I. d. R. bestimmen Tarifverträge nur bestimmte Grundvoraussetzungen der P.-Entlohnung. Der → Betriebsrat hat im Rahmen der Tarifvertragsnormen gem. § 87 I Nr. 10, 11 BetrVG ein erzwingbares Mitbestimmungsrecht bei der Einführung und Ausgestaltung der P.-Entlohnung (→ Betriebsratsaufgaben). Hierzu gehört auch ein Initiativrecht. Kommt eine Einigung nicht zustande, so wird sie durch einen Spruch der → Einigungsstelle ersetzt. Das Mitbestim-

418

mungsrecht erstreckt sich auf sämtliche Faktoren der Lohnberechnung. Dazu gehören die Auswahl der Bezugsgrößen (Ausschuß, Maschinen-, Materialausnutzung usw.), nach h. M. der Leistungsansatz, der im wesentlichen dem arbeitswissenschaftl. o. arbeitstechn. ermittelten Ergebnis der Normalleistung beim Akkord entspricht, u. die P.-Leistungseinheiten, d. h. die Arbeitseinheiten, die besonders prämiiert werden sollen. Diese Leistungseinheiten können linear, progressiv o. degressiv auf die Leistungskurve aufgetragen werden. Mitbestimmungspflichtig ist nach dem BetrVG auch die *materielle Seite,* also die Festlegung der Entgelteinheiten.

Wie der Akkordlohnarbeiter genügt auch der P.-Lohnarbeiter seiner Arbeitspflicht, wenn er innerhalb der festgelegten → Arbeitszeit seiner Arbeitsleistung nachkommt. Er darf jedoch seine Arbeitsleistung nicht zurückhalten, sonst kann ao. Kündigung gerechtfertigt sein (AP 27 zu § 123 GewO). Wird der P.-Lohn zusätzlich zum Zeit- o. Akkordlohn gezahlt, so trifft den AN bei Minderleistung kein Verdienstausfall. Der AG ist für die richtige P.-Lohnberechnung verantwortlich. Der BR hat gem. § 80 BetrVG ein Kontrollrecht. Wird der P.-Lohn entspr. der Methode unrichtig berechnet, so ist der AG berechtigt, ohne Änderungskündigung die richtige Berechnung einzuführen. Das gilt nur dann nicht, wenn die P. bewußt falsch berechnet worden ist u. damit eine versteckte Zulage gewährt werden sollte. Ergibt sich ein höherer P.-Lohn, ist dieser nachzuzahlen; dagegen kann bei Lohnüberzahlung dem AG zumeist die Einrede des Wegfalls der Bereicherung o. u. U. ein Schadensersatzanspruch zur → Aufrechnung entgegengesetzt werden. Jugendl. AN dürfen nur dann im P.-Lohn beschäftigt werden, sofern darin keine Mengenp. enthalten ist (§ 38 JArbSchG; → Jugendarbeitsschutz).

Praktikant ist ein → Arbeitnehmer, der sich einer bestimmten Tätigkeit u. Ausbildung in einem Betrieb unterzieht, weil er diese im Rahmen einer Gesamtausbildung, um z. B. die Zulassung zum Studium o. zur Hochschulprüfung zu erlangen, nachweisen muß. Die Anstellungsverträge der P. können verschieden ausgestaltet sein. Mit ihnen kann ein normaler → Arbeitsvertrag abgeschlossen werden, so daß sämtl. Vorschriften des → Arbeitsrechts anwendbar sind u. sie insbes. bei → Tarifbindung Anspruch auf den Tariflohn haben (vgl. DB 74, 1920). Sie können aber auch im Rahmen eines gem. § 1 II BBiG genügenden → Berufsausbildungsverhältnisses beschäftigt werden. Schließlich sind gem. § 19 BBiG mit einigen Ausnahmen die Vorschriften des BBiG (→ Auszubildender) zu beachten, wenn ein → Arbeitsvertrag nicht vereinbart wurde. Für Studenten und P. in Studien- u. Prüfungsordnungen vorgeschriebe-

Prima-facie-Beweis

ne praktische Tätigkeiten sind versicherungsfrei (BSG AP 1 zu § 611 BGB Praktikant). Lit.: Scherer NZA 86, 280.

Prima-facie-Beweis → Anscheinsbeweis.

Probearbeitsverhältnis. Zur gegenseitigen Erprobung kann vor Abschluß eines → Arbeitsvertrags ein P. begründet werden. Vom P. zu unterscheiden ist das Anlernarbeitsverhältnis, in dem der AN erst die notwendigen Kenntnisse sammeln soll. Es steht dem P. nicht gleich. Zwingend vorgeschrieben ist eine Probezeit nur für die zu ihrer → Berufsausbildung beschäftigten Personen (→ Auszubildende; § 13 BBiG). Zum Abschluß eines P. bedarf es einer ausdrücklichen Vereinbarung. Soweit keine tarifl. o. betriebl. Vorschriften bestehen, muß die Höchstgrenze der PZ-Vereinbarung nach allgem. Rechtsgrundsätzen aus der Zweckbestimmung des ArbVertrags gewonnen werden. Im allgemeinen wird eine Probezeit bis zu sechs Monaten zulässig sein (AP 26 zu § 620 BGB Befristeter Arbeitsvertrag; DB 78, 1744). Ist ein Angestellter des → öffentlichen Dienstes in derselben Dienststelle zunächst im Rahmen einer Arbeitsbeschaffungsmaßnahme nach §§ 91 ff. AFG o. in einem P. tätig, so beginnt die PZ des § 5 BAT mit dem Beginn des Arbeitsvertrages, wenn er mit anderweitigen Arbeiten beschäftigt wird. Dagegen läuft die 6-monatige Frist des KSchG bereits mit Abschluß des 1. Vertrages (AP 1 zu § 5 BAT). P. finden sich dergestalt, daß sie nach Ablauf der PZ in ein endgültiges Arbeitsverhältnis übergehen, sofern sie nicht zuvor gekündigt werden, aber auch befristet (→ befristetes Arbeitsverhältnis), so daß sie enden, wenn sie nicht zuvor verlängert werden. Aus → Tarifverträgen und → Betriebsvereinbarungen kann sich ergeben, daß der befristete Abschluß unzulässig ist. Dies kann bereits dann der Fall sein, wenn der TV eine Höchstdauer der Probezeit bestimmt und eine abschließende Kündigungsregelung enthält (AP 1 zu § 620 BGB Befristeter Arbeitsvertrag; AP 15 zu § 620 BGB Probearbeitsverhältnis). Nach überwieg. Meinung ist für die Befristung derjenige beweispflichtig, der sich darauf beruft (AP 3 zu § 620 BGB Probearbeitsverhältnis). Soll das P. mangels vorheriger Kündigung in ein Dauerarbeitsverhältnis übergehen, so werden i. d. R. verkürzte Kündigungsfristen vereinbart; jedoch sind hierbei die gesetzl. Mindestkündigungsfristen (§§ 622 BGB, 63 SeemannsG), die einzelvertraglich nicht unterschritten werden können, zu beachten. Mit der verkürzten Kündigungsfrist kann bis zum Ende der Probezeit gekündigt werden, auch wenn diese erst nach Ablauf der Probezeit wirksam wird (AP 30 zu § 133 BGB; AP 1 zu § 53 BAT; AP 25 zu § 622 BGB = NZA 89, 58). Fehlt es an einer ausdrücklichen Vereinbarung kürzerer Kündigungsfristen, so folgen diese aus dem Wesen des P. (AP 11 a. A. AP 9, 10 zu § 620 BGB Probearbeitsverhältnis). →

Schwerbehinderten kann in den ersten 6 Mon. der PZ ohne Genehmigung der Hauptfürsorgestelle gekündigt werden (§ 20 I SchwbG). Dagegen gelten im übrigen die → Kündigungschutzvorschriften uneingeschränkt; insbes. sind Schwangere nur mit Genehmigung der zuständigen Behörde kündbar (→ Mutterschutz).

Ist das P. befristet abgeschlossen, so endet es nach Ablauf der PZ automatisch, ohne daß es hierzu behördl. Genehmigungen (§ 17 SchwbG, § 9 MSchG) o. des Ausspruchs einer → Kündigung bedarf. In diesen Fällen ist während der PZ eine ordentl. Kündigung meist ausgeschlossen (AP 1 zu § 67 HGB). Hat die AN sich während der PZ voll bewährt, stellt die Ablehnung, einen Dauerarbeitsvertrag abzuschließen, eine unzulässige Rechtsausübung dar, wenn sie ausschließlich wegen einer im Laufe der PZ eingetretenen Schwangerschaft erfolgt (AP 26 zu § 620 BGB Befristeter Arbeitsvertrag; AP 8 zu § 1 BeschFG 1985 = NJW 89, 3171 = NZA 89, 719). Indes kann noch nicht jede Nichtverlängerung als unsachl. angesehen werden (vgl. DB 77, 1322). Das P. kann aus den gleichen Gründen ao. gekündigt werden wie der ArbVertrag. Mangelnde Eignung des AN stellt jedoch keinen Grund zur ao. Kündigung dar, es sei denn, daß sich das Fehlen behaupteter Eigenschaften herausstellt. Unzuverlässigkeiten während des P. können mangels Entstehens eines Vertrauensverhältnisses zu geringeren Anforderungen an den wichtigen Grund führen. Lit.: Berger-Delhey BB 89, 977.

Probebeschäftigung: Nach §§ 53 ff. AFG kann die BAnstArb (→ Arbeitsbehörde) die → Arbeitsaufnahme fördern. Im Rahmen der Förderungsmittel ist die *Arbeitserprobung* und die P. zu unterscheiden. Zur Feststellung o. Ermittlung einer beruflichen Eignung eines AN können die erforderlichen Kosten bis zur Dauer von 4 Wochen übernommen werden, wenn sich die Eignungsfeststellung als erforderlich erweist und Leistungen aufgrund anderer AO nicht zu gewähren sind (§ 24 FdA-AO). Ferner kann die BAnstArb. für eine befristete Probebeschäftigung die Kosten übernehmen, wenn dadurch die Vermittlungsaussichten für den Arbeitsuchenden verbessert werden u. Leistungen aufgrund anderer AO nicht zu gewähren sind (§ 25 FdA – AO).

Prokura ist eine von einem Vollkaufmann erteilte Handlungsvollmacht eigener Art mit gesetzlich geregeltem Umfang (§§ 48 ff. HGB). Lehnt es der AG ab, einem AN P. zu erteilen o. eine widerrufene zu erneuern, die nach dem Arbeitsvertrag vorausgesetzt wird, so ist dies für den AN dann ein wichtiger Grund zur ao. → Kündigung, wenn es dem AN nach den besonderen Umständen des Einzelfalls unzumutbar ist, das Arbeitsverhältnis fortzusetzen (AP 5 zu § 628 BGB). Der AN kann Schadensersatz verlangen, wenn die Ent-

Provision

ziehung der Prokura rechtswidrig ist; dagegen hat er keinen Anspruch auf Neuerteilung (AP 1 zu § 52 HGB = NJW 87, 862). Ein AN, dem Einzelpr. erteilt ist u. der die Geschäfte des AG selbständig führt, haftet für Sorgfaltsverletzungen (AP 60 zu § 611 BGB Haftung des AN).

Provision ist eine leistungsabhängige → Arbeitsvergütung, die für den → Handelsvertreter typisch ist, aber auch → Handlungsgehilfen u. sonstigen → Arbeitnehmern zustehen kann. Sie kann als einzige Vergütung o. neben einem Festgehalt gezahlt werden, jedoch können sich aus → Tarifverträgen Mindestvergütungen ergeben (AP 14 zu § 1 TVG Tarifverträge: Einzelhandel). Sie beteiligt AN am Wert des vermittelten o. abgeschlossenen Geschäftes.

A. Für Handlungsgehilfen gelten die für Handelsvertreter aufgestellten Normen der §§ 87 I, III, 87 a–c HGB entsprechend. Dagegen kann eine Bezirks- (§ 87 II, AP 3 zu § 65 HGB) o. Inkassop. (§ 87 IV) nur erwachsen, wenn sie ausdrücklich vereinbart ist. Ebensowenig steht dem Handlungsgehilfen ein Ausgleichsanspruch nach § 89 b zu, auch wenn er vor Dienstantritt selbständig war (AP 1 zu § 89 b HGB). Bei seiner Bemessung kommt es vor allem auf Abschlußprovisionen an, die der AN verliert (AP 10 zu § 89 b HGB = DB 86, 919).

I. Der P.-Anspruch *entsteht,* wenn 1. das Geschäft zu denen gehört, auf deren Abschluß der Vertretervertrag abzielt, u. keine Bedingungen enthält, die den Weisungen des AG widersprechen; will der AG den Vertrag ändern u. übersendet er aus diesem Grund Formulartexte, so muß er auf die gewollten Änderungen deutlich hinweisen (AP 13 zu § 65 HGB = DB 86, 647). 2. das Geschäft bindend abgeschlossen ist; weigert sich der AG, gleichgültig aus welchem Grunde, entsteht keine P.-Pflicht; 3. das Geschäft durch die Tätigkeit des Vertreters zustandegekommen ist, d. h., die Tätigkeit des Vertreters muß zumindest mitursächlich geworden sein (§ 87 I) (AP 5 zu § 65 HGB; AP 2 zu § 87 HGB; zu Aufbauversicherungen: AP 5 zu § 87 HGB = DB 85, 50). 4. Unerheblich ist dagegen, ob das Vertreterverhältnis bei Abschluß des Geschäftes noch besteht (§ 87 III). Mit einem auf P. angestellten AN kann nicht schlechthin vereinbart werden, daß er erst nach Beendigung des Arbeitsverhältnisses fällig werdende Provisionen nicht erhält (AP 6, 7 zu § 65 HGB). Vielmehr sind Abreden über den Verfall von Überhangprovisionen nur wirksam, wenn für sie ein sachlicher Grund besteht.

II. Der unter den Voraussetzungen unter I) entstehende P.-Anspruch ist im Interesse des AG *aufschiebend bedingt.* Die Bedingung u. damit Zahlungspflicht tritt ein, 1. sobald u. soweit der Dritte das

Geschäft ausgeführt hat (§ 87a I 3), auch wenn der Unternehmer dafür Sicherheit leisten muß (BGH NJW 83, 629) o. *2.* sobald u. soweit der AG das Geschäft ausgeführt hat (§ 87a I 1 HGB). Soll nach abweichender Einzelvereinbarung die Bedingung erst später eintreten, hat der Vertreter unabdingbaren (AP 1 zu § 87a HGB) Anspruch auf angemessenen Vorschuß, der spätestens am letzten Tag des folgenden Monats fällig wird (§ 87a I 2). Indessen entfällt der P.-Anspruch, wenn feststeht, daß der Dritte nicht leistet (BGH NJW 84, 2881); *3.* wenn der Unternehmer das Geschäft ganz o. teilweise nicht o. nicht so ausführt, wie es abgeschlossen worden ist (§ 87a III 1). Dies gilt jedoch dann nicht, wenn u. soweit die Geschäftsausführung nachträglich unmöglich geworden ist, ohne daß den Unternehmer hieran ein Verschulden trifft (§ 87a III 2), o. wenn die Ausführung des Geschäfts dem Unternehmer nicht mehr zugemutet werden kann, weil in der Person des Dritten hierfür ein wichtiger Grund vorliegt (§ 87a III 2). Die Ausführung des Geschäftes ist dem Unternehmer nicht mehr zumutbar, wenn es nach → Treu u. Glauben nicht gerechtfertigt ist, ihn an dem Geschäftsabschluß mit dem Dritten festzuhalten. Dabei sind alle vernünftigerweise in Betracht kommenden Umstände des Einzelfalles zu berücksichtigen u. gegeneinander abzuwägen (AP 2 zu § 87a HGB; NJW 68, 518); z. B. Verlangen des Dritten auf Rückgängigmachung des Geschäftes aus berechtigten Gründen bei Gefahr seines Kundenverlustes überhaupt. War die Ausführung des Geschäfts von vorherin dem Unternehmer unmöglich, so haftet er nach den Grundsätzen subj. anfängl. Unmöglichkeit (AP 2 zu § 306 BGB).

III. Der unbedingt entstandene P.-Anspruch wird am letzten Tag des Monats *fällig,* in dem über ihn abzurechnen ist (§ 87a IV). Die Abrechnung hat monatl. zu erfolgen; der Abrechnungszeitraum kann auf höchstens 3 Mon. erstreckt werden (§ 87c I). Zur Provisionsabrechnung gehören Angaben über Art und Menge der verkauften Waren sowie über den Käufer (AP 3 zu § 242 BGB Auskunftspflicht). Verschweigt sich der AN auf die Abrechnung, so kann selbst bei entsprechender Abrede darin keine wirksame Genehmigung gesehen werden (AP 3, 18 zu § 87c HGB). Der Vertreter kann bei der Abrechnung einen *Buchauszug* über alle p.-pflichtigen Geschäfte verlangen (§ 87c II; dazu BGH AP 14 zu § 87c HGB). Bei Verweigerung des Buchauszuges o. begründeten Zweifeln an seiner Richtigkeit u. Vollständigkeit kann er verlangen, daß nach Wahl des Unternehmers entweder ihm o. einem von ihm zu bestimmenden Wirtschaftsprüfer o. vereidigten Buchsachverständigen Einsicht in die Geschäftsbücher o. die sonstigen Urkunden soweit gewährt wird, wie dies zur Feststellung der Richtigkeit o. Vollständigkeit der

Prozeßkostenhilfe

Abrechnung o. des Buchauszuges erforderlich ist. Die Verjährung des Einsichtsrechts beginnt mit dem Schluß des Jahres, in dem der Buchauszug erteilt worden ist (BGH NJW 79, 764). P.-Vorschüsse muß ein AN auch dann zurückzahlen, wenn der AG von der Befugnis zur Anpassung der V. an die verdienten P. zunächst keinen Gebrauch gemacht hat u. hierfür sachl. Gründe bestehen (AP 8 zu § 87 HGB = NZA 89, 843 = BB 89, 2333).

IV. Ist die *P.-Höhe* nicht bestimmt, ist der übliche Satz als vereinbart anzusehen (§ 87b I). Sie ist von dem Entgelt zu berechnen, das der Dritte o. der Unternehmer zu leisten hat. Nachlässe bei Barzahlung sind nicht abzuziehen. Dasselbe gilt für Nebenkosten (Fracht, Verpackung, Zölle, Steuern), es sei denn, daß diese gesondert in Rechnung gestellt werden (§ 87b II) *(Ausnahme: Mehrwertsteuer;* vgl. AP 18 zu § 87c HGB). Bei Gebrauchsüberlassungs- u. Nutzungsverträgen ist die P. vom Entgelt der Vertragsdauer zu berechnen (§ 87b III). Bei Vereinbarung einer MindestgarantieP können ohne besondere Vereinbarung Minderverdienste nicht mit Verdienstspitzen verrechnet werden (AP 8 zu § 65 HGB). Es sind aber Verrechnungsabreden möglich, daß einem AN erst dann P. gezahlt werden, wenn das Mindestgarantiegehalt überschritten ist (AP 5 zu § 1 TVG Tarifverträge: Versicherungsgewerbe). Der P.-Anspruch verjährt in zwei Jahren (BB 72, 1056; vgl. BGH NJW 80, 286).

B. Den ArbVertr.-Parteien ist es unbenommen, die für Handlungsgehilfen geltende P.-Regelung auch für Arbeitsverhältnisse anderer AN Anwendung finden zu lassen. Für techn. Angestellte konstruiert die Rechtspr. den Auskunftsanspruch jedoch nicht durch entspr. Anwendung von § 87c, sondern aus dem Gesichtspunkt von → Treu u. Glauben (AP 3 zu § 242 BGB Auskunftspflicht).

Prozeßkostenhilfe schließt sich an die →Beratungshilfe an und wird in allen gerichtlichen Verfahren einschl. der Verfahren vor dem Landes- und Bundessozialgericht gewährt. Lediglich im Strafverfahren verbleibt es bei der Bestellung eines Pflichtverteidigers. P. wird gewährt, wenn eine Partei nach ihren persönlichen u. wirtschaftlichen Verhältnissen die Kosten der Prozeßführung nicht, nur zum Teil o. nur in Raten aufbringen kann und die beabsichtigte Rechtsverfolgung o. Verteidigung hinreichende Aussicht auf Erfolg bietet und nicht mutwillig erscheint. Anspruchsberechtigt sind alleinstehende Personen mit einem Nettoeinkommen bis zu 2400DM. Sind Unterhaltsberechtigte vorhanden, gelten höhere Einkommensgrenzen. Ausnahmsweise besteht auch Anspruch auf P. bei höheren Einkommen. Bis zu einem Nettoeinkommen von 850DM braucht die Partei keine Gerichts- und Anwaltskosten zu tragen. Übersteigt das Nettoeinkommen diesen Betrag, so sind gestaffelt nach einem Tabellensystem entsprechend der Höhe des Einkommens die Prozeßkosten in monatlichen Raten, höchstens jedoch 48 DM zu zahlen. Bessern sich die finanziellen Verhältnisse, gibt es keine Nachzahlungen. Der Antrag auf P. ist beim zuständigen Gericht zu stellen. Ein → Rechtsanwalt des Vertrauens der Partei ist im Interesse der Waffengleichheit immer beizuordnen, wenn sich die Gegenseite durch einen Rechtsanwalt vertreten läßt, u. zwar ohne Rücksicht darauf, ob das Verfahren zwingend die Vertretung durch einen Rechtsanwalt vorschreibt. Der RA kann sich wegen der ihm zustehenden Vergütung an die Staatskasse halten. Bei einem Streitwert bis zu 5600 DM erhält der RA die gleichen Gebühren wie ein außerhalb der P. tätiger RA. Bei Streitwerten bis zu 45 000 DM ist die Gebühr gegenüber der Regelgebühr gemindert und bei höheren gleichmäßig auf 540 DM festgesetzt. Aber auch bei Gewährung der P. hat im Falle des Unterliegens die Partei selbst die dem Gegner erwachsenen Kosten zu erstatten.

Prozeßvertretung → Rechtsanwälte, → Arbeitsgerichtsbarkeit, → Koalitionen.

R

Radikale: Grundsätzlich steht es AN und AG frei, ob sie einen Arbeitsvertrag vereinbaren wollen. Nur in Ausnahmefällen bestehen aufgrund → Tarifvertrags, → Betriebsvereinbarung o. → Arbeitsvertrags Abschlußgebote. Umstr. ist, inwieweit R. aus dem öffentlichen Dienst ferngehalten werden dürfen. Nach Art. 33 II GG hat jeder Bewerber bei einer Bewerbung um ein öffentliches Amt das Recht, nach Eignung, Befähigung u. fachlicher Leistung beurteilt zu werden (AP 2 zu Art. 33 II GG). Im Einstellungsprozeß muß die Einstellungsbehörde den Sachverhalt darlegen u. beweisen, aus denen sich Zweifel an der Verfassungstreue ergeben. Die angeführten Tatsachen werden darauf überprüft, ob sie derartige Zweifel rechtfertigen (AP 15, 17 zu Art. 33 II GG). Mitgliedschaft und Aktivität in einer verfassungsfeindlichen Organisation können Zweifel an der Eignung begründen. Es ist dann Sache des Bewerbers, diese zu zerstreuen. Bei Lehrern ist grundsätzlich dieselbe Verfassungstreue wie bei Beamten zu erwarten (AP 16, 18, 20, 36 zu Art. 33 II GG). Zur Mitgliedschaft bei der Deutschen Friedensgesellschaft: AP 19, 20; DKP: AP 18, 36; v. 28. 9. 1989 – 2 AZR 317/86 – (NJW 90, 1196). Die verfassungsrechtlich gewährleistete Berufsfreiheit gebietet es dem Staat, für die Ausbildung von Lehrern einen gleichwertigen, nicht im Beamtenverhältnis zu erbringenden Vorbereitungsdienst zur Verfügung zu halten (AP 27 zu Art. 33 II GG = NZA 88, 132).

Rationalisierungsschutzabkommen

Eine Klage auf Einstellung kann nicht mit der Begründung abgewiesen werden, der Personalrat sei nicht gehört (AP 9 zu Art. 33 II GG). Im Einstellungsprozeß können von der Behörde noch Umstände nachgeschoben werden, die bei den Verhandlungen noch nicht bekannt waren (AP 15). Der Einstellungsanspruch kann auch im Wege der einstweiligen Verfügung verfolgt werden *(AP 6 zu § 940 ZPO)*. Zur Eignungsprüfung im Verwaltungsrecht: BVerwG AP 10, 11 zu Art. 33 II GG; NJW 81, 1386; 1390; 1392. Die politische Betätigung in radikalen Organisationen kann ein Kündigungsgrund sein (v. 20. 7. 89 – 2 AZR 114/87 – NJW 90, 597 = BB 90, 143; v. 28. 9. 89 – 2 AZR 317/86 – NJW 90, 1196 = BB 90, 563).

Rationalisierungsschutzabkommen werden i. d. R. in der Rechtsform von → Tarifverträgen abgeschlossen. Sie bezwecken, den AN vor den Folgen technischer u. organisatorischer Neuerungen zu schützen. Anerkannt ist, daß TV soziale Ausgleichszahlungen vorsehen können. Umstr. ist dagegen, inwieweit sie Innovation als solche beschränken o. verhindern dürfen. Zu den Rationalisierungsschutztarifverträgen im → Öffentlichen Dienst: Schelter PersR 87, 67.

Rauchverbot. Ein gesetzl. R. am Arbeitsplatz besteht nur in Ausnahmefällen. Durch → Tarifvertrag, → Betriebsvereinbarung u. → Arbeitsvertrag kann ein weitergehendes Verbot während der → Arbeitszeit o. des Aufenthaltes im Betrieb eingeführt werden. Vielfach verfügen AG einseitig ein R. zur Verhütung von Brandgefahr, Intensivierung der Arbeitsleistung, zur Vermeidung der Verunreinigung von Arbeitserzeugnissen usw. Z. T. wird ihm kraft seines Eigentums- u. Hausherrnrechtes eine derartige Befugnis zuerkannt. Besteht ein → Betriebsrat, so hat dieser ein erzwingbares Mitbestimmungsrecht (§ 87 I Nr. 1 BetrVG; → Betriebsratsaufgaben). Umstr. ist z. Zt., in welchem Umfang Nichtraucher Schutz vor Rauchern verlangen können. Im allgemeinen wird ihnen noch nicht das Recht eingeräumt, vom AG besondere Arbeitsräume zu verlangen. Lit.: Jahn DÖD 89, 850; Olderoy PersF 90, 314; Schmidt RdA 87, 337; Weber ArbN 87, 279; Wischnath DöD 87, 202. Der Rat der EG hat am 18. 7. 1989 eine Entschließung über ein R. in öffentl. zugänglichen u. frequentierten Einrichtungen gefaßt (NJW 89, 2936). → Europäisches Arbeitsrecht.

Rechnungslegung ist eine geordnete Aufstellung der Einnahmen u. Ausgaben. Sie ist dann eine vertretbare Handlung i. S. der Zwangsvollstreckung, wenn sie an Hand der Bücher erfolgt.

Rechtliches Gehör ist der Prozeßgrundsatz, daß das Gericht nur nach Anhörung aller Beteiligten eine abschließende Entscheidung treffen darf. Das rG. umfaßt auch die Verpflichtung des Gerichtes,

Vortrag der Parteien zur Kenntnis zu nehmen. Es ist verletzt, wenn das Gericht einen vor mündl. Verhandlung eingegangenen Schriftsatz infolge verspäteter Vorlegung nicht mehr berücksichtigt (DB 73, 1852) o. ein Gericht ungewöhnlich komplizierte u. umfangreiche Geschäftsunterlagen verwertet, die erst in der letzten mündlichen Verhandlung vorgelegt wurden u. dem Prozeßgegner nur binnen einer nachgelassenen Frist von drei Tagen zur Prüfung überlassen worden sind (AP 33 zu Art. 103 GG).

Rechtsanwälte sind vor den Gerichten für Arbeitssachen postulationsfähig. Die Parteien können sich vor den → Arbeitsgerichten von RA vertreten lassen; vor dem LAG und BAG müssen sie sich von RA vertreten lassen. Anstelle von RA sind aber vor den LAG auch Vertreter der → Koalitionen postulationsfähig. Vor den Arbeitsgerichten sind auch die bei einem RA angestellten Assessoren und Referendare postulationsfähig (v. 22. 2. 90 – 2 AZR 122/89). Dagegen sind Rechtsbeistände von der Vertretung ausgeschlossen (AP 10 zu § 11 ArbGG 1979 Prozeßvertreter = NZA 89, 151). Lit.: Brehm RdA 90, 73. Vor Abschluß eines Mandatsvertrages hat ein RA die Partei auf den Ausschluß der Kostenerstattungspflicht in der 1. Instanz hinzuweisen (§ 12a I 2 ArbGG; dazu Oswald AnwBl 87, 484; auch Haas JusBüro 90, 429). Der RA wird schadensersatzpflichtig, wenn er seinen Sorgfaltspflichten nicht nachkommt, z. B. → Verfallfristen übersieht (BGH ZIP 83, 996). Vielfach werden von AN u. AG Rechtsschutzversicherungen für Arbeitsrechtstreitigkeiten abgeschlossen (Behrens Beil 3 zu NZA 85; Schaub NZA 89, 865).

Rechtsfortbildung durch die → Arbeitsgerichte wird vorgenommen, wenn infolge gewandelter Rechtsanschauungen ein Notstand erwächst, der auf andere Weise nicht zu beheben ist. Preis RdA 89, 327.

Rechtsmittelbelehrung: Nach § 9 V 1, 2 ArbGG müssen alle Entscheidungen der Gerichte für Arbeitssachen eine Belehrung enthalten, welches Rechtsmittel gegeben ist. Ein Rechtsmittel entfaltet Suspensiv- und Devolutivwirkung; d. h., die Entscheidung wird nur nach Ablauf der Frist rechtskräftig und über das Rechtsmittel entscheidet das Gericht des höheren Rechtszuges. Daher erfolgt keine Belehrung über die → Nichtzulassungsbeschwerde, sondern nur die Angabe, daß es dieses Institut gibt (AP 5 zu § 72a ArbGG 1979). Die Rechtsmittelbelehrung ist Bestandteil des Urteils und ist vom Gericht zu unterschreiben. Sie muß die vollständige postalische Anschrift des Gerichtes enthalten (AP 1 zu § 9 ArbGG 1979). Nicht notwendig ist eine Belehrung darüber, daß nur kraft Satzung o. Vollmacht zur Vertretung befugte Vertreter von → Gewerkschaften

Rechtsschutz

o. Arbeitgeberverbänden postulationsfähig sind (AP 2 zu § 9 ArbGG 1979 = DB 83, 2310). Ist die R. nicht o. unrichtig erteilt, so ist die Einlegung des R. grundsätzlich innerhalb eines Jahres seit Zustellung der Entscheidung möglich (§ 9 V 4 ArbGG).

Rechtsschutz → Gewerkschaften, → Arbeitgeberverbände.

Rechtsschutzversicherung. Sofern sie den Arbeitsrechtsschutz umfassen, übernehmen sie die Prozeßkosten (Schaub NZA 89, 865).

Redaktionsstatute sollen der inneren Pressefreiheit dienen, d. h. der Absicherung der Position der Redakteure gegenüber den Verlegern, bisweilen auch den Chefredakteuren, sowie der Demokratisierung der Massenmedien. Zumeist werden Organe der Mitsprache u. Mitbestimmung konstituiert, da die Betriebsräte in → Tendenzunternehmen kein Mitbestimmungsrecht haben (Plander NJW 80, 1084). Ihre Zulässigkeit u. rechtl. Ausgestaltung ist umstr.

REFA → Akkord.

Referendare, die bei einem Verband o. → Rechtsanwalt angestellt sind, sind zur Vertretung vor den → Arbeitsgerichten befugt (DB 75, 2092, v. 22. 2. 90 – 2 AZR 122/89 –).

Referenzmethode ist – wie das → Lohnausfallprinzip – eine Berechnungsweise der → Arbeitsvergütung, wenn der AN hierauf ohne Arbeitsleistung Anspruch hat. Bei der R. wird zur Berechnung auf eine vorhergehende Lohnperiode (i. d. R. drei Monate) Bezug genommen u. für diese der durchschnittliche Verdienst ermittelt, der alsdann zu zahlen ist (vgl. z. B. § 11 BUrlG). Im Rahmen der R. bleiben einmalige Zuwendungen aus besonderem, von der lfden Arbeitsleistung getrenntem Anlaß außer Betracht (BB 72, 176).

Regelungsabrede → Betriebliche Einigung.

Regelungsstreitigkeiten → Betriebsratsaufgaben.

Rehabilitation. Darunter versteht man Maßnahmen, die dazu dienen, körperl., geistig o. seelisch Behinderten die Eingliederung in Arbeit, Beruf u. Gesellschaft zu ermöglichen (§ 1 RehaG v. 7. 8. 1974, BGBl. I 1881 zul. geänd. 20. 12. 1985 (BGBl. I 2484). Das RehaG enthält gemeinsame Vorschriften für die Erbringung von R.-Leistungen durch die gesetzl. Kranken-, Unfall- u. Rentenversicherung, die Altershilfe für Landwirte, sowie die Behörden der Kriegsopferversorgung u. die BAnstArb. Die R.-Träger sollen zusammenarbeiten, um eine möglichst rasche Eingliederung zu ermöglichen (§ 5 RehaG). Ob u. inwieweit gegen welchen Sozialleistungsträger Ansprüche gegeben sind, bestimmt sich nach den für jeden geltenden besonderen G., also z. B. nach der RVO, dem BVersG. Diese trifft aber eine besondere Unterrichtungspflicht (§ 3 RehaG). Die BAnst-Arb. hat der R. besonders Rechnung zu tragen (§§ 56–62 AFG). Vgl. dazu AO über die Arbeits- u. Berufsförderung Behinderter [AReha] i. d. F. v. 6. 7. 1988 (ANBA 1125).

Reisekosten werden von dem AG zumeist entsprechend den Pauschbeträgen des Steuerrechts gezahlt. → Lohnsteuerermäßigungsverfahren.

Revision ist das Rechtsmittel, das sich im wesentlichen gegen Berufungsurteile der → Landesarbeitsgerichte (Ausnahme Sprungrevision; → Bundesarbeitsgericht) an das BAG richtet. Sie ermöglicht nicht eine tatsächliche, sondern nur die rechtliche Nachprüfung. Sie dient sowohl dem Interesse der Parteien als auch der Wahrung einer einheitlichen Rechtspr., die ihrerseits die Rechtssicherheit stärkt. Sie ist nur zulässig, wenn sie das LAG o. auf → Nichtzulassungsbeschwerde das BAG zugelassen hat (§ 72 ArbGG). Die Zulassung muß mit verkündet werden (AP 33 zu § 611 BGB Bühnenengagementsvertrag = DB 88, 134; BVerfG BB 90, 859). Das LAG hat sie zuzulassen, wenn die Rechtssache grundsätzliche Bedeutung hat o. seine Entscheidung von einer Entscheidung des GS OGH, des BAG o., solange eine Entscheidung des BAG in der Rechtsfrage nicht ergangen ist, von einer Entscheidung einer anderen Kammer desselben LAG o. eines anderen abweicht. Die Revisions- u. die R.-Begründungsfrist betragen je einen Monat (§ 74 ArbGG). Die R. kann jedoch nur durch einen → Rechtsanwalt eingelegt u. begründet werden (→ Arbeitsgerichtsbarkeit). Die Sprungrevision ist nur zulässig, wenn der Gegner schriftlich zustimmt u. das Arbeitsgericht sie zuläßt. Die schriftliche Zustimmung liegt nicht in dem Antrag auf Zulassung der SpR (AP 1, 7 zu § 76 ArbGG 1979). Die Zustimmung kann auch durch Verbandsvertreter erteilt werden (AP 3 zu § 76 ArbGG 1979). Lit.: Bepler NJW 89, 686. In der Revisionsinstanz sind Klageänderungen grundsätzlich unzulässig (AP 124 zu § 22, 23 BAT 1975).

Richterrecht heißen die durch die Rspr. entwickelten Rechtsgrundsätze, die namentl. im Arbeitsrecht sich vielfach gewohnheitsrechtlich wie Rechtsnormen durchsetzen. Tarifrecht geht grundsätzl. dem R. vor, sofern nicht unabdingbare AR-Grunds. verletzt werden. Lit.: Dieterich RdA 86, 2; Kirchhof NJW 86, 2276; Peter RdA 85, 337; Sendler DVBl. 88, 828; Söllner RdA 85, 328.

Rückzahlungsklauseln → Ausbildungskosten, → Gratifikation.

Rufbereitschaft → Arbeitszeit.

Ruhegeld

Ruhegeld. I. Die Altersversorgung des AN resultiert i. d. R. aus drei Quellen *a)* der gesetzlichen Sozialversicherung, *b)* der betrieblichen Altersversorgung und *c)* Eigenersparnissen des AN.

Die Durchschnittsrente aus der gesetzlichen Sozialversicherung beträgt im Jahre 1989 nach 35–40 Versicherungsjahren Arbeitern/ Arbeiterinnen 1406,84/851,80, Angestellten 1946,36/1306,78; bei 40–45 Versicherungsjahren Arbeitern/innen 1668,32/1107,22, Angestellten 2222,53/1599,53 DM. Einzelheiten Ströer, Beck-Rechtsinformation, Die soziale Rentenversicherung; Schaub/Schusinski/ Ströer Beck-Rechtsinformation, Erfolgreiche Altersvorsorge, 3. Aufl., 1989.

II. 1. *Betriebliche Altersversorgung* heißen die Leistungen der Alters-, Invaliditäts- und Hinterbliebenenversorgung aus Anlaß eines Arbeitsverhältnisses (§ 1 I BetrAVG). Im Rahmen der betriebl. Altersversorgung können Renten- und Kapitalleistungen, Sach- und Nutzungsrechte (AP 11 zu § 16 BetrAVG) zugewandt werden. Gewinnbeteiligungszusagen können dann Leistungen der betriebl. Altersversorgung sein, wenn mit ihnen die Versorgung des AN bezweckt u. die Gewinnbeteiligung nicht für eine einzelne Vergütungsperiode sondern für die Betriebstreue insgesamt erbracht wird (AP 4 zu § 1 BetrAVG; AP 16 zu § 1 BetrAVG; v. 8. 5. 1990 – 3 AZR 121/89 –). Dasselbe gilt für gehaltsumwandelnde → Lebensversicherungen.

2. Die betriebl. Altersversorgung kommt im wesentl. in fünf *Durchführungsformen* vor: *a)* Als Ruhegelddirektzusage, bei der der AG die Leistungen aus seinem Vermögen erbringt; *b)* als Versorgungsleistung durch eine → Betriebsunterstützungskasse (§ 1 IV BetrAVG); *c)* als Versorgungsleistung durch eine → Pensionskasse (§ 1 III BetrAVG); *d)* als → Lebensversicherung, bei der der AN versichert u. er u. seine Hinterbliebenen Versicherungsberechtigte sind; *e)* als Höher- und Weiterversicherung in der gesetzl. Rentenversicherung.

3. Die betriebliche Altersversorgung ist kein Geschenk (§§ 516 ff BGB) des AG, sondern eine Versorgungsleistung, durch die der AG die Arbeitsleistung des AN insgesamt abgilt und eine Fürsorge für den Versorgungsfall übernimmt (AP 3, 9 zu § 242 BGB Ruhegehalt-Unterstützungskasse; AP 1–4 zu § 87 BetrVG 1972 Altersversorgung; BGH AP 9 zu § 1 BetrAVG Wartezeit). Die betriebliche Altersversorgung unterscheidet sich von der Leibrente (§ 759 BGB).

III. 1. Der AG ist ohne einen besonderen *Rechtsgrund* nicht verpflichtet, Versorgungsleistungen zu erbringen. Der Rechtsgrund kann sein *a)* Einzelvertrag; *b)* Gesamtzusage o. arbeitsvertragliche Einheitsregelung; *c)* → Betriebsübung o. → Gleichbehandlung; *d)* kollektivrechtlicher Begründungsakt (→ Tarifvertrag; → Betriebsvereinbarung).

2. Der Anspruch bzw. eine Anwartschaft auf Ruhegeld kann nach den Regeln des Vertragsrechts im Wege des *Einzelvertrages* ausdrücklich o. konkludent begründet werden. Verweist eine Versorgungszusage ausdrücklich o. stillschweigend auf generelle Versorgungsrichtlinien, so werden sie auch dann zum Vertragsinhalt, wenn der AN sie nicht zur Kenntnis nimmt (AP 179 zu § 242 BGB Ruhegehalt). Die Wirksamkeit einer Versorgungszusage wird nicht dadurch beeinträchtigt, daß die Voraussetzungen und Höhe zunächst noch ungeregelt bleiben. Bei einer sog. *Blankettzusage* behält sich der AG das Recht vor, einseitig die Einzelheiten zu bestimmen (AP 110, 167, 181). Die Bestimmung unterliegt insoweit der gerichtlichen Billigkeitskontrolle; bestimmt der AG die Voraussetzungen nicht, werden sie durch Urteil bestimmt (§ 315 BGB). Für die Zusage ist vertraglich die Einhaltung der Schriftform nicht notwendig, aber zweckmäßig. Steuerrechtlich kann der AG Steuervorteile nur bei Einhaltung der Schriftform geltend machen (§ 6a EStG). Für die Auslegung von Versorgungszusagen gelten die allgemeinen Auslegungsgrundsätze; bei mehrdeutigen Verträgen kann der AG an einer für ihn ungünstigen Auslegung festgehalten werden, wenn er bei den AN einen unbegründeten Vertrauenstatbestand (sog. *Unklarheitenregel*) erweckt hat (AP 160; AP 2 zu § 242 BGB Ruhegehalt – VBL). Verspricht der AG Versorgung wie im öffentlichen Dienst, so haftet er unabhängig von der Versicherungsmöglichkeit bei der VBL (AP 7, 10 zu § 242 BGB Ruhegehalt – VBL; AP 16 zu § 1 BetrAVG Zusatzversorgungskasse).

3. Der AG kann die Versorgungszusage durch eine einseitig an die Belegschaft gerichtete *Gesamtzusage* erteilen, die nach h. M. ein Angebot an die AN des Betriebes o. eines näher umschriebenen Empfängerkreises enthält. Da durch sie die AN begünstigt werden, ist eine besondere Annahmeerklärung (§ 151 BGB) nicht zu erwarten. Gelegentlich wird in der Gesamtzusage ein einseitiger Verpflichtungstatbestand gesehen, der auch ohne Zugang wirksam wird (AP 90 zu § 242 BGB Ruhegehalt). Ein AG, der seine R.-Ordnung verbessert, kann aus sachlichen Gründen bestimmen, daß nur solche AN nach der neuen R-Ordnung versorgt werden, die nach einem bestimmten Stichtag in den Ruhestand treten (AP 165, 176, 187).

4. Kraft → *betrieblicher Übung* erwächst ein Anspruch, wenn der AG ständig u. ohne Vorbehalt unter bestimmten Voraussetzungen R. zahlt, so daß sich ein Brauch entwickelt, der den Schluß zuläßt, daß AG auch in Zukunft seinen AN R. gewähren will (BGH AP 137 a. a. O.; AP 1 zu § 1 BetrAVG Betriebliche Übung = NJW 86, 95; AP 2 = DB 86, 2189).

5. Aus dem Grundsatz der → Gleichbehandlung entsteht ein Anspruch, wenn der AG seiner gesamten Belegschaft o. bestimmten

Ruhegeld

Gruppen ein R. gewährt. Einzelne AN der Belegschaft o. der Gruppe dürfen alsdann nicht willkürlich von der R.-Gewährung ausgenommen werden (AP 26 zu § 5 BetrAVG = NZA 88, 609).

6. Die Versorgungsformen können nachträglich geändert werden. Indes kann hierdurch nicht in den Besitzstand der AN eingegriffen werden u. sind die Mitbestimmungsrechte des Betriebsrates zu wahren.

IV. 1. Die *inhaltliche Ausgestaltung* der R.-Zusage ist nach dem Grundsatz der Vertragsfreiheit den Parteien überlassen. Indes müssen alle R.-Regelungen die Grundrechte, zwingendes Gesetzesrecht u. allgemeine Grundsätze des → Arbeitsrechts beachten.

2. Die Versorgungssysteme müssen der *Gleichberechtigung* genügen. Diese kann verletzt sein, wenn Personen eines Geschlechtes unmittelbar, mittelbar o. verdeckt benachteiligt werden, zB. wenn → Teilzeitbeschäftigte von der Altersversorgung ausgeschlossen sind (AP 1 zu § 1 BetrAVG Gleichbehandlung; AP 3 zu Art. 119 EWG-Vertrag = DB 84, 1577 = NZA 84, 84; AP 11 = DB 86, 2237; AP 5 zu § 1 BetrAVG Gleichberechtigung = DB 89, 2336; v. 23. 1. 90 – 3 AZR 58/88 – BB 90, 1202); für → öffentl. Dienst: AP 26 zu § 1 BetrAVG Zusatzversorgungskassen = NZA 89, 400, 442). Sie ist verletzt, wenn Frauen nur bis zum 50. Lebensjahr, dagegen Männer bis zum 55. Lebensjahr in die AV aufgenommen werden (AP 1 zu § 1 BetrAVG Gleichberechtigung) o. Männer im Unterschied zu Frauen von der Hinterbliebenenversorgung ausgeschlossen werden (§ 611a BGB; AP 5 zu § 1 BetrAVG Hinterbliebenenversorgung = NZA 89, 683; v. 5. 9. 89 – 3 AZR 575/88 – NJW 90, 1008 = NZA 90, 271). Ein Verstoß gegen die Gleichberechtigung ist aber noch nicht deswegen gegeben, weil Frauen zu einem früheren Zeitpunkt in den Ruhestand treten können (BVerfG BB 86, 1018; EuGH NJW 82, 2726; 86, 2182; AP 1 zu § 1 TVG Tarifverträge: Süßwarenindustrie = BB 85, 2321) o. nur solche AN versorgt werden, die sich in Aufstiegsstellen befinden, auch wenn dadurch Frauen keine Versorgung erwerben (AP 4 zu § 1 BetrAVG Gleichberechtigung). Wirksam sind auch Versorgungsordnungen, die den Eintritt davon abhängig machen, daß ein Höchsteintrittsalter noch nicht überschritten ist (AP 5 zu § 1 BetrAVG Gleichbehandlung = DB 86, 2030, 2237). Lit.: Boecken DB 89, 924; Hill/Klein BB 89, 837; Schließmann BB 90, 413.

V. 1. Der AG kann ein R. zusagen, indem er die Leistungen später aus seinem Vermögen, über eine → Betriebsunterstützungskasse o. eine → Pensionskasse erbringt. Rechtsgrund der Zusage ist immer das Arbeitsverhältnis.

2. Der Anspruch auf R. wird regelmäßig an Bedingungen geknüpft, nämlich: *a)* Zurücklegen einer gewissen Wartezeit; *b)* Versetzung in den Ruhestand u. *c)* Eintritt eines Versorgungsfalles. Versorgungsfall kann das Erreichen der Altersgrenze, Dienst-, Arbeits-,
Erwerbs- o. Berufsunfähigkeit sein. Treten diese Bedingungen nicht
ein, so ist der AG auch bei Bestehen von Härteklauseln nicht verpflichtet, R. zu zahlen (AP 8 zu § 1 BetrAVG = BB 83, 2119).

3. Scheidet ein AN vor Eintritt eines Versorgungsfalles aus dem
AV aus, so bleibt die Versorgungsanwartschaft unter bestimmten
Voraussetzungen aufrechterhalten. a) Endet das Arbeitsverhältnis
nach mehr als 20-jähriger Beschäftigung, so wurde nach der Rspr.
die R.-Anwartschaft unverfallbar (AP 156 zu § 242 BGB Ruhegehalt), d. h., der AG hatte sie aufrechtzuerhalten. Diesen von der
Rspr. gefundenen Rechtsgrundsatz hat § 1 BetrAVG mit Modifika-
tion übernommen u. weiter ausgebaut.
b) Nach § 1 BetrAVG behält ein AN, dem Leistungen der betrieblichen Altersversorgung zugesagt sind, seine Anwartschaft, wenn
sein Arbeitsverhältnis vor Eintritt des Versorgungsfalles endet, sofern in diesem Zeitpunkt der AN mindestens das 35. Lebensjahr vollendet hat u. entweder die Versorgungszusage für ihn mindestens
10 Jahre bestanden hat o. der Beginn der Betriebszugehörigkeit mindestens 12 Jahre zurückliegt u. die Versorgungszusage für ihn mindestens drei Jahre bestanden hat. Nach mehr als 10-jährigem Bestand
einer Zusage soll das Vertrauen des AN in die R.-Zusage nicht mehr
enttäuscht werden. Andererseits soll ein AG, der in seinem Betrieb
eine R.-Regelung einführt, sich nicht sofort unverfallbaren Versorgungsanwartschaften gegenübersehen. In welchem Umfang auf die
Betriebszugehörigkeit auch ausländische Dienstzeiten anzurechnen
sind, ist umstr. Die Frist für die Berechnung der Unverfallbarkeit
wird unterbrochen, wenn das Arbeitsverhältnis beendet u. zugleich
ein neues begründet wird. Indes haben die Parteien alsdann eine
Vereinbarung über das Schicksal der Altersversorgung zu treffen,
anderenfalls erfolgt eine ergänzende Vertragsauslegung durch das
Gericht (AP 6, 13 zu § 1 BetrAVG Wartezeit; AP 17 = NZA 88,
311). Die Unverfallbarkeitswartefrist kann nicht durch sog. *Vor-
schaltzeiten* verlängert werden. Stellt der AG seinen AN in Aussicht,
daß sie zu einer späteren Zeit eine R.-Zusage erhalten, so läuft die
Unverfallbarkeitswartefrist ab Beginn der Aussicht, wenn die spätere Zusage nur noch rein formeller Natur ist. Versorgungszusage i. S.
von § 1 BetrAVG sind alle Rechtsbegründungstatbestände, die dem
AG keine Wahl mehr lassen, ob er bei Eintritt des Versorgungsfalles
Altersversorgung gewährt (AP 3, 4, 5, 8 zu § 1 BetrAVG Wartezeit;
AP 1 zu § 1 BetrAVG Lebensversicherung); dagegen liegt keine bin-

dende Versorgungszusage vor, wenn ihre Erteilung noch von anderen Voraussetzungen als dem Zeitablauf abhängt (AP 12 zu § 1 BetrAVG Wartezeit). Umgekehrt erlangt ein AN überhaupt keinen Anspruch, wenn er die Unverfallbarkeitswartefrist vor Eintritt des Versorgungsfalles nicht mehr erfüllen kann (AP 2 zu § 1 BetrAVG Wartezeit). Jedoch besteht keine Vermutung dahin, daß die Wartezeit bis zum Eintritt des 65. Lebensjahres vollendet sein muß. Schweigt die R.-Ordnung, ist davon auszugehen, daß sie auch noch danach vollendet werden kann (AP 4 zu § 128 HGB = DB 83, 1259). Sieht eine R-Ordnung vor, daß unter bestimmten zeitlichen Voraussetzungen genau bezeichnete Einzelzusagen (zB. Lebensversicherungen) zu erteilen sind, beginnt die Unverfallbarkeitsfrist mit der 1. Zusage (AP 10 zu § 1 BetrAVG Wartezeit). Dasselbe gilt, wenn der Durchführungsweg einer Versorgung geändert wird, z. B., wenn der AN seit Beginn des AV zum Kreis der Begünstigten einer Unterstützungskasse gehört u. später eine Direktzusage erhält (AP 11 zu § 1 BetrAVG Wartezeit). Hat ein AG die Anrechnung von *Vordienstzeiten* zugesagt, so kann gemeint sein, daß diese nur bei der Berechnung der Wartezeit, von der der R.-Anspruch überhaupt abhängt, wie auch bei der Berechnung der Unverfallbarkeitswartefrist zu berücksichtigen ist. Ist einem AN vor Bejahung der Unverfallbarkeit durch die Rspr. die Anrechnung von Vordienstzeiten zugesagt, ist i. d. R. davon auszugehen, daß die Parteien die Bedeutung der Betriebszugehörigkeit für die Unverfallbarkeitswartefrist nicht erkannt haben; die dadurch vorhandene Regelungslücke ist durch ergänzende Vertragsauslegung zu füllen. Werden Wartezeiten anerkannt, die von einer Versorgungszusage begleitet waren, sind diese in aller Regel auch auf die Unverfallbarkeitswartefrist anzurechnen (AP 2, 7 zu § 1 BetrAVG; AP 4 zu § 1 BetrAVG Wartezeit; v. 27. 2. 90 – 3 AZR 213/88 – BB 90, 1208). Waren sie nicht von einer Versorgungszusage begleitet, ist davon auszugehen, daß die Vordienstzeiten nur bei der Berechnung der Höhe der Versorgung zu berücksichtigen sind. Jedoch ist nach der Unklarheitenregel im Zweifel davon auszugehen, daß eine Anrechnung im Zweifel erfolgen soll (AP 6 zu § 1 BetrAVG). Wird das ruhegehaltsfähige Dienstalter eines AN mit einer beamtenähnlichen Versorgung auf einen Zeitpunkt vor Erteilung der Versorgungszusage festgesetzt, so ist im Zweifel davon auszugehen, daß dies nur Bedeutung für die Wartezeit und die Höhe der Rente, dagegen nicht für die Unverfallbarkeit hat, weil im Beamtenrecht die Versorgungen auch heute noch verfallen (AP 7 zu § 1 BetrAVG Vordienstzeiten = DB 86, 648). Ein AG kann kraft Gesetzes gehalten sein, Vordienstzeiten anzurechnen; dies gilt insbesondere für Inhaber von → Bergmannsversorgungsscheinen (AP 22–24 zu § 9 BergmannsVersorgScheinG = DB 84, 2712–2714).

c) Um zu verhindern, daß der AG die Unverfallbarkeitswartefrist durch Verlängerung der Wartefrist, von deren Ablauf die Aufnahme von R.-Zahlungen abhängt, unterläuft, kann nach § 1 I 5 Betr-AVG nach Ablauf der Unverfallbarkeitswartefrist die Wartezeit auch noch in einem späteren Arbeitsverhältnis bei einem anderen AG zurückgelegt werden (AP 1 zu § 1 BetrAVG Wartezeit). Kann der AN die Wartezeit jedoch vor Eintritt des Versorgungsfalles nicht zurücklegen, erwächst keine Versorgungsanwartschaft (AP 2 zu § 1 BetrAVG Wartezeit). Das gilt auch bei Berufs- o. Erwerbsunfähigkeit.

4. a. Wird in einer R.-Ordnung der Versorgungsfall an den Eintritt der Berufs- o. Erwerbsunfähigkeit geknüpft, so sind damit im allgemeinen dieselben Begriffe wie in der gesetzlichen Rentenversicherung gemeint (AP 6 zu § 6 BetrAVG = NJW 83, 2959). Die Versorgungsvoraussetzungen wegen Berufsunfähigkeit können auch vorliegen, wenn die Arbeitsunfähigkeit in die BU einmündet, aber das Arbeitsverhältnis bereits zuvor beendet wurde (AP 1 zu § 1 Betr-AVG Invaliditätsversorgung). Kein Anspruch auf BU-Rente erwächst, wenn bei Eintritt des Versorgungsfalles die Wartezeit noch nicht zurückgelegt ist (AP 16 zu § 1 BetrAVG Wartezeit = DB 86, 1930). Eine Versorgungsordnung kann vorsehen, daß eine BU-Rente nur gezahlt wird, wenn die Berufsunfähigkeit nach Erreichen eines Mindestalters eintritt (AP 7 zu § 1 BetrAVG Invaliditätsrente = NZA 88, 394). Sieht die Versorgungsordnung vor, daß Versorgungsfall der Eintritt der Berufs- o. Erwerbsunfähigkeit ist und die Versetzung in den Ruhestand, so kann die Wartezeit, von deren Ablauf die R.-Gewährung abhängt, noch bis zur Versetzung in den Ruhestand weiterlaufen (AP 3 zu § 1 BetrAVG Invaliditätsrente = DB 84, 2412; v. 6. 6. 89 – 3 AZR 401/87 – NZA 90, 147; v. 9. 1. 90 – 3 AZR 319/88 – BB 90, 712). Dasselbe gilt, wenn an die Aufnahme von Rentenzahlungen durch den gesetzlichen Rentenversicherungsträger angeknüpft wird (AP 6 = DB 86, 2551).

b) Eine feste Altersgrenze ist dann gegeben, wenn die Versorgungsberechtigten zu einem bestimmten Zeitpunkt vor Vollendung des 65. Lebensjahres in den Ruhestand treten u. ihre Altersrente ungekürzt in Anspruch nehmen können. Nicht erforderlich ist, daß das Ende des Arbeitsverhältnisses von vornherein bindend festgelegt wird (AP 15 zu § 7 BetrAVG = DB 83, 2254, 2680; AP 2 zu § 1 BetrAVG Gleichberechtigung = DB 86, 1981; AP 18 zu § 59 KO = DB 87, 52; AP 33 zu § 7 BetrAVG = DB 87, 587; AP 15 zu § 6 BetrAVG = NZA 89, 299). Sollen Frauen vor den Männern in den Ruhestand treten, so kann sich der AG nicht auf den Verstoß gegen die Gleichberechtigung berufen (AP 2 = DB 86, 1981).

Ruhegeld

5. Der AN tritt nicht automatisch in den Ruhestand. Vielmehr bedarf es der Beendigung des Arbeitsverhältnisses. Kraft kollektiv-rechtlicher Vereinbarung kann das Arbeitsverhältnis auf das 65. Lebensjahr befristet sein (→ Altersgrenze; → Befristetes Arbeitesver-hältnis). Im Rahmen der *flexiblen Altersgrenze* können Versicherte mit dem 63. u. Frauen mit dem 60. Lebensjahr in den Ruhestand treten. Als flankierende Maßnahme ist nach § 6 S. 1 BetrAVG vorgesehen, daß allen AN, die das Altersruhegeld aus der gesetzlichen Rentenver-sicherung vor Vollendung des 65. Lebensjahres in Anspruch nehmen, auf ihr Verlangen Leistungen der betrieblichen Altersversorgung zu gewähren sind, wenn die Wartezeit erfüllt u. die Anspruchsvorausset-zungen der R.-Gewährung vorliegen (AP 2, 3 zu § 6 BetrAVG). Werden AN schon vor Erreichen der Altersgrenze unter Fortzahlung der Bezüge entlassen, so wird im allgemeinen kein insolvenzgesicher-tes R. vorliegen (BGH NJW 81, 2410; AP 19 zu § 7 BetrAVG = DB 84, 1201). Anspruchsberechtigt sind auch solche AN, deren Anwart-schaften bei ihrem Ausscheiden aufrechterhalten worden sind (AP 16 zu § 6 BetrAVG = NZA 89, 684). Macht der AN von der flexiblen Altersgrenze Gebrauch, muß er einen Abschlag beim R. hinnehmen. Will der AG nicht das volle R. erbringen, muß er grundsätzlich vor dem Ausscheiden des AN die Kürzung vornehmen; für die Berech-nung der Kürzung besteht Gestaltungsermessen (AP 1 zu § 6 Betr-AVG). Es kann also sowohl die ratierliche Kürzung als auch ein versicherungsmathematischer Abschlag eingeführt werden. Hat der AG insoweit seine Versorgungsregelung nicht ergänzt, wird die durch das Gesetz entstandene Regelungslücke im Wege der richterli-chen Vertragsergänzung gefüllt, aber nur insoweit, daß eine Kürzung nach der ratierlichen Methode (§ 2 BetrAVG) erfolgt (AP 3 zu § 6 BetrAVG; v. 13. 3. 90 – 3 AZR 338/89 – BB 90, 1208). Ausnahme bei Verweisung auf Beamtenrecht: AP 8 zu § 6 BetrAVG = DB 84, 2360). Lediglich der PSV darf das R. auch um einen versicherungsmathema-tischen Abschlag kürzen, wenn der Versorgungsfall nach Eintritt der Zahlungsunfähigkeit eingetreten ist (AP 4 zu § 6 BetrAVG). Bei der Einführung einer Kürzungsregelung ist das MitbestR des Betriebsra-tes (§ 87 I Nr. 10 BetrVG) zu beachten (AP 10 zu § 6 BetrAVG = DB 85, 2617; → Betriebsratsaufgaben). Nimmt der AN wieder eine Be-schäftigung auf, so hat er den AG zu unterrichten (§ 6 S. 3 BetrAVG).

VI. 1. Vor Eintritt der Bedingungen, von denen die R.-Zahlung abhängt, besteht die R.-Anwartschaft. Sie ist ein aufschiebend be-dingter Versorgungsanspruch, der mit Eintritt der Bedingungen au-tomatisch zum Vollrecht erstarkt.

2. a. Grundsätzlich können individualvertragliche Anwartschaften auch durch Einzelarbeitsvertrag geändert werden. Indes können die

Grundsätze der Unverfallbarkeit nicht umgangen werden (§ 17 Betr-AVG).

b) Eine aufgrund eines → Tarifvertrages bestehende Versorgungsanwartschaft kann zum Vorteil wie zum Nachteil des AN durch → Tarifvertrag geändert werden. Es gilt das → Ordnungsprinzip. Jedoch kann auch insoweit nicht in Besitzstände eingegriffen werden (AP 1 zu § 1 BetrAVG Besitzstand).

c) Eine aufgrund einer → Betriebsvereinbarung bestehende Versorgungsanwartschaft kann zum Vorteil wie zum Nachteil aufgrund einer nachfolgenden → Betriebsvereinbarung geändert werden (v. 22. 5. 90 – 3 AZR 128/89 –). Es darf nicht in Besitzstände eingegriffen werden. Die Änderung unterliegt der gerichtlichen Billigkeitskontrolle. Dasselbe gilt bei Kündigung einer Betriebsvereinbarung (AP 2 zu § 1 BetrAVG Betriebsvereinbarung = DB 89, 2232).

d) Gesamtzusagen können durch nachfolgende → Tarifverträge u. → Betriebsvereinbarungen geändert werden. Das BAG unterscheidet zwischen ablösenden u. umstrukturierenden Änderungen (→ Betriebsvereinbarungen). In jedem Fall ist ein Eingriff in Besitzstände ausgeschlossen.

e) Kollektivrechtliche Vereinbarungen können bestimmen, daß ihre Versorgungsleistungen auf die Leistungen bereits bestehender Versorgungssysteme angerechnet werden (AP 1 zu § 1 BetrAVG Zusatzversorgungskasse = DB 83, 2786; AP 29 zu § 5 BetrAVG = NZA 89, 180).

f) Bei den Besitzständen macht das BAG drei Unterscheidungen. Grundsätzlich nicht geändert werden können bereits erdiente Besitzstände, die nach § 2 BetrAVG berechnet werden. Sie sind insolvenzgeschützt. Aus triftigem Grund können bereits erdiente gehaltsabhängige Besitzstände geändert werden. Aus sachlichen Gründen können alle anderen Versorgungsanwartschaften auch zum Nachteil der AN geändert werden (AP 4 zu § 1 BetrAVG Unterstützungskasse = DB 86, 228; AP 6 = DB 85, 2615;· AP 2 zu § 1 BetrAVG Betriebsvereinbarung = DB 89, 2232; Lit.: Griebeling Beil. 3 zu NZA 89).

3. Der Wert der Versorgungsanwartschaft eines vorzeitig ausgeschiedenen AN ist zumindest (BGH NJW 82, 2873) nach der ratierlichen Berechnungsmethode des § 2 BetrAVG zu berechnen (AP 1 zu § 2 BetrAVG). Zur Berechnung bei Gesamtversorgungssystemen: AP 2 zu § 2 BetrAVG = DB 84, 193; AP 4 = DB 84, 2255; AP 15 zu § 5 BetrAVG = DB 84, 1995; AP 12 zu § 6 BetrAVG = DB 87, 691. Der AG hat hierüber Auskunft zu geben. Die Auskunft stellt eine Wissenserklärung u. kein deklaratorisches Schuldanerkenntnis dar

Ruhegeld

(AP 3 zu § 2 BetrAVG = DB 84, 836). In Ausnahmefällen kann mit Zustimmung des AN die Versorgungsanwartschaft abgelöst werden (§ 3 BetrAVG). Liegen die Voraussetzungen von § 3 BetrAVG nicht vor, ist die Abfindung unwirksam (AP 1 zu § 3 BetrAVG = DB 84, 727). Nach § 4 BetrAVG können in begrenztem Umfang Versorgungsanwartschaften und Ruhegelder (AP 1, 2 zu § 4 BetrAVG; AP 4 = NZA 88, 21; *DB 85, 287*) im Wege privativer Schuldübernahme durch Dritte übernommen werden.

VII. 1. Ist der Versorgungsfall eingetreten, so besteht die Hauptpflicht des AG in der Erbringung des R. Er haftet mit seinem gesamten u. nicht nur dem Betriebsvermögen (AP 104, 167 zu § 242 BGB Ruhegehalt). Die Höhe des R.-Anspruches richtet sich nach der jeweiligen R.-Ordnung. In der Praxis sind verschiedene Berechnungsmethoden üblich.

2. Im Falle der → Betriebsnachfolge tritt der Betriebsnachfolger nicht in bereits bestehende Ruhestandsverhältnisse u. unverfallbare Versorgungsanwartschaften bereits ausgeschiedener AN ein (AP 167 zu § 242 BGB Ruhegehalt). Etwas anderes kann dann gelten, wenn der Betriebsübernehmer bestehende Schulden übernimmt (§§ 414 ff BGB) o. eine Firmennachfolge (§§ 25 ff HGB) o. eine Vermögensübernahme vorliegt (§ 419 BGB). Eine privative Schuldübernahme ist jedoch nur möglich, wenn die R. insolvenzgesichert sind (AP 1 zu § 4 BetrAVG; AP 4 = DB 88, 122). Unabhängig von § 4 BetrAVG kann eine privative Schuldübernahme erfolgen, wenn die Versorgungsanwartschaften o. R. noch nicht insolvenzgesichert waren (AP 2 zu § 4 BetrAVG). Dagegen tritt der Betriebsnachfolger in bestehende Versorgungsanwartschaften der aktiven AN ein (AP 12, 15 zu § 613a BGB). Hat der AG das R. über eine → Betriebsunterstützungskasse gewährt, so geht die BU nicht automatisch mit dem Betrieb über (AP 7 zu § 613a BGB). Der Betriebsnachfolger hat für die Leistungen der BU einzustehen (AP 15 zu § 613a BGB). Die BU ist lediglich der verlängerte Arm, durch den der AG das R. erbringt (AP 9 zu § 242 BGB Ruhegehalt – Unterstützungskasse). Veräußert der Konkursverwalter den Betrieb, so bleibt der Gemeinschuldner mit den bereits erwachsenen R. u. unverfallbaren Versorgungsanwartschaften der bereits ausgeschiedenen AN behaftet. Wegen des Insolvenzfalles tritt nach § 7 I 1 BetrAVG der Insolvenzträger ein. Unverfallbare Versorgungsanwartschaften noch aktiver AN gehen auf den Betriebsnachfolger über, indes haftet der PSV zeitanteilig (AP 18, 22 zu § 613a BGB). Der Erwerber kann mit den übernommenen AN bei ausreichendem Grund für die Zukunft Versorgungsanwartschaften einschränken (AP 18 a. a. O.). Erbringt der Betriebsnachfolger in seinem Stammbetrieb bereits R., so braucht er die

Vordienstzeiten im Rahmen der eigenen R.-Ordnung nicht anrechnen (AP 41 zu § 242 BGB Gleichbehandlung; AP 16 zu § 613a BGB).

3. Ein aus einer Personalgesellschaft (oHG, KG) ausscheidender Gesellschafter haftet für vor seinem Ausscheiden erwachsene Ruhegeldverbindlichkeiten zeitlich unbeschränkt. Dagegen haftet er für nach seinem Ausscheiden entstehende R. o. unverfallbare Versorgungsanwartschaften nur noch 5 Jahre seit der Eintragung seines Ausscheidens in das Handelsregister (§§ 128, 161, 171 I HGB). Hierzu BGH NJW 83, 2254ff; AP 4 zu § 128 HGB = DB 83, 1259. Das gilt aber dann nicht, wenn er weiterhin auf die Gesellschaft beherrschenden Einfluß hat (v. 28. 11. 89 – 3 AZR 818/87 – BB 90, 1067). Die Haftung des AG bleibt bestehen, wenn er das Unternehmen in eine Gesellschaft einbringt (v. 23. 1. 90 – 3 AZR 171/88 – BB 90, 1136). Lit.: Wiedemann/Frey DB 89, 1809.

4. Erbringt der AG die R. durch eine → Betriebsunterstützungskasse o. → Pensionskasse, so muß sich der AN grundsätzlich zunächst an diese wenden (AP 16, 127 zu § 242 BGB Ruhegehalt). Den AG trifft jedoch häufig eine Garantenpflicht (§ 437 BGB), wenn die Versorgungseinrichtung nicht zahlt (AP 8 zu § 242 BGB Ruhegehalt-Unterstützungskasse; v. 28. 11. 89 – 3 AZR 818/87 – BB 90, 1067; BVerfG DB 84, 190).

VIII. 1. Ruhegeldberechtigt sind im allgemeinen der/die AN u., sofern besonders zugesagt (AP 2 zu § 518 BGB; AP 102 zu § 242 BGB Ruhegehalt) seine/ihre Hinterbliebenen. Dies auch dann, wenn der AN Selbstmord begangen hat (AP 22 zu § 1 TVG Tarifverträge: Bau). Ob auch die Versorgung einer Lebensgefährtin vereinbart werden kann, ist zweifelhaft (AP 2 zu § 1 BetrAVG Hinterbliebenenversorgung = DB 84, 887). Zulässig sind sog. *Spätehenklauseln,* durch die erst im höheren Lebensalter geheiratete Ehegatten o. mehr als 25 Jahre jüngere Ehegatten von der Versorgung ausgeschlossen werden, weil i. d. R. nicht der gleiche Versorgungsbedarf vorliegt (AP 158, 179 zu § 242 BGB Ruhegehalt). Zulässig sind auch sog. getrennt Lebendklauseln, durch die dauernd getrennt lebende Ehegatten von der Versorgung ausgeschlossen werden, wenn der AG hierüber nach billigem Ermessen entscheidet (AP 183 zu § 242 BGB Ruhegehalt). Wirksam sind auch Klauseln, nach denen eine Witwe nur dann Versorgung erhält, wenn die Ehe mind. zwei Jahre bestanden hat (AP 4 zu § 1 BetrAVG Hinterbliebenenversorgung = NZA 88, 158). Die Hinterbliebenenversorgung kann bei Verdacht einer Versorgungsehe ausgeschlossen sein (v. 4. 7. 89 – 3 AZR 772/87 – NJW 90, 1008 = NZA 90, 273).

2. Wird die Ehe des AN geschieden, so fällt der Anspruch auf betriebliche Altersversorgung in den Versorgungsausgleich (hierzu

Ruhegeld

Schaub/Schusinski/Ströer, Rechtsinformation dtv, Erfolgreiche Altersversorgung, 3. Aufl. 1989). Ist die Ehe nach altem Recht geschieden, hängt es von der Auslegung der R.-Ordnung ab, ob der geschiedene Ehepartner noch Ansprüche hat (AP 1 zu § 1 BetrAVG Hinterbliebenenversorgung). Lit.: Heubeck/Uebelhack BetrAV 88, 53; Rhiel NZA 88, 347.

IX. R. werden i.d.R. erst lange nach ihrer Zusage fällig. Die Anpassung der R. an den Geldwertverlust dienen Wertsicherungs- und Spannenklauseln sowie die Anpassung.

1. *Wertsicherungs- und Spannenklauseln* sollen dem veränderten Lohn/Preisgefüge im Zeitpunkt des Versorgungsfalles Rechnung tragen. Wertsicherungsklauseln liegen vor, wenn die Höhe des R. vom Preis o. Wert andersartiger Güter o. Leistungen abhängig sein soll, z. B., wenn ein R. in Höhe von X-DM, zumindest in Höhe des Preises von .... DM zugesagt wird. Spannenklauseln sind solche, die an gleichartige Leistungen, also an vergleichbare Beamten- oder Angestelltengehälter (BGH NJW 74, 273) und Pensionen sowie Altersrenten aus der Sozialversicherung (NJW 74, 273) anknüpfen.

2. *Wertsicherungsklauseln* aus der Zeit vor der Währungsreform wurden mit dem 1. 7. 1947 unwirksam. Neue Wertsicherungsklauseln bedürfen nach § 3 WährG der Zustimmung der für die Erteilung von Devisengenehmigungen zuständigen Stelle (Deutsche Bundesbank). Der Antrag ist an die zuständige Landeszentralbank zu richten.

3. *Spannenklauseln* sind genehmigungsfrei, wenn die Gleichläufigkeit gewährleistet ist, sich also nicht nur Erhöhungen sondern auch Kürzungen der Vergleichsgröße auswirken (AP 1, 3 zu § 3 WährG). Ist die Gleichläufigkeit nicht gewährleistet, kann sich der AG nicht schlechthin von ihr lösen; vielmehr kann der AN zunächst die Angleichung verlangen. Verweisen Spannenklauseln auf beamtenrechtliche Versorgungs- o. Besoldungsregeln, so sind diese bis zur Grenze der Sinnwidrigkeit anzuwenden (AP 5 zu § 242 BGB Ruhegehalt – Beamtenversorgung). Soll durch die Verweisung die Versorgung der beamtenrechtlichen angenähert werden, so schuldet der AG neben den monatlichen Renten die den Beamten zustehende jährliche Sonderzuwendung (AP 4 zu § 242 BGB Ruhegehalt – Beamtenversorgung). Ist das Ruhegehalt mit einer bestimmten beamtenrechtlichen Besoldungsgruppe gekoppelt u. soll durch die Klausel der Gläubiger nicht nur vor einer Entwertung des Geldes geschützt werden, sondern auch an der Erhöhung des Lebensstandardes teilnehmen, so sind Klauseln, die vor den Sonderzuwendungsgesetzen des Bundes und der Länder von 1964/65 vereinbart wurden, im Wege der ergänzenden Vertragsauslegung dahin auszulegen, daß die jährlichen Zuwendungen bei Gehaltserhöhungen zu berücksichtigen sind

(AP 3 zu § 242 BGB Ruhegehalt – Beamtenversorgung; AP 2 zu
§ 242 BGB Ruhegehalt – Wertsicherung). Dasselbe gilt auch nach
Inkrafttreten, wenn der Lebensstandard gesichert werden sollte
(BGH NJW 80, 1741). Zu berücksichtigen ist auch, wenn nachträglich weitere Gehaltsgruppen in die Vergleichsgröße eingefügt wurden (AP 38 zu § 133 BGB; BGH AP 5 zu § 242 BGB Ruhegehalt –
Beamtenversorgung). Anders ist es beim Stellenplananpassungszu-
schlag (AP 4 zu § 242 BGB Ruhegehalt – Wertsicherung). Die Anpassung verbietet sich, wenn in einer Spannenklausel nach Inkrafttreten der Sonderzuwendungsgesetze die Parteien auf ein genau bezif-
fertes Grundgehalt Bezug nehmen (AP 1 zu § 242 BGB Ruhegehalt –
Wertsicherung).

4. a) *Vor Inkrafttreten des BetrAVG* war nach der Rspr. des BAG
eine Anpassung der R. wegen des Geldwertschwundes dann vorgesehen, wenn die Lebenshaltungskosten um 40% gestiegen waren
(AP 4, 5 zu § 242 BGB Ruhegehalt – Geldentwertung; BGH AP 6).
Hat der AG in regelmäßigen Abständen die R. überprüft und angepaßt, so kann hieraus eine → betriebliche Übung erwachsen sein. Die
daraus sich ergebende Verpflichtung ist im Zweifel aber nicht größer
als diejenige aus § 16 BetrAVG (AP 18 zu § 16 BetrAVG = DB 86,
2551; AP 20 = NZA 87, 666).

b) Nach *§ 16 BetrAVG* hat der AG alle drei Jahre eine Anpassung
der laufenden Leistungen der betrieblichen Altersversorgung zu prüfen und hierüber nach billigem Ermessen zu entscheiden; dabei sind
insbesondere die Belange des Versorgungsempfängers und die wirtschaftliche Lage des AG zu berücksichtigen.

c) Anzupassen sind alle *laufenden Leistungen* für AN und Dienstnehmer (AP 8 zu § 242 BGB Ruhegehalt – Geldentwertung). Laufende Leistungen sind regelmäßig wiederkehrende, lebenslänglich o.
temporär laufende Leistungen sämtlicher Formen der betrieblichen
Altersversorgung. Nicht anzupassen sind Versorgungsanwartschaften (AP 5 zu § 16 BetrAVG).

d) *Anpassungsverpflichteter* ist der AG. Wird das R. über eine selbständige Versorgungseinrichtung erbracht, kann der AG den Anpassungsbedarf unmittelbar decken o. den Versorgungsträger durch höhere Dotierung befähigen. Keine Anpassungsverpflichtung besteht,
wenn die Versorgungsanwartschaft abgefunden ist (§ 3 BetrAVG).
Der Träger der Insolvenzsicherung ist grundsätzlich nicht zur Anpassung verpflichtet (AP 14 zu § 16 BetrAVG = DB 83, 1982). Eine
Ausnahme besteht dann, wenn die Anpassung bereits in der Versorgungszusage vorgesehen war (AP 3 zu § 7 BetrAVG).

e) Die Anpassungsüberprüfung hat alle *drei Jahre* zu erfolgen, der
3-Jahresrhythmus begann mit dem Inkrafttreten des BetrAVG, abge-

Ruhegeld

rundet dem 1. 1. 1975 (AP 1, 2, 4 zu § 16 BetrAVG). Auf das Überschreiten einer Opfergrenze (IX 4a) kommt es nicht an (AP 4 zu § 16 BetrAVG). Der Ermittlung des Anpassungsbedarfs ist der Preisindex zugrunde zu legen, der für die Lebenshaltung von vier Personen-AN-Haushalten mit mittlerem Einkommen (NJW 84, 857) vom Stat. Bundesamt ermittelt u. veröffentlicht wird (AP 4 zu § 16 BetrAVG).

f) Steht aufgrund der Anpassungsüberprüfung fest, daß ein Anpassungsbedarf besteht, so hat der AG die *Anpassungsentscheidung* nach billigem Ermessen zu treffen. Bei der Berücksichtigung der Belange der AN sind nicht die individuellen Verhältnisse, sondern die Entwicklung der Lebenshaltungspreise zu berücksichtigen. Außer Betracht bleiben besondere Verdienste während des aktiven Arbeitslebens (AP 15 zu § 16 BetrAVG = DB 84, 1833). Der AG darf seine wirtschaftlichen Verhältnisse in Rechnung stellen. Hierzu gehören Ertragskraft des Unternehmens, Gewinn, Umsatz, Rendite, Auftragslage, notwendige Investitionen, Lohnerhöhungen, Preissteigerungen usw. (AP 13 zu § 16 BetrAVG; AP 15 = DB 84, 1833; AP 16, 17 = DB 85, 1642, 1645; AP 22 = NZA 89, 844). Besteht zwischen dem AG und einer Konzernobergesellschaft ein Beherrschungs- oder Gewinn- u. Verlustvertrag, kommt es auf die Verhältnisse des Konzerns an (AP 22 = NZA 89, 844). Bei der Anpassung ist der Gleichbehandlungsgrundsatz zu berücksichtigen (AP 3, 4 zu § 16 BetrAVG). Die Anpassung kann auch durch einen Einmalbetrag erfolgen (AP 15 = DB 84, 1833). Für die wirtschaftlichen Umstände, die die Anpassung ausschließen, ist der AG darlegungs- u. beweispflichtig (AP 16 = DB 85, 1645).

g) Das BAG hat in ständiger Rspr. gegen das Schrifttum die Auffassung vertreten, daß bei der Anpassung die Sozialversicherungsrente unberücksichtigt bleibt (Abkopplungstheorie: AP 5, 7 zu § 16 BetrAVG). Es komme bei der Anpassung weder auf eine sog. absolute Obergrenze (AP 8 zu § 16 BetrAVG), noch eine relative Obergrenze (AP 10, 11 zu § 16 BetrAVG) an. Es geht von einer sog. reallohnbezogenen Obergrenze aus. Hiernach ist eine Anpassung über die Lohnsteigerungsrate der aktiven AN nicht notwendig (AP 11 zu § 16 BetrAVG; AP 23 = NZA 89, 675).

h) Hat der AG eine unbillige Anpassungsentscheidung getroffen, so kann diese gemäß § 315 III BGB durch das Gericht ersetzt werden. Für die 1. Anpassung (1975) hat das BAG das sog. *Hälftelungsprinzip* vertreten. Es besagt, daß es nicht zu beanstanden sei, wenn der AG den Kaufkraftverlust zur Hälfte ausgleiche (AP 5 zu § 16 BetrAVG). Für die 2. Anpassung (1978) hat es entschieden, daß der halbe Ausgleich des Kaufkraftverlustes nicht mehr generell billigem Ermessen entspreche (AP 7 zu § 16 BetrAVG). Keine Anpassungsverpflichtung besteht wegen der tariflichen Regelung im öffentlichen Dienst

(AP 1 zu § 18 BetrAVG). Lit.: Bode/Grabner DB 90, 225; Bräuchle BB 88, 1882; Rühle ArbuR 88, 206.

5. Zahlt der AG ein R. in Höhe eines %-Satzes des letzten Einkommens unter Anrechnung der Sozialversicherungsrente, so können Obergrenzen vorgesehen werden (AP 6 zu § 5 BetrAVG; AP 27 = DB 88, 1905), es bedarf des Schutzes des AN gegen eine unzulässige *Anrechnung* und *Auszehrung*.

a) In § 5 II 1 BetrAVG ist der Grundsatz enthalten, daß auf R. keine Versorgungsbezüge *angerechnet* werden dürfen, soweit sie auf eigenen Beiträgen des Versorgungsempfängers beruhen. Dies gilt indes nicht für Renten aus der gesetzlichen Rentenversicherung, soweit sie auf Pflichtbeiträgen beruhen, sowie für sonstige Versorgungsbezüge, die mindestens zur Hälfte auf Beiträgen oder Zuschüssen des AG beruhen (§ 5 II 2 BetrAVG). Dies gilt auch für Renten aus der französischen/ausländ. Rentenversicherung (AP 19 zu § 5 BetrAVG = DB 85, 2698; v. 24. 4. 90 – 3 AZR 309/88 –). Zur Berücksichtigung von beitragslosen Zeiten: AP 13 = DB 84, 888; Hauerzulagen AP 22. Nach der Begr. des G. hat der Gesetzgeber die Anrechnungsverbote nicht abschließend geregelt. Das BAG hat hierzu den allgemeinen Grundsatz entwickelt, daß eine Anrechnung solcher Renten erfolgen dürfe, mit denen die gleiche Zielsetzung wie mit der betrieblichen Altersversorgung verfolgt werde. Dagegen verbietet der → Gleichbehandlungsgrundsatz eine Anrechnung, soweit mit der Rentenzahlung weitergehende Zwecke verbunden seien. Anrechnungsfrei sind demnach Kindergelder (AP 5 zu § 5 BetrAVG; AP 28 = NZA 89, 314), Krankentagegeld-Versicherungen (AP 14 zu § 5 BetrAVG = DB 84, 1484), Unfallrenten in Höhe des Betrages, der einem Versehrten nach dem BVersG bei gleicher Erwerbsminderung zusteht (AP 9 = DB 83, 2423; AP 8 zu § 5 BetrAVG = DB 83, 1768; AP 11 = DB 84, 51; AP 12 = DB 84, 352; AP 24 = NZA 88, 57; AP 25 = NZA 88, 611; AP 26 = NZA 88, 609; v. 6. 6. 89 – 3 AZR 668/87 – NZA 90, 274). Die Anrechnung von gesetzlichen Unfallwitwenrenten auf Ruhegelder verstößt im allgemeinen nicht gegen den Gleichbehandlungsgrundsatz (AP 21 = DB 86, 1181). Zur Gestaltungsfreiheit, wenn 50 v. H. der Rente anrechnungsfrei bleiben: AP 17 = DB 84, 1887). Angerechnet werden können Beamtenversorgungsbezüge (AP 8 zu § 1 BetrAVG Beamtenversorgung = NZA 89, 102). Hat ein AN entgegen vertragl. Verpflichtung anderweitige anrechnungsfähige Versorgungsbezüge verschwiegen, so wird er schadensersatzpflichtig mit der Folge, daß er die Überzahlung zurückzahlen muß (v. 27. 3. 90 – 3 AZR 187/88).

b) Durch § 5 I BetrAVG wird die *Auszehrung* von R. verhindert. Dies wird durch das Prinzip gewährleistet, daß nachträgliche Steige-

Ruhegeld

rungen anderweitiger Versorgungsbezüge, insbesondere der gesetzlichen Sozialversicherung sich nicht mehr ruhegeldmindernd auswirken dürfen. Das Auszehrungsverbot gilt nicht für Angestellte des → öffentl. Dienstes, die Anspruch auf eine dynamisierte Gesamtversorgung haben (AP 7 zu § 18 BetrAVG = DB 83, 2786).

X. Vielfach enthalten die Ruhegeldzusagen *Widerrufsvorbehalte.* Aus steuerrechtlichen Gründen spielen nur noch die Mustervorbehalte der Finanzverwaltung in der Praxis eine Rolle. Grundsätzlich darf der AG von einem Widerruf nicht ohne Grund Gebrauch machen. Von Bedeutung sind nur noch drei Fallgruppen.

1. Bei *groben Treueverstößen* des AN ist eine Verweigerung von Versorgungsleistungen nur dann gerechtfertigt, wenn die Treuepflichtverletzung so schwer wiegt, daß die Berufung auf die Versorgungszusage arglistig erscheint, wenn z. B. eine fristlose Kündigung möglich gewesen wäre, bevor eine Versorgungsanwartschaft unverfallbar wurde, der AG diese Möglichkeit jedoch nicht benutzt hat, weil der AN seine Verfehlungen verheimlichen konnte (AP 151 zu § 242 BGB Ruhegehalt; AP 1, 4 zu § 1 BetrAVG Treuebruch; AP 5 = DB 83, 1497; AP 7 = DB 83, 1770; v. 8. 5. 90 – 3 AZR 152/88 –). Nach den Umständen des Einzelfalles können sich jedoch Zeiten von Treueverstößen nicht ruhegeldsteigernd auswirken; (AP 2 zu § 1 BetrAVG Treuebruch; anders AP 7 = DB 83, 1770). Im allgemeinen kann nur mit Schadensersatzforderungen aufgerechnet werden (BGH NJW 72, 154).

2. In seiner älteren Rspr. hat das BAG einen Widerruf zugelassen, wenn der Ruheständler hauptberuflich eine *Konkurrenztätigkeit* ausübt (AP 1 zu § 139 BGB; AP 100, 109 zu § 242 BGB Ruhegehalt; AP 31 zu § 133 BGB; AP 2 zu § 119 BGB). Hat ein AN eine unverfallbare Versorgungsanwartschaft, so darf er Wettbewerb betreiben, sofern kein → Wettbewerbsverbot besteht (AP 172 zu § 242 BGB Ruhegehalt). Nach Eintritt des Versorgungsfalles darf der AN grundsätzlich Wettbewerb treiben, dieser darf nur nicht ruinös sein (v. 3. 4. 90 – 3 AZR 211/89).

3. Ein Widerruf wegen *wirtschaftlicher Schwierigkeiten* ist zulässig, wenn *a)* der Bestand des Unternehmens gefährdet ist, *b)* die Ruhegeldeinstellung o. Kürzung zusammen mit anderen sachdienlichen Maßnahmen geeignet ist, die Sanierung des Unternehmens herbeizuführen, *c)* nicht nur dem Ruheständler, sondern auch anderen Personen Opfer zugemutet werden. Versorgungsbeschränkungen sind nur insoweit zulässig, wie sie unabdingbar notwendig sind. Ist eine Sanierung nicht mehr möglich, kommt eine Einstellung o. Kürzung nicht in Betracht (AP 167 zu § 242 BGB Ruhegehalt; AP 2 zu § 7 BetrAVG; AP 1 zu § 7 BetrAVG Widerruf; AP 8 = DB 86, 2029; AP 3 zu § 1

BetrAVG Geschäftsgrundlage = NZA 89, 305). Ob die Kürzung o. Einstellungsvoraussetzungen vorliegen, hat der AG nach betriebswirtschaftlichen Grundsätzen zu ermitteln. Der Insolvenzträger ist einzuschalten, ob er den Widerruf billigen wird (AP 177 zu § 242 BGB Ruhegehalt). Dieser hat bei der Beurteilung der wirtschaftlichen Verhältnisse einen Ermessensspielraum (AP 2 zu § 7 BetrAVG). Billigt dieser die Kürzung o. Einstellung nicht (§ 7 I 4 Nr. 5 BetrAVG), so hat der AG vor der Einstellung der Versorgungsleistungen ihn auf Feststellung der Berechtigung des Widerrufs vor den Gerichten für Arbeitssachen (§ 2 I Nr. 4 ArbGG) zu verklagen, damit die Versorgung des AN sichergestellt ist (AP 4 zu § 7 BetrAVG; AP 1 zu § 4 BetrAVG; AP 12 zu § 7 BetrAVG Widerruf = NZA 87, 664).

XI. 1. Die R. bedürfen einer Absicherung im Falle des → *Konkurses* des AG. Nicht gesichert sind Übergangsgelder oder Abfindungen wegen Beendigung des Arbeitsverhältnisses (AP 45 zu § 7 BetrAVG = NZA 89, 182). In die Insolvenzsicherung einbezogen sind sowohl AN, Dienstnehmer sowie persönlich haftende Gesellschafter von Personengesellschaften. Dienstnehmer, wozu vor allem die Geschäftsführer von GmbH u. die Vorstände von AG gehören u. Gesellschafter jedoch dann nicht, wenn sie nach ihrem Kapital u. ihren Einflußmöglichkeiten auf das Unternehmen nach der Verkehrsanschauung wie ein Einzelkaufmann handeln können (Einzelh. BGH AP 1–7 zu § 17 BetrAVG). Die *Insolvenzsicherung* setzt ein, wenn *a)* über das Vermögen des AG o. seinen Nachlaß das Konkursverfahren eröffnet o. *b)* die Eröffnung mangels Masse abgelehnt o. *c)* ein Vergleichsverfahren zur Abwendung des Konkursverfahrens eröffnet (AP 48 zu § 7 BetrAVG) o. *d)* der AG seine Zahlungen i. S. der KO eingestellt hat u. ein außergerichtlicher Vergleich des AG mit seinen Gläubigern unter Zustimmung des Insolvenzträgers stattgefunden hat o. *e)* die Betriebstätigkeit vollständig eingestellt worden ist, ein Antrag auf Eröffnung des Konkursverfahrens nicht gestellt u. offensichtlich mangels Masse nicht in Betracht kommt (AP 9 zu § 7 BetrAVG; AP 22 = DB 85, 1479; AP 3 = DB 86, 2686) o. *f)* die Versorgungsleistungen kraft gerichtlicher Feststellung zulässigerweise gekürzt o. eingestellt werden. Der Träger der Insolvenzsicherung kann von der gerichtlichen Feststellung absehen, wenn er die Kürzung o. Einstellung für angemessen erachtet. Will der Insolvenzträger der Einstellung nicht zustimmen, hat der AG ihn vor Kürzung der Versorgungsleistung zu verklagen (AP 4 zu § 7 BetrAVG; AP 1 zu § 4 BetrAVG; AP 12 zu § 7 BetrAVG Widerruf = NZA 87, 664). Tritt der Sicherungsfall ein, so haben Versorgungsempfänger u. deren Hinterbliebenen sowie Inhaber einer unverfallbaren Versorgungsanwartschaft aufgrund des Gesetzes gegenüber dem Insolvenzträger

Ruhegeld

Anspruch auf R. Das gleiche gilt für Inhaber einer aufgrund der Rspr. (AP 152 zu § 242 BGB Ruhegehalt) unverfallbaren Versorgungsanwartschaft (BGH AP 7 zu § 7 BetrAVG; AP 8; AP 38 = DB 87, 1793; BVerfG; AP 38b = BB 88, 2469). Diesen AN sind gleichgestellt AN o. Versorgungsempfänger, wenn sie Bezüge aus → Betriebsunterstützungskassen beziehen o. beziehen sollen, wie Begünstigte aus Lebensversicherungen, die beliehen o. an Dritte abgetreten sind, bei Eintritt des Sicherungsfalles beim Trägerunternehmen (AP 24 zu § 7 BetrAVG; AP 46 = DB 89, 278). Nicht gesichert sind dagegen Ansprüche gegen Pensionskassen o. Lebensversicherungen (§ 8 BetrAVG). Insoweit geht der Gesetzgeber davon aus, daß eine ausreichende Sicherung durch die Versicherungsaufsicht gewährleistet ist. Nach der Begründung des BetrAVG sollten nicht alle Versorgungsanwartschaften geschützt sein. Anwartschaften, die unverfallbar sind, weil ununterbrochen frühere Betriebszugehörigkeitszeiten o. Vertragszeiten angerechnet worden sind, die gleichfalls von Versorgungszusagen begleitet waren, sind jedoch insolvenzgeschützt (AP 1 zu § 7 BetrAVG; AP 17 = DB 84, 195; AP 20 = DB 84, 2517; v. 26. 9. 89 – 3 AZR 814–815/ 87 – NZA 90, 348, 189). Sind schon vor dem Insolvenzfall die Versorgungsanwartschaften gekürzt worden, um das Unternehmen zu sichern, so brauchen die AN diese Schmälerung nicht gelten zu lassen (AP 5 zu § 1 BetrAVG Besitzstand = DB 88, 291). Die Ansprüche gegen die Insolvenzsicherung wurden begrenzt auf das Dreifache der im ersten Zeitpunkt der Fälligkeit geltenden → Beitragsbemessungsgrenze (§ 7 III BetrAVG). Ein Anspruch gegen den Träger der Insolvenzsicherung besteht nicht, soweit nach den Umständen des Falles die Annahme gerechtfertigt ist, daß es der alleinige o. überwiegende Zweck der Versorgungszusage o. ihrer Verbesserung, der Beleihung o. Abtretung eines Anspruchs aus einer Direktversicherung war, den Träger der Insolvenzsicherung in Anspruch zu nehmen (AP 42 zu § 7 BetrAVG = NZA 88, 19; v. 29. 11. 88 – 3 AZR 184/87 –). Mit Eintritt des Sicherungsfalles gehen die Ansprüche der AN gegenüber dem AG grundsätzlich auf den Insolvenzträger über, damit dieser die Rechte wahren kann (AP 2 zu § 9 BetrAVG = ZIP 83, 979). Zugleich gehen die für die R-Ansprüche bestehenden Sicherungsrechte über (v. 12. 12. 89 – 3 AZR 540/88 – NZA 90, 475 = BB 90, 712). Bei → Betriebsunterstützungskassen geht deren Vermögen über (§ 9 II BetrAVG); für etwaige Rechtsstreitigkeiten sind die → Arbeitsgerichte zuständig (AP 6 zu § 2 ArbGG 1979). Die übergegangenen Versorgungsansprüche u. Anwartschaften verwandeln sich in sofort fällige Kapitalansprüche, deren Wert nach § 69 KO zu schätzen ist (AP 2 zu § 69 KO; v. 7. 11. 89 – 3 AZR 48/88 – BB 90, 561). Träger der Insolvenzsicherung ist der → Pensionssicherungsverein, Versicherungsverein auf Gegenseitigkeit (§ 14 BetrAVG), Bonner Str. 211,

Köln (Satzung ZIP 80, 59). Die für die Durchführung der Insolvenzsicherung notwendigen Mittel werden aufgrund öffentl. rechtl. Verpflichtung durch Beiträge aller AG aufgebracht, die Leistungen zur betrieblichen Altersversorgung gewähren, die durch die Insolvenzsicherung gesichert sind. Nicht beitragspflichtig sind bestimmte AG des öffentlichen Dienstes (§ 17 II BetrAVG; BVerwG NJW 83, 59). Der PSV ist zur Anpassung nicht verpflichtet, es sei denn, daß die Anpassung bereits im Vertrage vorgesehen war (vgl. DB 76, 2019; oben IX 4 d).

2. *Rückständige R.* sind im → Konkurs des AG Masse- o. bevorrechtigte Konkursforderungen (AP 6 zu § 61 KO; AP 9 zu § 9 BetrAVG = NJW 89, 1627 = NZA 89, 143). Nicht durch die Insolvenzsicherung gesicherte R.-Anwartschaften werden im Konkursfall kapitalisiert u. werden Konkursforderungen. Führt der Konkursverwalter die Arbeitsverhältnisse fort, so können die Unverfallbarkeitsfristen noch ablaufen (AP 18 zu § 1 BetrAVG = DB 88, 654). Der nach Konkurseröffnung erdiente Teil des R. ist Masseschuld (AP 6 zu § 1 BetrAVG Besitzstand = DB 88, 655; AP 18 zu § 1 BetrAVG = DB 88, 654).

XII. Das BAG hat in Grundsatzentscheidungen ausgeführt (AP 1–4 zu § 87 BetrVG 1972 Altersversorgung), daß in den Fällen der Gewährung der Altersversorgung durch ein zweckgebundenes Sondervermögen (also → Pensionskassen, → Betriebsunterstützungskassen) dem Betriebsrat ein erzwingbares Mitbestimmungsrecht nach § 87 I Nr. 8 BetrVG zusteht. Die Mitbestimmung kann dergestalt ausgeübt werden, daß sich AG u. Betriebsrat einigen u. der AG alsdann die Durchführung übernimmt o. daß die Verwaltungsorgane paritätisch besetzt werden (AP 5 zu § 87 BetrVG 1972 Altersversorgung). Bei der Versorgung der AN durch generelle Direktzusagen o. über Versicherungen (AP 4 zu § 87 BetrVG 1972 Altersversorgung) besteht dagegen ein Mitbestimmungsrecht nach § 87 I Nr. 10 BetrVG. Aus dem Grundsatz der Freiwilligkeit der Versorgung folgt, daß der Arbeitgeber frei ist, ob u. in welchem Umfang er Mittel für die betriebliche Altersversorgung zur Verfügung stellt, welche Versorgungsform er wählt und welchen AN-Kreis er in die Versorgung einbezieht. Kein MBR besteht bei Bestehen einer gesetzl. o. tarifl. Regelung. Mitbestimmungspflichtig ist indes der Leistungsplan. Der BR hat gegenüber dem AG einen Auskunftsanspruch über die Versorgungssysteme (AP 14 zu § 80 BetrVG 1972). Dieterich NZA 84, 273.

XIII. Für *Arbeiter und Angestellte* des → *öffentlichen Dienstes* hat die Altersversorgung eine besondere Ausgestaltung erfahren. Über die Versorgungssysteme hat der AG den AN bei Einstellung zu belehren (AP 5, 6 zu § 611 BGB Öffentlicher Dienst; AP 4 zu § 242 BGB

Ruhegeld

Ruhegehalt-VBL; AP 2, 3 zu § 1 BetrAVG Zusatzversorgungskassen). Im Bereich des Bundes, der Länder u. der Gemeinden hat der AG aufgrund des Versorgungstarifvertrages v. 4. 11. 1966 den AN bei einer Zusatzversorgungseinrichtung zu versichern (zu Ausnahmen AP 15 zu § 242 BGB Ruhegehalt-VBL; AP 2 zu § 1 BetrAVG Zusatzversorgungskassen). Der AG muß für das Zustandekommen eines Versicherungsvertrages einstehen (AP 18 zu § 1 BetrAVG Zusatzversorgungskassen = NZA 89, 64). Im allgemeinen erfolgt die Versicherung bei der Versorgungsanstalt des Bundes u. der Länder (VBL), Karlsruhe. Die Beiträge zur Zusatzversorgung werden von dem AG im Wege der Umlage aufgebracht. Ein Anspruch auf R. besteht, wenn (1) die Wartezeit von grundsätzlich 60 Monaten erfüllt ist, (2) der Versorgungsfall eintritt. Versorgungsfall ist die Berufs- u. Erwerbsunfähigkeit sowie das Erreichen der Altersgrenze. Die Gesamtversorgung richtet sich nach der versorgungsfähigen Zeit u. dem versorgungsfähigen Entgelt. Die gesamtversorgungsfähige Zeit wird errechnet aus der Zahl der Monate, in denen für den Versicherten Pflichtbeiträge bzw. Umlagen an die zuständige Versorgungseinrichtung bezahlt worden sind zuzüglich der Hälfte der übrigen Versicherungszeiten (Ersatz-, Ausfall- u. Zurechnungszeiten). Das gesamtversorgungsfähige Entgelt ist dynamisiert, d. h. an die wirtschaftliche Entwicklung angepaßt. Beitragspflichtiges bzw. umlagepflichtiges Entgelt ist der monatliche Durchschnittsverdienst der letzten drei Kalenderjahre vor Eintritt des Versorgungsfalles. Der Anpassungsfaktor richtet sich nach dem Erhöhungs- bzw. Verminderungsfaktor der Versorgungsempfänger des Bundes. Die Anpassung der gesamtversorgungsfähigen Rente wird zu demselben Zeitpunkt wie die Bezüge der Versorgungsempfänger des Bundes vorgenommen. Eine Anpassung nach § 16 BetrAVG erfolgt nicht (AP 2 zu § 18 BetrAVG). Andererseits war die Änderung der Berechnungsfaktoren zum Abbau der Übersorgung zulässig (v. 24. 4. 1990 – 3 AZR 259/88 –). Auf die Gesamtversorgungsrente werden die Renten aus der gesetzlichen Rentenversicherung angerechnet. Scheidet ein AN aus dem öffentlichen Dienst mit einer unverfallbaren Versorgungsanwartschaft aus, so wird ihm ein sog. Versichertenrentenanspruch aufrechterhalten. War er nicht bereits bei einer Versorgungsanstalt versichert, ist er nachzuversichern (vgl. AP 3, 5, 6, 12 zu § 18 BetrAVG; AP 17 = NZA 89, 213; v. 29. 8. 89 – 3 AZR 737/87 – NZA 90, 192; 3 AZR 589/87 – NZA 90, 61). Die Versichertenrente beträgt im allgemeinen für jedes volle Jahr der Pflichtversicherung bei einer Zusatzversorgungseinrichtung 0,4% des Arbeitsentgeltes, das nach der Satzung der Zusatzversorgungseinrichtung für die Leistungsbemessung maßgebend wäre. Der Versicherungsrentenanspruch ist wesentlich geringer als die Versorgungsrente. Puskas ZTR 89, 463; BetrAV 89, 225.

XIV. → Ruhegelder sind *Arbeitseinkommen* i. S. des § 850 II, III ZPO; sie sind nur in den Grenzen der Pfändungsbestimmungen pfändbar. Sie sind am Betriebssitz zahlbar. Eine Überweisung ins Ausland auf Kosten des AG soll nicht erforderlich sein. Sie sind steuerpflichtiges Einkommen u. verjähren nach § 196 I Nr. 8 BGB, es sei denn, daß sie auf Kapitalzahlungen gerichtet sind (AP 4 zu § 195 BGB). Das Ruhegeldstammrecht unterliegt im allgemeinen keinen → tariflichen Verfallfristen (AP 155 zu § 242 BGB Ruhegehalt; AP 5 zu § 242 BGB Ruhegehalt – VBL). Dagegen hängt es von der Formulierung der Verfallfrist im Einzelfall ab, ob die einzelnen Ruhegeldraten erfaßt werden (nein bei § 70 BAT: AP 11 zu § 70 BAT; ja bei § 16 BRTV-Bau, AP 1 zu § 1 BetrAVG Zusatzversorgungskasse = DB 83, 2786). Grundsätzlich werden sie nur dann erfaßt, wenn dies klar ausgedrückt wird (v. 27. 2. 90 – 3 AZR 216/88 – BB 90, 1208). Eine → Ausgleichsquittung, in der der AN auf alle Ansprüche aus dem AV verzichtet, umfaßt i. d. R. nicht den Anspruch auf R. (AP 163 zu § 242 BGB Ruhegehalt; v. 27. 2. 90 – 3 AZR 213/88 – BB 90, 1208). Versorgungsanwartschaften, die nicht abgefunden werden können, können auch nicht wirksam erlassen werden (AP 13 zu § 17 BetrAVG = DB 88, 656; vgl. auch AP 39 zu § 138 BGB = NZA 86, 519). Lit.: Braunert NZA 88, 832.

Ruhepausen → Arbeitszeit.

Rundfunk und Fernsehen haben in großer Zahl Mitarbeiter als freie und nicht als AN beschäftigt. Die Abgrenzung von AN und freien Mitarbeitern ist in zahlreichen Entscheidungen durch das BAG vorgenommen worden (vgl. RdA 78, 1 ff.; Rüthers RdA 85, 129). Zum Tarifrecht Kanz ZTR 87, 161.

S

Sachbezüge sind Zuwendungen des AG, die nicht in Geld bestehen. Hierzu gehören etwa die private Nutzung v. Kraftfahrzeugen u. dgl. Sie sind zu unterscheiden von der → Naturalvergütung. → Arbeitsvergütung (Isele AR-Blattei, D, Sachbezüge).

Saisonarbeitsverhältnisse sind solche zu Saisonbetrieben, das sind Betriebe, die zu bestimmten Jahreszeiten, z. B. aus witterungs- o. sonstigen Gründen, verstärkt arbeiten.

Schiedsgerichtliche Verfahren. Die Tarifvertragsparteien können für zwischen ihnen anhängig werdenden Rechtsstreitigkeiten über Bestand u. Auslegung eines → Tarifvertrages die → Arbeitsgerichtsbarkeit ausschließen u. die Zuständigkeit eines Schiedsgerichtes

Schlechtleistung

vereinbaren (§ 101 I ArbGG). Ein Schiedsspruch entwickelt jedoch immer nur Bindungswirkung zu dem Tarifvertrag, zu dem er ergangen ist (AP 34 zu § 1 TVG Tarifverträge: Bau). Ein Schiedsverfahren kann für Rechtsstreitigkeiten aus einem dem TV unterliegenden Arbeitsverhältnis vereinbart werden, wenn der persönliche → tarifliche Geltungsbereich überwiegend Bühnenkünstler, Filmschaffende, Artisten o. Kapitäne u. Besatzungsmitglieder i. S. der §§ 2, 3 SeemannsG umfaßt (§ 101 II 1 ArbGG). Nicht der → Tarifbindung unterliegende ArbVertragsparteien können eine Schiedsabrede ausdrücklich u. schriftlich dann treffen, wenn sich ihr Arbeitsverhältnis nach einem derartigen TV richtet (§ 101 II 3 ArbGG). Die Schiedsabrede begründet im arbeitsgerichtl. Verfahren eine prozeßhindernde Einrede (§ 102 ArbGG). Das Schiedsgericht muß aus einer gleichen Zahl von AN u. AG bestehen; außerdem können ihm Unparteiische angehören (§ 103 ArbGG). Sein Verfahren richtet sich nach §§ 105–110 ArbGG. Es muß rechtsstaatlichen Grundsätzen genügen; im übrigen unterliegt es nur der beschränkten gerichtlichen Kontrolle (AP 20 zu § 611 BGB Bühnenengagementsvertrag). Danach sind die Parteien vor Fällung des Schiedsspruches mündl. anzuhören (§ 105 I ArbGG; AP 21); sie können sich durch einen mit schriftl. Vollmacht versehenen Bevollmächtigten vertreten lassen. Das Schiedsgericht kann Beweise erheben; jedoch werden Zeugen u. Sachverständige uneidlich vernommen. Kann es eine Beweiserhebung nicht durchführen, so ersucht es darum den örtlich zuständigen Vorsitzenden des → Arbeitsgerichts o. das örtlich zuständige Amtsgericht (§ 106 ArbGG). Das Verfahren endet mit einem Vergleich (§ 107 ArbGG) o. einem zu begründenden Schiedsspruch (§ 108 ArbGG). Prozeßzinsen können im schiedsgerichtlichen Verfahren nicht verlangt werden (AP 20). Dieser ist den Parteien zuzustellen; eine Ausfertigung soll beim zuständigen ArbG hinterlegt werden. Eine Vollstreckung aus Vergleich o. Schiedsspruch findet nur statt, wenn er von dem Vorsitzenden des zuständigen ArbG für vollstreckbar erklärt worden ist (§ 109 ArbGG). Lit.: Schreiber ZfA 83, 31; Löwisch ZZP 103, 22.

Schlechtleistung ist eine mit Mängeln behaftete Arbeitsleistung. Auch eine verschuldete Sch. führt bei zeitbestimmter → Arbeitsvergütung (Gehalt, Stundenlohn) grundsätzl. nicht zu deren Minderung. Der AG kann jedoch mit seinen Schadensersatzansprüchen im Rahmen der → Pfändungsschutzbestimmungen die → Aufrechnung gegen die Forderung des AN erklären (→ Haftung des AN).

Schlechtwettergeld. In → Betrieben des → Baugewerbes wird in der SchlWZeit (1. 11.–31. 3.) vom → Arbeitsamt SchlWGeld gewährt, wenn in der SchlWZeit aus Witterungsgründen nicht gekündigt werden kann u. bei Arbeitsausfall unbeschadet des Anspruchs auf → Urlaub eine Anwartschaft auf Lohnausgleich für einen zusammenhängenden Ausgleichszeitraum, der mindestens die Zeit vom 25. 12. bis 1. 1. umfaßt, gewährleistet ist (§ 83 AFG). Seine Gewährung ist zulässig, wenn der Arbeitsausfall ausschließlich durch zwingende witterungsbedingte Gründe verursacht ist, an einem Arbeitstag mindestens eine Stunde der Arbeitszeit (§ 69 AFG) ausfällt u. der Ausfall dem Arbeitsamt unverzügl. vom AG o. der BetrVertretung angezeigt wird (§ 84 AFG; BSG BB 78, 309; DB 79, 991). Zwingende witterungsbedingte Gründe liegen nur vor, wenn atmosphärische Entwicklungen o. deren Folgewirkungen so stark o. so nachhaltig sind, daß 1. trotz einfacher Schutzvorkehrungen (insbesondere Tragen von Schutzkleidung, Abdichtung der Türen usw.), 2. bei Bauarbeiten, die mit dem Mehrkostenzuschuß gefördert werden, trotz ausreichender Schutzvorkehrungen die Fortführung der Bauarbeiten technisch unmöglich o. wirtschaftlich unvertretbar ist o. den AN nicht zugemutet werden kann (§ 84 II AFG). Anspruch auf SchlWGeld hat, wer bei Beginn des Arbeitsausfalls auf einem witterungsabhängigen Arbeitsplatz als → Arbeiter in einer die Beitragspflicht begründenden Beschäftigung (§ 168 I AFG) steht u. infolge des Arbeitsausfalls für die Ausfallstunden kein Arbeitsentgelt bezieht (§ 85 I AFG). Anspruch auf SchlWGeld besteht nur für Tage, an denen das → Arbeitsverhältnis fortbesteht. Gekündigten kann SchlWGeld gewährt werden, solange sie keine andere, angemessene Arbeit aufnehmen können (§ 85 II AFG). SchlWGeld wird nur für die regelmäßige betriebliche Arbeitszeit, die die tarifliche nicht überschreitet, gewährt, u. nur dann, wenn die ungünstige Witterung der ausschließliche Grund des Arbeitsausfalls ist. Das SchlWGeld bemißt sich wie das → Kurzarbeitergeld nach dem Arbeitsentgelt u. nach der Zahl der ausgefallenen Stunden, die ohne das SchlW erzielt bzw. verfahren worden wären (§§ 68, 86 AFG) → Winterbauförderung.

Schlichtung ist Hilfeleistung zur Beseitigung einer Gesamtstreitigkeit durch Abschluß einer → kollektivrechtl. Vereinbarung.

I. Voraussetzung ist eine Streitigkeit zwischen AG-(Verbänden) u. AN-Vertretung über Fragen, die den Inhalt einer kollektivrechtl. Vereinbarung bilden können. Streitinhalt ist eine für die Zukunft erstrebte Regelung; Streit über ihre Auslegung kann Gegenstand eines Rechtsstreits vor den → Arbeitsgerichten sein. Die Schl. auf betriebl. Ebene erfolgt im Rahmen der → Betriebsratsaufgaben durch die → Einigungsstellen. Auf tarifl. Ebene ist Schl. eine unparteiische, vermittelnde Tätigkeit zur Verhütung von → Arbeitskämpfen.

Schlichtung

II. Für die BRD besteht das KontrollratsG Nr. 35 betr. Ausgleichs- u. Schiedsverfahren in Arbeitsstreitigkeiten v. 20. 8. 1946 (ABl. S 174). Es wird ergänzt durch LandesG (*Übers. bei Nipperdey*, ArbeitsR Nr. 520–526). Danach sind zu unterscheiden das *Vermittlungs-* u. das *Schlichtungsverfahren*. Ziel des *Vermittlungsverfahrens* ist, durch Beratung u. Aufklärung einen Ausgleich zwischen den Parteien herbeizuführen. Es kann enden durch freiwilligen Abschluß einer kollektivrechtl. Gesamtvereinbarung, durch Einigung der Parteien über ein SchlVerf. u. durch Einigung der Parteien, den Streit einem behördl. SchlAusschuß zu unterbreiten. Es wird durchgeführt vor dem Landesschlichter, d. h. einem von der Landesarbeitsbehörde aus ihrem Personal ernannten Bediensteten (Art. III). Dieser wird auf Antrag einer Partei tätig; er kann aber auch von sich aus seine Dienste anbieten. Das *staatl. Schlichtungsverfahren* wird von den SchlAusschüssen (Art. IV) durchgeführt. Sie bestehen aus einem unparteiischen Vorsitzenden u. einer gleichen Anzahl von Beisitzern, bis zu 5 von jeder Seite (Art. V–VII, IX). Das SchlVerf. vor dem staatl. Schiedsausschuß wird nur mit Zustimmung beider Parteien eröffnet (Art. VIII). Es wird beherrscht vom *Amtsbetrieb*, es ist also nach Einleitung von Amts wegen durchzuführen, von der *Untersuchungsmaxime*, d. h. der Sachverhalt muß von Amts wegen ermittelt werden, von der *Unmittelbarkeit* u. *Mündlichkeit*, d. h. Verhandlung findet mündl. vor dem gesamten Schiedsausschuß statt. Ziel der Verhandlung ist die gütliche Einigung der Parteien o. hilfsweise der Erlaß eines Schiedsspruches. Diese ist der Vorschlag, den der Ausschuß den Parteien für die abzuschließende Gesamtvereinbarung unterbreitet. Er wird mit einfacher Mehrheit erlassen u. muß die abzuschließende Gesamtvereinbarung im Wortlaut umfassen. Er wird für die Parteien bindend, wenn beide Parteien ihn annehmen o. wenn sie sich vorher ihm unterworfen haben (Art. X). In einigen Ländern bzw. LTeilen kann der Schiedsspruch für verbindlich erklärt werden, z. B. in Baden u. Rheinl.-Pfalz. Nach h. M. verstößt eine Verbindlicherklärung (nicht zu verwechseln mit der → Allgemeinverbindlicherklärung) nicht gegen das verfassungsrechtlich sanktionierte Recht der → Sozialpartner zur freien kollektiven Regelung der tarifunterworfenen Arbeitsverhältnisse (Art. 2 I, 9, 18, 20 I, 28 I GG), wenn sie zur Beseitigung eines akuten Notstandes (Versorgung der Bevölkerung mit Lebensmitteln) notwendig ist. Der bindende Schiedsspruch steht einer abgeschlossenen kollektivrechl. Vereinbarung gleich.

III. Vermittlungs- u. Schlichtungsstellen können kraft Verbandsautonomie vereinbart werden (Art. I). Sie haben den Vorrang vor den staatl. Stellen. Organisation, Zuständigkeit u. Verfahren richten sich nach dem → Tarifvertrag o. der Betriebsvereinbarung. In den

Tarifverträgen werden sie als Schlichtungsausschuß, Schlichtungs-kommission, Schiedsstelle, Tarifamt usw. bezeichnet. Diese nehmen teilweise die Schl. u. die Funktionen eines nach § 91 ArbGG mögli-chen Schiedsgerichtes wahr (schiedsgerichtliche Vereinbarungen). Der DGB und der BDA haben eine Musterschlichtungsvereinbarung abgeschlossen, die Vorbild für alle tarifl. SchlKlauseln ist.

Lit.: Knevels ZTR 88, 408.

Schmerzensgeld ist ein Ersatz immaterieller Schäden, das im Falle der Körper- u. Gesundheitsverletzung sowie im Falle der Freiheits-entziehung verlangt werden kann (§§ 847, 618 BGB). Bei der Be-messung des S. sind die erlittenen Schmerzen, sonstige immaterielle Schäden, Unlustgefühle, entgangene Lebensfreude usw. zu berück-sichtigen (AP 10 zu § 847 BGB). Der Anspruch ist nicht übertragbar u. geht nicht auf die Erben über, es sei denn, daß er durch Vertrag anerkannt o. daß er rechtshängig (NJW 71, 461; 72, 1900) geworden ist (§ 847 I 2 BGB). Ein Anspruch auf Sch. kann wegen Verletzung des → Persönlichkeitsrechtes geltend gemacht werden, wenn die Be-seitigung der Verletzung nicht ausreicht (NJW 79, 2532).

Schmiergelder → Treuepflicht.

Schuldanerkenntnis. Man unterscheidet das deklaratorisch u. das konstitutiv abgegebene SchA (vgl. BGH NJW 80, 1158). Das dekl. SchA begründet kein neues Schuldverhältnis, sondern legt nur das alte fest. Es bedarf keiner Form u. unterliegt nicht der Rückforderung wegen ungerechtfertigter Bereicherung (§ 812 BGB), wenn es zu Unrecht abgegeben worden ist. Es schließt jedoch alle Einwendungen für die Zukunft aus, die der Schuldner bei der Abgabe kannte (AP 2 zu § 781 BGB; vgl. NJW 71, 1219). Es ist daher Vorsicht am Platze bei Anerkennung einer Schadensersatzforderung wegen → Manko, Ver-kehrsunfall usw. (→ Haftung des Arbeitnehmers u. des Arbeitge-bers). Das konst. SchA schafft unabhängig von dem bestehenden Schuldgrund eine neue, selbständige, vom Schadensgrund losgelöste Verpflichtung. Es bedarf der Schriftform (§ 781 BGB; *Ausnahme § 782 BGB*). Ob ein dekl. o. konst. SchA gewollt ist, ergibt sich im Wege der Auslegung (zumeist dekl., wenn auf das Grundgeschäft in irgendeiner Weise Bezug genommen ist (AP 3 zu § 781 BGB).

Schulungsveranstaltungen → Betriebsratsmitglieder.

Schutzkleidung → Arbeitskleidung.

Schwangerschaft → Mutterschutz.

Schwangerschaftsabbruch. Rechtmäßiger verpflichtet zur Fort-zahlung der → Krankenvergütung u. ist kein Grund zur Kündigung, ausgenommen u. U. bei Tendenzträgern in → Tendenzbetrieben. Ob die Verweigerung zur Mitwirkung beim rechtm. Sch. zur Kündigung berechtigt, ist umstr. (vgl. Art. 2 5. StRG v. 18. 5. 1976, BGBl. I, 1213). Jedenfalls aber dann zu bejahen, wenn Mitwirkung arbeitsvertraglich vereinbart.

Schwarzarbeit. Nach dem G. zur Bekämpfung der Sch. i. d. F. v. 29. 1. 1982 (BGBl. I, 109) zul. geänd. 20. 12. 1988 (BGBl. I 2330) handelt ordnungswidrig, wer wirtschaftliche Vorteile in erheblichem Umfang durch die Ausführung von Dienst- o. Werkleistungen erzielt, obwohl er (1) der Mitwirkungspflicht gegenüber einer Dienststelle der BAnst. Arb. nach § 60 I Nr. 2 SGB I nicht nachgekommen ist o. (2) der Verpflichtung zur Anzeige des Beginns des selbständigen Betriebes eines ständigen Gewerbes (§ 14 GewO) nicht nachgekommen ist o. eine erforderliche Reisegewerbekarte (§ 55 GewO) nicht erworben hat o. (3) ein → Handwerk als stehendes Gewerbe selbständig betreibt, ohne in die Handwerksrolle eingetragen zu sein. Ferner handelt ordnungswidrig, wer wirtschaftliche Vorteile in erheblichem Umfang dadurch erzielt, daß er eine o. mehrere Personen mit der Ausführung von Schwarzarbeit beauftragt (§ 2). Die Ordnungswidrigkeit kann mit einer Geldbuße bis zu 50 000 DM geahndet werden. Von der Ordnungswidrigkeit sind ausgenommen Leistungen, die aus Gefälligkeit o. Nachbarschaftshilfe o. durch Selbsthilfe i. S. des § 36 II, IV des 2. WohnungsbauG i. d. F. v. 30. 7. 1980 (BGBl. I 1085) erfolgen. Die Ableistung von Sch. i. w. S. kann Grund zur ao. → Kündigung sein; sie kann dem AG zur Rückforderung des Urlaubsentgeltes berechtigen (§ 8 BUrlG). Die Verträge zwischen Auftraggeber und Schwarzarbeiter sind nichtig; hieraus folgt, daß der Schwarzarbeiter grundsätzlich seinen Entgeltanspruch nicht durchsetzen kann (BGH NJW 83, 109 = AP 2 zu § 1 SchwarzarbeitsG; zu Werkverträgen BGH ZIP 84, 455); andererseits hat der Auftraggeber gegen den Schw. keine Gewährleistungs- o. Schadensersatzansprüche bei vorzeitiger Arbeitseinstellung (*NJW 75, 1420*). Der Sch. soll begegnet werden durch einen Sozialversicherungsausweis u. erweiterte Meldepflichten. Lit.: Buchner GewArch 90, 1, 41; Plagemann AnwBl. 90, 14; Vogt BB 89, 1755.

Schweigepflicht → Treuepflicht, → Betriebsratsmitglieder.

Schwerbehinderte: I. 1. *Schwerbehinderte i. S. des SchwbG* i. d. F. v. 26. 8. 1986 (BGBl. I 1421, ber. 1550) zul. geänd. 22. 12. 1989 (BGBl. I 2406) sind alle Personen, die *(1)* körperlich, geistig o. seelisch behindert sind; *(2)* deren Behinderung wenigstens 50 v. H. ausmacht und *(3)* rechtmäßig im Geltungsbereich des SchwbG wohnen, sich aufhalten o. einer Beschäftigung als AN nachgehen (§ 1). Der Schutz des SchwbG kommt mithin auch ausländischen AN zugute.

2. Den Schwb. *gleichgestellt* sind Personen (§ 2), *(1)* die körperlich, geistig o. seelisch behindert sind, *(2)* deren Behinderung weniger als 50 v. H., aber wenigstens um 30 v. H. ausmacht, *(3)* die sich rechtmäßig im Bereich der BRD u. im Land Berlin aufhalten, *(4)* deren Behinderung festgestellt ist (unten I, 4), *(5)* die einen Antrag beim Arbeitsamt auf Gleichstellung gestellt haben und *(6)* ohne Gleichstellung infolge ihrer Behinderung einen geeigneten Arbeitsplatz nicht erlangen o. behalten können. Die Gleichstellung wird wirksam mit dem Tag des Eingangs des Antrags; sie kann zeitlich befristet werden. Die Gleichgestellten erlangen dieselben Rechte wie ein Schwerbehinderter, ausgenommen aber das Recht auf Zusatzurlaub und unentgeltliche Beförderung (§ 2 II).

3. Nach § 3 I ist Behinderung die Auswirkung einer nicht nur vorübergehenden Funktionsbeeinträchtigung, die auf einem regelwidrigen körperlichen, geistigen o. seelischen Zustand beruht. Regelwidrig ist der Zustand, der von dem für das Lebensalter typischen abweicht. Keine Behinderung stellt mithin der normale Altersverschleiß dar. Als nicht nur vorübergehend gilt ein Zeitraum von mehr als sechs Monaten. Der Grad der Behinderung wird in 10er Graden von 20 bis 100 festgesetzt. Lit.: Thieler NZA 85, 111.

4. Um dem Behinderten den *Nachweis seiner Rechte* zu erleichtern, wird auf seinen Antrag von den für die Durchführung des BVersG zuständigen Behörden, also den Versorgungsämtern, der Grad der Behinderung nach den Grundsätzen von § 30 I BVersG festgestellt (die nach § 30 II BVersG mögliche Erhöhung ist jedoch nach dem SchwbG nicht möglich). Liegen mehrere Behinderungen vor, so sind die Gesamtwirkungen der Behinderungen abzuschätzen (§ 4). Dritte Personen haben ein Antragsrecht nicht, um einen Eingriff in das → Persönlichkeitsrecht des Behinderten zu vermeiden. Eine Feststellung wird nicht getroffen, wenn eine Feststellung über das Vorliegen einer Behinderung u. den Grad einer auf ihr beruhenden Minderung der Erwerbsfähigkeit schon in einem Rentenbescheid o. einer entsprechenden Verwaltungs- o. Gerichtsentscheidung o. einer vorläufigen Bescheinigung festgestellt ist, es sei denn, daß der Behinderte ein Interesse an anderweitiger Feststellung glaubhaft macht (zB Verschlimmerung). Die Feststellung des Grades der Erwerbsminderung hat im Interesse einer einheitlichen Sozialvorsorge nicht nur Bedeutung für das SchwbG. Indes hat die Feststellung nur deklaratorische Wirkung, d. h., der Schwerbehindertenschutz kann unabhängig von einer entsprechenden Feststellung bestehen u. dem AG im Rahmen eines Prozesses nachgewiesen werden (umstr.). Auf Antrag

des Behinderten stellt das Versorgungsamt aufgrund einer unanfechtbar gewordenen Feststellung einen *Schwerbehindertenausweis* aus. Der Ausweis dient zum Nachweis für die Inanspruchnahme von Rechten nach dem SchwbG und von Vergünstigungen, die Schwerbehinderten nach anderen gesetzl. Bestimmungen zustehen. Für Streitigkeiten über die Feststellung des Grades der Erwerbsminderung sowie Ausstellung, Berichtigung u. Einziehung des Ausweises sind die Sozialgerichte zuständig (§ 4 VI SchwbG). Die ArbG überprüfen den Ausweis (§ 418 ZPO) nach § 4 VI SchwbG nicht auf inhaltliche Richtigkeit.

5. Der *Schwerbehindertenschutz erlischt,* wenn *(1)* die Voraussetzungen von § 1 (oben I 1) entfallen, *(2)* bei Verringerung des Grades der Behinderung auf weniger als 50 v. H. jedoch erst am Ende des 3. Kalendermonats nach Eintritt der Unanfechtbarkeit des Feststellungsbescheides (oben I 4). Durch Einlegung von Rechtsmitteln kann der Schutz verlängert werden (§ 38). Der gesetzliche Schutz der Gleichgestellten erlischt mit dem Widerruf o. der Rücknahme der Gleichstellung. Der Widerruf der Gleichstellung ist zulässig, wenn die Voraussetzungen nach § 2 (oben I 2) weggefallen sind. Er wird erst am Ende des 3. Kalendermonats nach Eintritt seiner Unanfechtbarkeit wirksam (§ 38 II). Widerrufen werden kann ein rechtmäßiger Verwaltungsakt der Gleichstellung; eine Rücknahme kommt bei rechtswidrigem Verwaltungsakt in Betracht (§§ 48, 49 VwVfG). Bis zum Erlöschen des Schwerbehindertenschutzes werden die Schwerbehinderten auf die im Rahmen der Pflichtzahl Beschäftigten (unter II 1) angerechnet. Einem Schwerbehinderten kann durch die Hauptfürsorgestelle vorübergehend der Schutz des SchwbG entzogen werden, wenn er einen zumutbaren Arbeitsplatz ohne berechtigten Grund aufgibt o. zurückweist, sich grundlos weigert an Maßnahmen der Rehabilitation teilzunehmen o. sonst durch sein Verhalten seine Eingliederung in Beruf und Arbeit schuldhaft vereitelt (§ 39 SchwbG).

II. Unter den *Pflichten des AG* ist insbesondere die Verpflichtung zur Beschäftigung von Bedeutung.

1. Alle AG, also private u. solche der öffentlichen Hand (Legaldefinition in § 5 III), die über mindestens 16 Arbeitsplätze verfügen, haben auf wenigstens 6 v. H. der Arbeitsplätze *Schwerbehinderte zu beschäftigen* (§ 5 I). Durch Rechts VO der BReg., die der Zustimmung des BRats bedarf, kann entspr. dem jeweiligen Bedarf an Arbeitsplätzen die Zahl der Pflichtplätze bis auf 10 v. H. erhöht o. auf 4 v. H. vermindert werden. Dabei kann der Pflichtsatz für AG der öffentl. Hand höher festgesetzt werden (§ 5 I). Im Rahmen ihrer Beschäftigungspflicht haben AG Schwerbehinderte zu beschäftigen, *(1)* die

nach Art u. Schwere ihrer Behinderung im Arbeits- u. Berufsleben besonders betroffen sind, insbesondere solche *a)* die bei der Ausübung ihrer Beschäftigung auf fremde Hilfe angewiesen sind, *b)* deren Beschäftigung mit besonderen Aufwendungen verbunden sind, *c)* die wegen ihrer Behinderung eine wesentlich verminderte Arbeitsleistung erbringen, *d)* bei denen 50% der Behinderung auf geistigen o. seelischen Gründen beruhen, *e)* die wegen der Schwere der Behinderung keine abgeschlossene Berufsausbildung haben; *(2)* die das 50. Lebensjahr vollendet haben. Arbeitsplätze i. S. des SchwbG sind solche, auf denen → Arbeiter, → Angestellte, → Beamte, Richter sowie → Auszubildende u. andere zur berufl. Bildung Beschäftigte eingestellt werden (§ 7 I). Nicht zu den mitzuzählenden Arbeitsplätzen zählen die Stellen, die in § 7 II, III aufgezählt sind. Das sind z. B. Stellen, auf denen beschäftigt werden, *(1)* Behinderte zu ihrer → Rehabilitation, *(2)* Personen aus karitativen u. religiösen Gründen, *(3)* Personen, deren Beschäftigung nicht in erster Linie dem Erwerb dient u. *(4)* Teilnehmer an Arbeitsbeschaffungsmaßnahmen (§§ 91–99 AFG). Einzelheiten der Berechnungsmethode ergeben sich aus § 8 bis 10. Dabei werden z. B. bei Errechnung der Pflichtplätze sich ergebende Bruchteile von 0,5 u. mehr nach oben, sonst nach unten abgerundet.

Soweit private o. öffentl. AG die vorgeschriebene Zahl Schwerbehinderter nicht beschäftigen, haben sie für jeden unbesetzten Pflichtplatz monatl. eine *Ausgleichsabgabe* in Höhe von 150 DM zu entrichten. Durch die Zahlung der Ausgleichsabgabe wird die Verpflichtung zur Beschäftigung Schwerbehinderter nicht aufgehoben. Sie ist vom AG jährlich im Wege der Selbstveranlagung zugleich mit der nach § 13 (unter II 2) zu erstattenden Anzeige an die Hauptfürsorgestelle abzuführen. Ist ein AG mehr als 3 Monate im Rückstand, so erläßt diese einen Festsetzungsbescheid, aus dem die Zwangsvollstreckung nach den Vorschriften des Verwaltungszwangsverfahrens durchgeführt wird. Die Ausgleichsabgabe ist zweckgebunden. Sie darf nur für die Arbeits- u. Berufsförderung Schwerbehinderter sowie für Leistungen zur nachgehenden Hilfe im Arbeitsleben verwandt werden. 45 v. H. der Ausgleichsabgabe wird von den Hauptfürsorgestellen an einen beim BAM errichteten Ausgleichsfonds abgeführt. Damit soll ein überregionaler Ausgleich geschaffen werden (§ 12). Die BReg. kann für einzelne Landesarbeitsamtsbezirke für AG mit weniger als 30 Arbeitsplätzen die Ausgleichsabgabe herabsetzen, wenn die Zahl der Pflichtplätze die Zahl der unterzubringenden Schwerbehinderten erheblich übersteigt.

Die aufgrund des Gesetzes über den → Bergmannsversorgungsschein Eingestellten werden auf die Pflichtzahl nach dem SchwbG angerechnet (§ 9 IV).

Schwerbehinderte

2. Der AG hat gegenüber dem → Arbeitsamt eine Reihe von *Anzeige-, Nachweis- und Duldungspflichten.* Er hat a) ein Verzeichnis der Schwerbehinderten, Gleichgestellten u. Anzurechnenden zu führen (§ 13), b) einmal jährlich bis zum 31. 3. für das vorausgegangene Kalenderjahr die Zahl der Arbeitsplätze u. der Schwerbehinderten sowie die Höhe der Ausgleichsabgabe mitzuteilen. Der Anzeige ist eine Durchschrift für die Hauptfürsorgestelle beizufügen. Eine weitere Abschrift ist jährlich der → Personalvertretung (→ Betriebsrat), der Schwerbehindertenvertretung u. dem Beauftragten (unter IV) des Arbeitgebers (§ 13 II) auszuhändigen, c) die zur Durchführung des Gesetzes notwendigen Auskünfte zu erteilen (§ 13 III), d) der BAnstArb. u. der Hauptfürsorgestelle Zutritt u. Einsicht in den Betrieb zu gestatten (§ 13 IV), e) die Vertrauensleute der Schwerbehinderten u. den Beauftragten unverzüglich dem Arbeitsamt u. der Hauptfürsorgestelle zu melden (§ 13 V).

3. Bei *Besetzung freier Arbeitsplätze* haben die AG besonders zu prüfen, ob Schwerbehinderte beschäftigt werden können (§ 14). Bei der Auswahl unter mehreren Bewerbern, auch wenn sie teilweise nicht behindert sind, darf er auf Leistung wie Eignung abstellen (BB 75, 1345). Die Bewerbungen sind mit der Schwerbehindertenvertretung zu erörtern u. mit seiner Stellungnahme dem Betriebsrat bzw. Personalrat zuzuleiten. Hiervon kann nur dann abgesehen werden, wenn der Bewerber auf die Einschaltung der Schwerbehindertenvertretung ausdrücklich verzichtet (§ 14 I). Der AN braucht bei seiner Einstellung nur dann auf seine Behinderung hinzuweisen, wenn er die Arbeit nicht ausführen kann. Dagegen ist er auf Befragen des AG gehalten, seine Behinderung mitzuteilen. Ggf. kann die Anfechtung des Arbeitsvertrages in Betracht kommen (AP 30 zu § 123 BGB = NJW 87, 398). Lit.: Großmann NZA 89, 702; Kaiser BehindR 90, 31.

4. Das SchwbG will nicht nur eine Einstellung, sondern auch den *berufl. Aufstieg der Schwerbehinderten* fördern. Die Schwerbehinderten haben daher einen bisher schon in der Rechtspr. anerkannten (AP 1 bis 4 zu § 12 SchwBeschG), einklagbaren Anspruch (*EzA 2 zu § 11 SchwbG*) auf eine Beschäftigung, in der sie ihre Fähigkeiten u. Kenntnisse möglichst voll verwerten u. weiterentwickeln können (AP 3 zu § 11 SchwbG). Bei betriebl. Bildungsmaßnahmen sind sie bevorzugt zu berücksichtigen; die außerbetriebl. Bildung, die insbesondere durch die Hauptfürsorgestelle gefördert werden soll (§ 14 II), ist zu erleichtern. Sie sind mithin insoweit von der Arbeit freizustellen.

5. Die AG sind ferner verpflichtet, *Arbeitsräume, Betriebsvorrichtungen, Maschinen u. Gerätschaften unter besonderer Berücksichtigung der Unfallgefahr so einzurichten* u. zu unterhalten u. den Betrieb so zu regeln,

daß eine möglichst große Zahl Schwerbehinderter in ihrem Betrieb dauernd beschäftigt werden kann. Die Arbeitsplätze sind mit den erforderlichen technischen Mitteln auszustatten. Die Einrichtung von Teilzeitarbeitsplätzen ist zu fördern (§ 14 III).

6. Bei der *Bemessung der Arbeitsvergütung* der Schwerbehinderten aus einem bestehenden Arbeitsverhältnis dürfen Renten u. Leistungen, die wegen der Behinderung bezahlt werden, nicht berücksichtigt werden (§ 45). Da Renten nur nicht auf Arbeitsvergütung aus einem bestehenden Arbeitsverhältnis angerechnet werden dürfen, können die Übergangsgelder im → Öffentlichen Dienst angerechnet werden (AP 8 zu § 42 SchwbG; AP 13 = DB 85, 815).

Schwerbehinderte haben einen Anspruch auf einen *Zusatzurlaub* von 5 Arbeitstagen im Urlaubsjahr. Verteilt sich die regelmäßige Arbeitszeit des Schwerbehinderten auf weniger o. mehr als 5 Arbeitstage in der Kalenderwoche, erhöht o. vermindert sich der Zusatzurlaub entspr. (§ 47). Soweit eine tarifliche Regelung einen längeren Urlaub vorsieht, bleibt sie unberührt. Der Anspruch muß geltend gemacht werden. Die bloße Mitteilung, es sei die Anerkennung als Schwb. beantragt, enthält keine Geltendmachung (AP 3 zu § 44 SchwbG; AP 6 zu § 44 SchwbG = NZA 86, 833). Eine tarifliche Regelung verstößt nicht gegen § 47 SchwbG, wenn sie ein zusätzliches Urlaubsgeld für Schwb u. andere in gleicher Weise vorsieht, sofern sie in Form einer → Gratifikation ausgestaltet ist (AP 1 zu § 44 SchwbG; AP 4 = DB 84, 935).

III. 1. Schwerbehinderte genießen einen besonderen *Kündigungsschutz.* a) Die *ordentliche* → *Kündigung* o. → Änderungskündigung des Arbeitsverhältnisses eines Schwerbehinderten durch den AG bedarf der vorherigen Zustimmung der Hauptfürsorgestelle. Eine ohne Zustimmung ausgesprochene Kündigung ist unwirksam (§ 134 BGB). Hat der AG keine Kenntnis von der Behinderung u. ist diese im Zeitpunkt der Kündigung weder nach § 4 SchwbG festgestellt noch hat der AN einen Antrag auf Feststellung gestellt, so greift der Sonderkündigungsschutz nicht ein (AP 1, 2 zu § 12 SchwbG). Wird diese später rückwirkend anerkannt, so ist dies im Rahmen des Kündigungsschutzprozesses bei der Beurteilung der Sozialrechtfertigung zu berücksichtigen. War dem AN jedoch ein Feststellungsbescheid (§ 4) erteilt o. hat er einen entspr. Antrag gestellt, dann steht dem Schwerbehinderten der volle Kündigungsschutz auch dann zu, wenn der AG von der Behinderung o. der Antragstellung nichts gewußt hat (AP 3, 4, 5 zu § 12 SchwbG). Hatte der AG zum Zeitpunkt der Kündigung keine Kenntnis, daß der AN vor der Kündigung Feststellung seiner Schwerbehinderteneigenschaft beantragt hatte o. diese Feststellung bereits getroffen war, ist der AN gehalten, nach Zugang der Kündigung (für den Fall der Wiederholungskündigung: AP 9 zu § 12 SchwbG) innerhalb angemessener Frist hierauf hinzuweisen. Unterläßt er diese Mitteilung, ist die Kündigung nicht wegen Verstoßes gegen den Sonderkündigungsschutz unwirksam. Im Falle der ordentlichen wie der a. o. Kündigung ist eine Frist von vier Wochen angemessen (AP 3, 5 zu § 12 SchwbG; AP 4 zu § 18 SchwbG; AP 14 zu § 12 SchwbG = NZA 86, 31; v. 31. 8. 89 – 2 AZR 8/89 – BB 90, 563). Für die Kenntnis ist der AN darlegungs- und beweispflichtig. Eine ausreichende Mitteilung ist dann nicht gegeben, wenn der AN seinem AG einen die Schwerbehinderung verneinenden Bescheid vorlegt, ohne auf einen eingelegten Widerspruch hinzuweisen (AP 8 zu § 12 SchwbG; vgl. bei Antrag auf Rücknahme des Bescheides wegen unrichtiger Sachbehandlung AP 11 zu § 12 SchwbG = DB 85, 1047).

b) Die Kündigungsfrist beträgt mindestens 4 Wochen. Sie läuft erst vom Tage der Zustimmung durch die Hauptfürsorgestelle (§ 16). Die *Zustimmung* ist bei der örtlich für den Betrieb o. die Dienststelle zuständigen Hauptfürsorgestelle schriftlich in doppelter Ausfertigung zu beantragen (§ 17 I). Diese holt alsdann eine Stellungnahme des zuständigen → Arbeitsamtes, des → Betriebsrats o. → Personalrats u. der Schwerbehindertenvertretung ein. Sie hat ferner diesen zu hören. Sie soll in jeder Lage des Verfahrens auf eine gütliche Beilegung der Meinungsverschiedenheiten zwischen AN u. AG hinwirken, um möglichst den Arbeitsplatz zu erhalten. Die Hauptfürsorgestelle soll die Entscheidung – u. U. nach mündl. Verhandlung – möglichst innerhalb eines Monats vom Tage des Eingangs des Antrages treffen (Moll NZA 87, 550; Seidel BehindR 89, 31). Sie ist dem AG u. dem Schwerbehinderten zuzustellen; dem Arbeitsamt ist eine Abschrift zu übersenden, damit gegebenenfalls Vermittlungsbemühungen einsetzen können. Erteilt ist die Zustimmung bereits dann, wenn der Bescheid dem AG zugestellt ist (AP 1 zu § 15 SchwbG). Erteilt die Hauptfürsorgestelle die Zustimmung zur Kündigung, so kann der AG binnen eines Monats die Kündigung aussprechen; danach muß erneut das Zustimmungsverfahren eingeleitet werden (§ 18 SchwbG). Die Frist wird auch durch die Eröffnung des Konkursverfahrens nicht unterbrochen (*ZIP 82, 737*). Eine Kündigung ist ferner möglich, wenn sie einen Bescheid erteilt, die Zustimmung sei nicht erforderlich (Negativattest; AP 12 zu § 12 SchwbG = DB 84, 134). Versagt sie die Zustimmung, so kann sie vor Rechtskraft die Versagung zurücknehmen und die Zustimmung erteilen.

c) Die Hauptfürsorgestelle hat die Zustimmung im Falle der → Betriebsstillegung zu erteilen (§ 19 I), wenn zwischen dem Tag der Kündigung u. dem Tage, bis zu dem Arbeitsvergütung gezahlt wird, mind. drei Monate liegen. Sie soll sie erteilen, wenn der Betrieb wesentl. eingeschränkt wird u. die Gesamtzahl der verbleibenden Schwerbehinderten zur Erfüllung der Beschäftigungspflicht ausreicht. Die Minderleistungsfähigkeit des Schwb. ist nicht ohne weiteres Kündigungsgrund; andererseits braucht der AG den Schwb. auch nicht durchzuschleppen. Gegen die Entscheidung der Hauptfürsorgestelle hat der jeweils Unterliegende einen Widerspruch an den Widerspruchsausschuß (§ 40 I SchwbG). Dessen Bescheid kann alsdann vor den Verwaltungsgerichten angegriffen werden. Ob der Widerspruch gegen die Zustimmung aufschiebende Wirkung hat, ist umstr. (Verneinend: AP 1 zu § 15 SchwbG). Teilweise wird in der Lit. vertreten, daß der AG bei Zustimmung kündigen könne (*VG NJW 80, 721*); er sei jedoch später zur Vergütungszahlung wegen → Annahmeverzug verpflichtet, wenn sich der Widerspruch im Instanzenzug als berechtigt herausstelle. Unabhängig davon besteht schließlich für den Schwb. die Möglichkeit der Klage vor dem Arbeitsgericht. Grundsätzlich wird das Arbeitsgericht seine Entscheidung bis zur Rechtskraft des Verwaltungsverfahrens aussetzen. Hat es schon entschieden, bevor die Zustimmung zur Kündigung rechtskräftig geworden ist, kann Wiederaufnahme des Verfahrens beantragt werden (AP 7 zu § 12 SchwbG). Während des Verfahrens hat der Schwerbehinderte einen → Beschäftigungsanspruch unter den allgemeinen Voraussetzungen (Arendt DB 85, 1287).

2. a) Auch im Falle der *ao.* → *Kündigung* eines Schwerbehinderten durch den AG ist die Zustimmung der Hauptfürsorgestelle erforderlich (bei → Auszubildenden: AP 11 zu § 18 SchwbG = NZA 88, 428). Sie kann nur binnen einer Frist von 2 Wochen seit Kenntnis des Kündigungsgrundes schriftlich in doppelter Ausfertigung beantragt werden. Entscheidend ist der Eingang des Antrages. Diese hat wie bei der ordentl. Kündigung (oben III, 1) die beteiligten Stellen u. Personen zu hören u. binnen einer Frist von zwei Wochen zu entscheiden (AP 2 zu § 18 SchwbG). Die Mitteilung an den AG kann auch telefonisch erfolgen (AP 3 zu § 18 SchwbG; AP 6 = DB 84, 1045). Wird innerhalb dieser Frist eine Entscheidung nicht getroffen, gilt die Zustimmung als erteilt (§ 21). Sie soll die Zustimmung erteilen, wenn die Kündigung aus einem Grunde erfolgt, der nicht im Zusammenhang mit der Behinderung steht. Ist der Kündigungsgrund durch die gesundheitliche Schädigung bedingt (vgl. AP 1, 3, 4, 5 zu § 19 SchwbBeschG), steht die Zustimmung in ihrem pflichtgemäßen Ermessen. Ist die Zustimmung erteilt, muß die Kündigung unverzüglich (§ 121 BGB) erfolgen. Dies gilt vor allem dann, wenn die Frist des § 626 II BGB inzwischen abgelaufen ist (AP 2 zu § 18 SchwbG; AP 16 zu § 626 BGB Ausschlußfristen = DB 84, 1250) o. ein Negativattest erteilt worden ist (AP 12 zu § 12 SchwbG =

Schwerbehinderte

DB 84, 134). Hatte der AG von einem Antrag des AN gehört, seine Behinderung festzustellen, u. beantragt er daher die Zustimmung der Hauptfürsorgestelle zur Kündigung, so kann der AG auch dann noch unverzüglich kündigen, wenn die Ausschlußfrist des § 626 II BGB abgelaufen ist, aber die Feststellung der Behinderung nicht getroffen wurde (AP 26 zu § 626 BGB Ausschlußfrist = NZA 88, 429).

b) Rechtsmittel gegen den Bescheid der Hauptfürsorgestelle haben keine aufschiebende Wirkung. Der AN hat auch dann den Rechtsbehelf des Widerspruchs, wenn sich die Hauptfürsorgestelle verschwiegen hat.

c) Bis zur Zustimmung darf der AG den Schwb. nicht unbezahlt von der Arbeit freistellen (AP 1 zu § 18 SchwbG). Zur Umdeutung (§ 140 BGB) einer ao. in eine ordentliche Kündigung vgl. → Kündigung.

d) Sind Schwerbehinderte aus Anlaß eines → Streiks o. der → Aussperrung gekündigt worden, so sind sie nach Beendigung des → Arbeitskampfes wieder einzustellen. Im übrigen besteht dieselbe Möglichkeit des Angriffs der Kündigung wie bei der ordentlichen Kündigung (§ 21 VI SchwbG). Lit.: Kaiser BehindR 87, 1.

3. Schließlich bedarf die Beendigung des Arbeitsverhältnisses der Zustimmung der Hauptfürsorgestelle, wenn das *Arbeitsverhältnis auflösend bedingt* auf den Fall des Eintritts der Berufsunfähigkeit o. Erwerbsunfähigkeit auf Zeit abgeschlossen ist (§ 22 SchwbG).

4. *Ausnahmen vom Sonderkündigungsschutz:* Der Sonderkündigungsschutz des Schwerbehinderten findet keine Anwendung, wenn *(1)* das Arbeitsverhältnis im Zeitpunkt des Zuganges der Kündigungserklärung ohne Unterbrechung noch nicht länger als sechs Monate bestanden hat. Insoweit ist das SchwbG dem KSchG angepaßt worden (→ Kündigungsschutzklage); *(2)* der Schwb. auf Stellen i. S. des § 7 II Nr. 2 bis 5 beschäftigt wird (oben II 1); *(3)* der Schwb. nach Vollendung des 58. Lebensjahres gekündigt wird u. besondere Sozialleistungen gewährt werden; *(4)* die Kündigung aus witterungsbedingten Gründen erfolgt u. die Wiedereinstellung gewährleistet ist. Der AG hat Einstellungen auf Probe sowie die Beendigung des Arbeitsverhältnisses vor Ablauf der Wartezeit unabhängig von der Anzeigepflicht nach anderen Gesetzen binnen 4 Tagen der Hauptfürsorgestelle anzuzeigen, damit gegebenenfalls unverzüglich die Betreuung der Behörden einsetzen kann. Auch dann, wenn die Benachrichtigung der Hauptfürsorgestelle unterblieben ist, wird die Kündigung nicht zustimmungspflichtig (AP 1 zu § 17 SchwbG).

5. Unabhängig von der Zustimmung der Hauptfürsorgestelle zur Kündigung ist die *Anhörung des → Betriebs- o. → Personalrates sowie*

der Schwerbehindertenvertretung notwendig (unter IV 2). Der AG kann
das Anhörungsverfahren nach § 102 BetrVG auch nach dem Ende
des Zustimmungsverfahrens o. nach dem Eintritt der Fiktion einleiten (AP 6 zu § 12 SchwbG; AP 2 zu § 18 SchwbG). Verweigert der
→ Betriebsrat bei einem schwerbehinderten Betriebsratsmitglied die
Zustimmung zur Kündigung, so ist das → Beschlußverfahren auf
Ersetzung der Zustimmung in entspr. Anwendung von § 21 V
SchwbG unverzüglich nach Erteilung der Zustimmung durch die
Hauptfürsorgestelle o. nach Eintritt der Zustimmungsfiktion einzuleiten (AP 24 zu § 103 BetrVG 1972 = NZA 87, 563). Lit.: Wahren-
dorf BB 86, 523. Neben dem besonderen → Kündigungsschutz be-
steht unter den Voraussetzungen von § 1 KSchG auch der allgemeine
(→ Kündigungsschutzklage). Insbesondere kann auch die Auflösung
des Arbeitsverhältnisses gegen Zahlung einer Abfindung verlangt
werden (§§ 9, 10 KSchG).

IV. 1. Die *betrieblichen Vertretungen* der AN (→ Betriebsrat, →
Personalrat usw.) haben die besondere Pflicht, die Eingliederung
Schwerbehinderter zu fördern u. darauf zu achten, daß der AG den
Verpflichtungen nach diesem Gesetz genügt. Diese sich bereits aus
den Vertretungsgesetzen ergebende Verpflichtung ist in § 23 noch
einmal besonders hervorgehoben.

2. Wenngleich auch die Schwerbehinderten durch → Betriebs- u.
→ Personalräte vertreten werden, sind in Betrieben u. Dienststellen,
in denen wenigstens 5 Schwerbehinderte nicht nur vorübergehend
beschäftigt sind, ein *Vertrauensmann/frau u. ein Stellvertreter(in)* zu
wählen. Wahlberechtigt sind alle in dem Betrieb o. der Dienststelle
beschäftigten Schwb. (§ 24 II). Wählbar sind alle dem → Betrieb o.
der Dienststelle angehörigen Beschäftigten, die das 18. Lebensjahr
am Wahltage vollendet haben u. diesem/dieser seit 6 Monaten angehören. Vertrauensmann u. Vertreter werden in geheimer u. unmittelbarer Wahl nach den Grundsätzen der Mehrheitswahl gewählt.
Die Vorschriften über das Wahlverfahren sind in der 1. VO zur
Durchführung des SchwbG (Wahlordnung SchwerbehindertenG –
SchwbWO v. 23. 4. 1990 (BGBl. I 811) enthalten. Um die Wahl der
Schwerbehindertenvertretung zu erleichtern, kann in den Fällen, in
denen diese nicht gewählt wird, die Hauptfürsorgestelle Versammlungen der Schwerbehinderten einberufen. Lit.: Heuser BehindR 90,
25. Die Amtszeit beträgt 4 Jahre. Die Schwerbehindertenvertretung
hat die in § 25 umschriebenen Aufgaben. Sie hat also darüber zu
wachen, daß die Schutzvorschriften eingehalten werden, Maßnahmen, die den Schwerbehinderten dienen, bei den zuständigen Stellen
zu beantragen u. Anregungen u. Beschwerden der Schwerbehinderten entgegenzunehmen u. im Falle ihrer Berechtigung bei dem AG

Schwerbehinderte

auf Abhilfe zu drängen. Sie ist vom AG in allen Angelegenheiten, die einen Schwerbehinderten einzeln o. die Gruppe betreffen, rechtzeitig u. umfassend zu unterrichten u. vor einer Entscheidung zu hören. Verletzt der AG diese Verpflichtung, so ist die Entscheidung auszusetzen u. die Beteiligung innerhalb von sieben Tagen nachzuholen. Sodann ist endgültig zu entscheiden (§ 25 II). Die getroffene Entscheidung ist ihr unverzüglich mitzuteilen. (Lit.: Zanker BehindR 87, 97; 125). Bei Einsicht in die → Personalakten kann der Schwerbehinderte die Schwerbehindertenvertretung hinzuziehen. An allen Sitzungen des Betriebs- u. Personalrats hat die Schwerbehindertenvertretung ein beratendes Teilnahmerecht. Entgegen früherem Recht ist sie berechtigt, an den Besprechungen nach § 74 BetrVG zwischen AG und Betriebsrat teilzunehmen (§ 25 V SchwbG). Teilnahmeberechtigt ist sie an den Sitzungen des Wirtschaftsausschusses (AP 2 zu § 22 SchwbG = NZA 87, 861). Sie kann mindestens einmal im Jahr die Schwerbehinderten zu einer Versammlung einberufen. Auf diese Versammlungen finden die Vorschriften des BetrVG bzw. PersVG über die → Betriebs- bzw. Personalversammlung entsprechende Anwendung (§ 25 VI SchwbG).

Die *Rechtsstellung der Vertrauensmänner/Vertrauensfrauen* ist derjenigen von Betriebs- u. Personalräten angenähert (AP 2 zu § 23 SchwbG = NZA 87, 277). Die Einzelheiten ergeben sich aus § 26 (→ Betriebsratsmitglieder). Sie führen ihr Amt unentgeltlich als Ehrenamt; sie dürfen in der Amtsausübung nicht behindert u. wegen der Amtsausübung nicht begünstigt o. benachteiligt werden; sie genießen denselben Kündigungsschutz wie ein Betriebsrats- o. Personalratsmitglied u. sind im erforderlichen Umfang von der Tätigkeit freizustellen (*EzA 2 zu § 23 SchwbG*; AP 3 zu § 23 SchwbG = NZA 88, 172). Sie haben ferner das Recht zur Teilnahme an Bildungsveranstaltungen; sie genießen eine Art Beförderungsausgleich u. haben Anspruch auf Arbeitsfreistellung, wenn sie in ihrer Freizeit tätig geworden sind. Die sächlichen Kosten der Tätigkeit trägt der AG. Für die Durchsetzung ihrer Ansprüche ist das Urteils-, dagegen nicht das Beschlußverfahren eröffnet (*EzA 1, 2 zu § 23 SchwbG*).

3. In den Fällen, in denen in Unternehmen ein Gesamtbetriebsrat besteht, wählen die Schwerbehindertenvertretungen eine Gesamthindertenvertretung (§ 27 I SchwbG). Dieser hat ein Teilnahmerecht an einer örtlichen Versammlung der Schwb. (AP 3 zu § 22 SchwbG = DB 88, 1707).

4. Der AG hat für Schwerbehindertenangelegenheiten einen *Beauftragten* zu bestellen, der ihn in Angelegenheiten der Schwerbehinderten vertritt. Auch dieser hat darauf zu achten, daß die Verpflichtungen nach dem Gesetz erfüllt werden (§ 28 SchwbG).

V. Schließlich wird durch das SchwbG ein einheitlicher Begriff u. eine einheitliche Konzeption der Förderung von *Werkstätten für Behinderte* (AP 132 zu §§ 22, 23 BAT 1975) entwickelt (§§ 54–58 i. V. m. Dritte VO zur Durchführung des SchwbG – WerkstättenVO v. 13. 8. 1980, BGBl. I 1365); dazu Verzeichnis der vorläufig anerkannten Werkstätten Stand 1. 3. 1989, Sonderdruck ANBA 1989, 492. Die Werkstätten für Behinderte sind Tendenzbetriebe (AP 16, 17 zu § 118 BetrVG 1972). Zum Arbeitsverhältnis in Behindertenwerkstätten: Jürgens RdA 86, 349; Pünnel ArbuR 87, 104; Wendt ArbuR 89, 128.

VI. Schwerbehinderte, die infolge ihrer Behinderung in ihrer Bewegungsfähigkeit im Straßenverkehr erheblich beeinträchtigt sind o. hilflos o. gehörlos sind, sind von Unternehmern, die öffentlichen Personenverkehr betreiben, gegen Vorzeigen eines entsprechend gekennzeichneten Ausweises nach § 4 V SchwbG im Nahverkehr im Sinne des § 61 I SchwbG unentgeltlich zu befördern (§ 59 I SchwbG). Voraussetzung ist, daß der Ausweis mit einer gültigen Wertmarke versehen ist, die gegen Entrichtung eines Betrages von 120 DM ausgegeben u. für 1 Jahr gültig ist. In gewissen Ausnahmefällen wird sie ohne Zahlung eines Betrages gewährt. Im Nah- und Fernverkehr sind unentgeltlich u. ohne Lösung einer Wertmarke zu befördern *a)* eine Begleitperson, sofern eine ständige Begleitung notwendig ist u. diese im Ausweis eingetragen ist; *b)* das Handgepäck, Krankenfahrstühle, soweit die Beschaffenheit des Verkehrsmittels dies zuläßt, sowie sonstige orthopädische Hilfsmittel und ein Führhund (§ 59 II SchwbG). In seiner Bewegungsfähigkeit erheblich beeinträchtigt ist, wer infolge Einschränkungen des Gehvermögens, gleichgültig aus welchem Grund, nicht ohne erhebliche Schwierigkeiten o. nicht ohne Gefahren für sich oder andere Wegstrecken im Ortsverkehr zurückzulegen vermag, die üblicherweise noch zu Fuß zurückgelegt werden. Bei Schwerbehinderten mit einer Behinderung von wenigstens 80 v. H. kann der Nachweis der erheblichen Beeinträchtigung in der Bewegungsfreiheit nur mit einem Ausweis (oben I 3) mit halbseitigem orangefarbenem Flächenaufdruck u. eingetragenem Merkzeichen G. geführt werden, dessen Gültigkeit frühestens mit dem 1. 4. 1984 beginnt. Zum Nahverkehr gehören Straßenbahnen, OBusse, Kraftfahrzeuge im Linienverkehr auf Linien, bei denen die Mehrzahl der Beförderungen eine Strecke von 50 km nicht übersteigt, Wasserfahrzeuge im Linien-, Fähr- u. Übersetzverkehr. Die Deutsche Lufthansa hat sich bereit erklärt, Begleitpersonen im innerdeutschen Verkehr unter den gleichen Voraussetzungen wie im Fernverkehr kostenfrei zu befördern.

VII. Die *Durchführung des SchwbG* obliegt: 1. Der Hauptfürsorgestelle, die insbesondere die soziale Betreuung der Schwerbehinderten
wahrnimmt (§ 31). Bei ihr wird ein beratender Ausschuß gebildet
(§ 32). 2. Der BAnstArb., die vor allem die berufsrechtliche Betreuung der Schwerbehinderten übernimmt (§ 33). Auch bei ihr besteht
ein beratender Ausschuß für Behinderte (§ 34). 3. Einem Beirat für
die Rehabilitation der Behinderten, der beim BAM gebildet wird
(§ 35). Die Durchführung des Gesetzes ist durch Straf- u. Bußgeld-
AO gesichert.

Seearbeitsrecht. 1. Die *wichtigsten Rechtsgrundlagen* des Seearbeits-
rechts befinden sich im SeemannsG v. 26. 7. 1957 (BGBl. II 713) zul.
geänd. 20. 12. 1988 (BGBl. I 2477), zu dem zahlreiche RechtsVO
ergangen sind (vgl. Schaub ArbR-Hdb. § 186 V). Auf dem Gebiet
des kollektiven Arbeitsrechts sind von besonderer Bedeutung § 114
BetrVG sowie die 2. VO zur Durchführung des BetrVG (WahlO
Seeschiffahrt – WOS) v. 24. 10. 1972 (BGBl. I 2029). Von den Übereinkommen der → internationalen Arbeitsorganisation beschäftigen
sich 34 mit der Seeschiffahrt.

Die *Vorschriften des SeemannsG gelten* nur für Kauffahrteischiffe, die
nach dem Flaggenrechtsgesetz v. 8. 2. 1951 (BGBl. I 79) die Bundesflagge führen. Hierzu gehören die für die Seefahrt bestimmten
Fracht-, Passagierschiffe, Fahrzeuge der Hochsee- u. Küstenschiffe-
rei, Fährschiffe des Seebäderverkehrs sowie Schlepp- und Bergungs-
fahrzeuge, dagegen nicht Schiffe, die im Eigentum und im → öffentlichen Dienst des Bundes, eines Landes o. einer öffentl.-rechtl. Körperschaft o. Anstalt mit Sitz im Geltungsbereich des GG stehen, da
sie keine Kauffahrteischiffe sind (§§ 4, 21 II FlaggRG). Ausgenommen sind vor allem Schiffe der Bundesmarine usw.

2. Das *SeemannsG ist* in sieben Abschnitten *gegliedert,* nämlich allgemeine Vorschriften mit den Definitionen und dem Grundsatz der
Unabdingbarkeit zum Nachteil der Besatzungsmitglieder (§ 10),
dem Abschnitt über Seefahrtsbücher und Musterung, dem über das
Heuerverhältnis der Besatzungsmitglieder, der in die Unterabschnit-
te der Begründung und Inhalt des Heuerverhältnisses (§§ 23 ff.),
Verpflegung, Unterbringung und Krankenfürsorge (§§ 39 ff.), Urlaub und Landgang (§§ 53 ff.) sowie Beendigung des Heuerverhältnisses (§§ 62 ff.) und der Regelung der Anwendung der Vorschriften
auf den Kapitän und die in § 71 genannten Personen gegliedert ist,
dem 4. Abschnitt über den Arbeitsschutz, dem 5. über die Ordnung
an Bord, dem 6. über Straftaten und Ordnungswidrigkeiten sowie
dem 7. über Schluß- und Übergangsvorschriften, *Kapitän* ist der
vom Reeder aufgrund eines den Mindestbedingungen der §§ 78 ff.
genügenden Anstellungsvertrages bestellte Führer des Schiffes, der

im Besitz eines staatlichen Befähigungszeugnisses sein muß. Der Begriff des Kapitäns entspricht dem des Schiffers nach § 511 HGB. Das SeemannsG regelt sein arbeitsrechtliches Verhältnis zum Reeder u. seine Rechtsstellung als Vertreter des AG, seine disziplinären Befugnisse folgen aus §§ 106 ff. Seine handelsrechtlichen Befugnisse und seine Haftung folgen aus §§ 511 ff. HGB. Ist ein Kapitän nicht vorhanden oder ist er verhindert, so werden seine Rechte vom 1. Offizier des Deckdienstes o. dem Alleinsteuermann wahrgenommen (§ 2 III).

Zu den Besatzungsmitgliedern zählen die *Schiffsoffiziere,* die *sonstigen Angestellten* und die *Schiffsleute* (§ 3 I). *Schiffsoffiziere* sind die Angestellten des nautischen o. technischen Schiffsdienstes, die ein staatl. Befähigungszeugnis benötigen, die *Schiffsärzte,* die besonderen Voraussetzungen nach § 15 III VO über die Krankenfürsorge auf Kauffahrteischiffen genügen müssen, die Seefunker, die Inhaber eines Seefunkzeugnisses erster oder zweiter Klasse sind, u. *Zahlmeister* (§ 4).

Neben den Schiffsoffizieren stehen die *sonstigen* → *Angestellten* (§ 5), die in arbeitsrechtl. Hinsicht den Schiffsoffizieren angeglichen sind. Sie müssen nach seemännischer Verkehrsanschauung als Angestellte angesehen werden u. insbesondere überwiegend leitend, beaufsichtigend o. büromäßige Tätigkeit verrichten o. eine verantwortl. Tätigkeit ausüben. Nach § 5 MTV für die deutsche Seeschiffahrt v. 17. 4. 1986 gehören hierzu Funker, Elektriker, Oberköche, Oberstewards usw.

Schiffsmann (§ 6) ist jedes andere in einem Heuerverhältnis stehende Besatzungsmitglied, das nicht Schiffsoffizier o. sonstiger Angestellter ist.

Nicht zu den Besatzungsmitgliedern zählen sonstige im Rahmen des Schiffsbetriebes an Bord tätige Personen (§ 7). Hierzu gehören die sonstigen Gewerbetreibenden an Bord o. etwa nicht in einem Heuerverhältnis angestellte (Friseure, Buchhändler).

3. Das *Arbeitsverhältnis der Besatzungsmitglieder* auf Kauffahrteischiffen heißt Heuerverhältnis, das den Vorschriften der §§ 23 bis 77 SeemannsG u. hilfsweise den allgemeinen Grundsätzen des Arbeitsrechts einschließlich des KSchG u. TVG unterliegt. Für Kapitäne, die im Rechtssinne nicht zu den Besatzungsmitgliedern gehören (arg §§ 2, 3; oben 2) gelten die Vorschriften über das Heuerverhältnis sinngemäß (§ 78). Das Heuerverhältnis kann auf unbestimmte o. bestimmte Zeit, insbesondere für eine Reise (§ 23) mündl. o. schriftl. nach §§ 145 ff. BGB begründet werden. Sein wesentl. Inhalt ist vom Reeder o. seinem Vertreter in eine von ihm zu unterzeichnende Urkunde, den sog. Heuerschein aufzunehmen u. den Besatzungsmitgliedern auszuhändigen (§ 24; AP 1 zu § 24 SeemannsG). Ein Heuer-

schein entfällt, wenn das Heuerverhältnis schriftl. begründet worden ist u. dieser Vertrag die Angaben des Heuerscheins enthält. Die Wirksamkeit des Heuerverhältnisses wird durch den Heuerschein nicht berührt. Nach § 25 ist dem Besatzungsmitglied rechtzeitig der Zeitpunkt des Dienstantrittes mitzuteilen; umgekehrt hat das Besatzungsmitglied unverzüglich dem Reeder o. Kapitän unter Angabe der Gründe Mitteilung zu machen, wenn es infolge eines unabwendbaren Ereignisses am Dienstantritt verhindert ist. Unabwendbar sind Naturereignisse o. andere Umstände, die durch vernünftigerweise zu erwartende Vorkehrungen nicht abgewendet werden können. Die Besatzungsmitglieder haben Anspruch auf Ersatz der Fahrtkosten vom Ort der Begründung des Heuerverhältnisses zum Liegeplatz des Schiffes sowie auf ein angemessenes Tages- u. Übernachtungsgeld. Schiffsmänner sind grundsätzlich nur zur Arbeitsleistung auf dem im Heuerschein angegebenen Schiff verpflichtet; Schiffsoffiziere und sonstige Angestellte können aus wichtigen betriebl. Gründen auf andere, dem Reeder gehörende Schiffe umgesetzt (also keine → Versetzung i. S. des Arbeitsrechtes) werden (§ 27). Der Arbeitsplatz des Kapitäns richtet sich nach dem Inhalt des Arbeitsvertrages. Dem Inhalt nach ist das Besatzungsmitglied zur Leistung der nach dem Heuerverhältnis vorausgesetzten Dienste verpflichtet (§ 29). Wegen der besonderen mit der Seeschiffahrt verbundenen Gefahren ist das → Direktionsrecht jedoch in Notfällen erweitert (§ 29). Nach ausdrücklicher gesetzl. Vorschrift muß sich das Besatzungsmitglied mit Ausnahme des Bordganges u. Urlaubes auch während der dienstfreien Zeit an Bord aufhalten (§ 28).

Für seine Arbeitsleistung erhält das Besatzungsmitglied die *Heuer;* sie umfaßt alle aufgrund des Heuerverhältnisses gewährten Vergütungen. Dabei ist die Grundheuer das dem Besatzungsmitglied zustehende feste, nach Monaten bemessene Gehalt (§§ 30, 31). Vgl. AP 1 zu § 31 SeemannsG; AP 2 zu § 1 TVG Tarifverträge: Seeschiffahrt. Der Anspruch auf Heuer beginnt mit dem Dienstantritt (§§ 32ff.). Er wird fällig nach Ablauf eines Monats o. am Ende des Heuerverhältnisses (§§ 34ff.). Das Besatzungsmitglied hat nur im Hafen o. auf Reede Anspruch auf Auszahlung der Heuer (§ 35). Zur Sicherstellung des Unterhalts für Angehörige des Besatzungsmitgliedes dient der auf sein Verlangen ausgestellte *Ziehschein* (§ 36), aufgrund dessen dem Angehörigen keine eigenen Ansprüche gegen den Reeder erwachsen. Über die Heuer muß nach Ablauf des Kalendermonats o. bei Beendigung des Heuerverhältnisses schriftl. abgerechnet werden (§ 37). Wird die Abrechnung beanstandet, muß die Beanstandung schriftl. auf dem durch den Kapitän oder Reeder vermerkt werden. Vermindert sich die Besatzung u. wird dadurch die Arbeit der Besatzungsmitglieder vermehrt, so ist die ersparte Heuer zu verteilen

Seearbeitsrecht

(§ 38; hierzu BAG AP 1 zu § 38 SeemannsG; TarifSchiedsG AP 2 zu § 38 SeemannsG). Dies gilt nicht, wenn Überstundenvergütung gezahlt worden ist. Zur Sicherung des Heueranspruches kann ein gesetzliches Pfandrecht am Schiff nach dem HGB bestehen. Haben die Besatzungsmitglieder eines Kauffahrteischiffes ein anderes Schiff aus Seenot gerettet, so erwachsen Ansprüche auf Berge- u. Hilfslohn (§ 740 ff. HGB).

Von der Entstehung des Anspruches auf Heuer bis zur Beendigung des Heuerverhältnisses hat das Besatzungsmitglied *Anspruch auf Verpflegung* (§ 39). Das Mindestmaß der einem Besatzungsmitglied zu gewährenden Speisen u. Getränke regelt die Speiserolle. Nähere Anordnungen über die Speiserolle, Menge, Art und Lagerung der mitzuführenden Speisevorräte können in RechtsVO geregelt werden. Bei ungewöhnlich langer Reise kann der Kapitän abweichend von der Speiserolle Speisen u. Getränke kürzen. Im Schiffstagebuch hat er Zeitpunkt, Gründe u. Umfang der Abweichung von der Speiserolle einzutragen.

Das Besatzungsmitglied ist an *Bord angemessen unterzubringen*. Ihm ist eine sichere Aufbewahrung seiner Kleidungsstücke u. seiner anderen Gebrauchsgegenstände zu gewähren. Kann die Unterbringung nicht an Bord erfolgen, muß es anderweitig angemessen untergebracht werden o. für die Unterbringung entschädigt werden (§ 41).

Das Besatzungsmitglied hat unabhängig vom Erholungsurlaub Anspruch auf *Landgang* (§ 61). Der Landgang ist eine vorübergehende Befreiung von der Bordanwesenheitspflicht, wenn das Schiff in einem Hafen festgemacht o. auf der Reede ankert. Der Anspruch besteht nur unter den in § 61 aufgezählten Voraussetzungen. Zu unterscheiden ist dabei zwischen einem Landgang innerhalb o. außerhalb der Hafenarbeitszeit (§§ 84, 86 SeemannsG). Zum Ausgleichsanspruch: AP 1 zu § 1 TVG Tarifverträge: Seeschiffahrt.

Das Besatzungsmitglied hat Anspruch auf *Erholungsurlaub* (§§ 53–60, 78 I SeemannsG). Das BUrlG ist nur anzuwenden, soweit es Vorschriften über die Mindestdauer des Urlaubs enthält (§ 53 II). Der Urlaubszeitpunkt wird vom Reeder o. vom Kapitän festgesetzt (§ 55 I). Dabei sind die Wünsche der Besatzungsmitglieder zu berücksichtigen. Grundsätzl. wird der Urlaub im Geltungsbereich des GG gewährt, es sei denn, daß mit dem Besatzungsmitglied etwas anderes vereinbart wird. Aus betriebl. Gründen, insbesondere bei längeren Reisen kann der Urlaub für zwei Jahre zusammen gewährt werden (§ 55 II). Wird Heimaturlaub von einem Hafen außerhalb des GG gewährt, so beginnt er erst, wenn das Besatzungsmitglied in der BRD eintrifft. Der Reeder hat die Reisekosten zu zahlen (§ 56). Während des Urlaubs erhält das Besatzungsmitglied für jeden Urlaubstag, jeden darin fallenden Sonn- u. Feiertag 1/30 der Heuer (Tarif-

SchiedsG AP 1 zu § 57 SeemannsG). Erkrankt es während des Urlaubs, so werden die Krankentage nicht auf den Urlaub angerechnet. Indes ist es auch nicht berechtigt, von sich aus den noch nicht verbrauchten Urlaub im Anschluß an die Krankheitstage zu nehmen (§ 58). Im Falle der Beendigung des Heuerverhältnisses ist der Urlaub abzugelten (§§ 59, 60; vgl. dazu TarifSchiedsG AP 1, 2 zu § 60 SeemannsG), sofern es wegen Eingehung eines anderen Heuerverhältnisses nicht verlängert werden kann (AP 4 zu § 60 SeemG). Das Heuerverhältnis ist so zu befristen, daß dem Besatzungsmitglied Urlaub in Form von bezahlter Freizeit gewährt werden kann (AP 3 zu § 60 SeemannsG).

4. Kapitän und alle Besatzungsmitglieder sind ohne Rücksicht auf die Höhe ihres Einkommens in der *gesetzl. Krankenversicherung u. der gesetzl. Unfallversicherung* versicherungspflichtig (§§ 6 I Nr. 1 SGB V; 539 RVO). Ferner hat die Krankenfürsorge an Bord eine besondere Ausgestaltung erfahren (§§ 42 bis 47, 50, 78 I). Die VO über die Krankenfürsorge auf Kauffahrteischiffen vom 25. 4. 1972 (BGBl. I 734) will sicherstellen, daß der Reeder seinen Verpflichtungen auch nachkommt. Die Fortzahlung der Heuer im Krankheitsfalle ist in §§ 48, 78 II geregelt.

5. Das auf unbestimmte Zeit eingegangene Heuerverhältnis kann von beiden Arbeitsvertragsparteien *schriftl. gekündigt* werden (§ 62 I). Ein Radiogramm genügt nicht den Voraussetzungen der Schriftform; jedoch kann der Kapitän ermächtigt werden, schriftlich zu kündigen (AP 1 zu § 62 SeemG = DB 84, 515). Die ordentl. → Kündigung gegenüber Schiffsoffizieren u. sonstigen Angestellten kann nur vom Reeder ausgesprochen werden (§ 62 II). Die Kündigungsfristen betragen bei Schiffsleuten, Schiffsoffizieren und sonstigen Angestellten während der ersten 3 Monate eine Woche, danach bei Schiffsleuten 2 u. Schiffsoffizieren u. sonstigen Angestellten 6 Wochen zum Quartalsschluß. Die Unterschiede sind verfassungswidrig. Besonderheiten bestehen, wenn die erste Reise länger als 3 Monate dauert (§ 63 II) o. das Arbeitsverhältnis längere Zeit besteht. Bei Kapitänen ist die Kündigungsfrist in den ersten beiden Dienstjahren bei demselben Reeder 6 Wochen, ab Beginn des dritten Dienstjahres 3 Monate. Das AngKSchG ist anzuwenden. Das Arbeitsverhältnis setzt sich bei Seereisen über das Ende der Kündigungsfrist bis zur Ankunft des Schiffes in einem Hafen der BRD o. in einem Hafen eines angrenzenden Staates, der zum Laden o. Löschen angelaufen wird, fort, es sei denn, daß etwas anderes vereinbart ist (§ 63 III SeemannsG) o. für Rückschaffung gesorgt wird (TarifSchiedsG AP 1, 2 zu § 63 SeemannsG; AP 1 zu § 74 SeemannsG; AP 3, 4 zu § 63 SeemannsG). Das KSchG findet in einigen Modifikationen wegen des Laufs der Dreiwochenfrist (§§ 23, 24 KSchG) Anwendung (AP 1 zu

§ 24 KSchG 1969 = DB 86, 1474). Eine eingehende Regelung hat das Recht der außerordentlichen Kündigung erfahren (§§ 64–73). Hierzu: AP 1 zu § 67 SeemannsG; AP 1 zu § 64 SeemannsG. Wird die fristlose Kündigung auf See ausgesprochen o. bleibt das Besatzungsmitglied nach einer fristlosen Kündigung an Bord, so hat es den bei der Heimschaffung hilfsbedürftiger Seeleute üblichen Verpflegungssatz zu zahlen. Die Höhe ergibt sich aus § 5 des Gesetzes betreffend die Verpflichtung der Kauffahrteischiffe zur Mitnahme heimzuschaffender Seeleute vom 2. 6. 1902 (RGBl. S. 212).

6. Schließlich ist die *Zurücklassung und Rückbeförderung* geregelt (§§ 71 ff.).

Sondervorschriften finden sich für die *Betriebsverfassung* (§§ 114 ff. BetrVG). Auf Seeschiffahrtsunternehmen, die keinen Sitz im Inland haben, findet das BetrVG auch dann keine Anwendung, wenn sie ein Schiff bereedern, das nach dem FlaggRG die deutsche Bundesflagge führt (AP 1 zu § 114 BetrVG 1972).

7. Zum Internationalen Seeschiffahrtsregister: Geffken NZA 89, 88, Hauschka NZA 88, 597.

Solidarität wird als Rechtsprinzip verwandt, um eine Einheit zwischen AN bzw. AG herzustellen.

Sommerzeit: Infolge der Zeitverschiebung kann es zu verkürzten und verlängerten Schichten kommen. Grundsätzlich besteht Anspruch auf → Arbeitsvergütung entspr. der tatsächlich geleisteten Arbeitszeit (vgl. AP 38 zu § 615 BGB = DB 86, 1780).

Sonderausgaben sind Aufwendungen, die weder zu den Betriebsausgaben noch den Werbungskosten gehören, sondern private Lebenshaltungskosten sind, die aber aus sozialen Gründen steuerbegünstigt sind. Sie sind in § 10 EStG zusammengestellt. Zu ihnen gehören z. B. Unterhaltsleistungen an den geschiedenen o. dauernd getrennt lebenden Ehegatten, auf besonderen Verpflichtungsgründen beruhende Renten u. dauernden Leistungen, die Beiträge des AN zu Kranken-, Unfall- und Haftpflichtversicherungen, zu den gesetzlichen Rentenversicherungen. Für sie können im → Lohnsteuerermäßigungsverfahren Steuervergünstigungen beantragt werden.

Sonderurlaub wird AN im Anschluß an den Jahresurlaub zur Erholung o. sonst zur Interessenwahrnehmung gewährt. Ein Anspruch auf Gewährung von S. besteht im allgemeinen nicht; vgl. im öffentl. Dienst § 50 BAT; AP 14 zu § 50 BAT = NZA 89, 848. Dient der S. dazu, eine längere, zusammenhängende Erholungszeit zu verschaffen, so brauchen AN ihn im Falle der Erkrankung nicht anzutreten o. weiterzunehmen, so daß sie Anspruch auf → Krankenvergütung er-

Sonderzuwendungen

langen (AP 4 zu § 133 c GewO, AP 2, 4, 5 zu § 9 BUrlG). Dient der S.
anderen Zwecken, z. B. um Ausländern die Heimfahrt zu ermöglichen, so besteht im Falle der Erkrankung kein Anspruch auf Krankenvergütung (AP 15 zu § 1 LFZG). Ob ein Anspruch auf Krankengeld
besteht, richtet sich nach den gleichen Grundsätzen (BSG BB 77, 499).
Beginnt die Zahlung der → Krankenvergütung erst nach dem Ende
des S., so läuft auch erst ab diesem Zeitpunkt die 6-Wochenfrist (AP
36 zu § 1 LohnFG). Ruht das Arbeitsverhältnis vorübergehend, so
besteht auch im Falle der Erkrankung kein Anspruch auf → Krankenvergütung (AP 8 zu § 9 BUrlG; AP 53 zu § 1 LohnFG = DB 83, 2526).
Hat ein türkischer als Lehrer tätiger AN für die Ableistung seines
zweimonatigen Wehrdienstes S. vereinbart, so kann er für die in diese
Zeit fallenden Schulferien keine Vergütung verlangen (AP 13 zu § 50
BAT = NJW 87, 1574). Allgemeine Grundsätze über die Gewährung
von S. sind nach § 87 I Nr. 5 BetrVG mitbestimmungspflichtig (DB
74, 2263; 78, 499). Eine Klausel, in der sich der AG ein einseitiges
Bestimmungsrecht über die Dauer des S. vorbehält, ist nichtig. Eine
solche Vereinbarung ist unter Berücksichtigung der beiderseitigen
Interessen in eine wirksame Vereinbarung umzudeuten (AP 1 zu § 1
BUrlG Unbezahlter Urlaub).

Sonderzuwendungen sind regelmäßig freiwillig u. unter dem
Vorbehalt eines jederzeitigen Widerrufs gezahlte Vergütungen für
eine besondere Arbeitsleistung des AN → Gratifikation.

Sonntagsarbeit. Wegen der Verkürzung der → Arbeitszeit auf 35 h
in der Woche und der hohen Betriebsmittelkosten wird versucht,
wieder zur Samstags- und Sonntagsarbeit zurückzukehren, indem
mehrschichtig gearbeitet wird. Nach § 105 b GewO ist eine Erwerbs-
arbeit an Sonntagen grundsätzlich verboten; dasselbe gilt für Jugendliche nach § 17 JArbSchG. In → Dreischichtbetrieben kann die Arbeitszeit an Sonntagen um 6 Std. nach vorn oder hinten verschoben sein.
Ausnahmen von dem Verbot der Sonntagsarbeit ergeben sich aus
§ 105 c ff GewO. Ob durch → Tarifvertrag eine Arbeit an Sonntagen
beschränkt werden kann, ist umstr. Arbeitet der AN an S., so hat er
idR. aufgrund → Tarifvertrages Anspruch auf besondere Zuschläge.
  Lit.: Albrecht ArbuR 89, 97; Däubler Beil. 7 zu DB 88; Kappus DB
90, 478; Leinemann NZA 88, 337; Neudel ArbuR 88, 337; Richardi JZ
89, 491; Ulber CR 88, 399; Zmarzlik NZA 89, 537.

Soziales Jahr: Das freiwillige soziale Jahr wird ganztätig als pflegeri-
sche, erzieherische o. hauswirtschaftliche Hilfstätigkeit geleistet (G.
v. 17. 8. 1964 [BGBl. I 640] m. spät. Änd.). Für Rechtsstreitigkeiten
aus dem S. J. sind die Arbeitsgerichte zuständig (§ 2 ArbGG).

Sozialpartner. Die Berufsverbände, also → Arbeitgeberverbände u. → Gewerkschaften, werden auch als SP bezeichnet.

Sozialplan heißt die Einigung zwischen AG u. → Betriebsrat zur Milderung der wirtschaftlichen Nachteile, die den AN infolge einer geplanten → Betriebsänderung entstehen (§ 112 I 2 BetrVG).

1. Der Betriebsrat hat ein erzwingbares Mitbestimmungsrecht; Ausnahmen bestehen bei Personalreduzierung in den Fällen des § 112a BetrVG (v. 13. 6. 89 – 1 ABR 14/88 – BB 90, 418). Ein S. kann unmittelbar zwischen AG u. BR, durch Vermittlung des Präsidenten des Landesarbeitsamtes, vor der → Einigungsstelle abgeschlossen werden o. auf einem Spruch der → Einigungsstelle beruhen. Der S. ist schriftlich niederzulegen u. vom AG u. BR zu unterschreiben. Vom S. werden grundsätzlich nur die AN des Betriebes, nicht aber die Pensionäre o. leitenden → Angestellten erfaßt. Welche Maßnahmen zum Ausgleich o. zur Milderung der wirtschaftlichen Nachteile erforderlich sind, kann nur nach den Umständen des Einzelfalles entschieden werden (AP 7 zu § 112 BetrVG 1972; AP 1 zu § 77 BetrVG 1972 Auslegung). Es kann sich um → Abfindungen für den Verlust des Arbeitsplatzes, Lohnausgleich für die Zuweisung einer anderen Tätigkeit, Lohnzuschläge für die Arbeitserschwernis usw. handeln. Der S. hat die Wirkungen einer → Betriebsvereinbarung (AP 2 zu § 112 BetrVG 1972). Die AN erlangen mithin unmittelbare Ansprüche gegen den AG. Der S. unterliegt der gerichtlichen Billigkeitskontrolle im → Beschlußverfahren (AP 11, 12, 14 zu § 112 BetrVG 1972). Diese wird jedoch nicht im Individualprozeß durchgeführt (AP 11 zu § 112 BetrVG 1972).

Ein S. mit Dauerwirkungen kann auch zum Nachteil der AN geändert werden (AP 12 zu § 112 BetrVG 1972; AP 41 = NZA 88, 203). Zum Abschluß der Betriebsvereinbarung ist auch der → Betriebsrat des Betriebes zuständig, der die AN des geänderten Betriebes aufgenommen hat.

2. Für die Bemessung der Sozialplanleistungen hat sich eine umfangreiche Rspr. entwickelt. Für die Bemessung der Auflösungsentschädigung wird zumeist nach der Formel Lebensalter × Betriebszugehörigkeit : 100 = Anzahl der Grundbeträge verfahren. Hinzu kommen Sonderzuschläge für Unterhaltsverpflichtungen. Vertragliche Rückkehrklauseln für → Gastarbeiter können wegen Umgehung des Mitbestimmungsrechtes unwirksam sein (AP 19 zu § 9 KSchG 1969 = NZA 88, 15). Es ist nicht zu beanstanden, wenn in S. Höchstbegrenzungsklauseln für die Abfindung eingeführt werden u. diese überschreitende Beträge an alle AN des Betriebes verteilt werden (AP 46 zu § 112 BetrVG 1972 = NJW 89, 480 = NZA 89, 28). Es ist nicht zu beanstanden, wenn im S. nur Abfindungen an entlas-

sene AN vorgesehen sind (AP 48 = NZA 89, 401), dagegen nicht, wenn eine zumutbare Versetzung möglich (AP 3 zu § 112 BetrVG 1972; AP 18 = DB 84, 725; AP 41 = NZA 88, 203; AP 47 = NZA 89, 186). Wirksam sind auch die Abfindungen nach den sozialen Bedingungen der einzelnen AN festzulegen (AP 40 zu § 112 BetrVG 1972 = DB 85, 1487; auch AP 26 = NJW 86, 150; AP 41 = NZA 88, 203). Es können AN von S.-Leistungen ausgeschlossen werden, die vorgezogenes Altersruhegeld beanspruchen können (AP 45 zu § 112 BetrVG 1972 = NJW 89, 480 = NZA 89, 25). Wird ein Unternehmen teilweise stillgelegt, erweist sich aber die weitere Sanierung als aussichtslos u. erfolgt eine völlige Stillegung, so müssen auch die AN berücksichtigt werden, die bereits im Rahmen der Teilstillegung ausgeschieden sind (AP 14). Ein S. darf jedoch die Zahlung von Abfindungen nicht davon abhängig machen, daß der AN gegen eine → Kündigung keine gerichtlichen Schritte unternimmt (AP 17 = DB 84, 723; AP 33 = DB 85, 2357). Eine nach der Rspr. o. nach § 1 BetrAVG unverfallbare Ruhegeldanwartschaft kann nicht durch einen Sozialplan abgefunden werden (AP 154, 169 zu § 242 BGB Ruhegehalt; AP 3 zu § 1 BetrAVG). Ein S. darf zwischen älteren u. jüngeren AN dergestalt unterscheiden, daß für ältere AN die S.-Leistungen entspr. den tatsächlich erwachsenden Nachteilen, dagegen bei jüngeren pauschal bemessen werden (AP 21 zu § 112 BetrVG 1972 = DB 84, 1527). Jedoch kann ein älterer AN verpflichtet werden, auch vorgezogenes Altersruhegeld zu beantragen, wenn ihm Ausgleichsleistungen zum Arbeitslosengeld gezahlt wurden (AP 5 zu § 42 SchwbG). Es verstößt auch nicht gegen den → Gleichbehandlungsgrundsatz, wenn nur an AN, deren Schwerbehinderung bereits festgestellt ist, S.-Leistungen vorgesehen werden (AP 124 zu Art. 9 GG = DB 83, 2372). Schwebt ein → Beschlußverfahren über die Billigkeit des S., können etwaige Zahlungsklagen der AN bis zum Abschluß des Beschlußverfahrens ausgesetzt werden *(DB 78, 1699)*. Der Abfindungsanspruch nach §§ 112, 113 BetrVG unterliegt wie der Abfindungsanspruch nach §§ 9, 10 KSchG dem Pfändungsschutz des § 850i ZPO *(OLG BB 80, 44)*; er unterliegt tariflichen → Verfallfristen (AP 10 zu § 113 BetrVG 1972 = NJW 84, 1650).

3. Das BAG hat zunächst die Auffassung vertreten, im → Konkurs seien S.-Forderungen als Konkursforderungen im Range vor allen anderen zu befriedigen (AP 6, 11 zu § 112 BetrVG 1972). Diese Rspr. ist durch das BVerfG aufgehoben (AP 22 = NJW 84, 468). Darauf hatte das BAG entschieden, daß S.-Forderungen zu Konkursforderungen des letzten Ranges gehörten (AP 23 zu § 112 BetrVG 1972 = NJW 84, 2486). Darauf ist das SozplKonkG vom 20. 2. 1985 (BGBl. I 369) ergangen. Es tritt am 31. 12. 1991 außer Kraft, weil

beabsichtigt ist, ein neues Insolvenzrecht (→ Konkurs) zu schaffen. Es regelt im einzelnen, in welchem Rang S.-Forderungen zu befriedigen sind. Zum Rang vgl. AP 2 zu § 6 SozplKonkG = NJW 85, 3037. Zur Begrenzung: AP 5 zu § 146 KO.

4. S.-Abfindungen sind bei der Feststellung der unterhaltsrechtlichen Leistungspflichten zu berücksichtigen (BGH AP 13 zu § 112 BetrVG 1972). Lit.: Hemmer Personal 89, 188; PersF 89, 76; Hunold BB 88, 764; Klebe/Roth 89, 1518; Schellhaaß ZfA 89, 167.

Sozialgesetzbuch: Das Recht der → Sozialversicherung soll in einem SGB zusammengefaßt werden. Bislang sind erlassen SGB I Allgemeiner Teil, SGB IV Gemeinsame Vorschriften für die Sozialversicherung, SGB V Gesetzliche Krankenversicherung, SGB VI Gesetzliche Rentenversicherung, das am 1. 1. 1992 in Kraft treten wird, SGB X Verwaltungsverfahren, Schutz der Sozialdaten, Zusammenarbeit der Leistungsträger und ihre Beziehungen zu Dritten.

Sozialversicherung. Die Mittel für die SV haben im Rahmen der Versicherungspflichtgrenze AG u. AN grundsätzlich je zur Hälfte aufzubringen (§ 20 SGB IV). Für Streitigk. um die Sozialversicherungspflichtigkeit ist der Rechtsweg zu den Arbeitsgerichten nicht gegeben. Der AG ist verpflichtet, alle zur Beurteilung der Versicherungspflicht notwendigen Merkmale aufzuzeichnen (§ 28 f SGB IV). Der AG hat gegen den AN einen Anspruch auf Erstattung des von diesem zu tragenden Teils des Gesamtsozialversicherungsbeitrages. Dieser Anspruch kann aber nur durch Abzug vom Arbeitsentgelt geltend gemacht werden. Ein unterbliebener Abzug darf nur bei den nächsten drei Zahlungen nachgeholt werden, danach nur dann, wenn der Abzug ohne Verschulden des AG unterblieben ist (§ 28 g SGB IV). Hierdurch soll einer Verschuldung des AN vorgebeugt werden. Die frühere Rspr. ist damit weitgehend überholt (AP 1–7 zu §§ 394, 395 RVO). Für Erstattungsklagen ist der Rechtsweg zu den → Arbeitsgerichten gegeben (AP 3 zu §§ 394, 395 RVO). Hat der AG zu Unrecht Beiträge eingezogen, so kann der AN vor dem → Arbeitsgericht auf Auszahlung der Arbeitsvergütung klagen (AP 1 zu § 2 ArbGG 1979). Hat der AG die Beiträge zur SV ganz o. teilweise nicht rechtzeitig abgeführt u. weigert sich der SV-Träger, diese noch entgegenzunehmen, kann der AN seinen daraus entstehenden Schaden vom AG aus Vertragsverletzung u. unerlaubter Hdlg. (§ 823 II BGB) ersetzt verlangen (AP 1, 4 zu § 823 BGB Schutzgesetz; AP 8 zu § 249 BGB; BGH BB 82, 1735).

Sozialversicherungsausweis. Er ist zur Bekämpfung der → Schwarzarbeit eingeführt worden. Grundsätzlich sollen alle Beschäftigten mit einem Sozialversicherungsausweis ausgestattet werden. Er

Sparprämien

wird von derselben Stelle ausgestellt, die auch die → Sozialversicherungs-Nachweishefte ausstellt. Für Beschäftigte, die bereits eine
Versicherungsnummer haben, wird der S. bei der nächsten Ausgabe
des Sozialversicherungs-Nachweisheftes ausgestellt. Der AG hat sich
bei Beginn der Beschäftigung den S. vorlegen zu lassen. Der AN ist
verpflichtet, bei Beginn der Beschäftigung den S. vorzulegen. Bestimmte AN-Gruppen müssen ihn bei der Verrichtung der Arbeit
mit sich führen. Legt der AN den S. bei Aufnahme der Beschäftigung nicht vor, muß der AG eine Kontrollmeldung machen. Damit
wird gewährleistet, daß der AN keine → Schwarzarbeit verrichten
kann. Beansprucht der AN Sozialversicherungsleistungen (→ Arbeitslosenversicherung) soll der S. hinterlegt werden, damit die Aufnahme einer Tätigkeit nicht unentdeckt bleibt. Lit.: Schneider BB
89, 1974.

Sparprämien werden nach dem Sparprämiengesetz (SparPG)
i. d. F. v. 10. 2. 1982 (BGBl. I 125) m. spät. Änd. nur noch für vor
dem 13. 11. 1980 abgeschlossene Verträge geleistet.

Spesen werden → Aufwendungen genannt, die ein AN zur Durchführung seines Dienstes aufwendet, insbes. Fahrt- u. Beköstigungsauslagen. Wird ein Reisender während der Kündigungszeit von der
Arbeit freigestellt, so hat er während der → Suspendierung keinen
Anspruch auf Weiterzahlung der pauschal gezahlten Sp. Enthält die
Sp.-Pauschale auch einen Betrag zur Deckung anderer als der Betriebskosten eines Kfz, so ist dieser Betrag weiterzuzahlen. Das gleiche gilt für → Urlaub, Krankheit usw.

Sphärentheorie → Betriebsrisiko.

Sport: Die sog. Lizenzspieler der Bundesligavereine sind → Arbeitnehmer (v. 10. 5. 90 – 2 AZR 607/89 –). Hieraus folgt, daß → Arbeitsrecht anwendbar ist u. die → Arbeitsgerichte für etwaige Rechtsstreitigkeiten zuständig sind. Da sie aus steuerrechtl. Gründen nicht Mitgl.
der Bundesligavereine werden können (§ 4 II GemVO), werden sie
durch einen vornormierten Lizenzvertrag den Satzungen des Deutschen Fußballbundes unterstellt. Die Satzung des DFB sieht bei Verstößen gegen die Regeln des Sportes Vertragsstrafen vor, die durch
sog. Sportgerichte verhängt werden. Zulässigkeit u. Grenzen dieser
Strafen sind umstr. Eine nach den Statuten des DFB verhängte Spielsperre wirkt sich nicht unmittelbar auf den Lohnanspruch des Spielers
aus (AP 2 zu § 611 BGB Berufssport). Vertragl. Zusagen von Spielerzuwendungen des Vereins, die gegen die Normen des DFB verstoßen,
sind nicht sittenwidrig *(AP 1 zu § 611 BGB Berufssport)*. Richtet sich
die Höhe einer einem Lizenzspieler zugesagten Jahresprämie nach der
Zahl der Pflichtspiele, so führt eine Krankheit nicht dazu, daß sie als

fortzuzahlende → Krankenvergütung gutgebracht wird (AP 65 zu § 616 BGB = NJW 86, 2904). Zu Handgeldern *AR-Blattei, Sport Entsch. 5;* zur Berücksichtigung von Leistungsprämien beim Urlaubsentgelt (AP 10 zu § 11 BUrlG) u. → Krankenvergütung *(NZA 89, 469).* Nimmt ein Spieler sog. Siegprämien (Bestechungsgelder), ist seine ao. Kündigung gerechtfertigt. Das Lizenzspielerstatut, das die Höhe der Transfersumme allein vom Willen des abgebenden Vereins und der Erteilung der Spielberechtigung für einen neuen AG davon abhängig macht, ob dieser sie zahlt, verstößt (umstr. M.) gegen Art. 12 I GG und ist nichtig (v. 15. 11. 89 – 5 AZR 590/88 – BB 90, 564). Lit.: Materialien RdA 82, 53; dazu Buchner u. a. RdA 82, 1 ff.; Hilf NJW 84, 517; Reuter NJW 83, 649.

Sprecherausschüsse. I. 1. Das BetrVG 1972 hat die leitenden → Angestellten als AN qualifiziert, sich aber bewußt einer Vertretungsregelung enthalten (BT-Drucks. 11/2503 S. 25). Das BAG hat aus dem Sozialstaatsgebot abgeleitet, daß sich Sprecherausschüsse der leitenden Angestellten (l. A.) bilden könnten (AP 9 zu § 5 BetrVG 1972 = BB 75, 925). Das Gesetz über Sprecherausschüsse der leitenden Angestellten (l. A.) (SprecherausschußG-SprAuG) v. 20. 12. 1988 (BGBl. I 2312) nebst Wahlordnung vom 28. 9. 1989 (BGBl. I 1798).

2. Das SprAuG ist ein Organisationsgesetz. Es verdrängt die freiwillig gebildeten SprA. Da die erstmaligen Wahlen zum SprA in der Zeit vom 1. 3.–31. 5. 1990 stattgefunden haben, ist deren Amtszeit mit der Wahl beendet. Die Amtszeit der freiwilligen SprA hat unabhängig davon am 31. 5. 1990 geendet, ob ein gesetzlicher SprA gewählt worden ist oder nicht. Freiwillige SprA können hinfort nicht mehr gewählt werden. Ob dies auch für sonstige Gruppierungen l. A. gilt, ist umstr. Soweit sie nicht dieselben Aufgaben wie ein SprA wahrnehmen, ist dies zu verneinen.

II. 1. Ein SprA ist zu wählen *(1)* in Betrieben mit idR mindestens zehn l. A. (Ausnahme § 1 II, III) und *(2)* sofern bislang ein gesetzlicher SprA nicht bestand, die Mehrheit der l. A. dies beschließt (§ 7 II SprAUG). Um eine Parallelität mit dem BetrVG herbeizuführen, ist nach §§ 16, 17 SprAuG ein Gesamtsprecherausschuß u. nach § 21 SprAuG ein freiwilliger Konzernsprecherausschuß zu bilden.

2. Betriebsübergreifende SprA sind zu wählen in Betrieben mit idR weniger als 10 l. A. Sie gelten als Angestellte des räumlich nächstgelegenen Betriebes mit mehr als 10 l. A. (§ 1 II SprecherausschußG). Hierdurch wird gewährleistet, daß kein l. A. unvertreten bleibt, wenn sich die Mehrheit für eine Vertretung ausgesprochen hat. Andererseits können sich Probleme ergeben, wenn ein Betrieb einem fachfremden Betrieb zugeschlagen wird.

3. Sind in einem → Unternehmen mit mehreren Betrieben idR insgesamt mindestens 10 l. A. beschäftigt, kann abweichend von der Rechtslage unter 2 ein Unternehmenssprecherausschuß gewählt werden, wenn dies die Mehrheit der l. A. des Unternehmens verlangt. Ein UnternehmensSprA kann mithin gebildet werden, wenn *(1)* ein Unternehmen mehrerer Betriebe mit mind. je 10 l. A., *(2)* ein Unternehmen insgesamt mehr als 10 l. A., *(3)* ein Unternehmen mehrere Betriebe mit teils mehr und teils weniger als 10 l. A. hat. Dagegen unterfällt nicht dem § 1 II SprAuG, daß ein Unternehmen einen Betrieb mit mindestens 10 l. A. hat u. alle anderen Betriebe weniger als 10 l. A. haben (§ 20 I SprAuG).

4. Die Wahl. Die Zahl der Mitglieder und die Geschäftsführer des SprA sind in §§ 3 ff. SprAuG geregelt. Die Vorschriften lehnen sich im allgemeinen eng an die Vorschriften für den → Betriebsrat an. Dagegen sind die Mitglieder des SprA weitaus weniger gesichert. Sie verfügen über keinen besonderen Kündigungsschutz. Allerdings dürfen sie in der Amtsausübung nicht gestört werden. Ist dies der Fall, so sind Kündigungen u. sonstige Maßregelungen unwirksam (§ 134 BGB).

III. 1. Der BR hat die Interessen der → Arbeiter u. → Angestellten (→ Betriebsratsaufgaben) zu vertreten. Der SprA vertritt die Belange der l. A. des Betriebes (§ 25 I SprAuG). Um eine Konkurrenz der Vertretungsorgane zu verhindern u. ein friedliches Zusammenleben zu gewährleisten, kann nach § 2 II SprAuG dem → Betriebsrat o. einzelnen Mitgliedern das Recht eingeräumt werden, an Sitzungen des SprA teilzunehmen. Andererseits kann auch der BR dem SprA das Recht einräumen, an Sitzungen der BR teilzunehmen. Einmal im Kalenderjahr soll eine gemeinsame Sitzung stattfinden.

2. Der BR hat umfangreiche Mitwirkungs- und Mitbestimmungsrechte. Dagegen sind die Rechte des SprA weitaus schwächer ausgestaltet. Insoweit ergibt sich ein Vorrang der Regelungskompetenz kollektiver Belange für den BR. Nach § 2 I 2 SprAuG hat der AG vor Abschluß einer → Betriebsvereinbarung o. sonstigen Vereinbarung, die die rechtlichen Interessen der l. A. berührt, den SprA anzuhören. Unterbleibt die Anhörung, so bleibt hiervon die Wirksamkeit der Vereinbarung unberührt. Der Begriff der rechtlichen Interessen ist enger als der der berechtigten Interessen. Rechtliche Interessen sind nur dann gegeben, wenn unmittelbar in Rechtsansprüche der l. A. eingegriffen wird. Das kann zB. der Fall sein, wenn bislang aus einem Fundus von → Werkswohnungen Arbeiter, Angestellte u. l. A. bedient wurden u. der BR durchsetzt, daß hinfort nur noch Werkswohnungen nach sozialen Gesichtspunkten vergeben werden. Dagegen werden nur berechtigte Interessen berührt, wenn der AG

erstmals mit dem BR vereinbart, wie die Werkswohnungen vergeben werden.

IV. Die Mitwirkungsrechte des SprA ergeben sich aus §§ 25 bis 32 SprAuG.

1. a) Nach § 25 I SprAuG vertritt der SprA die Belange der l. A. des Betriebes (§ 1 I SprAuG) u., sofern ein Unternehmenssprecherausschuß (II 3) gewählt worden ist, die des Unternehmens (§ 20 IV SprAuG). Aus § 25 I SprAuG läßt sich nur das repräsentationsrechtliche Mandat des gesetzlichen SprA ableiten, dagegen keine Allzuständigkeit, denn sonst wären die geregelten Mitwirkungstatbestände überflüssig. Unberührt von dem Vertretungsmandat bleibt die Wahrnehmung der Belange durch den einzelnen Angestellten.

b) Die Beteiligungsrechte des SprA beschränken sich auf Unterrichtungs-, Anhörungs- u. Beratungsrechte. Dagegen stehen ihm keine Mitbestimmungsrechte zu. Da die l. A. ohnehin der Unternehmensleitung zugerechnet werden, sollte die Unternehmensleitung keinen Gegner im eigenen Lager haben.

2. a) Der l. A. kann bei der Wahrnehmung seiner Belange gegenüber dem AG ein Mitglied des SprA hinzuziehen (§ 26 I SprAuG). Der l. A. hat das Recht, in seine Personalakte Einsicht zu nehmen. Auch hierbei kann ein Mitglied des SprA hinzugezogen werden. Dieses hat über den Inhalt der Akte Stillschweigen zu bewahren.

b) Nach § 27 SprAuG haben AG und SprA darüber zu wachen, daß die l. A. nach Recht und Billigkeit behandelt werden. § 27 ist § 75 BetrVG nachgebildet.

3. a) Nach § 28 I können AG u. SprA Richtlinien über den Inhalt, den Abschluß oder die Beendigung von Arbeitsverhältnissen der l. A. schriftlich vereinbaren. Sie entsprechen den Regelungsabreden im BetrVG (→ Betriebsvereinbarung). Sie entfalten für das einzelne Arbeitsverhältnis nur dann Wirkungen, wenn sie einzelvertraglich in das Arbeitsverhältnis umgesetzt werden. Der AG ist gegenüber dem SprA nicht verpflichtet, bei der Einzelvereinbarung sich an die Richtlinien zu halten.

b) AG u. SprA können in den Richtlinien vereinbaren, daß sie unmittelbar u. zwingend für die Arbeitsverhältnisse gelten. Es steht mithin in deren Regelungskompetenz, ob sie Mindestarbeitsbedingungen vereinbaren. Ist eine entspr. Vereinbarung getroffen, so gilt das → Günstigkeitsprinzip. Ohne Zustimmung des SprA kann der l. A. nicht auf Rechte einer Vereinbarung verzichten.

c) Die Vereinbarungen können mit einer Frist von 3 Monaten gekündigt werden, sofern nichts anderes vereinbart ist (§ 28 II 4 SprAuG). Eine Nachwirkung der Vereinbarung ist im Unterschied zu Betriebsvereinbarungen nicht vorgesehen.

4. Nach § 30 SprAuG hat der AG den SprA rechtzeitig zu unterrichten gegenüber *(1)* Änderung der Gehaltsgestaltung u. sonstiger allgemeiner Arbeitsbedingungen sowie *(2)* Einführung o. Änderungen allgemeiner Beurteilungsgrundsätze. Die vorgesehenen Maßnahmen sind mit dem SprA zu beraten.

a) Gehaltsgestaltung sind wie die Lohngestaltung in § 87 I Nr. 10 kollektive u. abstrakte Regelungen über die Gehaltsfindung. Sie umfaßt auch die Bildung von Gehaltsgruppen u. die Bandbreite der einzelnen Gehaltsgruppen. Zu den allgemeinen Arbeitsbedingungen zählen alle Bedingungen, die Inhalt des einzelnen Arbeitsvertrages sein können; diese können materielle (zB. Ruhegeld) als auch formelle (Lage der Arbeitszeit) sein. Beurteilungsgrundsätze sind wie im BetrVG Regelungen über die Bewertung des Verhaltens u. der Leistung der l. A.

b) Aus § 25 II i. V. m. § 30 SprAuG wird sich nicht das Recht ableiten lassen, daß der SprA in die Lohn- u. Gehaltslisten der l. A. Einsicht nehmen kann (umstr.).

5. In § 31 SprAuG sind die personellen Mitwirkungsrechte geregelt.

a) Eine beabsichtigte Einstellung o. personelle Veränderung eines l. A. ist dem SprA rechtzeitig mitzuteilen (§ 31 I SprAuG). Die Vorschrift entspricht der Mitteilungspflicht an den BR nach § 105 BetrVG.

b) Der SprA ist vor jeder Kündigung eines l. A. zu hören. Der AG hat ihm die Gründe der beabsichtigten Kündigung mitzuteilen. Eine ohne Anhörung des SprA ausgesprochene Kündigung ist unwirksam. Das Verfahren ist der → Anhörung des BR nachgebildet.

c) Ist zweifelhaft, ob ein Angestellter l. A. ist, erfolgt zweckmäßig die Anhörung des SprA u. des BR. Auch wenn ein Zuordnungsverfahren nach § 18a BetrVG stattgefunden hat, entfaltet dies für die Kündigung keine Bindungswirkung.

d) Die Mitglieder des SprA unterliegen wegen der personellen Angelegenheiten einer besonderen Verschwiegenheitspflicht (§ 31 III SprAuG).

6. a) In wirtschaftlichen Angelegenheiten hat der AG den SprA mindestens einmal im Kalenderhalbjahr zu unterrichten (§ 32 I SprAuG). Die wirtschaftlichen Angelegenheiten werden durch Verweisung auf § 106 III BetrVG konkretisiert. Keine Unterrichtungspflicht besteht in Tendenzbetrieben.

b) Der Unternehmer hat den SprA über geplante Betriebsänderungen i. S. von § 111 BetrVG, die auch wesentliche Nachteile für l. A. zur Folge haben können, rechtzeitig u. umfassend zu unterrichten. Zumeist wird vertreten, daß durch die Verweisung auf § 111

BetrVG sichergestellt hat werden sollen, daß das Recht nur in Betrieben mit idR. mehr als 20 wahlberechtigten Angestellten besteht. Was unter Betriebsänderungen zu verstehen ist, ergibt sich aus § 111 BetrVG. Der SprA hat keinen Anspruch auf einen Interessenausgleich; damit entfällt ein Anspruch auf Nachteilsausgleich. Ebensowenig ist ein Anspruch auf einen → Sozialplan gegeben.

Lit.: Bauer, NZA 89 Beil., Nr. 1, 20; Dänzer-Vanotti, DB 90, 41; Gaul, PersF 89, 987; Oetker, ZfA 90, 43; Wlotzke, DB 89, 111, 173.

Sprechstunde → Betriebsrat.

Sprungrevision. Gegen ein Urteil eines → Arbeitsgerichtes kann unter Übergehung der Berufungsinstanz unmittelbar die → Revision eingelegt werden, wenn der Gegner schriftlich zustimmt u. wenn sie vom Arbeitsgericht auf Antrag im Urteil o. nachträglich durch Beschluß zugelassen wird (§ 76 ArbGG).

Stellenausschreibung kann der → Betriebsrat gemäß § 93 BetrVG generell vor Neubesetzung eines Arbeitsplatzes im → Betrieb verlangen (AP 1 zu § 93 BetrVG 1972). Hierdurch soll der innerbetriebliche Arbeitsmarkt durchschaubarer gemacht werden. Die St. muß geschlechtsneutral erfolgen (§ 611b BGB). Die Bewerbungsvoraussetzungen bestimmt der AG allein (AP 2 zu § 93 BetrVG 1972 = NZA 88, 551).

Stellensuche. Nach der Kündigung eines dauernden – nicht nur auf kurze Zeit abgeschlossenen – Arbeitsverhältnisses hat der AN einen unabdingbaren Anspruch auf angemessene Freistellung von der Arbeit zum Aufsuchen einer neuen Stelle (§ 629 BGB). Während dieser Zeit ist das Entgelt fortzuzahlen (§ 616 BGB) (AP 41 zu § 616 BGB). Einen Freistellungsanspruch hat auch der für längere Zeit befristet eingestellte AN innerhalb der Kündigungsfrist, die gelten würde, wenn das Arbeitsverhältnis unbefristet abgeschlossen worden wäre. Freizeit zur Stellensuche kann auch für eine notwendige ärztliche Untersuchung begehrt werden. Bei unberechtigter Verweigerung der Freizeit hat der AN ein → Zurückbehaltungsrecht an seiner Arbeitskraft; u. U. macht sich der AG schadensersatzpflichtig. Im übrigen sind Zeit u. Dauer der Freistellung unter Abwägung u. Ausgleichung der beiderseitigen Interessen nach → Treu u. Glauben zu bestimmen (§ 242 BGB). War dem AN während der Kündigungsfrist → Urlaub gewährt, kann er nicht für eine Stellensuche entspr. Urlaubsabgeltung verlangen *(DB 73, 676)*.

Stillegung ist die Aufgabe des Betriebszweckes unter Auflösung der Betriebsorganisation aufgrund eines ernsthaften Willensentschlusses des Unternehmers für unbestimmte, nicht nur vorüberge-

Stillegungsvergütung

hende Zeit (AP 8 zu § 13 KSchG; AP 39 zu § 613a BGB = NJW 86, 91; AP 41 zu § 1 KSchG 1969 Betriebebedingte Kündigung = NZA 87, 700). Wird ein Betrieb o. eine Betriebsabteilung (AP 26 zu § 111 BetrVG 1972 = NZA 89, 399) – auch im Konkursverfahren (AP 6 zu § 112 BetrVG) – stillgelegt, so hat der AG nach § 106 BetrVG den → Wirtschaftsausschuß, nach § 111 BetrVG den Betriebsrat u. nach § 32 II SprAuG den → Sprecherausschuß zu unterrichten. Mit dem Betriebsrat hat er die geplante St. rechtzeitig u. umfassend zu beraten. Bei der wirtschaftlichen Entscheidung, ob stillgelegt wird, hat der Betriebsrat nur ein Beratungsrecht. Insoweit soll ein → Interessenausgleich, notfalls unter Einschaltung des Präsidenten des Landesarbeitsamtes stattfinden. Kommt es zu keiner Einigung o. wird ein Interessenausgleich nicht versucht, so können die Beteiligten die → Einigungsstelle anrufen. Diese kann für den Interessenausgleich nur einen Einigungsvorschlag machen. Kommt es zu einer Einigung, ist diese schriftlich niederzulegen. Zur Milderung der sozialen Folgen der Stillegung hat der Betriebsrat dagegen ein erzwingbares Mitbestimmungsrecht. Der → Sozialplan kann mithin vor der Einigungsstelle erzwungen werden. Schaltet der AG den Betriebsrat zur Herbeiführung eines Interessenausgleichs nicht ein o. weicht er von der Einigung o. dem Vorschlag der → Vermittlungsstelle ab, so erlangen die AN Abfindungsansprüche (AP 6, 7 zu § 72 BetrVG), u. zwar auch dann, wenn später noch eine Einigung zustande kommt (AP 8; AP 2 zu § 113 BetrVG 1972). Eine Ausnahme besteht nur dann, wenn die Stillegung unabweisbar (AP 4 zu § 113 BetrVG 1972). Der Betriebsrat hat zum Abschluß des Sozialplanes auch bei zwischenzeitl. erfolgter → Kündigung ein Restmandat (NJW 77, 2182; AP 6 zu § 59 KO). Wird in einem betriebsratslosen Betrieb ein Betriebsrat erst während des Stillegungsverfahrens gewählt, so kann dieser die Aufstellung eines → Sozialplanes nicht mehr verlangen (AP 15 zu § 112 BetrVG 1972). Die St. ist kein Grund zur ao. → Kündigung. Durch Tarifvertrag kann bei vorübergehender Stillegung eine ao. Kündigung vorgesehen sein, z. B. bei Betriebsbrand (AP 20 zu § 111 BetrVG 1972 = NZA 87, 858).

Stillegungsvergütung. Wird ein Betrieb o. eine Betriebsabteilung vorübergehend stillgelegt, so gewährt die BAnstArb. (→ Arbeitsbehörde) an die AN eine Unterstützung in der Form des → Kurzarbeitergeldes. Wegen der StV im Bergbau → Bergmann.

Stillgeld → Mutterschutz.

Stimmbindungsvertrag → Mitbestimmung.

Strahlenschutz heißt der Schutz der Öffentlichkeit gegen strahlende Energie; im Arbeitsrecht versteht man darunter den persönlichen

Schutz der mit strahlender Energie Beschäftigten. Durch die RöntgenVO v. 8. 1. 1987 (BGBl. I 114) u. 30. 6. 1989 (BGBl. I 1321), werden insbesondere Frauen im gebärfähigen Alter sowie Jugendliche, aber auch sonstige Personen geschützt. Aufgrund § 12 AtomG i. d. F. v. 15. 7. 1985 (BGBl. I 1565 m. spät. Änd.) ist die 1. VO über den Schutz vor Schäden durch Zerfallen radioaktiver Stoffe (StrahlenschutzVO v. 30. 6. 1989, BGBl. I 1321) erlassen worden.

Streik ist die von einer Mehrzahl von AN planmäßig u. gemeinsam durchgeführte Arbeitseinstellung zur Erreichung eines Zieles. Man unterscheidet Angriffs- u. Abwehrstr., je nachdem ob dem Str. eine → Aussperrung vorausging; Voll-, General- u. Teil- o. Schwerpunktstr., je nachdem ob die AN überhaupt o. nur einzelne Gruppen aus einem Wirtschaftszweig streiken. Nach dem Kampfziel werden der Kampf-, Warn- u. der Demonstrationsstr. unterschieden, nach dem Adressaten der arbeitsrechtl. o. polit. Str., nach der Selbständigkeit der Haupt- u. Sympathiestr. Ein Str. ist nur rechtmäßig, wenn er um tariflich regelbare Ziele geführt wird (AP 62 zu Art. 9 GG Arbeitskampf; dazu BVerfG AP 62a). Das BAG hat als zulässig angesehen den Warnstreik unter Aufgabe früherer Rspr. AP 108 = NZA 88, 846 = NJW 89, 57; dazu Hirschberg RdA 89, 212; Buchner BB 89, 1334; Weller ArbuR 89, 325 u. den enggeführten Streik (Schwerpunktstreik) AP 81 = NJW 85, 85; AP 83 = DB 85, 1697. Dagegen hat es als unzulässig angesehen den politischen Streik, den Sympathiestreik (AP 76 = NJW 83, 1750; AP 85 = NJW 85, 2545; AP 90 = NZA 88, 474, 453). Rechtswidrig ist ein Str., mit dem der AG zur Rücknahme eines Antrages auf Ersetzung der Zustimmung zur Kündigung gezwungen werden soll (AP 106 = NJW 89, 63). Unzulässig sind im allgemeinen → Betriebsbesetzungen (Loritz DB 87, 223). Ein Lehrer hat kein Recht den Unterricht ausfallen zu lassen, um an einer gewerkschaftlichen Demonstration teilzunehmen, mit der auf soziale Mißstände hingewiesen, aber keine tariflichen Ziele verfolgt werden (AP 82 = NJW 85, 2440). Wird der Str. nicht von einer → Gewerkschaft geführt, spricht man von einem wilden Str. Dieser ist nach h. M. unrechtmäßig u. kann den AG zur außerordentl. → Kündigung (AP 41, 58) u. die AN zum Schadensersatz verpflichten. Bummelstr. ist das bewußt langsame Arbeiten (zum Bummelstr. der Fluglotsen: BGH NJW 77, 1875; 78, 816; 80, 2457). Für einen von der Gewerkschaft geführten Str. besteht die Vermutung, daß er um die Regelung von Arbeits- u. Wirtschaftsbedingungen geführt wird. Er hat die Vermutung der Rechtmäßigkeit für sich (AP 47). Die Gewerkschaft wird aber auch dann nicht schadensersatzpflichtig, wenn sie mit guten Gründen annehmen konnte, daß um dieser Ziele willen ein Str. geführt werden kann (AP 62). Sie haftet auch nicht für rechtswidrige Handlungen während des Str., die sie nicht geplant u. veranlaßt, wohl dagegen, wenn ihre Organmitglieder sie nicht versuchen zu verhindern (AP 111 = NZA 89, 479). Die Teilnahme an einem kollektivrechtl. rechtmäßigen → Arbeitskampf ist auch individualrechtl. rechtmäßig (AP 1; *Einheits-Theorie*). Der rechtmäßig Streikende kann daher nicht wegen Arbeitsniederlegung ao. gekündigt o. wegen → ArbVertragsbruch zum Schadensersatz herangezogen werden. Der AG kann lediglich zur → Aussperrung greifen. Wird unrechtmäßig gestreikt, kann den AN bei einer Kündigung zugute gehalten werden, daß sie auf den Rechtsstandpunkt ihrer Gewerkschaft vertraut haben (AP 78 zu § 626 BGB = NJW 84, 1371). Durch Teilnahme an einem rechtmäßigen Str. werden die Arbeitsverhältnisse i. d. R. nicht beendet, da die Absicht der AN dahingeht, unter besseren Arbeitsbedingungen die Arbeit wieder aufzunehmen *(Suspendierungs-Theorie)*. Während des Streiks müssen Erhaltungsarbeiten durchgeführt werden (AP 74). Wer diese während des → Arbeitskampfes anordnen muß, ist umstr. Zur Kündigung des AG AP 45, 59. Zur Anhörung des Betriebsrates AP 57, 58. Nach dem Ende des Str. werden i. d. R. Maßregelungsklauseln abgeschlossen, nach denen die AN (AP 89 = NZA 87, 817; AP 88 = NZA 87, 584; 88, 61), die sich am Str. beteiligt haben, nicht benachteiligt werden dürfen. Während des Str. hat der Streikende keinen Anspruch auf Entgeltfortzahlung. Nach den Grundsätzen des → Betriebsrisikos bei Str. verliert der AN, der in Auswirkung eines Str. nicht weiter beschäftigt werden kann, für diese Zeit seinen Entgeltanspruch. Zur Besteuerung der von der Gewerkschaft gezahlten Streikunterstützung vgl. BFH AP 42. Ein kranker AN, in dessen Betr. während seiner → Krankheit ein gewerkschaftl. organisierter Str. beginnt, der zur Stillegung des Betr. bis auf einen Notdienst führt, hat während der Str.-Tage keinen Anspruch auf → Krankenvergütung (AP 39 zu § 1 ArbKG, vgl. AP 31). Die → Krankenvergütung endet in jedem Fall mit einer Abwehraussperrung. Während eines Str. kann der AG die Erfüllung bereits vorher entstandener → Urlaubs- u. → Urlaubsabgeltungsansprüche verweigern (AP 35 zu Art. 9 GG Arbeitskampf). Ein bereits bewilligter Urlaub wird durch den Str. jedoch nicht unterbrochen (AP 16 zu § 1 BUrlG). Hat die streikführende Gewerkschaft einem AG mitgeteilt, sie habe seine AN zum Str. aufgerufen, so bleiben die Arbeitsverhältnisse so lange suspendiert, bis sie das Streikende mitteilt (AP 56 zu § 1 FeiertagslohnzahlungsG = NZA 89, 122). Nach h. M. haben Auszubildende kein Streikrecht; sie können sich jedoch aus Gründen der Solidarität an einem fremdgeführten Str. beteiligen (AP 81 zu Art. 9 GG Arbeitskampf = NJW 85, 85). Es verstößt weder gegen das Paritätsgebot noch gegen den Grundsatz der Neutralität des Staates im Ar-

beitskampf, wenn die Deutsche Bundespost bei einem Streik um den
Abschluß eines Tarifvertrages Beamte auf den bestreikten AN-Plät-
zen einsetzt (AP 86 = NJW 86, 210). Lit.: Berger-Delhey ZTR 89,
349; Büchner DB 88, 393; v. Hoyningen-Huene DB 89, 1466; Löwisch ZfA 88, 137; Sibben NZA 89, 453; Wolter ArbuR 88, 357.

Streitige Verhandlung vor der Kammer des ArbG, besetzt mit
dem Vorsitzenden u. je einem → ehrenamtl. Richter aus AN- u. AG-
Kreisen, beginnt mit der Stellung der Anträge aus der → Klage u.
Klagebeantwortung. Diese sind in die Sitzungsniederschrift aufzunehmen. Alsdann wird über die beweiserheblichen Tatsachen Beweis erhoben. Sofern die Parteien die Beweismittel rechtzeitig benannt haben, sind diese vom Vorsitzenden im Wege prozeßleitender
Verfügung beigezogen worden. Indes ist auch vorbereitend gelade-
nen Zeugen das Beweisthema bekanntzugeben (AP 41 zu §§ 22, 23
BAT 1975). Dieser ist befugt, das persönliche Erscheinen der Partei-
en in jeder Lage des Rechtsstreites anzuordnen (§ 51 I ArbGG); er
kann die Zulassung eines Prozeßbevollmächtigten ablehnen, wenn
die Partei unentschuldigt fehlt u. dadurch der Zweck der Anordnung
ihres persönl. Erscheinens vereitelt wurde (§ 51 II ArbGG). Die Beweiserhebung erfolgt grundsätzlich vor der Kammer; Zeugen u.
Sachverständige werden nur beeidigt, wenn die Kammer dies im
Hinblick auf die Bedeutung des Zeugnisses für die Entscheidung des
Rechtsstreits für notwendig erachtet (§ 58 II ArbGG). Der Kammer-
termin endet, wenn weiterer Parteivortrag bzw. weitere Beweiserhe-
bungen notwendig sind, mit einem Auflagen- bzw. Beweisbeschluß.
Ist die Sache entscheidungsreif, so ergeht ein → Urteil. Zur Verkündung kann ein besonderer Termin nur bestimmt werden, wenn die
sofortige Verkündung in dem Termin, aufgrund dessen es erlassen
wird, aus besonderen Gründen nicht möglich ist (§ 60 I ArbGG). Bei
der Verkündung ist, sofern nicht beide Parteien abwesend sind, der
wesentliche Inhalt der Entscheidungsgründe mitzuteilen (§ 60 II
ArbGG). Sind die ehrenamtl. Richter bei der Verkündung nicht
mehr zugegen, so haben sie die Urteilsformel zu unterschreiben
(§ 60 III ArbGG). Vgl. Schaub, dtv Rechtsinformation „Meine
Rechte und Pflichten im Arbeitsgerichtsverfahren", 4. Aufl., 1985.

Streitwert ist der vom Arbeitsgericht grundsätzl. im → Urteil fest-
zusetzende Wert des Rechtsschutzbegehrens (→ Klage) des Klägers
(§ 61 I ArbGG). Er ist grundsätzlich auf einen Bruttobetrag festzusetzen *(AP 1 zu § 25 GKG 1975)*. Die Streitwertfestsetzung hat für
die Rechtsmittelfähigkeit nur noch insoweit Bedeutung, daß der Beschwerdewert nicht höher als der Streitwert sein kann (AP 6 zu § 64
ArbGG 1979 = NJW 84, 142; dagegen vgl. AP 3 zu § 61 ArbGG
1979 = BB 86, 2132). Im übrigen ist sie nur noch für die Berechnung

der Gerichts- und Anwaltsgebühren maßgebend. Die Str.-Bemessung erfolgt nach §§ 3–9 ZPO, 12 VII ArbGG i. V. m. §§ 1, 12 ff. GKG. Für → Kündigungsschutzklagen o. sonstige Streitigkeiten über die Beendigung des Arbeitsverhältnisses beträgt der St. höchstens einen Betrag von 3 Monatsgehältern nach dem Zeitpunkt, zu dem die → Kündigung ausgesprochen ist (AP 20 zu § 12 ArbGG 1953; AP 22 zu § 12 ArbGG 1953; AP 8 zu § 12 ArbGG 1979 = DB 85, 556; zu mehrfacher Kündigung: AP 8 = NZA 85, 296; Popp DB 90, 481). Andererseits ist dies der Regelstreitwert, der nur unterschritten wird, wenn die erstrebte Dauer des Arbeitsverhältnisses weniger als drei Monate ausmacht (*EzA 3 zu § 12 ArbGG; EzA 1 zu § 12 ArbGG 1979;* dagegen nach einer von den LAG kaum befolgten Entscheidung: AP 9 zu § 12 ArbGG 1979 = NJW 85, 2494). Der Wert einer Abfindung nach §§ 9, 10 KSchG wird nicht hinzugerechnet. Hinzugerechnet wird der Wert eines → Beschäftigungsanspruches mit dem Wert eines doppelten Monatsbezuges (*AnwBl. 84, 147; BB 83, 1427; EzA 19 zu § 12 ArbGG 1979 Streitwert*). Unberücksichtigt bleibt er, wenn er als unechter Hilfsantrag gestellt wird (umstr.; *NZA 89, 862;* Becker/Glaremin NZA 89, 207). Bei Streitigkeiten über wiederkehrende Leistungen ist der Wert des dreijährigen Bezuges maßgebend. Bei Eingruppierungsstreitigkeiten ist die Differenz der Vergütungsgruppen für die Dauer von drei Jahren entscheidend. Jedoch ist obere Grenze immer der Wert des überhaupt anfallenden Betrages. Bis zur Klageerhebung anfallende Beträge werden nicht hinzugerechnet (§ 12 VII ArbGG). Zur Klage auf künftig fälliges Arbeitsentgelt: Vossen DB 86, 326. Stimmt der AN einer → Änderungskündigung vorbehaltlich ihrer sozialen Rechtfertigung zu, so hat das Gericht allein noch eine Inhaltskontrolle durchzuführen. Teilweise wird daher die Meinung vertreten, daß der Streitwert entspr. § 12 VII ArbGG festgesetzt werden müsse auf die Differenz des Wertes vor und nach der ÄK *(DB 78, 548)*. Nach a. A. ist der Streitwert geringer als bei normaler Kündigung, indes sei § 12 VII ArbGG mit der Begrenzung auf 3 Monatsverdienste nicht anwendbar *(EzA 14 zu § 12 ArbGG 1979 Streitwert)*. Nach Ansicht des BAG ist auf den Wert der Änderung abzustellen, die aber die Grenzen des § 12 VII ArbGG nicht überschreiten darf. Übersichten: Schneider MDR 88, 270; 89, 389.

Student. Sie werden i. d. R. nicht zu ihrer Berufsausbildung, sondern im Rahmen eines Arbeitsverhältnisses zur → Aushilfe beschäftigt. Im → Aushilfsarbeitsverhältnis können verkürzte → Kündigungsfristen vereinbart werden. Der Anspruch auf → Krankenvergütung kann ausgeschlossen sein. Werden sie nur in der vorlesungsfreien Zeit tätig, sind sie in der Kranken-, Renten- u. Arbeitslosenversicherung versicherungsfrei (§§ 6 I Nr. 3 SGB V, 1228 I Nr. 3 RVO; § 4 I Nr. 4 AVG). Sie gehören der studentischen Krankenversicherung an (§ 5 I Nr. 5 SGB V). Die Versicherung in der KV ist aber auf 14 Semester, längstens bis zum 30. Lbj. begrenzt, sofern nicht Sonderfall (DB 90, 324).

Suspendierung ist die einseitige Dienstenthebung durch den AG ohne Auflösung des Arbeitsverhältnisses. Sie geht zumeist einer ao. → Kündigung voraus, wenn der AN in den Verdacht gerät, für sie einen Grund gesetzt zu haben. Sie ist nur zulässig, wenn die Belassung des AN im Dienst zu einer Gefährdung der Interessen des AG führt (BGH DB 52, 1035; AP 7 zu § 628 BGB; AP 4 zu § 611 BGB Beschäftigungspflicht). Ist sie ungerechtfertigt, kann der AN auf Beschäftigung klagen (AP 2 zu § 611 BGB Beschäftigungspflicht) o. u. U. außerordentlich kündigen (AP 7 zu § 628 BGB). Der AG muß innerhalb von 2 Wochen (§ 626 BGB) die ao. Kündigung erklären, andernfalls die Gründe hierzu verwirken. Ob eine Arbeitsfreistellung für die Kündigungszeit vereinbart werden kann, ist umstr. (Leßmann RdA 88, 149). Während der S. ist der AG grundsätzlich zur Entgeltfortzahlung verpflichtet (AP 13 zu § 626 BGB Strafbare Handlungen), es sei denn, daß der AN schuldhaft die gegen ihn bestehenden Verdachtsmomente verstärkt hat. In Ausnahmefällen kann das fortgezahlte Gehalt zurückgefordert werden, wenn sich später die Berechtigung der ao. Kündigung herausstellt. Eine Arbeitsfreistellung kann nicht nachträglich als Urlaub verrechnet werden (AP 4 zu § 1 BUrlG); es sei denn, daß AG schon endgültig auf die Arbeitsleistung verzichtet hat. Jedoch kann der AN treuwidrig handeln, wenn er sich nicht um Urlaubserteilung bei längerer Freistellung bemüht hat (AP 3 zu § 7 BUrlG Abgeltung). Lit.: Woltereck/Radeke AR-Blattei, Arbeitsvertrag – Arbeitsverhältnis VII.

T

Tantieme → Gewinnbeteiligung.

Tarifausschlußklauseln. → Tarifverträge sind grundsätzl. auf ein Arbeitsverhältnis nur anzuwenden, wenn es dem → tariflichen Geltungsbereich unterliegt und beide Parteien der → Tarifbindung unterliegen o. ihre → Allgemeinverbindlicherklärung erfolgt ist o. wenn sie zum Inhalt des ArbVertr. gemacht worden sind. Die TAusschlKl. enthält die tarifl. Abmachung, daß Außenseiter nicht zu denselben Bedingungen wie die tarifangehörigen AN beschäftigt o. ihnen bestimmte tarifl. Vergünstigungen nicht gewährt werden dürfen. Unter Außenseitern sind entweder die AN zu verstehen, die

Tarifautonomie

überhaupt keiner → Gewerkschaft angehören, o. aber alle AN, die nicht in derjenigen Gewerkschaft organisiert sind, die den in Betracht kommenden TV abgeschlossen hat. Die *allgemeine* TAusschlKl. richtet sich nur gegen Nichtorganisierte, die *beschränkte* auch gegen Anders-Organisierte. Unter *Organisations-* o. *Absperrklauseln* versteht man tarifl. Abmachungen, durch die der AG verpflichtet wird, keine Außenseiter in seinem Betr. zu beschäftigen. *Differenzierungs-* o. *Differenzklauseln* wollen die verschiedene Behandlung von Organisierten u. Nichtorganisierten erzwingen. Unter *Außenseiterklauseln* versteht man herkömmlich solche, die den AG verpflichten, auch nicht tarifgebundene AN nicht unter Tarif zu beschäftigen. Die Außenseiterkl. u. TAusschlKl. sind Gegensätze. Die Außenseiterkl. gebietet u. die TAusschlKl. verbietet die → Gleichbehandlung von Organisierten u. Nichtorganisierten. Während sich die Gewerkschaften früher für Außenseiterkl. eingesetzt haben, fordern sie heute TAusschlKl. In Zeiten der Arbeitslosigkeit sollen Außenseiterkl. verhindern, daß Außenseiter die Tarifgebundenen durch niedrigere Löhne aus den Stellungen verdrängen. Während der Vollbeschäftigung zahlen die AG an alle AN dagegen zumindest Tariflöhne, wenn nicht höhere. *Spannensicherungsklauseln* (gelegentlich auch Abstandskl., Differenzierungskl., Spannungskl., Benachteiligungsverbot) sind solche, durch die der AG gezwungen wird, an Organisierte höhere Leistungen als an Nichtorganisierte zu erbringen, z.B. es wird vereinbart, daß Weihnachtsgeld für Organisierte 500 DM höher sein muß als für Nichtorganisierte. Die Frage der Zulässigkeit derartiger Kl. gehört zu den umstr. Problemen des Arbeitsrechts. Das BAG hält TAusschlKl. für unzulässig (AP 13 zu Art. 9 GG). Die gegen diese Entsch. eingelegte Verfassungsbeschwerde ist als unzulässig verworfen worden (BVerfG AP 19 zu Art. 9 GG). Lit.: Schüren RdA 88, 138

Tarifautonomie. Nach Art. 9 III GG ist die Regelung der Arbeitsbedingungen z.T. den Tarifparteien übertragen. Das GG geht vom Gedanken der Sozialpartnerschaft aus. Diese Idee bedingt, daß der Staat die Regelung der Einzelarbeitsbedingungen den Tarifpartnern überläßt, sich bei → Arbeitskämpfen zurückhält u. nur seine guten Dienste bei der → Schlichtung anbietet. → Tarifvertrag IV. Lit.: Zachert NZA 88, 185.

Tarifbindung. Grundsätzlich gelten die Rechtsnormen des → Tarifvertrags nur zwischen beiderseitig tarifgebundenen Arbeitsvertragspartnern; betriebl. u. betriebsverfassungsrechtl. Normen gelten jedoch bereits dann, wenn nur der AG tarifgebunden ist (§ 3 II TVG). Tarifgebunden sind der AG, der selbst Partei des TV ist, sowie die Mitglieder der TV-Parteien (§ 3 I TVG: → Gewerkschaften u. → Arbeitgeberverbände, → Verbandswechsel), ferner die Arbeitsvertragsparteien, die infolge → Allgemeinverbindlicherklärung an den TV gebunden worden sind. Ein Gastmitglied eines AG-Verbandes ist tarifgebunden, wenn es satzungsgemäße Rechte hatte (AP 12 zu § 4 TVG Verbandszugehörigkeit). Ein Komplementär einer KG kann für die KG Mitglied eines AG-Verbandes sein (AP 2 zu § 2 TVG). Wird ein TV rückwirkend in Kraft gesetzt, so kann er ein Arbeitsverhältnis nur dann erfassen, wenn auch bei Abschluß des TV noch Tb. besteht (AP 6 zu § 1 TVG Rückwirkung). Die ArbVertr.-Parteien können die Geltung eines TV vertragl. (auch konkludent EzA 1 zu § 3 TVG Bezugnahme auf Tarifvertrag) vereinbaren (DB 76, 874), einen zum Nachteil des AN vom BUrlG o. von § 622 BGB (Kündigungsfristen) abweichenden TV jedoch nur dann, wenn dieser im Wirtschaftszweig des AG gilt (§ 13 I 2 BUrlG, § 622 III BGB).

Tariflicher Geltungsbereich. Der G. eines TV wird von den Tarifvertragsparteien im TV selbst bestimmt (AP 4 zu § 3 BAT = NJW 86, 95). *Räumlicher G.* ist das Tarifgebiet (geographisch), in dem der TV gilt. Der Betr.-Sitz ist hierfür auch dann maßgebend, wenn Außenarbeiten (Montage, Tätigkeit von Reisenden) zu verrichten sind. Dagegen ist das Ortsrecht maßgebend, wenn sich ein weiterer Betrieb außerhalb befindet (AP 5 zu § 1 TVG Tarifverträge: Großhandel = NZA 86, 366). Zum Auslandsstatut: AP 30 zu § 1 TVG Tarifvertrag: Bau. Der *betriebliche G.* richtet sich, da → Gewerkschaften u. → Arbeitgeberverbände i. d. R. nach dem Industrieverbandsprinzip organisiert sind, nach bestimmten Wirtschaftszweigen, denen die Betr. angehören. Für die Zuordnung ist der wirtschaftl. Hauptzweck des Betr. (nicht des → Unternehmens) entscheidend, so daß alle AN, auch wenn sie betriebsfremde Tätigkeiten verrichten, dem für den Betr. in Frage kommenden TV unterstehen (Maurer in einem Chemiebetr. untersteht dem Chemietarif). In Mischbetrieben, also Betrieben, in denen unterschiedliche Betriebszwecke verfolgt werden, richtet sich der Geltungsbereich grundsätzlich nach der überwiegenden Arbeitszeit der AN in einem Kalenderjahr (AP 81 zu § 1 TVG Tarifverträge: Bau = NZA 88, 34; AP 82 zu § 1 TVG Tarifverträge: Bau = NZA 88, 34; AP 106 = NZA 89, 315). Wird eine Betriebsabteilung, z. B. die Restaurants aus einem Kaufhaus ausgegliedert u. rechtlich verselbständigt, findet hinfort der Gaststättentarifvertrag Anwendung (AP 64 zu § 613a BGB = NZA 87, 593). Der *fachliche G.* richtet sich nach der Art der tatsächlich geleisteten u. geforderten Arbeit (z. B. kann ein TV für techn., aber nicht für kaufmänn. → Angestellte gelten). Dem *persönlichen G.* des TV unterliegen grundsätzlich alle im Tarifgebiet in den erfaßten Betr. beschäftigten Personen, die auch unter den fachlichen G. fallen.

Tarifkonkurrenz

Der *zeitliche G.* ist maßgebend für die normative Erfassung des Arbeitsverhältnisses. Der Beginn eines TV kann mit rückwirkender Kraft vereinbart werden (AP 2, 5 zu § 1 TVG Rückwirkung). Indes können bereits entstandene Rechtspositionen nicht rückwirkend wieder vernichtet werden (DB 78, 701; AP 9 zu § 1 TVG Rückwirkung = DB 84, 303). Besteht ein TV über den Zeitpunkt der Konkurseröffnung fort, dann gilt auch der TV weiter ohne Rücksicht darauf, ob der Konkursverwalter Mitglied des → Arbeitgeberverbandes ist (AP 14 zu § 4 TVG Geltungsbereich = NZA 87, 455).

Tarifkonkurrenz liegt vor, wenn mehrere → Tarifverträge auf dasselbe Arbeitsverhältnis anwendbar sind. Das setzt voraus, daß der → tarifliche Geltungsbereich mehrerer TV übereinstimmt u. → Tarifbindung vorliegt. Fehlt es an der Tarifbindung, so spricht man von Pluralität, z. B. CGB u. DGB haben mit demselben AG Tarifverträge über den gleichen Sachverhalt geschlossen. Eine *unechte T.* ist gegeben, wenn mehrere TV einander ergänzen sollen (z. B. Manteltarif u. Lohntarif). Haben die TV-Parteien für die TK keine Bestimmungen getroffen, so gilt das Prinzip der *Tarifeinheit*. Danach soll in einem Betr. jeweils nur ein TV Geltung haben. Zur Ermittlung des in Betracht kommenden TV muß auf die überwiegende Betriebstätigkeit abgestellt werden, die dem Betr. das Gepräge gibt. Das gilt auch für selbständige, vom Betriebszweck abgewandte Betriebsabteilungen u. für fachfremde Nebenbetriebe, es sei denn, daß es sich um echte Mischbetriebe handelt. Ergibt das Prinzip der Tarifeinheit noch keine vollständ. Lösung des T., so gilt das Prinzip der *Spezialität*. Hiernach muß derjenige TV angewandt werden, dessen Geltungsbereich dem Betr. fachl., betriebl., persönl. und räuml. am nächsten steht (AP 2, 3, 11, 12 zu § 4 TVG Tarifkonkurrenz, 11 zu § 5 TVG; v. 14. 6. 89 – 4 AZR 200/89 – NZA 90, 325). Ergeben diese beiden Prinzipien keine Lösung, so ist darauf abzustellen, welcher TV unter Berücksichtigung der Tarifgebundenheit die meisten Arbeitsverhältnisse im Betr. erfaßt. Eine TK kann vor allem bei → Verbandswechsel (AP 3 zu § 3 TVG = DB 84, 1303; Bieback DB 89, 477) des AG eintreten. Lit.: Müller NZA 89, 449.

Tariflohnerhöhung und Zuschläge. Erhält ein der → Tarifbindung unterliegender AN eine übertarifliche → Arbeitsvergütung o. neben dem Tariflohn (TL) besondere Zuschläge, so ist er daran interessiert, daß ihm die T. effektiv zufließt. Sofern der → Tarifvertrag keine → Effektivklausel enthält, gelten folgende Grundsätze: Die tarifl. Lohnerhöhung zieht i. Zw. keine verhältnismäßige Erhöhung der bisherigen Lohnsätze u. Zulagen nach sich, da diese in der Vergangenheit häufig im Hinblick auf einen als unzureichend empfundenen TL gewährt wurden, so daß der frühere übertarifl. Lohn durch die T. aufgesaugt wird (AP 9, 10 zu § 4 TVG Übertariflicher Lohn und Tariflohnerhöhung; DB 79, 215; AP 47 zu § 242 BGB Gleichbehandlung, AP 1 zu § 61 TVAL II = NZA 87, 281). Dies gilt auch dann, wenn der Zuschlag lange Zeit gezahlt worden ist (AP 13, 15 zu § 4 TVG Übertarifl. Lohn u. Tariflohnerhöhung) o. zum Ausgleich für eine Arbeitszeitverkürzung gezahlt wurde (AP 57 zu § 1 TVG Tarifverträge: Metallindustrie = NZA 87, 607; AP 58 = NZA 87, 848). Andererseits kann ein Tarifvertrag nicht die Aufsaugung bestimmter einzelvertraglich gezahlter Zulagen bestimmen (AP 12 zu § 4 TVG Ordnungsprinzip = NZA 86, 790). Die Verpflichtung des AG zur Fortzahlung des übertarifl. Spitzenbetrages o. der Zuschläge besteht jedoch dann, wenn aus dem ArbVertr. zu ermitteln ist, daß die Zulage nicht nur zum gegenwärtigen, sondern zum jeweiligen TL gezahlt werden soll. Dies ist vor allem bei echten Leistungs- o. Erschwerniszulagen der Fall (AP 5, 10 zu § 4 TVG Übertariflicher Lohn und Tariflohnerhöhung; DB 80, 1350). Getrennte Festsetzung von TL u. übertarifl. Zuschlag spricht indiziell für eine Leistungszulage, wogegen die Zusammenrechnung von TL u. übertarifl. Lohn in einen Gesamtbetrag, Zahlung des Zuschlages unter jederzeitigem Widerruf dafür sprechen, daß die übertarifl. Bezüge durch die T. aufgesaugt werden sollen. Umschließt eine tarifvertragliche Verdienstsicherung neben dem Tariflohn außertarifliche Zulagen, liegt insoweit eine zulässige Berechnungsgrundlage für den verdienstgesicherten Durchschnittsverdienst und keine unzulässige → Effektivklausel vor (AP 9 zu § 4 TVG Effektivklausel). Umstr. ist, inwieweit der Betriebsrat bei Gewährung und Aufsaugung übertariflicher Lohnbestandteile ein Mitbestimmungsrecht hat → Betriebsratsaufgaben (v. 13. 2. 1990 – 1 AZR 171/87 – NJW 90, 1624 = BB 90, 491; 1 ABR 35/87 – BB 90, 491). Es verstößt aber gegen den Gleichheitssatz, durch Tarifvertrag die Anrechnung übertariflicher Lohnteile allein für altersgesicherte AN an das Einvernehmen mit dem Betriebsrat zu binden (AP 16 zu § 4 TVG Übertarifl. Lohn u. Tariflohnerhöhung = NZA 85, 663). Lit.: Sauerbier AR-Blattei Tariflohnerhöhung I.

Tariföffnungsklauseln heißen solche Bestimmungen in einem → Tarifvertrag, die den ergänzenden Abschluß einer → Betriebsvereinbarung o. abweichende Regelungen durch → Arbeitsvertrag zulassen.

Tarifregister → Tarifvertrag.

Tarifvertrag ist der schrifl. Vertrag zwischen einem o. mehreren → Arbeitgebern o. → Arbeitgeberverbänden einerseits u. einer o. mehreren → Gewerkschaften andererseits zur Regelung von arbeits-

Tarifvertrag

rechtlichen Rechten u. Pflichten der TV-Parteien *(schuldrechtlicher Teil)* u. zur Festsetzung von Rechtsnormen über Inhalt, Abschluß u. → Beendigung von Arbeitsverhältnissen sowie über betriebliche u. betriebsverfassungsrechtliche Fragen u. gemeinsame Einrichtungen der TV-Parteien *(normativer Teil)* (§ 1 I TVG).

I. Aus dem Schutz der Betätigungsfreiheit der → Koalitionen (Art. 9 GG) folgt die institutionelle Garantie des TV. Er ist in seinem obligatorischen Teil ein privater, schuldrechtlicher Vertrag, in seinem normativen Teil ein für Dritte rechtsverbindlicher, zweiseitiger, korporativer Normenvertrag (AP 4 zu Art. 3 GG), also autonome Rechtsquelle, die obj. Recht erzeugt. An Verfassungs- u. europäisches Recht (EuGH NJW 75, 1093) sowie zwingende gesetzl. Vorschriften (AP 21 zu § 1 TVG = DB 85, 394) u. allgem. arbeitsrechtl. Grundsätze ist er gebunden; dispositives Gesetzesrecht kann er innerhalb der Grenzen von → Treu u. Glauben außer Kraft setzen (AP 1 zu Art. 24 VerfNRW; AP 3 zu Art. 3 GG; Baumann RdA 87, 270). Ist ein TV auf einen Teil des erfaßten Personenkreises wegen Verstoß gegen höherrangiges Recht nicht anzuwenden, kann er gleichwohl noch für andere gelten, wenn anzunehmen ist, daß die Tarifvertragsparteien ihn auch für diesen gewollt hätten (AP 1 zu 1 TVG Teilnichtigkeit). Umstr. ist, inwieweit TV am Gemeinwohl, etwa in Zeiten wirtschaftl. Rezession, orientiert sein müssen. Ob → Koalitionen wechselseitig einen Verhandlungsanspruch auf Abschluß von TV haben, ist umstr., aber nach der Rspr. des BAG zu verneinen. Gesetze können auf einen Tarifvertrag verweisen (BVerfG AP 21 zu § 9 BergmannVersorgScheinG NRW).

II. TV bedürfen zu ihrem rechtswirksamen Abschluß der Schriftform (§ 1 II TVG), u. zwar haben die gesetzl. Vertreter der tariffähigen Personen ihn auf einer Vertragsurkunde zu unterschreiben (§ 125 BGB). Die Schriftform hat Bedeutung für die Klarstellung des Inhalts. Damit ist auch eine Verweisung auf einen jeweils anderweitig geltenden TV möglich, wenn hierdurch keine Irrtümer auftreten können (AP 7, 8 zu § 1 TVG Form). Dasselbe gilt für die Verweisung auf Beamtenrecht (AP 7 zu § 44 BAT; AP 1 zu § 1 TVG Durchführungspflicht; dazu AP 17 zu § 1 BAT). *Tariffähig* sind → Gewerkschaften, einzelne AG sowie AG-Verbände, soweit sie die Wahrnehmung der kollektiven AG-Interessen u. nicht bloß Unternehmerinteressen zur Aufgabe haben (§ 2 TVG; BVerfG AP 15 zu § 2 TVG), sowie Handwerksinnungen (§ 54 III HO; AP 1, 2, 24 zu § 2 TVG). Auch Spitzenorganisationen, d. h. Zusammenschlüsse von AG-Verbänden u. Gewerkschaften sind tariffähig u. können entweder in ihrem Namen, sofern ihre Satzung sie hierzu ermächtigt (§ 2 III TVG), o. für die einzelnen, ihnen angeschlossenen Verbände

bei entspr. Bevollmächtigung TVe abschließen (§ 2 II TVG). Die
Tariffähigkeit kann in einem besonderen → Beschlußverfahren festgestellt werden (§ 97 ArbGG). Ist sie rechtskräftig verneint, so steht
die Rechtskraft einer erneuten Entscheidung solange entgegen, bis
sich die tatsächlichen Verhältnisse wesentlich ändern (AP 14 zu § 322
ZPO = DB 83, 1660). Der TV wird beendet bei befristetem Abschluß durch Zeitablauf, Eintritt einer auflösenden Bedingung,
durch Vereinbarung der Parteien (AP 5 zu § 1 TVG Form), durch
Rücktritt einer Partei im Falle von Vertragsverletzungen sowie durch
Kündigung (AP 21 zu § 1 TVG = DB 85, 394), dagegen nur in
Ausnahmefällen durch Wegfall einer TV-Partei (AP 28 zu § 2 TVG;
AP 4 zu § 3 TVG = NJW 87, 590). Eine Teilkündigung ist dann
möglich, wenn sich eine entspr. Vereinbarung im TV befindet (AP
1, 2 zu § 74 BAT = DB 86, 756; 1980). Der Abschluß eines Vorver-
trages auf einen Tarifvertrag ist zulässig (NJW 77, 318; AP 20 zu § 1
TVG = DB 83, 2146). Abschluß, Änderung u. Aufhebung von TV
werden in ein vom BAM geführtes *Tarifregister* eingetragen. Die
TV-Parteien haben innerhalb eines Monats seit TV-Änderung pp.
dem BAM bzw. den betroffenen LAM je 3 Exemplare des TV zu
übersenden (§ 7 TVG) (Register bei den LAM sind nicht vorgesehen, werden aber i. d. R. geführt). Die Eintragung in das TReg. hat
nur deklaratorische Bedeutung, d. h., die Rechtswirksamkeit der
TVe, ihrer Änderungen u. Aufhebungen sind von der Eintragung
unabhängig. Das TReg. genießt keinen öffentlichen Glauben. Es ist
öffentlich; jedermann kann das TReg. u. die registrierten Tarife ein-
sehen, einfache o. beglaubigte Abschriften von den Eintragungen
verlangen (§ 16 DVO zum TVG v. 16. 1. 1989, BGBl. I 76), nicht
dagegen von den TVen selbst. Verbandsmitglieder können sich insoweit an ihre Verbände wenden. Nichtorganisierte, die an dem Wortlaut allgemeinverbindlicher TV (→ Allgemeinverbindlicherklärung)
interessiert sind, können von jeder TV-Partei eine Abschrift gegen
Erstattung der Kosten verlangen (§ 9 DVO). Der tarifgebundene
AG soll die für seinen Betrieb geltenden TV auslegen (§ 8 TVG). Die
Verletzung dieser Vorschrift ist aber eine Ordnungswidrigkeit, aus
der der AN keine Rechte herleiten kann (AP 1 zu § 8 TVG 1969).
Lit.: Lindena DB 88, 1114; Stahlhacke NZA 89, 334; Lund DB 89,
626.

III. Den *schuldrechtlichen (obligatorischen) Teil* des TV bilden die
Bestimmungen, die arbeitsrechtl. Pflichten u. Rechte der TV-Partei-
en gegeneinander begründen. Diese Pflichten zerfallen in *Selbst-* u.
Einwirkungspflichten. Die wichtigste Selbstpflicht ist die *Friedenspflicht*
(AP 1, 2 zu § 1 TVG Friedenspflicht). Sie beinhaltet das Verspre-
chen der TV-Parteien zur Einhaltung des Wirtschaftsfriedens (AP 3 zu § 1

TVG Friedenspflicht) durch sich u. ihre Mitglieder u. verpflichtet sie, mit allen erlaubten wirtschaftlichen und materiellen Druckmitteln gegen Maßnahmen des → Arbeitskampfs vorzugehen, die sich gegen den Bestand des TV richten (AP 2). Die *Einwirkungspflicht* ist die gegenseitige, obligatorische Verpflichtung der TV-Parteien, auf ihre Mitglieder i. S. der Wahrung der Tariftreue einzuwirken, damit diese den TV einhalten u. durchführen. Die Einwirkungspflicht kann im Wege der Feststellungsklage verfolgt werden (AP 1 zu § 1 TVG Durchführungspflicht; AP 20 zu § 1 TVG Tarifverträge: Druckindustrie = BB 88, 1753). Die Verletzung der obligator. Bestimmungen durch einen Tarifpartner nennt man *Tarifbruch*. Voraussetzungen u. Wirkungen des Tarifbruches beurteilen sich nach den Vorschriften des BGB über gegenseitige Verträge (§§ 275, 323 BGB). Lit.: Seiter ZfA 89, 283.

IV. Der *normative Teil* des TV enthält die Rechtsnormen, sie sind nach denselben Grundsätzen wie ein Gesetz auszulegen (AP 68 zu Art. 3 GG; AP 5 zu § 1 TVG Tarifverträge: Rundfunk; AP 124, 135 zu § 1 TVG Auslegung). Auszugehen ist mithin vom Tarifwortlaut, dem Sinn und Zweck der Tarifnorm u. dem Gesamtzusammenhang. Tarifgeschichte, Tarifübung u. Entstehungsgeschichte des TV kommt vor allem bestätigende Bedeutung zu (Neumann ArbuR 85, 320; Gröbing ZTR 87, 236). Niederschriftserklärungen zum TV sind im allgemeinen nur Auslegungshilfen (AP 28 zu § 7 BUrlG Abgeltung = DB 87, 696). Verwenden die Tarifpartner gesetzl. Begriffe, so sind diese i. d. R. wie diese zu verstehen (AP 2 zu § 1 TVG Tarifverträge: Papierindustrie; AP 1 zu § 1 TVG Tarifverträge: Ziegelindustrie). Eine rechtserhebliche Tarifübung liegt nur dann vor, wenn sie mit Kenntnis und Billigung der Tarifvertragsparteien praktiziert wird (AP 2 zu § 1 TVG Tarifliche Übung). Ist ein TV lückenhaft, so ist zu unterscheiden, ob es sich um eine bewußte o. unbewußte Regelungslücke handelt. Nur bei einer unbewußten Regelungslücke kann eine ergänzende Auslegung durch die Rspr. erfolgen (AP 123 zu § 1 TVG Auslegung; AP 93 zu §§ 22, 23 BAT 1975; AP 1 zu § 42 MTB II). Ihre Auslegung kann im Wege der Verbandsklage geklärt werden (vgl. AP 3 zu § 9 TVG 1969; AP 3 zu § 1 TVG Behandlungspflicht = NJW 85, 220). Zu Regelungslücken in den BAT-Vergütungsordnungen: Clemens ZTR 89, 257. Die Tarifnormen werden nach ihrer Art unterschieden. *Inhaltsnormen* betreffen den Inhalt von rechtswirksamen, privaten, abhängigen Arbeitsverhältnissen (z. B. Arbeitszeit, Pausen, Lohnregelungen, Arbeitspflichten) sowie der Dienst- u. Werkverträge von → arbeitnehmerähnlichen Personen (§ 12a TVG). Dagegen haben die Tarifpartner keine Zuständigkeit zur Regelung öffentlich-rechtlicher Gewaltverhältnisse

(AP 3 zu § 3 BAT). *Solidarnormen* sind solche, die den AN nicht als einzelnen, sondern als Glied des Betriebes o. einer Gruppe zugute kommen (z. B. Vorschriften des → Arbeitsschutzes über die Einrichtung von Maschinen usw.). *Abschlußnormen* sind Tarifnormen, die Verpflichtungen des AG o. AN unmittelbar aus dem TV außerhalb des Inhalts des → Arbeitsvertrages begründen. Zu ihnen gehören vor allem Formvorschriften für die Begründung von Arbeitsverträgen, die bei ihrer Nichteinhaltung zur Nichtigkeit des Arbeitsvertrages führen (§ 125 BGB; AP 2 zu § 125 BGB), sowie *Abschlußverbote* (z. B. für Frauen o. Jugendliche) u. *Abschlußgebote*. Zu den *betrieblichen Normen* gehören die Solidarnormen sowie solche Normen, die Fragen der allgemeinen Ordnung des Betr. betreffen. *Betriebsverfassungsrechtliche Normen* betreffen schließlich Fragen der → Betriebsverfassung (Beuthien ZfA 86, 131). Nach § 3 BetrVG kann a) eine zusätzl. betriebsverfassungsrechtl. Vertretung der AN, also insbes. ein Unterbau des → Betriebsrats, b) eine vom BetrVG abweichende Vertretung der AN, c) eine anderweitige Zuordnung von Betriebsteilen geschaffen werden. Derartige TV bedürfen der Zustimmung des LAM o. des BAM (→ Betriebsverfassung). Schließlich können TVe noch Normen über gemeinsame Einrichtungen der TV-Parteien enthalten (§ 4 II TVG). Am bekanntesten sind die Lohnausgleichskassen des → Baugewerbes.

V. Die *Rechtswirkungen* des normativen Teils des TV können nur eintreten, wenn er rechtswirksam abgeschlossen ist, sich innerhalb der vom Gesetzgeber eröffneten Regelungsspielräume hält, der Arb-Vertr. wirksam ist (indes wirken TV auch auf → faktische Arbeitsverhältnisse ein), die Personen, auf die sich der normative Teil erstrecken soll, der → Tarifbindung u. dem → tariflichen Geltungsbereich unterliegen. Die Rechtsnormen des TV sind *unabdingbar*, d. h., sie gelten unmittelbar u. zwingend für das Arbeitsverhältnis (§ 4 I TVG). Das Wesen der *unmittelbaren* Einwirkung besteht darin, daß die Tarifnormen wie ein Gesetz auf die Arbeitsverhältnisse beherrschend einwirken u. entgegenstehende Vertragsabreden verdrängen. Die *zwingende* Wirkung des TV führt zur Unwirksamkeit entgegenstehender einzelvertraglicher Abreden; sie führt also z. B. zur Unwirksamkeit der Vereinbarung untertarifl. Entlohnung, eines Verzichtes auf → Urlaub, Überstundenabgeltung usw. Sie entfällt nur dann, wenn der TV ausdrücklich Abweichungen gestattet (z. B. für Minderleistungsfähige; Tyska ArbuR 85, 276), o. die arbeitsvertragl. Abrede für den AN im Einzelfall obj. günstiger bzw. die betriebl. günstiger als betriebl. bzw. betriebsverfassungsrechtl. Normen sind (*Günstigkeitsprinzip,* § 4 III TVG). Bestimmt ein T., daß ein AN ein bestimmtes Gehalt erreichen soll, so erwirbt er unter den genannten tarifl. Voraussetzungen grundsätzlich einen echten u. vollgültigen Anspruch. Das gilt nur dann nicht, wenn im Einzelfall einleuchtende, gewichtige Gründe vorliegen, wobei nach den allgemeinen Grundsätzen von → Treu u. Glauben die Interessen der AG u. AN zu berücksichtigen sind u. ein obj. Maßstab anzulegen ist (AP 119 zu § 1 TVG Auslegung). Lit.: Leinemann DB 90, 732.

VI. Ein *Verzicht* auf entstandene tarifl. Rechte ist unzulässig, es sei denn, daß er in einem von den TV-Parteien genehmigten → Vergleich erfolgt. Ein solcher ist möglich, wenn Zweifel über einen tarifl. Anspruch, die tarifl. Eingruppierung usw. bestehen. Nicht hierhin gehört der Streit über tatsächliche Voraussetzungen eines tarifl. Anspruches (z. B. Zahl der geleisteten Überstunden). Bei Streit u. Vergleich über Tatfragen wird der Zweck der Unabdingbarkeit nicht berührt, so daß ein Vergleich ohne Zustimmung der TV-Parteien abgeschlossen werden kann (§ 4 IV 1 TVG). Sind die Entgeltansprüche eines AN tariflich geregelt, so soll auch der gesetzliche Krankenvergütungsanspruch ein tariflicher Anspruch sein (AP 12 zu § 6 LohnFG). Ausgeschlossen ist die → Verwirkung tarifl. Ansprüche. → Verfallfristen für tarifl. Ansprüche können nur in einem TV normiert werden.

Tarifvertragsnachwirkungen. Nach dem Außerkrafttreten eines TV (§ 4 V TVG) o., wenn eine Voraussetzung der Tarifwirkung entfällt, gelten seine Rechtsnormen weiter, bis sie durch eine andere Abmachung ersetzt werden. Dies gilt auch für konstitutive Formvorschriften für den Abschluß von ArbVerträgen sowie Abschlußverbote u. -gebote (DB 77, 2145; AP 27 zu § 4 TVG Abschlußfristen). Die T. entfaltet nur noch unmittelbare, nicht dagegen zwingende Wirkungen für das Arbeitsverhältnis. Damit ist die Möglichkeit eröffnet, durch → Betriebsvereinbarung im Rahmen der §§ 87, 77 BetrVG o. durch ArbVertr. Abmachungen zu treffen, die dem nachwirkenden TV widersprechen (AP 1 zu § 615 BGB Kurzarbeit). Auch für allgemeinverbindlich erklärte TVe entfalten Nachwirkung (AP 11 zu § 5 TVG). Während der Tarifnachw. haben Neueingestellte nicht ohne weiteres Anspruch auf tarifl. Leistungen (AP 1 zu § 4 TVG Nachwirkung; AP 2 zu § 4 TVG Effektivklausel; AP 11 zu § 5 TVG), es sei denn, daß dies vereinbart o. sich aus dem → Gleichbehandlungsgrundsatz ergibt. Ein nur kraft Nachwirkung geltender TV kann nicht mit tariflicher Wirkung geändert werden (AP 6, 8 zu § 4 TVG Nachwirkung). Zumindest in Tarifverträgen über gemeinsame Einrichtungen kann die Nachwirkung ausgeschlossen werden (AP 12 zu § 4 TVG Nachwirkung = NZA 87, 178).

Tarifzuständigkeit ergibt sich aus der Satzung der Verbände (AP 4 zu § 2 TVG Tarifzuständigkeit). Sie kann auf dem Industrieverbandssystem o. dem Berufsprinzip beruhen. Die DGB-Gewerkschaften haben sich nach § 15 II der DGB-Satzung verpflichtet, ihre Organisationsbereiche aufeinander abzustimmen u. sie nur in Übereinstimmung mit den betroffenen Gewerkschaften u. dem Bundesausschuß zu ändern. In § 16 DGB-Satzung ist ein Schiedsverfahren vorgesehen (AP 5 zu § 2 TVG Tarifzuständigkeit = BB 88, 851). Die TZ kann in einem besonderen Beschlußverfahren (§ 97 ArbGG) geklärt werden (AP 6 zu § 2 TVG Tarifzuständigkeit = NZA 89, 687 = DB 89, 1832). Wirksame → Tarifverträge können nur abgeschlossen werden, wenn sie die Zuständigkeiten der beiden vertragsschließenden Verbände wegen des → Geltungsbereiches des Tarifvertrages decken. Lit.: Sbresny-Uebach AR-Blattei Tarifvertrag IIa.

Teillohnperiode → Arbeitsvergütung

Teilnichtigkeit eines Rechtsgeschäfts führt nach § 139 BGB regelmäßig zu dessen vollständiger Nichtigkeit. Dieser Grundsatz hat im → Arbeitsvertrag die Einschränkung erfahren, daß das Rechtsgeschäft dann wirksam bleibt, wenn teilweise gegen Arbeitnehmerschutzvorschriften verstoßen wurde. Alsdann werden die unwirksamen Bedingungen durch die Vorschriften des Gesetzes ersetzt. Nur so kann verhindert werden, daß sich der AN-Schutz in sein Gegenteil verkehrt (DB 75, 1417).

Teilzeitbeschäftigung. 1. Teilzeitbeschäftigte sind diejenigen AN, deren regelmäßige Wochenarbeitszeit kürzer ist als die regelmäßige Wochenarbeitszeit vergleichbarer vollzeitbeschäftigter AN des → Betriebes. Ist eine regelmäßige Wochenarbeitszeit nicht vereinbart, so ist die regelmäßige Arbeitszeit maßgebend, die im Jahresdurchschnitt auf eine Woche entfällt (§ 2 II BeschFG). Der Tz-Arbeitsvertrag wird wie jeder andere → Arbeitsvertrag abgeschlossen. Er kann also befristet, unbefristet, zur Aushilfe o. Probe abgeschlossen werden. Ob der Tzb AN o. Dienstnehmer ist, richtet sich nach den allgemeinen Abgrenzungsmerkmalen.

2. a) Nach § 2 I BeschFG darf der AG einen tzb AN nicht wegen der Teilzeitarbeit gegenüber vollzeitbeschäftigten AN unterschiedlich behandeln, es sei denn, daß sachliche Gründe eine unterschiedliche Behandlung rechtfertigen. Der Tzb unterscheidet sich vom Vollzeitbeschäftigten nur durch die Dauer der Arbeitszeit. Erklärungen, Vereinbarungen und Maßnahmen der AG, die gegen das Verbot verstoßen, sind unwirksam (§ 134 BGB). Tzb haben damit grundsätzl. Anspruch auf dieselbe Vergütung wie Vollzeitbeschäftigte (AP 83 zu § 242 BGB Gleichbehandlung = DB 88, 2519; AP 2 zu § 2

Telearbeit

BeschFG 1985 = NZA 89, 209). Lit.: Bertelsmann PersR 89, 155; Falkenberg ZTR 90, 97; Schüren RdA 90, 18.

b) Teilzeitarbeit wird in aller Regel von Frauen geleistet. Neben dem Gebot der → Gleichbehandlung der AN ist auch die Gleichberechtigung zu beachten. Erklärungen, Vereinbarungen o. Maßnahmen können unwirksam sein, wenn sie die Gleichberechtigung verletzen (→ Frauenarbeitsschutz). Ein Verstoß gegen die Gleichberechtigung ist dann gegeben, wenn biologische o. funktionale Gründe für die Unterscheidung maßgebend sind (AP 1 zu § 1 BetrAVG Gleichbehandlung; AP 3 zu Art. 119 EWG-Vertrag = NJW 84, 2056).

c) Tzb haben im allgemeinen Anspruch auf dieselben Leistungen wie Vollzeitbeschäftigte. Bei ihnen darf lediglich eine Kürzung im Verhältnis ihrer Arbeitszeit zur Vollzeitarbeit stattfinden (→ Ruhegeld: AP 9 zu § 1 BetrAVG; v. 29. 8. 89 – 3 AZR 370/88 – NZA 90, 37; Urlaubsgeld: AP 1 zu § 11 BUrlG Urlaubsgeld).

3. a) Die Beschäftigungsdauer bei Tzb wird ermittelt, indem nicht nur die Zeiten, in denen sie arbeiten, zusammengezählt werden, sondern die Bestandszeiten des Arbeitsverhältnisses. Ein Tzb erlangt mithin nach sechs Monaten bereits den → Kündigungsschutz. Anders ist es, wenn Rechte von der tatsächlichen Beschäftigung abhängen (AP 24 zu § 23a BAT = NZA 89, 351). Auch bei Arbeit an Bildschirmarbeitsplätzen verletzt der AG nicht seine → Fürsorgepflicht, wenn er TzB genauso lange wie Vollzeitbeschäftigte am Bildschirm beschäftigt, wenn deren Arbeitszeit dort begrenzt ist (AP 4 zu § 2 BeschFG 1985 = DB 89, 1424).

b) Tzb haben Anspruch auf Urlaub (AP 4 zu § 48 BAT = DB 88, 762), → Krankenvergütung, Bezahlung von → Feiertagen u. im Falle der → Arbeitsverhinderung.

c) Umstr. ist, ob der AG vom AN → Über- u. → Mehrarbeitsstunden verlangen kann. Zum Teil wird angenommen, daß dieses Recht abbedungen ist. Regelmäßig erwirbt der Tzb aber einen Anspruch auf Überstundenzuschläge.

d) Betriebsverfassungsrechtlich werden Tzb wie Vollzeitbeschäftigte behandelt. Der Betriebsrat hat ein erzwingbares Mitbestimmungsrecht bei der Festlegung der Arbeitszeit (AP 24 zu § 87 BetrVG 1972 Arbeitszeit = DB 88, 341; dazu Hermann AnwBl. 89, 28; Zachert PersR 88, 59). Lit.: Arndt Beil. 3 zu NZA 89; Hoffmann/Thiel ZTR 89, 295; Schaub BB 88, 2253; BB 90, 1069.

Telearbeit. 1. Sie ist gegeben, wenn Arbeiten aus dem Betrieb in die Wohnung des AN o. ein dezentralisiertes Büro verlagert werden u. eine kommunikations-technische Anbindung an den Betrieb vorhanden ist. Z. Zt. ist die Telearbeit noch wenig verbreitet. Ihre Einführung ist sozialpolitisch umstr.

2. Der Telearbeiter kann Selbständiger, → Arbeitnehmer, → Heimarbeiter o. → arbeitnehmerähnliche Person sein. Für die Abgrenzung gelten die allgemeinen Merkmale. Vielfach werden Telearbeiter → Abrufarbeit leisten müssen. Lit.: Herb DB 86, 1823; Kappus NZA 87, 408; Kilian u. a. NZA 87, 401; Küfner-Schmidt ZTR 88, 81; Simon/Kuhne BB 87, 201; Wedde ArbuR 87, 325; RdA 88, 305.

Telefonbenutzung. Der AN darf die Telefonanlage seines AG nur mit dessen Erlaubnis für Privatgespräche benutzen. Die vertragswidrige Benutzung kann nach vorheriger → Abmahnung eine → Kündigung rechtfertigen. Der AG kann die Bezahlung von Privatgesprächen verlangen. Der AN muß die Unterbrechung privater Telefongespräche durch den AG mittels Aufschaltanlage hinnehmen (AP 1 zu § 611 BGB Persönlichkeitsrecht). Die Erfassung von Daten über die von AN geführten Telefongesprächen unterliegt der Mitbestimmung des Betriebsrates (AP 15 zu § 87 BetrVG 1972 Überwachung = NJW 87, 674; AP 3 zu § 23 BDSG = NZA 87, 515; → Betriebsratsaufgaben). Läßt ein AG über eine Mithöranlage einen Dritten ein Telefongespräch ohne Wissen seines Gesprächspartners abhören, so kann der Dritte nicht als Zeuge vernommen werden (AP 3 zu § 284 ZPO). Lit.: Eickhoff/Kaufmann BB 90, 914.

Tendenzbetriebe sind solche, die unmittelbar u. überwiegend a) politischen, koalitionspol., konfessionellen, karitativen (BVerfG DB 77, 2379; 78, 943; AP 10 zu § 118 BetrVG 1972; AP 37 = NZA 89, 431), erzieherischen, wissenschaftl. (v. 21. 6. 1989 – 7 ABR 58/87 – NZA 90, 402 = BB 90, 563) o. künstlerischen (AP 39 = BB 89, 1982) Bestimmungen o. b) Zwecken der Berichterstattung o. Meinungsäußerung, auf die Art. 5 I 2 GG Anwendung findet, dienen (vgl. Art. 10, 11, 13 zu § 81 BetrVG). Keine T. sind sog. Lohndruckereien (AP 4, 11, 13 zu § 81 BetrVG; AP 3, 20 zu § 118 BetrVG 1972). In T. ist die Anwendung des BetrVG verfassungsrechtl. zulässig (BB 76, 183) eingeschränkt (§ 118 BetrVG). Die §§ 106 bis 110 BetrVG über die sog. wirtschaftl. Mitbestimmung (→ Betriebsratsaufgaben) sind nicht anzuwenden, die §§ 111 bis 113 BetrVG nur insoweit, als sie dem Ausgleich o. der Milderung wirtschaftl. Nachteile für die AN infolge von → Betriebsänderungen (→ Sozialplan) dienen. Das BetrVG im übrigen findet dann keine Anwendung, wenn die Eigenart des Unternehmens o. Betriebes dem entgegensteht (v. 30. 1. 1990 – 1 ABR 101/88 – BB 90, 1207). Anzuwenden ist mithin das Organisationsrecht des → Betriebsrats. Im allgemeinen steht dem Betriebsrat in sozialen Angele-

genheiten (Arbeitszeit: AP 13 zu § 118 BetrVG 1972) eine Mitbestimmung zu; in personellen Maßnahmen ist nach der → Tendenz-
trägertheorie die Mitbestimmung ausgeschlossen, wenn sich die
Maßnahme gegen einen Tendenzträger richtet; nach der auch vertretenen Maßnahmetheorie, wenn die Maßnahme einen geistig ideellen
Bezug hat (→ Betriebsratsaufgaben). Nach der Rechtspr. des BAG
ist auch bei tendenzbezogenen personellen Maßnahmen, insbes. auch
bei → Kündigungen, der Betriebsrat nicht völlig von der Beteiligung
ausgeschlossen. Einzelheiten AP 1 zu § 130 BetrVG 1972, AP 3 zu
§ 99 BetrVG 1972, AP 4, 21 zu § 118 BetrVG 1972; v. 8. 5. 90 – 1
ABR 33/89. Auch wenn die Versetzung eines Redakteurs in einem
Zeitschriftenverlag unter Tendenzschutz steht, hat der AG den Betriebsrat eine Woche vorher zu informieren, damit dieser Stellung
nehmen kann (AP 11 zu § 101 BetrVG 1972 = NZA 88, 99). Hatte
der AG für eine personelle Maßnahme keinen Tendenzschutz, so ist
die ohne Zustimmung vollzogene Maßnahme nach § 101 BetrVG
aufzuheben (AP 11 = NZA 88, 97). Keinen Tendenzschutz genießt
die Eingruppierung (AP 31 zu § 99 BetrVG 1972 = NJW 86, 1709).
Bei Betriebsratsmitgliedern wegen Leistungsmängeln: AP 12 zu § 15
KSchG 1969. Der Betriebsrat kann eine Stellenbeschreibung verlangen (AP 11 zu § 118 BetrVG 1972) u. hat auch ein Einblicksrecht in
die Lohn- und Gehaltslisten (EzA 21 zu § 118 BetrVG 1972). Der
AN hat sich den T. anzupassen; andernfalls kann eine → Kündigung
personenbedingt (→ Kündigungsschutzklage) sein (AP 2 zu § 1
KSchG 1979 Verhaltensbedingte Kündigung). In Meinungsäußerungen darf er nicht gegen die grundsätzliche Tendenz seines AG Stellung
beziehen *(EzA 11 zu § 1 KSchG Tendenzbetrieb)*. Auch in T. können
die Koalitionen für sich werben (DB 78, 892). Keine T. sind Technische Überwachungsvereine (BB 72, 658), die GEMA (AP 26 zu § 118
BetrVG 1972 = NJW 84, 1144); Sprachenschulen (AP 17 zu § 118
BetrVG 1972); anders bei Privatschulen (AP 33 zu § 118 BetrVG 1972
= BB 87, 967); zu Spitzenverbänden der freien Wohlfahrtspflege, die
auch unternehmerische Aufgaben wahrnehmen, AP 4 zu § 47 BetrVG
1972. Lit.: Oldenburg NZA 89, 412; Weber Beil. 3 zu NZA 89.

Torkontrollen sind in einigen Wirtschaftszweigen zur Vermeidung von Diebstählen üblich. Eine arbeitsvertragliche Pflicht zur
Duldung der Untersuchung mitgeführter Gegenstände soll bestehen,
wenn diese im Zuge einer systematischen Präventivkontrolle erfolgt,
die alle AN gleichmäßig erfaßt *(OLG NJW 77, 590)*. Der Betriebsrat
hat bei der allgemeinen Regelung ein erzwingbares Mitbestimmungsrecht (→ Betriebsratsaufgaben). Wesentl. Voraussetzung der
Zulässigkeit einer Torkontrolle ist die gleichmäßige Kontrolle aller
AN (→ Gleichbehandlung). Wird ein AN öfter als andere kontrol-

liert, weil er grundlos für verdächtig gehalten wird, so ist seine Weigerung, die Kontrolle zu dulden, kein Grund zur → Kündigung *(AP
1 zu § 242 BGB Gleichbehandlung)*.

Totgeburt → Mutterschutz.

Trennungsentschädigung → Auslösung.

Treuepflicht. Aus dem personenrechtl. Charakter des → Arbeitsvertrages wurde die T. des AN u. dieser korrespondierend die →
Fürsorgepflicht des AG abgeleitet. In der neueren Lit. wird der Umfang der T. stark eingeschränkt. Sie begreift darunter schuldrechtl.
Nebenpflichten. Nach h. M. gebietet sie dem AN, neben der Arbeitsleistung sich für die Interessen des AG u. vor allem des Betriebes
einzusetzen u. alles zu unterlassen, was diese Interessen beeinträchti-
gen könnte. Ihr Umfang wird weitgehend durch die Stellung des AN
im Betr. bestimmt; sie verstärkt sich proportional der Leistungsfunk-
tionen, insbes. bei leitenden → Angestellten, deren Arbeitsverhältnis
von besonderem Vertrauen getragen wird, o. bei längerem Bestand.
Ihr Inhalt ist anhand der konkreten Umstände zu ermitteln. I. d. R.
folgen aus ihr *Unterlassungs-* u. *Verhaltenspflichten.* Zu den *Unterlas-
sungspflichten* gehören vor allem: Die Verschwiegenheitspflicht (s. a.
§ 17 UWG) über konkrete Vorgänge des Betr. u. der Betriebs- u.
Geschäftsgeheimnisse (AP 1 zu § 611 BGB Betriebsgeheimnis, AP 5
= NJW 88, 1186 = NZA 88, 502 = DB 88, 1020; v. 25. 4. 89 – 3 AZR
35/88 – NJW 89, 3237 = NZA 89, 860; dazu Gaul NZA 88, 225;
Preis/Reinfeld ArbuR 89, 361). Die Verschwiegenheitspflicht führt
aber nicht zu einem → Wettbewerbsverbot; die Verpflichtung, den
Ruf des AG o. des Betr. nicht zu untergraben (strafbare Handlungen
dürfen nur nach sorgfältiger Prüfung angezeigt werden; bei leichtfer-
tigen Anschuldigungen ist ao. → Kündigung gerechtfertigt, AP 2 zu
§ 70 HGB; *AP 2 zu § 611 BGB Schweigepflicht)*; das Verbot, Schmiergelder (AP 4, 5 zu § 687 BGB, BB 71, 913; *DB 84, 1101)* zu nehmen
(s. a. § 12 UWG); die Einhaltung von Wettbewerbsverboten; die
Vermeidung von Störungen des Betriebsfriedens. Nach Art. 5 I 1
GG hat jeder das Recht, seine Meinung in Schrift und Bild frei zu
äußern. Dies gilt auch im Arbeitsverhältnis (AP 2, 4 zu § 13 KSchG).
Die Meinungsäußerung setzt im Unterschied zu Tatsachenbehauptungen, für die die Verschwiegenheitspflicht gilt, das Vorhandensein
und die Äußerung eines Werturteils voraus. Die Freiheit der Meinungsäußerung findet ihre Grenze in den Vorschriften der allgemeinen Gesetze, den gesetzlichen Bestimmungen zum Schutz der Jugend
und in dem Recht der persönlichen Ehre (Art. 5 II GG). Allgemeine
Gesetze können auch die anerkannten Grundsätze des Arbeitsrechts
sein. Es ist zu beachten, daß der Begriff der allgemeinen Gesetze in

ihrer das Grundrecht beschränkenden Wirkung im Lichte der Bedeutung des Grundrechts zu sehen und zu interpretieren ist, so daß der besondere Wertgehalt als Grundrecht beachtet bleibt (BVerfG AP 5 zu Art. 5 I GG Meinungsfreiheit). Auf die Freiheit der Meinungsäußerung kann sich ein Redakteur dann nicht berufen, wenn er gleichzeitig in der Öffentlichkeit unwahre u. ehrenrührige Behauptungen über seinen für das Programm verantwortlichen Abteilungsleiter verbreitet (AP 9 zu Art. 5 Abs. 1 GG Meinungsfreiheit). Lit.: Kissel NZA 88, 145; Kohte NZA 89, 161; Wendeling-Schröder PersR 90, 37. Eine parteipolitische Propaganda o. sonstige Werbung im o. in unmittelbarer Nähe des Betriebes hat zu unterbleiben (AP 2, 4 zu § 13 KSchG, AP 1 zu § 1 KSchG 1979 Verhaltensbedingte Kündigung, AP 5 zu § 611 BGB Beschäftigungspflicht). Das Tragen auffälliger Plaketten kann zur → Kündigung berechtigen (Anti-Atomkraft im Schuldienst AP 8 zu Art. 5 Abs. 1 GG Meinungsfreiheit; Anti-Strauß-Plakette AP 73 zu § 626 BGB; vgl. Buschmann/Grimberg ArbuR 89, 65). Zur Flugblattverteilung NJW 78, 239; zu Betriebsversammlungen AP 4 zu § 1 KSchG Verhaltensbedingte Kündigung. In Tendenzbetrieben kann eine weitergehende Beschränkung der Meinungsfreiheit gegeben sein. Zu den *Verhaltenspflichten* gehören vor allem: Offenbarungs- u. Auskunftspflichten bei → Vorverhandlungen u. über → Vorstrafen, Repräsentationspflichten, wenn der AN für den AG auftritt u. handelt (Handlungsreisender); in → Tendenzbetrieben die Pflicht, sich auch außerhalb des Betr. entsprechend den Betriebsgrundsätzen zu verhalten; die Meldung von drohenden Schäden o. Störungen o. bereits eingetretener Schäden (Verfehlungen von Arbeitskollegen werden nur gemeldet werden müssen von Aufsichtspersonen o. bei größeren Schäden u. Wiederholungsgefahr, vgl. AP 1, 5 zu § 611 BGB Treuepflicht, AP 57 zu § 611 BGB Haftung des AN); die Ableistung von Mehrarbeitsstunden usw. Bei schuldhafter Verletzung der T. kann Schadensersatzpflicht bestehen (AP 4 zu § 611 BGB Betriebsgeheimnis = DB 86, 2289); außerdem ist der AG zur (befristeten) → Kündigung u. in schwerwiegenden Fällen zur ao. Kündigung berechtigt.

Treu und Glauben. Der Grundsatz von Tr. u. Gl. besagt, daß jeder in Treue zu seinem gegebenen Wort stehen u. das Vertrauen nicht enttäuschen o. mißbrauchen darf, daß er sich also so zu verhalten hat, wie das unter redlich denkenden Verkehrsteilnehmern billigerweise erwartet werden kann. Es ist ein fallweise auszufüllender Wertbegriff, dessen Ausfüllung nicht in das subj. Ermessen einer Partei o. des Richters gestellt ist, sondern der an dem Gerechtigkeitsgefühl der beteiligten Rechtskreise zu orientieren ist. Der Grundsatz entfaltet seine Kraft vor allem in doppelter Hinsicht. Er wendet sich an den Schuldner mit dem Gebot, seine Verpflichtung so zu erfüllen, wie es dem Grundgedanken des betr. Rechtsinstitutes entspricht; an den Gläubiger, das ihm zustehende Recht nur so auszuüben, daß das begründete Vertrauen des anderen Teils u. die menschliche Rücksichtnahme gewahrt bleiben. Rechtspr. u. Lehre haben verschiedene Fallgruppen gebildet, nach denen der Grundsatz Auswirkungen hat, auf Art u. Weise wie auf den Inhalt der Leistungen, u. zwar in dem sich aus ihm Nebenrechte u. Nebenpflichten o. eine Begrenzung o. der Wegfall formell bestehender Rechte ergibt; z. B. → Verwirkung.

Trinkgelder gehören arbeitsrechtlich zum → Naturallohn, da die Möglichkeit zum T.-Bezug verschafft wird. T. sind lohnsteuerpflichtig; der AG haftet für den Abzug i. d. R. nicht, da er die Lohnquelle nicht in der Hand hat (BFH DB 74, 1320). Lit.: Salje DB 89, 321.

Truckverbote → Arbeitsvergütung.

U

Überstunden → Arbeitszeit, → Mehrarbeitsvergütung.

Überzahlung → Lohnüberzahlung.

Umsatzbeteiligung ist die Beteiligung des AN an dem Umsatz des ganzen Unternehmens o. eines Unternehmensteils. Sie kann nicht von der Bedingung abhängig gemacht werden, daß das Arbeitsverhältnis im Folgejahr nicht gekündigt wird (AP 16 zu § 611 BGB Probearbeitsverhältnis). Ihre Verjährung beginnt erst in dem Folgejahr, das für die Berechnung maßgebend war (AP 7 zu § 196 BGB). Bei Zusage ist der AG auch über die Höhe des Umsatzes auskunftspflichtig (AP 18 zu § 3 KSchG). Die U. unterliegt im Zuflußmonat der Lohnsteuer; ein Ausgleich der Progression erfolgt beim → Lohnsteuerjahresausgleich. Einmal-Zuwendungen sind gleichfalls bei Zufluß sozialversicherungspflichtig.

Umsatzsteuer: Sachzuwendungen des AG an den AN können der U. unterliegen.

Umschulung → Berufsausbildungsbeihilfe.

Umzugskosten kann der AN bei Neueinstellung i. d. R. nur verlangen, wenn diese besonders zugesagt sind. Hat der AG U. unter Rückzahlungsvorbehalt übernommen, so ist eine dreijährige Bindung nur dann zulässig, wenn der Stellenwechsel im Interesse des AN lag u. die U. ein Monatseinkommen des AN erreichen (AP 50 zu

Unabdingbarkeit

Art. 12 GG). Eine Tarifbestimmung, nach der U. zurückzuzahlen sind, wenn AN aus von ihm zu vertretenden Gründen die Stelle wechselt, ist wirksam (AP 6 zu § 44 BAT). Im allgemeinen wird die Rückzahlungsklausel wie bei → Gratifikationen nicht bei betriebsbedingten → Kündigungen wirksam *(EzA 1 zu § 157 BGB)*. Kraft Gesetzes erlangt der AN einen Anspruch auf Ersatz der U., wenn er vom AG an einen anderen Ort versetzt wird (§ 670 BGB). Die Zahlung der U. kann in diesem Fall nicht mit einem Rückzahlungsvorbehalt versehen werden, wenn das Arbeitsverhältnis vor Ablauf bestimmter Fristen endet (AP 4 zu § 44 BAT).

Unabdingbarkeit → Tarifvertrag.

Unfall → Arbeitsunfall.

Unfallanzeigen hat der AG im Falle eines → Arbeitsunfalls, durch den ein AN getötet o. so verletzt ist, daß er stirbt o. für mehr als drei Tage völlig o. teilweise arbeitsunfähig wird, binnen drei Tagen der zuständigen Berufsgenossenschaft zu erstatten. Die U. ist vom → Betriebsrat mit zu unterzeichnen (§ 1552 RVO). Er erhält eine Abschrift der U. (§ 89 V BetrVG).

Union leitender Angestellter ist der Dachverband, dessen Mitglieder Fachverbände im Bereich der privaten Wirtschaft sind. Eine Einzelmitgliedschaft von natürlichen Personen ist nur über die Fachverbände möglich. Zur U. gehören: Verband angestellter Akademiker und Leitender Angestellter der chemischen Industrie Köln; Verband der Führungskräfte der Eisen- und Stahlerzeugung und -verarbeitung e. V., Essen; Verband der Führungskräfte in Bergbau, Energiewirtschaft u. zugehörigem Umweltschutz e. V., Essen; Verband angestellter Führungskräfte (Metall, Elektro, Bau, Dienstleistung u. a.) Köln; Verband Deutscher Akademiker für Ernährung, Landwirtschaft u. Landespflege e. V., Bonn; Bundesverband der Geschäftsstellenleiter des Assekuranz (kooperierend), Berufsverband der Luftfahrt in Deutschland. Der Verband der oberen Angestellten der Eisen- u. Stahlindustrie war tariffähig u. im Rechtssinne eine Gewerkschaft (AP 32 zu § 2 TVG).

Unternehmen ist die organisatorische Einheit, die bestimmt wird durch den wirtschaftlichen o. ideellen Zweck, dem ein → Betrieb o. mehrere organisatorisch verbundene Betriebe desselben Unternehmens dienen.

Unterstützungen können bedürftigen u. würdigen AN des → öffentlichen Dienstes gewährt werden, wenn sie unverschuldet in eine ao. wirtschaftliche Notlage geraten sind, aus der sie sich aus eigener Kraft nicht zu befreien vermögen. (Nachw. der Fundstellen der in Bd. u. Ländern gelt. U.-Grundsätze b. Piller-Hermann, Just-VerwVorschriften, Nr. 12.) S. a. Beihilfen.

Unterstützungskasse → Betriebsunterstützungskasse.

Urheber: Die Nutzung von Werken geht auf den Dienstherren über, wenn sich der Dienstnehmer die Nutzung der in einem Abhängigkeitsverhältnis geschaffenen Werke nicht vorbehält (AP 1 zu § 43 UrhG). Computerprogramme sind urheberrechtsfähig (AP 2 zu § 43 UrhG = NJW 84, 1579; dazu Gaul CR 88, 841; Sundermann GRUR 88, 350; Zeller BB 89, 1545).

Urlaub: I. 1. Jeder AN hat in jedem Kalenderjahr Anspruch auf bezahlten Erholungsurlaub (§ 1 BUrlG). a) Urlaub ist der Anspruch des AN, von den Arbeitspflichten für seine Dauer befreit zu werden. Bei dem Anspruch auf Urlaubsentgelt handelt es sich um einen einfachen Vergütungsfortzahlungsanspruch (AP 22 zu § 13 BUrlG = DB 86, 2394). Der U. ist zu unterscheiden von sonstigen Arbeitsbefreiungen aus persönlichen Gründen, zur Ausübung staatsbürgerlicher Rechte u. Pflichten, zur Betriebs- u. Personalratstätigkeiten usw.

b) Anspruchsberechtigt sind alle AN (§ 2 BUrlG). Dazu gehören → Arbeiter, → Angestellte, → Auszubildende, → arbeitnehmerähnliche Personen, → Heimarbeiter, Voll- u. → Teilzeitbeschäftigte.

c) Der U. entsteht unabhängig von dem Erholungsbedürfnis des AN. Er entsteht mithin auch dann, wenn der AN im Kalenderjahr nur wenig o. überhaupt nicht gearbeitet hat (AP 11 zu § 3 BUrlG Rechtsmißbrauch = NJW 82, 1548; AP 14 = DB 84, 1883; AP 12 zu § 7 BUrlG Abgeltung = NJW 84, 1835).

d) Der U. beträgt jährlich mind. 18 Werktage. Als Werktage gelten alle Tage, die nicht Sonn- o. gesetzliche Feiertage sind (§ 3 BUrlG). → Schwerbehinderte haben Anspruch auf Zusatzurlaub von 5 Tagen (§ 47 SchwbG). Aufgrund von Landesgesetzen bestehen zusätzliche U.-Ansprüche für Opfer des Nationalsozialismus sowie Jugendleiter.

2. Der U-Anspruch entsteht nach erstmaligem Ablauf der Wartefrist mit Beginn des Kalenderjahres u. endet mit Ablauf dieses Jahres, es sei denn, daß wegen dringender betrieblicher o. in der Person des AN liegender Gründe die Erfüllung unterblieben ist. In diesen Fällen ist der U. auf die ersten drei Monate des Folgejahres zu übertragen (§ 7 III). Liegen die Übertragungsvoraussetzungen vor, so erfolgt sie ohne Antrag des AN; jedoch kann tariflich sich etwas anderes ergeben (AP 8 zu § 7 BUrlG Übertragung = DB 86, 757; AP 41 zu § 7 BUrlG Abgeltung = NZA 88, 243 = DB 88, 447; AP 15 zu § 7 BUrlG Übertragung = NZA 88, 245 = DB 88, 447; AP 16 = NZA

89, 426). Wird der U. in dieser Zeit nicht gewährt u. genommen, so erlischt er.

a) Der U.-Anspruch erlischt auch dann, wenn der AN während des U.-Jahres o. des Übertragungszeitraumes arbeitsunfähig krank war (AP 39, 40 zu § 7 BUrlG Abgeltung = NZA 88, 256; v. 20. 4. 89 – 8 AZR 475/87 – NZA 89, 761 = BB 89, 1760; v. 31. 5. 90 – 8 AZR 184/89 –). Hat der AN auf Bitten des AG den U. zum Jahresende verschoben, wird er daher zweckmäßig mit dem AG vereinbaren, daß er für einen dem U. entspr. Zeitraum von der Arbeit freigestellt wird, wenn er seinen U. aus persönlichen Gründen nicht nehmen kann (AP 36 zu § 7 BUrlG Abgeltung = NZA 88, 283 = DB 87, 2524). Lit.: Widera DB 88, 756.

b) Hat der AG die Nichterteilung des U. zu vertreten, so entsteht ein Schadensersatzanspruch des AN in Höhe des U.-Anspruches (AP 1 zu § 1 BUrlG Treueurlaub = NJW 87, 973; AP 16 zu § 3 BUrlG Rechtsmißbrauch = NJW 87, 150). Kann dieser wegen Beendigung des Arbeitsverhältnisses nicht mehr gewährt werden, muß eine Entschädigung in Geld erfolgen (AP 5 zu § 44 SchwbG = DB 86, 2684). Lit.: Plüm NZA 88, 716.

c) Auf Verlangen des AN ist ein U.-Anspruch über den Übertragungszeitraum zu übertragen, wenn der AN wegen Nichterfüllung der Wartezeit noch keinen vollen U.-Anspruch erworben hat (§§ 7 III 4, 5 I a BUrlG).

d) Handelt ein AN der Pflicht zuwider, während des U. keiner Erwerbstätigkeit nachzugehen, so bleibt davon die Verpflichtung des AG unberührt, U. u. Urlaubsentgelt zu gewähren (§ 8 BUrlG; dazu AP 3 zu § 8 BUrlG = NZA 88, 607).

3. Der volle U.-Anspruch wird erstmalig nach 6monatigem Bestehen des Arbeitsverhältnisses erworben (§ 4 BUrlG). a) Der AN hat Anspruch auf $\frac{1}{12}$ des Jahresurlaubs für jeden vollen Monat des Bestehens des Arbeitsverhältnisses, (1) für Zeiten eines Kalenderjahres, für die er wegen Nichterfüllung der Wartezeit keinen vollen U.-Anspruch erwirbt; (2) wenn er vor Erfüllung der Wartezeit ausscheidet, (3) wenn er nach Erfüllung der Wartezeit in der 1. Hälfte des Kalenderjahres ausscheidet. Ausscheiden mit dem 30. 6. gilt als Ausscheiden in der ersten Hälfte (AP 4 zu § 5 BUrlG). Bruchteile von U.-Tagen, die mind. einen halben Tag ergeben, sind nach oben, sonst nach unten abzurunden (§ 5 III BUrlG; dazu AP 6, 8 zu § 5 BUrlG; a. A. für Abrundung nach unten: AP 13 zu § 5 BUrlG = NZA 89, 756).

b) Tarifliche Regeln können TeilU-Ansprüche vor Erfüllung der Wartezeit schlechthin ausschließen (AP 14 zu § 13 BUrlG = DB 84,

1305). Dagegen kann der gesetzliche U.- o. Urlaubsabgeltungsanspruch eines AN, der nach erfüllter Wartezeit ausscheidet, nicht ausgeschlossen werden (AP 15 zu § 13 BUrlG = DB 84, 1885).

c) Hat der AN, der nach erfüllter Wartezeit in der ersten Jahreshälfte ausscheidet, mehr als den ihm nach § 5 zustehenden U. erhalten, so ist eine Rückforderung des Entgeltes ausgeschlossen, es sei denn, daß tarifvertragl. etwas anderes bestimmt ist. Hat der AN bereits von einem früheren AG für das Jahr U. erhalten, ist der U.-Anspruch ausgeschlossen (§ 6 I). Erwirbt er in dem folgenden Arbeitsverh. aufgrund → Tarifvertrages noch einen höheren Teilurl.-Anspr., so muß er sich den bereits gewährten U. anteilig anrechnen lassen (AP 1 zu § 6 BUrlG). Über den bereits gewährten U. hat der frühere AG eine → U.-Bescheinigung zu erteilen.

4. Erkrankt der AN während des U., so werden die durch ärztl. Zeugnis nachgewiesenen Tage der Arbeitsunfähigkeit auf den U. nicht angerechnet (§ 9; → Kur). Dies gilt auch dann, wenn der U. durch die Erkrankung nicht beeinträchtigt wird. In → Tarifverträgen kann vorgesehen werden, daß die Krankheitstage nur dann nicht angerechnet werden, wenn der AN diese unverzüglich anzeigt (AP 9 zu § 9 BUrlG = DB 88, 1555). § 9 gilt entspr. bei Beschäftigungsverbot nach dem BSeuchG, wenn U. dadurch beeinträchtigt wird (BGH NJW 79, 422). Besonderheiten bei Erkrankung von Künstlern während der Theaterferien (AP 6 zu § 9 BUrlG). Nach dem Ende der Erkrankung muß AN seine Arbeitskraft erneut anbieten; ein eigenmächtiges Anhängen des Resturlaubs kann zur ao. → Kündigung führen. Lit.: Leinemann DB 83, 989; NZA 85, 137; ArbuR 87, 193.

II. Die Erteilung des U. steht im → Direktionsrecht des AG (AP 84, 94 zu § 611 BGB Urlaubsrecht). Lit.: Lepke Beil. 10 zu DB 88.

1. Grundsätzl. ist der U. im Zusammenhang zu gewähren (§ 7 II), es sei denn, daß dringende betriebl. o. in der Person des AN liegende Gründe eine Teilung des U. erforderl. machen. Kann er aus diesen Gründen nicht zusammenhängend gewährt werden u. hat der AN einen Anspruch von mehr als 12 Tagen, so muß einer der U.-Teile mind. 12 Tage umfassen. In keinem Fall ist tage- o. stundenweise Gewährung statthaft (AP 1, 4 zu § 7 BUrlG). Der AG hat bei Erteilung des U. auf die Wünsche des AN Rücksicht zu nehmen, es sei denn, daß ihrer Berücksichtigung dringende betriebl. Gründe o. Wünsche anderer AN, die unter sozialen Gesichtspunkten den Vorrang verdienen (schulpflichtige Kinder), entgegenstehen (§ 7 I). Die Abwägung der wechselseitigen Interessen hat nach billigem Ermessen zu erfolgen (AP 5 zu § 7 BUrlG). Hat der AG den U. festgelegt u. erkrankt der AN vor U.-Antritt, so muß der AG den U. zu einem

anderen Zeitpunkt erteilen (AP 10 zu § 9 BUrlG = NZA 89, 137). Der AG kann den U. in die Kündigungszeit legen. Ist das → Arbeitsverhältnis zu dem Zeitpunkt beendet, zu dem er festgelegt ist, so kann der AG den U. neu in die Kündigungszeit festlegen. Etwas anderes gilt nur bei überwiegendem Interesse des AN (AP 6 zu § 7 BUrlG). Der AG kann den AN auch bis zum Ablauf der → Kündigungsfrist von der Arbeit freistellen unter gleichzeitiger Anrechnung auf den U. (AP 19 zu § 11 BUrlG = NZA 87, 633). In keinem Fall kann U. im Vorgriff für das kommende Jahr erteilt werden (AP 3 zu § 9 BUrlG; AP 3 zu § 1 BUrlG) o. für den Fall, daß der AN an einem Betriebsausflug nicht teilnimmt.

2. Der → Betriebsrat hat ein erzwingbares Mitbestimmungsrecht bei der Aufstellung allgemeiner Urlaubsgrundsätze u. des Urlaubsplanes sowie der Festsetzung der zeitlichen Lage des Urlaubs für einzelne AN, wenn zwischen dem AG u. den beteiligten AN kein Einverständnis erzielt wird (§ 87 I Nr. 5 BetrVG; → Betriebsratsaufgaben). Hat der AN seine U.-Wünsche in eine U.-Liste eingetragen, so kommt es zu einer zeitlichen Fixierung, sofern der AG nicht unverzüglich widerspricht.

3. Hat der AG den U. nicht festgelegt, so kann der AN von seinem → Zurückbehaltungsrecht Gebrauch machen, wenn das Arbeitsverhältnis endet o. das U.-Jahr abläuft. Im übrigen kann der AN auf U.-Erteilung klagen (AP 10 zu § 7 BUrlG = DB 87, 1362 = NZA 87, 379) o. den Erlaß einer einstweiligen Verfügung beantragen. In den übrigen Fällen kann die Selbstbeurlaubung jedoch zu einer → Kündigung des AG führen. Der AN ist nur auf Verlangen verpflichtet, seine U.-Anschrift bekanntzugeben (AP 11 zu § 130 BGB).

4. Ist es zu einer vertraglichen Fixierung des U.-Zeitpunktes gekommen, so kann dieser nur einvernehmlich geändert werden. Nur in Notfällen wird der AG ein Widerrufsrecht haben. Er muß jedoch dem AN die erwachsenden Aufwendungen ersetzen.

III. 1. *Urlaubsentgelt* heißt die Vergütungsfortzahlung während des U., → *Urlaubsgeld* die zusätzlich gezahlte Vergütung. Das *U.-Entgelt* bemißt sich nach dem Durchschnittsverdienst einschließlich aller Zuschläge (DB 77, 2285; AP 13 zu § 47 BAT = NZA 89, 758), den der AN in den letzten 13 Wochen erhalten hat (§ 11). Verdiensterhöhungen u. Zuschläge (vgl. AP 2, 3, 4 zu § 47 BAT) nicht nur vorübergehender Natur sind zu berücksichtigen. Verdienstkürzungen infolge von → Kurzarbeit (AP 15 zu § 11 BUrlG), Arbeitsunfall o. unverschuldeter Arbeitsversäumnis bleiben außer Betracht, ebenso während des Urlaubs weitergezahlte Vergütungen (AP 7 zu § 11 BUrlG). Ist ein AN in → Teilzeitbeschäftigung unter Verstoß gegen die → Gleichbehandlung geringer als ein Vollzeitbeschäftigter vergütet worden, so ist für die Bemessung des Urlaubsentgeltes die Vergütung des Vollzeitbeschäftigten maßgebend (v. 24. 10. 89 – 8 AZR 5/89 – NZA 90, 487 = BB 90, 1279). Bei Einführung der 5-Tage-Woche haben → Arbeiter Anspruch auf Wochenlohn, bei Berechnung des U.-Entgeltes für Einzeltage ist durch 5 zu teilen (AP 1 zu § 611 BGB Urlaub u. 5-Tage-Woche). Zum Arbeitsentgelt gehörende Sachbezüge (→ Naturallohn), die während des U. nicht gewährt werden, sind angemessen bar abzugelten (§ 11 I 4). Zur Berechnung im Freischichtenmodell bei → Flexibler Arbeitszeit: AP 22 zu § 11 BUrlG = NZA 89, 68; AP 23 = NZA 89, 68; AP 25 = NZA 89, 345; AP 26 = NZA 89, 343; AP 27 = NZA 89, 347; dazu Leinemann BB 90, 201.

2. Das U.-Entgelt ist vor U.-Antritt auszuzahlen (§ 11 II BUrlG; Hohn BB 90, 492). a) Nach h. M. ist der U.-Anspruch persönlicher Natur. Hieraus folgt, daß er nicht abtretbar, unpfändbar u. unvererblich (AP 35 zu § 1 TVG Tarifvertrag: Metallindustrie = NJW 87, 461) ist. Gegen u. mit ihm kann nach h. M. nicht aufgerechnet werden. Jedoch ist dies seit der neuen U.-Rspr. sehr zweifelhaft.

b) Der U.-Anspruch unterliegt tariflichen → Verfallfristen (v. 20. 4. 89 – 8 AZR 475/87 – NZA 89, 761 = BB 89, 1760). In der Erhebung der → Kündigungsschutzklage liegt noch nicht die Geltendmachung des Anspruches (AP 15 zu § 7 BUrlG Abgeltung = DB 84, 1150). Dagegen kann durch Einzelvertrag der U. nicht an eine → Verfallfrist geknüpft werden (AP 16 zu § 13 BUrlG = DB 85, 48) o. der AN auf ihn verzichten (v. 31. 5. 90 – 8 AZR 132/89 –).

IV. Durch → Tarifvertrag kann vom BUrlG abgewichen werden; dies gilt nicht für §§ 1, 2, 3 I BUrlG.

1. Für den AN günstigere TV sind wirksam. Dies gilt auch für Abgeltungsregelungen wegen Krankheit, wenn der U. nicht genommen werden konnte (AP 12 zu § 7 BUrlG Abgeltung).

2. Bei ungünstigeren Regelungen ist eine differenzierte Betrachtungsweise angebracht. a) Scheidet ein AN vor Erfüllung der Wartezeit aus dem Arbeitsverhältnis aus, kann ein U.-Anspruch abbedungen werden (AP 14, 17 zu § 13 BUrlG). Dagegen kann der U.-Anspruch nicht abbedungen werden, wenn der AN nach Erfüllung der Wartezeit ausscheidet (AP 6 zu § 13 BUrlG Unabdingbarkeit; AP 15 zu § 13 BUrlG). b) Unwirksam sind tarifliche Regelungen, die U.-Ansprüche an tatsächliche Arbeitsleistungen knüpfen (AP 17 zu § 13 BUrlG) o. daß während der Krankheit U. gewährt werden könne (Leinemann ArbuR 87, 198). c) Keine gesetzlichen Bindungen bestehen für tarifvertragliche zusätzliche U.-Ansprüche.

Urlaubsabgeltung

V. Wird der Urlaub eines AN durch einen Dritten schuldhaft beeinträchtigt (z. B. Verkehrsunfall, fehlende Zimmerreservierung), so kann dieser zum Schadensersatz verpflichtet sein (§ 651 f BGB).
Gesamtdarst.: Dörner AR-Blattei, Urlaub.

Urlaubsabgeltung. 1. Kann der Url. wegen → Beendigung des Arbeitsverhältnisses nicht mehr gewährt werden, so ist er abzugelten (§ 7 IV BUrlG). Sie ist das Surrogat des Anspruches auf → Urlaub (AP 4 zu § 13 BUrlG Unabdingbarkeit). Hieraus werden folgende Schlußfolgerungen gezogen: a) Konnte der U.-Anspruch nicht erfüllt werden, weil der AN zB. arbeitsunfähig ist, so erwächst auch keine Url.Abg. (AP 21 zu § 7 BUrlG Abgeltung = DB 85, 1598; AP 24 = NJW 87, 151; AP 48 = NZA 89, 763; v. 22. 6. 89 – 8 AZR 172/88 – NZA 90, 239 = BB 89, 2403; v. 15. 8. 89 – 8 AZR 530/88 – NZA 90, 139 = BB 89, 2403). Dasselbe gilt im Falle der Erwerbsunfähigkeit (AP 26 zu § 7 BUrlG Abgeltung = DB 86, 2685; auch AP 19 zu § 1 BUrlG = NZA 89, 362 v. 31. 5. 90 – 8 AZR 161/89 –). Jedoch bedarf es insoweit der Prüfung, ob der AN infolge seiner Gebrechen noch Arbeitsleistung hätte erbringen können.

b) Wegen der Bindung an die Arbeitspflicht sind Url. u. UrlAbg. unvererblich (v. 18. 7. 89 – 8 AZR 44/88 – NZA 90, 238; v. 26. 4. 90 – 8 AZR 517/89 –).

2. Die Abg. ist wie das Urlaubsentgelt zu berechnen. Ist die 5-Tage-Woche mit im wesentl. gleichmäßig verteilter Arbeitszeit eingeführt, ist für jeden abzugeltenden UrlTag ⅕ des wöchentl. Durchschnittseinkommens zugrunde zu legen (AP 1 zu § 7 BUrlG Abgeltung). Der AG kann den AN nur dann auf die Erhebung von U.-Ansprüchen gegen den FolgeAG verweisen, wenn diese im Zeitpunkt der Erhebung von Ansprüchen auf U. bereits entstanden sind (AP 8 zu § 7 BUrlG Abgeltung). Auch für die Abgeltung von Teilurl.-Ansprüchen können → Verfallfristen vereinbart werden. Diese laufen selbst dann ab, wenn der AN mit Rücksicht auf den Erwerb eines vollen Url.-Anspr. gegen den FolgeAG von deren Erhebung absieht (AP 9 zu § 5 BUrlG). Ein Verfall des Anspruchs auf U. im Falle der fristl. Beendigung des AV ist nicht mehr vorgesehen; soweit noch entspr. Regelungen in → Tarifverträgen bestehen, sind sie in Höhe des gesetzl. Anspr. unwirksam (AP 4, 6 zu § 13 BUrlG Unabdingbarkeit).

3. Durch Tarifvertrag kann vorgesehen werden, daß der Urlaub auch dann abzugelten ist, wenn er infolge Krankheit nicht genommen werden konnte (AP 28 zu § 13 BUrlG = NZA 87, 426). Andererseits sind solche TV im Umfang des gesetzlichen U.-Anspruches unwirksam, die bestimmen, daß nur solcher U. abzugelten ist, der aus betrieblichen Gründen nicht gewährt werden konnte (AP 12 zu § 13 BUrlG Unabdingbarkeit = DB 87, 1693).

4. Zur Url.Abg. im Konkurs: AP 35 zu § 7 BUrlG Abgeltung = NZA 88, 58.

Lit.: Peltzer NZA 88, 493; Winderlich BB 89, 2035; Zetl ZTR 89, 226.

Urlaubsbescheinigung. Wechselt der AN im Laufe des Jahres den Arbeitsplatz, so ist der AG verpflichtet, eine U. über den im Kalenderjahr bereits gewährten o. abgegoltenen → Urlaub auszuhändigen (§ 6 II BUrlG). Die U. soll die Gewährung von Doppelurl. ausschließen. Der AN erlangt bei dem neuen AG keinen neuen Url.-Anspruch, sofern er bereits von seinem früheren AG Url. erhalten hat (§ 6 I).

Urlaubsgeld ist neben dem normalen U.-Entgelt (→ Urlaub) in zahlreichen → Tarifverträgen vorgesehen. Es beträgt häufig 30 % bis 100 % des U.-Entgelts. Es ist im Zw. nicht für übertragenen Urlaub zu zahlen, wenn im Entstehungsjahr dieses Urlaubs noch kein Anspruch bestand (AP 11 zu § 11 BUrlG). Zweifelhaft ist es in aller Regel aber für den Zusatz-U. des → Schwerbehinderten (AP 7 zu § 44 SchwbG). Grundsätzlich besteht Anspruch auf UG nur im Falle der → Tarifbindung der Arbeitsvertragsparteien o. im Falle der einzelvertraglichen Vereinbarung. Die Anspruchsvoraussetzungen sind je nach Tarifvertrag unterschiedlich geregelt. Das UG ist nach § 850 Nr. 2 ZPO unpfändbar (bestr.). In den Tarifverträgen sind häufig Verfalltatbestände o. Rückzahlungsklauseln für die Fälle vorzeitigen Ausscheidens vorgesehen. Enthält der Tarifvertrag Anrechnungsbestimmungen für betrieblich gezahlte UG, so können diese nur bei Zweckidentität angerechnet werden, nicht dagegen, wenn das betriebl. UG auch Funktionen einer → Anwesenheitsprämie verfolgt (AP 12 zu § 4 TVG). Bei Teilzeitbeschäftigten erfolgt eine Kürzung entspr. der Arbeitszeit (AP 1 zu § 11 BUrlG Urlaubsgeld).

Urteil. Das arbeitsgerichtliche U. besteht aus Entscheidungsformel, Kostenentscheidung, Festsetzung des Streitwertes sowie Tatbestand u. Entscheidungsgründen. Des Tatbestands u. der Entscheidungsgründe bedarf es nicht bei → Versäumnis-, → Anerkenntnis- u. Verzichts-U. (§ 313b ZPO) sowie dann, wenn die Parteien hierauf verzichten u. ein Rechtsmittel nicht eingelegt werden kann (§ 313a ZPO; alsdann Gebührenprivileg). Die Zustellung der Kurzausfertigung eines U. (§ 315 II 3 ZPO) setzt die Rechtsmittelfrist nicht in Lauf (§ 516 ZPO). Grundsätzlich trägt die unterliegende Partei die Prozeßkosten (§ 46 II ArbGG, § 91 ZPO). Die → Berufung gegen Urteile der Arbeitsgerichte ist zulässig, *a)* in nichtvermögensrechtlichen Streitigkeiten; *b)* wenn das Arbeitsgericht sie zuläßt; die Zulassung muß verkündet werden; wird sie vergessen, so kann sie nicht

mehr durch Berichtigungsbeschluß nachgeholt werden (AP 20 zu
§ 319 ZPO = DB 86, 2688); *c)* in vermögensrechtlichen Streitgegen-
ständen; wenn der Beschwerdewert 800 DM übersteigt. Vermögensrechtlich sind Streitgegenstände, wenn der zivilprozessuale Anspruch ohne Rücksicht auf das Grundverhältnis auf Geld oder geldwerte Gegenstände gerichtet ist o. wenn er auf einem vermögensrechtlichen Rechtsverhältnis beruht u. der prozessuale Anspruch auf
eine Leistung, Feststellung o. Gestaltung gerichtet ist, die nicht in
Geld oder Geldeswert besteht. Gegen ein 2. Versäumnisurteil ist die
Berufung nicht statthaft (AP 13 zu § 64 ArbGG 1979 = NJW 89,
2644 = NZA 89, 693). Grundurteile sind nicht berufungsfähig
(§ 61 III ArbGG). (Einzelheiten Schaub, Rechtsinformation im dtv,
Meine Rechte und Pflichten im Arbeitsgerichtsverfahren, 4. Aufl.
1985). Die Gerichte sollen die U. binnen bestimmter Fristen begründen. Die → Revision gegen ein Urteil des → Landesarbeitsgerichtes
ist aber nicht bereits dann begründet, wenn das LAG die Frist überschritten hat. Etwas anderes gilt nur dann, wenn es hierfür ein Jahr
braucht (vgl. AP 1 zu § 68 ArbGG 1979, AP 82 zu §§ 22, 23 BAT
1975 = DB 84, 1203). Spricht das U. die Verpflichtung zur Vornahme einer Handlung aus, so ist der Bekl. auf vorherigen Antrag des
Klägers zugleich für den Fall, daß die Handlung nicht binnen einer
bestimmten Frist vorgenommen ist, zur Zahlung einer vom ArbG
nach freiem Ermessen festzusetzenden Entschädigung zu verurteilen
(v. 4. 10. 1989 – 4 AZR 396/89 = NZA 90, 328). Die → Zwangsvollstreckung nach §§ 887, 888 ZPO ist alsdann ausgeschlossen (§ 61 II
ArbGG). Sämtliche U. der ArbGe sind vorläufig vollstreckbar. Die
vorläufige Vollstreckbarkeit kann nur dann ausgeschlossen werden,
wenn der Bekl. glaubhaft macht, daß die Vollstr. ihm einen nicht zu
ersetzenden Nachteil bringen würde. Die → Zwangsvollstr. erfolgt
nach den Vorschriften des 8. Buches der ZPO. Vgl. Schaub, Rechtsinformation im dtv; Meine Rechte und Pflichten im Arbeitsgerichtsverfahren, 4. Aufl. 1985.

V

Verbandswechsel der AG kommen vor, wenn diese ihrem bisherigen → Arbeitgeberverband entwachsen o. sie einem ihnen unange-
nehmen → Tarifvertrag entgehen wollen. Im Falle des V. kann eine
→ Tarifbindung nach § 3 I, II TVG erwachsen. Ist nur eine → Gewerkschaft an dem mehrfachen Tarifwerk beteiligt, so gelten entsprechend dem Schutzzweck von § 3 III TVG die für den AN günstigeren, sonst erfolgt Lösung nach Grundsätzen der → Tarifkonkurrenz.

Verbesserungsvorschlag → Arbeitnehmererfindung.

Verbindlichkeitserklärung → Schlichtung, → Allgemeinverbindlicherklärung.

Verdachtskündigung. Der Verdacht einer strafb. Handlung o. einer schweren Vertragswidrigkeit kann eine ao. → Kündigung aus wichtigem Grund (§ 626 BGB) rechtfertigen, wenn er sich auf Tatsachen gründet u. so schwer wiegt, daß ein vernünftiger AG daraus Mißtrauen gegen die Zuverlässigkeit des AN schöpfen kann (AP 1, 5, 9, 13 zu § 626 BGB Verdacht strafbarer Handlungen; AP 2 zu § 611 BGB Fürsorgepflicht). Das BAG hat jedoch kaum jemals eine Verdachtskündigung bestätigt; i. d. R. bejaht es sie nur, wenn ohnehin Vertragsverletzungen des AN vorliegen, o. es hat aufgehoben u. zurückverwiesen wegen mangelhafter Abwägung, ob ein schwerwiegender Verdacht vorliegt. Vor Ausspruch einer VK muß der AG alles Zumutbare getan haben, um eine Aufklärung herbeizuführen (AP 57 zu § 626 BGB). Hierzu gehört auch die Anhörung des AN (AP 39 zu § 102 BetrVG 1972; AP 19 zu § 626 BGB Verdacht strafbarer Handlung = NZA 87, 699). Ist infolge eines begründeten Verdachts das Vertrauensverhältnis zwischen dem AG u. dem AN erschüttert, so ist dem AG i. d. R. die Fortsetzung des Arbeitsverhältnisses nicht mehr zumutbar. Stellt sich im Verlauf des Rechtsstreits eine Unbegründetheit heraus, so ist dies zugunsten des AN zu berücksichtigen; wird der Verd. erst nach Ablauf eines Prozesses entkräftet, kann sich ein → Wiedereinstellungsanspruch des AN ergeben (AP 2 zu § 611 BGB Fürsorgepflicht; AP 13 zu § 626 BGB Verdacht strafbarer Handlungen). Zum Lauf der Präklusionsfrist nach § 626 II BGB: AP 2 zu § 626 BGB Verdachtskündigung. Ist die Ausschlußfrist wegen der VK abgelaufen, so ist der AG nicht gehindert, später wegen der Straftat selbst zu kündigen, wenn der AN verurteilt worden ist (AP 19 zu § 626 BGB Ausschlußfrist). Die ohne Zustimmung des AN wegen des Verd. vorgenommene → Suspendierung von der Arbeit beseitigt grundsätzl. nicht den Lohnanspruch (AP 13 zu § 626 BGB Verdacht strafbarer Handlungen). Lit.: Heinze ArbuR 84, 237.

Verdienstsicherung: Entspr. Bestimmungen werden häufig in → Tarifverträgen vereinbart, um AN bei Leistungsschwächen aus gesundheitlichen Gründen, Betriebsveräußerungen o. Umsetzungen von → Akkord- auf Zeitlohn (AP 20 zu § 1 TVG Tarifverträge: Metallindustrie = DB 84, 886; AP 26 = DB 85, 283) zu schützen.

Verfall-, Ausschluß- o. Verwirkungsfristen sind Fristen für die Geltendmachung von Rechten, deren Nichteinhaltung mit dem Ablauf der Frist das Erlöschen des Rechtes ohne Rücksicht auf die

Verfall-, Ausschluß- o. Verwirkungsfristen

Kenntnis der Parteien (AP 30 zu § 4 TVG Ausschlußfristen; AP 4 zu § 496 ZPO; AP 131 zu § 1 TVG Auslegung = DB 84, 55) von diesen Folgen u. vom Anspruch bewirkt. VFr. können nach § 4 IV 3 TVG für tarifl. Rechte nur durch → Tarifvertrag vereinbart werden. Sie kommen als einseitige, nur für Ansprüche des AN, wie als zweiseitige vor (Bauer NZA 87, 440). Gelegentlich ist in Tarifverträgen vorgesehen, daß der AG auf sie besonders hinweisen muß. In § 77 IV BetrVG ist vorgesehen, daß auch → Betriebsvereinbarungen für die auf sie gestützten Rechte VFr. vorsehen können. Einzelvertraglich werden sie für sonstige Rechte selten vereinbart; sie sind aber wirksam (AP 1 zu § 241 BGB = NZA 89, 101). Sie unterliegen der richterl. Inhaltskontrolle (Fenski ArbuR 89, 168; Preis ZIP 89, 885). Ansprüche auf → Urlaub werden von letzteren nicht vernichtet (AP 16 zu § 13 BUrlG = DB 85, 48). Sie sind in jedem Stadium des Verfahrens von Amts wegen zu berücksichtigen. Das Gericht trifft jedoch keine Verpflichtung, in jedem Streitfall zu ermitteln, ob das Arbeitsverhältnis einem Tarifvertrag unterfällt (AP 51 zu § 4 TVG Ausschlußfristen). Die Dauer der in den Tarifverträgen geregelten VFr. kann einzelvertraglich nicht verlängert werden *(AP 70 zu § 4 TVG Ausschlußfristen)*. Der AN wird begünstigt, wenn er seine Forderungen langfristiger geltend machen kann, aber benachteiligt, wenn er in Anspruch genommen wird.

Der *Beginn der VFr.* ist tarifl. verschieden geregelt (Entstehung o. Fälligkeit des Anspruchs bzw. Beendigung des Arbeitsverhältnisses). Soll die VFr. ab *Beendigung* des Arb.-Verh. laufen, so wird i. d. R. anzunehmen sein, daß die rechtliche und nicht die tatsächliche Beendigung maßgebend ist (AP 41, 45 zu § 4 TVG Ausschlußfristen). Bei Rechtsstreitigkeiten über die Beendigung des Arbeitsverhältnisses beginnt sie mit der Rechtskraft des Urteils. Sind Ansprüche dann noch nicht fällig, beginnt sie mit Fälligkeit (AP 41, 55 zu § 4 TVG Ausschlußfristen). Räumt der AG einem AN ein Lohnkonto in lfder Rechnung ein, so beginnt sie i. d. R. mit Ende des Arb.-Verh. (AP 38 zu § 4 TVG Ausschlußfristen).

Soll die VFr. mit der *Fälligkeit* beginnen, so verfallen Mutter- u. Stammrechte i. d. R. nicht; der Verfall der Einzelansprüche richtet sich nach deren Fälligkeit. Dies gilt auch bei Ansprüchen auf → Ruhegeld (v. 27. 2. 1990 3 AZR 216/88 –). Bei Schadensersatzansprüchen wegen eigener Schäden beginnt die VFr., wenn der Schaden entstanden u. fällig geworden ist. Fällig wird er, wenn der AG den Schaden kennt o. kennen muß (AP 14, 32, 33, 43, 48, 55 zu § 4 TVG Ausschlußfristen). Der AG ist zu einer Kontrolle gehalten (AP 85 a. a. O. = DB 84, 2711). Er hat sich den erforderlichen Überblick ohne schuldhaftes Zögern zu verschaffen. Ein solches ist i. d. R. dann nicht anzunehmen, wenn ein AG, der durch strafbare Handlungen vom AN geschädigt wurde, vor der Geltendmachung seiner Ansprüche zunächst den Ausgang eines Strafverfahrens abwartet, von dem er sich eine weitere Aufklärung des streitigen Sachverhalts versprechen darf (AP 71 zu § 4 TVG Ausschlußfristen; AP 85 = DB 84, 2711). Im übrigen ist zu unterscheiden zwischen offenen und verdeckten Mängeln. Handelt es sich um offenbare Mängel, so beginnt die VFr. im Zeitpunkt der Schlechtleistung (AP 35, 44 TVG Ausschlußfristen). Bei versteckten Mängeln, also solchen, die dem AG weder bekannt sind noch bekannt sein konnten, beginnt sie, wenn sie erkennbar waren (AP 4 zu § 611 BGB Akkordkolonne). Bei Ansprüchen auf Freistellung beginnt sie, wenn der Dritte den AG in Anspruch nimmt (AP 32 zu § 4 TVG Ausschlußfristen; AP 18, 20 zu § 670 BGB; AP 22 = DB 84, 1888). Sie soll vorzeitig beginnen, etwa bei Ansprüchen auf Lohnsteuerrerstattung durch den AG, wenn die Steuerabführung völlig willkürlich erfolgte. Sieht ein Tarifvertrag vor, daß eine VFr. mit der Fälligkeit u. mit der Beendigung des Arbeitsverhältnisses eine weitere läuft, so braucht der AN seine Ansprüche nicht erneut nach Beendigung geltend zu machen, wenn er sie nach Fälligkeit bereits geltend gemacht hat (Kosnopfel BB 88, 1818). Ob eine VFr. (§ 16 BRTV-Bau) auch während des → Konkurses o. einer wirtschaftlichen Notlage des AG läuft, ist zweifelhaft (AP 42 zu § 1 TVG Tarifverträge: Bau = DB 83, 236; AP 78 zu § 4 TVG Ausschlußfristen = NJW 84, 510). Der Ablauf der VFr. kann gehemmt sein, wenn der AG keine → Abrechnung erteilt hat (AP 89 zu § 4 TVG Ausschlußfristen = DB 85, 2154).

Zur *Geltendmachung* gehört die Spezifizierung (AP 33, 43, 55 zu § 4 TVG Ausschlußfristen; AP 9 zu § 70 BAT), nicht jedoch die Substantiierung des Anspruchs (AP 3 zu § 611 BGB Akkordkolonne), d. h., der Anspruchsteller muß die Forderung dem Grunde nach konkretisieren u. der Höhe nach annähernd angeben (AP 43, 48, 49 a. a. O.; DB 75, 455). Einer Angabe zur Forderungshöhe bedarf es dann nicht, wenn der Schuldner diese, etwa aus strafbaren Handlungen, ohnehin kennt (AP 9 zu § 70 BAT). Die Geltendmachung muß im allgemeinen durch den AN erfolgen; unzureichend ist die Geltendmachung durch den → Betriebsrat, es sei denn, daß dieser bevollmächtigt ist *(EzA 2 zu § 301 ZPO)*. Als Nebenforderung mit der HauptF eingeklagte Verzugs- u. Prozeßzinsen bedürfen i. d. R. keiner besonderen Geltendmachung (AP 93 zu §§ 22, 23 BAT). In der Erhebung einer Feststellungsklage gegenüber einer → Kündigung liegt keine gerichtl. Geltendmachung des Lohnausfalls für die Zeit nach dem Kündigungstermin (AP 31, 43, 63 zu § 4 TVG Ausschlußfristen), u. U. jedoch seine bloße Geltendmachung (AP 23 zu § 615 BGB; AP 56, 59, 63 zu § 4 TVG Ausschlußfristen; DB 77, 1468; 1802). Unzureichend ist die Geltendmachung durch eine unzulässige

Verfall-, Ausschluß- o. Verwirkungsfristen

Feststellungsklage (v. 29. 6. 1989 – 6 AZR 459/88 – NZA 89, 897).
Fordert der TV die ausdrückliche Ablehnung der Forderung, so wird
die Klagefrist für nach dem Kündigungsende erwachsende Ansprüche durch den Klageabweisungsantrag im Kündigungsschutzprozeß
in Lauf gesetzt (AP 60 zu § 4 TVG Ausschlußfristen = DB 77, 1802;
AP 86 = DB 85, 707). Unzureichend ist bei notwendig schriftlicher
Geltendmachung die bloße Strafanzeige (AP 54 zu § 4 TVG Ausschlußfristen), zureichend aber die Stufenklage (DB 77, 1371).

Die VFr. kann *gesetzl. Ansprüche* (→ Urlaub) *umfassen* (AP 27 zu
§ 4 TVG Ausschlußfristen; a. A. AP 16 zu § 13 BUrlG = DB 85, 48);
zu urheberrechtl. Ansprüchen: Herschel Film u. Recht 80, 514. Soll
eine tarifliche Ausschlußklausel alle Ansprüche aus dem Arbeitsverhältnis u. solche, die mit ihm in Verbindung stehen, erfassen, so
werden auch Abfindungsansprüche des entlassenen AN nach
§ 113 III BetrVG ergriffen (AP 3, 5, 7 zu § 113 BetrVG 1972; AP 42
zu § 1 TVG Tarifverträge: Bau = DB 83, 236; anders für Ansprüche
nach §§ 9, 10 KSchG vgl. AP 7 zu § 9 KSchG 1969). Nicht erfaßt
werden Ansprüche aus neben dem Arbeitsverhältnis abgeschlossenen
Verträgen (Miet-, Kaufverträge); dazu AP 72 zu § 4 TVG Ausschlußfristen. Ob auch Ansprüche aus unerl. Hdlg. erfaßt werden,
ist umstr., aber überwiegend bejaht (AP 36, 37, 42 zu § 4 TVG
Ausschlußfristen, AP 2 zu § 7 BAT; AP 71 zu § 4 TVG Ausschlußfristen; AP 9 zu § 70 BAT). Die VFr. erfaßt auch Lohnsteuererstat-
tungsansprüche (AP 17, 21 zu § 670 BGB; AP 22 = DB 84, 1888),
Ansprüche des öffentlichen AG auf Lohnüberzahlung (AP 6 zu § 70
BAT; AP 68 zu § 4 TVG Ausschlußfristen), auch wenn über das
Ende des Arbeitsverhältnisses hinaus (AP 7 zu § 70 BAT) gezahlt.
Der Ablauf der VFr. kann gegenüber einem Zessionar o. bei Über-
gang auf die Krankenkasse (§ 115 SGB X) dieser gegenüber geltend
gemacht werden (AP 52 zu § 4 TVG Ausschlußfristen). Die VFr. gilt
nicht für Ansprüche der AN untereinander, selbst wenn sie auf den
AG übergegangen sind (BB 77, 1651).

Tarifl. Formvorschriften für die Geltendmachung sind einzuhalten
(Schriftform, → Klage, usw.), andernfalls diese unwirksam ist. Ist
für die Geltendmachung Schriftform vorgeschrieben, so wahrt auch
eine Klage die Form, wenn sie vor Ablauf der VFr. zugestellt ist (AP
3, 4 zu § 496 ZPO; AP 4 zu § 345 ZPO). Die Kündigungsschutzklage wahrt die einfache Geltendmachung der Lohnforderung, nicht
aber deren gerichtliche Geltendmachung (vgl. oben). Zu Feststel-
lungsklagen über Vorfragen EzA 38 zu § 4 TVG Ausschlußfristen.
Ist nur eine schriftliche Geltendmachung vorgeschrieben, so braucht
grundsätzlich keine Klage erhoben werden (AP 8 zu § 70 BAT). Ist
nach einem Tarifvertrag die schriftliche Geltendmachung u. binnen
einer weiteren Frist die Klageerhebung vorgesehen, so kann der

Schuldner die VFr. nicht dadurch verkürzen, daß er bereits vor schriftl. Geltendmachung die Forderung ablehnt. Bestimmt eine zweistufige tarifl. VFr., daß die VFr. für die Geltendmachung von Anspr., deren Bestand vom Ausgang einer → Kündigungsschutzklage abhängig ist, erst mit deren rechtskräftigem Abschluß beginnt, so kann der AN die Anspr. nicht vorher geltend machen (AP 69 zu § 4 TVG Ausschlußfristen; AP 84 = DB 84, 996). Wird die Klage zurückgenommen, so entfällt die Unterbrechung (AP 52 a. a. O.). Ist ein Dritter der Schuld beigetreten, so reicht es aus, wenn die Forderung gegenüber dem ursprüngl. Schuldner geltend gemacht wird (AP 47 zu § 4 TVG Ausschlußfristen). Ein persönlich haftender Gesellschafter einer Personalgesellschaft (oHG, KG) kann sich nicht auf den Ablauf der VFr. berufen, wenn sie gegenüber der Gesellschaft eingehalten sind (AP 89 = DB 85, 2154). Hat der AG eine Schuld anerkannt, etwa in einer Lohnabrechnung, so bedarf es nicht noch einmal der besonderen Geltendmachung (AP 67, 76 zu § 4 TVG Ausschlußfristen; AP 92 = DB 85, 2051). Hat ein AG gegen eine Restlohnforderung allein aufgerechnet, so liegt hierin zugleich ein untechnisches Anerkenntnis, so daß der AN die Forderung nicht mehr fristgemäß geltend zu machen braucht. Anders ist es dagegen, wenn der AG die Restforderung in Abrede stellt u. hilfsweise mit Gegenforderungen aufrechnet (v. 27. 2. 1990 – 3 AZR 221/88 –).

Der Berufung auf tarifl. VFr. kann in Ausnahmefällen die Einwendung *unzulässiger Rechtsausübung* entgegengesetzt werden, z. B. wenn der Berechtigte ohne Verschulden die Ansprüche nicht rechtzeitig o. formgerecht geltend machen konnte, das Versäumte aber nach Wegfall des Hinderungsgrundes unverzüglich nachholt, o. wenn der AN unter einem besonderen Kündigungsdruck gestanden hat, so daß ihm nach → Treu u. Glauben die rechtzeitige Erhebung der Ansprüche nicht zugemutet werden konnte, o. wenn der Schuldner den Anschein der Verhandlungsbereitschaft erweckt u. dadurch den Gläubiger hingehalten hat (AP 9 zu § 59 BetrVG; DB 72, 1300; AP 87 zu § 4 TVG Ausschlußfristen = DB 85, 658). Bei Lohnüberzahlungen kann den AN eine Hinweispflicht auf sie treffen, andernfalls die VFr. nicht zu laufen beginnt (AP 7 zu § 70 BAT). Jedoch muß nach Wegfall des Hinderungsgrundes die Forderung binnen kurzer Zeit geltend gemacht werden (AP 46 a. a. O.). Kein Verfall tritt bei vereinbarter Anspruchszurückstellung ein. Lit.: Kiefer NZA 88, 785; Vögele NZA 88, 190; 89, 590.

Vergleich ist ein gegenseitiger, formlos gültiger Vertrag, durch den der Streit o. die Ungewißheit der Parteien über ein Rechtsverhältnis im Wege gegenseitigen Nachgebens beseitigt wird (§ 779 BGB). Beim V. sind drei Bereiche zu unterscheiden: a) Der als streitig o. ungewiß angesehene Bereich des alten Rechtsverhältnisses, der neu geordnet werden soll; b) der als nicht streitig o. ungewiß angesehene Bereich des alten Rechtsverhältnisses, der als feste Grundlage der vergleichsweisen Regelung angesehen wird; c) die Neuordnung, die durch den V. herbeigeführt wurde. Irren beide Partner über den Bereich b), so ist der V. unwirksam. Dagegen ist er nur anfechtbar, wenn eine Partei bei Abgabe der Erklärung zu c) sich in einem Irrtum gemäß §§ 119, 123 BGB befand. Ein V. kann unwirksam sein, wenn der AN in ihm unverzichtbare Ansprüche erläßt; wirksam sind jedoch V. über die tatsächlichen Voraussetzungen eines Anspruches (AP 8 zu § 17 BetrAVG = DB 85, 1949). Er ist sittenwidrig, wenn die wechselseitigen Leistungen in einem auffälligen Mißverhältnis stehen (AP 37 zu § 138 BGB = NJW 85, 2661). Ein *Prozeßvergleich* ist nach h. M. sowohl materiell-rechtl. Vertrag wie auch Prozeßhandlung (AP 3, 4 zu § 794 ZPO; NJW 74, 2151). Ist die Prozeßhandlung nichtig, so kann er gleichwohl noch materiell wirksam sein. ProzeßV können auch mit einem am Rechtsstreit nicht beteiligten Dritten abgeschlossen werden; dieser braucht auch in den höheren Instanzen nicht durch einen Prozeßbevollmächtigten (→ Rechtsanwalt) vertreten zu sein (BGH NJW 83, 1433). Er kann auch von dem Revisionsgericht selbständig ausgelegt werden (AP 2 zu § 21 TVAL II). Er ersetzt jede Form u. beendet den Rechtsstreit. Aus ihm ist die → Zwangsvollstreckung möglich (§ 794 I Nr. 1 ZPO). Ist ein gerichtl. V. unter Widerruf abgeschlossen, so ist dieser auch dann rechtzeitig, wenn er fristgemäß dem Gericht auf einem Gerichtstag zugeht (AP 17 zu § 794 ZPO). Zugegangen ist der Widerruf, wenn er in die Verfügungsgewalt des Gerichtes gelangt ist. Dies ist noch nicht dann der Fall, wenn ein Benachrichtigungsschein über eine Einschreibesendung in das Postfach eingelegt wird (AP 38 zu § 794 ZPO = NJW 86, 1373). Der Widerruf ist unwirksam, wenn er nicht unterzeichnet ist (v. 31. 5. 89 – 2 AZR 548/88). Auf die Widerrufsfrist ist nach h. M. § 193 BGB entsprechend anwendbar. Fällt der Ablauf der Widerrufsfrist auf einen Sonntag o. gesetzlichen Feiertag, so endet die Frist am nächsten Werktag. Bei Versäumung der Widerrufsfrist ist eine Wiedereinsetzung in den vorigen Stand ausgeschlossen (AP 19, 26 zu § 794 ZPO). Indes kann es treuwidrig sein, eine Partei am V. festzuhalten, wenn der Widerruf fristgemäß bei ihr, nur nicht wie vereinbart bei Gericht eingegangen ist (AP 15 zu § 794 ZPO). Ist ein gerichtl. V. von den Parteien lange Zeit als wirksam behandelt worden, so stellt es einen Verstoß gegen Treu und Glauben dar, wenn sich eine Partei mit dem Hinweis auf bloße Formvorschriften von ihm lossagen will (AP 18 zu § 794 ZPO). Das → Arbeitsgericht soll während des ganzen Verfahrens eine gütliche Beilegung des Rechtsstreites – insbes. also durch V. – anstreben (§§ 54, 57 II ArbGG).

Allgem. → Ausgleichsquittungen in derartigen Prozeßv. schließen es i. d. R. aus, Ansprüche aufgrund der Vergleichsbedingungen zu erheben (AP 22 zu § 794 ZPO). Wird der Rechtsstreit im ersten o. im höheren Rechtszug durch einen vor dem Gericht abgeschlossenen o. ihm mitgeteilten V. beendet, so wird in diesem Rechtszug keine Gerichtsgebühr erhoben, auch wenn eine streitige → Verhandlung vorausgegangen ist. Gerichtl. Auslagen (→ Gerichtskosten) sind dagegen zu ersetzen (Zustellungskosten, Zeugengebühren usw.). Ein ProzeßV kann mit einer die Verfahrensbeendigung beseitigenden Wirkung aufgehoben werden (AP 31 zu § 794 ZPO). Streit über die Rechtswirksamkeit eines ProzeßV ist durch Fortsetzung des Verfahrens zu klären (AP 10 zu § 794 ZPO; AP 1 zu § 394 BGB). Sind in einem GesamtV mehrere anhängige Rechsstreitigkeiten erledigt worden, so kann jedes einzelne Verfahren aufgenommen werden. Die übrigen sind alsdann auszusetzen. Indes soll in diesen Fällen auch ein neues Verfahren anhängig gemacht werden können (AP 30 zu § 794 ZPO). Bei Streit über eine auflösende Bedingung (BGH NJW 72, 159) ist das bisherige Verfahren fortzusetzen; anders, wenn über den Wegfall seiner Geschäftsgrundlage gestritten wird (AP 16 zu § 794 ZPO). Ein ProzeßV auf eine → Kündigungsschutzklage kann zum Ruhen des Anspruches auf → Arbeitslosengeld (§ 119 AFG) führen.

Vergleichsverfahren. Das in der Vergleichsordnung v. 26. 2. 1935 (RGBl. I 321) geregelte V. dient der Abwendung des → Konkurses. Ist der AG Vgl.-Schuldner, so kann er das Arbeitsverhältnis unter Einhaltung der gesetzl. o. – *bei* → *Tarifbindung* – tarifl. Frist kündigen (§§ 51 II, 50 VerglO). Ist im → ArbVertrag eine längere als die gesetzl. o. tarifl. Kündigungsfrist vereinbart o. ist er befristet abgeschlossen, so kann der Vgl.-Schuldner mit Ermächtigung des Vgl.-Gerichts (Amtsgericht) binnen 2 Wochen nach Ermächtigung das Arbeitsverhältnis mit gesetzl. Frist kündigen. Das Vgl.-Gericht hat den AN vor Erteilung der Ermächtigung zu hören. Diese soll nur erteilt werden, wenn die Erfüllung o. die weitere Erfüllung des Arb-Vertr. das Zustandekommen o. die Erfüllbarkeit des Vgl. gefährdet u. die → Kündigung des Arbeitsverhältnisses dem AN keinen unverhältnismäßigen Schaden bringt. Ist das Arbeitsverhältnis mit Ermächtigung des Vgl.-Gerichtes gekündigt worden, so erlangt der AN Schadensersatzansprüche, mit denen er am Vgl.-Verf. beteiligt ist (§ 52 VerglO). Auch bei Ermächtigung zur Kündigung sind die übrigen → Kündigungsschutzvorschriften zu beachten (z. B. §§ 1, 15 KSchG, 9 MSchG, 15 SchwbG). Während des Vgl.-Verf. hat der AN unabhängig von diesem Ansprüche auf Erfüllung des Vertrags. Ansprüche des Betriebsrates auf Kostenerstattung sind Vergleichsforderungen (AP 26 zu § 40 BetrVG 1972). Ist der AN Vgl.-Schuldner, gelten keine Besonderheiten. Das Arbeitsverhältnis kann jedoch u. U. vom AG bei Vertrauensstellungen aus wichtigem Grund gekündigt werden.

Verjährung ist die Entkräftung eines Anspruches (d. h. des Rechts, von einem anderen ein Tun o. Unterlassen zu verlangen, § 194 BGB) infolge einer fortgesetzten Nichtausübung. Die V.-Fristen sind im allgemeinen im BGB geregelt. Grundsätzl. verjähren alle Ansprüche innerhalb von 30 Jahren (§ 195 BGB). Erfüllungsanspr. aus einem Arbeitsverhältnis verjähren bereits in 2 Jahren, gerechnet vom Ende des J., in dem sie entstanden sind (§§ 196 I Nr. 8, 9; 198, 201 BGB). Die kurze V.-Frist des § 196 gilt auch, wenn wiederkehrende Vergütungsansprüche nicht aufgrund eines → ArbVertrages, sondern aus dem Gesichtspunkt der ungerechtfertigten Bereicherung (§ 812 BGB) o. der Geschäftsführung ohne Auftrag (§§ 677 ff. BGB) geltend gemacht werden (AP 1 zu § 196 BGB) sowie ferner für Anspr. auf Auslagenersatz o. Vorschußrückzahlung (AP 5 zu § 196 BGB) o. für wiederkehrende Ansprüche auf Ruhegeld, nicht jedoch für das Stammrecht. Hat AG dem AN Gegenstände (Kraftfahrzeug) zur Gebrauchsüberlassung übergeben, so verjähren Anspr. wegen Beschädigung binnen zwei Jahren (AP 85 zu § 611 BGB Haftung des Arbeitnehmers = NJW 85, 759). V-Fristen können vertraglich abgekürzt werden (§ 225 BGB); dies gilt jedoch dann nicht, wenn das Arbeitsverhältnis einem → Tarifvertag unterfällt, weil sonst die in ihm enthaltenen → Verfallfristen unterlaufen werden könnten. Nach Ablauf der V-Fristen erlangt der Schuldner ein Leistungsverweigerungsrecht, eine Einrede, die (anders als bei Ablauf von → Verfallfristen u. der → Verwirkung) nicht von Amts wegen, sondern nur bei Geltendmachung berücksichtigt wird. Die V-Frist kann unterbrochen werden, wenn der Anspruch gerichtlich geltend gemacht wird (§ 209 BGB). Die Frist beginnt alsdann neu (AP 3 zu § 209 BGB = NZA 88, 175). Die Unterbrechung endet jedoch, wenn der Prozeß nicht mehr betrieben wird (AP 11 zu § 196 BGB). Sie kann auch gehemmt sein (§§ 202 ff. BGB). Die Berufung auf die Einrede der V. kann rechtsmißbräuchlich sein, etwa bei der Vereinbarung, Musterprozesse durchzuführen.

Vermittlungsstelle. Eine V., wie sie das BetrVG 52 vorsah, kennt das BetrVG 72 nicht mehr. Bei Streitigkeiten zwischen → Betriebsrat u. → Unternehmer über → Betriebsänderungen kann der Präsident des Landesarbeitsamtes um Vermittlung über den Interessenausgleich, also die Durchführung der Betriebsänderung, ersucht werden. → Stillegung, → Sozialplan.

Vermögensbildung der Arbeitnehmer. Sie wird durch das 2. Vermögensbeteiligungsgesetz vom 19. 12. 1986 (BGBl. I 2595) geregelt.

I. Teil des 2. Vermögensbeteiligungsgesetzes ist das 5. VermBG i. d. F. vom 19. 1. 1989 (BGBl. I 137) mit VermBDV vom 23. 10. 1987 (BGBl. I 2327).

1. Die Vermögensbeteiligung der AN durch vereinbarte vermögenswirksame Leistungen des AG wird nach dem 5. VermBG gefördert (§ 1). Für den öffentlichen Dienst gelten Sondergesetze. Vermögenswirksame Leistungen sind Geldleistungen, die der AG für den AN anlegt (§ 2). Die Anlagemöglichkeiten bestehen in Sparbeiträgen, Aktien, Aktienförderungsanteilen, Gewinnschuldverschreibungen, Genußscheinen, stillen Beteiligungen, Mitarbeitergenußrechten, Genußanteilen, GmbH-Geschäftsanteilen, Anteilscheinen an Beteiligungssondervermögen, die neben Wertpapieren auch stille Beteiligungen in vornehmlich mittelständischen Unternehmen enthalten (Einzelheiten § 2). Die Geldmittel kann der AG zusätzlich aufbringen. Hierzu bedarf es eines → Tarifvertrages, einer → Betriebsvereinbarung o. → des Arbeitsvertrages (§ 10). Der AG hat jedoch auch auf schriftliches Verlangen des AN Teile des Arbeitsentgeltes vermögenswirksam anzulegen (§ 11). Vermögenswirksame Leistungen zum Erwerb von Vermögensbeteiligungen können sowohl über ein Kreditinstitut als auch bei einem AG o. einem fremden Unternehmen angelegt werden, sofern entspr. Beteiligungen angeboten werden.

2. Sind die vermögenswirksamen Leistungen bzw. die Vermögensbeteiligungen festgelegt u. die Einkommensgrenzen nicht überschritten, so zahlt der Staat dem AN die Arbeitnehmersparzulage in Höhe von maximal 20% des Anlagebetrages bis zum Höchstbetrag von 936,– DM. Bei mehr als zwei Kindern beträgt die Arbeitnehmersparzulage 33% (§ 13). Die Einkommensgrenze liegt für Alleinstehende bei 27000,– DM und Verheirateten bei 54000,– DM. Die vermögenswirksamen Leistungen müssen während der Sparfrist festgelegt sein. Hiervon gibt es Ausnahmen.

II. 1. Durch das 2. Vermögensbeteiligungsgesetz wird die kostenlose o. verbilligte Überlassung von Vermögensbeteiligungen steuerlich begünstigt. Überläßt der AG kostenlos o. verbilligt Vermögensbeteiligungen, so müßte der AN dafür Steuern bezahlen. Dieser Vorteil ist jedoch steuerfrei, soweit er nicht höher ist als der halbe Wert der Vermögensbeteiligung u. nicht mehr als 500,– DM beträgt (§ 19a EStG).

2. Der AN kann die Möglichkeiten nach dem 5. VermBG u. die Steuerbegünstigung nach § 19a EStG nebeneinander nutzen.

Verpfändung

III. Mit dem 2. Vermögensbeteiligungsgesetz werden Beteiligungssondervermögen im Investitionsgesetz zugelassen u. deren Anteilscheine in die Anlagemöglichkeiten des 5. VermBG aufgenommen. Beteiligungssondervermögen sind eine neue Art von Investitionsfonds, die neben Wertpapieren auch stille Beteiligungen an Unternehmen erwerben, von denen keine Wertpapiere an der Börse gehandelt werden. Die AN können Anteilscheine an Beteiligungssondervermögen erwerben. Mit dem Geld erwerben die Fonds alsdann die Beteiligungen. Die Zulassung von Beteiligungssondervermögen ermöglicht auch die Anlage in mittelständischen, nicht börsennotierten Unternehmen.

Verpfändung → Abtretung.

Versäumnisurteil. Erscheint in einer → Güte- o. → streitigen Verhandlung eine Partei nicht, so wird im Wege des VU auf Antrag des Beklagten die → Klage abgewiesen (§ 330 ZPO); auf Antrag des Klägers wird sie nur zugesprochen, wenn sein tatsächl. mündl. Vorbringen, das wegen der Säumnis des Bekl. als zugestanden gilt (§ 331 ZPO), die Kl. rechtfertigt (§ 331 II ZPO; *Schlüssigkeitsprüfung*). Lediglich Vorbringen zum Erfüllungsort o. zu einer → Gerichtsstandsvereinbarung bedarf auch dann des Beweises. Bereits aus einem VU ist kraft Gesetzes die → Zwangsvollstreckung zulässig. → Urteile des BAG müssen für vorläufig vollstreckbar erklärt werden (AP 6 zu § 522a ZPO). Die Klage wird als unbegründet abgewiesen, wenn sie nicht schlüssig ist. Hierzu ist auch der Vorsitzende allein befugt (§ 55 I Nr. 4 ArbGG). Der Antrag auf Erlaß eines VU ist u. a. zurückzuweisen, wenn die säumige Partei nicht ordnungsgemäß geladen o. ihr ein tatsächliches mündl. Vorbringen nicht rechtzeitig zugeleitet worden ist (§ 335 ZPO). Die Entscheidung über den Antrag auf Erlaß des VU ist zu vertagen, wenn die Einlassungsfrist zu kurz bemessen (gilt nur bei Auslandszustellung) o. die Part. ohne ihr Verschulden am Erscheinen verhindert ist (§ 337 ZPO). Ein vorheriger, auch unbeschiedener Vertagungsantrag zwingt das Gericht nicht zur Vertagung *(AP 2 zu § 337 ZPO)*. Eine Vertagung ist nur aus den Gründen des § 227 ZPO zulässig. Hierzu gehören auch berechtigte Urlaubsplanungen einer Partei (BVerwG AP 1 zu § 227 ZPO). Gegen den das VU verweigernden Beschluß ist sofortige → Beschwerde gegeben (§ 336 ZPO). Ergeht das VU, so steht dem Säumigen binnen einer Notfrist von einer Woche seit Zustellung der Einspruch zu (§ 59 S. 1 ArbGG). Hierauf wird er zugleich mit Zustellung des VU hingewiesen (§ 59 S. 3 ArbGG). Der Einspruch wird beim → Arbeitsgericht schriftl. o. zur Niederschrift der Geschäftsstelle eingelegt (§ 59 ArbGG); dies auch dann, wenn das VU auf einem Gerichtstag ergangen ist. Die Einspruchsschrift hat die Bezeichnung des

→ Urteils, gegen das der Einspr. gerichtet wird, sowie die Erklärung, daß Einspr. eingelegt wird, zu enthalten (§ 340 ZPO); zulässig ist, den Einspruch auf einen Teil des Streitgegenstandes zu beschränken (§ 340 II 2 ZPO). Im Interesse der Beschleunigung hat die Partei in der Einspruchsschrift ihre Angriffs- u. Verteidigungsmittel, soweit es nach der Prozeßlage eine sorgfältigen u. auf Förderung des Verfahrens bedachten Prozeßführung entspricht, sowie Rügen, die die Zulässigkeit der Klage betreffen, vorzubringen (§ 340 III ZPO). Werden die Einwendungen nicht vorgebracht, so ist zwar der Einspruch zulässig; der Einsprechende kann indes mit seinem Vorbringen ausgeschlossen werden. Dies gilt auch für einen Vortrag, der Säumige fechte das Rechtsgeschäft nach § 123 BGB an (AP 3 zu § 340 ZPO = BB 84, 345). Ein Einspruch ist i. d. R. noch nicht in einer Entschuldigung wegen Terminsversäumung zu sehen (AP 2 zu § 340 ZPO). Jedoch dann, wenn eindeutig zu erkennen ist, daß die Partei es nicht bei dem VU bewenden lassen will. Wird die Einspruchsfrist versäumt, so kann unter weiteren Voraussetzungen die → Wiedereinsetzung in den vorigen Stand stattfinden. Das Gericht stellt den Einspruch der Gegenpartei zu (§ 340 a ZPO). Es prüft, ob der Einspruch an sich statthaft u. ob er in der richtigen Form und Frist eingelegt ist. Fehlt es an einer der Voraussetzungen, so kann das Gericht entweder mündliche Verhandlung anberaumen u. den Einspruch im Wege des → Urteils als unzulässig verwerfen, gegen das unter den allgemeinen Voraussetzungen das Rechtsmittel der → Berufung zulässig ist. Es kann aber auch ohne mündliche Verhandlung durch den Vorsitzenden allein (§ 53 ArbGG) den Einspruch durch Beschluß als unzulässig verwerfen. Dieser unterliegt der sofortigen Beschwerde, sofern unter den gleichen Voraussetzungen ein Urteil mit der Berufung anfechtbar wäre (§ 341 ZPO). Gegen den Beschluß des LAG ist die weitere Beschwerde nach § 568 a ZPO, § 78 II ArbGG an das BAG gegeben. Ist dagegen der Einspruch zulässig, ist in jedem Fall Termin zur → streitigen Verhandlung anzuberaumen. Die Sache wird in den vorherigen Stand zurückversetzt. Erscheint die säumige Partei wiederum nicht, wird der Einspruch verworfen (§ 345 ZPO). Etwas anderes gilt dann, wenn das 1. VU auf eine unschlüssige Klage unter Verletzung von § 331 II ZPO ergangen ist (AP 3, 4 zu § 345 ZPO). Gegen ein 2. VU findet die → Berufung nur unter den allgemeinen Voraussetzungen statt (AP 13 zu § 64 ArbGG 1979 = NZA 89, 693). Ergibt die weitere Sachprüfung, daß das VU zu Recht ergangen ist, wird es durch → Urteil aufrechterhalten; andernfalls wird es aufgehoben und anderweitig erkannt (§ 343 ZPO). Ist es in gesetzl. Weise ergangen, so trägt die säumige Partei stets die durch die Säumnis erwachsenen Kosten (§ 344 ZPO). Schaub, Beck-Rechtsinformationen Arbeitsgerichtsverfahren, 4. Aufl., 1985.

Verschwiegenheitspflicht

Verschwiegenheitspflicht → Treuepflicht.

Versetzung ist die Änderung des Aufgabenbereiches des AN nach Art, Ort u. Zeit seiner Tätigkeit. Sie kann erfolgen aufgrund des → Direktionsrechtes des AG o. aufgrund → Abänderungsvertrages o. → einer Änderungskündigung. Ob die V. einseitig durch Ausübung des DirRechts erfolgen kann, hängt vom Inhalt des ArbVertrags ab, der für seine Grenzen maßgebend ist. Ist ein AN für eine bestimmte Tätigkeit eingestellt (z. B. Pförtner), so kann ihm nicht einseitig eine andere Beschäftigung zugewiesen werden. Seine Weigerung berechtigt nicht zur ao. → Kündigung. Anders dagegen, wenn der AN für jede Tätigkeit angenommen wurde. In diesen Fällen kann ihm jede Arbeit zugewiesen werden, die bei Abschluß des ArbVertr. voraussehbar war. Eine Veränderung des Arbeitsortes ist nur in Ausnahmefällen, z. B. bei Montagearbeitern, Außendienstmitarbeitern usw. im Wege der V. möglich. Grundsätzlich unzulässig ist, die Vergütungsseite zu ändern. Ein wegen seiner Tätigkeit versetztes Betriebsratsmitglied hat Anspruch auf Weiterzahlung von Zuschlägen *(EzA 68 zu § 37 BetrVG 1972)*. Werden AN teilweise im → Akkord vergütet, so kann nur bei sog. Mischarbeitsverhältnissen nach Wahl des AG ein Einsatz im → Akkord o. im Stundenlohn erfolgen (AP 4 zu § 1 TVG Tarifverträge: Metallindustrie). Ist eine V. aufgrund DirRechts nicht zulässig, so ist für die Änderung des Aufgabenbereichs, des Arbeitsortes o. der → Arbeitsvergütung ein → Abänderungsvertrag o. eine → Änderungskündigung notwendig. Eine unwirksame Versetzung kann im allgemeinen nicht in eine → Kündigung umgedeutet werden. Im Interesse der sozialen Zusammensetzung der Belegschaft hat der → Betriebsrat im Mitwirkungsrecht (→ Betriebsratsaufgaben) (§ 99 BetrVG). V. i. S. des BetrVG ist die Zuweisung eines anderen Arbeitsplatzes, die voraussichtlich die Dauer von 1 Monat überschreitet o. mit einer erhebl. Veränderung der Arbeitsbedingungen des AN verbunden ist (§ 95 III). In einem Filialbetrieb ist die Zuweisung von der einen zu einer anderen Filiale eine Versetzung (AP 8 zu § 95 BetrVG 1972 = DB 86, 915). V. ist auch die Zuweisung eines anderen Arbeitsortes von nicht mehr als einem Monat, wenn dadurch die Anfahrt erschwert wird (v. 1. 8. 89 – 1 ABR 51/88 –). Die Zuweisung eines anderen Arbeitsbereiches liegt dann vor, wenn dem AN ein neuer Tätigkeitsbereich zugewiesen wird, so daß der Gegenstand der geschuldeten Arbeitsleistung, der Inhalt der Arbeitsaufgabe ein anderer wird u. sich das Gesamtbild der Tätigkeit des AN ändert (AP 13 zu § 95 BetrVG 1972 = NZA 89, 438; AP 18 zu § 95 BetrVG 1972 = NZA 90, 198 = DB 90, 537): V. ist auch die vorübergehende Entsendung von mehr als einem Monat an eine Filiale (v. 14. 11. 89 – 1 ABR 87/88 – NZA 90, 357 = BB 90,

1129). Wird ein AN mit seinem Einverständnis in ein anderes Unternehmen versetzt, so ist der Betriebsrat des abgebenden Unternehmens nicht zu beteiligen (AP 12 zu § 99 BetrVG 1972; anders bei geplanter Rückkehr: AP 33 = DB 86, 1523). Eine ohne Zustimmung des Betriebsrats erfolgte, mitbestimmungspflichtige Versetzung ist unwirksam (EzA 27 zu § 99 BetrVG 1972). Widerspricht der Betriebsrat der V. aus den im Gesetz aufgezählten (§ 99 BetrVG) Gründen (AP 46 zu § 99 BetrVG 1972 = NZA 88, 101; AP 45 = DB 88, 235), so kann der AG dessen Zustimmung im → Beschlußverfahren durch das → Arbeitsgericht ersetzen lassen. An diesem Verfahren ist der AN nicht beteiligt (AP 3 zu § 80 ArbGG 1979). Er kann die Versetzung vorläufig aus dringenden Gründen durchführen; bei Widerspruch des Betriebsrats muß er aber auch insoweit die Zustimmung ersetzen lassen (AP 46 = NZA 88, 101). Keine V. ist die Umsetzung nicht ständig an einem Arbeitsplatz beschäftigter AN o. die Entsendung zu einer Arbeitsgemeinschaft (§ 95 III BetrVG). Wird ein → Betrieb an einen anderen Ort verlegt, so kann die damit verbundene V. nicht normativ durch → Betriebsvereinbarung vorgenommen werden. Lit.: Hassan NZA 89, 373; Meier Beil. 3 zu NZA 88.

Versicherungsnachweishefte. Aufgrund der 2. DEVO v. 29. 5. 1980 (BGBl. I 593), zul. geänd. 18. 12. 1987 (BGBl. I 2815) ist ein Sozialversicherungs-Nachweis-Heft (SVN) eingeführt worden. Es besteht aus dem Deckblatt des SVN mit Ausweis über die Versicherungsnummer in der SozVers., dem Versicherungsnachweis des SVN-Heftes (Anmeldung u. Abmeldung/Jahresmeldung). Die Grundfarbe des Versicherungsnachweises ist weiß. Nach Zustellung des SVN hat der AN seinen Versicherungsausweis herauszunehmen u. nur das übrige Heft seinem AG auszuhändigen. Dieser ist verpflichtet, es wie die bisherigen → Arbeitspapiere aufzubewahren. Der AG kann die Bescheinigung für den Rentenversicherungsträger, An- und Abmeldung bei den Krankenkassen u. dem Arbeitsamt nur noch mit den Vordrucken aus dem SVN erstellen. Die Ausfüllung hat mit Schreibmaschine zu erfolgen. Die Krankenkassen prüfen die Ausfüllung vor ihrer Weiterleitung an den Rentenversicherungsträger auf Vollständigkeit u. Lesbarkeit. Bei Kleinbetrieben werden die Krankenkassen die Ausfüllung u. U. selbst übernehmen. Nach dem Ende des Arbeitsverhältnisses hat der AG das V. herauszugeben (→ Arbeitspapiere). Verlorene, unbrauchbare o. zerstörte V.-K. ersetzt die Ausgabestelle (§ 1413 RVO). Bei unrichtigen Eintragungen soll auch vor den Arbeitsgerichten auf Feststellung geklagt werden. → Arbeitspapiere.

Versorgungsausgleich → Ruhegeld.

Verstoß gegen die Betriebsverfassung

Verstoß gegen die Betriebsverfassung → Betriebsratsausschluß.

Vertragsbruch → Arbeitsvertragsbruch.

Vertragsfreiheit ist der verfassungsrechtl. garantierte Grundsatz (Art. 2 GG), daß die Parteien ihre Rechtsverhältnisse selbst regeln. Die V. ist im Interesse des AN-Schutzes im → Arbeitsrecht eingeschränkt.

Vertragsstrafe ist die zwischen Gläubiger u. Schuldner für den Fall vereinbarte Leistung, daß der Sch. seine Verbindlichkeit nicht o. nicht in gehöriger Weise erfüllt (§ 339 S. 1 BGB). Sie ist ein unselbständiges, akzessorisches, an eine Hauptverbindlichkeit angelehntes Strafversprechen. Besteht die Hauptverbindlichkeit nicht, so ist die Strafabrede nichtig; ist sie wirksam angefochten o. erlischt sie, so ist auch die Strafabrede unwirksam (AP 3 zu § 339 BGB). Eine V. wird i. d. R. zur Sicherung eines → Wettbewerbsverbotes des AN o. zur Absicherung des AG gegen → Arbeitsvertragsbruch abgeschlossen, um als Druckmittel der Erfüllung der Hauptverbindlichkeit zu dienen o. im Falle ihrer Verwirkung, dem AG den Nachweis des Schadens zu erleichtern. Derartige Vereinbarungen sind wirksam (AP 9 zu § 339 BGB). Unzulässig ist die V. bei fristgemäßer Kündigung des AN (AP 12 zu § 622 BGB), es sei denn, daß sie vor Dienstantritt ausgeschlossen ist (AP 2 zu § 67 HGB). Sie ist verwirkt, wenn der Sch. mit seiner Leistung in Verzug gerät o. einem bestehenden Verbot schuldhaft (BGH NJW 72, 1893) zuwiderhandelt (§ 339 S. 2 BGB). Hat der Sch. die Strafe für den Fall versprochen, daß er seine Verbindlichkeit *nicht erfüllt* (ArbVertragsbruch), so kann der Gl. die verwirkte V. statt der Erfüllung verlangen (§ 340 I 1 BGB) *(bei Wettbewerbsverstoß vgl. § 75c HGB)*. Verlangt er die V., so ist der Anspruch auf Erfüllung ausgeschlossen (§ 340 I 2 BGB). Ein weitergehender Schadensersatzanspruch ist jedoch nicht ausgeschlossen (§ 340 II BGB); die V. kann selbst dann verlangt werden, wenn überhaupt kein Schaden erwachsen ist. Hat der Sch. die Strafe für den Fall versprochen, daß er seine Verbindlichkeit *nicht in gehöriger Weise erfüllt,* so kann der Gl. die verwirkte V. neben der Erfüllung verlangen (§ 341 I BGB). Daneben kann er Schadensersatz wegen Nichterfüllung verlangen (§§ 341 II, 340 II BGB). Nimmt er die Erfüllung an, so behält er den Anspruch auf V. nur, wenn er sie sich vorbehält (§ 341 III BGB), es sei denn, daß etwas anderes vereinbart ist (BGH DB 71, 714; bei vorheriger Aufrechnung BGH NJW 83, 384). Eine unangemessen hohe V. kann vor Zahlung auf Antrag des Sch. vom Gericht auf einen angemessenen Betrag herabgesetzt werden (§ 343 BGB). Bei der Bemessung der V. hat das Gericht auf alle Umstände des Einzelfalles abzustellen (AP 2 zu § 67 HGB). Sie ist jedoch nicht allein schon deswegen sittenwidrig, weil sie übersetzt vereinbart worden ist. Die Parteien können nicht von vornherein die V. in das Ermessen des Gerichts stellen (AP 7 zu § 339 BGB). Mit Minderjährigen kann sie vereinbart werden, wenn sie mit Verträgen dieser Art regelmäßig u. verkehrsüblicherweise verbunden wird. Ist eine V. für den Fall des Vertragsbruchs vereinbart, so beginnt eine tarifliche, an die Fälligkeit anknüpfende → Verfallfrist während des rechtl. Bestandes des Arbeitsverhältnisses erst, wenn der AG dem AN erklärt, daß er die Strafe verlange, vorausgesetzt, daß er den Erfüllungsanspruch rechtzeitig geltend gemacht hat (AP 1 zu § 340 BGB).

Vertrauensarzt (medizinischer Dienst) heißt der von den Krankenkassen zu bestellende Arzt, der die Verordnung von Versicherungsleistungen zu überprüfen u. ggf. die Begutachtung der Arbeitsunfähigkeit vorzunehmen hat (§ 275 SGB V). Er darf nicht in die Behandlung des Kassenarztes eingreifen. Der AG wird ohne Mitteilung der Diagnose über die Beurteilung der → Arbeitsunfähigkeit informiert, wenn der V. zu einem anderen Ergebnis als der behandelnde Arzt kommt u. der AN noch Anspruch auf → Krankenvergütung hat (§ 277 II SGB V). Verhindert der AN die vertrauensärztliche Untersuchung, so ist der AG nicht schlechthin berechtigt, die Lohnfortzahlung zu verweigern. Vielmehr ist dies im Rahmen der Gesamtumstände zu würdigen.

Vertrauenshaftung: Eine auf Erfüllung gerichtete V. erwächst, wenn der Schuldner in einem Gläubiger das Vertrauen auf sichere Leistungserbringung erweckt. Dies kann z. B. für fremdfinanzierte Forschungsaufgaben gegeben sein, wenn die Forschungsmittel einem öffentlichen Träger überwiesen werden, der sie alsdann zur Bezahlung für bei Professoren angestellte Bedienstete verwenden soll. Lit.: Hohloch NJW 79, 2369.

Vertrauensleute → Gewerkschaftliche Vertrauensleute.

Verwarnung. Der AG darf den AN auf Erfüllung seiner arbeits- u. kollektivvertraglichen Pflichten hinweisen. Er darf also z. B. im → Betrieb einen AN ermahnen, korrekte Arbeit zu leisten o. nicht zu rauchen. Von einer einfachen Mahnung (Ermahnung, Beanstandung) wird dann gesprochen, wenn keine Rechtsfolgen für die Zukunft angedroht werden. Eine → Abmahnung im Rechtssinne ist dann gegeben, wenn man die eine Partei die andere auffordert, ein vertragswidriges Verhalten abzustellen u. für die Zukunft Rechtsfolgen androht. Eine V. ist dann gegeben, wenn mit ihr Strafzwecke verfolgt werden. Zum Ausspruch einer V. o. Verweises als Betriebsbuße bedarf es einer betrieblichen Bußordnung (→ Betriebsstrafe). We-

Verwirkung

gen einer zu Unrecht ausgesprochenen V. kann sich der AN klageweise zur Wehr setzen (AP 84 zu § 611 BGB Fürsorgepflicht). Eine
V. beseitigt das Kündigungsrecht. Eine Abmahnung wird vielfach
einer → Kündigung vorauszugehen haben.

Verwirkung. Der Begriff der V. wird verwendet, um das Erlöschen von Rechten zu bezeichnen, wenn der Gläubiger sie längere
Zeit nicht geltend gemacht hat u. der Schuldner nach dem früheren
Verhalten des Gl. annehmen mußte, daß dieser Rechte nicht mehr
stellen würde, er sich hierauf eingerichtet hat u. ihm die Erfüllung
nicht mehr zumutbar ist (AP 3, 4, 9, 17, 38 zu § 242 BGB Verwirkung). Nach § 4 IV 2 TVG ist die V. von tarifl. Rechten, nach
§ 77 IV BetrVG die V. von Rechten aus einer → Betriebsvereinbarung ausgeschlossen. Davon zu unterscheiden ist die auf Vertrag
beruhende *Lohnverwirkung;* das ist die gänzliche o. teilweise Vernichtung der Lohnforderung, die unter bestimmten, im voraus vereinbarten Voraussetzungen, i. d. R. bei bestimmten Vertragsverletzungen des AN, eintreten soll. Gegenüber gewerbl. AN in Betr. von
mind. 20 AN darf der AG für den Fall der rechtswidrigen Auflösung
des Arbeitsverhältnisses durch den AN eine V. nicht über den Betrag
des durchschnittl. Wochenlohnes hinaus ausbedingen (§ 134 I GewO). → Arbeitsvertragsbruch.

Volontär ist, wer, ohne als → Lehrling o. → Anlernling angenommen zu sein, zum Zwecke seiner Ausbildung unentgeltlich kaufmännische Dienste leistet (§ 82a HGB). Nach h. M. ist der V.-Vertrag
ein → Arbeitsvertrag. Das V.-Verhältnis ist kein → Berufsausbildungsverhältnis, weil es an der systemat. Ausbildung fehlt (§ 1 II
BBiG). Der V. enthält lediglich Gelegenheit, sich im Betrieb eines
Unternehmers umzusehen. Nach § 19 BBiG finden auf den V.-Ver-
trag nur dann einige Vorschriften des BBiG Anwendung, wenn ein
Ausbildungsverhältnis vereinbart wurde. In diesen Fällen ist zwingend eine Vergütung vorgeschrieben. Im einzelnen ist nach Inkrafttreten des BBiG die Abgrenzung umstr.

Vollstreckungsbescheid → Mahnverfahren.

Vorpfändung → Lohnpfändung.

Vorruhestandsgesetz: Es ist durch das G. über die → Altersteilzeitarbeit ersetzt. Es hat nur noch Bedeutung für vor dem 31. 12.
1989 abgeschlossene Verträge.

Vorschlagswesen. Das Betriebliche V. soll die Ideenkräfte der
Mitarbeiter dem Unternehmen nutzbar machen. → Arbeitnehmererfindung.

Vorschüsse, *Darlehen* u. *Abschlagszahlungen* sind zu unterscheiden. Maßgebend ist nicht die von den Parteien gewählte Bezeichnung, sondern die nach obj. Gesichtspunkten vorzunehmende Qualifizierung. *Abschlagszahlungen* sind die vor Lohnabrechnung u. Auszahlung geleisteten Zwischenzahlungen auf die bereits verdiente → Arbeitsvergütung. Ein *Vorschuß* ist dann anzunehmen, wenn demnächst fällige Zahlungen für kurze Zeit vorverlegt werden, um dem AN die Überbrückung bis zur nächsten Zahlung u. die Bestreitung des normalen Lebensunterhaltes bis dahin zu ermöglichen *(AP 1 zu § 614 BGB Gehaltsvorschuß)*. Ein *AG-Darlehen* ist i. d. R. dann gegeben, wenn ein die jeweilige Entgeltzahlung erheblich übersteigender Betrag zur Erreichung eines Zweckes gegeben wird, der mit den normalen Bezügen nicht o. nicht sofort erreicht werden kann u. zu dessen Befriedigung auch sonst üblicherweise Kreditmittel in Anspruch genommen werden *(AP 1)*. Ist es in monatl. Raten zurückzahlbar, so wird es nicht ohne weiteres bei vorzeitigem Ausscheiden des AN fällig *(AP 3 zu § 607 BGB)*. Ist seine Fälligkeit für den Fall der Beendigung des Arbeitsverhältnisses vereinbart, so ist gleichwohl nach §§ 133, 157, 242, 628 II BGB zu prüfen, ob seine Fälligkeit eintreten soll, wenn der AG die fristlose Kündigung des AN verschuldet hat (AP 1 zu § 607 BGB). Die Unterscheidung von V., D. u. A. ist vor allem bei der → Lohnpfändung von Bedeutung. Eine nach Zahlung der Abschläge eingehende Pfändung ergreift nur noch den zur Endabrechnung anstehenden Restlohn (AP 11 zu § 850 ZPO = NZA 87, 485); bei vorausgegangener Pfändung hat der Gläubiger keinen Anspruch auf anteilige Berücksichtigung seiner Forderung bei den Abschlagszahlungen. Diese ist bei der Abrechnung zu berücksichtigen. Der AG sammelt aber, namentlich bei unterschiedlicher Vergütungshöhe, bei den Abschlagszahlungen zweckmäßig Rücklagen zur Befriedigung des Pfändenden an. *Vorschüsse* dürfen auch nach Pfändung dem AN mit befreiender Wirkung in unbeschränkter Höhe gewährt werden. Jedoch dürfen sie vom Zeitpunkt der Pfändung nicht mehr von dem der Pfändung unterliegenden Teil abgezogen werden; dagegen ist der Abzug auch vom unpfändbaren Teil der Vergütung zulässig, da Vorschüsse der Befriedigung der Lebensbedürfnisse dienen. In jedem Fall ist dem AN aber ein geringer Mindestsatz seines Lohnes auszuzahlen. Mit seiner *Darlehensforderung* kann der AG auch nach Lohnpfändung die → Aufrechnung erklären u. sich vorrangig befriedigen, es sei denn, daß er bei der Gewährung des Darlehens von der Pfändung Kenntnis hatte o. die Darlehensforderung erst nach der Erlangung dieser Kenntnis u. später als die gepfändete Ford. fällig wurde (§ 406 BGB). Fordert der AG mit der Begründung Rückzahlung eines Vorschusses, dieser habe mit den zwischenzeitl. Lohnzahlungen nicht verrechnet werden

Vorstellungskosten

können, so ist er i.d.R. darlegungs- u. beweispflichtig (DB 71, 1972).

Vorstellungskosten. Hat der AG einen Bewerber auch auf dessen eigenen Vorschlag zur Vorstellung aufgefordert (§ 670 BGB), so ist er verpflichtet, ohne Rücksicht darauf, ob ein Arbeitsvertrag zustande kommt, ihm die notwendigen Kosten zu ersetzen. Hierzu können Fahrt-, auch Kraftfahrzeugkosten, Verpflegungs- und Übernachtungskosten gehören. Die Ansprüche verjähren innerhalb der zweijährigen Verjährungsfrist von § 196 I Nr. 8, 9 BGB (AP 8 zu § 196 BGB). Eine Ersatzpflicht erwächst jedoch noch nicht, wenn der AN sich auf eine Zeitungsanzeige o. aufgrund Zuweisung des → Arbeitsamtes meldet o. wenn er sich selbst zur Vorst. erboten hat u. der AG lediglich die Zeit der Vorst. bestimmt (letzterer Fall umstr.). Neuerdings zahlt auch das → Arbeitsamt u. U. Zuschüsse zu den Vorst.-Kosten (§ 53 AFG). Einzelheiten: AO zur Förderung der Arbeitsaufnahme i. d. F. vom 19. 5. 1989 (ANBA 997).

Vorstrafen brauchen bei der Einstellung vom AN nur dann mitgeteilt werden, wenn der AG zulässig danach fragt. Eine Frage nach V. ist nur zulässig, wenn u. soweit die Besetzung des Arbeitsplatzes sie erfordert (AP 2 zu § 123 BGB). Dabei kommt es auch im → öffentl. Dienst auf die obj. Umstände an (→ Vorverhandlungen; AP 7 zu § 1 KSchG Verhaltensbedingte Kündigung). Eine → Anfechtung wegen Verschweigung oder Täuschung über eine V. ist dann nicht mehr berechtigt, wenn das Arbeitsverhältnis langfristig bestanden hat (AP 17 zu § 123 BGB). Ein Führungszeugnis wird nur in Ausnahmefällen im → öffentlichen Dienst verlangt werden können. (Vgl. → Einstellungsfragebogen.)

Vorverhandlungen. Tritt der AG mit einem AN in Vertragsverhandlungen, so werden bereits hierdurch Rechtsbeziehungen geschaffen u. ein vertragsähnliches Vertrauensverhältnis hergestellt; es begründet wechselseitige Pflichten, deren schuldhafte Mißachtung unter dem Gesichtspunkt des Verschuldens bei Vertragsschluß (culpa in contrahendo) zur Ersatzpflicht des Vertrauensschadens führen kann (§ 276 BGB; → Haftung des Arbeitnehmers). Aufgrund der V. hat der AG dem Bewerber u. U. die → *Vorstellungskosten* zu bezahlen. Dagegen ist er grundsätzlich frei, Einstellungen nach seinem Belieben vorzunehmen (Ausnahmen → Schwerbehinderte, → Bergmannsversorgungsscheininhaber). Hat er jedoch in einem Bewerber die gerechtfertigte Annahme erweckt, es werde bestimmt zum Vertragsschluß kommen, er könne eine gesicherte Stelle kündigen, so macht er sich bei Scheitern der Verhandlungen o. alsbaldiger Kündigung nach Einstellung schadensersatzpflichtig (AP 4, 9 zu § 276 BGB Verschulden bei Vertragsschluß). Droht der AG in absehbarer Zeit insolvent zu werden, so hat er einen Bewerber hierauf hinzuweisen (AP 1 zu § 13 GmbHG; AP 10 zu § 276 BGB Verschulden bei Vertragsschluß = DB 77, 1322). Der Anspruch geht auf das Vertrauensinteresse u. ist nicht durch das Erfüllungsinteresse begrenzt (AP 9). Auf Anforderungen an den AN, die sich im Rahmen des üblichen halten, braucht der AG nicht hinzuweisen; dagegen müssen besonders hohe Anforderungen zur Meidung der Schadensersatzpflicht mitgeteilt werden (AP 2). Wird eine Lebensstellung zugesagt, so kann hierin die Vereinbarung der sofortigen Geltung des KSchG (→ Kündigungsschutzklage) liegen (NJW 67, 1152); in den übrigen Fällen trägt der AN auch bei seiner Abwerbung das Risiko, daß das Arbeitsverhältnis alsbald wieder gekündigt wird (AP 2). Unaufgefordert braucht der AN seine persönlichen Verhältnisse nur zu offenbaren, wenn dies nach → Treu u. Glauben u. den → guten Sitten billigerweise erwartet werden kann. Dies ist anzuerkennen, wenn es sich um Umstände handelt, die ersichtlich für den AG von entscheidender Bedeutung sind, z.B. Schwangerschaft bei einer Tänzerin o. einem Mannequin, dagegen nicht im Normalfall; Erkrankung, wenn voraussehbar, daß bei Arbeitsbeginn Arbeitsunfähigkeit besteht (AP 6).

Zulässige Fragen nach seinen persönl. Verhältnissen hat der AN wahrheitsgemäß zu beantworten; z.B. nach der Schwerbehinderung. Fragen nach dem Bestehen einer Schwangerschaft dagegen nur dann, wenn sich um eine Stelle nur Frauen bewerben (AP 31 zu § 123 BGB = NJW 87, 397). Nach → Vorstrafen darf der AN bei Anstellung nur gefragt werden, wenn u. soweit die Art des zu besetzenden Arbeitsplatzes dies erfordert (AP 2 zu § 123 BGB), z.B. bei einem Fahrer nach solchen auf verkehrsrechtl. Gebiet. Unterliegt die Strafe nur noch der beschränkten Auskunft aus dem Strafregister (vgl. BundeszentralregisterG i.d.F. v. 21. 9. 1984, BGBl. I 1229, ber. 1985 I 195), so wird der AN nur noch in besonderen Vertrauensstellungen diese anzugeben haben, z.B. Sittlichkeitsdelikte bei einem Jugendleiter, Unterschlagungen bei einem Prokuristen. Der AG wird, sofern keine Einschränkung des Persönlichkeitsrechts des AN erfolgt u. die Geheimhaltung gesichert ist, ärztl. Untersuchungen bei Beginn des Arbeitsverhältnisses auf eigene Kosten durchsetzen können (Keller NZA 88, 561). Bei Jugendl. sind diese zwingend vorgeschrieben (§§ 32ff. JArbSchG; → Jugendarbeitsschutz). Werden die sich aus den VertrVerhdlgen ergebenden Pflichten verletzt u. kommt es nicht zum VertrSchl., so ist der schuldige Teil zum Ersatz des negativen Interesses verpflichtet, d.h., er hat seinen Gegner so zu stellen, wie wenn die VertrVerhdlgen nicht stattgefunden hätten (AP

9). Ausnahmen im → Frauenarbeitsschutz. Nach Abschluß des → Arbeitsvertrags kann dieser bei Verletzung vorvertragl. Pflichten durch den nicht schuldigen Partner ao. gekündigt werden. Dieser kann alsdann nach § 628 II BGB Schadensersatz fordern. Entspricht die Qualität der vom AN geleisteten Arbeit nicht den Erwartungen des AG u. der vertraglichen Vereinbarung, so kann der AG wohl Schadensersatz, aber nicht teilweise Rückzahlung der Vergütung verlangen (DB 72, 1731). Bei arglistiger Täuschung kann der Getäuschte den ArbVertr. anfechten; dieser wird jedoch, wenn er bereits in Vollzug gesetzt war, nur für die Zukunft beseitigt (vgl. auch → Einstellungsfragebogen).

W

Wahlanfechtung → Betriebsratswahl

Wahlvorstand → Betriebsratswahl.

Wegegelder werden gezahlt, wenn der AN auf einer auswärtigen Arbeitsstelle eingesetzt wird, die er aber vom Betriebssitz mit öffentl. Verkehrsmitteln täglich erreichen kann. Sie dienen der Abgeltung der durch die Fahrtzeiten erwachsenen Mehraufwendungen, dagegen nicht der Vergütung der aufgewandten Zeit. Der Anspruch auf W. richtet sich nach §§ 670, 675 BGB; er ist zumeist tariflich geregelt. Fahrtkosten zwischen Wohnung und Arbeitsplatz hat der AN dagegen selbst zu tragen (AP 5 zu § 42 BAT).

Wehrdienst. I. Das ArbeitsplatzschutzG i. d. F. v. 14. 4. 1980 (BGBl. I 425), zul. geänd. 20. 12. 1985 (BGBl. I 2475), gilt im Bereich der BRD mit Ausnahme des Landes Berlin für alle wehrpflichtigen (§§ 1, 3 WPflG i. d. F. vom 13. 6. 1986, BGBl. I 879) zul. geänd. 30. 6. 1989 (BGBl. I 1292) AN u. die zu ihrer → Berufsausbildung Beschäftigten (§ 15 I ArbPlSchG), die zum Grundwehrdienst (§ 5 WPflG), zum Wehrdienst in der Verfügungsbereitschaft (§ 5a WPfgG) o. einer Wehrübung (§ 6 WPfG) einberufen werden. Es gilt ferner für Soldaten auf Zeit für die zunächst auf 6 Mon. festgesetzte Dienstzeit sowie für die endgültig auf 2 Jahre festgesetzte Dienstzeit (§ 16a ArbPlatzSchG). Für anerkannte Kriegsdienstverweigerer gilt das ArbPlatzSchG entsprechend (§ 78 ZDG i. d. F. v. 31. 7. 1986 (BGBl. I 1205) zul. geänd. 30. 6. 1989 (BGBl. I 1292). Dagegen gilt es nicht für sonstige Freiwillige, die als Soldaten auf Zeit o. als Berufssoldaten in die Bundeswehr eintreten. Diesen wird nur für die Dauer der Eignungsübung ein ArbPlSch. in dem Umfang gewährt, wie er auch dem Wehrpflichtigen zusteht. Ferner gilt das ArbPlSchG für Wehrübungen aufgrund freiwilliger Verpflichtung bis zur Dauer von 6 Wochen (§ 10 ArbPlatzSchG).

II. Der AN ist verpflichtet, eine Ladung der Erfassungsbehörde o. der Wehrersatzbehörde o. einen Einberufungsbescheid unverzüglich seinem AG vorzulegen (§§ 14 II, 1 III ArbPlSchG). Bei Verletzung dieser Pflicht wird i. d. R. zwar keine → Kündigung gerechtfertigt sein; jedoch kann der AN schadensersatzpflichtig werden. Der AG hat den AN wegen seiner vorrangigen öffentl.-rechtl. Verpflichtung von der Arbeit freizustellen. Jedoch kann der AN gem. §§ 11–13 WPflG befreit, zurückgestellt o. unabkömmlich gestellt werden (VO über die Zuständigkeit u. das Verfahren bei der Unabkömmlichkeit v. 24. 7. 1962 (BGBl. I 524), sowie VO zur Übertragung von Zuständigkeiten im Verfahren bei der Unabkömmlichstellung v. 2. 8. 1963 (BGBl. I 621). Eine Zurückstellung kommt insbes. wegen der Versorgung der Familie, eines landwirtschaftlichen Betriebes o. einer weitgehenden Förderung der → Berufsausbildung in Betracht. Nach § 14 I ArbPlSchG hat der AG für die Dauer der → Arbeitsverhinderung die → Arbeitsvergütung fortzuzahlen, wenn der AN sich aufgrund der Wehrpflicht bei den Erfassungsbehörden o. den Wehrersatzbehörden persönlich melden muß (Erfassung § 15, Musterung §§ 17 IV, 19 III, 33 VII; Tauglichkeitsprüfung bereits gedienter Wehrpflichtiger § 23, Wehrüberwachung § 24 VI Nr. 3 WPflG).

III. Wird der AN zu einer der gen. Wehrdienstarten einberufen, so ruht das Arbeitsverhältnis (§ 1 I ArbPlSchG). Das gleiche gilt, wenn ein → Gastarb. aus dem EWG-Bereich zur Erfüllung seiner Wehrpflicht in seinem Heimatland einberufen wird (EuGH, AP 2 zu Art. 177 EWG-Vertrag; AP 3); anders bei Angehörigen von Nicht-EWG-Staaten (NJW 74, 2198). Türkische AN, die den verkürzten Grundwehrdienst von zwei Monaten in der Türkei ableisten müssen, sind verpflichtet, den AG unverzüglich über den Zeitpunkt der Einberufung zu unterrichten u. auf Verlangen des AG die Richtigkeit der Angaben durch eine behördliche Bescheinigung des Heimatlandes nachzuweisen. Verletzen sie diese Verpflichtung, kann je nach den Umständen des Einzelfalles eine ordentliche o. außerordentliche Kündigung gerechtfertigt sein (AP 7 zu § 1 KSchG 1969 Verhaltensbedingte Kündigung = NJW 84, 575). Bei längerem Wehrdienst kann eine → Kündigung gerechtfertigt sein (AP 9 zu § 1 KSchG 1969 Personenbedingte Kündigung = NJW 89, 1694 = NZA 89, 464). → Befristete Arbeitsverträge erlöschen mit Zeitablauf (§ 1 IV); das gleiche gilt, wenn es aus anderen Gründen während des Wehrd. geendet hätte (§ 1 IV). Während des Ruhens entfallen die Hauptpflichten aus dem Arb-Vertrag (Arbeitsleistung, Vergütung). Dem AN obliegt jedoch weiter Schweigepflicht über BetrGeheimnisse usw. Der AG

Wehrdienst

hat auf Verlangen Sachbezüge, Deputate (z. B. Kohlen), allerdings gegen angemessene Vergütung, weiterzugewähren (§§ 3 III, IV). In gleicher Weise bleibt die Verpflichtung zur Überlassung einer Wohnung unberührt (§ 3 I). Bei Kündigung einer → Werkswohnung darf die durch die Wehrpflicht bedingte Abwesenheit nicht zum Nachteil des AN berücksichtigt werden. Das gilt bei alleinstehenden AN jedoch nur dann, wenn sie den Wohnraum während ihrer Abwesenheit aus besonderen Gründen benötigen, etwa um Möbel unterzustellen (§ 3 II). Jedoch muß der AN für die Überlassung der Wohnung Vergütung zahlen (§ 3 III). Während des Wehrdienstes bleibt die zusätzliche Alters- und Hinterbliebenenversorgung im → öffentlichen Dienst unberührt (§ 14; zu besonderen Versicherungen: § 14a I). Für AN, die einer → Pensionskasse angehören oder als Leistungsempfänger einer Einrichtung oder Form der betrieblichen oder überbetrieblichen Altersversorgung in Betracht kommen, gilt Entsprechendes. Der AG hat die Beiträge weiter zu zahlen und kann später Erstattung vom BM Vert verlangen (§ 14a III; vgl. VO v. 20. 10. 1980 – BGBl. I 2006). Hierzu gehören noch Pauschalzuwendungen an eine → Betriebsunterstützungskasse (VerwG AR-Blattei, D, Betriebliche Altersversorgung, Entsch. 24). Der AG kann den → Urlaub für jeden vollen Monat, den der AN Grundwehrd. leistet, um 1/12 kürzen. Der zustehende Erholungsurl. ist auf Verlangen des AN vor Beginn des Grundwehrd. zu gewähren. Wird der Url. nicht o. nicht vollständig gewährt, so hat der AG ihn nach dem Grundwehrd. im lfd. o. im nächsten UrlJahr zu erteilen. Besondere Zulagen nach § 47 BAT werden nur unter den näher geregelten Voraussetzungen geschuldet (AP 2 zu § 47 BAT). Endet das Arbeitsverhältnis während des Grundwehrd. o. wird es nachher nicht fortgesetzt, so hat der AG den noch nicht gewährten Url. abzugelten. Hat der AN vor dem Grundwehrd. mehr Url. erhalten, als ihm zustand, kann der AG den Url. nach dem Grundwehrd. um die zuviel gewährten Tage kürzen. Wird der AN zu einer Wehrüb. einberufen, so erwächst Url. auch für Zeit der Übung; auf Verlangen ist Url. vor der Wehrüb. zu gewähren (§ 4). Von der Zustellung des Einberufungsbescheides bis zur Beendigung des Grundwehrdienstes sowie während einer Wehrübung darf der AG das Arbeitsverhältnis überhaupt nicht kündigen (§ 2 I). Entspr. gilt für die in § 16a genannten Zeitsoldaten (oben I). Im übrigen darf der AG nicht aus Anlaß des Wehrdienstes kündigen. Muß er aus dringenden betriebl. Gründen AN entlassen, so darf er bei der Auswahl die Einberufung nicht zum Nachteil des AN berücksichtigen. Ist streitig, ob der AG aus Anlaß des Wehrdienstes gekündigt hat, so trifft ihn die Beweislast. Das Recht zur ao. Kündigung bleibt unberührt; jedoch ist die Einberufung kein wichtiger Grund. Dies gilt im Falle des Grundwehrd. von

mehr als 6 Mon. nicht für unverheiratete AN in Betr. mit bis zu 5
AN (ausschl. der → Auszubildenden), wenn dem AG infolge Einstellung einer Ersatzkraft die Weiterbeschäftigung des AN nach Entlassung aus dem Wehrd. nicht zugemutet werden kann. Eine derartige Kündigung darf nur mit 2monatiger Frist zum Zeitpunkt der
Entlassung aus dem Wehrd. ausgesprochen werden (§ 2 III). Um zu
verhindern, daß ein → Auszubildender nach Abschluß der Ausbildungszeit nicht in ein Arbeitsverhältnis übernommen wird, darf
nach § 2 V der AG die Übernahme nicht aus Anlaß des Wehrdienstes
ablehnen. Daneben kann sich der AN auf den allgemeinen u. besonderen → Kündigungsschutz, insbesondere nach dem KSchG (→
Kündigungsschutzklage) berufen. Die Dreiwochenfrist des § 4
KSchG beginnt jedoch erst 2 Wochen nach Ende des Wehrd. zu
laufen (§ 2 IV ArbPlSchG).

Nimmt der AN im Anschluß an Wehrd. die Arbeit in seinem
bisherigen Betr. wieder auf, so darf ihm aus Anlaß der WehrdAbwe-
senheit in berufl. u. betriebl. Hinsicht kein Nachteil erwachsen. Der
Wehrd. wird vielmehr auf die Berufs- u. Betriebszugehörigkeit auch
bei AN aus den EG-Mitgliedstaaten, die den Wehrdienst in ihrem
Heimatland verrichten (AP 3 zu Art. 177 EWG-Vertrag), angerechnet (AP 1 zu § 8 Soldatenversorgungsgesetz; Zeitsoldaten: AP 1 zu
§ 16a ArbPlatzSchutzG = DB 84, 2046). Bei den zur Berufsausbildung Beschäftigten wird die Wehrd.-Zeit jedoch erst auf die Zeit
nach der Ausbildung angerechnet; also auch keine Verkürzung von
Probe- u. Ausbildungszeit (§ 6). Auf Bewährungszeiten, die für die
Einstufung in eine höhere Lohn- oder Vergütungsgruppe vereinbart
sind, wird die Zeit des Wehrdienstes nicht angerechnet (§ 6 IV). Indes besteht Anspruch auf eine Zulage. Keine Anrechnungspflicht
besteht für Tariflohnerhöhungen, die sich nach Beschäftigungsjahren
richten (AP 125 zu § 1 TVG Auslegung). Dasselbe gilt, wenn in
einem Tarifvertrag die Rechte von der Seniorität abhängig gemacht
werden (AP 1 zu § 1 TVG Tarifverträge: Seniorität). Für die Dauer
des Wehrdienstes können dem AN Erfolgsvergütungen verweigert
werden (AP 1 zu § 6 ArbPlSchG). Für tarifliche Sonderzuwendungen vgl. AP 2. Ist der AN während des Wehrdienstes erkrankt, so
hat er nach Entlassung aus der Bundeswehr u. Rückkehr in das alte
Arbeitsverhältnis Anspruch auf → Krankenvergütung (AP 46 zu § 1
ArbKrankhG; vgl. auch AP 27 zu § 63 HGB, AP 1 zu § 1
ArbPlSchG). Wird ein AN im Anschluß (AP 1, 2 zu § 8 Soldatenver-
sorgungsG; AP 5 = NZA 85, 533; teils überholt) an den Grundwehrd. o. an eine Wehrüb. von einem anderen AG eingestellt, so ist
diese Zeit auf die Berufs- u. Betr.-Zugehörigkeit anzurechnen, nachdem er 6 Monate dem Betr. angehört (§ 12). Unerhebl. ist, ob er erst
noch eine regelmäßige Ausbildung durchläuft (§ 12 I 2). Das gleiche

Weisungsbefugnis

gilt, wenn einem Soldaten infolge Wehrd.-Beschädigung Berufsumschulung o. -fortbildung gewährt worden ist (§ 12 I 3). Der Wehrdienst wird gleichfalls auf die Zeit einer mehrjährigen Tätigkeit angerechnet, die bei der Zulassung zu weiterführenden Prüfungen im
Beruf nachzuweisen ist (§ 13). Wird der Grundwehrd. o. eine Wehrüb. vorzeitig beendet u. muß der AG deswegen für 2 Personen Arbeitsvergütung bezahlen, so werden ihm die hierdurch ohne sein
Verschulden entstandenen Mehraufwendungen erstattet (§ 1 V).
Wird ein AN zu einer Wehrüb. von nicht länger als 3 Tagen einberufen, so ist er während des Wehrd. (einschließlich der Fahrtzeiten *AP
1 zu § 11 ArbPlatzSchG*) unter Fortzahlung der Arbeitsvergütung
von der ArbLeistung freizustellen (§ 11 I). Im → öffentl. Dienst ist
während einer Wehrübung das Entgelt fortzuzahlen wie bei einem
Erholungsurlaub (§ 1 II ArbPlatzSchG; dazu AP 1 zu § 78 ZDG =
NZA 84, 92; auch AP 77 zu § 242 BGB Gleichbehandlung). Bei
Ausfall von mehr als 2 Std. Arbeitszeit hat der AG Erstattungsanspruch (VO zur Regelung des Erstattungsverfahrens v. 21. 6. 1971 –
BGBl. I 843). Im → öffentl. Dienst haben entlassene Soldaten einen
Einstellungsvorrang (§ 11a).

IV. Wird ein AN aufgrund freiwilliger Verpflichtung zu einer *Eignungsübung* zur Auswahl von freiwilligen Soldaten einberufen, so
ruht das Arbeitsverhältnis während der Eignungsüb. bis zur Dauer
von 4 Mon. (§ 1 I EignungsÜbG i. d. F. v. 20. 1. 1956, BGBl. I 13,
m. spät. Änd.). Während, vor u. nach der Eignungsüb. besteht ein
ähnl. gearteter Kündigungsschutz wie nach dem ArbPlSchG (§ 2
EignungsÜbG). Bleibt der AN im Anschluß an die Eignungsüb. als
freiwilliger Soldat in den Streitkräften, so endet das Arbeitsverhältnis
mit Ablauf der Eignungsüb. (§ 3 EignungsÜbG).

Weisungsbefugnis → Direktionsrecht.

Weiterbildung: Wegen der gestiegenen Anforderungen auf dem
Arbeitsmarkt sind AN gehalten, sich beständig weiterzubilden. Dem
Betriebsrat ist die Förderung der berufl. Bildung zur Pflicht gemacht
(§§ 96 ff. BetrVG: → Betriebsratsaufgaben). Aber auch der AG kann
vor Ausspruch einer → Kündigung zu Bildungsmaßnahmen gehalten sein.

Werbungskosten sind alle *berufsbedingten Aufwendungen,* die der
Erwerbung, Sicherung u. Erhaltung des Arbeitslohnes dienen (§ 9
EStG). Sie werden von den Einnahmen aus nicht selbständiger Arbeit abgezogen. Der verbleibende Betrag wird als Einkünfte aus
nicht selbständiger Arbeit bezeichnet. In die Lohnsteuertabelle ist
bereits eine W.-Pauschale in Höhe von 2000 DM eingearbeitet, so
daß im → Lohnsteuerermäßigungsverfahren W. nur abgezogen wer-

den können, wenn sie die Pauschale überschreiten. Ersetzt der AG
dem AN die diesem entstandenen W., so kann dieser sie nicht zusätzlich im → Lohnsteuerermäßigungsverfahren geltend machen. W.
sind von den nicht abzugsfähigen Kosten *privater Lebenshaltung* zu
unterscheiden (§ 12 Nr. 1 EStG). Ist der berufliche Anteil nur gering,
so bleibt er ganz außer Betracht. Im übrigen ist eine Aufteilung in
private Nutzung u. abzugsfähige Aufwendungen nur zulässig, wenn
objektive Merkmale u. Unterlagen eine leicht zu treffende u. leicht
nachprüfbare Trennung ermöglichen (BFH DB 71, 77; NJW 78, 93).
Zu den W. gehören insbesondere Beiträge zu Berufsständen u. sonstigen Berufsverbänden, Aufwendungen für Fahrten zwischen Wohnung u. Arbeitsstätte, Mehraufwendungen für doppelte Haushalts-
führungen, Aufwendung für → Arbeitsmittel (Bücher, Werkzeuge,
→ Berufskleidung). Regelmäßig werden aber auch anerkannt Aufwendungen für Arbeitszimmer, Fachliteratur, Fortbildung- u. Reisekosten, beruflich veranlaßte Telefongespräche, Umzugskosten, Un-
fallkosten bei Fahrten zwischen Wohnung u. Arbeitsstätte, Verpfle-
gungsmehraufwendungen. Lit.: Drenseck Beil. 1 zu DB 88.

Werks- o. Belegschaftshandel ist die Erschließung verbilligter
Bezugsquellen für die AN. Dem → Betriebsrat steht kein Mitbestimmungsrecht zu, wenn Personaleinkäufe von der Zustimmung der
Geschäftsleitung abhängig gemacht werden, um eine Überschul-
dung zu verhindern *(DB 82, 2632)*.

Werksgelände. Auf dem W. findet die StVO nur dann kraft Gesetzes Anwendung, wenn der Verkehr einem Kreis von Personen gestattet ist, der völlig unbestimmt u. wechselnd ist u. in keinerlei
persönl. Beziehung zum Grundstückseigentümer steht.

Werkstudenten sind Studenten, die in einem Betrieb arbeiten, um
sich zusätzliche Einnahmequellen zu verschaffen. Sie sind zu unterscheiden von den → Praktikanten, die zum Zwecke ihrer praktischen
Ausbildung in ihrer Fachrichtung tätig werden. W. unterliegen dem
Arbeitsrecht. Sie haben daher im Falle der Erkrankung auch Anspruch auf → Krankenvergütung, es sei denn, daß sie als → Arbeiter
eingestellt sind u. ihr Arbeitsverhältnis auf höchstens 4 Wochen befristet ist (§ 1 II LFZG; vgl. → Krankenvergütung). Sind sie befristet
für die Semesterferien eingestellt, so ist das Recht zur ordentl. →
Kündigung, nicht dagegen die ao. Kündigung ausgeschlossen (→
Befristetes Arbeitsverhältnis). Ihr Arbeitslohn unterliegt dem Lohnsteuerabzug. Für Unfälle tritt die Berufsgenossenschaft ein. Zur Sozialversicherung vgl. §§ 4 AVG, 1228 RVO, 5 I Nr. 9; 6 I Nr. 3 SGB
V, 169 AFG; → Student.

Werkswohnung

Werkswohnung. I. Ob der AG W.en errichtet, ist seinem Ermessen überlassen. Im Wege freiwilliger → Betriebsvereinbarung (§ 88 Nr. 2 BetrVG) kann hierzu jedoch eine Verpflichtung übernommen werden. Der → Betriebsrat hat bei Verwaltung der W. ein Mitbestimmungsrecht. Dies erstreckt sich auf Zuweisung (AP 2 zu § 87 BetrVG 1972 Werksmietwohnung) u. Kündigung (§ 87 BetrVG) sowie Festlegung der allgemeinen Nutzungsbedingungen; dazu gehört auch die allgemeine Berechnung des Mietzinses (AP 1 zu § 87 BetrVG 1972 Werksmietwohnung) → Betriebsratsaufgaben. AG u. AN können ohne Verstoß gegen das Truckverbot vereinbaren, daß die Miete bei der Gehalts- o. Lohnzahlung einbehalten wird (AP 1 zu § 392 BGB; AP 2 zu § 387 BGB). Wegen des staatl. Zuschusses zum Mietzins vgl. WohngeldG i. d. F. v. 28. 2. 1990 (BGBl. I 310) nebst WohngeldVO vom 25. 5. 1988 (BGBl. I 647) zul. geänd. 20. 12. 1989 (BGBl. I 2521). Unzulässig ist i. d. R., das Recht zur → Kündigung des Arbeitsverhältnisses durch den AN solange auszuschließen, wie dieser die W. benutzt.

II. Nach § 564b kann ein Mietverhältnis über Wohnraum durch den *Vermieter* nur *gekündigt* werden, wenn er ein berechtigtes Interesse an der Beendigung des Mietverhältnisses hat. Als ein berechtigtes Interesse wird insbesondere angesehen, wenn a) der Mieter seine vertragl. Verpflichtungen schuldhaft nicht unerheblich verletzt, b) der Vermieter die Räume als Wohnung für sich u. seine zum Hausstand gehörenden Personen o. Familienangehörigen benötigt (Sonderregeln bei Eigentumswohnung), c) der Vermieter durch die Fortsetzung des Mietverhältnisses an einer angemessenen wirtschaftl. Verwertung des Grundstücks gehindert u. dadurch erhebliche Nachteile erleiden würde. Dabei bleibt die Möglichkeit bei anderweitiger Verwertung einen höheren Mietzins zu erzielen, außer Betracht (§ 564b II Nr. 3 BGB). Kein Kündigungsschutz besteht bei Mietverhältnissen über eine Wohnung in einem vom Vermieter selbst bewohnten Wohngebäude mit nicht mehr als zwei Wohnungen (§ 564b IV BGB). Die Verwendung der W. für einen anderen AN wird namentl. im Falle der Beendigung des Arbeitsverhältnisses jedoch i. d. R. ein berechtigtes Interesse begründen. Die Kündigung bedarf der Schriftform. Im K.-Schreiben sind die Interessen anzugeben, auf die die K. gestützt wird, anderenfalls bleiben sie außer Betracht (§ 564b III BGB). Ist das Mietverhältnis nach Auslegung des Arbeits- u. Mietvertrages während des Bestandes des Arbeitsverhältnisses überhaupt kündbar *(NJW 71, 2031),* so ist auch bei W. der Kündigungsschutz zu beachten. Im Gesetz zur Regelung der Miethöhe (MiethöheG) vom 18. 12. 1974 (BGBl. I 3603), zul. geänd. 20. 12. 1982 (BGBl. I 1912), ist das Verfahren bei Mieterhöhungen geregelt.

III. Nach → *Beendigung des Arbeitsverhältnisses* besteht eine erleichterte Kündigungsmöglichkeit nach §§ 565 b–e BGB. Zu unterscheiden sind *Werkmietwohnungen* (WMW) u. *Werkdienstwohnungen* (WDW). WMW sind solche, die mit Rücksicht auf das Bestehen des Arbeitsverhältnisses vermietet werden; es bestehen also nebeneinander ArbVertrag u. Mietvertrag; sie stehen in einem inneren Zusammenhang, der auch gegeben sein kann, wenn nicht der AG, sondern ein Dritter die W. mit Rücksicht auf das Arbeitsverhältnis, wenngleich nicht aus diesem alleinigen Anlaß, vermietet hat. Bei WDW (§ 565 e) ist der Wohnraum im Rahmen des Arbeitsverhältnisses überlassen, ohne daß ArbVertrag u. Mietvertrag nebeneinander abgeschlossen worden sind. Dabei braucht die Überlassung der W. nicht Teil der Vergütung zu sein. Bei WMW gelten §§ 564 a–565 b sowie für die Dauer der Kündigungsfrist § 565 c. Hieraus folgt, daß für die Kündigung die Schriftform u. der Begründungszwang einzuhalten sind. Bei WMW ist zu unterscheiden zwischen gewöhnlichen u. funktionsgebundenen. Gewöhnliche WMW können spätestens am 3. Werktag eines Kalendermonates für den Ablauf des nächsten Monats gekündigt werden, wenn die W. weniger als 10 Jahre überlassen war u. für einen anderen zur Dienstleistung Verpflichteten dringend benötigt wird (§ 565 c S. 1 Nr. 1); anderenfalls nur Kündigung nach § 565 BGB. Der Mieter kann sich auf die Sozialklausel der §§ 556 a, 556 b BGB berufen, wenn er der Kündigung spätestens einen Monat vor Beendigung des Mietverh. schriftl. widersprochen hat (§§ 565 d, 565 V). Die Belange des AG, also die Zweckbindung der W., sind zu berücksichtigen (§ 565 d I). Der Widerspruch ist ausgeschlossen, wenn der Mieter das Dienstverhältnis gelöst hat, ohne daß ihm vom AG gesetzl. begründeter Anlaß gegeben war, o. der Mieter durch sein Verhalten dem AG gesetzl. begründeten Anlaß zur Auflösung des Dienstverhältnisses gegeben hat. Räumungsfristen können nach §§ 721, 794 a ZPO bewilligt werden. Eine *funktionsgebundene WMW* ist gegeben, wenn das Dienstverhältnis seiner Art nach die Überlassung des Wohnraumes, der in unmittelbarer Beziehung o. Nähe zur Stätte der Dienstleistung steht, erfordert hat (Pförtner, Hausmeister usw.). Diese ist kündbar am 3. Werktag eines Kalendermonats für den Ablauf des Monats, wenn der Wohnraum für einen anderen, zur Dienstleistung Verpflichteten aus den Gründen der Funktionsbindung benötigt wird (§ 565 c 2). Für den Mieter ist die Berufung auf die Sozialklausel der §§ 565 a, b ausgeschlossen. Das Nutzungsrecht an einer WDW endet mit → Beendigung des Arbeitsverhältnisses. Die arbeitsvertragliche Verpflichtung eine WDW zu bewohnen, kann bei Fortbestand des ArbVerh. nicht durch Teilkündigung beseitigt werden (AP 3 zu § 565 e BGB = NZA 90, 191 = DB 90, 740). Nur wenn die WDW vom AN ganz o. überwiegend mit Einrichtungsgegenständen versehen worden ist o. er in ihr mit seiner Familie einen eigenen Hausstand führt, gelten die Vorschriften über die WMW entsprechend. Bei Rechtsstreitigkeiten über WMW ist das Amtsgericht zuständig (v. 24. 1. 1990 – 5 AZR 749/87 – NZA 90, 539). Bei WDW wird Zuständigkeit der ArbG i. d. R. bejaht (§ 29 a ZPO); es sei denn, daß allein „mietrechtlicher" Teil streitig (vgl. AP 20 zu § 36 ZPO).

Werkvertrag. Durch den W. verpflichtet sich der Unternehmer zur Herstellung eines bestimmten Erfolges (§§ 631 ff. BGB). Der Erfolg kann ein Sachwerk (z. B. Hausbau) o. ein Leistwerk (z. B. Haarschnitt) sein. Bei einem Dienst- o. → Arbeitsvertrag wird dagegen eine Tätigkeit geschuldet. Auf W. findet → Arbeitsrecht keine Anwendung. Lediglich bei → arbeitnehmerähnlichen Personen können auch W. tariflich geregelt werden (§ 12 a TVG).

Werkzeug → Arbeitsmittel

Wettbewerbsverbot. I. Die Vereinbarung eines W. mit einem *kaufm.* → Angestellten (→ Handlungsgehilfen) richtet sich nach dem HGB, auch wenn der AG gem. § 2 HGB ein Handelsgewerbe betreibt, aber die Eintragung ins Handelsregister nicht herbeiführt (AP 19 zu § 133 f GewO).

1. Während des *rechtlichen Bestandes* (BGH AP 1, 9 zu § 60 HGB, AP 7 zu § 611 BGB Treuepflicht) des Arbeitsverhältnisses dürfen kaufm. AN ohne Einwilligung des AG im Handelszweige des AG weder ein eigenes Handelsgewerbe betreiben (AP 4, 6, 7 zu § 60 HGB; AP 8 zu § 611 BGB Treuepflicht), noch für eigene o. fremde Rechnung Geschäfte machen (§ 60). Der Betrieb eines Handelsgeschäfts im Handelszweig des AG liegt dann nicht vor, wenn AN u. AG nicht als Wettbewerber auftreten, sondern miteinander Geschäfte machen (AP 10 zu § 60 HGB = DB 83, 2527). AN dürfen, sofern sie sich selbständig machen wollen, ein eigenes, künftiges Handelsgewerbe vorbereiten (AP 3, 7, 8, 9 zu § 60 HGB). Zur erlaubten Vorbereitung gehört auch der Abschluß eines Franchise-Vertrages (AP 9 zu § 60 HGB). Für eine vom AN behauptete Einwilligung zum Wettbewerb ist er beweispflichtig (AP 8 zu § 611 BGB Treuepflicht; a. A. AP 97 zu § 626 BGB = NJW 88, 438). Verletzt AN das W., so kann der AG auch im Wege einstweiliger Verfügung Unterlassung verlangen, die ao. → Kündigung aussprechen (§ 626 BGB), Schadensersatz fordern o. verlangen, daß der AN die für eigene Rechnung gemachten Geschäfte als für Rechnung des AG eingegangen gelten läßt (AP 1 zu § 61 HGB) o. die aus Geschäften für fremde Rechnung bezogene Vergütung (AP 3 zu § 687 BGB) herausgibt (§ 61 I HGB). Wird der AN berechtigt ao. gekündigt, so entfällt das

Wettbewerbsverbot, jedoch haftet er auch insoweit nach § 628 II BGB auf Schadensersatz (DB 75, 1607). Kann der AG mit hoher Wahrscheinlichkeit dartun, daß sein AN ihm Konkurrenz gemacht hat, dann ist der AN verpflichtet, über die getätigten Geschäfte Auskunft zu erteilen u. → Rechnung zu legen (AP 13 zu § 242 BGB Auskunftspflicht; AP 6 zu § 60 HGB; AP 8 zu § 611 BGB Treuepflicht). Die Ansprüche verjähren in 3 Mon. seit Kenntnis des AG, ohne Kenntnis längstens in 5 Jahren (§ 61 II). Diese Verjährungsfrist gilt auch für konkurrierende Ansprüche aus allgemeinem Recht (AP 2 zu § 61 HGB = NJW 86, 2527). Insoweit soll keine Analogie für techn. AN (AP 8 zu § 60 HGB) möglich sein. Im Wege des ArbVertrages o. der → Betriebsvereinbarung kann das W. erweitert werden. Grenzen sind jedoch die → guten Sitten (§ 138 BGB). Entspr. wird für die übrigen Angestellten gelten.

2. Nach → *Beendigung des Arbeitsverhältnisses* besteht kein gesetzl. W.; es folgt auch nicht aus nachvertraglicher → Treuepflicht (AP 10 zu § 74 HGB; AP 5 zu § 611 BGB Betriebsgeheimnis = NJW 88, 1186 = DB 88, 1020; Gaul ZIP 88, 689); jedoch darf der AN seinen AG nicht bei einem Kunden ausstechen, bei dem nur noch der formale Abschluß des Kaufvertrages aussteht (AP 4 zu § 242 BGB Nachvertragl. Treuepflicht). Der Handlungsgehilfe kann schon während der Probezeit (AP 25 zu § 74 HGB; AP 6 zu § 628 BGB; AP 25 zu § 615 BGB; AP 16 zu § 620 BGB Probearbeitsverhältnis) mit dem AG bis zur Dauer von 2 Jahren (§ 74a I 3) ein W. vereinbaren. Wird der AN bei seinem späteren AG vertragsbrüchig u. setzt bei seinem früheren AG das Arbeitsverhältnis fort, so wird ein mit dem späteren AG vereinbartes W. nur Wirksamkeit entfalten, wenn er über dessen wirtschaftliche Verhältnisse bereits Erfahrungen sammeln konnte (AP 54 zu § 74 HGB = NZA 87, 813). Andererseits endet das W. nicht bereits dann, wenn der AN in den Ruhestand tritt u. ihm → Ruhegeld zugesagt ist (AP 30 zu § 611 BGB Konkurrenzklausel = DB 85, 2053). Die Vorschriften der §§ 74–75 c dürfen nicht zum Nachteil des AN abbedungen o. sonst umgangen werden (§ 75 d). Ein W. beschränkt die Stellensuche des AN u. verhindert seine Konkurrenz nach Beendigung des Arbeitsverhältnisses. Wegen dieser Doppelfunktion kann eine Umgehung der Bestimmungen bereits dann vorliegen, wenn es nur für die Fälle der → Kündigung durch den AG gelten soll (AP 8 zu § 75 HGB). Anzuwenden sind die Bestimmungen der §§ 74 ff. HGB auch dann, wenn das W. im Zusammenhang mit der Beendigung des AV abgeschlossen wird. Anders ist es, wenn das W. erst nach rechtswirksamer Beendigung des Arbeitsverhältnisses vereinbart wurde (AP 23 zu § 74 HGB; vgl. für Handelsvertreter BGH, NJW 69, 504; 70, 420).

Wettbewerbsverbot

Ein W. bedarf der Schriftform (§§ 125, 126 BGB) u. der Aushändigung einer vom AG unterzeichneten, die vereinbarten Bestimmungen enthaltenden Urkunde (§ 74), anderenfalls Nichtigkeit eintritt. Zu Gesamturkunden: AP 46 zu § 74 HGB = NJW 86, 152. Das gleiche gilt für W. in → faktischen Arbeitsverhältnissen. Doch kann mangels Aushändigung einer Urkunde der AN sich dem W. freiwillig unterwerfen. Das HGB unterscheidet in § 74 II u. § 74a zwischen nichtigen u. unverbindlichen W. Im Falle der Nichtigkeit kann keine der Parteien irgendwelche Ansprüche aus der Vereinbarung erheben. Bei unverbindlichen W. kann sich der AG nicht auf die Vereinbarung berufen, andererseits der AN sich daran halten u. dann Ansprüche daraus herleiten. Wählt der AN das W., so erwachsen alsdann für den AG auch Unterlassungsansprüche. Der AN muß das ihm zustehende Wahlrecht regelmäßig bei Beginn der Karenzzeit ausüben (AP 36, 42 zu § 74 HGB; AP 51 = NZA 86, 828). Er kann es jedoch bis zur gerichtlichen Entscheidung über die Wirksamkeit des W. hinausschieben, wenn die vorübergehende Einhaltung unter Berücksichtigung der Interessen des AG sinnvoll ist (AP 37 zu § 74 HGB). Dasselbe gilt, wenn zwischen den Parteien Streit über die Beendigung des Arbeitsverhältnisses besteht bis zur Klärung der Rechtslage (AP 53 zu § 74 HGB = NZA 87, 592). Ferner kann das den AN übermäßig belastende, unverbindliche W. auf einen zumutbaren Inhalt zurückgeführt werden (AP 24 zu § 611 BGB Konkurrenzklausel). *Nichtig* sind W. mit Minderjährigen, auch wenn der gesetzl. Vertreter zustimmt; wenn der AG sich die Erfüllung auf Ehrenwort o. unter ähnlichen Versicherungen versprechen läßt; wenn der → Handlungsgehilfe nicht ein Mindesteinkommen erreicht (§ 74a II HGB). Mindesteinkommen sind 1500 DM multipliziert mit den jeweiligen Teuerungszahlen. Die Berechnung wird ebenso wie die ehemalige Berechnung der Hochbesoldetengrenze verfassungswidrig sein. Nichtig ist ferner eine Vereinbarung, durch die ein Dritter die Verpflichtung übernimmt, dafür zu sorgen, daß sich der Handlungsgehilfe des Wettbewerbs enthält. Ein W. ist *unverbindlich,* wenn es nicht dem Schutz des berechtigten geschäftlichen Interesses des AG dient (§ 74a I HGB). Ein berechtigtes geschäftl. Interesse ist dann gegeben, wenn der AG wegen der Tätigkeit des Handlungsgehilfen Anlaß hat, dessen Konkurrenz zu fürchten (AP 18 zu § 74 HGB, 1, 2 zu § 74a HGB; 18 zu § 133f GewO). Es muß eine Beziehung zwischen der früheren Tätigkeit des Handlungsgehilfen u. dem untersagten Wettbewerb bestehen (AP 21 zu § 133f GewO). Dagegen ist es nicht das geeignete Mittel, die Personalfluktuation einzuschränken o. sonstige wirtschaftlichen Interessen des AG zu schützen. Das W. kann auf bestimmte Erzeugnisse o. Produktionszweige des AG beschränkt werden; alsdann ist dem AN Tätigkeit in einem Konkurrenzunternehmen *nur insoweit* verwehrt, als er dort mit Herstellung u. Vertrieb der geschützten Erzeugnisse befaßt wird, auch wenn die Verbotseinhaltung nur schwer zu überwachen ist (AP 17 zu § 133f GewO). In Formulararbeitsverträgen wird gelegentl. vereinbart, daß AN in diesen Fällen nachzuweisen habe, daß er keinen Wettb. treibe. Unverbindlich sind bedingte W., deren Geltung davon abhängig gemacht ist, daß der AG ihre Einhaltung verlangt. Ihre Ausgestaltung ist außerordentlich vielseitig u. gelegentlich schwer zu erkennen (vgl. AP 50 zu § 74 HGB = DB 86, 1476; AP 51 zu § 74 HGB = NZA 86, 828).

Das W. ist unwirksam, wenn sich der AG nicht verpflichtet, für seine Dauer eine angemessene Entschädigung zu zahlen (§ 74 II; AP 1, 17 zu § 74). Dies kann im allgemeinen nicht bereits während des laufenden Arbeitsverhältnisses durch eine erhöhte Vergütung geschehen (AP 38 zu § 74 HGB). Diese ist keine Schadensersatzleistung, sondern ein vertragsmäßiges Entgelt für die Wettbewerbsenthaltung (AP 16, 19, 21 zu § 74 HGB). Wettbewerbsenthaltung u. Zahlung der Karenzentschädigung stehen in einem synallagmatischen Verhältnis, auf das §§ 320ff. BGB anzuwenden sind (AP 49 zu § 74 HGB = NJW 86, 1192). Es reicht aus, wenn sich der AG zur Zahlung der gesetzl. Mindestentschädigung verpflichtet (AP 35 zu § 74 HGB); zureichend ist eine bloße Verweisung auf die gesetzl. Bestimmungen (AP 35 zu § 74 HGB). Unzureichend ist jedoch die bloße Aufrechterhaltung der Versorgungsanwartschaft (AP 172 zu § 242 BGB Ruhegehalt; AP 30 zu § 611 BGB Konkurrenzklausel = DB 85, 2053; Grunsky NZA 88, 713). Unverbindl. ist ein bedingtes W., bei dem der AN nur dann gebunden sein soll, wenn der AG es in Anspruch nimmt (vgl. oben). Selbst bei einem vorübergehenden Zahlungsverzug kann sich der AN nicht mit der Einrede des nicht erfüllten Vertrages befreien (AP 42 zu § 74 HGB). Umgekehrt kann sich der AG nur unter den Voraussetzungen von § 75a HGB von ihm lösen. Hat der AG die Einhaltung eines unverbindlichen W. erzwungen, stellt sich aber später seine Unwirksamkeit heraus, so kann der AG nicht die Rückzahlung der gezahlten K. verlangen (AP 37 zu § 74 HGB). Zu tarifl. geregelten bedingten W., wie sie z. B. in der chem. Industrie bestanden: BB 73, 475. Ohne Zahlung einer Karenzentschädigung ist ein W. weder zulässig, wenn der Gehilfe für eine Tätigkeit außerhalb Europas angenommen wird (§ 75b HGB; AP 15 zu § 75b HGB), noch wenn der AN zu den Hochverdienenden gehört. Das BAG hält § 75b für verfassungswidrig (AP 8–10, 14, 15 zu § 75b HGB). Übergangsfristen zur Geltung derartiger W. sind inzwischen abgelaufen. Die Karenzentschädigung muß für jedes Verbotsjahr mind. die Hälfte der vom AN zuletzt bezogenen vertragsmäßigen Leistung erreichen (§ 74 II). Freiwillige (AP 34 zu § 74

Wettbewerbsverbot

HGB), jederzeit widerrufliche, außertarifliche Zulagen sind bei ihrer Berechnung zu berücksichtigen (AP 30 zu § 74 HGB); ebenso das 13. Gehalt (AP 1 zu § 74b HGB) o. Gewinnbeteiligungen (AP 59 zu § 74 HGB = NZA 90, 519 = DB 90, 991). Außer Ansatz bleiben der → Krankenversicherungszuschuß des AG (AP 40 zu § 74 HGB) sowie Bezüge zur Abgeltung besonderer Auslagen, die infolge Dienstleistung entstehen sowie Vergütungen für → Arbeitnehmererfindungen (Bengelsdorf DB 89, 1024). Wechseln die Bezüge des AN in unregelmäßigen Zeitabständen, so ist bei der Berechnung der Durchschnittsverdienst der letzten 3 Jahre in Ansatz zu bringen o. bei kürzerem Bestand der Zeitraum des Bestandes des W. Nach AP 24 zu § 74 HGB kann eine Karenzentschädigung in geringerer als der gesetzlichen Mindesthöhe (Abzinsung!) in einem Betrag für die gesamte Karenzzeit im voraus gezahlt werden (vgl. AP 19 zu § 133f GewO). Es ist zweifelhaft, ob die Abzinsung noch zulässig ist. Eine Anpassung der Karenzentschädigung an gestiegene Lebenshaltungskosten wird nicht in Betracht kommen. Auf die Karenzentschädigung muß sich der AN – auch wenn es nichts besonders vereinbart ist (AP 3 zu § 74 HGB) – aus selbständiger (DB 76, 439; AP 13 zu § 74c HGB = NJW 88, 130 = NZA 88, 130) o. unselbständiger Tätigkeit anrechnen lassen, was er während des Zeitraums, für den sie gezahlt wird, durch anderweitige Verwertung seiner Arbeitskraft erwirbt o. zu erwerben böswillig unterläßt, soweit die Entschädigung unter Hinzurechnung dieses Betrages den Betrag der zuletzt von ihm bezogenen Arbeitsvergütung um 10% u. im Falle eines durch das W. bedingten Umzuges (AP 2, 9 zu § 74c HGB; AP 12 = DB 86, 334; AP 14 = NJW 88, 3173 = NZA 89, 142) um 25% übersteigen würde. Die Anrechnung des anderweitigen Verdienstes erfolgt jeweils monatsweise (AP 23 zu § 133f GewO, AP 34 zu § 74 HGB), also anders als beim → Annahmeverzug. Der AN kann, wenn dies den Redlichkeitsmaßstäben entspricht, auch eine geringer bezahlte Stelle zum Aufbau einer eigenen Existenz annehmen (AP 7 zu § 74 HGB) o. ein Studium aufnehmen (AP 4, 5 zu § 74c HGB). Ungeklärt ist immer noch, in welchem Umfang der AN die Sozialversicherungsleistungen anrechnen lassen muß. Anzurechnen sind Leistungen der → Arbeitslosenversicherung (AP 11 zu § 74c HGB = DB 86, 127). Entspr. wird für Krankengeld aus der gesetzlichen Krankenversicherung gelten. Verneint wurde die Anrechnung von Übergangsgeld (v. 7. 11. 89 – 3 AZR 796/87 – NZA 90, 397 = DB 90, 889). In jedem Fall muß der AG der BAnstArb. das Arbeitslosengeld ersetzen, wenn der AN arbeitslos geblieben ist (§ 128a AFG; dazu Beisl DB 90, 1037). Wegen der erwachsenden Kosten versuchen daher die AG im allgemeinen bestehende W. zu beenden. Den AN trifft für den anderweitigen Verdienst eine Auskunfts- (AP 8 zu

§ 74c HGB), jedoch keine Rechnungslegungs- o. Bilanzierungspflicht *(AP 1 zu § 260 BGB)*. Ausreichend ist die Vorlage der Lohnsteuerkarte o. des Einkommensteuerbescheides (AP 6 zu § 74c HGB). Auch eine eidesstattliche Vermögensoffenbarung ist ausgeschlossen. Trotz Entschädigung kann ein W. unverbindlich sein, soweit es unter Berücksichtigung der gewährten Entschädigung nach Ort, Zeit o. Gegenstand eine unbillige Erschwerung des Fortkommens darstellt (§74a I 2). Der AG kann gegen den AN auf Unterlassung von Wettbewerb klagen. Wird er zur Unterlassung verurteilt, so ist in den Rechtsmittelinstanzen die Zwangsvollstreckung regelmäßig nur dann einzustellen, wenn das Rechtsmittel hinreichende Aussicht auf Erfolg verspricht (AP 3 zu § 719 ZPO; DB 72, 1584). Die Einhaltung des W. kann durch → Vertragsstrafen gesichert werden. Deren Höhe kann nicht von vornherein in das Ermessen des Gerichtes gestellt werden (AP 7 zu § 339 HGB). Zur Höhe AP 2 zu § 340 BGB; AP 1 zu § 75c HGB; DB 73, 1130; AP 5 zu § 399 BGB; AP 4 zu § 75 HGB.

Die Parteien eines Arbeitsvertrages können ein W. jederzeit einverständlich aufheben, der Aufhebungsvertrag kann der Schriftform unterliegen, wenn diese für Änderungsverträge notwendig ist (AP 57 zu § 74 HGB = NZA 89, 797). Vor Beendigung des Arbeitsverhältnisses kann der AG durch schriftl. eindeutige (AP 7 zu § 75 HGB) Erklärung auf das W. verzichten; alsdann wird er mit Ablauf eines Jahres seit Verzichtserklärung von der Zahlungspflicht frei (§ 75a). Mit der Verzichtserklärung kann der AG bis zur rechtlichen Beendigung des Arbeitsverhältnisses warten (AP 3 zu § 75a HGB). Kündigt der Angestellte das Arbeitsverhältnis ordentlich, so tritt das W. in Kraft. Kündigt er gerechtfertigt ao., so kann er es aufrechterhalten, kann jedoch auch innerhalb eines Mon. erklären, daß er sich nicht daran gebunden fühlt (§ 75 I). Löst er das Arbeitsverhältnis durch → Arbeitsvertragsbruch, bleibt Verpflichtung aus § 60 bis zur rechtl. Beendigung bestehen; danach tritt das W. in Kraft. Kündigt der AG ordentlich, so wird das W. unwirksam, es sei denn, daß für die Kündigung ein erheblicher Grund in der Person des AN bestand o. der AG sich bereit erklärt, die vollen Bezüge weiterzugewähren. Kündigt er gerechtfertigt, ao., so bleibt das W. nach dem Wortlaut von § 75 III HGB bestehen, jedoch verliert der AN den Anspruch auf Karenzentschädigung. Das BAG hält diese Regelung für verfassungswidrig (AP 5, 6 zu § 75 HGB). Wegen der nachträglich erwachsenen Regelungslücke wendet es auch insoweit § 75 I HGB entspr. an (vgl. AP 4 zu § 75a HGB = NJW 87, 2768 = NZA 87, 453). Wird das Arbeitsverhältnis durch → Aufhebungsvertrag gelöst, ist zu prüfen, worauf die Aufhebung nach Sache u. Anlaß beruht. Soweit die Gründe mit den in § 75 I angesprochenen vergleichbar sind, ist § 75 entspr. anwendbar (AP 1–3 zu § 75 HGB; AP 25 zu § 74 HGB). Wird zunächst gekündigt u. dann ein Aufhebungsvertrag geschlossen, so läuft die Frist ab Kündigung (AP 4 zu § 75 HGB).

Eine → Ausgleichsquittung, die mit der Feststellung endet, daß dem AN keine weiteren Ansprüche aus dem Arbeitsverhältnis sowie dessen Beendigung zustehen, enthält i. Zw. keinen Verzicht auf Rechte aus einem vertraglichen W. (AP 39 zu § 74 HGB). Ansprüche auf Karenzentschädigung verjähren in zwei Jahren (AP 44 zu § 74 HGB = NJW 84, 2544).

II. 1. Für *gewerbl. Angestellte* (§ 133c GewO) besteht für die Zeit *während des Arbeitsverhältnisses* kein gesetzl. W. Aus der allgemeinen → Treuepflicht des AN folgt jedoch, daß er bis zur rechtl. Beendigung des Arbeitsverhältnisses innerhalb u. außerhalb des Dienstes jede Betätigung zu unterlassen hat, die seinem AG unmittelbar schadet (vgl. AP 7 zu § 611 BGB Treuepflicht; DB 77, 307).

2. Für die Zeit nach *Beendigung des Arbeitsverhältnisses* bestimmt § 133f GewO, daß ein vereinbartes W. nur insoweit verbindlich ist, wie die Beschränkung nach Zeit, Ort u. Gegenstand nicht die Grenzen überschreitet, durch die eine unbillige Erschwerung des Fortkommens des AN ausgeschlossen wird. Die entspr. Anwendung der HGB-Vorschriften hat die Rspr. zunächst abgelehnt (z. B. AP 7, 20 zu Art. 12 GG, 4, 15, 16 zu § 133f GewO). Sie hat darin lediglich einige allgemeine Rechtsgrundsätze gesehen. Nunmehr wendet das BAG die §§ 74ff. HGB analog auf W. mit sonstigen AN, die nicht kaufmännische Angestellte sind, an (AP 24 zu § 611 BGB Konkurrenzklausel, AP 23 zu § 133f GewO; DB 70, 1884). Soweit die Tarifverträge die längeren als zweijährigen Verbotszeitraum kennen, ist die Weitergeltung zweifelhaft (vgl. BB 73, 475). Die Arbeitsvertragsparteien können zum Nachteil der AN nicht mehr von den Schutzvorschriften des HGB abweichen.

III. 1. Für die zur ihrer → *Berufsausbildung beschäftigten Personen* ist für die Zeit *während des Bestandes* des Berufsausbildungsverhältnisses eine gesetzliche Wettbewerbsbeschränkung nicht vorhanden. Sie folgt wie bei techn. Angestellten aus der → Treuepflicht.

2. Für die Zeit *nach Beendigung des Ausbildungsverhältnisses* ist der Abschluß eines W. grundsätzlich ausgeschlossen. Es ist nur dann möglich, wenn die Parteien innerhalb der letzten drei Monate des Ausbildungsverhältnisses sich verpflichten, ein Arbeitsverhältnis auf unbestimmte Zeit einzugehen o. ein unkündbares Arbeitsverhältnis auf höchstens 5 Jahre abzuschließen u. der AG die Kosten der → Berufsfortbildung übernimmt. Kosten und Bindung müssen in einem angemessenen Verhältnis stehen (§ 5 BBiG).

IV. Für die *sonstigen AN* fehlen Bestimmungen. Während des *Bestandes* des Arbeitsverhältnisses gelten die Grundsätze zu II 1 entspr. Nach *Beendigung des Arbeitsverhältnisses* kann der AN bis zur Grenze der guten Sitten Wettbewerb betreiben. Da das BAG die HGB-Vorschriften auf W. mit sonstigen AN entspr. anwendet, müssen zumindest deren Schutzvorschriften eingehalten werden. Jedoch ist zu berücksichtigen, daß die Karenzentschädigung in Höhe eines halben Monatslohnes bei vielen → Arbeitern häufig nur das Existenzminimum deckt. Es ist daher anzunehmen, daß die Rspr. strengste Anforderungen an die Rechtsgültigkeit überhaupt stellen wird.

V. Wegen der W. mit den wissenschaftl. Mitarbeitern der freiberufl. Tätigen → Mandantenschutzklauseln. Zu Verträgen mit gesetzlichen Vertretern juristischer Personen: Sina DB 85, 902.

VI. Verpflichtet sich der AG einem anderen AG einen bei diesem angestellten Handlungsgehilfen nicht o. nur unter bestimmten Voraussetzungen einzustellen, so steht ihm der Rücktritt offen (§ 75 f HGB). Die Vorschrift über die Sperrabrede ist auch bei sonstigen AN entspr. anzuwenden (BGH NJW 84, 116).

Widerruf von Arbeitsvertragsbedingungen ist nur zulässig, wenn er von der widerrufenden Partei vorbehalten wurde. Aber auch dann wird der W. des AG die nach § 315 BGB gesetzten Grenzen beachten müssen („billiges Ermessen"); dies gilt insbes. bei → Ruhegeldern, aber auch bei Lohnzuschlägen, insbes. Leistungszulagen (BB 71, 309). Der Widerruf kann mitbestimmungspflichtig sein (AP 5, 6 zu § 9 MTB II; AP 16 zu § 87 BetrVG 1972 Altersversorgung = NZA 89, 219).

Wiedereinsetzung in den vorigen Stand. Einer Partei, die eine Notfrist (die im Gesetz als solche bezeichnet ist, § 223 ZPO) o. die Frist zur Begründung der → Berufung, der → Revision o. die Wiedereinsetzungsfrist selbst versäumt hat, kann auf Antrag die W. bewilligt werden. Zulässig ist ein solcher Antrag nur, wenn er binnen 2 Wochen seit Behebung des Hindernisses gestellt wird, das der Wahrung der Notfrist entgegenstand (§ 234 ZPO). Ohne Antrag ist sie zu bewilligen (§ 236 II 2 ZPO), sofern die versäumte Prozeßhandlung innerhalb der 2wöchigen Antragsfrist nachgeholt wird u. die Wiedereinsetzung rechtfertigenden Gründe aktenkundig o. sonst offenkundig sind (AP 1 zu § 236 ZPO; v. 23. 5. 89 – 2 AZB 1/89 – NJW 89, 2708 = NZA 89, 818). Die Frist beginnt im Falle eines verspäteten Einspruchs gegen ein → Versäumnisurteil nur zu laufen, wenn das Gericht auf sie hingewiesen hat (AP 10, 11 zu § 234 ZPO). Nach Ablauf eines Jahres kann der Antrag nicht mehr gestellt werden (§ 234 III ZPO). Etwas anderes gilt nur dann, wenn das Rechtsmittelgericht so spät über das Rechtsmittel entscheidet, daß die Parteien darauf vertrauen konnten, die Rechtsmittelvoraussetzungen seien gewahrt (AP 13 zu § 234 ZPO). Begründet ist der Antrag nur, wenn die Partei ohne ihr Verschulden gehindert war, die Frist einzuhalten. Ein die W. rechtfertigender Grund wird i. d. R. der Jahresurlaub während der Urlaubszeit sein, wenn von der Anhängigkeit des Prozesses noch nichts bekannt war (vgl. BVerfG NJW 74, 1902) o. ungewöhnlich lange Postlaufzeiten (BVerfG NJW 75, 1405; NJW 77, 1233; AP 74 zu § 233 ZPO); zur amtlichen Postlaufzeit (AP 41 zu § 233 ZPO; anders dagegen bei unvollständiger Adressierung (AP 13 zu § 233 ZPO 1977 = NJW 87, 3278). Schuldlos kann auch die Fristversäumnis infolge einer schwerwiegenden Erkrankung sein (NJW 75, 593). Zur Unkenntnis bei Fristverlängerungsanträgen: AP 10 zu § 233 ZPO 1977 = NJW 86, 603. Unkenntnis von Zustellung ist nicht schuldlos, wenn Säumiger von dem Termin, in dem VU ergangen ist, Kenntnis hatte u. sich nicht nach dem Ausgang dieses Termins erkundigt hat (NJW 72, 887). Die Partei muß sich das Verschulden ihres Prozeßbevollmächtigten entgegenhalten lassen (§ 85 II ZPO); dagegen nicht das Verschulden von dessen Personal, soweit es hinreichend beaufsichtigt war. Bevollmächtigter ist aber auch ein im Angestelltenverhältnis tätiger Rechtsanwalt, dem ein wesentlicher Teilbereich eines gerichtlichen Verfahrens zur selbständigen Erledigung übertragen worden ist (AP 12 zu § 233 ZPO 1977 = NJW 87, 1355 = NZA 87, 357). Der Anwalt darf darauf vertrauen, daß einfache Anweisungen auch befolgt werden (Adressenänderung: AP 6 zu § 233 ZPO 1977); Postausgangskontrolle (v. 9. 1. 90 – 3 AZR 528/89 – BB 90, 712). Andererseits trifft ihn eine umfangreiche Überwachungspflicht, insbes. bei Blankounterschriften (AP 7 zu § 233 ZPO 1977). Die Form des Antrags richtet sich nach den Vorschriften, die für die versäumte Prozeßhandlung gelten. Der Antrag muß die Angabe u. Glaubhaftmachung (AP 1 zu § 251a ZPO = BB 86, 1232) der die W. begründenden Tatsachen enthalten sowie die versäumte Prozeßhandlung nachholen oder, sofern dies bereits geschehen ist, hierauf Bezug nehmen (§ 236 ZPO). Wird Wiedereinsetzung wegen Versäumung der Revisionsbegründungsfrist beantragt, so ist der bloße Antrag auf deren Verlängerung unzureichend (AP 3 zu § 222 ZPO = NJW 89, 1181). Die Wiedereinsetzungsgründe können nach Ablauf der Frist noch erläutert werden, dagegen ist ein Nachschieben von Gründen unzulässig (AP 8 zu § 234 ZPO; AP 5 zu § 236 ZPO). Ein die W. gewährendes Zwischenurteil ist nicht selbständig anfechtbar (AP 2 zu § 238 ZPO). Lit.: Walchshöfer JurBüro 89, 1482.

Wiedereinstellung. Nach einem das Arbeitsverhältnis lösenden → Arbeitskampf (*vgl.* AP 39, 43 zu Art. 9 GG Arbeitskampf) haben

nicht nur → Schwerbehinderte (§ 21 VI SchwbG) u. dem → Mutterschutz unterstehende Frauen (AP 11 zu Art. 9 GG), sondern grundsätzl. alle AN (AP 43) einen Anspruch auf W., u. zwar ohne Rücksicht darauf, ob für die der → Tarifbindung unterliegenden AN eine
W.-Klausel vereinbart wurde. Ihnen sind nach W. dieselben Rechte
wie zuvor einzuräumen. Unzulässig ist die lösende → Aussperrung
von → Betriebsratsmitgliedern. Waren auch die dem Aufsichtsrat angehörenden AN-Vertreter lösend ausgesperrt worden, so wird man
entgegen §§ 76 II 2, 3 BetrVG, 6 I 1 MitBestG 51 aus gesellschafts-
rechtlichen Gründen von dem Fortbestand der Mitgliedschaft im
Aufsichtsrat ausgehen müssen. Ist ein AN aufgrund → *Verdachtskündigung* entlassen worden, so ist er wieder einzustellen, wenn er in
vollem Umfange rehabilitiert ist u. die W. unter Berücksichtigung
der beiderseitigen Interessen nach → Treu u. Glauben zur Beseitigung eines Unrechtes geboten erscheint (AP 2, 3, 50 zu § 611 BGB
Fürsorgepflicht). Dem Wiedergutmachungsgedanken entspricht,
ihm die gleichen Rechte wieder einzuräumen. Zweifelhaft, aber zu
verneinen ist, ob ein aus betriebsbedingten Gründen entlassener AN,
der bis zur Rechtskraft der Entscheidung über die → Kündigungsschutzklage weiter beschäftigt wurde, wieder eingestellt werden
muß, wenn sich im Verlaufe des Rechtsstreits herausstellt, daß die
Gründe zur → Kündigung inzwischen weggefallen sind. Bei der
Wiedereinstellung findet eine soziale Auswahl nicht statt (AP 2 zu § 1
KSchG 1969 Soziale Auswahl = NJW 85, 342). Grundsätzlich haben
auch AN keinen Anspruch auf W. in → Saisonarbeitsverhältnissen
(AP 1 zu § 620 BGB Saisonarbeit = NZA 87, 627). Dagegen haben
AN, die an einer Umschulungs- o. Fortbildungsmaßnahme teilge-
nommen haben, keinen Anspruch auf W. (AP 1 zu § 611 BGB Ein-
stellungsanspruch).

Willenserklärung ist die auf einen Rechtserfolg gerichtete private
Willensäußerung. Sie setzt sich aus einem äußeren Erklärungstatbe-
stand u. dem inneren Tatbestand zusammen, d. s. der Handlungs-,
Erklärungs- u. Geschäftswille. Die W. braucht nicht durch Worte,
sondern kann auch durch eindeutiges, sog. konkludentes Verhalten
erklärt werden. Bei der Auslegung einer empfangsbedürftigen W.
dürfen nur solche Begleitumstände berücksichtigt werden, die dem
Erklärungsempfänger erkennbar waren (AP 36 zu § 133 BGB). Für
die Auslegung einer W. ist kein Raum, wenn feststeht, was die Parteien übereinstimmend gewollt haben (AP 29, 35 zu § 133 BGB).

Winterbauförderung heißt die von der BAnstArb. gewährte För-
derung zur ganzjährigen Beschäftigung in der Bauwirtschaft (§ 74
AFG); AO über die Förderung der ganzjährigen Beschäftigung in der
Bauwirtschaft v. 4. 7. 1972 (ANBA 511), zul. geänd. 6. 7. 1988

Wintergeld

(ANBA 1367). Die Betriebe, die zur Bauwirtschaft gehören, sind in der BaubetriebeVO v. 28. 10. 1980 (BGBl. I 2033); zul. geänd. 24. 10. 1984 (BGBl. I 1318) aufgezählt. Als Leistungen zur produktiven Winterbauförderung gewährt die BAnstArb. 1. AG Leistungen zur Beschaffung von Geräten u. Einrichtungen, die es ermöglichen, Bauarbeiten bei ungünstiger Witterung durchzuführen (§ 77 AFG) u. Leistungen zur Abgeltung der sonstigen witterungsbedingten Mehrkosten des Bauens (§ 78 AFG); vgl. Förderungssätze VO v. 16. 7. 1973 (BGBl. I, 841) m. spät. Änd.; 2. AN Leistungen zur Abgeltung der witterungsbedingten Mehraufwendungen (→ Wintergeld) bei Arbeit in der witterungsungünstigen Jahreszeit (§ 80 AFG; WintergeldVO v. 24. 5. 1978 (BGBl. I 646/III 810–1–27) sowie → Schlechtwettergeld bei witterungsbedingtem Arbeitsausfall (§§ 83 bis 89 AFG).

Wintergeld erhalten → Arbeiter in Betrieben des → Baugewerbes, die auf einem witterungsabhängigen Arbeitsplatz beschäftigt sind u. die bei witterungsbedingtem Arbeitsausfall Anspruch auf → Schlechtwettergeld hätten, für die Arbeitsstunden, die sie in der Förderungszeit (§ 75 II AFG) (1. 12. bis 31. 3.) leisten. Das W. beträgt 2,– DM für jede geleistete Arbeitsstunde (§ 80 AFG). Es ist beim → Arbeitsamt zu beantragen (§ 81 AFG); → Winterbauförderung.

Wirtschaftl. Angelegenheiten. In → Unternehmen mit i. d. R. mehr als 1000 ständig beschäftigten AN hat der AG nach Abstimmung mit dem → Wirtschaftsausschuß die AN über die wirtschaftl. Lage des Unternehmens in jedem Kalendervierteljahr schriftl. zu unterrichten. In Unternehmen mit i. d. R. mehr als 20 ständig beschäftigten AN kann die Unterrichtung mündl. erfolgen (§ 110 BetrVG).

Wirtschaftsausschuß. Zur Förderung einer vertrauensvollen Zusammenarbeit zwischen → Betriebsrat u. Unternehmer wird in allen (*Ausnahme* → Tendenzbetriebe) → Unternehmen mit i. d. R. mehr als 100 ständigen AN ein W. gebildet (§ 106 BetrVG), auch wenn die Unternehmensleitung im Ausland ist (AP 1, 2 zu § 106 BetrVG 1972). Dieser besteht aus 3–7 Mitgliedern, die dem Unternehmen angehören müssen, davon mind. 1 BR-Mitglied (§ 107). Die Mitglieder werden vom BR o. → Gesamt-BR bestimmt (§ 107 II BetrVG) u. können ohne Angabe von Gründen abberufen werden. Der BR kann beschließen, die Aufgaben des W. einem BR-Ausschuß zu übertragen (§ 107 III BetrVG). Der W. hat Anspruch auf rechtzeitige Unterrichtung über die wirtschaftl. Angelegenheiten des Unternehmens anhand der Unterlagen, soweit dadurch nicht die Betriebs- u. Geschäftsgeheimnisse des Unternehmens gefährdet werden. Zu den Unterlagen gehört auch der Wirtschaftsprüferbericht nach § 321

HGB (v. 8. 8. 89 – 1 ABR 61/88 – NZA 90, 150 = BB 90, 458). Hommelhoff ZIP 90, 218. Zur gründlichen Vorbereitung der Ausschußmitglieder kann es auch gehören, daß ihnen die Unterlagen zur Verfügung gestellt werden. Sie dürfen sie jedoch nicht ohne Einverständnis fotokopieren (AP 3 zu § 106 BetrVG 1972 = NJW 85, 2663). Zu den wirtschaftl. Angelegenheiten gehören u. a. die wirtschaftl. u. finanzielle Lage des → Unternehmens, Produktions- u. Absatzlage, Produktions- u. Investitionsprogramm, Rationalisierungsvorhaben, alle Vorgänge u. Vorhaben, welche die Interessen der AN des Unternehmens wesentl. berühren. Er kann sich Notizen machen. Wird eine Auskunft entgegen dem Verlangen der Hälfte der Mitglieder des Ausschusses nicht o. nicht genügend erteilt, so soll der BR die Meinungsverschiedenheiten beilegen. Kommt es zu keiner Einigung, entscheidet die → Einigungsstelle verbindlich (§ 109 BetrVG). Der W. soll einmal monatlich zusammentreten (§ 108 I BetrVG). Er kann auch ohne den Unternehmer tagen (AP 3 zu § 108 BetrVG 1972). Er kann, soweit es zur Erfüllung seiner Aufgaben notwendig ist, Sachverständige hinzuziehen (AP 1 zu § 108 BetrVG 1972). Er kann aber nicht verlangen, daß ihm ein Sachverständiger die Neubewertung des Anlagevermögens o. die Aufnahme eines neuen Gesellschafters erläutert (v. 25. 7. 89 – 1 ABR 41/88 – NZA 90, 33). Beauftragte der → Gewerkschaften können an den Sitzungen des WA teilnehmen (AP 2 zu § 108 BetrVG 1972; AP 6 zu § 108 BetrVG 1972 = NZA 88, 167). Dasselbe gilt für die Schwerbehindertenvertretung (AP 2 zu § 22 SchwbG = NZA 87, 861). Die W.-Mitglieder haben nur dann einen Anspruch auf Freistellung zu Bildungsveranstaltungen nach § 37 VI, VII BetrVG, wenn sie zugleich → Betriebsratsmitglieder sind (AP 5 zu § 37 BetrVG 1972). Sie unterliegen einer besonderen Schweigepflicht (AP 1 zu § 81 BetrVG 1952). Lit.: Fabricius ArbuR 89, 121; Gutzmann DB 89, 1083; Lahnsen BB 89, 1399.

Wirtschaftsrisiko → Betriebsrisiko.

Z

Zahlungsbefehl ist ersetzt durch den Mahnbescheid → Mahnverfahren.

Zeugnis. Bei → Beendigung des Arbeitsverhältnisses hat der AG dem AN ein einheitliches *(AP 5 zu § 630 BGB)* schriftliches Z. auszustellen (§§ 630 BGB, 113 GewO, 73 HGB). Für den Geschäftsführer einer GmbH gelten die gleichen Grundsätze. Bei → Kündigung kann der AN sofort ein *ZwischenZ.* verlangen, das Zug um Zug

gegen Aushändigung des endgültigen Z. zurückzugeben ist (bestr.).
Das Z. ist spätestens bei Ablauf der Kündigungsfrist auszuhändigen,
auch wenn die Parteien über die Wirksamkeit der Kündigung streiten
(AP 16 zu § 630 BGB = NZA 87, 628). Das *einfache Z.* muß Angaben über Art u. Dauer der Beschäftigung enthalten. Diese Angaben
dienen dazu, den neuen AG zu unterrichten, welche Tätigkeit u.
was der AN wie lange ausgeübt hat. Auf Verlangen des AN sind auch
Angaben über seine Leistungen u. Führung aufzunehmen *(qualifizier-
tes Z.).* Bei den zu ihrer → Berufsausbildung beschäftigten Personen
(→ Auszubildende) muß das Z. Angaben über Art, Dauer u. Ziel der
Berufsausbildung enthalten. Auf Verlangen des → Auszubildenden
sind Angaben über Führung, Leistung u. besondere fachl. Fähigkeiten (DB 77, 1369) aufzunehmen. Aber auch zu einem AusbildungsZ
gehört nicht unbedingt die Angabe der Ehrlichkeit. Das Z. soll dem
AN als Unterlage für eine neue Bewerbung dienen, einen Dritten,
der die Einstellung erwägt, unterrichten (AP 1 zu § 73 HGB) und
den AN informieren, wie der AG seine Leistungen bewertet hat (AP
7 zu § 630 BGB). Es soll wahr, aber auch wohlwollend ausgestellt
werden. Es muß daher alle wesentlichen Tatsachen u. Bewertungen
enthalten, die für die Gesamtbeurteilung des AN von Bedeutung u.
für den Dritten von Interesse sind (AP 11 zu § 630 BGB). Dazu
gehört auch ein Strafverfahren wegen sittlicher Verfehlungen eines
Heimerziehers (AP 10 zu § 630 BGB). Nicht aufzunehmen sind einmalige Vorfälle u. Umstände, die für den AN, seine Führung u.
Leistung nicht charakteristisch sind (AP 6 zu § 630 BGB). Ebensowenig gehören Angaben über die Mitgliedschaft im → Betriebsrat
in das Zeugnis; etwas anderes soll dann gelten, wenn der AG die
Leistungen des AN nicht mehr beurteilen kann (*DB 87, 1364 = BB
87, 1464;* Brill BB 81, 616). Das Bestehen eines → Wettbewerbsverbotes gehört nicht zum Inhalt. Weder Form, Wortwahl, Interpunk-
tion, Satzstellung noch Auslassungen dürfen dazu führen, daß bei
Dritten der Wahrheit nicht entsprechende Vorstellungen entstehen.
Die Formulierung steht im Ermessen des AG (AP 6 zu § 630 BGB).
Es ist vom AG oder seinem Vertreter unter Zusatz seiner Vertre-
tungsmacht (ppa, i. A.), das Berufsausbildungs-Z. auch vom → Ausbilder (§ 8 I BBiG) zu unterzeichnen; für AN bei den Stationierungs-
streitkräften wird es von deren Dienststellen ausgestellt, aber *gegen
die BRD klageweise durchgesetzt (AP 2 zu § 48 TVAL II = NJW 86,
2209).* Der AG ist für die dem Z. zugrundeliegenden Tatsachen u.
Bewertungen beweispflichtig (AP 12 zu § 630 BGB). Im Streitfall
kann das Gericht das Z. von sich aus formulieren (AP 1 zu § 73
HGB). Die Nichtaufnahme des Beendigungsgrundes des Arbeitsverhältnisses macht es – von Sonderfällen abgesehen – nicht unrichtig.
Stellt der AG ein unrichtiges Z. aus, so hat der AN einen Berichti-

gungs- u. im Schadensfall einen Schadensersatzanspruch. Im Rechtsstreit um die Berichtigung des Zeugnisses hat der AN einen konkreten Antrag zu stellen, der die Streitpunkte hervorhebt und inwieweit Berichtigung o. Ergänzung beantragt wird *(DB 73, 1853)*. Hat der AG ein unrichtiges Z. ausgestellt, in dem Verfehlungen verschwiegen worden sind, und wird ein Dritter hierdurch geschädigt, so hat er einen Schadensersatzanspruch (§§ 826, 823 II BGB; 263 StGB) (BGH AP 10, 16 zu § 826 BGB). Nach neuerer Rspr. folgt der Anspruch auch aus Verschulden bei Vertragsschluß. Der AG kann mithin auch schadensersatzpflichtig werden, wenn er o. ein um Rat gefragter Rechtsanwalt nach Erteilung des Zeugnisses von Dienstverfehlungen erfährt und den Dritten nicht warnt (BGH NJW 79, 1882). Der Schadensersatzanspruch des AN kann verwirken, wenn dieser längere Zeit einen Berichtigungsanspruch nicht erhoben u. zu erkennen gegeben hat, daß er dem Z. keine Bedeutung beimißt (AP 7, 8 zu § 630 BGB). Hat der AG das Zeugnis verspätet ausgestellt u. der AN deswegen keine neue Stelle gefunden (AP 6 zu § 73 HGB), wird der AG schadensersatzpflichtig. Für den erwachsenen Schaden, insbesondere einen Minderverdienst, ist der AN darlegungs- u. beweispflichtig. Jedoch kommen ihm die Beweiserleichterungen des § 252 II BGB zugute (AP 3 zu § 252 BGB; AP 12 zu § 630 BGB). Der Anspruch auf Z.-Erteilung betr. eine vermögensrechtliche Streitigkeit *(EzA 18 zu § 12 ArbGG 1979 Streitwert)*. Im → Konkurs des AG ist der Anspruch auf Z.-Erteilung gegen den Gemeinschuldner zu verfolgen (DB 67, 471). Der Streitwert für Rechtsstreitigkeiten um die Erteilung eines Z. beträgt i. d. R. einen Monatsverdienst; für Ausbildungszeugnis *(AR-Blattei, D, Zeugnis, Entsch. 23; EzA 18 zu § 12 ArbGG 1979 Streitwert)*. Ein erteiltes unrichtiges Z. kann der AG widerrufen u. gegen Erteilung eines neuen zurückverlangen. Der Anspruch auf Z. wird von einer Verfallklausel erfaßt (AP 10 zu § 70 BAT = DB 83, 2043), dagegen regelmäßig nicht von einer → Ausgleichsquittung (AP 9 zu § 630 BGB). Er kann verwirken (AP 17 zu § 630 BGB = DB 88, 1071). Unabhängig von der Z.-Erteilung ist der AG aus dem Gesichtspunkt der → Treuepflicht gegenüber dem AN verpflichtet, anderen AG auf Anfrage → *Auskunft* zu erteilen. Diese muß richtig i. S. wahrheitsgemäßer Z.-Erteilung sein (AP 1 zu § 630 BGB). Lit.: Becker-Schaffner BB 89, 2105; Liedtke NZA 88, 270; Schleßmann BB 88, 1320; Schmid DB 88, 2253.

Zinsen: Rückständige Lohnforderungen sind, wenn die Voraussetzungen des Schuldnerverzuges vorliegen, zu verzinsen. Die Z. sind nur aus dem Nettobetrag zu entrichten.

Zivildienst

Zivildienst leisten anerkannte Kriegsdienstverweigerer statt des Wehrdienstes. Nach § 78 ZDG ist das ArbPlSchG entsprechend anzuwenden. → Wehrdienst.

Züchtigungsverbot. Die körperliche Züchtigung von AN, insbesondere der Jugendl. (§ 31 JArbSchG) o. der zu ihrer → Berufsausbildung beschäftigten Personen, ist unzulässig.

Zurückbehaltungsrecht ist nach § 273 BGB das Recht des Schuldners, seine Leistung zu verweigern, bis sein Gläubiger einer ihm obliegenden Leistungspflicht nachgekommen ist. Es ist ein Sonderfall des allgemeinen Gedankens von → Treu u. Glauben (§ 242 BGB), nach dem treuwidrig handelt, wer fordert, ohne zu leisten, obwohl er dazu verpflichtet ist. Das Z. setzt voraus: eine erfüllbare Schuld, einen fälligen Gegenanspruch u. Konnexität der Ansprüche, d. h., der Gegenanspruch muß aus demselben rechtlichen Verhältnis fließen. Es kann kraft Gesetzes, Vereinbarung o. nach der Natur des Arbeitsverhältnisses ausgeschlossen sein; daher kein Z., wenn seine Ausübung einer unzulässigen → Aufrechnung gleichkäme o. wenn seine Ausübung zu einem unverhältnismäßig hohen Schaden führen würde. Kein Z. besteht gegenüber einer Forderung aus unerlaubter Handlung (AP 11 zu § 394 BGB) o. bei geringfügigen Lohnrückständen (AP 3 zu § 273 BGB = NJW 85, 2494). Unzulässig ist im → öffentl. Dienst, die Durchsetzung zweifelhafter Ansprüche mit dienstlichen Obliegenheiten zu verquicken (AP 1 zu § 54 BAT). Die rechtsirrtümliche Ausübung eines nicht bestehenden Z. durch den AN kann seine ordentliche → Kündigung rechtfertigen *(AP 2 zu § 273 BGB)*. Da der AN hinsichtl. der ihm überlassenen Arbeitsgeräte i. d. R. nur Besitzdiener ist (vgl. § 855 BGB), hat er den Weisungen des AG in Beziehung hierauf Folge zu leisten u. begeht bei Weigerung der Herausgabe verbotene Eigenmacht, so daß er gegenüber dem Herausgabeanspruch keine Einwendungen u. daher auch kein Z. hat (§§ 861, 858 BGB). Halten mehrere AN gemeinsam die Arb. zurück, so ist die Abgrenzung von Z. u. → Streik umstr. Das Z. dient der Durchsetzung von Rechts-, der Streik der von Regelungsansprüchen. Kein Z. ist gegeben, um den AG zur Rücknahme von → Kündigungen zu zwingen (AP 58 zu Art. 9 GG Arbeitskampf).

Zuschläge → Lohnzuschläge.

Zuschuß zum Mutterschaftsgeld → Mutterschutz.

Zustellung ist die formalisierte Übergabe eines Schriftstückes. Gerichtl. Entscheidungen, Verfügungen u. der Gegenpartei zuzustellende Schriftstücke werden im Verfahren vor den → Arbeitsgerichten von Amts wegen zugestellt. Die Zustellung muß an jeden einzelnen erfolgen (AP 4 zu § 187 ZPO). Das Verfahren richtet sich nach §§ 208, 166 ZPO. Eine Ersatzzustellung durch Niederlegung zur Post ist nur nach vorherigem Zustellungsversuch in der Wohnung, dagegen nicht dem Geschäftslokal zulässig (BGH NJW 76, 149). An → Rechtsanwälte u. Verbandsvertreter ist eine vereinfachte Z. möglich (AP zu § 23a BAT; AP 6 zu § 212a ZPO = DB 83, 2473). Die Z. ist grundsätzlich bewirkt, wenn die zuzustellenden Schriftstücke ihm vorgelegt werden, es sei denn, daß er zu erkennen gibt, daß er sie nicht gelten lassen will (AP 3 zu § 212a ZPO). Datiert der Prozeßbevollmächtigte den Empfang irrtümlich falsch, so ist der Beweis des richtigen Zugangsdatums möglich (AP 1, 4 zu § 212a ZPO). Bestellt sich der Prozeßbevollmächtigte erst nach Ladung, ist eine neue Ladung und Z. nicht nötig (AP 4 zu § 176 ZPO). Unterschreibt ein Vertreter des Prozeßbevollmächtigten, so gelten die Grundsätze der Anscheinsvollmacht (BGH NJW 75, 1652). Ein Stationsreferendar eines Rechtsanwaltes o. einer Koalition kann nicht wirksam die vereinfachte Zustellung entgegennehmen, es sei denn, er ist amtlich bestellter Vertreter (AP 4 zu § 212a ZPO). Unwirksam ist die vereinfachte Zustellung an Verbandsvertreter, wenn sie für einen Nichtorganisierten auftreten (DB 75, 1658). Der Vorsitzende eines → Betriebsrats o. → Gesamtbetriebsrats ist berechtigt, die Zustellungen für sein Organ entgegenzunehmen. Bedient er sich zum Posteingang der Posteingangsstelle seines AG, ist der dort tätige Bedienstete auch sein Bediensteter im Sinne von § 184 I ZPO (AP 2 zu § 47 BetrVG 1972).

Zwangsvollstreckung. Grundsätzlich setzt die Z. aus einem → Urteil dessen Rechtskraft voraus. Doch sind nicht rechtskräftige → Urteile der → Arbeitsgerichte vorläufig vollstreckbar (§ 62 I ArbGG). Die vorl. Vollstreckbarkeit kann im Urteil o. auf → Berufung ausgeschlossen werden, wenn der Bekl. glaubhaft macht, daß ihm die Vollstr. einen nicht zu ersetzenden Nachteil bringen würde. Im allgemeinen ist keine Einstellung gegen Sicherheitsleistungen möglich *(a. A. EzA 4 zu § 62 ArbGG 1979)*. Auf die Z. finden die Vorschriften der ZPO Anwendung (§ 62 II ArbGG; §§ 704 ff. ZPO). Danach ist das Amtsgericht o. der Gerichtsvollzieher (Gerichtsvollzieherverteilungsstelle beim AG) für die Vollstr. zuständig (§§ 764, 753 ZPO). Das ArbG ist nur dann Vollstr.-Gericht, wenn die Vollstr. dem Prozeßgericht übertragen ist (§§ 887, 888, 889a, 890 ZPO). Im VollstrVerfahren findet auch vor den ArbG volle Kostenerstattung statt (arg § 12a ArbGG). Lit.: Schaub Beck-Rechtsinformation „Meine Rechte und Pflichten im Arbeitsgerichtsverfahren", 4. Aufl., 1985.

Zwischenbescheinigung

Zwischenbescheinigung. Ist bei Beendigung des Arbeitsverhältnisses eine sofortige Aushändigung der → Arbeitspapiere nicht möglich, so hat der AG dem AN eine sog. Z. nach den Vorschriften der Finanzverwaltung auszuhändigen. Diese enthält die für die Besteuerung notwendigen Angaben u. setzt den AN in den Stand, für eine Übergangszeit ein anderweitiges Arbeitsverhältnis einzugehen. (§ 41 b EStG).

Zwischenmeister → Heimarbeiter.

Zwischenzeugnis → Zeugnis.

Buchanzeigen

ARBEITSRECHT/

Textausgaben

ArbG · Arbeitsgesetze
mit wichtigsten Bestimmungen zum Arbeitsverhältnis, Kündigungsrecht, Arbeitsschutzrecht, Berufsbildungsrecht, Tarifrecht, Betriebsverfassungsrecht, Mitbestimmungsrecht und Verfahrensrecht.
(dtv-Band 5006, Beck-Texte)

JugR · Jugendrecht
Jugendrecht, Jugendwohlfahrt, Jugendschutz, Jugendarbeitsschutz, Jugendstrafrecht, BAföG.
(dtv-Band 5008, Beck-Texte)

AVG · Angestelltenversicherungsgesetz
mit Angestelltenversicherungs-Neuregelungsgesetz und Sozialgesetzbuch.
(dtv-Band 5020, Beck-Texte)

SGB · RVO Sozialgesetzbuch · Reichsversicherungsordnung
mit Arbeiterrentenversicherungs-Neuregelungsgesetz und Handwerkerversicherungsgesetz.
(dtv-Band 5024, Beck-Texte)

BAföG · Bildungsförderung
Bildungsförderung in Bund und Ländern mit den geltenden Leistungssätzen und allen Verordnungen, BerufsbildungsG.
(dtv-Band 5033, Beck-Texte)

SchwbG · BVG Schwerbehindertengesetz, Bundesversorgungsgesetz
Durchführungsverordnungen zum Schwerbehindertengesetz, Opferentschädigungsgesetz, Sozialgerichtsgesetz, Sozialgesetzbuch – Allg. Teil, Steuervergünstigungen für Behinderte.
(dtv-Band 5035, Beck-Texte)

AFG · Arbeitsförderungsgesetz
mit AFG-LeistungsVO, Arbeitslosenhilfe VO, ZumutbarkeitsAO, MeldeAO, ArbeitnehmerüberlassungsG.
(dtv-Band 5037, Beck-Texte)

MitbestG · Mitbestimmungsgesetze
in den Unternehmen mit allen Wahlordnungen.
(dtv-Band 5524, Beck-Texte)

BeamtenR · Beamtenrecht
Bundesbeamtengesetz, Beamtenrechtsrahmengesetz, Bundesbesoldungsgesetz mit Anlagen, Beamtenversorgungsgesetz, Beihilfevorschriften, Bundespersonalvertretungsgesetz und weitere Vorschriften des Beamtenrechts.
(dtv-Band 5529, Beck-Texte)

SGB V · Gesetzliche Krankenversicherung
mit Gesundheitsreformgesetz (Auszug), Sozialgesetzbuch Allgemeiner Teil, Gemeinsame Vorschriften für die Sozialversicherung.
(dtv-Band 5559, Beck-Texte)

SGB VI · Gesetzliche Rentenversicherung
mit Fremdrentengesetz, Fremdrenten- und Auslandsrenten-Neuregelungsgesetz, Versicherungsunterlagenverordnung.
(dtv-Band 5561, Beck-Texte)

Rechtsberater

Schaub · Arbeitsrecht von A–Z
Aussperrung, Betriebsrat, Gewerkschaften, Gleichbehandlung, Jugendarbeitsschutz, Kündigung, Mitbestimmung, Mutterschaftsurlaub, Ruhegeld, Streik, Tarifvertrag, Zeugnis u. a. m.
(dtv-Band 5041, Beck-Rechtsberater)

SOZIALRECHT im dtv

Spinnarke · Arbeitssicherheit
(dtv-Band 5055, Beck-Rechtsberater)

Brühl · Sozialhilfe für Betroffene
von A–Z
Alleinerziehende, Arbeitslose, Ausländer,
Aussiedler, Behinderte, Ehegatten, Frauen, Heimbewohner, Kinder, Kranke,
Nichtseßhafte, Pflegebedürftige, Studierende, Wohnungssuchende, Zuwanderer.
(dtv-Band 5060, Beck-Rechtsberater)

Ströer · Meine soziale
Rentenversicherung
Neue Bemessungsgrundlagen, Versicherungspflicht, Freiwillige Versicherung, Höheversicherung, Anrechnungsfähige Zeiten, Renten, Rentenformel,
Rentenantrag, Kuren.
(dtv-Band 5085, Beck-Rechtsberater)

Ströer · Meine soziale Krankenversicherung
Gesundheitsvorsorge, Arzt, Zahnarzt,
Krankenhaus, Kur, Mutterschaft, Häusliche Pflege, Schutz im Ausland, nach der
Gesundheitsreform.
(dtv-Band 5087, Beck-Rechtsberater)

Schaub · Der Betriebsrat
Aufgaben, Rechte, Pflichten
Wahl und Organisation des Betriebsrats, Mitbestimmung in sozialen und
personellen Angelegenheiten, Beteiligung des Betriebsrates in wirtschaftlichen Angelegenheiten, Verfahren nach
dem BetrVG.
(dtv-Band 5202, Beck-Rechtsberater)

Köbl · Meine Rechte und Pflichten
als berufstätige Frau
Arbeitsrecht, Arbeitssicherheit, Mutterschutz, Gleichbehandlung.
(dtv-Band 5204, Beck-Rechtsberater)

Schaub · Meine Rechte und Pflichten im Arbeitsgerichtsverfahren
Klagearten, Klageerhebung, Güteverhandlung, Vertretung durch Anwalt,
Rechtsmittel, Vollstreckung, Einstweilige
Verfügung, Beschlußverfahren, Kosten.
(dtv-Band 5205, Beck-Rechtsberater)

Schaub/Schusinski/Ströer
Erfolgreiche Altersversorgung
Alles Wichtige zur Rentenversicherung,
zur betrieblichen Altersversorgung, zur
Alterssicherung im öffentlichen Dienst.
(dtv-Band 5207, Beck-Rechtsberater)

Wolber · Gesetzliche
Unfallversicherung
Alles über Arbeitsunfälle.
Leistungen, Arbeitsschutz, Beitragsfinanzierung, Daten- und Rechtsschutz.
(dtv-Band 5223, Beck-Rechtsberater)

Schmeling · Wie berechne ich
meine Rente?
Versicherungsjahre, deren Bewertung,
Berechnungsmodalitäten.
(dtv-Band 5227, Beck-Rechtsberater)

Francke
Berufsausbildung von A–Z
Alles Wissenswerte über die Rechte und
Pflichten der Auszubildenden, Ausbilder
und Ausbildenden.
(dtv-Band 5228, Beck-Rechtsberater)

Schaub · Meine Rechte und
Pflichten als Arbeitnehmer
Anbahnung und Abschluß des Arbeitsvertrages sowie seine Beendigung,
Rechte und Pflichten, der Einfluß des
Betriebsrats, Betriebsnachfolge, Sonderrechte für Frauen, Auszubildende
und Schwerbehinderte.
(dtv-Band 5229, Beck-Rechtsberater)

»Ein Kleinod der juristischen Literatur«

(Dr. Egon Schneider, Köln in MdR 9/1988 zur Vorauflage)

Creifelds Rechtswörterbuch

Das Creifelds'sche Rechtswörterbuch erläutert knapp und präzise in lexikalischer Form rund **10.000 Rechtsbegriffe** aus allen Gebieten. Es ermöglicht damit Juristen wie Laien eine rasche Orientierung bei der Klärung täglicher Rechtsfragen.

Fundstellenhinweise auf Rechtsprechung und Spezialliteratur helfen zusätzlichen Informationen nachzugehen. Die Behandlung der rechtlichen Formen und Zusammenhänge wird ergänzt durch wichtige Begriffe aus den Grenzgebieten von **Recht, Wirtschaft und Politik**, deren Rechtsgrundlagen dargestellt werden.

Der Anhang enthält **nützliche Übersichten**, z. B. über den Weg der Gesetzgebung, das Gerichtswesen, Rechtsmittelzüge, die gesetzliche Erbfolge, über die Sozialversicherung und die Rentenversicherung.

Aktuell:

Die 10., neubearbeitete Auflage berücksichtigt die enorme Weiterentwicklung durch Gesetzgebung und Rechtsprechung u. a. in über **100 neue Stichwörtern.** Eingearbeitet ist jetzt eine Vielzahl **wichtiger neuer Gesetze**, wie z. B. ● das Steuerreformgesetz 1990 ● das Gesundheits-Reformgesetz ● das Sprecherausschußgesetz ● das Poststrukturgesetz ● das Gesetz zur Einführung einer Kronzeugenregelung bei terroristischen Straftaten ● das Gesetz zur Einführung eines Dienstleistungsabends ● das Bundesarchivgesetz.

Neu gefaßt und erweitert wurden ferner zahlreiche Stichwörter wegen umfangreicher Gesetzesänderungen, wie etwa ● im Betriebsverfassungsgesetz mit einer Neudefinition der leitenden Angestellten ● im Straßenverkehrsrecht (StVO und StVZO) mit weiteren Sicherheitsvorschriften und ● im Europarecht. Auf **bevorstehende Gesetzesvorhaben**, z. B. im Gen-Recht, im Entmündigungsrecht und im Umweltrecht, wird bereits hingewiesen.

Der Creifelds bleibt auch in der 10. Auflage das handliche Nachschlagewerk, das den schnellen Zugriff auf alle wichtigen Rechtsfragen ermöglicht.

Begründet von Dr. Carl Creifelds, Senatsrat a. D., München.
Herausgegeben von Dr. Lutz Meyer-Goßner, Richter am BGH Karlsruhe.
Bearbeiter: Dr. Dieter Guntz, Vors. Richter am OLG München, Paul Henssler, Steuerberater, Leiter der Akademie für Wirtschaftsberatung, Bad Herrenalb, Prof. Dr. h. c. Hans Kauffmann, Ministerialdirigent, Leiter des Bayer. Landesjustizprüfungsamtes, München, Dr. Lutz Meyer-Goßner, Richter am BGH Karlsruhe, Prof. Friedrich Quack, Richter am BGH Karlsruhe, Heinz Ströer, Ministerialdirektor a.D., München

10., neubearbeitete Auflage. 1990
XV, 1428 Seiten.
In Leinen DM 72,–
ISBN 3-406-33964-6

VERLAG C.H.BECK